揚州年鉴

2021 YANGZHOU YEARBOOK

扬州市地方志编纂委员会 编

广陵书社

图书在版编目（CIP）数据

扬州年鉴. 2021 / 扬州市地方志编纂委员会编. -- 扬州 : 广陵书社, 2021.12
ISBN 978-7-5554-1779-8

Ⅰ. ①扬… Ⅱ. ①扬… Ⅲ. ①扬州－2021－年鉴 Ⅳ. ①Z525.33

中国版本图书馆CIP数据核字(2021)第256584号

书　　名　扬州年鉴(2021)
编　　者　扬州市地方志编纂委员会
责任编辑　王浩宇

出版发行　广陵书社
扬州市四望亭路2-4号　　邮编　225009
(0514)85228081（总编办）　　85228088（发行部）
http://www.yzglpub.com　　E-mail:yzglss@163.com

印　　刷　扬州古籍线装文化有限公司

开　　本　889 毫米 ×1194 毫米　1/16
印　　张　35
字　　数　1270千字
版　　次　2021 年 12 月第 1 版
印　　次　2021 年 12 月第 1 次印刷
标准书号　ISBN 978-7-5554-1779-8
定　　价　300.00 元

扬州市地方志编纂委员会

扬州年鉴编辑部

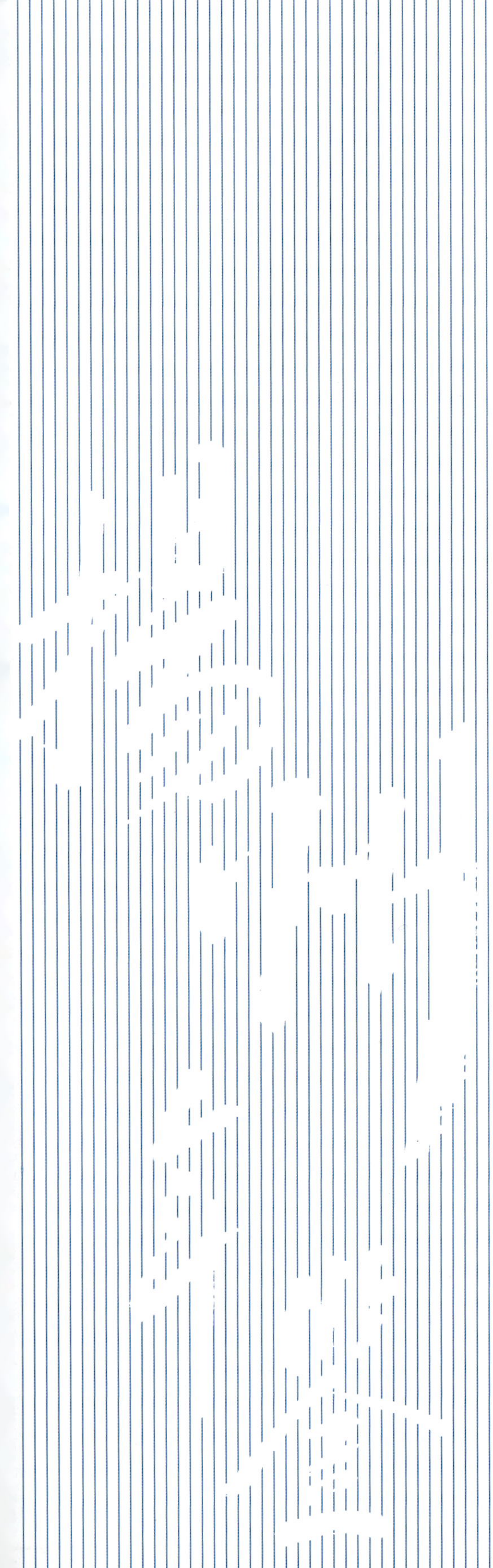

编　辑　说　明

1.《扬州年鉴》是由中共扬州市委、扬州市政府主办，扬州市地方志编纂委员会编纂的系统记述扬州市自然、政治、经济、文化、社会、生态建设等方面情况的年度资料性文献。1991 年出版首卷，本卷为第 31 卷。

2.《扬州年鉴（2021）》以马克思列宁主义、毛泽东思想、邓小平理论、“三个代表”重要思想、科学发展观和习近平新时代中国特色社会主义思想为指导，实事求是、较为全面翔实地记述了 2020 年扬州市的基本情况及发生的各种大事、要事、新事和有影响的事，反映了全市人民在改革开放、经济建设以及社会发展中取得的新成就、新进展、新经验。

3.《扬州年鉴》采用分类编辑法，以“类目”为单元，下设“分目”和“条目”，个别分目下设“次分目”。类目标题标于各类目起始处和书眉；分目、条目标题分别以 3 号、5 号彩色字随文标出；条目为记述实体，标题前标注彩色符号“■”。《扬州年鉴（2021）》共分 42 个类目，设 272 个分目、58 个次分目，收录 1871 个条目和资料。

4.《扬州年鉴》卷首有中文详细目录和英文要目，卷末有索引。全书所有资料可通过目录、书眉、索引等检索查阅。

5.《扬州年鉴》刊用的文稿，由市各部门、各县（市、区）及驻扬单位提供，有关数据、资料均经各部门领导审阅、核实。书中“扬州市”“全市”指全扬州市，“市区”指广陵区、邗江区、江都区范围，“城区”指广陵区、邗江区范围，特殊情况另行括注。《大事纪要》中“△”表示“同日”。全书主要综合性统计资料由市统计局提供。全书所用统计数据，由于统计的来源、口径、方式、方法和时间的不同，可能存在一定差异，使用时请以市统计局提供的统计资料数据为准；凡市统计局未作统计的，以供稿单位提供的数据为准。统计数据均使用法定计量单位。为保持文献原貌、遵从行业习惯，《特载》《农业》《乡村建设》《附录》所刊文献的文字、数据、计量单位均未作变动，《体育》中运动项目有关内容仍使用“公斤”“公里”作为计量单位。

6.《扬州年鉴》所登载的照片或文字稿件若署名遗漏或有误，请摄影者或撰稿人与编辑部联系，以便发放稿酬。

城市荣誉

中国历史文化名城
全国双拥模范城
全国社会治安综合治理先进单位
中国优秀旅游城市
国家环境保护模范城市
国家园林城市
中国人居环境奖
全国节水型城市
国家生态文明建设示范区
联合国人居奖
国家卫生城市
全国科技进步先进市
中国数字化创新管理奖
中国和谐管理城市
城市管理人民满意城市
国家森林城市
全国文明城市
全国诗词之市
国家生态市
全国小微企业创业创新基地城市示范
全国质量强市示范城市
国家创新型城市
全国法治城市创建活动先进单位
东亚文化之都
世界美食之都
世界运河文化之都

扬州市政区图

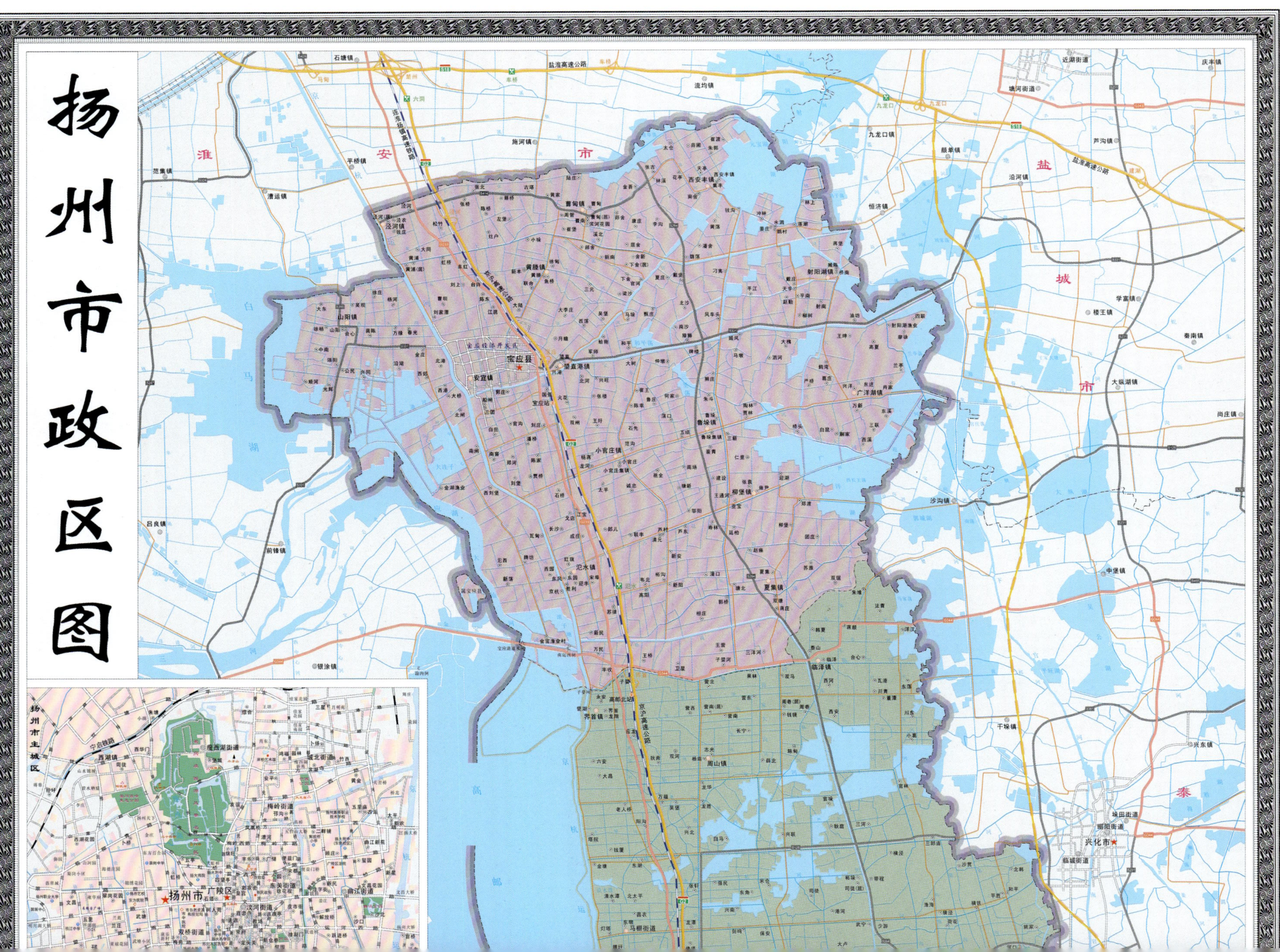

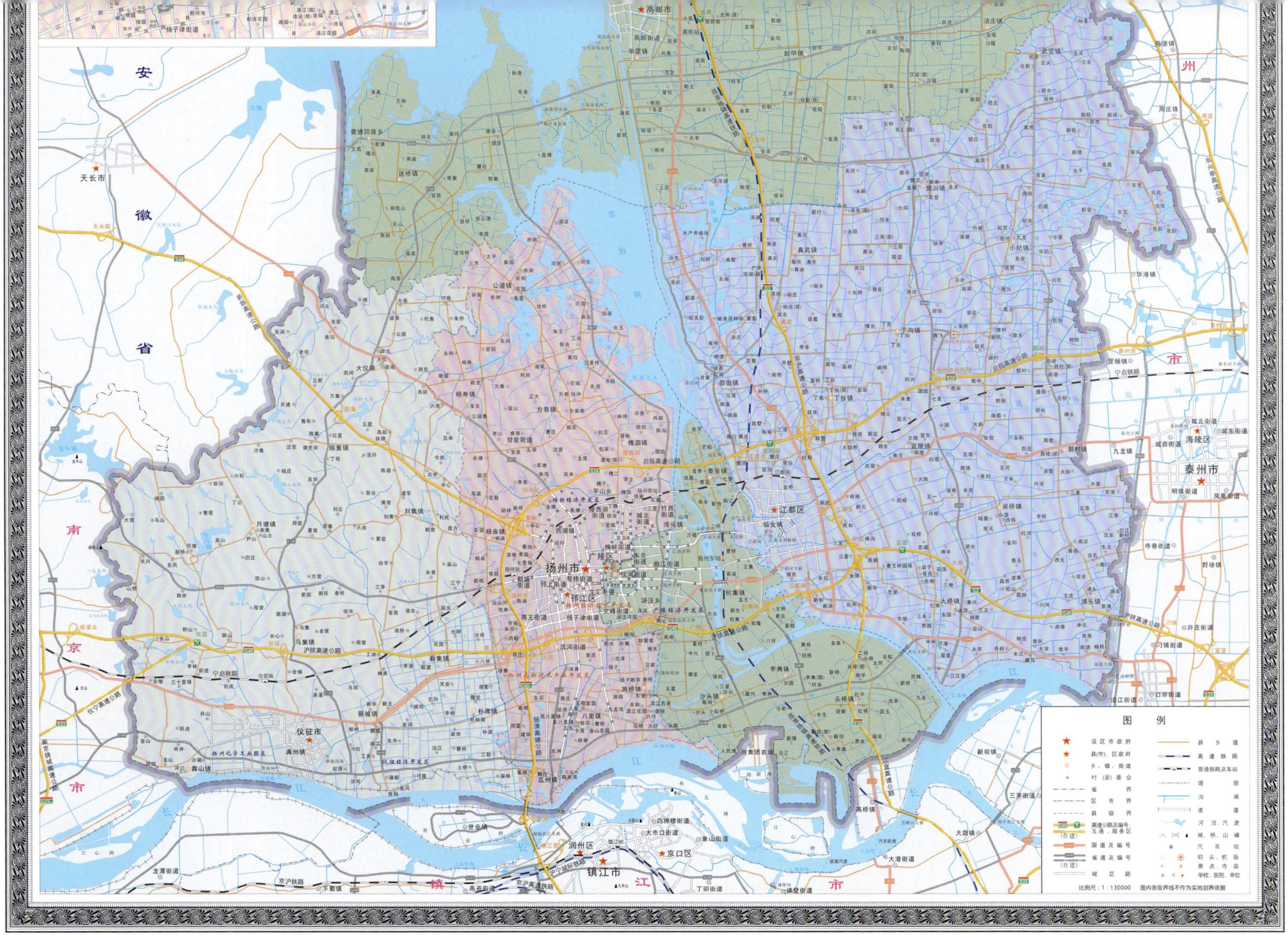

扬州市
江都区
广陵区
邗江区
仪征市
高邮市
泰州市
海陵区
镇江市
润州区
京口区
天长市

安 徽 省

南 京 市

镇 江 市

泰 州 市

图 例

★	设区市政府		县乡道
★	县(市)、区政府		高速铁路
	乡、镇、街道		普通铁路及车站
	村(居)委会		堤 坝
	省 界		沟 渠
	区 市 界		渠 道
	县 级 界		河流、汽渡
	高速公路及编号、互通、服务区 (在建)		闸、桥、山峰
	国道及编号		汽 车 站
	省道及编号 (在建)		码头、机场
	城 区		景点、寺庙
			学校、医院、单位

比例尺：1：130000

图内各级界线不作为实地划界依据

江苏省基础地理信息中心 编制

扬州市民政局 监制

地图审查编号：苏K（2020）012号

扬州市城

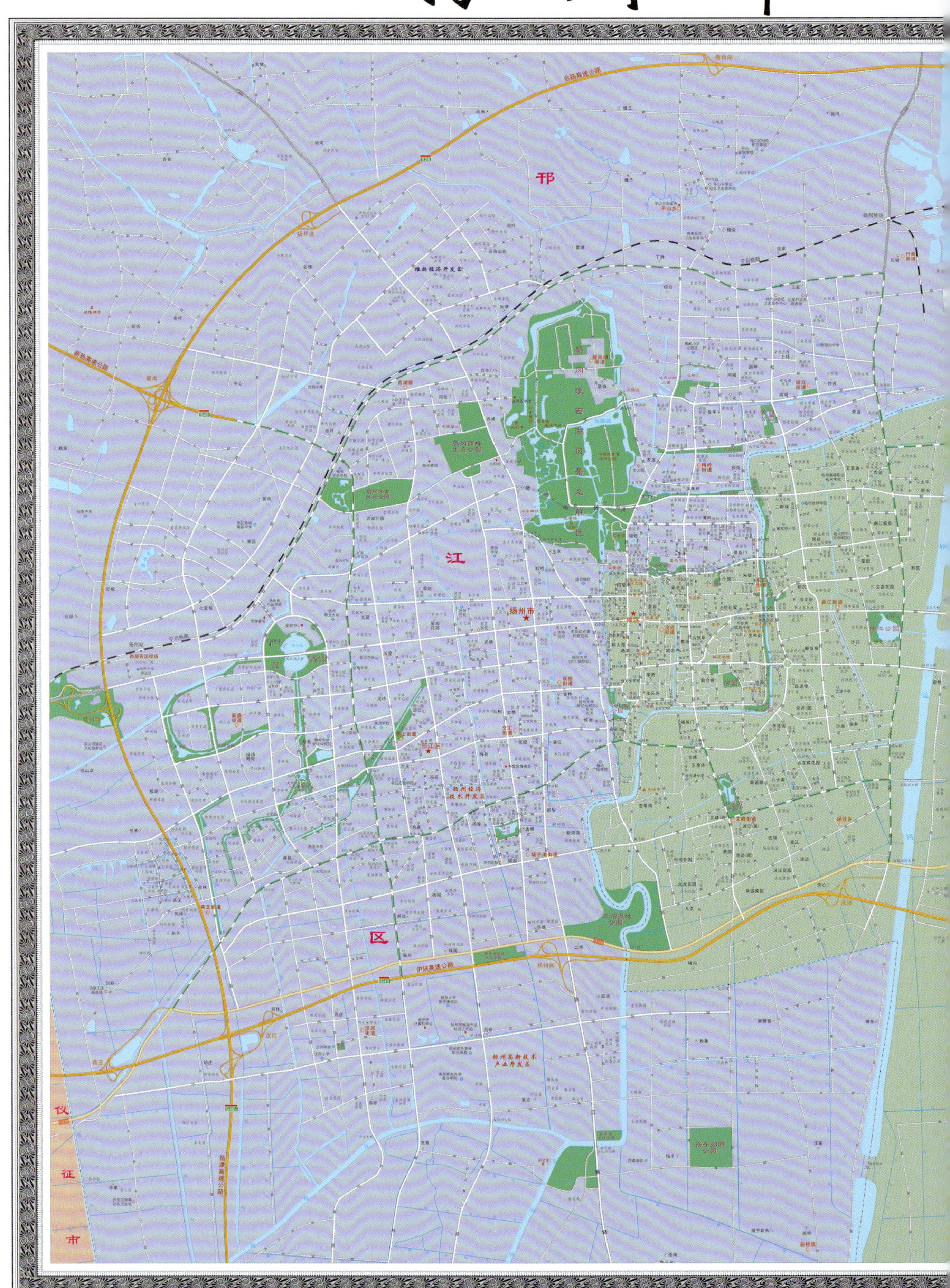

江苏省基础地理信息中心　编制

区地名图

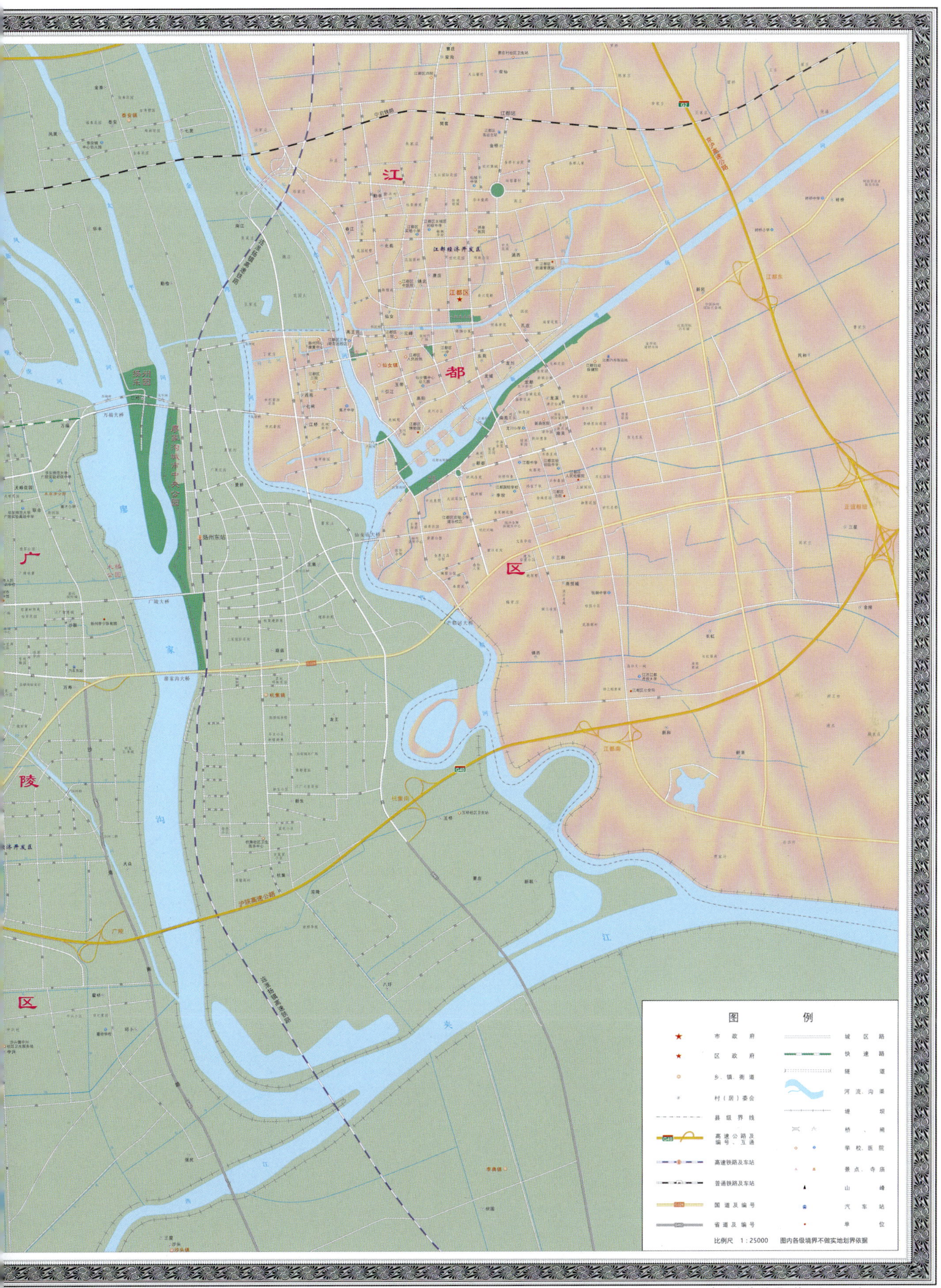

地图审查编号:苏K（2020）011号

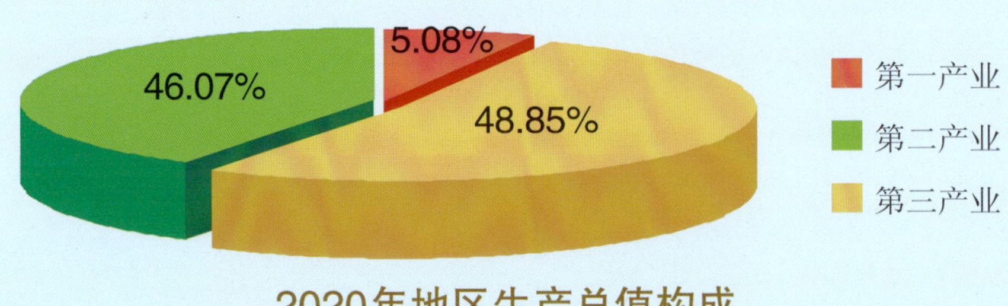

2020年地区生产总值构成

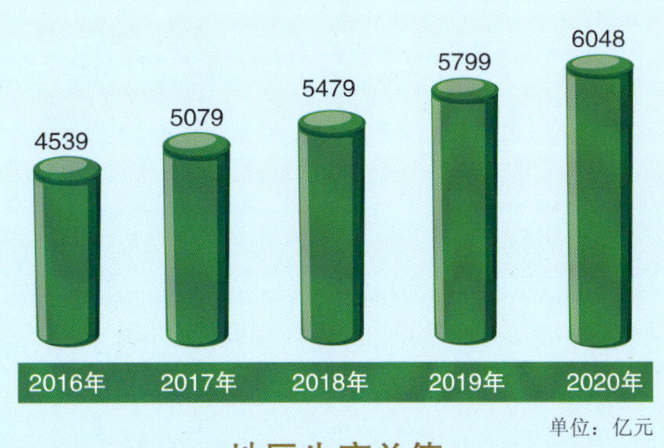

地区生产总值

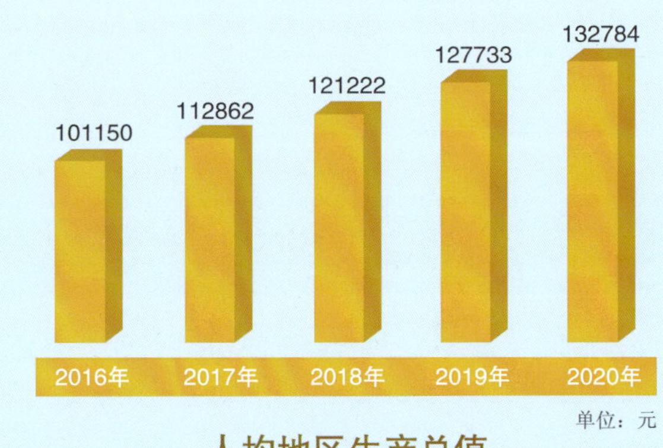

人均地区生产总值

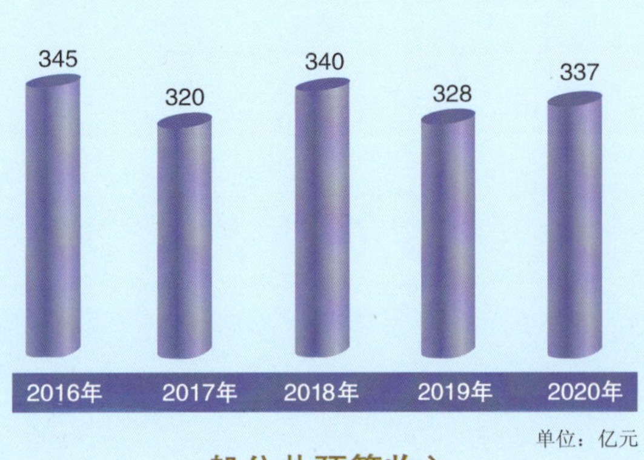

一般公共预算收入

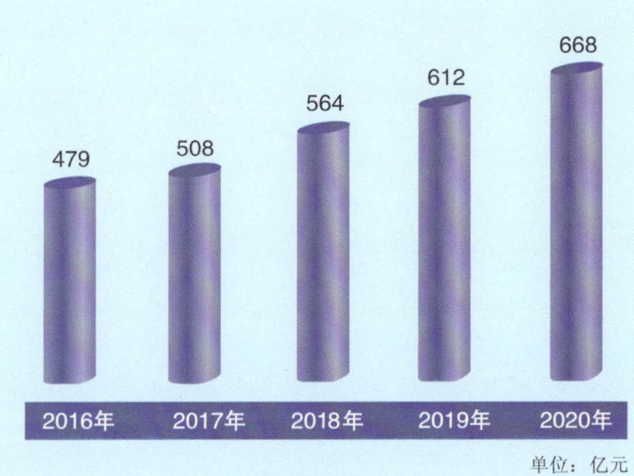

财政支出

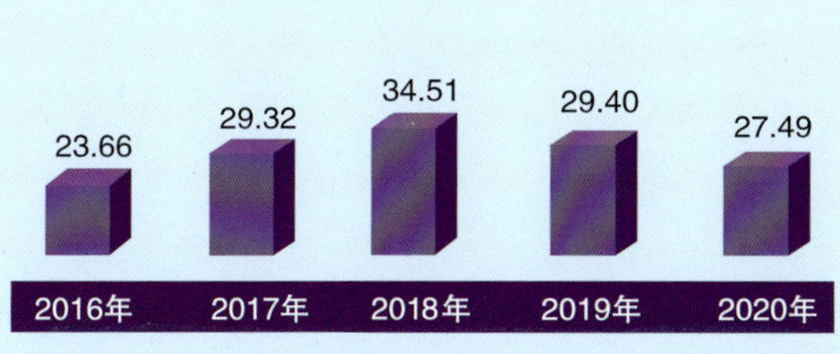

单位：亿美元

进口总额

2016年	2017年	2018年	2019年	2020年
72.59	78.68	85.42	83.65	83.57

单位：亿美元

出口总额

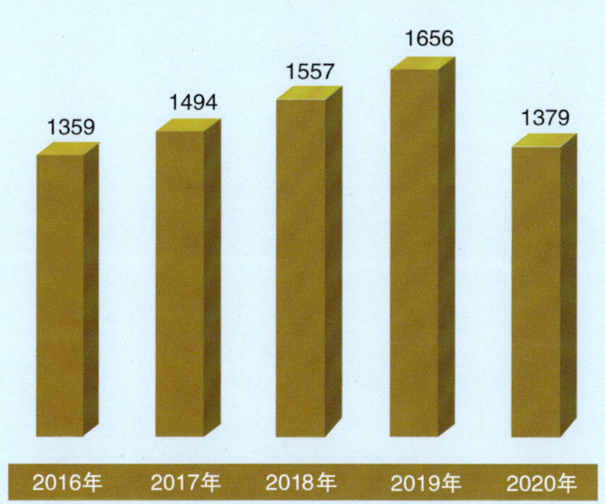

单位：亿元

社会消费品零售总额

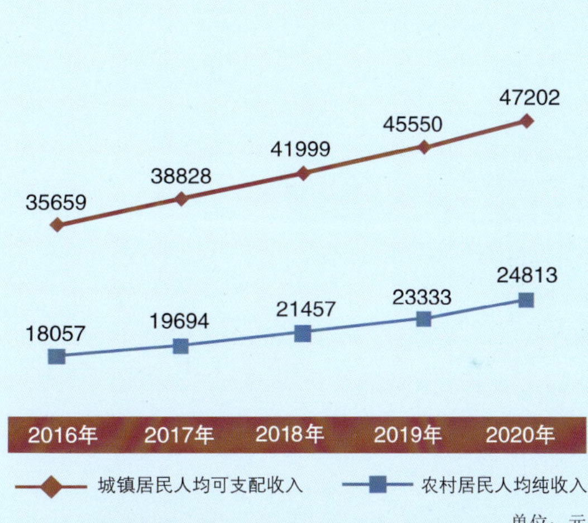

单位：元

城镇居民人均可支配收入与农村居民人均纯收入

2020年扬州的一天

地区生产总值
165708万元

一般公共预算收入
9240万元

城乡居民储蓄余额
101328万元

粮食产量
7853吨

出口总额
2290万美元

社会消费品零售额
37789万元

注：本页中数据均出自《扬州统计年鉴（2021）》

美丽的三湾公园

（张卓君　摄）

壮观的江都水利枢纽

（江都区方志办 供稿）

崛起的东南新城

（报 社 供稿）

西区新城新姿

（报 社 供稿）

蓬勃发展的生态科技新城

（夏亚东　摄）

邗江区甘泉街道长塘村“樱花园” （邗江区方志办 供稿）

仪征市马集镇“稻田画” （晚 报 供稿）

瘦西湖万花会

1 游客流连忘返 （刘江瑞 摄）

2 万花争艳，美景醉人 （孟德龙 摄）

3 市民赏花，乐享春光 （程 曦 摄）

❶ 瘦西湖夜市航拍　（刘江瑞　摄）

❷ 瘦西湖夜游　（刘江瑞　摄）

❸ 东关街之夜　（濮良平　摄）

11 月 15 日，扬州市召开全市领导干部会议，传达学习习近平总书记视察江苏、视察扬州重要讲话指示精神

（董　辉　摄）

12 月 21 日，扬州运河文化投资集团有限公司在 486 非遗集聚区揭牌成立　　（董　辉　摄）

4 月 29 日，“学习强国”扬州学习平台正式上线　　（董　辉　摄）

4月28日，市委、市政府召开全市服务高质量发展作风建设大会 （庄文斌 摄）

仪征市“店小二”代办服务站 （日 报 供稿）

❶ 3月26日，扬州市召开全面加强基层基础建设推进市域社会治理现代化动员大会（董 辉 摄）

❷ 广陵区曲江街道文昌花园社区“网格化”工作现场（日 报 供稿）

❸ 邗江区双桥街道石桥社区依托“网格化”等基层管理模式开展“大走访、大排查”活动（日 报 供稿）

4月2日，市委、市政府召开全市招商引资暨项目建设攻坚动员大会，聘请100名市级层面“招商大使”

（董 辉 摄）

9月20日，首根大长度220kv光电复合海缆在码头交付装船 （庄文斌 摄）

4月18日，2020中国·扬州“烟花三月”国际经贸旅游节开幕式暨“世界美食之都”揭牌仪式上，36个重大产业项目签约 （董 辉 摄）

2月26日，扬州市举行2020年春季产业项目视频签约仪式，33个项目线上签约 （董 辉 摄）

10月21日，市委、市政府召开全市开发园区“二次创业”高质量发展大会 （董　辉　摄）

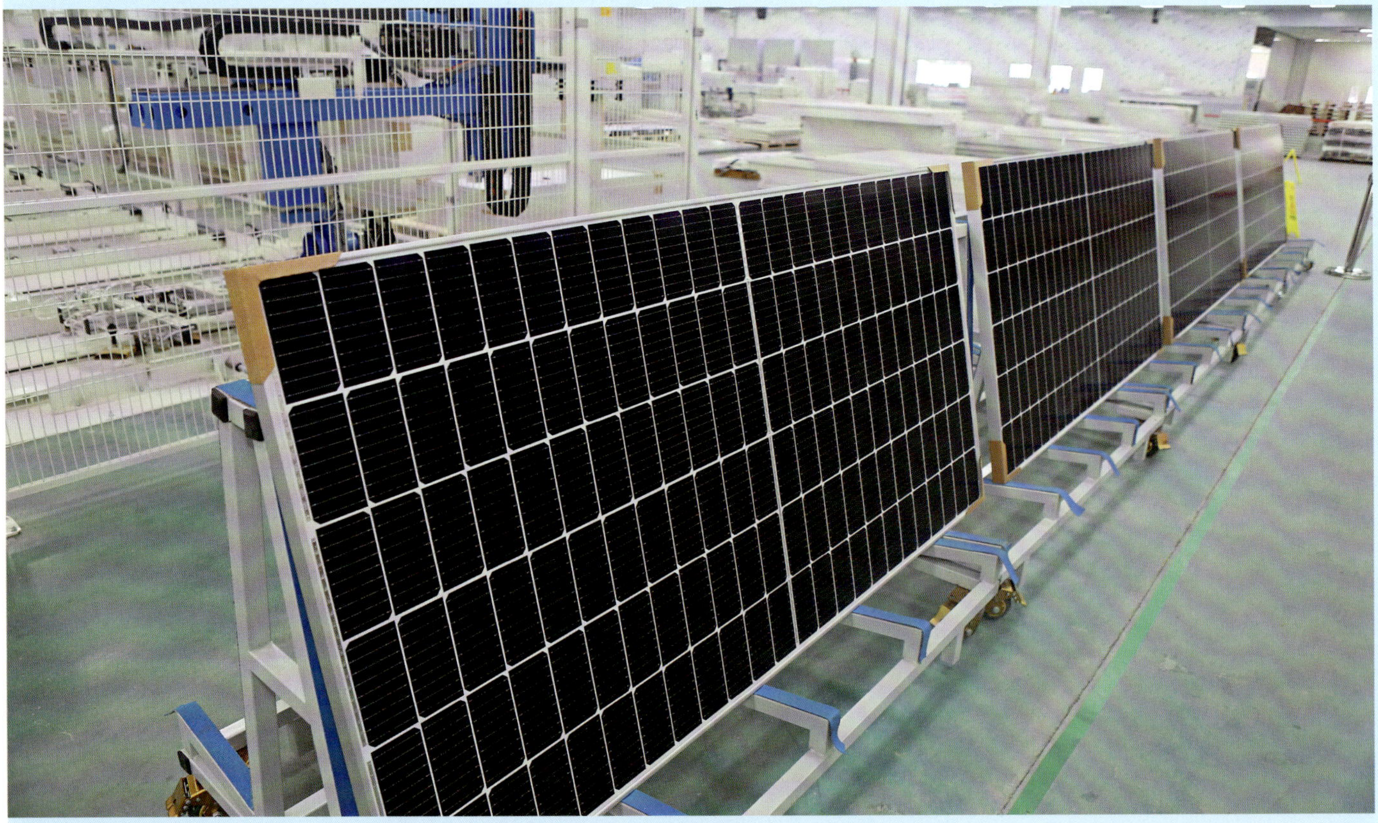

位于扬州经济技术开发区的晶澳(扬州)太阳能科技有限公司生产车间 （董　辉　摄）

7月20日，维扬开发区的江苏艾迪药业股份有限公司在上海证券交易所上市，成为扬州首家科创板上市公司

（日 报 供稿）

位于广陵开发区的海沃机械（扬州）有限公司

（广陵开发区 供稿）

7月16—17日，市委、市政府召开全市制造业重点项目观摩推进会　（董　辉　摄）

2020年，扬力集团连续10年入选“中国机械工业百强”。图为扬力集团生产线　（日　报　供稿）

2020年，丰尚公司“大型智能化水产饲料关键技术装备的研发及产业化”项目获中国机械工业科技进步一等奖。图为丰尚公司外景 （日 报 供稿）

2020年，亚威机床获批工信部制造业与互联网融合发展“中德智能制造合作方向”试点示范。图为亚威机床激光与自动化装配车间 （日 报 供稿）

9月11日，扬州向2020年新建的6家市级院士工作站授牌　　（科　协　供稿）

腾讯仪征东升云计算数据中心项目　　（仪征方志办　供稿）

扬州市技术产权交易市场内景　　（科技局　供稿）

9月21日，中国航空研究院研究生院揭牌仪式暨2020年开学典礼在扬州举行　　（董　辉　摄）

扬州东站

连淮扬镇铁路淮镇段暨五峰山长江大桥建成运营现场会

江苏·扬州

二〇二〇年十二月

1

2

❶ 12月12日，连淮扬镇铁路淮镇段暨五峰山长江大桥建成运营现场会在扬州举行（张卓君　孟德龙　摄）

❷ 五峰山长江大桥（日　报　供稿）

❸ 动车驶上连淮扬镇铁路（日　报　供稿）

❹ 首批体验者在连淮扬镇高铁车厢内合影留念（张卓君　孟德龙　摄）

5月7日，润扬路先导段钢箱梁吊装施工现场　　（日　报　供稿）

5月12日，运河快速路先导段主体建成　　（日　报　供稿）

5月26日，全市首条大站快线公交K1路试运营　　（交通产业集团　供稿）

7月1日，扬州至上海直达动车开通运营（董 辉 摄）

5月8日，扬(泰)州—大阪“客改货”国际航班首航（扬泰机场 供稿）

❶ 农民给即将上市的草莓拍照，网上“叫卖”，增收致富 （王　卓　摄）

❷ 高邮经济开发区钱厦村农户抢收水稻，喜迎丰收 （孟德龙　摄）

❸ 邗江区公道镇湖滨村将秸秆回收变废为宝，助农民增收 （孟德龙　摄）

❹ 仪征市月塘镇赵桥村农民夫妻种植水芹菜致富 （王　卓　摄）

❺ 宝应县夏集镇王桥村村民在荷藕田里捕捞小龙虾 （王　卓　摄）

4

5

邗江区现代生猪养殖 （日 报 供稿）

广陵区沙头镇人民滩村是江苏省现代农业示范区、扬州市“菜篮子”工程核心区和沙头镇万亩无公害蔬菜基地

（宋永根 摄）

“花海”变“钱袋”，农旅结合助脱贫　　（孟德龙　摄）

仪征市月塘镇长兴农场吸引众多游客观赏游玩　　（孟德龙　摄）

庆祝国际盲人节
扬州市"盲人电影院·全城无障碍观影网络"
影院观影活动
主办单位：扬州市残疾人联合会、扬州广播电视总台
承办单位：扬州新闻广播
特别支持：新疆天润乳业

润扬社区居家养老
服务中心

1 扬州市庆祝"国际盲人节",开展无障碍观影活动 (残联 供稿)

2 汶河小学开发篮球特色训练项目 (庄文斌 摄)

3 润扬社区居家养老服务中心 (宋永根 摄)

4 8月7日,扬州市2020"全民健身日"活动在宋夹城举行 (刘江瑞 摄)

5 市民走进钟书阁书店阅读、选购图书 (孟德龙 摄)

1 9月1日，警察在街区展示戴头盔提示牌 （程 曦 周 凯 摄）

2 10月17日，古运河水上旅游观光“穿梭巴士”首航 （孟德龙 摄）

3 孩子们在扬州航空馆内参观学习 （庄文斌 摄）

4 8月14日，科普专栏《科里课外》全新改版开播 （科 协 供稿）

5 智能垃圾分类回收设备 （司新利 摄）

歼-5
③

2020
《科里课外》全新起航
《科里课外》正式开播
④
2020/8/14 15:27

圾分类回收
环保公益项目
有偿回收
环保有收益
小黄狗DOG
守护清
小黄狗智能垃圾分类回收机
纺织物回收
Recycling Textile
金属回收
小黄狗DOG
环境守卫者
⑤

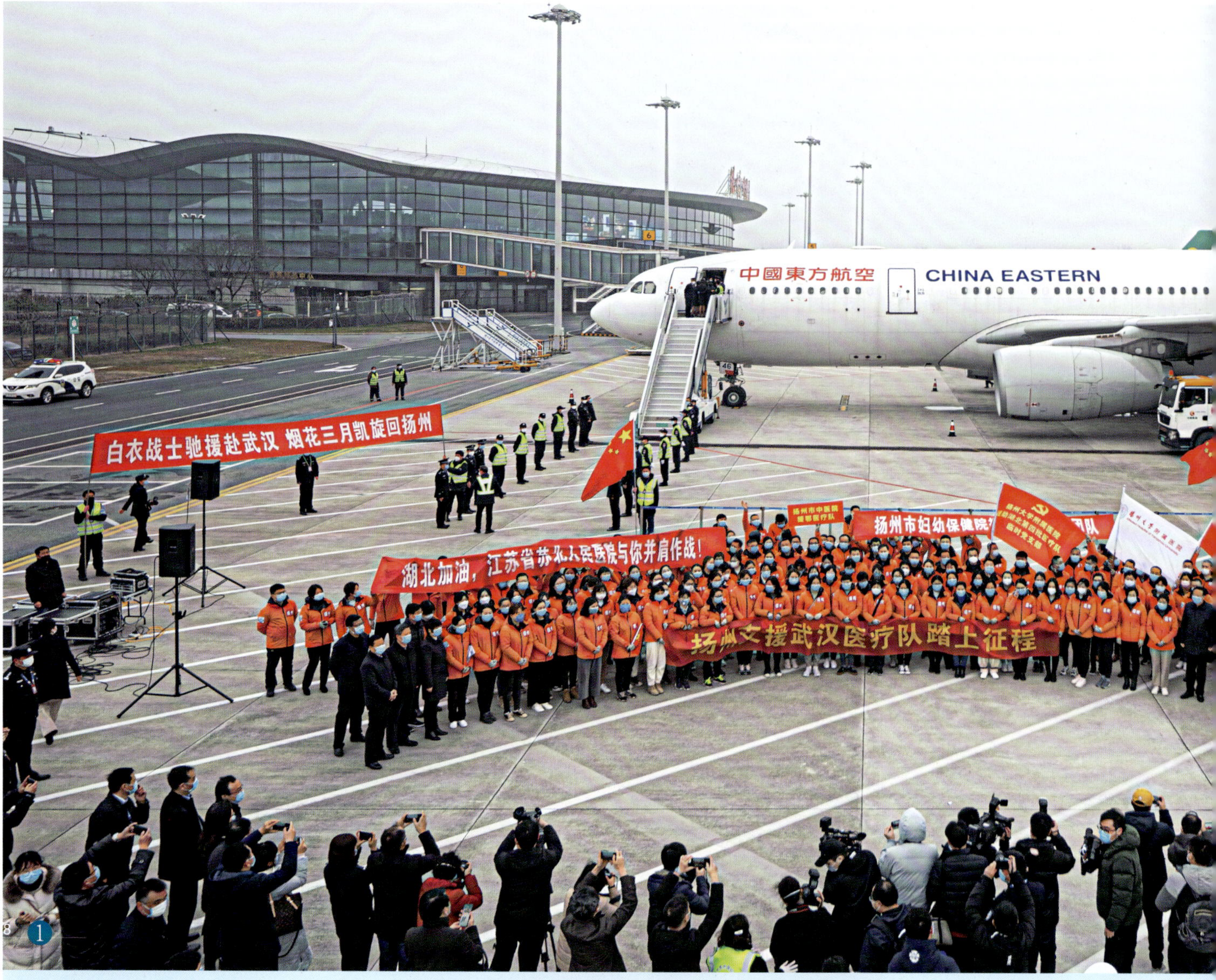
白衣战士驰援赴武汉 烟花三月凯旋回扬州
中國東方航空
CHINA EASTERN
湖北加油，江苏省苏北人民医院与你并肩作战！
扬州市中医院
扬州市妇幼保健院
扬州支援武汉医疗队踏上征程
1

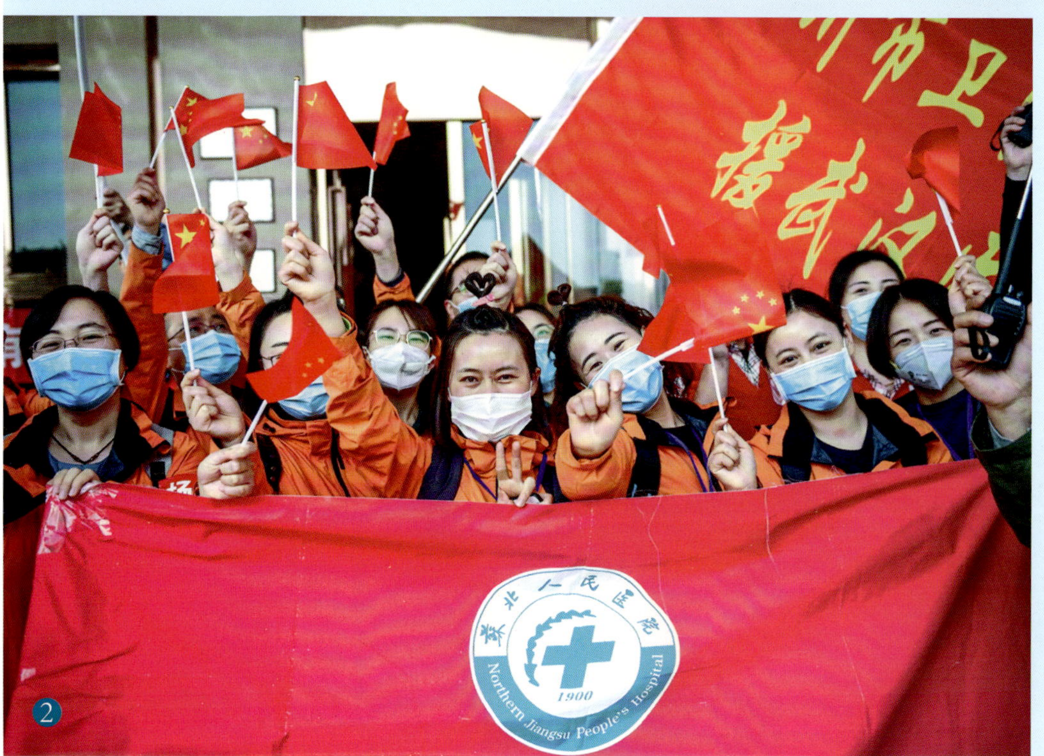

苏北人民医院
Northern Jiangsu People's Hospital
1900
2

向扬州家乡父
3

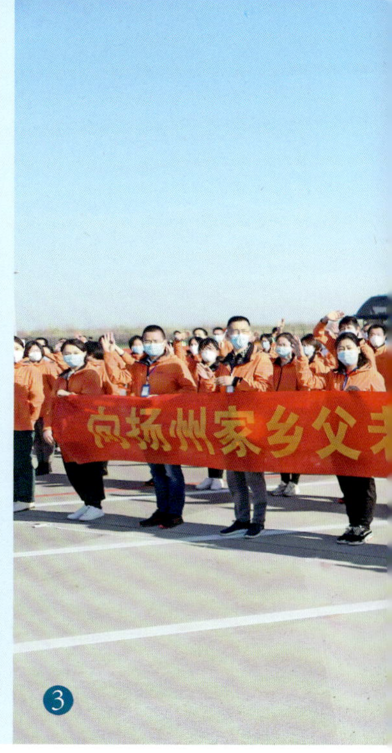

❶ 2月13日，由164名队员组成的扬州市第七批支援湖北医疗队在扬州泰州国际机场启程出征（张卓君　孟德龙　摄）

❷ 完成使命的扬州医疗队告别武汉返程，与英雄城市、英雄的人们依依惜别（程　曦　摄）

❸ 3月19日，扬州援助湖北医疗队第二批164名撤离队员抵达扬州泰州国际机场（扬州画刊　供稿）

交警在风雪中坚守防疫一线　　（扬州画刊　供稿）

医护人员 24 小时坚守岗位　　（扬州画刊　供稿）

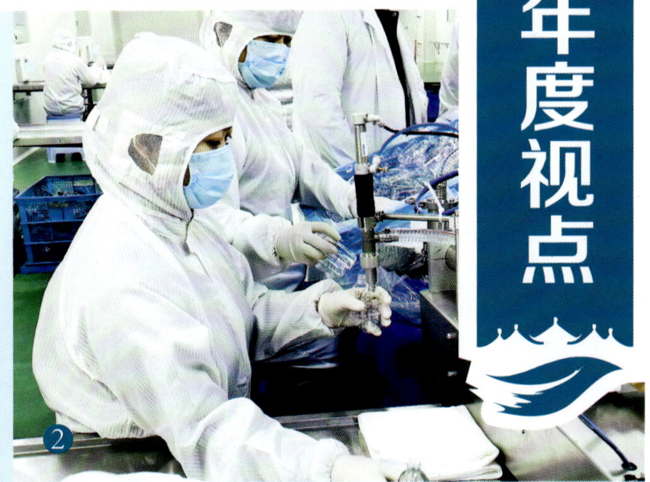

❶ 中石化仪征化纤加速熔喷布增产，保障供给 （庄文斌 摄）

❷ 江苏欧亚立日化有限公司开足马力生产免洗手消毒凝胶 （日 报 供稿）

❸ 江苏油田扬州石化有限责任公司化纤分厂全力生产医用卫生型无纺布用复合短纤维 （日 报 供稿）

人民至上

1 防汛演练　（防　办　供稿）

2 瓜洲泵站排涝　（防　办　供稿）

3 武警官兵在仪征胥浦河堤坝参与抗洪抢险

（董　辉　摄）

目 录

区域融合发展

中共扬州市委员会

扬州市人民代表大会

扬州市人民政府

政协扬州市委员会

中共扬州市纪委 扬州市监委

民主党派 工商联 群众团体

法　治

军　事

经济管理

工　业

软件信息服务业

旅游业

房地产业

金融业

对外及港澳台经贸

开发园区

交　通

水　利

城市建设

乡村建设

环境资源管理

科学技术

教　育

文　化

历史文化名城保护

卫生健康

收入消费

社会保障

社会事务

公共安全

区（县、市）发展

人　物

附　录

Main Contents

Rules of Law

Military Affairs

Economic Management

Agriculture

Emerging Industry

Industry

Architecture Industry

Commercial Service Industry

Software and Information Service Industry

Tourism

Real Estate Industry

Finance Industry

Economy and Trade with Foreign Countries, Hong Kong, Macao and Taiwan

Development Zones

Transportation

Water Conservancy

Urban Construction

Rural Construction

Environmental Resources Management

Science and Technology

Education

Culture

Historical and Cultural City Protection

Health and Wellness

Sports

Income and Consumption

Social Security

Social Affairs

Public Safety

District, County and City Development

Figures

Appendix

特载

Tezai

编 辑 徐国磊 陈永华

扬州市“十三五”发展成就

“十三五”时期，全市上下坚持以习近平新时代中国特色社会主义思想为指导，深入贯彻落实习近平总书记对江苏工作的系列重要指示精神，紧紧围绕中央、省委决策部署，认真践行新发展理念，“十三五”规划确定的主要目标任务顺利完成，“强富美高”新扬州建设取得重大阶段性成果，高水平全面建成小康社会取得决定性成就。

综合发展实力稳步提升。全市经济总量连续迈上5000亿元、6000亿元台阶，人均地区生产总值突破13万元，位居苏中苏北前列。举办第十九届省运会和第十届省园博会，省运会被省政府肯定为“新时期办好大型综合性运动会的典范”。承办第六届中国－中亚合作论坛、世界地理标志大会、世界运河城市论坛、鉴真国际半程马拉松赛等国际性活动，荣获世界运河之都、世界美食之都、东亚文化之都等称号，创成全国质量强市示范城市、全国旅游标准化示范城市，城市知名度和影响力进一步提升。

经济转型速度持续加快。大力发展“323+1”先进制造业集群，制造业增加值占GDP的比重达35%，工业开票销售6126亿元，较2015年增长50%，先进制造业对全部规上工业总产值的贡献率达75%。实现建筑业总产值4550亿元，年均增长约8%。现代服务业发展提质增效，服务业增加值年均增速超过8%，服务业重点企业达2000家，服务业增加值占GDP的比重较2015年提高了3.8个百分点，建成省市级生产性服务业集聚（示范）区57个，其中省级服务业集聚（示范）区14个。旅游业年总收入突破1000亿元。一二三产融合发展扎实推进，粮食总产达286.6万吨，农业机械化水平达89%，农产品加工产值与农业总产值比例达到3.1:1。19个农业园区入选全国农业创业创新园区目录。累计建成省级农产品加工集中区5个。

创新引领作用明显增强。创新驱动引领高质量发展，全社会研发投入占GDP比重达到2.5%。获评高新技术企业1600家，是2015年的2.5倍，高新技术产业产值占规上工业产值比重提升至48%。累计建成各类科技产业综合体超过600万平方米，累计入驻企业超过5000家、引进各类创新创业人才50000多名，形成“众创苗圃—孵化器—加速器—众创社区—双创基地”完整创业创新孵化链条。成功招引沈飞所协同创新研究院、中航机载系统共性技术中心、中国航空研究院研究生院、上海工程技术大学“一园两院一中心”等重量级科创项目。国家创新型试点城市通过验收。第二批国家小微企业创业创新基地城市示范绩效评价全国第一。扬州高新区获批国家高新区，省级以上科创园区实现县（市、区）全覆盖。

城乡区域发展更趋协调。“一核多组团”的现代化大扬州城市发展形态更加完善，江广融合片区、西区新城、南部新城等城市重点板块加快建设，东南片区更新改造全面推进，连淮扬镇高铁、江广高速、宿扬高速建成通车，加快实施京沪高速和五峰山过江通道公路接线、龙潭过江通道、京杭运河绿色航运示范区、长江－12.5米深水航道二期工程、扬州泰州国际机场扩建等一批重大交通工程，全面开工建设城市快速路网，“内联外通、互联互通、快联快通”的现代综合交通体系初步成型。成功打造绿色宜居的“健康中国扬州样本”，累计新建（提升）公园392个。乡村振兴战略深入推进，开展农村人居环境整治三年行动，农村无害化卫生户厕普及率达98.7%，居苏中、苏北第一，农村生活垃圾集中收运处理率达100%，799个村庄建成生活污水处理设施。有序推进建设高邮国家农业科技园、省级宝应湖有机农业开发区。头桥医疗器械小镇、曹甸教玩具小镇、武坚智能电气小镇、枣林湾体育小镇入选省级特色小镇创建名单，杭集镇获批全国特色小城镇，11个重点中心镇全部创成国家级生态镇。

人民生活水平显著改善。城乡居民人均可支配收入分别达到47202元、24813元，比2015年分别增长43.3%、49.3%。城乡居民收入比进一步降低。建档立卡低收入农户全部脱贫。累计新增城镇就业37.4万人，城镇登记失业率年均控制在2%

以内。累计组建各级各类医联体17个，三级医院实现县（市）全覆盖，18家农村区域性医疗卫生中心建成使用。省义务教育现代化学校创建实现全覆盖，教育发展水平走在全省前列。公共服务质量满意度列全国第5。社会保障体系日益完善，城乡居民基本养老保险基础养老金最低标准由2015年的每人每月105元提高到175元，城乡居民最低生活保障最低标准由2015年的每人每月390元提高到710元，城乡基本养老保险、基本医疗保险覆盖率均达98%。在全省率先推进颐养示范社区建设，新建颐养示范社区93个，广陵区获批省级居家和社区养老服务创新示范区。

*文化强市建设有力推进。*全国文明城市创建实现“四连冠”，高邮创成全国文明城市。全国双拥模范城荣获“八连冠”。加强运河文化保护与传承，成功举办世界运河城市论坛、运河文化嘉年华等活动，扬州中国大运河博物馆主体完工并获国务院正式命名，运河文化成为扬州城市的重要文化符号。创新打造24小时城市书房，全市共建成开放城市书房50家，每年走进城市书房阅读的人数规模达180多万人次，“上有天堂，下有书房”成为扬州新城市文化标识。入选第二批江苏省书香城市建设示范市。建成农村（社区）综合文化服务中心1325个，全市所有文化馆、图书馆均达国家一级馆标准。累计建成486非遗集聚区、中国淮扬菜博物馆等各类非遗场馆70多个，获评4个国家级文化产业类基地（园区）和4个省级文化产业类基地(园区)，扬州江广智慧城评选为省级重点文化产业示范园区。

*生态环境质量加快改善。*坚持“绿水青山就是金山银山”的发展理念，率先规划建设江淮生态大走廊并上升为省级战略，“三退三还”工程有序推进。扎实开展长江大保护，全市化工园区规划面积由22平方公里缩减至9平方千米，累计关停退出化工企业501家。长江生态岸线占比从2018年的47.5%提升至56.9%。全力打好蓝天、碧水、净土保卫战，与2015年相比，$PM_{2.5}$浓度下降34.5%，空气优良天数比例上升12.2个百分点、省考以上断面优良率提高到87.5%，城市建成区基本完成黑臭水体整治任务，劣V类水体比例从17.8%改善为无劣V类水体。全面建立河湖长制，河湖面貌明显好转。创成国家生态市、国家水生态文明城市、国家节水型城市。国家森林城市通过复查，林木覆盖率达24%。

*改革开放步伐迈向深入。*连续7年制定实施服务企业“2号文件”，营商环境进一步优化。全面落实减税降费政策，累计减免各项税费750.6亿元。建成市县乡村政务服务“一张网”，推进行政审批服务“三减两免”，实施“3550”“不见面”审批（服务）改革，“不见面”审批事项占比达98.1%。顺利完成市县机构改革，扎实推进司法、环保等管理体制机制改革以及经济发达镇行政管理体制改革试点、综合执法改革试点。实施市属国有企业改革，重组运河文投集团、科教集团、环投集团等国资企业，主责主业更加聚焦。深化医药卫生体制改革，入选国家城市医联体试点。全面执行外资准入前国民待遇加负面清单管理制度。积极参与“一带一路”交汇点建设，实施“530”招商行动计划，加强与中船重工、中航工业、中电科等央企合作，新落户法国圣戈班建筑材料、德国赛夫华兰德汽车零部件、芬兰瑞特格散热片等世界500强及跨国公司项目31个。出口加工区获批国家综合保税区，扬州泰州机场升级为国际机场。

*社会治理取得明显成效。*扎实推进法治扬州建设，荣获全国“六五”普法先进市、全国法治城市创建先进市。地方立法进程持续推进，全省首部开放式公园立法《扬州市公园条例》出台。市域社会治理现代化工作扎实推进，建立市县乡三级联动城乡日常管理机制，成立全国首家市域社会治理现代化指挥中心。创新网格化精细化社会治理，积极打造古城网格化社会治理示范样板，形成文昌花园、琼花观、安平社区等一批在全国全省有影响的基层典型。荣获全国创新社会治理示范城市。平安扬州建设有序推进，安全生产机制不断完善，公众安全感连续17年保持在95%以上，群众安全感持续提升，成为全国全省最安全地区之一。

*打赢疫情防控、复工复产和防汛抗灾三场硬仗。*认真落实“四早”要求，坚持可知可控、精准防控，强化统筹领导，迅速打响疫情防控的总体战、阻击战，持续抓好“外防输入、内防反弹”，创新开展“大数据＋网格化＋铁脚板”防控模式，本地确诊病例28天实现零新增、

9月28日，2020运河嘉年华在宋夹城开幕　　日　报/供稿

40天内全部治愈，实现全市感染病例零死亡、医护人员零感染“双零”目标。第一时间出台扶企稳市惠民的政策意见，全市各行各业全面复工复产复市，较早地实现生产生活秩序正常化，经济较快地恢复正增长。面对百年不遇的汛情，突出科学防汛、精准调度，加强风险预警和排查巡查，全面完成淮河入江水道整治、长江防洪能力提升一期工程，建成“城市安全第一工程”瓜洲泵站，城区防洪除涝基础更加扎实，流域区域及城市防洪减灾能力得到有效提升，成功抵御2020年长江历史第一高水位，实现江河安澜。（发改委）

扬州市“十三五”脱贫致富奔小康纪实

“十三五”以来，扬州市认真贯彻落实习近平总书记关于扶贫工作的重要论述，把脱贫攻坚作为重大政治任务和第一民生工程，深入实施脱贫致富奔小康工程，取得较好成效。全市所有建档立卡低收入人口全部脱贫，高质量实现“两不愁、三保障”和饮水安全，沿河、沿江地区65个市级经济薄弱村集体经营性收入全部达到45万元、55万元，实现“户脱贫、村达标”的脱贫目标。

强化组织保障，建立健全打赢脱贫攻坚战的体制机制。成立由市委、市政府分管领导任组长的市农村扶贫工作领导小组，市级相关部门共同参与，统筹推进全市农村扶贫工作。市委常委会、市政府常务会每年听取农村扶贫工作汇报，市委、市政府每年至少召开两次扶贫工作推进会议，高点谋划、高位推进全市脱贫攻坚工作。出台《关于实施脱贫致富奔小康工程的意见》《关于进一步加强农村扶贫开发工作的实施意见》等一系列政策文件，实施“三保五助”（保基本生活、保危房改造、保基本医疗，助贫困劳动力就业、助贫困学生完成学业、助创业意愿实现、助巩固脱贫成果、助薄弱村发展集体经济）精准扶贫政策，确保建档立卡低收入农户稳定脱贫、市级经济薄弱村达标摘帽。市委、市政府把脱贫攻坚列入“两报告一文件”（市委全会报告、市政府工作报告、民生幸福工程一号文件），每年制定出台《全市农村扶贫工作考核办法》，开展脱贫攻坚专项督查，通过市、县、乡三级联动考核督查，逐级压紧压实工作责任。开展入户宣传，编发“三保五助”扶贫政策宣传手册等宣传资料；通过扶贫专题活动、新闻发布会、进村入户等多种形式宣传扶贫政策和脱贫成效；组织开展全国、全省脱贫攻坚奖候选人选树活动，编印《扬州市“十三五”脱贫攻坚先进典型汇编》，发挥典型示范引领作用；利用镇村综合服务中心、医院、学校等载体广泛宣传扶贫政策，让低收入农户了解“惠在何处、惠从何来”。

强化政策落实，确保高质量完成脱贫致富奔小康工程任务。把好建档立卡“入口关”。科学识别“十三五”扶贫对象。2016年初，在广泛调查研究的基础上，结合扬州实际，以农户人均年收入7000元为标准，确定建档立卡低收入人口；以沿河、沿江地区村级集体经营性收入30万元、40万元为标准，确定65个市级经济薄弱村。对照扶贫标准，组织1800余名乡镇农经站长、村主办会计和大学生村官参与扶贫对象建档立卡工作。要求各地严把建档立卡程序关、质量关，做到规定动作一个不少、规定程序一项不漏。每年年底，按照国家和省部署要求，开展扶贫对象动态管理工作，对全国扶贫开发信息系统低收入农户数据进行动态调整、核准更新。科学制定帮扶政策，狠抓政策落实。开展低收入农户结对帮扶。全市副处级以上领导干部带头，定期入户走访、宣讲政策、开展帮扶。对有劳动能力的低收入农户，通过各类经济实体吸纳、产业扶贫项目带动、公益性岗位安置等措施，推动1.5万名低收入劳动力就业。对没有劳动能力的低收入农户，通过政策兜底稳定脱贫。2016年，组织65个市级机关部门、国有重点企业结对帮扶65个市级经济薄弱村，帮扶时间5年，安排帮扶资金1.3亿元，支持建设产业扶贫项目133个。开展“三保障”精准帮扶，完成低收入农户危房改造3134户，改造完成率100%。拓展教育补助范围，减免低收入农户子女就学费用4711万元。全市建档立卡低收入农户基本医保参保率100%，全面落实先诊疗后付费、一站式结算等政策措施，低收入农户在县域定点医疗机构政策范围内住院费用，个人自付比例控制在10%以内。2018年以来共报销低收入农户医疗费用5.2亿元。规范操作，严把脱贫“退出关”。全面推行“阳光扶贫”监管系统建设，出台《关于进一步加强“阳光扶贫”监管系统管护工作意见》。建立健全“三保五助”扶贫政策落实情况常态督查制度，开展“线上+线下”联动督查。以县（市、区）为单位，每季度将“三保五助”政策落实情况上传“阳光扶贫”监管系统，每年组织开展脱贫攻坚督查检查。严格履行脱贫程序，低收入农户脱贫严格执行“五签字五确认”，市级经济薄弱村脱贫实行第三方验收程序，由市财政局委托第三方机构进行考核验收，并由县（市、区）审计部门审计确认。加强防返贫监测管理，摸排确定脱贫不稳定户、易致贫边缘户1032户，建立动态监测和帮扶机制，健全管理台账，落实就业创业、救急救难、兜底保障等帮扶措施，织密防返贫监测网，确保小康路上“一个不少、一户不落”。

强化攻坚举措，聚力打造精准扶贫“扬州特色”。减支增收，在“解民困”上出实招。持续减轻支出负担，由财政统一承担低收入农户“一事一议”筹资筹劳和政策性农业保险费用，定额减免水、电、有线电视等基本生活费用，保障低收入农户基本生活需求。2018年以来，共减免低收入农户基本生活费用3635万元；在“义务教育有保障”的基础上进行延伸拓展，对低收入农户子女从幼儿园起各学历阶段的就学费用，实施减免或定额补助，平均每户有教育支出的低收入家庭每学年减支近3000元；按照最高档标准，全额资助低收入农户城乡居民基本医疗保险保费，为低收入农户构筑基本医保、大病保险、医疗救助三道防线。持续提升保障水平，2017年，在全省率先将低保标准与扶贫标准有效衔接，各级财政投入1.1亿元，将低保标准提高至585元每月，确保纳入低保的低收入农户当年达到脱贫标准；建立低保标准逐年增长机制，2019年实现全市城乡低保标准一体化，2020年提高到710元/月；对符合危房改造条件的低收入农户，在中央和省财政补助的基础上，由县（市、区）进一步加强资金支持，保障低收入农户住房安全。结对帮扶，在“强集体”上用实劲。明确帮扶措施，要求每个帮扶单位扶持结对村建设1个以上促进村级集体经济增收的物业或产业项目，加强村级公共基础设施建设，扶持发展社会公益事业，促进村级集体经济持续稳定增收。加强工作督查，定期督查通报帮扶单位结对帮扶工作，通报主要负责人、分管负责人到村次数以及扶贫资金、帮扶项目等情况。完善专项考核，出台结对帮扶工作专项考核办法，对工作中涌现的先进集体和先进工作者予以专项表彰。沿河、沿江地区65个市级经济薄弱村集体经营性收入全部达到45万元、55万元，并通过第三方的独立验收和审计部门的审计。夯实责任，在“严监管”上求实效。压紧压实责任，市、县、镇层层签订“十三五”脱贫攻坚目标责任书，明确“十三五”期间农村扶贫目标任务、工作责任和帮扶举措。“两不愁三保障”职能部门递交政策落实书面承诺书，郑重承诺职责范围内“三保五助”精准扶贫政策全部落实到位。通过“两书”层层传导压力，构建职责明晰、各负其责、各尽其责的脱贫攻坚责任体系。实施“线上监督、线下留痕”，通过“阳光扶贫”监管系统开展全方位监督，将线上数据比对和线下实地核查相结合，实时监管每个低收入农户从识别到脱贫、每个经济薄弱村增收项目从开工到产生收益全过程。按“一村一档、一户一档”要求，将扶贫工作全过程资料分类整理留存，确保脱贫成效可究可溯。（印　笋）

打赢新冠肺炎疫情防控战

2020年新冠肺炎疫情发生以来，扬州市认真贯彻落实习近平总书记系列重要指示精神，按照中央和省委、省政府统一部署，坚持“人民至上、生命至上”，认真落实科学防治、精准施策防控要求，全力打赢疫情防控阻击战、阵地战、持久战。

疫情防控有力有效。坚持“联防联控”，落实责任到底，第一时间实行市县“每日视频点调”，实行日收集、日会商、日报告、日发布、日请示的“五日工作法”，做到“一见底、两彻底、三到位”（即排查见底，流调彻底、隔离彻底，力量配备到位、措施落实到位、责任压实到位）。推行“大数据＋网格化＋铁脚板”防控模式，本地确诊病例28天实现“零新增”、40天内全部治愈，实现全市感染病例零死亡、医护人员零感染“双零”目标。坚持“群防群治”，守牢防控底线。建立社区民警、疾控人员、社区干部和网格员“四合一”专班，组建“一格一长多员”的网格队伍，严格落实“人、物”同防、监测预警、能力储备、应急演练等疫情防控工作，确保防控责任压实压到位。全力支援湖北疫情防控，先后派出299名医护、保障人员驰援武汉和黄石。疫情防控进入常态化阶段后，按照国务院和省委省政府部署要求，主动适应疫情常态化防控新形势，紧紧围绕“外防输入、内防反弹”，严格落实《国务院应对新型冠状病毒感染肺炎疫情联防联控机制关于做好新冠肺炎疫情常态化防控工作的指导意见》和省疫情常态化防控工作指引，优化建立精干精准的组织运行体系，以开展常态化督查检查为抓手，以问题为导向促进疫情常态化防控各项工作落细落实。

推进复工复产。第一时间出台扶企稳市惠民的政策意见，推进全市各行各业全面复工复产复市，推动实体经济平稳运行，较早地实现生产生活秩序正常化，经济较快地恢复正增长。全面落实“六稳”“六保”任务，先后出台“惠企16条”“惠农12条”“金融15条”“商贸12条”以及促进文旅、建设领域发展等稳企惠企政策。在市级层面对百强企业、县（市、区）对重点企业“户户到”，全力帮助企业恢复产能、共度时艰，累计为企业减税降费147亿元，减轻社保缴费负担50

3月11日，上汽大众仪征公司生产车间复工复产现场　　日　报/供稿

亿元。普惠小微贷款和制造业贷款余额分别增长31%、11%，争取中央财政特殊转移支付和抗疫特别国债30.3亿元，发行政府专项债88.5亿元。举办春季产业项目视频签约仪式，召开招商引资暨项目建设攻坚动员大会，出台《重大项目建设服务推进工作方案》《市领导挂钩联系重大项目制度》《2020年全市八大领域重大投资项目推进工作方案》等系列文件，实行“六个一”服务推进机制，主导推进的15个列省重大项目、379个市级重大项目分别完成年度投资计划的124%、112%。全年主要经济指标基本转正、稳步向好。其中，地区生产总值实现6048.33亿元，比上年增长3.5%；一般公共预算收入337.27亿元，增长2.6%；工业开票销售6100亿元，建筑业总产值4550亿元，新增“四上”企业1400家左右；社会消费品零售总额1400亿元，进出口总额770亿元；接待境内外游客3840.95万人次，实现旅游业总收入610.33亿元；城镇居民人均可支配收入47202元，增长3.6%，农村居民人均可支配收入24813元，增长6.3%。

（杨　鉴）

防汛防旱纪实

2020年，扬州市气候复杂多变，入梅前遭遇严重气象干旱，入梅后又遭受多轮持续性强降雨袭击，长江发生超历史水位、超1998年洪峰的大洪水，淮河发生流域性较大洪水。全市上下立足防大汛、抗大旱、抢大险、救大灾，广大军民坚持“人民至上、生命至上”，团结一致、众志成城，全力投入防汛抗洪抢险救灾工作，确保水利工程无一溃坝决口、城市不淹不涝、城乡生产生活秩序正常，向全市人民交出大洪无大灾的满意答卷。省防指将扬州市防汛抗洪调度指挥等“六个到位”的经验做法以简报形式下发全省学习借鉴；在全省12345平台通报的涉及防汛抗灾工作群众诉求中，扬州市诉求率最低。

*水、雨、旱情特点。*水情。长江洪水来量大、持续时间长、不断刷新历史纪录。受长江上中游持续来水影响，长江干流大通来量上涨迅猛，7月1日超过5万立方米每秒后，7月11日突破8万立方米每秒，最大达8.46万立方米每秒（7月13日），仅次于1954年（9.26万立方米每秒），其中维持7万立方米每秒以上大流量行洪26天，维持8万立方米每秒以上3天。受其影响，扬州市沿江潮位自7月7日起全线超警，适逢农历初三天文大潮，长江泗源沟闸、瓜洲闸、三江营最高潮位全面上涨，7月21日，泗源沟闸、瓜洲闸最高潮位分别达7.58米、6.92米，超警戒水位1.22米、1.23米，超历史最高潮位0.32米、0.03米；三江营最高潮位6.01米，超警戒水位0.69米，比历史最高潮位低0.26米。淮河来水量基本正常，来洪持续增加。受淮河上中游强降雨影响，6月23日洪泽湖三河闸开闸泄洪500立方米每秒，6月24日增加至3000立方米每秒，7月18日前一直维持在3000—4500立方米每秒左右行洪。淮河1号洪水于7月17日形成，三河闸加大流量，最大流量达7930立方米每秒（8月11日），总排水量310.9亿立方米，扬州市淮河入江水道万福闸、金湾闸、太平闸同步敞泄，最大流量8255立方米每秒（8月11日），总排水量327.8亿立方米。高邮湖、邵伯湖水位持续小幅上涨，最高水位分别为8.28米、7.30米，均未超过警戒水位。雨情。扬州市6月10日入梅，7月21日出梅，梅雨期长达41天，位列历史第4位。遭遇8轮强降水过程，覆盖范围广、雨量大，平均梅雨量493.2毫米，是常年梅雨量的2.1倍。仅扬河泗源沟闸最高水位达6.97米（7月19日），仅低于历史最高水位0.29米；里下河局部地区水位一度超过警戒水位0.5米左右；丘陵山区72座水库一度有20座超汛限水位溢洪。旱情。4月以来至入梅前，扬州市降雨比常年偏少近5成，高邮湖蓄水偏少2成以上，长江大通来量偏少近3成，丘陵山区水库蓄水量较常年偏少2—3成。受持续高温少雨天气影响和省防指大幅压减扬州市沿运自灌区用水，部分地区夏栽用水一度较为紧张，用水矛盾凸显，射阳镇站最低水位仅有0.25米（6月11日），在1951年至2020年最低水位系列中排名第四。

*党委政府重视、靠前指挥。*扬州市委、市政府高度重视，汛前市领导多次作出指示要求和专题会议部署。长江防汛进入应急响应期后，市委、市政府把长江防汛抗洪工作作为当前中心工作来抓，召开市委常委会（扩大）会议专题研究部署

7月18日，市长张宝娟（左二）在防汛现场检查指导　　庄文斌/摄

防汛工作，赴抗洪一线检查指导防汛工作；派出9个由市四套班子领导带队的督导组驻地一线督导，发出《关于进一步强化当前防汛抗洪工作的紧急通知》，对做好当前防汛抗洪工作进行全面部署。

上下周密部署、扎实备汛。对市级防汛防旱指挥部组成人员进行调整，市县乡三级防汛防旱指挥部组成人员调整到位，大江大河、水库等各类防洪工程和城市（镇）防洪的行政、技术责任人名单在5月22日的《扬州日报》上公布，接受社会监督，确保防汛责任落实到位。汛前检查督查。对丘陵山区水库、跨汛期施工工程、城市河道阻水坝埂等重点部位和关键环节进行排查。市防指部署各成员单位开展行业内部汛前检查，主汛前拆除阻水围堰合计17处，保障城市排涝通畅。预案修订完善。完成城市、水库等超标准洪水防御方案编制，确保遇超标准洪水有对策。确保省市县乡（防汛重点乡镇）互联互通。充实防汛物料，全市共储备防汛“三袋”378万只、块石4.5万吨、木材2500立方米、土工布26万平方米等物资，对本地区在建水利、交通、市政等工程的施工队伍和机械设备信息收集登记，以便调用。开展军地联合防汛抗洪抢险演练。

防指高效运转、精准施策。召开视频调度会议，驻守调度指挥，召开防汛会商会，下沉一线、驻地督导，对发现的隐患问题提交市防办进行交办，并做好跟踪督办工作，累计下发部署通知22个，下发督办单37件、专家组指导意见书6份。市县防指按照防洪预案，通过12379预警发布平台发布应急响应和预警信息。7月6日，市防指即启动长江防汛Ⅳ级应急响应，7月30日启动淮河地区防汛Ⅳ级应急响应，并发出通知加强当前河湖堤防巡查防守有关工作；7月10日在全省超前提升长江应急响应至Ⅲ级后，7月12日将长江防汛应急响应等级提升至Ⅱ级，7月18日再次提升长江洪水预警等级至红色，并对压紧压实地方防汛抗洪责任，对仪邗丘陵山洪防御、巡堤防守、险工患段处置、人员物资前置等进行再部署、再落实。按照预案，7月29日扬州市将长江防汛应急响应由Ⅱ级调整为Ⅲ级，8月9日调整为Ⅳ级，8月15日结束长江防汛Ⅳ级应急响应，8月18日结束淮河地区防汛Ⅳ级应急响应。市防办调度城市防洪排涝工程体系，一方面通过城市内部闸站预降内河河网水位，并通过瓜洲外排泵站持续抽排预降古运河、仪扬河等外河水位，润扬河闸、瓜洲闸抢长江低潮排城市涝水，有效应对梅雨期8次强降雨（梅雨量为常年2.1倍）。另一方面针对仪邗丘陵地区洪水下泄受阻、河道水位居高不下的防洪风险，市防办超常规调度开启仪扬河闸、瓜洲泵站经仪扬河古运河对仪邗丘陵地区实施分洪，沿山河西闸站抽排乌塔沟山洪经沿山河、城市西部河网维持乌塔沟水位不上涨，有效缓解区域防洪压力。保障信息畅通。每日收集各地防汛抗洪动态、督导组和专家组一线督导发现问题，编报防汛防旱信息和政务信息，进行报送，共编报防汛防旱信息30期、政务信息20条。通过微信群发布推送防汛动态。

沿江地区军民发动、团结奋战。人员应撤尽撤。面对长江潮位持续上涨的严峻形势，完成朴席江滩2001人撤离转移任务，主动撤离1.11万人。巡堤查险24小时不间断。在长江、淮河防汛应急响应期间，沿线各县（市、区）干部群众按照市防指印发的《巡堤查险指导意见》，严防死守，实行定人、定段、定时、定责任，对长江、归江河道、通江河道、丘陵区中小河流及水库大坝等实行24小时不间断巡查防守。动员干部群众日均3000余人，对长江、归江河道及通江河道、京杭运河、仪扬河乌塔沟等300余千米堤防进行全面清杂，清杂面积203.78万平方米，把险情隐患消灭在萌芽状态。加密对长江嘶马弯道、六圩弯道、仪征水道等历史易坍地段及归江河道水下河势监测，市防办组织省水文局扬州分局开展世业洲分流比测流，确保掌握河势动态变化情况；各地前置“三袋”35万只、块石6200吨、土工布3.02万平方米、木材162.2立方米；落实抢险队员6000余人，其中扬州军分区、消防救援支队、武警支队1500余名专业队员在营中备勤待命，4500余名社会化抢险队员随时做好抢险准备。各地累计对42处隐患堤段、穿堤涵闸等工程薄弱环节进行应急加固，消除度汛隐患。

沿运地区顾全大局、团结抗旱。4月后至入梅前严重气象干旱，市防办超前提请省防指中心调度省管闸站加大抽引江水向里下河补水量，并部署里下河地区启用里下河水源调整工程、灌区补水站抽水灌溉，沿江地区抢长江高潮引水，保障农业夏栽用水。坚持开源与节流并举，强化沿运地区严格计划用水，厉行节约用水，实行错峰轮灌措施，并多次派员夜查沿运用水情况，24小时管控沿运口门流量，确保江水北调。扬州市沿运地区共投入抗旱人数0.8万人，投入抗旱资金600万元，累计补水超2000万立方米。

成员单位协作抗洪。市水利局与市卫健委联合发出《关于做好我市防汛抗旱期间人员转移安置疫情防控工作的通知》，市防汛办与市应急管理局联合发出《关于做好防汛抗洪抢险救援准备的通知》，市防指与市委宣传部联合发出《关于做好汛期新闻宣传和舆论引导工作的通知》；市财政局调拨1000万元专项资金用于防汛应急抢险；市公安局协助组织群众安全撤离或转移，并对重点地段和人员加强安全管控；市工信局为防汛抗洪抢险人员及水文测报提供应急通信保障；扬州海事局和扬州经济技术开发区防指协调配合，为市防指前置块石船舶顺利停靠提供支持；其他成员单位应急响应期间做到随叫随到，各司其职，上报防汛信息，为防汛抗洪工作提供支撑。（防　办）

大事纪要

Dashi Jiyao

编 辑 姚 震

1月

1日 市政府召开全体（扩大）会议，就《政府工作报告（讨论稿）》听取各地、各部门、各单位的意见和建议，部署下一步工作。

△ 联合国教科文组织官员倪乔波、中国联合国教科文组织全国委员会秘书处项目官员魏侠一行到扬州，考察扬州如何放大世界美食之都品牌效应，并参加扬州市举办的世界美食之都座谈会。

△ 扬州市调整法律援助对象经济困难审查标准，收入低于市最低工资标准的人群，即申请人月收入低于2020元的，可携带身份证、贫困证明在全市各级公共法律服务中心免费申请法律援助，这是5年来的首次调整。

3日 中国共产党扬州市第七届委员会第九次全体会议举行。全会回顾总结“强富美高”新扬州建设五年实践，研究部署2020年工作任务。

△ 省委第六巡视组向扬州市反馈巡视情况。

6—9日 中国人民政治协商会议江苏省扬州市第八届委员会第四次会议举行，王振祥当选政协扬州市第八届委员会副主席，仇志军当选政协扬州市第八届委员会常务委员会委员。

7日 省委常委、组织部部长郭文奇，副省长陈星莺到扬州市广陵区走访慰问城乡老党员、孤寡老人、困难群众、低保户等，向他们致以节日的问候和新春的祝福。

7—10日 扬州市第八届人民代表大会第四次会议举行，夏心旻当选市八届人大常委会主任，于力、储爱军当选市八届人大常委会委员；张宝娟当选扬州市市长。大会表决通过扬州市第八届人民代表大会有关专门委员会组成人员人选。

8日 国务院江苏安全生产专项整治督导组第四工作组在组长、生态环境部副部长翟青带领下，到扬州化工园区进行督导，对江苏瑞祥化工有限公司安全生产工作给予现场指导。

10日 2019年度国家科学技术奖励大会在北京举行。扬州大学2项成果获国家科学技术奖。其中，扬州大学刘秀梵院士领衔完成的项目“基因VII型新城疫新型疫苗的创制与应用”获国家技术发明奖二等奖；以扬州大学为第二完成单位、该校陈国宏教授参与完成的项目“蛋鸭种质创新与产业化”获国家科学技术进步奖二等奖。

13—14日 国务院江苏安全生产专项整治督导组常务副组长、国务院安委办副主任、应急管理部副部长孙华山率国务院安全生产专项整治督导组，到扬州调研督导安全生产专项整治工作。

14日 全市“不忘初心、牢记使命”主题教育总结大会召开，市委书记夏心旻出席会议并作总结讲话。

△ 市长张宝娟会见完美（中国）有限公司董事长古润金一行，双方就完美公司在扬州发展作交流。

18日 扬州市与泰州市、东部机场集团在南京签署推动民航高质量发展战略合作协议，并就推进扬州泰州国际机场建设“国际旅游航空枢纽”进行座谈。

△ 扬州市长期护理保险首付仪式在太平洋人寿保险扬州中心支公司举行，首批86名通过失能等级评估的重度失能人员享受到长护保险待遇。

20日 市委召开全市领导干部警示教育大会。市委书记夏心旻在大会上讲话。

2月

9日 扬州30名医护人员在南京禄口机场集结，加入第五批江苏援湖北医疗队，启程出征湖北。至此，扬州共有68名专家、医护人员奔赴湖北一线参与疫情防控工作。

11日 扬州市再次集结24名医护人员组成紧急医疗队驰援湖北省黄石市，共同抗击新冠肺炎疫情。

△ 人民银行扬州市中心支行出台《关于加强新冠肺炎疫情防控相关金融服务工作的通知》，从保障信贷投放、优化金融服务、开辟绿色通道、加强分析管理四个方面，制定20条深化金融服务措施，支持扬州抗击疫情。

13日 由164名队员组成的扬州市第七批支援湖北医疗队启程出征。

14日 副省长马秋林到扬调研企业复工复产和疫情防控情况。

22日 仓颉山病区工程建成完工，并通过验收，正式交付扬州市第三人民医院。

26日 扬州市东南新城揭牌仪式举行，东南新城东至京杭大运河，南至328国道，北至文昌路，西至古运河，面积17.06平方千米。

3月

1日 扬州实施新修订的《扬州市节水供水管理办法》。

2日 市委常委会召开巡视整改专题民主生活会。市委书记夏心旻主持会议并讲话。省委巡视办副主任郎成平到会指导。

3日 省长吴政隆就推动长江经济带高质量发展到扬州调研。

4日 省政府印发《关于2019年度江苏省科学技术奖励的决定》，扬州市共有21个项目获得2019年度江苏省科学技术奖，其中一等奖4项、二等奖5项、三等奖12项。

5日 市政协首次以网络议政形式，召开市、县（市、区）政协委员参加的视频会议，就“发挥政协优势、强化责任担当，助力夺取疫情防控和经济社会发展双胜利”进行专题协商议政。

11日 扬州市召开新闻发布会，发布《关于贯彻落实阶段性减免企业社会保险费政策有关事项的通知》。

12日 市委书记夏心旻、市长张宝娟、市政协主席陈扬、市委副书记孔令俊等市四套班子领导和机关干部、群众代表，到长江夹江边的芒稻河东岸参加义务植树活动。

16日 市委、市政府发布服务民生“1号文件”，排定2020年民生幸福工程清单共计10大板块、33类、116个。

△ 市文化广电和旅游局召开新闻发布会，解读市委、市政府《关于2020年促进旅游业发展更好服务游客的意见》（“3号文件”）。

17日 扬州市连续第7年发布服务企业、优化企业发展环境的“2号文件”，排定9个方面99项具体措施。

25日 副省长赵世勇率队到扬，实地考察有关水利工程建设情况，调研推进扬州水利工作。

26日 扬州市以视频会议的形式，召开全面加强基层基础建设推进市域社会治理现代化动员大会。

31日 省委书记娄勤俭在扬州检查调研，强调要持续抓好“外防输入、内防反弹”各项防控工作，加快全面恢复正常生产生活秩序。

△ 市委书记夏心旻会见到扬调研的中国远洋海运集团董事、总经理、党组副书记付刚峰一行，就进一步深化战略合作，支持扬州中远海运重工做强做优，助力扬州海工装备产业发展等方面作深入交流。

△ 扬州市召开重大项目部门联席会议，推进2020年全市重大项目建设。

△ 市人大常委会举行“扬州网上代表之家”手机App开通仪式，这是全省首个实现与“12345”政府服务热线合作的人大代表履职平台。

4月

1日 《旅游警察服务规范》扬州市地方标准正式实施。

2日 市委、市政府召开全市招商引资暨项目建设攻坚动员大会。会议印发并解读《关于进一步加大招商引资攻坚力度促进经济社会高质量发展的意见》《市领导挂钩联系推进重大项目制度》《2020年全市重大项目建设服务推进工作方案》。会上，市委、市政府聘请100名“招商大使”。

△ 扬州市在邗江区槐泗镇召开党建引领基层治理暨审批服务执法力量整合现场推进会。

2—3日 省人大常委会副主任曲福田带队到扬，开展《江苏省促进政务服务便利化条例（草案）》立法调研。

7日 《扬州市第四次全国经济普查公报》正式公开。普查结果显示，2018年末，全市共有从事第二产业和第三产业活动的法人单位107653个，与2013年第三次全国经济普查相比增长97.8%；从业人员2701279人，增长2.8%；产业活动单位116369个，增长88.8%；个体经营户261704个。

△ 省住房和城乡建设厅发布首批107个省级传统村落名单。扬州市生态科技新城杭集镇双隆村，仪征市经济开发区蒲薪村东风，高邮市的界首镇甓湖社区太平街、三垛镇东风社区东二街、临泽镇临泽社区中街、菱塘回族乡清真村，宝应县射阳湖镇臧陈社区官南7个村落上榜。

9日 省政协主席黄莉新率部分委员到扬开展专题民主监督。

14日 江苏省建设工程质量最高奖——2019年度江苏省优质工程奖“扬子杯”获奖项目名单公布，扬州市共有35个项目上榜。

16日 科技部发布《关于印发2020年度国家备案众创空间的通知》，确定498家众创空间为国家备案众创空间，扬州市的酷立方（扬州）众创空间和扬州万方科创众创空间入选。

17日 市委书记夏心旻会见腾讯云华东区总经理朱张辉一行，就深化工业互联网、文旅项目、政务服务等领域合作进行深入交流。

△ 市长张宝娟会见中化集团化工事业部党委书记、总裁刘红生，宝龙地产总裁许华芳等嘉宾，希望全面深化合作，扩大在扬投资，加快推进项目落地，携手实现互利共赢发展。

18日 2020中国·扬州“烟花三月”国际经贸旅游节开幕式暨“世界美食之都”揭牌仪式在瘦西湖熙春台举行。节庆期间，全市共落实新签约先进制造业、现代服务业和科技合作项目178个，总投资1878.3亿元。

19日 扬州市二维码门楼牌授牌暨应用系统上线仪式在广陵区“双东”历史街区举行，全市门楼牌迎来“二维码时代”。

20日 市委书记夏心旻调研督查全市乡镇（街道）治理体制改革工作。

21日 副省长马秋林到扬调研督查企业安全生产和复工复产工作。

△ 第13届扬州软件和信息服务外包大会暨航空电子科技产业论坛采用线上直播形式举行。沈阳飞机设计研究所扬州协同创新研究院、中航机载系统共性技术有限公司等

科创企业发布产品。

△ 2020中国特色小城镇品牌传播百强榜发布。扬州生态科技新城杭集镇入选百强，位列全国第39位，是扬州唯一上榜乡镇。

24日 七届市纪委五次全会召开。

△ 七届扬州市委第十一轮巡察工作动员部署会召开。

△ 扬州市政府与上海工程技术大学签订全面战略合作协议。

26日 扬州市政府与中国航空研究院举行共建中国航空研究院研究生院项目战略合作协议"云签约"。

28日 市委、市政府召开全市服务高质量发展作风建设大会。

29日 "学习强国"扬州学习平台正式上线，成为江苏省内继苏州学习平台之后的第二家市级学习平台。

29—30日 市八届人大常委会第二十八次会议召开，会议表决通过关于同意调整引潮河公园、曲江公园、古运河风光带部分永久性绿地用途的决议。表决通过《关于放大世界运河之都、世界美食之都、东亚文化之都品牌效应，推动我市国际文化旅游名城建设的议案》处理意见的报告。

30日 市委书记夏心旻赴市区部分化工企业、建筑工地、商业综合体，实地检查安全生产工作。

△ 市长张宝娟赴瘦西湖景区、中石化头道桥油库等地，对安全生产工作进行专项检查。

△ 市政府印发《扬州市促进服务外包产业发展政策意见》，这是扬州市首次出台促进服务外包产业发展的政策意见。

5月

1日 市医保局、市信用办联合印发的《扬州市医疗保障定点医药机构信用管理办法（试行）》正式施行，明确定点医药机构失信行为的认定、惩戒及其信用管理，重点将13项行为列为定点医药机构失信行为。

△ 位于高邮城区的汪曾祺纪念馆开馆。

9日 扬州市政府与中国出口信用保险公司江苏分公司签署深化合作协议。

△ 仪征化纤第12条年产500吨熔喷布生产线投产成功，至此，仪征化纤一期年产4000吨和二期年产2000吨熔喷布项目全面建成投产，日产能达到18吨。

△ 《扬州市区住房保障申请准入审核实施细则》正式实施，符合要求的住房困难家庭，可申请公租房或限价商品住房。

12日 市委书记夏心旻会见联创科技集团董事长孙力斌一行，就进一步深化战略合作，高质量推动合作项目建设，助力扬州新兴科创名城建设进行深入交流。

△ 扬州市专题召开航空产业发展督查推进会。

14日 市委书记夏心旻调研督查全市防汛备汛和抗旱工作。

△ 扬州市召开全面加强基层基础建设推进市域社会治理现代化现场会。

△ 扬州市地方标准《城乡生活垃圾分类管理规范》正式发布，7月1日起正式实施。

15日 市委、市政府召开列省、列市重大项目推进会。

19日 副省长费高云到扬调研重大基础设施和民生项目建设。

△ 市长张宝娟会见北京旋极信息技术股份有限公司副总裁蔡厚富、陈为群一行，就进一步深化战略合作、推动项目落地等方面进行深入交流。

22日 副省长马欣到扬调研学校和文化旅游场所疫情防控和安全生产工作。

23日 市委、市政府召开全市推动长江经济带发展领导小组会议。

26日 市委、市政府召开全市城乡生活垃圾分类和治理工作动员推进会。

△ 农业农村部办公厅、财政部办公厅公布2020年农业产业强镇建设名单，全国259个镇（乡）入选2020年农业产业强镇，仪征市马集镇榜上有名。

27日 扬州市政府与中国农业发展银行江苏省分行举行战略合作签约仪式。

28日 省委常委、常务副省长樊金龙带队到扬，调研检查省人大代表关于安全生产的重点建议落实和违法违规"小化工"百日专项整治行动推进情况。

29日 扬州市与中国移动江苏公司举行战略合作签约，扬州市政府、仪征市政府分别与中国移动江苏公司签署"共同推进5G建设与应用"战略合作协议、"中国移动（江苏扬州）数据中心"合作协议。

30日 市委书记夏心旻赴宝应县、高邮市，调研乡村振兴战略实施情况。

6月

3日 水利部副部长叶建春带队到扬调研南水北调东线二期工程规划工作。

6日 江苏省扬州技师学院、南京熊猫电子装备有限公司、沈阳飞机设计研究所扬州协同创新研究院有限公司、南京安舍曼机器人研究院有限公司、江苏金美利智慧科技有限公司签署战略合作框架协议，共同打造扬州市高精度柔性工业机器人公共实验实训平台，项目落户扬州技师学院新校区。这是全市首个聚焦高精度柔性工业机器人的产教融合项目。

10日 省委、省政府在宁举行全省科学技术奖励大会，表彰2019年度省科学技术奖获奖单位和个人。扬州市共有21个项目获得省科学技术奖，其中一等奖4项、二等奖5项、三等奖12项。

10—11日 市长张宝娟率队赴上海开展招商引资活动。

12日 14时许，高邮城南新区勤王、管伙、浩芝三个村突遭龙卷风袭击，243户民房和6家厂房不同程度受灾——约78亩农田大棚受损严重，电力中断，4人受轻伤。

13日 江苏省肝胆外科临床医学中心扬州分中心、江苏省神经内分泌肿瘤诊治中心扬州分中心揭牌仪式在扬州大学附属医院举行。

15日 江苏省肿瘤个体化医学

协同创新中心扬州分中心揭牌仪式暨扬州大学附属医院建院60周年庆祝大会举行。

17日 市长张宝娟检查全市防汛防旱工作。

19日 《市政府关于加快培育独角兽、瞪羚企业的实施意见》出台。

20日 扬州大学附属医院儿童医学中心揭牌成立，上海新华医院胎儿医学中心扬州分中心同时落户。

28日 扬州市广陵区文峰街道连福社区徐立梅家庭药师工作室揭牌成立，成为江苏省首个建在社区的家庭药师工作室。

29日 市委书记夏心旻赴扬州经济技术开发区开展安全生产专题宣讲活动，并实地走访调研部分工业企业。

30日 扬州市政府与中国农业银行江苏省分行签署战略合作仪式。

7月

1日 省长吴政隆到扬检查指导防汛和长江禁捕退捕工作。

△ 13时38分，扬州至上海的动车正式开通。

△ 扬州社保市级统筹信息系统正式上线，扬州社保实现“同城同人同库”。

3日 淮安市委书记蔡丽新、市长陈之常率淮安党政代表团到扬考察。

4日 南京、扬州、镇江三市在南京召开宁镇扬党政联席会议，共同谋划和推进宁镇扬一体化发展。会议听取宁镇扬一体化工作推进情况汇报，签署《共建G312产业创新走廊框架协议》《南京江北地区至仪征轨道交通研究合作协议》《南京市与镇江市跨界水体水质提升合作协议》《宁扬城际共建补充协议》《宁镇扬信用城市联盟合作机制框架协议》。

6日 市政府召开全市长江流域禁捕退捕工作推进会暨第一次领导小组会议。

△ 扬州市第二届“最美科技工作者”名单出炉，万意、付宝鼎、朱仲文、朱新开、汪小庆、张苏俊、闵凌峰、徐大中、秦吉洋、董晓红10人入选。

7日 副省长惠建林到扬调研“两稳一促”（稳外贸、稳外资、促消费）工作。

9日 上海市奉贤区委书记庄木弟率团到扬考察。

△ 扬州市政府与中国电信江苏公司签订战略合作协议，共同推动扬州信息化高质量发展。

10日 市长张宝娟赴邗江区开展安全生产专题宣讲活动，并实地检查相关企业。

12日 扬州至陕西榆林航线正式开通。

13日 市长张宝娟赴仪征枣林湾督查推进2021年世园会筹备工作。

14—15日 根据省政协统一安排，市政协主席陈扬率住扬全国政协委员、省政协委员赴徐州、连云港，视察调研基层“有事好商量”协商议事工作，考察学习推动园区高质量发展的做法经验。

15日 扬州市召开产业工人队伍建设改革联席会第二次会议暨产业工人队伍建设改革试点工作部署推进会。

16日 《市政府关于促进中小企业稳定发展的政策意见》出台。

16—17日 市委、市政府召开全市制造业重点项目观摩推进会。

19日 省委副书记任振鹤到扬检查指导防汛抗灾工作，实地察看险工险段处置加固情况，看望慰问一线防汛人员。

20日 省委常委、常务副省长樊金龙到扬检查长江流域禁捕退捕工作。

△ 全省第十二、十三批科技镇长团轮换工作电视电话会议在宁召开。会上，扬州市第十二批科技镇长团赵磊等3名团长被表彰为省“优秀团长”，徐晓东等18名团员被表彰为省“优秀团员”。

△ 江苏艾迪药业股份有限公司上市发行仪式在上海证券交易所举行，这是扬州市首家在科创板上市的公司。

21日 市政协举行八届十八次常委会议，就“推进园区高质量建设和发展”进行专题协商。

△ 扬州市和温州、芜湖、安庆等9个城市一同与长三角资本市场服务基地在上海证券交易所签署战略合作协议，正式成为长三角资本市场服务基地联盟城市。

22日 2019年度中国医药工业百强系列榜单发布，涉及化药、中药、生物医药、CRO、医疗器械等领域。扬州企业江苏联环药业股份有限公司入选2019年度中国化药企业百强榜，成为扬州市首家入选该榜单的药品制造股份制企业。

24日 扬州市举行“千企联千村、共走振兴路”现场推进会暨村企联建集中签约活动。会上，16组对接较充分、意向较成熟的村企集中签约。

27日 市长张宝娟会见埃塞俄比亚驻华大使特肖梅·托加一行，就进一步加强友好交往、深化经贸合作、对接扬州世园会展陈等方面进行深入交流。

△ 扬州市知识产权仲裁中心揭牌成立。

27—29日 市委常委、常务副市长陈锴竑带队赴上海开展2020扬州现代服务业专题招商拜访活动。

28日 由赛迪顾问县域经济研究中心编制的《2020中国县域经济百强研究》发布。仪征市、高邮市上榜，分列第54、第81位，排名均较上年有所上升。

30日 2020民机机载产业发展国际论坛在扬举行。

31日 全国首家社区警务展览馆在市公安局广陵分局文峰派出所开馆。

7月 《扬州市推动长三角一体化发展2020年工作要点》印发。

8月

1日 《扬州市新建成品住房工程管理暂行规定》正式实施，这是扬州市首次围绕新建成品住房工程质量出台的监管文件，明确责任主体、销售样板间和实体样板房制度、三项验收要求。

3日 中国共产党扬州市第七届委员会第十次全体会议举行。

△ 市长张宝娟会见吉布提驻

华大使、非洲驻华外交使团代理团长阿卜杜拉·米吉勒一行，就深化友好合作、推动共同发展、对接扬州世园会等方面进行深入交流。

7日　2020全国“全民健身日活动”扬州分会场暨第四届“宁镇扬”健身大联动健身气功交流展示活动、2020扬州市老年人体育节开幕式在宋夹城体育公园举行。

7—8日　市长张宝娟率扬州市代表团赴青海省海南州贵南县学习考察，共商对口支援、加强合作等事宜。

8日　市委书记夏心旻会见到扬调研考察的上汽集团党委书记、董事长陈虹一行，双方就推动上汽大众仪征分公司更高水平发展，进一步开展更多领域合作进行深入交流。

12日　“2020中国·瘦西湖创客周”在扬州国际创新中心开幕。开幕仪式上，市政府与江苏科技大学签订全面战略合作协议，剑桥大学卡文迪许实验室、联东U谷等9个创新创业项目集中签约落户。

14日　常州市委书记齐家滨率代表团到扬考察。

17日　市委书记夏心旻会见到扬调研考察的中国兵器工业集团有限公司董事长、党组书记焦开河一行。双方就推进更宽领域、更深层次合作进行深入交流。

19日　省政协主席黄莉新带队到扬专题调研学前教育工作。

△　副省长赵世勇到扬调研农业农村工作和世园会筹建情况。

25日　市委书记夏心旻会见中国中化集团有限公司党组副书记、总经理、中化国际董事长杨华一行，就推进双方更宽领域、更深层次合作进行深入交流。

26日　2020扬州现代服务业（南京）招商恳谈会在南京召开。恳谈会上，宁扬两地共30个现代服务业项目集中签约。

27日　市委书记夏心旻率扬州市代表团赴陕西省榆林市学习考察。

30日　扬剧电影《衣冠风流》亮相第十届北京国际电影节戏曲电影展映之第五届中国戏曲电影论坛暨展映。

31日　市委书记夏心旻主持召开全市开发园区高质量发展座谈会、全市工业企业技改工作座谈会。

△　位于广陵新城的华师大广陵实验初级中学举行落成暨开学典礼。

8月　由扬州市烹饪餐饮行业协会牵头成立的首个“名厨进社区”工作站在蒋王社区挂牌。

9月

1日　《扬州市人民政府关于执行驾乘电动自行车佩戴安全头盔规定的时间和区域的通告》正式实施。

△　《市政府关于加快推进养老服务高质量发展的实施意见》出台。

1—2日　上海市委常委、统战部部长郑钢淼率民主党派代表团到扬州市考察。

3日　七届扬州市委第十二轮巡察工作动员部署会召开。

△　“扬州市青少年水上运动项目”训练基地在扬州深潜大运河中心揭牌。

4日　哈工大机器人（扬州）科创中心和扬大广陵学院共建教学实习基地签约仪式在扬州软件园双创示范基地举行。

5日　市委书记、市人大常委会主任夏心旻赴江都区大桥镇，参加市人大代表“帮一企、建一言、献一策”暨“统一见面日”活动。

△　扬州空港交通运输有限公司正式开通扬州西部客运枢纽（火车站）至扬泰国际机场定制班车。

△　由商务部和北京市人民政府共同主办的2020年中国电子商务大会开幕，会上宣布2020年增补国家电子商务示范基地名单，扬州市的江苏信息服务产业基地成为江苏省三家上榜园区之一，成为全市首次获评国家级的电商示范基地。

6日　市委书记夏心旻会见到扬调研考察的中信泰富有限公司董事长曾晨一行，双方就进一步加强更多务实合作，推动项目建设取得更大成果进行深入交流。

7日　2021年扬州世园会会徽“绿杨梦双花”、吉祥物“康康·乐乐”揭幕。

8日　市委书记夏心旻督查市、县、乡三级社会治理指挥中心建设。

△　扬州市政府与以色列国卫生部视频签约合作协议。

△　江苏省文化和旅游厅、江苏省发展和改革委员会公布江苏省乡村旅游重点村名录（2020）入选名单，扬州市广陵区沙头镇沙头村、江都区吴桥镇高扬村和仪征市新集镇庙山村3个村入选。

8—10日　市委常委、常务副市长陈锴竑率队赴深圳开展2020扬州现代服务业招商拜访活动。

9日　市长张宝娟赴广陵区李典镇，参加市人大代表“帮一企、建一言、献一策”暨“统一见面日”活动。

9—10日　人社部副部长游钧率队到扬调研社会保障工作。

10日　扬州海昌新材股份有限公司正式登陆深圳证券交易所创业板，成为扬州首家通过注册制登陆创业板的上市公司。

11日　2020年扬州市“全国科普日”启动仪式暨“院士专家扬州行”主场报告会举行。

14日　副省长赵世勇到扬调研高宝邵伯湖禁捕退捕工作。

15—16日　辽宁省丹东市市长张淑萍率领丹东市党政代表团到扬考察，签署相关对口合作框架协议。

17日　市委书记夏心旻会见到扬调研考察的国家开发投资集团有限公司党组书记、董事长白涛一行。双方就进一步开展更广领域合作，推动更多项目落地进行深入交流。

19日　邗江第三次通过“中国毛绒玩具礼品之都”复评。

△　总投资约25亿元的砂之船（扬州）奥特莱斯正式开业。

20日　中航宝胜海洋工程电缆有限公司举行首根大长度220千伏光电复合海缆交付仪式，45千米海缆正式交付，标志着该项目全面建成投产。

21日　中国航空工业集团与扬州市合作共同打造的扬州航空馆在生态科技新城开馆。中国航空研究院研究生院揭牌。

21—23日　2020第十四届国际

汽车轻量化大会暨展览会在扬州国展中心举办。开幕式上，市政府与中国汽车工程学会签订战略合作协议，助力扬州打造“中国汽车城”。

22 日 华东师范大学邗江实验小学合作办学签约仪式举行。

△ 中国土木工程学会 2020 年学术年会暨第十七届中国土木工程詹天佑奖颁奖大会召开，扬州市瘦西湖隧道工程获“詹天佑奖”。

23 日 全市村（社区）“两委”换届工作部署会召开。

23—24 日 市长张宝娟率队赴北京拜访中国建筑材料科学研究总院有限公司、中粮集团有限公司、晶澳科技等央企名企，就扩大合作领域、推进洽谈项目、深化科技创新、携手共赢发展等进行深入交流。

26 日 市长张宝娟会见吉布提驻华大使阿卜杜拉·米吉勒率领的非洲驻华大使使团。双方就进一步加强友好交往、深化务实合作、实现共赢发展等方面进行深入交流。

△ 2020 中国扬州淮扬菜美食节暨第二届中国扬州早茶文化节开幕，活动持续至 10 月 8 日。活动中，全市 15 家餐饮名企获首批“世界美食之都”示范店授牌。

△ 2020 创意美食早茶文化发展论坛暨扬州食品产业招商推介会在迎宾馆举行。现场 24 个美食产业项目签约，总投资 20.45 亿元。

28 日—10 月 6 日 2020 世界运河城市论坛在扬举办。全国政协副主席刘奇葆出席开幕式并讲话，省委书记娄勤俭，省委副书记、省长吴政隆会见部分嘉宾。吴政隆在论坛上致辞，联合国开发计划署驻华代表白雅婷，全国政协文化文史和学习委副主任刘佳义等出席。本次论坛以“世界运河城市文旅产业持续繁荣发展”为主题。

论坛期间举办“2020 运河嘉年华”与“2020 世界运河城市美食博览会”等配套活动。

30 日 市委书记夏心旻、市长张宝娟、市政协主席陈扬等市领导与社会各界代表到扬州革命烈士陵园，向革命烈士敬献花篮，举行公祭烈士活动。

10 月

8 日 市委书记夏心旻主持召开全市开发园区“二次创业”高质量发展座谈会。

10 日 2020 年度省级现代农业产业示范园名单公布，扬州市江都区现代农业产业示范园获批建设。

12—13 日 市委书记夏心旻、市长张宝娟率领市党政代表团赴南通、泰州考察，学习借鉴兄弟城市在推动项目建设、开发园区发展等方面的做法与经验。

15 日 2020 中国化工园区 30 强榜单发布，江苏共有 8 个园区上榜，扬州化学工业园区排名全国第八、江苏第三。

18 日 市区 2019 年度公共租赁住房和限价商品住房“摇号定序、抽签定房”活动在扬州技师学院举行。87 户申请实物住房保障家庭圆“安居梦”。

20 日 全国双拥模范城（县）命名暨双拥模范单位和个人表彰大会在北京召开，扬州市连续第八次获“全国双拥模范城”称号。

21—23 日 市政协主席陈扬率队赴广东省广州市和深圳市开展招商拜访活动，走访重点企业，拜访重点客商，并围绕相关项目进行洽谈对接，推进大项目、好项目在扬落地落实。

22 日 市委、市政府召开全国文明城市常态长效建设调度会。

△ 市委书记夏心旻会见到扬考察的青海省海南州委常委、贵南县委书记张峰，贵南县县长才科杰一行，共商深化对口支援成果、加强产业合作等方面事宜。

△ 江苏省扬州技师学院与上海电气自动化集团合作的“上海电气产教科融合发展扬州基地”项目合作签约仪式举行。

△ 第十二届中国舞蹈“荷花奖”舞剧评奖结果出炉，由扬州歌舞剧院出品的《朱自清》成为江苏省首部获得全国舞蹈最高奖项“荷花奖”的舞剧。

△ 中国社会科学院与经济日报社共同发布《中国城市竞争力第18次报告》，2020 年扬州综合经济竞争力排名第 32 位。

23 日 市委书记夏心旻走访慰问志愿军老战士王玺、李兆华，为他们佩戴“中国人民志愿军抗美援朝出国作战 70 周年”纪念章，并代表市委、市政府向所有健在的志愿军老战士、老同志致以崇高敬意和亲切问候。

23—24 日 陕西省榆林市市长李春临率市政府代表团到扬考察。

28 日 江苏省人民医院质子中心（扬州分院）暨仪征重大产业项目集中开工仪式举行。

29 日 市委书记夏心旻会见到扬调研考察的中国能源建设集团有限公司总经理、党委副书记孙洪水，中国中投开元集团有限公司总裁卞瑞峰一行，就进一步加强合作进行深入交流，达成广泛共识。

30 日 市长张宝娟会见外交部亚非司司长王镝、外交部中阿合作论坛事务大使李成文、上海外国语大学校长李岩松等中阿改革发展研究中心理事会嘉宾。

30 日—11 月 2 日 2020 中国·扬州“绿扬金凤”创新创业人才发展峰会举办。

11 月

2—3 日 市长张宝娟率队赴南京招商引资。

11 日 市政府分别与中国联通江苏公司、中国铁塔江苏公司签署“共同推进扬州 5G+ 新基建及数字经济产业发展战略合作协议”“共同推进信息化高质量发展战略合作协议”。

12 日 第四届“中国创翼”创业创新大赛全国决赛上，扬州市“宏涂科技热喷涂涂料项目”获得创新组二等奖，实现扬州在该大赛的历史性突破，也是江苏省在本次大赛中取得的最好成绩。

13 日 中共中央总书记、国家主席、中央军委主席习近平到扬州考察调研。在扬期间，他先后来到运河三湾生态文化公园、江都水利枢纽，了解大运河沿线环境整治和文化保护传承利用、南水北调东线工程规划建设和江都水利枢纽运行等情况。丁薛祥、刘鹤、陈希、何立峰和中央有关部门负责同志陪同考察。

14日 全国政协副主席刘新成率队到扬，就深入开展委员读书活动、促进政协履职提质增效等开展考察。

16日 扬州市发布《餐饮厉行节约实施指南》地方标准。

17日 2020第八届先进制造业大会发布"先进制造业城市50强榜单"，扬州市首次进入榜单，列第36位。

18日 中国机械工业联合会和中国机械工程学会共同发布《关于表彰2020年度中国机械工业科学技术奖奖励项目的决定》，由江苏丰尚智能科技有限公司牵头的"大型智能化水产饲料关键技术装备的研发及产业化"项目获中国机械工业科技进步一等奖。

20日 全国精神文明建设表彰大会在京举行，扬州经复查确认，继续保留全国文明城市荣誉称号，实现全国文明城市"四连冠"；高邮成功获得全国文明城市称号，成为扬州地区首家获得这一国家级荣誉称号的县级市。

23日 市委、市政府召开市属国有企业改革重组动员部署会议。

24日 全国劳动模范和先进工作者表彰大会在北京人民大会堂举行，扬州市郑瑞强、李文西、刘德宝、周维忠、吴战宇、曹飞、徐永葆7人受到表彰。

26日 市委书记夏心旻、市长张宝娟一行赴上海拜访中国铁路上海局集团有限公司，与公司董事长侯文玉、总经理应慧刚等就连淮扬镇铁路通车相关事宜进行深入交流，进一步深化路地合作。

27日 2020中国·扬州生物医药论坛举行。

30日 何园、个园、茱萸湾管理处正式划转给蜀冈－瘦西湖风景名胜区管委会管辖、管理、运营。

12月

1日 扬州市政府与长江生态环保集团有限公司签订共抓长江大保护合作框架协议。

3日 2020中国智慧城市建设推进大会公布第七届"中国城市信息化50强"榜单，扬州市连续第七次入围，列第7位。

10日 省委书记娄勤俭在扬州召开学习贯彻落实习近平总书记视察江苏重要讲话指示精神座谈会。

△ 省委书记娄勤俭到扬州市人民来访接待中心调研，现场接待群众来访。

11日 扬州蜀冈万达广场开业，项目位于邗江区平山堂西路，地处西区新城核心区位，是西区新城首个大型商业综合体。

△ 连淮扬镇铁路淮镇段暨五峰山长江大桥建成运营现场会在扬举行。扬州正式开通高铁，G8301次复兴号列车从扬州首发上海，10:01出发，11:58到达上海。

15日 腾讯仪征东升云计算数据中心正式开服，上线云计算、大数据、人工智能、区块链、物联网等腾讯云全系列云计算产品服务，并与华东区域已有数据中心形成互联平台。

17日 市长张宝娟会见江苏信用再担保集团党委书记、董事长瞿为民，双方就深入开展金融合作进行洽谈交流。

△ 中节能太阳能科技有限公司20吉瓦高效太阳能电池智能制造项目在扬正式签约。该项目计划总投资110亿元，形成年产20吉瓦高效太阳能电池生产规模。

△ 文化和旅游部办公厅公布第四批全国旅游标准化示范单位名单，包括扬州在内的全国11个地级市入选第四批全国旅游标准化示范单位，成为文旅融合后首批全国旅游标准化示范城市。

18日 仪征和中化国际战略合作协议暨中化仪征新材料产业园项目正式签约。中化仪征新材料产业园由中化国际（控股）股份有限公司投资建设，总投资80亿元。

21日 扬州市召开大运河文化带建设工作领导小组会议。

△ 扬州运河文化投资集团有限公司揭牌成立。

△ 工信部、中国工业经济联合会发文公布第五批制造业单项冠军企业（产品）名单，扬州市扬力集团、亚普股份分别获评制造业单项冠军示范企业、制造业单项冠军产品。至此，扬州市获得国家制造业单项冠军称号的企业达到4家。

22日 苏北人民医院北区医院举行扬州市老年病医院揭牌仪式。

25日 邗江区"中国曲艺之乡"授牌仪式在扬州戏曲园举行，邗江成为苏中苏北地区首个"中国曲艺之乡"。

△ 广陵区头桥及李典、沙头等北洲三镇管道天然气正式开通，北洲三镇10多万居民用上清洁、安全的管道天然气。全市各区（不含江都区）所属21个乡镇基本实现天然气供应。

28日 中国共产党扬州市第七届委员会第十一次全体会议在扬州举行。

29日 扬州市重点民生幸福项目——扬州湖西水厂深度处理工程正式投产运行，高邮湖西13万居民将喝上达到"直饮标准"的自来水。

△ 扬州市公共卫生中心正式启用。

31日 扬州西外环路一期工程（文昌西路至扬天路段）正式建成通车。

概览

Gailan

编　辑　徐国磊

自然地理

■**位置面积**　扬州市地处江苏省中部，位于长江北岸、江淮平原南端。现辖区域在北纬32度15分至33度25分、东经119度1分至119度54分之间。东部与盐城市、泰州市毗邻；南部濒临长江，与镇江市隔江相望；西南部与南京市相连；西部与安徽省滁州市交界；北部、西北部与淮安市接壤。扬州城区位于长江与京杭大运河交汇处，北纬32度24分、东经119度26分。全市东西最大距离85千米，南北最大距离125千米，总面积6591.21平方千米，其中市区面积2305.68平方千米（其中建成区面积185.36平方千米）、县（市）面积4285.53平方千米（其中建成区面积91.93平方千米）。陆地面积4908.00平方千米，占74.46%；水域面积1683.21平方千米，占25.54%。

■**地形地貌**　扬州市境内地形西高东低，以仪征市境内丘陵山区为最高，从西向东呈扇形逐渐倾斜，高邮市、宝应县与泰州兴化市交界一带最低，为浅水湖荡地区。境内最高峰为仪征市大铜山，海拔149.5米；最低点位于高邮市、宝应县与泰州兴化市交界一带，平均海拔2米。扬州市区北部和仪征市北部为丘陵，京杭大运河以东、通扬运河以北为里下河地区，沿江和沿湖一带为平原。境内有大铜山、小铜山、捺山等，主要湖泊有白马湖、宝应湖、高邮湖、邵伯湖等。境内有长江岸线80.5千米，沿岸有仪征、江都、邗江、广陵等一市三区；京杭大运河纵穿腹地，由北向南沟通白马湖、宝应湖、高邮湖、邵伯湖，汇入长江，全长143.3千米。除长江和京杭大运河以外，主要河流还有东西向的宝射河、大潼河、北澄子河、通扬运河、新通扬运河。

■**气候**　扬州市属于亚热带季风性湿润气候向温带季风气候的过渡区。气候主要特点是四季分明，日照充足，雨量丰沛，盛行风向随季节有明显变化。春季多为东南风；夏季多为从海洋吹来的湿热的东南到东风，以东南风居多；秋季多为东北风；冬季盛行干冷的偏北风，以东北风和西北风居多。冬、夏季偏长，各约4个月；春、秋季较短，各2个月。

1. 气温

2020年，全市各气象观测站测得各地年平均气温分别为：扬州16.6摄氏度、宝应16.0摄氏度、高邮16.4摄氏度、仪征16.3摄氏度、江都16.0摄氏度，与常年相比，偏高0.3~1.0摄氏度。其中，扬州偏高0.8摄氏度。从历史趋势来看，1995年以来年平均气温整体呈偏高趋势。从各月平均气温与常年同期比较来看，除4、7、10、12月偏低外，其他月份均偏高。2020年极端最高气温全市为38.8摄氏度（8月17日，扬州）；极端最低气温为−11.9摄氏度（12月30日，宝应；12月31日，仪征）；35摄氏度及以上的高温日数为10天（宝应）~15天（扬州）；终霜日为3月5日，比常年早26天（常年为3月31日）；初霜日为11月19日，比常年晚12天（常年为11月7日）。

2. 降水

全市各地年降水量分别为：扬州1337.8毫米、宝应1135.9毫米、高邮1109毫米、仪征1263.9毫米、江都1228.1毫米，比常年偏多1~3成。降水量较常年偏多的月份有：1月、3月、6月、8月、10月和11月；偏少的月份有2月、4月、5月、7月、9月和12月。

3. 日照

全市年日照时数分别为：扬州1455.4小时、宝应1682.8小时、高邮1790.7小时、仪征1643.6小时、江都1637.9小时。与常年相比，偏少1~3成。从本站日照时数分布情况来看：除3月、4月较常年偏多外，其他月份均偏少。

4. 气象灾害

2020年的主要灾害性天气有：暴雨洪涝、高温、强对流、连阴雨、台风等。从灾情分析来看，致灾的主要天气是强对流、暴雨洪涝和寒潮。

■**资源**　土地资源。全市土地总面积6591.21平方千米。其中，耕地3304.14平方千米（含可调整地类面积448.10平方千米）、园地40.23平方千米、林地24.39平方千米、草地5.67平方千米、城镇村及工矿用地1073.86平方千米、交通运输用地298.24平方千米、水域及水利设施用地1781.37平方千米、其他土地63.31平方千米。水资源。境内有乡镇（大沟）级以上主要河流1111条，总长6060千米。其中，淮河入江水道干支流水系河流379条1582千米、里下河水系河流506条3345千米、长江水系河流226条1133千米，县级以上河流198条2916千米、乡镇级主要河流913条3144千米。矿产资源。境内已发现矿产资源15种，其中已探明储量的矿产资源12种。石油、天然气储量居全省前列，邗江、江都、高邮一带有丰富的石油、天然气资源，邵伯湖滨地区和里下河洼地素有“水乡油田”美誉。砖瓦黏土、石英砂、玄武岩、砾（卵）石、矿泉水、地热等矿产资源较丰富。仪征、邗江丘陵山区有黄沙储量2亿~3亿吨，石料储量1.2亿吨，卵石储量约3亿吨。全市玄武岩远景储量2.5亿吨。城区北部及仪征、高邮等地矿泉水资源丰富，品质优良，符合国家饮用天然矿泉水标准。地热资源分布广、温度高、水质好，可采储量3万立方米/天。水产资源。全市水面广阔，资源丰富，江河湖荡中盛产鱼、虾、蟹、蚌、龟、鳖、珍珠、荷藕、芦苇等。

行政区划

扬州市现辖3个区、1个县、2个县级市。

1950年1月，扬州专区划出如皋县、海安县给南通专区，划出东台县、台北县（今盐城市大丰区）给盐城专区以后的泰州专区合并，设立泰州专区，辖扬州市、泰州市、兴化县、高邮县、宝应县、靖江县、泰兴县、江都县、泰县、仪征县、六合县等2个市、9个县。1953年

2020年扬州市行政区划和土地面积表

表3-1

地　区	镇（个）	乡（个）	街道办事处（个）	村民委员会（个）	居民委员会（个）	土地面积（平方千米）
全　市	**62**	**3**	**18**	**1009**	**398**	**6591**
市　区	29	2	16	465	244	2306
开发区	3	—	2	28	33	88
广陵区	6	1	4	83	62	335
邗江区	7	1	10	96	76	553
江都区	13	—	—	258	73	1330
宝应县	14	—	—	238	45	1462
仪征市	9	—	—	136	57	902
高邮市	10	1	2	170	52	1922

注：开发区（扬州经济技术开发区）代管邗江区2个乡镇、2个街道和仪征市1个镇

2020年扬州市乡镇、街道一览表

表3-2

地　区	乡镇、街道名称
广陵区	东关街道 汶河街道 曲江街道 文峰街道 湾头镇 李典镇 杭集镇 泰安镇 沙头镇 头桥镇 汤汪乡
邗江区	邗上街道 蒋王街道 汊河街道 新盛街道 梅岭街道 瘦西湖街道 甘泉街道 扬子津街道 竹西街道 文汇街道 城北街道 双桥街道 瓜洲镇 公道镇 槐泗镇 方巷镇 杨寿镇 杨庙镇 西湖镇 施桥镇 八里镇 平山乡
江都区	仙女镇 邵伯镇 大桥镇 丁伙镇 小纪镇 樊川镇 真武镇 丁沟镇 宜陵镇 郭村镇 浦头镇 武坚镇 吴桥镇
宝应县	安宜镇 氾水镇 山阳镇 曹甸镇 鲁垛镇 西安丰镇 望直港镇 小官庄镇 夏集镇 射阳湖镇 广洋湖镇 柳堡镇 黄塍镇 泾河镇
仪征市	真州镇 青山镇 新城镇 新集镇 大仪镇 陈集镇 马集镇 刘集镇 月塘镇 朴席镇
高邮市	高邮街道 马棚街道 三垛镇 界首镇 临泽镇 送桥镇 车逻镇 卸甲镇 汤庄镇 龙虬镇 甘垛镇 周山镇 菱塘回族乡

注：邗江区扬子津街道、文汇街道、施桥镇、八里镇和仪征市朴席镇由开发区（扬州经济技术开发区）代管行政区划

1月，泰州专区改称扬州专区，专署由泰州市迁驻扬州市，原属皖北人民行政公署领导的江浦县和原苏北人民行政公署直辖的扬州市划归扬州专区领导。1956年2月，六合县、仪征县、江浦县划归镇江专区，原属镇江专区的扬中县划归扬州专区。1956年3月，江都县析为江都县、邗江县。1956年12月，扬中县划归镇江专区，六合县、仪征县、江浦县划回扬州专区。1958年7月，六合县、江浦县划归南京市。1958年11月，邗江县并入扬州市。1960年4月，宝应县、高邮县析湖西地区为金湖县。1962年6月，六合县、江浦县划归扬州专区。1963年3月，复置新邗江县。1966年3月，仪征县、六合县、江浦县、金湖县划给新设立的六合地区。1971年3月，六合地区撤销，仪征县、六合县划回扬州专区。5月，扬州专区改称扬州地区。1975年，六合县划归南京市，扬州地区辖2个市、9个县。

1983年3月，江苏省改革地市体制，调整行政区划，扬州地区行政公署撤销，原属扬州地区的泰州市和江都、邗江、泰县、高邮、靖江、宝应、泰兴、兴化、仪征等9个县划归扬州市管辖；扬州市改由省管辖，设广陵区和郊区。1986年4月，仪征县撤县设市；1987年12月，兴化县撤县设市；1991年4月，高邮县撤县设市；1992年9月，泰兴县撤县设市；1993年8月，靖江县撤县设市；1994年4月，江都县撤县设市；1994年7月，泰县撤县设立姜堰市。撤县设市中，行政区划均未改变。

1996年8月，经国务院批准，撤销县级泰州市，设立地级泰州市，原由扬州市代管的泰兴、姜堰、靖江、兴化等4个县级市划归泰州市管辖。扬州市设广陵区、郊区，辖宝应县、邗江县，代管仪征市、高邮市、江都市等3个县级市。2000年12月，邗江县撤销县级建制，改设扬州市邗江区。扬州市设广陵区、郊区（2002年更名为维扬区）、邗江区等3个区，辖宝应县，代管仪征市、高邮市、江都市等3个县级市。

2011年11月，经国务院批准，扬州市调整部分行政区划。撤销县级江都市，设立扬州市江都区，以原江都市行政区域为江都区行政区域；将邗江区李典、头桥、沙头、杭集、泰安等5个镇并入广陵区；撤销扬州市维扬区，将维扬区行政区域并入邗江区。扬州市设广陵、邗江、江都等3个区，辖宝应县，代管仪征、高邮等2个县级市。

历史 人文

■历史沿革 扬州有2500多年有文字可考的历史。

大约距今7000~5000年前，淮夷人就在扬州一带劳动生息，并有了水稻栽种。春秋时期，今扬州市区西北部一带称邗。周敬王三十四年（公元前486），吴灭邗，筑邗城，开邗沟，连接长江、淮河。越灭吴，地属越；楚灭越，地归楚。周慎靓王二年（公元前319），楚在邗城旧址上建城，名广陵。秦统一六国后，设广陵县，属九江郡。

汉代，今扬州称广陵、江都，长期是诸侯王的封地。吴王刘濞“即山铸钱、煮海为盐”，开盐河（通扬运河前身），促进了经济的发展。西汉元封六年（公元前105），汉武帝将江都王刘建的女儿刘细君嫁到乌孙国，比王昭君和亲匈奴还早80多年。东汉末年，张婴率领的农民起义军在广陵一带转战10多年后，被广陵太守张纲劝降。

三国时期，魏吴之间战争不断，广陵为江淮一带的军事重地。

南北朝时期，广陵屡经战乱，数次变为“芜城”。山东青州、兖州一带的移民南迁广陵一带，促进了扬州的经济发展。北周改广陵为吴州。

隋开皇九年（589），隋灭陈，建立统一的隋政权，改吴州为扬州，置总管府。至此，完成历史上的扬州和今天的扬州在名称、区划、地理位置上的基本统一。隋炀帝时，开大运河连接黄河、淮河、长江，扬州成为水运枢纽，奠定了唐代扬州空前繁荣的基础。隋炀帝大业初年改州为郡，扬州随之改为江都郡。隋大业元年至大业十二年（605－616），隋炀帝三下江都。大业十四年（618），隋炀帝被部将宇文化及所杀，葬于扬州城西北曹庄。唐武德二年（619），李子通率农民起义军攻克江都，称皇帝，国号吴。武德三年（620），扬州为唐军占，名称屡有更改；武德九年（626），复称扬州，治所在今扬州。扬州是南北粮草、盐、钱、铁的运输中心和海内外交通的重要港口，曾为都督府、大都督府、淮南道采访使和淮南节度使治所，领淮南、江北诸州。

唐嗣圣元年（684），徐敬业、骆宾王在扬州起兵反对武则天政权。唐末五代，军阀混战，扬州遭到严重破坏。光启三年（887），杨行密开始入主扬州。后梁贞明五年（919），其子杨渭（隆演）就吴国王位，改元武义。贞明六年（920），杨渭卒，弟杨溥即吴王位；后唐天成二年（927），杨溥即皇帝位，改元贞元，史称“杨吴”。后晋天福二年（937），徐知诰迫杨溥禅位，自即帝位，国号为唐，史称“南唐”。后周显德四年（957），后周取南唐江都府，复称扬州。

北宋建隆元年（960），北宋建立。农业、手工业迅速发展，商业进一步繁荣，扬州再度成为中国东南部的经济、文化中心，与都城开封相差无几。每年商业税收约8万贯，居全国第三位。北宋靖康二年（1127），宋高宗赵构迫于金人进逼，在迁都过程中以扬州为“行在”一年，促进了扬州的繁荣。韩世忠、刘琦、岳飞等南宋名将在扬州进行艰苦的斗争。南宋德祐元年至德祐二年（1275—1276），李庭芝、姜才率军队和扬州人民一起与元军展开不屈的斗争，不幸殉难。明嘉靖三十五年（1556），扬州建“新城”。明朝灭亡后，为阻止清兵南进，南明督师史可法在扬州率军坚守孤城，宁死不降，表现出坚贞不屈的民族气节。城陷后，清军屠城十日，死者数以万计。

清代，康熙帝和乾隆帝多次“巡

幸”，使扬州出现空前繁华，城市人口超过50万人，成为当时中国八大城市之一，也是18世纪末、19世纪初世界十大城市之一。

19世纪中叶以后，由于运河山东段淤塞，漕粮改经海上运输，淮盐改由铁路转运，加上其他方面的原因，扬州在经济上逐渐衰落。第一次鸦片战争期间，扬州府属的瓜洲、仪征等地军民奋起抵抗英军侵略。太平天国农民起义军先后3次在扬州一带与清兵激战。在孙中山领导的民主主义革命中，扬州人熊成基在安徽以陆军炮营队官的身份，于清光绪三十四年（1908）11月组织、领导了著名的安庆新军起义，开始武装夺取政权的尝试。宣统三年（1911）11月，扬州人孙天生在扬州发动武装起义，史称“扬州光复”。

民国元年（1912），“中华民国”废扬州府，置江都县。民国11年（1922），扬州境内第一条公路建成。民国14年（1925），中国共产党开始在扬州一带组织、领导人民进行新民主主义革命。民国20年（1931），扬州洪水泛滥，长江和运河沿线决口60多处，死于水灾、饥饿和疫病者数十万。民国26年（1937）10月，中共中央长江局派员在扬州建立中共扬州特别支部，与扬州各界人士一同开展抗日救亡运动；12月，侵华日军占据扬州，以陈文为首的扬州抗日义勇团在扬州北乡展开抗日斗争。民国28年（1939）初，新四军贯彻中共中央东进北上的方针，着手创建苏中抗日根据地。民国29年（1940）7月，陈毅、粟裕率新四军主力北渡长江、挺进苏中，在江都建立新四军江北指挥部。

民国37年（1948）底至1949年4月，扬州各县相继解放。1949年1月25日，今扬州市区解放，设置扬州市；以仙女庙镇为治所，另建江都县。

■人文风貌 古代扬州，雄踞江淮中心，南北货物在这里运输，南北文化也在这里融合。东汉初，辞赋家陈琳，是史籍记载最早的广陵文学家。由隋入唐，扬州学者曹宪、李善二人专攻《文选》，开中国文选学之先河。中国第一部记录典章制度的专书《通典》是杜佑在扬州编纂而成。

唐代扬州农业、商业和手工业相当发达，出现了大量的工场和手工作坊，不仅富甲江淮，而且是中国东南第一大都会，时有“扬一益二”之称（益州为成都古称）。在以长安为中心的水陆交通网中，扬州始终起着枢纽作用。唐代扬州和大食（阿拉伯）交往频繁，侨居扬州的大食人数以千计。侨居扬州的客商主要来自波斯、大食、新罗、日本等国。日本遣唐使到扬州和高僧鉴真东渡日本促进了中日两国的政治、经济、科学和文化交流。李善在吸收前人成果的基础上，重新注释《文选》，旁征博引，为后人保存了大量重要文献资料；其子李邕能诗善文，工书法，尤擅行书，是继虞世南、褚遂良之后的大书法家。张若虚为“吴中四杰”之一，《春江花月夜》有“以孤篇压全唐”之誉。

五代宋初的扬州人徐铉、徐锴兄弟校对《说文解字》，为清代扬州学人精研《说文》学奠定了基础。宋代，欧阳修、苏轼、秦观、姜夔、王令等在扬州留下大量传世名作。

元、明两代，扬州经济发展加快。到扬州经商、传教、从政、定居的外籍人日渐增多，其中仍以波斯人和阿拉伯人为最。元代，运河扬州段经几次整治，基本形成了今天的走向，恢复了一度中断的漕运，扬州又迅速繁华起来。明代，商品经济的发展孕育了资本主义生产关系的萌芽。扬州的商业主要是两淮盐业专卖和南北货贸易，盐税收入几乎与粮赋相等。商业扩大到旧城以外。手工业作坊生产的漆器、玉器、铜器、竹木器具和刺绣品、化妆品都达到相当高的水平。文化方面，出现了睢景臣等一批著名杂剧、小说作家。

清代的扬州，居交通要冲，富盐渔之利，盐税与清政府的财政收入关系极大。各地商人纷纷在扬州建起会馆，各有营业范围和地方特色。同时兴起的还有会票——信用汇兑。一些盐商广结文士，爱好藏书，捐资修建府学、县学，恢复名胜古迹，兴建园林，对扬州的文化发展有一定贡献。其间，出现了以金农、汪士慎、黄慎、李鱓、郑燮、李方膺、高翔、罗聘等“扬州八怪”为代表的扬州画派，以任大椿、汪中、焦循、阮元和王念孙、王引之父子为代表的扬州学派。扬州戏剧历史悠久，至清代大盛。清乾隆五十五年（1790），为庆祝乾隆帝八十寿辰，以宝应高朗亭为班主的三庆班进京演出，与其他剧种一起，对京剧的形成和发展产生重要影响。扬州的雕版印刷和评话、清曲、扬剧、木偶剧以及棋艺、琴艺等均在清代达到较高水平，形成自己的特色，奠定了扬州成为当时中国文化中心的基础。

辛亥革命以后，扬州文化艺术领域名家辈出，比较有影响的有朱自清、刘师培、李涵秋、贡少芹、张丹斧、陈含光、潘月樵和革命作家李进、李俊民、韩北屏、许幸之、江树峰等。朱自清是对中国文学很有影响的人物。李涵秋创作的33部小说中，以反映扬州里巷风俗轶闻的《广陵潮》最为著名。

人口 方言

■人口 2020年末，扬州市户籍人口454.71万人，比上年下降0.53%。全年出生人口29637人，出生率6.52‰；死亡人口40493人，死亡率8.91‰，当年人口自然增长率为–2.39‰。户籍人口城镇化率69.2%。

■方言 扬州市的语言是以“扬州话”为代表的江淮官话。扬州市城区、仪征、宝应、高邮（除东部与兴化交界的边缘地区外）和江都红旗河、野田河以西地区属江淮官话的洪巢片；江都红旗河、野田河以东地区，高邮东部与兴化交界的边缘地区属江淮官话的泰如片。宝应中港渔业村是中原官话方言岛。

民族 宗教

民族 2020年，扬州市有51个民族。汉族人口最多，占人口总数的99.33%。有50个少数民族，户籍人口3.01万人，占0.67%，其中回族人口最多，约1.75万人。城区回族人口8600多人，全市有外来穆斯林5900多人，大多是新疆、青海、宁夏、甘肃等地在扬州经商人员。超过100人的少数民族有回族、苗族、彝族、土家族、满族、壮族、侗族、蒙古族、布依族、维吾尔族、朝鲜族、黎族、哈尼族，其他如景颇族、京族、纳西族、高山族、毛南族、俄罗斯族、裕固族、基诺族、柯尔克孜族、塔塔尔族、赫哲族、鄂伦春族人数相对较少。少数民族人口分布较广泛，但又相对集中。回族主要分布在高邮、广陵、江都、邗江，在高邮，回族又相对集中在菱塘一带。菱塘回族乡是江苏省唯一的少数民族乡。土家族分布在江都、仪征、高邮和邗江一带。满族分布在仪征、邗江、江都一带。侗族主要分布在仪征。仪征市月塘镇龙山村、大仪镇河北村为民族村。

宗教 扬州市为全省宗教工作重点市，佛教、道教、伊斯兰教、天主教、基督教五教齐全，有信教群众约12.4万人；有经登记的宗教活动场所233处，经认定的宗教教职人员382人；有6个市级宗教团体、22个县级宗教团体、1所省属佛学院（鉴真佛教学院），有23处民间信仰场所编号建档。

风景名胜

瘦西湖风景区

概况 瘦西湖风景区为国家重点风景名胜区、全国文明风景旅游区、国家文化旅游示范区、国家AAAAA级旅游景区。自隋唐起，景区沿湖陆续建园，至清代乾隆时期，已是“两岸花柳全依水，一路楼台直到山”，湖上园林之景融南方之秀、北方之雄于一体，以风韵独具而蜚声海内外。景区内窈窕曲折的一湖碧水串以卷石洞天、西园曲水、长堤春柳、荷蒲熏风、四桥烟雨、徐园、月观、小金山、钓鱼台、水云胜概、五亭桥、白塔晴云以及二十四桥景区、万花园景区等名园胜迹，俨然一幅次第展开的国画长卷。

长堤春柳 长堤春柳起于虹桥西岸，向北止于徐园，为清乾隆年间盐商黄为蒲构筑。后渐渐荒废，至咸丰、同治年间，堤柳已不复存。民国4年（1915）建徐园时，恢复旧观。此景南北长650米，沿堤遍植杨柳，每至春日，柳絮随风飞舞，迷离如烟。垂柳间植有桃树，桃花开时，与杨柳相互映衬，更显清纯飘逸，艳丽多姿。长堤中段建有方亭，枕于湖上，游人于此小憩，宛如走入画图。

徐园 徐园原为清初韩园桃花坞故址，民国4年（1915）改为徐宝山祠堂，故名徐园，为市级文物保护单位。园门南迎长堤春柳。园内有一方荷池，缘池缀以山石，环植桃柳。池东有青石平桥。池北有“听鹂馆”三楹，取杜甫诗句“两个黄鹂鸣翠柳，一行白鹭上青天”之意。馆前平台上放置南朝萧梁时代镇水铁镬两只；馆东南为四角攒尖式碑亭；馆西有“青草池塘吟榭”，取谢灵运语“池塘生春草”之意。榭后廊复接七折曲廊，西通疏峰馆；榭之西南隅有精舍三间，为冶春后社旧址。

小金山 小金山原名长春岭，清乾隆年间盐商程志铨出资挖湖堆土而成，四面环水，形如青螺。岭上多梅，岭东门额题“梅岭春深”。山上有风亭，山中有观音殿，山下有琴室、棋室、月观、木樨书屋、关帝庙、湖上草堂、玉佛洞诸景。

莲花桥 乾隆二十二年（1757），巡盐御史高恒开莲花埂新河抵平山堂，同时在河上建桥，以便南北通行。因桥在莲性寺北，桥上五亭聚如金莲，故名莲花桥，俗称五亭桥，为全国重点文物保护单位。五亭桥形态独特，仿自北京北海金鳌玉桥和五龙亭，但又创造性地将五亭聚合，再将桥亭合二为一。桥长65米、宽7米，梯形桥身用青石叠成。五亭之中，中间一亭三层飞檐，略高。四角四亭单檐，稍低。五亭之间有廊檐相接，上覆金黄色琉璃瓦，空花脊，24个檐角似盛开的金莲花花瓣。桥身下支四翼，共有正、侧拱洞15个。据《扬州画舫录》记载：“月满时，每洞各衔一月，金色滉漾。”五亭桥结构严谨，多有创意，被茅以升誉为“中国古代交通桥与观赏桥结合的典范”、中国“最具艺术美的桥”。

白塔 白塔位于五亭桥南侧莲性寺内，于清乾隆年间建造，仿北京万寿山喇嘛塔形式，为全国重点文物保护单位。白塔为砖石结构，实测高度28.32米。塔分三层。下层为方形台基，四周以白石为栏，台上砖石塔座为须弥座，八角四面，每面三龛，龛内置砖雕十二生肖；中层塔身为圆形晨曦中的白塔龛室，形如古瓶，瓶腹南向辟莲瓣形龛，内供白衣大士像；上层为“刹”，呈圆锥形，有13级，刹顶置六角形宝盖，角端悬风铃，上托黄铜葫芦顶。

熙春台 熙春台位于瘦西湖水向北转折处，又名春台祝寿（传说清乾隆帝在此为母亲祝寿），1986年按原貌复建。主楼坐西朝东，上下两层，面阔五楹，前有抱厦，四面有廊，飞檐翘角。熙春台两翼附属建筑呈“八”字形，南翼为湖石假山和复道，假山置小亭；北翼以曲廊与十字阁相接。十字阁碧瓦朱柱，四面为廊。台前偏北处有汉白玉诗碑一座，镌毛泽东手书杜牧诗《寄扬州韩绰判官》。

二十四桥 二十四桥位于熙春台北侧，桥形似玉带，因杜牧诗句“二十四桥明月夜，玉人何处教吹箫”而得名。二十四桥从西向东由落帆栈道、拱桥和曲桥组成。落帆栈道高跨湖汊，由黄石假山、竹牌、铁链构成。拱桥单孔，长24米、宽2.4米、高5米，两端桥坡台阶各24级，两侧围以汉白玉栏杆24根，栏板上雕云月图案。拱桥东接四曲平桥，桥堍置一方亭，名吹箫亭。如临月夜，桥洞拱形与水中半圆之影相合，恰成为一轮圆月，观之似霓虹卧波，令人赏心悦目。

■万花园 据清康熙朝《扬州府志》记载："万花园，宋端平三年（1236）制使赵葵即堡城统制衙为之。"现今的万花园总占地44.2公顷，一期工程、二期工程分别于2007年、2009年建成开放，依托瘦西湖历史文化背景，以花文化为主题，以古典历史名园为线索，先后恢复和新建"锦泉花屿""醉月飞琼"等景点，并结合地块内诸多历史遗迹，将唐代城门、城墙，宋代亭台，清代"石壁流淙""锦泉花屿"以及扬派盆景有机糅合，拓深瘦西湖历史，展现扬州历代文化内涵和风格。

住宅园林

■何园 何园又名寄啸山庄，位于市区古运河北岸徐凝门街，占地1.4公顷，建筑面积7000多平方米，为全国重点文物保护单位、国家AAAA级旅游景区。清同治元年（1862）始建。清光绪九年（1883），归隐扬州的湖北汉黄德道道员何芷舠购吴氏片石山房（又名双槐园）旧址扩建。园主取陶渊明"倚南窗以寄傲""登东皋以舒啸"之意境，题园名为"寄啸山庄"。何园是一座大型住宅园林，由东西花园、住宅楼群、片石山房组成，尤以复道行空、回廊曲折著称，有"晚清第一园"之誉。园居院落融中西建筑艺术于一体，前进楠木大厅气势雄伟，后两进两层洋楼工艺精细考究。片石山房为大画家石涛和尚所拟构，占地不广，却丘壑宛然，被称为"江南园林中的孤例"。

■个园 个园位于市区盐阜东路10号，占地2.4公顷，建筑面积4700平方米，为全国重点文物保护单位、中国四大名园之一、国家AAAA级旅游景区。个园由两淮盐商商总黄至筠于清嘉庆二十三年（1818）在明代寿芝园旧址重建。园主生性爱竹，园名取自清代诗人袁枚名句"月映竹成千个字"。中部花园园景以竹石为主，以分峰用石为特色。最负盛名的是四季假山：春山笋石参差，修篁弄影；夏山湖石中空外奇，深潭清冽；秋山黄石丹枫，峻峭依云；冬山宣石似积雪未消。北部为品种竹观赏区；南部为园主人住宅，三纵三进，均对外开放。

■吴道台宅第 吴道台宅第位于市区泰州路45号，系清代吴引孙在浙江宁绍台道道员任上，出资聘请浙江匠师在扬州营建的大型私宅，为全国重点文物保护单位。宅第建成于清光绪三十年（1904），分九路，有房屋百余间（俗称九十九间半）。宅东原有芜园和祠堂，均早毁。现存三路建筑保存良好。宅第建筑分东、中、西三轴线，规模宏大，结构精巧，雕工精致，以浙江建造法则为基础，糅合扬州传统建筑风格。东轴线从南到北为大门厅、洋楼、观音堂、亭、金鱼池、测海楼，中轴线从南到北为仪门、轿厅、爱日轩、前厨房、后厨房，西轴线从南到北为对厅、滋德堂、中进住宅、后进住宅。其中测海楼为吴家藏书楼，仿宁波天一阁，两层五楹，藏书之富名冠一时。

■卢氏盐商住宅 卢氏盐商住宅位于市区泰州路康山街22号，宅主为商界巨富卢绍绪，始建于清光绪二十年（1894），是扬州现存规模最大的盐商住宅建筑，也是反映扬州盐文化的重要遗迹，被誉为"盐商第一楼"，为全国重点文物保护单位。卢宅原有建筑九进200多间，曾遭火毁。2006年经修复后对外开放，门楼、住宅楼、意园、藏书楼等为原有建筑。卢宅建筑门楣砖雕精美异常，淮海厅、兰馨厅、涵碧厅、怡情楼厅堂阔大，天井两侧分布小型花园，后院意园内盝顶六角亭、石船舫、水池等相映成趣。

■小盘谷 小盘谷位于市区丁家湾大树巷42号，占地0.57公顷，为全国重点文物保护单位。清光绪三十年（1904），两江总督周馥购得徐氏旧园重修而成。西部为平房住宅区，正中为一大厅，东部为花园。园内假山峰危路险，苍岩探水，溪谷幽深，石径盘旋，与楼、堂、桥、阁、亭、廊共纳于方寸之地，组合得体，疏密有致，故得名"小盘谷"。

■汪氏小苑 汪氏小苑位于市区地官第14号，为全国重点文物保护单位，是扬州保存最为完整的清末民初大型盐商住宅之一。小苑占地

何园秋景　　孟德龙/摄

0.3 公顷，建筑面积 1680 平方米，遗存老屋 97 间。汪氏小苑中纵、西纵房屋为盐商汪竹铭在清朝末年所购，东纵房屋由汪家 4 个儿子在民国初年扩建。小苑建筑组群布局规整，住宅庭院比例均衡，采光充足，纵横互联相通，内外分合自如，体现扬州大宅门传统格局。庭园玲珑精巧，厅前屋后辟“可栖棲”“小苑春深”“迎曦”小苑。装修雕琢精湛，木雕、砖雕、石雕技法多样，门楣、石额、匾额、楹联皆出自名家之手。

■二分明月楼 二分明月楼位于市区广陵路 263 号，占地 0.11 公顷，建筑面积 660 平方米，为市级文物保护风景名胜。清道光年间，员氏依唐代诗人徐凝“天下三分明月夜，二分无赖是扬州”诗意建园。光绪年间转归盐商贾颂平。园北部主楼为长楼，翘角飞檐，设敞廊、美人靠，可登高观月；东部有黄石山，依山势筑夕照阁 3 间；西南角置迎月楼 3 间，月上东山时可在阁中迎月；园中间有扇面亭、伴月廊、月亮桥等园林小品。

寺院道观

■大明寺 大明寺位于蜀冈中峰，曾有西寺、栖灵寺、法净寺之称，始建于南朝宋大明年间（457—464），为淮左著名古刹、全国第一批重点开放寺庙、全国重点文物保护单位、国家 AAAA 级旅游景区。因历史久远，原寺已废圮，现寺为清同治年间重建。大明寺占地 33 公顷，依山而建，由寺庙古迹、文章奥区、仙人旧馆、西苑芳圃、鉴真纪念堂、藏经楼、卧佛殿、栖灵塔、钟楼、鼓楼组成，是集宗教建筑、文物古迹和园林风光于一体的游览胜地。其中卧佛殿、栖灵塔、钟楼、鼓楼为 1988 年后所建。

■天宁寺 天宁寺位于市区丰乐下街，占地 1.19 公顷，建筑面积 5000 多平方米，为清代扬州八大名刹之首，省级文物保护单位。始建于东晋，相传为谢安别墅，后舍宅为寺。北宋政和二年（1112），宋徽宗赐额“天宁禅寺”。南宋绍兴十三年（1143），名报恩光孝寺。元末，寺毁。明洪武十五年（1382）重建，仍称天宁禅寺。清咸丰年间毁于兵火，同治、光绪年间重建。清康熙帝南巡时驻跸于此，乾隆帝南巡时于此建行宫。清康熙四十四年（1705），两淮巡盐御史曹寅在寺内设“扬州诗局”，主持刊刻《全唐诗》等书。清乾隆年间编撰完成的《四库全书》藏于寺内文汇阁。天宁寺现存建筑有山门殿、天王殿、大雄宝殿、华严阁和东、西廊房及配殿等。

■重宁寺 重宁寺位于市区长征路 15 号，占地 1.18 公顷，建筑面积 3000 多平方米，为清代扬州八大名刹之一，全国重点文物保护单位。始建于清乾隆四十九年（1784），寺本“平冈秋望”故址，御赐额“万寿重宁寺”。清咸丰年间毁于兵火，同治年间重建，光绪年间再建。东侧园林已毁。现存天王殿、大殿、文昌阁、僧房等。大殿歇山重檐顶，面阔五间，殿内以铁力木作柱，天花藻井彩绘完好，并存有清乾隆帝亲题匾额及其撰写的《万寿重宁寺碑》。

■高旻寺 高旻寺位于邗江区三汊河西岸，为清代扬州八大名刹之一。始建于隋代。清顺治八年（1651），漕运总督吴惟华在三汊河建七级浮屠，名“天中塔”，顺治十一年（1654）建成；又依塔建梵宇三进，称“塔庙”。其后，寺院西侧又建行宫，规模数倍于寺。清康熙帝第五、第六次南巡和乾隆帝 6 次南巡，均驻跸于高旻寺行宫。清代中叶的高旻寺建筑完美、规模宏大、名僧辈出，为鼎盛时期。清咸丰年间毁于兵火，同治、光绪年间稍复旧观。民国年间，高旻寺与镇江金山寺、常州天宁寺、宁波天童寺并称中国佛教禅宗四大丛林。1983 年，高旻寺被确定为全国汉族地区重点开放寺院。此后，相继建成大雄宝殿、禅堂、天中宝塔、法堂、上客堂、斋堂、讲经堂、放生池、水阁凉亭、水晶宫、来果和尚纪念堂等。

■观音山禅寺 观音山禅寺位于市区蜀冈东峰，依山而建，占地 1.1 公顷，建筑面积 3115 平方米，为市级文物保护单位。元至元年间，僧申律建寺。明洪武十二年（1379），僧惠整重建。明洪武年间名功德山，明末清初改称观音山或观音禅寺。清咸丰年间毁，同治年间修复，光绪年间毁后又修复。寺坐北朝南，有山门殿、韦驮殿、大殿、藏经楼、两厢廊房等。寺西有紫竹林及小庭园。东有鉴楼，相传为隋“迷楼”故址。

■仙鹤寺 仙鹤寺位于市区南门街 111 号，又名清白流芳大寺，为中国东南沿海伊斯兰教四大清真寺之一、全国模范清真寺、全国重点文物保护单位。相传为伊斯兰教创始人穆罕默德第十六世裔孙普哈丁于南宋咸淳年间募款创建。因全寺布局如鹤形，故名仙鹤寺。明洪武二十三年（1390），哈三重建。明嘉靖二年（1523），商人马道同与寺住持哈铭重修。门前抱鼓石为明代遗存。寺内有礼拜殿、望月亭、诚信堂、水房等建筑及宋、明时期所植银杏、柏树。望月亭、诚信堂（楠木厅）均为明代建筑。礼拜殿系清乾隆年间重建，殿阔五楹，分前后两部分，前殿带卷棚廊，后殿即窑殿所在。

■蕃釐观（琼花观） 蕃釐观，俗称琼花观，位于市区文昌中路 360 号，为市级文物保护单位。前身为后土祠（又称后土庙），汉元延二年（公元前 11）建，祀土神。唐中和二年（882），淮南节度使高骈重建，供奉主管大地万物生长的女神后土夫人。北宋政和年间始称“蕃釐观”。北宋至道二年（996），王禹偁为扬州太守，观内有奇花盛开，俗谓琼花。宋人欧阳修任郡守时，在大殿之西北琼花树旁筑“无双亭”。蕃釐观经历代重修、整修，曾有石牌坊、三清殿、弥罗宝阁、文昌祠、深仁祠、竹轩花亭、芍药厅等建筑。后观内建筑屡遭破坏，蕃釐观古迹荡然无存。1993 年起，扬州市先后在旧址上修复蕃釐观、无双亭和琼花台，移建三清殿，建琼花园。

陵园

■汉陵苑 汉陵苑位于市区平山堂东路98号，又名汉广陵王墓博物馆，系由高邮天山搬迁复原而成，占地2.7公顷，为省级文物保护单位、国家AAA级旅游景区。汉陵苑主要展示西汉第一代广陵王刘胥及其王后的木椁墓。两座墓同属于帝胄级“黄肠题凑”式木椁墓，规模宏大，结构严谨，是中国罕见的大型汉代墓葬遗存，有2000多年的历史。苑内地形起伏，建筑古朴雄浑，林木葱郁，绿草如茵，是融文物与园林为一体的汉文化展示中心。

■普哈丁园 普哈丁园位于市区文昌中路167号，古运河东岸、解放桥东南，俗称巴巴窑，又称回回堂，为全国重点文物保护单位。始建于南宋德祐元年（1275），明清时多次重修，新中国建立后亦多次修缮。普哈丁园由清真寺、墓区、园林三部分组成，占地1.5公顷，建筑面积800平方米。大门西向，临古运河，拱形门上嵌“西域先贤普哈丁之墓”石额一方。清真寺坐西朝东，面阔五楹，殿内抱厦后沿设窑窝。墓区门额题“天方矩矱”，意为阿拉伯楷模人物。园内有清光绪三十四年（1908）《先贤历史记略》碑。相传普哈丁为伊斯兰教创始人穆罕默德十六世裔孙，南宋咸淳年间在扬州传教，并建仙鹤寺。园内陆续葬有宋、明、清代其他西域先贤、虔诚教徒等。

其他景区

■茱萸湾风景区 茱萸湾风景区位于市区东北湾头镇，面积约50公顷，1982年始建，为国家AAAA级旅游景区。茱萸湾风景区三面环水，是一座融自然风光、人文景观、植物和动物观赏、现代游乐为一体的半岛型生态动植物园，景区内建有华东地区一流的动物散养观赏区。环岛建有8千米的运河风光带，有季节特征明显的植物林带及各类花卉观赏园。

■凤凰岛生态旅游区 扬州凤凰岛生态旅游区位于扬州城区东北泰安镇，邵伯湖南端与京杭大运河相接的湖口处，是首批国家级农业旅游示范点和省级森林公园。138平方千米的邵伯湖水面上，漂浮着8个柳叶般的岛屿。这里江、河、湖相连，水天相望，岛上草深林密、杂花生树；水边芦花飞扬、禽鸟相逐，是江淮平原上自然生态环境保持最为完好的平原－湖泊类型湿地景观。

■荷花池公园 荷花池公园位于市区荷花池路，占地11.37公顷，其中水面约占一半。公园原名南池、砚池，因池中广植荷花，故名荷花池。园内曾有明清名园影园、九峰园及“砚池染翰”等名胜古迹。清嘉庆朝后园渐圮，咸丰年间废而不存。扬州市1981年始建“南部水上公园”，即荷花池公园，1997年10月建成开放，分九峰园景区、影园遗址区和娱乐服务区。2003年10月，荷花池公园成为全面敞开式免费公园。

■竹西公园 竹西公园位于城北黄金坝桥东北角，取唐朝诗人杜牧《题扬州禅智寺》“谁知竹西路，歌吹是扬州”诗意命名，占地8.67公顷，其中水面约占60%，为江苏省二级园林绿化企业。公园分园前区、娱乐活动区、山湖区、庭园区和生产区等5个区域，建有竹西精舍、仿古六角双檐竹西亭、流芳桥、留芳亭等。

■宋夹城体育休闲公园 宋夹城体育休闲公园位于蜀冈－瘦西湖风景名胜区的核心地带，总占地面积700多公顷，北临保障湖、汉陵苑，南接瘦西湖温泉度假村，西边与瘦西湖主景区无缝对接，是扬州最大的一座集生态、休闲、运动、文化于一体的全民健身体育公园。2014年4月19日，宋夹城体育休闲公园正式开园，拥有综合馆、网球馆、羽毛球馆、乒乓球馆、七片室外网球场、四片室外篮球场、五片笼式足球场、两片篮球练习场、两片儿童篮球练习场、六片户外羽毛球场、两片排球场等专业化运动场所，有环湖道健身步道、自行车道、路径健身器材、棋艺连廊、儿童乐园、玫瑰花园、自行车租赁等项目，同时配套餐饮、购物、娱乐、停车等服务。

■三湾生态文化公园 公园位于扬州古运河三湾段，是一个以运河三湾及周边温地风光为依托，集生态保护、文化遗产、科普教育、休闲游览等功能于一体的综合性公园。公园面积约1520亩，其中绿化面积约530亩、水域面积570亩，于2014年启动征地拆迁和建设工作，2017年9月正式对外开放，2018年12月被评为国家AAAA级旅游景区。

竹西公园　　李斯尔/摄

2020年11月13日，习近平总书记视察三湾生态文化公园，详细了解大运河沿线环境整治和文化保护传承利用等情况，并指出，扬州是个好地方，依水而建、缘水而兴、因水而美，是国家重要历史文化名城。

市花 市树 市歌

■**琼花** 1985年7月18日，扬州市第一届人民代表大会常务委员会第十六次会议决定，扬州市市花为琼花。琼花属忍冬科荚蒾属，是一种落叶或半常绿灌木，高可达数米。琼花的枝条多呈灰黑色，幼枝、芽、叶柄均有灰白色或黄白色的垢屑状星状毛。叶对生，卵形、椭圆形或卵状长圆形，长5~11厘米，边缘有细齿，表面疏生星状柔毛，背面密生星状柔毛。每年4月中下旬开花，5月上中旬终花。花为大型聚伞花序，由大型不孕花和两性小花两部分构成。大型不孕花多为8朵，分布于花序周围，也偶有7朵、9朵、10朵甚或更多者。花冠直径约3.2~4.5厘米，最大可达7厘米，每朵5瓣，初开芽绿色，渐转黄白色，盛开全白色；花序中间簇生的数十朵乃至近百朵两性小花朵花冠轮状，白色，直径仅7~10毫米，亦分5瓣，有雄蕊5枚（黄色）、雌蕊1枚，子房下位。两性小花有奇香。大型不孕花比两性小花早开7天左右，凋落亦比两性小花早。如遇秋季气温回升或暖冬天气，可二度开花。琼花果实由两性小花受粉后形成，初时青绿，继而米黄，再转暗红，最后紫黑，百果成簇，每粒长约10~12毫米，宽约7~8.8毫米，呈扁平、椭圆形。琼花性强健，喜光、喜肥，较耐阴寒，不耐水渍，不耐干旱。用播种、嫁接、扦插和压条等方法均能繁殖。

■**芍药** 2005年1月5日，扬州市第五届人民代表大会常务委员会第十二次会议决定，增补芍药为扬州市市花。芍药为芍药科芍药属多年生宿根草本植物。有肉质的粗大主根，茎丛生，茎和叶梗有紫红和绿色两种。叶互生，二回三出复叶，小叶三裂，呈尖椭圆形。花蕾单生于分枝顶端，立夏前后开花。花大而艳丽，有单瓣或重瓣，花型多样，花色或红，或白，或紫，或黄，很多品种都能散发芳香。芍药喜温和、较干燥的气候，喜肥、耐寒、耐旱、耐阴，宜植于土层深厚、排水良好、疏松肥沃的沙质土壤。芍药又称“将离”，古代男女交往中会赠送芍药，以表达结情之约或惜别之情。芍药的别名还有没骨花、余容、犁食、婪尾春、黑牵夷等。芍药根可入药，味微苦，有镇痛等功效。芍药在中国有3000多年的栽培史。历史上，扬州的芍药闻名遐迩，一度与洛阳牡丹齐名，早有“扬州芍药甲天下”之誉。据记载，扬州芍药栽培始于隋唐，盛于宋代，衰于元明，复兴于清代。宋时，蜀冈禅智寺、龙兴寺等寺院都大量栽培，朱氏南北两圃植芍药五六万丛，盛极一时。

■**银杏** 1985年7月18日，扬州市第一届人民代表大会常务委员会第十六次会议决定，扬州市市树为银杏、柳树。银杏，裸子植物门、松柏纲、银杏目、银杏科、银杏属，落叶乔木，叶扇形，雌雄异株，为距今1.5亿年左右的侏罗纪孑遗植物，国内栽培颇多，是珍贵果树和绿化观赏树种。繁殖用实生和分蘖。果实杏形，因附有白粉而得名。又因果色、叶形和结果迟而被称为白果、鸭脚和公孙树。树龄极长，可千年以上。银杏全身是宝。其果仁富含淀粉、脂肪、蛋白质、维生素、糖、纤维素和矿物质，是健身营养补品；又可入药，性平、味苦，有小毒，功能敛肺定喘，主治痰哮喘咳、遗精带下、尿频等症。叶可提取有效成分制药，用于治疗心血管系统疾病。果皮可提取栲胶。木质轻软细密，不易变形，是建筑、雕刻、制作家具和工艺品的上等木料。银杏在扬州各县（市、区）均有种植。

■**柳树** 柳树，杨柳科柳属植物，落叶乔木或灌木。叶多狭长，雌雄异株。春天开花，其种子包裹在柳絮中，随风飘扬，遇土即活，繁殖极易，常用桩、枝扦插。枝条柔韧，自然下垂，随风飘舞，婀娜多姿，为历代文人墨客吟咏绘画的题材。

■**《茉莉花》** 2003年3月21日，扬州市第五届人民代表大会常务委员会第一次会议决定，扬州市市歌为扬州民歌《茉莉花》。扬州是民歌《茉莉花》最早的传唱地区之一，已有数百年历史。歌词是：好一朵茉莉花，好一朵茉莉花，满园花草香也香不过它；我有心采一朵戴，看花的人儿要将我骂。好一朵茉莉花，好一朵茉莉花，茉莉花开雪也白不过它；我有心采一朵戴，又怕旁人笑话。好一朵茉莉花，好一朵茉莉花，满园花开比也比不过它；我有心采一朵戴，又怕来年不发芽。

国民经济与社会发展

■**概况** 2020年，扬州实现地区生产总值6048.33亿元，比上年增长3.5%。其中，第一产业实现增加值307.1亿元，增长2.9%；第二产业实现增加值2786.35亿元，增长3.6%；第三产业实现增加值2954.88亿元，增长3.5%。三次产业结构调整为5:46.1:48.9，第三产业增加值占地区生产总值的比重比上年提高0.9个百分点。全市一般公共预算收入337.27亿元，增长2.6%。税收收入264.46亿元，增长0.2%，税收占一般公共预算收入比重为78.4%。全市一般公共预算支出668.33亿元，增长9.2%，其中一般公共服务支出73.97亿元，增长0.4%。全市社会消费品零售总额1379.29亿元，下降3.1%。全市实现进出口总额770.2亿元，下降1.1%。其中出口580.03亿元，增长0.7%；进口190.17亿元，下降6.1%。全市实际到账外资14.7亿美元，增长6.0%。全年接待境内外游客3840.95万人次，实现旅游业总收入610.33亿元。全体居民人均可支配收入38843元，同比增长4.8%。其中，城镇居民人均可支配收入47202元，增长3.6%；农村居民人均可支配收入24813元，增长6.3%。全体居民人均消费支出22060元，下降1.8%。其中，城镇居民人均消费支出25342元，下降1.4%；农村居民人均消费支出16550元，下降3.9%。全年新登记市场主体10.06万户，新登记私营企业2.69万户，新登记个体工商户6.95万户；全年城镇新增就业6.01万人，新增转移农村劳动力1.24万人。年末城镇登记失业人数2.57万人，城镇登记失业率1.77%。 （吕纯军）

■第一产业 全年粮食播种面积38.8万公顷，增长0.5%，其中夏粮播种面积17.75万公顷，增长0.7%；秋粮播种面积21.05万公顷，增长0.3%；新增高标准农田1.51万公顷。粮食亩产量492.6千克，其中夏粮亩产381.7千克，增长1.1%；秋粮亩产586.1千克，下降0.7%。粮食总产量286.65万吨，增长0.4%，其中夏粮总产101.65万吨，增长1.8%；秋粮总产185万吨，下降0.4%。年末，设施农业面积58.26千公顷，节水灌溉面积210.53千公顷，农业机械总动力287.31万千瓦，农业机械化水平为89%。全年猪牛羊禽肉产量15.9万吨，增长8.9%。禽蛋产量5.7万吨，下降57.8%。牛奶总产量2.1万吨，增长16.7%。水产养殖面积7万公顷，水产品总产量39.9万吨，增长0.8%，其中养殖产量37.6万吨，增长2.0%；捕捞产量2.3万吨，下降14.9%。新建与配套提升市区“菜篮子”基地72.67公顷，新（改、扩）建万头以上规模猪场13个，新增产能100万头。 （吕纯军）

■第二产业 全市2815家规上工业企业增加值增长6.3%，其中轻工业增长5.3%、重工业增长6.6%。全市先进制造业总产值增长6.8%，对全部规上工业总产值的贡献率为63.1%，拉动全市产值增幅4.6个百分点。汽车及零部件（含新能源汽车）产业增长、海工装备和高技术船舶产业、生物医药和新型医疗器械产业、高端装备产业、电子信息产业、食品产业、新型电力装备分别增长13.3%、9.8%、9.4%、7.9%、7.6%、5.2%、4.2%，高端纺织服装产业和航空产业分别下降6.9%和4.1%。规模以上工业企业营业收入增长2.9%，利润增长15.7%。规模以上工业企业营业收入利润率、成本费用利润率分别为4.6%、5.0%。规模以上工业企业资产负债率55.4%，总资产贡献率7.1%。全年规模以上工业企业产销率为96.2%。全社会用电量264.66亿千瓦时，增长2.0%，其中第一产业用电量3.44亿千瓦时，增长9.3%；第二产业177.96亿千瓦时，增长1.7%；第三产业40.24亿千瓦时，增长0.1%。全年建筑业实现总产值4516.04亿元，增长6.8%。房屋建筑施工面积3.08亿平方米，增长9.4%。 （吕纯军）

■第三产业 推进现代服务业和先进制造业融合发展，实施生产性服务业“十百千”工程，培育市级生产性服务业示范企业121家，新增省生产性服务业领军企业2家、省平台经济重点企业2家、省生产性服务业集聚示范区2家，生产性服务业增加值占服务业比重55%。全年接待境内外游客3840.95万人次，实现旅游业总收入610.33亿元。其中，接待国内旅游人数3839.61万人次，下降50.4%；接待入境过夜旅游者1.34万人次，下降83.1%；旅游外汇收入2787万美元，下降67.4%。制定推动旅游业高质量发展“3号文件”，颁布《扬州市旅游促进条例》，出台“关于积极应对疫情影响促进消费回补和潜力释放的若干举措”及实施细则，发展“夜经济”，推出“云游”+“夜游”博物馆、“瘦西湖夜游”等夜品牌活动。举办2020世界运河城市论坛，发出《运河城市文旅产业持续繁荣发展“扬州倡议”》。大运河文化旅游度假区连续三年在省级旅游度假区考核中名列第一，高邮清水潭景区、宝应荷园生态旅游区创成国家3A级景区。全市货运总量和货物周转量分别完成1.28亿吨和417.6亿吨千米，分别增长7.8%、11.5%。客运量和旅客周转量完成2817.85万人和15.53亿人千米，分别下降27.7%、41.7%；港口货物吞吐量1.44亿吨，增长3.3%；集装箱吞吐量52.73万标箱，增长0.7%。扬州泰州国际机场新开辟国内航线6条，累计开通49个通航点，全年完成旅客吞吐量237.2万人次，比上年下降20.4%；完成货邮吞吐量1.26万吨，增长71%。全市邮政通讯业务收入83.81亿元，增长7.7%，年末电话用户604.33万户，下降1.8%，互联网宽带接入用户200.37万户，增长7.8%。年末人民币存款余额7586.35亿元，增长13.2%。全市证券资金账户数84.60万户，比上年增加11.81万户，增长16.2%；证券交易额16287.66亿元，比上年增加4344.30亿元，增长36.4%。全市各类保险机构实现保费收入178.27亿元，增长1.7%。 （吕纯军）

■改革开放 实施市属国有企业改革，重组运河文投集团、科教集团、环投集团等国资企业。市城控集团主体信用评级提升至AAA。巩固提升“三去一降一补”成效，关停和拆除取缔船舶行业项目33个，关闭退出化工企业88家。推进“放管服”、新型城镇化、土地使用制度等重点领域改革。承办全省推进基层整合审批服务执法力量现场会。优化营商环境，企业注册登记“全程电子化”，不动产登记全面推行交房（地）即发证，县乡村政务服务实现“四级联动”，取消和调整市级行政审批事项336项，市级“不见面审批”事项占比98.1%。“拿地即开工”试点稳步推进，完成国土空间规划编制，年内处置批而未供土地、再开发低效用地超1000公顷，盘活存量土地超666.67公顷。制定“惠企16条”“惠农12条”“金融15条”“商贸12条”以及促进文旅、建设领域发展等稳企惠企政策，累计为企业减税降费147亿元，减轻社保缴费负担50亿元。全市实现进出口总额770.2亿元，下降1.1%，其中出口580.03亿元，增长0.7%；进口190.17亿元，下降6.1%。全市实际到账外资14.7亿美元，增长6.0%，新批外商投资企业145个，下降6.5%；新增协议外资57.9亿美元，增长65.1%；新招引世界500强及跨国公司项目6个。全市对外投资总额5.81亿美元，增长7.4%，新批境外投资项目20个，中方协议投资额9783万美元。8个项目列省“一带一路”重大项目，总投资6.28亿美元。备案“一带一路”境外投资项目8个，总投资1564万美元。

（吕纯军）

■固定资产投资 全年全市固定资产投资下降1.5%。其中，第一产业投资增长125.8%，第二产业投资下降31.4%，第三产业投资增长28.4%。房地产开发投资完成833.97亿元，增长19.8%。商品房施工面积为3748.15万平方米，增长13.6%；竣工面积856.74万平方米，增长128.1%。全年商品房销售面积817.64万平方米，增长12.4%；商品房销售额910.75亿元，增长19.3%。连淮扬镇铁路全线通车，龙潭过江通道按序时建设，北沿江高铁扬州段前期工作稳步推进，宁扬城际工可完成专家评估。签署《南京江北地区至仪征轨道交通研究合作协议》《宁扬城际共建补充协议》。扬泰国际机场二期扩建工程获批立项。三江营岸线整治提升工程、南水北调东线源头生态环境保护等8项列省特色亮点示范工程建成。

（吕纯军）

■重大项目建设 绘制68条行业产业链图谱，举办“2·26”云招商、“4·18”国际经贸旅游节、国际汽车轻量化大会等活动405场（次），新签约亿元以上产业项目337个，新招引世界500强及跨国公司项目6个，晶澳高效光伏电池及组件、中远海运LNG船、中粮（宝应）新型粮仓、中节能高效太阳能电池、中化（仪征）新材料产业园等一批重大产业项目签约落户。出台《重大项目建设服务推进工作方案》《市领导挂钩联系重大项目制度》等系列文件，梳排“八大领域”重大投资项目730个，15个列省重大项目、379个市级重大项目完成年度投资计划124%、112%。聚焦“323+1”产业集群，新开工工业重大项目67个，其中先进制造业项目59个。强化龙头企业培育，制定《关于加快培育工业大企业（集团）的实施意见》《“千企升级”三年行动计划》，全市开票销售超百亿企业7家、50亿—100亿元企业3家。出台《关于鼓励支持工业企业技术改造的政策意见》，设立5亿元技改专项资金。出台开发园区“二次创业”高质量发展“1+7”系列政策，全市设立园区产业引导资金300亿元。扬州环保产业园创成国家级循环经济标准化示范园区，江苏信息服务产业基地建成国家级电商示范基地。初步形成航空产业“龙头项目+重点企业+产业园区”发展框架。

（吕纯军）

■科技创新 全市专利申请量和专利授权量分别为3.9万件和2.85万件，其中发明专利申请7585件，发明专利授权1490件。每万人发明专利拥有量18.55件。PCT国际专利申请105件。商标申请量2.04万件，注册量1.31万件。全社会研发投入占地区生产总值比重2.5%，技术合同成交额突破100亿元。全年认定国家高新技术企业567家，累计1627家。新增省高企入库培育企业629家，1287家企业通过国家科技型中小企业认定。全年高新技术产业产值增长9.8%，占规上工业产值比重为48.1%，比上年提升0.9个百分点。与南京航空航天大学、江苏科技大学等高校签署战略合作协议，新增省级以上孵化器、众创空间17家，全市技术合同成交额超100亿元。组织实施关键核心技术攻关赶超项目20项、工业补链强链技改项目268项，发放市级先进制造业中小企业发展、技术改造专项资金2.4亿元。科技产业综合体实现开票销售230亿元，新增省级以上孵化器、众创空间17家。178个项目入选省技术创新导向计划、93个新技术新产品列入省重点推广应用目录。获批国家工业互联网标识解析二级节点3个、国家级制造业单项冠军示范企业2家、专精特新“小巨人”企业5家。新增省级示范智能车间14家，93项新技术新产品列省重点推广应用目录，5家企业获评省工业设计中心。举办2020中国扬州“绿扬金凤”创新创业人才发展峰会，招引国家重大人才工程专家3人，入选省“双创”人才22人、团队3个，中航研究院研究生院落户开学。

（吕纯军）

■社会保障 年末，全市城乡基本养老、城乡基本医疗、失业、工伤和生育保险参保人数分别为327.08万

10月30日，扬州向20名“引才荐才大使”颁赠聘书和绿扬英才卡 庄文斌/摄

人、435.36万人、74.34万人、95.03万人和96.27万人。城乡居民基本养老保险基础养老金最低标准由每人每月148元提高到175元。城乡居民医保人均财政补助最低标准提高到每人每年580元。扬州城乡低保标准实现一体化，月人均标准由2015年末的390~575元统一提高到2020年的710元，累计发放低保资金19.51万人次8.18亿元。全年发放临时救助金1753.46万元、价格临时补贴6040.62万元、疫情期间临时生活补贴538.9万元。在全省率先实现医疗保险和生育保险实质性市级统筹和为现役军人家庭购买商业保险。基本医疗保险参保率98%以上，大病保险政策范围内报销比例由50%提高到60%，异地就医实现长三角地区跨省门诊直接结算，全市有住院资质医疗机构异地就医直接结算全覆盖。新增颐养示范社区29个，建成区域性养老服务中心6个，儿童“关爱之家”10个。开展30个重点行业领域专项整治、危险化学品安全综合治理，安全生产事故起数、死亡人数分别下降66%和65%，未发生较大以上事故。新增城镇就业6万人、农村转移劳动力1.2万人。建成市县乡三级联动社会治理现代化指挥体系，获批全国首批市域社会治理现代化试点城市，城市社区“全科社工＋专职网格员”服务模式实现全覆盖。（吕纯军）

■**社会事业** 完善公共文化服务体系建设，年末，全市有艺术表演团体8个，文化馆7个，公共图书馆8个，博物馆17个，美术馆1个，电影放映单位62家，综合档案馆7个。扬州中国大运河博物馆获国务院正式命名，《朱自清》《衣冠风流》分别荣获中国舞蹈荷花奖、优秀戏曲电影奖，谢馥春脂粉制作技艺入选国家级非遗名录，湾头镇获评“中国玉雕之乡”。实施健康扬州行动，市公共卫生中心建成投用，18家农村区域性医疗卫生中心达到二级医院标准。年末，全市共有各类卫生机构1964个，其中医院91个，疾病预防控制中心7个，妇幼卫生保健机构8个，病床2.63万张，卫生技术人员3.1万人。公共体育服务在全国160个监测城市中位列第一。全年扬州运动员参加各级各类比赛，获得国际性比赛金牌1人次，获得全国比赛金牌7人次、银牌4人次、铜牌11人次。世界田联半程马拉松锦标赛筹备工作有序推进。启动新（改、扩）建幼儿园23所、义务教育学校9所、高中学校1所，完成27所乡村小规模学校和乡镇寄宿制学校提升工程。年末，全市有普通高校8所，高等教育毛入学率65.8%，比上年提高1.3个百分点。高中阶段教育毛入学率100%，学前三年教育毛入园率99.5%。全市小学在校生22.26万人，普通中学在校生17.67万人，中等职业教育在校生3.32万人（不含技工学校），高等教育在校生11.07万人，特殊教育在校生0.1万人，在园幼儿11.51万人。（吕纯军）

■**城乡建设** 推进城市功能提升。文明城市建设通过“国考”。出台美食之都建设专项意见，发布美食之都城市合作扬州倡议。发布2021年扬州世界园艺博览会会徽、吉祥物，51个国内外展园主体完工。东部综合客运枢纽及16条集疏运道路投入使用，主城快速路网二期工程总体形象进度达70%。市区生活垃圾焚烧发电厂三期、赵庄垃圾卫生填埋场二期、汤汪污水处理厂三期等工程建成，新改建市区污水管网60千米。实施乌塔沟整治、长江堤防防洪能力提升二期等工程，及时处置险情隐患42处。改造城镇老旧小区32个、棚户区（危旧房）7587套（户），翻建背街小巷30条，新改建农贸市场6个。建成区生活垃圾分类投放设施覆盖率85%。实施乡村振兴战略。G345新集至刘集段、S333高邮东段、S331宝应段建成通车，新改建农村公路310千米、农桥194座。启动美丽宜居村庄建设382个，完成77个被撤并乡镇集镇环境整治，疏浚县乡河道85条。创成省级生态文明建设示范乡镇12个、特色田园乡村19个，菱塘回族乡清真村入选中国美丽休闲乡村。落细落实“三保五助”精准扶贫政策，建档立卡低收入人口全部实现脱贫，沿河、沿江地区65个市级经济薄弱村集体经营性收入达到45万元、55万元。（吕纯军）

■**生态文明建设** 开展污染防治“百日攻坚”、渣土车整治等专项行动，全年$PM_{2.5}$年均浓度36微克/立方米，下降16.3%；空气优良率80.1%，提高10.5个百分点。改善水环境质量，完成横沟河、宝带河、小秦淮河、邗沟河等整治工程，建成区黑臭水体整治基本完成，省考以上断面水质达标87.5%。推进长江经济带建设，清退长江岸线6.3千米，复绿152万平方米，全面实行禁捕退捕，长江干流及保护区建档立卡的2031艘渔船、3974名渔民全部退捕上岸。新增城市绿地112万平方米，人均公园绿地面积19.57平方米，成片造林3467公顷，修复湿地315.67公顷，森林覆盖率15.04%，林木覆盖率23.67%。“两违四乱”问题整治销号率超95%。污染地块安全利用率达到90%以上，宝应小官庄、江都邵伯镇2个国家全域土地整治综合试点通过省审查。推进生态环境修复，建成省级绿美村庄41个，完成江淮生态大走廊49个年度项目投资40亿元。高标准打造京杭运河扬州段绿色现代航运示范区，推进实施从邵伯船闸至长江六圩口门30千米先导段建设。推进绿色产业发展，在全省率先制定《节能违法违规行为限期整改裁量基准》，实施节能改造项目105项，节能10.6万吨标准煤。实施新一轮园区循环化改造，省级以上园区循环化改造实现全覆盖。单位GDP能耗完成省定目标。（吕纯军）

区域融合发展

Quyu Ronghe Fazhan

编　辑　贾丽琴

综述

■概况　编制印发《〈长江三角洲区域一体化发展规划纲要〉扬州行动方案》。长江三角洲城市经济协调会第二十次全体会议审议通过《长江三角洲城市经济协调会重点合作事项管理办法》等有关文件。《宁扬城际共建补充协议》《南京江北地区至仪征轨道交通研究合作协议》《宁镇扬信用城市联盟合作机制框架协议》签署。《南京都市圈城市发展联盟章程》审议并通过，宣布吸纳常州溧阳市、金坛区加入南京都市圈。都市圈成员市（区）签署《共同打造高质量发展区域增长极框架协议》，邗江区政府与都市圈相关区政府共同签署《深化集成电路产业链供应链合作框架协议》，都市圈成员城市相关部门分别围绕城乡融合发展、人社、规划、治气、治水、长江禁捕退捕、市场监管、法律服务等方面签署相关合作协议。龙潭过江通道北塔完成主墩平台施工，五峰山大桥铁路桥投用运营，五峰山过江通道公路接线工程全幅贯通，连淮扬镇铁路开通运营。江苏省人民医院与扬州大学附属医院合作成立江苏省肝胆外科临床医学中心扬州分中心、江苏省神经内分泌肿瘤诊治中心扬州分中心，南京大学医学院附属苏北人民医院签约揭牌。（谢兆伟）

■产业对接　扬州市政府与上海工程技术大学、南京航空航天大学、江苏科技大学签订战略合作协议，上海工程技术大学扬州技术转移中心正式揭牌落户市技术产权交易市场。5月21日，在南京举办2020宁扬产业对接会；8月26日，在南京举办2020扬州现代服务业（南京）招商恳谈会，30个现代服务业项目集中签约；中国国际进口博览会期间集中签约15个重点产业项目，总投资187.3亿元。（谢兆伟）

参与“长江经济带”建设

■概况　2020年，全市围绕贯彻落实国家、省和市关于推动长江经济带发展的各项决策部署，在出台年度工作要点基础上，配套制定年度任务清单、问题清单、特色亮点实施方案，实行清单化、项目化推进，形成推动长江大保护“1+3”工作制度。启动长江岸线保护利用规划和长江码头布局规划编制，全面降低沿江生产性岸线开发使用强度，提高生活性、生态性岸线比例，严格落实“三线一单”和负面清单等，推动涉及长江经济活动以不破坏生态环境为前提。紧盯问题整改时限要求，成立多部门组成的专项督查组，严格实行“一周一调度、一月一督查”、问题属地党政负责人挂包、整改进度滞后约谈等机制，推动国家、省交办的127个长江生态环境突出问题按时保质完成整改，并通过销号。在全市范围内多次部署开展生态环境问题自查自纠、举一反三，将问题整改情况纳入对地方高质量考核指标，定期督查调度，推动各类问题按时保质“见底清零”，形成“发现—交办—整改—销号”闭环工作机制。将三江营岸线整治提升、三湾整治工程、江都水利枢纽等8个项目纳入省长江大保护和绿色发展百项特色示范工程。全面总结扬州推动长江大保护的工作成效，先后被中央电视台、国家推动长江经济带发展网、江苏卫视等主流媒体宣传报道。（韩世来　李　俊）

■亮点打造　发挥扬州江河湖交汇、水形态齐全、生态体系良好的基础，从长江干流推向内陆地区，挖掘一批特色明显的标志性、示范性亮点工程，三江营岸线整治提升、南水北调东线源头生态环境保护、京杭大运河绿色航运示范区、京杭大运河三湾整治工程、江都水利枢纽等8个项目纳入省长江大保护和绿色发展百项特色示范工程，8个特色工程在省规定时限要求前形成可观、可感、可复制、可推广的亮点示范工程。（韩世来　李　俊）

■问题整改　突出问题导向，牵头相关部门组成联合督查组，实行周报、月督查和问题属地党政负责人挂包机制，督促地区按时保质完成整改任务，促使国、省交办扬州的127个长江生态环境突出问题按时完成整改，并通过省级销号。整治后，长江扬州段共退让生产岸线6.3千米，复绿152万平方米，生态岸线长度达40.4千米，生态岸线占比从

2018 年的 47.5% 提升至 56.9%。

（韩世来 李 俊）

■共抓长江大保护合作框架协议签订 12 月 1 日，扬州市政府与长江生态环保集团有限公司（中国长江三峡集团全资子公司）签订《共抓长江大保护合作框架协议》，双方按照“长远谋划、整体推进、探索创新、市场主导、示范引导、合作共赢”的原则，围绕长江大保护建立战略合作关系。扬州市支持长江环保集团参与扬州长江大保护和绿色发展工作，长江环保集团以扬州长江干流及主要支流、大运河、南水北调东线沿线以及邵伯湖、高邮湖、宝应湖等沿线区域内生态环境建设、基础设施建设和产业转型升级发展等为重点，促进扬州水环境质量根本改善、生态环境实质提升、智慧城市绿色发展。长江环保集团发挥三峡集团在清洁能源领域的整体优势，推动扬州能源清洁化、智慧化和优质化。（杨 奕）

长三角区域合作

■组织领导 成立以市委书记为第一组长、市长为组长的领导小组，加强对全市推进长三角区域一体化发展工作的组织领导。成立产业合作等 12 个专题工作组，细化专题工作组工作方案，加强与省相关部门的沟通和具体工作的推进。编制行动方案。在学习研究国家《长江三角洲区域一体化发展规划纲要》和省《〈长江三角洲区域一体化发展规划纲要〉江苏实施方案》精神的基础上，对国家规划纲要和省实施方案，特别是省“三重清单”中涉及扬州的事项逐一进行任务分解，同时结合实际体现扬州特色编制印发《〈长江三角洲区域一体化发展规划纲要〉扬州行动方案》。梳理并印发推进产业创新、绿色发展、基础设施建设等五个方面 40 条年度工作要点，梳排出 23 个重点合作项目，清单化、项目化推进长三角一体化发展工作。（谢兆伟）

■科创合作 深化与长三角城市的产学研协同创新，主动对接上海、南京、杭州等地的科教资源，通过线上线下对接、专业机构招引、科研招标和研发众包等方式，加快先进技术成果转移转化。全年促成产学研合作协议近千项，全市技术合同成交额 120 亿元。开展校地合作。扬州市政府与上海工程技术大学、南京航空航天大学、江苏科技大学签订战略合作协议。上海工程技术大学扬州技术转移中心正式揭牌落户市技术产权交易市场，并举办首场产学研合作对接活动，6 项成果当场达成合作意向并签约，合同金额 1500 多万元。联合开展课题研究。由河海大学牵头的，扬州佳境环境科技有限公司作为承担单位的“高新区工业废水近零排放及资源化利用”课题获国家重点研发计划立项。共建实验室，利用科研院校等创新资源，提升自主创新能力。邗江区与蚂蚁金服签订共建区块链创新应用联合实验室协议，宝应县与江苏大学共建汽车零部件重点实验室。

（谢兆伟）

■产业合作 坚持把上海和长三角地区作为全市招商的重点区域，密集开展长三角招商周、对接上海产业转移双月招商、对接上海百日招商等招商活动，并在上海、南京、杭州等长三角重点地区设立 51 个招商驻点，其中上海 33 个。强化招商引资，印发《关于进一步加大招商引资攻坚力度促进经济社会高质量发展的意见》，市领导率队赴上海开展招商引资活动。总投资 50 亿元的上海鹍远基因癌症早筛研发与产业化基地落户扬州。开展产业对接，5 月 21 日，2020 宁扬产业对接会在南京举办；8 月 26 日，在南京举办 2020 扬州现代服务业（南京）招商恳谈会，30 个现代服务业项目集中签约；中国国际进口博览会期间集中签约重点产业项目 15 个，总投资 187.3 亿元。（谢兆伟）

■生态环境保护 共护“一片蓝天”。持续推动钢铁行业超低排放改造，督促钢铁企业全面完成超低排放改造，整治完成锅炉 152 台，完成工业窑炉 63 台，完成 VOCs（挥发性有机物）污染治理工程 82 个。组织开展“清洁降尘”蓝天保卫一号行动和“治臭氧·控源提优”蓝天保卫二号行动，对 801 项管控清单企业（点位）实施拉网式整治。共保“一江清水”。统筹推进长江大保护工作，将长江扬州段 82.4% 的岸线划为岸线保护区和控制利用区；全年沿江新造林 281.07 公顷。围绕解决“化工围江”问题，累计关停化工企业 374 家。长江干流江苏段崩岸治理、淮河流域重点平原洼地治理等 5 个省重点水利工程项目，获得国家及省财政资金 2.5 亿元。宁镇扬三市建立联合河湖长工作协调机制。共守“一条红线”。完成新一轮生态红线调整，将全市 1362 平方千米土地划入生态保护红线区域，国土面积占比超 20%。出台生态红线监督管理和生态补偿办法，每年落实市级生态补偿资金 3000 万元。（谢兆伟）

■文旅与公共服务合作 扩大文体资源“共享点”。市图书馆与南京金陵图书馆、镇江市图书馆建立区域合作联盟，实现讲座、展览以及数字资源的共建共享。主动与上海图书馆对接，推动长三角公共图书馆联盟建设，响应“城市阅读一卡通”倡议，推动阅读在长三角区域内的无障碍流动，深化长三角公共图书馆之间的合作互动。共建医疗服务“保障网”。江苏省人民医院与扬州大学附属医院合作成立江苏省肝胆外科临床医学中心扬州分中心、江苏省神经内分泌肿瘤诊治中心扬州分中心，南京大学医学院附属苏北人民医院签约揭牌。扬州挂号网与南京智慧医疗公众健康平台实现连接，异地就医门诊结算系统与上海、浙江联网，异地就医备案程序进一步简化，刷卡实现实时结算。至年末，扬州市居民在沪浙皖地区门诊累计结算 3.26 万人次，医保基金支付金额 269.86 万元；接收沪浙皖地区居民来扬就诊结算 2789 人次，医保基金支付金额 52.47 万元。建立运河文化“朋友圈”。编制《大运河扬州段文化保护传承利用规划》，以扬州中国大运河博物馆项目为龙头，以大运河全线遗产点最密集的大运河扬州城区段为主轴，打造从邵伯到瓜洲、全长41千米、面积47.5平方千米的文化旅游带。启动2020运河文化嘉年华·瘦西湖夜市活动。　（谢兆伟）

■上海莘庄工业区（宝应）工业园 上海莘庄工业区（宝应）工业园，是上海闵行区莘庄工业园与宝应经济开发区南北挂钩共建园区。2014年12月，宝应经济开发区与莘庄工业区达成南北共建合作协议。2015年底，共建园区上海莘庄工业区（宝应）工业园通过江苏省政府审核认定，成为省内第44家南北共建园区。园区总规划面积3平方千米，一期建设面积0.81平方千米，二期建设面积2.12平方千米。建成2.86平方千米，完成基础设施投入2.5亿元，建成三纵四横道路网络，完成区域内搬迁及“七通一平”等基础设施配套，建成食堂、人才公寓、员工活动中心等。2020年，园区实现工业产品销售收入约340亿元（含宝胜集团部分企业）。至年末，园区内共有项目36个，其中工业项目35个、三产项目1个，在建企业14家、入驻企业20余家，包括中航宝胜电气股份有限公司、江苏浩博新材料股份有限公司扬州分公司、江苏康源纺织有限公司、江苏远扬管业股份有限公司等一批国内、业内知名企业。全年引进项目3个，分别是鼎钰光伏玻璃项目，部分一期投产；鼎昊铝型材项目，挤压线投产；海栋腈纶长丝项目，一步纺部分投产。梦阳电机项目、巨丰复合线项目、升和电机项目、双宇电磁线等一批产业转移项目签约。

（李洲　周智）

■波司登高邮工业园 波司登高邮工业园于2015年4月正式获批，共建范围为东至国道G233，西至北关河，南至波司登大道，北至东平河，规划面积2.32平方千米，以高邮经济开发区和波司登股份有限公司为合作主体，以高邮市电池工业园为共建载体，实施“两园合一、融合开发”。至年末，园区投资建设江苏波司登制衣有限公司、扬州永辉纺织科技有限公司、江苏康博新材料科技有限公司、江苏德润光电科技有限公司等企业。招引落户江苏晶旺新能源科技有限公司6GW(吉瓦)高效光伏电池线、中环艾能(高邮)能源科技有限公司4GW高效光伏电池3GW切片和2GW叠瓦组件项目、航天数联信息技术(深圳)有限公司5GWh(吉瓦时)磷酸铁锂电芯项目、苏州晶樱光电科技股份有限公司3.5GW太阳能硅片、艾诺斯（扬州）华达电源系统有限公司储能电池项目、江苏海德森能源科技有限公司智能电网储能设备等项目。2020年，园区实现工业产品销售收入约212.17亿元，工业增加值40.27亿元，公共财政预算收入3.53亿元，实际利用外资及港澳台资5000万美元。

（娄文炳）

宁镇扬一体化发展

■基础设施建设 连淮扬镇铁路建成通车，北沿江高铁项目施工许可通过审查，宁扬城际组建项目公司；江北新区至仪征轨道交通委托中铁第四勘察设计研究院开展前期研究。京沪高速扩容工程扬州先导段交工验收，全线施工按序时推进；五峰山过江通道公路接线工程完成隧道、路基和桥梁施工；龙潭过江通道临建工程、驻地及三场建设完成，地连墙施工建设完成，北塔完成主墩平台施工；328国道快速化改造仪征段，汉金大道互通、工农路下穿隧道建成，全线桥梁主体工程完成；西外环345国道新集至刘集段全线建成并交工验收，开发区段施工、监理单位进场并完成施工前各项准备工作。　（谢兆伟）

■产业协同发展 围绕基本产业、主导产业发展和战略性新兴产业培育，依托南京大学、东南大学、南京航空航天大学、江苏大学等高校院所开展科技项目合作，针对企业技术需求、技术难题和技术升级，进行联合攻关。2020年，与南京、镇江高校院所合作立项的江苏省重大科技成果转化资金项目5个，获批资金4800万元。市政府分别与南京航空航天大学、江苏省产业技术研究院签署全面合作协议，根据协议扬州市与南京航空航天大学在设立南京航空航天大学技术转移中心扬州分中心、共建高水平实验室、开展干部人才交流培训、设立南京航空航天大学大学生实习实训基地和研究生创新实践基地、联合申报科研项目等方面开展全面合作；与江苏省产业技术研究院在共建联合创新中心、共建专业研究所及实施重大项目、共建研究生联合培养基地、共同培育江苏省研发型企业等方面开展合作。江苏省扬州技师学院、南京熊猫电子装备有限公司、沈阳飞机设计研究所扬州协同创新研究院有限公司、南京安舍曼机器人研究院有限公司、江苏金美利智慧科技有限公司签署战略合作框架协议，共同打造扬州市高精度柔性工业机器人公共实验实训平台。举办2020扬州现代服务业（南京）招商恳谈会，宁扬两地30个现代服务业项目集中签约。编制《重点产业链图谱》，利用南京的优势和资源进行补链、扩链、强链。　（谢兆伟）

■公共服务一体化 强化医疗合作，扬州市政府与南京大学共建南京大学医学院附属苏北人民医院，江苏省人民医院与扬大附属医院合作成立江苏省肝胆外科临床医学中心扬州分中心、江苏省神经内分泌肿瘤诊治中心扬州分中心。扬州挂号网与南京智慧医疗公众健康平台实现连接，宁扬两地的居民可以通过扬州挂号网自由选择两地的门诊和医生，实现优质医疗资源共享。完善省内异地就医联网结算工作，实现异地就医人员办理备案手续后刷卡实时结算。与南京、镇江市场监督管理部门同步推进商事制度改革。与南京、镇江同步开展企业用工需求调查，开展创业培训“进乡村、进社区、进高校”活动，对接南京、镇江就业服务网络，推动就业失业登记、就业指导、职位发布、政策咨询等服务对接。继续推进公交一卡通，加密仪征至南京客运公交班线6条。（谢兆伟）

■文旅合作 打造优质“旅游圈”，提升区域旅游联合发力水平。加强与南京、镇江合作，通过“信息互通、产品互推、客源互送”等多种形式，共同打造无障碍旅游区，在旅行社团队优惠政策、导游进入景区等方面实现同城待遇。鼓励和倡导互为旅游客源地、旅游目的地，相互支持各自举办的旅游促销及节庆活动。加强与南京、镇江共同整合优势旅游资源，通过统一旅游品牌、统一线路产品、统一编制导游词、统一印制旅游宣传品、统一组织宣传推介，持续不断地“走出去”推广区域旅游品牌。打造新型“文化圈”，提升区域文化资源共享水平。推动扬州市公立文化馆、公共图书馆、美术馆、博物馆以及乡镇文化站等公共文化设施面向宁镇扬三地居民免费开放，加快公共文化资源共建共享，优质化、便民化、深度化地满足三市群众公共文化需求。打造特色“文艺圈”，提升区域文化艺术交流水平。主动承接、搭建“平台”，加大南京、镇江优秀的文艺人才、节目来扬展演展示。组织木偶研究所赴南京江南剧院演出《白雪公主》，市曲艺研究所在镇江设立润心书场，演出100多场。（谢兆伟）

对口支援

■概况 2020年，扬州市向省财政拨付专项援助帮扶资金2.21亿元，使用省统筹援助资金3.83亿元，完成对口帮扶支援地区建设121个民生和扶贫产业项目（其中扶贫产业项目69个），援助三峡库区秭归县资金155万元。全年市县党政主要领导组织15次出访交流活动，为对口地区捐赠2225万元资金和物资。扬州—乌鲁木齐、扬州—榆林、扬州—丹东的直航补贴共1890万元，乘客达3.12万人次。扬州市通过电商消费、实体店经营、直播带货等多种消费扶贫形式，累计帮助对口地区贫困户销售1.6亿元扶贫产品，实现精准扶贫目标。扬州市派驻西藏、新疆、青海、陕西等对口地区专业技术人才275名，主要为教育、医疗、农业等专业技术人员。全市共对口帮扶支援11个国家级贫困县，结对帮扶县、乡（镇）、村分别达11个、50个、69个，所有11个县均完成脱贫任务。扬州市与丹东市6个县（市、区）、经济开发区签订结对合作协议，合作机制持续深化。扬州市对口帮扶支援合作工作开展社会宣传，主动对接国家省市主流新闻媒介，在学习强国平台、人民日报、人民网、中国扶贫网、新浪网等国家级媒体宣传报道52次，省市级媒体宣传报道104次。东西部对口帮扶榆林工作通过国家扶贫协作成效抽查，江都区对口帮扶榆林市子洲县工作在国扶办抽查考核和陕西省考核中均名列陕西东西部帮扶56个县第一名。（李建荣）

■对口支援新疆新源县 扬州市对口支援新疆新源县工作始于2011年。2020年，投入援疆资金1.29亿元，实施项目45个，其中民生类项目38个，占比84.44%；扶贫类项目34个，占比75.56%；45个项目年投资计划全部完成。全年洽谈项目88个，达成意向项目31个，落地项目21个，到位资金15亿元。帮助新源劳动力赴内地就业292人，实现疆内就业7269人。5月，与扬泰国际机场共同协调四川航空开通扬州—乌鲁木齐航线。在扬州设立扬州·新源之家、新疆“醉美新源”旅游推广中心、新疆那拉提草原民俗风情馆，邀请扬州电视台赴新源采风踩线，开发新产品、新线路，拍摄制作《援疆十年再出发》宣传片。全年拜访文旅开发投资企业31家，促成赴新源县考察10家，意向投资7家，签约并开工建设旅游投资项目3个，总投资4.08亿元。全年促成扬州15家企业与新源县相关企业、合作社达成供销协议，累计销售额超1300万元。助力打造新源县国家级有机种植管理示范基地，创成商务部2020年电子商务进农村综合示范县，并获得2000万元产业扶持资金。6名援疆医生和7名短期援疆专家通过开展业务交流、技术指导、讲学授课、下乡义诊等方式，累计接诊近1000人次，抢救危重56人次，培训授课322人次，引

扬州援疆引进的手套厂项目在新源多个乡镇解决村民家门口就业问题

发改委/供稿

进新技术、新项目14项，填补11项新源医疗技术空白。10月16日，扬州代表团访问新源县，参加扬州援建的新源县中学项目交付使用仪式，其间向新源县政府捐赠50万元、12辆医疗综合救护车（200万元）、融媒体设备（400万元）、助学金13万元。扬州11个乡镇携9个经济发达村与新源县11个乡镇和9个建档立卡贫困村开展结对共建。先后协调引进40名机关、教育、医疗、党校、融媒体等方面柔性人才开展短期援疆，投入资金642万元，实施干部人才培训类项目34个，举办各类培训班17个，培训2600余人。协调引导宝应、高邮、江都等县（市、区）、扬州市民政局、苏北人民医院等10多家机关事业单位领导带队赴新源开展对口交流、支援合作和结对共建工作，新源县11个乡镇共计收到捐赠资金275万元。（李建荣）

■对口支援西藏拉萨市 扬州援藏教师团队所援助的拉萨江苏实验中学是2014年由江苏省人民政府投资2.63亿元，在原拉萨市第三高级中学基础上增设初中部后主办的全日制、寄宿制、示范性完全中学。自2014年扬州首批派出7名援藏教师以来，至2020年扬州先后共选派四批5位管理干部、31人次的教师团队开展“组团式”教育援藏工作，主要负责拉萨实验中学初中部教学活动，连续4年中考成绩蝉联拉萨全市第一。高考重本率与上线率逐年提升。2020年高考上线率98.9%、重本率24.9%、本科率66.4%。（李建荣）

■对口支援青海贵南县 扬州市对口支援青海贵南县工作始于2010年。2020年，共安排援建资金4940万元，实施基础设施、教育、卫生、医疗等民生项目7项，全年扬州计划外帮扶贵南资金和物资超过700万元，创历史新高。8月7日，扬州市政府主要领导赴贵南县考察访问，向贵南县政府捐赠300万元。扬州6个县（市、区）党政领导以及6个结对乡镇到访贵南乡镇，在原有10个贫困村结对帮扶的基础上实现30个贫困村全部结对，达到县、乡、村三级双向结对全覆盖。结对乡镇签订乡村治理体系共建协议，助力贵南建设全国乡村治理体系试点示范。根据市委组织部计划安排，江都区负责2020年重点结对贵南帮扶工作，重点承担交流学习、智力支持、项目协作、资金支持等任务，柔性派出6名人才，以“组团＋合作”模式支援贵南职业教育发展，扬州支援贵南第一支职教组团队伍，成为江苏教育援青的新平台、新方向。10月，贵南县主要领导组团到访扬州，并在扬州举办援青十周年“五个一”系列活动，安排一次主题会见活动、一场专题纪念活动、一场特色产品展示推介、一组援青十年成果展、一系列拜访考察活动。全年推动组织两地干部人才互访交流32批360多人次。（李建荣）

■对口支援湖北秭归县 扬州市对口支援湖北秭归县工作始于1994年。至年末，累计对口支援湖北秭归县资金1740万元。2020年，扬州市援助湖北秭归县项目资金155万元支持当地公共事业建设，两次帮助湖北秭归县开展脐橙线上线下促销活动，共销售1400多万元脐橙等产品。全年投入资金19.7万元承担秭归县“党务干部能力提升”“经济工作能力提升”共90人的干部人才培训班的培训任务。（李建荣）

■对口帮扶陕西榆林市 扬州市对口帮扶陕西榆林市工作始于2017年。2020年，扬州市全面完成国家和省下达的六大项23项工作指标，大部分工作任务超额完成。对口帮扶的榆林市8个县区在陕西省考核中名列前茅，子洲县获99.99分，排名全省第一，帮扶的其他县区最低得分99.95分。全市共计派出帮扶干部19名，完成率100%。“支农支医支教”专技队伍168名，完成率106%。结对县区主要负责同志均完成互访任务。扬州党政代表团与榆林党政代表团交流互访，并召开扬州榆林协作联席会议。全年使用苏陕年度扶贫协作资金2.04亿元，实施项目69个。除苏陕帮扶资金之外，结对区（县）、乡（镇）援助财政资金2848万元，增幅84%。全年援助榆林社会帮扶资金1539万元，增幅172%，县均171万元。帮助贫困人口向江苏地区就业人数194人，增幅70%，就地就近就业数617人，其他地区就业137人。全年消费扶贫1.26亿元，其中销往扬州5255万元，增幅134%。扬州6个县（市、区）、3个功能区、33个乡镇、30个村、25个村企、15个医院、19个学校、8个社会组织与榆林建立结对关系，开展贫困村致富带头人培训881人次。7月12日，扬州—榆林飞机航线正式开通，全年运行航班142班次，运送旅客1.16万人。（李建荣）

■对口合作辽宁丹东市 扬州与丹东的对口合作逐步扩大，一二三产业合作持续深化。扬州东园集团等“中央厨房”企业持续在丹东采购海产品，年采购额稳定在5000万元以上。扬州大学水稻产业工程技术研究院、扬州中国农业科学院家禽研究所与当地种业、禽蛋等农业科技公司开展科技合作。扬州天宇服饰股份有限公司在丹东投资1亿元的波司登智能制造项目开工建设。丹东边境红色旅游直航开通，下半年复航后乘客量达1.07万人次。9月，丹东市党政代表团访问扬州，两地6个县（市、区）及经济技术开发区签订全面深化结对对口合作协议，两地形成全方位、多层级的对口合作机制。（李建荣）

中共扬州市委员会

Zhonggong Yangzhoushi Weiyuanhui

编　辑　崔成鹏

重要会议

中共扬州市委七届九次全会 1月3日，中国共产党扬州市第七届委员会第九次全体会议在扬州举行。全会高举习近平新时代中国特色社会主义思想伟大旗帜，认真贯彻落实党的十九大和十九届二中、三中、四中全会以及中央经济工作会议精神，按照省委十三届七次全会部署要求，回顾总结“强富美高”新扬州建设五年实践，研究部署2020年工作任务，对推进市域治理体系和治理能力现代化建设作出安排，动员全市上下进一步解放思想、锐意进取，接续奋斗、担当实干，决战决胜高水平全面建成小康社会，加快推动高质量发展干在实处、走在前列，奋力开启“强富美高”新扬州建设的新征程。

市委常委会主持会议。市委书记夏心旻代表市委常委会讲话，市委副书记、代市长张宝娟对经济工作作部署。全会审议通过全会《决议》。（许　军）

1月3日，中共扬州市委七届九次全会在扬州举行　董　辉/摄

中共扬州市委七届十次全会 8月3日，中国共产党扬州市第七届委员会第十次全体会议在扬州举行。全会以习近平新时代中国特色社会主义思想为指导，全面贯彻党的十九大、十九届二中、三中、四中全会和全国两会精神，按照省委十三届八次全会部署要求，总结2020年以来工作，进一步明确下半年任务，对推进美丽扬州建设作出安排，动员全市上下解放思想、坚定信心，深入践行新发展理念，扎实推动高质量发展，奋力夺取“双胜利”，高水平全面建成小康社会，开启基本实现现代化新征程，把“强富美高”新扬州建设不断推向前进。

市委常委会主持会议。市委书记夏心旻代表市委常委会讲话，市委副书记、市长张宝娟对经济工作作部署。全会审议通过全会《决议》。（许　军）

中共扬州市委七届十一次全会 12月28日，中国共产党扬州市第七届委员会第十一次全体会议在扬州举行。全会以习近平新时代中国特色社会主义思想为指导，全面学习贯彻习近平总书记视察江苏、视察扬州重要讲话指示精神，认真贯彻落实党的十九届五中全会、中央经济工作会议精神和省委十三届九次全会决策部署，总结2020年工作，研究部署“十四五”和2021年工作，动员全市上下进一步聚焦“强富美高”总目标，继往开来、接续奋斗，以“争当表率、争做示范、走在前列”的使命担当，把扬州这个“好地方”建设好发展好，奋力开启全面建设社会主义现代化新征程。

市委常委会主持会议。市委书记夏心旻代表市委常委会讲话，市委副书记、市长张宝娟对经济工作作部署。全会审议通过《中共扬州市委关于制定扬州市国民经济和社会发展第十四个五年规划和二〇三五年远景目标的建议》和全会《决议》。（许　军）

重要决策

■做好民生幸福工程 3月16日，中共扬州市委、扬州市人民政府印发《关于做好2020年民生幸福工程的通知》，确定2020年民生幸福工程清单，包含10大板块、33类、116条重点民生项目：（1）健全有利于更充分更高质量就业的促进机制。（2）构建服务全民终身学习的教育体系。（3）完善覆盖全民的社会保障体系。（4）强化提升人民健康的保障水平。（5）加大文化旅游惠民力度。（6）全面建立健全公共安全体系。（7）加大生态环境保护和改善力度。（8）提升城乡人居环境层次。（9）优化公共交通服务体系。（10）强化城乡道路基础设施建设。（许　军）

■服务企业发展 3月16日，中共扬州市委、扬州市人民政府印发《2020年优化企业发展环境推进新兴科创名城建设工作方案》，提出9条措施：（1）支持企业抗疫情稳发展。（2）聚焦优势产业发展。（3）拓展创新合作领域。（4）加大基本要素保障。（5）健全人才引进、培养体系。（6）筑牢科创平台基础。（7）提升政府服务效能。（8）健全法治、政策保障。（9）强化监督考核力度。（许　军）

■服务游客 3月12日，中共扬州市委、扬州市人民政府印发《关于2020年促进旅游业发展更好服务游客的意见》，提出12条意见：（1）加强旅游企业扶持奖励。（2）加强重点景区门票优惠。（3）加强旅游体验产品供给。（4）加强夜间旅游消费体系建设。（5）加强清明节、劳动节、国庆节假日旅游服务。（6）加强游客合法权益保障。（7）提升城市旅游公共配套。（8）提升入境旅游服务环境。（9）提升研学旅行、会议旅游服务质量。（10）提升旅游标准国际化水平。（11）提升“微笑扬州”服务品牌。（12）提升健康旅游服务环境。（许　军）

■基层基础建设 3月25日，中共扬州市委、扬州市人民政府印发《关于全面加强基层基础建设推进市域社会治理现代化的实施意见》，提出9条意见：（1）全面加强基层基础建设，推进市域社会治理现代化的重要意义和指导思想。（2）全面加强基层基础建设，推进市域社会治理现代化的基本原则和主要目标。（3）推进乡镇（街道）治理体制改革，提高服务和治理水平。（4）深化网格化精细化治理，增强基层综合服务管理效能。（5）完善村（社区）治理体系，激发基层社会治理活力。（6）培育发展社会组织，引导社会力量参与基层社会治理。（7）坚持党建引领，推动基层组织全面建强。（8）强化城乡社区工作者队伍建设，增强基层社会治理执行力。（9）狠抓落实落地，强化基层基础建设保障措施。（许　军）

■市域治理体系和治理能力现代化 3月30日，中共扬州市委印发《关于推进市域治理体系和治理能力现代化的实施意见》，提出8条意见：（1）深入贯彻党的十九届四中全会精神，切实增强推动市域治理体系和治理能力现代化的高度自觉。（2）坚持不断健全完善党的领导制度体系，把党的领导落实到市域治理各领域各方面各环节。（3）紧扣更高水平实现“经济强”，构建推动经济高质量发展体制机制。（4）紧扣更大力度推进“百姓富”，健全民生保障制度体系。（5）紧扣更高水准展现“环境美”，健全生态文明制度体系。（6）紧扣更深层次推进“社会文明程度高”，完善文化创新发展制度机制。（7）推进市域社会治理现代化，健全完善现代社会治理体制机制。（8）切实加强组织领导，确保党的十九届四中全会各项部署在扬州全面落实到位。（许　军）

■招商引资 4月1日，中共扬州市委、扬州市人民政府印发《关于进一步加大招商引资攻坚力度促进经济社会高质量发展的意见》，提出7条意见：（1）充分认识招商引资工作的重要意义。（2）全力推动招商引资工作量质齐升。（3）切实提高招商引资精准度和实效性。（4）充分发挥开发园区招商引资主阵地作用。（5）持续优化招商引资的营商环境。（6）加大对招商引资工作的考评激励。（7）加强招商引资工作的组织领导。（许　军）

■“三农”领域重点工作 4月21日，中共扬州市委、扬州市人民政府印发《关于抓好“三农”领域重点工作确保如期实现高水平全面小康的实施意见》，提出7条意见：（1）坚决打赢脱贫攻坚战。（2）加快补上农村民生短板。（3）确保重要农产品有效供给和农民稳定就业。（4）加快推进农业农村现代化。（5）加强农村基层治理。（6）强化“三农”发展保障措施。（7）加强党对“三农”工作的全面领导。（许　军）

■贯彻《中国共产党农村工作条例》 9月24日，中共扬州市委印发《关于贯彻〈中国共产党农村工作条例〉实施办法》，提出7条意见：（1）坚持和加强党对农村工作的全面领导。（2）健全组织领导体系。（3）推进率先实现农业农村现代化。（4）加强农村基层治理。（5）强化乡村人才支撑。（6）完善政策保障体系。（7）完善考核监督机制。（许　军）

■区域协调发展 10月10日，中共扬州市委、扬州市人民政府印发《关于建立更加有效的区域协调发展新机制的实施方案》，提出8条意见：（1）构建定位清晰特色鲜明的区域协调发展机制。（2）健全市场一体化发展机制。（3）深化区域合作机制。（4）优化区域互助机制。（5）健全区域利益补偿机制。（6）完善基本公共服务均等化机制。（7）健全区域政策调控机制。（8）强化区域发展组织保障机制。（许　军）

■**城乡融合发展体制机制和政策体系** 10月19日，中共扬州市委、扬州市人民政府印发《关于建立健全城乡融合发展体制机制和政策体系的工作方案》，提出5条意见：（1）统筹推进城乡要素合理配置。（2）推进城乡基本公共服务普惠共享。（3）构建城乡人居环境和乡村善治新格局。（4）激发乡村经济活力。（5）推动农民收入持续稳定增长。（许 军）

■**开发园区“二次创业”发展** 10月21日，中共扬州市委、扬州市人民政府印发《关于推进全市开发园区“二次创业”高质量发展的意见》，提出13条意见：（1）优化开发园区空间布局。（2）推动开发园区产业集聚特色发展。（3）盘活开发园区土地资源。（4）充分发挥开发园区招商引资主阵地作用。（5）推进开发园区重大产业项目建设。（6）加快推进开发园区转型升级创新发展。（7）提升开发园区对外开放水平。（8）深化开发园区管理运营机制改革。（9）扩大开发园区管理自主权。（10）推动开发园区“放管服”改革。（11）建立重大项目决策容错纠错机制。（12）加强开发园区组织领导。（13）严格考核评价和督查推进。（许 军）

重要活动

■**2020中国·扬州“烟花三月”国际经贸旅游节开幕式暨“世界美食之都”揭牌仪式举行** 4月18日，为期一个月的2020中国·扬州“烟花三月”国际经贸旅游节开幕式暨“世界美食之都”揭牌仪式在瘦西湖熙春台举行。市委书记、市人大常委会主任夏心旻致辞，市委副书记、市长张宝娟作主题推介，市政协主席陈扬、市委副书记孔令俊等市四套班子领导出席活动。活动现场，夏心旻、张宝娟、陈扬等市领导与中国烹饪大师徐永珍、薛泉生共同为“世界美食之都”揭牌，澳门、成都、顺德等三座“世界美食之都”城市发来祝贺视频。节庆期间，共落实新签约先进制造业、现代服务业和科技合作项目178个，总投资1878.3亿元。开幕式现场，总投资150亿元的新能源汽车、总投资100亿元的三元锂电池（一、二期）、总投资100亿元的瓜洲文旅小镇、总投资100亿元的古运湾文化旅游城、总投资60亿元的领拓产业园、总投资50亿元的高效光伏电池、总投资50亿元的高端船舶制造、总投资35亿元的超高压电缆等36个重大产业项目签约。同时，230个重大项目集中开工投产，总投资941.7亿元，其中制造业项目131个。（许 军）

■**2020世界运河城市论坛** 9月28日，2020世界运河城市论坛在扬开幕。全国政协副主席刘奇葆出席并讲话，省委书记娄勤俭，省委副书记、省长吴政隆会见部分嘉宾。吴政隆在论坛上致辞，联合国开发计划署驻华代表白雅婷，全国政协文化文史和学习委副主任刘佳义等出席。论坛以“世界运河城市文旅产业持续繁荣发展”为主题。中国政府欧洲事务特别代表、联合国前副秘书长吴红波，国家发改委社会发展司司长欧晓理，国家文物局副局长宋新潮分别致辞。世界运河历史文化城市合作组织（WCCO）名誉主席、美国前商务部长古铁雷斯以视频方式致辞，埃及驻华大使馆副馆长、公使纳格拉·纳吉布在论坛上致辞。论坛开幕式后举行主旨演讲和案例分享活动，形成《世界运河城市文旅产业持续繁荣发展扬州倡议》。论坛持续到10月6日，其间，举办“2020运河嘉年华”“2020世界运河城市美食博览会”等配套活动。（许 军）

■**习近平在扬州考察调研** 11月13日，中共中央总书记、国家主席、中央军委主席习近平到扬州考察调研。在运河三湾生态文化公园，习近平听取大运河沿线环境整治、生态修复及现代航运示范区建设等情况介绍。他指出，扬州是个好地方，依水而建、缘水而兴、因水而美，是国家重要历史文化名城。千百年来，运河滋养两岸城市和人民，是运河两岸人民的致富河、幸福河。希望大家共同保护好大运河，使运河永远造福人民。

随后，习近平乘车前往江都水利枢纽。江都水利枢纽是南水北调东线工程的源头，也是目前我国规模最大的电力排灌工程、亚洲最大的泵站枢纽。习近平来到展厅观看南水北调东线工程及江都水利枢纽专题片，结合沙盘听取南水北调东线工程建设运行情况介绍。习近平指出，“北缺南丰”是我国水资源分布的显著特点。党和国家实施南水北调工程建设，就是要对水资源进行科学调剂，促进南北方均衡发

9月28日，2020世界运河城市论坛在扬州开幕　董 辉/摄

展、可持续发展。要继续推动南水北调东线工程建设，完善规划和建设方案，确保南水北调东线工程成为优化水资源配置、保障群众饮水安全、复苏河湖生态环境、畅通南北经济循环的生命线。

11月15日，扬州市召开全市领导干部会议，传达学习习近平总书记考察江苏时的重要讲话精神。市委书记夏心旻主持会议并讲话。他强调，要牢记习近平总书记谆谆嘱托、殷殷期望，以总书记重要讲话精神凝聚共识、指引方向、指导实践、激发干劲，实干笃行、接续奋斗，开启全面建设现代化新征程，奋力把扬州这个“好地方”建设好发展好。（许　军）

■连淮扬镇铁路淮镇段暨五峰山长江大桥建成运营现场会举行　12月11日，连淮扬镇铁路淮镇段暨五峰山长江大桥建成运营现场会在扬州举行。省委书记、省人大常委会主任娄勤俭出席现场会，宣布：五峰山长江大桥建成运营，连淮扬镇铁路全线开通。省委副书记、省长吴政隆，国铁集团总经理杨宇栋在会上讲话。省领导郭元强、费高云，省政府秘书长陈建刚出席会议。国家铁路集团副总经理钱铭主持会议。夏心旻、张宝娟、陈扬、孔令俊等市四套班子领导参加活动。（许　军）

巡察工作

■概况　2020年，市、县两级开展2轮巡察，巡察单位102家、“回头看”7家，其中市级巡察单位22家，对15个村（社区）开展提级巡察“回头看”。全年共反馈巡察发现的问题2927个，问题线索418条。七届市委巡察工作实现全覆盖。（徐　枥）

■基础建设　推动工作基础提标。市委认真履行主体责任，强化示范传导，5次学习研究巡视巡察工作，召开领导小组会、书记专题会听取巡察情况汇报，研究推动巡察工作，破解体制机制性难题。配合省巡察指导督导，组织市委巡察工作领导小组成员、各县（市、区）委书记和全市巡察干部接受专题培训，同题共答总结提炼经验做法10项，传导巡视巡察政策精神和规范要求。全面修订《扬州巡察工作制度汇编》《巡察办模拟卷宗》《巡察组模拟卷宗》，修改完善巡察制度4项、更新完善工作模板110份，以制度化保障规范化。自主开发扬州“巡察云”系统，打造“一网互联、一网统管”的智慧巡察管理平台，以信息化促进规范化。提升巡察干部能力水平。建立巡察组长“导师制”结对带教制度，市委6个巡察组以一对多形式带教26个县级巡察组，专题授课6场，共同开展课题研究7项。开展“三比一促”活动，评选2019年度优秀报告和底稿45份，表彰市、县两级巡察组23个。召开全市巡察机构“两看两推”观摩交流会，引导巡察干部互学互鉴、共同提高。从市、县两级遴选巡察故事编印《巡声》，全面展示市、县巡察成效。（徐　枥）

■巡察监督　以高质量巡察护航高质量发展。打出巡察“组合拳”，在常规巡察基础上，穿插运用专项、提级和“回头看”等多种组织形式，持续推进巡察监督向纵深突破。紧扣中心任务，巡出专项声势。采用市带县、提级交叉形式，市、县两级同步开展落实“六保”任务专项巡察，推动制定惠民政策151个，解决民生实事1057项。组织对市、县两级84个单位开展危化品安全生产专项巡察，走访企业185家，收集意见建议160条，督促立行立改问题12个。下沉监督力量，巡出提级声望。派出市委巡察组对广陵区李典镇15个村（社区）开展提级巡察“回头看”，强化市级经验传导，宣传面、走访数均较区级巡察增长80%以上。以联动协作推动监督质效提升。探索巡察监督与其他监督贯通融合的有效路径，研究出台《构建“七联”贯通监督体系推动巡察工作高质量发展的实施意见》，构建力量联合统筹、信息联通共享、问题联查协作、技术联用支持、整改联评销号、成果关联运用、日常联动监督的“七联”贯通机制。（徐　枥）

■巡视巡察整改　创新构建闭环体系，推进“六责协同”整改机制再发力。自觉把抓好省委巡视反馈意见整改作为重大政治任务，强化组织协调、加强督查督办，全程跟进把控整改进展和整改质态，围绕巡视反馈的29个问题，市委制定219项整改措施，已落实217项，整改率99.09%。查找开发园区建设、粮食安全等领域系统性问题，向市委、市政府提交专题报告，推动解决影响发展的突出问题，发挥巡察治本功能。强化巡察整改闭环管理，深化扬州市委“六责协同”巡察整改机制，创新出台《巡察整改闭环管理操作规程》，绘制整改工作流程图、整改监督流程图，配套制定7份工作模板，明确时间表和路线图，便于被巡察党组织有序整改、各监督主体精准监督。全年，市委巡察机构和纪委监委、组织部、宣传部等协同审核整改方案17份、整改报告17份，对16家被巡察单位开展“四方联评”，提出问题建议319条。（徐　枥）

■对村巡察　推进“组合式模块化”对村巡察再深化。试点开展对村巡察指导督导，现场跟进指导广陵区对头桥镇15个村的巡察工作，帮助提升对村巡察质效。总结试点经验，整合市委巡察办工作指导、市委巡察组“导师制”结对带教和县（市、区）巡察工作“两看两推”活动“三方力量”，研究出台《对村巡察“三方共促”现场指导督导暂行办法》，对一届巡察规划期内实现对村巡察指导督导全覆盖作出制度安排。持续推动监督力量下沉，对广陵区李典镇所辖15个村（社区）开展提级巡察“回头看”，强化宣传式动员、连线式寻访和“1+N”布点式走访等市级经验传导，宣传面、接访量、走访数均较上轮区级巡察增长80%以上。全年共巡察村（社区）145个，

推动查纠优亲厚友、虚报冒领等损害群众利益问题99个。（徐 栎）

组织工作

■概况 2020年，全市有基层党组织1.5万个。其中，党委535个，占3.57%；党总支1331个，占8.87%；党支部1.31万个，占87.33%。全市有党员30.33万人，其中农村党员（含乡镇社区党员）16.06万人、城市街道及社区党员7.84万人、非公有制单位在职党员3.87万人。至年末，新中国成立前入党党员502人，女党员7.67万人，少数民族党员1473人，35岁以下党员5.98万人，大专以上学历党员14.27万人。全年新发展党员数5218人。增强人才区域核心竞争力，高层次人才引进培养跻身全省第一方阵。全市拥有“两院”院士4人，国家重大人才工程自主申报入选34人，省“双创人才”389人，省“双创团队”30个，省“双创博士”378人，省“科技副总”976人。284人入选省第五期“333工程”，选聘11批科技镇长团627人次。

（组织部）

■领导班子和干部队伍建设 根据领导班子建设需要和干部队伍现状进行综合分析研判，突出人岗相适、以事择人，开展谈心谈话，有计划、有步骤地对部分岗位进行调整，全年调整县处级干部353人次，其中提拔131人次。疫情期间，构建“五五”考察机制，在抗疫一线近距离考察识别干部，第一时间提拔重用26人次。持续抓好执政骨干和重要岗位干部的教育培训，完成省以上调训6批次、124人次，举办重点培训班18批次、培训关键领域和重要岗位干部1250人次，线上轮训处级干部1232人次，市县联动培训领导干部9850人次，加强干部教育培训现场教学点建设，2020年全市干部教育培训基地共承接471批次2.8万人次参观。持续推进年轻干部实践锻炼“十项举措”，制定出台《关于加强年轻干部政治教育的实施办法》，举办4期年轻干部能力素质提升专题培训班，选派60多名优秀年轻干部赴重大项目一线、经济发展一线、信访一线挂职锻炼，选派13名“80后”年轻干部援青、援疆、援陕，全年提拔“80后”处级干部21人。严格干部配备职数预审，全年受理预审事项312批、职数1.57万个，中止不合规调整职数68个。牵头组织962名市管干部填报个人有关事项，全年抽查核实307名干部，根据结果诫勉6人，取消考察对象资格2人。根据公务员职务职级并行规定以及市干部队伍实际，研究实施全市处级干部晋升320人次，其中推荐晋升二级巡视员22人次，晋升一级调研员58人次，二级调研员52人次，三级调研员188人次。（组织部）

■人才工作 坚持党管人才，强化政治引领，举办“爱国·奋斗·奉献”精神主题报告会，市、县领导带头慰问437名高层次人才。全面落实市委、市政府人才工作部署，召开“人口与人才”等专题会议，谋划制订“十四五”人才发展规划，出台引才荐才大使评选办法，不断完善“2+N”人才政策体系。坚持服务中心，提前下发3536.5万元资金助力企业复工复产，选聘首批20名“引才荐才大使”，举办2020中国·扬州“绿扬金凤”创新创业人才发展峰会。坚持工程牵引，入选国家重大人才工程3人、省双创团队3个、双创人才22人、双创博士34人，20人入选省乡土人才“三带”名人、入选率列全省第一。聚焦“323+1”产业集群，遴选资助“绿扬金凤计划”人才509人、“英才培育计划”培养对象147人、第四批“名师工作室”35个。深化科技镇长团“团+组”工作机制，出台科技镇长团“统管用转”四项制度，组建新一批7个产才对接专家组，面向国内外地区“揭榜挂帅”，发榜“卡脖子”技术需求22项、重点技术需求81项，达成首批项目合作4500万元。坚持优化服务，组织246名高层次人才健康体检，牵头协调高层次人才配偶就业、子女入学问题，发放购房、租房补贴1199.5万元，评选表彰9家人才集聚示范单位。（组织部）

■基层组织建设 疫情暴发后，第一时间印发《关于充分发挥全市各级党组织和广大党员在打赢疫情防控阻击战中的战斗堡垒和先锋模范作用的通知》，号召全市各级党组织和广大党员做到“六个强化”“六个带头”，建立1200多个行动支部，下拨600万元专项党费用于基

方巷镇珠玉村党群服务中心内景 邗江方志办/供稿

层防疫，让党旗始终在抗疫一线高高飘扬。实施“党建引领基层治理年”行动，持续推动治理资源向基层倾斜，推动村级党群服务中心达标建设，市、县、乡、村四级投入2.16亿元新建和改扩建135个、提标188个村（社区）党群服务中心，1009个村平均面积达754平方米，398个社区平均每百户面积达44平方米，分别超过省定标准的89%、47%，制定标识标牌“六个统一”，拓展服务功能，成为基层醒目的红色地标。加快实施村（社区）书记待遇提升工程，2020年全市村书记人均现金报酬达到9万元，人均提高2万元以上，社区书记待遇增长30%以上，其他村（社区）干部收入同步明显增加，建成扬州市社区干部学院，基层岗位的吸引力显著提升。稳妥推进村（社区）“两委”换届工作，坚持超前谋划、精准预判、统筹推进相结合，建立市县组织部门、乡镇党委书记挂联挂包制度，村（社区）党组织书记和村（居）委会主任“一肩挑”比例达95%，新提名的村（社区）书记占20%以上。制定8项“一肩挑”配套制度，因村制宜有序实施，健全村务监督委员会运行机制、规范“四议两公开”操作流程等配套政策。对标“五聚焦五落实”三年行动计划确定的30个重点项目，以“六个全覆盖”措施集中整顿转化110个经济薄弱村、66个软弱涣散党组织，推动商务楼宇、商圈市场党组织组建率提高10%以上，成立快递、物业等行业党组织58个，“两新”党组织书记可享受3000~5000元的星级奖励。全面完成基层“三整合”改革，做实5639个综合网格党建，明确基层对部门派驻人员考评权重不低于50%。邗江区方巷镇党委统战委员、沿湖村党委书记刘德宝，扬州大学附属医院重症医务科护士李娟娟被省委表彰为优秀共产党员。

（组织部）

■机关党建 市级机关党组织坚持以习近平新时代中国特色社会主义思想为指导，突出政治建设统领，聚焦践行“三个表率”、建设模范机关，全面展现新时代机关党的建设新气象、新作为，为扬州奋力夺取大战大考“双胜利”提供坚强保障。

政治引领，推进“三个表率”模范机关建设。以学习贯彻习近平总书记在中央和国家机关党的建设工作会议上的重要讲话精神为主线，巩固拓展“不忘初心、牢记使命”主题教育成果；从讲政治的高度，扎实做好省委巡视整改工作，严格对照3项反馈问题并整改到位。严肃党内政治生活。认真执行党内政治生活若干准则，常态化开展“四本一簿一证”使用情况专项检查，推动“三会一课”等党内政治生活制度严格落实。落实机关党建责任。认真贯彻市级机关党的建设工作会议精神，研究制定《市级机关部门单位党组（党委）落实机关党建领导责任实施办法（试行）》，制定党建重点工作任务清单，在机关各党组织全面述职的基础上，组织10个党组织负责人进行集中述职评议考核，推动党建责任层层传导、全面落实。投身抗疫一线。动员市级机关1785名在职党员干部深入一线，划拨党费210万元用于疫情防控，建立市级机关先进典型库，2名同志被市委表彰为优秀共产党员，彰显机关党员干部在疫情防控一线担当作为的良好形象。

理论武装，常态化抓好理论学习。面向市级机关党组织开展党的十九届五中全会精神集中宣讲，210余名机关党组织负责人及党员代表参加活动。学习《习近平谈治国理政》第三卷。开展“我是党课主讲人·支部书记上讲台”、市级机关党委（党组）理论学习中心组巡学旁听、市级机关“学习强国”学用知识竞赛等学习教育，推动理论武装走深走实。认真落实省委省级机关工委“学用新思想”网络答题竞赛活动要求，动员党员干部及社会公众约7万人次参与，市委市级机关工委获优秀组织奖。把牢意识形态工作责任。把意识形态工作作为党务干部培训的重要内容，将意识形态工作责任制落实情况列入述职考评内容，深入15个机关部门（单位）开展意识形态工作调研，督促机关党组织落实意识形态工作“一岗双责”，有针对性地做好思想政治工作。加强机关精神文明建设。实施扬州市文明城市建设三年行动计划，调整机关部门“结对社区”“承包路段”；常态化开展“书香机关”创建评比工作，向机关党员干部推荐12本好书；开展“七五”普法工作，推进普法进机关活动；开展2020希望工程微捐赠活动，共募集爱心捐款8.25万元；开展“爱心妈妈”志愿服务活动，引导市级机关女性干部职工崇德向善、关爱弱势儿童。

组织建设，推进机关基层党组织全面过硬。推动机关基层党组织标准化规范化建设。印发《关于进一步做好市级机关党组织标准化规范化建设工作的通知》，制定7项31条建设标准，全面自查梳理各类问题124条，严格落实责任，强化督促指导，推进达标验收。推动党建活动载体建设。推进市级机关基层党建“书记项目”，从立项入手、从问题抓起、从全局谋划，抓好“书记项目”与党建重点工作的结合，提升机关党建整体质量；“1+3”党建提升工程成果显著，建成直属党组织“党员之家”54个，征集优秀主题党日95个，创建党建品牌58个，有序推进党组织标准化规范化建设。加强党务干部队伍建设。严格落实新修订的《中国共产党基层组织选举工作条例》，规范换届选举工作，提前6个月向即将任期届满的党组织发送提醒函，指导新建、换届机关党组织16个；严格把关党务干部任免，选优配强党务干部，考察配备党务干部147人，开展新任党组织负责人集体谈话；聚焦能力提升，与市委组织部联合举办2期市级机关基层党务干部党建业务专题培训班，实现500余名基层党组织负责人全覆盖；继续举办市级机关党支部书记工作讲坛，7个党组织书记围绕标准化规范化建设等4个主题开展交流。加强党员教育管理。系统谋划党员教育培训、整体推进，对党员管理信息系统进行维护，把好党员发展“入口关”，举办发展对象培训班，全年发展党员73人、转正74人。同时，做好市级机关党内关爱工作，共发放党内关爱资金13万元。

作风建设，推进整治形式主义、官僚主义。抓实作风问题反馈整改。贯彻落实全市服务高质量发展作风建设大会精神，重点突出教育、医疗、住房、社保等民生问题的反馈整改。2020年，已向54家单位反馈年终社会评议意见建议112条、暗访问题50个、“作风建设日常考评”和“扣分项”扣分情况25个，督促相关机关部门核查整改，关切群众诉求，减轻基层负担。加强日常作风监督。将全年作风建设重点任务纳入机关党建工作一同部署，突出以往问题“回头看”、持续整治“四风”问题、窗口建设和内部管理情况等重点，全年共开展三轮实地暗访和一轮电话暗访。从严考评作风。修订“作风建设考评和群众满意度测评”“市领导评价”的考核方案和计分方法，调整日常考评内容，增加服务对象满意度测评样本数量和权重，扩大作风建设年终评议参与面，强化考评导向作用。

纪律建设，推进正风肃纪。深化党规党纪教育。加强党风廉政建设教育，深入开展“5·10”党风廉政教育日、“12·9”国际反腐败日、反腐倡廉“电教月”等活动，发放党风廉政教育警示录、微电影、微党课等教育片11部，62家单位1.11万人次进行观看，撰写心得体会1335篇，开展座谈交流279次。聚焦主责主业，落实案件审核把关和监督制约职责，全年审理审核违纪违法案件65件。加强机关纪委建设。建立健全机关纪检组织，实现37个机关党委建立机关纪委全覆盖。编印《市级机关纪委工作手册》，开展市级机关新任机关纪委书记集体谈话，组织机关纪委书记参加机关纪检工作实务培训，实地走访市财政局等6家单位机关纪委，与30余名机关纪委干部座谈调研，提升机关纪委规范化、职业化水平。（邹鑫鑫）

■公务员管理 推进公务员分类改革，职务与职级并行实现常态化管理，至年底，全市共有职级公务员6500多人，占核定职级总数的55%，择优晋升进度位于全省前列。坚持高素质专业化标准，规范实施公务员调任、转任工作，制定相关工作制度。拓宽基层公务员向上流动渠道，首次实施专项遴选，市应急管理局、市场监管局共遴选17人。在疫情防控形势下做好公务员考录工作，新录用公务员和参照管理人员493人，确保考录安全。新培训公务员面试考官178人，新登记公务员和参照管理人员1003人。市价格认证中心等81家涉改参公单位获省审批重新认定。制定印发公务员平时考核办法，实现平时考核工作的全覆盖；对服务“双创”示范创建作出突出贡献的公务员集体记二等功5个、个人记二等功24人。落实职级序列工资政策并实施到位，部署提高乡镇工作补贴标准。至年底，全市共有公务员1.91万人，参照公务员法管理的事业单位工作人员2663人。（组织部）

■老干部工作 2020年，全市共有离休干部877人。其中市直407人，抗日战争时期参加革命的78人，解放战争时期参加革命的331人；享受按副省（部）长级标准报销医疗费标准待遇19人、享受副地（厅）级待遇26人，享受厅局级医疗乘车待遇22人、享受副司局级医疗待遇50人，享受县（处）级待遇201人；平均年龄91.1岁。年内，全市离休干部去世121人。

思想政治建设。1月22日，市委、市政府邀请离退休干部代表参加春节团拜会，市委书记夏心旻发表新春致辞。3月，组织离退休干部开展“从对新冠肺炎疫情危机的应对，谈中国之治的显著优势”线上专题讨论活动。4月，组织离退休干部开展“畅谈奔小康，助推双胜利”主题党日活动，举办“我看脱贫攻坚新成就”专题座谈和微党课评选等系列活动。6月23—24日、10月19—20日分别举办两期离退休干部党支部书记培训班。全年举办四期“永远跟党走”老干部政治理论大讲堂。9月，开展“忆峥嵘岁月、话百年梦想”老干部风采微视频拍摄和展示活动。组织离退休干部收看民法典网上专题报告会。10月19日，举办全市离退休干部党支部书记论坛，围绕“如何开展好离退休干部党支部工作”交流党建工作经验。10月28—29日，举办全市社区离退休干部党建工作成果展示暨离退休干部党建工作推进会，选树一批基层离退休干部党建示范点。12月11日，举办党的十九届五中全会精神离退休干部专场宣讲报告会，围绕扬州经济社会发展情况开展交流互动。12月，开展第二批离退休干部正能量教育基地征集工作，遴选20个正能量教育基地。实施离退休干部党支部“六有一提升”工程、“推动离退休干部党组织建设融入城市基层党建大格局”，两个项目被市委组织部列入2020年度基层党建“书记项目”清单。

组织建设。至年底，全市共有离退休干部党支部640个，离退休干部党员总数2万多人。采取多种方式设置党组织，建立“常规型、功能型、区域型”离退休干部党组织，实现党组织从“有形覆盖”到“有效覆盖”，推动老干部工作更好融入城市基层党建大格局。持续推进涉老社团、协会流动党员党支部建设，按照“成熟一个，建立一个”的方式，建立各级各类离退休干部临时党组织109个。会同市委组织部印发《加强和改进离退休干部党组织建设的意见》，印发加强离退休干部政治建设14条具体措施，完善“三会一课”、主题党日、党建工作片等制度。3月，探索建立局领导班子成员工作联系点制度和市直单位离退休干部党建片工作制度，印发《关于建立扬州市市级机关离退休干部党建片工作的通知》。4月，开展征集全市离退休干部党建创新典型案例活动，征集党建创新典型案例13个。6—12月推进市直离退休干部党建工作片区座谈会实现全覆盖，共建共享联动协调机制初步建立，全年实现6个党建片区会议两轮覆盖。推进离退休干部党支部“六有一提升”达标创建，全市360个建制类离退休干部党支部实现省达标全覆盖，高邮水部楼等7个支部被评为省级示范党支部。12月，开展全市首批离退休干部“六有一提升”示范党支部评选工作，宝应县人民检察院第五党支部等20个党支部被评为市级“示范党支部”。

服务保障。落实走访慰问制度，春节、暑期、重阳节期间慰问老干部近千人次，看望住院离休干部近300人次，为老干部送去党和政府的关怀。5月11—13日，组织市直离退休干部开展“高质量发展看仪征”参观考察活动，为服务扬州高质量发展献计献策。8月，组织700多名市直行政编制离休干部及副处级以上退休干部进行健康体检。6—7月，开展“三有一落实”离休干部看病就医“回头看”工作，全年为有签约意向的222名市直离休干部签约家庭医生。7月2日，召开驻扬单位老干部工作联席会议，传达中组部及省老干部工作有关会议精神，加强部门之间的联系协作和信息互通，推动全年工作落实。10月21—27日，组织原市四套班子老领导开展“跨江融合看南京 健康生活享金陵”参观考察活动。省委组织部副部长、老干部局局长、离退休干部工委书记江桦及省委老干部局领导班子成员前来看望市四套班子老领导并致以重阳节慰问。10月，开展中国人民志愿军抗美援朝出国作战70周年走访慰问活动，市直单位共走访慰问参加抗美援朝出国作战的离休干部70余人，发放慰问金14万余元。11—12月，走访慰问异地安置及长期居住在外省的离休干部11人。12月，开展“最美离休干部服务签约家庭医生”评选活动，评选15名最美医生。12月，开展离休干部特困帮扶，为全市30名离休干部发放11.5万元特困帮扶资金。

发挥作用。1月16日，组织老干部志愿者到皮市街社区开展“墨香四溢，新春送福”主题党日活动暨“银发生辉·绿扬霞光”志愿服务活动，为社区居民送上新春祝福。4月，部署“服务高质量、助力达小康”主题活动，围绕服务中心、服务老干部、服务基层等内容组织开展16项活动。5月，组织全市离退休干部开展“爱扬州 拍扬州 赞扬州”主题网络作品征集活动，引导老同志共话“小康社会”时代故事，共谱“强富美高”扬州篇章，共述“美好生活”百姓情怀。组织离退休干部开展“我为全国‘两会’点赞”交流讨论活动，畅谈经济社会发展新成就，为党的事业凝聚正能量。7月16日，市委宣传部、文明办、老干部局等部门联合开展“文明有我 银耀扬城”离退休干部志愿服务实践活动启动仪式，全年组织离退休干部近千人次开展“七助七送”系列活动，为全国文明城市创建助力添彩。9月13日，举办离退休干部体检报告现场咨询问诊活动，邀请离退休干部志愿者协会医疗老专家为离退休干部解读体检报告400多人次。9月，开展全市“最美”系列评选活动，评选出20名“最美老干部志愿者”、10个“最美老干部志愿服务团队”和10个“最佳老干部志愿服务项目”。9—10月，组织开展老干部助力“决战脱贫攻坚、决胜全面小康”专项行动，通过菜单式服务、联动式行动，助力全市脱贫攻坚任务。12月14日，扬州市委召开“十四五”规划建议老领导座谈会，听取老领导对市“十四五”发展的意见建议，市委书记夏心旻、市长张宝娟等市领导参加会议。

文体活动。4月3日，举办“银发先锋助抗疫，笔歌墨咏颂英雄”老干部书画作品赠送仪式，为援鄂医护人员共赠送300幅字画作品。4月23日，举办“众志成城 同心战疫”扬州市老干部书画展，展出作品160余幅。6月，举办“颂党恩”诗词书画作品征集、参加中国老年大学协会“万人同唱一首歌”等活动。9月29日，老干部书画研究会在美术馆开展“同庆共圆”书画展。10月，完成扬州老干部活动中心提档升级工程，投入资金160多万对老旧场所进行维修改造。举办“享美好生活 展夕阳风采”全市老干部门球交流赛。老干部古筝队举办古筝队成立26周年文艺演出。12月，举办“赠书画 送关爱”活动，向市雏鹰儿童发展中心赠送书画作品26幅，传递对残疾儿童的关爱。

（顾金龙　唐小月　房　园）

宣传工作

■理论学习与研究 2020年，全市宣传思想战线坚持把学习宣传贯彻习近平新时代中国特色社会主义思想作为首要政治任务，坚持用新思想定向领航。组织分发《习近平谈治国理政》第三卷等各类教材资料40余万册。市委中心组全年举行集体学习24次。组织对6个县（市、区）、30个市级部门、13家市属国有企业、10家医疗卫生机构开展巡学旁听。编印《学思行——市委中心组学习参考》12期。“学习强国”扬州学习平台正式上线，全年刊发稿件9610篇，江苏学习平台采用扬州稿件3224篇、全国学习平台采用扬州稿件439篇（首页推荐47篇）。组建由47人组成的市委宣讲团，开展党的十九届五中全会精神集中宣讲120场。组织开展“我是党课主讲人·支部书记上讲台”学习宣讲活动1500多场次，覆盖党员干部20余万人。创新开展基层党员冬训，举办“点赞中国之治·从抗疫大考看制度优势”“我是党课主讲人·强国大家说”主题演讲活动450多场次，近3000名基层党员走上前台、站上讲台，扬州获2019—2020年度全省基层党员冬训组织奖。以扬州高质量发展和“三个名城”建设为主攻方向，立项重点理论研究课题275项、《扬州蓝皮书》课题35项，开展“新时代党的建设理论在扬州的创新与实践”重大课题攻关。强化智库建设，成立扬州市职业大学社科联，设立市社科院“扬州工”文化研究中心和红色文化研究推广中心，举办“扬州智库论坛”4场，编发《咨政专报》7期。组织举办

“2020年扬州高质量发展论坛”、省社科界第14届学术大会苏中专场等一批高层次学术活动。开展第17届社科普及宣传周等活动，推动社科知识下基层。（陈相辉）

■新闻宣传 以学习宣传贯彻习近平新时代中国特色社会主义思想以及习近平总书记视察江苏、视察扬州重要讲话指示精神、五中全会精神为主题主线，围绕疫情防控、全面小康、“十三五”发展成就和“十四五”发展前景等主题，网上网下同步、内宣外宣共振，宣传报道有声有势。开设“牢记嘱托开新局”专题专栏，聚焦“好地方”精神内涵，通过系列反响报道、回访报道、评论言论、大型融媒体新闻行动等方式，反映总书记的谆谆嘱托和亲切期盼，报道全市上下践行总书记重要讲话指示精神的生动实践。开展“聚力强富美高 决胜全面小康”大型主题融媒体新闻宣传，开展“走向我们的小康生活”专题报道，全景展示扬州高水平全面建成小康社会的发展历程、成就和经验。突出抓“六保”促“六稳”、项目建设、园区“二次创业”、国际经贸旅游节、连淮扬镇高铁全线贯通、“1、2、3号文件”等市委、市政府重大决策、重点工作、重要活动，组织开展系列专题宣传，营造氛围、凝聚力量。做好统筹疫情防控和经济社会发展的宣传，组织市各新闻媒体，精心开设专题专栏，全面报道扬州疫情防控、复工复产等最新情况，累计发布相关信息4万余篇（条）。主动与中央、省级和国外媒体合作，围绕扬州经济社会发展重大主题和特色亮点工作，精心组织策划报道，擦亮世界运河之都、世界美食之都、东亚文化之都三张城市名片，持续提升扬州的知名度和影响力。围绕学习宣传习近平总书记视察江苏、视察扬州重要讲话指示精神，紧扣“好地方”主题，做好上级媒体来扬采访工作，《人民日报》、央视、新华社等刊播宣传报道近百篇。围绕“烟花三月”国际经贸旅游节、世园会等重点工作，争取中央、省级媒体采访报道，提升活动的知晓度和影响力。全年在省级以上各类主流媒体刊（播）发扬州新闻稿件1500多篇（条），其中国家级媒体500多篇（条），《企业复工复产出现积极变化》等15篇报道在央视《新闻联播》重磅播出，《联合国教科文组织授予扬州“世界美食之都”称号》经央视《新闻联播》播出，相关话题微博热搜榜点击量过2亿。开展对外宣传，与美国《国际日报》、法国《欧洲时报》等海外华文媒体合作开设扬州专版，在多家海外华文媒体连续刊发《驰援湖北战疫的“五彩之光”》等多个反映扬州抗疫及复产复工故事专版。编发2020《中国扬州》（中英文）外宣品。与各类主流外宣媒体合作，制作《马可·波罗在中国》《淮扬美食》等一批宣传产品，多角度讲好扬州故事。推动县级融媒体中心建设，高邮市、仪征市、宝应县、江都区、邗江区融媒体中心均已建成投运。省委宣传部在扬召开全省苏中、苏北片媒体融合发展推进会。（陈相辉）

■精神文明建设 学习贯彻《新时代爱国主义教育实施纲要》，制定出台扬州三年行动方案。举办红色故事宣讲大赛暨第二届爱国主义教育基地和社会主义核心价值观教育示范基地讲解员大赛，讲好革命故事、小康故事和抗疫故事。组织选手参加全省红色故事宣讲大赛，2名选手获志愿组优秀讲解员，市委宣传部获优秀组织奖。推进基层单位升国旗示范点建设，常态化开展“同升国旗、同唱国歌”活动。抓好春节、国庆重要节点，开展主干道沿线灯杆悬挂灯笼、中国结等社会宣传，营造喜庆的节日氛围。宣传《扬州市文明行为促进条例》，扩大“守规矩·讲礼仪——扬州文明有礼二十四条”的覆盖面和影响力。推行《扬州公筷公勺推广八条新措》，宣传“扬州公筷十大益处”，倡导文明用餐、节约风尚。学习贯彻《新时代公民道德建设实施纲要》，不断推进公民道德建设工程。先进典型选树工作成效明显，全年4人上榜中国好人，23人获评江苏好人，8人获评江苏“最美人物”，22人获评扬州市“最美人物”；8人获评江苏省“最美抗疫先锋”，100人获评扬州市“优秀志愿者”，2人获评“新时代江苏好少年”，10人获评扬州市“十佳新时代好少年”。建立先进典型季度发布机制，推出专题节目“扬州时代新人发布厅”。组织开展“扣好人生第一粒扣子”“我们的节日”“七彩的夏日”“缤纷的冬日”“推选和学习宣传新时代好少年”等系列主题教育实践活动，突出思想内涵，丰富形式载体，引导未成年人在参与中接受教育。新冠疫情发生后，组织开展“少年志 童心战‘疫’”书画文征集活动，共征集书法、绘画、作文等作品8075篇（幅），引导未成年人和家人共抗病毒、共克时艰。3所乡村学校少年宫获得中央彩票公益金支持。未成年人社会实践基地搬迁至瓜洲润扬森林公园后，建成“青少年革命传统教育馆”“青少年传统文化体验馆”“好人馆·中小学生文明实践课堂”“娃娃礼堂”等主题展馆以及各类功能教室。参加全省“童”字系列活动，扬州2首少儿作品获“童心里的诗篇”诗歌征集活动一等奖，并在《江苏教育报》上刊登。开展诚信建设，新命名市级诚信示范街区6个、诚信示范店149个。开展文明城市建设，多措并举推动社会文明程度不断提升。扬州市全国文明城市实现“四连冠”；高邮市创成全国文明城市，实现全市县级文明城市“零突破”；仪征、宝应双双获得全国文明城市提名。组织开展“文明交通 志愿先行”文明交通劝导服务活动。新当选全国文明单位8个、全国文明镇1个、全国文明村7个、全国文明校园1个、全国文明家庭1个。深化拓展新时代文明实践中心建设试点工作，整合利用城市公园、文博场馆等资源，建成7个中心。整合文体服务中心等资源，建成71个所，因地制宜建成1161个新时代文明实践站点。深化农村精神文明建设，加大《扬州市乡村文明新风十项准则》宣传力度，号召党员带头弘扬树立文明健康新风；农村地区疫情防控宣传引导，累计发放一封信、告知书、宣传册等840万余份。

（陈相辉）

■文化文艺建设 文艺精品创作，原创舞剧《朱自清》获评第12届中国舞蹈“荷花奖”（全国仅5部），弥补江苏在该奖项上的空白。利用各种形式，创作防控疫情的正能量作品，讴歌抗击疫情的英雄模范人物，先后推出扬剧戏歌《开在纸上的花朵》、歌曲《你的名字》、扬州清曲《别样的美丽》等优秀作品。创作木偶剧《铁道小飞虎》、红色题材淮剧《浪起宝应湖》。颁布实施《扬州市优秀文艺成果奖励办法》，年度奖励作品68件。文艺创作专项引导工程共扶持13项舞台表演类作品、10部出版类作品。扬剧《不破之城》作为紫金文化艺术节优秀舞台剧目到无锡展演。长篇小说《记忆偏离》、短篇小说《奔跑的稻田》、散文《一个人的平原》、报告文学《永不打烊的警务室》获江苏省第七届紫金山文学奖。群舞《漕帮娘子》、淮剧《喜鹊》、歌伴舞《我送亲人过大江》《〈茉莉花〉的故乡》获江苏省五星工程奖。文化惠民演出成果显著，先后举办首届“绿杨清声”扬剧大赛、“我们的中国梦——文化进万家”、“市民开放日”、“周周看扬剧”、美术双年展等文化活动。大运河文化带建设稳步推进，扬州中国大运河博物馆主体工程完工，获国务院正式命名，该项目上争国家发改委专项资金8000万元，并与大运河非遗文化园项目共同入选省重大项目。组织召开全市大运河文化带建设工作领导小组会议。举办第14届世界运河城市论坛、第二届运河文化嘉年华，彰显和巩固扬州“世界运河之都”的地位。春江花月夜艺术馆、瓜洲古渡公园南园等大运河重点项目建成开放，古运河水上旅游观光巴士线路正式开通。发挥扬州大学中国大运河研究院作用，开展大运河国家文化公园建设路径研究、海上丝绸之路申遗——鉴真东渡遗迹研究。推动文旅融合，扬州运河文化投资集团揭牌成立。瓜洲古渡文旅小镇等5个项目被列入省重点文化和旅游项目建设及投资计划。扬州486非遗集聚区被评为第二批国家级文化产业示范园区重点培育单位。高邮汪曾祺纪念馆对外开放。启动扬州市第六届“朱自清读书节”，表彰全民阅读“书香”系列先进典型65家，2个活动获省级公益阅读推广活动认证扶持。开展“全民阅读春风行动”、农家书屋阅读示范推广系列活动1768场。在2020年江苏省“我的书屋·我的梦”农村少年儿童阅读实践活动中，获全省一等奖3人、二等奖1人、三等奖9人，扬州市新闻出版局获省优秀组织奖；1人获全国“乡村阅读榜样”。设立第十届江苏书展扬州分展场，举办优惠展销和阅读推广活动100多场，向市民发放10万元电子惠民购书券。举办全市印刷企业法规培训、连续性内部资料出版物法规业务培训；推动扬州市新闻出版局（市版权局）网站上线，发布信息137篇。全市1094家农家书屋都已完成通借通还建设，发放补助资金32.5万元。开展印刷、发行、内部资料年度核验工作，2家印刷企业获省服务业（新闻出版）专项资金项目扶持。全年举办第五届“绿杨人家”社区艺术节、紫金文化艺术节群文广场演出等群体活动2000多场，“绿杨”系列品牌活动入选江苏省群众文化“百千万”工程优秀活动品牌。文化产业发展步伐加快。组织召开全市文化产业工作推进会、文化重点指标过堂会，举办文化产业统计专题培训班。开展邗江毛绒玩具、宝应曹甸文教玩具、广陵湾头玉器等特色文化产业统计调查，抓好指标的落细落实、跟踪推进工作。全市规上文化企业达516家，比上年净增66家。牵头制定全市发展“夜经济”工作方案。川奇光电、果米文化、中网视讯等3家企业入选省年度重点文化科技企业。扬州成功文化传媒的漫画《清风闸》成功入选中宣部“原动力”国漫扶持计划。组织做好深圳文博会、南京融交会、长三角（上海）文博会等文博展会的参展工作，推动扬州文化企业“走出去”。统筹做好省、市“十四五”发展规划“三个重大”项目的谋划和上报工作，启动编制全市“十四五”文化发展改革规划。

（陈相辉）

汪曾祺纪念馆内景　　孟德龙/摄

■文化人才保障 把文化人才队伍建设纳入人才强市战略，依托全省宣传文化系统“五个一批”人才、青年文化人才工程，以及省“双创计划”、扬州“绿扬金凤”计划、“扬州英才培育计划”等人才工程，打造全市文化艺术人才、文化产业经营管理人才、新闻传媒出版人才、社科人才、文博人才、文化系统党政人才等“六支骨干队伍”。入选省“双创”人才3人，位列地级市第一；入选省紫金文化英才5人、优青22人，位列地级市前三；评选出2家文化名师工作室和15名扬州文化旅游英才；全年发放文化名师工作室、扬州英才、优秀基层文化团队补助资金共计69万元；在市各新闻单位试行首席制项目，广电、报业各选聘10名新闻工作者，广电1人获全国新闻工作者第七届好记者讲好故事优胜奖。联合扬州大学组建“运河文学艺术创作研究院”，遴选优秀本土中青年作家16人，邀请省内外知名文学评论家和期刊主编开展三期培训工作；继续推进地校合作高端智库项目，《扬州通史》项目进展顺利；举办“爱国奉献奋斗”精神主题报告会，邀请4位在防疫抗疫、二次创业、乡村振兴等领域作出突出贡献的人才开展宣讲。围绕《习近平谈治国理政》第三卷、大运河文化带建设、“比学赶超大家谈”“在全员巡察中提升能力”等主题，组织市委宣传部30余名党员干部上讲台，讲党课，以学促思、以思促行、以行促效，在学与讲中提升干部政治理论水平。（陈相辉）

统战工作

■服务中心大局 开展“民营企业集中服务月”活动，“共襄一体化·科创聚宁扬”达成签约项目58个，总投资260亿元，统一战线服务招商引资工作得到市委、市政府主要领导肯定。特别是在应对大战大考中，加强动员部署，投身疫情防控，全市统一战线捐款捐物5000多万元。大年三十在全省率先启动宗教场所“两暂停”工作，后期引导宗教场所有序恢复开放。深入非公经济企业摸排调研，宣传惠企政策，协调解决困难问题，助力企业复工复产。开展援侨抗疫行动，向海外赠送抗疫物资，进行心理疏导。（李忠国）

10月12日，“苏统云”建设全省现场推进会在扬州举行　　董　辉/摄

■打造特色品牌 推进统战信息化建设，在全省率先建成智慧统战扬州样本“扬统云”。建立民营经济统战工作协调机制，在全省率先配备民营企业统战委员，实现民营经济统战力量和统战工作“两个全覆盖”。“苏统云”建设全省现场推进会和全省民营企业统战工作座谈会在扬召开。整合利用有关资源，成立港澳台侨企业服务联盟。推进党外代表人士“导师制”培养工程，召开中期推进会，指导各民主党派市委、市工商联相关处室及有关统战团体做好培养工作。加强市知联会、新联会、欧美同学会（留学人员联谊会）等组织建设，成立市知联会非公经济专委会，指导市级机关工委、经济技术开发区成立分会。（李忠国）

■统战工作领域拓展 协商出台《各民主党派市委关于基层组织换届工作座谈会纪要》，规范民主党派组织建设。常态化举行知情明政通报会，支持民主党派、工商联开展重点调研，协商共谋“十四五”，一批优秀调研成果被吸收进市委决策内容。指导扬州（香港）同乡会顺利换届，引导新一届联谊组织在增进乡谊、加强交流、促进发展等方面发挥作用。推进港澳台交流基地建设，为港澳台同胞到扬交流搭建平台。开展海外华裔菁英青少年大运河文化体验活动，增进海外华裔青少年对中华文化的认同感和归属感。选派华文教师赴海外任教和巡讲，推动华文教育基地建设，在促进民间外交、中外文化融合上贡献力量。发挥乡贤资源优势，为扬州“三个名城”建设引才引智。创成1个省级新的社会阶层人士统战工作实践创新示范基地，党外知识分子工作组织化程度持续提高。（李忠国）

■维护社会和谐稳定 全面完成宗教工作督查整改“回头看”各项任务。针对省下达的17个问题清单，坚持“改”字当头，分类跟踪，持续推进，对账销号，巩固整改成效。持续开展佛道教商业化问题治理，对突出问题，协调部门，认真进行整改治理。查处打击邪教活动和非法违法宗教活动，协调相关部门开展专项工作行动，加大执法查处力度，及时查处非法教会活动。配齐配强宗教团体领导班子，落实办公经费和办公场所，推动星级场所创建和“四进”活动，引导宗教界人士和信教群众知法、尊法、守法、用法。制定全市《关于全面深入持久开展民族团结进步创建工作 铸牢中华民族共同体意识的实施意见》，开展民族团结进步创建，3个集体、3名个人被省政府表彰为全省民族团结进步模范集体、模范个人，“红

石榴公园”成为扬城新风景。扬州民族工作在全省统战部长会议上作典型交流发言。（李忠国）

对台事务

■概况 经贸交流合作。专题召开全市台企复工协调会，集中解决台企复工面临的用工、资金、防疫物资短缺等方面问题。鼓励号召在扬台商台胞捐资捐物，累计捐赠防疫物资250余万元。探索通过建立“电子纸产业生态链”，推动产业培育。创新建成“一基地两中心”，支持台企台青开展电商直播，全年举办30多期直播培训沙龙，累计培训直播人员400多人次，其中有88人加入台协会直播联盟，近40家台企、台青创业企业开通网上直播账号，带货产品拓展到30多个。举办“大运河杯”扬台首届直播大赛，在线观看人次超过200万。通过网上洽谈、视频会议、在线签约等方式，持续推进对台招商引资与项目合作，SIP先进封装项目、彩色电子纸研发大楼项目、新材料项目等6个台资项目线上签约，总投资6.15亿美元。举办对台农业视频招商会议，推动多个农业项目达成合作意向。先后赴上海、昆山、广州、东莞、深圳等地密集开展上门拜访招商活动，拓展人脉资源。举办“上海－扬州台企产业合作恳谈会”，签订战略合作协议。

拓展交流联络。举办扬州市台胞台属“迎七夕”联谊晚会，邀请台湾在宁青年到扬参加运河文化探访之旅活动，与扬大海外学院合作开展扬台大学生非遗文化研习之旅。以视频连线的方式，分别举办“云上相聚”文创大赛颁奖典礼和文创设计论坛、“世园杯”扬州·台湾2020围棋交流赛和第二届扬州·台湾电子竞技大赛。组织扬台大学生暑期实习就业特训营，举办“我眼中的扬州”随手拍、小征文比赛。成立首届扬州赴台陆生联谊会，引领走进革命老区接受红色教育和深入基层社区参加公益志愿者活动。走访慰问困难台属、台胞，组织召开全市台属联谊会会长座谈会，对全市的涉台婚姻情况进行摸底清查，加强对台交流基地规范化建设与管理。

优化涉台营商服务环境。调整充实台湾同胞投资权益保障协调委员会成员单位，及时更新“四库一网”台情基础资料，建立健全室务会成员挂钩联系重要台企制度和重大涉台矛盾纠纷分包跟踪制度。举办台商座谈会，集中解决台企反映问题，承办省第11期台商大讲堂活动，帮助台企了解“专精特新”申报政策。推动银企对接，向台企提供8个公司信贷类产品、5项国际贸易融资产品。组织台企专场招聘会，为17家台企发布2030个招聘岗位，帮助台企协调落实650名实习生。发放97张台商健康卡，为188位台商台干办理“健康关爱综合险”。全年共受理涉台诉求案件32件，其中国家及省台办转办案件3件，结转案件2件，结案30件，结案率93.8%。接待受理来信来访共35宗，答复率100%。（徐开元）

■台资企业复工复产 2月15日，召开全市台资企业复工复产协调推进会。副市长方桂林出席会议并讲话。市台办抽取55家重点企业作为样本进行问卷调查，详细了解企业经营预期、困难及具体建议，并向市委、市政府作报告。市委、市政府重视在扬台资企业防疫复工工作，市长张宝娟、市委副书记孔令俊等分别作出批示，要求市有关部门紧密沟通，真诚关心，切实当好台资企业的贴心人和服务员，推进在扬台资企业有序复工复产。市台办现场解读《全市台资企业防疫复工情况调查报告》，市防控指挥部相关工作组以及市科技局、市人社局、市人行等12个部门和单位分管负责人均作表态发言，认真研究解决台企反映的防疫物资和用工短缺、物资运输不畅等问题，并现场为康而富精密电子（宝应）有限公司、扬州展圣电子有限公司等3家台资企业解决口罩1.3万片。（周 伟）

■台商台企抗疫物资慈善捐赠仪式 2月26日，市疫情防控工作指挥部、市台办、市慈善总会联合举行扬州市台商台企抗疫物资慈善捐赠仪式。副市长刘禹同出席仪式并讲话。在捐赠仪式上，市台商协会捐赠的2000套医用防护服，扬州京华城捐赠的50万现金、600个护目镜、576个防护面罩，川奇光电捐赠的1000套防护服、5000个KF94口罩、5000个医用口罩，以及宏琪金属、欣欣食品、扬州鉴真图书馆等单位捐赠的医用物资正式交付市疫情防控指挥部。（孙金海）

■上海－扬州台企产业合作恳谈会 11月27—29日，上海市台办副主任李骁东、市台协会会长、竞衡集团董事长张简珍一行20人到扬考察交流。28日，“承接产业转移、促进融合发展”上海－扬州台企产业合作恳谈会在扬举行。副市长方桂林参加会议并讲话。邗江区人民政府、广陵区人民政府分别与上海市台协会签订战略合作框架协议。恳谈会上，来自上海市台办、上海市台协会、在沪台企代表与扬州相关部门负责人及台商代表会等近80人参会，共商合作，共谋发展。在扬期间，邗江区政府、广陵区政府还分别组织产业推介和交流活动。（孙金海）

■“月亮城杯”2020扬州·台湾文创设计大赛颁奖典礼暨苏台（扬州）文创论坛在扬台两地举行 12月14日，“月亮城杯”2020扬州·台湾文创设计大赛颁奖典礼暨苏台（扬州）文创论坛活动，以视频连线方式在扬州和台北举行。省台办副主任李卫华、副市长余珽应邀出席扬州主会场活动，高雄应用科技大学前校长吴建国、台北“故宫博物院”研究员林天人、王月兰慈善基金会执行长欧阳龙、台湾知名插画家“可乐王”詹振兴、扬州京华城中城生活置业有限公司副董事长沈辉庭、常熟两岸书院院长赵丽娜等到会颁奖、交流发言，台湾财团法人沈春池基金会秘书长童中白在台北分会场致辞。这是扬州市举办的第三届

“月亮城杯”扬州·台湾文创设计大赛。从4月开始筹划，8月得以在扬台两地以视频连线的方式正式启动，先后在台湾和扬州等十多所高职院校和文化企业推介、说明，共吸引600多位两岸高校在校生、设计工作者和企业的热情参与（其中台湾学生占85%以上），累计征集到参赛作品612件。大赛组委会以“把扬州带回家”为主题，从美感、实用性、创新性、扬州历史文化元素及市场性等方面考量，经过设计图稿初选、实物样品决选，最终评选出52件获奖作品。颁奖首次采用扬州－台北直播视频连线的方式，两岸选手、嘉宾以一场“云上相聚”，共同见证获奖作品的诞生。扬州主会场展示的金奖作品《香遇扬州》首次将扬州香文化与雕版印刷元素相结合；台北分会场颁出的金奖作品《牵挂在扬州》，将扬州地标五亭桥、二十四桥、文昌阁的形象，完美融入生活用品—衣架中。

（张瑞明）

■台湾农业产业视频推介洽谈活动 6月3日，由市委台办、市农业农村局指导，广陵区政府主办的扬州市广陵－台湾农业产业视频推介洽谈会举办。相关负责人分别介绍海峡两岸（扬州）农业合作试验区建设情况及广陵区现代农业发展情况。广陵区农业农村局、三江农业科技发展有限公司等相关单位负责人与台湾客商就设施农业投资建设等合作项目进行洽谈。会后，台湾相关投资机构及农业公司与扬州三江农业科技、诺信农业、思水源农业科技等企业采用视频连线的方式，达成多项合作协议。

（孙金海）

■《支持台资企业发展战略合作协议》签约仪式 12月11日，举行以“政银合作助台企，‘血’脉相连谋发展”为主题的《支持台资企业发展战略合作协议》签约仪式暨银企合作恳谈会，搭建银企合作平台，助力台资企业高质量发展。市台办主任、工商银行扬州分行行长参加活动，市台协会监事长、扬州京华城中城生活置业有限公司董事长骆俊福等近20位台资企业代表参加活动。市台办与工商银行共同签署《支持台资企业发展战略合作协议》，工商银行3年累计专项安排信贷不少于20亿元的本外币授信总额度，并提供台资企业融资服务的“绿色通道”。在银企合作恳谈会上，工商银行与台资企业沟通、交流，达成多个意向合作。

（徐泗旺）

■“大运河杯”首届扬台直播大赛 运河名城 魅力主播——“大运河杯”首届扬台直播大赛自9月19日启动以来，吸引来自全国18个省市200多名选手参加，其中包括来自省内南京、扬州、苏州以及省外广东、福建等地近100位台湾青年。10月25日，15位主播在东关古街进行电商直播，近200万粉丝关注、观看决赛，来自台湾台中的青年段雪玲摘得本次大赛的桂冠。台商变“电商”，外销转内销，在扬台商“主播”，走上台前为扬州、台湾的优质产品“代言”，在“云端之上”讲述着扬台两地融合发展、创业创新的故事，在网络中链接起两岸血脉情深的“同心圆”。市台办牵头建成“一中心两基地”，为台商直播提供经费、政策等全方位的扶持。定期举办专题讲座，已开展22期，培训直播人员380多人次，帮助台企台青学习直播技巧。创立直播联盟，组建技术运营团队，免费提供800平方米的办公场所和2间高水平的直播间，有近50人加入直播联盟开通直播账号。对台胞发放直播职业资格证书，为大陆地区首例。参与直播的企业超50家，带货产品从单一的公司自产商品拓展到30多个产品。主播粉丝数量和产品销量也以极快的速度增长，直播达人粉丝量破万，泰悦食品等台企销售逆势增长近30%，10多位在扬台青直播卖货，获得就业创业机会。

（徐泗旺）

■2020扬台大学生暑期实习就业体验营 8月6日，“扬帆筑梦·成就你我”——2020扬台大学生暑期实习就业体验营在扬州市对台交流基地486非遗集聚区举行开营仪式，来自台湾大学、辅仁大学、扬州大学、扬州技师学院等校的两岸大学生及实习企业、协办单位代表60多人参加开营仪式。这次实习体验活动在台资、民营企业提供的众多专业岗位中，挑选出100个优质岗位给同学们选择，并在实习期间安排大家走进园区、参观企业、走进基地、深入社区、融入家庭，开展“实习、文化、培训、分享”等多文化参与式体验活动。

（张瑞明）

■“两岸网络大V跟着诗词走江苏”活动 11月1—3日，两岸网络大V“跟着诗词走江苏”活动走进扬州，8位来自海峡两岸的知名网络大V及诗词专家，沿着诗词古迹，寻访历史文化，实地体验中华文脉传承，并通过微博、Facebook、Ins等社交媒体平台传播江苏文化。除了台湾的网络大V，本次“跟着诗词走江苏”活动还邀请历史学者、央视《百家讲坛》主讲人魏新，第三季《中国诗词大会》季军、国家图书馆传统文化传播大使陈珏如，视觉中国签约摄影师、知名摄影博主鲍子文，江苏凤凰文艺出版社文化出版中心主任张黎等嘉宾到扬州。

（周　伟）

■扬台大学生非遗文化研习之旅 10月31日至11月1日，“两岸同追梦 共叙运河情”——扬台大学生非遗文化研习之旅在扬州展开，来自台湾省新北市、台中市、屏东市等岛内县市以及江苏省南通市、浙江省绍兴市、安徽省马鞍山市、山东省潍坊市等城市在扬州就读的大学生20余人，体验扬州剪纸、广陵古琴等非遗文化。活动先后走访世界运河历史文化城市合作组织（WCCO）秘书处、中国世界运河名城博览会永久会址——京杭之心、个园、中国历史文化名镇——邵伯及扬州486非遗文化集聚区。

（张瑞明）

■第二届扬州台湾两地电子竞技大赛 12月27日，第二届扬州台湾两地电子竞技大赛在扬州市江都区体育馆举办，来自台湾岛内和本地高（职）校的16支代表队展开角逐。市台属联谊会会长应邀出席并宣布开赛，高雄正修科技大学校长龚瑞璋、江都区文化体育和旅游局负责人分别致辞，台湾电子竞技运动协会秘书长洪伟哲、高雄市电子竞技运动协会理事长邵丽惠及扬州市、江都区有关部门（协会）负责人参加活动，当地青年电竞爱好者200多人来到现场观看比赛。大赛主题为“同台竞技‘电’亮未来”，由江都区体育总会、扬州市电子竞技运动协会、扬州市台属联谊会主办，江都区台属联谊会、台湾电子竞技运动协会、江都区电子竞技运动协会协办。因受新冠肺炎疫情影响，本次大赛在江都区体育馆和台湾高雄市正修科技大学分别设置赛场，采取线上比赛方式进行，吸引台湾城市科技大学、屏东科技大学等8所岛内高职校和扬州大学、江苏旅游职业学院等8所本地高职校的“王者荣耀”队伍80余人参赛。经过小组抽签、捉对厮杀、四强比拼，冠亚军分别由扬州高等职业技术学校代表队、扬州大学代表队夺得，台湾城市科技大学代表队获得季军。（张瑞明）

■“世园杯”扬州·台湾2020围棋交流赛 12月20日，“世园杯”扬州·台湾2020围棋交流赛以视频连线的方式在扬州仪征和台湾台北两地选手之间展开对弈，市台办负责人应邀出席并宣布开赛，仪征市委宣传部负责人、台湾中华退休警察总会总会长耿继文、大森围棋艺术文化基金会董事长张昭焚等分别为两地获奖选手颁奖。扬州仪征有关部门负责人、两地围棋协会会长（理事长）与参赛棋手、裁判员、教练员及当地围棋爱好者近百人参加活动。此次比赛经过双方前期协商，赛制与形式较以往有所不同，从报名组队到下棋规则都有明确规定，采用团体赛的形式进行，比赛中实行联棋接龙方式，参赛棋手下完一子后由队友接着下，循环往复进行，直至决出胜负。此次应邀参赛选手，有来自台北、台中和扬州等城市及东南大学、台湾“清华大学”、围棋棋院等不同单位、职业的棋手，其中世界冠军1人，职业棋手6人，业余棋手30余人。（张瑞明）

机构编制管理

■“三整合”改革 以现代化治理、系统化思维、规范化设置、一体化实施为总体思路，坚持赋权事项、组织架构、网格建设、考核奖惩、指挥调度“五个统筹”，全域推进“三整合”改革，先后印发《关于推进基层整合审批服务执法力量的实施方案》等4份制度性文件以及操作口径、评估办法等9个配套文件。7月28日，新冠疫情后首个全省现场会——全省推进基层整合审批服务执法力量现场会在扬州召开，《省政府信息专报》全文刊载扬州市改革成效。12月，市委编办、市委政法委、市司法局《以“三整合”强化基层法治治理能力》项目获2018—2020年度江苏省法治建设创新奖。（市委编办）

■机构编制管理创新 在全省首家出台《扬州市机构编制事项请示报告制度暂行办法》，对请示和报告内容、请示和报告程序等提出规范性要求，相关做法得到省委编办高度肯定并以文件形式在全省转发。按照“一区多园”模式，完成化工园区、仪征经开区体制调整相关工作。相对集中行政许可权改革基本完成，印发市政务办（行政审批局）新“三定”规定。向上争取成果显著，共计向上争取11个处级机构和19个处级职数。建立健全机构编制动态调整机制，补齐公共卫生管理、安全生产、基层力量配备等短板，按照省定标准核增市疾控中心编制70余人。（市委编办）

■事业单位登记管理 全年完成570余次事业单位登记管理、522家年度事业单位报告公示工作以及509家事业单位信用等级评价工作。（市委编办）

党史工作

■概况 2020年，中共扬州市委党史办公室（简称市委党史办）完成编辑党史书籍4本，完成资政课题10多篇，开展党史讲座、研讨、座谈、纪念活动等10多场，赠送党史书籍1000多本。（杨志军）

■党史资料征编 编写中国共产党扬州地方史第三卷（简称“三卷本”）。吸收各方意见对纲目进行完善，根据新纲目对初稿进行补充修改，聘请党史专家对初稿进行审稿，按照序时进度推进编审工作开展，年底形成征求意见稿。组织业务骨干参加省委党史工办举办的培训班，多次召开全市党史工作推进会，指导和推进县（市、区）“三卷本”编写工作。修订重印中国共产党扬州地方史第一卷（简称“一卷本”）。组织党史专家学者通读、审核，按照党史研究最新成果对“一卷本”进行修订，已送交市委和省委党史工办审读。编写扬州红色基因传承教育系列读本。《初心之铭—扬州革命英烈故事》《初心之志—扬州烈士命名的红色村镇》两个专集，经过多轮修改、反馈，已基本定稿。收集整理《中共扬州历史大事记》。坚持“大事突出、要事不漏、琐事不取”原则，编印《中共扬州历史大事记（2019）》，全书12万字，记录2019年市委、市政府在推进经济高质量发展，推动城乡高品质建设，改善人民群众生活，加快文化繁荣发展等方面开展的各项工作和重要成就。（杨志军）

■党史资政研究 组织开展资政研究与服务。结合全市经济社会发展及市委、市政府重点工作，按照《扬州市党史资政工作规划（2018—

2021年）》要求，有针对性地开展研究，撰写相关资政报告，为市委、市政府决策提供重要借鉴。申报并完成年度社科重点课题“扬州市红色文化的保护与传承”，对扬州市如何更好地进行文化交流，坚定文化自信，提高文化软实力方面提出意见建议。完成省委党史工办下发的《江苏国家级开发区》两篇专题编写。联合市政府扶贫办完成《江苏扶贫开发实录》“纪实篇”“亲历篇”的组稿工作。配合市委组织部做好《回忆100》摄制工作，提出扬州红色人物和重要党史事件的建议名单，提供相关资料，审读拍摄脚本，提出修改意见。参与由保密部门牵头的扬州红色保密故事编写工作，按照编写体例要求，撰写文稿5篇约3万字。助推红色旅游发展。协助市委组织部开展网络红色旅游景点推荐，推荐东关街附近的红色景点，对高邮和宝应的红色景点提供建议和资料。对全市改建、扩建、新建红色景点陈展大纲进行审核把关，参与扬州烈士陵园布展方案审核。启动对曹起溍故居进行维修改造和布展升级，放大曹起溍故居江苏省党史教育基地金字招牌效应。申报第二批江苏省红色教育基地，郭村保卫战纪念馆被列入第二批江苏省党史教育基地。巩固深化主题教育成果。编印《雄关漫道——中国共产党扬州历史图集》画册，免费向全市各级党组织赠阅，为主题教育常态化提供学习教材。

（杨志军）

■**党史宣传教育** 继续推进“党史书籍进城市书房”。在党史书籍市区城市书房全覆盖基础上，向县（市、区）城市书房扩展，向有条件的乡镇街道及社区（村组）延伸，打造有扬州特色的红色文化品牌。继续推进网上“红色氧吧”和扬州党史网建设。完善与“扬州发布”App合作的“红色氧吧”专栏，每周保持更新，利用现代传媒手段，宣传党史，展现党史系统和相关部门开展红色活动的风采，全年发布信息50多篇。扬州党史网全年发布信息100多篇。为“学习强国”平台供稿，借助主流媒体，讲好红色故事，把党史研究成果推向社会大众，传播正能量。延伸打造线下“红色氧吧”示范点。打造“红色氧吧”进高校、乡镇、村、社区四类基地，通过内容丰富的红色书籍和图文并茂的宣传展板，让党员干部和人民群众在“红色氧吧”中不忘初心、牢记使命。开展党史宣讲。组织业务骨干赴相关单位宣讲，受到好评。讲稿《从百年历史看中国共产党人的“初心”与“使命”》，被市委组织部选中，作为2020年度扬州市优秀党课（讲稿类）推荐至省委组织部组织的“党课开讲啦·江苏先锋”活动。深化党史学习宣传教育活动月。推荐各地各单位把党史学习宣传教育与建党99周年系列纪念活动相结合、与疫情防控先进典型学习宣传相结合，设计和组织活动，引导和推动党员干部与党史上的先进人物、疫情防控中的先进典型对标看齐，取得良好的社会效应。

（杨志军）

党校工作

■**教学培训** 全年共举办各类培训班次28个，培训学员1336人。突出基本理论和党性教育主课地位。把学习习近平新时代中国特色社会主义思想作为中心内容和首要任务，把党史、新中国史、改革开放史、社会主义发展史作为教学的重要内容。春秋季主体班次的理论教育和党性教育课程在总课时中的占比达77.8%，其中党性教育课程占比30%。优化课程设置。构建“基本理论、党性教育、党的建设、扬州经济社会发展”四大课程板块；围绕市委、市政府中心工作，开设“基层社会治理”“重大项目建设”“创新驱动产业高质量发展”“长三角高质量一体化发展与扬州新作为”“扬州医疗体系改革及公共卫生服务体系建设”等教学专题。创新教学方式。加强主体班活动性课程建设，开设“集体过政治生日”党性教育情景模拟课、团队建设、课间健身操、“不忘初心、牢记使命师生文艺汇演”等活动性课程。

（叶国军）

■**科研咨政** 加强课题研究。制定实施《重点调研课题管理办法（试行）》，紧贴市委、市政府中心工作，规范课题的发布、申报、立项、中期评审和结项工作。以学科组为依托，发布4个校级重点课题，其中《扬州农村一二三产业融合发展研究》调研报告获市委副书记孔令俊批示。加强理论宣传。围绕宣传市委全会精神和市委、市政府中心工作，在《扬州日报》发表理论宣传文章21篇。开展理论研究。教职工全年公开发表各类文章68篇，立项课题22个，结项课题20个。注重科研协作。做好党校系统内科研协作的同时，在市委办公室、市政府办公室的指导下，与市社科联、扬州大学、扬州职业大学联合举办扬州“智库论坛”，承办主题为“产业科创名城建设”的第四期“智库论坛”。编印4期《理论与实践》。

（叶国军）

扬州市人民代表大会

Yangzhoushi Renmin Daibiao Dahui

编　辑　陈永华

综述

■概况 2020年，扬州市人民代表大会常务委员会（简称市人大常委会）举行7次常委会会议，制定和审议地方性法规3件，作出决议决定10项，听取和审议“一府两院”（市人民政府，市中级人民法院、市人民检察院）专项工作报告36项，开展执法检查3次，实施工作评议和履职评议4次，组织专题视察15次，出台审议和评议意见书22份，依法任免地方国家机关工作人员60人次，完成市八届人大四次会议确定的目标任务。

把握正确政治方向。学习习近平总书记视察江苏、视察扬州重要讲话指示精神，结合人大工作实际，逐条逐项研究贯彻落实举措。学习党的十九届五中全会精神，贯彻市委人大工作会议精神，发挥市人大常委会党组作用，执行重大事项向市委请示报告制度。健全完善党组会议、常委会会议、主任会议“学法学纪”制度，围绕重点议题、重要工作举办各类讲座46场，1500多人次参加。在“12·4”国家宪法日组织市人大机关工作人员举行集体升国旗暨宪法宣誓仪式，专题学习民法典，发挥人大工作理论研究会作用。履行全面从严治党主体责任及“一岗双责”，制定实施党建规章制度12项。市人大机关老干部支部获全省离退休干部“六有一提升”示范党支部。

推进转作风提效能。采用项目化、清单化方式，将常委会全年工作细化分解为83项重点任务，并明确责任部门、具体要求和完成时限。对照省综合考核指标任务，逐条逐项分析研究、分解落实。运用“四不两直”方式开展调研，共撰写108篇调研报告。围绕助力夺取“双胜利”、“三个一”活动、制定物业管理条例等重点亮点工作，注重传统媒体与新媒体的融合运用，守牢意识形态阵地，讲好扬州人大故事，展现代表履职风采。首次举行“人大机关开放日”活动，受到“交汇点”新闻客户端、“学习强国”江苏平台等关注报道。“问诊学前教育”获评江苏人大新闻奖一等奖。举办主题书画摄影展，为美丽宜居城市建设营造氛围。

注重协作联动指导。参与南京都市圈城市人大协作机制，围绕更好融入都市圈一体化高质量发展，与都市圈城市人大加强工作互动。强化上下联动和工作指导，立法调研征求县、乡人大意见，重点议题上下联动监督，代表工作协同创新，提升全市人大工作整体水平。围绕在推进基层治理体系和治理能力现代化中发挥人大及代表作用主题，举办乡镇人大主席论坛，指导和推动乡镇人大民生实事项目票决制全覆盖。定期赴人大工作基层联系点走访调研，帮助解决实际问题。

（罗庆久　陆　亮）

12月4日，市人大常委会机关举行“国家宪法日”升国旗暨宪法宣誓仪式

人大办/供稿

■打好疫情防控阻击战 市人大常委会作出《关于统筹推进依法防控疫情和促进经济社会平稳发展的决定》，专项听取疫情防控工作报告，

启动复工复产专题调研，组织涉野生动物“一法一决定”及省条例执法检查，编印疫情防控法制问答70期，在法治轨道上助推疫情防控工作。在全市市、县、乡三级人大代表和人大机关中，组织开展“帮一企、建一言、献一策”活动。6917名市、县、乡三级人大代表走访联系企业2588家，征集意见建议2847条。全市各级人大强化组织推进和督查指导，建立健全分类汇总、分级解决的意见建议处理机制，运用清单式集中交办、举办政企见面会、约见部门负责人等方式，跟踪推动、促进落实，解决采纳1087件。梳理分析企业反映的突出问题，形成专题调研报告供市委市政府决策参考。动员组织全市各级人大代表，投身疫情防控阻击战，捐款捐物3565万元。

（罗庆久　陆　亮）

■讨论决定重大事项　督查《关于切实加强和支持检察公益诉讼工作决议》执行情况，促进提升公益诉讼办案质效。视察“七五”普法决议落实工作。持续跟踪监督打造永恒城市经典若干规矩决议执行、东南片区更新改造和城市快速路网建设，推动市政府制定实施细则，提升城市建设品质。因道路快速化改造和非机动车环境整治需要，作出同意调整引潮河公园、曲江公园、古运河风光带部分永久性绿地用途的决议，并对决议执行情况进行评估，促进守牢永久性绿地保护红线。

（罗庆久　陆　亮）

■人事任免　市人大常委会坚持党管干部和人大依法任免有机结合，规范实施任前法律知识考试、拟任职发言、宪法宣誓等制度，保证党组织推荐的人选，通过法定程序成为地方国家机关工作人员。

4月30日，市八届人大常委会第二十八次会议任命：赵庆红为扬州市副市长。免去：王继荣的扬州市中级人民法院审判委员会委员、审判员职务；陈堂华、宦广堂、韩梅的扬州市中级人民法院审判员职务。免去：殷杰、陈春平的扬州市人民检察院检察员职务；任贵的扬州经济技术开发区人民检察院检察员职务。

6月30日，市八届人大常委会第二十九次会议任命：阚肖虹为扬州市人大常委会监察和司法工作委员会主任，免去其扬州市人大常委会内务司法工作委员会主任职务；朱正明、张媛媛为扬州市人大常委会监察和司法工作委员会副主任，免去其扬州市人大常委会内务司法工作委员会副主任职务。任命：沈红为扬州市中级人民法院副院长；单华东、朱明为扬州市中级人民法院审判委员会委员、审判员。免去：李风光的扬州市中级人民法院副院长职务；江厚良的扬州市中级人民法院审判委员会委员、民事审判第三庭庭长、审判员职务；戴子平的扬州市中级人民法院审判委员会委员、审判员职务。任命：樊跃先为扬州市人民检察院副检察长；王珺子、秦辉为扬州市人民检察院检察委员会委员、检察员。免去：王晓尧的扬州市人民检察院检察委员会委员、检察员职务。批准任命：顾勇为扬州市广陵区人民检察院检察长，批准免去其高邮市人民检察院检察长职务；张勇为高邮市人民检察院检察长。免去：王珺子的扬州市广陵区人民检察院检察长职务。

8月28日，市八届人大常委会第三十次会议免去：朱元豪的扬州市人大常委会副秘书长、办公室主任职务；杨跃的扬州市人大常委会人事代表工委副主任职务。免去：戴前良、孙学霖的扬州市人民检察院检察委员会委员、检察员职务。市八届人大常委会第三十次会议决定：接受朱元豪辞去扬州市人民代表大会常务委员会委员职务的请求，并报扬州市第八届人民代表大会第五次会议备案。

10月30日，市八届人大常委会第三十一次会议任命：王玉军为扬州市人大常委会副秘书长、办公室主任；陈国祥为扬州市人大常委会人事代表工委副主任；王元平为扬州市人大常委会民宗侨台外工委副主任。免去：朱勇的扬州市政府外事办公室主任职务；池建强的扬州市监察委员会委员职务。任命：姜金良、曹玥、高济宁为扬州市中级人民法院审判员；朱朝阳为扬州经济技术开发区人民法院立案庭副庭长，免去其扬州经济技术开发区人民法院民事审判庭副庭长职务；吴昊为扬州经济技术开发区人民法院审判员。免去：周坚的扬州市中级人民法院审判委员会委员、民事审判第二庭庭长职务；许玛明、茆小松的扬州市人民检察院检察委员会委员、检察员职务。市八届人大常委会第三十一次会议决定：接受刘禹同辞去扬州市副市长职务的请求，并报扬州市第八届人民代表大会第五次会议备案。

12月31日，市八届人大常委会第三十二次会议任命：许明为扬州市人大常委会民宗侨台外工委主任。免去：陈志宏的扬州市人大常委会民宗侨台外工委主任职务。任命：车国华为扬州市政府外事办公室主任；张其龙为扬州市政务服务管理办公室主任。免去：王涛的扬州市政务服务管理办公室主任职务。任命：徐宏宇为扬州市监察委员会副主任。任命：王金林、顾学荣、袁丹彤、朱钧为扬州市人民检察院检察委员会委员。市八届人大常委会第三十二次会议决定：接受陈志宏辞去扬州市人民代表大会常务委员会委员职务的请求，并报扬州市第八届人民代表大会第五次会议备案。（罗庆久　陆　亮）

■组织代表活动　开展代表与选民“统一见面日”活动，与“帮一企、建一言、献一策”活动融合，在助力夺取“双胜利”中彰显代表作用。开展“主任接待代表日”“百名代表参与常委会审议”等活动，围绕常委会议题组织代表351人次，提出意见建议926条，扩大常委会工作代表参与度。围绕征求关于“三都”建设、“十四五”规划编制意见等主题，举办9期“人大网坛”，在线征集代表和群众意见建议456条。组织19名省人大代表向市人大常委会报告履职情况，144名市人大代表、529名县级人大代表和1605名乡镇人大代表向原选举单位或原选区选民报告履职情况，在全省率先实现届内市、县、乡三级人大代表报告履职全覆盖。

（罗庆久　陆　亮）

■注重服务保障　市人大常委会新建人大代表履职平台管理系统，将7100多名五级人大代表信息全部纳入1429个代表履职平台，实现代表信息、活动信息、议案建议办理的更新、动态展示，提升代表工作数字化、信息化系统集成度。制定《代表约见国家机关负责人办法（试行）》，规范和支持代表约见活动，拓宽代表深度参与监督的渠道。组织市人大代表700多人次参加视察调研、执法检查、评议监督、立法座谈等，为代表履职创造条件。围绕土壤污染防治法执法检查、助推长三角一体化发展等主题，组织在扬全国和省人大代表55人次，开展多场专题调研视察，扩大知情知政渠道、促进依法履职，做好服务保障。围绕代表履职能力提升、经济形势及财经工作分析等专题，组织市人大代表159人次参加专题培训。评选表彰37件优秀议案建议和7个市人大代表活动先进小组，激发代表履职的主动性、积极性。（罗庆久　陆　亮）

■议案建议督办　市人大常委会与“12345”政府服务热线合作，率先在全省建成“网上代表之家”，规范代表建议处理流程，实现代表时刻在线、建议随时可提、民意加速汇聚。持续完善议案建议提出及督办流程，强化“重点督办、市长领办、对口督办”工作机制，探索实施代表议案建议办理第三方评估，实现议案建议提出、办理“两个高质量”。重点督办“关于放大‘三都’品牌效应，推动我市国际文化旅游名城建设的议案”，“推动大数据管理与运用”等15件重点督办建议以及“推动重大项目建设”等7件市长领办建议，办理成效明显。重视加强对重新办理一次答复“不满意”建议的督查，对“正在解决”类建议组织二次答复，对上年列入“计划解决”的26件建议开展“回头看”，推动一批难点建议解决落实。市八届人大四次会议及闭会期间的338件代表建议已全部办结，解决率79.6%，比上年提高1.5个百分点。

（罗庆久　陆　亮）

重要会议

■八届人大四次会议　扬州市第八届人民代表大会第四次会议于1月7—10日在扬州举行。425名市八届人大代表中，407人出席会议。会议听取和审议代市长张宝娟代表市政府作的《扬州市人民政府工作报告》，审议市发展和改革委员会主任黄为民受市政府委托提交的《扬州市2019年国民经济和社会发展计划执行情况与2020年计划草案的报告》、市财政局局长朱柏兴受市政府委托提交的《扬州市2019年预算执行情况和2020年预算草案的报告》，听取和审议市人大常委会常务副主任李忠盛受市人大常委会委托作的《扬州市人民代表大会常务委员会工作报告》、市中级人民法院院长薛剑祥作的《扬州市中级人民法院工作报告》、市人民检察院检察长戴飞作的《扬州市人民检察院工作报告》。会议收到代表议案31件，将陈志宏等10位代表提出的《关于放大世界运河之都、世界美食之都、东亚文化之都品牌效应，推动我市国际文化旅游名城建设的议案》交市人大常委会在大会闭会后审议，其余30件议案转为建议、批评和意见处理；收到代表提出的建议、批评和意见304件，交有关部门和组织研究处理，并负责答复代表。会议以电子表决方式通过《关于扬州市人民政府工作报告的决议》等6项决议。

会议选举夏心旻为扬州市第八届人民代表大会常务委员会主任，于力、储爱军为市八届人大常委会委员；选举张宝娟为扬州市市长。会议表决通过扬州市第八届人民代表大会有关专门委员会组成人员人选。在全体代表的监督下，新当选的同志依法进行宪法宣誓。

（罗庆久　陆　亮）

■人大常委会会议　市八届人大常委会第二十六次会议于1月2日在扬州举行。会议讨论通过市人大常委会工作报告、2020年度工作要点和议题安排计划，表决通过关于个别代表的代表资格的报告、市八届人大四次会议主席团和秘书长建议

1月7日，扬州市第八届人民代表大会第四次会议在扬州会议中心开幕

董　辉　庄文斌/摄

名单，依法补选张宝娟为江苏省第十三届人民代表大会代表。

市八届人大常委会第二十七次会议于2月28日在扬州举行。会议听取和审议常务副市长陈锴竑代表市政府作的关于《扬州市国民经济和社会发展第十三个五年规划纲要》执行情况、扬州市2019年环境状况和环境保护目标完成情况及突出环境问题、水污染防治法执法检查问题整改情况的汇报。会议表决通过《关于统筹推进依法防控疫情和促进经济社会平稳发展的决定》。会议期间，举行突发事件应对法、传染病防治法辅导讲座。

市八届人大常委会第二十八次会议于4月29—30日在扬州举行。会议听取和审议常务副市长陈锴竑代表市政府作的关于防控新冠肺炎疫情工作、优化营商环境、贯彻《切实加强颐养社区建设决议》推进工作及2020年度实施计划安排、2019年度新兴科创名城建设目标完成情况和2020年实施计划安排、《关于润扬路、运河南北路快速化改造和东区市人医东侧非机动车环境整治工程调整永久性绿地用途的议案》及《关于建立城市永久性绿地保护制度的决议》执行情况的汇报。会议听取和审议市检察院检察长戴飞作的关于落实《市人大常委会关于切实加强和支持检察公益诉讼工作的决议》情况汇报。会议听取市人大法制委员会关于《扬州市社区住宅物业管理条例（草案）》审查修改情况的报告，并对草案修改稿进行审议。会议听取和审议市文广旅局关于落实市人大常委会旅游工作评议意见、市人大常委会民宗侨台外工委《关于放大世界运河之都、世界美食之都、东亚文化之都品牌效应，推动我市国际文化旅游名城建设的议案》处理意见的报告。会议对部分在扬的省人大代表履职情况进行测评，结果均为优秀。会议表决通过《关于同意调整引潮河公园、曲江公园、古运河风光带部分永久性绿地用途的决议》《关于放大世界运河之都、世界美食之都、东亚文化之都品牌效应，推动我市国际文化旅游名城建设的议案》处理意见的报告。会议听取有关人事任免事项说明和被提请任命人员的拟任职发言，表决通过人事任免事项，向新任命人员颁发任命书，并进行宪法宣誓。会议期间，举办《江苏省优化营商环境条例》辅导讲座。

市八届人大常委会第二十九次会议于6月29—30日在扬州举行。会议听取和审议市财政局局长朱柏兴受市政府委托作的关于2019年市级决算（草案）的汇报，听取和审议市审计局局长蔡先建受市政府委托作的关于2019年度市级预算执行和其他财政收支情况的审计工作报告，听取市人大财政经济委员会关于2019年市级决算（草案）审查结果报告；会议听取和审议副市长丁一代表市政府作的关于扬州市乡村公共空间治理情况的汇报，会议听取和审议市国资委作的关于扬州市国资委履职情况汇报以及评议工作调查组的调查报告。会议对国资委履职工作开展评议，并由常委会组成人员以无记名投票方式进行满意度测评，结果为满意。会议听取市文旅局局长季培均受市政府委托作的关于《扬州市旅游促进条例（草案）》起草情况说明，听取市人大常委会民宗侨台外工委关于条例（草案）审查意见的报告，并对条例（草案）进行一审。会议听取市商务局关于对市人大常委会评议招商引资工作有关意见整改落实情况的汇报。会议表决通过《关于批准扬州市2019年市级决算的决议》、关于个别代表的代表资格报告、关于扬州市人民代表大会常务委员会内务司法工作委员会更名为监察和司法工作委员会的决定以及《扬州市人民代表大会常务委员会关于开展员额法官、员额检察官履职评议工作暂行办法》。会议听取有关人事任免事项的说明和被提请任命人员的拟任职发言，表决通过有关人事任免事项，向新任命人员颁发任命书，并进行宪法宣誓。会议期间，举办《中华人民共和国民法典》辅导讲座。

市八届人大常委会第三十次会议于8月26—28日在扬州举行。会议听取和审议副市长丁一代表市政府作的关于2020年上半年国民经济社会发展计划执行情况和下半年国民经济社会发展安排、对外友好交往助推城市国际化情况的汇报，以及关于2019年行政事业性国有资产管理情况的专项报告和2019年度国有资产管理情况的书面综合报告；听取和审议市财政局局长朱柏兴受市政府委托作的关于扬州市2020年上半年预算执行、2019年度市级重点项目绩效评价结果的汇报。会议听取市人大法制委员会关于《扬州市社区住宅物业管理条例（草案）》审议结果的报告，并对草案修改稿进行审议。会议听取和审议市人大常委会执法检查组关于检查《中华人民共和国土壤污染防治法》《中华人民共和国安全生产法》和《江苏省安全生产条例》贯彻实施情况的报告。会议听取市农业农村局局长马顺圣关于市农业农村局履职情况汇报以及评议工作调查组的调查报告。会议对市农业农村局履职情况开展评议，并由常委会组成人员以无记名投票方式进行满意度测评，结果为满意。听取市中级人民法院、检察院和扬州经济技术开发区法院、检察院部分员额法官、检察官履职情况报告和市人大常委会履职评议调查工作组的调查报告，并对其履职情况进行满意度测评，结果均为满意。会议听取和审议部分在扬省人大代表履职情况的报告。会议表决通过《扬州市住宅物业管理条例》，并报省人大常委会批准。会议表决通过有关人事免职事项和有关辞职请求的决定。会议期间，举办《中华人民共和国土壤污染防治法》《江苏省安全生产条例》辅导讲座。

市八届人大常委会第三十一次会议于10月29—30日在扬州举行。会议听取和审议副市长余珽代表市政府作的关于“十四五”规划编制工作、市域治理体系和治理能力建设、《打造永恒城市经典若干规矩的决议》贯彻实施情况、扬州市2019年度市级执行和其他财政收支审计查出问题整改情况、《关于放大世界运河之都、世界美食之都、东亚文化之都品牌效应，推动我市国际文化旅游名城建设的议案》办理情况以及关于市八届人大四次会议代表建议、批评和意见办理情况的汇报；听取市财政局局长朱柏兴受市政府委托作的关于2019年度重点项目绩效评价查出问题整改及结果运用情况的汇报。会议听取市人大法制委员会关于《扬州市旅游促进条例（草案）》审议结果的报告，并对草案修改稿进行审议。会议听取市卫生健康委员会主任赵国祥关于市卫生健康委员会履职情况汇报以及评议工作调查组的调查报告。会议对市卫生健康委员会履职情况开展评议，并由常委会组成人员以无记名投票方式进行满意度测评，结果为满意。会议表决通过《扬州市旅游促进条例》，并报省人大常委会批准。会议听取有关人事任免事项的说明和被提请任命人员的拟任职发言，表决通过有关人事任免事项和有关辞职请求的决定，向新任命人员颁发任命书，并进行宪法宣誓。会议期间，举办《中共中央关于坚持和完善中国特色社会主义制度 推进国家治理体系和治理能力现代化若干重大问题的决定》《江苏省发展规划条例》辅导讲座。

市八届人大常委会第三十二次会议于12月30—31日在扬州举行。会议听取和审议市发改委主任黄为民受市政府委托作的关于扬州市2020年国民经济和社会发展计划执行情况与2021年计划草案的报告，听取市财政局局长朱柏兴受市政府委托作的关于扬州市2020年预算执行情况和2021年预算草案初步方案的报告、关于《扬州市2020年市级地方政府债券安排及预算调整方案（草案）的议案》的说明并对相关议案进行审议，听取市人大财政经济委员会关于《扬州市2019年市级地方政府债券安排及预算调整方案（草案）》的审查结果报告。会议听取市政府关于2020年民生幸福工程实施情况的汇报以及市国资委关于市人大常委会履职评议反馈意见整改情况报告、市人大社会建设委《关于切实加强颐养社区建设的决议》落实情况的督查报告。会议听取市民政局局长王振祥受市政府委托作的关于《扬州市居家养老服务条例（草案）》起草情况的说明以及市人大社会建设委员会关于条例（草案）审查意见的报告，并对条例（草案）进行一审。会议表决通过关于批准扬州市2020年市级地方政府债券安排及预算调整方案的决议、关于表彰市人大代表活动先进小组的决定。会议表决通过关于召开扬州市第八届人民代表大会第五次会议的决定、市八届人大五次会议建议议程和列席人员范围。会议听取有关人事任免事项的说明和被提请任命人员的拟任职发言，表决通过有关人事任免事项和有关辞职请求的决定，向新任命人员颁发任命书，并进行宪法宣誓。会议期间，举办《中华人民共和国社区矫正法》辅导讲座。（罗庆久　陆　亮）

人大监督

■经济发展提质增效监督 关注“十三五”规划、国民经济和社会发展计划执行、高质量发展监测考核指标完成情况，分析排查突出问题，要求市政府针对短板弱项问题精准施策，扭住招商引资和项目建设不放松，加大对实体经济特别是先进制造业支持力度，培育发展新动能，做好“六稳”“六保”工作，确保“十三五”规划圆满收官、高水平全面建成小康社会。围绕“十四五”规划编制，开展重点课题调研，做好规划纲要审查。在人大代表中组织“我为‘十四五’规划献良策”活动，汇集众智推动高质量编制规划。视察民营经济发展情况，督办相关重点建议，审议优化营商环境工作，提出制定集成惠企政策、深化“放管服”改革、提升服务效能等审议意见。听取产业科创名城建设专项工作报告，视察科技产业综合体建设运营情况，促进在企业创新、人才集聚、载体建设、科创生态等关键环节上取得突破，为全面推进产业科创名城建设持续赋能添力。以推动乡村振兴战略实施为总抓手，评议市农业农村局履职情况，专题询问粮食安全、农民增收等热点问题，听取乡村产业振兴工作汇报，审议乡村公共空间治理情况，要求深化集体产权、土地制度等重点改革，优化完善乡村产业体系，促进农业农村全面发展。

（罗庆久　陆　亮）

■社会治理创新监督 紧扣全市加强基层基础建设、推进市域社会治理现代化部署，听取专项工作报告，督促抓好乡镇（街道）治理体制改革，深化网格化社会治理，筑牢夯实高质量发展底板。（罗庆久　陆　亮）

■民生改善监督 回应人民群众对更高水平医疗卫生服务的期盼，评议市卫健委履职工作，现场询问农村区域性医疗卫生中心运营、公共卫生应急防控体系建设等情况，并进行网络视频直播。聚焦保居民就业、保基本民生等“六保”重点任务，推动就业创业、学前教育发展及清理治理、颐养社区建设、城乡养老服务、社会救助体系建设、宗教事务条例实施等工作，听取民生幸福工程完成情况汇报并组织视察，督促解决疫情影响下的突出民生问题。审议对外友好交往助推城市国际化工作，深化实质性对外友好交流合作，提升对外开放水平。

（罗庆久　陆　亮）

■社会公平正义监督 开展“百名代表进法庭”暨人大代表旁听评议庭审活动，市、县两级人大共组织代表302人次旁听庭审32次，建立人大代表参与司法监督新渠道新机制。系统总结员额法官检察官履职评议工作实践，制定出台《关于开展员额法官、员额检察官履职评议工作暂行办法》，规范评议内容和流程。对10名员额法官检察官进行评议，提出改进建议，进行满意度测评，促进依法公正高效履职。关注公安督察工作，听取仲裁工作汇报，审议扬州经济技术开发区“两院”年度工作报告，促进严格执法、公正司法。做好信访工作，受理来信179件，接待来访157批225人次，

推动妥善处理和解决人民群众合法诉求。（罗庆久　陆　亮）

■预决算监督 针对抗击疫情和抓好“六稳”“六保”工作，编发减税降费政策问答28期，推动实施积极财政政策，强化监督预算编制、执行、调整、决算以及政府重大投资项目等工作。加强和改进预算审查监督工作，构建人大审查、绩效评价、专项审计“三位一体”审查监督格局。加大审计查出问题督促整改力度，将监督链条延伸至专项审计、绩效评价和“上审下”审计查出问题整改，督促整改销号问题94个，跟踪督办问题19个，建立完善制度9项，从体制机制层面促进解决“屡审屡犯”问题。建成投用预算联网监督系统，对部门预算、重点专项开展联网监测，对预警信息进行针对性监管，发现并纠正问题。（罗庆久　陆　亮）

■国有资产管理监督 落实人大国有资产管理监督责任，评议市国资委工作并督促评议意见整改落实，视察调研国有企业运营情况，审议年度行政事业性国有资产管理专项报告和国有资产管理综合报告，推进国资布局调整和企业重组。

（罗庆久　陆　亮）

重点议案建议

■关于放大世界运河之都、世界美食之都、东亚文化之都品牌效应，推动我市国际文化旅游名城建设的议案 市八届人大四次会议上，陈志宏等10位代表提出《关于放大世界运河之都、世界美食之都、东亚文化之都品牌效应，推动我市国际文化旅游名城建设的议案 》。主要内容：（1） 梳理大运河文化内涵。系统开展大运河史志、历史文献等古籍资料的内容搜集、故事整理、文化挖掘等，对区域内非物质文化遗产代表性项目进行分类保护和精细化管理，搭建大运河文化数据平台。（2）讲好大运河文化故事。充分发挥WCCO等相关协会、专家学者作用，形成一批有温度、有品位、有传播力的大运河文艺作品。（3）加强大运河文化带宣传解读，积极开展大运河主题群众性文化活动，加强对青少年、儿童进行宣传教育，让大运河文化走进课堂。（4）在沿线区域建设中增加大运河文化元素，统一大运河文化带文化遗产标识，高标准高水平建设中国大运河博物馆。强化大运河文化带沿线空间风貌管控，综合运用现代科技手段，提升游客对大运河文化遗产展示的体验。（5）有针对性地进行保护。差别化制定保护规划，对未列入非遗保护目录的要进行挖掘和保留，对瓜洲、湾头、邵伯等古镇规划进行提升。（6）建议出台《扬州美食文化保护和促进条例》，以法治化的手段规范和引导我市饮食文化健康持续发展。（7）出新美食文化政策。（8）出版美食文化地图。（9）出彩美食教育方法。要更好地利用市餐饮文化教育体系完备的优势，把世界各地的知名餐饮文化介绍到扬州。（10）出界发展美食文化。扶持推动市雕版印刷、漆器、剪纸等具有地方特色的手工艺进一步融入美食文化。建设世界美食城，建设极具开放性和包容性的扬州餐饮市场，不断培植扩大美食圈、朋友圈。（11）打造世界美食文化高地。在创意城市中展示市独特美食文化的靓丽风采，进一步开发各县（市、区）的美食文化，争取世界奥林匹克烹饪大赛花落扬州。（12）全面展示“东亚文化之都”内涵。

（罗庆久　金茹雪）

■关于推动重大项目建设，促进我市经济社会高质量发展的议案 市八届人大四次会议上，王华平等10位代表提出《关于推动重大项目建设，促进我市经济社会高质量发展的议案》。主要内容：（1）以新发展理念引领项目建设和高质量发展。（2）深入实施工业转型升级专项行动，推动互联网大数据人工智能和实体经济深度融合。重点围绕战略性新兴产业、现代农业、重大基础设施等领域，谋划实施一批强基础、管长远、利大局的重大项目。（3）深入实施创新驱动发展战略，强化科技创新的引领作用，建立以企业为主体，市场为导向，产学研深度融合的技术新体系。完善鼓励创业投资发展的政策体系，培养造就一批科技领军人才和高水平创新团队。推进创新链与产业链、资金链、政策链、人才链加速对接和深度融合，大力扶持一批专精特新科技型企业。（4）以绿色生态引领项目建设和高质量发展。打好蓝天、碧水、净土攻坚战，加大环境整治和生态保护修复力度，走集约节约内涵式发展之路。（5）深入推进放管服改革，在促进创新、加强就业、鼓励中小企业发展等方面提供综合性的政策举措。积极研究解决土地、资金等实际困难，健全监管体系和制度，打造规范有序公平公正的营商环境。（6）以人民为中心理念引领项目建设和高质量发展。着力解决农民增收、公共服务生态环保、就业创业等群众普遍关心的突出问题。

（罗庆久　金茹雪）

■关于聚焦短板弱项，决胜高水平全面建成小康社会的议案 市八届人大四次会议上，李明安等10位代表提出《关于聚焦短板弱项，决胜高水平全面建成小康社会的议案》。主要内容：（1）用高质量的经济发展，来保证高水平的小康。强化服务业项目的招引和建设，强化创新驱动战略的实施，强化政策措施的集成与聚焦。（2）用高质量的生态环境，来保证高水平的小康。要压实落实环保责任，严格落实“点位长制、河长制”；组织开展科技攻关，贯彻执行好公园条例，持续实施绿化造林。（3）用高质量的民生工程，来保证高水平的小康。打好脱贫攻坚战，促进就业再就业，加强教育、医疗、住房等基本保障，在资源配置上优先向农村倾斜。

（罗庆久　金茹雪）

■关于推动航空产业协同创新发展的议案 市八届人大四次会议上，毕刚等10位代表提出《关于推动航空产业协同创新发展的议案》。主要内容：（1）制定符合市特色的航空产业发展规划，确保高校、科研院所的技术创新方向以及企业的投资方向符合航空产业和市发展的需要。（2）建立健全航空产业园产学研协同创新的政策。（3）搭建各种服务支持平台优化资源配置，完善基础设施建设与服务，为企业发展提供保障和支持。（4）建立组织管理机构，健全利益分配制度，完善监督机制。（5）在科技成果转化、研发资金供应、研发人才汇聚、咨询服务提供等方面，切实发挥中介机构作用。（罗庆久　金茹雪）

关于大力扶持农业龙头企业，引领推动乡村产业振兴的议案 市八届人大四次会议上，周玉宝等10位代表提出《关于大力扶持农业龙头企业，引领推动乡村产业振兴的议案》。主要内容：（1）加大对农业特色产业的政策、资金扶持力度，特别是农业龙头企业、加工集中区和研发中心项目以及水产品加工业项目，壮大特色优势农业产业。（2）加大对农业企业的人才、土地、水电和农业信贷支持力度。（3）建议市级层面帮助宝应积极与国字头、央企等大集团牵线搭桥，与县产业化龙头企业联姻，有效带动农业龙头企业升级。

（罗庆久　金茹雪）

关于后“世界美食之都”时代，推进扬州美食产业创新发展的议案 市八届人大四次会议上，罗庆久等10位代表提出《关于后“世界美食之都”时代，推进扬州美食产业创新发展的议案》。主要内容：（1）率先建立淮扬菜保护与发展法规政策体系。加强对淮扬传统菜工艺的恢复与整理，构建淮扬菜制作标准体系和评价体系，评选一批“世界美食之都”示范店。（2）发挥龙头企业示范引领作用，支持建立健全现代餐饮连锁运营体系，加强对产品连锁化设计改造。（3）构建以“淮扬菜”为核心的农产品区域公共品牌运营管理体系，促进“淮扬菜”品牌效应向农产品辐射。大力推进美食产业园、扬州国家农业科技园创新发展。（4）营造整洁文明、安全有序环境，推动美食与夜经济元素跨业融合，着力打造多元、有序、健康的夜间餐饮消费市场。（5）推进传承保护，研发更多顺应时代潮流、适合游客口味的新菜品，做强教育培训优化产学研及社会实践人才培养机制，促进扬州美食与世界美食文化交融。（6）加大体验式宣传力度，放大媒体融合效应，加强对外交往，发挥好“中餐繁荣基地联盟”枢纽作用。

（罗庆久　金茹雪）

关于加快人才引进，在长三角区域发展一体化中增强自身优势的建议 市八届人大四次会议上，阚肖虹等10位代表提出《关于加快人才引进，在长三角区域发展一体化中增强自身优势的建议》。主要内容：（1）在长三角区域一体化的背景下，建议研究如何吸引更多的优秀人才，特别是优秀青年人才落户扬州，提升扬州人口总量规模。（2）加快从县（市、区）吸引人才到中心城市落户的进度。（3）加大对从全国各地来扬州发展人才落户的力度，提升总量规模和城市能级。（罗庆久　金茹雪）

关于加快扬州市紧密医联体建设的建议 市八届人大四次会议上，孙玉培代表提出《关于加快扬州市紧密医联体建设的建议》。主要内容：（1）加快高水平医联体建设。进一步深化医联体内医疗机构的合作内涵，完善医联体内绩效考核和奖惩机制，强化考核和结果运用，促进医联体工作规范化、要求明确化、措施制度化、运行标准化。（2）加大医保扶持力度。一方面将公共卫生资金及时足额拨给医联体，统筹用于医防融合工作；另一方面加大医保差别化支付力度，拉大基层医疗机构与三级医院诊疗的结报比例差，用经济杠杆引导多在基层医疗机构就医。（3）加快信息化建设步伐。加大医联体设备投入、互联网建设等力度，构建全市医疗卫生信息大平台，实现诊疗信息、电子健康档案、电子病历等互联互通。（4）加快人才队伍建设。将核定编制、招录人员、职称评聘、进修深造等方面有利于基层卫生人才队伍建设的具体政策和措施落到实处。（罗庆久　金茹雪）

关于加快推进生活垃圾分类管理工作，为相关立法奠定基础的建议 市八届人大四次会议上，刘柏代表提出《关于加快推进生活垃圾分类管理工作，为相关立法奠定基础的建议》。主要内容：（1）建议在市级层面成立专门的垃圾分类推进领导小组，进一步健全市、县（市、区）、街道（乡镇）、社区（村）四级管理责任网络。（2）制定垃圾分类专项行动计划和垃圾分类管理规范，为我市垃圾分类提供统一标准和操作指南。（3）城市管理部门、文明办要加大宣传力度，将生活垃圾分类知识纳入幼儿、中小学教育和社会实践内容。（4）以生活垃圾分类试点示范建设为基础，发挥示范引领作用。（5）扩大分类投放设施的覆盖面，完善大件垃圾拆解中心，加快垃圾分类综合处理、厨余垃圾处置中心等分类处理终端建设。（6）在科学有效调研基础上，加快推进立法进程。（罗庆久　金茹雪）

关于加快政府产业投资基金发展的建议 市八届人大四次会议上，吴焱新代表提出《关于加快政府产业投资基金发展的建议》。主要内容：（1）推进部门相关资金整合，改变部门“撒胡椒面”现象。（2）将县级基金作为子基金并入市级基金，统一纳入市级管理，进一步做大政府母基金规模。（3）围绕产业建立相应子基金，采取市场化运作、公司化运营，以风险投资、股权投资等方式支持相应产业发展。（4）坚持本土化、公益性定位。政府产业投资基金参与设立投资基金要限定投资方向，应当主要投向本土企业或在扬投资的招商引资企业。（罗庆久　金茹雪）

关于推进校外培训机构治理社会化的建议 市八届人大四次会议上，陈其淦等2位代表提出《关于推进校外培训机构治理社会化的建议》。主要内容：（1）突出校外培训机构规范化治理，推动社会监督。规范校外培训机构的信息公开，强化对校外培训机构的监督，深化民主协商。（2）发挥社会治理网格优势，提升治理精确打击能力。强化常态化监督力量配备，加强信息采判，推动联合执法延伸。（3）坚持行政公开，重视看得见的社会化效能。加强专业人才支撑，实施联动项目，不断提升校外培训机构治理的社会化、专业化程度。

（罗庆久　金茹雪）

■**关于打造高质量营商环境，打通惠企政策“最后一公里”的建议** 市八届人大四次会议上，朱静代表提出《关于打造高质量营商环境，打通惠企政策“最后一公里”的建议》。主要内容：（1）深化审批制度改革，打造简约政务环境。进一步压缩行政审批时间，精简办事材料，实行“一事联办”，积极探索试行“一份材料、一窗受理、并联审批、一窗出件”服务模式标准。（2）加强事中事后监管，营造公平营商环境。加快构建统一的企业信用监管体系，完善“双随机、一公开”抽查制度，完善市场监管机制。（3）建立健全长效服务机制，不断提升服务效能。完善挂钩联系企业制度，建立跨部门信息共享平台，构建操作性强的政策体系。

（罗庆久　金茹雪）

■**关于扶持本土企业发展的建议** 市八届人大四次会议上，陆军代表提出《关于扶持本土企业发展的建议》。主要内容：（1）制定本土企业中长期发展规划。（2）优化和完善促进各类企业快速发展的政策环境和发展环境，对本土企业在用地上给予倾斜等。（3）鼓励支持本土企业实施技术改造和创新。（4）搭建本土中小微企业综合金融服务平台，创建更多中小微企业创业基地，建立专门机构为本土企业提供人才引进、经营管理和生产管理咨询等服务，加强企业家队伍建设。

（罗庆久　金茹雪）

■**关于进一步推动我市大数据管理与运用的建议** 市八届人大四次会议上，陈冬青代表提出《关于进一步推动我市大数据管理与运用的建议》。主要内容：（1）统一规划信息资源开发与管理，构建市级公共信息网络平台。（2）加强部门间信息共享交流协作。（3）鼓励社会开发可共享信息资源。在保护个人信息隐私和政府信息安全的基础上，使政府信息资源公平公正公开地向社会公众提供。（罗庆久　金茹雪）

■**关于加强我市应急管理体系和能力现代化建设的建议** 市八届人大四次会议上，陈林代表提出《关于加强我市应急管理体系和能力现代化建设的建议》。主要内容：（1）完善公民安全教育体系，加强应急管理宣传教育工作。（2）高度重视扬州化学工业园区安全生产工作，提高危险化学品安全监管能力。（3）建立政府专项应急预案和大众应急预案相结合的预案链。（4）建立一支业务精湛、素质过硬的应急管理干部队伍特别是社会化救援队伍。（5）加大安全生产执法力度，提高安全监管水平。（6）支持引导社区居民开展风险隐患排查和治理，积极推进安全风险网格化管理。

（罗庆久　金茹雪）

■**关于优化网格化基层社会治理的建议** 市八届人大四次会议上，陈文凯代表提出《关于优化网格化基层社会治理的建议》。主要内容：（1）加强组织领导，强化顶层设计，优化丰富线上线下平台功能建设，加快推进各条线职能网格融合。（2）根据实际工作需要，合理调整网格区域划分和管理责任。（3）优化网格员配备，优化年龄结构，适度提高网格员专职化水平。（4）尽快制定出台落实网格员激励保障机制。

（罗庆久　金茹雪）

扬州市第八届人民代表大会第四次会议期间的代表重点议案建议一览表

表 6-1

议案建议标题	提议案建议者
关于放大世界运河之都、世界美食之都、东亚文化之都品牌效应，推动我市国际文化旅游名城建设的议案	陈志宏等 10 人
关于推动重大项目建设，促进我市经济社会高质量发展的议案	王华平等 10 人
关于聚焦短板弱项，决胜高水平全面建成小康社会的议案	李明安等 10 人
关于深入贯彻《大运河文化保护传承利用规划纲要》，做好保护、传承和利用工作的议案	仲子午等 10 人
关于推动航空产业协同创新发展的议案	毕　刚等 10 人
关于点亮扬州城市夜色，全方位彰显城市风貌的议案	周　蕾等 10 人
关于大力扶持农业龙头企业，引领推动乡村产业振兴的议案	周玉宝等 10 人
关于加大基础设施建设 改善农村人居环境的议案	夏　晴等 10 人
关于大力推进农村产业振兴的议案	阚成法等 10 人

续表 6-1

议案建议标题	提议案建议者
关于后“世界美食之都”时代，推进扬州美食产业创新发展的议案	罗庆久等 10 人
关于加快人才引进，在长三角区域发展一体化中增强自身优势的建议	阚肖虹等 10 人
关于在市区开展林荫道建设的建议	刘焕琴等 10 人
关于加快扬州市紧密医联体建设的建议	孙玉培
关于加快推进生活垃圾分类管理工作，为相关立法奠定基础的建议	刘　柏
关于加快政府产业投资基金发展的建议	吴焱新
关于加快推进审判体系和审判能力现代化建设的建议	张媛媛等 10 人
关于突出工作重点，强化监管力度，持续改善水环境质量的建议	金春林
关于加快农村信用体系建设，打造“诚信扬州”金字招牌的建议	顾金标
关于多举措解决因病致贫问题，托举“健康扬州”的建议	王梦迪
关于推进校外培训机构治理社会化的建议	陈其淦等 2 人
关于构建高颜值生态走廊，让一河清水绵延后世的建议	颜安明等 2 人
关于建立财政、教育、人社等多部门合作机制，健全留守关爱服务体系的建议	万　绘
关于积极推进校企合作，为扬州高质量发展注入技能动力——关于推进职业学校与地方企业开展合作的建议	顾毓宏
关于打造高质量营商环境，打通惠企政策“最后一公里”的建议	朱　静
关于扶持本土企业发展的建议	陆　军
关于进一步推动我市大数据管理与运用的建议	陈冬青
关于加强我市应急管理体系和能力现代化建设的建议	陈　林
关于推进“农旅文”融合发展 助推乡村振兴的建议	王建锋
关于优化网格化基层社会治理的建议	陈文凯
关于落实企业安全生产主体责任的建议	林永贵
关于加强监控设备使用管理的建议	徐　明
关于进一步推进江广融合规划区建设的建议	赵长松等 2 人
关于助推我市融媒体发展的建议	刘晓英
关于加强我市食用农产品源头管理的建议	赵　勇

（杜　伟）

扬州市人民政府

Yangzhoushi Renmin Zhengfu

编 辑 崔成鹏

重要会议

市政府常务会议 2月27日，市政府召开第37次常务会议。主要议题：（1）学纪学法；（2）传达学习省安委会全体成员会议精神，听取国务院督导组、省派驻督导组交办任务落实情况及全市安全生产专项整治开展情况的汇报；（3）研究《市领导2020年安全生产重点工作清单》《市级安全生产派驻督导分组名单》《扬州市安全生产警示提示制度》《扬州市安委会对市级部门和单位开展安全生产约谈实施办法》《扬州市安全生产重要工作事项督办制度》《扬州市安全生产专业委员会述职报告制度》《扬州市安委会成员单位履职报告制度》；（4）研究《关于做好2020年民生幸福工程的通知》；（5）研究《2020年扬州市优化企业发展环境工作方案》；（6）研究《关于2020年促进旅游业发展更好服务游客的意见》；（7）研究《全市重大项目建设服务推进工作方案》《市领导挂钩联系推进重大项目制度暂行办法》；（8）听取关于“世界美食之都”建设情况的汇报；（9）研究《2020年全市招商引资工作实施方案》；（10）研究《关于促进我市外贸优进优出稳定健康发展的十条政策意见》；（11）研究《关于进一步建立健全城乡居民分级诊疗制度的意见》；（12）听取关于2020年城建项目计划安排情况的汇报。

4月2日，市政府召开第38次常务会议。主要议题：（1）学习省委书记娄勤俭在省委常委会会议上的讲话和《外商投资法实施条例》；（2）传达学习2020年江苏省贯彻落实国家重大政策措施情况审计进点电视电话会议精神；（3）学习《省委省政府印发〈关于深化改革加强食品安全工作的实施意见〉》和《省委办公厅省政府办公厅关于落实〈地方党政领导干部食品安全责任制规定〉的通知》；（4）研究《扬州市城乡生活垃圾分类和治理攻坚战新三年行动计划（2020—2022年）》和《扬州市市区生活垃圾处置生态补偿意见》；（5）听取2020年度市级重大项目和政府投资计划编制情况汇报，研究《扬州市2020年重大项目考核细则》；（6）研究《长江三角洲区域一体化发展规划纲要〈扬州行动方案〉》；（7）研究《扬州市打好防范化解重大金融风险攻坚战实施方案》；（8）听取关于省加快推进复工复产和经济社会发展工作电视电话会议精神及相关情况的汇报；（9）听取当前财政预算收支情况汇报；（10）研究《颐养社区建设2020年度实施计划》；（11）听取扬州市区巡游出租汽车运价改革情况汇报。

4月21日，市政府召开第39次常务会议。主要议题：（1）研究分析全市一季度经济运行情况；（2）听取一季度列省、列市重大项目推进情况汇报；（3）听取2019年和2020年一季度全市高质量发展考核共性指标完成情况汇报；（4）传达应急管理部副部长孙华山在省安全生产督导组工作情况汇报会上的讲话精神，听取全市一季度安全生产情况汇报，研究县（市、区）、功能区党委政府和市安委会成员单位履行安全生产责任考核评价指标；（5）研究《扬州市化工重点监测点认定管理办法》；（6）研究《扬州市促进服务外包产业发展政策意见》；（7）研究《2019—2022年扬州市青少年体育工作意见》；（8）听取“2019年度扬州市市长质量奖、推进卓越绩效管理先进单位”评审推荐工作情况汇报。

6月1日，市政府召开第40次常务会议。主要议题：（1）学纪学法；（2）学习习近平总书记关于统计工作的重要讲话和指示批示及党中央、国务院系列文件精神；（3）听取全市防汛抗旱工作汇报；（4）研究《扬州市独角兽、瞪羚企业培育实施意见》；（5）研究《扬州市旅游促进条例（草案）》和《扬州市旅游标准化工作管理办法（草案）》；（6）研究《扬州市推进市属国有企业退休人员社会化管理实施方案》；（7）听取全市义务教育学校招生政策汇报；（8）听取乡镇（街道）开展相对集中行政处罚权情况汇报；（9）研究《扬州市建设国家公交都市示范城市三年行动计划（2020—2022）》；（10）听取省市场监管局与市签订推进高质量发展合作协议的汇报。

7月28日，市政府召开第41次常务会议。主要议题：（1）学法；（2）听取全市上半年安全生产情况汇报；（3）传达学习全国农村乱占耕地建房问题整治工作电视电话会议精神；（4）研究《关于建立健全城乡融合发展体制机制和政策体系的实施方案》；（5）研究《关于推进扬州“世界美食之都”建设的若干意见》；（6）研究《关于建立全市消防救援队伍职业保障和社会优待机制的意见》；（7）研究《关于落实就业优先政策进一步做好稳就业工作的实施意见》；（8）研究《关于推动非户籍人口在城市落户的实施意见》；（9）研究《关于加快推进养老服务高质量发展的实施意见》。

9月2日，市政府召开第42次常务会议。主要议题：（1）学法；（2）研究《关于建立更加有效的区域协调发展新机制的实施方案》；（3）研究《扬州市网络强市建设三年行动计划（2020—2022年）》；（4）研究《关于进一步促进工业地产优化发展的意见》；（5）研究《扬州市突发公共卫生事件应急预案》；（6）听取扬州广播电视总台和曜阳老年公寓地块调整容积率情况汇报；（7）听取《扬州市市设权力清单》编制情况汇报。

10月19日，市政府召开第43次常务会议。主要议题：（1）学习习近平总书记关于耕地保护工作的重要指示批示精神和《国务院办公厅关于坚决制止耕地“非农化”行为的通知》；（2）学习《中华人民共和国预算法实施条例》；（3）听取全市前三季度安全生产形势汇报，研究《关于全面加强危险化学品安全生产工作的实施意见》；（4）研究《关于全面推进考古前置工作的实施意见》；（5）听取全省审计整改工作推进电视电话会议精神和2019年度同级财政审计查出问题整改情况汇报；（6）听取全市长江流域禁捕退捕工作情况汇报；（7）研究《扬州市居家养老服务条例（草案）》；（8）研究《扬州市市区集体土地上房屋搬迁管理暂行办法》；（9）研究《关于推进全市开发园区“二次创业”高质量发展的意见》。

11月20日，市政府召开第44次常务会议。主要议题：（1）传达学习习近平总书记视察江苏时的重要讲话指示精神；（2）研究分析全市前三季度经济运行情况；（3）听取全市突出环境问题整改情况汇报；（4）听取2020年新实施市级重大项目推进情况汇报；（5）研究《关于将生态科技新城区域纳入扬州市区禁止燃放烟花爆竹范围的通告》；（6）研究《市属国有企业改革重组的实施意见》。

12月19日，市政府召开第45次常务会议。主要议题：（1）学法；（2）研究《扬州市突发事件总体应急预案》和《扬州市危险化学品使用安全专项治理行动工作方案》；（3）研究《扬州市信息通信基础设施空间布局规划（2020—2035年）》；（4）研究《关于支持企业利用资本市场推进高质量发展的意见》；（5）研究《扬州市南水北调水域船舶污染防治办法（草案）》；（6）研究《扬州市档案管理办法（草案）》；（7）研究《扬州市重大行政决策目录管理暂行办法》；（8）研究《关于统一全市职工医疗保险二类门诊特殊病种有关政策》；（9）研究《扬州市基本医疗保险基金预算管理办法（试行）》；（10）研究《扬州市深化政府采购制度改革实施方案》；（11）听取第十届扬州市工艺美术大师评审工作情况汇报；（12）听取2020年度扬州市有突出贡献的中青年专家选拔评审工作情况汇报。

12月31日，市政府召开第46次常务会议。主要议题：（1）研究《政府工作报告》《关于扬州市2020年国民经济和社会发展计划执行情况与2021年计划草案的报告》《关于扬州市2020年预算执行情况和2021年预算草案的报告》；（2）研究《扬州市国民经济和社会发展第十四个五年规划纲要和二〇三五年远景目标草案》；（3）听取政务公开工作情况汇报；（4）听取关于贯彻落实全省冬春火灾防控会议精神情况汇报；（5）研究《扬州市渔业资源保护管理办法（草案）》；（6）研究《美丽宜居城乡建设三年行动计划》；（7）研究《关于落实健康中国行动推进健康扬州建设的实施方案》；（8）研究《扬州市科技产业综合体绩效评价激励办法》。

（郁　堃）

综合政务

■政务信息 2020年，市政府办公室编发《政务动态》82期、《信息专报》100期、《要情参阅》7期、《领导参考》12期，向上报送信息1400条，被国务院办公厅、省政府办公厅采用327条，获国务院领导批示38次、省政府领导批示6次。《扬州政讯》全年出刊12期，刊载各类文稿198篇、图片200多张，文字量近70万字。《扬州市人民政府公报》出刊12期，刊载各类文件130份，发放近千家机关、企事业单位和扬州市人大代表、政协委员。通报表扬2019年度市政府政刊工作表现突出的12个集体、11名个人和12篇优秀稿件。

围绕现代产业体系、招商引资、园区二次创业、营商环境建设、人口要素集聚、基本公共服务体系建设等专题调研，《调研参考》全年遴选发表调研文章20篇，收集评选年度政府系统优秀调研论文65篇。

（潘　璐　杨国屏　周　健）

■政务督查 2020年，全市政务督查系统完成国务院第七次大督查发现问题对照检查整改、国务院“互联网+督查”平台交办问题线索调查处理、省审计发现问题整改、2019年长江经济带生态环境警示片披露问题及2018年存量问题整改、省“六保”巡察发现问题整改、省信访局交办件调查处理等国家、省重大督查任务；组织开展政府工作报告明确的217项目标任务建设推进、优化营商环境和深化“放管服”改革存在问题整改、市“惠企16条”等优惠政策落实情况回头看、重大项目建设服务推进、省考扬州高质量发展共性指标短板分析、市相关部门支持中小企业缓解疫情影响保持平稳健康发展、“苏政50条”专栏专窗建设等重要督查活动。全年共开展督促检查40余次，下发督查通知单75个，编报《政务督查专报》25期，编发《政务督查通报》14期。（李　洋）

■党政目标管理 2020年，围绕市委、市政府“两报告三文件”等明确的重点工作抓好目标分解，共确定1065项任务为2020年度重点工作考评目标。各责任单位根据目标任务，分解细化，明确序时进度，抓好落实。市委、市政府对各项目标完成情况实施月督查、季分析、年中评估、年终考核，全年1065项政府目标任务完成率达99.9%。（李　洋）

■建议提案办理 2020年，市政府及各承办单位共办理人大代表建议321件，代表对办理结果满意或基本满意率为100%。其中，所提建议解决采纳的有253件，占78.82%；计划解决的有31件，占9.66%；因受条件限制或其他原因，留作参考的有37件，占11.53%。办理政协提案462件，提案人对办理态度、办理结果满意或基本满意率均为100%。其中，反映问题已经解决或基本解决的有263件，占56.93%；正在解决或列入计划逐步解决的有192件，占41.56%；因受条件限制或其他原因，难以解决或留作参考的有7件，占1.52%。（陈晓清）

■政府信息公开 2020年，通过“中国扬州”门户网站、新闻发布会、市政府公报、公共查阅点，以及政府微博、微信等政务新媒体，全市共主动公开政府信息30万余条。制定出台《扬州市当前政务公开重点工作安排》，加强权力配置、营商环境、疫情防控和复工复产，以及重大项目建设和实施、公共资源配置、社会公益事业和财政预决算等信息的公开，推进基层政务公开标准化规范化建设，年度重点工作内容均已在中国扬州门户网站政府信息公开专栏集中展示。全市各级政府及其工作部门共受理政府信息公开申请992件，予以公开或部分公开622件，占62.7%。（褚剑衡）

■政府新闻发布 围绕决战决胜全面小康重大主题，开展“聚力强富美高，决胜全面小康”系列发布会，各县（市、区）、功能区党政主要负责人和30多家相关部门的负责人开展发布。围绕服务企业、服务民生、服务游客开展市委市政府“一号文件”“二号文件”“三号文件”系列发布解读。围绕“疫情防控”和“复工复产”，市政府及市各相关部门召开“阶段性减免企业社会保险费”“金融支持企业复工复产”等新闻发布会。2020年，全市共举办新闻发布会、媒体通气会180多场。持续加大政策发布解读力度，特别是对国家、省、市出台的一系列为企业纾困和激发市场活力的政策措施，通过图解等形式在网站和政务新媒体等多渠道开展发布解读，让惠民利企的各项政策直达企业、直达基层、直达市民，全年全市共发布政策解读稿件300多篇。（褚剑衡）

■政务新媒体监管 按照国务院办公厅和省政府办公厅要求，组织开展政务新媒体清理整合和备案注销工作，至年底，全市政府系统共开设政务新媒体385个。按开设主体分，市级部门单位（含功能区）及其内设机构、双重管理单位开设政务新媒体104个，县（市、区）政府及其部门、所属乡镇（街道）开设政务新媒体281个。按政务新媒体类型分，微信207个、微博64个、其他类型10个。按照国务院办公厅和省政府办公厅政务新媒体测评指标，对全市所有政务新媒体开展常态化检测，全年累计抽查4000余个次，整体合格率超过90%。对政务新媒体内容发布和运营管理开展业务培训，微博应采用简短的语言快速公布重要政务信息以及重大事件情况；微信则应发布更加具有深度的政策解读信息，并提供服务功能；抖音等短视频平台应传递更具感染力的执法、活动等视频动态，提升市政务新媒体的运行管理水平和传播影响力。（褚剑衡）

■“中国扬州”门户网站群建设 2020年，提升政府网站群建设水平。日常运维有序开展。全年完成部门网站改版、新建19个，制作专题28个、图解38个，网站群主站更新信息6098条。持续做好政府网站普查工作。通过增加检查频率、升级技术平台等措施，市政府网站普查及整改工作取得明显成效，全年共巡检网站87批次，下发检测报告3000余份，发现并纠正信息内容不规范、数据不准确、存在严重错误、存在危险暗链等各类问题4万余个，确保全市政府网站信息发布安全、准确和规范。运用大数据梳理展现群众迫切需要知晓的问题及解答。通过对寄语市长栏目数据的梳理和公众诉求热点，设立文化教育、交通出行、医疗卫生等10个方面的问题，将公众反映的问题、部门的答复等进行合理整合，采用一问一答的方式进行呈现，并按照时间的先后顺序排列，方便群众获取最新相关信息。完成信息公开系统升级。12月15日，中国软件评测中心在北京发布第19届中国政府网站绩效评估报告，扬州市政府网站在全国所有地级市中排第23名，在省内排第6名。（黄玉国　陈传庚）

政务服务管理

■概况 2020年，市政务服务系统围绕“营造强竞争力的营商环境和高满意度的便民环境”两大目标，打好“营商环境优化攻坚战、‘不见面审批’升级战、政务服务便利化阵地战、能力作风提升持久战”四场战役，持续提升企业和群众办事便利度、体验度和满意度，为推动全市经济社会高质量发展走在前列提供政务服务保障。（潘　岳）

■公共资源交易 2020年，扬州市政务公共资源中心以标准化建设促规范化服务。顺应疫情形势，制定交易项目管控、交易现场管控、场内防控等措施，通过“线上办理、绿色通道、预约交易、特殊处置、协同服务”等方式开展公共资源交易。完善配套规章制度，制定《加快推进政府采购支持中小微企业融资的实施意见》《关于在政府采购活动中优化营商环境有关事项的通知》等文件。以信息化建设促智能化服务。推进“扬州市公共资源交易管理平台”建设项目，实现全流程电子化交易全覆盖。推进“不见面交易”改革，实现房建、市政、交通、水利、政府采购等交易项目“不见面”开标全覆盖，远程协调评标系统运行稳定顺畅，日常机位开放率100%，CA及电子签章实现互认体系。全省率先实现农开、文保项目交易全流程电子化，同步部署研发“专家综合管理应用手机App”，完善场地预约、保证金收缴、中标通知书打印等功能。创新改革项目评标管理，打造“数字见证室”，实现项目评标过程“数字见证”。以一体化建设促便利化服务。推进市、县一体化管理，构建“1+7”公共资源交易体系模式。推进公共资源交易“一张网”建设，将主体库、统一受理、公共服务、数据上报、政府采购等各类系统延伸至各分中心，实现市、县数据共享共建。推进公共资源交易管理体制改革，梳理完善各类管理、交易制度，实现全市公共资源交易“八统一”。至年底，公共资源交易全市共完成各类交易事项2921项，交易总额为914.9亿元，节约总额为28.6亿元；市本级完成各类交易事项1334项，交易总额为518.4亿元，节约总额为10.5亿元。（潘　岳）

■12345政务服务便民热线 推进热线集中。完成对市农业农村局、公积金中心、燃气公司等26个部门的热线整合工作。对于税务、人社等专业性强、话务量大的大热线，采取设置专区、座席集中方式整合，推动座席集中进驻。形成与“110”报警服务台的联动快速响应机制，全面建立政府公共热线服务体系。响应企业需求。开通“一企来”服务热线，首批汇集公安、城管、公积金等57个部门（单位）的133名政策服务专员形成专家库，梳理涉企知识库信息723条，为企业提供“一号直达”的服务快速通道。热线共受理“一企来”企业诉求130件，在线直接答复58件，“政策专员”三方通话30件，派发电子工单42件，按时办结率100%，企业满意率100%。推进全域政务服务中心与省“好差评”平台对接，在服务窗口通过实体评价器实现随时评，建立“差评”督察整改机制，确保整改到位。至年底，共计接听电话31万余件，满意率99.95%；接收办理省级工单共计9225件，省工单按时办结率99.90%，省工单办理满意率97.63%，全省第二。（潘　岳）

■行政审批制度改革 印发《市政府推进政府职能转变和“放管服”改革协调小组工作规则》《市政府推进政府职能转变和“放管服”改革协调小组办公室工作细则》等“放管服”改革文件，制定《2020年扬州市深化“放管服”改革工作要点》，印发重点任务分解表，明确牵头部门，推进各项改革任务落实。推进相对集中行政许可权改革。配合编办推进行政审批局组建，确定《扬州市相对集中行政许可权改革实施方案》及首批9个部门43项划转事项清单。印发市行政审批局“三定”方案。会同编办指导乡镇设立行政审批局，构建市、县、乡三级相对集中行政审批服务体系。落实“3550”改革要求。推进商事制度改革。市、县全面推行145项“证照分离”改革措施，其中，直接取消审批1项，扩大试点地区审批改备案1项，实行告知承诺制29项，优化审批服务114项。优化“全链通企业开办平台”，实现全程电子化。引入告知承诺制，做到“承诺即发证”。市本级、宝应、高邮内资企业开办基本实现1天内办结，全市范围内基本实现2天内办结。推进“不动产登记”改革。优化不动产登记、交易、缴税“一窗受理、集成服务”，加快推进转移登记与水电气过户联动办理。推动不动产登记、税务、住建等部门提前介入联动办理相关手续，前置不动产权籍调查，成功试点“交房即拿证”，一般不动产登记业务3个工作日内办结。推进工程建设项目审批制度改革。取消、合并、优化审批事项43个，压缩审批时限事项54个（子项68个）。调整设置工程建设项目的立项用地规划许可、工程建设许可、施工许可、竣工验收四个阶段综合服务窗口8个，开发“工程建设项目审批管理系统”和“多规合一”平台，审批时间较改革前平均压缩近50%。至年底，申报项目911个，审批事项1963件，并联审批1015次，联合验收83次，告知承诺267次。推进“拿地即开工”试点，恒建置业GZ155项目临时售楼处等7个项目签署承诺书后直接领取临时建设工程规划许可证。印发《扬州市涉审中介服务事项清单》，清理公布市级18个部门、76项涉审中介服务事项清单。初步搭建中介机构、服务对象、行业监管部门三方互动的“网上中介超市”，打破中介服务区域壁垒。推进“一件事”改革。以企业和群众办事需求为导向，围绕关注度高、办理量大的高频事项开展“一件事”改革。联合相关部门梳理并印发扬州市首批80项“一件事”清单，明确审批流程、审批部门，完善办事指南。围绕“套餐式”办理，在“一张网”平台搭建“一件事”网办专区，打造线上线下融合的“一件事”服务体系。（潘　岳）

■行政审批服务 优化政务服务“一张网”平台，实现市、县、乡、村政务服务“四级联动”，按照统一事项管理、统一申办受理、统一电子印章等要求，建设全口径、全覆盖、全渠道“一网通办”总门户，推动政务服务一门户对外。开发“审改衔接”模块，完善信息推送机制。建设电子印章系统，完成与市人社局、“一张网”平台、大数据管理中心等系统对接。至年底，制发电子印章总量达2908枚，全省第二；市级“不见面审批”事项占比98.1%；汇集总办件量2568万件，全省第一。规范EMS统一物流配送方式，提供涉审材料双向全免费服务。推进“互联网+监管”建设，推送数据1.01万条，数据正确率100%，监管事项覆盖率80%。推进标准化建设。组织部门、县（市、区）对六类行政权力事项进行标准化清单认领、编制工作，实现政务服务事项在省、市、县、乡四级统一，推动“不见面审批”规范化、标准化。组织乡镇（街道）、村（社区）梳理公共服务事项，镇村两级公共服务事项入库工作在全省率先完成，基层站点率先在江苏政务服务网上线。至年底，市级部门已认领六类权力事项1801项，认领率98.2%，编制率100%，可网办事项占比为96.8%。推进智能化建设。在政务服务“一张网”上线企业开办、不动产登记、项目审批、工程建设、中介服务、财政奖补等综合服务专栏，提供一网式集成套餐服务。推进150余个移动应用进驻江苏政务服务网扬州旗舰店，完善市级“7×24小时”智慧政务大厅，提供3大类30项智能服务，公安、税务、不动产等部门自助机全面进驻。移动服务标准清单接入量82个，全省第一。推动各县（市、区）政务中心、部分乡镇、社区建成“7×24小时”智慧政务“连锁店”。推进自助服务办理下沉乡镇街道基层，东关街道、西湖镇、李典镇等乡镇（街道）作为试点单位投入使用自助服务一体机，实现高频业务“就近办、自助办”。（潘　岳）

■政务服务效能提升　推行“一窗办”。设置部门综合窗口148个，“一件事”综合窗口21个，多部门组成综合窗口1个，综合窗口设置率达100%。推进“出生一件事”改革，试点新生儿“五证联办”，新生儿上户口、办医保、预防接种证和母子保健手册不出医院大门即可办齐。住建、自规、市监等部门设立“一件事”窗口，重点办理企业开办、不动产登记和工程建设项目审批等业务。推行“马上办”。开展“三减一满意”行动，全面梳理行政许可事项，对无须现场勘察、专家论证等环节的事项由“承诺件”转为“即办件”，即办件事项达518项，行政审批服务事项办理时限压缩度85.2%，即办件占比为33.9%，最多跑一次办理率99.9%。推行“就近办”。贯彻落实《扬州市镇（村）为（便）民服务中心标准化建设实施方案》，明确统一名称标识、统一窗口设置、统一全科政务、统一代办服务等要求。在全省创新编印《扬州市基层政务服务工作指南》，对流程、制度、指南等进行全面规范。推进“一枚印章管审批”，83个乡镇（街道）成立行政审批局（为民服务中心）。至年底，完成全市“审批服务一窗口”改革任务。推行“帮代办”。完善代办服务网络，聚焦重点领域和重点项目，持续开展个性化、定制化代办服务，为全市21个重点科技产业综合体配备“代办专员”，在全市9家省级以上开发园区建成“店小二”代办服务站。构建“全链条”式代办服务体系，在土拍前了解地块情况和建设需求，对重点地块拟建项目提前配备代办员，优化跟踪服务，完善项目代跑、表格代填、材料代交“三代”服务。持续开展“项目服务大走访”，5月“项目服务攻坚月”活动，现场服务606人次，解决困难问题225个。（潘　岳）

信访工作

■概况　2020年，全市信访总量1.82万件次。其中，走访2928批6296人次，占比16.1%，比上年批次人次分别下降31.4%和44.3%；来信1463件，占比8.0%，下降29.9%；网上信访1.38万件，占比75.9%，成为群众信访主渠道。全年没有发生信访极端事件、舆情炒作事件、规模集访事件，全市信访工作呈现出总体平稳、结构向好、秩序规范、质效提升、群众满意的良好态势。组织开展“最美信访干部”“岗位之星”“业务能手”等评选，1人获得“全省最美信访干部”称号，8人被评为全省信访系统“岗位之星”。（牛多雷　吕　慧）

■重点时期矛盾化解　面对新冠疫情，落实“不见面”信访，启动“一网通办”机制，及时受理办理群众线上投诉1189件，通过电话、视频调度等方式催办督办632件，跟踪回访367件，推动化解各类涉疫矛盾1106件，维护群众合法权益和社会和谐稳定。聚焦全国“两会”、十九届五中全会、上海进博会和世界运河城市论坛等重点时期，做好矛盾排查化解、源头吸附稳控、现场应急处置等各项工作。加强市政府门前秩序维护，建立健全信息预警和应急处置机制，坚持信访干部值班带班制度。（牛多雷　吕　慧）

■风险防范　统筹开展全市重点领域涉稳矛盾风险大排查大化解和“排风险、建清单、除隐患、保稳定”专项行动，全面排查重点领域涉稳矛盾隐患，分层分类防范化解。市、县两级共排查突出矛盾隐患1296件、重点风险107个，推动化解突出问题1181件。紧盯城乡建设等重点领域、投资理财等重点群体，加强分析研判，提出对策建议，报送信访专报63期，市领导批示35件，推动问题解决、促进政策完善。落实“两函一单”制度，向相关地区和部门发送信访风险警示函39件、信访事项督办单165件、问责建议函6件。（牛多雷　吕　慧）

■信访工作领导责任制　推进“一战两整治”和重复信访专项治理工作，统筹开展党政领导包案化解重大信访问题专项行动和信访积案“百日百案”攻坚行动，攻坚化解信访突出问题。国家信访局5件、省信访局9件交办件和市自排26件重点事项均100%化解；省交办城乡建设领域610件积案，化解558件，化解率91.5%；全市越级进京上访工作日批次人次比上年分别下降27%和25%；重复信访件在全省排位较少，按时化解率最高。常态化制度化开展领导干部接访包案，严格落实“四亲四包”责任，市委、市政府主要领导率先垂范，带头接待信访群众，会办重点信访事项，带案下访，现场解决信访矛盾。全年，市、县两级党政领导接待信访群众1003批，包案化解信访突出问题896件。（牛多雷 吕 慧）

■信访基层基础建设 推动基层信访工作深度融入网格化治理体系，探索建立信访“信息员”和信访事项“代理员”队伍，推行信访“两员制”，实现矛盾源头发现、就地化解。省信访局主要领导批示肯定，做法全省转发。深入推进“人民满意窗口”创建，提档升级市、县人民来访接待中心，推动向乡镇（街道）延伸，拓展到联席会议成员单位。市、县100%、乡镇（街道）80%以上建成，市公安局等近十家职能部门率先达标。坚持以标准化、信息化为牵引，强化信访业务标准执行、推进信访业务智能化建设，及时就地解决群众合理诉求，初信初访一次性化解率95.8%，全省居前。抓初信初访，确保群众合理诉求“只进一门”“只认一人”“最多访一次”，做法得到省委书记娄勤俭肯定。（牛多雷 吕 慧）

人力资源管理

■概况 2020年，全市城镇新增就业6万人，远超4.75万人的年度目标，城镇登记失业率保持在2%以下。扬州城镇常住居民人均可支配收入为4.72万元，比上年增长3.6%。市选手首次获得中国创翼大赛全国二等奖。全市“城乡居民基本养老保险保障水平”人均每月达205.21元，增长20.43%，综合指数排名跃升至全省第二位，省社会保障卡持卡人数超217万人。全面完成33件人大代表议案和建议、46件政协提案的办理，办结率、满意率均为100%，市人社局获市政协2020年度提案办理工作先进单位。经人社部评选，扬州拓普人才开发有限公司获评“2020年全国诚信人力资源服务机构”，这是扬州首次获此殊荣。

全年引进高层次领军人才135人，支柱产业发展急需的专业技术人才1267人，新增海外留学回国人员190人，新增在扬就业创业大学生1.6万人。全年新增专业技术人才2.9万人，专业技术人才总量达43.6万人，组织专业技术人员参加继续教育9.3万人次；新增高技能人才2.2万人，全市高技能人才总量达25.88万人，每万名劳动者中高技能人才达968人。全市享受国务院政府特殊津贴人员95人、省有突出贡献中青年专家105人、市有突出贡献中青年专家519人。新增省博士后创新实践基地3个，累计建成国家级博士后科研工作站33家、省博士后创新实践基地47家。新增省级专业技术人员继续教育基地1个。（市人社局）

■人社公共服务 持续优化营商环境，完善“扬州人社App”各项功能，17个以上高频服务事项提速50%，10个“一件事”打包办理；行政审批公共服务在线可办率达100%，政务服务办件量及信用信息报送量全市第一，12333热线服务满意率92.8%。窗口单位业务技能练兵比武成果突出，扬州人社代表队获得省赛第二名，3人代表江苏出战，其中邗江区徐静获得全省第一名，与江都区曹越一同获“全国人社知识通”称号。在市场监管总局发布的2019年全国160个城市公共服务质量满意度监测结果中，市社会保障满意度全国第一，就业满意度位列全国第一方阵。（市人社局）

■人力资源服务业建设 对照省级园区的7项具体标准，逐一查缺补漏，先后召开2次迎接评估验收推进会，4次模拟评估验收流程。7月22日，市政府向省人社厅提交扬州人力资源服务产业园创建省级园区考核验收报告及佐证材料。经省人社厅分管领导带队实地评估验收。12月9日，省人社厅正式批复同意成立“江苏扬州人力资源服务产业园”。自主开发全省首个经营性人力资源服务机构年度报告和申报审核系统，初步实现人力资源机构“互联网+”监管。（市人社局）

■人才政策兑现 营造良好人才发展环境，为符合条件的人才提供人才补贴，增强人才获得感，市、县两级财政共发放住房补贴等各类人才补贴5100余万元。拨付沈阳所扬州院和中航机载共性人才安居补贴1100余万元，协调4名人才家属工作安置。发放高层次人才“绿扬英才卡”77张，为高层次人才提供医疗就诊绿色通道、免费游览公园、免费乘坐公交等公共服务。（市人社局）

■百名博士扬州实践活动 邀请康奈尔大学、奥克兰大学、悉尼大学等海外名校的28名博士和在扬实践、工作的39名博士举办“2020年‘百名海外博士江苏行’扬州考察暨名校博士扬州实践交流会”，通过园区及重点企业参观、会议推介等方式宣传“扬州是个好地方”，共话合作发展机遇。扬州17家重点用人单位和海外名校博士开展面对面的对接交流。（市人社局）

■高校毕业生云招聘专场推介会 5500余名在扬高校学子通过“扬州发布”“扬帆”直播平台观看推介活动。其间，发布《扬州市人社局服务“市校合作”十项举措》和2020“‘就’在扬州”高校毕业生云招聘首批人才需求3306个岗位信息。（市人社局）

■“三进三看”活动 与在扬高校就业指导部门合作，组织“三进三看”活动，开展校园招聘、讲座推介、企业参观、城市参观各15场，共5307名在扬学子参加系列活动。完成“专业机构职业择指导进校园”13场次200人的职业指导培训，通过讲座、沙龙、比赛培训等方式，在扬高校自主开展职业指导活动15场次3902名学生。全年完成73场1.4万人次培训工作。（市人社局）

■高校毕业生和在校大学生暑期专场推介 市直片区100多名扬州籍大学生代表参加现场活动，1.3万名扬州籍高校学子通过“扬帆”直播平台观看推介活动。其间发布全市172家用人单位3495条人才需求信息，举办“‘就’在扬州共创未来”人才双选对接会，并组织市直片区大学生代表实地考察智谷科技、哈工大机器人（扬州）科创基地等科技产业综合体。（市人社局）

■直播带“岗”活动 2020年，全国人力资源市场高校毕业生就业服务周“直播招聘·江苏扬州站”活动期间，市6家百强企业、重点企业举行两场直播带“岗”活动，提供岗位400多个，吸引全国2万名毕业生在线“围观”。（市人社局）

■“才聚扬城”招聘活动 2020年，组织1677家次用人单位走进北京航空航天大学、吉林大学、中南大学、扬州大学等高校及其他招聘站点，开展高校毕业生引才活动68场，达成初步就业意向7860人。线上共组织1009家次用人单位参加招聘活动，承办“百日千万网络招聘专项行动——江苏日”高校毕业生就业见习专场招聘会等各类“云招聘”活动50场，提供各类人才需求1.97万个，获取求职简历超过3万份。（市人社局）

■高校毕业生·高层次人才·创投资本·创新项目“四对接”活动 组织沈飞601所扬州协同创新研究院有限公司、中航机载系统共性技术有限公司等28家重点企业1132个岗位赴北京航空航天大学、北京科技大学开展“才聚扬城”——江苏扬州“航空航天和高端装备制造产业”专场招聘会，组织扬州大学、中船重工第八研究院参加江苏省在清华大学和北京大学开展的高层次人才双选会。（市人社局）

■高层次人才对接交流 出席2020杭州国际人才交流与项目合作大会开幕式，并参加“杭向未来”长三角高层次人才交流会。市重点企业、科研院所携35个岗位、143个需求人数在招聘一线与高层次人才对接交流。（市人社局）

■青年就业见习 2020年，共开发就业见习岗位1.31万个，实际到岗就业见习2992人（含高校毕业生2057人）。就业见习基地建设，新建50家市级就业见习基地，取消考核不合格基地47家，至年底，全市共有青年就业见习基地260家。出台《扬州市青年就业见习管理办法（试行）》，规范就业见习工作的管理。（市人社局）

■技能人才队伍建设 全年新增技能人才8.4万人次，其中培养高技能人才8953人次。技能人才评价制度改革基本完成，以准入类国家职业资格、职业技能等级认定、专项职业能力考核为主要内容的职业技能人才评价体系逐步形成。至年底，水平评价类职业资格全部有序退出国家职业资格目录；推进职业技能等级认定工作，共有12家地方重点骨干企业、12所职业（技工）院校和7家央企成为认定主体，共开展机修钳工等47个职业、4个等级的职业技能等级认定工作，2020年参加认定人数为7993人次，取证5289人次。（市人社局）

■人才评价制度改革 市人社局和扬州工业职业技术学院合作开发“电商直播”《专项职业能力考核规范》并申报备案成功，在全省首家开展“电商直播”专项职业能力考核，建成全市最大的电商直播基地，首次实现专项职业能力考核“工作标准化、流程规范化、监管远程化、留痕无纸化”的目标，“电商直播”考核项目的成功案例被《中国劳动保障报》、“学习强国”等多家国内主流媒体报道。（市人社局）

■职业技能竞赛 参加第五届江苏技能状元大赛，获一等奖1项、二等奖4项、三等奖7项的历史最好成绩，市获得优秀组织奖，8个单位获“省高技能人才摇篮奖”，扬州市政府被省职业技能竞赛组委会表彰为“高技能人才培养突出贡献设区市”。备战第46届世界技能大赛江苏选拔赛，市6名选手进入世赛4个项目的省级集训队，其中1名选手获美发项目第一。参加全国性职业技能竞赛，市选手获得全国扶贫职业技能大赛金牌（江苏省唯一）、全国人工智能应用技术技能大赛两金两银、全国第一届职业技能大赛园艺项目金牌。成功承办人工智能、电子技术等5个省级职业技能竞赛。组织实施“扬州十万职工大比武”系列技能竞赛，36个职业工种开展岗位练兵、以赛促技。（市人社局）

■“扬家匠”队伍建设 2020年，瞄准国家级和省级人才项目培养“扬家匠”，在第二届江苏技能大奖评选中，市新入选“江苏大工匠”2人、“江苏工匠”13人；新入选国家级技能大师工作室1家；8个项目获省技工院校重点建设项目资助560万元，入选项目数全省第一；新入选省乡土人才大师示范工作室3家，入选数苏中第一、全省第三；新入选省乡土人才传承示范基地1家。在第二批省乡土人才评选中，市乡土人才获评“三带”名人20人、“三带”能手47人、“三带”新秀86人，获评的名人数、能手数及名人、能手、新秀总人数均列苏中第一、全省第四。（市人社局）

■事业单位人员招录 贯彻新修订的《江苏省事业单位公开招聘人员办法》。2020年，全市开展事业单位公开招聘72轮次，共计招聘工作人员2713人，其中市直643人，县（市、区）2070人。（市人社局）

■人事考试 全年共完成42项考试的报名组织和考务实施工作，累计服务考生10.16万人、20.05万科次，均安全无事故，100%完成。完成机关事业单位工勤人员职业素质提升培训2249人。新扬州人事考试基地建设按序时稳步推进、完善，投入使用。（市人社局）

外事

■涉外疫情防控 市外办承担市疫情防控工作指挥部涉外防控协调组组长单位、涉外联防联控分指挥部涉外协调组、口岸工作组组长单位和综合协调组副组长单位职责，统筹全市涉外疫情防控工作。3月起牵头搭建上海、北京、南京三个境外到扬人员转运专班，5月起开始承担全市港口码头防控点督查管理工作，7月重启并承担自上海空港到扬人员转运工作，8月起开始承担扬泰机场境外包机人员防疫保障工作，9月起开始承担南京禄口机场航班分流人员防疫保障任务；及时在官网和微信公众号发布多语种版在华外国人疫情防控应知法律法规提示。编印48期“涉外疫情动态专刊”。设立咨询热线，与“12345”建立涉外疫情防控联动响应机制，24小时接受涉外疫情信息相关咨询；协助召开“扬州－以色列新冠肺炎疫情专家视频会议”，成功助推扬州市政府与以色列国卫生部举行合作协议视频签约。（杨　乐）

■市人民对外友好协会换届大会暨第三届理事会 9月22日，扬州市人民对外友好协会换届大会暨第三届理事会召开。中国前驻美大使、博鳌亚洲论坛原秘书长周文重，江苏省人民对外友好协会会长柏苏宁、全国友协原副会长谢元，扬州市委书记、市委外事委主任夏心旻出席会议并致辞。扬州市政府市长、市委外事委副主任张宝娟致贺信。原中国驻贝宁特命全权大使刁鸣生，上海外国语大学教授、中阿改革发展研究中心专家委员会主任朱威烈参加会议。中国人民对外友好协会、联合国教科文组织中国常驻代表团等近60家国内外友好组织、友好人士发来贺信。会议听取第二届理事会工作报告，表决通过《扬州市人民对外友好协会章程》，选举产生第三届理事会。扬州市委副书记、统战部部长、市委外事委副主任孔令俊当选为会长；聘请国际电信联盟秘书长赵厚麟为名誉会长；聘请12名专家成为咨询委员会委员，组建扬州市城市国际化高层智库；授予荷兰布雷达市市长保罗德普拉、美中商旅总会会长张文龙、澳大利亚扬州商会会长王玲、德国明创总裁管吉峰为2020年度“扬州国际友好使者”称号。（杨　乐）

■友好交往活动 4月18日，扬州“世界美食之都”揭牌仪式在“烟花三月”国际经贸旅游节开幕式上举行。作为联合国教科文组织“创意城市网络”项目，“世界美食之都”城市在国际上有着重要影响。联合国教科文组织文化助理总干事埃内斯托·奥托内·拉米雷斯向扬州“世界美食之都”揭牌仪式发来祝贺视频。5月7日，世界田联与扬州市就“2022年世界田联半程马拉松锦标赛”筹备事项召开视频会议。副市长余珽向世界田联介绍扬州筹备工作情况，世界田联向扬州市介绍其内部组织架构，对扬州筹委会近期工作提出专业建议。6月3日，应全国友协邀请，扬州作为地方代表城市参加由全国友协和巴西市长阵线组织共同举办的“中巴市长新冠疫情防控视频会议”。副市长余珽围绕复工复产、疫情防控、企业扶持、城市治理等话题与巴西阿帕雷西达市长、圣洛伊斯市副市长进行对话交流。7月27—28日，埃塞俄比亚驻华大使特肖梅·托加一行访问扬州。市长张宝娟在迎宾馆会见托加一行，就加强友好交往、深化经贸合作、对接扬州“世园会”展陈等方面进行交流。埃塞俄比亚驻上海总领事魏澜、副市长赵庆红参加活动。托加一行考察“世园会”现场及丰尚集团。8月3—4日，吉布提驻华大使、非洲驻华外交使团代理团长阿卜杜拉·米吉勒一行到访。市长张宝娟会见米吉勒一行，就深化友好合作、推动共同发展、对接扬州“世园会”等方面进行交流。非洲联盟驻华代表拉赫曼塔拉·奥斯曼，副市长刘禹同、赵庆红参加活动。8月4日，米吉勒一行与市政协主席、WCCO执行副主席陈扬，副市长赵庆红一起出席“世园会”WCCO邀展国际展园集中奠基仪式。9月25日，扬州市友好交往城市韩国群山市举办第58届群山“市民之日”活动，市长张宝娟专门录制视频，向群山市民表示祝贺，并向群山市民介绍扬州作为“世界运河之都、世界美食之都、东亚文化之都”的有关情况，邀请群山市民到扬州观光旅游、投资兴业。9月28日，“2020世界运河城市论坛”在扬州开幕。全国政协副主席刘奇葆出席并讲话，省委书记娄勤俭，省委副书记、省长吴政隆会见部分嘉宾。吴政隆在论坛上致辞，全国政协文化文史和学习委副主任刘佳义出席。开幕式上，刘奇葆、娄勤俭和联合国开发计划署驻华代表白雅婷共同推杆启动“2020世界运河城市论坛”。本次论坛以“世界运河城市文旅产业持续繁荣发展”为主题。中国政府欧洲事务特别代表吴红波，国家发改委社会发展司司长欧晓理，国家文物局副局长宋新潮分别致辞。WCCO名誉主席、美国前商务部长古铁雷斯以视频方式致辞，埃及驻华公使纳格拉·纳吉布在论坛上致辞。60多个国外运河城市市长或市长代表、国际知名运河管理机构代表和运河研究机构专家学者等通过网络参加本届论坛。本届论坛通过“《运河城市文旅产业持续繁荣发展》扬州倡议”。9月30日，“第72届国际园艺生产者协会（AIPH）秋季年会”在线上召开，扬州设立分会场。中国花卉协会副秘书长彭红明，副市长赵庆红参加会议。会议听取2022年荷兰阿姆斯特丹阿尔米尔世园会、2023年卡塔尔多哈世园会、2027年日本横滨世园会等筹备进展情况。副市长赵庆红汇报2021年扬州世园会筹备建设情况，并就园艺生产者协会（AIPH）重点关注的情况进行交流。10月30日，韩国驻华大使张夏成率韩国驻沪总领馆、韩国文化院一行15人专程到扬州参访崔致远纪念馆，并留下墨宝“道不远人，人无异国”。12月10日，巴勒斯坦驻华大使法里兹·马赫达维率阿拉伯国家驻华使节代表团一行11人在外交部亚非司司长王镝、参赞华昕和省外办副主任刘建东陪同下到扬州考察，代表团由阿拉伯国家驻华使节和阿盟驻华代表组成，其中7位为驻华大使。代表团专题考察扬州长江经济带发展成效和“强富美高”新江苏的建设成果。市政协主席陈扬会见代表团，副市长余珽参加会见并全程陪同代表团参观考察。（杨　乐）

■招引推介 推动英国剑桥大学卡文迪许实验室创新中心及智能塑料项目、德国凯泽斯劳滕中小企业创新中心、以色列SE及芬兰北欧金荣创新项目到扬，发挥英国、德国、芬兰3个双向离岸孵化平台和以色列、英国、德国、芬兰、新西兰等5个科创孵化平台作用，推动扬州国际创新中心举办“国际科创交流合作推介会”线上活动，成功助推美资企业Lucid Motors电动汽车在江都投资项目签约。策划编写《全球重点国别招商导引》（日本篇和韩国篇），梳理日韩国别概况、友好城市概况，集中精力主攻重点产业、重大企业、重要院所和战略性新兴产业，梳排形成动态招商企业库。为全市科学把握国际产业链供应链新变化、针对性做好外资外贸外经工作、在应对风险挑战中实现发展提供“外事锦囊”。拟定《2021年扬州世界园艺博览会参展框架协议》，本着“数量为基、质量为要”的招展原则举办线上视频会议，通过“云推介”和“云洽谈”推进境外招展工作。（杨　乐）

■外事宣传 组织省、市媒体报道“法国奥尔良中国年”等活动9场次；联系本地媒体和《新华日报》《人民日报》等省和国家级媒体报道扬州市对外防疫捐赠、涉外防疫转运工作及扬州友城共同抗疫事迹20篇；组织本地和省媒体报道运河城市论坛及市友协换届活动嘉宾专访10人；为展示扬州城市形象，编辑出版中英、中法文版《诗意扬州》；组织翻译编写《简明英语说扬州》；打造“Find China in Yangzhou（在扬州感受中国）”国际新媒体矩阵项目，并正式在“Facebook”“Instagram”“YouTube”三大境外社交媒体平台同时上线，这是江苏省首个由外事系统策划发起的海外新媒体矩阵，也是扬州唯一官方海外新媒体发布平台。（杨　乐）

■涉外管理 严格贯彻执行中央、省因公出国（境）管理的各项方针、政策和规定，加强任务审核、计划管理和总量控制，坚持“以事定人、人事相符”。全年共下发批件14批31人次，省批件8批11人次，上报请示件6批23人次，暂缓10批21人次；从严办理邀请外国人到华工作；统筹疫情防控和经济社会发展大局，对邀请外国人到华的必要性和迫切性加强审查，最大限度减少不必要的到华活动，做好必要人员到华邀请和“快捷通道”实施、报备工作，全年共办理外国人到华邀请函20批，42人次；开展因公出国（境）团组绩效评估。根据外交部、省外办有关通知要求，起草《扬州市县处级及以下党政干部因公出国（境）团组绩效评估实施意见（试行）》，拟订合理的评价标准，加强事前、事中、事后管理，促进全市因公出国（境）工作更加健康有序开展。（杨　乐）

港澳事务

■港澳经贸 7月2—3日，应市港澳办邀请，省港澳办副主任张松平、江苏省港商投资企业服务协会会长吴建中率港资企业代表团一行17人到扬考察。8月19—20日，香港贸易发展局驻江苏代表张厦一行到扬访问，就如何拓展扬州与香港经贸交流与相关部门交换意见，并赴广陵头桥医疗小镇参观考察。（杨　乐）

■港澳交流 10月13—14日，为落实“苏港合作机制”的具体内容，促进香港与扬州方面的交流，香港特区政府驻沪办副主任劳逸民一行7人到访扬州，先后与扬州大学、市发改委、市商务局、WCCO等部门和机构开展交流，并与在扬香港籍大学生、扬州媒体界代表等举行座谈。（杨　乐）

机关事务管理

■机关疫情防控 做好新冠疫情防控常态化下服务保障工作。注重公共区域消杀和保洁工作，把好大院人员管理关。全年各门岗共进行防疫检测335天，检测进出车辆29.7万余次，人员50.3万余次，根据疫情防控形势变化，及时调整会务、餐饮等服务保障模式。落实租金减免政策，对承租市级行政事业单位房产的企业和个体工商户，减免2020年3个月的租金，有334处房产、319个商户通过抵、免、延的方式减免租金共计910.97万元。（司博浩）

■机关管理服务 对全市54家市级机关单位办公用房消防安全进行摸底性检查，查找消防隐患289条，并反馈整改建议。落实机关大院智慧安防系统建设，制定完善信息化条件下安保服务管理规范。推动市级行政事业单位房产统一处置管理，全年共出租房产245处，转换用途55处，拆除15处，依规拍卖住宅类房产1处。发挥机关幼儿园品牌优势、管理团队优势以及教师师资优势，推进组团式办学，在邗江区、景区新增3所合作园，形成3所总园、7所分园合作园的规模格局。（司博浩）

■节约型机关建设 2家单位创成国家节约型公共机构示范单位，56.8%的县级以上党政机关申报创建节约型机关并验收。开展综合能源服务管理，启动对市政府东西大院、市民中心等10家市级公共机构的高耗能设备改造。落实反对餐饮浪费各项措施，按照市机关企事业单位食堂厉行节约反对浪费工作会议要求，市级机关6个集中就餐点设立“文明用餐”监督岗，改进供餐模式，推行小份菜供餐模式，有效制止餐饮浪费行为。组织全市243家党政机关食堂开展制止餐饮浪费行为和公务接待制度执行情况自查与调研督导。（司博浩）

政协扬州市委员会

Zhengxie Yangzhoushi Weiyuanhui

编 辑 崔成鹏

综述

■**概况** 中国人民政治协商会议江苏省扬州市第八届委员会（简称扬州市政协）共有委员408人。2020年共召开全体会议1次、常委会议3次、主席会议4次，召开专题协商座谈会2次、情况通报会20次，开展调研视察活动15次，形成专题调研报告12份，提交提案579件。

组织开展专题讲座，听取全市政协系统助力夺取疫情防控和经济社会发展双胜利工作情况的汇报，协商并通过《市政协提案工作条例》《关于调整部分专门委员会设置的决定》，协商决定有关人事事项。落实好市政协《关于发挥优势作用、强化责任担当，助力夺取疫情防控和经济社会发展双胜利的意见》。就“推进园区高质量建设和发展”进行专题协商。此次专题协商选题精准，准确把握开发园区国土空间规划定位、产业定位，紧紧抓住产业项目建设、基础设施建设、软环境建设三个关键，调研深入、分析透彻，并结合扬州实际提出操作性强的意见建议。听取市政府关于市政协八届四次会议提案办理情况的通报，并就“制定好‘十四五’规划”议题与市政府进行协商。“四办”重点提案办理达30件，市委书记夏心旻主持召开批办提案的督办会，市长张宝娟现场督办两件领办提案，市政协主席会议成员专题视察“四办”提案办理情况，政协委员对提案办理工作予以肯定。市政协重视“十四五”规划编制工作，组织各级政协委员为扬州“十四五”规划编制建言献策。把加强顶层设计和坚持问计于民统一起来，从畅通渠道、广集民智，推动全社会为“十四五”规划献计献策，确保“十四五”规划体现中央和省委精神、契合时代要求、符合扬州实际、反映群众期盼、引领未来发展。就“国土空间规划编制工作”议题召开主席会议进行专题协商，从深入研究扬州城市特点特征特色，加强城市发展战略研究，科学划定生态保护、基本农田和城镇开发边界“三条控制线”，解决园区合理布局和低效用地问题，平衡好中心城市与各县（市、区）用地的关系等方面提出建议。就“放大‘世界美食之都’品牌效应，推进淮扬菜国际化、大众化”议题召开主席会议与市政府进行协商，市政协组织政协委员开展调研，紧扣主题，为弘扬“淮扬菜”文化、扩大扬州的国际知名度和影响力、优化“三个名城”建设环境，争创扬州发展第四次辉煌的过程提出意见建议。就“加快航空产业发展”召开主席会议进行专题协商，建议以扬州培育发展航空产业机遇、优势、基础为抓手，把思想和行动统一到市委、市政府的重大决策部署上，聚力聚焦通用航空，加快构建“双核驱动、板块协同”的发展体系，抓实规划、政策、统筹等大事，集中资源和力量，培大育强航空产业，努力把航空产业打造成为扬州市标志性、引领性的创新产业集群，夯实扬州新兴科创之城建设的根基。就“江广融合区建设”召开主席会议进行专题协商，并首次采用“智慧政协”手机App进行直播；建议深入推动江广融合区一体化发展聚焦重点，立足新起点定规划，描绘好江广融合区中长期发展蓝图；立足新枢纽定体系，构建起区域现代综合交通体系；立足新经

7月30日，市政协举行“市长领办”提案现场答复活动　庄文斌/摄

济定产业，打造市科创产业发展的重要板块；立足美生态定规矩，努力把江广融合区打造成美丽扬州建设的先导区。民主评议“打造健康中国的扬州样本”实施情况，提出要对照健康中国的建设要求，建立更高标准的指标体系，要不断提高医疗服务、公共卫生应急管理水平；要营造更美更优的健康人居环境，要不断壮大健康产业、提升健康素养；要以慢性病管理示范区建设为重点，推动健康知识进学校、进社区、进企业，促进群众养成文明健康的生活方式，建立健全覆盖卫生、体育、医保、民政、环保、食品安全等多个职能部门的协作机制，将健康扬州建设的重要事项、重大项目纳入全市“十四五”发展规划，加强政策保障，加强督查考核，推进扬州卫生健康事业高质量发展。开展“工业固废和医疗固废处置”界别活动周活动。征编出版《扬州文史资料》第42辑，该书以全市公共卫生体系建设和医疗事业发展为主要内容，重点对全市公共卫生体系建设和医疗事业发展亲历、亲见、亲闻的史料进行收集整理，编辑出版综合性史料专辑，以发挥“存史、资政、团结、育人”的社会功能。完成省政协相关文史资料组稿任务，承担《江苏大运河文化名片》“扬州篇”编纂工作，征求文史专家意见建议，完成相关文稿撰写、修改，图片收集、遴选工作，“扬州篇”作为范本提供给全省其他运河城市政协参考。围绕“重大交通基础设施建设暨项目复工情况”主题开展专题调研。专题视察企业复工复产和重大工业项目建设情况并召开座谈会，调研组实地察看市开发区晶澳太阳能科技、荣德新能源科技、智谷航盛科技等企业的复工复产情况。委员们听取企业复工复产和重大工业项目建设情况通报，并结合参观视察和自身企业实际，提出意见和建议。就“统筹推进疫情防控和经济社会发展相关政策落实情况”开展专题视察，建议全市上下要深化认识、提高站位，突出重点、精准施策，加强政策运行评估分析，及时研究出台阶段性政策，推动全市经济持续稳定健康发展，完成全年全市经济社会发展目标任务。为推动教育扶贫工作向纵深发展，组织委员实地察看扬州高等职业技术学校和扬州市第一中学，听取有关部门工作情况通报和专题调研情况汇报，建议完善部门联动机制，结合扬州实际情况，发动社会各方力量参与，形成扶贫助学强大合力，强化“立德树人”的育人导向，提高扶贫助学的精准性，着力解决贫困家庭的实际困难。专题视察“加快相对集中行政许可权改革”工作，建议按照“全链审批”的要求，打通信息共享渠道，构建市、县两级行政审批系统协调高效运转工作机制，提高“不见面审批(服务)”规范化水平，提升行政审批和服务专业队伍素质，提高为民服务水平。组织委员实地察看大连化工、瑞祥化工两家企业，根据省政协“化工行业安全生产专项整治落实情况”三级政协联动专题民主监督部署要求，开展化工行业安全生产专项整治落实情况视察督查。专题视察“体育+”融合发展工作，建议从扬州实际出发，厘清体育融合发展的方向、思路和重点，做好体育设施高效利用、以体育培育人服务人、以体育服务城市发展和基层治理三篇文章。就“招商引资和项目建设”工作开展视察调研，主席会议成员和部分委员实地察看，研究国家和省里的产业政策、投资导向和市场变化，明确重点项目类别和招引项目的要求，建议坚持新产业新模式并重，坚持重大项目与科技型中小项目并重，坚持制造业智能化改造方向，精准研究、鼓励创新。专题视察“江淮生态大走廊建设”工作，委员们对江淮生态大走廊规划建设情况进行全面评估，总结经验、分析问题，明确今后努力方向。就“放大‘东亚文化之都’品牌效应，规划建设中日韩文化产业合作示范区”进行主席会议成员视察调研，主席会议成员和部分委员实地察看并召开座谈会，就规划建设中日韩文化产业合作园区进行探讨与交流，提出一系列具有建设性的意见和建议。就“大运河国家文化公园扬州段建设”进行专题视察。组织政协委员开展专题视察，督查推动全市安全生产工作并召开座谈会，与会委员紧扣主题提出意见建议，加快市应急管理信息化建设，提升监管执法的数字化、精细化和智慧化水平。举办2020年度“有事好商量·扬州政协论坛”，市政协委员和科创企业、科研团队、创新载体负责人、院士专家在文化传统、产业发展、实体经济、围绕贯彻落实习近平总书记视察扬州重要讲话指示精神以及弘扬文化传统和市政府相关部门负责人直接对话、积极建言，市政府主要领导参加论坛，肯定论坛成果，积极回应委员关切。重视提案工作，完善“四办”提案工作机制，形成提案办理工作“闭环”，积极探索建立起以重点提案为引领，以工作“闭环”为架构，以制度创新为依托的提案工作体制机制，提升政协提案工作科学化、规范化水平，推动市委、市政府、市政协主要领导和分管领导全体参与提案督办，实施重点提案提前培育，开展提案质量评价与提案办理质量民主评议，将“有事好商量”模式融入提案办理市、县（区、市）联动，推动政协提案工作迈上新台阶。推进政协理论进党校（社会主义学院）课堂，副主席夏正祥为2020年春季学期主体班200多名学员作“人民政协——专门协商机构”专题讲座。加强社情民意信息工作，全年，共收集社情民意信息（内参）716篇，市委、市政府及有关部门采用编报69篇，省政协采用5篇，由省政协转报全国政协31篇。6篇社情民意信息和《政协内参》得到市委、市政府主要领导批示，疫情防控、复工复产、老旧小区改造、固废规范化处置，得到采纳和落实。2020年社情民意信息工作考核在全省排名第一方阵。加强与党派团体的合作共事，邀请党派团体参加扬州市政协各种重要会议和重大活动，与党派联合开展调研视察、提案督办、民主评议等，优先安排党派团体进行大会发言，优先将党派团体的集体提案列入重点提案。完善界别活动的组织机制和工作机制，并通过界别座谈会、界别调研、界别提案等形式，加强政协界别与党政部门的联系交流，推动委员联系本界别群众，发挥界别优势。加强委员队伍建设，强化委员学习培训工作，提升服务委员的能力水平。拓展联系联谊渠道，认真贯彻民族宗教政策，支持扬州公共外交协会工作，参与和配合全国政协、省政协在扬州市开展调研视察活动，举办“夺取双胜利、决胜奔小康”中秋联谊会，加强与县（市、区）政协的联系合作，加强与兄弟政协的联系交流。（翟文婷）

■政协委员队伍建设 开展学习培训，组织部分骨干委员参加全国政协专题培训班，围绕习近平总书记关于加强和改进人民政协工作的重要思想、科学人文知识等内容进行封闭式集训，做到课堂授课和个人学习相结合，小组讨论和集中交流相结合，委员们普遍感到收获大、效果好。利用省、市政协集中学习平台，以专题学习报告会和委员讲堂的形式组织集中学习 7 次，参加委员共 1100 人次。邀请全国政协、省政协相关领导和专家学者举办 5 期专题讲座。以委员学、委员讲为主，围绕学习《习近平谈治国理政》第三卷、民法典和中共十九届五中全会精神举办 3 期委员讲堂。开展“书香政协·同心筑梦”委员读书活动，举办读书分享会，设立线上线下政协书房，营造“多读书、读好书、善读书”、读书履职相互促进的氛围。通过市政协网站、“扬州政协”微信公众号、委员履职服务平台、委员微信群等网络平台，以及《人民政协报》《江苏政协》《扬州政协》等报纸杂志向委员及时提供政协工作动态、相关文件和会议精神等，推动委员结合履职加强自学。按照扬州市政协《关于委员履职管理办法》进行委员履职评价，评选优秀委员、优秀提案、优秀论文、优秀调研视察报告和社情民意，调动委员参政议政积极性。（翟文婷）

■加强与委员联系 推进“有事好商量”协商议事工作。市委转发市政协党组建好用好“有事好商量”协商议事室的《实施意见》，市政协在全省率先出台界别协商议事和政协委员企（事）业单位协商议事两个《指导意见》。全市 78 个乡镇（街道、园区）、1288 个村（社区）和市、县两级政协界别实现协商议事室“全覆盖”，企事业单位协商议事室建成 165 个。坚持界别协商与基层“有事好商量”协商议事工作相结合，集中性界别协商与经常性界别协商相结合，协商议事室与委员工作室、社情民意信息联系点相结合，全年开展界别协商与相关基层协商议事相衔接活动 500 多场次。全国政协副主席刘新成批示给予肯定，《人民政协报》进行专题报道。改版升级委员“掌上履职”App，实现与省政协的网络联通、数据贯通、信息融通。在全省首创通过委员“掌上履职”App 对市政协重要会议进行视频和图文直播。坚持主席、副主席联系委员制度以及专委会分工联系界别和委员小组制度。组织委员参加各项专题调研、常委会议、主席会议、政协论坛、民主评议、视察督查、学习培训等活动。会同各专委会组织开展“界别协商月”活动。8 月，组织开展政协委员联系群众“界别活动周”。11 月，组织委员参加“扬州政协论坛”。激发委员增强责任意识，引导委员树立担当精神，组织委员为夺取疫情防控和经济社会发展“双胜利”贡献力量；发动委员服务全市经济社会发展大局，组织委员参与“‘十四五’规划编制”常委会议重点协商工作，在扬州政协网站上开设意见征集专栏，共收到各界别协商建议 26 篇、委员微建言 200 多条。通过政协网站、“扬州政协”微信公众号、《扬州政协》会刊发表委员对全市经济社会发展的建议、提案，宣传委员参政议政的成果和工作成绩。（翟文婷）

■联系联谊渠道拓展 创新开展对外交往工作。支持扬州公共外交协会开展工作，发起成立“长三角公共外交协会联系机制”，开展“外籍人士看扬州”系列活动，在上海举办中德商务合作交流暨美食品鉴会，依托世界华文媒体扬州中心做好宣传推介，拓展政协对外交往的层次和水平。中秋节，扬州公共外交协会组织在扬高校留学生举行一场名为《世界共明月》的联欢活动。并通过现场连线的方式，向他们远在异国的亲人分享幸福。

（翟文婷）

重要会议

■政协八届四次会议 1 月 6—10 日，扬州市政协召开八届四次会议。408 名扬州市政协八届委员中，385

1 月 6—10 日，扬州市政协召开八届四次会议　董　辉/摄

人出席会议。市委书记夏心旻代表中共扬州市委向大会表示祝贺并发表讲话；主席陈扬代表市八届政协常务委员会作工作报告；副主席王骏代表八届市政协常务委员会作关于提案工作的报告。会议举行大会发言和大组协商。会议期间，委员们分组讨论夏心旻讲话，审议政协常委会两个工作报告；列席扬州市八届人大四次会议，听取和讨论政府工作报告以及法院、检察院工作报告。会议通过扬州市政协第八届委员会第四次会议决议。（翟文婷）

■政协常委会议 4月8日，市政协召开八届十七次常委会议，组织开展专题讲座，听取全市政协系统助力夺取疫情防控和经济社会发展双胜利工作情况的汇报，协商通过《市政协提案工作条例》，协商通过《关于调整部分专门委员会设置的决定》，协商决定有关人事事项。会议要求，要加强学习，提升政协常委履职尽责能力，认真落实好市政协《关于发挥优势作用、强化责任担当，助力夺取疫情防控和经济社会发展双胜利的意见》，坚持建言资政和凝聚共识双向发力，引导委员发挥好在界别群众中的表率作用，凝聚共识形成合力，为扬州践行新发展理念、推动高质量发展出更多的实招、硬招、高招。

7月21日，市政协召开八届十八次常委会议，就“推进园区高质量建设和发展”进行专题协商。会议表示，要准确把握好开发园区国土空间规划定位，利用好机会，谋划好空间，加快完善配套设施；准确把握产业定位，集聚创新要素，提升产业科创能级，推动产业结构向中高端迈进；抓住产业项目建设、基础设施建设、软环境建设三个关键；抓“实”产业项目，强化项目招引、筑牢产业根基、做大产业规模；发挥好协商民主的独特优势，不断建立健全机制，优化管理体系，推动权力下沉，让服务更契合企业需求。

10月10日，市政协召开八届十九次常委会，听取市政府关于市政协八届四次会议提案办理情况的通报，并就“制定好‘十四五’规划”议题与市政府进行协商。市政协主席陈扬出席会议并讲话，市政协完善“四办”提案工作机制、形成提案办理工作“闭环”的做法，被省政协评为2019年度最佳创新案例。市委常委、常务副市长陈锴竑通报提案办理工作情况，听取各位常委、委员和各界人士代表对扬州市“十四五”规划编制工作的意见和建议。（翟文婷）

■政协主席会议 4月29日，市政协召开八届十七次主席会议，就“国土空间规划编制工作”议题进行专题协商。会议指出，要加强城市发展战略研究、着力解决园区合理布局和低效用地问题、搞好全市范围内的用地平衡，平衡好中心城市与各县（市、区）用地的关系；要加强“十四五”发展规划和国土空间规划编制的统一领导和协调推进，注重开门编制，深入研讨扬州“十四五”乃至未来15年的发展方向、发展重点以及空间布局，汇集智慧和力量，凝聚共识和动能，共同做好“十四五”发展规划和国土空间规划编制。

5月28日，市政协召开八届十八次主席会议，就“放大‘世界美食之都’品牌效应，推进淮扬菜国际化、大众化”议题与市政府进行协商。把“世界美食之都”作为“三个名城”建设的人居环境来统筹谋划和统筹推进，必须擦亮金字招牌、放大品牌效应、提高带动能力，形成“大合唱”。委员们紧扣主题提出意见建议，要加强顶层设计和系统谋划、推动淮扬菜守正创新，将美食产业与“吃、住、行、游、购、娱”等相关产业行业互通共融，把“世界美食之都”宣传推介工作融入全市招商引资和对外宣传的重要活动之中，不断提高金字招牌的影响力和带动力。

8月5日，市政协召开八届二十次主席会议，就“加快航空产业发展”进行专题协商。市政协主席陈扬出席会议并讲话，航空产业属于现代高端制造业，发展航空产业契合扬州城市特质，是未来中国提高产业核心竞争力、带动制造业高端发展的重要产业；中航系的两大研发机构和研究生院落户扬州，为扬州发展航空产业提供有利条件和重大契机，航空产业已经被市委、市政府列入全市重点发展的产业集群之中，发展航空产业有良好的氛围和广泛的共识。

11月2日，市政协召开八届二十三次主席会议，就“江广融合区建设”工作进行专题协商，首次采用“智慧政协”手机App进行直播。会议提出，进一步明方向、定思路、拿举措，认真谋划江广融合区高质量发展，力争做到区域规划“一张图”、产业布局“一盘棋”、交通建设“一张网”、城市功能“一体化”、生态环境“一样美”。（翟文婷）

参政议政

■专题协商 2月，组织扬州市政协主席会议成员和部分委员，先后实地察看江平西路快速化改造一期二标段工程、运河路快速化改造一期工程、扬州东部综合客运枢纽工程三个项目现场，并召开座谈会，会上听取市城控集团、市交通产业集团、市交通运输局、市住建局等相关部门工作情况汇报，与会市政协委员作发言，提出意见和建议。

3月，市政协专题视察企业复工复产和重大工业项目建设情况并召开座谈会，落实中央和省委、市委决策部署，为推动企业复工复产和重大工业项目建设建言献策。4位市政协委员结合参观视察和自身企业实际，提出意见和建议，疫情防控背景下有序推进企业复工复产和重大工业项目建设，要坚守底线，做好企业防疫和安全生产工作，严格落实企业主体责任、主管部门监督责任和属地政府（管委会）领导责任，提高安全生产监控的技术手段和管理能力，确保实现“无疫”生产、安全生产。

市政协组织开展“统筹推进疫情防控和经济社会发展相关政策落实情况”专题视察活动，全面贯彻中央和省委、市委关于统筹推进疫情防控和经济社会发展的决策部署，推动各项惠企政策落实落地，通过实地视察、座谈研究的方式，与会的相关部门现场解答，提出解决方案，帮助企业解决各种难题，推动企业复工复产、达产达效，努力夺取疫情防控和经济社会发展双胜利。

4月，组织市政协主席会议成员和部分党外市政协委员围绕“夺取市疫情防控和经济社会发展‘双胜利’”开展视察，实地走访江苏亚光医疗器械有限公司、江苏亚达科技集团、扬州壹诺园艺发展有限公司和扬州东园食品有限公司；每参观一家企业都有委员站出来谈感受、提建议，为奋力夺取疫情防控和经济社会发展“双胜利”贡献智慧与力量。

市政协主席陈扬率领部分市政协委员专题视察扶贫助学工作，实地视察扬州高等职业技术学校和扬州市第一中学，随后召开座谈会，听取相关部门的专题汇报，与会委员及相关部门负责人进行协商互动交流发言。并对扶贫助学工作和帮助贫困家庭子女立志、成才等问题提出合理化意见建议。

5月，组织市政协主席会议成员就“加快相对集中行政许可权改革”开展视察并召开座谈会。实地视察江都区行政审批局、江都经济开发区行政审批局服务大厅，听取相关部门及江都区加快相对集中行政许可权改革情况汇报。按照“全链审批”的要求，针对发挥相对集中行政许可权改革的体制优势，针对各涉改部门审批事项运行和提升行政审批和服务专业队伍素质等问题，主席会议成员和委员们提出合理化意见建议。

按照省政协开展“化工行业安全生产专项整治落实情况”三级政协联动专题民主监督部署，市政协主席陈扬率队专题调研化工行业安全生产专项整治落实情况。调研组实地察看大连化工、瑞祥化工两家企业，与企业负责人面对面交流专项整治落实工作。建议要以强烈的危机感、紧迫感、责任感，抓好化工行业的安全生产工作；形成常态化工作机制，坚持高点站位，坚持目标导向、问题导向、结果导向；加强宣传教育，提升全社会安全生产和环境保护意识，强化责任，为实现化工行业高质量发展，建设“强富美高”新扬州提供安全保障。

以“体育+”的思路和方式，推动后省运会时代市体育事业和体育产业高质量发展。组织主席会议成员和部分市政协委员，实地察看蜀冈西峰生态公园、双桥街道卜桥社区红马甲广场和市体育公园产业孵化园，并召开座谈会，听取市体育局推进“体育+”融合发展的情况介绍，在思想上、政策上、工作上，就做好“体育+”融合发展工作提出意见和建议。

6月，组织主席会议成员和部分市政协委员督查招商引资和项目建设工作，实地视察韵达江苏（宝应）快递电商区域总部基地项目、四通新型轻量化铝合金材料项目、凯翔产业园和国人5G射频滤波器等项目现场，交流并听取相关部门情况汇报。要研究后疫情时代经济发展趋势，部分市政协委员围绕坚持全市工业投资规划、坚持新产业新模式并重、坚持制造业智能化改造方向提出意见和建议。

组织市政协主席会议成员和部分委员就江淮生态大走廊建设开展专题视察。自2016年完成《扬州江淮生态大走廊环境保护规划》，扬州市推动该项工作已有数年，通过实地察看和听取相关部门情况汇报。突出问题导向，对全面整治“一带”“一廊”，特别是新通扬运河、三阳河以及潼河等周边综合环境，就做好河道清理、岸线整治和水污染治理工作提出建设性意见建议。

8月，为加快推进中日韩文化产业合作示范区规划建设组织市政协主席会议成员和部分委员就“放大‘东亚文化之都’品牌效应，规划建设中日韩文化产业合作示范区”进行视察调研。先后视察崔致远纪念馆、鉴真纪念堂，观看中日韩书法篆刻作品展，并召开座谈会，听取有关部门关于推进“东亚文化之都”建设工作情况的通报。与会人员就如何放大市“东亚文化之都”品牌效应，规划建设中日韩文化产业合作园区进行探讨与交流，提出一系列具有建设性的意见和建议。

10月，组织市政协主席会议成员和部分委员就“大运河国家文化公园扬州段建设”进行专题视察，实地视察江都区邵伯镇运河生态公园、明清故道、大码头、斗野园和邵伯船闸，相关部门负责人分别介绍有关工作情况，部分市政协委员提出要准确把握大运河国家文化公园的内涵、外延、主要任务和发展目标，把保护放在第一位，以更大的格局、更高的标准推进扬州段建设，并围绕视察主题提出意见建议。

11月，组织市政协主席会议成员和部分政协委员开展专题视察，督查推动全市安全生产工作。视察组先后察看宝应县望直港镇综合行政执法局、中宝制药有限公司以及宝应渣土车停车场。在座谈会上听取相关部门的发言，与会委员就安全生产的综合治理、健全机制、隐患治理，建立健全安全产业体系，加快扬州市安全产业发展提出意见建议。（翟文婷）

■界别活动月 4月，会同各专委会组织开展“界别协商月”活动。各界别委员小组，分别从“安全生产专项整治工作”“提升美食之都品牌影响力”“加强托育机构管理”“后疫情时代先进制造业发展”等多方面选择议题开展界别协商，形成协商意见建议26篇，其中部分意见和建议以提案、社情民意等形式提交反映。并将活动情况以新闻报道形式发市政协网站。（翟文婷）

■界别活动周 8月10—16日，围绕“工业固废和医疗废弃物规范化处置”主题，组织政协委员联系群众“界别活动周”活动。制定活动方案，落实界别活动计划，细化活动保障措施，汇编相关法律政策文本，市、县两级1791名政协委员分别以界别为单位，到指定工业和医疗企业单位点对点进行走访调研，参与率达89.43%。走访调研活动覆盖6个县（市、区）和扬州市经济技术开发区、市生态科技新城，联系群众2248人，走访企业184家，收回走访调查问卷184张。对委员各界别小组和履职小组调研意见和建议进行梳理汇总，形成《关于我市工业固废和医疗废物处置规范化管理情况的调查报告》，得到市委、市政府主要领导的批示。（翟文婷）

■扬州政协论坛 11月19日，扬州市政协举办2020年度“政协论坛”。扬州政协论坛已连续举办20届。本次论坛首次采用会前采访、会上连线的方式，市政府主要领导和20多个部门、园区的负责人参加，与政协委员、院士专家和企业家共话全市产业科创和科创产业发展。通过调研和思考撰写300多篇论文、调研报告，提出一批有价值的意见和建议，市政府主要领导和各有关部门负责人听取委员意见建议，与委员进行交流沟通。本次论坛以“有事好商量”为主题，委员们围绕习近平总书记称赞“扬州是个好地方”，继承好、发扬好生态、文化等传统的“好”，高质量推动产业发展和实体经济，坚持不懈推动新兴科创名城建设，大力培育创新生态，加快建设特色产业等涉及百姓切身利益的问题集思广益，集智集慧，进行建言互动、主题发言、自由讨论，促进不同思想观点的表达和交流。市长张宝娟听取委员的意见与建议，肯定本次论坛的成果。（翟文婷）

■民主评议 11月，市政协就“打造健康中国的扬州样本”实施情况进行民主评议，围绕加快提高卫生健康供给质量和服务水平这条主线，科学谋划、理清思路、明确导向，组织委员通过调研、视察、督查、协商座谈等多种形式，了解情况，征集意见和建议，评议协商，形成评议报告，为打造升级版的健康中国扬州样本建言献策。（翟文婷）

重点提案

■重构优势打造有持久竞争力的产业集群 在扬州市政协八届四次全会上，市政协经济科技和农业农村委员会提交《重构优势打造有持久竞争力的产业集群》提案。提案建议：（1）以规划引导先进制造业集群发展方向。（2）以载体建设提升先进制造业集群发展功能。（3）以项目招引增强先进制造业集群发展后劲。（4）以科技创新激活先进制造业集群发展动力。（5）以优良服务优化先进制造业集群发展环境。该提案由市工信局主办，市科技局、商务局、发改委协办。办理情况：市工信局针对提案内容，邀请提案人共同实地走访调研，并就提案办理开展交流。市工信局出台《2020年全市先进制造业集群培育推进工作方案》《扬州市先进制造业集群重点产业链图谱》《2020年优化企业发展环境推进新兴科创名城建设工作方案》《扬州市“千企升级”三年行动计划（2020—2022年）实施方案》《关于组织申报2020年度扬州市关键核心技术攻关赶超项目的通知》《关于组织申报2020年度市级先进制造业发展引导资金项目的通知》等一批文件，推动扬州市产业发展。市工信局等单位将针对提案意见建议，结合自身工作，做好《扬州市大企业、大集团培育计划》的制定，推动科技成果转化及其平台建设，推进企业减税降费等工作。（翟文婷）

■扬州交通运输高质量发展的建议 在扬州市政协八届四次会议上，市政协城乡建设委员会提交《扬州交通运输高质量发展的建议》提案。提案建议：（1）抢抓新一轮铁路建设机遇，全力构建“四张网”，即通达全国的“高铁网”、长三角一体化的“动车网”、宁镇扬通勤化的“城轨网”和市内公交化的“地铁网”。（2）优化运输结构，降低物流成本。（3）完善快速路网规划，加大建设力度。（4）践行绿色发展，做大做强水运产业。该提案由市交通运输局主办。办理情况：（1）抢抓新一轮铁路建设机遇，全力推进北沿江高铁前期工作和京沪第二通道落地，推动宁启铁路融入长三角“动车网”，加快宁扬、扬镇宁马城际铁路建设。（2）优化运输结构，大力发展多式联运和集装箱运输，不断降低物流成本。（3）完善快速路网规划，尽快实施开发路东延项目，加快实施快速路网二期工程，逐步扩大快速路网建设，规划建设大市域国省干线快速路网。（4）践行绿色发展，做大做强扬州港，建设京杭运河绿色航运示范区，统筹建设水上服务区，探索建立港口航运联盟等。5月，市交通运输局编制完成《扬州港港口岸线整合利用五年规划》，全面启动《扬州长江码头布局规划》编制工作。市交通运输局将借鉴省交通运输厅、省财政厅以及周边设区市的经验做法，起草《2020年度运输结构调整任务分解及奖补方案》等政策文件，推动市交通运输高质量发展。（翟文婷）

■聚焦民营经济发展中的堵点、难点、痛点，进一步打造优良营商环境 在扬州市政协八届四次会议上，市工商联提交《聚焦民营经济发展中的堵点、难点、痛点，进一步打造优良营商环境》的提案。提案建议：（1）继续推进简政放权，为企业“松绑解套”。（2）公平对待市场主体，营造良好营商环境。（3）确保政策“落地不空转”。（4）依法保护民营企业产权，让企业放心投资、安心经营、专心创业。（5）引导民营企业家诚信守法、树立企业家精神。该提案由市工信局主办，市政务办、市市场监管局、市司法局、市发改委协办。办理情况：市工信局会同相关单位，制定办理方案，开展提案办理。市工信局先后召开3场中小微企业座谈、走访15家民营企业、回收70份调查问卷，认真梳理民营企业（中小企业）发展中存在的堵点、难点问题。4月23日，印发《全市促进民营经济中小企业发展重点工作任务》。7月16日，印发《市政府关于促进中小企业稳定发展的政策意见》。市发改委牵头优化营商环境行动取得成效，扬州市在4月发布的2019年全省营商环境评价排名中名列第6位。市司法局印发《关于备案重大行政执法决定法制审核事项清单的通知》，推行行政执法“三项制度”（行政执法公示制度、执法全过程记录制度、重大执法决定法制审核制度），全年纠正行政执法处罚决定21件。市政务办、市市场监管局等六部门于6月29日联合出台《进一步压缩企业开办时间优化营商环境的意见》，实现线上“一网通办”、线下窗口集成，优化行政审批体制机制。（翟文婷）

■建设世界运河文化之都 助力国际文化旅游名城 在扬州市政协八届四次会议上，民进扬州市委提交《建设世界运河文化之都 助力国际文化旅游名城》提案。提案建议：立足扬州实际，打出“世界运河文化之都”这一世界级文化金字招牌，助力国际文化旅游名城建设，打造“文化交流之都”“文化风情之都”“文化品质之都”。在世界运河文化之都建设过程中还需重点关注三点：（1）融合规划运河文化之都建设，向世界展示扬州的魅力与气质。（2）提升文旅品质，将旅游打造成基本产业。（3）讲好扬州运河故事，提升扬州国际影响力。该提案由市文广旅局主办。办理情况：市文广旅局邀请提案人等实地走访调研，并就世界运河文化之都建设进行交流。针对“文化交流之都”“文化风情之都”“文化品质之都”的建设，市文广旅局主要从三个方面开展工作：（1）举办世界运河名城博览会、世界运河城市论坛等重要国际交流合作活动。（2）加强非遗分类保护和精细化管理。（3）全面推动市、县、镇、村四级文化服务项目建设。全市基层综合性文化服务中心覆盖率达100%。市文广旅局开展好大运河国家文化公园建设研究和古运河保护利用研究，做好扬州大运河文化价值阐释与弘扬、文化遗产保护传承、文化旅游融合发展等专项规划的编制工作，推动成立扬州大运河研究会，并将其打造成大运河文化带建设高层次决策咨询机构。（翟文婷）

■防控新冠肺炎疫情及今后医院感染管理策略建议 在扬州市政协八届四次会议上，副主席王静成提交《防控新冠肺炎疫情及今后医院感染管理策略建议》提案。提案建议：（1）提高院感管理认识。（2）完善院感管理组织架构。（3）优化院感制度流程。（4）加强院感重点与薄弱点管理。（5）加大院感培训力度。（6）提升院感防控信息化水平。该提案由市卫健委主办。办理情况：市卫健委针对提案提出的问题，先后组织开展相关调研督查活动，借助提案办理推动院感防控工作取得实效：（1）组织人员对全市二级以上医疗机构院感防控工作进行督查，并下发督查通报。（2）召开新冠肺炎院感防控约谈会，由市政府分管副市长与苏北人民医院、扬州大学附属医院、扬州市第二人民医院、扬州市第三人民医院、扬州市中医院、扬州市妇幼保健院等6家单位党政主要负责人就各单位院感防控存在问题进行集中约谈。（3）筹备全市培训班，加大对各县（市、区）及二级以上医院院感管理工作负责人的培训。（翟文婷）

■关于加强疾病预防控制体系和传染病防控能力建设的建议 在扬州市政协八届四次会议上，委员佘德宏提交《关于加强我市疾病预防控制体系和传染病防控能力建设的建议》提案。提案建议：（1）明确疾控机构职能定位。（2）完善市、县、镇三级疾控网络规划布局。（3）加大基础设施和疾控装备等硬件投入。（4）加强专业人才队伍建设。（5）加快推进信息化建设。（6）优化运行管理体制机制。该提案由市卫健委主办，市编办、市工信局、市财政局协办。办理情况：根据规划，2020—2022年期间，将重点建设市公共卫生中心、突发公共卫生事件应急处置指挥中心、全省公共卫生医师规范化培训中心扬州基地、扬州市预防医学科研管理和学术交流中心等一批基础设施，培育现场流行病学、分子生物（病毒学）、环境卫生、食品安全等重点学科，推动市疾控系统技术水平、人才水平和管理水平整体提升。公共卫生中心将于2020年年底完成竣工验收。为加强人才队伍建设，市编办为市疾控中心新增编制75个，并于8月5日与原有的16个空编一起面向社会公开招聘。（翟文婷）

■集聚海外高层次人才到扬创新创业，助推科创名城建设的建议 在扬州市政协八届四次会议上，委员杨为民提交《关于下大力气集聚海外高层次人才来扬创新创业，助推科创名城建设的建议》提案。提案建议：（1）完善集聚海外高层次人才到扬创新创业的制度体系。（2）搭建集聚海外高层次人才到扬创新创业的有效平台。（3）提供集聚海外高层次人才到扬创新创业的资金支持。该提案由市委组织部（市人才办）主办，市工信局、市科技局、市财政局、市人社局、市商务局、市外办、市金融监管局、市侨联协办。办理情况：市委组织部（市人才办）接到重点提案办理任务后，第一时间对接提案人听取提案背景和具体建议，并书面征求各协办单位关于“集聚海外高层次人才来扬创新创业”相关措施建议，收集汇总协办意见。7月，会同市侨联、市工信局、市科技局、市财政局、市人社局、市商务局、市外办、市金融监管局等8家协办单位召开专题会商会，并邀请提案人参会。会上，市委组织部（市人才办）传达上级关于引才工作的最新要求。市委组织部（市人才办）将指导侨联制定支持海外华侨青年人才到扬创新创业的政策，吸引更多海外青年人才落户扬州。（翟文婷）

2020年扬州市政协重点提案一览表

表8-1

重点提案	提案者
重构优势打造有持久竞争力的产业集群	市政协经济科技和农业农村委员会
聚焦民营经济发展中的堵点、难点、痛点，进一步打造优良营商环境	市工商联
建设世界运河文化之都 助力国际文化旅游名城	民进扬州市委
扬州交通运输高质量发展的建议	市政协城乡建设委员会
防控新冠肺炎疫情期及今后医院感染管理策略建议	王静成
关于加强我市疾病预防控制体系和传染病防控能力建设的建议	佘德宏
关于下大力气集聚海外高层次人才来扬创新创业，助推科创名城建设的建议	杨为民
关于加强三江营湿地保护 创建“两山”创新示范基地的建议	市政协城乡建设委员会
关于高水平高质量推进我市国际文化旅游名城建设的建议	民进扬州市委
关于促进合法民间借贷健康发展的提案	陈先明
扬州“四好农村路”高质量发展的建议	民建扬州市委
关于进一步改进扬州市城区交通状况的建议	张苏俊
关于加强城市公用基础设施建设，提升城市宜居品质的建议	刘晓明
加快紧密医联体建设，助推分级诊疗	农工党扬州市委
加快发展科创产业，助力新兴科创名城建设	市政协科技界别
关于推行“互联网+居家养老”的建议	民革扬州市委
联动推进“中国大运河博物馆”和“世界运河文化展示中心”建设，把扬州真正打造成“世界运河文化之都”的建议	张跃进　冬　冰 夏正祥　朱路跃
创新金融供给方式，赋能我市先进制造业高质量发展	市工商联 市政协社会和法制委
关于进一步推进扬州国家农业科技园区建设发展的建议	杨文喜
加强全民急救意识及能力培养，提升我市急救水平的建议	严　华
深化打造“健康中国的扬州样本”	市政协教卫体委
关于打造好南水北调东线输水通道 做好大运河扬州段生态环境保护的建议	农工党扬州市委
关于建立我市中小学生劳动实践基地的建议	刘　岚
关于打造中德扬州智能装备产业园的建议	市政协港澳台侨委
产教双向发力，打造扬州高质量职业教育	民建扬州市委
关于预防留守未成年人犯罪的几点建议	侯承海
关于加强机动车排气污染防治管理的建议	侯载铭　房学明
关于加强我市餐厨垃圾治理工作的建议	何晓华
关于大力培育和弘扬工匠精神，推进技能人才队伍建设的建议	李春国
关于进一步加强食品小摊贩管理工作的建议	尹成雷

（翟文婷）

中共扬州市纪委 扬州市监委

Zhonggong Yangzhoushi Jiwei Yangzhoushi Jianwei

编 辑 崔成鹏

综述

■**概况** 2020年，全市各级纪检监察机关学习贯彻习近平新时代中国特色社会主义思想和党的十九届五中全会精神，全面落实中央纪委四次全会、省纪委五次全会和市委九次、十次全会部署要求，增强“四个意识”，坚定“四个自信”，做到“两个维护”，强化监督，冲锋在前，战疫情、促发展、防大汛，在大战大考中交出合格答卷。

（毛前晔）

■**政治监督** 面对突如其来的新冠肺炎疫情，全市纪检监察机关闻令而动，聚焦流行病学调查、社区联防联控、复产复工复学、“六稳六保”政策落实等阶段性重点，精准稳慎监督，保障全市经济发展企稳、群众生活正常。强化对惠民富民、促进共同富裕政策措施落实情况的监督检查，对全市1.4万户农村危房改造任务落实情况开展专项督查，助推全市脱贫攻坚工作圆满收官。聚焦违法占用耕地、长江退捕禁捕、冒名顶替上大学等工作加强监督，确保习近平总书记指示批示精神在扬州落地见效。（毛前晔）

■**压责督责** 履行全面从严治党协助职责，协助市委抓好省委巡视反馈意见整改，219项整改措施已落实217项。对照责任清单加强监督检查，定期开展“一案双查”回头看，精准有效实施问责177起，问责党组织21个、党员干部244人。持续优化营商环境，督办核查涉企问题线索，通报侵害企业利益典型案件15件。全面落实“三个区分开来”要求，深化运用容错纠错机制，形成典型案例27个，鼓励党员干部担当作为、干事创业。（毛前晔）

■**制度建设** 深入分析案件背后的深层次问题，全市纪检监察机关向有关党组织和单位（部门）制发纪检监察建议181份，补齐制度短板。针对省委巡视反馈的个人拖欠公款（集体资金）突出问题，立案57人、清缴11.21亿元，坚持纠治并举，重点解决报支管理不严格、借款审批手续不完善、备用金管理不规范等问题。聚焦违规发放津补贴、公款吃喝、收送礼品礼金“老三难”问题，开展公务支出和公款消费监管体系建设，推动建立知易行简的“小特精”制度。（毛前晔）

■**教育警示** 拍摄《背弃初心的代价》《恶竹应须斩万竿》专题片，以警示教育叩问初心使命。针对江都区系列严重违纪违法案件，督促指导江都区委召开领导干部警示教育大会，部署限时自查自纠，52人主动向纪检监察机关坦白。完成市警示教育基地迁址布展，打造党员干部警示教育新阵地。挖掘运用廉洁文化资源，扬州特色的家风建设不断深化，“苏东坡与扬州”廉文化活动产生广泛影响。（毛前晔）

■**纠治“四风”** 贯彻落实习近平总书记关于坚决制止餐饮浪费行为重要指示精神，开展明察暗访，督促强化监管，推动形成浪费可耻、节约光荣的氛围。运用大数据平台，精准发现违规吃喝问题线索，挂牌督办重点单位12家，立案查处52人。建立联动协调机制，推进清理整治“指尖上的形式主义”突出问题。依托市域社会治理综合平台，建立48个基层减负监测点，实时动态监测，及时纠正促改。建立“四风”问题会商会审机制，全市共查处“四风”问题604起，处理876人，给予党纪政务处分705人，通报曝光典型案例142批次、270起。

（毛前晔）

■**日常监督** 抓好检举控告工作规则的贯彻，提升信访举报办理质效，畅通群众监督渠道。综合发挥惩治震慑、惩戒挽救、教育警醒的功效，全市共运用“四种形态”处理5886人次，运用第一、二、三、四种形态分别占62.3%、31.3%、2.1%和4.3%，“管住大多数”成为监督执纪常态。强化党风廉政意见回复工作，全市对1.67万人次党风廉政情况进行回复，对499名人选提出取消资格或暂缓晋升使用的建议，坚决把好评优评先、选人用人监督关口。（毛前晔）

■**优化监督格局** 建立在市纪委常委会统一领导下，“四项监督”各主体“一盘棋”的监督格局，分类建立健全考核体系，推动信息、资源、力量、手段、成果共享。深化派驻机构改革，向9家市属国有企业派出监察专员，补齐市属企事业单位监督短板；市纪委监委派驻机构立案71件，“探头”作用得到有效发挥。推动监察员办公室全面履职、规范运转，因地制宜开展交叉监督、专项监督，提请县级监委立案222件，着力破解熟人社会监督难题。

（毛前晔）

■**纪检监察队伍建设** 以“能力建设深化年”为主线，开展“纪检监察业务大学习、素质能力再提升”和“集中学习月”活动，分层分类推进全员培训，提高队伍政治素质和纪法素质。制度化实施跟班锻炼、岗位练兵和“导师制”结对带教，统筹安排117名年轻干部到监督办案一线实践历练，提升干部队伍实战水平。建立专业咨询人才库，为纪检监察工作提供理论指导、政策咨询和技术支持。着力发现培养优秀年轻干部，加大干部选拔交流力度。落实纪检监察工作运行“一套规程、五项机制”，严格按照制度履行职责、行使权力、开展工作。持续推进自身建设专项督查，对县级纪委监委、派驻机构权力运行和制度执行情况进行“动态体检”。严格执行江苏纪检监察干部“八严禁”及处置办法，加强日常监督管理。坚持刀刃向内，查处违纪违法纪检监察干部4人。

（毛前晔）

重要会议

■**全市领导干部警示教育大会** 1月20日，市委召开全市领导干部警示教育大会，以习近平新时代中国特色社会主义思想为指导，学习习近平总书记关于“不忘初心、牢记使命”的重要讲话精神和党的十九届四中全会精神、中央关于全面从严治党新要求，通过深入剖析违纪违法典型案例，以案明纪、警钟长鸣，教育引导全市党员干部在坚定理想信念、规矩规范用权、坚守道德准则、奋力担当作为中牢记和践行初心使命，永葆为民务实清廉的政治本色，走稳走好新时代的长征路。市委书记夏心旻讲话，市四套班子领导参加会议。会议由市委常委、市纪委书记、市监委主任李航主持。大会采用电视电话会议形式，各县（市、区）、功能区设立分会场。（毛前晔）

4月24日，扬州市纪委召开七届五次全会　董　辉/摄

■**市纪委七届五次全会** 4月24日，扬州市纪委召开七届五次全会，市纪委委员出席31人，列席117人。市纪委常委会主持会议。全会认真学习贯彻习近平总书记在十九届中央纪委第四次全体会议上的重要讲话和中央纪委书记赵乐际所作的工作报告以及十三届省纪委五次全会精神。市委书记夏心旻在全会上讲话，强调要深入学习贯彻习近平总书记重要讲话精神，切实增强一以贯之推进全面从严治党的政治担当；坚定不移全面从严管党治党，为建设“强富美高”新扬州提供坚强保障；扛稳抓牢政治责任，确保全面从严治党各项任务落到实处。全会审议通过市委常委、市纪委书记李航代表市纪委常委会所作的《坚持和完善监督体系为“强富美高”新扬州建设提供坚强保障》工作报告。审议并通过《中国共产党扬州市第七届纪律检查委员会第五次会议决议》。

（毛前晔）

■**七届市委第十一轮巡察工作动员部署会** 4月24日，七届市委第十一轮巡察工作动员部署会召开。市委书记、市委巡察工作领导小组组长夏心旻作出批示，要求认真学习贯彻十九届四中全会、中央纪委四次全会和全省巡视巡察工作会议精神，切实发挥巡察监督政治导向作用，为扬州赢得疫情防控和经济社会发展“双胜利”、决胜高水平全面建成小康社会提供坚强政治保障。市委常委、市纪委书记、市监委主任、市委巡察工作领导小组副组长李航出席会议并作动员讲话。市委常委、组织部部长、市委巡察工作领导小组副组长焦庆标出席会议并宣布巡察组组长授权任职及任务分工。

根据市委部署，七届市委第十一轮巡察对市委台湾工作办公室、市档案馆党组、市财政局党组、市审计局党组、市信访局党组、市地方金融监督管理局党组、江苏里下河地区农科所党委、江苏省工人扬州疗养院党委、仪征经济开发区党工委、仪征枣林湾旅游度假区党工委、江都经济开发区党工委等11家单位开展常规巡察。（毛前晔）

■**七届市委第十二轮巡察工作动员部署会** 9月3日，七届市委第十二轮巡察工作动员部署会召开。市委书记、市委巡察工作领导小组组长夏心旻作出批示，要求认真学习贯彻习近平总书记关于巡视工作的重要指示、中央纪委书记赵乐际在江苏巡视巡察机构调研的讲话以及省委第九轮危化品安全生产专项巡视动员部署会的相关精神，发挥巡察发现问题、形成震慑、推动改革、促进发展的作用。市委常委、市纪委书记、市监委主任、市委巡察工作领导小组副组长李航出席会议并作动员讲话。会议还宣布巡察组组长授权任职及任务分工。

根据市委部署，七届市委第十二轮巡察对市中级人民法院党组、市发改委党组、市公安局党委、市自然资源和规划局党组、市住建局党委、市退役军人局党组、市应急局党委、市外办党组、市医保局党组、苏北人民医院党委、市中医院党委开展常规巡察，对危化品安全生产开展专项巡察，对广陵区李典镇所辖村（社区）党组织开展提级巡察“回头看”。（毛前晔）

重要工作

■专项治理 打通农村集体“三资”监管最后一米线，推动对全市2万多个村民小组开展清产核资，将组级资金资产资源整体纳入信息化平台监管。开展低保领域专项治理，督促民政部门对2.4万名低保对象进行核查，坚决纠正“漏保”“错保”“人情保”。开展义务教育学校代办商业保险行为专项整治，清退回扣525.6万元。联合医保部门开展医保基金监管源头治理，追回违规使用医保基金1975.1万元。开展房屋征收（拆迁）领域专项治理，1.72万套超腾仓期安置问题得到解决，安置房不动产权证累计办结4.4万户、办结率88.1%，推动8个重点地块65.73公顷土地提前实现收储，化解涉拆赴省进京访1235批次、化解率96.2%。把长江、运河流域生态环境治理摆在压倒性位置，围绕生态环境问题整治情况开展监督检查，对环境问题整改不力、进度缓慢的及时问责处置，国、省交办的124个问题已整改123个。紧扣安全生产“一年小灶”“三年大灶”任务落实，强化风险隐患排查整改工作监督问责。推进违法违规“小化工”专项整治，查处官商勾结、失职失责人员21人，“小化工”安全隐患得到遏制。围绕“六清六建”推进“打伞破网”，继续开展非法金融活动专项治理，严肃查处“套路贷”背后的违纪违法行为，立案查处党员干部和公职人员涉黑涉恶问题91人。（毛前晔）

■政治巡察 市委第十一、十二轮对24家单位党组织开展巡察，组织提级巡察“回头看”，七届市委巡察覆盖率已达91.8%。开展落实“六保”任务专项巡察，推动制定惠民政策151个，解决民生实事1057项。开展危化品安全生产专项巡察，推动化工产业加快转型升级。深入查找开发园区建设、粮食安全等领域系统性问题，向市委、市政府提交专题报告，推动解决影响高质量发展的突出问题。探索构建“七联”贯通监督体系，出台巡察整改闭环管理操作规程，试点对村巡察现场指导督导，建设扬州“巡察云”，促进巡察工作整体水平提升。（毛前晔）

■审查调查 着力减少腐败存量、遏制腐败增量，全市纪检监察机关共立案2259件，查处县处级干部27人，乡科级干部142人，给予党纪政务处分2070人，移送司法机关64人。严肃查处党的十八大以来不收敛、不收手案件，如江都区委原常委于某、江都区政协原副主席蒋某某、市住房和城乡建设局原副调研员苏某某等；严肃查处开发园区腐败案件，如扬州经济技术开发区文汇街道办事处原主任张某某、文昌建设集团有限公司原总经理蒋某某等；严肃查处政法系统违纪违法案件，如市公安局景区分局城北派出所原所长练某某、生态科技新城分局泰安派出所原所长胡某某等，做到持续从严、一严到底。（毛前晔）

■科技支撑 坚持实用为先，深化检举举报平台、监督办案业务平台和大数据平台建设应用，推进大数据查询研判工作区建设，实现数据查询、分析研判、指挥调度为一体的“一站式”集成。拓展提升农村“三资”管理、污染防治监管、安全生产监管、非法金融活动监测等信息化监督平台功能，为纪检监察工作高质量发展提供科技支撑。（毛前晔）

8月5日，市委召开第十一轮巡察工作专题会　　董　辉/摄

民主党派 工商联 群众团体

Minzhudangpai Gongshanglian Qunzhongtuanti

编 辑 崔成鹏

民革扬州市委员会

■**思想政治建设** 2020年，中国国民党革命委员会扬州市委员会（简称民革市委）召开九届十二次、十三次、十四次主委会议和九届十二次全体委员会议集中学习中共十九届五中全会精神、习总书记视察江苏重要讲话精神以及其他重要会议（文件）精神。组织新党员晋谒中山陵，举办全国两会精神学习传达会、廉政教育专题讲座，组织党员骨干参加市政协、中共扬州市委统战部举办的各类培训活动。全年各类学习教育活动参训党员达到260多人次。（姜 斌）

■**参政议政** 全国人大代表、民革市委主委王静成在十三届全国人大三次会议提交《修改民事诉讼法，完善律师调查令制度》等3件议案和《关于建立健全公共卫生和医疗救治体系的建议》等9件建议提案。在市政协八届四次会议中，民革市委提交11件集体提案、42件委员个人提案。其中主委王静成提交的《防控新冠肺炎疫情期及今后医院感染管理的策略建议》得到中共扬州市委主要领导批办，民革市委的大会发言《关于推行“互联网+居家养老”的建议》和副主委刘晓明提交的《关于加强城市公用基础设施建设，提升城市宜居品质的建议》列为市长领办提案，仪征总支严华提交的《加强全民急救意识及能力培养，提升我市急救水平的建议》列为主席督办提案。民革市委将“三农”问题作为参政议政工作重点研究领域。以《夯实人才支撑，书写新时代振兴画卷》为题参加民革江苏省委“中山议政会”作交流发言，获“优秀奖”。形成调研报告《建强村级基层自治组织 充分激发乡村治理内生动力》，参加中共扬州市委民主协商会发言。以《关于在“十四五”期间争创全国市域社会治理现代化试点城市的建议》为题，参加市政协常委专题会议发言。民革扬州市委先后获市政协论坛“优秀组织奖”、“十四五规划”专题协商“优秀组织奖”。（姜 斌）

■**宣传信息** 全年扬州民革网站、微信公众号共发布宣传稿件186条，多篇被民革中央、团结网、江苏民革、扬州统战等网站、微信公众号转载。民革扬州市广陵区支部扶贫故事《博爱在司空》获省委统战部“助力小康·奋斗有我”微视频创意大赛三等奖和网络人气奖第一名。规范宣传平台管理，印发《民革扬州市委关于加强网站和网页管理的办法》《关于加强微信公众号及微信工作群管理的通知》。9月，举办信息培训专题会议，邀请民革江苏省委调研处负责人重点围绕反映社情民意信息工作做全面辅导，各基层组织信息骨干、新党员等70余人参加培训。全年，民革市委向省、市有关部门反映社情民意信息185件，中共扬州市委统战部采用107件，民革省委采用40余件。其中，《关于国家“双万计划”专业建设的几点思考》被全国政协《每日社情》采用，《打好“组合拳”遏制儿童抗生素滥用》《关于给予律师事务所社保费用减缓扶持政策的建议》等被转报全国政协。在民革江苏省十一届五次全会上，肖丽霞、严华、丁强等人获评“民革江苏省反映社情民意信息工作先进个人”。（姜 斌）

■**组织建设** 全年发展新党员12人，其中高层次人才2人。指导民革广陵区支部、扬州职大支部、省水建支部、城建旅游支部、市直支部、经济总支和医卫总支完成换届，李跃平获“民革江苏省2020年度组织工作先进个人”称号。召开民革扬州市九届十二次全体委员会议，讨论通过18项制度，建立起《主任委员会议、全体委员会议议事规则》《主副委联系基层制度》《民主生活会制度》《“三重一大”决策制度实施办法》《内部控制体系建设实施方案》等制度体系。民革扬州市委机关获评民革全省2020年度办公室工作先进集体，多人获得单项工作先进个人。1月，中共江苏省委常委、统战部部长杨岳走访调研民革扬州市委“中山博爱之家”。至年底，基层支部“中山博爱之家”已建成14个，建成率达到60%。（姜 斌）

■**社会服务** 5月，民革市委开展扬州市脱贫攻坚工作专题调研活动，实地调研江都区丁沟镇荣臣村扶贫项目，听取扬州市扶贫办和江都区关于脱贫攻坚工作主要情况介绍。9

月，民革市委主要领导带队调研贵州省纳雍县人民医院新院区，推进苏北人民医院与纳雍县人民医院开展医疗协作。民革市委主要领导带队调研纳雍县增力村，开展义诊服务、慰问困难家庭等帮扶活动。民革扬州市委获评民革江苏省2020年度定点扶贫工作先进集体，王静成、季泉、顾吟秋获评民革江苏省2020年度定点扶贫工作先进个人。仪征支部程兵开展民族团结活动，被省政府表彰为全省民族团结进步模范个人。（姜 斌）

民盟扬州市委员会

■参政议政 2020年，中国民主同盟扬州市委员会（简称市民盟）坚持围绕中心、服务大局，聚焦全面建成小康社会以及“十三五”规划收官中关系改革开放和国计民生的重大问题，开展调查研究，建言献策。向市政协八届四次全会提交大会发言8件，集体提案11件，个人提案25件。其中《发展软实力、发挥硬优势，打造华东科创明星高地》被列为1号提案。《关于开发南方水田资源潜力提升我国食物综合产出能力的建议》《关于推进基因编辑、人工智能、精神类药物等新兴技术的伦理、立法、监管研究》《关于推进我国健康体检行业高质量发展的提案》《关于在国土空间规划中重视预留“火神山”的建议》4篇提案作为民盟中央集体提案向全国政协提交并被立案。完成《激发三都品牌新动能，把扬州这个“好地方”建设好》等4篇调研报告；完成中共扬州市委重点调研课题“擦亮‘世界美食之都’品牌让扬州味道飘香世界”，在党外人士专题调研协商座谈会上的发言获得市委领导和专家的好评；在第11届《江苏教育发展论坛》发表论文14篇，获1个二等奖，3个三等奖。《打造高水平文旅名城 推进文旅业融合发展》论文在江苏文化发展研讨会上获一等奖。组织11篇论文参加市政协论坛，获优秀组织奖。组织市政协“十四五”规划建言7篇，获优秀组织奖。修订《参政议政课题申报办法》《参政议政工作考核办法》《参政议政表彰奖励办法》，优化培训方式，开展线上与线下相结合、范文和修订互补充的常态化培训，参政议政整体水平得到提升。获民盟江苏省参政议政工作先进集体一等奖。（蒋晓琴）

■组织建设 制定《民盟扬州市委关于组织发展工作的意见》，规范发展流程，促进组织发展在新阶段实现巩固提升。全年新发展盟员29人，发展率3.63%，其中高教界6人、基础教育界6人。高级职称5人，平均年龄37.6岁。制作《换届工作手册》，指导基层组织规划推进换届工作。完成省民盟基层组织测评工作，全市19个基层组织全部达标，9个基层组织测评为优秀，2个基层组织测评为特色。直属支部获民盟中央“盟务工作先进基层组织”称号。（蒋晓琴）

■社会服务 建立全员发动，参与社会服务的文化，创建“借力发力”的社会服务方式。贯彻落实“六稳”“六保”工作要求，法律服务专家工作站为盟内外企业进行公益的法治体检，帮助企业寻找法律风险点，提供法律风险防范的措施和建议。举办“阿米巴经营”“疫情后企业再增长的关键逻辑”公益讲座，为市民营企业在后疫情时期的可持续发展贡献民盟力量。联合扬州电视台《新闻女生》节目在宝应和高邮开展“点燃希望·实现梦想”主题活动，举办秋冬季疾病防控、心理健康、艺术欣赏、励志教育等专题讲座，并为留守儿童发放助学金。利用新媒体手段，在微信公众号开设助力中高考专栏，邀请盟内名师为初高三学生梳理知识点，强化考前心理疏导。（蒋晓琴）

■信息宣传 向有关单位报送社情民意和统战信息345条，被全国政协采用3条，民盟中央采用8条，省委办公厅采用1条，省政协采用6条，省民盟采用81条，市政协采用8条，市委办采用16条，获市委书记批示2条。在省级以上媒体发稿采用126篇，其中杂志报纸等传统媒体采用18篇，包括《团结报》4篇、《群言》1篇、《挚友》2篇。围绕疫情防控组织报送社情民意信息200余篇。获省民盟反映信息工作先进集体一等奖、宣传工作先进集体二等奖、新媒体建设先进集体二等奖、市政协反映社情民意信息工作先进单位、中共扬州市委统战部统战信息工作一等奖、中共扬州市委统战部统战宣传工作三等奖。（蒋晓琴）

民建扬州市委员会

■参政议政 2020年，中国民主建国会扬州市委员会（简称民建市委）针对防控疫情提出参政议政材料162篇，内容涉及维护社会秩序、教育机构疫情防控措施、为疫情防控物资运输开辟绿色通道等，展现“我是民建会员，我出一份力”的集体担当。市政协副主席、民建市委主委、市民政局局长王振祥《关于在疫情防控期间对困难群众发放临时生活补贴的建议》被市委、市政府采纳，在疫情防控一级响应期间，全市城乡低保对象8455人享受到每人每月120元的临时生活补贴。《春耕亟盼解“三难”》《建议多措并举确保疫情过后如期打赢全面脱贫攻坚战》《各地春运过度防疫政策亟待叫停》等信息被民建中央采用，社情民意《关于完善国家储备机制的建议》被全国政协转送有关部门。《江苏省社区日间照料中心发展中的问题及建议》被列为民建江苏省委集体提案，《高度重视资源要素和人口流动趋势 为我省区域一体化发展赢得先机》被列为省政协常委会议发言材料，《产教双向发力 打造高质量职业教育》被列为省政协主席会议发言材料。民建扬州市委被表彰为全省民建参政议政工作先进单位，民建界别被市政协表彰为优秀界别小组。集体提案《扬州“四好农村路”高质量发展的思考》并列为市长领办提案，与市交通局联合开展调研，赴全国示范县南京江宁区，调研“四好农村路”建设工作。《产教双向发力，打造扬州高质量职业教育》被列为主席督办提案、市政协优秀提案，市委会与市教育局联合开展调研，赴扬州高等职业技术学校开展实地调研。《关于加强我市餐厨垃圾治理工作的建议》《加强业委会建设 规范小区治理》被评为市政协优秀提案。中标省委会重点调研课题“‘十四五’时期江苏长江大保护路径研究”，并与市发改委、工信局联合开展调研。（周　岚）

■思想政治建设 围绕“纪念民建成立75周年”开展系列活动，组织全市会员开展多层次学习教育活动，通过举办培训班、学习会、会员事迹报告会等活动，按照“更好地适应新时代特征，更好地体现民建特点扬州特色，更好地贴近广大会员”的工作要求，加强思想政治工作载体建设。重视并打造仪征市总支部、文化总支部、经监总支部等一批全市统一战线实践创新项目，讲好民建故事，扩大工作影响。授予17家基层组织民建扬州市委“会员之家”牌匾，会员之家建设的数量和质量在全省名列前茅。（周　岚）

■信息宣传 加强民建市委会刊、网站和微信公众号编辑和管理，发挥“一刊一网一号”宣传政策理论、会务要闻、履职情况、基层风采的作用。出台《民建扬州市委新闻宣传工作评比激励办法》。全年，市委会及各基层组织在各类媒体刊发稿件298篇次，在中央和省级媒体发稿131篇次，其中1篇作品被民建省委表彰为新闻宣传优秀作品，1人被表彰为全省优秀通讯员。《高速路上抗疫人》等一批稿件在《人民政协报》《团结报》等刊出，《琢玉人生 扬州工的时代引领者》——民建会员、全国人大代表高毅进的事迹在省委统战部主办的《华人时刊》登载。在民建中央开展的纪念“庆祝新中国成立70周年”征文活动中，扬州有2篇征文获得民建中央表彰。开展2020年度调研课题（提案）招标，面向全市基层组织招标，并与相关基层组织签订协议书。市委会分别联合开发区总支部、三外总支部、科技总支部就推动开发园区“二次创业和高质量发展”、加强资源整合推进科技创新园建设等课题赴苏州工业园区、无锡高新区、无锡微纳园调研。全年收到各基层组织报送的信息526篇，向民建省委、市政协、中共扬州市委统战部报送社情民意380篇次，被采用192篇次、被民建中央采用23篇，被全国政协转送有关部门2篇。《上市公司立案调查后投资者保护亟待加强》被民建省委、市政协表彰为优秀社情民意，《着眼长远，把握大势，深入谋划“十四五”经济社会发展》被市政协表彰为“十四五”建言献策优秀征文一等奖。民建扬州市委被表彰为全省民建信息工作二等奖，被市政协表彰为反映社情民意信息工作先进单位。2020年度“有事好商量”政协论坛1篇论文获一等奖，1篇论文获二等奖，5篇论文获三等奖，9篇论文获优秀奖，民建市委获得优秀组织奖。（周　岚）

■理论研究 发挥理论研究骨干会员的作用，注重省市联动，承办民建江苏省理论研究委员会主任会议，加强工作交流，创新工作思路，专心打磨精品。围绕民建中央理论研究课题“民建在新时代如何更好地发挥作用”和省政协研究课题“发挥人民政协专门协商机构作用”，重点就“脱贫攻坚民主监督”“加强参政党能力建设”两个专题开展理论研究工作，形成理论研究成果8篇。《民建与中国共产党关系的历史考察与经验启示》获得民建中央重点理论研究课题优秀成果一等奖。《新时代民建作风建设需要发扬好优良传统》入选《民建中央理论研究委员会2020年重点研究课题论文汇编》，《新时代强化民主党派思想政治建设的思考》获得中共扬州市委统战部“深入学习研究习近平总书记关于加强和改进统一战线工作的重要思想”主题征文一等奖，《关于人民政协落实新型政党制度的思考》获评市政协工作理论研究成果优秀论文。（周　岚）

■组织建设 贯彻《各民主党派中央关于新时代组织发展工作座谈会纪要》精神，按照重点分工领域的比例要求，坚持“三个为主”、巩固主界别的传统特色，制定全市民建组织年度会员发展计划，突出发展数量、质量双提升。至年底，全市民建会员1278人，其中新会员45人，经济界会员占75%，新的社会阶层人士占22%，政府和司法机关会员占15%。2020年，经济监督总支部、科技总支部被民建省委表彰为全省特色基层组织。完成三外总支部、商会总支部的换届改选工作。在民建中央召开的民建成立75周年全国优秀会员和先进集体暨抗击新冠肺炎疫情先进个人和先进集体表彰大会上，江都区基层委员会被授予“全国先进集体”称号；李文胜、黄红兴、宋巍3名会员被授予“全国优秀会员”称号；民建扬州市委被授予“抗击新冠肺炎疫情先进集体”称号。在民建江苏省九届五次全会上，经监总支部、建设总支部、邗江区总支部、开发区总支部、高邮市支部被表彰为江苏省先进基层组织，陈涛、徐靖、王琴、薛晓寒、陈荣发、于金涛、陈一峰、徐红、周钰杰、朱永海被表彰为江苏省优秀会员。（周　岚）

■社会服务 整合市委会以及会外资源，与爱德基金会合作，调动会员企业、基层组织参与精准扶贫，参与并巩固扩大黔西帮扶点脱贫成果，发动会员购买当地特色农产品。参与民建中央扶贫点河北丰宁精准扶贫工作，援建当地蔬菜大棚项目、为当地爱心超市捐献物资，累计捐款捐物8万元。“99公益日”活动期间，发动全市民建会员捐资3万元，支持胡麻营镇农户屋顶电站扶贫项目。助力宿迁市花园村乡村振兴项目，与当地贫困户结对实行一对一帮扶，并通过农业项目合作扶持当地经济。市委会在文化、医疗、法律等领域组成多个服务小组，于春节前到江都郭村举办“三下乡 惠民行”社区集中服务活动。13个基层组织与15个社区持续开展结对共建活动，共举办各类活动56次，投入资金28万元，累计帮助协调、解决帮扶群众实际工作、生活问题38次。筹集并向计划生育困难家庭捐赠5万元，慰问、帮扶计划生育困难家庭50户。与市计生协联合开展纪念中国计生协成立50周年纪念活动，开展主题捐赠、健康义诊、园艺疗法，与计生困难群众过集体生日。（周　岚）

■助推复工复产 民建市委把做好疫情防控、安全复工复产作为重大政治任务，重点关注疫后经济重建，复工复产后疫情防控。机关对会员企业就新冠肺炎疫情对企业的影响与对策建议进行问卷调查，走访调研受疫情影响遇到困难的28家会员企业，协助解决各类问题36件。2月28日，举行《扬州民建讲堂》网上直播，会员中的律师专家对相关政策进行解读，围绕企业复工复产所关心的企业融资、人事用工管理、合同管理和税务管理等问题进行讲解，近百家企业负责人、经营管理者参加学习交流。组织企业家会员参加建华课堂四省两市民建企业家培训、上海民建浦江论坛等，加强与省内外企业家会员学习交流，推荐会员参加民建江苏省委青年企业家会员培训班。企业家工作委员会、三外总支部、经济监督总支部等基层组织行动，深入企业和会员开展调研。广陵区基层委员会、科技总支部被表彰为民建江苏省委抗击新冠肺炎疫情先进集体，陈开顺、梁惠颖、沈巍、仲建强、沈云峰、周明祥、朱斌、朱静、吴永忠被表彰为民建江苏省委抗击新冠肺炎疫情先进个人。（周　岚）

民进扬州市委员会

■参政议政 2020年，中国民主促进会扬州市委员会（简称民进市委）秉承“广开言路、培育重点、集智聚力、质量为王”的参政议政原则，围绕发展中心确定选题，立足全局多角度建言，提高建言献策实效。重点课题“服务国际文化旅游名城建设”形成的2篇提案入选市政协八届四次会议重点提案，《建设世界运河文化之都 助力国际文化旅游名城》由市委书记批示督办，《关于高水平高质量推进我市国际文化旅游名城建设的建议》由市政府市长领办督办。卫生健康支部承接的民进江苏省委参政议政关注课题“公共卫生应急体系建设研究”，扬州大学总支、经济综合支部承接的中共扬州市委统战部党外人士调研课题“精准引进，精准服务，打造科创名城人才新高地”结题。调研报告《关于精准应对农村生活污水污染的建议》《关于加强和改进中小学教育评价的建议》《在大力推进苏北农村居住条件改善背景下应关注的几个问题》被民进江苏省委采用，并被评为2019—2020年度参政议政成果二等奖。推进社情民意工作，全年报送社情民意74篇，民进中央采用12篇，被中共省委统战部采用1篇，民进省委采用53篇。衡广蓉报送的社情民意《关于中小学校医体制改革的建议》被评为民进中央2020年度参政议政成果一等奖，得到中共中央领导的批示。张晓梅报送的社情民意《关于错峰开学过程中将特教学校安排至最后一批次的建议》获民进中央参政议政二等奖。徐勇报送的社情民意《关于加快落实失水渔民住房保障的建议》被评为2020年度省政协优秀社情民意信息。市委会连续两年中标民进省委参政党理论研究会招标课题，课题“民进基层组织在民进履职能力建设中的作用研究”结题。参与市政协“我为‘十四五’建言献策”征文活动，《激发小微企业科创活力 助力新兴科创名城建设》获评二等奖，张晓梅提交的《关于扬州“十四五”期间教育规划的建议》获评三等奖，《关于扬州市“十四五”期间打造精准职业教育的建议》《坚持预防为主完善疾病预防控制体系》获评优秀奖。2020年度“扬州政协论坛”共提交论文8篇，其中《精准培育产业工人 助力新兴科创名城》获评二等奖，《深入推进校企合作 助力科创名城建设》获评三等奖。围绕疫情防控建言献策。1—6月报送信息40余条，其中《家庭医生不能签而不约》等4篇信息被民进中央采用。《关于充分发挥突发情况下社会救助稳压器功能的建议》等3篇社情民意被市政协采用为市政协提案。（谭　正）

■组织建设 民进市委围绕“履职能力建设”主题年开展工作，着力补短板、扩优势、促提升，履职能力增强。民进市委被民进中央评为民进全国履职能力建设先进集体，谭正被民进中央表彰为民进全国履职能力建设先进个人。全年，发展会员32人，平均年龄38.5岁，其中博士研究生4人，硕士研究生7人。至年底，共有会员708人，平均年龄54.15岁，80周岁以上会员61人，60岁以上会员占30%，“70后”会员390人，占比55%；“80后”会员146人，占比21%。民进重点领域会员489人，占比69%。基层组织换届有序推进，全年有14个基层组织完成换届。新成立卫生健康支部、经济界会员联谊会，继续推进市委会研究室建设。（谭　正）

■宣传教育 召开“不忘合作初心，继续携手前进”2020年表彰暨新春联欢会，表彰先进，凝聚共识，服务“强富美高”新扬州建设；开展扬州市第三批导师制民进组导学活动，先后赴仪征世博园、三湾生态公园、南京市党派共建乡村振兴实践基地等开展学习交流；组织新入会会员赴高邮汪曾祺纪念馆、南京同心小镇（美丽乡村建设示范点）开展学习培训活动。民进市委选送的照片《扶贫扶到心里来》获评“助力小康 奋斗有我”江苏统一战线微视频创意大赛图片类二等奖。余宏明被民进中央表彰为民进全国会史工作先进个人。（谭　正）

■**社会服务** 民进扬州会员参与新冠疫情防控工作，奋战在一线，奉献爱心，捐资捐物共计100余万元。民进市委连续九年开展“春联万家活动”，在高邮世贸购物中心大厅、广陵区李典镇李典村为乡亲送去新春的祝福。举办“庆祝中国民主促进会成立75周年琴扇展”，与镇江民进的书画家在丹阳美术馆进行为期10天的联合展览。民进扬州市卫生健康支部在扬州市中医院门诊部一楼举行“中国1120心梗救治日”义诊宣传活动。扬州民进基础教育教师发展研究会开展“彩虹行动”，赴金沙县官田小学开展送教活动，并向贵州金沙县官田小学捐赠10台笔记本电脑。（谭　正）

农工党扬州市委员会

■**参政议政** 2020年，中国农工民主党扬州市委员会（简称农工党市委）在市政协八届四次全会提交7份集体提案，代表委员提交议案、提案80多份，涉及医卫、环保、教育等方面，其中《加快江淮生态大走廊建设 打造好南水北调东线输水通道》在政协八届四次全会上作大会发言，《着力发展三室经济 奋力打造科创名城》等5篇提案作为大会书面交流材料。《加快紧密型医联体建设 助推分级诊疗》被列为市长领办督办提案；《加快江淮生态大走廊建设 打造好南水北调东线输水通道》被列为主席督查督办提案。《加快江淮生态大走廊建设 打造好南水北调东线输水通道》提案，在答复前，主办单位市水利局、市生态环境局分管领导上门沟通答复方案，并就农工党市委建议进行详细记录，提案办理整改到位。《关于乡镇医生扎根基层的建议》，市卫健委主要领导上门进行面答，对农工党市委所提建议采纳。《关于让大运河文起来、动起来的建议》，创新答复方式，农工党市委联合市政协提案委，会同主办单位市文旅局，协办单位市体育局、市水利局、市交通局到现场督查提案办理情况，提案建议中的未落实的整改到位。《打造好南水北调东线输水通道 做好大运河扬州段生态环境保护的建议》被市政协表彰为2020年度优秀提案。（张　俊）

■**课题申报** 按照农工党省委和中共扬州市委统战部的要求，组织各基层组织开展课题申报。全年，农工党市委共收到各基层组织上报课题申报表40多项，经过筛选，上报农工党省委课题11项，涉及医疗卫生、环境保护、脱贫攻坚和大运河文化带建设等方面。经农工党省委筛选，共计立项调研课题52项，其中扬州4项，分别为“开展水产养殖污染监控体系建设 促进水环境质量全面改善”“探索运河文化遗产和档案记忆保护传承与利用的若干路径”“0~3岁婴幼儿公共服务亟待破题”“慈善公益组织参与公共危机协同治理能力提升研究”。立项调研课题农工党市委安排专人负责，对照进度表督查课题调研情况，保质保量完成课题调研并上报省委。上报中共市委统战部课题3项，涉及高邮湖水质治理、医疗急救和制造业人才储备等，其中“院前医疗急救体系及能力建设”被中共扬州市委统战部立项，并在中共扬州市委召开的民主协商会上作交流发言。（张　俊）

■**信息宣传** 农工党市委共报送社情民意信息250多篇，被全国政协录用2篇，被中共省委录用1篇，被农工党中央录用专稿5篇、综合稿2篇，被农工党省委录用121篇，被中共扬州市委统战部录用130多篇。《关于加派临床药师援助湖北抗疫一线的建议》等3篇反映社情民意的文章被市政协表彰为2020年度优秀社情民意信息，农工党市委被市政协表彰为2020年度反映社情民意信息工作先进单位。在市政协“我为‘十四五’建言献策”征文活动中，农工党市委获优秀组织奖，1篇稿件获二等奖，3篇稿件获优秀奖。农工党市委报送农工党省委农工论坛稿件11篇，其中1篇稿件被评为二等奖，1篇被评为三等奖，1篇被评为优秀奖。报送市政协论坛稿件10篇，其中1篇被评为三等奖，3篇被评为优秀奖。农工党市委共报送宣传稿件133篇，其中被国家级媒体录用5篇，被省级媒体录用20篇，被市级媒体录用97篇。（张　俊）

■**组织建设** 2020年，农工党市委新发展党员42人，高、中级知识分子占成员总数78.57%，主界别占比59.52%，平均年龄40.21岁。至年底，农工党市委共有党员926人，其中高、中级知识分子占成员总数88.94%，在党员中医卫、环境保护、人口资源主界别占65.11%，平均年龄52.32岁。农工党市委制定《基层组织工作手册》《基层组织达标考核内容及评分标准》，对基层组织的思想建设、领导班子建设、党务工作等内容进行细化、量化，促进其规范化开展，推动基层组织建设制度化、规范化。开展换届。实现基层组织（党员队伍）县（市、区）全覆盖，共拥有基层组织52个，直属基层组织22个。经济总支、五台山医院支部完成换届任务。建好、用好“农工之家”。农工党市委共有挂牌的“农工之家”4个，分别属于市委机关、经济总支、三院支部和教育支部。（张　俊）

■**社会服务** 农工党市委开展各类义诊咨询活动5次，参加党员36人次，服务群众346人次；开展各类讲座13次，参加党员37人次，服务群众1282人次，捐赠资金10.28万元，捐赠物品价值15.36万元，捐资助学、消费扶贫2.1万元。“医疗专家工作站”“同心社区”“同心服务基地”等活动正常开展。5月24日，扬州统一战线农工党医疗专家工作站（仪征月塘）为乡村居民举办全民营养周主题讲座。6月6日，扬大附属医院基层委员会和邗江区总支的专家到邗江公道卫生院农工党医疗专家工作站进行义诊服务活动。6月19日，广陵区总支联合农工党苏北人民医院基层委员会在广陵区李典镇中心卫生院开展“端午送健康”脑卒中义诊活动。处方点评、合理用药、培训基层医卫人员等专业服务持续进行。5月14日，农工党扬大附属医院基层委员会“黄富宏药学专家工作室”专家团队到江都区滨江人民医院开展药事帮扶活动。6月11日，广陵区总支在湾头镇茱萸湾社区开展“呵护生命救在身边”宣传活动。6月28日，扬大附属医院基层委员会专家工作室在文峰街道连福社区揭牌。关爱弱势群体、捐资助学等活动开展。4月26日，高邮总支党员走进高邮市开发区敬老院，为84名老人开展免费体检活动。5月31日，经济总支党员走进连福社区，看望结对帮扶的孩子。6月10日，广陵区总支在湾头镇天福社区开展“共享健康生活”义诊宣传活动。（张　俊）

致公党扬州市委员会

■参政议政 2020年中国致公党扬州市委员会（简称市致公党）共形成各类调研成果29项。其中4项致公党省委招标课题，3项全市统战系统重点调研课题，报市政协论坛文章6篇，市政协大会口头发言1篇，书面发言2篇，集体提案7篇。《江苏专精特新小巨人企业发展情况的调研报告》在三省一市长三角论坛上做大会发言。两篇发言参加省致公党汇智论坛获三等奖。全年共收集社情民意信息264篇，报送161篇。《关于充分利用先进技术解决复工难问题的建议》《关于增加出入境人员健康申报表提示条款的建议》被致公党中央采用。（朱许婷）

■组织建设 2020年，市致公党新发展党员15人，平均年龄35岁。至年底，全市共有党员321人，平均年龄52岁。（朱许婷）

■信息宣传 结合中国致公党成立95周年重要时间节点，开展骨干党员“理想、信念”主题教育活动，组织党员参观周恩来纪念馆、抗日战争最后一役纪念馆、高邮市博物馆、汪曾祺博物馆，开展《中国心致公情》主题快闪活动。加强机关建设，推进线上办公，定期举办机关干部能力提升论坛。全年共编发宣传稿件102篇，省级及以上采用45篇次。疫情期间，市致公微信公众号共编发宣传稿38篇，宣传党员战疫故事75件，多篇稿件得到中国致公、江苏致公、扬州统战公众号采用。开展“我为战疫献一策”议政月活动，收集“战疫”信息139条。（朱许婷）

■对外联络 市致公党与广州、成都、威海、丹东致公党组织共同主办“庆祝中国致公党成立九十五周年——《朝鲜油画·云展》”；参加五省一市城市文化发展论坛；接待北京、南通、镇江、佛山等地致公党组织到扬调研；协助致公党江苏省委调研组、上海市静安区政协统战系统考察团、安徽省六安市统战系统调研组到扬调研；听取市卫健委、市教育局、市财政局、市工信局知情明政通报；与市体育局、市文旅局、市教育局、市工信局开展提案答复交流。（朱许婷）

■社会服务 持续助力苏陕扶贫协作，通过国家政府扶贫平台助力贫困地区和经济薄弱地区农副产品销售，所购扶贫产品用于慰问结对社区及困难群众，开展各类社会服务活动。市致公党援建陕西榆林首条全自动医用口罩生产线。市致公党有243名党员通过各种渠道为抗击疫情捐款捐物，总价值341万元。市致公党组织捐助湖北省黄石市价值12.13万元的口罩、护目镜等防疫物资。陈家榕被评为致公党中央抗击新冠肺炎疫情先进个人。市致公党、邗江区总支、经济总支、职大支部被致公党江苏省委表彰为抗击新冠肺炎疫情先进集体，王劲松、刘筱卫、张仁田、陈家榕、林文龙、屈长宏、夏君宜、徐晟被表彰为抗击新冠肺炎疫情先进个人。（朱许婷）

九三学社扬州市委员会

■参政议政 2020年，九三学社扬州市委员会（简称市九三学社）在扬州市政协八届四次会议上提交集体提案4篇。市九三学社各级政协委员、人大代表共向各级政协、人大会议提交集体或个人提案、议案30余篇。参与专题调研。有6篇调研报告入选省九三学社招标课题，1篇论文入选江苏九三论坛，1篇调研报告推荐转化为九三学社中央提案，《推进“旅游+”融合发展争创国家全域旅游示范城市》入选中共扬州市委统战部年度重点调研课题。疫情防控建言献策。组织社员就抗击疫情和复工复产撰写意见建议，共收到社情民意信息及提案32篇。征集社情民意。1篇信息被《中国侨联侨情专报》采用并报送中央领导阅示，1篇信息转化为省政协提案，另有1篇信息被九三学社中央采用，37篇信息被省九三学社采用。开展界别协商活动。4月，市九三学社界别政协委员实地视察瓜洲水利枢纽。参加市政协“界别活动周”活动。8月，市九三学社界别政协委员赴扬州市第三人民医院，就助力工业固体废物和医疗废物处置规范化管理开展调研。参加省安全生产民主监督工作。7月，省九三学社专项工作组到扬召开安全生产专项民主监督启动会，并进行为期2个月的安全生产专项民主监督，市九三学社3名社员作为工作组成员参加活动。（周金晶）

■思想理论建设 巩固深化“不忘合作初心，继续携手前进”主题教育活动。1月，召开市委扩大会议，学习九三学社中央主席武维华在庆祝中华人民共和国成立70周年暨纪念多党合作和政治协商制度确立70周年上的讲话精神，并传达学习十九届四中全会精神。加强信息宣传工作。2020年，市九三学社在省级以上媒体发稿17篇（件），市九三学社网站发稿116篇，微信公众号推送图文信息53篇。其中，援鄂社员事迹被江苏统一战线、扬州发布等媒体报道。1篇理论文章被市政协理论研究会采用。

（周全晶）

■**组织建设** 2020年，市九三学社发展新成员29人，平均年龄36.8岁。其中20人具有中高级以上职称。至年底，市九三学社有社员635人，平均年龄56.5岁。其中，中高级以上职称551人。基层组织换届。新成立邗江区支社、工信支社、文体支社等基层组织。家禽所支社、职大支社完成换届。多个基层组织和个人受到表彰。1人被九三学社中央表彰为2016—2020年社会服务先进个人，1个基层组织被九三学社中央表彰为2016—2020年社会服务先进基层组织，12人被省九三学社表彰为2020年度先进个人，5个基层组织被省九三学社表彰为2020年度先进集体。（周全晶）

■**社会服务** 社员闵凌峰、尤宜前往湖北一线抗疫，近40名医护人员和疾控工作人员奋战在抗疫一线工作岗位。市九三学社各基层组织及社员累计向湖北疫区和扬州市有关单位捐款（物）37万元。1月，扬州职业大学支社举办声乐公益讲座。6月，江都区基层委员会赴江都区浦头镇颜塔小学，开展留守儿童关爱活动。开展“送文化、送健康、送温暖”活动。9月，联合江都区基层委员会走进江都区特殊教育学校，捐赠生活用品，开展心理健康讲座。基层组织开展社会服务活动，保持“国际科学与和平周”活动特色。11月，前往江都区吴桥镇为当地群众送去医疗义诊服务。（周全晶）

扬州市工商业联合会

■**服务经济** 建立“1+N”（“1”是指工商联，“N”是指各相关职能部门）工作机制。通过加强工商联与各部门之间的沟通合作，共同推进民营经济高质量发展、健康发展。先后组织工商联界别部分政协委员、工商联所属行业商（协）会会长和企业家代表，走进市科技局科技广场开展调研、座谈；与市检察院联合召开服务保障民营经济新闻发布会，发布刑事司法服务保障民营经济情况及7起典型案例，举办服务保障民营经济检察论坛；与市体育局开展体企融合战略合作示范企业建设，为扬杰电子等6家民营企业授牌；与市人社局、市总工会合作，创建“和谐同行”企业—江苏金飞达电动工具有限公司。组建“亲清政商关系群”。联合市优化办牵头组建由市重点企业负责人参加的“亲清政商关系群”，并打通微信群与全市重点企业政务服务专员制度的联系，探索工商联服务民营企业的长效机制。已邀请全市150家重点企业的董事长、总经理或实际控制人，市有关领导，县（市、区）、功能区党政主要领导及涉企相关部门主要负责人，市、县两级工商联、优化办的工作人员共284人入群。开展“民营企业集中服务月”活动。与市委统战部联合制定活动方案，召开活动推进会，发动各县（市、区）、功能区和市级机关30多个部门，以“凝心聚力抓落实，同心共筑高质量”为主题，开展“民营企业集中服务月”活动，重点围绕嫁接科创资源、推动政策落实、梳理困难需求、开展融资对接、帮助开拓市场等五个方面，提高服务民营企业发展实效。搭建平台，精准服务。与市委统战部等联合主办全市服务民企金融对接会，6家金融机构代表、50多家企业代表参会，4家金融机构与12家民营企业代表现场授信签约，总额超5.46亿元。推动江苏省科技企业融资路演中心扬州经济技术开发区分中心成立并开展首场路演，缓解“双创”科技企业经营资金难题。对接农商行，为华东医疗器械等3家医疗器械制造企业节约融资成本。围绕抗击疫情及后疫情时期会员企业反映突出的问题，开展纾困民营中小微企业法律服务，推送、解读相关法律法规。加大法律“三进”力度，搭建县（市）区联动的商会调解服务平台，推进民营企业参与公司律师制度试点。与市委统战部、《人民政协报》联合举办民营经济领域民法典宣讲会，组织参加民法典线上答题和网上法律培训。深入调研，建言献策。开展后疫情时期扬州民营经济发展专项调研，形成《扬州后疫情时期民营经济发展调研报告》；撰写的《关于促进我市大健康产业发展的调研报告》得到市委、市政府主要领导的批示；《精准纾困民营中小微企业对策研究》被《扬州通讯》采用；走访福建、船舶等10余家商会及其会员企业，形成《精准施策推动扬州民营船舶产业高质量发展》调研报告。开展上规模民企调研、民企履行社会责任调研等十多项调研；配合市工信局完成2019年扬州民营经济发展报告及典型企业案例。在市政协全会上，市工商联作“加快发展数字经济，培训我市产业高质量发展新动能”的大会发言，并提出集体提案4件。

（管　娟）

■**宣传教育** 组织50多名企业家赴苏州大学参加民营经济人士能力提升培训班，帮助民企加强内功修炼，提高创新发展能力。举办第4期扬州《人人成为经营者——阿米巴经营》公益精品研讨班，组织民企负责人、股东、高管、财务等93人参加培训，提高综合素质。开展第三批民营企业文化建设示范单位遴选工作，推选13家扬州市民营企业文化建设示范单位。在商会、企业中开展诚信建设宣传工作，以诚信文化宣传引领企业文化建设，获市文明办、信用办“优秀组织奖”。智途科技公司积极应对危机、加强自主研发的典型事例被《华人时刊》采用。（管　娟）

■**组织建设** 加强组织建设，制定印发《2020年总商会党委党建工作要点》；新组建河北、宿迁2个商会党支部，完成福建、家具等商会党支部换届。召开民营企业党建工作推进会，为12家民营企业党建示范点授牌。配合完成2019年度全联企业家执委履职情况评分；起草《扬州市工商联关于加强和改进会员工作的意见》。开展党外代表人士“导师制”培养活动，组织学员参加全市青年民营企业家座谈会。参与全市统战大数据平台建设，同时启用全国工商联新版会员组织管理系统。推荐文化产业商会、江都区宜陵镇商会等7家商会为全国“四好”商会，泰兴商会、广陵区青企联等28家商会为江苏省“四好”商会，评定盐城商会、高邮市卸甲镇商会等33家商会为扬州市“四好”商会。推进数字经济、环保产业、咖啡协会等新商会的筹备组建，吸收市人力资源信息服务业协会作为团体会员。严格执行商会新任会长综合评价、副会长资格审查，指导福建、靖江等商会筹备换届。至年底，全市工商联有会员2.07万个，其中企业会员1.73万个。有各级各类商会组织224个，其中行业商会83个，异地商会57个，乡镇街道商会68个，其他商会16个。市直属商会65个，其中行业性商会33个，地域性商会27个，其他商会（商圈）5个。另有异地扬州商会17家，其中海外扬州商会1家。 （管　娟）

■助力抗疫 市工商联走访奥克公司、市医疗器械商会等重点单位，了解情况，解决困难，向各商会和会员企业发布《关于全面动员，同心协力，打赢防疫攻坚战的倡议书》。会同市工信局、市金融局、市银保监等部门，推动银行机构向14家疫情防控物资生产企业提供生产资金保障。联合市优化办发起《疫情期间扬州企业状况》线上调查，收集问卷1360份，汇总六大问题报市防控办供决策参考。与市税务局联合举办疫情防控税费优惠政策宣讲会，组织企业代表80多人参会。推出“助力抗疫，学习强企”线上公益培训，及时传达疫情防控要求和惠企政策措施。在《新扬商》和总商会公众号平台专设“抗击疫情民企助力”栏目，推出疫情后企业返岗人员心理疏导短视频、预防疾病知识等系列宣传，宣传抗疫、复工事迹和经验98件，宣传金融、社保、外贸等助企政策措施150余条。总商会响应号召，免除会员2020年的会费。组织民营企业和直属商会为疫情防控捐赠物资，履行社会责任。据不完全统计，全市系统内各类捐赠折合5300余万元（其中捐款1974万元，口罩24万余只，医用防护服1万余套，护目镜、消毒液及其他防控物资若干）。 （管　娟）

扬州市总工会

■市总工会七届四次全委会议 8月5日，扬州市总工会七届四次全委会议召开。会议围绕夺取“双胜利”和“六稳”“六保”各项目标任务，以服务“双胜利”为主线，推进产改，培养选树一批改革试点典型，加强职工思想政治引领，开展“听党话、跟党走”职工大讲堂活动，发挥“义工教授”团队作用，开展“双进”（劳模工匠进校园，思政教师进企业）活动，全面完成“123”实事工程三年行动计划目标任务，深化“职工好食堂”建设，加大困难职工帮扶力度，开展职工维权活动，加强工会自身建设，强化党建引领，推动党工共建，推动工会工作再上新台阶，为夺取“双胜利”、开启新征程、建设美丽幸福扬州贡献智慧和力量。 （耿　娴）

■疫情防控 宣传防疫知识，在市总工会微信公众号推送“线上抗疫课堂”18期，增强职工防疫意识，提高职工防疫技能。快速报道抗疫动态，发出《扬州市总工会关于抗击新型肺炎疫情的倡议书》，宣传抗疫、复工复产过程中工会的责任与担当。选树战疫典型，推荐扬大附属医院重症学科护师、“江苏小可爱”李娟娟当选“江苏省十佳抗疫职工”。联合市委宣传部、市文明办开展文明职工评选活动，选树10名“扬州市十佳文明职工”，其中2人为援鄂医疗工作队成员。一批在抗疫期间表现突出的医生、护士，被选树为“扬州市文明职工”。规范使用防疫资金，市、县以上工会筹集防疫专项资金493.46万元，其中市总工会本级筹集319.74万元。慰问赴湖北抗疫一线医护人员及家属143.64万元，慰问本市一线医护等防控人员195.49万元，购买防控慰问物资31.07万元，慰问防控物资生产企业47.72万元，慰问困难职工等75.54万元。落实惠企政策，实行工会经费全额返还政策，全年全市县以上工会返还工会经费4519.2万元，惠及小微企业1.91万家，其中，市总工会本级返还经费1251.6万元，惠及小微企业2944家，全市小微企业经费金额返还率99%，市总工会本级金额返还率99.70%。配合落实疫情防控，参加市疫情防控工作指挥部企业防控组相关工作，拟定《扬州市总工会企业防控工作方案》，参与研究制订《慰问疫情防控一线工作人员方案》《关于全市工会进一步协助打赢新型冠状病毒感染的肺炎疫情防控阻击战的通知》《关于开展协助打赢疫情防控阻击战推动经济社会平稳发展“五大行动”的意见》等方案与措施，与市场监督管理局研究制订《职工食堂防疫安全风险提示》《复工企业职工用餐指南》等。 （耿　娴）

■党建带工建 联合市委组织部出台扬州市《关于推进全市非公有制企业党建带工建“三创争两提升”活动的实施意见》，共同召开全市深化党建带工建暨“三创争两提升”活动推进会，7家单位获得首批百家全省非公企业党建带工建“三创争两提升活动”省级示范单位称号。加强市、县两级非公企业党工联系点典型培育，各地分别建立30家非公企业党工联系点，重点打造2家规模以上非公企业典型，举办2期全市非公企业党组书记和工会主席培训班。 （耿　娴）

■组织建设 2020年，全市新建新经济组织工会242家，加大八大群体建会入会力度，因地制宜，在采取“2+X”建会模式的基础上，全市各地分别组建网约送餐员、货车司机、保安、快递、护工、家政、商场信息员等群体的工会24家，吸收会员5047人。成立市直快递行业工会联合会，联合会涵盖快递单位42家，工会会员205人。印发《关于开展2020年“争创新时代星级基层工会、争当新时代星级基层工会主席”活动的通知》，推动“双争”活动开展。全市共评选出41家“新时代五星级基层工会”、75家“新时代三星级基层工会”、295家“新时代星级基层工会”以及20名“新时代五星级基层工会主席”、39名“新时代三星级基层工会主席”、81名“新时代星级基层工会主席”。贯彻落实省总工会《关于落实“大抓基层”要求，深化基层工会改革创新的意见》，推动百人以上企业全建会工作，建会率达97.2%，推动50人以上正常经营企业建会入会工作。（耿　娴）

■企事业单位民主管理 完成2018—2020年度全省厂务公开民主管理工作先进单位推荐评选工作，在企事业单位中表彰2018—2020年度全省厂务公开民主管理先进单位21个、示范单位3个。在全市范围内开展企务公开民主管理工作互查互检工作2次。（耿　娴）

■职工思想引领 组织专家教授深入基层宣讲党的十九届四中、五中全会精神100多场，邀请市委宣讲团成员为工会系统宣讲党的十九届五中全会精神。组建扬州劳模工匠思政教师宣讲团，包括72名劳模和思想政治教师，开展“双进”讲座126场，“听党话、跟党走”职工大讲堂活动862场。举办第12届扬州市职工读书月，创成3家全国职工书屋、4家江苏省职工书屋和2家江苏省书香企业，扬州经济技术开发区职工之家职工书屋被评为江苏省最美职工书屋，与市图书馆协作，加强职工书屋和城市书房的资源整合，新增30家市级职工书屋。开展第12届“职工读书节”活动，宝应农商行等5家企业被市阅读办评为“扬州市书香企业”。举办“致敬劳动者 建功新扬州”2020全市职工庆国庆专场文艺展演。举办“学悟守正 奋斗有我——我是小康亲历者”职工征文、演讲、短视频比赛。（耿　娴）

■职工服务帮扶 开展“工会常伴节日送暖”系列活动，元旦、春节期间，分级分层开展送温暖活动。专设疫情期间困难职工临时补助金，向全市已建档的困难职工家庭每户发放1000元生活补助金。组织举办工会就业创新援助月和“春风行动”劳务洽谈会，配合市人社局开展民营企业用工招聘周活动，市、县两级工会举办招聘会81场。联合扬子人才网打造线上“春风行动”，开展线上招聘服务工作，4750名求职者登录注册求职需求，用人单位累计收到网络投寄应聘简历2.71万份。组织动员800家企业注册上线江苏工会服务网，并通过就业服务系统发布岗位招聘信息，挖掘基层工会网上工作能力。对接市发改委、市教育局、市民政局、市财政局、市人社局等12个部门，围绕《关于深入做好城市困难职工帮扶工作的实施意见》相关要求，为困难职工定制“民生礼包”，落实困难职工解困脱困工作。围绕123实事工程和《扬州市工会帮扶困难职工1000户三年规划》，组织与困难职工的结对帮扶，展开对困难职工家庭的生活救助、助学救助及医疗救助等工作，全年使用帮扶资金478.9万元，共帮扶职工1317户，其中用于生活救助187.05万元，用于助学救助54.16万元，用于医疗救助237.69万元。（耿　娴）

■产业工人队伍改革 完善产改政策，提请市“两办”下发《加强和改进新时代扬州产业工人队伍思想政治工作的工作计划通知》。市委副书记、统战部部长孔令俊两次主持召开产改联席会议暨产改工作部署推进会，对产改工作作出指示要求。健全组织机制，建立扬州市产业工人队伍建设改革联席会议办公室，办公室设在市总工会，由党组书记任产改办主任并明确专职产改工作人员，具体负责产改办的牵头抓总工作。市总工会成立产改领导小组，明确市总工会各部门的责任分工。建立产改工作例会制度，市总产改办定期研究产改工作，建立60人的产改观察员队伍，在基层一线宣传产改政策、收集问题需求、反馈意见建议、参与监督评估。市委组织部会同市总工会举办扬州市产业工人队伍建设改革培训班，各县（市、区）党委、功能区党工委分管负责人，市产改联席会议成员单位分管负责人和联络员，各县（市、区）、功能区工会主要负责人和职能处室负责人，产业工会主任，试点企业主要负责人、工会主席和产改观察员，市总工会领导班子全体成员和部门主要负责人等200余人参加培训。推进产改试点，市产改办制定下发《扬州产业工人队伍建设改革试点工作方案》《分板块试点、创特色典型，关于深耕新时代产业工人队伍建设改革的工作方案》。7月，召开全市产改试点工作部署推进会，对产改试点工作进行再部署再动员，全市已分两批共明确50个产改试点单位，各试点单位结合实际，出台本单位产改试点方案，全面启动产改工作。强化产改督导，将产改工作纳入市委督查工作内容。市总工会主席杨正福带领产改办工作人员赴全市各地指导产改试点推进工作，因地因企提出指导意见，督查产改方案落地落实。（耿　娴）

■劳动和技能竞赛 开展“当好主人翁、建功新时代、夺取‘双胜利’”主题劳动和技能竞赛，明确全市举办20项劳动竞赛，完成25项市级职工职业技能工种竞赛，其中1项劳动竞赛列入省十大重点工程劳动竞赛。各县（市、区）举办46项劳动技能竞赛，全市县级以上劳动和技能竞赛参赛职工达到1.3万人次。组队参加长三角网络安全攻防大赛获团体二等奖和个人优秀奖，组队参加全省劳动保护安全技能竞赛获三等奖。深化群众性技术创新活动。围绕企业发展，开展班组“五小”竞赛（小发明、小改造、小革新、小设计、小建议），对44项职工发明专利实施补助，评选“十佳”合理化建议，在江苏省三个“十大”项目评选中，获十大科技创新成果2项，十大先进操作法1项，十大发明专利1项。开展班组创优竞赛活动。以争创“工人先锋号”活动为载体，推进“六型”班组全面建设，评选50个安全建设先进班组，举办3期化工医药行业班组长培训班，有288人参加。各县（市、区）工会和全市有关企业共组织化工行业班组长培训164次，152家企业进行培训，培训人数3541人。

（耿 娴）

■劳模先进评选表彰 组织召开2020年扬州市劳动模范和先进工作者表彰大会。市总工会评选表彰180名市劳模先进人物，评选表彰新冠肺炎疫情防控工作先进单位10个，先进个人40人，先进班组20个并授予市五一劳动奖和工人先锋号。择优推荐表彰7名全国劳动模范、先进工作者和7个江苏省五一劳动奖状、9个五一奖章、2个荣誉奖章、24个工人先锋号。扩大劳模效应。出台《示范性劳模创新工作室命名和管理办法》，新建劳模创新工作室30家，完成“123”实事工程确定的劳模创新工作室创建目标，累计创建劳模创新工作室215家。总结推广邗江科技镇长团与劳模创新工作联姻共建经验，与市委组织部（人才办）联合制定下发文件，开展扬州市科技镇长团“联姻”劳模创新工作室活动。

（耿 娴）

■关心关爱劳模 加强劳模档案管理，完成65名全国劳模及1270名省部级劳模管理系统的信息输入工作；审核确认新增享受各级劳模待遇118人。2020年春节发放各类劳模补助金289.62万元（其中划拨资金到7个县区共计158.17万元）。市直发放131.45万元，发放类型5类，共计劳模1473人次。全国劳模生活困难申报7人，省总补助16.62万元，全国劳模特困申报20人，省总工会补助18.7万元。组织3批次30人参加省总组织的全国劳模、省劳模休养活动；组织4批次115人参加市总组织的劳模休养活动。组织全国劳模、省劳模体检180人。

（耿 娴）

■职工劳动保护 深化“安康杯”竞赛等群众性安全生产活动。组织3388家企业参加扬州市“安康杯”竞赛活动，比上年增加5%。号召各级工会开展2020年“安全生产月”“安全生产万里行”活动。市总工会制定下发《工会安全生产专项整治行动方案》，全市开展安全生产知识培训3.28万人次，发放《职业危害防治知识职工普及读本》等资料7150份。组织职工开展“双十”活动，开展安全隐患随手拍活动，报送作品427幅，评选一等奖10项、二等奖20项、三等奖40项；首次组织开展评选安全生产金点子征集活动，共征集金点子144条，评选金点子一等奖10人、二等奖20人、三等奖40人。高邮市总工会等2家单位获全国“安康杯”竞赛先进单位，2个班组被表彰为先进班组，12个单位、3个班组和4名个人被表彰为省“安康杯”先进单位和个人。组织开展职工劳动保护模范工会创建活动，择优推荐3家单位为省级劳动保护示范工会。举办劳动保护监督检查员培训班，经过考核，120人取得劳动保护监督检查员上岗证书。关爱户外劳动者生命安全和身体健康。开展夏季安康“三送”活动，慰问重点工程、重大项目、重点领域的一线职工，市总工会本级投入资金59.3万元，全市各级工会筹集慰问资金4256.7万元，市总工会投入资金近10万元，对防汛抗灾一线的单位进行慰问，评选表彰“十佳爱心驿站”，推荐两家“爱心驿站”为江苏省五星级“爱心驿站”。市总工会报送的《源头主题防范监督，整改21家企业无效规章制度》的案例成功入选省总工会“法律维权十大经典案例”。

（耿 娴）

12月3日，扬州市劳动模范和先进工作者表彰大会现场　　董 辉/摄

■工会法治宣传 全年全市各级工会开展动员志愿者和工会干部开展各种形式的法治宣传活动235场次，组织志愿律师微讲堂68场，制作法治宣传视频32个，发放各种宣传资料4.3万份，为企业开展“法律体检”服务185家，发出工会劳动法律监督意见书32份，建议书1份。开展以“携手抗疫·共克时艰”为主题的农民工专项法治服务活动，与市司法、人社以及市总女工部一起到企业和工地举办法治宣传服务，与

市司法局共同举办“宪法宣传周”活动，开展宪法宣传进企业、近职工，举办宪法知识职工互动，开展广场宪法和民法典的宣传活动。

（耿　娴）

■工会干部培训 全年市本级举办2场工会干部业务培训，培训工会干部145人，到基层工会开展工会法律维权知识讲座6场，受众400多人次。举办市总工会党组带机关的法律学习，举办安全生产法、民法典的培训，其中民法典学习邀请省委党校教授梁三利专程到扬辅导，全市各级工会干部近300人参加。

（耿　娴）

■女职工关爱行动 助力女职工疫情后复工复产。下发《女职工防疫小手册》，宣传疫情防控知识和心理疏导知识，保证女职工快速调整状态、适应工作要求。发布“春风行动”等网上专场招聘会，做好女性就业岗位组织、女性就业、创业知识咨询等服务。关注孕期、哺乳期女职工返岗情况，鼓励具备条件的单位安排居家远程办公。根据《江苏省女职工劳动保护特别规定》，落实保胎休息、哺乳假等相关建议。与企业协商，解决双职工家庭未成年子女延期开学带来的“留守看护”问题。举办女性就业能力提升培训班，为女职工送技能、送岗位、送关爱。提升女职工综合素质。借助女职工工作载体、文化宫公益培训等学习载体，开展女职工素质提升行动。坚持“三月女性阅读月”，激发女职工自我提升内在力。向全市征集2020年扬州职业女性喜爱的10本书书目，联动举办线上线下阅读分享会29次。市总工会女职委被全国“书香三八”组委会评为女职工读书活动优秀组织奖。推进爱心母婴室实事项目。完成“爱心母婴室300工程”各项目标任务，审核验收扬州工会“爱心母婴室”300家，市总工会先后投入奖补资金100万元，撬动各级配套资金300多万元。致力于关爱女职工在职全周期，在爱心母婴室引入“+”系列活动，延长服务长度、宽度和深度，推出提升小课堂、分享小沙龙、展示小舞台等，与女职工工作元素深度融合。全市有8家“爱心母婴室”被全国总工会授予全国职工书屋便利阅读点。打造职工托幼项目实事项目，推出爱心母婴室姐妹版“爱心托管班”，会同社会力量，整合社会资源，为爱心托管班提供公益课程、儿童实践机会等。全市各级女职工组织积极开展“爱心托管班”试点，全市试点单位达37家，受益职工子女达600余人。实施关爱女职工身心健康实事项目，与市卫健委联合下发女职工“两癌”筛查三年行动计划，明确在职女职工在卫健委定点筛查机构可享受128.6元的优惠筛查套餐，在5·20期间，为全市520名家政、环卫女职工做免费“两癌”筛查。关爱女职工心理健康。疫情期间持续发布心理调适关爱微信推送70余条。

（耿　娴）

共青团扬州市委员会

■概况 2020年，共青团扬州市委员会（简称团市委）贯彻落实市委、市政府和上级团组织的要求和部署，推进落实，助力发展，提升团组织的大局贡献度、社会认可度和青年满意度。至年末，全市共有共青团员21.32万人，全年新发展团员1.08万人；有基层团委261个，基层团工委31个，团总支123个，团支部9498个；有专职团干部5630人，兼职团干部7600人。

（姜　彤）

■青少年思想引领 组织开展“红领巾心向党”“核心价值观记心中”等思想教育和实践活动，全市26万青少年人次参与。打造6条3.0版青年学习社线路，开展“青年大学习”主题活动350余场次，新建市级学习社25家，其中三湾青年学习社等3家学习社被评为省级示范青年学习社，高邮市“胜利之路”青年学习社主题线路被评为省级示范学习社线路。新增46名市级“青年讲师团”，全年集中开展“绽放战疫青春·坚定制度自信”主题宣讲5场次，录制并发布线上“青春峥嵘讲堂”7期。出品《青春逆行·战疫有“我”》《致敬最美逆行者》等原创扬州战疫实录视频。

（姜　彤）

■青年创新创业创优 实施第五期“扬州市青年企业家发展领航计划”，遴选65名青年企业家，全年教学课程6场次，举办私董会5场，学员企业交流互访30余次，促成学员企业项目合作6个。推广新农菁英贷系列金融产品，1—11月共发放319笔，累计达1.7亿多元。举办江苏青商企业乡村行走进扬州暨扬州共青团助力万企联万村主题活动，动员市、县两级青商企业与村（社区）对接，活动现场签约项目18个，至年底推动合作项目57项，总投资近25亿元。开展人才招聘、暑期实习、“新农菁英”就业见习等活动，提供岗位1000余个，见习机会1200余个。成立扬州市驻沪团工委，打造长三角青年人才双创基地（上海），探索两地创新创业领域的项目推动和产业引领。

（姜　彤）

■青年群体服务 组织系列评选表彰活动，推报国家级、省级表彰。全年全市共获评国家级先进集体3个，全国优秀团干部2人，李想当选全国“抗击新冠肺炎疫情青年志愿服务先进个人”，11名青年典型当选2020年度江苏省“我们身边的好青年”，600人获评“江苏好少年”称号。开展联青服务主题活动3场，每名团干部联系青年达30人，累计帮助青年解决实际困难共100余件。成立全市海归青年服务站2家，举办“感知扬州、情系家乡——扬州市海归青年看扬城主题交流活动”。承办省青联“青春有约、智慧无线”苏港澳云分享会扬州站活动，200多名省、市青联成员通过线上与港澳青年共话城市发展。成功召开扬州市青年志愿者协会第五次会员代表大会、市青年工作联席会议第二次全体会议、市青联五届二次常委会。

（姜　彤）

■志愿服务品牌建设 团结动员团员青年，奋力投身抗疫防汛志愿服务第一线，发挥突击队及生力军作用，短时间内组建起60余支青年突击队，招募5000余名志愿者，支援联防联控、物资储运、巡查督导等一线领域。联合扬州职业大学在总结国内大型赛会志愿者培训成果的基础上，结合扬州赛会工作实际，编写《扬州市赛会志愿服务培训指南》，引导青年为赛会提供优质高效的志愿服务。持续动员青年志愿者参与生态文明实践，组织开展网上“云植树”活动，“美丽中国·青春行动”河小青净滩行动、“文明生活·绿色行动”垃圾分类全民打卡行动等，做好宣传示范，传递绿色环保理念。（姜 彤）

■关爱重点青少年群体 组织开展市、县两级暑期青春自护教育活动45场次，举办扬州市中小学生自我保护情景剧大赛，联合市检察院分别在6个县（市、区）建立“为爱护航社区帮教中心”，推动专业社工机构开展涉罪青少年服务帮教工作，全年累计服务涉罪青少年、不良或严重不良行为青少年121名。深化预防青少年违法犯罪教育，通过微博、微信、抖音等新媒体平台以及“12355青春热线”广播电台节目等线上方式，开展预防青少年违法犯罪教育活动60余次、覆盖达2000人次。开展“希望工程”品牌系列活动，全年筹集各类资金和物品362.93万元，发放各类款物228.1万元，受益人数达3.97万人次。创新打造“希望工程·宏志行动”工程，为100名事实孤儿提供“五个一”服务项目。（姜 彤）

■团组织建设 扩大青年组织覆盖，新成立市直属团组织5家，新建非公企业团组织2090家，设立3个工作专门委员会，6个县（市、区）全部建成团代表联络站，逐步构建市、县联动“1+3+6”团属工作阵地。推行实施全市团干部“360”培养计划，组织“共青团改革再出发”扬州市新任团干部暨中学中职团委书记培训班、全市非公企业团组织书记培训班等。进行推优入党工作试点，探索“选推育”全过程管理模式，各试点经团员“推优”后入党人数占比均超过60%。制定《扬州市初中少先队争章积分入团实施细则》，实现全市初中少先队双积双评争章积分入团工作全覆盖。探索实施“一张网”治理模式，试点推进《基层网格团支部工作清单》制度，在共青团投身新时代文明实践中心（所、站）建设基础上，建立青年助理网格员队伍，深入基层一线网格最前沿。（姜 彤）

扬州市妇女联合会

■概况 2020年，全市各级妇联组织立足“引领、服务、联系”三大职能定位，聚焦疫情防控、复工复产、基层社会治理、乡村振兴等重点工作，在促进妇女创新创业、弘扬社会文明新风、维护妇女儿童合法权益和加强妇联自身建设等方面，主动作为、奋发有为，儿童青少年关爱保护、妇儿民生实事项目化推进等方面取得新进展，行业（系统）妇联组织建设、家家幸福安康工程、妇女创业创新（基金）贷款等工作经验在全省推广。（薛芳洁）

■妇女思想引领 以“巾帼心向党，奋进新时代”为主题开展庆祝建党99周年系列活动。推出“致敬最美‘逆行者’，激扬时代‘巾帼范’”主题系列活动，设置“致敬·她力量”“关爱·她生活”“服务·她发展”“展示·她风采”四个板块，实时报道抗疫中的暖心故事，不间断在公众号发布疫情防控相关微信、公告推文、群防群控战疫故事270多篇，《巾帼抗“疫”当先锋》短片登上公交电视、商圈大屏、掌媒头条。围绕“她温度·我的战疫日志”“她温度·我眼中的小康路”两大创作主题组织开展“乘风破浪她力量”全市首届女性融媒体创意大赛，收到作品100余件。在全省女性融媒体大赛中获全省第二名、第三名，并获优秀组织奖。开展“万家抗疫·最美家书”征集展播活动，引导全市家庭用亲情“家书”记录下战“疫”过程中的动人故事，征集到家书500多封，精选50封编印成册，线上线下持续展播。联合市文明办、市城管局开展“文明城市你我共建、垃圾分类巾帼先行”志愿服务集结行动。开展健康家庭“筷”行动，以宣传海报、“舌尖系列”专题讲座、微视频“秀一秀”和社区微信群接力打卡等活动吸引广大市民参与，以餐桌文明推动健康家庭建设。开展“最美家

接鄂医务人员乔继红家庭　　妇　联/供稿

庭”寻访创评活动，寻找事迹生动可亲、优秀可学的家庭，开展入户寻访和报道。2020年获评省级以上“最美家庭”“五好家庭”“抗疫最美家庭”“书香家庭”39户，评选出市级各类最美家庭150户。开展“学习强国”进家庭活动，组织党员干部家庭、妇联执委家庭、各级五好文明家庭及最美家庭等优秀典型家庭带头加入学习小组形成示范，培育学习新风尚。高度关注、及时挖掘、宣传在疫情防控、防汛抗洪等工作中涌现出的优秀妇女典型，推荐省级以上三八红旗手9人、三八红旗集体3个；推进实施“传承三八精神激扬巾帼风采”项目，推出的《江苏扬州：绽放“她力量”！“三八红旗手”同心战疫做表率》文章在“学习强国”平台发表；以奋战抗疫为主线，推选6人获省“十行百星”巾帼创业创新典型称号，5人获省巾帼建功标兵、15个岗位获省巾帼文明岗称号。

（薛芳洁）

■助力抗击疫情 启动“在你身边抗击疫魔”公益捐赠活动，实施“三暖”（暖心包、暖心菜、暖心话）行动，为262名援鄂医务人员贴心设计“一次免费保洁服务、一对一专线服务、一场定制式服务活动、一次家教指导服务、一批先进典型寻访、一年期刊杂志赠阅”“六个一”暖心服务行动。开通扬州市幸福家庭直通车抗击新冠专线，集结全市有资质的法律、心理方面的优秀专家志愿者，为广大家庭线上解决难题，并编写典型案例推广。协调、动员女企业家结合企业优势，转产口罩、防护服等。开展防疫抗疫微课堂、“免疫力守护”暖心服务等近30期。

（薛芳洁）

■妇女创业创新 启动妇女创业创新基金新三年支持政策，同步出台妇女双创基金应对疫情防控、支持巾帼家政提质扩容和乡村振兴巾帼行动的专项政策。全年累计发放妇女创业担保贷款2.8亿元，扶持638名创业女性和66家女性领办企业发展。实施系列帮扶行动扶持女企业家协会企业恢复经营能力，开通防疫复工法律专线。推广“妇联喊你来学技”慧创微课堂，开发线上课程，推出“新媒体时代，新营销新未来”公益课等，20期“云”培训课帮助广大妇女提升就业技能；引导妇女就近就地就业，助力解决企业招工和妇女就业“两头难”，开展“线上招聘不打烊，招工就业巾帼帮”女性专场招聘活动，市、县两级妇联开展线上招聘7场次，提供就业岗位近3000个。全市各级妇联开展妇女劳动力转移培训及家政、电商等培训43期，培训妇女1792人次。做好乡村振兴连心服务，帮助农产品销售，推出“抗疫有我，新鲜到家”“助农公益行·三八嗨购节”活动，成立“巾帼助农爱心团”等，搭建供需平台。策划“巾帼带货暖心助农”公益直播，为当地优秀农产品搭台进行抖音直播和商场售卖，线上线下近20万人围观，两小时内销售额近20万元。举办“慧创新时代，她播赢未来”女性电商直播创业培训班，扬州8名选手获省“十大KOL女性标杆人物”“十大最具培育潜力奖”等荣誉，包揽省首届女性直播创业大赛助农频道冠亚军。开展美丽乡村典型选树宣传，评选2020年度美丽庭院100户，10个村获评省级“美丽家园”示范点，12家女性领办基地获省妇女“双学双比”活动示范基地称号。

（薛芳洁）

■妇女合法维权 制定下发《关于建立完善扬州市预防性侵未成年人、维护女童人身权益工作机制的实施意见》，完善“发现报告、舆情应对、联防联动、关爱服务、工作督查”五项机制。联合市司法局下发《关于进一步推进家事调解社区工作室标准化建设的实施意见》，将妇联系统调解工作室纳入司法行政序列，全市累计挂牌个人调解工作室212个，发展调解员队伍662人，平均每年参与调解纠纷近千件，调处成功率达70%。推动全市县级婚调委全部入驻综治中心，开展婚姻家庭纠纷案件的调解，有效维护妇女儿童人身、财产、子女监护等权益。注重吸纳女性网格员为村（社区）妇联执委，支持村（社区）妇联执委、妇女维权骨干加入网格员队伍，实现妇联与网格管理“双向联通”。为妇女群众纾困解难，全年全市妇联系统接待来信来访465件，“江都N号房事件”等重大舆情得到妥善处理。以“万家学法·法润万家”为主题，联合市司法局开展扬州市“民法典进家庭”宣传活动，全市举办近百场次。

（薛芳洁）

■妇儿民生福祉 关注疫情对妇女儿童民生的影响，坚持以推动“十三五”妇女儿童发展规划圆满收官为主线，完成全市“十三五”妇女儿童规划实施情况拉网式督查调研，“十三五”期间，全市妇女儿童规划纲要达标情况良好，在全省重点领域的20项指标排名中，比上年提升3位，妇女参与决策管理取得明显进步、妇女儿童健康教育水平显著提升、妇女儿童发展环境不断优化，母婴安全保障工作持续2年走在全省前列，促进妇女创业金融保障、探索学校教育与家庭教育有机融合、性别平等咨询评估、新生儿出生“五证联办”、儿童友好城市创建等10个方面的工作得到省级评估督查组肯定。推动“儿童友好城市”建设，《扬州市建设儿童友好型城市行动规划》通过评审，“推动儿童友好城市、儿童友好社区建设”纳入扬州市国民经济和社会发展第十四个五年规划纲要和2035年远景目标草案。

（薛芳洁）

■妇儿弱势群体 推进全市“守护成长、幸福一生”儿童青少年关爱保护工程，累计培训志愿者讲师497人，开设课程1656节，受益学生7.2万余人。连续第七年开展“‘亲子大讲堂’农村（社区）巡讲活动”项目，举办巡讲活动、“亲子空中课堂”、“五分钟家教”微课堂、“云看见”系列微课堂等86场次。实施“把爱带回家，相伴共成长”爱心妈妈结对关爱项目，筹集爱心资金近百万元，招募112名爱心妈妈，常态化结对帮扶112名困境儿童。活动中心专场服务困境留守儿童、弱势家庭330人。深化困境儿童关爱帮扶行动，实施“春蕾计划”爱心助学活动，全市妇联组织发放春蕾助学金131.18万元，资助春蕾女童3914人。（薛芳洁）

■组织建设 推进“县级妇联改革破难行动”，破解制约县级妇联发挥作用的瓶颈和难点。制定下发《关于强化基层妇联组织职能职责和发挥基层妇联执委作用的指导意见》。推动全市500多家新兴领域妇联组织建设，农业农村、住建、市场监管、注册会计师行业协会等21家行业（系统）妇联相继成立。至年底，全市四级妇联组织有1489个。组织开展“在你身边·执委领跑行动”，各级妇联执委强化履职担当，分别自办、领办项目。下发《关于在村（社区）“两委”换届中推进女性参选工作的通知》，把提高女性进入村（社区）“两委”班子和任正职比例作为重点工作推动，通过调查摸底、宣传引导、教育培训等途径，保障基层妇女群众享有平等的民主参政权利，提高女性参与村（社区）决策与事务管理的能力水平。（薛芳洁）

扬州市科学技术协会

■概况 2020年，扬州市科学技术协会（简称市科协）打造聚才引智服务、科学素质提升、创新驱动助力、基层组织建设等“四大工程”。举办2020（第14届）国际汽车轻量化大会暨展览会。新建6家企业院士工作站、10家学会专家工作站。组织“院士专家扬州行”主场活动。新建企业科协48家。开展第二届寻找“最美科技工作者”活动，评出10名“最美科技工作者”。召开纪念“5·30全国科技工作者日”座谈会，新增设江苏里下河农科所、江苏奥克化学有限公司、江苏旅游职业学院等3个国家级科技工作者调查站点。完成2017—2019年度扬州市自然科学优秀学术论文评选，开展2020年软科学课题研究，55项课题结题。报送科技工作者建议共9篇，其中2篇获市委主要领导、分管领导批示。实施市级学会（高校科协）创新和服务能力提升工程，资助创先争优学会6个，“特专优精”项目13个。举办2020年青少年科技创新后备人才培训班，8名学生入选省级计划。组织第九届青少年科技创新市长奖评选，开展扬州市第一届青少年创意编程与智能设计大赛、扬州市青少年航空模型竞赛，在第31届江苏省青少年科技创新大赛中共有93个项目获奖，2项作品分别摘得初、高中组最高奖项“培源奖”。建成邗江维扬实小扬州市青少年科创中心，组建并获批STEM教育市级名师工作室；建成广陵常府社区航空科普馆等3家社区科普体验馆；新增扬州首拓环保科普教育基地（邗江）等10家市级科普教育基地、高邮珠湖小镇等4家省级科普教育基地。推出“党建引领乡村振兴——科普云课堂”20期，省公民科学素养大赛线上赛人数突破10万人次，参赛人数及满分率列全省第一。推动江苏旅游职业学院科协成立，驻扬高校科协实现全覆盖。市计算机学会等10家市级学会完成换届。先后获评全省科协系统先进集体、中国科协“全国科普日”活动优秀组织单位、全省科学素质大赛优秀组织单位、全省科普报刊宣传工作优秀组织单位、中国创新方法大赛江苏赛区优秀组织单位、省科技创新协会科技创新成果转化奖优秀组织单位、省科协青年会员创新创业大赛优秀组织单位。（刘悦 王翔）

■2020（第14届）国际汽车轻量化大会 9月21—23日，联合中汽学会举办2020（第14届）国际汽车轻量化大会暨展览会，推动中汽学会与扬州市政府签订全面战略合作协议，促成大会落户扬州。中科协党组成员殷皓、江苏省副省长马秋林、中汽学会理事长李骏、市委书记夏心旻等领导出席大会开幕式并致辞；5位院士作学术报告，发布技术报告82个、安排对接活动23场，参展企业及科研机构150家，参会观展专业人士超2000人；扬州39家企业参展、169家企业800多人参会观展，16家企业签订技术合作协议，一批企业达成市场合作；大会专设扬州汽车产业高质量发展研讨会，形成一批有价值建议；会前在北京召开新闻发布会，29家国家级媒体到会报道；大会期间中国

9月21日，第14届国际汽车轻量化大会暨展览会在扬州开幕　庄文斌/摄

网现场直播点击率超120万人次，国、省级媒体报道92篇次，扩大扬州汽车产业对外影响力。

（刘 悦 王 翔）

■**院士（专家）工作站建设和科技信息服务** 新建6家企业院士工作站、10家学会专家工作站，完成2017年度市级院士工作站评估验收。9月11日，联合广陵区委、区政府组织“院士专家扬州行”主场活动，邀请南京大学院士都有为作《创新是新时代产业发展的灵魂》专题报告；邀请沈阳农业大学副校长、院士李天来等专家出席市人才峰会；实施企业知识产权科普行动计划，组织5场专利应用工程师培训班、1场知识产权宣讲员业务培训，全年为128家企业、149名个人用户注册专利资源库，培育42个典型应用案例，有效提升企业科技创新能力。在前期企业需求对接基础上，8月7日联合省科协学会服务中心举办省级学会专家服务企业扬州（江都）行活动；西安交通大学扬州科技园获省科协离岸基地项目扶持。

（刘 悦 王 翔）

■**企业创新方法培训** 10月16—18日举办扬州市企业创新方法培训班，组织参加中国创新方法大赛决赛，2家企业获江苏赛区一等奖，扬农化工集团获全国一等奖。组织申报全省科技创新协会组织的科技创新奖，7个项目获批，为全省最多；申报11人获评江苏省企业“创新达人”。指导各县（市、区）新建企业科协48家，3家企业获评2020年度省级示范企业科协。

（刘 悦 王 翔）

■**科技工作者服务平台** 5月28日，召开纪念“5·30全国科技工作者日”座谈会，邀请农业战线科技工作者代表围绕“助力脱贫攻坚、助推乡村振兴”主题进行交流。新增设江苏里下河农科所、江苏奥克化学有限公司、江苏旅游职业学院等3个国家级科技工作者调查站点，修订出台《扬州市科技工作者状况调查站点设立与管理办法》，组织相关业务培训，调动各级调查站点面向基层科技工作者的调查联络。完成2017—2019年度扬州市自然科学优秀学术论文评选，对理工、农业、医护、教育管理等四个类别不同等次的科研成果争取市政府给予通报。开展2020年软科学课题研究，55项课题结题，专题召开课题成果交流暨培训会，全年整理报送《关于深化与中汽学会合作的几点建议》等科技工作者建议共9篇，其中2篇获市委主要领导、分管领导批示。11月2日联合市人才办举办以“企业数字化转型与企业大学的育才之道”为主题的“创新大讲堂”。联合市级学会举办2020扬州科技论坛6期。持续实施市级学会（高校科协）创新和服务能力提升工程，资助创先争优学会6个，“特专优精”项目13个。

（刘 悦 王 翔）

■**基层科协组织建设** 推动国家级经济技术开发区科协组建到位；成功申报中国科协深化改革试点工作入库项目，重点推进县、镇科协组织建设；创新实施2020年“乡镇科协基层组织力提升计划”，挖掘10个“四长”典型案例，获省科协推广；推动宝应、高邮科协新设立党组；高邮科协提请高邮市委将“4+1”改革工作纳入全市深化改革重要事项，创新设立“5+1”改革模式，推动科协组织与新文明实践中心平台共建共享；广陵完成全区乡镇（街道）科协组织换届，仪征获全省科协系统先进集体称号。推动江苏旅游职业学院科协成立，驻扬高校科协实现全覆盖。市计算机学会等10家市级学会完成换届。（刘 悦 王 翔）

扬州市归国华侨联合会

■**概况** 2020年，扬州市归国华侨联合会（简称市侨联）全面提升侨联组织的贡献度和侨界群众的满意度，推进各项工作。新冠疫情暴发后，市侨联发出倡议，动员海内外侨胞购买捐赠防疫物资驰援国内抗疫。据不完全统计，共向湖北、扬州等地捐赠款物达5000余万元，其中，捐款1356万元，捐赠口罩等抗疫物资3700余万元。面对海外疫情，各级侨联心系海外侨胞安危，启动“稳人心，暖侨心”慰侨行动，关注支持海外侨胞稳在当地战疫。在疫情防控的同时主动服务经济社会发展，开展“我为双招双引架金桥”主题活动，主动为招商引资牵线搭桥，组织园区赴浙江、上海等地开展精准招商，全年为园区提供项目线索20余条。开展“走百家侨企”活动，实地走访侨资企业30余家，助力侨企复工复产。跟踪服务好在扬创业的侨商和海外高层次人才，邗江区在全市首创成立“港澳台侨企业服务联盟”，江都区成立“扬州市日侨科技创新创业服务基地”，助推本土企业提升智能制造水平。引导侨界参政议政建言献策，开展“走基层、访侨情、听意见”活动，发挥侨界智力密集的优势，加强与科研院所、大专院校、专业协会等联系，引导侨界为扬州发展建言献策，当好“智库”，市政协常委、市侨联主席杨为民提交的《关于下大力气集聚海外高层次人才优势、助力科创名城建设》提案，成为市委书记批办提案。关注侨界民生幸福，做好“侨联万家”服务品牌，针对海外疫情阻隔，加强对海外侨胞国内亲人情感抚慰，发挥侨界志愿者作用，开展“侨界空巢老人关爱行动”，关怀侨界空巢老人，打造海外游子放心工程。持续开展“暖侨心走访慰问”活动，服务慰问困难生病老归侨、重点侨眷及贫困户30余户。深化实施“两个拓展计划”，拓宽海内外联谊联络渠道，实施“淮扬美食海外推广计划”，发挥侨商资源，让扬州“世界美食之都”名片登上纽约时代广场大屏。全年新聘请海外顾问10人，接待巴西、澳大利亚、加拿大等海外侨领、侨胞100多人。坚持“党建带侨建”，夯实基层基础，基层组织建设取得明显成效。市侨联《实施强基固本工程，夯实侨联基层基础建设》的做法得到中国侨联主席万立骏的肯定。市侨联与市新闻办共同打造“以侨为桥，讲好中国大运河故事”项目，被江苏省人民政府新闻办公室表彰为2019年度江苏省外宣工作创新奖提名奖。指导邗江区双桥街道康乐社区“侨胞之家”创建，获评2018—2020年度全国侨联系统优秀“侨胞之家”，市侨联兼职副主席、扬州灯泡集团董事长高志刚被表彰为全国侨联系统助力脱贫攻坚先进个人。（张　璇）

■侨联组织建设 2月26日，市委下发市侨联新“三定方案”，明确原侨办海外联谊联络职能转隶市侨联，增加行政编制2个，增加内设机构联谊联络部，行政编制达到8个，内设机构达到3个。市委编办发文，明确各个县（市、区）侨联机关统一名称为归国华侨联合会，为独立设置的群团机关，正科级建制。深化侨联基层组织建设，召开全市侨联基层组织建设工作推进会，下发《关于实施强基固本工程，开展侨联基层组织建设深化年活动的意见》，利用3年时间推进组织建设提档升级全覆盖，下发《关于建设乡镇（街道）侨联工作站的意见》，将侨联工作纳入乡镇党群工作。全年新建基层“侨之家”6个，新命名“侨之家”示范点6个，至年底，全市创成乡镇（街道）侨联工作站59个，建设“社区侨之家”共41家，打造“社区侨之家”示范点35家。5月，开展“侨情调查月”活动，入库侨情200余条。加强侨联干部队伍建设，11月23—27日，举办一期全市基层侨联干部培训班，承办省侨联第二期基层侨联干部培训班，全省侨联系统的80多名基层侨联干部参加培训，其间，中国侨联基层建设部部长张毅到扬作题为《推进新时代基层侨联建设的思考与实践》专题授课。9月9—10日，组织机关全体党员干部赴盐城新四军纪念馆开展为期2天的“不忘初心、牢记使命”党性教育，与盐城市侨联缔结友好侨联关系。扬州市侨联《实施强基固本工程，夯实侨联基层基础建设》的做法得到中国侨联主席万立骏的肯定。（张　璇）

■侨界思想引领 持续深化“侨界看扬州”品牌活动，10月23日，市侨联组织开展“侨界看扬州——美丽乡村行”活动，70多名侨界群众参观北湖湿地公园和最美渔村“沿湖村”，了解特色渔家文化，感受到乡村风土人情和扬州生态文明建设成果。连续第九年联合《扬州晚报》策划“月是故乡明·亲情中华·最忆扬州”特别报道，在中秋佳节连线采访海外扬州人，抒发爱国爱乡之情，讲述海外拼搏故事。连续第三年组织春节海外侨胞为家乡送祝福。举办“侨界一家亲”新春联谊、“话发展、谋合作”侨界沙龙等主题活动。12月2日，举办中共十九届五中全会精神侨界专场宣讲会，归侨侨眷代表、新侨代表和侨联工作人员80余人参加。（张　璇）

■侨益维护 上下联动开展江苏省第三届法律宣传月活动，针对新冠疫情防控要求，运用线上和线下相结合的方式，宣传涉侨政策法规以及与侨界群众相关的法律法规，营造依法维护侨益的氛围。健全完善涉侨纠纷调解机制，开展涉侨纠纷多元化解工作，发挥扬州市涉侨纠纷调解中心和法律顾问委员会的作用，全年处理涉侨纠纷案件20余件、来信来访50余人次。（张　璇）

■惠侨慰侨 开展“侨界空巢老人关爱行动”，关心关爱海外侨胞及留学生在国内的亲属，打造好“海外游子放心工程”。为绿扬侨界老人服务中心的侨界空巢老人搭建交心交流的平台，组织外出活动3次，满足侨界老人情感交流需求。开展“暖侨心走访慰问”活动，服务困难生病老归侨、重点侨眷及贫困户30余户。结对阳光扶贫、贫困村、挂钩村4个，定期到村慰问。开展侨界公益事业，倡导侨界服务脱贫攻坚，做好捐资助学、扶贫帮困、阳光扶贫等工作，做好曹茂林奖教金助学金、弘阳基金等专项基金发放。各级侨联组织侨界志愿者、侨商等侨界力量开展各类“侨+公益”“侨爱心行动”等志愿服务，参与社会公益事业，履行社会责任，助力社会服务和社会治理。开展中医惠侨行动，10月14—15日，应市侨联的邀请，侨眷、中国工程院院士、国医大师、北京中医药大学教授、博导王琦，江苏省中医药学会会长陈亦江，中国医促会中医分会秘书长、北京国医书院公益基金会理事长崔咏梅等专家到扬州参加“中医宣传月”相关活动。活动期间，王琦就“个体化中医养生”进行专题讲座，参加市侨联组织的“扬州国医书院、国医养生院高质量发展座谈会”。（张　璇）

■海内外侨界共同抗疫 动员海内外侨胞助力国内抗疫，1月30日，向全市侨联系统、归侨侨眷及海内外侨界朋友发出关于坚决打赢新型冠状病毒感染的肺炎阻击战的倡议书，动员侨界献爱心作贡献，共同打赢这场疫情防控阻击战。海外侨胞全球购买防疫物资驰援国内，据不完全统计，共向湖北、扬州等地捐赠款物达5000余万元，其中，捐款1356万元，抗疫物资3700余万元，包括各类医用口罩、防护服、医用手套、护目镜、消毒液、洗手液、营养品以及防疫专用环卫车等。2月15日，市侨联海外顾问、巴西华人协会副会长、巴西同乡会副会长唐维带领巴西团队耗时2周时间、通过多种渠道抢购18.5万个一次性医用口罩捐赠给扬州及江苏其他地区的医院。市侨联组织慰问4名侨界抗疫一线医护人员，发放慰问金2万元。关注支持海外侨胞稳在当地战疫，面对海外疫情，各级侨联组织心系海外侨胞安危，启动“稳人心，暖侨心”慰侨行动，联系服务海外侨胞，第一时间发出温馨提示，通过微信畅通与海外侨胞保持联系。4月17日，市侨联发出致扬州籍海外侨胞、留学生和港澳台同胞的一封信，呼吁各地侨团侨领发挥优势，紧密联系，团结互助，共克时艰。3—4月，市侨联向海外顾问、意大利亚得里亚华商会会长周中星团队寄送医用口罩4000只，向海外顾问、杜克大学终身教授王前奔团队捐赠一次性医用口罩900只；向美国、澳大利亚其他海外顾问寄送口罩400只，向近20个侨团寄送口罩2000余只。在微信群发送“药食同源、健康生活”菜品教学视频和中医抗疫知识。向留学生寄送“侨爱心防疫包”，向扬州籍海外留学生寄送“侨爱心防疫包”41个，每个爱心包有医用口罩50只，手套20副，家书一封。协同做好外防输入联防联控工作，各级侨联履行涉外防控领导小组成员单位职责，组织干部深入社区，摸排侨情，了解掌握海外侨胞回国信息，协调做好回扬侨胞隔离工作。（张　璇）

9月26日，扬州市组织“创业中华·筑梦江苏”侨商扬州行活动 侨　联/供稿

■服务经济发展 开展“我为双招双引架金桥”主题活动，主动为招商引资牵线搭桥，组织园区赴浙江、上海等地开展精准招商，全年为园区提供项目线索20余条。推动北京灵趣互娱网络科技有限公司项目落地高邮市高邮镇。邀请景区管委会招商团队赴上海开展精准招商，拜访金地集团、极链科技集团和上海彬复资本等企业，赴浙江拜访客商谈合作。围绕微电子产业发展，促成上海微电子产业研究院与扬杰电子成立研究机构的合作意向。围绕扬州江淮生态大走廊建设，牵线东方园林投资控股集团、新加坡超级投资集团与邗江区合作乡村旅游项目。牵线中山投资基金协会与江都、高邮意向合作。牵线香港贸发局考察头桥医疗器械小镇。牵线奥铂金属与高邮高新区意向合作等。助力侨企复工复产，开展“走百家侨企”活动，深入基层，实地走访侨资企业30余家，靠前服务，协调解决困难。将惠企政策整理成“政策大礼包”送服务上门，帮助侨企拓展销路解决货物堆积问题。助力扬州“三都”品牌推介，实施“淮扬美食海外推广计划”，经市侨联牵线，扬州籍侨商爱心运作，扬州“世界美食之都”名片登上纽约时代广场大屏，连续七天滚动宣传，宣传扬州“世界美食之都”名片，扩大中国美食的国际影响力。（张　璇）

■“创业中华·筑梦江苏”侨商扬州行 9月5—6日，来自英国、德国、西班牙、日本等10多个国家和地区的约50名侨商代表走进扬州。本次活动由中国侨商联合会、江苏省侨商总会主办，扬州市侨联承办。侨商们在扬期间参观侨企完美公司扬州生产基地，了解扬州经济发展良好的营商环境，考察扬州著名明清古街东关街及古运河。（张　璇）

■“创业中华·智汇江苏”侨智进扬州活动 9月26—27日，省侨联侨专委第三次会员代表大会暨“创业中华·智汇江苏”侨智进扬州活动举办，省政协副主席王荣平出席会议并讲话，市委书记夏心旻到会致辞。大会期间，开展“新阶段·新格局·新担当”—建言江苏“十四五”规划活动。9月27日，侨界专家分三条线路分别赴邗江区、广陵区和扬州大学进行参访交流，实地参观考察江苏艾迪药业股份有限公司、扬州方广食品有限公司、江苏京东信息技术有限公司扬州分公司、中航机载系统共性技术有限公司、扬州大学国家重点实验室测试中心、中餐繁荣基地，听取园区关于人才政策宣介和营商环境推介、扬州大学学校建设情况，开展互动交流，重点围绕扬州生物医药产业、信息科技产业发展、大学特色学科建设等开展建言献策，提出许多建设性的意见建议，与会双方还就一些项目进行意向性洽谈。（张　璇）

■“北京侨商扬州行”活动 11月9日，北京市朝阳区侨联主席曾旭率团到扬开展“北京侨商扬州行”活动。考察团一行拜访北京在扬投资的侨企——金辉集团并进行交流座谈，考察扬州最大侨资企业完美（扬州）公司。参观中餐繁荣基地——扬州大学旅游烹饪学院，考察淮扬美食海外推广基地——扬州冶春餐饮公司，了解扬州“世界美食之都”的美食文化，本次考察就下一步开展合作进行交流，达成互访交流、资源共享、人才支持等初步合作意向。（张　璇）

■服务创新创业 跟踪服务在扬侨商、创业新侨、侨界人才，通过海归创业联盟、侨界人才联谊沙龙、走百家侨企等形式加强面对面交流了解需求，帮助协调解决融资、规划、人力资源等问题。邗江区侨联在全市首创成立“港澳台侨企业服务联盟”。市侨联与江都区侨联联手共建“扬州市日侨科技创新创业服务基地”，引进日本京都自动化联盟，助推本土企业的智能制造水平。（张　璇）

■2020“亲情中华·为你讲故事”网上夏令营扬州营 7月14日，2020年“亲情中华·为你讲故事”网上夏令营扬州营举行开营仪式，共有来自美国、澳大利亚、加拿大、法国、瑞士、荷兰、比利时、卢森堡、韩国等14个国家的468名华裔青少年参加，分成14个班级。本次夏令营为期15天，通过互联网的方式举行，营员们通过观看视频、聆听音频等形式学习中国传统文化和知识，并结合图文打卡、视频互动、自录语音、自拍视频等方式参与互动。期间，向华裔青少年展示扬州风光、瘦西湖等园林美景和扬州美食制作、扬州精美工艺制作等。开展“学中文、讲中文、写中文”主题活动，进行扬州有关唐诗宋词朗诵、抄写，组织扬州有关美景美食绘画等。

（张　璇）

■海外联谊 全年新聘请海外顾问10人，接待巴西、澳大利亚、加拿大等海外侨领、侨胞100多人。至年底，扬州市侨联海外顾问遍及60多个国家和地区，人数达140余人。协助做好“2020年世界运河城市论坛”非洲使团接待服务工作，促进扬州对外友好交往。（张　璇）

扬州市残疾人联合会

■概况 2020年，扬州市残疾人联合会（简称市残联）坚持一手抓疫情防控，一手抓残疾群众民生实事推进，攻坚克难，把握重点，突出难点，打造亮点，全市残疾人工作取得长足进步。“建‘恒爱融合发展中心’，以‘智志双扶’模式推动残疾人脱贫攻坚”项目和“延长服务周期，健全救助机制，打造儿童康复‘全生命周期服务链’”项目，分别被省残联表彰为全省残联系统2020年度创新创优示范项目和创新创优项目。扬州市残疾人康复管理中心被表彰为全省残联系统先进集体。（陈　娟）

■疫情防控 疫情期间，市残联会同市财政联合出台《关于做好疫情防控期间残疾人民生帮扶工作的通知》，从促进残疾人就业、发放残疾人创业补贴、发放辅助性就业补贴、做好残疾儿童康复救助工作、确保精神病免费用药不间断、开辟残疾人保险理赔绿色通道六个方面，做好疫情防控期间残疾人帮扶工作。市残联共制作100余期“抗击疫情·残疾儿童康复专家在线咨询”专栏，开展“线上一对一”康复教学。动员全市残联系统共1500余名残疾人工作者深入乡镇（街道）、村（社区）开展疫情防控工作。疫情得到控制后，做好常态化疫情防控和复工复产工作。（陈　娟）

■残疾人就业扶贫 开展脱贫攻坚“三进三查”，助力全市脱贫攻坚，完成1.01万名建档立卡低收入残疾人入户调查和系统录入、审核等，共排查出问题4886条，并全部整改落实到位。全市6155户低收入残疾人家庭、1.01万名低收入残疾人全部脱贫。做好残疾人就业培训，组织开展以“春风送真情、就业暖人心”为主题的就业援助月活动，通过举办线下、线上残疾人专场招聘会等形式，多种渠道帮扶残疾人就业。全年共为1237名残疾人开展职业技能培训，帮扶1013名残疾人实现就业。为680名自主创业残疾人发放创业补贴70余万元。

（陈　娟）

■残疾人社会保障 落实困难残疾人生活补贴和重度残疾人护理补贴政策，将三、四级精神、智力残疾人纳入困难残疾人生活补贴发放范围，将一、二级言语、听力残疾人纳入重度残疾人护理补贴发放范围，全市有4.16万人享受两项补贴政策。为市区1.1万多名残疾人购买意外伤害保险和重大疾病补充保险。全年为高中及以上残疾学生发放教育专项补贴53.8万元，为贫困残疾人家庭子女及残疾学生发放考学奖励50.58万元。做好残疾人教育工作，可随班就读的残疾学生已全部入学，为303名残疾学生实行送教上门服务。开展社会助残，与市残疾人福利基金会共同实施助困、助康、助行、助学、助业等公益项目，全年累计公益项目支出200余万元。开展“推进残疾人幸福生活计划”春节走访慰问活动，为1000户残疾人家庭送去党和政府的温暖与关爱。（陈　娟）

■残疾人康复服务 组织康复项目实施，为2154名白内障患者实施免费复明手术，为3500名残疾人免费配发基本型辅助器具，为5382名困难精神病人免费提供基本二代药，为4.58万名残疾人提供家庭医生签约、社区康复服务。开展残疾儿童康复训练，全年共对2164名0~17岁残

9月11日，扬州举行全市残疾人妇女手工制作集中培训班　市残联/供稿

疾儿童实施康复救助，其中0~6岁1802名、7~17岁脑瘫、孤独症儿童362名，基本实现残疾儿童应救尽救。试点抓好社区康复服务示范点改造提升工作，全市共有13个社区康复服务示范点通过省残联评估验收。（陈 娟）

■**残疾人信访维权** 建成市残疾人法律救助工作站，坚持每周三专业律师坐班制，为困难残疾人提供司法救助、法律援助。落实残疾人信访接待制度，全年共接待各类残疾人来信来访136人次。强化残疾人证规范化管理，全年共换发十年期满残疾人证2.7万本。完成400户贫困残疾人家庭无障碍改造工作，并配合相关部门推进重度残疾老人家庭适老化改造。（陈 娟）

■**残疾人文化体育** 加强残疾人事业宣传，手语新闻节目《扬州周刊》、广播专栏《残联在你身边》《温馨海洋》每周播出。全市残联系统在“学习强国”学习平台发表文章38篇。组织开展“无障碍观影”活动12场次，共有500余盲人及其他残疾人朋友参与活动。“全国助残日”期间，举办“百万助残脱贫”大型广场公益活动。第29个“国际残疾人日”，举办“百万助残，决胜小康”暨“暖冬行动”公益活动，为困难残疾人家庭发放棉衣、保暖内衣、暖风机和救助金等，累计捐赠物资约130万元。举行残疾人健身周趣味运动会。建成13个残疾人体育健身示范点。（陈 娟）

5月15日，扬州市举办第30次“全国助残日”暨“百万扶贫助残”大型广场公益活动　　残 联/供稿

■**基层组织建设** 《扬州市残疾人联合会改革实施方案》于2020年7月8日经市委常委会审议通过并正式印发。有序推进改革任务落实，印发《扬州市残联改革重点任务责任分工》。各县（市、区）残联改革方案于11月30日前全部制定出台。完善残疾人基层组织体系，全市残疾人专职委员纳入乡镇统一管理。加强助残志愿者队伍建设和管理，全年共开展志愿助残服务工作16场，为残疾人提供多样化、精细化的优质服务。加强残疾人专门协会工作，召开市级残疾人专门协会工作座谈会，发挥好残疾人专门协会同残疾人联系的纽带作用。（陈 娟）

■**市恒爱融合发展中心** 市残联于10月建成市恒爱融合发展中心。该中心主要为18~35周岁年龄段的三、四级智力，孤独症，脑瘫等残疾人提供技能培训、辅助性就业、康复训练、心理疏导、融合发展等一体化服务，同步建立与“残疾人之家”、爱心企业的用工衔接机制，实现0~17周岁接受康复、特殊教育后，走向社会就业前的过渡，提升残疾人自我发展能力，加快残疾人社会融合。市恒爱融合发展中心有30名学员。11月，市人大常委会对恒爱融合发展中心进行视察。（陈 娟）

法治

Fazhi

编 辑 崔成鹏

人大立法

■**概况** 推进法规制定实施。制定实施《扬州市住宅物业管理条例》，重点对物业管理融入社区治理、推动业主自治等作出创设性规定，以刚性约束规范物业管理。制定出台《扬州市旅游促进条例》，强化旅游发展规划的刚性，助力推动旅游业高质量发展、彰显“三都”城市内涵和魅力。有序推进《扬州市居家养老服务条例》制定工作，条例草案已经人大常委会会议一审。统筹推进生活垃圾管理、市区停车场建设管理等7个立法调研项目，做好立法项目储备。编印住宅物业管理条例、旅游促进条例60问，借助《市民论谈》专题宣传，检查农贸市场管理条例贯彻实施，确保法规立得住、广知晓、真管用。

健全立法工作机制。在物业管理条例制定过程中，首次探索实行三审表决制。针对争议较大的条款，举行“人大网坛”、专家论证会、立法听证会等，共计36场700多人次参加，寻求立法“最大公约数”。借助现代信息技术，在人大网站和微信公众号开通立法征集意见平台，拓宽立法民意渠道。调整优化基层立法联系点。与扬州大学合作建立地方立法研究中心，发挥专业智库优势。启用规范性文件备案审查信息平台，提升备案审查工作规范化程度，全年共审查规范性文件6件。（罗庆久 陆 亮）

■**执法检查** 按照全国人大、省人大的统一部署，上下联动开展土壤污染防治法执法检查。坚持问题导向和跟踪问效相结合，对各县（市、区）、功能区实行全覆盖检查，组织法律知识问卷调查，抽查点位22个，梳理排查突出问题53个，建档立卡形成“一张污染区块图、一个治理任务表、一份责任总清单”，要求市政府对照问题清单抓好整改落实，促进打好“净土”保卫战。听取年度环境状况和环保目标完成专项工作报告，跟踪监督突出环境问题、水污染防治法执法检查问题整改，全国人大执法检查组挂牌督办的尚桥冲黑臭水体问题已整改销号，并被列为强化长江流域环境资源保护典型案例。市人大以法治方式保护水环境的做法，被《人民日报》关注报道。对照安全生产“一法一条例”，采用自查自纠与集中检查、随机明察与专家暗访相结合方式，对30个重点行业（领域）65个重点企业开展执法检查，形成问题清单，督促限期整改，提升本质安全水平。（罗庆久 陆 亮）

政法委及综治

■**概况** 2020年，全市政法机关统筹推进疫情防控、维护稳定、社会治理、政法改革、服务发展和队伍建设等各项工作，为扬州经济社会发展创造良好环境。出台政法机关应对疫情影响支持企业持续稳定发展工作措施。全市万余名网格员启动“三三三”抗疫工作机制，上报疫情相关信息22.8万条，排查走访居民64.5万户、湖北及武汉返乡人员4.5万人，为居家隔离人员提供服务77.7万次，中央政法媒体聚焦报道。参与制订《扬州风险防控“四项机制”实施细则》，开展“排风险、建清单、除隐患、保稳定”专项行动，扬州涉稳风险排查化解工作在全省大会上做经验交流；实行涉稳风险提示制度，建立重大风险清单管理机制，形成汇集16个部门涉稳风险数据的信息池，扬州被确定为全省重大风险清单管理制度试点市；创新实行重点复杂矛盾积案攻坚“5+N”挂包模式，全市挂包案件化解率达80%；部署重要时期涉法涉诉信访集中化解工作，群众合理诉求“只进一门”“只认一人”“最多访一次”的做法得到省委书记娄勤俭肯定。完成习近平总书记视察扬州、中共十九届五中全会、全国“两会”、上海进博会、“烟花三月”国际经贸旅游节、国庆等重大安保维稳任务，全年各重要时间节点均实现既定维稳工作目标。出台《关于全面加强基层基础建设、推进市域社会治理现代化的实施意见》，获批全国首批市域社会治理现代化试点城市。在全国率先建成市级市域社会治理现代化指挥中心，初步建成市域社会治理智能化工作平台，出台全国领先的指挥中心建设地方标准，全面建成“市级统筹、县级统抓、乡级统办”的市、县、乡三级指挥调度体系，相关工作得到中央政法委蹲点调研组和省委政法委领导的肯定，央视《新闻联播》《晚间新闻》聚焦报道扬州工作，形成初具全国影响力的市域社会治理现代化指挥体系“扬州样本”。动态调整优化1000多个现有网格，纵深推进“网格+警格”融合共建，社区工作者待遇大幅度提高，“一格一长多员”城乡网格队伍实现全覆盖，基本实现线上“一网统管”。（徐李华）

■“六清”攻坚行动 开展非法金融、房屋（征收）拆迁领域专项治理和重点行业领域专项整治，涉黑重点案件“6·15”案一审宣判，实现专项斗争全面胜利。成立由市委书记任组长、40余家市级单位负责人为成员的平安扬州建设领导小组，创新推进社会治安防控体系建设、系列平安创建和平安志愿服务等工作。全市刑事发案率连续5年下降，全年16起、连续7年116起现行命案全破，通信网络诈骗犯罪呈现上升幅度收窄、环比下降较好态势。政法领域公共安全监管成效明显，道路交通运输事故数、死亡数比上年分别下降68.2%、65.7%。（徐李华）

■政法领域改革 成立市政法领域全面深化改革工作领导小组，建立联席会议制度，推进2020年度十项重点改革任务。“创新农村基层社会治理”“推进法律服务民企行”两大项目入选全省法治惠民实事优秀项目。聚焦“科创名城”建设战略目标，升级完善“六条服务措施”，落实知识产权保护十项措施，完善产权保护联席会议、涉产权纠纷的研究会商等工作机制，为重大项目招商落地提供定制式法治服务。开展“长江大保护”工作，打击整治长江流域非法捕捞。市委政法委牵头8家政法单位会签大运河扬州段公益保护协作文件。围绕做好“六稳”工作、落实“六保”任务，协调政法各部门科学制定服务企业复工复产指导意见。组织开展涉企案件“百案评审”活动，加强企业合法权益平等保护。举办的“法治文化与社会治理”交流研讨会，多篇法学研究成果被国家级媒体采用，得到中国法学会肯定。扬州获评“省法治政府建设示范市”。（徐李华）

■政法宣传建设 全市政法机关建成新媒体发布平台130余个，2件作品在全国政法优秀新闻作品评选和“三微”比赛中获奖。推进政法文化建设，举办首届扬州市政法单位干警代表退休仪式，开展2016—2019全市社会治理先进集体和先进个人表彰、第五届“扬州最美警察”“扬州最美辅警”“最美网格员”表彰、向戴华学习等活动。网格长、网格员首次登上省级表彰平台，14人被评为省“‘双胜利’平安卫士”。（徐李华）

■市域社会治理指挥中心 扬州市市域社会治理指挥中心5月21日启动建设，6月24日竣工预验收，工期30天，7月14日正式投入使用，完成投资约1000万元。项目是基于市委、市政府对原农行大院和市政府西大院的统一规划，主要是对市政府东侧原农业银行院内2#、3#楼进行维修改造。总建筑面积1122平方米，建设内容包含室内外装修、智能化工程、旧楼拆除及新建、新建与机关大院通道、周边环境治理等。（谢倩琳）

法治政府建设

■概况 开展法治政府建设“补短板、强弱项”专项活动，组织对县（市、区）和乡镇法治建设专项督察。推进党政主要负责人履行推进法治建设第一责任人职责制度的落实，提请市委印发《党政主要负责人履行推进法治建设第一责任人职责的实施意见》，组织党政主要负责人履行职责情况的述职活动。扬州市获评首批“江苏省法治政府建设示范市”。“创新农村基层社会治理”“推进法律服务民企行”入选全省法治惠民实事优秀项目，“以三整合强化基层法治治理能力”获评2018—2020年度江苏省法治建设创新奖。（范晓杰）

■行政执法监督 全面推进行政执法“三项制度”全覆盖，扬州市成为全省设区市中唯一一家行政执法“三项制度”示范点。组织、指导全市开展行政执法人员新三年轮训工作，编印《行政执法规则读本》，在全省率先通过手机线上组织实施行政执法人员“不见面”考试，全市397人参考。助推全市乡镇（街道）“三整合”改革工作，促进执法力量整合。深化行政指导、行政裁决、

9月8日，法治政府“补短板 强弱项”专项活动和行政执法“三项制度”督察汇报会现场　司法局/供稿

行政调解工作，及时化解涉企行政争议。规范涉企行政执法行为，对2124件涉企行政处罚案件进行网上备案审查。（范晓杰）

■**立法制规** 做好《扬州市旅游促进条例》《扬州市居家养老服务条例》两部地方性法规草案的审核修改工作，以及《扬州市旅游标准化工作管理办法》《扬州市南水北调水域船舶污染防治办法》《扬州市渔业资源保护管理办法》《扬州市档案管理办法》等四部政府规章的审查修改。推进规范性合法性审核制度的有效落实，办理71件交办政策文件合法性审核。对4个部门涉及的5件文件开展实施效果评估工作。完成市政府规范性文件全面清理工作，保留41件、修改52件、废止28件。组建由20名专家组成的合法性审查专家库。（范晓杰）

■**行政复议与应诉** 发挥行政复议层级监督作用。2020年市、县两级政府共收到行政复议申请317件，市、县两级政府经行政复议的行政诉讼案件零败诉。深化调解机制建设，推动行政争议实质性化解，市本级经调解、和解终止审理及申请人自愿撤回申请等方式办结12件，全市以行政调解等方式办结案件157件。落实风险提示，以意见书、建议书形式规范依法行政。全年全市行政机关共办理一审行政案件1399件，落实行政机关负责人出庭应诉工作。（范晓杰）

公安

■**概况** 2020年，全市公安机关以“全市争第一、全省争一流、全国争品牌”为目标，实施“12345”（一条主线：为夺取疫情防控和经济社会发展“双胜利”创造良好环境；两个见底：风险排查化解见底、重点人头管控见底；三个服务：服务企业、服务群众、服务基层；四大行动：深化扫黑除恶专项斗争、开展“反诈”等专项行动、深化警网融合强基行动、开展公共安全专项整治行动；五大支撑：队伍支撑、科技支撑、法治支撑、改革支撑、能力支撑）总体部署，落实战疫情、防风险、保安全、护稳定、促发展各项措施，确保全市社会大局持续平安稳定。完成习近平总书记到扬视察重大警卫任务，得到中办和省、市领导肯定，省厅专门发来表扬通报；组织数据导控、社会防控、服务复工复产等工作，市局被省委、省政府表彰为“全省抗击新冠肺炎疫情先进集体”；扫黑除恶专项斗争收官，连续7年现行命案全破，刑事发案连续5年下降，年内下降6.31%；市公安局“2·15”系列侵犯著作权案专案组被公安部记集体一等功，市公安局获2020年中国版权保护奖“金奖”，“2·15”专案成功判决被国家版权局评选为2020年中国版权十件大事之一；侦办“7·17”特大非法买卖、储存剧毒危险化学品案，受到国务委员、公安部部长赵克志通令嘉奖；道路交通运输事故数、死亡人数比上年分别下降68.2%和65.7%；二维码门牌智慧应用生态体系获全省公安机关重大改革创新项目评比第一名，摘得“金奖”；正式施行全国首个《旅游警察服务规范》扬州地方标准；戴华获“全国三八红旗手”称号，刘光兵获江苏“最美法治人物”称号，邗上女子社区中队获“江苏最美巾帼奋斗者”称号，扬州公安“群星”效应持续放大。（张继东）

■**安保维稳** 会同市委政法委等27个部门成立市维护稳定专项工作组，牵头细化落实7大类、39项具体任务。组织“排风险、建清单、除隐患、保稳定”“重点领域涉稳矛盾风险大排查大化解”专项行动，推进风险化解“四项机制”建设，排查化解较大社会风险107件。成立市信息与网络安全信息通报中心，排查整改网络安全隐患300余处。科学调整、重新确定67个“1、3、5分钟”快速反应点，新建成3个警务工作服务站，战时每日出动警力6000人次、车辆583台次。出台《扬州公安机关涉铁警情应急处置工作规范（试行）》，推动路地联勤联动、一体共建。建成一支配备20架无人机、38名队员的警用无人机战队，空中防线不断加强。党的十九届五中全会、世界运河城市论坛等85批次安保维稳任务实现“大事没出、小事也没出”。（周　震）

■**疫情防控** 贯彻市委、市政府“一见底、两彻底、三到位”［一见底：人员逐一排查见底；两彻底：对流行病学的调查要彻底，对密切接触者的隔离工作要做得彻底；三到位：乡镇（街道）、村（社区）的基层

连日奋战防疫一线的交警在风雪中坚守岗位　　中国扬州画刊/供稿

组织发动和防控力量配备必须到位，相关隔离措施要按照规范要求落实到位，隔离防控责任要压实到位］要求，坚持全警动员、精准施策，在全省率先启动通道查控。1月23日，全面启动外围查控工作，在全市设立49个市级疫情查控点，共检查车辆66万辆次、人员136万人次。1月25日，在全省率先启动战时机制，即全警动员、取消休假，成立市局指挥部及“一办七组”，建立市、县两级公安每日应急指挥调度制度，先后出动警力120万余人次，并派出22名特警驰援湖北孝感。在全省率先开展数据防控，高效处置到扬第一例疑似病例。10天内建成卡口智能感知设备226处，获取数据1.3亿条。依托大数据过滤核查、精准制导重点地区人员30余万人次，实行“发、查、筛、打、推、核、排”人员核查七步工作法，走访网格6300个、居民176万户。配合卫健部门对1013人开展流行病学调查，转运境外来（返）扬人员3008人。在全省率先推行“三码”（健康码、漫游码、出行码）联动应用，自主研发在扬人员健康动态观察系统，实现对人员信息、轨迹的全量实时掌握。出台服务民生助力企业发展16条措施和警税联动10项措施，建立“一企一警务联络员”和“一企一策”制度，1084名警力联系服务企业5545家。4个单位和7名个人被省委、省政府表彰为“全省抗击新冠肺炎疫情先进集体、先进个人”，1个集体和1名个人受到公安部表彰。（倪玉成）

■专项打击整治 紧盯突出治安问题，组织开展打击非法集资、打击涉枪犯罪、打击整治跨境赌博、“蓝剑”、“云剑”、涉税“百城会战”等一系列专项整治行动。开展打防“电诈”专项行动，建强市反诈中心、建成7家县级反诈中心，引进96110接警呼叫、预警拦截服务等系统，止付账号1.17万个2.93亿元，冻结账户2.29万个5.65亿元，预警劝阻12.1万人次，返还被骗资金4836万元。在“学习强国”平台开辟反诈系列专栏，开展反诈知识有奖竞答活动，累计发放防范宣传资料169万册，走访居民24.8万户，回访案件受害人7672人。通信网络诈骗犯罪呈现发案数升幅下降、破案数和抓获数上升的态势，破案数、抓获数比上年分别上升94%、89.1%。（朱　荣）

■重大案件侦办 建设合成侦查中心，构建警力、手段和资源深度融合的合成侦查新格局。全年破获命案积案6起，其中15年以上4起，最长达34年。侦破部督“1·02”操纵证券市场案，抓获犯罪嫌疑人36人，捣毁操纵窝点11个，查冻涉案资金6.76亿元。侦破公安部挂牌督办“7·17”特大非法买卖、储存剧毒危险化学品案，摧毁涉及江苏、浙江、山东、河北等18个省的非法买卖、运输、储存剧毒化学物质黑色产业链，消除涉及多省重大公共安全隐患。侦破“3·03”“3·15”生产销售假冒注册商标的商品案，共抓获犯罪嫌疑人53人，涉案金额3亿余元，公安部专门发来贺电表扬。侦破“4·23”跨境赌博、传播淫秽物品案，抓获犯罪嫌疑人29人。（仇书剑）

■边防检查 扬州出入境边防检查站担负着扬州口岸“一港三区（扬州港，扬州、仪征、江都港区）”81.5千米长江岸线和扬州泰州国际机场国际航班的出入境边防检查任务。2020年，检查出入境航班200余架次，旅客员工3万余人次；出入境（港）船舶900余艘次，员工1.9万余人次；完成“客改货”、临时包机和公务机航班专项勤务保障11架次，完成21名遣返人员的接收审查工作；妥善办理600余名船员换班手续，安全处置8名发热船员、11名触发涉疫风险提示船员。聚焦经济社会发展“六保”“六稳”目标，党委成员分片区深入60多家涉外企业开展“深化边检服务、促进企业发展”走访调研，主动融入地方经济建设大局，为口岸发展及“十四五”规划问需定策。精细落实便企措施。严格执行国家移民管理局统筹推进疫情防控和经济社会发展工作部署“十项措施”，践行“服务前进一步，报检少跑一步，通关加快一步”承诺。推进便利化、数字化办检模式，优化“网窗”平台，完善行政审批“网上办理”、通关手续“零延时”等贴心服务举措，帮助企业压缩办检时间和经济成本，得到企业高度评价，收获感谢锦旗2面。服务保障中海船厂3艘新造船舶在长江汛期洪峰来临前快速通关出境，减少船企经济损失数千余万元。助力口岸开放。指导扬州海螺3#泊位、扬州远扬江都港3#泊位通过对外开放省级验收；帮助新大洋造船有限公司延长临时开放期限，稳定渡过疫情难关；为扬州第二发电有限责任公司、金陵鼎衡造船有限公司申请开放提供优质服务，加快口岸开放进程，助力企业复工复产。（沈奕帆）

■公共安全监管 紧盯“两个不放松”（继续抓整改不放松、不达目标不放松）“务必整出成效”总目标，建立风险防控和隐患排查双重预防机制，健全清单制、警示制、约谈制、督办制“四个制度”，统筹抓好公安“六个专项整治仗”（道路交通安全、群租房安全、危险物品安全、寄递物流安全、水域安全、重点目标安全），共排查整改道路交通、群租房、寄递物流、危险物品等安全隐患3523处，国务院督导组交办的7类25个重点交通安全隐患全部整改到位。开展道路交通安全专项整治“飓风行动”、电动车交通安全“百日整治”等专项行动，研发工程运输车辆“安行码”，对1009辆渣土车实行二维码智慧化监管，做好市区道路施工保畅工作。强化水域安全监管，破获长江等水域非法捕捞案件63起，全省长江流域禁捕退捕暨非法渔具网具“三无”（无船名船号、无船舶证书、无船籍）船舶集中销毁仪式在扬举行。全力打造“警民同心”平安公交专线，利用扬州公安微警务“见义勇为红包奖励”等渠道收集安全隐患

500余条，发放奖金3万余元。依法查处"3·21""4·10"等重大责任事故类案件35起，移送起诉24人。深化"戴头盔、守规矩、保安全"电动车专项整治行动，完成全国文明城市国测、省测任务。推进东部交通客运枢纽防控体系建设，打造市域社会治理"样板"工程。

（夏 挺）

■智慧警务建设 开展数据赋能提升行动，实施数据汇聚融合和数据安全攻坚，建成公安大数据中心，扩容升级"警务云"，汇聚公安、政务和社会数据4800亿条，建强大数据基础支撑体系。深化数据治理应用，培训20名大数据工程师、20名战队队长和200名科技特派员。推进雪亮技防工程建设，市区、宝应通过全省第二批升级版技防城现场验收评估，全市5个110接警区全部完成技防城建设任务，新建106个智安小区（楼宇）；全市公安自建监控达2.5万台，比3年前增长33%，依托2018套人脸识别设备推送报警信息2357条。全国社会治安防控体系达标城市建设通过公安部第一轮验收。"大数据＋网格化＋铁脚板"助推古城社会治理项目，获评2020政法智能化建设智慧警务十大创新案例。情指勤融合实战App和社区移动警务App分别获2020年度公安部"苗圃计划"一等奖和二等奖。

（肖 扬）

■扫黑除恶专项斗争 持续推进扫黑除恶"六清"行动（线索清仓行动、逃犯清零行动、案件清洁行动、伞网清除行动、黑财清底行动、行业清源行动），在全省首创12类常见黑恶警情菜单式处置规范，形成长效斗争机制。全市共打掉黑社会性质组织16个、恶势力犯罪集团40个（其中，法院判决黑社会性质组织5个、恶势力犯罪集团30个），查扣黑恶资产18.7亿元；破获九类涉恶案件1766起，破案率71.6％；刑拘黑恶人员2794人，抓获黑恶逃犯850人，12名省级目标逃犯全部抓获；市级以上线索办结率98.9%，成案率30.7%。开展非法金融、涉网黑恶、征地拆迁、场所行业等重点领域专项整治，向行业部门发放公安提示函242份。（王大纲）

■基层基础建设 出台《全市公安机关推进市域社会治理现代化实施意见》《加强新时代公安派出所工作三年行动计划》等系列规范文件，健全警网融合"1+2+3+N"力量合成模式（1名社区民警+2名协管员＋网格长、网格员、兼职网格员＋警种力量、治安志愿者、物业保安等），明确社区民警网格"治安指导员"身份，677个警务区、680名专职社区民警与6120个网格"一对多"精确匹配。按照城市"一社区两辅"、乡镇"一村一辅"标准，配备专职社区辅警1756人，选派54名机关民警下基层锻炼，充实基层力量。推进警网融合示范点建设，建成115个派出所综合指挥室，对接联动市、县、乡三级社会治理指挥调度中心。深化争创"枫桥式公安派出所"、争当"李树干式民警"活动，创成2个全省"学习枫桥经验优秀派出所"、3名全省"李树干式派出所民警"。持续开展"千警进网格、家园当卫士"活动，组织4190名民警走访群众15万余户，开展防范宣传16.1万余次，排查风险隐患7065处，收集意见建议6300条。成立"扬州市平安志愿者协会"，开发"志愿扬州"平台，发展平安志愿者13.6万人。（胡 敏）

■公安"放管服"改革 深化"一网通办"，建设一体化在线政务服务平台，推动"两个免于提交"改革（本市公安部门核发的材料和已汇聚融合的政府部门数据材料免于提交；已有电子证照的免于提交实体证照），依托"苏证通"，开发"一网通办"综合服务系统，全面融合"市民卡""医保卡""游园卡""出行卡"和"我的扬州"等本地政务服务应用，实现"刷脸办事""刷脸进园"。升级"公安1号窗口"，推动公安窗口向80个重点乡镇街道便民服务中心集中，在13个派出所窗口试点治安、交管、出入境事项一站式办理，推动"一窗通办、一地通办"，打造"全科窗口"。在市妇幼保健医院实行新生儿落户登记与出生医学证明、儿童预防接种证、新生儿医保卡、母子健康手册"五证联办"，已办理落户1060件，通过邮政专递送证上门118件。

（顾晓煜）

■执法规范化建设 全面建成市局和7家县级执法办案管理中心，推动刑事案件集中统管、规范办理、同步审核，全市各中心共接受、审查犯罪嫌疑人4800余人次。研发"智慧法制一体化管理平台"和"警银易管家"涉案财物管理系统，深化全员执法质效积分考核平台应用，持续开展"啄木鸟"系列专项执法监督巡察，先后下发《督办通知单》23份，解决执法问题743个。实体化运行市局执法管理委员会，完善联席会议、联动协调、约谈剖析机制，提升执法监管效能。实行网上学法积分制和学分制管理，深化民法典学习活动，举办5期"法之声"法制讲堂和案例研讨会，全面提升执法主体能力。开展全警法律知识竞赛，市公安局获全省公安机关法律知识竞赛团体第二名。在全省率先开展涉及民营企业未结刑事案件专项整治行动，清理135起涉企刑事案件，营造法治营商环境。

（姚 敏）

■二维码门牌应用生态体系建设 全面完成二维码门牌清理整治换发任务，清理"错、重、漏、假"等问题门牌8万余块，采核地址信息263.7万余条、实有人口信息507.1万余条，换发安装二维码门牌218.4万余块，安装率达99.8%，实现房、址、牌一一对应。瞄准"一户一码、一人一证、一码通管、一证通行"目标，建设二维码智慧门牌管理服务系统，上线扫码识房、水电缴费、物业报修、居住证办理、户口预约办理、交管查询、自助移车、学区查询等20余项智慧应用功能，省公安厅在扬召开现场会推广该做法。二维码智慧门牌应用生态体系建设以第一名的成绩获全省公安重大改革创新项目金奖。

（徐恒松）

检察

■概况 2020年，全市检察机关依法全面履行检察职责，为夺取疫情防控和经济社会发展“双胜利”提供司法保障。共办理刑事、民事、行政、公益诉讼、诉讼监督、控告申诉等各类案件9929件。其中，受理刑事案件5675件，审查逮捕1081件，审查起诉4386件；办理民事、行政及公益诉讼案件1401件。43个案件入选最高检、省检察院典型案例、公告案例，案件质效实现新提升。（杨新瑞 刘 畅）

■疫情防控阻击战 针对制假售假、妨害执行公务等涉疫案件，提前介入、引导侦查。通过远程提审、线上办案等方式，从严从快惩治妨害疫情防控犯罪，维护社会稳定。开发区检察院在全省率先以销售不符合标准的医用器材罪，对一起销售假口罩案提起公诉，该案入选最高检妨害疫情防控犯罪典型案例。助力复工复产，江都区检察院对社区矫正人员外出生产经营的请假需求，建议司法行政机关依法保障，为企业复工复产创造有利条件，被央视《焦点访谈》专题推介报道。响应地方党委号召，组建志愿者队伍，赴社区、乡镇、交通要道参与疫情防控累计5000余人次，全力以赴投身疫情防控大局。

（杨新瑞 刘 畅）

■扫黑除恶专项斗争 依法严惩黑恶犯罪，3年以来，共批准逮捕306人，提起公诉575人，追加逮捕25人，追加起诉8人。聚焦“六清”部署，办理涉及非法放贷、暴力讨债、非法拘禁等一批人民群众深恶痛绝的黑恶案件，实现检察环节黑恶案件全部办结。履行庭前主导责任，广陵区检察院对张某某等65人黑社会性质组织案，精准审查证据，坚持分类处理，认罪认罚适用率达98%，确保不枉不纵。坚决破网打伞，及时移送保护伞线索，纪委、监委立案28人、留置3人。推动打财断血，向公安机关提出查封、扣押、冻结建议5份，向法院提出财产刑量刑建议56份。紧盯行业清源，制发检察建议39件，回复整改率100%。

（杨新瑞 刘 畅）

■服务决胜脱贫攻坚 加大司法救助力度，办理司法救助案件192件，为214名当事人及其家属提供帮扶，发放救助金156万余元。保护农民合法权益，高邮市检察院审查一起生产、销售伪劣产品案时，准确认定已销售和过期农药的数量金额，将犯罪数额从120万元追加认定至425万元，办案经验入选最高检涉农指导性案例。持续关注农民工讨薪，帮助235名农民工追回劳动报酬295万元，会同公安、司法行政、人社等部门建立联动机制，规范化、制度化保障农民工权益。

（杨新瑞 刘 畅）

■民营企业平等保护 依法打击侵犯民营企业财产权、知识产权犯罪，起诉合同诈骗、职务侵占等犯罪203人。加大对涉企案件法律监督力度，坚持少捕慎诉慎押，不批捕10人，不起诉68人。开展涉企案件百案评审，监督撤案24件，督促退还涉企财物400余万元。联合公安机关开展涉民营企业积案清理专项行动，清理“挂案”150件，为87家民营企业卸下发展包袱。深化司法服务，会同市工商联举办“服务保障民营经济”新闻发布会，开展“护航民企发展”主题检察开放日，助力民营经济健康发展。

（杨新瑞 刘 畅）

■参与市域治理 将检察职能向社会治理领域延伸，对办案中发现的行业管理漏洞，发出检察建议50件，主动向党委、政府报送安全生产隐患、长江内河水体治理等10余份类案分析，推动相关问题解决。防范区域性金融风险向社会领域传导，起诉非法吸收公众存款、集资诈骗等经济犯罪275人。坚持和发展新时代“枫桥经验”，深化轻微刑事案件和解，构建多家政法单位协作机制，促进钝化社会矛盾。规范落实认罪认罚从宽制度，适用办理案件4142件，适用率93%，量刑建议采纳率97%，有效修复社会关系。

（杨新瑞 刘 畅）

■回应人民群众关切 用心对待群众信访，对770件来信7日内程序回复、3个月内实体答复，回复率100%。两级院检察长参与信访接待，畅通群众诉求表达渠道，提升信访案件办理效果。将公开听证作为检察环节回应民意、定纷止争的重要举措，组织不起诉、刑事申诉等案件公开听证76次。落实“谁执法谁普法”责任制，出台《检察官以案释法工作实施办法》，将释法说理贯穿办案始终。（杨新瑞 刘 畅）

■刑事诉讼监督 坚持宽严相济，依法不批捕353人，不起诉669人。加强对刑事立案、侦查活动的监督，监督立案170人，监督撤案257人，纠正漏捕40人，纠正漏诉78人，书面纠正违法侦查活动205件。依法对刑事审判活动开展监督，提出抗诉13件，办理二审上诉36件，两级院检察长列席法院审委会16次。做细刑事执行监督，审查减刑、暂予监外执行案件18件，提出书面纠违6件。开展服刑人员违规领取基本养老金专项检察，发现163人存在违规领取情形，推动堵塞监管漏洞。加强监管场所监督，开展专项巡回检察，确保人权保障和监管安全。强化财产刑执行监督，督促执行到位65万余元，维护刑罚实施权威。（杨新瑞 刘 畅）

■民事行政监督 强化对生效民事裁判案件精准监督，提出抗诉和再审检察建议29件，法院启动再审25件。防范打击虚假诉讼，办理案件14件，涉案金额2600余万元。加大行政检察办案力度，办理各类监督案件176件，比上年上升220%，结案 172 件，上升 225%。依法审查当事人申请监督案件 24 件，开展行政争议实质性化解，促进息诉服判 10 件，推动解决行政争议诉源治理。以行政非诉执行专项监督为切入点，会同法院优化行政机关申请强制执行程序，相关经验被最高检转发。

（杨新瑞　刘　畅）

■**公益诉讼检察** 狠抓办案规模，立案 591 件，办理诉前程序案件 560 件，提起诉讼 21 件。维护扬州“世界美食之都”美誉，围绕网络餐饮、保健品销售等领域立案 90 件，开展农贸市场专项整治，走访调查市场 26 家，发出诉前检察建议 24 件，保障群众舌尖上的安全。聚焦资源保护，针对洗车行违法抽取地下水，在全市部署专项行动，推动行业整治，工作做法被新华社等媒体报道。坚持把修复长江生态环境摆在重要位置，在地方党委、人大、政府支持下，通过诉前检察建议办理全国人大常委会关注、最高检挂牌督办的尚桥冲水体污染案，形成整治合力，通过验收。该案入选全省检察机关长江保护典型案例，被《检察日报》头版头条报道。拓展公益诉讼办案范围，办理安全生产、文化遗产保护等新领域案件 179 件。开展小秦淮河沿线文物保护专项监督，发出诉前检察建议 15 件，督促相关部门对谢馥春旧址附近环境进行整治。（杨新瑞　刘　畅）

■**职务犯罪检察** 推进反腐败斗争，受理移送职务犯罪 63 人，决定逮捕 21 人，提起公诉 60 人，立案查办司法工作人员职务犯罪 3 人。实质化提前介入 31 件，就事实认定、证据完善、强制措施适用等方面与监察机关进行沟通，保障案件起诉质量。协助监委促成犯罪嫌疑人退赃，为国家挽回经济损失 2.4 亿元。聚焦近三年全市职务犯罪案件主要特点，加强分析研判，共同提升办案质效。加强警示教育，组织 600 余名党员干部旁听庭审，达到以案为戒、以案示警的效果。

（杨新瑞　刘　畅）

■**未成年人检察** 依法打击侵害未成年人犯罪，批准逮捕 50 人，提起公诉 158 人。坚持教育为主、惩罚为辅，对犯罪情节较轻的不批捕 27 人，不起诉 78 人。落实最高检“一号检察建议”，会同教育部门送法进校园，71 名检察官担任法治副校长，开展法治宣讲 74 场，推动校园法治建设。联合妇联开展亲职教育，督促涉案未成年人父母履行监护职责，共同守护健康成长。加强普法宣传，结合案件制作微电影《事实孤儿》，获评中央政法委平安中国最佳微电影。

（杨新瑞　刘　畅）

法院

■**概况** 2020 年，全市法院受理案件 9.03 万件，审执结 8.41 万件，比上年分别下降 18.97% 和 17.34%。其中，市中级人民法院受理案件 6994 件，审执结 6752 件，分别下降 9.72% 和 8.52%。法官人均结案 241 件。全市法院结案率全省第一，多项指标居全省前列。市中级人民法院结案率、民事案件调撤率全省第一，平均审理天数、法定审限内结案率分别居全省第二、第三。全市法院审判质效稳中向好，涌现出“全国法院先进集体”“全国优秀法官”等一批先进典型，27 个集体、74 人次受到省级以上表彰。（范菲菲）

■**刑事审判** 全市法院审结一审刑事案件 3522 件，判处 5 年以上有期徒刑 275 人。维护国家安全，严惩涉邪教、散布政治谣言等犯罪。打击严重危害社会治安犯罪，审结故意杀人、强奸等案件 196 件 233 人，涉枪涉爆、涉赌涉黄案件 137 件 385 人。参与禁毒斗争，审结毒品犯罪案件 109 件 133 人，走私、贩卖“聪明药”案获评全国法院优秀案例。坚决惩治贪腐，审结贪污贿赂、渎职犯罪案件 55 件 60 人。苏某某、蒋某某分别被一审判处 10 年 2 个月和 9 年有期徒刑，均服判不上诉。严惩“以冻猪肉冒充牛肉”“销售有毒有害保健品”“搭建虚假平台引诱投资诈骗”等行为，守护群众舌尖上、钱袋子的安全。维护信息网络安全，依法审理“908”特大跨国电信网络诈骗案，“王某帮助信息网络犯罪活动案”入选全省典型案例。贯彻宽严相济刑事政策，与公安、检察机关会签《关于办理认罪认罚刑事案件的实施细则》，审结案件 3197 件 4693 人。承办全国部分法院刑事审判工作座谈会，获最高法院肯定。

（陈晓珺　王丽芸）

■**民商事审判** 全市法院审结一审民商事案件 3.90 万件，标的额 225.92 亿元。妥善审理教育、医疗、住房等民生案件 1931 件。维护妇女儿童合法权益，审结婚姻家庭案件 5334 件，发出人身安全保护令 8 份。对遗弃残疾子女、重婚、拐卖儿童的被告人裴某某数罪并罚，判处有期徒刑 6 年 6 个月。化解涉老矛盾纠纷，审结赡养案件 63 件。“黎某诉三子女赡养案”入选全省典型案例。保护农民工权益，快审快执拖欠农民工工资案件，依法解冻农民工工资专用账户，帮助追讨欠薪 7297.34 万元。调解涉中房物业公司、鑫盛源酒业公司等群体性劳动争议案件。强化规则意识，审结合同类案件 2.25 万件。调处涉案金额达 4.9 亿元的涉扬州金奥中心项目建设工程施工合同纠纷。（陈晓珺　王丽芸）

■**行政审判** 全市法院审结一审行政案件 1099 件，判决撤销、变更行政行为和确认行政行为违法、责令履行法定职责 71 件，占 6.46%。加强行政争议实质性化解，一审行政案件调撤率达 51.13%。妥善化解出租车司机诉某行政机关不履行监管职责系列案件。强化行政非诉案件审查，裁定准予强制执行 268 件。保障赔偿请求人合法权益，审结国家赔偿案件 29 件，丁捷、丁坚原申请国家赔偿决定书获评全国法院优秀文书。推进行政机关负责人出庭应诉，让老百姓“告官能见官”、行政负责人“出庭又出声”。参与房屋征收（拆迁）领域专项治理、违建别墅清理、农村乱占耕地建房专项整治以及长江10年禁渔工作。加强与行政机关互动，报送行政审判年报，开展法治培训5000余人次。“关于涉企行政争议司法审查若干问题的调研”被确定为全省法院重点调研课题。（陈晓珺　王丽芸）

■执行工作 全市法院执结案件3.04万件，执行到位43.15亿元，执行工作三项核心指标居全省首位。市委依法治市委员会出台《关于加强综合治理从源头切实解决执行难问题的实施意见》，构建30家成员单位联席会议制度。建立不动产线上查控平台，破解查人找物难题。强化执行措施，开展服务“六稳”“六保”专项执行行动，执结涉民生案件1742件、涉金融案件1443件、拖欠民营企业债务案件1686件，执行到位13.49亿元。依法惩处失信行为，移送拒执罪案件线索12件14人，曝光失信被执行人3632人次，限制高消费1.34万人次，限制乘坐飞机、高铁6.14万人次。推送失信被执行人名单，实施联合信用惩戒。升级执行指挥中心“854”模式，建成执行案件“中间库”，实现规范办案无纸化、全留痕。强化执行案件统一管理、统一指挥、统一协调，提级、指定执行案件167件，协调跨区域执行7次，协同攻克“骨头案”“钉子案”26件。推进繁简分流，首次执行案件结案平均用时居全省第二。（陈晓珺　王丽芸）

■立案和诉讼服务 全市法院提升诉讼服务水平，全面加强一站式诉讼服务体系建设，集中提供立案、调解、速裁等诉讼服务，让人民群众“走进一个门，事务一站清”。高邮、仪征法院被确定为全省“多元解纷和诉讼服务示范法院”。巩固立案登记制改革成果，推进案件当场立、自助立、网上立，实现24小时自助诉讼服务终端全覆盖。全市法院网上立案6.76万件，增长151.48%，跨域立案297件，12368热线办理来电事项3.26万件，打造“家门口起诉”“不见面立案”新模式。开通律师“一码通”绿色通道。联合邮政公司建立集约送达中心，9月上线以来送达成功率75.21%。建成电子档案三级共享平台，方便异地跨域调阅卷宗。推进政法大数据平台应用，刑事案件网上接收立案率、裁判文书发送率居全省前列。为经济确有困难当事人减免诉讼费137.36万元，发放救助金565.33万元。优化人民法庭布局，邗江区维扬经济开发区法庭获准成立，高邮市三垛法庭、仪征市经济开发区法庭迁入新址，方便群众诉讼。（陈晓珺　王丽芸）

■疫情防控保障 审结销售伪劣口罩、妨害公务等各类涉疫案件78件。对虚假出售额温枪诈骗的王某某判处有期徒刑12年。宝应法院用时1天审结全市首例涉疫刑事案件。各县（市、区）法院到企业发放复工法律指南，助力1136家企业复工复产。邗江区法院依法解冻某农产品公司银行账户325万元，保障抗疫期间农副产品供应。参与联防联控，挂钩村、社区127个，参与志愿服务7813人次。全市法院开展线上诉讼服务，建成驻看守所科技法庭，在全省率先采用远程摇号方式选择鉴定机构，网上开庭1353件、线上调解1.64万件。市中级人民法院通过网络查控督促被执行人单笔履行债务6729万元。扬州法院服务保障疫情防控经验做法在全省推广。（陈晓珺　王丽芸）

■法治营商环境 全市法院审结买卖、租赁、股权等纠纷案件3729件。推进破产处置府院联动，与市财政局设立专项资金，与市税务局规范涉税问题处理，上线破产案件管理系统，出台管理人选任考核办法，推动“僵尸企业”有序退出。审结破产清算、重整案件91件，化解不良债权53.07亿元，盘活土地124.92公顷、房产34.18万平方米。扬州广利钢管制造有限公司破产重整案入选江苏法院破产审判典型案例。保障创新驱动发展，与市委政法委出台服务新兴科创名城建设“十项措施”，在扬州高新区设立“知识产权司法保护联系点”，审结知识产权案件704件。严厉打击知识产权犯罪，审结侵犯电影《流浪地球》等著作权案，入选2020年中国版权十件大事、最高人民法院知识产权50件典型案例、江苏法院年度十大典型案例。审结销售假冒名牌运动鞋案，判处被告人罚金1020万元。高邮法院依法护企安商，48名法官定向挂钩98家重点企业，获当地党委肯定。（陈晓珺　王丽芸）

■服务重大战略实施 为扬州高铁站、世园会场馆建设等重大项目提供法律指引，妥善化解房屋拆迁、土地征收等案件272件。广陵区法院调处一起排除妨害案，督促清除52个废弃集装箱，保障连淮扬镇铁路开通运营。服务乡村振兴、脱贫攻坚，审结土地承包流转等案件62件。开展“大运河（扬州段）生态环境资源司法保护”调研，依法有序推进沿江船企关停并转。仪征市法院推动环球造船和泗源港务合并重整，盘活存量资产2.88亿元。妥善审理执行涉“七河八岛”、三湾片区生态建设案件，化解土地租赁、建设工程合同、劳动争议等纠纷106件，助力打造人与自然和谐共生的世界名城。开发区法院依法执行涉三湾片区房屋租赁合同纠纷案件，强制拆除建筑物1446.82平方米，腾让土地1.68公顷。服务对外开放，审结涉外、涉港澳台商事案件34件。（陈晓珺　王丽芸）

■扫黑除恶 全市法院决战决胜扫黑除恶，开展“六清”行动，坚持定案标准，做到涉黑恶案件“一个不放过、一个不凑数”。2018年开展专项斗争以来，审结一审涉黑恶案件71件600人，判处5年以上有期徒刑104人，重刑率17.33%，完成“案件清结”任务。广陵区法院审结张某某等65人黑社会性质组织犯罪案件，判处首犯有期徒刑20年。严惩唐某、金某某等黑恶势力“保护伞”，审结涉黑恶腐败案件12件12人。推进“打财断血”，铲除黑恶犯罪经济基础，对344人涉黑恶被告人判处财产刑2165.20万元。开展“黑财清底”集中执行行动143次，执结财产刑案件268件，执行到位1637.62万元。制定会签实施意见，推动扫黑除恶制度化、常态化。在全省扫黑除恶推进会上，市中级人民法院作为全省法院唯一代表介绍经验。（陈晓珺　王丽芸）

■防范化解重大风险　维护金融安全，与市监委等七部门出台《关于联合打击洗钱犯罪的指导意见》。依法审理涉案金额达44亿元的王某某等非法买卖外汇案。参与非法金融活动专项治理，严惩涉众型经济犯罪，审结非法吸收公众存款、集资诈骗等案件46件113人，涉案金额26亿余元。妥善审理“亿鑫”“鼎耀”等重大非法集资案件，追缴处置涉案财产，最大限度减少集资参与人经济损失。完善防范打击“套路贷”虚假诉讼长效机制，依法否定高利转贷、职业放贷等行为效力，新收一审民间借贷案件下降33.13%。会同人民银行、银保监分局成立扬州市新型金融纠纷调解中心，构建金融纠纷多元化解机制。依法惩治重大安全事故犯罪，审结重大责任事故犯罪案件39件60人，中航宝胜“3·21”重大责任事故案11名被告人被判处刑罚。

（陈晓珺　王丽芸）

■多元解纷机制建设　融入网格化治理体系，加强多元解纷机制建设，开辟矛盾化解“多车道”。强化诉源治理，开展“法官进网格”“三下三护”活动，739名干警参与纠纷源头化解6414件，快调快处涉诉纠纷1万余件，共创42个“无讼村居”。与市委依法治市办、市司法局联合发文，健全诉讼与非诉讼对接机制，搭建劳动争议、物业等纠纷诉调对接平台，设立市仲裁委驻宝应县法院“诉调对接联络点”。全市法院诉前调解案件2.73万件，民事一审收案下降27.35%。发挥人民法庭“前沿阵地”作用，参与基层社会治理，全市人民法庭审执结案件1.19万件，调解撤诉率达59.71%。深化“分调裁审”机制改革，跑出简案快审“加速度”。扬州市法院优化诉调工作机制、江都区法院“法官进网格”入选江苏省法院司法改革案例。广陵区法院人民调解工作室获评省“优秀人民调解委员会”。（陈晓珺　王丽芸）

■司法公开与司法民主　主动向市委、市人大、市政府、市政协汇报通报重点工作、重要事项。一站式建设工作得到全国人大代表视察团肯定。全市法院办结人大代表议案、建议和政协委员提案13件，专题汇报市人大重点督办建议办理情况。7名员额法官接受市人大常委会履职评议，测评满意度均为100%。配合开展“人大代表旁听评议庭审活动”，邀请代表、委员637人次，旁听案件59件，工作成效得到市委主要领导批示肯定。开发区法院首次向市人大常委会报告工作。定期印发联络专刊，通过短信平台向代表、委员发送重要工作信息。依法接受检察机关法律监督，审结刑事抗诉案件14件，办理再审检察建议32件。诚恳接受社会各界监督，听取各民主党派、工商联、无党派人士意见。开展“法院开放日”活动，严格落实“院长接待日制度”，人民陪审员参审案件1.04万件。市中级人民法院获评全国“司法宣传和通联工作先进单位”。宣讲民法典86场次，参与录制中小学校“法治名师云课堂”，江都区法院推出网络讲堂“江法慕课”。深化司法公开，召开新闻发布会49场，开展巡回审判69次，网上公布裁判文书7.87万份，庭审直播3.04万件。全市法院案件有效公开率居全省前列。

（陈晓珺　王丽芸）

司法行政

■概况　2020年，全市共有律师事务所100家，执业律师1504人；公证机构8家，公证人员104人；法律援助中心7家，工作人员21人；司法鉴定机构6家，司法鉴定人89人；基层法律服务所93家，执业工作者372人；司法所86个；各类人民调解组织1547个，专兼职调解人员4900人。（范晓杰）

■普法与依法治理　创新建设“两馆一室”和“社会主义法治文化主题公园”。组织实施“法律明白人”培养工程，编印《农村法律明白人法律读本》，对全市9000多名村组干部和人民调解员进行全员培训。疫情期间，开设法治教育云课堂，全市45万多中小学生在家接受专题普法教

5月20日，扬州市召开“两馆一室”上线仪式　司法局/供稿

育。实施民法典解读工程，开展“民法典进家庭”等“十进”活动2800多场次，在“扬帆”开播“民法典大讲堂”，覆盖群众上百万人次。《法治日报》、司法部官方微信、中国长安网、《新华日报》等国家和省级媒体报道扬州市普法工作的相关做法。扬州市被省推荐为国家“七五”普法考核验收单位。（范晓杰）

■法律服务 市委办公室、市政府办公室印发《关于推进公共法律服务体系建设的实施意见》。市、县、乡三级公共法律服务中心全部建成，1365个村（社区）法律顾问实现全覆盖。2020年，线上线下共接待咨询4.3万人次，办理法律援助案件5182件。服务疫情防控和复工复产，开展“法企同行”系列活动，成立讲师团、服务组，走访企业4500余家，送法治体检6000余次，编印并免费发放《疫后复产企业常见法律问题指引》2万余本。开展公证惠企专项行动，组织实施“最多跑一次”、远程视频公证、微受理等便民举措，办理各类公证事项2.8万余件。完成疫情防控常态化下的法考工作，组织2743人次参加法考。（范晓杰）

■人民调解 坚持和发展新时代“枫桥经验”，始终把非诉讼纠纷解决机制挺在前面，在市中院成立“扬州市非诉讼纠纷解决分中心”，市、县两级全部建成非诉中心实体平台。推进公调对接、诉调对接、访调对接、检调对接，完善人民调解、行政调解、司法调解对接机制。新成立知识产权调委会、船舶商会调委会，推进家事调解和老兵调解工作。开展矛盾纠纷大排查大化解“百日攻坚”行动，“排风险、建清单、除隐患、保稳定”专项行动，全年调解矛盾纠纷7.27万件。（范晓杰）

■社区矫正 推进《社区矫正法》和部、省安置帮教、后续照管工作新规范有效落实，严格落实“日巡查”工作机制，推进“一排查、二进格、三督导”，全年特殊人群服务管理工作安全稳定，未发生社区矫正对象脱管漏管，未发生重大影响和造成不良后果的案事件，安置帮教衔接率、帮教率100%，重新犯罪率低于省控线。推动社矫安帮对象管控与社会治理网格化相融合，建立警格协作共管机制，持续开展重大再犯风险排查工作。（范晓杰）

仲裁

■概况 2020年，扬州市仲裁委员会（简称市仲裁委）坚持聚焦主责主业、服务中心，合理合法、公正高效办理各类仲裁案件。全年，受理案件655件，比上年上升13.5%，案件主要分布在商品房买卖、金融借款、建筑施工、物业等行业和领域；办结案件620件，上升4.4%，标的额22.4亿元，上升23.0%；收费数1143.9万元，上升4%；调解和解率65.8%，结收案比94.7%，按期结案率74%，无一件被法院撤销或不予执行，均居全省前列。其中，办事处受理案件154件，标的额7.67亿元，收费数269.1万元。（龚名之）

■“互联网＋仲裁”模式开拓 利用“不见面”开庭的方式，处理案件10余件。在“科技仲裁庭”审理一起广告发布合同纠纷，庭审运用“两庭三化”平台及远程视频庭审模式，利用“互联网＋”带来的便利，仲裁员、当事人在不同地点进行庭审调查、质证和辩论。完成“信息化建设、网络安全仲裁”的建设、运行、拓展计划，上线互联网仲裁系统，制定《开展互联网＋仲裁业务初步方案》《互联网仲裁实施方案》等相关方案。（龚名之）

■仲裁办理 防范化解经济领域重大风险。共处理涉及金融、房地产、建设工程等案件207起，处理过程坚持主动服务、积极沟通、化解纠纷。做好对小贷公司的定期回访，帮助规范经营行为，维护金融市场秩序，防范化解金融风险。创新速裁机制，分流繁简案件，打造速裁团队，推出模板式、要素式文书大纲，实现对银行借款合同纠纷类简单案件的速调速裁。研究探索诉裁、诉调衔接机制。与宝应法院联合建立“诉调对接联络点”。分别走访广陵区、邗江区、开发区等基层法院，探索形成完善诉调一体对接机制的可行性方案。与住建系统携手，成立“房地产与建筑工程仲裁中心”；与市台办、侨联等联姻，为涉企提供法律服务；与市场监督管理局合作，共建“知识产权仲裁中心”。（龚名之）

■仲裁制度宣传推广 9月，举办“仲裁法律制度宣传周”，开展“五进五区”活动，普及仲裁法律知识，宣传仲裁优势和特点，提高仲裁制度的社会知晓度和认同度。制定《2020年度宣传推广实施方案》，走访金融机构、律师协会、科研等单位，就互联网金融仲裁业务与多家仲裁机构、金融机构联系沟通，共同研究电子银行或手机银行、信用卡部等领域推行互联网仲裁的可行性方案。完成仲裁宣传动画视频制作、宣传手册图文设计、扬仲会徽和会标优化、仲裁文书封面设计印刷、办公楼文化建设、党建室打造。先后完善《章程》《仲裁规则》《专家咨询规则》等规章制度。强化对案件办理情况的监督检查，组织清查仲裁案件应结未结情况，对超期未结的积案进行梳理排查，督促相关办案秘书抓紧办结；组织2018年及以前年度案件归档清理工作，共梳理未归档案件264件。与扬州大学法学院共建省级研究生工作站，工作站培养和挖掘驻站研究生和工作人员的科研能力，先后结项省级政府法治建设重点课题1项，市级社科重点研究课题1项，在《法治江苏》刊登调研报告1篇。（龚名之）

军事

Junshi

编 辑 崔成鹏

扬州军分区

■**概况** 2020年，中国人民解放军江苏省扬州军分区（简称扬州军分区）围绕省军区党委和扬州市委部署要求，坚定举旗铸魂，突出备战打仗，勠力强基固本，注重稳中求进，在精准抓好新冠肺炎疫情防控前提下，实现“任务完成好、事故案件无”年度总目标，备战打仗综合考评位于全省第3位，全面建设呈现向上向好发展态势。

政治引领。突出党委主责统揽政治工作，每月审定政治工作计划，常委带队推门听课督导推进，年底通报讲评，在新四军“东进”指挥地召开政治工作会议，各级政治能力得到提升。走实“学、讲、悟、析、用”，持续加强习近平新时代中国特色社会主义思想武装，制定学习宣传贯彻党的十九届五中全会具体措施，开办《习近平谈治国理政》第三卷学习夜校，29名团以上干部完成理论课题研究，3名团以上干部在省军区研讨交流展示工作形象。创新方法举措抓实经常性思想教育，自主开展“军分区两级党委正、副书记教育讲堂”，已举办10期，各级领导干部带头备课讲课，获得省军区党委机关肯定。开展“五看五增强”教育，仪征抗疫群体及组织入列、高邮菱塘回族女子民兵班主题党日活动形式新颖。开展纪念抗美援朝出国作战70周年活动，赴淮安接受红色教育熏陶，广陵人武部和干休二所携手举办“百岁功臣送新兵”活动，人民网点击率突破1600万。广陵区建成国防教育主题公园，打造汶河、东关红色研学路线，为扬州国动文化增添新亮点。

练兵备战。以“922”“1912”两个国防动员专项准备为牵引，党委6次集中议战议训，修订完善主案和配套战备方案，常态建立指挥机构3级部署。牵头召开市国动委办公室会议，组织“扬动-2020”军地联合演练，各人武部均完成课题演练，构设完备市、县（区）军地联合指挥体系。协调对接任务分队保障需求，组建陆上民社情报知群和沿江情报报知群，组织扬州泰州国际机场、江苏国信扬州发电有限公司重要目标现地勘察，先后完成国家野营动员中心转扩产、重要目标防卫和支援保障部队过境演练，通过省军区检验评估。拓展深化3+X组训模式，组织7批现役干部、文职人员体能技能强化训练、112名专武干部8天专攻精练、14批1200名民兵168天基地轮训，完成建制应急连巡回考核比武，军分区机关和人武部营以上干部、文职正科以上人员参加省军区年度军事考核总评第3名。全年共出动9500余人次，完成协助地方疫情防控、维稳执勤、抢险救灾和学生军训等任务。

国防动员。专题召开市国防动员重点潜力核查工作座谈会，协调各级国动委办事机构，核查5大类487家重点潜力，调查4个专项领域潜力，上报8个重点潜力机构、14家重点潜力企业数据。高标准落实民兵整组，优化重组市民兵应急营，完成战区赋予的首批23支分

扬州军分区组织预定女兵统一集中开展役前教育训练　　周晓明/摄

队编建训，基干民兵专业化程度达75.2%，新质力量19.5%，精准储备12支军兵种部队后备兵员，接受省军区拉动考评成绩优良。全年征集男兵、女兵、直招士官、定向培养士官，大学生、大学毕业生比例88.7%、32.1%。持续推进武装建设达标工程，对宝应县鲁垛、江都区宜陵镇实施重点帮扶，高邮菱塘回族女子民兵班赴上海与“南京路上好八连”联建联训、江都区结合“郭村保卫战胜利80周年”成立“东进民兵排”，丰富武装建设新内涵。协调保障全省经济（装备）动员扬州专题培训班，制定出台《扬州市推进军事后勤军民融合深度发展的实施意见》，编制《扬州市“十四五”军民融合发展规划》，军民融合深度发展有法可依、有章可循。

基层基础。学习军委《军队基层建设纲要》、国动部“两个要则”实施办法，研究出台为基层减负增力“10条举措”，推广“四统四放”领导指导方式，兑现为基层办好“8件实事”，投入68.5万元改善工作生活环境，拨款70万元建设基础薄弱武装部，拿出39.9万元用于看望慰问。持续用好“五个纳入”加强人才培育，选送5名干部军地院校学习、14名文职人员岗前培训、8名士官职业技能鉴定，集中全区42名文职人员自主开展1期业务学训，组织机关11名职工述职考评和民主测评，全年共推荐提升9名师团职干部，选取晋升5名士官。推进省军区赋予的“四个秩序”规范化建设任务，机关本级、邗江人武部、干休一所先试先行，完善设施、规范场所，健全制度、构建体系，树起“3个层级”正规化建设的好样子。注重抓安全保稳定，深化“安全大检查”“百日安全”“保密专项检查”等活动，固化分析形势、评估风险、到点抽查等制度，及时通报各类风险隐患209个，升级安防硬件24处。民兵武器仓库547件轻武器调运销毁，全程安全无差错。（刘　松）

■“四个秩序”规范化建设 以习近平强军思想为指导，以军委国防动员部“四个秩序”规范为依据，探索新体制下军分区、人武部和干休所规范化建设的方法路子，实现“战备制度机制健全、训练基础设施配套、工作质量标准高效、生活服务保障有力”的目标，形成一套紧贴实际、实用管用、便于推广的经验做法和试点成果。（葛守玉）

■组织日常战备 落实上级关于战备值班的指示要求，第一季度，组织全区作战值班人员战备工作理论辅导、业务教育和资格认证，高标准接受省军区国庆节战备拉动，修订完善国防动员行动方案以及非战争军事行动方案，确保各类方案常态。（葛守玉）

■提升国动援战能力 围绕任务抓准备作为以战领建，全面提升国防动员能力的重要抓手，完成“苏动-2020A”行动演练各项准备工作，强化首批编建分队军事训练，先后完成“扬动-2020A”国防动员行动演练、过境部队保障和扬州第二发电厂重要目标防卫等演练，完成省军区动员能力检验评估考核。

（葛守玉）

■实战化训练 1月2日，军分区组织全区开训动员暨“一个过程”实战化训练考核，全区现役干部、战士、文职人员和职工，专武部长和部分民兵应急排以及“柳堡二妹子”民兵连干部骨干共382人参加，总行程16千米，动用车辆10台，聚焦打赢的鲜明导向，传导新年度大抓训练和从严治训的紧迫压力。

（葛守玉）

■军地防汛演练 第二季度，采取上下结合、军地联合的方法，联合防空第某旅、某旅对辖区长江、淮河入江水道重点防汛地区和险工患段实地勘察，共同研究兵力运用、处险措施和行动方法，参加扬州市城市防洪、内河防涝、外河防汛勘察，并对接水上救护、用兵抢险等需求。6月26日至7月2日，联合市防汛防旱指挥部分别在高邮市民兵训练基地和市瓜洲泵站组织全市165名民兵分队、水利防汛抢险专业和消防专业分队骨干，以防汛抢险基础知识、六种险情处置技术和搭建钢木土石组合坝为主要内容的军地联合抗洪抢险训练演练，规范民兵防汛抢险分队训练的组织与实施，全面检验民兵应急分队防汛抢险专业技能和遂行任务能力，提升遂行多样化军事任务的能力。

（葛守玉）

■疫情防控 军分区人武部两级党委在确保所属人员有效防护、部队

军地防汛演练现场　　水利局/供稿

安全稳定的同时，支援协助地方，累计出动民兵1万余人次，完成守点卡口、巡查警戒、摸排人员、消毒杀灭、稳控秩序等任务，发挥作用，受到地方党委政府好评。（葛守玉）

民兵应急连群众性比武考核竞赛 开展民兵应急连群众性比武竞赛活动，持续掀起全区大抓群众性练兵热潮，军分区结合民兵集中轮训备勤开展练兵比武活动，累计完成7支民兵应急连比武考核，排出座次，比出质量，夯实基础，提升全区民兵应急连遂行任务的能力。（葛守玉）

民兵集中轮训备勤 提升民兵应急分队训练和处置突发事件的能力水平，全年依托市民兵训练基地和高邮、仪征、江都民兵训练基地累计完成14批1200人集中备勤训练。（葛守玉）

首长机关参加省军区动员业务考核 重点突出国防动员基础理论、要图标绘、识图用图、动员分析计算、指挥作业和体能等内容，有效打牢业务基础。10月，组织军分区机关在编人员集中强化训练并参加省军区考核验收，成绩优异。（葛守玉）

国防动员演练 5月，采取以上带下、上下联动、军地联合、实兵拉动的演练方式，重点研究动员中心转(扩)产和重要目标防卫实施方法，提高国防动员组织指挥能力，拓展与深化国防动员准备。市专项联合指挥所、邗江区专项联合指挥组成员，国家野营装备动员中心、扬州发电有限公司，以及民兵分队共约200人参加。（葛守玉）

安全保密业务集训 7月1日，军分区组织开展一期业务集训。集训围绕机关常用公文规范、安全保密工作有关制度规定、机要保密系统操作、解读安全工作检查考评细则等方面内容，采取理论授课、上机实操、交流讨论等形式展开，提升各单位安全管理骨干业务水平。（冯永勇）

安全大检查 全面贯彻落实《军队安全管理条例》《军队保密条例》《预防犯罪工作条例》等法规文件，按照省军区总体部署安排，结合军分区实际，突出新冠肺炎疫情防控、重大安全风险防范、保密工作集中整治、新兴领域安全问题治理“四大重点”，坚持以战牵管、为战抓管，坚持源头治理、防范在先，坚持突出重点、精准发力，坚持上下联动、层级管理，清理整治各类安全风险隐患，确保军分区部队高度集中统一和安全稳定。（冯永勇）

百日安全活动 9月底起至年底，军分区开展“百日安全活动”。贯彻中央军委、军委国防动员部和省军区决策部署，准确把握年底前安全稳定形势，强化抓安全稳定的政治责任，巩固深化安全大检查工作成果，坚持前瞻预测、重点管控，查纠隐患、全面防范，传导压力、夯实基础，按照“统一部署、自主组织、上下联动、层级落实”的方法，突出政治性问题、武器弹药、网络问题等10项重点内容，分阶段、有步骤开展防范、治理和管控，为军分区建设发展和年度各项任务完成提供可靠安全保障。（冯永勇）

民兵调整改革 军地各级深入贯彻以习近平新时代中国特色社会主义思想为指导，贯彻习近平强军思想，按照党中央、国务院、中央军委关于国防后备力量建设的决策部署和省委、省政府、省军区部署要求，树立精准建设、精细管理理念，优化民兵结构布局、发展民兵新质力量、规范民兵建设秩序，巩固和深化民兵调整改革成果，提高全市民兵基于打赢现代战争和服务大局的组织动员力、快速反应力、支援保障力。（刘　云）

基层专武干部集训 5月11—18日，军分区动员处、政治工作处会同市委组织部组织全市专武干部集训。此次集训全市共112名专武干部参加，集训突出民兵工作、征兵工作、基层武装、基本技能和组织指挥5个专题，坚持学、研、训相结合，紧盯业务能力和军事技能提升，采取辅导授课、现地观摩、观看录像、讨论交流、考核评比等形式，增强爱武敬武的认识，提高强武胜武的能力。（刘　云）

国防动员潜力核查 严格落实省国动委通知要求，在参加全省国防动员潜力统计调查工作任务部署会和数据采集系统操作培训的基础上，先后召开市国动委潜力工作部署会并组织不同类别、不同层次的业务培训。分涉海力量资源、新兴领域资源、运输投送资源、装备物资生产储备资源、应急医疗资源5大类509个机构和企业进行详细普查，确保潜力准备最大限度满足军事行动需求。重点对联合搜救、水下作战、运输投送、网络空间4类专项领域进行调查，确保潜力准备精准。根据上级精准需求，重点调查上报重点潜力机构和重点潜力企业，完善相关数据。（刘　云）

组织征兵 市委、市政府和军分区高度重视征兵工作，把征兵工作作为一项严肃的政治任务，纳入市委、市政府月度重大工作体系，加大领导力度和组织指导力度。针对扬州高校资源不平衡的实际，推动落实“部校挂钩”制度。面对疫情，全市各级开展“线上”和“线下”相结合，形式多样的征兵宣传系列活动，宣传效果提高。坚持以征兵五率指标实施征兵过程动态监管，超前筹划、逐项对表、每日分析、实时调控，精准掌握每个阶段、每个节点、每项数据，有效提升征兵工作质效。各级始终保持廉洁征兵态势，坚决纠正“四风”问题，实行廉洁征兵监督员制度，全面落实“五公开五公示”，树立兵役机关清风廉洁的良好形象。（刘　云）

后勤管理保障 提高备战打仗能力和“四个秩序”规范化建设试点任

务要求，提升市民兵训练基地组训能力，投资200余万元对市民兵训练基地附楼、室外靶场和训练场等进行升级改造。改善老干部居住和生活环境，指导干休所投资230余万元对干休一所所部点营院综合整治、干休二所“三个中心”进行升级改造。

军交运输工作。根据军委国防动员部和省军区通知精神，规范军车号牌管理、维护军车良好形象，按照省军区统一计划安排，4月军分区开展军车号牌申领和车辆及驾驶员年审工作，完成军分区机关、人武部、干休所共49台通用装备车辆、24名驾驶员年度审验工作。11月，军分区组织机关和干休所23名驾驶员，利用一周时间开展军交运输投送专业集训比武，区分基本理论和实车驾驶，共产生6个名次奖项，激发练兵备战的内动力。

卫勤保障。开展医疗服务，组织定期健康体检，组织军分区干部、战士、文职人员、职工和老干部共300余人次体检。组织驻扬部队官兵无偿献血，其中军分区系统就组织100余人参加献血，共献3万毫升优质新鲜血液。

（张　帆　周洪涛）

预备役师

■概况 2020年，江苏预备役高炮某师（简称预备役师）坚决贯彻习近平主席系列决策指示和上级党委部署要求，持之以恒抓理论贯注、精准高效抓转隶移交、聚力聚焦抓转型备战、严防死守抓疫情防控、从严从紧抓正风肃纪，团结带领部队完成各项任务，部队建设稳中有升。从7月1日零时起，全师部队整建制划归战区空军领导管理。

（承孝平）

■思想政治引领 坚持把学习贯彻习近平强军思想作为首要政治任务，跟进学习习近平主席最新重要讲话，结合形势任务和转隶调整，部署开展改革专题教育，安心本职、履职尽责的氛围浓厚。常态开展“清网”专项行动，部队保持纯洁巩固。

（承孝平）

■部队转隶移交 转隶前，专门成立转隶移交工作领导小组和办公室，组织清查盘点和登记造册，确保按时间节点高标准完成相关工作。转隶移交期间，在战区空军首长机关指导下，各单位科学筹划、严密组织，互相配合、密切协同，转隶移交工作完成。转隶后，学习贯彻空军、战区空军预备役部队指挥交接会精神，及时主动向战区空军对接请示，了解掌握情况，为融入空军打下坚实基础。

（承孝平）

■研战务战质效提升 坚持疫情防控和备战打仗两手抓、两不误，制发《关于进一步加强练兵备战工作的意见》，调整优化5类15项工作安排，强化整体统筹和训练指导。转隶战区空军后，按照“转入新体制、适应新要求、开创新局面”的目标思路，对标对表空军训练大纲，制发《关于当前进一步抓好部队建设的意见》，明确5个方面18项工作任务，完成11个共同课目的复补训。区分“学理论、研业务、强素质”三个专题，制定《关于进一步深化机关业务能力建设实施方案》，组织开展机关行文办件训练，共撰写综合性材料173篇，完成12类公文写作训练和19课次的“纵横讲坛”授课辅导。加强“学习空军、熟悉空军、融入空军”学习训练，制定空军理论研究方案，区分9个课题形成约14万字的《空军理论研究成果汇编》。开展作战问题研究，围绕“织网、补盲、支援”职能定位，形成战区空军预备役部队调整改革建议报告。纵深推进实战实训，高标准专项演练，严密组织5个方向地导假目标伪装防护行动，筹划主动、动作迅速、标准较高，得到战区空军认可。师机关和高炮某团接受战区空军年度军事训练检查考核，全师部队向战、练战、胜战的氛围浓厚。

（承孝平）

■后装保障 部队转隶后，及时与战区空军对接保障卡、油料、被装、军粮、医疗等供应保障关系，第一时间完成被装换发，确保各项保障有效衔接。疫情发生后，师团各级严格执行“盯住人、管住门”的要求，采取超常规疫情防控措施，细化方案、严抓严管、常抓常摄，坚持日交班、周汇报制度，经常性督查反馈，实现“零感染”“零接触”目标要求。进入疫情常态化防控以来持续精准发力，坚持“人”“物”同防，坚决克服松懈麻痹思想，巩固防控成果。

（承孝平）

■安全管理 树牢底线思维，加强安全管控，转隶空军后第一时间组织“学条规、明纪律、严作风、正秩序”作风纪律整顿，学习战区空军安全警示教育和“打包”下发的39份文件规定，规范日常建设秩序，组织车辆安全专项整治、季节性事故教育预防、禁酒令相关法规专题学习，树立初始即严、全面从严、一严到底的鲜明导向。

（承孝平）

武警扬州支队

■概况 2020年，武警扬州支队坚持以习近平强军思想为引领，坚决贯彻武警部队、总队党委决策部署，聚焦“六个相统一”抓建理念，融通“四条链路”抓建途径，抓经常打基础，抓和谐促稳定，抓执行求质效，部队建设平稳向前，被武警部队表彰为“安全工作先进单位”。

（丁昊斌）

■政治引领 坚持思想建党、政治建军，统筹推进“传承红色基因，担当强军重任”主题教育，注重以“3+1”“双百”“红肩章”等载体推动理论普及，发挥“五段式”“月备一课”“手机进课堂”等教育机制功效，推进强军文化建设，抓好支队军史长廊和基层荣誉墙、荣誉室规划设计，通过新兵入队授装、干部晋衔仪式、送立功喜报上门等形式，深化政治引领，确保纯洁巩

固。重视新闻报道工作，被总队评为新闻报道先进单位。（丁吴斌）

■**练兵备战** 贯彻习近平主席训词训令，推进执勤方式优化调整，完成仪征、高邮中队“智慧磐石”工程基本型建设。做好应对强敌斗争准备，调整指挥编组，完善席位设置，补充装备携带，在实兵拉动中锤炼部队。开展“学大纲、研大纲、用大纲”活动，加大首长机关组织指挥和基层“五大技术”训练，5名干部参加武警部队“运筹”比武成绩较好，完成仪征胥浦河段围堰加固任务。高标准迎接教导队一级达标考核。（丁吴斌）

■**基础建设** 学习贯彻军委基层建设会议精神，制定《聚焦“三个过硬”抓建基层计划》，落实常委当兵蹲连、机关股队挂钩，抓实每月基层形势分析、每季按纲建队考评，强化依法抓建能力。开展“学纲要、遵纲要、用纲要”活动，先后组织党小组长、“三互”小组长、安全员、风气监督员培训，提高“三个能力”。坚决纠治形式主义官僚主义，把工作安排权、人员使用权、财务支配权还给基层，减压释负，帮困解难，营造氛围。（丁吴斌）

■**安全发展** 以落实安全工作“八个规范”为重点，召开正规化建设展示现场会，推进一日生活条令化、库室设施规范化、日常管理精细化；围绕破解安全管理领域重难点问题，安装防护措施，完善科技手段，打造智能营区；紧盯预防自杀、手机网络、车辆管控、人员管理、失泄密等，开展安全大检查、“七个重点领域”专项整治和暑期百日安全竞赛活动。密切内部关系，强化依法带兵、以情带兵、文明带兵、科学带兵意识。（丁吴斌）

■**效能保障** 聚焦“三个服务”，抓建“一组三队”，举办“军营美食节”，定期补充战储物资，提高综合保障效益。合理配置经费投向，推进机关营区综合整治、执勤中队搬迁和教导队设施改造，为基层购置训练器材、更新饮水设备、安装太阳能、建设淋浴房，抓实官兵及家属住院探望、集中办理特困补助、协调子女入学入托等暖心工程，办好十件实事，服务基层、服务官兵导向鲜明。紧绷安全之弦，常态抓实疫情防控。（丁吴斌）

双拥共建

■**支持强军** 制定落实为部队办实事计划，13件惠军实事件件落地。按照二级标准对军供站提档升级，保障过境部队和新兵运输3600多人次。开展“送知识进军营”活动，为扬州舰87名官兵再开“专升本”绿色通道。（张　健）

■**尊崇军人** 以军人“刚需”为工作“必须”，安置随军家属3人，发放随军未就业家属一次性扶助金4人65万元，驻扬部队立功奖励金46人4.8万元。办理军嫂游园卡480张，军嫂公交IC卡66张。为市区3000多户现役军人家庭续保家庭意外险。（张　健）

■**关心慰问** 组织抗美援朝出国作战70周年纪念活动，市委、市政府主要领导亲自上门为老战士佩戴纪念章，全市各级普遍开展走访慰问功臣模范活动。对3名扬州籍驰援武汉抗疫现役军人送上“五个一”关爱，向驻边海防艰苦地区官兵家庭落实“六送”要求。（张　健）

10月23日，市长张宝娟走访慰问部分抗美援朝志愿军老战士　庄文斌/摄

经济管理

Jingji Guanli

编辑 陈婧

宏观经济管理

■**概况** 2020年，面对新冠肺炎疫情的冲击和复杂严峻的经济社会发展形势，全市发展改革系统扎实做好"六稳"工作，全面落实"六保"任务，保障全市经济逐季好转、稳定恢复，完成全年各项目标任务。

*统筹疫情防控和经济社会发展。*扛起医疗物资统一调拨责任，调动各类资源，确保抗疫保供需求。紧扣"双胜利"目标，统筹做好经济形势分析监测，实时将重点指标完成情况、面临的主要问题和具体对策建议报送至市委、市政府。开展创新课题研究，聚焦复工复产、县域经济、扩大消费等重点领域开展调研，推动出台促进消费回补等15项政策文件，为市委、市政府决策提供支撑。助推企业复工复产，汇编"应对新冠肺炎疫情保障经济平稳运行政策"33项。牵头推动出台优化信用服务、加强金融服务、支持企业发展等系列政策意见，减免企业水、电、气费用4.9亿元。完成《扬州市国民经济和社会发展第十四个五年规划纲要》编制，并通过市八届人大五次会议审议，为下一个五年及今后一段时期发展提供科学规划支撑。

*扩大有效投资和重大项目建设。*强化重大项目组织推进。市委、市政府制定出台《全市重大项目建设服务推进工作方案》《重大项目考核细则》等制度，建立健全"六个一"工作推进机制，推动列省和市级重大项目全面开工。主导推进的15个列省重大项目完成投资109亿元，完成年度投资计划的123.8%；379个市级重大项目完成投资1282亿元，完成年度投资计划的112.4%。强化重点产业招商。组织开展现代服务业（南京）招商引资恳谈会等招商拜访活动112场次，累计签约服务业项目164个，其中正式合同项目124个，落地注册项目78个；全年新开工服务业重大项目40个、新竣工33个、新达效32个。2020年，全市服务业投资增长28.4%，增速居全省第一。加强与国家、省发改委对接，争取支持企业发展、重点工程和社会事业等中央预算内投资和省级专项资金25亿元，会同财政部门争取抗疫特别国债21.4亿元。其中，扬州中国大运河博物馆获批8000万元单笔最大的社会事业中央预算内资金。会同财政、住建等部门争取专项债项目4批次66个，获批额度88.45亿元。

*结构调整优化和重点产业发展。*推动现代服务业提质增效。加快促进先进制造业和现代服务业深度融合发展，制定印发《关于促进高技术服务业发展的指导意见》，加大高技术服务业项目建设力度，高技术服务业投资占比3.7%，比上年增加2.1个百分点。2020年，新增省生产性服务业领军企业2个、省平台经济重点企业2个、省生产性服务业集聚示范区2家，生产性服务业增加值占服务业比重55%。全市服务业增加值增长3.5%，总量2955亿元。持续壮大战略性新兴产业规模。新创成省级产业创新中心1个、省级战略性新兴产业双创团队1个、省级工程研究中心11家；争取2个项目列入2020年省战略性新兴产业发展专项投资计划，获批资金3600万元。加快培育发展航空、大数据等新兴产业，服务中航601所扬州院、中航机载共性技术中心等一批航空产业项目落地运营，以腾讯云、电信云、中星北斗等为代表的大数据产业项目落户。全市工业战略性新兴产业总产值占工业总产值比重37.3%。

*重大战略落实和区域统筹发展。*推进长江经济带高质量发展，谋划打造特色亮点，高质量推进南水北调东线源头生态环境保护、京杭大运河绿色航运示范区等8项工程。融入长三角一体化和宁镇扬一体化。与南京签署《南京江北地区至仪征轨道交通研究合作协议》《宁扬城际共建补充协议》；联合南京启动仪征至江北地区轨道交通的研究；启动G328宁扬段科创走廊前期研究。开展扬州经扬泰机场至泰州城际的研究，对接国家发改委，力争纳入长三角多层次轨道交通规划和城际铁路、市域（郊）铁路建设计划。推进城乡统筹发展。推动宝应县入选国家县城城镇化建设示范县、宝应县农村产业融合发展示范园获批第二批国家农村产业融合发展示范园、仪征枣林湾户外运动小镇纳入省级特色小镇创建单位。开展对口支援合作。实施对口帮扶项目121个，消费扶贫金额1.38亿元，使用

省级统筹资金3.75亿元；推动扬州至榆林、扬州至乌鲁木齐开通直航，建成扬州世园会榆林馆等一批合作项目。

重点领域改革和扩大对外开放。 优化营商环境，推动企业开办便利度提升、企业注册登记“全程电子化”、不动产登记交房（地）即发证，市级“不见面审批”事项占比98.1%。加快信用体系建设，归集信用信息1.6亿条，为4472家企业开展“信用体检”，2家企业创成省级信用示范管理企业，率先在全省推进19个重点领域实施信用监管示范工程。发展直接融资，全年直接融资规模463.2亿元。推进行业协会商会脱钩改革，推动24个业务主管单位全面完成129个行业协会商会脱钩改革任务。参与“一带一路”建设。组织推进6大领域22项重点工作，新备案境外投资项目20个，对外投资总额5.4亿美元；储备市级“一带一路”重点项目55个，推动迈安德饲料工程等8个项目列入省级“一带一路”项目库；牵头发起成立扬州市“一带一路”发展促进会，为企业“走出去”提供精准服务。

居民收入增长和基本民生保障。 制定出台富民增收年度工作要点，细化明确31条重点任务，组织推进一批民生领域补短板项目。全体居民人均可支配收入增长4.8%。健全完善民生商品储备、调度、投放、监管各项举措，确保猪肉、蔬菜等市场供应和价格稳定。关注困难群体生活，发放价格临时补贴7280万元，惠及困难群众超过60万人次。落实地方储备粮管理办法，加强粮食市场监测，保障种粮农民利益。2020年，全市列统企业累计收购小麦98.2万吨、稻谷93万吨，比上年分别增加3万吨和12万吨。制定“有序用电方案和电力供应应急预案”“天然气供应应急预案”，全市成品油库存近7000吨，电煤库存15天以上，达到能源保障安全储备标准。制定《电力、油气管道安全生产专业委员会成员单位工作职责及任务清单》，排查整治电力安全一般风险隐患292处、长输油气管道一般风险隐患12处。

（孙景亮　夏卫峰　郑善武）

■经济体制改革 深化供给侧结构性改革，推动制造业转型升级。培育先进制造业产业集群，先进制造业规上工业产值比上年增长8.5%，形成汽车及零部件、高端装备、新型电力装备等三个千亿级产业，先进制造业集群拥有百亿以上龙头企业6家，共落户世界500强及跨国公司项目15个，其中先进制造业12个项目。推动先进制造业和现代服务业深度融合，出台《扬州市服务型制造示范企业认定管理办法》《扬州市工业设计中心认定管理办法》，建立健全生产服务业重点企业的认定和培育机制，鼓励企业开展服务型制造，引导企业创新业态模式。

加大“放管服”改革力度，优化营商环境。 简化涉企审批。开展8轮涉企行政审批事项精简工作，全市取消行政审批事项415项，下放745项。优化审批流程，实现“进一扇门、办所有事”。启动实施“先照后证”“多证合一”“证照联办”等登记制度改革，推动政务服务由“网上办”向“掌上办”升级，推行涉企事项代办、帮办制度，全面实现“就近能办、多点可办、少跑快办”。开设“中小企业融资超市”，各类风险资金池规模达15亿元。强化人才保障，制定出台“2+N”人才政策体系，在金融支持、住房资助、子女就学等方面予以重点扶持。优化涉企服务，在全省率先设立优化企业发展环境办公室，探索以“服务百强重点企业微信群”和“服务小微企业微信群”为重点的“众群工作法”，政企之间有问必答、马上就办。建立服务企业挂钩联系机制，市委、市政府主要领导双月开展企业调研，百名处级干部与百强企业一对一挂钩联系，打造扬州服务企业新品牌。

推动创新体系建设，激发新兴科创名城新动能。 入选江苏唯一的全国小微企业“双创”基地城市示范，并以同批次全国第一的成绩通过验收。2020年，全市科技进步贡献率65%，高新产值占规上工业产值比重48%，全市高新技术企业有1500多家，大中型工业企业及规上高企研发机构建有率近90%，省级以上“两站三中心”有627家，规上工业企业中有研发活动企业数占比超过50%。实施“科教合作新长征”和“科技产业合作远征”计划，与国内排名前十的理工科院校及中科院、中关村建立“10+2”全面合作模式，开辟德国、俄罗斯、以色列等30余个国家的合作渠道，建成校企联盟近1200个，引进知名高校研创中心超230家。

改善民营经济发展环境，增强发展动能。 全市场主体总量53万户，其中民营主体超过50万户、占比97%；民营企业贡献全部工业开票销售总量的60.5%、入库税收总量的79.7%，有力拉动经济增长；扬力集团入选“江苏省百强创新型企业”，东升汽车零部件等3家企业获批国家级首批专精特新“小巨人”企业认定，100余个项目列入省企业重点技术创新导向计划，在高成长企业、高新技术企业、专精特新企业等体现高质量发展指标的占比超过全市工业企业的85%；全市民营市场主体从业人员约210万人、占全市就业人口的75%。制定《聚焦企业关切大力优化营商环境任务清单》，健全市场主体进入退出机制。建立破产案件“府院联动”工作机制和企业破产处置工作联席会议制度，形成以规范化文件形式明确企业破产处置的“扬州经验”。构建公平竞争审查制度框架，在全省率先印发《关于在市场体系建设中建立公平竞争审查制度的实施意见》《公平竞争审查制度实施细则》。

推进国资国企改革，完善企业治理体系。 推进企业混改，研究制定《推进市属国有企业混改工作方案》，集中推出30户市属国有企业参加混改，项目涉及总资产198.5亿元，净资产36.6亿元。完善国企治理体系，出台《关于进一步推进国有企业改革发展的实施意见》《关于在深化国有企业改革中坚持党的

领导加强党的建设的实施意见》，形成“2+N”政策体系。调整明确主营业务，制定《市属国有企业投资监督管理办法》《市属国有企业非主业投资监督管理办法》，推动国有资本向主业聚焦，形成新的竞争优势。（胡新林）

■固定资产投资 2020年，全市固定资产投资增长–1.5%，降幅较上半年、前三季度分别收窄12.9和5.3个百分点，保持持续向好态势。全年服务业投资增长28.4%，增速位居全省第一。工业投资增长–31.4%、较上半年收窄10.1个百分点。（徐飞）

■重大项目建设 2020年，全市379个市级重大项目全部开工建设，全年完成投资1282.3亿元，达年度投资计划的112.4%。其中，当年新实施的226个项目完成投资576.3亿元，达年度投资计划的109.5%。15个列省重大项目全部开工建设，超计划完成投资23.8个百分点。（徐飞）

财政管理

■概况 2020年，全市完成一般公共预算收入337.27亿元，比上年增加8.49亿元，增长2.6%；税收收入264.46亿元，增加0.65亿元，增长0.2%；非税收入72.81亿元，增加7.84亿元，增长12.1%；税占比78.4%。其中，市级一般公共预算收入74.21亿元，转移性收入265.53亿元。全市一般公共预算支出完成668.33亿元，比上年增加56.36亿元，增长9.2%。其中，市级一般公共预算支出181.43亿元，转移性支出158.31亿元。（陈晓培 唐越）

■高质量发展服务 开展“服务保障年”活动，完成市委、市政府“两报告三文件”目标任务，“科技贷”“小微创业贷”等各类风险资金池规模达21亿元，累计贷款投放220亿元；分别设立20亿元的扬州大运河基金和双创基金。申报发行新增政府专项债券项目66个，总金额88.45亿元，争取特殊转移支付和抗疫特别国债资金30.3亿元。安排招商引资专项资金5000万元，用于奖励“323+1”先进制造业、现代服务业及战略性新兴产业落地重大项目。设立市级技改专项资金3.5亿元，2020年兑付1.1亿元，实施补链强链技改项目268项。支持园区“二次创业”，制定开发园区“二次创业”高质量发展财政支持政策，提升园区产业创新力和贡献力，9家省级以上开发园区实现争先进位。保障“一城三都”建设，出台《科技产业综合体绩效评价激励办法》，健全科技产业综合体考核机制；安排宣传文化发展专项资金1.1亿元，支持放大“世界运河之都”“世界美食之都”“东亚文化之都”品牌效应。（陈晓培 唐越）

■疫情防控和复工复产 全市各级财政安排防控专项资金13.8亿元（含抗疫国债），其中市本级4.1亿元。配合制定“惠企16条”“商贸12条”“金融15条”等财政支持政策，帮助企业纾困解难；开通“线上融资绿色通道”，开辟政税银平台“抗击疫情”专区，为1270户中小企业授信41亿元；落实阶段性减免政策，减免企业社保费50亿元，拨付稳岗返还资金3.1亿元。（陈晓培 唐越）

■“三大攻坚战” 打好防范化解重大风险攻坚战，稳妥化解债务存量，确保政府债务风险总体可控。打好精准脱贫攻坚战，建立健全城乡低保标准增长机制，保障低收入群体基本生活水平，全市城乡低收入人群保障标准从2019年的680元/月提高到2020年的710元/月；逐步提高低收入家庭医疗保障水平，全年市区健康扶贫投入2700万元；持续加大经济薄弱村帮扶力度，拓宽村集体增收新途径；2020年安排市级奖补资金1700万元，用于支持市县两级脱贫基础不牢、存在返贫风险的经济薄弱村实施产业扶贫。打好污染防治攻坚战，坚持生态环保领域支持方向不变、力度不减，全市全年投入环保专项资金5.6亿元；支持长江大保护和江淮生态大走廊建设，实施长江经济带生态保护修复奖励政策，落实长江流域禁捕退捕工作，全市累计投入12.72亿元，着力打造美丽扬州。（陈晓培 唐越）

■政府和社会资本合作模式 2020年，全市在库政府和社会资本合作模式项目29个，总投资499.47亿元。其中，列入省试点项目12个，总投资215.45亿元，涉及市政工程、教育、生态建设和环境保护、保障性安居工程、交通运输、片区开发、能源、体育等政府公共服务领域。省试点项目中有4个项目进入财政部示范项目库。全市共落地政府和社会资本合作模式项目22个，总投资315.25亿元，吸引社会资本62.13亿元，其中8个项目获得省财政落地奖补资金5943万元。2020年，“江都空港新城影视文旅产业基地片区开发建设项目”获得省示范项目奖补资金500万元。（陈晓培 唐越）

■财政体制改革 在全省率先全面实施单位公务卡改革，市级192个预算单位办理单位公务卡375张，使用率100%；加强预算支出管理，市本级一般性支出压减20%，政府专项支出压减30%；修订完善专项资金管理办法，科学划分和落实专项资金预算编制、执行、监督等各环节职责；出台《扬州市全面实施预算绩效管理的实施意见》，预算绩效管理工作在全省考核中获“优秀”等次，在省人大2020年预算报告和预算草案质量评价中获得满分，名列全省第一；出台《扬州市级政府投资项目财政管理工作主要内容和适用流程》，进一步规范政府投资项目管理；加强工程造价过程控制，全年通过财政投资评审共计核减工程造价6.56亿元；出台《关于加强市直行政事业单位会计工作管理的实施意见》。（陈晓培 唐越）

税务管理

■概况 2020年，全市税务系统共组织各项收入688.1亿元，比上年下降4.2%。其中，税收收入486.3亿元，下降1%；非税收入201.8亿元，下降11.2%；一般公共预算收入264.5亿元，增长0.2%。非税收入中，社会保险费收入184.8亿元，下降11.9%；各项基金费收入17亿元，下降2.4%。（税 宣）

■减税降费 建立常态化减税降费政策落实机制，“一企一策、精准施策”，累计解决企业各类问题409项，发布纳税提醒98万户次，提取可享受优惠政策企业18万户，点对点辅导率100%。与公安部门联合在全市率先出台支持复工复产“10条措施”。联合工商联、科技部门以及行业商会协会举办“外贸企业沙龙”“科创企业政策行”和房地产行业、劳动密集型企业座谈会。综保区一般纳税人试点落地。挖掘大数据“金山银库”，及时反映经济运行情况，推动地方金融等重点领域改革，帮助疏通产业链供应链循环。（税 宣）

■依法行政 制定全面提升执法质量实施意见。编制发布税收权力和责任清单。出台税费政策确定性管理办法，形成收集分析、研究发布、审查清理的全流程政策解读机制。完成省局重大案件审理说明理由制度试点任务，说理式执法文书水平不断提升。打击“假企业”“假出口”“假申报”等违法行为，大要案查处取得突破，破获当年全省最大的虚开发票专案。与司法等部门联合开展税收宣传月活动，建成宋夹城等三个普法教育长廊。聚焦抗疫政策落实、发票管理等重点领域开展执法督察。加强税费资金安全管理，开展现金税费征缴专项整治、督察工作，消除风险隐患，惩治违法行为。（税 宣）

■税费改革 推进新征管体系示范点建设，确保各层级机构职能、岗责体系、工作流程规范统一。优化“1+7”任务统筹机制，提升征管效能。推行增值税专票电子化试点，开出全省首张增值税电子专用发票。车购税网上申报率位居全省前列。落实个税改革“第三步”，42.6万人办理首次汇算申报。完成水土保持补偿费等3个非税项目划转工作。在全省率先与外管部门签署合作备忘录，运用反避税调整、国际税收“六项审核”等措施入库税款1.9亿元。（税 宣）

■纳税服务 开展“一对一”精准服务、“面对面”培训辅导、“点对点”个性解读，通过志愿者服务队现场宣传、12366征纳沟通平台“在线咨询”、纳税人学堂5G线上直播、微信公众号政策解读等多渠道开展宣传辅导，组建专家团队提供政策支持。全年通过短信平台、微信群等渠道发布纳税提醒97.6万户次，推广“一码全知道”9.9万户次，提取全市可享受新冠肺炎疫情防控政策名单6.8万户，辅导率100%。开展“百、千、万”大走访，收集解决企业涉税需求和疫情防控相关税收政策问题409项；建立“一户一档”个性化税费优惠政策摘编，为150户企业梳理1025项税费优惠政策；召开“税企同舟 助力发展”专题座谈会，面对面回应企业诉求，帮助企业解决复工复产问题和涉税难题；深化“纳税人之家”品牌建设，全面通过“纳税人之家”开展减税降费政策宣传辅导45场、征纳互动45场，征集纳税人评价606条，解决纳税人涉税诉求与意见建议211条。（税 宣）

■税收共治 推出新一年“3075”专项行动。推进全省最佳办税体验区建设，实施线上“一揽子”提升项目。非接触式服务办理比例96.7%，新办企业平均时长20.8分钟。推动简易退税，出口退税平均时长压缩至1.88个工作日，留抵退税办理当日完成。构建以办税厅为主体、乡镇（街道）为民服务点为延伸、社会化网点协同服务的实体办税“矩阵”，进驻54个为民服务中心，建成7个“税邮合作”样板点，“半小时”办税圈建设成效初显。推动“6S”办税厅标准化规范化建设。（税 宣）

金融管理

■政策性金融资源 对接争取政策性金融资金，组织政策性金融对接活动20余场，国开行、农发行、进出口银行贷款余额529亿元，支持重特大项目44个、238亿元，增幅列全省第三。项目贷款平均期限8年，最长25年；贷款平均利率4%，最低1%；贷款规模平均6.5亿元，最大23.8亿元。（陆长昀）

■融资成本压降 召开全市金融工作推进会，引导金融机构降低融资门槛，落实各项优惠信贷政策。至年末，全市企业贷款利率4.97%，比上年下降40个基点。其中，全市普惠型小微企业贷款平均利率5.25%，比上年同期平均利率降低79个基点。全市银行机构共为企业减免融资相关费用1702.03万元，其中减免普惠型小微企业费用1178.01万元。全市小额贷款公司启动“抗疫输血”机制，办理受疫情影响中小微企业展期续贷953笔、13.25亿元；减免降低利息931户、1023万元。（陆长昀）

■企业融资服务 引导金融机构降低融资门槛，压降融资成本，落实各项优惠信贷政策。至年末，全市企业贷款利率4.97%，比上年下降40个基点。其中，全市普惠型小微企业贷款平均利率5.25%，比上年同期平均利率降低79个基点。全市银行机构共为企业减免融资相关费用1702.03万元，其中减免普惠型小微企业费用1178.01万元。全市小额贷款公司启动“抗疫输血”机制，办理受疫情影响中小微企业展期续贷953笔、13.25亿元，减

10月20日，扬州市政府举行长三角资本市场服务基地扬州分中心揭牌仪式

庄文斌/摄

免降低利息931户、1023万元。

（陆长昀）

■**上市后备企业培育** 建立100家市级上市挂牌后备企业库，重点培育30家上市后备企业。开展“扬州上市后备企业走进上交所”活动，举办“2020江苏区域性股权市场融资上市服务行”系列活动。成立江苏股权交易中心扬州分中心和省科技企业融资路演服务中心扬州开发区分中心，推动扬州加入长三角资本市场基地联盟，并设立扬州分中心。艾迪药业、永道射频、金世缘等12家企业获市财政扶持资金845万元。

（陆长昀）

■**综合金融服务平台建设** 5月，扬州综合金融服务平台正式上线运营，至年末，注册授权企业4.03万家，比年初增长3.14万家；接入银行等金融机构61家，上线各类金融产品382项，累计成功获批授信198.69亿元。平台开通受疫情影响的小微企业融资绿色通道，上线融资产品98个，累计授信657笔、20.94亿元，其中纯信用贷款92笔、2.71亿元。

（陆长昀）

■**融资担保** 全市3家融资担保机构被省财政厅和省金融监管局联合确定为市级政府性融资担保公司，数量居全省第三；市、县两级政府性融资担保覆盖率100%，注册资本21.1亿元，全年为2525家企业提供43亿元融资担保服务，其中支农支小业务在保余额38.24亿元，在保户数2035家。获批省级普惠金融发展专项资金2045万元，安排市级融资担保体系建设专项资金2000万元，对“支农支小”业务给予奖补、补贴。加大与国家信用担保基金和省再担保机构合作力度，争取国家融资担保基金、省融资担保代偿补偿资金池和省再担保集团对政策性业务的代偿补偿868万元。

（陆长昀）

■**助力复工复产** 参与市疫情防控指挥部经济运行保障工作，指导各地统筹推进金融支持疫情防控和经济社会发展，组织开展企业复工复产银企对接服务系列活动。推出“疫鑫商融”产品，对综合体商户进行免抵押、零担保贷款投放，首批13家商户获得南京银行扬州分行1020万元授信。（陆长昀）

■**打击非法集资** 组织开展全市金融领域大规模风险排查4次，梳理出涉众型金融领域信访风险企业56家，摸排出“问题企业”165家，对四季大通、信和财富等71家企业进行风险提示，高风险企业实现清零。对“阡陌间”“春天实业”等涉嫌集资诈骗犯罪企业予以打击，指导恒昌汇财、币丰所、油鱼金服等P2P平台企业稳妥清退转型。

（陆长昀）

审计

■**概况** 2020年，全市审计机关完成经省厅批复同意的审计项目150个，审计促进整改落实有关问题资金33.4亿元，提出审计建议被采纳421条，审计促进废改立61条，提交审计专题报告、综合性报告和信息简报229篇次。（吴佳佳）

■**政策跟踪审计** 配合市委、市政府加强债务管理工作，为市委、市政府积极化债、刚性化债、科学化债和稳妥化债提交审计建议。组织实施全市长江经济带水污染防治专项审计，促进水污染审计整改工作。关注清理拖欠民营和中小企业账款等相关政策落实情况，从交通、水利、住建、教育等重点领域抽查89家单位工程款支付情况，缓解民营企业、中小企业资金压力。（吴佳佳）

■**财政审计** 深化财政预算绩效审计、大数据审计、统筹融合审计工作，丰富和放大同级审计报告成果。深入开展财政预算绩效管理审计，促进市委、市政府印发全市预算绩效管理实施意见，促进财政部门加强预算绩效目标管理。开展一级预算单位审计，实现市一级、二级预算单位数据采集全覆盖，同时围绕“三公”经费、会议费、培训费等事项对所有单位数据进行无差别、全覆盖分析。（吴佳佳）

■**经济责任审计** 2020年，市本级开展经济责任审计项目16个，根据省厅授权，实施扬州经济技术开发区、淮安清江浦区地方党政任中经济责任审计。摸清审计对象底数，出台《扬州市经济责任审计联席会议制度》《扬州市管领导干部经济责任审计分类管理办法》，印发《扬

州市市管干部经济责任审计告知书》宣传册，加强对市管领导干部的审计监督。（吴佳佳）

■专项资金审计 组织实施保障性安居工程审计，市住建局等相关部门采纳审计建议，出台《扬州市区住房保障申请准入审核实施细则》。组织实施全市企业职工基本养老保险基金审计和公立医院综合改革政策落实情况专项审计调查。按照市人大委托要求，对公园奖补专项资金涉及的6个县（市、区）开展审计。（吴佳佳）

■政府投资项目审计 组织6个县（市、区）审计局，统一实施重大项目推进情况审计，抽审22个项目，项目类型涉及基础设施、创新产业、社会民生事业、生态环保，总投资53.33亿元，提出3大类、9条建议。开展东部交通枢纽、三湾湿地公园等13个政府投资项目现场跟踪审计，累计完成现场踏勘66次。以信息技术提升投资审计质量，使用建筑信息模型（BIM）技术辅助跟踪审计，帮助优化援疆项目建设管理、及时修改设计缺陷，节约援疆资金。（吴佳佳）

■自然资源资产审计 2020年，全市审计机关安排领导干部自然资源资产审计项目5个，涉及领导干部7人，促进各级党政领导干部牢固树立“绿水青山就是金山银山”的理念，打好蓝天碧水保卫战，实现经济发展和环境保护双赢。（吴佳佳）

统计

■概况 2020年，全市统计系统稳步实施统计改革、统计监测、统一核算、人口普查、督察整改等重点任务。经核算，全市实现地区生产总值6048.33亿元，按可比价计算，增长3.5%。其中，第一产业实现增加值307.1亿元，增长2.9%；第二产业实现增加值2786.35亿元，增长3.6%；第三产业实现增加值2954.88亿元，增长3.5%。三次产业结构调整为5:46.1:48.9，第三产业增加值占地区生产总值的比重比上年提高0.9个百分点。（蔡　磊）

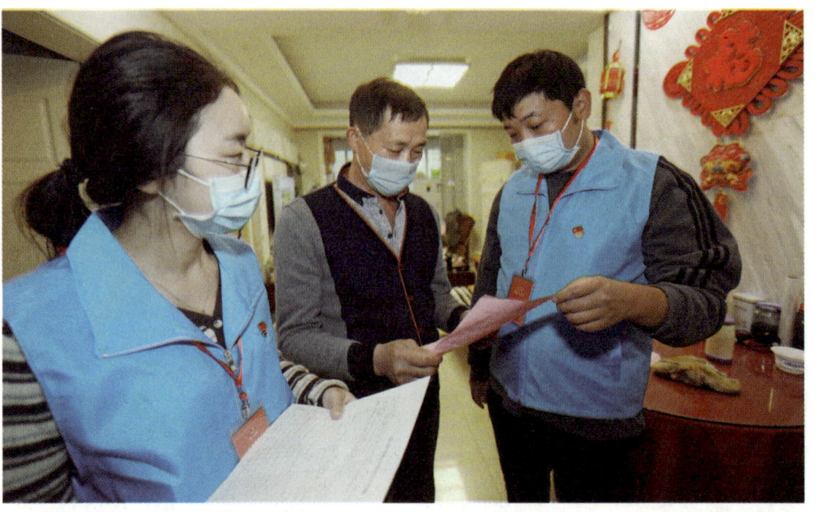

人口普查员向居民发放宣传单，讲解人口普查的重要意义和注意事项

董　辉/摄

■第七次全国人口普查 完成普查机构组建、经费落实、物资准备、区划绘图、户口整顿、“两员”选聘、业务培训、普查摸底等工作，人口普查质量验收达标率100%。沟通协调公安、卫健、民政、人社、政法等部门提供部门行政记录和大数据信息近2140万条，为完成普查任务打下坚实基础。创新普查信息手段，利用自然资源部门“地理信息公共服务平台矢量电子地图”和“地理信息公共服务平台影像电子地图”等技术，推进区域划分和建筑物标绘，利用公安二维码门牌查找人户分离等“死角盲区”，有效解决“区不漏房”“以房找人”及“两员”进门难等问题，提升入户登记质量。（蔡　磊）

■统计改革和制度创新 争取社会消费商品和服务零售总额测算国家级试点，建立服务零售行业数据库，组织开展个体户营业额数据测算、部门数据采集、年度数据推算及各行业服务零售系数测算等统计基础工作，完善消费领域统计体系及方法制度。建立投资统计跟踪体系，利用项目备案审批记录、重大项目库、年度投资计划等部门行政记录进行比对排查，对符合入库条件的项目进行督促申报，并联合项目责任单位对申报有阻力、申报材料有缺项的企业（项目）开展督查指导，推动项目入库。落实周报制度，保证项目筛选排查、落地进展、申报入库等流程全程跟踪、入库及时。优化生态文明统计体系，制定绿色发展统计报表及台账上报制度，连续第4年开展生态文明建设年度评价。（蔡　磊）

■统计监测服务 加强市县沟通和部门协调，强化信息互通和数据共享，及时开展跟踪监测和分析评估，确保真实准确、完整及时反映各类指标的发展进展情况。围绕疫情防控和复工复产走访调查近千家代表企业，形成《疫情对全市工业生产的影响》《疫情对建设领域经济影响调研分析》等高质量统计分析。推进统计分析预警水平提高，全年形成上报统计分析100多篇，统计专报36篇，各类调研报告18篇。专门强化针对焦点领域、重点行业、热点问题短平快的统计分析上报力度，形成小切口专题分析近40篇。围绕疫情防控、高水平小康建设、民生建设等领域，完成社情民意调查项目13个，为市委、市政府科学决策提供依据。（蔡　磊）

■依法治统 对全市9个县(市、区)、功能区107家四上单位开展数据质量集中核查，对核查发现问题进行集中整改。加大执法检查力度，严格依法、依规、依纪、依程序对执法检查过程中发现的各类统计违纪违法行为进行处理，对查实的统计违纪违法行为责任人问责追责。全年处理统计违法违纪有关责任人员49人，其中政务警告2人、提醒谈话21人、批评教育26人。加强统计法治宣传力度，结合统计法颁布36周年纪念日、第七次全国人口普查、国家统计督察等主题，在全市范围开展中央3个文件以及统计法律法规学习宣传工作，向市县两级党委政府和市级有关部门发放《统计督查整改学习材料汇编》150多份。抓住“关键少数”，统计法律法规连续5年进党校。（蔡 磊）

国有资产监督管理

■概况 2020年，扬州市政府国有资产监督管理委员会（简称市国资委）打赢疫情防控、复工复产、国企改革等硬仗，市属国有企业改革重组取得历史性突破，企业主体信用等级全面提升。至年末，全市（含县、市、区）国资监管机构监管企业资产总额8494.37亿元、归属于母公司所有者权益2206.91亿元，分别比上年增长18.99%、13.20%，全年实现营业收入511.28亿元，增长11.36%。其中，市属国有企业资产总额1826.59亿元，增长9.73%；所有者权益总额为746.36亿元，增长5.28%，归属于母公司的所有者权益为578.53亿元，增长5.28%。1—12月完成营业收入385.47亿元，位列全省第6，增长18.30%，增幅位列全省第7。

（徐 乐 赵 蓓 董媛琳）

■改革发展 混合所有制改革。全年实施国网扬州能源公司、翼学文化公司、谢馥春电子商贸公司、冶春餐饮公司等4家国有企业混改工作，合计吸引民营资本5151.3万元。企业上市。推进长江水务、华建股份、谢馥春、冶春等重点企业上市工作。至年末，长江水务与市政府签订污水处理购买服务协议；华建股份完成2户企业交叉股权的规范处置；谢馥春、冶春公司有序推进上市工作。“放管服”改革。印发《关于公布扬州市国资委审批事项清单（2020年版）的通知》，累计取消、下放审批事项19项，调整明确16项监管事项。社会化管理。牵头制定《扬州市推进国有企业退休人员社会化管理实施方案》，推进国有企业退休人员社会化管理移交工作，移交50户企业退休人员人事档案共计3.56万份，移交党组织关系8980人。企业主业管理。印发《扬州市国资委关于公布市属国有企业主营业务的通知》，公布10户市属国有企业主营业务，指导企业集中资源做大做强做精主业，防止盲目投资、并购、扩张，提升国有资本配置效率。清理“僵尸企业”。全年清理扬州市中小企业投资发展有限责任公司等7户“僵尸企业”。

（徐 乐 赵 蓓 董媛琳）

■国有资本经营预算 2020年，市国资委进一步规范市属国有企业国有资本经营预算的编报和管理，做好国有资本收益收缴。2020年度市属国有企业国有资本经营预算建议草案经市人大常委会通过后，市属国有企业认真执行国有资本经营预算，按时足额上缴国有资本收益1.56亿元。根据经营支出预算安排，配合市财政局做好城控集团、建工控股等六家企业合计1.26亿元国有资本经营预算支出工作，并完成上缴社保基金3000万元。

（徐 乐 赵 蓓 董媛琳）

价格监督管理

■价格调控 2020年，扬州市居民消费价格指数（CPI）比上年上涨2.5%，完成不高于省定目标任务。落实《关于2020年价格调控目标责任制的实施意见》，坚持价格调控目标责任制和价格调控联席会议制度。完善价格调节基金制度，增强价格调控整体合力，修订《扬州市价格异动应急预案》，全年启动9次发放临时价格补贴，1—9月发放7280万元，惠及困难群体约60万人次。（范 羽）

■冻猪肉储备 出台《扬州市本级冻猪肉收储与轮换办法》，进一步增强生猪市场保供稳价能力。轮换50吨临期市级储备冻猪肉，确保储备肉品质安全。取消生猪活体储备，改为常态化储备冻猪肉。

（范 羽）

■资源性产品价格改革 推进天然气价格改革，疏导市区民用和工商业用天然气销售价格。完成全市2647.6平方千米农田农业水价综合改革任务，实现农业节水和农田水利管护良性运行的目标。（范 羽）

■房价备案管理 制定《扬州市区开发企业合理自主定价（备案价格）引导原则》，进一步规范办事流程，减少人为因素与自由裁量，实现对房地产价格合理调控。妥善处理涉房价格及其构成的信息公开、咨询投诉，新明确装修价格涉及的样板房、费用公示、第三方审计要求。全年共备案房地产项目68个、134批次，其中新备项目48个，备案面积330万平方米。

（范 羽）

■宜游城市建设服务 国有收费旅游景区（点）自疫情结束之日起，向全国医务工作者、公安干警免费开放一年。大中小学生暑假和寒假凭有效证件免费游览瘦西湖、大明寺、个园、何园、汉陵苑、扬州八怪纪念馆（以下简称“六大景区”）。瘦西湖景区3、4、5、9、10、11月等月份门票优惠至100元，其他月份优惠至60元。来扬参加国际会议、国际赛事的嘉宾和运动员在会议、赛事期间凭有效证件免费游览“六大景区”。对在扬举办的300人以上商务会议参会人员团体游览“六大景区”实行门票挂牌价五折优惠。

7、8月份，高邮市、仪征市所有国有收费景区免费开放。（范 羽）

■清费减负 应对新冠肺炎疫情，出台水电气阶段性降价政策，全市共减轻企业负担5.05亿元。其中，供水434万元，供电4.31亿元，供气6965万元。减免与疫情防护相关产品特种设备检验费83.3万元。（范 羽）

■成本监审和农本调查 完成高中作业成本调查、课后服务费成本调查、树人学校生均成本调查、附中东部分校生均成本调查、幼儿园保教费定价成本调查、世明双语学校成本调查等6项调查任务，合计核定成本2.77亿元。落实各项农本调查任务，先后完成2020年农户种植意向调查、农户存售粮调查、购买农资调查、规模生猪成本调查汇总、小麦种植收益、油菜籽种植收益、设施蔬菜种植收益、宝应荷藕种植收益、仪征茶叶种植收益等9项调查任务。（范 羽）

■价格监测信息服务 价格监测中心加强机构建设，市编办批复经费来源由自收自支转为全额拨款事业单位。应对新冠肺炎疫情启动一级响应，及时部署对大型超市、药店、农贸市场的应急价格监测。全年分别上报国家、省级农副产品4.5万余条、工业品49大类1011个品种2.7万条监测报表数据。公示民生价格信息7500余条；服务政府采购监管，发布市区办公自动化消耗用品和文化用品51个大类398个品种约1.5万条数据。完成价格监测预警分析报告235篇。（范 羽）

■价格认定 完成涉刑事价格认定64件，涉案金额126.3万元；涉纪检监察案件6件，涉及金额373.81万元；完成涉服务类价格认定事项11件，认定金额1870.7万元；通过网络协同平台，受理完成市税务局提交的涉税房地产价格认定5046件，认定金额60.21亿元；办结涉税争议事项350件，涉税金额7.16亿元。（范 羽）

■价格争议调解 落实《扬州市价格争议调解工作站规范化建设实施意见》，利用各县市区的价格争议调解模式特点，打造价格争议调处品牌，落实中央关于完善矛盾纠纷多元化解机制要求。（范 羽）

市场监督管理

■概况 2020年，全市市场监管系统统筹推进疫情防控和市场监管工作，深入开展制度建设深化年、拉高线工作探索年等“八个年”活动。扬州市市场监督管理局蝉联全国文明单位称号，被人社部、国家市场监管总局表彰为全国市场监管系统先进集体，被国务院食安委表彰为全国食品安全工作先进集体。宝应县建成大米、荷藕生产企业共建共享实验室。高邮市市场主体年报率连续四年位居全市第一。仪征市推动“仪征紫菜薹”获批地理标志商标，实现地理标志商标零的突破。江都区建成“江都区无形资产大数据平台”。邗江区建成“电梯安全监管物联网系统”。广陵区创新运用“拨片式食品安全标签”加强散装食品管理。扬州经济技术开发区探索推进乡镇街道食品安全协管员、行业主管部门巡查员、社会治理网格员并轨。“瘦西湖风景区服务业标准化试点”获省标准化试点项目考核评估优秀等次。生态科技新城指导江苏锦禾高科技股份有限公司获批省级战略性新兴产业标准化试点项目。（孙学政）

■创建成果 统筹文明城市、文明单位创建，全局干部下沉49个农贸市场、35条重点路段，为全国文明城市“四连冠”作出贡献。持续推进农贸市场提档升级，修订《农贸市场建设与管理规范》地方标准，新改建农贸市场6个，开展星级农贸市场评比。（孙学政）

■质量强市 制定2020—2021年全市质量提升工作要点，出台加强质量认证体系建设促进全面质量管理的行动方案，举办第10届市长质量奖颁奖典礼，开展“计量服务中小企业行”活动。获省政府质量发展成效明显地方督查激励、2019年度全省质量发展考核A等次和全国公共服务质量监测第2名。2家企业获省长质量奖提名奖，4家企业获首批江苏精品。（孙学政）

■产业标准化 推进“标准化+”行动，引导先进制造业企业制定国际标准1项、国家标准18项、行业标准16项。新增3个国际标准制定项目、1个全国标准制定工作组、4个省级标准化试点项目。指导扬州环保科技产业园通过国家循环经济标准化试点考核验收。制定旅游业省级地方标准3项、市级地方标准12项，制定全省首部旅游标准化工作政府规章，创成全国旅游标准化示范城市。（孙学政）

■医药及广告产业发展 举办上海医博会头桥医械小镇商机说明暨医械产业推介会。组织4所高校、23家医药企业召开校企药学人才培养合作座谈会。帮助3家医药企业获市级先进制造业发展引导资金。2020年，全市医药和医疗器械产业规上企业实现销售105.3亿元，比上年增长7.2%。江苏艾迪药业在科创板上市。推动扬州智谷科技综合体成立市广告产业园。全市广告经营单位有2672家，比上年增长42.5%，其中规模以上广告企业37家，新增国家二级广告资质企业2家。（孙学政）

■食品药品安全 在全国率先制定《复工企业职工用餐指南》《餐饮厉行节约实施指南》，推进宗教场所食品安全规范化。启用“美滋滋商户”食品小作坊安全监管手机App，小作坊登记建档率100%。A级以上景区餐饮服务单位、养老机构、中小学食堂“明厨亮灶”覆盖率100%。330家食品生产经营企业建成电子追溯系统。启动建设肉菜流通追溯系统。组织食品抽检2.9万批次。创成省级餐饮质量安全示范街3条、示范店80家。对疫苗质量实行最严格监管，建立集中回收报废机制。试行电子处方，零售药店安装率92%。药品不良反应监测工作全省领先。开展中药饮片、药械网络销售等多项专项整治，组织药品抽检901批次、化妆品抽检50批次。（孙学政）

■特种设备安全 特种设备事故起数和死亡人数比上年均下降66.7%。压力管道登记管理历史欠账得到有效化解，排查登记工业管道、长输管道、燃气管道等3800多千米。实行特种设备安全生产举报奖励，加大风险隐患排查力度，开展涉危化品特种设备、移动式压力容器、叉车等系列专项整治，迎接多轮省、市安全生产巡查督导，特种设备、重点产品质量安全形势稳定向好。（孙学政）

■重点产品质量安全 将46种产品纳入市级监督抽查目录，组织57类763批次市级产品监督抽查，强化产品质量监督抽查信息公开。2020年，市级监督抽查网上产品83批次，占全年市级监督抽查计划13%，倒逼电商企业提高产品质量水平。突出涉及已化解产能产品质量安全监管，抓好3家建筑钢材、8家水泥等生产企业全面检查。（孙学政）

■“双随机、一公开”监管 部门联合双随机抽查覆盖领域更广，涉企信息归集深度推进。制定“双随机、一公开”监管计划720项，抽查企业1.4万户，抽查结果录入公示率100%。1.3万户企业列入经营异常名录、3745户企业列入严重违法失信名单。企业年报率92.8%，创历史新高。（孙学政）

■消费维权 开展诚信购物店、诚信示范街区评选等放心消费创建活动，引导线下实体店自主承诺无理由退货1200多家。受理消费者咨询、举报、投诉4.6万件，挽回经济损失304.7万元，12315平台效能评估列全省第三。组建消协公益律师团、专家委员会，指导和解消费纠纷3.6万件。（孙学政）

■高质量发展 6月2日，市政府与省市场监管局签订高质量发展合作协议，协议期3年。协议以具体项目为依托，双方开展深度合作，推动市场监管体系和能力现代化，助力扬州“三个名城”建设。全年主要合作成果有：扬州市获评全国旅游标准化示范单位；“淮扬菜”质量安全研究中心挂牌成立；市场监管纳入扬州高质量发展考核体系；广陵区、江都区、邗江区市场监管局获得外商投资企业登记注册授权；药品零售连锁总部经营许可、特种设备安装改造修理单位许可、“三品一械”广告审查行政许可等三个事项下放扬州市级。（孙学政）

■“标准化+”行动 创新开展“标准化+旅游”行动，为试点创建提供标准支撑。率先在全省起草出台政府规章《扬州市旅游标准化工作管理办法》，建立旅游标准化协同推进机制。紧贴旅游产业需求，创新研制省、市级地方标准15项。《旅游警察服务规范》为全国首创，《24小时城市书房建设运行服务规范》为全省首创。指导帮助60家试点单位构建服务标准体系，全面实施旅游领域50项国家、行业和地方标准。与法国奥尔良市开展标准化国际合作，发布全国首个国际城市间合作标准《国际游客淮扬美食品鉴与服务指南》，有效提升扬州国际影响力。（孙学政）

■食品安全监管新模式 市市场监管局“食品安全监管新模式”获江苏省法治建设创新奖。在全省2019年度食品安全工作综合评议考核中，扬州获设区市第1名。制定食品安全工作清单，将食品安全工作纳入市政府高质量考核指标、地方党政领导干部巡察。全国率先实行高速服务区食品销售、餐饮服务规范化管理，全省率先制定《商业综合体餐饮单位落实食品安全主体责任意见》《关于加强“四小食品”监管工作的意见》《食盐批发企业落实食盐安全主体责任工作指导意见》等规范化管理制度。开展“双安双创”。在推进省级食品安全示范县（市、区）创建的基础上，创新开展市级食品安全示范乡镇(街道)创建。江都区、广陵区被命名为省级食品安全示范区。18个乡镇（街道）被命名为市级食品安全示范乡镇（街道）。（孙学政）

知识产权保护

■概况 2020年，扬州市完成专利申请量3.9万件，专利授权量2.85万件，申请量与授权量居全省第六位。PCT国际专利申请105件，发明专利授权1490件，有效发明专利总数8438件，万人发明专利拥有量18.55件，10年以上高维持有效发明专利1138件，发明专利平均维持时间6.24年。全市商标申请量2.04万件，商标注册量1.31万件。新增地理标志商标2件，地理标志商标总量25件，列全省第四。有效注册商标8.45万件，比上年底增长11.28%。万企有效注册商标企业906.9家，列全省第六。（杨　宇）

■知识产权培育和运用 专题调研老字号品牌发展运营。培育知识产权优势企业，首次开展市级知识产权优势企业申报评审，确定60家市级知识产权优势企业。举办全省地理标志品牌培育保护交流暨地理标志品牌产品“直播推介”扬州专场活动。江都区通过江苏省强省建设区域示范验收工作，高邮经济开发区、江都经济开发区创成江苏省知识产权示范园区，杭集经济开发区通过江苏省知识产权试点园区验收工作。在2020年度江苏省知识产权项目申报中，全市有10家单位入选。在2020年度江苏省地理标志项目中，全省有20家单位入选，其中扬州市有5家单位入选，占总数的四分之一。（杨　宇）

■知识产权行政执法与维权援助 重点支持知识产权骨干企业防范化解

涉外知识产权重大纠纷。建立全市高知名度商标品牌和全市重点专利企业行政保护机制。组织首次专利侵权纠纷行政裁决口审庭，实现各地行政裁决“零突破”。全年办理专利侵权纠纷案件33件，结案31件，其中行政裁决结案4件，行政调解结案11件。全年办理商标侵权行政处罚案件129件，完成电商纠纷案件侵权判定199件。在全市设立9家知识产权维权援助分中心，组建扬州市知识产权纠纷人民调解委员会和扬州市知识产权仲裁中心，成立扬州市知识产权协会。

（杨　宇）

■知识产权服务和宣传 举办全市知识产权系统培训班和全市商标专利典型疑难案件专题研讨会。开展知识产权融资“一站通”“质押融资政策进企业”“知识产权服务直通车”等专题服务。专利商标质押融资额3.07亿元，比上年增长648.8%，目标任务完成率383.8%，位列全省第三。专利许可合同备案与专利转让数1074件，比上年全年数增加420件，创历史新高。（杨　宇）

信用体系建设

■概况 2020年，扬州市聚焦信用体系建设，在全省第三届各设区市信用信息共享平台和信用门户网站观摩比赛中获一等奖，在全省各设区市社会信用体系建设和政务诚信评价中均获一等次，在2020年12月全国262个地级市城市信用监测排名中居45位。邗江区、宝应县、仪征市、高邮市获全省县（市、区）政务诚信评价一等次。通过全国文明城市复评，扬州被增列为“全国第三批社会信用体系建设示范创建城市”。出台《关于加快推进社会信用体系建设 构建以信用为基础的新型监管机制的实施方案》《扬州市深入推进社会信用体系建设三年行动计划》《关于深入开展诚信缺失突出问题专项治理的实施方案》《扬州市全面建立信用承诺制度暂行实施办法》《扬州市信用信息归集工作督查管理暂行办法》等文件，完成“十四五”社会信用体系建设规划纲要课题，启动“十四五”规划编制工作。推进《扬州住宅物业管理条例》《道路交通安全管理办法》等地方立法注入信用监管元素；组织18个部门编制19个重点领域信用监管示范工程实施方案，医疗保障定点机构、安全生产、海事、园林绿化施工企业等7个领域新增信用管理制度。（高秀丽）

■系统平台优化 “易申报”智能服务平台实现企业申报“一次不用跑、材料零装订”，项目申报筹备时间从原先的15天降至1天，节省材料装订和运输成本近4万元。健全政务和公务员信用信息数据库，归集信息覆盖面100%。信用信息归集量累计2.92亿余条，当年信用信息归集1.6亿余条，其中社会法人和个体工商户881万条，自然人1.53亿条，入库率100%；双公示信息归集量累计205万余条，其中当年170万余条，比上年增长10倍，归集数量居全省前列。（高秀丽）

■信用监管 普遍实施信用分级，推进市住建、生态环境、交通、水利等部门发布上年度行业管理领域信用评价结果。扬州市成为江苏省医疗保障基金监管信用体系建设试点单位。全面建成信用承诺制度，组织55家单位编制行业领域信用承诺目录事项清单，推荐5家单位参加全国信用承诺书示范性案例征集评选活动，信用门户网站公示4.09万家企业，信用修复企业信用承诺率100%。规范开展联动奖惩，全年为1117家企业提供信用查询报告，为各地和部门开展2.64万家企业信用审查；应用第三方信用报告1101份。推进“信易+”拓展，“信易贷”“信易批”等28个应用场景发挥“惠民便企”作用。启动“信易贷”工作协同共建机制，举办全市“信易贷”平台宣传推介会暨银企对接活动，120家企业参加，市“政税银大数据服务平台”上线44家金融机构，发布346个金融产品，注册企业3.53万家，实现企业融资258.7亿元。

（高秀丽）

■重点领域信用建设 加快建立政府机构失信治理长效机制，及时向失信政府部门发放政务失信案件告知函，召开全市涉府案件清理工作推进会和督查会，实现政府失信案件清零目标。出台《扬州市推进肉菜流通追溯体系建设实施方案》，打造扬州市重要产品追溯信息共享交换平台，推进食用农产品、药品等七大类重要产品的流向管理。开展“诚信兴商宣传月”“信用消费进万家”主题日活动。出台《关于促进家政服务业提质扩容建设“领跑者”行动重点推进城市的实施方案》，明确健全家政服务领域信用体系等7项任务。采集农户基本信息27.8万条、信贷信息686.4万条，评定信用户21.3万户，授信269.7亿元，评选信用镇11个，信用村220个。印发《执行案件结案审查暂行办法》，全面加强民商事审判工作，探索司法调解与多元化解决纠纷的新途径，全面推行“一案一人一账号”制度，对全市法院超期未结执行案件实行登记备案制度。（高秀丽）

■信用服务 出台《关于贯彻落实〈市政府应对新冠病毒肺炎疫情支持企业稳定发展的意见〉优化企业信用服务的工作方案》，制定优化企业信用监管工作等六条举措。发布企业信用服务工作指南，开通企业信用修复热线，保障疫情期间信用修复服务24小时畅通，通过“信用扬州”“中小企业1+N”平台多渠道开展企业信用修复、信用体检、信用贯标等线上服务。（高秀丽）

农业

Nongye

编　辑　徐国磊

综述

■**概况**　2020年，全市推进粮食绿色增产“1120”工程和“粮安工程”，粮食生产取得“十七连丰”，粮食播种面积38.79万公顷、总产286.6万吨。推进农田建设高质量发展，新增高标准农田1.51万公顷，农作物耕种收机械化率80%。全市蔬菜产量259万吨，市区新建与配套提升蔬菜生产基地72.67公顷。出台生猪生产“新八条”扶持政策，全市新改扩建万头以上规模猪场或专业化母猪饲养场13个，新增产能100万头，全市生猪存栏72.85万头、累计出栏113.15万头。全市水产养殖面积7万公顷、产量39.9万吨。长江沿线2031艘渔船退捕到位，3974名渔民安置到位。推动农业规模化、标准化、绿色化发展，种植业绿色优质农产品占比73.3%。推进农业重大项目建设，新增省级农业龙头企业7家，新开工农业重大项目32个、新竣工21个。推动农村新产业新业态发展，江都区小纪镇吉东村、仪征市马集镇合心村入选全国乡村特色产业亿元村。全市休闲农业综合年收入25亿元，比上年增长21%，农业电商交易额超73亿元，增长10%。推进乡村人才振兴，新增“农业名师工作室”2个，获批农业中青年专家3人，新建市级高素质农民培育实训基地（田间学校）4家，培养高素质农民1.1万人。

（王伟业　刘翔麟）

■**农产品稳产保供**　2020年，全市压紧压实粮食安全属地责任，科学指导、精准服务新冠疫情期间农业生产。创新服务指导方式，利用“互联网+”技术开展线上培训，推进托管帮办社会化服务，为920名外来种田大户就近就快开展代耕代种等一站式服务，确保春管备耕不误农时。强化新冠疫情防控期间生产信息分类调度，饲料生产一日一调度，家禽生产一周一调度，生猪生产半月一调度；指导饲料企业复工复产，全市38家饲料企业复产；协调办理民生保障企业证明15份，畅通畜牧生产资料和产品运输通道。强化远程技术指导与水产品生产供应调度，协调解决水产苗种放养与水产品销售难问题，保障渔业生产供应。（杨进　张斌　杨显祥）

■**稳产保供惠农补贴**　印发《关于支持重要农产品稳产保供助力战“疫情”的通知》《扬州市地方农业政策性融资担保费补助实施方案（试行）的通知》，对新型农业经营主体实施融资扶持、贷款贴息、担保费用、电商销售奖补等扶持活动。全市农产品稳产保供贷款贴息298.11万元，其中宝应县126.2万元、高邮市79.16万元、仪征市5.77万元、江都区5.45万元、广陵区50.4万元、邗江区31.13万元。（杨雪）

■**农产品质量安全**　印发《关于做好新型冠状病毒肺炎疫情防控期间农产品质量安全监管工作的通知》，为农产品生产经营主体免费提供产品检测服务，各地农业农村部门为自行开展农残速测的生产经营主体提供技术支持，免费提供必要的快检试剂和相关耗材等物资。全市免费开展农残速测3万多批次，免费提供试剂耗材228份。

（陈霞　单琳）

种植业

■**概况**　2020年，全市围绕“稳政策、稳面积、稳产量”目标要求，推进落实稻麦新品种、新技术推广，实现粮食播种面积38.79万公顷，比上年增加0.17万公顷；实现粮食总产量286.6万吨，比上年增加1万吨。其中，小麦播种面积17.46万公顷，单产5761.5公斤/公顷，总产量100.6万吨；水稻播种面积19.34万公顷，单产9214.5公斤/公顷，总产量178.2万吨。（孙建勇　杨进）

■**惠农补贴发放**　2020年，全市规范落实中央农业支持保护补贴（耕地地力保护）、稻谷生产环节补贴等惠农政策，累计发放耕地地力保护补贴资金3.56亿元、稻谷生产环节补贴资金2.3亿元。

（孙建勇　杨进）

■**“菜篮子”基地建设**　2020年，扬州市级财政补助1460万元，在广陵区沙头镇、江都区吴桥镇和小纪镇、邗江区槐泗镇4个市区“菜篮子”基地，新建与提升蔬菜生产基地72.88公顷，其中新建9.59公顷，配套与提升63.29公顷。

（袁 霖 陆佩玲）

■农药减量增效 2020年，全市推进农药减量增效工作，建立省级绿色防控示范区18个、市级绿色防控示范区6个，全市绿色防控平均覆盖率46.4%；全年化学农药使用量有效减少，农药使用量3213吨，实现农药用量负增长。在61个乡镇设立回收点，回收农药包装废弃物223吨。推广应用测土配方施肥、有机肥替代、水肥一体化、轮作休耕等技术，其中测土配方施肥全程智能“五云”服务技术被江苏省农业农村厅、江苏省财政厅列为2020—2021年全省农业重大技术推广计划，主要大田农作物测土配方施肥技术应用面积累计36.1万公顷，技术覆盖率94%。

（孙建勇 秦玉全 李文西）

园艺业

■绿色园艺种植基地建设 2020年，全市推进实施百万亩绿色园艺基地建设工程，计划到2022年，建成6.67万公顷绿色园艺种植基地。实施打造宝应水生蔬菜、高邮设施蔬菜园艺、江都蔬菜花卉苗木、仪征丘陵茶叶花果、广陵蔬菜瓜果等地方特色产业。至年末，全市完成6.33万公顷建设任务，其中蔬菜4.03万公顷、花木1.67万公顷、果树0.4万公顷、茶叶0.23万公顷。

（袁 霖 陆佩玲）

■扬州选手在第一届全国盆景职业技能竞赛获奖 9月28—29日，第一届全国盆景职业技能竞赛在宿迁市沭阳县举行，有187名经过全国各地层层选拔出的选手参赛。经过理论考试与实际操作，江苏代表队扬州选手丁昕以总分第一的成绩获金奖，另一名扬州选手严龙金获银奖。

（袁 霖 陆佩玲）

■省级园艺作物标准园建设 2020年，全市加强园艺作物标准园建设，推进绿色优质园艺产品生产供给。全年有6家企业创成省级园艺作物标准园。至年末，全市累计创成75个园艺作物标准园。

（袁 霖 陆佩玲）

畜牧业

■概况 2020年，全市生猪出栏113.15万头，比上年增长55.38%；年末生猪存栏72.85万头，增长377.70%；能繁母猪存栏7.19万头，增长254.18%。推进现代化生猪养殖集聚区建设，新改扩建万头以上规模猪场或专业化母猪场13个，新增生猪产能100万头。

（成 强 张 强）

■畜禽粪污资源化利用 全市有规模养殖场455家，治理通过451家，治理率99.12%。完成规模养殖场粪污处理设施装备配套445家，配套率100%。全市畜禽粪污产量130.89万吨，畜禽粪污资源化利用量126.22万吨，利用率96.43%。

（成 强 张 强）

■生猪屠宰监管 全年全市屠宰生猪50.87万头，无害化处理1588头，病害猪检出率3.12‰。全市做到病害猪检出率100%，无害化处理率100%，出场肉品合格率100%，无重大畜产品质量安全事故发生。推进全市7家生猪屠宰企业洗消中心建设，其中扬州绿苑食品有限公司、兴泰(扬州)农牧科技发展有限公司、江苏优平食品有限公司、扬州祥泰食品有限公司等4家建成，1家等待核查上报，2家按序时推进。

（杨安龙 秦卫红）

■畜牧生态健康养殖 开展标准化生态健康养殖普及行动，按照“出台文件、制定方案、强化培训、靠前指导”的工作总要求，引导现有规模养殖场户进行改造升级，加强圈舍粪污处理等基础设施建设与改造，提高畜牧示范创建和生态健康养殖技术普及水平。全年创建（复检）省级生态健康养殖示范场36家，经江苏省农业农村厅核定，全市标准化生态健康养殖比重为98%，比上年提高18.9个百分点。

（张 斌 张鹏飞）

■动物疫病防控 全市组织开展重大动物疫病春、夏、秋集中防疫行动，累计使用疫苗7916.4万毫升（头份、羽份），免疫畜禽8923.2万头（只、羽）次。开展非洲猪瘟专项监测、小反刍兽疫专项监测、牛结节性皮肤病紧急监测和禽流感专项监测，累计监测禽流感、口蹄疫、新城疫、猪瘟和高致病性猪蓝耳病4.8万份次，免疫抗体合格率90%以上，未发生区域性重大动物疫情。江都区、广陵区和扬州经济技术开发区通过省级现场验收，达到家畜血吸虫病消除标准，至年末，全市所辖区域全部达到家畜血吸虫病消除标准。兴泰（扬州）农牧科技发展有限公司、扬大康源乳业有限公司两个养殖场获省级动物疫病净化创建场资格，实现动物疫病净化场“零”的突破。修订《扬州市突发重大动物疫情应急预案》，印发《非洲猪瘟等重大动物疫病防控网格化管理工作方案》，推进网格化管理。全市63个乡镇、818个行政村，划分成818个网格，明确562名网格员，确保“乡不漏村，村不漏组，组不漏户”。落实非洲猪瘟防控措施，规范动物检疫和调运监管工作，对108辆运输车辆实行备案管理。落实屠宰场“两项制度”，开展屠宰场自检和官方兽医派驻百日行动。7家生猪定点屠宰场配备官方兽医60人，生猪屠宰企业全面开展非洲猪瘟自检。

（张 斌 杨安龙）

渔业

■概况 2020年，全市水产养殖面积7万公顷，水产品产量实现39.9万吨，比上年增加0.83%。全年水产品供应平稳有序，水产品价格整体回升，养殖效益平均增长10%

以上。市政府印发《关于加快推进渔业高质量发展的实施意见》，明确未来五年全市渔业高质量发展的指导思想、主要目标和推进举措；部署全市渔业高质量发展工作，推进渔业转型升级与绿色发展。组织编制扬州市级养殖水域滩涂规划，完成全市范围禁养区、限养区和养殖区划定，优化渔业发展布局，经市政府颁布实施，实现养殖规划全覆盖。（杨显祥　邵泽宇）

■苗种体系建设 全市推进水产苗种基地建设，建立健全水产苗种体系，制发《扬州市市级水产良种繁育场建设规范（试行）》《扬州市市级水产良种繁育场资格认定办法（试行）》，成立市级水产良种繁育场认定专家库，强化水产苗种生产管理。至年末，全市有水产苗种场数量56家，水产苗种许可证发证率100%，有7家单位入选第一批江苏特色优势苗种中心（企业），6家单位通过省级良种（繁育）场资格认定。（杨显祥　邵泽宇）

■生态渔业建设 印发《关于加快推进全市稻田综合种养发展的指导意见》《扬州市稻田综合种养技术要点》，成立协调推进领导小组和专家组，举办全市稻田综合种养技术培训班，推进稻（藕）田综合种养发展，至年末，全市稻田综合种养面积8067公顷。以国家级水产健康养殖示范场创建为契机，推广种草放螺套虾生态养蟹技术、“两降两减”罗氏沼虾生态养殖技术、多品种混套养技术等，创建国家级水产健康养殖示范场14家。

（杨显祥　邵泽宇）

■高宝邵伯湖渔业 2020年，高宝邵伯湖渔业围绕“生态湖泊、法治湖泊、智慧湖泊、幸福湖泊”建设，聚焦生态环境养护，落实禁捕退捕要求，提升系统化管理水平，全年实现总产值1.7亿元，专业渔民人均纯收入1.4万元。“32239”执法船被评为省“工人先锋号”，微视频《快乐的鱼》获司法部普法微电影三等奖，“202”特大电鱼案分别入选最高人民法院长江流域水生态司法保护典型案例、农业农村部十大典型案例、江苏省高院全省环境资源保护典型案例、省检察院长江流域环境资源保护典型案例。

*推进禁捕退捕。*全湖退捕渔船1303艘，渔民2578人。实施湖区“空天湖”执法模式和保护区“五位一体”监管模式。召开渔村座谈会、专题会21次，发放宣传资料1400余份，张贴公告标语、悬挂横幅200余条，利用电视广播、新闻报刊、部门网站等宣传渔业法律法规及禁捕退捕政策100余次。建立全省首个水上防疫检查站，增设、升级视频监控设备，实现5个保护区高清视频监控全覆盖，在沿岸设立10个保护区大型标志牌，划定水上警戒线。全年累计出动快艇3200多航次，行程6万多千米，查办违法违规案件360起。

*开展渔业调查。*组织开展湖泊渔业资源调查、沿湖渔业产业调查、单位固定资产清查、湖情调查等，理清湖区每一户渔民、每一条渔船、每一种鱼类、每一个产业及单位每项固定资产的基础信息。与中科院南京地理湖泊研究所合作启动全湖渔业资源调查，理清湖区历史演进过程，监测分析全湖水质、水生生物与鱼类种群分布。按照“一湖一策、一县一特”产业规划，与高邮市、邗江区、宝应县、金湖县对接产业发展，调研11家具有一定规模的沿湖渔业企业。以“查阅资料、集中座谈、逐户走访”等方式，摸清3269户渔民“人口、生活、生产、产业”等内容，提出创新发展大水面生态养殖、加强垂钓管理等建议。

*加强安全应急管理。*联合地方农业农村、应急管理部门开展渔业安全应急救援演练，联合高邮市农业农村局、生态环境局组织打捞沉船2艘、拔除断桩9万根，消除安全隐患。洪涝灾害期间，金融支渔项目帮助99户渔民获赔210万元，其中最多的一户养殖渔民获赔28万元。（陈俊良）

农业产业化经营

■概况 2020年，全市有县级以上生产加工类农业龙头企业474家，销售收入779.1亿元，比上年增长5.6%，带动农户125万户。开展省级农业龙头企业认定工作，汇润农业集团有限公司等7家市级农业龙头企业被评为省级农业龙头企业。江都区吴桥镇（水稻）和高邮市龙虬镇（罗氏沼虾）获第十批农业农村部全国“一村一品”示范村镇，至年末，全市累计有12个国家级“一村一品”示范村镇。仪征市马集镇被列入全国农业产业强镇建设名单。开展农业产业化省级示范联合体申报推荐工作，“江苏水仙农业产业化联合体”等7家产业化联合体入选，至年末，全市累计有23家农业产业化省级示范联合体。

（王　波　糜　裕　徐迅燕）

■农业产业园区 2020年，宝应县现代农业产业示范园纳入国家级农业产业示范园创建体系，实现全市国家级农业园区建设零的突破。江都区现代农业产业示范园获批省级农业产业示范园创建名单，并获5000万建设资金。至年末，全市获批国家级农业产业示范园建设名单1家、省级农业产业示范园建设名单4家。（孙建勇　杨　进）

■农业重大项目建设 2020年，扬州依托各地农业资源禀赋、重点产业优势，通过“走出去”“引进来”方式，以海峡两岸（扬州）农业合作试验区为平台，参加“国交会”“上交会”“农洽会”等展销活动，举办农业产业招商项目签约会，推进农业招商引资和重大项目建设。全年全市新开工农业重大项目31个，新竣工21个，新引进现代农业项目73个。（王　波　糜　裕　纪合意）

■创意休闲农业建设 2020年，高邮市菱塘回族乡清真村入选农业农村部中国美丽休闲乡村名单。全市创成8家省主题创意农园，7道乡土地标菜美食获“省级乡土地标菜”称号。15家本地优秀乡村旅游企业获批全国休闲农业与乡村旅游星级示范企业，其中江都区白塔河生态农业观光有限公司获全国休闲农业与乡村旅游五星级荣誉称号。在乡村振兴2020“中国最美村镇”参选中，仪征市马集镇方营村获乡村振兴榜样奖、仪征市月塘镇四庄村获最美文旅圣地。（王　波　纪合意）

■返乡下乡人员双创　全市组织实施农村创业创新，调动返乡下乡创业创新人员积极性和创造力，推动乡村振兴、产业兴旺。举办全市返乡下乡人员创业创新大赛，培育创业创新典型29个。组织参加省农村创业创新大赛，扬州4名参赛选手获二等奖1个、三等奖2个、优胜奖1个。江都区获批全国农村创业创新典型县。扬州中月米业有限公司的葛忠奎入选全国农村创业创新优秀带头人典型案例。

（王　波　糜　裕　徐迅燕）

■农业数字化建设　2020年，全市农业电商销售额超73亿元，比上年增长超10%。宝应县入选全省“互联网+”农产品出村进城工程试点县名单。江苏水仙实业有限公司、扬州苏胜生态农业发展有限公司、高邮市秦邮蛋品有限公司、高邮市汇金杂粮专业合作社、江苏惠田科技开发有限公司、扬州市康农农产品有限公司等6家企业被评为省数字农业农村基地。（潘小文）

■农产品品牌建设　高邮鸭蛋、百汇园、嘉悦晟、葡霞园、中月稻场、秦邮、元鑫、红菱、王鲜记、荷仙等10个品牌入选2020年江苏农业品牌目录，其中区域公用品牌1个、产品品牌9个。扬大康源乳业有限公司的“扬大”和高邮市秦邮蛋品有限公司的“秦邮”被评为首届江苏省农业企业知名品牌大赛30强。高邮鸭入选中国特色农产品优势区（第四批）和省特色农产品优势区名单。（潘小文）

农业标准化示范区

■农产品标准化生产　2020年，全市推进农业标准化生产，实施发展绿色食品、有机农产品和地理标志农产品，申报成功绿色食品20个、有机食品3个、地理标志农产品2个。全市“二品一标”累计有357个，其中绿色食品192个、有机食品159个、地理标志农产品6个。全市建成绿色食品原料基地7.47万公顷、有机食品生产基地0.18万公顷。组织创建省绿色优质农产品基地41个、7.29万公顷，全市种植业绿色优质农产品占比73.3%。

（陈　霞　拜锦美）

■高标准农田建设　2020年，全市争取高标准农田建设项目35个，项目总投资4.18亿元，其中中央财政资金2.28亿元，省级财政资金1.55亿元，市级财政配套资金824万元，县级财政配套资金2678万元，新建高标准农田1.51万公顷。安排市级农田水利专项资金700万元，用于新建生态型高标准农田200公顷和建设其他农田基础设施单体工程。全年新建高标准农田项目区田间道路273.06千米，建设衬砌明渠268.18千米，排水暗渠6.10千米，建设农桥180座，泵站411座，配套渠系建筑物1.32万个，农田林网工程34.3千米。全年新增节水灌溉面积3653.33公顷，其中高效节水灌溉面积1546.67公顷，增加农田林网防护面积83.56万公顷，新增粮食生产能力1668.51万公斤。

（冯龙庆　杜　平　凌九州）

■耕地质量监测保护　2020年，江苏省耕地质量与测土配方施肥数据中心落户扬州。在全省率先组织召开市级耕地质量等级评审会，发布《扬州市耕地质量监测报告》。全市耕地土壤有机质、有效磷、速效钾含量平均值分别为35.4g/kg、23.3mg/kg、141mg/kg，耕地质量平均等级为3.32。在全省率先实现耕地质量数字化管理，“五云”技术（云农田—云检测—云配方—云交易—云评价）被省农业农村厅、财政厅列入2020—2021年全省农业重点技术推广计划。全面开展治理修复受污染耕地，对安全利用类耕地普遍使用土壤调理剂1200多吨、生物有机肥2100多吨、叶面阻控剂20多吨，对严格管控类耕地采取种植结构调整措施，全市受污染耕地安全利用率自评价结果为95.46%。全年完成5期全国县域耕地资源管理信息系统培训班，培训31个省（市、自治区）农技人员860人。与扬州大学环境学院签订全面业务合作协议，挂牌“扬州大学土壤医院智慧诊疗中心”“江苏省研究生工作站”“扬州大学大学生实践基地”，为耕地质量提升技术服务。（李文西）

农业机械化

■农机监督管理　在全市15个乡镇开展农机安全乡镇建设试点，强化机制、队伍、装备、阵地和效能建设，农机安全监管“柳堡模式”在全省推广应用。市农业农村局与市委政法委联合印发《关于推行农机安全生产网格化管理工作的通知》，在全省首创将农机安全监管融入基层社会治理网格，提升农机监管安全水平。开展为期一年的农机安全生产专项整治行动，组织各类农机安全督查检查1064批次，出动检查人员4718人次，排查隐患844项并整改，全市全年未发生农机安全生产事故。（马　勇）

■农机安全监理　全市累计新注册登记拖拉机813台、联合收割机617台，检审拖拉机9108台、联合收割机3675台；新申领农机驾驶证人员332人，对161名记满12分的农机驾驶人进行教育考试。扬州市本籍存量变型拖拉机完成“清零”。

（马　勇）

■农机机械化推广　2020年，全市围绕农机化转型升级，推进粮食

5月11日，邗江区西湖镇俞桥村农民抓好农耕，确保粮食增产和农业丰收
庄文斌 周 俊/摄

生产全程机械化，累计使用农机购置补贴资金9454万元，补贴机具9459台，惠及农户3685户，推广乘坐式插秧机796台、高性能植保机械766台、拖拉机681台、联合收割机422台、农业用北斗终端116台。使用秸秆机械化还田作业补助资金8642万元，全市麦稻秸秆机械化还田率86%以上。建设粮食生产农机农艺融合示范点10个、20亩以上育秧基地86个，推广应用侧深施肥技术近0.4万公顷，完成犁耕深翻还田2.17万公顷。建设特色农业机械化市级示范园8个，特色农业机械化率54.92%。全市农机总动力287.3万千瓦，农作物耕种收综合机械化率80%以上。

（陈慧芳 刘绍贵 邓 昕）

农业综合行政执法

■**农产品质量安全监管** 全年农产品质量市级以上定量抽检2407批次，合格率99.54%，全市未发生一起等级以上农产品质量安全事故。落实基层“三定一考核”网格化监管机制，健全市、县、乡、村四级监管网络体系。开展全市农产品质量安全专项整治“利剑”行动，出动农业执法人员5345人次，检查各类农产品生产经营单位2430个次，查处问题26起，立案查处16起，涉案金额4.66万元。开展夏季、秋季果蔬专项执法抽检行动，全市抽检57个批次的蔬菜产品、12个批次的鳜鱼产品、4个批次的食用菌产品、68个批次的禽肉禽蛋产品，立案查处农产品案件21件。

（陈 霞 胡荣利）

■**农资产品市场整治** 全市农业农村系统在3—4月、7—10月、11—12月集中组织开展“春雷”“夏季百日”“秋冬季”等农资打假行动，抽检农药产品203批次，其中农产品生产基地抽样35个批次；抽检肥料产品136个批次、兽药产品25个批次、饲料产品20个批次；检查农资生产经营单位1928个次，出动执法人员6418人次，查办农资案件48起。

（胡荣利 刘全晶）

■**“六送”宣传活动** 6月15日，市农业农村局组织农资企业、农业专家、农业执法人员在仪征市大仪镇开展“六送”（送法律、送农资、送技术、送安全、送服务、送政策）宣传活动。现场有5家农资企业、40多名农业专家和50多名执法人员参加活动，发放宣传资料4000多份和执法宣传品300多份，免费发放优质蔬菜种子1000包，接受法律知识和技术咨询300余人次。

（胡荣利 刘全晶）

■**违法违规调运生猪专项整治打击行动** 4—9月，全市集中组织开展两项生猪专项打击行动，建立农业农村、交通运输、公安等多部门协作的生猪调运监管工作机制，以省界、重要枢纽及县域内高速公路出入口为重点监管网络，建立健全固定站点检查与流动巡查相结合的监管模式，形成有效防范非洲猪瘟、打击违法违规调运生猪及生猪产品的外堵机制。专项行动期间，全市设置临时检查卡口23个，安排检查人员188人，对经过的生猪运输车辆进行“查证验物”，检查运猪车辆1410车，检查生猪13.85万头，未发现违法违规调运生猪车辆。

（杨安龙 冯太兰）

■**“铁牛卫士”系列农机执法行动** 5—6月、10—11月，全市组织开展“铁牛卫士”系列农机执法行动，查纠农机违法行为760起，办结农机安全违法案件298例，罚款1.09万元，办结案件总数比上年增加161.5%。制定《扬州市农机领域行政执法工作指导意见》，对14类违法行为、21种具体情形摸索出适合扬州执法实际的“8步8证”现场工作法，受到省级表扬。组织全市执法装备使用技能培训，各地配置配齐执法记录仪、移动执法终端、便携式农业执法箱等基本装备。

（顾凤书 于 萍）

新兴产业

Xinxing Chanye

编　辑　贾丽琴

综述

■**概况** 全市战略性新兴产业产值比上年增长超6%。其中新一代信息技术、高端装备制造、生物技术和新医药、智能电网、节能环保、新光源等6大产业实现正增长，增幅分别为23.7%、17.4%、7.3%、8.8%、3.5%和0.3%。全市申报入库规模以上战略性新兴产业超1300家，战略性新兴产业产值占工业总产值达34.6%。

（赵　鼎　佘　辰）

■**疫情保障** 深入企业一线，开展龙头企业复工复产上门服务、重点防疫物资生产保障等专项工作。对全市22家医用口罩重点生产企业建立日报、周报工作制度。在口罩生产原材料、医用设备、防护服等领域汇总上报11家符合减税政策、信贷资金需求的重点防疫保障物资生产企业，助力企业技术攻关发展。扬州医联生物研制新冠核酸试剂盒，全年共提供核酸检测24万多人次，生产病毒采样管5万多人份。仪征化纤年产6000吨丙纶熔喷非织造布项目，自3月首条线投产以来，单线产能提升至每日2吨，全年累计助力增产医用口罩超18亿只。（赵　鼎　佘　辰）

■**资金扶持** 聚焦战略性新兴产业核心技术攻关产业化项目，争取省战略性新兴产业发展专项资金，三家共计获批3900万元资金扶持。中化高性能纤维“年产5000吨对位芳纶项目”获批2200万元，在项目获批资金量上排名全省第四，是历年来全市战略性新兴产业企业获批资金量最大的项目；伏尔坎机械超限运输高集成智能底板生产线项目获批1400万，该项目是推动汽车传统产业转型升级的重点项目；金鑫电器何金良团队获批省战略性新兴产业双创人才团队，获批补助资金300万元，是自2017年以来扬州市在战略性新兴产业双创人才团队建设上的重大突破。

（赵　鼎　佘　辰）

■**重大项目** 扬州航宇碳纤维航空核心部件等7个战略性新兴产业项目列入省重大项目投资计划，全面完成年度投资。省战略性新兴产业重大专项进展顺利。金鑫电器有限公司“超、特高压输电GIL系统技术研发与产业化装配”项目完成数字化车间建设，形成年产50千米GIL系统的生产能力；中化高性能纤维材料公司“年产5000吨对位芳纶项目”完成主体建设和设备安装，进行生产调试；伏尔坎机械超限运输高集成智能底板生产线项目建设一期基本完工。

（赵　鼎　佘　辰）

■**创新引领** 推动沈阳飞机设计研究所扬州协同创新研究院创成全市人才集聚示范单位，开展全市“新产业、新人才、新城市”战略性新兴产业（航空产业）专题培训班。加快省级创新平台布局，获批江苏省数控机床产业创新中心，创成江苏省高性能纤维应用工程研究中心等11个省工程研究中心。武坚镇智能高压电气小镇入选首届江苏特色小镇“创新创业”大赛十佳项目。市（北山）汽车产业园入选省级创新创业基地。江都高新技术产业园区、扬州职业大学在省大众创业万众创新示范基地评估中获得好评。遴选晶澳太阳能、宝胜电缆等8家自主品牌参加中国品牌日江苏云上展馆活动，宝胜电缆入选全省“十大最具关注力品牌名单”。

（赵　鼎　佘　辰）

新能源产业

■**概况** 全市光伏行业有规模以上企业49家，全行业规模以上企业完成开票销售比上年增长2.7%，总量占全市规模以上工业的4%。光伏供给侧保持过剩状态，导致产品价格承压，但需求潜力仍然巨大，行业发展趋势转向单晶硅、大硅片以追求更高的光电转换率。龙头企业晶澳公司组件项目投产后开票逐月回升、全年微降3%；随着单晶硅技术进步压低成本，晶旺、德润、新潮等单晶硅片生产企业增势强劲，协鑫、荣德等多晶硅生产企业市场遇冷、出口下滑，开票销售分别下降21%、68%；中小光伏企业面临海外疫情反复、硅片价格走低、银行贷款收紧等困难，升级改造难度较大，被淘汰的风险逐步上升。

（赵　鼎　佘　辰）

■**龙头企业** 扬州荣德新能源科技有限公司已建设3GW（吉瓦）产线，全熔铸造单晶硅片研制中，产品处在研发试产阶段；晶澳（扬州）太阳能科技有限公司6GW电池项目建设中，处在厂房施工阶段。

（赵 鼎 佘 辰）

2020年扬州市新能源产业重点企业一览表

表15-1

企业名称	地区
晶澳（扬州）太阳能科技有限公司	扬州经济技术开发区
扬州协鑫光伏科技有限公司	扬州经济技术开发区
扬州荣德新能源科技有限公司	扬州经济技术开发区
扬州续笙新能源科技有限公司	宝应县
扬州鑫晶光伏科技有限公司	高邮市
扬州港口污泥发电有限公司	扬州经济技术开发区
扬州天晟光电科技有限公司	宝应县
扬州善鸿新能源发展有限公司	仪征市
扬州艺丰光电发展有限公司	高邮市
江苏金晖光伏有限公司	高邮市

（赵 鼎 佘 辰）

新光源产业

■**概况** 新光源产业以升级改造为抓手，实现特色发展。高邮湖西新区成为闻名全国的“灯具之乡”，形成涵盖各种室外照明的完整产业链，并将光电转换及传感技术应用到道路照明灯具产品上，形成核心生产技术，实现产品由传统灯具向智能控制的转变。道路照明灯具产品在全国的市场占有率达40%，产品覆盖全国，进入东南亚、中东及非洲等国际市场。拥有龙腾照明、宝德照明、承煦电气、伏特照明、现代照明、星慧照明等一批体量大、科技含量高、信誉好的龙头企业。扬州经济技术开发区内新光源企业体量大、产品高端，上游集聚中科半导体、璨扬光电、乾照光电等外延片、芯片生产企业，下游集聚宇理电子、艾笛森光电、峻茂光电等封装企业以及佳明航电、艾特光电、雷笛克等终端应用及配套企业。2020年，全市新光源产业规模以上企业实现产值较上年增长0.6%。

（赵 鼎 佘 辰）

■**高邮智能路灯产业新德里城市展厅开馆** 1月，高邮智能路灯产业新德里城市展厅开馆，该展厅由高邮市灯具协会与温州强邦国际贸易有限公司、新竺会科技（印度）有限公司三方合作设立，地点位于印度新德里中印批发商城内，占地面积300平方米，扬州市共有10家灯具企业入驻展厅。展厅集城市展示、产业推介、企业宣传、采购合作、招商引资等功能于一体，年目标邀请5个以上印度地方政府参观展示中心、年累计完成采购总额2500万元以上。（赵 鼎 佘 辰）

2020年扬州市新光源产业主要企业一览表

表15-2

企业名称	地区
龙腾照明集团有限公司	高邮市
扬州乾照光电有限公司	扬州经济技术开发区
扬州璨扬光电有限公司	扬州经济技术开发区
扬州强凌有限公司	邗江区
神州交通工程集团有限公司	高邮市
飞利浦照明工业（中国）有限公司	仪征市
江苏承煦电气集团有限公司	高邮市
扬州宇理电子有限公司	扬州经济技术开发区
扬州艾笛森光电有限公司	扬州经济技术开发区
同扬光电（江苏）有限公司	扬州经济技术开发区

（赵 鼎 佘 辰）

新材料产业

■**概况** 扬州市深入实施创新驱动发展战略，全力推进新材料产业高端化发展，初步形成以特种金属功能材料、先进高分子材料、新型无机非金属材料等为主体的新材料产业体系。从重点企业来看，特种金属功能材料方面以江苏诚德钢管有限公司为主体，重点发展核电用钢管、石油钻井及石油天然气输送管材等；先进高分子材料方面以华奥高科、仪化东丽为主体，重点发展高性能氟塑料、高性能聚酯薄膜；新型无机非金属材料方面以仪征化纤为主体，重点发展芳纶、高性能聚乙烯纤维干法纺丝、膜用聚酯切片等产品；以仪征天龙玄武岩为主体，重点发展玄武岩连续纤维无捻粗纱、玄武岩连续纤维短切纱、玄武岩连续纤维布等系列产品。（赵 鼎 佘 辰）

2020年扬州市新材料产业部分重点企业一览表

表15-3

企业名称	地区
扬州天富龙科技纤维有限公司	仪征市
江苏太极实业新材料有限公司	广陵区
江苏爱默生新材料有限公司	生态科技新城
江苏扬农锦湖化工有限公司	扬州化工园区
江苏瑞祥化工有限公司	仪征市
实友化工（扬州）有限公司	仪征市
江苏琼花集团有限公司	广陵区
仪化东丽聚酯薄膜有限公司	仪征市
扬州纪元纺织有限公司	广陵区
扬州新扬科技发展产业有限公司	邗江区

（赵鼎余辰）

■中化仪征新材料产业园项目签约 12月18日，仪征和中化国际战略合作协议暨中化仪征新材料产业园项目正式签约。中化仪征新材料产业园由中化国际（控股）股份有限公司投资建设，总投资80亿元。

（赵鼎余辰）

■鸿达兴业股份有限公司 2020年，鸿达兴业股份有限公司实现营业收入53.94亿元，比上年增长1.78%；实现净利润8.14亿元，比上年增长29.18%。全年完成聚氯乙烯（PVC）产量60.06万吨，下降4.07%；烧碱产量43.38万吨，下降5.51%；电石产量63.76万吨，下降8.04%；土壤调理剂产量8.59万吨，下降43.3%；PVC制品产量1.56万吨，增长6.31%；稀土产品产量1.08万吨，下降8.59%。

经营管理。全年公司氯碱产品产销量和经营效益良好，氯碱装置保持较高开工负荷。围绕提高资源能源利用效率、提高产品附加值的目标，针对各生产环节和生产装置开展大量研发和技改工作。重点开发改性PVC等高附加值产品，推动中谷矿业二期项目建设，巩固提升氯碱产业的竞争优势。把氢能产业作为重要的发展方向，推动氢能综合利用产业布局，投资建设的国内首座民用液氢工厂投产。继续推动土壤调理剂系列产品和土壤改良技术的研发创新，紧跟市场需求丰富土壤修复产品系列，拓展土壤修复业务市场。

科技创新。围绕各项主业开展技术、工艺的研发改进，全年获得发明专利、实用新型专利授权33项。重点围绕氢能存储和应用、土壤修复产品和技术、稀土新材料及应用、氯碱生产工艺和装置开展研发工作。分别与中科院、包头稀土研究院、北京航天试验技术研究所、有研工程技术研究院等多所研究机构和知名学府建立长期的战略合作关系，在氢能应用、稀土应用、土壤修复等领域开展合作研发项目。（杨奕）

2020年扬州市智能电网产业主要企业一览表

表15-4

企业名称	地区
江苏金友电气有限公司	宝应县
江苏国电南自海吉科技有限公司	扬州经济技术开发区
扬州北辰通用智能电网有限公司	扬州经济技术开发区
扬州友强电力科技有限公司	江都区
江苏海德森能源有限公司	高邮市
扬州新概念电气有限公司	扬州经济技术开发区
宝胜集团有限公司	宝应县
江苏国电南自电力自动化有限公司	扬州经济技术开发区
江苏迅达电磁线有限公司	宝应县
扬州国瑞新能源科技有限公司	仪征市

（赵鼎余辰）

■扬州晨化新材料股份有限公司 2020年，扬州晨化新材料股份有限公司实现营业收入9亿元，比上年增长11.85%；实现净利润1.37亿元，比上年增长44.05%。

技术研发。加大产品研发投入，全年研发投入0.3亿元，有专利35件，其中发明专利29件。负责起草工业用三氯丙基磷酸酯、工业用甲基膦酸二甲酯两份化工行业标准。

市场营销。国外市场方面，通过在上海设立分公司开拓国外市场，全年产品出口0.92亿元。国内市场方面，公司通过优化营销渠道，加大品牌宣传，强化服务跟踪，三大系列产品产量、销量均稳健增长。

（杨奕）

智能电网

■概况 扬州市在全国地级市中率先响应国家建设“坚强智能电网”的战略构想，确立打造“国家级智能电网产业基地”的目标，相继成为全国首家“火炬计划”智能电网特色产业基地和江苏省首家智能电网产业基地，扬州经济技术开发区智能电网综合示范工程成为国家电网

宝胜首根大长度220千伏光电复合海缆交付仪式　　庄文斌/摄

公司智能电网建设试点项目。拥有省级以上研发机构30多家、省以上高新技术产品500多个。智能电网产品覆盖“输电—配电—变电—用电—调度及通信”等各个环节。2020年，智能电网产业有规模以上企业85家，实现产值比上年增长8.8%。（赵鼎佘辰）

■宝胜科技创新股份有限公司 2020年，宝胜科技创新股份有限公司实现营业收入341.38亿元，比上年增长2.57%；实现净利润2.19亿元，比上年增长41.87%。

市场开拓。紧抓国家“新基建”项目机遇，中标福厦客专、兴泉铁路电气化改造、京原铁路电气化改造等铁路和城轨项目；地铁市场中标哈尔滨地铁、成都地铁、南京地铁等十多个项目。重大项目中标萧山机场、盛虹炼化、南京风电、宝山钢铁等一批重大亿元工程。特别是装备市场，公司正式进入商飞合格供应商目录，螺旋线束及组件进入ARJ21项目，编织套（管）通过商飞认证并获得合格证书；三代核电通信电缆、高温电缆取得突破，实现业绩近千万元；海缆项目实现投产并完成两根大长度海缆交付，被央视一套、二套和《新华日报》等权威媒体报道。

科技创新。公司与10家科研院所新签订战略合作，加大技术创新、产品创新推进力度，全年共立项科技项目335项，完成项目结题127项。申请专利153件，其中发明专利32件，参与编制国家标准4项。通过2020年高新技术企业认定。（杨奕）

节能环保产业

■概况 扬州市节能环保产业在政策驱动与需求拉动下稳步快速发展，产业规模迅速扩大，产业结构逐步向制造高端化、产品高效化、布局园区化方向升级演变。全市拥有国家循环经济教育示范基地、扬州环保科技产业园、苏中循环经济产业园区等集聚区，落户天雨集团、宁达贵金属等一批重点企业。基本形成以节能技术装备、环保技术装备、资源循环利用技术装备为主的产业体系，江都区重点集聚培育水、气、固体废弃物及噪声污染处理。邗江区初步形成以垃圾发电、灰渣制砖、餐饮垃圾处理为主的资源循环利用产业。2020年，节能环保产业有规模以上企业58家，实现产值比上年增长3.5%。（赵鼎佘辰）

■扬州环保产业园 2020年，扬州环保科技产业园通过“国家循环经济标准化试点”验收，获批市级“两业”（先进制造业和现代服务业）深度融合试点等，新引进省“双创计划”等高层次人才3名，新增高新技术企业5家，新制定国标3个，行标2个，新增获批市级以上创新创业基地5个，新增知识产权申请数97个。全年实现开票销售增长15%，处理市区生活垃圾62万吨、建筑垃圾70万吨、医疗垃圾0.35万吨、餐厨废弃物4万吨，工业危险废弃物0.9万吨，拆解废旧汽车综合利用量5000辆1.55万吨，工业固体废弃物综合利用率约90%。年上网发电2.2亿度。

2020年扬州市节能环保产业主要企业一览表

表15-5

企业名称	地区
江苏庆峰国际环保工程有限公司	邗江区
扬州泰达环保有限公司	邗江区
扬州佳境环境科技股份有限公司	邗江区
江苏江澄环保设备工程有限公司	江都区
扬州澄露环境工程有限公司	江都区
扬州宁达贵金属有限公司	江都区
江苏天雨环保集团有限公司	江都区
扬州市华翔有色金属有限公司	高邮市
江苏华旭环保股份有限公司	扬州化工园区
扬州港口污泥发电有限公司	扬州经济技术开发区

（赵鼎佘辰）

园区总产值达18亿元，完成投资约3.89亿元。其中，泰达生活垃圾焚烧发电三期工程计划投资4.65亿元，项目建成后日焚烧处理生活垃圾总规模达2410吨，年可焚烧处理生活垃圾87.96万吨，截至目前，完成投资4800万元；迈奥环保专业设备生产及废矿物油综合利用项目，7月通过新竣工认定，完成投资4100万元；众科国通等离子体熔融处置焚烧残渣项目，9月通过新竣工达序时认定，完成投资3368万元；扬州力威变压器有限公司变压器生产销售项目全年完成投资460万元；江苏博一环保科技有限公司污泥脱水设备研发生产销售项目完成投资1036万元；扬州宇皇铝业科技有限公司废旧金属（废铝）再生利用项目完成投资409万元；江苏欣元环保技术股份有限公司废旧塑料回收利用项目完成投资7215万元。同创环保、宏鹏盛日、江苏油田、博油环境等项目办理前期手续中。

（张晓琳）

生物医药产业

■概况 扬州市生物技术和新医药产业主要分布在医药制造、医疗器械、诊疗设备、生物农业等方面，集聚联环药业、伯克生物、一洋制药等一批重点企业，有多个国家一类新药品种和知名品牌。形成以扬州大学为依托，龙头生物技术和新医药企业为主体的创新体系。全市建成江苏省心血管系列新药工程技术研究中心、江苏省转基因制药工程技术研究中心等一批省部级研发机构和农业农村部畜禽传染病学重点实验室、江苏省植物栽培生理重点实验室等一批重点实验室。加快国家级扬州高新区生物科技园建设，联环药业、奥锐特医药、艾迪生物等一批重点项目进展提速。2020年，45家规模以上生物医药和新型医疗器械产业集群企业产值增幅7.3%。

（赵鼎佘辰）

2020年扬州市生物医药产业主要企业一览表

表15-6

企业名称	地区
江苏联环药业集团有限公司	广陵区
江苏中惠医疗科技股份有限公司	江都区
扬州十二粉黛生物科技股份有限公司	高邮市
扬州科恩生物科技有限公司	高邮市
扬州一洋制药有限公司	高邮市
扬州诺瑞药业公司	江都区
扬州福斯特激光仪器有限公司	仪征市
扬州艾迪生物科技有限公司	邗江区
扬州市三药制药有限公司	江都区
扬州三邦生物工程有限公司	江都区

（赵鼎佘辰）

■2020中国·扬州生物医药论坛开幕 11月27日，2020中国·扬州生物医药论坛开幕，本次论坛主题为“生物制药创新发展暨下游纯化工艺思索”，300位专家学者、行业大咖、知名企业负责人会聚扬州，共话产业未来。

（赵鼎佘辰）

■江苏联环药业股份有限公司 2020年，江苏联环药业股份有限公司实现营业收入13.86亿元，比上年增长7.42%；实现净利润1.03亿万元，比上年增长29.19%。

经营业绩。推动重点品种的销售突破，重点临床品种爱普列特、依巴斯汀继续保持单品种销售收入过亿元；盐酸屈他维林注射液销量289.12万支；稳定原料药销售的国际市场，氢化可的松销售590千克，比上年增长41.13%；地塞米松磷酸钠销售800.25千克，比上年增长33.35%。子公司成都亚中生物制药有限责任公司主要品种地奥司明销售32.87万千克。

科技创新。持续加大研发投入，加速成果转化，聚焦扬州、南京和“产学研”一体化三大研发平台，加速科研创新，创新药遴选、新品研发和老产品挖潜工作齐头并进。对现有生产品种开展新产品开发，并根据现有适应证开展同类品种的开发，拓展产品管线。与国内多个知名研发机构开展创新药立项调研，共同合作开发。2020年，一个创新药获得I期临床批件；一个创新药完成临床前研究和Pre-Ind申报；仿制药硫酸氢氯吡格雷片获得生产批件；一致性评价叶酸片接受国家局现场核查，多个原料药品种完成原辅包平台备案；多个仿制药及一致性评价品种完成注册申报并获得受理号。

（杨奕）

工业

Gongye

编 辑 贾丽琴

综述

■概况 2020年，全市2815家规模以上工业企业实现增加值比上年增长6.3%，高于国内地区生产总值增幅2.8个百分点，高于省均0.2个百分点，列全省第7位；工业开票销售比上年增长3.3%；工业用电174.5亿千瓦时，增长1.5%。按门类分，制造业增加值增长6.8%，电力、热力、燃气及水生产和供应业增加值增长1.8%，采矿业增加值下降4%。按经济类型分，国有工业增长9.7%，集体工业下降29%，股份制工业增长7.4%，外商港澳台投资工业增长3.7%。先进制造业产值增长6.8%，对全部规模以上工业总产值的贡献率为63.1%，拉动全市产值增幅4.6个百分点。分产业看，汽车及零部件（含新能源汽车）产业增长13.3%，海工装备和高技术船舶产业增长9.8%，高端装备产业增长7.9%，电子信息产业增长7.6%，食品产业增长5.2%，新型电力装备产业增长4.2%，高端纺织服装产业和航空产业分别下降6.9%和4.1%。

复工复产。建立部门协同、市县联动的工作网络和机制，在确保防疫安全前提下，对部分复工进展缓慢地区组织专班开展督查推进，全力保障国家重点工程项目、“三必需一重要”企业和重点产业链关键企业加快复工，第一时间批复连镇铁路、国家电网建设等项目复工申请，帮助扬杰电子、宝胜集团、海沃机械、中集通华、西门子电机等一批重点企业先行复工。一季度所有工业企业应复尽复，规模以上工业增加值增幅从5月起“扭负为正”，全年新增规模以上工业企业432家，为历史新高。

物资保障。深入口罩、护目镜、防护服等重点防疫物资生产企业开展驻厂服务，出台政策支持企业转产防疫物资，及时打通防疫物资产业链供应链，帮助物资生产企业协调解决原材料30多吨，协调生产设备购置、维修及零部件配备等问题30余次，办理交通运输通行证20多张，为全市工业企业调拨口罩50多万只，组织23家疫情期间重点医疗防护物资保障企业上争应急物资保障体系建设中央财政补助资金7341万元。

政策帮扶。制定“惠企16条”“中小企业6条”等帮扶政策，针对疫情期间企业急需的金融支持、要素调配、人员用工等问题帮助企业解决燃眉之急，及时向银行精准推送融资需求企业名单，累计为484户企业新发放贷款、办理续贷、延期贷款超35亿元。出台支持企业组织员工有序复工十项举措，先后针对性开展就业服务近20万人次。及时梳理国家、省、市出台的各类帮扶政策，第一时间通过微信公众号和三级微信群进行点对点推送政策、防疫措施等信息810余条，覆盖企业3万多家。

（卜玉江 谢森妙）

■产业招商 市工信局发挥熟悉产业、熟悉企业优势，编制发布先进制造业集群重点产业链图谱，梳理16条重点产业链和52条细分产业链，明确产业链补链强链和招商引资方向。参与全市招商引资政策意见制定，整理汇编重点园区招商政策，在招商引资考核方法中突出先进制造业项目占比。成立民办非企业性质制造业招商中心，开展100名“招商大使”挂钩走访服务，全方位搜集项目信息，围绕国企、央企和行业龙头企业，梳排一批有合作意向的重大项目，提请市领导专题赴北京、深圳、南京等地拜访对接，仪化300万吨PTA（精对苯二甲酸）、晶澳6GW（吉瓦）电池及6GW组件、中国电子彩虹正极材料、国家电网双创科技园等一批重大项目加速推进，华为鲲鹏、昇腾芯片和中兴通讯南京基地供应合作取得实质性进展，深兰科技与金威环保机械达成合作，中节能太阳能电池、中化锂电池项目签约，全年新签约先进制造业项目127个。

（卜玉江 谢森妙）

■重大项目 优化完善工业重大项目认定考核机制，首次针对工业重大项目独立出台考核细则，首次在市高质量考核中对县市区独立考核，首次将新开工项目数与新签约项目数挂钩考核，组织召开全市重点项目观摩推进会、重大制造业项目调研推进会，加强项目要素保障和问题协调，开展“三新”项目认定考核。全年新开工工业重大项目67项、超计划4项、超上年11项，平均单体设备投入8430万元，比上年增加

1712万元，其中招商新建44项、超计划6项、超上年8项，新开工先进制造业项目59项，超额完成省高质量考核个性指标。40个项目列入省工信厅《江苏省重点工业投资项目计划》，项目数和完成年度投资计划进度均列全省第5位。

（卜玉江　谢森妙）

■技术改造 聚焦先进制造业集群重点领域，编制关键核心技术攻关项目导向计划，选择汽车及零部件、高端装备、电子信息、新型电力装备等重点产业，组织开展关键核心技术攻关项目20项，发放资金1120万元，指导3家企业入选省级关键核心技术攻关项目，获批资金3090万元，列全省第5位。市委、市政府召开工业企业技术改造强链补链推进会，出台新一轮技术改造政策意见，市县联动设立5亿元技改专项，全年实施补链强链技改项目268项，1家企业获国家技改专项支持，48家企业获省级技改专项支持。产业集群培育取得初步成果，数控机床产业链成为省重点培育产业链，海工装备及高技术船舶产业入围工信部产业集群竞赛决赛。

（卜玉江　谢森妙）

■科技创新 突出企业创新主体地位，持续实施企业技术中心“双百”培育计划，认定市级企业技术中心81家，获批省级企业技术中心56家，列全省第2位，创历史新高；组织4家省级软件企业技术中心参加全省复评，1家被评为优秀等次，全省仅4家。实施企业技术创新导向计划，鼓励企业加大研发投入力度，推荐178个项目入选省技术创新导向计划、93项新技术新产品列入省重点推广应用目录，均列全省第3位。加快推动高端发展和专精特新发展，一批企业和项目实现新突破，获批国家首台套重大技术装备保险补贴9项、省高端装备研制赶超工程1项、省首台套重大装备3项，新增国家级制造业单项冠军示范企业1家、制造业单项冠军产品1项、国家“专精特新”小巨人企业5家、省级“专精特新”小巨人企业17家，亚威股份获第六届中国工业大奖提名奖。（卜玉江　谢森妙）

■融合发展 发挥信息技术赋能引领作用，加快推进信息化工业化“两化”深度融合，示范试点培育再创新高，全年获批工信部制造业与互联网融合发展“中德智能制造”示范项目1项，工信部支撑疫情防控和复工复产工业互联网平台解决方案项目2个、工信部智能制造系统解决方案供应商项目1个、省级“互联网+先进制造业”产业基地2个、省级重点工业互联网平台3家、省级工业互联网标杆工厂3家、省级智能制造领军服务机构3家、省级智能工厂1家、省级智能车间14家。推动先进制造业和生产性服务业“两业”融合发展，新型电力装备、生物医药和新型医疗器械、海工装备和高技术船舶、扬州高新区数控装备等4个集群入围省首批先进制造业和现代服务业深度融合试点。服务型制造成为企业发展的新动力，获批省工业设计中心5家，2家企业产品获批全省工业设计金奖，2家企业入选全省生产性服务业优秀服务机构。推进国防科技工业融合发展，企业制造水平得到认可，全年新增4家生产许可备案企业、4家军工资质企业，2家民口配套单位获国家国防科工装备发展研发能力及产业化项目补贴2195万，全市军品及配套销售突破70亿，增长20%以上。

（卜玉江　谢森妙）

■绿色发展 将资源集约利用综合评价范围从规模以上企业拓展到用地0.2公顷以上工业企业，对5798家企业进行综合评价，并根据评价结果实施差别化政策。开展绿色制造体系建设，建成市级综合能源信息化管理平台，45家年耗能万吨标准煤以上企业接入，实施节能改造项目104项，节能10.2万吨标准煤，获批工信部绿色工厂1家、绿色产品2项，新增省级绿色工厂4家，全市单位国内生产总值能耗下降3.88%，超省定目标。牵头开展烧结砖瓦行业淘汰落后产能工作，完成30家企业淘汰任务。全面加强重点行业安全生产监管，化工行业关闭退出生产企业88家，12家城镇人口密集区危化品生产企业搬迁改造任务全面完成，扬州化工园区通过省首批认定，粉末涂料、氧化锌产业集聚发展经验做法被省化治办重点推广。在全省率先编制船舶行业安全生产“一网通”监测平台建设方案，牵头负责的长江沿线26个关停和拆除取缔项目全部完成。扬农集团、联环药业老厂区完成搬迁，通裕集团“退城进园”工作完成。

（卜玉江　谢森妙）

■企业服务 强化中小办、民营办牵头作用，推动落实中小企业（民营企业）系列纾困政策，偿还民营企业、中小企业欠款2.4亿元，新入围全省民营200强的企业5家、新登记市场主体10万户，均创历史新高。依托减负办做好企业减负督查协调，推动相关部门贯彻落实各类减负政策，全年为企业减轻负担196亿元。服务举措成效明显。强化资金扶持，提高政策帮扶精准度和覆盖面，先进制造业、中小企业发展和技术改造等3大市级专项共发放奖补资金近2.4亿元，上争省级以上专项资金和政策性资金超11.4亿元。继续做大“小微惠贷”规模，累计办理小微惠贷业务473笔，贷款金额超11亿元。强化骨干企业培育，制定培育工业大企业（集团）实施意见、千企升级三年行动计划和独角兽瞪羚企业培育意见，4家企业入选省“百企引航”培育企业，认定41家独角兽、瞪羚培育企业，建立400家细分行业“排头兵”企业库。继续开展工业企业高质量发展“争先创优”评选活动，对工业百强、民营工业百强、项目投资十强等进行通报表彰。服务平台日益完善。面向中小企业发展需求，进一步优化提升三级服务平台，市中小企业发展服务中心创成国家中小企业公共服务示范平台，累计达3家，获批省级中小企业公共服务示范平台8家，累

企业服务专员走访企业　　晚　报/供稿

计达 30 家。面向产业链融通融合发展需求，支持以行业领军企业为龙头，整合产业链创新要素和资源，带动中下游中小企业协同发展，仪征经济开发区获批全省首批大中小企业融通型特色载体。面向工业经济发展需求，加快推动工业互联网“落地生根”，扬州经济技术开发区、江都经济开发区获批省“互联网＋先进制造业”特色产业基地。建立健全企业服务网络。完成市优化办转隶，“2 号文件”9 个方面 99 项具体工作全部完成，全年接收企业来电、来信、来访各类咨询和诉求 395 件，针对重难点问题下发转办单、督办单 73 件，办结率 100%。建立市重点企业服务专员工作机制，遴选 150 名副处职（级）以上干部挂钩联系 150 家重点企业，开展“点对点”“面对面”服务，累计办结企业诉求 94 件。（卜玉江　谢森妙）

电子信息产业

■概况　全市电子信息制造产业由 12 个细分板块组成，共有规模以上企业 255 家，2020 年实现开票销售比上年增长 0.5%。其中，半导体分立器件、无线射频标签、传感器件等细分领域在国内外形成一定的比较优势。以扬州微电子产业园为核心，扬州经济技术开发区新光源产业园、高邮“中国路灯制造基地”、仪征 LED 及节能照明产业园、宝应智能终端产业园、江都人工智能产业园等一批新老专业园区相互补充。扬杰电子在国内半导体功率器件领域继续保持前两名。川奇光电率先在全球成功量产首款彩色电子纸。（卜玉江　谢森妙）

■扬杰科技入选 2019 年中国半导体功率器件十强企业　8 月 26 日，中国半导体行业协会公布 2019 年中国半导体行业功率器件十强企业名单，扬州扬杰电子科技股份有限公司位列第二。（邱　洁）

■扬州扬杰电子科技股份有限公司　2020 年，扬州扬杰电子科技股份有限公司实现营业收入 26.17 亿元，比上年增长 30.39%；实现净利润 3.78 亿元，比上年增长 68%。

研发技术。优化晶圆线产品结构，拓展高可靠性产品规格和高能效产品系列，持续向高端转型。PSBD 芯片、PMBD 芯片形成完整的商用系列和车规系列，并持续增加新规格。其中，汽车发动机高效 PMBD 整流芯片在多家车厂试验中；FRED 整流芯片实现 200V~600V 多系列量产，并逐渐向 1200V 及更高电压系列扩展。FRED 续流芯片 600V 和 1200V 同步开发中；同时，全面提升 TVS 芯片的产品性能。推进重点研发项目的管理实施。基于 8 英寸工艺的沟槽场终止 1200V IGBT 芯片系列及对应的模块产品开始风险量产，IGBT 高频系列模块、IGBT 变频器系列模块以及相应的半桥模块及 PIM 模块获得批量订单。开发并向市场推出 SGT NMOS 和 SGTPMOS N/P 30V~150V 等系列产品；在继续丰富产品规格和品种的同时持续优化 SGT 产品性能，陆续推出第二代 SGT 产品。快速部署低功耗 MOS 产品开发战略，配合国内外中高端客户，加速国产化替代进程。加快新产品的研发速度，完成自主升压 IC 合作开发及 SOT-89、SOT563、SOT223 新封装的开发；持续优化 GF 大电流系列产品性能。瞄准第三代半导体材料行业发展趋势，在碳化硅功率器件等产品研发方面加大力度，开发并向市场推出碳化硅模块及 650V 碳化硅 SBD 全系列产品，1200V 系列碳化硅 SBD 及碳化硅 MOS 取得关键性进展。注重现有产品性能提升与技术突破，在研发中心成立课题研究小组，利用仿真软件与 DOE 实验相结合的方法，全方位、立体化、多角度地针对产品设计结构和关键性能参数进行改善提升，完成对产品浪涌提升等研究课题，成功开发 Clip-PDFN5060 等低封装内阻，大幅度提升产品的市场竞争力。

市场营销。继续以消费类电子行业为市场发展基础，大力拓展工业变频、自动化、网通等工业电子领域，重点布局 5G 通信、汽车电子、安防、充电桩、光伏微型逆变器等高端市场，挖掘公司新的利润增长点。持续推进国际化战略布局，加强海外市场与国内市场的双向联动，实现产品认证与批量合作的无缝对接，着重推动与大型跨国集团公司的合作进程。同时加强“扬杰”和“MCC”双品牌推广管理，线下和线上相结合，强化品牌建设，提升品牌影响力。（邱　洁）

机械装备产业

■**概况** 扬州机械装备产业包含数控机床、工程机械、环保设备、农业机械、自动化装备、大型关键铸锻件、加工辅具及关键零部件、专用装备等重点行业。高端装备产业集群建成2个国家火炬计划特色产业基地为江都建材机械、邗江硫资源利用装备，4个省高端装备示范和特色基地为高新区数控机床、广陵精密液压、邗江硫资源利用装备、江都节能环保装备。扬州高新区获批国家标准委、工信部国家高端装备制造业标准化试点项目。

2020年，扬州经济技术开发区、江都经济开发区获批省“互联网+先进制造业”特色产业基地，扬力集团连续10年入选“中国机械工业百强”，亚威机床获批工信部制造业与互联网融合发展“中德智能制造合作方向”试点示范；丰尚、迈安德位居全球饲料粮油装备生产领域前列。（卜玉江 谢森妙）

■**丰尚获2020年度中国机械工业科技进步一等奖** 11月，丰尚“大型智能化水产饲料关键技术装备的研发及产业化”项目获中国机械工业科技进步一等奖。中国机械工业科学技术奖是由中国机械工业联合会和中国机械工程学会共同设立，经国家科学技术部批准，国家科学技术奖励工作办公室认定，面向全国机械行业的综合性奖项。该项目突破国家水产饲料关键技术装备能耗高、自动化水平低、安全卫生差的行业瓶颈，打破欧美多项关键技术垄断，是国家水产饲料高端加工装备领域自主创新的重大成果，实现国内和国际市场产业化应用，提高饲料厂设备的集成化、智能化水平。（邱 洁）

■**江苏亚威机床股份有限公司** 2020年，江苏亚威机床股份有限公司实现营业收入16.39亿元，增长11.61%；实现营业利润1.36亿元，增长39.74%。其中，金属成形机床业务实现营业收入10.71亿元，增长11.58%；激光加工装备业务实现营业收入4.91亿元，增长10.18%；智能制造解决方案业务实现营业收入0.76亿元，增长22.37%。

业务拓展。抢抓下游客户中高端市场需求，订单总额比上年增长26%，创历史新高。其中金属成形机床业务订单增长29%，加大高端产品的市场拓展力度，数控折弯机年销售超2300台套，市场占有率进一步提升；紧抓疫情后市场对柔性化、智能化设备不断扩大的需求，自动化成套生产线订单增长76%，其中钣金自动化柔性加工设备订单突破2亿元，增长逾倍；推进新产品业务的培育和拓展，压力机形成批量化销售，高端激光落料线实现首台套突破。激光加工装备业务订单增长14%，新产品拓展取得新成效，三维激光切割机进入汽车热成型和新能源电池等高端行业，激光焊接形成多行业销售布局。智能制造解决方案业务订单增长89%，工业机器人业务集中力量加强自主外部市场的开拓，全年订单增长108%，在汽车、船舶等行业市场份额得到稳固和扩大，并在工程机械、航空航天等领域取得订单突破；工业管理软件实现产品化销售。

技术创新。金属成形机床业务方面，完成系列折弯机配置性能的迭代升级和直驱伺服折弯机、动态闭环补偿折弯机等新机型的研制；数控板料折边单元产品系列化有序推进，完成全电伺服折边机的研制，效率较液压式折边机提升67%；冲割复合机冲压、切割、攻丝复合加工工艺进一步优化，缩小与国际先进同行之间的差距。激光加工装备业务方面，完成万瓦级激光飞行穿孔和快速切割、焦点补偿功能、抖动抑制功能、智能收刀等工艺开发，金属材料激光加工设备面向不同细分市场的竞争力得到有效提升；亚威艾欧斯首台套太阳能光伏设备样机交付客户试用，得到客户初步认可。智能制造解决方案业务方面，不断加大数控系统软件的自主开发推广力度，折弯机数控系统、机器人激光加工系统已实现客户批量使用；不断扩大工业机器人产品应用领域，完成喷涂专用四轴机器人的研发；钣金行业MES通过用友软件标准化产品测试并发布。推进研发项目规范管理，获批工信部智能制造解决方案供应商项目、江苏省科技成果转化专项、江苏省标识解析二级节点项目；获授权专利15项，软件著作权14项；主导和参与制订国家、行业标准13项。（邱 洁）

亚威生产车间 日 报/供稿

汽车及零部件产业

■**概况** 扬州是科技部命名的国家“火炬计划”汽车及零部件产业基地。汽车及零部件产业门类齐全，集聚度较高，有较好的产业基础，是全市工业经济主导产业之一。车辆生产企业方面，主要产品有乘用车、客车、专用车、轻型载货车等。零部件生产企业方面，拥有亚普部件、潍柴扬柴、亚新科活塞环、奥力威传感等一批基础较好、实力较强、品牌知名度较高的零部件制造企业，范围涵盖汽车动力系统、底盘、车身内外饰、汽车电子等，主要产品包括轻型柴油发动机、塑料燃油箱总成、变速箱壳体、散热器、内饰件、钣金件、座椅、轮毂等。

扬州市在仪征、江都、邗江等地形成汽车产业集聚区。仪征汽车工业园以整车生产企业——上汽大众汽车有限公司仪征分公司为龙头，申迪实业、汇众汽车底盘、延锋安道拓座椅和明岐铝轮毂等上汽大众系统零部件生产企业为骨干，西瑞德汽车部件、东升汽车零部件等中小汽车零部件企业为有机组成，亚新科双环活塞环、日环汽车零部件、亚新科凸轮轴、吉凯恩粉末冶金等汽车发动机零部件生产企业为传统特色的产业体系基本形成，呈现出资源集约经营、要素集中汇聚、企业集群布局和产业集聚发展的态势。江都高新技术产业园区2012年被认定为江苏省汽车零部件产业基地和江苏省中小企业汽车及零部件产业集聚示范区，2014年被认定为江苏省江都汽车及零部件科技产业园和扬州市汽车及零部件特色产业园。园区内主要以江淮汽车、九龙汽车、江淮客车、嵘泰工业、日清纺大陆、金阳光科技、奔宇车身、杰信空调、胜赛思压铸、宏运车业、洪业部件等一批重点企业为代表。邗江区打造扬州（邗江）汽车产业园、维扬经济开发区两个核心基地，实现联动和融合发展。扬州（邗江）汽车产业园以客车、专用车、工程机械为方向，重点发展新能源汽车及装备制造产业，以完整产业链在全市三大汽车产业板块中赢得独特优势，先后获“省汽车及零部件科技产业园”“省新能源汽车及车控电子科技产业园”称号。宝应县2017年获“中国汽车零部件制造基地”称号，宝应成为全国第18家、全省第2家“国字号”基地。扬州经济技术开发区汽车及零部件产业基地集聚规模以上汽车及零部件企业12家，拥有亚普、中集通华等龙头企业，产业发展初具规模，美国李尔、德国赛夫等龙头企业落户，产品门类日益丰富，影响日益剧增，基地影响力不断扩大。

2020年，全市汽车及零部件产业共有规模以上工业企业272家，其中整车生产企业4家，改装车企业15家，省汽车产业生产基地5家。集群实现开票销售比上年增长1.8%。（卜玉江　谢森妙）

■新能源汽车 扬州市主要生产纯电动和插电式混合动力客车、纯电动专用车。商用车有亚星客车、亚商新能源、九龙汽车3家具备新能源整车生产资质的企业；专用车主要生产新能源环卫车，目前有银宝、海沃机械、金威环保、三源机械等企业。2020年，新能源汽车产销量分别为1226辆、1219辆，其中亚星客车产销量分别为1119辆（包括36辆燃料电池汽车）、1088辆（包括31辆燃料电池汽车）；亚商新能源产（销）量为96辆；九龙汽车产销量分别为11辆、35辆。至年末，全市新能源汽车推广应用总数为1.32万辆，其中市区公交车2100辆、货运车296辆、网约车250辆、城市邮政车辆40辆、环卫车88辆。全年推广应用新能源汽车实物车3798辆，其中乘用车3559辆、纯电动客车104辆、专用车135辆。全市新能源汽车推广应用目标任务为2100辆标准车，实际推广新能源标准车5232辆，超额完成目标任务。全市有交通特来电新能源、扬州供电公司、北辰电气、万帮星星新能源四家省备案的公共服务领域充电设施建设运营单位，还有智绿、鼎充等生产并施工建设的企业。至年末，建成公共服务领域充电桩2600个，在市区范围内基本形成“15分钟”充电圈。

全市有各类氢燃料电池汽车及配件企业20余家，基本形成覆盖制氢、储氢、电堆、燃料电池系统、整车和研发制造等主要环节的产业链。亚星客车、亚商新能源、九龙汽车均有燃料电池汽车产品进入公告。氢璞创能主要生产氢燃料电池电堆，扬州氢蓝时代主要生产氢燃料电池系统，嘉和新能源科技生产氢燃料汽车热管理与辅助系统。在研发方面，中汽中心工程院高邮院开工建设，计划建成智能网联实验

九龙新能源汽车项目　　日　报/供稿

室、氢燃料电池实验室、新能源汽车电控系统实验室等，打造“实验室+实验路+示范路”一体化研发平台。（卜玉江　谢森妙）

■2020（第14届）国际汽车轻量化大会 参见第88页

■上海大众汽车有限公司仪征分公司 上海大众汽车有限公司仪征分公司位于仪征市汽车工业园内，于2012年7月建成投产，占地128.05万平方米，建有冲压车间、车身车间、油漆车间、总装车间、技术中心、培训中心、能源中心、装车发运和零部件配送中心，以及办公楼等相关配套生产辅助设施，年产能30万辆，是典型的“分钟工厂”。

仪征分公司是上海大众汽车有限公司的首家标准化工厂，也是德国大众汽车集团在中国的首家标准化工厂。广泛采用大众汽车集团2010生产工艺，冲压车间建有两条国内最先进、自动化程度最高的高速冲压生产线；车身车间的机器人高效运用点焊、激光焊接、单面焊、螺柱焊、涂胶、折边等加工工艺；油漆车间采用无中涂水性漆涂装工艺和电泳第四代RoDip技术；总装车间采用世界领先的拉动式物流供货模式，现场使用全程全高度自由升降式整车吊架和模块化的精益生产装配模式，大幅降低设备投入、劳动强度，是节能减排、绿色环保的标准化工厂。2020年，公司全年实现整车产量25.4万辆。（邱　洁）

■扬州亚星客车股份有限公司 扬州亚星客车股份有限公司主要业务为客车产品研发、制造与销售，产品范围覆盖从5~18米各型客车，主要用于公路、公交、旅游、团体、新能源客车和校车等市场。2020年，公司完成客车生产2978辆、销售2950辆，分别下降41.42%、42.11%；共销售新能源客车788辆，下降60.56%。实现营业收入18.79亿元，下降30.6%。全年完成潍柴电堆12米燃料电池公交车销售并示范运营，10.5米、12米产品分别完成2万千米、3万千米可靠性试验。围绕氢燃料电池客车、智能网联技术等新产品、新技术方面进行专利挖掘，共申报获受理专利19项（实用新型专利10件、外观专利9件）、登记著作3件；已授权发明专利4件、实用新型专利10件、外观专利5件。以新能源监控平台和大数据分析为核心，完成《2020年度江苏省企业五星上云企业》申报。参与申报的江苏省科技计划项目“面向智能网联汽车的高集成全固态激光雷达及应用关键技术研究”获得立项。ADAS技术应用开发累计完成10批次公交客车ADAS技术应用对接，并进行基于域控制器的公交ADAS功能调试与测试。（邱　洁）

■亚普汽车部件股份有限公司 2020年，亚普汽车部件股份有限公司实现营业收入88.59亿元，下降3.05%；实现净利润5.06亿元，增长31.81%。

市场开拓。全年获得新项目定点29个，其中获得印度丰田和德国奥迪的相关项目，取得丰田海外市场以及大众MHEV/PHEV项目的突破；获得新能源汽车动力电池上壳体的项目定点，迈出配套纯电车型业务的第一步。

科技创新。2020年，公司申请专利41项，其中发明专利34项；获得专利授权21项，其中发明专利11项。获“国家级制造业单项冠军产品”“江苏省省长质量奖提名奖”等称号，通过国家级技术创新示范企业复评，入选“2020年中国汽车零部件百强榜”和“2019年度江苏省百强创新型企业”。在技术布局方面，紧盯行业方向，一方面，在传统燃油箱业务领域不断进行技术和成本方面的研究，推出蒸汽管理系统和电控燃油系统，其中前者应用到PHEV车型项目中；另一方面，结合自身特点，战略性布局并加快氢燃料电池汽车70 MPaIV型车载储氢瓶的研制，试制的样品正进行相关实验验证；采用复合材料PCM预浸料模压成型技术成功开发某型号电池包上壳体，不仅重量轻、强度高，而且具有优异的阻燃性和良好的耐腐蚀性，整车搭载试验中。

国际化发展。亚普捷克、亚普俄罗斯、亚普印度等海外子公司经营状况良好；新产品逐步投产，亚普美国盈利能力增强；亚普巴西实现全面投产；亚普墨西哥取得奥迪Q5项目的配套定点；亚普德国工程中心、北美工程中心、印度工程中心与亚普总部研发中心协同效应进一步提升，在行业发展的最前沿信息收集、新项目争取、新产品新技术研发等方面发挥积极作用。公司规划在乌兹别克斯坦筹建燃油箱生产基地，将国内富余产能转移到海外市场，生产布局进一步深入到“一带一路”国家。（邱　洁）

■江苏奥力威传感高科股份有限公司 2020年，江苏奥力威传感高科股份有限公司实现营业收入8.14亿元，增长15.25%；实现净利润1.04亿元，增长54.19%。

市场开拓。新增理想汽车、舍弗勒、蔚然等多家客户，进一步强化公司客户多元化发展战略。

转型升级。收购龙微科技9%的股权，获得自主MEMS压力传感器的芯片结构设计、芯片版图设计、芯片流片工艺、芯片晶圆测试等MEMS压力感应芯片的正向开发和测试能力。在新能源汽车领域，电驱动系统单位的旋变传感器业务进行相应的投资，产品开始量产供货。

科技创新。紧跟汽车市场技术路线，开发各类新能源相关传感器，其中前电流传感器样件已试验合格；新能源方面，全面做好新能源三电产品（即电池、电机和电控）相关研究；车联网相关的产品开发稳步推行，同时成立深圳车联网研发中心，引进高层次人才，提升整体研发能力；技术储备方面，MEMS芯片国产化稳步推行，目前样件各项参数合格，跑车试验中；同时开展LPS（按需供油传感器）、GPF（汽油机颗粒物捕捉器传感器）产品的技术研究。（邱　洁）

船舶及配套件产业

■概况 扬州市海工装备和高技术船舶产业主要集中于海洋工程配套装备、船舶制造及涂装、舾装、锻造、钣金、管工、检测等内外业和船用电缆、海洋电缆、船舶系缆绳、船舶电子、防腐涂料等配套环节，拥有近100家企业，包括中远海运重工、中航鼎衡、金陵船舶等大型散货、集装箱、滚装和化学品船制造企业，龙和造船、中西造船等中小型散货船船企以及神龙绳业、九力绳缆等船舶配套企业。全市船舶产业最大年造船完工量占全省30%、全国10%左右，形成以江都、仪征、广陵李典船舶产业园为主的船舶制造和以高邮、宝应、开发区船用海工电缆、船舶系缆绳、船舶电子制造等为特色的"三园三特"产业集群发展格局。2020年，集群实现开票销售比上年增长0.5%。

（卜玉江　谢森妙）

■扬州中远海运重工有限公司 扬州中远海运重工有限公司是中国海运集团大型船舶建造基地，生产区占地295公顷，厂房面积43万平方米，岸线长3.5千米，拥有大型船坞3座、10万吨级船台1座、2200米长舾装码头1座（泊位4个）。主要建造集装箱船、成品油船、散货船、化学品船等运输船舶和海洋平台等海工装备，主要产品有4.6万吨系列成品油船、5万~8万吨系列散货船、11万吨阿芙拉油船和大型钢质浮船坞等。年造船能力350万载重吨。

1月6日，为Zodiac Maritime Ltd.建造的15.8万吨苏伊士原油轮（CIS158K-03）"SATURN MOON"签字交付。"SATURN MOON"轮是扬州中远海运重工为Zodiac公司建造的三艘15.8万吨系列苏伊士原油轮的最后一艘。该船总长269米、型宽48米、型深23.4米。1月7日，公司为阿联酋Tomini Shipping Ltd.建造的三艘6.4万吨散货船（CIS64000-14/15/16）"TOMINI ENTITY""TOMINI TENACITY""TOMINI FELICITY"交付。至此，公司为Tomini建造10艘6.4万吨散货船，该型船总长199.9米、型宽32.26米、型深18.5米。1月16日，公司联合上海外高桥造船为中国矿运建造的40万吨矿砂船（H1451）命名交付，该船是公司建造的首艘安装脱硫塔装置船舶。至此，该系列6艘40万吨矿砂船全部交付。3月16日，公司为英国船东Union Maritime Limited建造的三艘6.4万吨散货船签字交付。5月9日，为国银金融租赁股份有限公司建造的第二艘20.8万吨散货船"HAGENOLDENDORFF"轮签字交付。

（邱　洁）

■招商局金陵鼎衡船舶（扬州）有限公司 公司前身为中航鼎衡造船有限公司，于2020年1月正式并入招商局集团下属招商局工业集团，并更名为招商局金陵鼎衡船舶(扬州)有限公司。公司以高附加值、高技术含量的特种船为主打产品，形成以3万吨以下中小型液货船为建造市场的特色品牌优势，当前手持订单和已完工交付的中小型液货船在全球细分市场中位居前列。

8月18日，公司为浙能集团旗下宁波海运公司新建的首艘1万吨级成品油船——"浙能油1"轮正式命名交接。9月10日，公司为招商南油旗下上海长石海运有限公司建造的6500立方米乙烯运输船命名交付。9月24日，公司与南京长江油运有限公司全资子公司深圳华南液化气船务有限公司签署1艘5500立方米LPG运输船建造项目。11月17日，公司为德国船东建造的7000吨不锈钢化学品船首制船在扬州首次采用"云交付"的形式完成签字交付手续后，驶离码头，正式交付船东运营。该型船长109.9米，宽18.4米，型深9.2米，设计吃水7.2米，共有14个货舱，1A冰级符号，入籍DNV-GL船级社。货舱内壳采用双相不锈钢建造，各舱配备独立的货泵及扫舱泵，可独立装载不同货品。12月10日，公司为国内船东建造的1.20万吨不锈钢化学品船下水出坞。12月15日，公司为国内船东建造的7490吨不锈钢化学品2号船开工。该船型长119.88米，型宽18米，型深9.6米，设计吃水6.65米，共设置12个液货舱，货舱采用2205双相不锈钢，可满足多种货运需求，入级中国船级社（CCS），挂中国旗。

（邱　洁）

■中船澄西扬州船舶有限公司 公司于2018年2月7日正式挂牌成立，是中国船舶工业股份有限公司、中船澄西船舶修造有限公司共同出资设立的国有合资公司，由中船澄西船舶修造有限公司管理运营。占地面积约134.24万平方米。生产区域占地面积约100万平方米。拥有长江岸线1500米，码头2600米，10万吨级船台2座，5万吨级船台

中船澄西船坞　　日　报/供稿

2座；大型车间1.2万平方米，300吨、260吨门式起重机，18米卷板机，1000吨油压机等设备，具备从钢板预处理到加工全流程船舶建造的能力。

5月6日，公司为交银租赁建造的30号8.12万吨散货船交船签字交付。5月13日、6月22日为华光船务管理（香港）有限公司建造的41、42号8.12万吨散货船先后命名交付。6月28日、8月18日，为香港金威船务有限公司建造的1号、2号5.56万吨化学品/成品油轮先后命名交船。7月15日、9月10日、12月3日为新加坡Nova公司建造的1、2、3号7万吨木屑船先后签字交付，该船船长215.4米，型宽37米，型深25.2米，自重1.50万吨，是世界最大木屑船。该船载货量大，且绿色环保油耗低，满足ECA排放控制区的要求，各项性能效率指标均处于国际领先水平。

（邱 洁）

石油化工产业

■概况 石油化工产业是扬州市重要支柱产业，产品主要有天然原油、基础化工原料、有机化工产品、无机化工产品、聚酯切片、化学纤维、化学农药及仿生物学农药、涂料、助剂、橡胶制品、日用化工、化工新材料等，以氯碱、苯为基础原料的氯苯系列、硝基氯苯系列及其衍生产品市场竞争力较强，二氯苯系列产品产量居世界前列。

2020年，全市有规模以上石化企业74家，占全市规模以上工业企业总数2.6%；年开票销售、入库税收分别占全市规模以上工业总量10.2%和11.6%，占比在全市主要产业位居第三，其中全市工业百强企业中11家石化企业开票销售、入库税收分别占百强企业总量17.9%、24.8%。与“十二五”末相比，尽管规模以上石化企业数减少128家，但产业年开票销售、入库税收总量分别增加72.1亿元、2.9亿元。坚持高标准整治，先后开展化工企业“四个一批”、化工产业安全环保整治提升等行动，至2020年底，全市累计关闭退出化工企业462家，压减比例83%，企业“小、散、乱”现象得到明显改善。产业布局进一步调优，扬州化学工业园区主动调整以炼化项目为龙头的“上中下游一体化”的产业发展思路，大力发展高性能合成材料、高端专用化学品、高效新能源等“三高”产业，打造具有扬州化工园特色的烯烃、芳烃深度耦合产业链。2020年，扬州化工园区作为全省首批14家通过认定的化工园区之一，明确化工园区定位，连续8年跻身中国化工园区前10强。 （卜玉江 谢淼妙）

金茂工业

■概况 2020年11月，江苏金茂工业资产管理有限公司（简称金茂工业）成立，注册资本20亿元，是市国资委出资设立的国有独资公司。公司所属企业45家，托管企业66家，由原工业公司、金茂化工、矿务局和亚星等4个托管分中心负责日常管理。公司（含原四家单位）全年实现销售收入、利润分别为131亿元、10.2亿元。

（朱介堂 刘 芸）

■营销管理 扬农集团狠抓市场营销，全年实现销售收入50.3亿元，利润总额9.58亿元。晶新微电子公司完善肖特基生产设备，全年销售收入超3.5亿元。瑞筑置业多举措推动房产销售，全年实现销售收入5702万元。潍柴动力扬柴公司产销发动机突破30万台大关。振兴煤矿全年生产原煤47.68万吨，实现营收1.23亿元，比上年增加2015万元。煤矿变电所全年实现销售收入1827万元。 （朱介堂 刘 芸）

■科技创新 围绕新兴产业科创名城建设，着力壮大科创实力，原金茂化工、原工业资产制定印发科技创新奖励办法，激励企业加大科技创新。全年在产品研发、产学研结合、专利申请、高新技术企业申报等方面取得重要成果。扬农集团获全国“重点高新技术企业奖”，两篇专利获2020年中国石油和化学工业专利奖优秀奖；扬农股份“氟啶胺清洁生产关键技术的研发及工业应用”获中国农药工业协会技术创新一等奖；宝军公司参与北斗三代研制，联合开发的“基于VPX总线技术的高铁数据处理平台”申报“扬州市产业前瞻与共性关键技术”课题；四菱电子获批2020年国家高新技术企业。

（朱介堂 刘 芸）

■项目建设与退城进园 按照市委、市政府决策部署，原金茂化工加大退城进园工作调研督查力度，多次现场调研和督查推进情况，重点督查扬农集团老厂区装置拆除进度，与企业共同研究设备拆除期新老厂区生产衔接、员工分流安置等困难和问题，扬农集团宝塔湾厂区完成95%以上的装置拆除。加快重点项目建设。扬农集团瑞恒公司一期A阶段项目稳定运行，扬农股份优嘉三期工程建设项目完成序时进度，亲亲集团合作的扬州万吨冷库基地展示馆等工程基建具备对外开放条件，宝军公司开展高铁数据处理平台、数字通信、煤岩智能识别技术等项目建设，晶新微电子公司肖特基项目投产达产，瑞筑置业“香山一品”二期项目、仪征“5000吨对位芳纶项目”代建服务项目全部建成。 （朱介堂 刘 芸）

■国企改革 提升国有资本配置效率，完成3家“僵尸企业”注销工作，2家公司正式启动破产申请和清算工作。强化国有资本多元化发展，原金茂化工向联环集团注资3000万元，增加企业注册资本。原工业资产回购江苏亲亲集团职工持股会11.24%的股权，无偿受让扬州职业大学所持亲亲集团0.77%的国有股权。原矿务局完成王庄煤矿房产出租，推进王庄煤矿混合所有制改革。

（朱介堂 刘 芸）

■安全生产 原金茂化工、原矿务局与所属企业签订安全生产目标责任书，组织召开安全生产季度、专题会议，分析安全生产形势，部署安全生产重点工作。实行企业安全生产承诺和安全生产述职制度，确保安全生产责任“不悬空”。不断完善安全规章制度，修订安全生产制度63项，保证安全管理有章可循、奖惩有据。持续开展重要时段、重大活动期间企业和托管资产安全检查。抓好振兴煤矿“一通三防”，坚持煤矿安全生产标准化建设。加强扬农集团搬迁拆除安全监管，定期督查拆除进度和安全措施落实情况。统筹推进“一年小灶”“三年大灶”专项整治工作。开展“安全生产月”系列活动，调动干部员工学习安全生产知识的积极性和主动性。原金茂化工开展化工企业安全风险分区分级和班组安全生产标准化试点建设，举一反三推广“红丝带”等特色经验做法，原矿务局全年开办各类安全培训班24期，培训1763人次，筑牢员工安全管理文化理念。企业开展应急能力宣传系列活动和基础硬件升级改造项目，用安全支撑公司高质量发展。

（朱介堂 刘 芸）

■江苏扬农化工集团有限公司 2020年，扬农化工集团实现销售收入50.3亿元，利润总额9.58亿元。

*改革重组。*贯彻“深化国有企业改革，完善中国特色现代企业制度”精神，紧扣战略转型和当期经营，组织实施管理变革，研究确定以业务为中心的集团化管控重塑方案，推进公司治理体系和治理能力现代化。

*疫情防控。*扬农集团第一时间制定并实施疫情防控紧急预案，提前进行防疫物资采购储备，并及时发放至一线岗位，保证生产经营需要。子公司瑞祥化工第一时间成立一线“抗疫先锋队”，24小时满负荷生产，全力保障消毒液原料次氯酸钠的稳定供应。疫情期间公司累计为300家单位免费供应次氯酸钠130吨，其中75吨直接捐赠湖北武汉地区，瑞祥公司收到国务院新冠联防联控小组感谢信，并被评为中央企业抗疫先进单位。

*创新驱动。*公司全年开展课题研究32项、小试研究22项，中试项目6项和产业化在建项目3项，调试运行项目3项。持续加大知识产权保护力度，围绕双氧水法环氧氯丙烷、尼龙中间体等重点项目实施专利布局，新申请国家发明专利91件，其中发明专利82件、PCT专利2件。公司获全国“重点高新技术企业奖”、2020年度“中国石油和化工行业技术创新示范企业”；“微通道连续流催化合成吡啶杂环类产品清洁生产技术及其工业化”获第十三届中国农药工业协会技术创新一等奖；“一种以甘油法二氯丙醇为原料生产环氧氯丙烷的工艺改进”和“一种催化合成5-甲基-3,4二氢吡啶-2（1H）-酮化工中间体的方法”两篇专利获2020年中国石油和化学工业专利奖优秀奖。

*加快项目建设步伐。*连云港基地一期A项目投产达效并实现稳定运行，一期B项目进入土建施工，高纯硫酸、氨水电子化学品项目开展设备安装，碳三一期苯酚丙酮、PDH、双酚A项目进入工程设计阶段，双氧水及ECH项目开展土建施工。中卫基地高端尼龙产业突破和产品结构优化齐驱并进，完成尼龙66项目中试验证。仪征基地年产5000吨芳纶产业化项目建成并有序调试运行。

*加强安全环保管理。*2020年，全面系统提升HSE风险防控能力和水平，实现HSE“四个零”目标，HSE核心竞争力持续巩固增强。子公司瑞祥、瑞泰、扬农锦湖通过化工事业部五星PLUS验收并获得石化联合会授予的“绿色工厂”称号，瑞恒、中化高纤完成五星工厂创建，《基于三标的管理》获得全国石油和化工企业管理创新一等奖。

（朱介堂 刘 芸）

江苏油田

■概况 江苏油田组建于1975年4月23日，是集油气勘探开发、炼油化工、盐硝生产、科技研发、危化品运输、餐饮服务于一体的国有大Ⅰ型企业。原隶属于中国石油天然气总公司，1998年3月国务院对石油、石化实施重组，江苏油田整体划归中国石化集团公司。1998年11月，安徽油田整体并入江苏油田。2000年1月，适应中国石化集团公司重组改制要求，江苏油田分设为中国石化集团江苏石油勘探局及中国石油化工股份有限公司江苏油田分公司两部分。2012年12月，按照中国石化集团公司整合重组统一部署，设立江苏石油工程有限公司。2017年9月，中国石化集团江苏石油勘探局更名为中国石化集团江苏

2019—2020年江苏油田主要生产建设指标一览表

表16-1

指标名称	单 位	2020年	2019年
原油产量	万吨	104.03	106.45
天然气产量	亿立方米	0.40	0.51
新增原油生产能力	万吨	7.67	5.90
新增探明石油地质储量	万吨	213.54	159.53
新增动用石油地质储量	万吨	151.44	149.18
二维地震	千米	—	—
三维地震	平方千米	292.00	40.90
完井	口	84	62
探井	口	33	23
开发井	口	51	39
钻井进尺	万米	21.51	14.93

（屈传刚）

石油勘探局有限公司。主力油区分布在江苏、安徽2个省的6个地市15个县（市、区）58个乡镇内，在广东徐闻、广西百色有部分探矿区块。2020年11月17日，江苏油田与江都区政府签署扬州石化股权转让合作协议，股权转让后，江都区、江苏油田分别持有扬州石化股权的51%、49%，扬州石化由央企转为地方国企。

至2020年末，江苏油田总资产78.22亿元，其中固定资产净值34.79亿元。矿权面积2.01万平方千米，共探明油气田38个（含广东徐闻、广西百色油田），探明含油面积278.22平方千米，累计探明石油地质储量3.02亿吨、天然气地质储量93.80亿立方米（含溶解气）。投入开发油气田37个，动用含油面积212.74平方千米，动用石油地质储量2.51亿吨，占探明储量的83.11%。累计生产原油5016.97万吨（其中江苏油区4875.6万吨）、生产天然气16.35亿立方米。全年新增探明石油地质储量213.54万吨，新增控制石油地质储量505.57万吨，新增预测石油地质储量813.82万吨；生产原油104.03万吨、天然气4043万立方米；实现收入43.01亿元、利润总额-10.30亿元。（屈传刚）

■油气勘探 江苏油田分公司全年勘探总投资4.50亿元，完钻各类探井22口，有结论探井21口，新获工业油流井9口，落空井12口，探井综合成功率43%。盐城5井在阜宁、泰州组天然气、阜三段常规油和阜二段页岩油多层系、多领域取得突破，打破盐城凹陷21年的勘探沉寂。徐闻13井首次在涠二段上部层系钻获新油层，是继徐闻X6井突破七年之后又一个勘探新发现。苏北盆地成熟区带部署的秦8、河8、肖16、台15、刘陆X1等探井均取得成功，合计新增控制石油地质储量505.57万吨。（屈传刚）

■油气开发 江苏油田分公司全年开发总投资4.39亿元，完钻开发井51口，新增动用地质储量151.44万吨，新增可采储量163.78万吨，新增注水储量76.74万吨。推进富油区带滚评建一体化运行，新建产能5.57万吨。强化老区稳产综合治理，自然递减率10.17%、综合递减率5.28%。实施二氧化碳注驱，增油1.63万吨。推进难采储量开发试验，联38块平衡油价从每桶82美元下降到每桶39美元。加大抽油机自适应柔性控制、自循环洗井等新技术攻关与应用，降本1442万元。开展储量价值最大化研究攻关，在预算油价比上年下降31.3%情况下，SEC储量增长84万吨、替代率80.8%。（屈传刚）

■炼油化工 扬州石化有限责任公司全年实现销售收入18.94亿元、利润总额3402万元、入库税金4.36亿元。炼油业务方面，加工原（料）油50.78万吨，完成年计划的103.6%，比上年增长1.22%。化工业务方面，生产聚丙烯3.13万吨，增长1.7%；生产MTBE2.55万吨，增长2%，稀乙烯回收利用2575吨。化纤业务方面，生产化纤4752吨，增长39%，其中产销高端EP复合纤维1480吨、高端ET系列642吨。销售业务方面，统配产品25.3万吨，直销产品19万吨，平均售价每吨4135.46元。（屈传刚）

■经营管理 推进系列攻坚创效行动，挖潜增效6.71亿元。深化专项治亏行动，江苏油田分公司盈利区块占比80%，勘探局有限公司经营业务盈利面60.5%。紧盯人工、井下作业、动力费等成本大头，成立工作组专门开展成本细化分解活动，单位变动成本降低每吨197元、降幅21.1%。强化资产分类评价创效，盘活低效无效负效资产230项，实现创效3057万元。研究用好新冠疫情期间惠企政策，落实各类税费优惠1.5亿元。成立10个对标提升行动专业组，着力解决10个方面、25个重点问题。开展《基层管理手册》《岗位操作手册》编写工作，采油班组资料由原来的148项减少到75项，作业班组资料由原来的125项减少到64项。修订完善内控实施细则，新增内控流程8个，更新修订制度179项，删除废止制度14项，新增制度6项。（屈传刚）

■市场开拓 面对疫情冲击，加快市场复工复产，新签市场合同14.52亿元，其中超千万元合同21个、500万元以上合同66个，实现外部市场收入12.2亿元。扬州石化抢投抢产熔喷料212吨、医用复合纤维3398吨。江苏紫京中标国家管网、中国石油东油沥青等22个新项目，实现收入2.75亿元。工程中心开拓东北华北新兴市场，实现收入4715万元，增长94%。新源公司加强硝水提质推价增量，实现收入1.66亿元。矿开公司拓展西北局“代运行+”业务、进入浙江油田等新市场，完成收入1.39亿元。物资供应中心中标国家管网青宁、滨海仓储物流等项目，实现收入8762万元。运输物流中心开拓长城钻探、华中化销等新市场，新增收入6260万元。车辆服务中心拓展设备租赁、工程机械维修、中央空调运维等综合服务业务，实现收入1303万元。（屈传刚）

■安全管理 江苏油田全面开展体系内审工作，对10家二级单位和10个要素主责部门开展体系内审，共开具不符合项121项，提出改进措施建议52项，经验做法两次在全系统推广。加强直接作业环节安全监管，建成覆盖3656口油水井、35个场站、222个重点部位的视频监控平台。强化安全风险分级管控和隐患排查治理，完成安全技术措施项目110项1662万元、安保基金项目4项572万元，油田级安全风险总值由234降至207，降低11.54%。修订下发《江苏油田承包商安全管理实施细则》，将“承包商安全管理能力不足”列入油田系统性安全风险进行管控。完善健康管理网络，配备208名专兼职健康管理员，强化新冠疫情防控，加强重点岗位职业危害因素监测，首批通过2020年度江苏省健康企业建设评估。（屈传刚）

■绿色发展 制（修）定环保制度20项、各类操作规程916项，规范各类环保台账记录格式13项。推进绿色企业行动计划，完成三年污染防治攻坚战任务，全面实施钻井泥浆不落地、绿色修井等项目，江苏油田通过绿色企业复核验收。开展土壤和地下水调查，土壤布设480个点位、958个样品，地下水布设155口井、305个样品。开展一体化能效提升，通过油藏动态调整、注水改造、管网优化、地面配套、调参等手段，增油4520吨，机采系统效率提升0.57%、注水系统效率提升4.76%、集输系统效率提升1.3%，节约电力760万千瓦时。推进新能源项目，建成69座光伏电站并网发电，容量2.3兆瓦；曹庄储太阳能电站建成投用，用电费用下降11%。全年完成节约能源折合标煤1.51万吨，完成江苏省“百千万”企业双控检查的能源消耗总量和强度考核目标。（屈传刚）

■企业改革 按照“机构扁平化、运行市场化、岗位价值化”原则，压减机关部门1个、二级单位1个、三级单位12个，机关与辅助队伍用工占比降到11.6%。实施采油厂直管班站改革，下沉202名管理人员到生产一线，两个采油厂在股份公司管理效能对标中排名靠前，人均管井数、用工效率等指标名列前茅。开展测试、维护、餐饮、后勤业务专业化剥离重组，推进油管杆清洗修复业务整合，清退各类社会用工417人，优化盘活用工398人。设立5个油田级项目组，示范带动各层级96个项目组攻关破题。推进扬州石化股权改革落地，全面完成“四供一业”分离移交，基本完成退休人员社会化管理。（屈传刚）

■科技创新 全年安排科技经费1.51亿元，组织运行科技计划项目102项；申请国家专利73件，获得授权66件；登记软件著作权10项，申请中国石化专有技术1项；完成股份公司科技项目3项、江苏油田科技项目33项。加快信息化建设步伐，深化EPBP平台数据共享，数据采集齐全率达96%，推进生产现场无人化值守，面向电脑端打造油田版应用商城，面向移动端研发岗位通App，生产管理效率效能持续提升。更新完善油田各专业骨干人才库，选聘油田首席专家3人、高级专家11人、专家17人。田明劳模工作室被评为全国劳模和工匠人才示范性工作室，杨莲劳模工作室被评为全国能源化学系统劳模创新工作室。（屈传刚）

仪征化纤

■概况 中国石化仪征化纤有限责任公司（简称仪化有限公司）和中国石化集团资产经营管理有限公司仪征分公司（简称资产公司仪征分公司），统称仪征化纤公司，位于江苏省仪征市，占地10平方千米。前身为仪征化纤工业联合公司，1978年筹建，1981年设立，1993年进行股份制改组，分为上市部分（仪征化纤股份有限公司）和非上市部分（仪化集团公司）。1998年整体加入中国石化集团公司。2000年，仪征化纤股份有限公司更名为中国石化仪征化纤股份有限公司，成为中国石化股份有限公司的控股子公司。2006年，仪化集团公司进行体制转换，更名为中国石化集团资产经营管理有限公司仪征分公司。2014年中国石化仪征化纤股份有限公司进行重大资产重组，成为中国石化股份公司的全资子公司。2015年4月，更名为中国石化仪征化纤有限责任公司。

仪化有限公司是中国石化中高端聚酯生产基地和特种纤维生产基地。拥有PTA（精对苯二甲酸）年产能142万吨（含合资权益年产能42万吨），240万吨聚酯年产能（含聚酯切片、短纤、中空、瓶片），聚丙烯熔喷布年产能6000吨，高性能聚乙烯纤维年产能3300吨、对位芳纶年产能1000吨，以及MAH（顺酐）年产能10万吨。公司聚酯产品差别化率达99%以上，质量处于国内领先地位，其中涤纶短纤产销量全球第一。高性能聚乙烯纤维和对位芳纶为完全自主知识产权，高性能聚乙烯纤维采用国内唯一干法工艺技术。

资产公司仪征分公司下属PBT部、仪化东丽公司、仪化博纳公司3个生产单位和离退休管理中心。PBT部主要产品为工程塑料（PBT），年产能16万吨；仪化东丽公司是资产公司和日本东丽各以50%股权合资设立，主要产品为聚酯薄膜，年产能4.5万吨；仪化博纳公司是资产公司与英国博纳公司以40%:60%股权设立，主产品为聚丙烯织物和

2019—2020年仪化有限公司主要产品产量一览表

表16-2　　单位：万吨

产品名称	2020年	2019年
涤纶	254.52	250.7
聚酯切片	128.29	130.35
瓶级切片	35.09	35.97
涤纶短纤维	78.7	75.42
中空纤维	12.44	8.96
聚丙烯熔喷布	0.195	—
对位芳纶	0.049	—
高纤	0.27	0.31
顺酐（MAH）	11.46	12.58
PTA	99.32	99.05
PBT树脂	12.89	12.64
四氢呋喃	0.93	0.81

（黄　斌）

人造草坪纱，年产能1亿平方米。

2020年，仪化有限公司实现营业收入131.85亿元，盈利522万元；资产公司仪征分公司实现营业收入10.34亿元，盈利9391万元。合计上缴税收3.5亿元。（黄 斌）

■挖潜增效 全年生产PTA 99.32万吨、聚酯产品214.36万吨，分别增长0.27%、1.9%，累计创效3.5亿元，超额完成奋斗目标。统筹推进产业布局和结构调整，加强投资优化管控，全年完成投资9.66亿元，推动一批重大项目建设。年产300万吨PTA项目纳入中国石化重点工程。坚持做大优势业务，年产20万吨环保短纤中空项目一次投产成功，实现全产全销，成为公司新的效益增长点。推进绿色发展，实施PTA装置和聚酯十三单元余热发电项目，每日发电13万千瓦时。开展一区循环水整体优化提升，节电率达20%。（黄 斌）

■质量管理 不断完善质量管理体系，研制GSB 10-3773-2020 PBT标准样品、GSB 10-1074-2020瓶片标准样品，起草FZ/T 54219-2020《有色超高分子量聚乙烯长丝》行业标准、参与起草GB/T 3676-2020《工业用顺丁烯二酸酐》等3项国家标准和2项行业标准。完成65项质量改进项目，攻克有光缝纫线强度衰减等一批质量难题。全年公司出厂产品合格率100%。聚酯切片、涤纶短纤维、瓶级切片、PBT树脂等产品的综合优等品率99.44%。全年国家、省市以及集团公司对7大类15批次产品开展质量监督抽查，抽检合格率达100%。聚酯切片（含瓶片）、涤纶短纤维（含中空）继续保持“江苏省名牌产品”。（黄 斌）

■科技创新 发挥产销研用机制作用，紧贴市场需求，推进产品提质升级，开发低熔点聚酯切片、超细旦赛羽绒等16个新产品，累计生产8964吨，创效704万元。全年高附加值产品比例达39.4%，比上年提高0.3个百分点。进一步强化知识产权管理，全年完成专利申请38件，获得授权8件。（黄 斌）

仪化熔喷布项目生产车间　　仪 化/供稿

■绿色发展 深化绿色企业创建，强化源头减排、末端治理，开展环保问题排查整治，持续推进节能减碳。COD（化学需氧量）、氨氮等主要污染物全部达标排放，指标优于国家、行业标准。推进危废资源化和减量化。PTA内袋造粒、生化装置污泥干化项目合计减少危废1387.5吨，危险废弃物100%合规处置。2项“能效倍增”计划年节约标煤6614吨。深入开展污染防治攻坚战，PTA部醋酸储罐VOCs（挥发性有机物）治理等6项污染防治攻坚战项目按时完成。青山堆场污泥无害化处置项目比原计划提前半年完成，顺利销号。（黄 斌）

■安全生产 开展安全生产专项整治三年行动计划，组织泄漏隐患排查整治和受限空间、高处作业专项治理，强化承包商和直接作业环节安全监管，保持安全稳定生产的良好态势，全年无一般及以上事故发生，实现全员（含承包商）死亡事故为零、重伤事故为零、急性职业中毒和放射事故为零的目标。公司BDO部BDO装置乙班和热电部高配装置第二责任区，获得全国安全管理标准化示范班组。（黄 斌）

■熔喷布项目建设 2020年，仪征化纤公司贯彻集团公司决策部署，紧急跨界抢建熔喷布生产线，35天建成首条生产线，76天建成全球最大熔喷布生产基地短纤部熔喷装置，被授予“中央企业抗击新冠肺炎疫情先进集体”称号。短纤部熔喷装置党支部被授予“中央企业先进基层党组织”称号。（黄 斌）

■20万吨熔体直纺环保型短纤项目投产 8月，仪征化纤公司年产20万吨熔体直纺环保型短纤项目全部建成投产。公司涤纶短纤维生产线达到48条，年产能突破100万吨，产品定线定品种生产更有弹性，进一步巩固水刺无纺布涤纶短纤维、原生涤纶中空纤维等高端、特色产品的市场领先地位。（黄 斌）

■生物可降解共聚酯新材料PBST、PBAT实现工业化生产 5月19日、21日，仪征化纤公司历时十年攻关的生物可降解共聚酯新材料PBST、PBAT先后在PBT部万吨级装置上实现工业化生产，工艺路线国际领先，率先在工程塑料行业实现通用材料绿色化取得新突破，进一步推动国内外生物可降解材料工业化进展。（黄 斌）

消费品工业

■概况 2020年，全市824家规模以上消费品工业企业实现开票销售、入库税收分别占全市规模以上工业企业开票销售和入库税收总量的17.2%、19.2%。其中，食品产业规模以上工业企业实现开票销售增长3.9%、入库税收持平；受疫情影响，纺织服装产业规模以上工业企业实现开票销售、入库税收分别下降12.6%、2.4%。

为推进全市“323+1”先进制造业集群发展，建立市领导挂钩联系重点产业集群工作机制，消费品行业分别建立食品、生物医药和新型医疗器械、纺织服装产业推进工作专班。围绕食品安全，推进食品工业企业诚信管理体系建设，全年组织25家食品生产企业参加诚信管理体系建设培训。围绕推进“中央厨房”建设，省工信厅在扬州食品产业园举办“中央厨房”新模式发展推介会。

（卜玉江 谢森妙）

■食品工业 全市食品产业主要包括“135”板块，“1个食品专业园区”——扬州食品产业园，“3个食品特色基地”——宝应生态有机食品基地、高邮禽蛋加工生产基地和菱塘清真食品加工生产基地，“5个食品优势行业”——传统食品业、饮料制造业、油米加工业、水产加工业和功能保健食品业。全市食品产业特色品牌丰富，扬州包子、扬州炒饭、淮扬菜以及富春、冶春等老字号驰名中外，宝应荷藕、高邮鸭、高邮鸭蛋被评为国家地理标志保护产品。2020年，全市99家规模以上食品生产企业实现开票销售增长3.9%。

（卜玉江 谢森妙）

■高端纺织服装产业 全市纺织服装产业主要包括原料生产、纺织、服装加工生产等环节，拥有仪化、波司登、康源纺织、翔宇纺织、怡人纺织、虎豹、国联制衣等年开票亿元以上企业41家，培育成10多家

虎豹上衣吊挂线项目　　日　报/供稿

国内外知名品牌企业。仪征陈集镇打造经编产业园，规划用地66.67公顷，一期入驻企业11家，将形成年产纺织面料10万吨能力。2020年，229家规模以上纺织服装生产企业实现开票收入300多亿元。

（卜玉江 谢森妙）

■工艺美术工业 2020年，扬州工艺美术集团组织创作雕漆《岱宗览胜》地屏、点螺《运河明珠》对瓶、红雕漆《溪山叠翠》山籽雕台屏、白玉籽《柏子图》、翡翠《年年有余》等大件精品，广受业界好评。扬州漆器厂以运河文化为素材，开发系列文创产品。全年开发大漆茶具等12类创意产品，其中大漆公筷项目入选2020年江苏特色伴手礼名录。扬州玉器厂利用库存普档玉料，研发适合线上销售的小型器皿和组合类产品，运河题材白玉《守护》、红色题材白玉《长征》等。全年漆器、玉器精新品在各类专业展评中获金奖28项，银奖10项，铜奖13项。

应对疫情影响，线上线下联动互动，稳定市场。及时优化销售布局，推广网络宣传和营销模式。扬州工艺美术集团通过微信公众平台推送各类产品和活动信息500多条，登上“学习强国”15次，“扬州发布”21次，“扬帆”8次。486非遗集聚区搭建抖音矩阵账号，账号粉丝总数达40多万，直播场次超过30场。扬州玉器厂、漆器厂电商部门拓展淘宝、天猫、京东官方旗舰店销售的同时，借助微拍堂、天猫、京东、抖音等各类直播平台，开展直播业务。全年集团各企业网销收入突破1200万元。

转型发展。5月，扬州工艺美术集团组团赴杭州阿里中心学习考察，围绕传统工艺美术行业如何通过现代手段提高产品的市场关注度、拓展产品销售渠道等问题探索思路，邀请互联网运营公司高层来扬洽谈，并与多家知名公司保持联系，着力打造“新媒体5G短视频+直播”网红孵化基地。集团所属各企业围绕“假日”“特色”“专场”等不同主题，策划各类活动，吸引人气，促进销售。疫情防控形势缓解后，组织参加大连工艺品展、杭州工美展、深圳文博会、南京艺博杯、苏州陆子冈杯、徐州苏工杯、南京乡土人才、上海旅交会等综合性展会，与青岛工美联合举办扬州玉雕专项展。486非遗集聚区招商工作逆势上扬，新增办公、工艺品零售、培训研学类项目12个，入驻率达88.2%。

12月21日，根据全市国企改革重组统一部署，在扬州工艺美术集团有限公司基础上，注入市级层面文化类资产资源，组建成立扬州运河文化投资集团有限责任公司，下属企业包括扬州玉器厂有限责任公司、扬州市文化投资管理有限公司、扬州漆器厂有限责任公司、扬州工艺坊经营管理有限公司、江苏谢馥春国妆有限公司、扬州市歌舞剧院有限公司、扬州广陵古籍刻印社有限公司、扬州市工艺托管服务有限公司、扬州文物商店、天宁寺和重宁寺等。（林华亮）

电力工业

■概况 2020年，全市47家发电企业总装机容量766.97万千瓦。其中，34家统调电厂（含火力机组22台、风力21座、光伏8座）总装机容量729.5万千瓦；10家地方公用热电厂15台发电机组，总装机容量21.15万千瓦；3家企业自备热电厂的6台发电机组，总装机容量16.32万千瓦。

2020年，扬州市全社会用电量264.66亿千瓦时，增长2.03%。第一产业用电量3.44亿千瓦时，增长9.29%；第二产业用电量177.96亿千瓦时，增长1.70%。其中，工业用电174.54亿千瓦时，增长1.51%；第三产业用电量40.24亿千瓦时，增长0.07%；城乡居民生活用电43.02亿千瓦时，增长4.79%。

（徐 莉）

■江苏华电扬州发电有限公司 江苏华电扬州发电有限公司（简称扬电公司）由华电江苏能源有限公司（绝对控股）、扬州市扬子江投资发展集团有限责任公司等8家股东共同投资。至年末，有2台330兆瓦燃煤发电供热机组和2台475兆瓦燃气发电机组，总装机容量为1610兆瓦，注册资本9.11亿万元。全年完成销售收入16.48亿元，实现利润8842万元。完成全口径电量39.57亿千瓦时，其中煤机23.14亿千瓦时，燃机12.08亿千瓦时，转移煤机电量4.35亿千瓦时；供热量67万吉焦，完成年度计划的112%。煤机综合供电煤耗324.16克/千瓦时，下降2.18克/千瓦时；综合厂用电率6.85%；燃机发电气耗0.188标立方/千瓦时，综合厂用电率3.71%。2020年，扬电公司投资3096万元，实施煤场扬尘治理技术改造，对1号煤场进行全封闭改造；完成含煤废水整治及燃机CEMS系统（烟气在线监测系统）改造。截至12月31日，公司连续安全生产1826天。（蒋 幸）

■扬州第二发电有限责任公司 2020年，扬州第二发电有限责任公司（江苏国信扬州发电有限责任公司）全年实现全口径统计发电量129亿千瓦时，实现利润5.93亿元。累计安全生产达7361天，实现3个百日安全无事故周期。

安全生产。强化落实主体责任。坚守安全、环保“红线”意识、坚持“一票否决”制度，层层签订《安全生产目标责任书》，压紧压实安全生产主体责任。夯实安全生产保障。深入开展危害辨识和风险评估，全面加强安全风险防控和隐患排查治理。强化应急处置能力，做好应急培训和物资管理，严格执行应急预案演练，确保演出实情、练出实效。全面落实专项整治。坚持“不唯迎检、不为迎检”的原则，以每月一个专题的模式，平行推动各专业组根据具体情况进行常态化工作，在危化品管理、消防、特种作业、特种设备、信息安全管理方面均得到质的提升。狠抓环保不松懈。重点加强危险废物转移处置、厂区扬尘综合整治、环保设施运行维护、突发环境事件应急管理等方面监督考核，加大投入、强化监管，通过省、市各次飞行检查。绿色码头建设通过验收。

市场经营。强化市场开拓。创新开发报价交易程序，夺取“时间优先”竞争优势，提升竞价电量交易效率。优化电力营销策略，完善售电代理商管理，加深与售电公司、国网公司合作关系，巩固电力市场开拓成果。编制供热市场开拓方案，争取地方政府合作支持，跟踪潜在大用户建设进展，加快供热市场开拓。牵头召开沿江电厂粉煤灰销售研讨会，探索实施粉煤灰仓储销售新模式。加强成本管控。权衡煤种配比，优化采购模式，共采购高硫经济煤种84.9万吨、进口煤50.9万吨，显著降低煤炭成本。深入研究、灵活使用税收优惠政策，增加公司净利润。完善下属公司经营管理。持续强化本部职能部门对下属公司指导监督，合理优化机组运行方式，加强周边供热市场开拓，提升盈利能力。2020年，仪征、高邮两公司合计利润超4000万元，成为公司新的利润增长极。

高质量发展。深入分析供给侧改革趋势，探索转型升级道路，抓住清洁能源转型、拓展综合能源服务、智慧电厂建设三条主线，加快推动高质量发展。推进燃机项目申报。分析研究供给侧改革政策，研判能源发展形势，全力争取地方政府合作支持，抢抓燃机发展机遇，推动高邮公司二期和公司本部三期天然气发电项目申报。拓展综合能源服务。融入地方循环经济发展，主动沟通联系、提高服务质量，积极拓展“电、热、冷、气”综合资源供给服务，加快打造综合能源服务商。以智慧创新推动转型发展。坚持“掌握核心技术、适应自身需求”原则，自主开发智慧电厂经营决策支持系统建设，涵盖公司生产经营各领域，煤价预测、经济煤种掺烧等功能投入实战并产生效益。

（毛润东）

建筑业

Jianzhuye

编 辑 陈 婧

综述

■**概况** 2020年，全市建筑业总产值4550亿元，比上年增长11%；在扬州纳税55.39亿元，比上年增长11.8%，占全市税收总额的11.4%。行业从业人员人均报酬6.8万元，建筑业对全市农民纯收入的贡献率达35%以上。

市场开拓。市外建筑业总产值3370亿元，占总量的74%以上。新开工项目2.12万个。全市建筑企业在境外共有31个项目，合同额22.8亿美元。

创优夺牌。江苏华建承建的深圳壹成中心花园项目和江都建设承建的宁夏石嘴山银行办公楼项目获“鲁班奖”。江苏华建承建的“城市更新中历史街区建筑修复保护关键技术”项目首获“华夏奖”。江苏瑞沃建设集团连续六年位列基础设施专业类第一名。全年全市获得6个国家优质工程奖，21家企业进入省建筑业百强企业名单，10家企业进入综合实力50强，8家企业进入基础设施专业18强。新增省级工法196项，省新技术示范工程123项；新增一级建造师1392名、二级建造师857名。

资质晋升。晋升一级企业40家，二级企业250家。在全市2345家建筑企业中，特、一级龙头企业295家，占比13%，比上年同期增长1个百分点。晋升一级企业59家，二级企业247家。全市1995家建筑企业中，特、一级龙头企业265家，占比13%，比上年同期增长1个百分点。

装配式建筑。2020年，新开工装配式建筑459万平方米，其中装配式居住建筑总面积405万平方米，公共建筑面积54万平方米。创成国家级示范城市1个、示范基地1个，省级示范城市2个、示范园区1个、示范基地14个，示范工程项目13个，专业实训基地2个。全市现有建筑产业化企业23家，其中部品部件生产企业6家，年产能100万立方米。

（张 婧 卞海波）

■**绿色建筑暨建筑节能** 2020年，全市新增绿色建筑面积969.73万平方米，其中居住建筑735.89万平方米，公共建筑233.84万平方米，城镇绿色建筑占新建建筑比例99.78%。既有建筑节能改造面积82.09万平方米，其中居住建筑58.49万平方米，公共建筑23.6万平方米。可再生能源应用面积356.54万平方米，其中太阳能光热316.51万平方米，浅层地能40.03万平方米，节能量10.2万吨。全市完成156栋建筑能耗统计，新增公共建筑能效测评标识项目22项，新增23个能耗监测分项计量项目上线运行。

引导示范。江都中等专业学校能效提升合同能源管理项目列入省级绿色建筑发展专项资金项目，补助资金150万元。2020年，6个项目列入市级绿色建筑暨建筑节能专项引导资金补助项目，补助资金合计362.4万元。扬州市科技馆获2020年度“江苏省绿色建筑创新奖项目”二等奖。

创新突破。新增绿色建筑标识项目23个，总面积256.95万平方

扬州市科技馆　　王 卓/摄

米，其中二星级以上19个，总面积216.52万平方米，占比84.27%。至年末，现有星级绿色建筑117个，示范建筑总面积1422.88万平方米，其中二星级以上绿色建筑92个，建筑面积1080.46万平方米，占比75.93%，高星级绿色建筑工作在全省处于前列。

机制完善。开展绿色建筑专项检查，检查21个工程项目，其中竣工项目7项，在建项目14项，对存在问题的项目责任主体下发整改通知单，下发节能检查通报。配合省住建厅绿色建筑暨建筑节能工作考核组的考核工作，督促各项目主体单位将发现的问题进行整改并及时反馈给省住建厅。组织开展专项资金项目绩效自评价，对全市15个省级建筑节能专项资金项目开展绩效评估。（阚开慧　卞海波）

■科技创新　围绕江苏省建设科技"十三五"规划，开展建设科技项目立项评审和结题验收工作，14个项目立项为2020年度全市建设科技项目，7个建设科技项目通过结题验收。组织申报省部级建设科技项目，3个项目列入2020年度江苏省建设系统科技项目（指导类），1个项目获2020年度省建设科技创新成果三等奖，1个项目获2020年度华夏建设科学技术奖二等奖。（阚开慧　卞海波）

勘察设计管理

■勘察设计　至年末，全市共有勘察设计企业166家，具有甲级资质39家。其中，专业设计资质企业35家，具有甲级资质19家；专项设计资质企业134家，甲级资质18家；勘察资质企业12家，甲级资质4家。从业人员3178人，其中注册执业人员589人。年产值约4.5亿元，涉及工程勘察、建筑、市政、水利、水运、电力、石油、化工等8个行业以及建筑装饰、智能化、建筑幕墙、轻钢结构、风景园林、消防设施、环境工程、照明工程8个专项资质。（阚开慧　卞海波）

2020年扬州市勘察设计甲级资质单位一览表

表17-1

单位名称	资质
扬州市建筑设计研究院有限公司	建筑行业(建筑工程)甲级、市政(道路、排水)甲级、风景园林甲级
扬州市城市规划设计研究院责任有限公司	建筑行业(建筑工程)甲级、市政(道路)甲级
扬州大学工程设计研究院	建筑行业（建筑工程）甲级
江苏时代建筑设计有限公司	建筑行业（建筑工程）甲级、岩土工程勘察甲级
扬州市中珩建筑设计院有限公司	建筑行业（建筑工程）甲级
江苏扬建集团有限公司	建筑行业甲级
江苏江都建设工程有限公司	建筑行业（建筑工程）甲级
江苏邗建集团有限公司	建筑行业甲级
江苏华建建设股份有限公司	建筑行业（建筑工程）甲级
江苏省江建集团有限公司	建筑行业甲级
江苏弘盛建设工程集团有限公司	建筑行业（建筑工程）甲级
安宜建设集团有限公司	建筑行业甲级
江苏兴厦建设工程集团有限公司	建筑行业甲级
江苏东晟新诚建设集团有限公司	建筑行业甲级
江苏华江建设集团有限公司	建筑行业甲级
江苏扬安集团有限公司	建筑行业（建筑工程）甲级
江苏瑞沃建设集团有限公司	市政行业甲级
中石化江苏石油工程设计有限公司	石油天然气（海洋石油）行业甲级
江苏省水利勘察设计研究院有限公司	水利行业甲级
江苏省工程勘测研究院有限责任公司	勘察综合甲级
扬州市开元岩土工程检测有限公司	岩土工程勘察甲级
扬州市勘测设计研究院有限公司	岩土工程（勘察、物探测试）甲级
扬州日模邗沟装饰工程有限公司	建筑装饰甲级、建筑幕墙甲级
江苏华发装饰有限公司	建筑装饰甲级、建筑幕墙甲级
江苏华磊装饰幕墙工程有限公司	建筑装饰甲级、建筑幕墙甲级
江苏环艺装饰设计工程有限公司	建筑装饰甲级
扬州市森亿装饰工程有限公司	建筑装饰甲级
江苏华宇装饰工程有限公司	建筑装饰甲级
扬州新盛建筑装饰有限公司	建筑装饰甲级
扬州艾特装饰工程有限公司	建筑装饰甲级
江苏裕祥装饰工程有限公司	建筑装饰甲级
扬州福腾门窗幕墙有限公司	建筑幕墙甲级
江苏牧羊集团有限公司	轻钢结构甲级
江苏兴业环境集团有限公司	风景园林甲级
江苏峰业科技环保集团股份有限公司	环境工程（大气污染防治）甲级
龙腾照明集团有限公司	照明甲级
神州交通工程集团有限公司	照明甲级
江苏现代照明集团有限公司	照明甲级
江苏承煦电气集团有限公司	照明甲级

（阚开慧　卞海波）

■**行业监管** 开展工程勘察现场检查，组织专家对12个建筑工程项目的工程勘察现场、项目原始资料及台账进行审查，其中7个项目符合要求，5个项目整改后合格。开展2020年勘察设计质量考评，考核建筑工程设计企业58家，项目总数798个，建筑总面积1719.16万平方米，违反强制性条文总数811条；工程勘察企业15家，项目总数305个，违反强制性条文总数14条。加强对施工图审查机构审查质量监管，全年开展1次施工图审查质量检查，每个施工图审查机构抽查1个公共建筑项目、2个居住建筑项目。

（阚开慧　卞海波）

■**全过程工程咨询** 推进全过程工程咨询试点工作，成立市全过程工程咨询试点工作领导小组，重点推进25个省级试点企业和15个试点项目开展全过程工程咨询工作。至年末，全市实施全过程工程咨询项目96个，项目合同金额3.3亿元。

（阚开慧　卞海波）

2020年扬州市建筑业产值50亿元以上企业一览表

表17-2

企业名称	产值（亿元）
江苏省华建建设股份有限公司	428
江苏江都建设集团有限公司	302
江苏弘盛建设工程集团有限公司	220
江苏邗建集团有限公司	213
安宜建设集团有限公司	153
江苏扬建集团有限公司	150
江苏天宇建设集团有限公司	150
江苏省江建集团有限公司	144
江苏弘发建设工程有限公司	133
江苏兴厦建设工程集团有限公司	128
江苏瑞沃建设集团有限公司	102
江苏华江建设集团有限公司	101
江苏建宇建设集团有限公司	85
江苏省龙源润泽建工集团有限公司	80
江苏仪征苏中建设有限公司	77
江苏东晟新诚建设集团有限公司	75
江苏华轩建设工程有限公司	74
江苏扬州建工建设集团有限公司	73
江苏润扬建设工程集团有限公司	71
扬州一建集团有限公司	60
江苏华泰路桥建设集团有限公司	60

（张　婧　卞海波）

建筑企业

■**概况** 2020年，全市有建筑企业2436家，其中市直3家、邗江区522家、广陵区335家、扬州经济技术开发区113家、江都区362家、高邮市619家、仪征市294家、宝应县188家。全市有特级资质企业11家，一级资质企业292家，二级资质企业934家，三级资质企业851家。（张　婧　卞海波）

■**江苏省华建建设股份有限公司** 2020年，江苏省华建建设股份有限公司（简称江苏华建）完成建筑业产值428亿元，排名“中国承包商80强”第18位，主体长期信用等级上调至AA，位列省百强企业第7位。

质量创优。深圳壹成中心花园项目获国家“鲁班奖”，深圳中洲大厦、深圳中洲华府商业大厦项目获国家优质工程，上海公司上海市黄浦区174街坊项目获“华夏科技奖”，地产集团华城科技广场项目获“广厦奖”，上海公司徐州新盛广场项目机电安装二期工程获国优“安装之星”，扬州公司扬州运河城市广场A座7—15层室内精装修工程获“中国建筑工程装饰奖”。

安全生产。加强施工现场安全管理，全年新创省、市级安全文明绿色标化工地38个，被评为江苏省2020年度“安康杯”竞赛优胜单位。

技术创新。全年获各类科技成果177项，其中省级以上科技进步奖2项、省级标准规范1项、省级新技术应用示范工程8项、发明专利1项、实用新型专利15项、省级工法12项、QC成果41项、BIM成果5项、学术论文86篇；3项成果获中建协第五届BIM技术应用成果奖，新增市级名师工作室1个、市“英才培育计划”培养对象1人。与扬州大学共建博士后创新实践基地，依托建工科技园项目，开展以项目为载体、市场为导向、高校为依托的创新产学研合作模式。

多元经营。深度参与城市建设，全年销售额27.08亿元，获评“江苏省房地产开发企业50强”，旗下扬州华景置地公司取得房地产开发一级资质。开发的华城科技广场、香颂溪岸项目分获“绿色二星”运营标识、“绿色三星”设计标识。华建小贷再次被评为扬州市“十佳明星小贷公司”，并获江苏省金融办AAA评级。质量检测中心获得桩基检测资质，并开展相关业务。

（余　涛　小　刚）

■**江苏江都建设集团有限公司** 2020年，江苏江都建设集团在手项目425个，其中5万平方米以上工程149项，10万平方米以上工程63项，

20万平方米以上工程10项。在援外市场，中标造价7.58亿元的塔吉克斯坦政府办公大楼项目，是国家援外项目中的“1号”重点工程。全年创“鲁班奖”工程1项、“省优”工程7项、“省级文明工地”和“绿色施工工程”30项，获国家级QC成果4项、省级QC成果19项，获全国优秀项目管理成果8项，省级优秀论文5篇，省级新技术应用示范工程6项，江苏省级工法4项。（朱　玲）

■江苏邗建集团有限公司 2020年，江苏邗建集团有限公司实现总产值226.9亿元，比上年增长6.88%。获评“2020江苏企业100强”“江苏省建筑业综合实力百强企业”及江苏省“安装百强企业”等荣誉，被授予“扬州市工人先锋号”称号。

市场开拓。做好“双循环”新格局下国际、国内两个市场协调发展。在国内，优化市场布局，设立苏南、苏北分公司，重新划定部分区域分公司经营覆盖范围。全年省外施工产值123.3亿元，较上年增长7.69%；省内施工产值95.8亿元，增长6.44%。在国外，同步推进疫情防控和生产经营，维护好中东和非洲并驾齐驱的发展格局。

创优夺牌。2020年，获得“鲁班奖”参建1项、国家优质工程3项（含2项参建）、詹天佑优秀住宅小区金奖1项、中国安装之星3项、中国建筑工程装饰奖5项。获得国家级QC成果3项、省级QC成果7项，“中国大运河博物馆BIM技术应用”获得国家级大奖3项。集团获得全国建筑工程标准化示范工地1项、江苏省建筑业绿色施工（示范）工程2项、省级建筑施工标准化星级工地18项。

建筑产业现代化。协办2020扬州绿色智能装配式建筑产业发展大会，完成和光新能源项目ALC轻质墙板生产厂房和单元式幕墙生产厂房主体工程建设。推进战略转型，浩瑞新型建材生产基地开工建设，打造集团安装产业化基地。（季　鑫）

■江苏扬建集团有限公司 2020年，江苏扬建集团有限公司（简称扬建集团）完成总产值200亿元，比上年增长18%；利润2.68亿元，增长21%。集团公司信用分331分，连续7年蝉联扬州市建筑业绿牌企业第一名。

总包能力。担纲扬州抗疫项目建设，10天内完成原有病房楼改造，15天完成仓颉山病区设计与施工，获评省住建系统参加防控新冠肺炎疫情医疗场所建设有功项目。承接新疆西部乌镇项目，总投资20.93亿元，共638栋单体、27万平方米，完成全部主体结构、室外管网施工，重点区域在零下30摄氏度恶劣条件下抢抓工期，确保整体工期节点，为开拓西北市场打下坚实基础。

质量品牌。2020年，集团新获国家优质工程奖2项、中国安装之星2项、中国建筑工程装饰奖3项；各类扬子杯21项；获实用新型专利9项，省土木建筑科技奖二等奖、三等奖各1项，省级新技术应用示范工程19项，省级工法13项；创省绿色智慧示范工地3个、省标准化星级工地6个；集团旗下新扬建公司晋升总承包一级资质。

安全生产。全年未发生一般以上生产安全事故，轻伤事故频率0.1‰。创江苏省标准化星级工地6个、市级文明工地27个，3个项目获评江苏省绿色智慧示范工地。软件园一期南区项目被列为全省安全生产和绿色智慧“云观摩”工地。深圳南科大二期一标、宝锦华庭项目获广东省双优工地奖。

科技进步。全年申报发明专利8项、实用新型专利10项、软件著作权1项，获得实用新型专利授权9项；新获省土木建筑科技奖二等奖、三等奖各1项，扬州市土木学会科技奖一等奖1项，其中“智能交通客运枢纽工程建设关键技术研究与应用”达国际先进水平；19项工程完成省级新技术应用示范工程验收；获得省级工法13项、市级22项。

产业现代化。通过江苏省装配式建筑施工企业名录复审。广陵教育文化产业基地项目（初中部）通过江苏省建筑产业现代化集成应用示范项目验收。扬建钢构生产基地建成投产。华晟PC完成隧道窑立体综合生产线改造，产能提升，产值倍增，获评扬州市装配式建筑产业先进企业。华科公司研发并投产定型化智能仪表，取得高低压柜生产许可证，拓展集团工业化发展空间。（蒋贵涛）

市第三人民医院仓颉山病区　　日　报/供稿

建筑装饰

■概况 2020年，全市完成装饰装修产值179.51亿元。其中，扬州经济技术开发区完成2.45亿元，广陵区完成30.72亿元，邗江区完成62.11亿元，江都区完成14.83亿元，宝应县完成20.09亿元，仪征市完成

11.79亿元，高邮市完成37.52亿元。
（杨 志）

■ **2020年度扬州市优质工程奖“琼花杯”** 12月30日，扬州市住房和城乡建设局公布2020年度扬州市优质工程奖“琼花杯”和市外优质工程奖获奖工程名单，“扬州中学教育集团树人学校高中部新建项目行政楼、国际部、教学楼、综合楼、宿舍、食堂及体育馆、地库、连廊”等227项建设工程获得2020年度扬州市优质工程奖“琼花杯”。其中，67个项目获2020年度扬州市优质工程奖“琼花杯”（装饰类）。（杨 志）

■**江苏华发装饰有限公司** 2020年，江苏华发装饰有限公司完成总产值15亿元，实现利润4301.27万元，比上年增长23.19%。蝉联“中国建筑装饰行业企业信用评级AAA级信用企业”“江苏建筑业百强企业”“江苏省优秀装饰企业”等多项综合荣誉。

市场开拓。2020年，参与投标22项，中标8项。参与新妇幼保健院、东花园小学、技师学院等重大项目建设。完成华建香颂溪岸一标段100套和二标段164套精装房的施工。配合承担市三院病房改造工程建设任务，参与仓颉山病区改建、扩建工程。

质量创优。实施全过程管理和工程质量月度检查，杜绝重大质量隐患。全年创中国建筑工程装饰奖3项，参建国家优质工程奖2项，

2020年度扬州市优质工程奖“琼花杯”（装饰类）获奖项目一览表

表17-3

工 程 名 称	施 工 单 位
五彩世界生活广场幕墙工程	江苏协和装饰工程有限公司
华信沁园商品房二期1—3号楼幕墙工程	江苏华发装饰有限公司
运河一品B1地块幕墙工程	扬州日模邗沟装饰工程有限公司
扬州市西区商务中心二期D楼装修工程	江苏华发装饰有限公司
江苏旅游职业学院一期工程梅、兰、竹、菊书院装饰工程	扬州新盛建筑装饰有限公司
瘦西湖路新金融商务综合体8—10号楼室内装饰工程	江苏协和装饰工程有限公司
老虎山西路南侧综合整治项目老虎山西路农贸市场装修项目设计与施工一体化工程	扬州日模邗沟装饰工程有限公司
扬州市残疾人康医养中心装修改造工程	江苏华发装饰有限公司
邗江区政务服务大厅装修改造工程	江苏华宇装饰集团有限公司
扬州大学附属泰和幼儿园室内外装修及环境提升工程	扬州市华联装璜广告有限公司
扬州市星辰商务广场（A地块）幕墙工程	江苏协和装饰工程有限公司
扬州人力资源服务产业园办公楼装饰工程EPC总承包工程	江苏协和装饰工程有限公司
五亭龙玩具小镇一楼部分及四至七楼设计与智能化配套改造工程	江苏协和装饰工程有限公司
风华里商业楼内装饰工程	扬州日模邗沟装饰工程有限公司
国网江苏扬州供电公司邗江生产楼围护分系统外立面维修工程	扬州日模邗沟装饰工程有限公司
航空工业沈阳飞机设计研究所扬州协同创新研究院装饰工程	江苏华发装饰有限公司
扬州君亭酒店装修改造工程	扬州新盛建筑装饰有限公司
万福邻里中心1—7层装修改造EPC总承包工程	扬州新盛建筑装饰有限公司
广陵区体操馆室内装饰工程	中国装饰股份有限公司
广陵区体操馆室内装饰工程	扬州裕元建设有限公司
华东新华办公场所改造工程项目	江苏仪征苏中建设有限公司
扬州市内河搜救中心室内装饰工程	南京深圳装饰安装工程有限公司

续表 17-3

工 程 名 称	施 工 单 位
江阳东路－运河西路环境综合整治外立面改造工程	江苏天润环境建设集团有限公司
扬州金鹰新城市中心 A 地块一期装修施工工程	南通承悦装饰集团有限公司
中国农业银行股份有限公司扬州江都支行营业用房室内装饰工程（装饰、电气）	江苏华发装饰有限公司
电商产业园业务办公用房装饰设计施工工程（EPC）总承包	江苏环艺装饰设计工程有限公司
仪征市滨江新城整体城镇化一期项目（中医院东区分院）外装饰幕墙工程	江苏新皋幕墙装饰有限公司
东润旅游综合服务用房装饰工程	东晟兴诚集团有限公司
仪征市滨江新城整体城镇化一期项目（中医院东区分院）装饰工程	东晟兴诚集团有限公司
仪征宝能城市商业综合体工程项目 8 楼幕墙工程	东晟兴诚集团有限公司
仪征市刘集镇卫生院异地新建装修工程	江苏环艺装饰设计工程有限公司
金穗大酒店装修工程	扬州一建集团有限公司
新集镇卫生院装饰工程	东晟兴诚集团有限公司
优诗美地二期五标幼儿园室内装修工程	仪征市新潮装饰工程有限公司
仪征市全民健身中心装饰工程	江苏美高建筑装饰有限公司
浦西幼儿园室内装饰工程	仪征市新潮装饰工程有限公司
五一花苑 C 区幼儿园装修工程	江苏艺标建筑装饰有限公司
顺水楼紫星店装修工程	扬州一建集团有限公司
工业仓储用房建设项目——办公楼内装饰工程	扬州市华联装璜广告有限公司
高邮软件园智慧大厦建筑幕墙工程	扬州日模邗沟装饰工程有限公司
高邮市苏中循环经济产业园科技孵化中心室内装饰工程	扬州市华联装璜广告有限公司
林禾科技创新园 2 号内装饰工程	江苏宝马装饰装璜工程有限公司
高邮市送桥中心卫生院（高新区人民医院）血透康复中心工程	高邮市飞马装饰工程有限公司
高邮市教师发展中心项目	扬州市华联装璜广告有限公司
高邮市自然资源局信息中心及档案库房维修改造工程	扬州市华联装璜广告有限公司
1 号生产楼室内装饰	高邮市飞马装饰工程有限公司
高邮市反腐倡廉教育中心业务用房工程	扬州市华联装璜广告有限公司
君庭雅苑南区 18 号楼（室内装饰工程）	扬州市润泽建设工程有限公司
高邮经济开发区九园社区邻里服务中心工程室内装饰	江苏华磊装饰幕墙工程有限公司
高邮市盂城路提升提质工程——馆驿路立面整治工程	扬州日模邗沟装饰工程有限公司
新型建筑材料研发办公楼室内装饰工程	高邮市飞马装饰工程有限公司
高邮市气象局（室内装饰工程）	江苏鸿宇源建设有限公司

续表 17-3

工 程 名 称	施 工 单 位
宝应县宝楠国际学校行政楼内装饰工程	江苏丰祥建设工程有限公司
宝应县实验幼儿园装饰工程	江苏兴之达装饰装潢有限公司
莲花嘉苑 7 号、12 号楼装配式装修项目莲花嘉苑 7 号、12 号楼二期装修工程	仪征市新潮装饰工程有限公司
宝应县五洲大酒店内装饰工程	江苏丰祥建设工程有限公司
宝应粤海水务有限公司深度处理及完善改造工程综合楼装修项目	仪征市新潮装饰工程有限公司
玫瑰驿站内装饰	安宜建设集团有限公司
扬州百服文化发展有限公司爱丁堡顿 2 号、3 号楼幼儿园装修工程	江苏庆海建设有限公司
宝应县网格化服务管理中心装修改造工程	扬州市华联装璜广告有限公司
宝应县宝南一号国际大酒店装饰工程	江苏丰祥建设工程有限公司
宝应县机关事务管理局办公楼装修工程	江苏天宇建设集团有限公司
宝应县生态体育休闲公园建设项目综合馆外部装饰	安宜建设集团有限公司
宝应县安宜实验学校二期工程 1 号教学楼内装饰	安宜建设集团有限公司
扬州中学教育集团树人学校高中部新建项目装饰工程	江苏华发装饰有限公司
临港产业孵化基地二期工程装饰工程	江苏华发装饰有限公司
扬州经济技术开发区沿江消防站业务用房项目（装饰工程）	江苏诚信嘉业装饰工程有限公司

（杨　志）

运河大剧院内部　　张卓君/摄

创扬子杯 1 项、琼花杯 7 项。

技术突破。在运河大剧院工程中大量采用墙地面岩板、硅晶岩吸声板等新材料，在东花园小学工程中采用超高性能混凝土外墙板，在广陵公共文化中心工程中首次运用仿清水混凝土涂料。创国家级新技术应用示范工程 1 项、省级 1 项。

科技创新。2020 年，获得全国建筑装饰行业科技创新成果奖 1 项、江苏省科技创新成果奖 1 项、省级工法 3 项、市级工法 7 项、江苏省建筑行业 QC 成果 1 项、扬州市建筑行业 QC 成果 1 项。参与编制中国建筑装饰协会团体标准，《幕墙石材板块生产技术规程》（T/CBDA 41–2020）于 2020 年 11 月正式实施。（蒋贵涛）

建筑市场

■国内市场 抓住“一带一路”倡议机遇，在陕西西安举办建筑业合作发展座谈会，促进骨干建筑企业与当地政府、主管部门及建设单位交流合作，实现传统规模市场的稳健发展。2020 年，市外建筑业总产值 3370 亿元，占总量的 74% 以上。其中，江苏华建承建的惠州水榭湾三期项目，建筑面积 30 万平方米；邗建集团承建的深圳北商务中心二期项目，合同额 16 亿元；江都建设承建的漳

州台商投资区中心城区南部片区安置房工程，合同额7.1亿元，施工面积27万平方米。（张 婧 卞海波）

境外市场 全市建筑企业在境外共有31个、合同额22.8亿美元项目。江都建设中标中国援建塔吉克斯坦议会和政府办公大楼工程，总建筑面积4.5万平方米，造价7.6亿元，是扬州建筑业迄今为止承建的规模最大、造价最高的援外项目。

（张 婧 卞海波）

工程建设管理

招投标管理 2020年，市区房屋建筑和市政工程项目施工、监理、材料设备、勘探设计等所有进场交易项目电子化招投标比率均为100%，需远程异地评标的比例为100%，做到“两个全覆盖”。市区监管进入市公共资源交易中心交易施工标段219个，合同价约142.78亿元，其中公开招标121标段，合同价38.17亿元，直接发包98标段，合同价104.61亿元，通过招投标资金节约率约11.8%；咨询服务类招标215标段，合同价2.37亿元；材料设备招标25标段，合同价1.09亿元。

（王 鹏 卞海波）

工程质量监管 2020年，受理房屋建筑工程报监205项单位工程，总建筑面积150.9万平方米；受理市政工程报监15项，总造价37.11亿元，质量监督覆盖率100%。监督主体结构实体抽测239批次，监督材料抽测107批次。各类监督巡查、专项检查签发工程质量整改通知书96份，签发工程质量监督抽测通书单7份，查处违反强制性条文质量问题56条，记录各参建单位（责任人）不良行为49条，工程局部停工通知书3份，行政处罚建议书4份。受理竣工联合验收申请52批次，合计428项单位工程，建筑面积约284.8万平方米。一次性验收合格并出具工程质量验收监督结论47批次，下发整改通知书5份，竣工联合验收按时办结率100%。在充分运用质量监管信息化系统基础上，确保市重点工程、民生工程关键节点质量全覆盖，开展园林绿化工程质量监管，加强装配式质量监管，抓好消防专项验收，推进“样板引路”工作，推动竣工联合验收监督验收工作精细化。（张 婧 卞海波）

施工许可与竣工验收备案 2020年，施工许可与竣工验收备案实现不见面审批，施工许可全面实现电子证书发放。全年发放施工许可证66份，建筑面积176万平方米；共完成竣工验收备案63项次，备案面积237万平方米。办理建设工程消防验收24项，建设工程竣工验收消防备案76项，其中消防备案抽中检查30项。（王 鹏 卞海波）

数字化联合审图 严格实行数字化审图工作，接审施工图审查项目722项，建筑面积729.24万平方米。其中，消防、人防联合审查项目123项（消防项目63项，人防项目60项），单独消防设计审查项目10项。严格控制施工图审查时限。大型项目施工图初次审查时间在10个工作日内，中型及以下7个工作日内完成，回复意见审查时间5个工作日内完成。（王 鹏 卞海波）

工程安全监管 开展建筑安全专项整治，对市管项目开展安全监督检查604个次，发现并整改安全隐患1874条，下发建设工程施工局部停工整改通知书59份，下发建设工程施工安全隐患限期整改通知书517份，记录建筑市场不良行为44个，暂停房屋销售许可、网签项目1个。推进建筑施工安全生产标准化，提升施工现场安全管理水平。通过政府购买第三方安全服务的形式，对企业落实主体责任情况、超危工程和大型起重机械设备开展深度安全检查。

（王 鹏 卞海波）

城建监察 立案查处各类违法违规案件215起，受理拆除承重墙、扬尘污染等各类投诉案件232件。做好全市建筑施工扬尘污染防治，检查项目5758个次，发现并整改问题800余处。开展大气污染交叉互查，检查建筑工地、道路工程、水利工程、砂石堆场等各类在建工程项目和渣土堆土、水泥生产、砖瓦等企业70余个。（葛 苗 卞海波）

工程造价管理 完成807个项目的安全文明施工措施费和规费核定，及时组织测算、发布各类型工程的城市住宅信息28例，典型工程指标20例，工程实例分析16例。做好造价咨询市场日常管理，随机抽检工程造价咨询成果项目82个，对全市44家造价咨询企业开展承诺制专项检查。研发“工程造价管理系统”“指导价采集系统”“政府投资项目监管系统”，日常业务实现无纸化办公、不见面审批。

（葛 苗 卞海波）

商贸服务业

Shangmao Fuwuye

编 辑 贾丽琴

综述

■**概况** 2020年，全市服务业实现增加值2954.9亿元，增速3.5%，占地区生产总值比重48.9%，成为扬州第一大产业。服务业固定资产投资增长28.4%，增速位居全省第一。全市实现社会消费品零售总额1379.29亿元，下降3.1%。全市实现电子商务交易额超1500亿元，增长12%以上。印发《关于科学防治精准施策加快推进全市服务业企业恢复正常经营的通知》，组织各行业主管部门制定恢复经营指导方案及纾困政策措施，提前下达年度市级引导资金1800万元，其中包括疫情防控专项128万元。全年组织开展服务业招商拜访活动112场次，累计签约服务业项目164个，其中正式合同项目124个，落地注册项目78个。18个列省服务业投资计划重点项目总量位居全省第二，完成年度投资计划130亿元。全年新开工服务业项目49个、新竣工项目40个、新达效项目39个。至年末，全市实有服务业市场主体47万户，占全市市场主体的80%。新增规模以上服务业企业181家，比上年增长69.2%。

供应链畅通保障。上争疫情防控重点保障企业、生产企业名单管理（扬州国药控股入选）、新冠肺炎疫情防控物流保供专项（宝胜物流等6家企业获120万元资金支持）、经贸领域新增投资储备项目（宝应中众合等4个项目申报）等上级政策。加强经贸领域粮食仓储、医疗物资储备设施、生猪屠宰冷链设施等项目储备。开展2020—2021年粮食、棉花进口关税配额，棉花滑准税配额申报受理、跟踪服务等。

服务业创新发展。跟踪服务邗江5G智能制造和集成应用示范中心项目，实现项目当年签约、当年开工、当年完成投资18.5亿元。与蜀冈－瘦西湖风景名胜区签订招商引资信息共享及政策创新战略合作协议，开展项目合作。扬州漆器厂"非物质文化遗产研学旅游服务标准化"试点获批省级试点。《新华日报》、"学习强国"等媒体广泛刊发扬州服务业工作经验和成果信息。（王 斌）

■**"两业"融合** "两业"（先进制造业和现代服务业）深度融合发展取得新进展。生产性服务业"十百千"工程收官，市级生产性服务业示范企业有121家，全年新增省生产性服务业领军企业2家，省平台经济重点企业2家，省生产性服务业集聚示范区2家，生产性服务业增加值占比55.2%。10家省级"两业"深度融合试点单位全面完成年度任务，扬州高新区数控装备产业集群融合试点在省发改委阶段性评价中位居全省前列，获资金奖励100万元。

（王 斌）

■**服务业集聚区** 全市新认定3家市级服务业集聚区，至年末，累计有省市级服务业集聚区57家，其中省级集聚（示范）区14家，数量位列全省第6，包括扬州智谷科技综合体、江苏信息服务产业基地、扬州环保产业园等6家省级生产性服务业集聚示范区。引导集聚区推进公共服务平台建设，57家服务业集聚区建有公共服务平台131个。（王 斌）

商贸流通

■**概况** 商贸流通业总体运行平稳。2020年，全市实现社会消费品零售总额1379.29亿元，下降3.1%，总量与增幅均排名全省第9位。按经营单位所在地分，城镇实现社会消费品零售额1233.09亿元，下降3.1%；乡村实现社会消费品零售额146.20亿元，下降2.8%。按行业分，批发业实现社会消费品零售额224.82亿元，下降4.6%；零售业实现社会消费品零售额1048.26亿元，增长0.7%；住宿业实现社会消费品零售额9.66亿元，下降32.4%；餐饮业实现社会消费品零售额96.55亿元，下降26.9%。其中，限额以上企业零售额441.94亿元，下降1.5%。全市23类限额以上大类商品实现零售额413.98亿元，增长2.3%。占比大宗商品零售额72%的粮油食品类、烟酒类、服装鞋帽针纺织品类、中西药品类、汽车类等10类商品实现正增长。全市限额以上法人企业通过公共网络实现零售额8.99亿元，增长17.5%。12家重点农产品批发市场实现成交额121.3亿元，下降15.4%；24家重点商品批发市场实现成交额317.3亿元，下降10.3%。（郭 杰 蒯梦原）

■重点商业建设项目 2020年，全市在建亿元以上商贸流通业重点项目65个，总投资922.9亿元，2020年计划投资183.1亿元。市区亿元以上商贸流通业重点项目30个，总投资695.6亿元，2020年计划投资116.5亿元。在65个项目中，10亿元以上项目36个，总投资846.9亿元，2020年计划投资153.1亿元。从项目投资进度看，2020年全部项目完成投资168.6亿元，完成2020年计划投资的92.1%。其中，市区完成116亿元，36个10亿元以上的商贸流通业重点项目完成投资146.3亿元。全年重点监测综合体项目9个，总投资为330亿元，2020年计划投资83亿元，实际完成投资57.2亿元。重点监测的综合体项目中，蜀冈万达、江都砂之船奥莱、宝应吾悦广场开业。

（郭　杰　蒯梦原）

■“美食之都”建设 建立健全组织推进机制。扬州市世界美食之都建设领导小组成立，组建“世界美食之都”建设促进中心，出台《关于推进扬州“世界美食之都”建设的若干意见》，编制“世界美食之都”建设规划。多渠道开展宣传推广。举办“世界美食之都”揭牌仪式，央视《新闻联播》等主流媒体作宣传报道。开通微信公众号、抖音号，举办logo征集、抖音挑战赛等活动，发布“厉行勤俭节约、反对餐饮浪费”倡议，引导各界广泛参与美食之都建设。打造美食推广载体。举办“烟花三月”美食节、中国（扬州）淮扬菜美食节暨第二届中国早茶文化节两大主题活动，举办2020“发现江苏·寻味美食之都扬州”“重振引擎·助商惠民”舌尖上的扬州美食文化体验等一系列推广活动。向全球36个“世界美食之都”城市征集展品，完成“世界美食之都”展示馆规划设计。评选认定“世界美食之都”示范店、推广店37家，培育食育工程示范基地3家。促进对外合作交流。发起《中国世界美食之都合作2020扬州倡议》，考察顺德美食之都建设，推进与成都、顺德、澳门美食和旅游等方面的合作。参加中国－非洲－联合国教科文组织支持非洲优先高级别对话会、第三届联合国教科文组织创意城市北京峰会、推动与联合国教科文组织合作共抗疫情在线交流会等活动，与教科文组织签订支持非洲优先项目协议，向教科文组织和各国常驻团、意大利帕尔马市捐赠口罩，向武汉捐赠扬州美食。（郭　杰　蒯梦原）

批发零售业

■概况 全市批发零售业实现社会消费品零售额1273.08亿元，占全市社会消费品零售总额92.30%，其中批发业实现社会消费品零售额224.82亿元，下降4.6%；零售业实现社会消费品零售额1048.26亿元，增长0.7%。全市批发零售业有限额以上法人企业1358家，从业人员3.64万人，实现销售额1704.58亿元。其中，批发业企业793家，从业人员1.60万人，实现销售额1313.62亿元；零售业企业565家，从业人员2.05万人，实现销售额390.96亿元。（杨　奕）

■扬州京华城全生活广场 扬州京华城全生活广场（简称扬州京华城）位于西区新城城市商业中心，是江苏省现代服务业集聚区，总建筑面积19万平方米。2020年，扬州京华城调整业态组合，进行品牌结构重组与形象升级，引进丝芙兰、CHARLES&KEITH、GAP、李宁等国际国内著名品牌，绿茶、隐泉、星记猪骨、曼泰泰餐、南洋大师傅等众多网红人气餐饮入驻。举办丰富的活动拉动消费，如联合扬州电视台人气主播现场直播云购物，推出官方抖音号，直播间推出众多福利活动，与银行异业联盟合作，为商家宣传引流。暑期组织“夜京季”活动，丰富美化南门集创箱夜市氛围，组织乐队歌手驻唱演出，将政府“嗨爆邗江”夜演系列活动落地到商场，提升商场馆内外夜间消费活力。消费市场稳步回升后，以“热点＋节庆”为引导，双Mall交叉行销，举办江苏街舞锦标赛、省电视台民星斗地主2020公益环省行暨首届来几局斗地主城市巡回大奖赛、童星闪耀少儿主题街舞大赛、京华城手游麻将比赛、王者荣耀电竞赛、儿童类才艺大赛、“浪漫之夜”风情吉他演奏会、“闪耀童星”小主持风采盛典等活动。国庆中秋档期间首创国潮“龙狮献瑞IP展”。12月大型跨年晚会成为扬州城市名片，形成品牌效应，人流量稳居扬城商圈榜首。（京　国）

■砂之船奥特莱斯 该项目于9月19日开业，位于扬州江都区滨江新城，新都路与纬三路交会处，是砂

市民在京华城内购物、休闲　　日　报/供稿

之船集团继长春、西安项目开业之后的第12家奥特莱斯。属于南京项目的二店，是集团战略发展当中第一家在三线城市开设的砂之船奥莱项目。项目整体定位为苏中苏北地区首家以名品为核心的真正意义上的奥莱。50千米范围内可辐射扬州、泰州、镇江、高邮约1300万人口。

砂之船奥特莱斯周边交通便捷，市区客群可通过万福路、文昌东路、328国道及沪陕高速快速抵达项目。项目距离市中心文昌商圈约20千米、30分钟车程；距离京华城商圈约28千米、40分钟车程；距扬泰机场约25千米、35分钟车程；距高铁站直线距离约5千米；周边高速优势明显，横穿东西的宁通高速公路、沪陕高速与纵贯南北的京沪高速公路在此交会，项目距高速下道口1千米。

项目周边5千米范围内常住人员约50万，有别于传统郊区奥莱，可保障工作日的基础客流。项目总体量10万平方米，店铺数250余个，品牌数400余个。项目共五层，分地下一层及地上四层，其中负一层以国内运动服饰及牛仔为主。一层A区国际运动服饰为主，一层B区以国际名品为主，有MK、ARMANI、+39等。其中+39为一跨二复式店，主要落位品牌有PRADA(普拉达)、GUCCI(古驰)、MCM、巴宝莉、菲拉格慕、华伦天奴等。二层女装女鞋内衣，有雅莹、Marisfrolg（玛丝菲尔）、LANCY、YINER、Aimer、Belle、千百度等国内一线品牌。三层A区童装童玩有依恋、FILAKIDS、Teenie Weenie等，三层B区以精品男装为主，四层A区以特色餐饮为主，四层B区以青春休闲潮牌、影院和动物园业态为主。

（郭　杰　蒯梦原）

■扬州弘阳广场 扬州弘阳广场为弘阳集团旗下商业子公司，位于扬州广陵新城，于12月19日开业，总计面积10万平方米，地上共四层，地下一层设置3000个停车位，填补东区大型商业的空白。广场引入幸福蓝海影城、Sking KTV、肯德基、必胜客等主力店。定位为“精致体验区块中心、都市白领的后花园”，以体验式、高品质消费理念作为基准，集购物、餐饮、休闲娱乐、生活服务等主要功能为一体；规划优享生活、时尚潮流、童趣食尚、欢聚盛宴四大主题业态。

（郭　杰　蒯梦原）

■蜀冈万达广场 扬州蜀冈万达广场位于平山堂西路52号，是一个集购物中心、娱乐中心、时尚步行街等业态为一体的大型城市综合体，于12月12日正式开业。项目总建筑面积46万平方米，总投资额约60亿元，商业项目面积约14万平方米。

（郭　杰　蒯梦原）

住宿餐饮

■概况 2020年，全市住宿业实现社会消费品零售额9.66亿元，下降32.4%；餐饮业实现社会消费品零售总额96.55亿元，下降26.9%。全市限额以上住宿业有法人企业84家，从业人员0.55万人，实现营业额10.47亿元，其中客房收入5.19亿元、餐费收入3.85亿元；全市限额以上餐饮业有法人企业153家，从业人员0.74万人，实现营业额15.71亿元，其中客房收入1.60亿元、餐费收入12.77亿元。

（杨　奕）

■旅游饭店 2020年，全市有星级饭店25家，其中五星级4家、四星级8家、三星级13家。全市星级饭店客房出租率37.89%，比上年下降31.89%。其中，五星级饭店客房出租率36.99%，四星级饭店客房出租率39.63%，三星级饭店客房出租率36.38%。全市星级饭店平均房价为290.06元/间·天，下降1.19%。其中，五星级饭店平均房价为516.06元/间·天，四星级饭店平均房价为260.10元/间·天，三星级饭店平均房价为183.11元/间·天。（霍　伟）

■“扬州三把刀” 扬州“三把刀”分别是“厨刀”“修脚刀”“理发刀”，“厨刀”代指餐饮业，“修脚刀”代指沐浴业，“理发刀”代指理发业。扬州市致力于提升“三把刀”品牌影响力，推进“三把刀”集聚区建设。“三把刀”集聚区地处蜀冈–瘦西湖风景名胜区，是扬州市旅游经济发展中心地区，东起史可法西路、南临大虹桥路、西靠扬子江北路、北至平山堂东路，规划总面积约2平方千米。规划期五年为2017—2021年，分三个阶段实施，第一阶段为“三把刀”文化核心功能区—傍花村街区打造，第二阶段为集聚区整体设施布局的完善，第三阶段为“三把刀”文化的营销推广及品牌塑造。

*重要活动。*4月18日，2020中国·扬州“烟花三月”国际经贸旅游节开幕式暨“世界美食之都”揭

“烟花三月”美食节开幕现场　　张卓君/摄

牌仪式在瘦西湖熙春台举行。“烟花三月”美食节同步在扬州趣园茶社启幕。其间举办示范店评选、非遗食品云展销、春季美食大赏、“百姓喜欢的打包菜”评选等12项活动。9月26日—10月8日，2020中国扬州淮扬菜美食节举行，节庆期间共举办9项子活动，包括2020中国扬州淮扬菜美食节暨第二届中国扬州早茶文化节开幕式、南北早茶品鉴会、“美食城市”顶级名厨交流演示会、2020创意美食暨早茶文化发展论坛、中国舌尖名小吃扬州展、2020中华老字号包装食品展、2020中国餐饮业好食材展暨合作伙伴采购对接会、国内教科文组织创意城市网络成员城市经验交流会等。活动开幕式上，全市首批15家“世界美食之都”示范店进行集中授牌。9月27日，联合国教科文组织创意城市网络国内成员城市经验交流会在扬举行，来自北京、成都、顺德、深圳、南京等创意城市的代表为城市如何“厉行节约，反对浪费”建言献策。中国舌尖名小吃扬州展和2020中华老字号包装食品展在扬举办，许多“舌尖名小吃”和“老字号”利用展会将食客引流到线上平台，为美食产业发展开辟合作新空间。9月27—28日，2020年江苏省职业院校技能大赛高职旅游大类烹饪赛项在无锡举行，江苏旅游职业学院烹饪科技学院学生团队制作的“运河情”，获得“宴席设计与制作”团队一等奖，获比赛唯一的金牌。9月28日，扬州包子行业协会正式成立。

工作创新。7月15日，《扬州理发技艺——技术规范》发布。该规范分为四个部分，较为详细地规定扬州理发技术规范的术语和定义、男子理发技术规范、女子理发技术规范和漂、染头发的技术规范等行业标准。每一部分按照定性和定量的要求作系统地界定，为从业人员规范操作技术提供依据。该规范填补扬州理发行业技术管理规范的空白。10月30日，市政府、国网扬州供电公司联合扬州市烹饪餐饮行业协会联合发布国内首份《餐饮电气化推广应用报告》、首份《全电厨房家常菜和大师菜标准》，推出全国首个全电厨房淮扬菜菜谱，对30余种淮扬美食的电气化烹饪方式进行展示。12月10日，市市场监督管理局发布《淮扬宴席通用规范》《扬州早茶经营规范》等四个地方标准。12月27日，扬州市淮扬菜质量安全研究中心正式成立，研究中心由扬州大学、扬州市政府共建，设立于扬州大学旅烹学院，首批共有22位核心研究人员，实现扬州大学、扬州食用农产品和食品安全监管部门、检验检测机构、企业研发等多方研究力量整合。

（邱　洁）

■扬子江投资发展集团 2020年，扬子江投资发展集团有全资企业17家，分公司1家，控股企业4家，参股企业13家，间接持股的企业15家，代管企业3家，受委托管理单位6家。承担淮扬菜传播推广重任，承办10余次美食展示活动。首次主办“味道扬州”全国城市台美食采风直播大会，在第二届全省餐饮业职工烹饪技能大赛和第八届全国饭店业职业技能竞赛江苏选拔赛上获得第一名。冶春御马头店、西园饭店、明月湖酒店、花园国际大酒店、萃园城市酒店先后获“世界美食之都”示范店称号。集团代表淮扬美食全年4次登上央视，先后登上新华社、江苏卫视等媒体。有序推进文汇阁复建、中国淮扬菜博物馆提档升级、迪拜世博会中国馆冶春餐厅设计装修、世园会集团展园设计施工、扬子印象街区外景观升级及招商等项目建设。

重要活动。1月17日，集团承办2020年迪拜世博会中国参展路演（江苏站）活动。会上，扬子江集团旗下的冶春餐饮股份有限公司被中国贸促会授予“2020年迪拜世博会中国馆官方合作伙伴”“2020年迪拜世博会中国馆餐厅官方合作运营商”。2月，集团12名厨师驰援武汉承担扬州援鄂医护人员后勤保障任务。冶春食品公司发挥中央厨房生产配送能力，支持疫情防控。为赴武汉的集团厨师队伍配送20吨新鲜食材发往武汉，自除夕夜起为扬州高速路口管控点和街道社区防控一线配送盒饭，共计28.7万份。6月5日，央视新闻直播特别节目《你好，长三角》走进冶春御马头店，直播扬州早茶，以百年冶春美景美食为底色宣传推介扬州“世界美食之都”文化风情和城市魅力。9月4日，由南京博物院、扬州市文化广电和旅游局、扬子江集团联合承办的淮扬菜新中式冷餐会在南京博物院举行，来自28个国家（地区）、38家机构的近百名外国驻华使节、境外驻华文化旅游办事处代表和外国商务代表品尝淮扬美食。9月26日，由市政府主办、扬子江集团协办的2020中国扬州淮扬菜美食节暨第二届中国扬州早茶文化节正式开幕。主会场设在趣园茶社户外广场，分会场设在冶春御马头店文化广场。同时在西园饭店广场举办“2020中华老字号包装食品展”。10月27日，扬子江集团承办的“味道扬州”全国城市台美食采风直播大会在冶春茶社御马头店举行。全国60座城市近百家融媒体的美食主播、达人参与沉浸式直播互动。

（扬子江集团）

粮食和物资储备

■概况 2020年，全市实现粮食购销总量505.3万吨，国有粮食购销企业实现销售收入24.81亿元、利润2059万元，推进优质粮食工程建设，粮油市场供应平稳有序；医疗防控重要物资储备实施到位。（朱　伟）

■粮食购销 针对全市国有粮食购销企业仓容爆满情况，采取腾、并、建、销等方式扩大收储能力，争取2015—2016年最低收购价小麦定向销售计划29万吨，夏秋粮收购前分别筹措空仓容40万吨、25万吨；举办锡徐扬粮食产销衔接洽谈会，落实购销协议15.8万吨；出台和实施稻谷市场化收购补贴政策，全市累计发放市场化收购补助资金1666.2万元。执行国家收购政策，6月13日启动小麦最低收购价执行预案，申报委托收储库点44个、仓容26万吨。全年累计收购粮食220.5万吨，其中最低收购价收购27.82万吨，小麦收购量107.9万吨（含市外），稻谷收购量108.8万吨（含市外），全年粮食购销市场平稳有序，未出现农民“卖粮难”现象。全市销售粮食284.8万吨，其中最低收购价粮食销售29.6万吨，省外销售量77.2万吨。（朱 伟）

■项目建设 全年获省“以奖代补”支持项目3个、仓容建设规模10.12万吨，获奖补资金2574万元；申报2020年好粮油示范企业项目1个，补助资金575万元。2017—2019年宝应县好粮油示范项目全面建设完成，2017、2018年16个粮食产后服务中心项目全部完成竣工验收并投入使用；2019年获批建设的8个粮食产后服务中心项目（含授牌2个）建成投入使用；2020年邗江粮食储运有限公司5万吨“以奖代补”粮食仓储项目提前建成并投入夏秋粮收购使用。（朱 伟）

■保供稳市 帮助粮油企业协调解决物流、用工、防疫物资配备等方面难题，全力推进粮油企业复工复产，13家疫情防控期间重点粮油保障企业获省补助资金204万元，占全省10%以上，8家企业享受优惠利率贷款，19家企业享受税收政策。全市19家粮油应急加工企业2月中旬开工率100%。修订《扬州市粮食应急预案》，开展粮食应急保供桌面推演；更新完善全市粮油应急供应网点，新增网点7个，全市粮油应急供应网点总数133家。落实好市本级500吨政府储备肉收储、投放及补库等工作。加强节日期间市场督查，确保疫情期间市场供应充足、价格稳定，全市未出现粮食市场异常波动等突发情况。（朱 伟）

■市场监管 加强市场监管，开展粮食收购资格核查，保护粮食生产者和收购者的合法权益。核查各类粮食收购主体183户，注销7户。审核确认有效许可证176份，其中国有及国有控股75户、民营企业71户、外商2户、个体28户。

强化监督检查，维护收购市场秩序。开展粮食收购检查112次，检查企业567个（次），做到辖区内参与收购企业全覆盖。宝应县粮食和物资储备局蝉联“全国粮食流通执法督查创新示范单位”。加大储粮监管，保障粮食安全。采用“双随机一公开”的方式，组织开展入库和库存粮食质量安全、地方储备粮食管理、军粮质量等检查。全年抽样检测1337份，合格率100%。坚持问题导向和底线思维，聚焦政策性粮食库存管理中的薄弱环节，组织开展粮食大清查，发现问题整改“回头看”，推动问题整改落实落细落地。

强化产业发展，粮油加工经济平稳发展，销售利润提升。粮油加工总产值118.76亿元，比上年减少0.06亿元。销售收入116.66亿元，比上年增加1.08亿元。利润总额4.60亿元，比上年增加2.37亿元。粮油加工能力平稳增长，产品质量明显提高。粮油加工总量90.3万吨，其中加工面粉20.7万吨，加工大米56万吨，加工食用植物油13.6万吨。宝粮1号大米、仪花一级菜籽油、名佳超级粉、富嘉旺小麦粉、宝康粳米入选“江苏好粮油”产品。（韩玉桥）

■医疗物资保障 在疫情防控紧张阶段，市疫情防控工作指挥部医疗物资保障组共组织调进各类口罩686.1万个、各类防护服1.5万件、额温枪0.5万支、门式测温仪20台（套）等。直接接收各类捐赠口罩16.02万个、防护服1.03万件、84消毒液5.2吨、消毒原液13.45吨、双氧水4.5吨等，为打赢疫情防控阻击战提供物资保障。落实好疫情防控常态化下的政府应急医疗物资储备。至年末，市本级收储医用外科口罩236.1万个、一次性医用口罩400.4万个、N95医用防护口罩1.6万个、医用防护服1万件、医用护目镜1.1万副、医用防护面屏1万个、一次性医用隔离衣1万件、a-干扰素5.6万支、利巴韦林2000盒、磷酸氯喹2.9万盒、阿比多尔1462盒，储备量均超过疫情期间最高日消耗量5天的要求。收储额温枪3401把、酒精棉球1732瓶、莲花清瘟胶囊1.27万盒、门式远红外体温检测仪60台。（朱 伟）

■应急救灾物资储备 针对物资储备新职能相关领域制度建设空白现状，制定《进一步明确职责加强我市物资储备管理的实施意见》《扬州市市级救灾物资储备调拨使用管理实施意见》等一系列管理制度。落实财政专项资金250万元，确定市级应急救灾物资储备库和运营单位，确保市级应急救灾物资“有人储、有仓储、有钱储”。（朱 伟）

供销合作

■概况 市供销合作社持续推进综合改革，试点任务按期完成。提前完成仪征市社、江都区社服务乡村振兴示范区先行县建设（2019—2020）试点工作。如期完成省总社部署的江都和邗江区社“三会”（代表大会及其理事会、监事会）制度建设任务。综合改革经验成果复制推广工作得到省总社认可，宝应苏民“互联网+智慧农业”、江都金麦穗打造全产业链服务平台的农业社会化经验在全省系统推广。

组织体系下延。抓好基层供销社网点的提质增效，丰富基层社服务内容，密切与农民群众的利益联结。提高基层社运行质量，推进基层社分类改造，利用基层社现有资产加快与农业社会化服务、日用品供应、农资供应、农药废弃包装物回收等服务内容融合。探索发展产业型、服务型的村级供销社，助力发展新型集体经济和乡村特色产业，带动村集体和农民稳定增收。

服务规模提升。围绕农业生产、农资安全、农村环境整治，完善为农服务网络，拓宽为农服务领域。立足农业生产，开展农资供应、配方施肥、农机作业、统防统治、收储加工等服务。围绕生态文明建设，改善农村环境，开展农药废弃包装

市总社组织参加2020长三角供销合作社名优农产品展销会 供销社/供稿

物回收。

产销对接。在市区探索建立农产品直销中心，开展农产品产销对接服务。市总社组建扬州供销农产品直销中心，来自陕西榆林及全市的500多种农产品入驻。组织参加上级社举办的各类农产品展销会，8月、9月两次在扬州市区牵头举办农产品直销展销活动。参股各类生产加工型合作社和销售终端市场。

（陈 旭 朱欣怡）

■县级供销合作社“三会”制度全覆盖 在宝应、仪征两个县级社完成“三会”制度建设试点和市总社建立“三会”制度的基础上，2020年高邮、江都、邗江三个县级社相继召开代表大会，建立理事会、监事会组织架构，实现市县两级供销合作社“三会”制度全覆盖。推进“三会”制度建设向基层供销社延伸，2020年在宝应射阳湖，仪征月塘、新城，高邮送桥、三垛，江都丁沟和邗江公道等7个基层社先后建立“三会”制度，累计16家基层社建立“三会”制度，进一步规范基层社的治理机制。（陈 旭 朱欣怡）

■复工复产 统筹协调、调度系统农资企业落实货源，对接农户开展在线服务，及时将春耕备耕所需化肥2万余吨、农药近1800吨供应到田间地头，为32个外地种粮大户暂行田间管理托管服务。（陈 旭 朱欣怡）

■农业社会化服务 指导各县（市、区）社开展“保姆式”全托管、“菜单式”半托管、订单式等多种形式的土地托管服务，满足农民和新型农业经营主体在农资供应、配方施肥、农机作业、统防统治、收储加工等方面的服务需求，推动农业适度规模经营。打造农业社会化服务中心，全年新建5个，总数达29个，实现土地托管服务面积5.68万公顷（次），全市系统经营服务场所面积11.6万平方米，农机具986台套，辐射42个乡镇。（陈 旭 朱欣怡）

■农资供应 疫情期间，统筹协调、调度系统农资企业落实货源，对接农户开展在线服务，及时将春耕备耕所需化肥2万余吨、农药近1800吨供应到田间地头，为32个外地种粮大户暂行田间管理托管服务，保障春耕生产期间农资商品不断档、不脱销。多次召开网络视频会议，落实农资企业复工、市场供应等。2020年，全市供销合作社建有农资连锁配送网点683个，农资连锁配送中心26个，其中区域性配送中心21个，累计购进化肥12.1万吨，农药4516.8吨。（陈 旭 朱欣怡）

■项目建设 加强与上级社沟通联系，紧盯农业社会化服务和农村现代流通两个领域投资重点，争取项目。全年新加入春祥养蜂等4个项目，累计32个项目进入省总社项目库。2020年，省总社供销合作产业发展基金分别投入江都区社、邗江区社两个项目8300万元和8000万元；争取省总社2020年农业社会化服务、农村现代流通、农药废弃包装物回收等项目扶持550万元；获市级供销合作改革发展引导资金193万元。

（陈 旭 朱欣怡）

■农产品产销对接 聚焦农产品产销对接，畅通农产品流通渠道。市级层面上，与报业集团合作成立农产品公司，建成明月湖农产品销售中心和个园农产品展示展销中心。县级层面上，在主城区开设农产品展销中心或直销店，组织农产品进社区、进企业、进学校等，扩大农产品销售渠道。乡镇层面上，高邮临泽、仪征刘集等4家乡镇供销社建成农产品展示中心，市、县、乡三级农产品展示展销中心体系初步建成。对接帮助湖北农产品销售，为陕西榆林地区农产品设立5个消费扶贫专区（柜），助力脱贫攻坚。

（陈 旭 朱欣怡）

■农药废弃包装物回收 围绕农村人居环境提升行动，参与美丽乡村建设，持续推进农药废弃包装物回收扩点增面工作，全年在48个涉农乡镇128个回收点开展农药废弃包装物回收，累计回收农药包装废弃物833.3万瓶（件），回收率82.35%；无害化处理农药包装废弃物122.04吨，减少农业面源污染，保护生态环境。（陈 旭 朱欣怡）

■农村合作金融服务 参与农村金融发展，立足农业生产服务保障，探索农村合作金融服务。市总社与建行扬州市分行合作，获得建行授信2亿元，在基层社开展助农取款汇款、消费结算和信贷融资等普惠金融服务。全年25个基层社挂牌成为“裕农通”服务点，发放贷款840万元，有效缓解农民贷款难、贷款贵问题。

（陈　旭　朱欣怡）

■基层组织建设 全年升级改造5家乡镇薄弱基层社，累计改造提升基层社58家，“三体两强”基层社示范社13家；新建14家村级供销社，总数19家，进一步打通为农服务“最后一公里”。加强基层组织人才队伍建设，6月组织各县（市、区）基层社负责人、合作经纪组织成员、农产品经纪人等进行业务培训，推进基层组织“土专家”业务知识能力的提升；8月组织市农产品经纪人协会会员参加省总社在南通组织的高级农产品经纪人培训；9月组织参加上级社基层组织体系建设与经营服务创新培训班。

（陈　旭　朱欣怡）

■社有资产管理 加强社有资产的管理，提高存量资产的利用效率。出台《扬州市供销合作总社本级社有资产管理办法》，规范社有资产和社有企业管理。对市总社直属企业扬州全程无忧现代农业服务有限公司进行增资扩股，吸收各县（市、区）社加入，实现系统上下联结。完成银河大厦等到期房产的新一轮承租，加强本级资产维护管理，确保社有资产保值增值。

（陈　旭　朱欣怡）

专项经营

■盐业经营 2020年，全市销售盐产品8.6万吨，比上年增长1.5%。其中销售大包装食盐3.9万吨，小包装食盐1.55万吨。实现销售收入1.16亿元，完成年度计划116%，增长13.1%。其中非盐产品销售收入4825万元，经济比重占比41.7%，增长49%。全年实现利润166万元。

渠道建设。强化品牌宣传，抓住市场出现的新特点，及时调整经营策略，加大对“三零盐”和“金龙盐”等主推品种的销售力度和铺货率，对重点B类商超和乡镇的重点商超以专架形式陈列销售，开展“黄金风暴”淮盐生动化陈列大竞赛活动，引导消费、培育市场取得显著效果。仪征公司签订B类终端专销协议102家，占比98%。金龙盐铺货终端1151家，占零售终端总数的75.4%，累计销售金龙盐170吨。高邮公司与虾苗生产企业、蛋品行业协会及会员企业深度合作，取得良好成效。宝应公司通过县荷藕协会对新建成立的射阳湖荷藕加工园区开展重点营销与精准服务，全年荷藕用盐销量超2.4万吨。

优化发展。按照盐业集团要求，推进转型业务融合发展，打造快消品电商平台+生鲜食材快速配送综合业务，推动扬州盐商在创品牌、提规模、增效益上下功夫。在巩固党政机关、中小学校、金融机构等优良客户服务基础上，拓展市场，扩大一批机关、学校等客户单位，成为泰京沪高速服务区的唯一供货商。

（李小祥）

■卷烟营销 统筹推进疫情防控和经济发展，全年实现卷烟销量16.69万箱，单箱销售额4.18万元；实现税利19.82亿元，增长6.9%。坚持以客户为中心，探索建立疫情下乃至后疫情时期卷烟销售的新模式，在深入调查的基础上调整货源投放策略，实现货源精准投放，提高供需匹配水平。推广应用金丝利“通·家·号”工作平台，实施新零售，推进“稳销量、提结构、优状态”。

（许燕茹）

■烟草专卖 保持打假打私高压态势，开展打假打私、“百日会战”、“利剑”系列、违法卖烟大户治理等市场集中整治行动，卷烟市场得到有效净化。全年查获各类案件3659起，5万元以上277起，假私烟案件1296件，网络案件4起。“12·6”“1·12”案件分别被国家烟草专卖局表彰为行业打假打私特大案件、重大案件，“5·15”案件被省烟草专卖局表彰为涉烟违法大要案件。“3·10”案件被国家烟草专卖局、公安部挂牌督办，国家烟草专卖局专卖司肯定案件的“全链条”特点和打击示范意义。开展“‘互联网+’智慧专卖涉案物品管理系统”课题研究，推动涉案物品管理全业务流程网上办理、掌上办理、智慧办理。

（许燕茹）

■成品油销售管理 2020年，全市销售成品油82.24万吨，其中汽油54.54万吨，柴油27.7万吨。扬州市商务局加强加油站流通监管环节安全生产源头管控，市、县两级商务部门按照《省商务厅加油站安全检查指引100条》和企业复工“六个一”要求，组织企业自查、属地普查、市级巡查，从安全思想认识、制度执行、日常防范、技术规范是否到位、隐患整改等五方面全面落实在营加油站（点）安全生产排查，322座在营加油站（点）建立“一站一档”检查整改登记制度。为打击“非法流动加油”等非法经营行为，净化成品油市场秩序，市、县两级商务部门联合公安、应急管理、市场监督管理、交通运输等部门打击全市的非法经营行为，查处非法经营案件近10起，涉嫌刑事案件3起，案值数百万元。

（郭　杰　蒯梦原）

■中国石化销售有限公司江苏扬州石油分公司 中国石化销售股份有限公司江苏扬州石油分公司是扬州地区最大的成品油经销企业。至2020年底，该公司拥有在营加油站133座（自有122座，轻资产合作11座），在营油库1座，库容3.54万立方米。资产总额19.13亿元，用工总量949人。全年成品油经营量61.61万吨（市场占有率约为66.9%），其中零售45.45万吨、直分销16.16万吨；销售天然气3.81万吨。全年实现销售收入39.88亿元、利税1.61亿元、报表利润1.08亿元，上缴税费5288.32万元。拓展合作渠道，实现非油多元发展。江苏油田总部的“紫金易捷”站外店实现销售420万元、“油建工程”

站外店实现营收150万元、仪化便利店年纯营收350万元，引进规模店中店4家，贡献年规模流水营业额2000万元。与中国邮政集团建立战略合作关系，将重点及特色商品引流到邮政“邮掌柜”分销平台及邮政内部采购平台，实现福利销售约70万元。（万江华）

特种行业

■典当业 至年末，扬州有典当企业21家，其中法人机构20家，分支机构1家，总注册资金6.63亿元。20家法人典当企业中，评为A级7家、B级11家、C级2家；注册资本2000万元（含2000万元）以上15家、500万~1500万元5家；有从业人员150人。21家典当企业中，市区（不含江都区）15家、高邮市2家、江都区3家、宝应县1家。至年末，全市典当余额5.58亿元，累计典当总额8.37亿元，上缴税金675.53万元。（虞振清）

■拍卖业 2020年，扬州有拍卖企业28家，其中市区（不含江都区）22家、江都区2家、仪征市2家、高邮市2家；有拍卖企业从业人员95人。全年全市拍卖成交场次263场。（郭　杰　蒯梦原）

■特许经营 规范开展商业特许经营备案，2020年度扬州市备案企业2家，分别为扬州水木餐饮管理有限公司，4月13日申报，6月24日公示，为餐饮业；扬州比比乖烘焙坊，6月22日申报，8月11日公示，为餐饮业。（郭　杰　蒯梦原）

邮政

■概况 2020年，全市邮政行业业务收入（不包括邮政储蓄银行直接营业收入）完成35.62亿元，增长11.61%；业务总量完成63.73亿元，增长23.26%。全市邮政服务业务总量完成23.42亿元，增长22.79%；邮政寄递服务业务量累计完成1.44亿件，增长24.38%；邮政寄递服务业务收入累计完成2.34亿元，增长24.37%。

全年快递服务企业业务量完成2.13亿件，增长21.66%；完成业务收入23.04亿元，增长12.57%。其中，同城快递业务量完成2160.03万件，增长4.52%；异地快递业务量完成1.91亿件，增长24.68%；国际及港澳台业务量完成81.03万件，下降47.93%。

全市完成函件业务量285.95万件，下降19.68%；完成包裹业务量8.83万件，增长21.79%；完成订销报纸业务量6936.3万份，增长4.14%；完成订销杂志业务量259.54万份，下降10.64%；完成汇兑业务量6.15万笔，下降41.32%。

全市有邮政网点182个，其中城市邮政局（所）24个，农村邮政局（所）158个；邮政网点总面积3.22万平方米，其中城市邮政局（所）面积6416.59平方米，农村邮政局（所）面积2.58万平方米；城市邮政局（所）网点平均服务半径为1.5~2千米，农村邮政局（所）为3千米；城市网点投递网点平均投递半径为3.54千米，农村网点为3.85千米。有邮政信筒405个。主城区邮政局（所）每周营业7天，主城区每周投递7天，每天投递2次，每天营业8小时；农村地区每周营业6天，每周投递6天，每天投递1次，每天营业6~8小时。（张惠亮）

■快递业 2020年，快递服务企业业务量完成2.13亿件，增长21.66%；快递业务收入完成23.04亿元，增长12.57%。快递业务收入在行业中占比继续提升。快递业务收入占全行业业务收入的比重为64.68%，比上年提高0.53个百分点。同城快递业务量完成2160.03万件，增长4.52%；实现业务收入1.31亿元，下降2.07%。异地快递业务量完成1.91亿件，增长24.68%；实现业务收入14.83亿元，增长11.89%。国际及港澳台快递业务量完成81.03万件，下降47.93%；实现业务收入2.38亿元，增长6.68%。同城、异地、国际及港澳台快递业务量分别占全部快递业务量的10.14%、89.48%和0.38%；业务收入分别占全部快递收入的5.69%、64.34%和10.33%。

全年国有快递企业业务量完成561.49万件，实现业务收入1.85亿元；民营快递企业业务量完成2.07亿件，实现业务收入19.95亿元；外资快递企业业务量完成35.47万件，实现业务收入1.24亿元。国有、民营、外资快递企业业务量市场份额分别为2.63%、97.2%和0.17%，业务收入市场份额分别为8.03%、86.59%和5.38%。

扬州市其他区县完成快递业务量1.25亿件，增长21.74%；实现快递业务收入15.72亿元，增长6.12%。江都区完成快递业务量3663.45万件，增长15.09%；实现快递业务收入2.42亿元，增长10.13%。仪征市完成快递业务量2346.22万件，增长32.36%；实现快递业务收入1.52亿元，增长38.29%。高邮市完成快递业务量2189.69万件，增长38.37%；实现快递业务收入1.91亿元，增长24.61%。宝应县完成快递业务量585.29万件，下降15.08%；实现快递业务收入1.46亿元，增长78.97%。扬州市其他区县、江都区、仪征市、高邮市、宝应县的快递业务量比重分别为58.78%、17.19%、11.01%、10.28%、2.75%。快递业务收入的比重分别为68.23%、10.52%、6.6%、8.31%、6.34%。（邱　洁）

■邮政管理 结合全市寄递物流安全专项整治实施活动，印发《关于对违法收寄邮件、快件举报奖励的通告》，明确举报奖励标准，公布举报方式。出台《扬州市邮政快递业复工保畅通工作实施意见》，明确从政策层面支持企业全面复工。首次单独就危化品泄漏组织演练比武，提升企业应对危险化学品事故处置能力，保障寄递渠道安全畅通。举办首期快递从业人员职业技能提升开班仪式。仪征邮政管理局揭牌成立，扬州市所辖县（市）实现邮政监管机构全覆盖。（张惠亮）

■**中国邮政集团公司扬州市分公司** 2020年，扬州全市邮政企业实现收入13.59亿元，比上年增长11.24%。全区实现代理金融业务收入7.3亿元，增幅7.17%；实现寄递业务收入3.95亿元，增幅22.45%。农村电商融合发展，全年全市渠道平台专业累计实现业务收入1.21亿元，增幅12.3%。推进惠农项目，累计走访合作社3684个，走访覆盖率105%；累计走访个人客户1940户，走访率131%。与19家农村合作社及家庭农场签订产品代销协议。扬州包子项目连续5年销售规模超千万。“高邮咸鸭蛋”项目规模突破千万元，打造“中国邮政农产品基地——高邮咸鸭蛋基地”。集邮与文化传媒专业实现收入0.91亿元，全市建成138座“党建有声图书馆”，形成收入150多万元。

机制创新。推进省分公司产业集群“919”模板落地，因地制宜，通过做足“创新、客户、队伍、成本、服务、融合”六篇“文章”，以“1+1+1＞3”（一名党代表+一名江苏邮政工匠+一名青年大学生）的模式打造杭集酒店用品集群市场开发的“升级版”。全年累计收寄包裹1534万件，增长108%；累计实现快包收入3724万元，增幅51%，超省均30个百分点，市场占有率从年初的25%提升至40%，产业集群仓储入驻客户6个，日均发件量1.2万件，仓储坪效比达到1∶4。11月，杭集酒店用品集群突破10万件，日均业务量8.6万件，完成率列全省重点集群第2位。

网运能力提速提质。实施“宁镇扬”运输集中管控试点工作，根据业务量及流量流向实时变化情况，采用13.5米以上车型，灵活组开串型邮路。通过对一、二干运能的集中统一管控以及统筹调拨使用，释放富余运能，达到低量期高效运转、高量期资源互补的运能良性循环。强化时限管控。制定《扬州邮政时限管理办法》，建立健全时限指标体系。特快长三角全程时限准时率91.54%，快包长三角全程时限准时率82.14%。建立前后端满仓启航业务沟通机制，定时沟通出口特快、生鲜产品、录取通知书等发运信息，不定时发布航班信息、邮路开停、调整信息。经营端预报业务量情况，突发增量情况，便于中心局提前开班，组织作业，前后端协同提升整体网运效益。

社会服务。持续开展绿色邮政。全年实现45毫米及以下“瘦身胶带”封装比例100%，电商快件不再二次包装率96%，省内可循环邮袋使用率90%以上，城市建成区营业揽投网点标准包装废弃物回收装置覆盖率100%。开展脱贫攻坚工作。2020年，全市定点扶贫项目4个，投入扶贫资金10.39万元，共有8款产品列为全省邮政电商扶贫产品，打造3个过万单扶贫商品。为全民战“疫”提供服务保障，及时开通医疗防疫物资寄递和捐款汇款绿色通道，支援疫区抗击疫情，累计发往湖北疫区9车次，运送救援、捐赠物资104吨，承运疫情防控物资3.48万件。开展“非接触式”配送，保障老百姓“菜篮子”，助力“停课不停学”，组织蔬菜、教材等同城配送，累计收寄2.5万件，覆盖小区4000多个，服务学生2万多名。

（纪倩霞）

■**快递员首获市级专项资金奖励** 4月1日，扬州市发改委、财政局联合印发《关于申报2020年扬州市市级现代服务业发展专项资金项目的通知》，首次将疫情期间提供配送服务的快递员纳入奖补范畴。共有包括疫情防控相关企业、服务业企业培育、服务业载体建设等在内的六个专项项目获政策支持和资金奖励。“奖励疫情期间提供配送服务的快递员”被纳入疫情防控相关企业专项，并明确奖补标准，“对投送时间在1月24日0点至2月10日24时之间的快递或配送服务，经快递或配送企业自主申报和第三方审核确认后，每投送1单，给予快递员1元的奖励”。将在疫情期间提供公共服务的快递协会纳入奖补对象，给予每家不超过10万元的奖励。

（张惠亮）

■**扬州法院集约送达中心上线** 2020年，扬州邮政联合扬州市中级人民法院坚持集约化发展理念，以管理创新和技术创新交汇互促为抓手，借鉴融合法院专递各种模式特点，利用邮政资源优势，借助互联网信息技术与法院审判系统对接，实现信息文书互联互通、线上线下集约处理，逐步构建电子送达、邮寄送达、上门送达以及公告送达“五位一体”的送达体系。扬州法院集约送达工作的开展，在有效保障当事人诉讼权益的同时，让有限的审判力量从繁忙的送达事务中剥离出来，让法官有更多时间与精力专注于案件审理，提高办案质效。邮政与法院的联合，减少法律文书的运输环节，提高送达效率，节约送达成本，真正做到让专业的人做专业的事。集约送达正式上线全面铺开后，预计日均寄递文书量350件，从线下任务分派到邮件收寄可在半小时完成，处理时限压缩至上线前的四分之一。9月24日，扬州邮政与扬州市中级人民法院联合举行扬州法院集约送达中心上线运营。至年末，全市8家两级法院全部上线，处理文书量超1.94万件。

（纪倩霞）

■**新邮件处理中心正式运营** 9月25日，扬州邮政新邮件处理中心正式投产运营。该中心位于扬州经济技术开发区春江路399号，该场地距扬溧高速、扬瓜公路入口4千米，扬州南高速出口6千米。场地占地面积1公顷，其中生产场地8000平方米、回车场地1.2万平方米、车库车棚600平方米、配套用房1000平方米。该中心内设有一套矩阵胶带分拣系统、一套小件分拣机及相应的胶带传输系统。其中，矩阵胶带分拣系统设置4条细分线、1个在线接收车位、7个离线接收车位、30个直发发运车位，小件分拣机系统双端设置12个人工供件工位。新邮件处理中心每小时最大生产效率2.5万袋件，具备日处理出口50万袋件的能力，比原场地增效66.67%。

（纪倩霞）

会展业

■**概况** 2020年，全市有专业会务、展览公司72家，其中年营业收入1000万元以上7家，实现营业收入3亿元。展馆设施方面，扬州国展中心有3个展馆，面积分别为8000平方米、7000平方米、8000平方米，可提供国际标准展位1300个；花都汇展馆1个，面积3000平方米，可提供国际标准展位300个。会场设施方面，全市三星级以上酒店共有会议室、多功能厅等会场552个，其中500人以上会场92个，1000人以上会场36个；扬州会议中心拥有会议室32个，被评为“中国百强MICE酒店”；京杭之心会议中心由会议中心、五星级酒店和水景广场组成，是世界运河博览会永久性会址。（郭　杰　蒯梦原）

■**2020（第14届）国际汽车轻量化大会** 参见第88页

■**“东亚文化之都”联盟工作研讨会** 11月24日，“东亚文化之都”联盟工作研讨会在扬召开。“东亚文化之都”是中日韩领导人会议机制下创建的三国文化领域重要品牌。自2013年启动评选至今，中方评选出泉州、青岛、宁波、长沙、哈尔滨、西安、扬州、绍兴、敦煌9个当选城市。本次研讨会上，各当选城市代表以及支持参与“东亚文化之都”品牌建设的专家学者，围绕“东亚文化之都”评选、成立“中国东亚文化之都城市联盟”等作交流发言，并就相关工作开展提出意见建议。（杨　奕）

物流业

■**概况** 2020年，全年实现物流业增加值398.57亿元，增长3.6%。物流增速持续恢复。随着复工复产，1—4季度交通运输仓储邮政业增加值增速分别为−13.7%、1.2%、2.7%和2.2%。其中，二、三季度增速分别高于全市地区生产总值增速0.1和0.5个百分点；占地区生产总值比重波动性提高，分别为2.2%、2.6%、2.7%和2.5%，物流产业的快速恢复有力支撑全市地区生产总值增速的持续恢复。新冠肺炎疫情“宅经济”催生电商平台订单暴涨，快递业业务量增幅由一季度的−19.5%增长到四季度的21.7%。

物流成本提升。受新冠肺炎疫情初期交通管制严格等因素影响，企业消毒防疫成本、未返岗员工人力成本、在岗员工加班成本、交通管控导致的运输成本、额外检验检疫成本等提高，造成物流企业成本提升，随着降费减税等政策措施的冲抵，整体上全市物流成本仍略有提升。全市物流总费用与地区生产总值的比例为14.7%，比往年提高0.1个百分点，其中运输环节在社会物流总费用中的比重为54.8%。

不同运输方式表现各异。2020年，全市实现货运量1.28亿吨，增长7.8%；公路货运周转量417.6亿吨，增长11.5%。从绝对量来看，受疫情、交通运输结构调整等因素影响，水运货运量、周转量占全市比重全面提升，分别达58.9%、79%，比上年分别提升13.4个、13个百分点；公路运输丧失货运主导地位，占比为40.9%，比上年同期下降13.6个百分点；铁路、空运货运量占比分别维持在0.2%和0.01%。从增长速度来看，铁路和空运恢复增长较快，其中铁路自1月以来全面维持正增长，增幅由1—2月的7%波动增长至1—12月的18.1%，空运进入4月实现增幅由负转正，并保持30%以上的增长（未调整统计口径前）。公路、水运货运增幅保持持续增长，总体维持在10%以下，1—12月分别为6.7%和8.5%。

物流企业效益下降明显。从营收来看，降幅持续收窄。全市规模以上交通运输仓储邮政业企业220家，比上年同期减少27家。随着复工复产以及工商业经济的逐步恢复，规上企业营业收入降幅由1—2月的−26.6%持续收窄，并于11月实现由负转正，1—12月增幅达1.8%。从税收贡献来看，占比持续下降，1月以来，交通运输仓储邮政业税收全面负增长，全年实现税收5.11亿元，增长−16.2%，占全市税收比重1.05%，比1—2月下降0.15个百分点。（沈　玲）

■**运输结构调整** 4月27日，全省第一列发运地、目的地均在省内的海铁联运班列在宁启铁路扬州火车货运站首发。6月18日，市推进运输结构调整联席会议办公室召开年度运输结构调整目标任务分解暨铁路货运产品推介会，推进铁路货运发展。全年完成集装箱公铁联运量0.28万吨，增长162.4%。全市铁路运输和水路运输占三种运输方式的比例为55%，扬州港河江海多式联运项目全年完成集装箱联运量6万标箱，增长13%。全市50万吨以上秦邮特钢、恒润重工、上汽大众、华电扬州、国信扬州等重点企业年货运量约2000万吨，其中水路运输占比93%。扬州内河集装箱量完成1.5万标箱，运营距离超过500千米的大型货车空驶率下降至33%。韵达江苏省快递电商区域总部基地项目主体基本封顶，宝应中众合农产品物流园二期冷链物流区、综合交易大楼封顶，江都区创成省级农村物流示范县，并参加全省“我的小康路”成果展示。（扬交运）

■**城市配送** 联合市公安局、市商务局推进城市配送示范企业申报工作，新增1家城市配送试点企业，新增20辆标志标识统一、规范管理的城市配送车辆，落实优惠通行政策。（扬交运）

■**网络货运平台发展** 江苏星通北斗航天科技有限公司、扬州速必达物流有限公司和江苏蜂云网络科技有限公司等3家企业通过省交通运输厅线上服务能力认定，取得网络货运平台经营许可证，累计签约承运人11.8万户、车辆13.3万辆，全年完成货运量495万吨。（扬交运）

电子商务

■概况 2020年，全市实现电子商务交易额超1500亿元，增长12%以上。电商“惠民生 促消费”暨苏宁易购“双亿行动”活动举办，为扬州市民发放总额1.8亿元的消费券。推动江苏信息产业基地创成国家级电商示范基地，江都区、宝应县创成省级电商示范县，笛莎公主、易得日化确认为首批省级数字商务企业。（郭 杰 蒯梦原）

■政策扶持 落实电商扶持政策，用足用好项目资金。落实进一步促进电子商务发展的实施意见，支持电商企业做大做强，鼓励线上线下融合发展。通过修订申报指南，降低企业申报扶持资金所需的“业绩增长”门槛，惠及更多中小微企业。组织开展项目申报，加快资金拨付进度，共下达市级商务发展（电子商务、“双创示范”）专项资金2332.82万元，其中电子商务和“互联网+商贸”项目合计1578.8万元。（郭 杰 蒯梦原）

■电商服务 组织开展在线电商培训，联合中国国际电子商务中心培训学院，在新冠肺炎疫情初期为全市电商企业提供两个月免费在线培训。动员企业报名注册江苏省电子商务线上培训平台，参加每周一期的专家授课。举办全市直播电商培训，邀请抖音、快手专业讲师为各县（市、区）、相关协会、餐饮、老字号等商贸企业授课，有150人参加培训。指导江都举办直播电商峰会等活动，为新业态新模式发展营造良好氛围。服务电商企业融资需求，会同扬州银保监分局共同开展电商企业融资试点工作。根据电商企业融资需求周期性、轻资产、有完整的经营流水等特点，由试点银行机构设计开发“税E贷”“苏微贷”等16款电商企业融资产品，4家试点银行授信33户电商企业，金额6900万元。（郭 杰 蒯梦原）

2020年国家电子商务示范基地

江苏信息服务产业基地

（郭 杰 蒯梦原）

2020年度江苏省电子商务示范基地

江苏信息服务产业基地（扬州）
扬州五亭龙电子商务产业基地
扬州邮政跨境电子商务产业园
维扬开发区汽车电子商务产业园
高邮市通邮电子商务产业基地
苏中特色农产品电商产业园
宝应软件信息产业园

（郭 杰 蒯梦原）

2020年江苏省农村电子商务示范县

江都区
宝应县 （郭 杰 蒯梦原）

■“双十一”网络零售 扬州市“双十一”期间网络零售量达5283.3万件，网络零售额16.9亿元，增长31.2%。扬州市网络零售前三实物行业分别为服装鞋帽针纺织品、日用品和家用电器音像器材。

全市现有1家国家级电商示范企业和14家省级电商示范企业，国家级电商示范企业江苏笛莎公主文化创意产业有限公司“双十一”期间交易额超过1.01亿元，增长10%。省级电商示范企业江都金世缘乳胶制品有限公司实现线上销售1.15亿元，增长70%；邗江区方广食品有限公司“双十一”实现线上交易额930万元，增长30%。

传统商贸企业参与“双十一”全网营销活动，冶春通过天猫、京东平台销售扬州包子、狮子头等产品超1.5万单。谢馥春节前加大宣传力度，推出国妆扇形浮雕修颜盘、便携卸妆膏等新产品，参加各大电商平台促销活动，线上交易额超300万元。东园餐饮集团“双十一”期间联合支付宝和口碑平台开展星伦多海鲜自助代金券“买一赠一”促销，并邀请网红带货，全网销售突破一亿元，增长100%。

省级电商示范基地高邮通邮电商园“双十一”网络销售约5984万元，增长44.8%；邗江五亭龙国际玩具礼品城500余家网店“双十一”期间合计实现线上成交额1.9亿元，增长12.5%。省级电商示范镇仪征市大仪镇当天实现毛绒玩具和电子产品网上销售额1500万元。茱萸湾路玉器电商特色街区电商交易额486万元，增长1.5%。

扬州工业职业技术学院电商直播学院组织专业内学生在南京、杭州、扬州等地开展直播活动，学生主播通过直播带货销售破千万。云听电商直播基地的直播团队“双十一”期间每天开展17个小时的“马拉松式”直播，12间直播间、17位主播在淘宝、天猫和抖音等直播平台满负荷运转，单天实现最高销售64.38万元，累计销售231.55万元。

（郭 杰 蒯梦原）

居民服务业

■家政服务业 强化组织保障，成立扬州市家政服务业提质扩容“领跑者”行动工作领导小组，统筹推进家政服务业提质扩容“领跑者”重点推进城市建设工作。强化政策扶持，印发《市政府办公室关于促进家政服务业提质扩容建设“领跑者”行动重点推进城市的实施方案》，重点提出促进员工制家政企业发展、推进家政进社区、争创家政服务品牌、完善家政技能培训体系、提升家政服务规范化水平、健全家政服务领域信用体系、支持家政服务企业创新发展等7项具体任务，江苏华南服务有限公司、扬州三利月嫂母婴保健护理服务有限公司、扬州快易洁家政保洁有限公司、扬州安康职业培训学校、扬州友僮母婴服务有限公司入选领跑企业，广陵区李典镇李典社区、邗江区双桥街道虹桥社区入选领跑社区，扬州市职业大学、江海职业技术学院 、扬州英才烹饪技工学校入选领跑学校。强化资金支持，为应对疫情影响，加大对家政服务业的支持力度，在2020年扬州市市级现代服务业发展专项资金中设置家政健康服务业专项，重点支持发展员工制企业、推进社区家政服务点建设、品牌建设、发展连锁加盟、家政服务领域校企合作、行业标准制定、信用体系建设及信息平台建设等，推进全市家政服务业提质扩容“领跑者”行动重点城市建设，经县级初审、市级复审、会审公示后，对双桥心连心、天能智慧信息服务平台建设、静月阁免费培训和推广中心等3个项目发放扶持资金40万元。强化宣传推介，在扬州电视台举办第127期《市民论谈》节目——《扬州家政服务业如何“领跑”升级？》。（陆　洋）

■健康服务业 扬州瘦西湖生态健康谷、扬州江山国际健康医学中心2个健康服务业项目入选省现代服务业重大项目，全年完成投资11亿元。列入全市服务业重大项目库跟踪监测的11个健康服务业重大项目至12月底共完成投资20.3亿元。新开工江山国际健康医学中心和扬州瘦西湖德国医谷科创中心项目，新竣工苏北医院医技楼升级改造和公道医院康养中心2个项目。利用市级现代服务业发展专项资金，扶优扶强健康服务业企业。宋城国际体育发展扬州有限公司、高邮吾月健康管理有限公司、江苏康怡养老医疗管理有限公司等5个项目获得资金支持共计190万元。

（汤　鑫）

■养老服务业 至年末，按照“公园＋养老”“医疗＋养老”“小区＋养老”的“3+”养老服务理念，全市建成颐养示范社区93个、街道养老综合体5个、街道日间照料中心17个、街道中心厨房16个，为16万多老年人提供居家上门服务。全市建有养老机构110家，养老床位2.23万张。全市建有医养结合机构30家，医养结合床位8697张。实施老旧小区宜居适老化改造37个，为3700多户困难老年人家庭实施适老化改造。构建以颐养社区为依托的居家养老服务体系和“10分钟养老服务圈”，养老服务能力增强。

（潘　勤）

商务服务业

■公证 至年末，全市8家公证机构48名公证员办证2.63万件，收费约1600万元，有公证员助理35人。公证排名前五位的事项为委托、继承、证书、执照、文本相符、合同（协议）。组织开展公证惠企专项行动。在各公证机构设立企业服务专门窗口，优化办证流程，缩短公证办理时限，最大限度减证便企。各公证机构为企业免费办理与疫情相关的不可抗力文书类公证、证据保全类公证113件，帮助企业减少经济损失近1000万元。为企业参与对外贸易免费提供综合性公证服务34件。扬诚公证处签约入驻扬州市中小企业发展服务中心，为中小微企业提供一站式公证服务。该项工作被省厅网站、微信，新华日报交汇点新闻等多家媒体报道。开展各类惠民公益公证服务。开展扬州公证助残月活动，各公证机构参与“百万扶贫助残”公益活动，为残疾人办理各类公证事项53件，提供上门服务21次，减免公证费用近3万元，发放宣传手册1600余份，为残疾人发放防疫爱心礼包200份，对已办结的涉残疾人公证事项进行回访。开展公证敬老月活动，举办涉老公证知识讲座。开展公证惠民云直播系列活动，先后在“扬州双创服务平台”、“扬帆”App、“法治扬州”电视节目、扬州电台等平台，向社会公众介绍公证业务的服务流程、服务标准、申请办理注意事项等，介绍公证在全力抗击疫情、助力企业复工复产、推动经济社会平稳运行方面的职能作用，回应社会关注热点法律问题。提升公证服务质效。为方便群众办理公证，推进远程视频办证平台全覆盖。扬州公证处在疫情期间为助力企业复工复产采用“不见面开标”模式，有效减少人员聚集；仪征市公证处《仪征将“公证元素”融入法治乡村实践》获省厅厅长批示；江都公证处融入文明城市建设，参与全区“三拆三整治”行动；邗江公证处服务网格化基层治理，实现公证员进网格全覆盖；宝应县公证处为维护企业知识产权在线上运用保全公证固定证据，取得良好社会效果。（范晓杰）

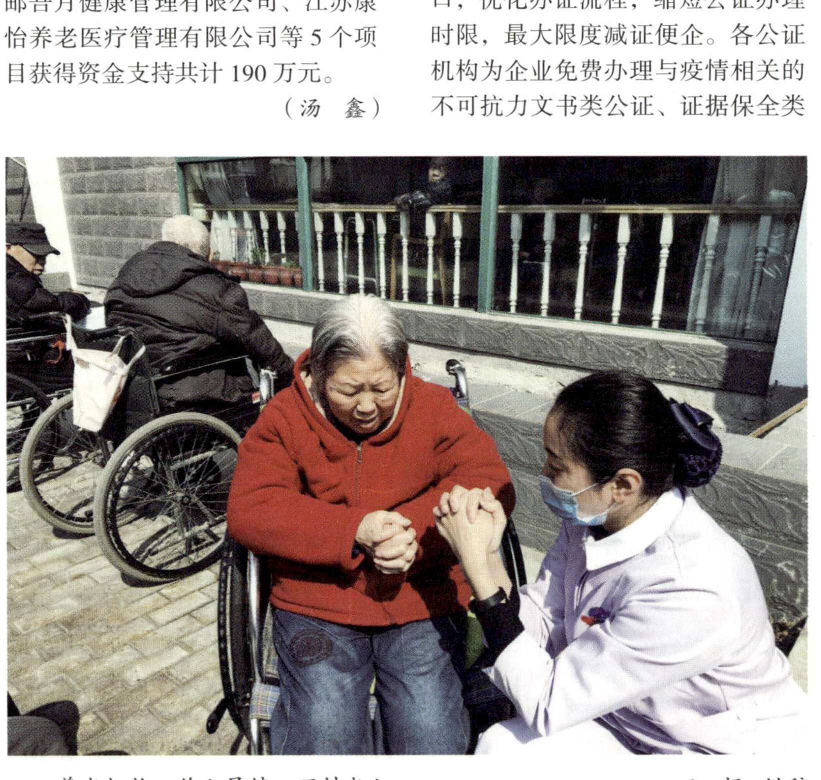

养老机构工作人员精心照料老人　　日　报/供稿

■律师 至年末，全市有执业律师1504人，其中专职律师1076人、兼职律师37人、公职律师354人、公司律师20人、法律援助律师17人；有律师事务所100家，其中合伙所85家、个人所6家、分所9家（外省分所5家）；另有公职律师办公室84家，公司律师事务部15家。办理各类诉讼、非诉讼案件3.92万

2020年扬州市部分律师事务所一览表

表18-1

序号	名称	序号	名称
1	江苏琼宇仁方律师事务所	16	江苏鈜云辰旭律师事务所
2	江苏法之泽律师事务所	17	江苏锦登律师事务所
3	江苏理华律师事务所	18	江苏唯是律师事务所
4	江苏擎天柱律师事务所	19	江苏楚汇律师事务所
5	江苏盛祥律师事务所	20	江苏证融律师事务所
6	江苏石立律师事务所	21	江苏周仕刚律师事务所
7	江苏大扬律师事务所	22	江苏新浪潮律师事务所
8	江苏征远律师事务所	23	江苏盛望律师事务所
9	江苏乐助律师事务所	24	江苏凯归律师事务所
10	江苏尚鼎律师事务所	25	江苏立科律师事务所
11	江苏江扬律师事务所	26	江苏长威律师事务所
12	江苏朱玉明律师事务所	27	江苏福朋律师事务所
13	江苏韵合律师事务所	28	北京金台（扬州）律师事务所
14	江苏九如律师事务所	29	江苏谭陈律师事务所
15	北京市雨仁（扬州）律师事务所	30	江苏中杜律师事务所

（范晓杰）

件，比上年增长15%。

疫情防控法律保障。第一时间成立新冠肺炎疫情防控工作专项法律服务团，服务团包含6个专项小组共计30多名律师。组织全市律所律师第一时间电话访问顾问企业，主动询问企业法律需求，提供法律咨询、法律论证等服务。企业复工复产、生产经营中遇有法律问题需要帮助时，第一时间派出专业人员到企业实施“点对点”法律服务。集中组织专业律师，制作疫情防控法律知识电子书和疫情防控法律服务手册，向全市发放法律服务手册2万余本。对受新冠肺炎影响严重的重点行业、重点企业，组织专家律师走访提供法律咨询、法律体检等专项法律服务。先后组织律师为企业法治体检3500余次，提供法律论证、合同审核等服务4000多件，组织各类法治讲座600多场次。

“法企同行”系列活动。遴选专家、律师成立“法企同行”讲师团，印发《关于组织开展扬州市2020年度“法企同行”系列活动通知》，举办扬州市2020年度“法企同行”系列活动启动仪式。以“送法律指引”“送普法讲座”“送法治体检”“送法律服务”等四送为活动主要内容，先后组织律师走访企业4500余家，提供企业法治体检6000余次，提供法律论证、合同审核等服务5600余件。

推进律师参与基层治理工作。组织协调建立近500名律师的法律工作者志愿服务队，采取律所与乡镇（街道）“一对一”结对的方式，为全市83个乡镇（街道）所属近1400个村（社区）及群众提供法律咨询、普法讲座等公益普法宣传活动。制定《扬州市村（社区）法律顾问工作考核办法》，为1624个基层网格选派律师，实现应派尽派。

“民法典”解读系列活动。在全市范围遴选28名专家律师成立“民法典在我身边”精英律师宣讲团；在“扬帆”App平台开设“美好生活 法典相伴 民法典大讲堂”，每期节目分为政策解读、以案说法、焦点解读等板块，用通俗易懂的语言向社会群众解读热点法律问题。开展“民法典进社区”系列活动，组织律师实施推进民法典解读工程，先后为社区群众举办讲座320余场，开展法律咨询2340余次，发送民法典宣传手册6800余本。（范晓杰）

■**司法鉴定** 全市6家鉴定机构共办理司法鉴定案件6937件，比上年下降16.6%。司法鉴定排名前四位为法医临床鉴定、法医毒物鉴定、法医精神病鉴定、法医物证鉴定。组织司法鉴定广场宣传，解答群众关于司法鉴定的问题。按照司法鉴定行业突出问题专项治理工作要求进行政策学习、自查自纠、案件“回头看”和违规行为整改。开展“鉴定为民办实事”活动，为法律援助受援人、经济困难群体减免鉴定费，对行动不便的困难群体进行上门鉴定，为群众提供优质高效的鉴定服务，扩大司法鉴定的群体知晓率和社会影响力。（范晓杰）

软件信息服务业

Ruanjian Xinxi Fuwuye

编　辑　贾丽琴

综述

■**概况** 扬州市软件和信息服务产业主要集中于嵌入式软件、工业软件、优势行业应用软件、移动互联网、大数据分析应用等环节，拥有万方电子、国脉通信、易图地信、航盛科技、爬山虎等一批百人以上软件企业。2020年实现业务收入76.8亿元，软件企业、软件产品数分别达297家、1753件，均列全省第四位。扬州高新区、江苏信息服务产业基地、仪征大数据产业园、扬州经济技术开发区智谷分别获批省级“工业大数据应用示范区”“互联网产业园”“大数据产业园”“互联网众创园”；亚威机床获批工信部工业大数据分类分级示范项目；万方电子、易图地信等4家企业入围2020年省首版次软件产品，获批数量列全省第四；四象软件“产业经济政务大数据云分析平台”入选省大数据优秀典型应用项目；国脉通信、金鑫信息等5家企业获批省“腾云驾数”转型升级计划优秀企业，入选数量列全省第四位。（卜玉江　谢森妙）

■**第13届扬州软件和信息服务外包大会暨航空电子科技产业论坛** 4月21日，第13届扬州软件和信息服务外包大会暨航空电子科技产业论坛采用线上直播形式举行。活动中，沈阳飞机设计研究所扬州协同创新研究院、中航机载系统共性技术有限公司等科创企业进行产品发布。4位行业专家作主题演讲，500多位嘉宾客商收看直播，最高直播在线人数4万人。（杨　奕）

■**5家企业入选省“腾云驾数”转型升级计划优秀企业** 12月1日，江苏省工业和信息化厅发文公布2020年“腾云驾数”转型升级计划优秀企业、产品和融合创新发展案例名单，评出70家优秀企业、88个优秀产品、41个融合创新发展案例。扬州市有5家企业入选优秀企业，分别为江苏四象软件有限公司、扬州国脉通信发展有限责任公司、江苏汉信数据科技有限公司、江苏智途科技股份有限公司、江苏金鑫信息技术有限公司。有3个产品入选优秀产品，分别为江苏万润软件科技有限公司的“数字化智慧工地平台（BIM+）”、扬州盛世云信息科技有限公司的“蓝之郡人脸识别智能门禁系统”、扬州国脉通信发展有限责任公司的“国脉智慧停车管理系统软件”。江苏四象软件有限公司的“产业经济政务大数据云分析平台”入围融合创新发展案例。（杨　奕）

■**无线电管理** 2020年，扬州市无线电管理处共计征收无线电频率占用费68.6万元，比上年增长0.1%，征缴完成率100%。2020年应缴频占费单位67家，比上年66家增长1.5%。累计受理行政许可33件，办理完结率100%，其中无线电频率使用许可6件，无线电台（站）设置许可21件，频率台站许可注销6件。受理政务咨询11起，对公众提出的油库反无人机装置、露天汽车电影（调频）、厂区手机信号屏蔽器等无线电台（站）应用咨询予以否定，明确告知法律责任及后果。

5G新基建发展服务。根据省工信厅下发的应受保护清单统计，沟

仪征大数据产业园　　日　报/供稿

通核实确保受影响的卫星地球站协调率不低于95%。与市文广旅局建立防范联动机制，制定5G基站与广电卫星地球站干扰协调办法，科学规范5G基站设置。全年接到5G干扰申诉10起，协调处置完毕10起，干扰处置完成率100%，保障5G基础通信网提速发展。

防汛通信保障。召开市防汛应急通信保障专题会议，制定防汛无线电应急通信保障预案，成立防汛无线电应急通信工作小组，突出处置流程及措施。组建82人的无线通信应急保障队伍，投入15辆通信抢修、应急车辆，7月驻守瓜洲镇润扬森林公园沿线开展防汛应急通信保障工作，并模拟受汛情影响通信设施受损公网中断，协调各成员单位开展应急通信修复，提高防汛无线通信保障应急队伍的实战能力。实地巡查排患，累计行程400多千米，巡察沿江低洼站点12处，排查整改风险隐患7处。

重点专项行动。根据国家、省统一部署，持续开展多轮专项任务行动并取得成效，受到省检查组肯定。集中开展打“黑”扫“伪”专项行动，先后查获9起“黑广播”，共查获9台黑广播发射设备。开展在用无线电台（站）随机抽查行动。首次引入“双随机一公开”监管方式，对全省在用无线电台站实施随机抽查，强化设置台站使用频率行为事中事后监管。从全市67家专业电台设台单位抽检17家，抽检率25%，其中责令整改3家，均整改到位；通过现场核查和技术检测，及时发现和纠正不规范行为。开展设备型号核准随机抽查任务行动。做好企业与承检机构沟通协调工作，指导企业填报《型号核准证后监督检测样品信息表》，要求企业按照传导测试需要对送检产品进行改装，对企业送检样品封装拍照登记，完成国家布置任务。在全市开展销售无线电发射设备执法抽查。10—11月，从全市52家无线电发射设备经销商中抽取迪卡侬（上海）体育用品有限公司扬州京华分公司、小米之家商业有限公司扬州第一分公司和京东五星电器集团有限公司扬州分公司，抽检率6%。采取现场指导整改、后台补充完善的方式，对三家销售商逐一开展整改并到位，进一步规范无线电发射设备销售行为。

高考通信保障　　无管处/供稿

各项通信保障。重大活动保障。提早谋划，开展重大赛会保障网格化监测系统项目建设探讨，为央视航拍、现场直播、指挥调度提供安全、可靠、优质的通信保障。派员参加长三角军地联合无线电保障技术演练，取得第二名成绩。重要考试保障。先后开展全国高考、公务员招录、事业单位招聘等各类重要考试保障22次，累计出动保障人员361人次，监测设备317台（套），保障车辆108辆次，未发生利用无线电设备作弊案件。高考期间，在疫情防控常态化的情况下，加强考前电磁环境巡查与风险排查，对全市15个考点进行拉网式“清理扫描”，全程驻点全程监测，严密防范和打击利用无线电技术设备进行考试作弊的违法犯罪行为，坚守好电磁环境保护的“最后一公里”。重点频率监测保障。坚持有诉必应，针对5G等重要频率干扰排查难题，组织协调应急机动力量，全力排查干扰。全年收到无线电干扰申诉11起，排查无线电干扰11起，干扰排查率100%，其中受理并及时排查手机信号放大器干扰电信800兆赫兹基站申诉1起。节日会议期间无线电安全保障。在重点台站抽查、打击黑广播和查处重要干扰的基础上，先后完成“春运”“两会”期间重点频率无线电监测值班，持续开展航空和广播专用频率的日常监测，配合省监测站对机场、导航台和空中干扰多发的航线沿线开展专项监测，确保航空飞行安全和人民生命财产安全。升级装备强化技术支撑。抓实省众包移动监测项目和非法信号定位监测项目推进。其中，省众包移动监测项目是在市县二、三类固定站全覆盖的基础上，填补扬州固定监测覆盖盲区，满足精细化、动态化监控城区电磁环境变化、重大活动、重要赛事等区域、定制性监测需求；非法信号定位监测项目重点针对黑广播、伪基站等非法台站，实现监测车辆行驶中的动态精确定位查找，提升行政执法工作效能。两个项目于10月建成验收，提供24小时不间断的全市电磁环境监测。（陈　晔）

智慧城市应用服务

■概况　加强制度建设，制定《使用非财政性资金信息化项目备案管理要求》《功能区新建信息化项目硬件资源整合管理要求》等文件。出台网络强市建设三年行动计划。推进项目实施，全年共组织项目论证11次，审核标书12套，信息系统等级保护备案44个，完成19个项目验收，绩效评价试点项目6个。接待南通、嘉兴、鹰潭等城市来扬调研云上扬州；大数据共享开放平台、“我的扬州”App等6个项目入选“智慧江苏重点工程”；在中央网信办发布的新型智慧城市评价结果中，扬州综合排名位居省内第三。2020年，扬州市连续七年入选“中国城市信息化50强”榜单。

（卜玉江　谢森妙）

■**“云上扬州”建设** 推进资源整合与应用协同，信息惠民、便民、利民成效明显。市大数据共享交换平台基本建成人口、法人等5大基础库和综合治税等10类主题库，累计归集县（市、区）、功能区和市级单位4187类7.23亿条数据（其中2020年新归集数据2.13亿条），提供跨区域、跨部门数据共享交换能力。数据共享成效显现，“我的扬州”App提供93项服务，注册用户超过80万；宜行扬州接入5.3万多个停车泊位；公积金线上提取“零跑腿、零材料”，网办业务10万余笔，线上办理量约占同类型业务办件总量的85%。通过业务、技术和数据融合，大数据共享交换平台、一体化政务服务平台等一批重点应用项目建成。

（卜玉江　谢森妙）

■**信息基础设施建设** 编制印发《信息通信基础设施空间布局规划（2020—2035年）》，针对5G网络特点，明确全市铁塔、室外宏站、重要机房等建设规模和布局。全市5G网络建设推进会召开，全年新建5G基站3341座，基本实现市（县）主城区和主要应用场景连续覆盖。全市互联网光纤宽带用户占固定宽带用户比重99.99%，列全省第2位，政务外网实现省、市、县、乡、村五级贯通。抢抓工业互联网标识解析布局机遇，3家企业获批建设工业互联网标识解析二级节点，其中亚威机床金属加工机械行业二级节点建成，实现与国家顶级节点互联互通。

（卜玉江　谢森妙）

■**6个工程入选智慧江苏重点工程名单** 4月，省工信厅公布2019年智慧江苏重点工程名单，扬州共有6个工程入选，分别是扬州市大数据共享开放平台、“宜行扬州”五位一体综合交通出行服务系统、时空信息云平台、数字高邮地理空间框架建设项目、生产运营信息化管理系统（扬州中燃）、“我的扬州”App。

（杨　奕）

软件和互联网服务

■**概况** 2020年，扬州市先后举办第六届“i创杯”互联网创新创业大赛扬州赛区比赛、信创背景软件企业转型发展工作推进会等活动，培育产业生态。完成第16届南京软博会的参展、布展等工作，30多家重点软件企业和园区参展。举办全市工业软件培训会，引导广大企业加强工业软件的研发，进一步提升产品智能化水平。全市4个产品获批全省首版次软件产品，4家软件企业技术中心全部通过省级建设和运营情况考评。

（卜玉江　谢森妙）

■**大数据产业** 重点推进大数据产业集聚区建设，初步形成仪征大数据产业园、邗江高新区和开发区智谷“一核两园”的大数据产业载体布局。2020年，高新区成为全省唯一一家获批的工业大数据应用示范区，仪征大数据产业园获批江苏省大数据产业园，扬州经济技术开发区智谷获批省级互联网众创园。建立基础台账，摸清产业家底，企业层面，梳理摸排，建立142家大数据企业库，通过审核进入省工信厅大数据企业库；数据中心层面，围绕新基建，对全市大数据中心已投运、在建和拟建数据中心摸底。强化与腾讯、华为、中兴及电信运营商合作，中国·扬州云计算中心、华云大数据中心在用机架近4000个，已有百度、京东、美团等大型互联网企业的数据服务器入驻，腾讯仪征东升云计算中心、电信江北数据中心等2个超大型数据中心建设加快推进。健全产业支撑体系，亚威获工信部工业大数据分类分级试点企业认定，并获批示范项目2项。

（卜玉江　谢森妙）

■**腾讯仪征东升云计算数据中心开服** 12月15日，腾讯仪征东升云计算数据中心正式开服。该中心总投资超过100亿元，占地约22.33公顷，总建筑面积约12万平方米，设计容纳30万台服务器。

（杨　奕）

■**4个软件产品入选省重点领域首版次软件产品目录** 首版次软件是指省内依法注册、具有独立法人资格的企业通过自主开发或者合作开发，其功能或性能有重大突破，在该领域具有技术领先优势或者打破市场垄断，首次正式发布并进行销售，具有良好市场推广应用前景，拥有自主知识产权的软件产品。8月31日，省工信厅发布《2020年江苏省重点领域首版次软件产品应用推广指导目录》，首凯汽车零部件（江苏）有限公司的“首凯氮氧传感器性能标定软件V1.0”、扬州万方电子技术有限责任公司的“万方高可用集群管理平台软件V1.0”、江苏易图地理信息科技股份有限公司的“易图遥感影像大数据分布式入库系统软件V1.0”、扬州市威鹏自动化科技有限公司的“威鹏通用智能型阀门电动装置控制器软件V1.0”等4个软件产品入围，获批数量列全省第四位。

（杨　奕）

■**扬州市民卡有限责任公司** 2020年，扬州市民卡有限责任公司实现营业收入1901.48万元，比上年增长7.2%。年刷卡总额1.75亿元，年充值总额1.75亿元。年发行市民卡36.56万张，累计发行市民卡353.8万张，其中“社会保障·市民卡”24.7

万张，2017 版市民卡 16.67 万张，副卡 226.03 万张，园林卡 85.18 万张，NFC 市民卡 1.22 万张。“我的扬州”App 累计下载量 171.8 万人次，注册用户 84.1 万人。

“我的扬州”App 全面建成。强化运维，硬件扩容；优化体系，推出混合支付、积分运营、服务评价等功能；旅游升级，线上园林、跨域整合、“刷脸入园”；版图拓展，建成高邮县市门户，公交刷卡和扫码实现多票制，服务覆盖县市乡镇；应用上新，拓展“大学生卡年审”“扬州 12345”“生活圈”等新服务，服务累计上线近 100 项。公司连续获得 6 项软件著作权。新冠疫情防控期间，搭建口罩预约和置换服务平台，开通线上口罩预约、置换和捐赠服务，线上累计预约投放口罩 219.48 万只，收集市民置换、捐赠信息 4840 条。“我的扬州”App 被省工信厅列为“2019 年智慧江苏重点工程”，入选 2020 年度扬州市“文明办网文明上网”优秀案例、全国“2020 数字政府服务能力评估暨第 19 届政府网站绩效评估优秀创新案例”。

民生项目。履行公用事业缴费中心职能，完成代缴费新系统开发，推进“一平台两中心”建设；配合司法局实施“一室两馆”项目，开发上线法律阅览室、数字宪法宣传教育馆、青少年法治宣传教育体验馆，累计服务 21 万人次；配合民政局实施“扬州市居家养老服务管理平台”项目，批量办理“老年福利卡”1.5 万余张；配合环卫处实施“垃圾分类”二期项目，实现与第三方运营、智慧城管平台交互；配合宣传部门实施“惠民购书券”发放项目，发放 5000 张购书券；配合省一卡通公司实施“NFC 市民卡”项目，新增小米手机机型；拓展公交二维码应用，新增微信、银联扫码乘车；配合见义勇为基金会发行“见义勇为卡”；高校大学生卡免费发卡 2 万余张；完成城控集团“水、气、卡三网融合”等民生信息化项目。

（郑 重）

通信服务

■中国电信扬州分公司 2020 年，中国电信扬州分公司实现业务收入突破 21 亿元大关，比上年增长 5.12%。

疫情防控通信保障。承接市卫健委市县 9 家指挥部和 26 家医院的视频监控应急指挥云平台项目。疫情防控期间，完成市委、市政府各类疫情通信保障任务，累计出动保障人员 3.4 万人次；支撑各类视频会议 637 场；紧急业务开通 615 次；排查障碍隐患 328 处；保障专线电路 432 条；及时开通 125 家企业共 387 条云视频监控，支撑全市企业复工；紧急开通 228 条疫情防控卡口监控。

网络基础建设。贯彻市委、市政府“网络强市”战略部署，加快全市新型基础设施建设，全省率先完成 5G 建设，基本实现县市主城区、发达乡镇覆盖，关键站址建成率 100%。完成连淮扬镇高铁扬州段 4G 全覆盖及高铁站 5G 全覆盖。针对高带宽大流量，升兆用户持续开展客户优化，消除用户侧瓶颈，发挥网络优势；寻求最佳家庭 WIFI 组网模式，发挥 WIFI6 优势，提升有线无线速率感知；提升智家工程师队伍能力，夯实装维服务根基。

（杨 珺）

■中国移动通信集团江苏有限公司扬州分公司 2020 年，中国移动通信集团江苏有限公司扬州分公司完成运营收入超 23 亿元；服务移动通信客户超 280 万户，物联网用户超 220 万户，大中小型政企客户超 7.6 万家；提供移动业务受理营业厅 980 个。

基础设施建设。持续加大资金投入，打造 5G 精品工程。累计开通 5G 室外站 1800 个，室内站 200 个，实现市县主城区、重点乡镇的连续覆盖，以及行政、交通枢纽、核心商圈等热点场景全覆盖。在仪征落地建设“中国移动长三角（扬州）数据中心”，总投资规模 100 亿元，占地约 15.2 公顷，机柜总量约 2.56 万架，可容纳超 30 万台服务器。与现有中国移动华为大数据基地、扬州市政府云计算中心以及扬州移动综合楼大数据中心四位一体，形成完整的互联网通信上下游产业集群，为扬州及全省数智化城市建设提供及时、稳定、安全、顺畅、优质、高效、低碳、低成本的云计算服务；促进优化营商环境，吸引华为、阿里、百度、腾讯、字节跳动等互联网巨头及各类云服务商户进驻，提升扬州网民抖音、今日头条等热门 App 访问速度和质量。

基础网络覆盖优化。坚持以客户感知为中心，专项攻坚网络信号覆盖等焦难点问题，完成 20 个居民区地下室和 250 部居民区电梯网络信号覆盖。开展宽带品质迭代工程，加速移动千兆宽带建设和智慧家庭全屋组网布局，促进网间互联互通，提高网络访问速率，进一步提升网络和服务品质。聚焦重点活动场景，完成市“两会”、园博会、连淮扬镇高铁扬州段、扬州高铁东站以及重大项目开幕式等通信保障。

民生工程。牵头成立 5G 产业联盟，推动 5G 产业标准成熟，构建 5G 合作新生态。与扬州市政府及全区 50 余家企事业单位签署 5G 建设与应用战略合作协议，与中远海运、亚星客车等多家头部企业落地 5G 数智工厂、5G 智慧矿车、5G 智慧路灯、5G 智慧楼宇等项目合作，全年完成 5G 项目签约超千万元，省级示范项目 7 个。深入人工智能、物联网、大数据、云计算及边缘计算应用研究探索，加快从通信服务向信息服务转型。与政府部门紧密联动，围绕经济发展、城市治理等加快“云上扬州”建设，打造智慧停车场、市级机关公务用车管理平台、扬州应急管理建设项目以及 328 国道仪征段交通智能化项目等多个信息化精品工程。以云桌面为抓手，深入党政、金融、教育、文旅、渔业等行业创新合作，打造党建云、政务云、医疗云、教育云、智慧文旅、渔管办大数据执法系统等标杆应用，承建江都卫健委医疗云项目，实现首个区域内所属公立医院资源共享。疫情期间，持续更新优化“和直播”“和对讲”“视频彩铃”“云视讯”“云测温”“行程查询”等数智化产品，助力企事业单位实现远程教学办公，恢复正常生产秩序；发送疫情防控、疫苗接种等公益燃信过亿条。

优质服务体系打造。开展主题活动，以及“支部书记接待日”“总经理接待日”线上线下活动40余次，全面收集广大客户意见建议，强化监督，提升服务能力。健全前台四个提醒（覆盖范围提醒、终端更换提醒、套餐下线提醒、违约责任提醒），充分保障用户知情权。落实消费者权益保护要求，实施“全量客户短信账单”服务、推进“0000统一查询退订”和“扣费主动提醒服务”等透明消费举措，为广大客户营造清晰、透明、值得信赖的消费环境。

健全网络与信息安全管理机制。履行信息安全重要责任，严格执行“实名制”认证，开展“黑卡”“扫黄打非”、防范打击电信网络诈骗、综合治理骚扰电话等专项整治，严厉处置诈骗短信、诈骗电话、不良网站和伪基站等违法行为，遏制不良信息传播和电信网络新型违法犯罪，构建安全绿色网络。持续优化反诈大数据监测模型，持续提升防诈技术能力，与扬州公安建设的反诈预警劝阻系统共同为扬州人民群众提供全方位安全守护。（移　动）

■中国联合网络通信有限公司扬州市分公司 2020年，中国联合网络通信有限公司扬州市分公司实现主营业务收入4.62亿元。

疫情防控保障。根据市政府等相关部门要求，利用大数据分析，每天及时提供外地漫入及外出返扬人员相关分析信息，累计发送各类公益短信600万余条，保证疫情防控宣传工作落到实处。组织开展应急通信和网络信息安全保障工作。第一时间完成扬州市疫情防控指挥部的测试优化工作，针对新型冠状病毒感染肺炎定点收治医院、扬州各区县卫健部门、医疗防护用品厂等重点区域建立监控场景，安排人员实时跟踪场景内基站状态、告警及指标情况，提前评估业务容量，及时进行保障，确保防疫一线每时每刻通信网络畅通无阻。完成13个疫情防控点的布控网络建设、38个治安卡口和17个隔离小区的网络建设。采用信息化手段做好疫情防控各项工作。为政府提供热成像人体测温方案，在市政府、机场、火车站、复工单位等场景投入使用。响应“疫情防控无人机监测系统”的需求，完成扬州地区首个无人机+5G应用部署，实现无人机疫情巡查、云呼叫、云广播、图像存储分析等功能。响应政府“停课不停学”的号召，协助扬州各高校搭建钉钉线上课堂，提供更好的网络环境。自主研发形成一套实现企业、校园人员疫情排查信息的云系统，提供在线登记、线上管理、实时统计、长期留存的一系列解决方案。全年为90家企业、5家高职校提供约205万人次疫情登记排查服务。冷链产品监管平台项目成为政府机关应对疫情新形势的重要抓手，实现对冷链从业人员、产品、场所的集约化管理。

网络建设。在共建共享工作方面。成立5G共建共享工作组，承载网完成与扬州电信2×100G端口互联互通工作。累计开通5G共享站1523个站点，共享率100%。与扬州电信公司开展4G共建共享工作，扬州联通分公司累计开通共享437个小区。在网络优化方面。通过对“三高一低”指标和现网VoLTE参数配置进行分析优化，确保用户打得通、听得清、不掉话。以提升投诉故障响应速度，聚焦重点区域用户感知为目标，通过故障告警管控、质差小区整治、综合代维管理、投诉处理流程优化、网络口碑宣传等多种手段做好网络基础维护、优化、宣传工作，提升联通品牌形象，改善用户感知。

通信网络保障。防汛抗灾期间，分公司履行“网络安全，人人担责”的承诺，各专业条线主动应对汛情，排除万难，周密部署，提高应急抢险能力，全力保障全市通信网络。完成仪征省运会龙舟赛、“双11”等多场活动通信保障工作，活动期间网络运行畅通，用户感知良好。

聚焦“智慧城市”。继续为全市“透明厨房”“看娃吃饭”视频联网服务，全市托幼养老机构、中小学、机关食堂实现远程视频监管，全市厨房监管摄像头在线2500路，实现监管无死角。根据市场需求，安装拆迁安置小区电梯，第一时间做到应急救援、远程视频监管。参与“平安城市”项目建设，利用互联网5G应用，在住宅小区、港口、综合体、道路、娱乐休闲场所等重要场所进行部署，为公安大数据比对提供有力保障，提升全区社会科技防控体系建设整体水平。推进智慧医疗，支撑各医院防疫信息化需求，为苏北医院完成扬州地区首个真实5G远程手术指导工作。推进智慧工地和智慧小区建设，帮助多个工地和小区实施智慧化和智能化。

市政管理工作。累计处理城管派单案件858件，12345投诉处理721件，无一超时。配合市政工程建设，及时迁改相关通信管线设施，为工程建设提供便利条件，共计迁移管线设施358千米。（联　通）

旅游业

Lüyouye

编 辑 陈永华

综述

■**概况** 2020年，扬州市出台《关于2020年促进旅游业发展更好服务游客的意见》，创成第四批全国旅游标准化示范单位，激发释放旅游消费潜能，助力美丽扬州建设。全市接待境内外游客3841万人次，实现旅游业总收入610.33亿元，分别恢复到2019年的50%和60%。其中，接待国内旅游人次恢复程度基本与全省持平，国内旅游收入恢复程度高出全省2.4个百分点。

至年底，全市有国家A级景区57家，其中AAAAA级景区1家、AAAA级景区14家、AAA级景区32家，总量居全省第3位；有省级旅游度假区4家、省级工业旅游区7家、省级乡村旅游重点村5家、市级研学旅游基地14家。（霍 伟）

■**旅游企业政策扶持** 制定2020年“3号文件”，明确并实施加强旅游企业扶持奖励等12条具体服务措施。对121家旅行社暂退旅行社质保金2200多万元。安排1000万元专项资金，落实省级文旅企业纾困政策，29家企业共获得447万元资金支持。配合市国资委对承租国有资产类房产经营的旅游企业的房租进行减免。14个项目获得省级旅游产业发展基金318万元免息优惠政策。引导文旅企业通过综合金融服务平台线上融资“绿色通道”和中小企业应急转贷基金进行多渠道融资，利用担保、保险政策优惠，降低融资成本。（高 雅）

■**智慧旅游提升服务** 推动瘦西湖、双博馆、个园、何园等高等级景区实行线上分时门票预约制度。全市15家AAAA级以上景区实时监控、实时客流等信息数据与省智慧文旅平台实现对接。瘦西湖智慧旅游综合服务项目被列为2020年度省智慧文旅培育项目。（戴尚虎）

■**扬州航空馆建成开放** 扬州航空馆位于生态科技新城，面积达6000平方米，室外拓展面积约为1万平方米，主体由航空科技文化馆、航空科幻体验馆构成，于9月21日建成开放，是航空科普教育基地和扬州市爱国主义教育基地。项目由扬州市委、市政府与中国航空工业集团有限公司共同建设，是落实央企与地方协同发展文化事业、开展爱国主义教育和国防教育的重点合作工程，也是长三角首个集历史展示、模拟仿真、科普教育、互动体验于一体的大型航空综合性场馆，为扬州市民和航空爱好者提供沉浸式的航空体验。（高 雅）

■**世园会项目建设** 2021扬州世界园艺博览会项目分为东西两大区域。其中，西区为原省园项目提升区域，面积120公顷，东区为新建区域，面积110公顷。项目内部以园林、农田、水系、林地等要素为主，南北地势起伏变化，呈现出典型的低山丘陵风貌。本届世园会考虑东西两园的衔接关系，总体形成一轴、两脉、五心、八片区的空间结构。一轴为世园会东区贯穿南北的核心

扬州航空馆内景 董 辉/摄

景观轴，连接南入口景观区、中心景观区、北入口景观区。两脉以枣林湖和枣林河水体景观构成滨水游览环线，以东西主要园路联系三大园艺展区和两大展馆构成陆上游览主线。五心即在保留园冶园、碧云村的基础上，将原省园主展馆作为中国馆，东区新建国际馆和演绎馆，共同构成园区五大功能建筑。八片区为入口服务区、国内园艺展区、境外园艺展区、生活园艺展区、江苏园艺展区、企业园艺展区、生态休闲区和林荫休憩区等八大功能区。

（高　雅）

旅游资源开发

■概况　2020年，扬州市深化文旅产业融合发展，推进重大文旅项目建设，累计完成投资89.07亿元，年度计划投资完成率79%，比上年提升7个百分点。扬州中国大运河博物馆进入布展阶段，中国大运河非遗文化园正式开工，华侨城梦幻之城建筑主体、游乐设备安装基本完成，瓜洲古渡文旅小镇完成南园、北岛建设，邵伯湖旅游度假区综合开发项目游客中心等配套项目基本完成，邗江琴筝文化产业园二期、宝应射阳湖旅游度假区、仪征世园会综合开发项目、江都光线中国电影世界等重大项目稳步推进。传统

2020年扬州市国家A级旅游景区一览表

表20-1

景区名称	等级	景区名称	等级
瘦西湖风景区	AAAAA	江都自在公园	AAA
大明寺	AAAA	仪征孔雀山生态体育公园	AAA
个园	AAAA	宝应曹甸楚甸公园	AAA
何园	AAAA	扬子郊野公园	AAA
中国雕版印刷博物馆/扬州博物馆	AAAA	宝射河休闲体育公园	AAA
茱萸湾景区	AAAA	宝应湖国家湿地公园景区	AAA
东关历史文化旅游区	AAAA	高邮菱塘回族乡古清真寺景区	AAA
高邮盂城驿景区	AAAA	高邮文化体育休闲公园	AAA
宋夹城景区	AAAA	蜀冈生态公园	AAA
汉陵苑	AAAA	花都汇-扬州园艺体验中心	AAA
马可波罗花世界	AAAA	天乐湖旅游度假区	AAA
运河三湾风景区	AAAA	扬州民歌民乐公园	AAA
邵伯古镇景区	AAAA	扬州艺术馆	AAA
仪征捺山地质公园	AAAA	扬州科技馆	AAA
高邮抗日战争最后一役文化园	AAAA	界首老街文化景区	AAA
京华城休闲旅游区	AAA	荷花池景区	AAA
凤凰岛生态旅游区	AAA	高邮清水潭	AAA
史可法纪念馆	AAA	宝应荷园生态旅游区	AAA
吴道台宅第	AAA	朱自清故居	AA
宝应纵棹园	AAA	宝应周恩来少年读书处	AA
仪征博物馆	AAA	宝应博物馆	AA
高邮镇国寺	AAA	宝应柳堡二妹子模范民兵活动中心	AA
高邮文游台	AAA	江都龙川盆景艺苑	AA
仪征红山体育公园	AAA	宝应革命烈士纪念馆	AA
宝应宁国寺景区	AAA	玉文化景区	AA
陈园景区	AAA	江都仙女公园	AA
江都开元寺景区	AAA	扬州山水园	AA
江都朴园景区	AAA	师姑塔生态体育公园	AA
润扬森林公园	AAA		

（戴尚虎）

文旅产业实现提档升级，推动东关街沿街店铺形象设计，优化街区餐饮业态；实施1912街区改造提升工程，推进扬州“三把刀”特色步行街建设，促进美食与旅游融合发展；推动东关街—国庆路老字号街区改造提升，打造“老字号”消费街区。发展夜间文旅经济，扬州瘦西湖“二分明月”文旅集聚区、运河·孟城驿历史文化街区、东关历史文化旅游区被评为省级夜间文旅消费集聚区建设单位，打造皮五书场、冬荣园、徐园等一批夜间演艺小剧场。推进旅游品牌建设，全年新创成AAA级旅游景区3家、省级工业旅游区2家、省级乡村旅游重点村3家。

（戴尚虎　高　雅）

■旅游资源提档升级　2020年，扬州市推进A级旅游景区、乡村旅游重点村等品牌建设，推动提档升级，优化服务质量、提升品质。高邮清水潭景区、荷花池景区创成国家AAA级旅游景区；宝应荷园生态旅游区提档升级，创成国家AAA级旅游景区；凤凰岛生态旅游区通过国家AAAA级景区景观价值评审。开展A级景区第三方机构“体检式”暗访，提升景区服务质量和服务品质。推进乡村旅游发展，仪征市新集镇庙山村、广陵区沙头镇沙头村、江都区吴桥镇高扬村等3个村入选省乡村旅游重点村，渔村古渡二日游、仪征康乐一日游、自在江都一日游、高邮宝应二日游等4条乡村旅游线路入选50条江苏省乡村旅游精品线路。推进旅游度假区建设，扬州大运河文化旅游度假区连续四年获省级旅游度假区综合考评第1名。（戴尚虎）

■瘦西湖风景区建设　推进智慧景区建设。景区各出入口售票处全面升级为智慧旅游服务区，实行“一票一码”线下扫码购票模式，推出线上分时预约系统，给游客提供购票方式，全年线上购票率99%。安装多功能智能信息导览屏，实时显示当日天气、门票价格、园内活动、停车场空位图、瞬时承载量和实时在园人数等信息，提供宠物寄存、物品寄存、5G网络等服务项目。在全市旅游景区率先设置免费VR虚拟游览项目，让游客体验从不同的视角欣赏瘦西湖景色，增加游客入园游览兴趣。

基础设施提档升级。建成推出“湖上梅林”，成为新兴“网红打卡地”。在东门区域打造的“桃源花溪”，开门见山、山水相连。借助瘦西湖夜游开放契机，完成全园夜间亮化工程，用五大亮点串联夜游沿线亮化脉络，在1757美食街坊区域打造出小型灯光秀。

开展“厕所革命”，2020年对罗城广场厕所进行改造及周边景观提升。将原有树木拥堵、植被杂乱、地形起伏的广场打造成一个通透开放、布局精致具有欧式风格的花园广场，旅游厕所与广场整体风格一致，与罗城花园的景色相得益彰。

加大文物保护力度。对徐园实施局部修缮工程。范围包括徐园园门与碑亭修缮、南侧围墙筑顶整修与西侧围墙重构；本着修旧如旧的文物修复原则，排除险情，恢复原来的面貌，使文物建筑得以延续下去。配合瘦西湖清淤工程，开展小金山山体加固、钓鱼台驳岸加固工程，对吹台四周、长渚南北两侧及东端驳岸进行加固，采用墙式护岸的加固方式，保持原有风貌。对大明寺栖灵塔进行油漆出新、亮化提升、广场维修等系列工程，维护夜间重要景观标志。（蜀冈办）

■个园建设　2020年，完成鹤亭抢修工程，矫正木柱，解决鹤亭大木构架倾斜引起的结构不稳定问题；新增南部住宅东西火巷残疾人坡道12个，保证园内无障碍通道全覆盖；配合南门闸机安装施工，解决旺季南门出入口拥堵现象；个园办公室东侧空地改造为仓库，增加存储空间，整合花局里街区资源；综合整治北门停车场环境，改造自行车停放区域，提升个园整体形象；改造花局里紫藤花架廊区域，安装铝合金网围挡并放置不锈钢兰花花架，设为兰花展示区，丰富花局里景观；翻修花局里垃圾房地面，更换堵塞污水管并重新铺贴青石板，整治花局里环境。对兰苑外盆景区域进行改造，方便游客更直观欣赏盆景；不同季节在园内花坛布置应季草本花卉，7—8月在抱山楼布置碗莲供游客欣赏；更新园内竹子、乔灌木牌示，让游客了解个园绿植信息；更换破损竹篱笆护栏，保护绿植，倡导游客文明出游；制作文创绿植小品，利用旧瓦片、旧花盆、吊兰、常春藤、竹子等制作特色文创绿植，拓展景区经营性收入。（蜀冈办）

■何园建设　2020年，加强现有设施维护及园内花卉绿植养护，完成夏季荷花睡莲、国庆等应季花卉布展等，先后对贴壁假山、玉绣楼角楼漏水进行维修、园内多处破损霉变处进行油漆出新；完成何园古树名木信息更新普查，现有古树22棵；完成园内补种牡丹花100多株。（蜀冈办）

■茱萸湾建设　2020年，完成长颈鹿馆建设，引进2只长颈鹿，展馆占地面积约3500平方米，有室内展区、室内饲养区、室外展区、互动区、科普宣教区及附属仓储管理区。完成地下水管网改造，对地下水管网进行改造，实现地下水到地表水的转换，节约水费近6万元。加强物业和绿化养护管理，开展袋鼠园、水禽湖东河岸沿线、环尾狐猴岛入口等区域绿化提升，强化环境卫生整治。做好动物饲养繁殖工作，繁殖金丝猴2只、黑白疣猴2只、环尾狐猴9只、松鼠猴2只、黑天鹅6只、黑鹳2只，斑马1头、狒狒1只。强化景区科普教育职能，做好动物科普知识免费讲解服务，提升讲解服务质量。（蜀冈办）

■荷花池公园建设　2020年，荷花池公园创成国家AAA级旅游景区，完成ISO 9001质量体系和ISO 14001环境管理体系认证，最大承载量、瞬时承载量、游览舒适度指数区间测算核定。提升游客中心，完善标识、座椅等设施，提供导览宣传、特色纪念品服务等。更新园内标识标牌，安装导游全景图2块，导览图4块，引导标识牌10块，景物介绍牌6块，以及各种提示牌数十块。进行植物科普解读，给景区内47种植物挂铭牌80余块。开展公园绿化养护和病虫害防治。春季开展裸土覆绿，进行绿化补植，补种大塘麦冬738平方米，移栽红枫、桂花等。重要时间节点完成布置草花，栽种太阳花、羽衣甘蓝、矮牵牛、石竹、三色堇、孔雀草等草花5.50万盆。强化绿化养护管理考核，根据《荷花池公园绿化养护考核细则》《荷花池公园花卉布置考核标准》，采取每月定期考核和不定期巡查考核的方式，规范管理考核行为，提高绿化养护质量，保证公园绿化管养质量。（杜 伟）

2020年扬州市全国工业旅游示范点

扬州漆器厂

扬州玉器厂（戴尚虎）

2020年扬州市省级工业旅游区

扬州乱针绣文化产业园

江苏丰尚科技工业旅游基地

江苏汇全酿酒工业旅游区

扬州三邦生物工程有限公司工业旅游区

上海大众汽车仪征分公司

青岛啤酒（扬州）有限公司

光大宝应环保科普教育园（戴尚虎）

2020年扬州市省级乡村旅游重点村

邗江区方巷镇沿湖村

仪征市新集镇庙山村

江都区吴桥镇高扬村

宝应县射阳湖镇冲林村

广陵区沙头镇沙头村（戴尚虎）

2020年扬州市省级旅游度假区

扬州大运河文化旅游度假区

扬州凤凰岛生态旅游度假区

仪征枣林湾旅游度假区

扬州瓜洲旅游度假区（戴尚虎）

2020年扬州市省级生态旅游示范区

凤凰岛生态旅游区

瘦西湖风景区

高邮市清水潭生态旅游区（戴尚虎）

2020年市级研学旅游基地

曹甸忆思园

抗日战争最后一役文化园

春江花月夜艺术馆

天乐湖旅游度假区

江都区学生校外活动实践基地

凤凰岛国家湿地公园

沿湖村

何园

捺山地质公园

扬州科技馆

马可波罗花世界

扬州艺术馆

宋夹城景区（戴尚虎）

2020年扬州市省级自驾游基地

仪征红山体育度假村

瓜洲国际露营地

宝应白鹿岛生态旅游区

仪征市天乐湖（戴尚虎）

旅游区建设

蜀冈－瘦西湖风景名胜区

■概况 蜀冈－瘦西湖风景名胜区于1988年由国务院批准设立，总规划面积12.23平方千米。2006年1月，景区党工委、管委会挂牌成立，实际管辖面积6.68平方千米。2013年1月和12月，市委、市政府两次对景区实施扩容。扩容后，景区代管区域总面积33.6平方千米，下辖平山乡、城北街道、瘦西湖街道、梅岭街道等4个乡（街道），有26个行政村（社区），总人口约16万人。

2020年，景区实现地区生产总值83.55亿元，按可比价增长6.5%；完成一般公共预算收入7.04亿元，增长15.1%，其中税收收入6.7亿元，增长13.4%，税占比达95%；实现社会消费品零售总额51.26亿元，增长2.1%；完成固定资产投资85.12亿元，增长19.7%；实际利用外资及港澳台资7500万美元；服务业增加值占地区生产总值比重提高1.4个百分点；全年新增各类市场主体2846户。

2020年，景区新开工重大项目5个，新竣工重大项目3个，新达效重大项目2个，完成重大项目投资66.2亿元，超额完成10个百分点。出台招商引资考核办法和奖励办法，聘请50名招商大使，开展外出招商活动20余次，新签约瘦西湖生态健康谷等15个项目，协议总投资约250亿元；新增服务业重点企业20家，引进新三板挂牌公司1家；与市发改委开启招商引资信息共享及政策服务创新战略合作。创新驱动持续发力，北大科技园新入驻企业63家，年产值突破10亿元；瘦西湖基金小镇加快建设，引进南湖基金小镇优秀管理团队，基金总管理规模超200亿元。（蜀冈办）

■文旅产业 2020年，景区推出夜游、夜市、夜演等“夜文化”三部曲，举办运河文化嘉年华、世界运河美食博览会等系列活动，累计接待游客超200万人次；国有企业餐饮板块总营收增长8.2%，酒店板块恢复至上年8成水平。落实租金减免政策，减免500余家中小企业和个体工商户租金1280万元，向上争取各类补助资金715万元。（蜀冈办）

■城市功能 2020年，景区新建相别路北延段、花园西路、隋炀西路，新增污水管网3.1千米，完成瘦西湖水系27处雨污混接点改造任务和“扬马”景区段沿线建筑外立面改造、道路杆线下地工程。完成梅岭佳园、凤凰新村等6万平方米老旧小区整治和城北王塘叶桥“城中村”改造任务，新增绿地面积5万平方米。建成空气质量自动监测站15个，整治“散乱污”企业15家，启动瘦西湖河道清淤工程，打造“一园三站三中心”环卫综合体。（蜀冈办）

■社会事业 2020年，景区增进民生福祉。基层“三整合”改革任务全面完成，建成区、乡社会治理现代化指挥中心，依托网格化社会治理机制，推动文明城市建设由“战时突击”向“常态长效”转变。完成第7次人口普查工作，整改安全生产专项督导问题，推进扫黑除恶专项斗争，信访形势稳定向好。启动梅岭小学上方寺校区和华侨城、金太阳幼儿园吕庄校区建设，区内中小学校全部创成市级智慧校园；重点人群家庭医生服务签约率达70%，政府购买居家养老服务扩面至10%，花都汇邻里中心投入使用，建成建隆、五亭等2家颐养示范社区，雷塘社区创成“全国养老示范社区”。（蜀冈办）

古城片区

■概况 近年来，扬州逐步完善古城旅游配套设施，完善和提升双东历史街区，推进彩衣街、杨总门地区的街景整治和民居修缮，启动南河下历史街区保护整治，统筹做好仁丰里、湾子街历史街区和老城区5大传统建筑群的保护，展示古城精致形象。对文昌路、泰州路、广陵路、徐凝门路、国庆路、渡江路等10多条古城主干道进行街景整治和美化亮化，搬迁改造近50万平方米的乱搭乱建、不协调建筑和棚户区，保持老城区传统风貌的协调统一。扬州明清古城成为中国东南沿海地区规模最大的历史城区，吸引国内外游客到扬参观游览。

2020年，将古城保护利用和改善居民生活环境结合，整体规划、分步实施，推进古城保护复兴和环境提升。接受古城民居修缮申请12户，验收合格12户，核发民居修缮补贴款48万元。扬州市古城区民居修缮补贴标准由每户最高2.5万元提高至每户最高4万元。投资800万元，完成永胜街、三义阁等30条古城区小街巷翻建任务；投资3800万元，对小秦淮河北段进行环境整治，建成凉亭、景观长廊各1座。举办古城区民居修缮利用优秀范例评选活动，评出20个优秀范例和10个入围范例；举办大运河盐商文化展示馆（汪鲁门）和扬州古城保护展示馆开馆仪式。（夏新平）

■双东历史文化街区 双东历史文化街区是东关街、东圈门历史街区的合称，位于广陵古城区内，是具有鲜明扬州特色的文化休闲旅游区。主街东关街全长1122米，宽约5米，拥有比较完整的明清建筑群及“鱼骨状”街巷体系，保持和沿袭明清时期的传统风貌特色，形成独具魅力的古巷游。街内现有50多处名人故居、盐商大宅、寺庙园林、古树老井等重要历史遗存，其中国家级文保单位2处、省级文保单位2处、市级文保单位21处。东关街将文物古迹、深宅大院、名人故居、古树名木、寻常百姓的生活场景点缀其间，融情景雕塑、主题客栈、茶社评书剧场等具有扬州特色的景观为一体，有扬州各大“老字号”和漆器、玉器、剪纸、雕刻品、古琴、古筝等扬州传统文化商品的商铺。年平均游客量400万人次，节假日高峰期日游客量30万人次。

2020年，东关历史文化街区开展整治，对照国家AAAAA级风景名胜区创建标准，完善街区旅游基础设施，完成垃圾箱、旅游标识系统、游客中心、东关街综合管理服务平台和美食广场旅游厕所改造，建成警务室、智慧旅游监控平台、街区一键报警系统。市政府同意将原扬州大学商学院地块交给市名城公司，与原三和四美酱品厂地块合并利用，目前正在完善设计方案，考古工作全面展开。11月国家住建部批准扬州市东关历史文化街区保护利用被列为全国历史文化街区保护利用优秀范例。（夏新平）

■仁丰里历史文化街区 仁丰里历史文化街区东至小秦淮河，西至迎春巷、史巷，北至旧城七巷，南至甘泉路，占地12.07公顷；是扬州唐“里坊制”格局保存最完整的历史街区和扬州传统文化的发祥地，2011年被纳入国家“文化和自然遗产街区”保护项目。街巷体系呈现南北向鱼骨状街巷格局，两侧东西向排列着头巷、二巷、三巷、四巷、五巷、六巷、七巷等数条小巷，汇集十几处隋唐至明清的文博遗址，其中有阮家祠堂、旌忠寺等，民俗非遗文化微型博物馆——“印象仁丰里”建成开放。仁丰里文化街区有众多旅游景点，沿线深巷中隐藏着部分私家园林和民居客栈。近年来，汶河街道培养百名“古巷游”导游志愿者，为全国各地游客提供免费导游服务，推进集游览、民宿、曲艺表演、非遗文化体验、特色工艺品展示为一体的古巷文化之旅。“仁丰里街巷游”游客接待量累计超过30万人次。2020年，举办仁丰里楹联征集、文创集市、产业沙龙以及《扬州教场》出版首发式等；扬州市职业大学旅游学院、马克思主义学院和广陵区汶河街道合作，在仁丰里历史文化街区设立大学生创新创业实训基地，利用仁丰里街区的小微旅游、文创企业，为大学生创新创业提供实训场地、创新创业成果展示平台。（夏新平）

仁丰里历史文化街区　　庄文斌/摄

■南河下历史文化街区 南河下历史文化街区位于扬州老城区南部、古运河畔，街区范围大致为北至广陵路，南至南河下中段及花园巷一线，东至徐凝门路，西至傅家甸、渡江路一线，占地22.35公顷。该街区形成于明代中后期，有晚清第一园的何园，遍布官宦豪商住宅以及皖、鄂、湘、赣盐商聚集寓所，是古运河畔的核心文化区之一和扬州保存最为完好、最有特色的历史文化街区之一。区内现存花园巷、南河下、丁家湾等老街古巷近70条，有文物保护单位32家，历史建筑109个，片区内存有百年以上古树16株。2015年，扬州南河下历史文化街区入选第一批30个中国历史文化街区，成为江苏省首批入选的5个历史文化街区之一。2017年，南河下历史文化街区家风展示区建成并向市民和游人开放，设家风教育传承基地、家风文化公园、“四维八德”廊、家风文化展示馆等37处家风展示点。2018年，综合整治徐凝门大街、皮市街。徐凝门大街成为民国风情一条街，获评“省城市管理示范大街”。2020年，加强对以汪鲁门盐商住宅为中心的南河下西部片区、以贾氏盐商住宅为中心的南河下丁家湾片区的更新改造；11月国家住建部批准南河下历史文化街区保护利用被列为全国历史文化街区保护利用优秀范例。 （夏新平）

■湾子街历史文化街区 湾子街历史文化街区位于扬州老城中部，南至广陵路，北至文昌中路，东接皮市街，西接国庆路，范围内无城市道路穿越，规划占地面积32.5公顷；以手工业、商业命名的传统街巷众多，数量名列扬州各街区之首。湾子街文物古迹分布密集，有省级文保单位2处、市级文保单位31处，尚未核定公布为文保单位的登记不可移动文物192处，核定历史建筑11处；现存古井51个，含5个文保、16个未定级文物；现存古树名木10株；湾子街沿线及三义阁两侧有众多“老字号”；地藏庵附近聚集10多处宗教场所。

2015年3月，《扬州市湾子街历史文化街区保护规划》通过省住建厅组织的专家评审，是扬州市第四个历史文化街区保护规划。

（夏新平）

世界遗产运河景观带

■大运河文化保护传承利用 按照《大运河国家文化公园江苏段建设实施方案（2019—2021年）》要求，结合扬州实际，组织编制《大运河国家文化公园（扬州段）建设保护规划》，划分管控保护区、主题展示区、文旅融合区、传统利用区，研究制定生态建设保护措施、大运河遗产保护要求及建设用地规划控制要求。完善《大运河扬州段文化旅游带概念规划》成果，聚焦“源点”“交汇点”“制高点”三个维度，打造“一带两段五片区”的精品旅游带，重现大运河历史繁盛景象，助力做强运河文旅品牌。

（扬自然 朱叶俊）

■“扬州中国大运河博物馆”命名 11月19日，国务院办公厅发布消息，在扬州建设的大运河博物馆正式定名为“扬州中国大运河博物馆”。习近平总书记视察江苏期间，专门赴扬州三湾生态公园考察调研，察看运河生态廊道建设情况，了解大运河文化保护、传承利用取得的成效。扬州中国大运河博物馆由中国工程院院士、西北建筑设计研究院总建筑师张锦秋设计，南京博物院负责布展运营，总投资18亿元，占地13.33公顷，总建筑面积8万平方米。其中，地上5万平方米、地下3万平方米，由大运塔和博物馆主体两部分组成。其中大运塔九层，以现代材料演绎唐风古韵，与文峰寺的文峰塔、高旻寺的天中塔，形成“三塔映三湾”的景观印象。

（高 雅）

■2020年世界运河城市论坛 参见第33页

■2020运河文化嘉年华 9月28日至10月6日，在扬州宋夹城景区、古运河、“扬州三把刀”集聚区、运河三湾景区、鉴真图书馆五大区域举行“千年运河·精彩生活”2020运河文化嘉年华活动。此次活动以古运河文化为载体，注入时尚、动感、科技的元素，集视觉听觉娱乐体验于一体，由文艺名家采风、花车花船巡游、

2020运河文化嘉年华演出现场 董 辉/摄

运河城市非遗展示、运河“老字号”嘉年华、裸眼4D灯光秀等19项彰显运河沿线城市特色的文化活动构成，全面展示扬州运河历史文化和世界运河城市风采。（高　雅）

■扬州多地入选2020年度大运河文化和旅游发展榜（江苏段） 9月3—7日，第二届大运河文化旅游博览会在无锡市举办。其间，博览会活动之一大运河文化旅游产业合作论坛发布了“2020年度大运河文化和旅游发展榜（江苏段）”，扬州市广陵区、邗江区、江都区、高邮市上榜，其中，广陵区、邗江区和江都区获金榜名单。本次榜单由中国旅游研究院（文化和旅游部数据中心）和江苏省文化投资管理集团两家单位共同发布。（高　雅）

■大运河与海上丝绸之路展示馆开馆 扬州大运河与海上丝绸之路展示馆12月3日开馆。该馆位于桑园路50号，占地面积超450平方米，共分为四层，由原江苏省立原蚕种育种制造所育种室旧址大楼改造而来。展示馆采用“穿越古今”的方式，设有序厅、观影区、海上丝绸之路起源区、国际往来区、经济交往区、文化交流区，通过图文展示、实物展示、体验互动等手段，旨在让人们在声光电的游览中领略扬州大运河、海上丝绸之路文化的魅力。（高　雅）

旅游业态

■假日旅游 春节期间受疫情影响，市区主要景区、新景区及县（市、区）景区暂时闭园，市区主要星级饭店暂停营业。清明小长假期间，旅游市场逐渐复苏，市区主要封闭式景区（大明寺闭园）共接待游客12.62万人次，县（市、区）主要景区共接待游客2.06万人次（统计13家景区，有5家闭园），开放式景区共接待游客23.88万人次。“五一”小长假期间，市区主要封闭式景区（大明寺闭园）共接待游客19.82万人次，县（市、区）主要景区共接待游客4.53万人次（统计13家景区，有5家闭园），开放式景区共接待游客26.1万人次，市区主要星级饭店平均出租率42.8％。中秋、国庆双节假期期间，市区八个主要封闭式景区共接待游客64.34万人次，其中瘦西湖接待20.58万人次，县（市、区）主要景区共接待游客12.87万人次，开放式景区共接待游客105.3万人次，其中宋夹城作为“华侨城·江苏邗建2020运河文化嘉年华”主场地，共接待15.65万人次。（辛芝仪）

■2020年“扬州的夏日”主题活动 7—8月，推出“扬州的夏日”系列主题活动。7月3日，召开2020年“扬州的夏日”特色旅游活动推介会，活动期间，相继举办第五届扬州国际艺术灯光节、瘦西湖童乐汇、第五届818国际魔方文化节、寻找美丽中华全国旅游城市定向赛·扬州站、宋夹城“城好玩”——“乐乐亲子嘉年华”等10多项活动，推出“诗渡瓜洲”“儒风传千年”“书香扬州”等12条文博研学旅游线路和夜游产品，激发夏日扬州旅游市场活力。7—8月，扬州市共接待国内外过夜游客148.9万人次，其中入境过夜游客数据下跌，国内过夜游客数量逐渐与上年同期持平。（辛芝仪）

■2020扬州冬季养生节系列活动 12月，开展“冬季养生节”系列主题活动。12月7日，赴上海举办“2020扬州高铁开通宣传暨扬州冬季养生节启动仪式”。12月8日，赴浙江杭州举办“冬游扬州‘食’‘泉’十美扬州－杭州旅游合作交流恳谈会”。12月23日，赴安徽合肥举办“2020扬州冬季养生节合肥推介会”。优选推出以养胃、养心、养身、养眼为主题的系列活动，聚焦康养和慢生活，深化“旅游＋”发展，涵盖美食美景、温泉养生、禅修养心、非遗鉴赏及研习等方面，为游客提供冬日养生新体验。（辛芝仪）

■研学旅行示范课程案例评选 面向全市开展研学旅行活动的旅行社（研学旅行机构）、中小学校、各级各类研学旅行基地，进行征集研学旅行示范课程案例的评审活动。最终，筛选出《雨花石旧址探秘》《扬泰机场小机长营》《扬州唐诗地理》等9项研学课程，并认定为“研学旅行示范课程”进行推广，帮助各大中小学校、研学基地、研学机构和旅游企业对研学课程的了解，掌握扬州本地资源和特色，打造优质研学旅行品牌，推动扬州成为重要的研学旅行目的地。（辛芝仪）

旅游营销

■概况 2020年，扬州市坚持整合营销、务实营销，通过举办活动、参加展会、举行旅游推介会、线上线下多渠道宣传城市形象等举措，开展城市旅游营销，持续放大“世界运河之都”“世界美食之都”“东亚文化之都”品牌效应，彰显城市魅力。

开展国内旅游客源市场拓展。整合市、县旅游资源，“走出去”宣传推介，展示扬州旅游形象。组织各县（市、区）、功能区文旅部门和文旅企业参加南京国际度假休闲与房车展、2020中国上海国际旅游交易会、第二届大运河文化旅游博览会等系列展会。参加“水韵江苏”在浙江省杭州、绍兴，安徽省合肥、黄山，河南省郑州、洛阳，福建省福州、厦门等重点城市的推介路演活动。9月，组织相关文旅企业赴陕西榆林举行扬州文化旅游推介会，重点推介扬州大运河文化旅游度假区、2021扬州世界园艺博览会、研学旅行线路等产品，推动加强两地间文化旅游交流合作。

加强国际旅游推广。受疫情影响，联合日本推广站多次组织长期居住中国境内的日本友人到扬州体验扬州风景、扬州历史，向国际友人展现扬州“三都”魅力。做好疫情期间国际旅游推广工作。5月，完成日文版宣传手册《慢扬州》的编排、印刷，并委托日本推广站在主要旅游接待场所进行投放；7月，邮寄扬州旅游系列宣传资料至第34届香港国际旅游展并委托当地企业代为参加；12月，联合韩国推广站编排设计韩文版宣传手册。

举办特色旅游活动。组织自驾游活动，引导旅游消费。先后联合江苏电视台“跟着大脚走”栏目、南京交通广播网、途牛旅游网等，组织多批自驾游活动，引导旅游市场复苏。3月29日、4月12日，与南京“跟着大脚走”栏目合作，组织两批自驾一日游团队游客到扬；4月11日，与途牛合作组织首批自驾二日游团队到扬，并鼓励各旅行社组织自驾游客到扬；4月26日，“烟花三月·寻美扬州”（扬州人游扬州）主题游活动启动仪式在扬州宋夹城体育公园西门停车场举行，近300名市民游客参加“扬州人游扬州”首发体验团。7月，与南京旅游集团莫愁旅游共同发起“中国趣自驾旅游联盟百车千人”自驾“夏”扬州活动。

开展多阵地立体宣传。通过广告媒体开展城市旅游宣传，利用浙江交通之声、江苏交通广播、江苏新闻广播、上海交通广播、公交电视《穿行长三角》等媒体和高铁合肥南站、北京南站、上海虹桥站等重要城市铁路枢纽，持续投放扬州宣传广告，提升扬州旅游影响力和知名度。开设扬州泰州国际机场城市旅游文化长廊，在3条安检通道布置27块灯箱展示扬州文旅形象。利用新浪江苏、铁路“12306”App平台、春秋航空平台、南京户外隧道顶LED屏、南京交通广播、途牛旅游网等平台，开展精准营销推广，推出“跟着高铁游扬州”“云赏花”“线上观展”等系列活动。

结合高铁开通开展系列专题推广。12月7—8日，赴上海、杭州两地举行“2020扬州高铁开通宣传暨扬州冬季养生节启动仪式”和推介恳谈会。12月11日，在上海虹桥站举行“运河名城 诗画扬州”高铁冠名品牌专列首发仪式，向全国递出“城市名片”，邀请全国人民乘着高铁游扬州。

打造扬州“好地方”旅游IP。12月，以“扬州是个好地方”为主题，赴上海、杭州、合肥举行主题推介会。调整高铁合肥南站、北京南站、上海虹桥站等重要城市铁路枢纽投放的城市形象宣传广告，宣传扬州“好地方”旅游IP；在微信平台上持续推出“来好地方 过扬式年”的贺新春系列视频，围绕博物馆里过大年、非遗伴你过大年、书香扬州过大年、牛年扬州有牛礼、地方展演过大年、景区里过大年等主题，展现扬州年味。

开展线上旅游营销。基于大数据智慧洞察平台识别游客，打造扬州旅游精准短信营销项目，定向精准发送旅游宣传短信，宣传扬州旅游。联合BBC面向境外市场投放扬州旅游宣传片，在BBC World News电视平台黄金时段和BBC.com网络平台进行播放，提升扬州旅游海外影响力和美誉度。制作出品扬州旅游系列短片《穿行扬州》，将美景、美食、住宿、交通等旅游要素贯穿其中，给游客提供最直观最详尽的旅游参考，宣传短片在抖音、微博等平台进行展播，并获“学习强国”首页推荐。利用微博、微信、网站等新媒体平台，宣传扬州旅游。至年底，扬州市文广旅局微博粉丝数达160万，“扬州文旅”微信公众号粉丝数量超过40万；联合《中国日报》打造的一站式扬州旅游英文网站，日均浏览量达2000次以上。

（辛芝仪）

■园事活动 2020年，瘦西湖风景区首次全面开放夜间陆上游览，打造“二分明月”夜游活动，游览范围北至杨庄桥，包含区域内全部露天游览区域，打造唯美灯光，在主要游览线及1757美食街坊安排扬州清曲、木偶、器乐、舞蹈等具有扬州文化特色的演出活动，结合水上花船的曲艺表演，丰富游客游览体验。全面提升1757美食街坊，用多彩夜市点燃城市“烟火气”，为游客提供扬州本地以及全国各地的风味小吃，以景区夜经济引领发展的动能。举办文旅活动，办好瘦西湖万花会等活动，创新主打五大主题花季，满足疫后游客对春季旅游的向往。在七夕、端午等传统节日，开展各类节庆活动，提升游客获得感。全年在瘦西湖艺术中心美术馆举办“战疫纪事—— 徐惠泉《抗疫日记》系列美术作品展”“风雅瘦西湖——孙克书法展”等艺术展。4月18日，2020中国·扬州“烟花三月”国际经贸旅游节开幕式暨“世界美食之都”揭牌仪式在瘦西湖举行，现场发布2020“烟花三月节”旅游餐饮惠民“大礼包”政策。瘦西湖共计发放旅游餐饮惠民卡8.8万张，发放总金额近804万元。

宋夹城景区谋划特色活动，推进市场复苏，全年共承办市级以上活动8批次，举办“2020全国全民健身日活动扬州分会场暨扬州市老年人体育节开幕式”“江苏省第八届全民健身运动会开幕式”“扬州市第11届篮球超级联赛”“扬州健美健身公开赛”等。端午节期间举办以“城里的月光”为主题的宋夹城集市，整合体育、培训、文创等主题元素，活动期间共招募培训类、非遗类、文创类等52家商户；暑假期间延续“城里的月光”品牌，分别以“爱生活”“秘密花园”“城好玩”“复古国潮”等不同主题、不同业态开展集市活动，实现主题鲜明、品牌多元化的发展，吸引各年龄层各行业的参与，形成宋夹城模式的夜集市，弘扬中国传统文化，给市民提供新的时尚生活和游园体验。助力“夜经济”发展，9月28日至10月6日，承办“2020运河文化嘉年华”活动，接待游客22万人次，活动被央视4套《中国新闻》、央视直播平台、“学习强国”平台等媒体进行宣传报道。

唐子城景区发挥文博场馆优势，结合旅游旺季和节假日等时间节点，开展五四青年节、植树节、端午节、“礼赞祖国、心向运河”、“情满中秋 欢度国庆”等节日专题活动5次，围绕扬州汉唐文化、非遗项目组织开展各类活动11次，承办临时展览5次，疫情闭馆期间，网上推送“馆藏文物展示”专题栏目20期，针对青少年开展走进博物馆、小小讲解员培训、“七彩的夏日”、博物馆进校园进社区活动11次。10月15日，崔致远纪念馆和韩国崔氏中央宗亲会在扬州和庆州共同开展祭享崔致远活动，庆州市市长朱洛荣通过视频表示祝贺。

个园结合春节、端午、中秋、国庆等节日，立足“竹文化”“盐商文化”做文章，开展30余场园事活动。推出“扬州的早晨——千秋粉黛早茶宴”“盐商四季宴”“盐韵风情体验游”“非遗小传人研学游”特色旅游线路，突出个园竹盐商品牌特色，完成个园第六届竹文化节、第六届盐商文化节、第七届盐商婚礼活动。发挥品牌效应，“千秋粉黛”演艺走进乡街开展非遗表演，传承非遗文化。加强线上宣传，对接直播达人、国家级导游大师、抖音达人开展多场线上直播，在微信公众号、抖音推送“千秋粉黛”演艺视频、个园盐商菜专题、个园品牌宣传片等内容，与国家、省、市媒体开展合作，亮相人民网、新华网各大网站以及腾讯视频、优酷视频和“学习强国”平台。

何园开展“网上看何园”活动。疫情闭园期间，何园景区利用网站、微博、微信公众号等网络平台，开展何园美景线上看，结合春季花讯与网友展开互动，与老徐直播间、“扬帆”直播、华夏航空直播间等著名直播间合作开展线上直播活动，增加景区关注度。围绕“我的中国，我的节”主题活动，推出“春节送福”、清明插柳、疫情哀悼日、劳动节“最美的花送给最美的你”、端午“粽情何园”、高考祈福“高粽状元”以及“庆国庆、迎中秋，十年翰林百年传承”等具有中国传统特色的活动，《人民日报》、人民网、新华社多次对何园园事活动进行报道。联合市文旅局和广陵区文旅局举办“非遗文化进何园”活动。结合疫情开展主题宣传，先后在网易新闻、新浪网相继发布“何家千金为武汉加油”抖音视频。与扬州第三人民医院举办“5·10廉政日暨抗击疫情 感恩有你”主题活动。围绕何园建筑艺术挖掘，与上海同济大学合作开展《数字化园林遗产图录——扬州何园》新书首发式活动。参与旅游协会宣传促销活动，与瘦西湖等景区联手至淮安、连云港等高铁沿线开展“我乘高铁下扬州”活动。持续开展“何园小翰林”选拔活动，立足何园优秀文化传承和青少年传统文化教育，提升青少年对何园文化认同感。

茱萸湾风景区利用春节、国庆、端午、中秋等节日开展新年趣味答题、“六一”儿童大型义诊咨询及科普宣教、非遗（扬剧、扬州清曲、古筝、木偶戏表演）传承进景区、“情暖重阳”香囊发放等活动，重点打造亲子露营晚会、马戏表演嘉年华、烧烤美食节等特色活动，吸引亲子游和研学游团队。利用报纸、户外大屏强化宣传，发布微信、微博博文100多条，强化学生游、亲子游的推广，接待团队游客2.6万人。新增儿童乐园项目，打造丛林狩猎、VR英雄钢铁侠等2个科技感体验式项目。

荷花池公园举办以“醉美荷花池”为主题的第四届荷文化节，包含开展“5·10——我要‘莲’廉政教育活动”，进行廉政文化宣讲、涂鸦艺术展示、栽种知识讲解等，赠送种藕600支、花盆200个；开展荷花图片展、精品碗莲展、援鄂英雄免费领荷、月下赏荷、朗诵茶会等活动。举办“迎端午——太极健身武术交流会”“非遗进景区活动”等系列活动。全年培育分栽荷花5000余盆、碗莲1000盆、睡莲200盆。完成以“文旅融‘荷’·全域花开”为主题的第34届广州番禺全国荷花展参展任务。拓展周边市场，与个园、何园、茱萸湾、仪征东园、镇江金山等单位达成荷花布展协作，完成景点布展，宣传“扬州荷”形象。（蜀冈办 杜 伟）

■2020扬州瘦西湖万花会 4月8日至5月8日，2020扬州瘦西湖万花会在瘦西湖风景区举行。本届万花会以“畅游花海，融入自然”为主题，通过“十里桃花”“缤纷海棠”“浪漫樱花”“无双琼花”“唯美芍药”等五大主题花季的打造以及赏花、快闪、美食、展览等十大主题活动的策划，展现瘦西湖景区“天然雅趣，如诗如画”的环境特色和人文魅力。4月8日采用云开幕形式，在欢迎市民游客畅游花海、融入自然的同时，以多媒体5G平台互动直播的形式对万花会进行展现，直播设置探访人文盆景、寻觅五彩花季、邂逅美丽仙子、走进秘密花园等主题环节。（杜 伟）

■文旅招商手册编制 编制《2020年扬州市文化旅游重点项目招商

市民在荷花池公园赏花 沈扬生/摄

手册》，加大招商引资力度。编入全市40个重点文旅项目，总投资860亿元，涵盖文旅特色小镇、文旅综合体、主题公园、文旅街区、度假区、产业园区、乡村旅游、红色旅游等8个板块。手册包括项目概况、建设内容、项目进展、项目投资总额、合作方式、招商主题和优惠政策，为投资商提供投资资讯和对接信息。（高　雅）

■**“夜东关”品牌打造**　2020年，东关街正式获评省级夜间文旅消费集聚区建设单位。新型冠状病毒疫情以来，东关街陆续组织20余场网红直播活动，在线观看人数1000余万，带动消费近800万元；7—9月，举办为期3个月的东关街清凉夏日嘉年华夜市，培育夜食堂、夜购、夜游、夜演等夜间经济业态，打响“夜东关”品牌，促进消费回补和潜力释放。（高　雅）

旅游管理

■**概况**　2020年，扬州市持续加强旅游业安全管理，推动提升文旅企业服务质量。针对疫情防控期间经营困难的星级饭店、旅行社和网吧，纾困解难，完成相关企业择优分类奖补工作。坚持“四不两直”工作要求，常态化深入星级饭店、旅行社、网吧和娱乐场所等文旅企业一线实施拉网式检查督导，并联合多部门开展抽查暗访，对检查发现的安全问题隐患，均督促整改，推动提升企业安全意识，营造安全有序的良好发展环境。举行“健康游扬州”——旅游安全应急演练，组织各县（市、区）、功能区业务主管部门参加危化品使用安全、旅游包车专项整治培训。全市文旅行业未发生安全事故，未出现重大旅游服务质量投诉和群体性事件。加强导游队伍建设，至年底，全市注册导游3694人，其中初级导游3471人、中级导游184人、高级导游39人，普通话导游3446人、外语导游248人（英语导游229人、日语导游7人、韩语导游4人、德语导游3人、法语导游3人、俄语导游1人、泰语导游1人）。（张松恺）

2020年扬州市五星级饭店

扬州迎宾馆
扬州云鹤金陵大饭店
江苏汇金国际酒店
扬州西园饭店　（张松恺）

2020年扬州市四星级饭店

扬州京华大酒店
扬州花园国际大酒店
扬州辰茂京江大酒店
仪征怡景半岛酒店
仪征市黎明大酒店
高邮皇华国际大酒店
高邮加洲阳光大酒店
扬州空港宾馆　（张松恺）

2020年扬州市出境旅行社

扬州中国青年旅行社有限公司
扬州市中国旅行社有限责任公司
扬州中国国际旅行社
江苏邮驿国际旅行社有限公司
扬州市开元国际旅行社有限公司
扬州市旅游集散中心有限公司
江苏卓悦国际旅行社有限公司
扬州小秦淮国际旅行社有限公司
扬州舜天国际旅行社有限公司
扬州苏之旅国际旅行社有限公司
江苏环球国际旅游有限公司
国旅（江苏）扬州国际旅行社有限公司
扬州市江都中原国际旅行社有限公司
江苏盛世旅程国际旅行社有限公司
（吕雯雯）

2020年扬州市五星级旅行社

扬州中国青年旅行社有限公司
（吕雯雯）

2020年扬州市四星级旅行社

扬州中国国际旅行社
扬州市中国旅行社有限责任公司
江苏邮驿国际旅行社有限公司
扬州市开元国际旅行社有限公司
哥伦布极限旅行江苏有限公司
扬州市旅游集散中心有限公司
扬州小秦淮国际旅行社有限公司
扬州舜天国际旅行社有限公司
（吕雯雯）

■**扬州创成第四批全国旅游标准化示范单位**　2018年以来，扬州市推动创建全国旅游标准化示范单位，推进28项国家标准、17项行业标准和5项地方标准在全市旅游餐饮、住宿、交通等23个领域、60家试点企事业单位实施。制定出台省内首部关于旅游标准化管理方面的政府规章《扬州市旅游标准化工作管理办法》，从产品生产、销售、提供服务等方面作出具体规定，为构建国家、行业、地方、团体和企业等五级旅游标准化体系提供法治保障。通过3年创建，探索出以“文旅融合、主客共享、产业提升、全域发展、国际合作”为主题的旅游标准化试点“扬州样本”，得到国家文旅部、省文旅厅肯定。2020年12月，扬州市被文旅部授予全国旅游标准化示范单位，成为文旅融合后首批获此荣誉的城市，《人民日报》《中国旅游报》及省、市多家媒体报道。（钱香林）

■**旅游市场监管**　落实24小时投诉受理和值班制度，全年共受理各类旅游诉求194件，办结194件，办结率100%。制定江苏省地方标准《旅游投诉分类分级处理规范》，完成“旅游投诉分类分级处理系统”二期开发，8月7日通过专家验收，实现市、县（区）、企业三级联动，系统增加的案例库、舆情库、法规库为处理投诉提供法律知识、经验技巧等方面的要素保障。加强旅游市场常态化执法检查，全年累计出动600余人次，检查旅游企业413家，其中旅行社及营业网点235家、旅游景区（点）161家、星级饭店17家，检查导游11人。9月，市文广旅局联合公安、市场监管、交通运输、城市管理等部门，对瘦西湖、个园、东关街等景区及周边的执业导游、旅游客车、住宿

2020年扬州市星级饭店分布情况表

表 20-2　　单位：家

地　区	小　计	五星级饭店	四星级饭店	三星级饭店	二星级饭店
合　计	**25**	**4**	**8**	**13**	**0**
主城区	13	4	2	7	0
江都区	7	0	2	5	0
仪征市	3	0	2	1	0
高邮市	2	0	2	0	0

（张松恺）

2020年扬州市旅行社分布情况表

表 20-3　　单位：家

地　区	旅行社	旅行社星级			
		五星级	四星级	三星级	二星级
合　计	**168**	**1**	**8**	**12**	**0**
主城区	125	1	6	6	0
江都区	17	0	0	2	0
宝应县	7	0	0	4	0
仪征市	11	0	1	0	0
高邮市	8	0	1	0	0

（吕雯雯）

场所、人力三轮车等开展全面检查整顿，维护景区及周边秩序；11月，参与扬州、南京两地交界工作盲点地区旅游经营单位跨地区联合执法活动；12月，开展为期1个月的旅游市场专项整治，对全市旅行社、旅行社分社等进行全覆盖检查，现场指导纠正各类问题19个，共约谈8家企业负责人及导游，规范旅游市场秩序。强化旅游市场案件查处，全年查处旅游行政案件6起，对5家旅行社、1名导游和3名个人进行行政处罚，累计罚没金额10万余元；对1家旅行社下发停业整顿通知书，暂扣2名导游的导游证。（蔡　鹏）

■**旅游志愿服务**　2020年，扬州市推进“微笑扬州”旅游志愿服务品牌建设，在全市域设置“微笑扬州”旅游志愿服务点60个，打造明清古城10分钟旅游志愿服务圈。服务全国文明城市建设“四连冠”国家测评，组织志愿者走进景区为市民游客发放“扬州文明有礼二十四条”，在主城区主干道及公交站台定期开展文明劝导，在国家法定节假日和旅游旺季，开展让城、让路、让景于外地游客的志愿服务活动。开展志愿服务活动40余场，4120人次参与志愿服务，累计服务时长2.88万小时，为数十万市民游客提供服务。“微笑扬州”旅游志愿服务获2020年全国文化和旅游志愿服务项目线上大赛三等奖。

（陈　娟）

房地产业

Fangdichanye

编　辑　徐国磊

综述

■概况 2020年，全市完成房地产开发投资833.97亿元，比上年增长19.79%，新开工面积1185.56万平方米，比上年增长5.21%。全年办理商品房交付使用备案手续110批次、502.67万平方米。全市新建商品房和商品住宅批准预售分别是619.26万平方米、574.96万平方米，比上年分别减少13%、6.69%；合同成交分别是583.97万平方米、534.3万平方米。全市出让土地1362.1公顷，合同出让金574.82亿元，比上年分别增长12.76%、65.69%。扬州市房屋产权和交易管理中心办理各类房屋交易备案业务14.53万件，93家中介机构完成备案。完成市区15个"城中村"地块改造，办结征收（拆迁）安置房不动产权证书6313套，高邮市、邗江区成为全市集体经营性建设用地入市试点地区。《扬州市住宅物业管理条例》于市第八届人民代表大会常务委员会第三十次会议审议通过，并经江苏省第十三届人民代表大会常务委员会第十八次会议批准、公布，自2021年1月1日起施行。12个小区获评2020年度扬州"示范""文明"安居小区。全市住房公积金实际在册单位1.85万家，比上年增加626家，全市住房公积金实缴单位1.26万家，实缴职工59.67万人。（吕纯军）

■房屋交易备案管理 贯彻落实"放管服""不见面审批"等改革要求，推进房屋产权和交易管理，完善市区存量房网签备案服务网点建设。抵押备案前移系统正式对外启用，覆盖全市23家商业银行，实现抵押（按揭）备案业务银行端自助办理"零距离服务"。存量房交易备案网签系统正式上线运行，推动房屋买卖交易网签常态化。全年扬州市房屋产权和交易管理中心办理各类房屋交易备案业务14.53万件。其中，楼盘表建立2079件，转移备案5.24万件，抵押备案1.46万件，预告备案2万件，资金托管2.22万件，租赁备案365件。完成房产档案查询约4000人次，协助地税查询约4.5万份。（孙文涛　陈　伟　卞海波）

■二手房市场监管 强化二手房市场业务流程管控，防范涉房交易风险，确保房屋交易信息的真实性和准确性。审核把关经纪机构和经纪人资质，将经纪机构备案与新的网签备案系统挂钩，向各类市场主体提供规范化、标准化、便捷化服务，营造稳定、透明、安全的市场交易环境。93家中介机构在市房屋产权和交易管理中心完成备案，近20家中介机构通过2020年全国房地产经纪人职业资格考试，其中20余人取得全国经纪人资格，40余人取得全国经纪协理资格。（孙文涛　陈　伟　卞海波）

■文明安居小区创建 围绕"幸福家园·共建共享"主题，开展文明安居小区创建活动，经考核评定，江都区春晖人家、邗江高新区青年公寓、宝应县馨怡家园、高邮市碧水新城南苑、扬州市佳家如意园等5个小区获"2020年度扬州市示范安居小区"称号；邗江区翠岗新村、广陵区运河人家（一期）、市经济技术开发区金港北苑、宝应县运河雅居、高邮市学士园、仪征市惠民花园、扬州市杉湾花园（六期）等7个小区获"2020年度扬州市文明安居小区"称号。（孙文涛　陈　伟　卞海波）

■土地出让 参见第247页

■土地储备 参见第248页

邗江区翠岗新村　　日　报/供稿

2020年扬州市区“城中村”改造完成情况一览表

表21-1

区域	地块数（个）	腾让土地面积（公顷）	搬迁户数（户）	拆除房屋建筑面积（万平方米）
合 计	**15**	**112.33**	**1319**	**42.63**
广陵区	4	21.40	247	8.28
邗江区	5	45.33	325	10.44
江都区	1	8.33	99	2.48
扬州经济技术开发区	1	2.60	63	2.4
生态科技新城	3	28.00	455	15.03
蜀冈－瘦西湖风景名胜区	1	6.67	130	4

（扬自然　朱叶俊）

■集体经营性建设用地入市 参见第248页

房屋征收

■概况 全年审核市区国有土地上征收项目7个，发布征收决定2个；合计征收房屋建筑面积21.26万平方米，住宅面积3.33万平方米，非住宅面积17.93万平方米；涉及总户数556户，其中住宅415户，非住宅141户，棚改项目12个。服务市区安置房项目建设前置审查，审批邗江区瓜洲镇古渡花园安置小区二期项目1个，邗江高新区安置小区项目2个、竹西街道安置小区项目1个。

（孙文涛　陈　伟　卞海波）

■房屋征收（拆迁）领域专项治理 全年办结征收（拆迁）安置房不动产权证书6313套，摸清近3年来全市433个房屋征收（拆迁）项目及补偿安置基本情况。指导各县（市、区）、功能区及各有关部门对超腾仓期未安置、安置房不动产权证办理、土地储备地块剩余被征收（拆迁）人搬迁、违法建设防控查处、信访矛盾化解等16个突出问题进行专项督导。组织观摩、推广蜀冈－瘦西湖风景名胜区城北街道三星村拆迁项目现场、广陵区“阳光征迁”信息系统平台经验做法。推进超腾仓期安置，全市安置572套，安排开工建设1.02万套，选址待开工建设6354套。攻坚解决涉及市区16个土地储备地块上的长期遗留问题，完成责任地块征收（拆迁）工作。有效化解征收（拆迁）信访突出矛盾，化解率96.18%。推进《扬州市区国有土地上房屋征收评估技术细则》《扬州市房屋征收（搬迁）补偿资金管理的指导意见（暂行）》《扬州市市区集体土地上房屋搬迁管理暂行办法》修订工作，新制定《扬州市市区房屋征收服务机构信用管理办法（试行）》等制度5件。

（孙文涛　陈　伟　卞海波）

■征收（拆迁）行业监管 在征收服务机构年检审核中实施“5+5”要件制，实现“理论强化＋警示教育”双驱动，分类制定征收服务机构新进人员和原有持证人员两种考评考试方案。全年举办行业培训教育6批次，完成市区65家评估机构、征收服务机构年检和1167名征收服务工作人员、评估工作人员培训教育工作。各县（市、区）、功能区加强征收服务机构管理、房屋征收（拆迁）现场规范管理、落实房屋征收（拆迁）“三直接”操作规范，全年全市有9家房屋征收服务机构分别被注销、不予年检、停止承接业务，35人被吊销上岗证、不予年检、停止从事征收服务工作；涉及房屋征收（拆迁）领域违法建设52起，拆除51起，查处1起。

（孙文涛　陈　伟　卞海波）

商品房投资销售

■房地产开发建设 全市完成房地产开发投资833.97亿元，比上年增长19.79%，新开工面积1185.56万平方米，增长5.21%；其中市区（不含江都）完成房地产开发投资489.01亿元，增长18.37%，新开工面积756.58万平方米，增长50.06%。出台《关于进一步优化市区商品房交付使用管理工作的通知》，全年办理商品房交付使用备案手续110批次、502.67万平方米。将城镇小区配套幼儿园建设、配套养老服务设施用房建设，纳入房地产项目日常审批管理流程。发布《关于公布市区房地产开发企业信用等级首次核定成果的通知》，完成开发企业信用等级首次核定，每月进行动态调整。恒通集团、扬州华建等4家本土开发企业入选“江苏省房地产开发行业综合实力50强企业”。扬州华城科技广场、运和蓝湾项目获第九届“广厦奖”。

（孙文涛　陈　伟　卞海波）

■房地产市场供销 全市新建商品房和商品住宅批准预售619.26万平方米、574.96万平方米，比上年减少13%、6.69%；合同成交583.97万平方米、534.3万平方米，减少4.63%、2.66%。全市商品住宅供应量比成交量多出40.66万平方米，住宅面积供销比1.08，总体基本均衡。12月末，全市商品住宅库存555.17万平方米，比上年末增加69.04万平方米，商品房销售周期为12.42个月，比上年末延长1.85个月，处于合理区间，其中高邮去化周期从9月末的22.72个月延长至23.41个月，去库存压力较大。

（孙文涛　陈　伟　卞海波）

物业管理

■《扬州市住宅物业管理条例》立法完成 组织物业企业、业委会、业主、街道社区、县（市、区）人大、县（市、区）物业主管部门等多场座谈会及立法听证会、现场视察调研等活动，4月、8月报市人大常委会第二、三次审议。8月28日，《扬州市住宅物业管理条例》由市第八届人民代表大会常务委员会第三十次会议审议通过，9月25日，经江苏省第十三届人民代表大会常务委员会第十八次会议批准，予以公布，自2021年1月1日起施行。

（孙文涛　陈　伟　卞海波）

■党建引领物业管理服务 成立市物业管理行业党委，制定《推进全市物业管理行业党建工作实施方案》等规章制度。指导各县（市、区）物业管理行政主管部门组建物业管理行业党委、推进行业党建工作，7个地方成立行业党委。至年末，全市物业企业有党员625名、党支部37个。抗击新冠疫情期间，全市物业企业日均投入防疫工作2万人次，日消毒面积8000万平方米以上，累计投入资金超1亿。全年举办各类物业从业人员培训班8期，参训人员1200人。开展打通“生命通道”集中攻坚行动，全市近300家物业服务企业经过两轮自查，在870个住宅小区查出问题1136个并整改到位。（孙文涛　陈　伟　卞海波）

■老旧小区改造 贯彻落实《国务院办公厅关于全面推进城镇老旧小区改造工作的意见》。组织各县（市、区）老旧小区主管部门做好2020年老旧小区改造和2021—2025年扬州市老旧小区改造规划，制订新版扬州市老旧小区改造内容和标准。组织各县（市、区）建立老小区改造项目库，制定2021年老小区整治计划，经市政府同意后上报省住建厅。至年末，省定23个老旧小区改造任务完成，9个老旧小区进行改造，全市完成32个、107万平方米的老旧小区改造规模。全年加装完成9部电梯，累计加装完成32部。

（孙文涛　陈　伟　卞海波）

■省、市级示范项目创建 对照省级评价标准，对标找差、推进省级物业示范项目创建。经省专家组评审，天俊悦府、汐岸花园等15个项目获“2019年度江苏省省级示范物业管理项目”称号，获奖数量创扬州历史新高。万科物业、永旭物业等20家物业进入扬州市2020年度物业服务先进单位名单。

（孙文涛　陈　伟　卞海波）

扬州市2020年度物业服务先进单位名单

（排名不分先后）

南京万科物业管理有限公司扬州分公司
江苏永旭物业服务有限公司
扬州市扬子江投资发展集团现代物业管理有限公司
扬州市双龙大成物业管理有限公司
扬州市万佳物业管理有限公司
扬州众和物业发展有限公司
江苏华建物业服务有限公司
扬州嘉宏物业管理有限公司
江苏东阳物业服务有限公司
扬州深鸿基物业服务有限公司
扬州市邗江区正通物业服务有限公司
江苏北辰物业服务有限公司
扬州市永祥物业管理服务有限公司
中信泰富（上海）物业管理有限公司扬州分公司
扬州华峰物业管理有限公司
仪征万博物业服务有限公司
扬州珠港物业服务有限公司
扬州翠岗物业管理有限公司
浙江佳源物业服务集团有限公司扬州分公司
扬州甲伍物业服务有限公司

（周　燕）

住房公积金管理

■概况 2020年，全市新增住房公积金归集单位1602家，至年末，全市实际在册单位1.85万家，比上年增加626家；全市实缴单位1.26万家，实缴职工59.67万人。新开户职工6.21万人，其中城区（含市直、驻扬单位、广陵区、扬州经济技术开发区、扬州化工园区、蜀冈－瘦西湖风景名胜区、生态科技新城）2.73万人、邗江9625人、江都8493人、高邮4834人、仪征4885人、宝应6346人、油田434人、仪化173人。全市非公企业新增扩面5.12万人，占扩面总数的82.5%；自由职业者、个体工商户、新市民等灵活就业人员扩面1157人。

全市归集住房公积金94.54亿元，比上年增长5.6%。至年末，全市累计归集住房公积金728.85亿元，比上年净增加97.83亿元，增长15.5%。全市归集余额241.42亿元，增加17.08亿元。全市27.5万名缴存职工提取住房公积金80.75亿元，比上年增长21.0%，增加10.7个百分点。12月末全市当期提取比率85.4%。全年全市提取住房公积金总额487.43亿元，增长19.9%。

全市发放个人住房贷款1.41万笔、47.39亿元，比上年分别增长20.7%、63.7%，当年户均贷款发放额33.51万元。至年末，全市累计发放个人住房贷款19.44万笔、448.38亿元，贷款余额208.87亿元，比上年增加14.47亿元。12月末，全市个贷比率86.5%，比上年下降0.2个百分点。（杨粉梅）

2020年扬州市住房公积金归集情况表

表21-2

地　区	当年归集额（万元）	增幅（%）	累计归集额（万元）	增幅（%）	归集余额（万元）	增幅（%）
合　计	**945392**	**5.6**	**7288539**	**15.5**	**2414220**	**7.6**
城　区	421842	4.6	3223375	15.6	1029091	5.0
邗　江	97747	1.5	654092	18.2	228521	5.7
江　都	109626	9.4	789097	16.8	296236	8.5
宝　应	72569	6.1	538927	16.1	181631	13.5
仪　征	103477	3.9	801892	15.4	260883	9.0
高　邮	75993	10.0	506814	18.3	192985	17.2
仪征化纤	26001	9.8	305791	9.8	88343	8.6
江苏油田	38136	9.2	468551	9.3	136530	6.2

（杨粉梅）

2020年扬州市住房公积金使用情况表

表21-3

地　区	当年提取额（万元）	增幅（%）	累计提取额（万元）	增幅（%）	当年贷款额（万元）	增幅（%）	累计贷款额（万元）	年末贷款余额（万元）
合　计	**807538**	**21.0**	**4874319**	**19.9**	**473887**	**63.7**	**4483842**	**2088732**
城　区	387317	25.9	2194284	21.4	265361	82.2	2146212	996170
邗　江	88492	31.3	425571	26.3	37349	38.0	374466	183624
江　都	90452	28.5	492861	22.5	71016	86.0	498538	253804
宝　应	53332	18.8	357296	17.5	26703	55.2	342439	150552
仪　征	85544	3.9	541009	18.8	37636	37.7	493775	241175
高　邮	50152	22.3	313829	19.0	23513	29.9	315932	139665
仪征化纤	20220	-13.2	217447	10.3	3777	-43.2	143403	54058
江苏油田	32028	4.6	332021	10.7	8532	-9.1	169076	69684

（杨粉梅）

■住房公积金归集 2020年，受新冠肺炎疫情影响，部分企业住房公积金办理缓缴，随着全市经济恢复发展，办理缓缴的企业绝大部分恢复补缴，公积金年度归集额创历史新高，达到94.54亿元，完成年度计划129.9%，保持增长态势。受机关事业单位新职工住房补贴随工资发放等因素影响，全市年度归集额增长放缓，比上年增长5.6%。（杨粉梅）

■住房公积金降比缓缴 2020年，全市住房公积金系统贯彻实施应对新冠肺炎疫情住房公积金阶段性支持政策，助力企业纾解困难、帮助职工家庭解决住房困难。全市有268家企业申请缓缴公积金，涉及职工1.64万人，缓缴金额683.11万元。至年末，有252家企业、1.49万个职工恢复缴存，补缴金额2866万元；11家企业依规继续申请缓缴；5家企业因破产等原因，封存停缴。（杨粉梅）

■住房公积金支持住房消费 2020年，全市为缴存职工办理住房公积金提取80.75亿元，比上年增长21.0%。提取占当期住房公积金缴存额的85.4%。其中，购建大修住房提取21.36亿元，还贷提取44.07亿元。支持无房职工租赁住房，将租房提取标准由1500元/月上调至2000元/月，全年为1.88万名职工办理租房提取8951万元，比上年分别增长133.1%和121.0%。全市发放住房公积金贷款1.41万笔、47.39亿元，年末个贷率86.5%。当期发放住房公积金贷款直接支持1.4万户家庭购建房158万平方米，年末个人住房贷款市场占有率11.7%。住房公积金提取和贷款直接支持2.5万户（含已购房提取未贷款1.1万户）家庭消化住房存量300万平方米左右，约占全市住宅（含二手房）交易面积的近三分之一。住房贷款中，公积金贷款支持购买的首套住房比例为73.9%，支持购买住房面积在100平方米以下的户数比例为32.5%。住房公积金贷款利率偿还期内为贷款职工节约利息支出9.90亿元，平均每笔贷款可节约利息支出7万元。（杨粉梅）

■住房公积金业务收支及增值收益 2020年，全市住房公积金实现业务收入8.08亿元，比上年增长10.5%。其中，存款利息收入1.60亿元，委托贷款利息收入6.48亿元。全市发生业务支出4.17亿元，增长8.5%。其中，支付职工住房公积金利息3.55亿元、归集手续费用0.28亿元、委托贷款手续费0.22亿元、其他0.12亿元。全市住房公积金增值收益3.92亿元，增长12.8%，全年增值收益率1.68%。提取贷款风险准备金2.22亿元，年末风险准备金余额16.11亿元，充足率7.7%；提取管理费用0.63亿元；提取城市廉租住房（公共租赁住房）建设补充资金1.07亿元。（杨粉梅）

■住房公积金支持廉租住房建设 全市住房公积金系统向各级政府提供2019年决算分配的城市廉租住房建设补充资金7836万元（不含仪化分中心和油田分中心）。其中，市中心4161万元，邗江596万元，仪征985万元，江都1068万元，高邮469万元，宝应557万元。（杨粉梅）

■住房公积金基数和缴存比例调整 经市政府批准，扬州市区（含广陵区、邗江区、扬州经济技术开发区、扬州化工园区、生态科技新城、蜀冈－瘦西湖风景名胜区）住房公积金基数调整缴存住房公积金的月工资基数，按职工本人2019年度月平均工资收入（工资总额）核定。月缴存基数最低不低于扬州市区最低月工资标准2020元，最高不超过2.24万元。1998年12月1日后参加工作的新职工，逐月住房补贴的缴存基数与住房公积金的缴存基数相同。企业单位的住房公积金缴存比例为单位和职工各5%—12%，同一单位须执行一个缴存比例。（杨粉梅）

■线上服务平台建设 拓展公积金线上业务渠道，形成融微信公众号、网上业务大厅、银行App等多元一体的住房公积金综合服务平台，综合服务平台建设工作以98.7分的分数通过住建部验收。优化完善线上业务，新增一年两次还商贷、封存半年提取等业务，做到公积金提取高频业务全覆盖。通过微信公众号完成账号绑定的职工近50万人，累计访问量近1300万人次，申请办理业务近13万笔，提取金额18.24亿元。住房公积金网上办事大厅有试用单位2200家，覆盖缴存职工近22万人，实现单位足不出户网上办理汇缴、基数调整、人员变更等业务。（杨粉梅）

扬州市住房公积金中心服务大厅　　杨粉梅/摄

金融业

Jinrongye

编 辑 陈 婧

综述

■概况 2020年，全市实现金融业增加值342.84亿元，比上年增长3.9%，增幅高于地区生产总值0.4个百分点。至年末，扬州市金融机构本外币存款余额7691.30亿元，比年初增加903.98亿元，余额比上年增长13.31%，增速比上年末上升1.70个百分点。其中，人民币存款余额7586.35亿元，比年初增加885.89亿元，余额比上年增长13.22%;外币存款余额16.08亿美元，比年初增加3.63亿元，余额比上年增长29.19%。至年末，扬州市金融机构本外币贷款余额6293.32亿元，比年初增加901.35亿元，余额比上年增长16.72%，增速比上年末上升0.6个百分点。从贷款币种来看，人民币贷款余额6279.75亿元，比年初增加904.90亿元，余额比上年增长16.83%；外汇贷款余额2.08亿美元，比上年下降15.29%。全市社会融资规模增量超1307.3亿元，增长39.55%。全年实现非金融企业直接融资468.79亿元。市政府分别与省农发行、国开行、中信保等达成战略合作，协议融资总额超2000亿元。

资本市场稳步发展。出台《市政府关于支持企业利用资本市场推进高质量发展的意见》，加大企业上市推进力度。艾迪药业成为全市首家在科创板上市的企业；海昌新材在创业板注册上市；嵘泰工业上海主板过会，鑫源电气在“新三板”挂牌，新增江苏股交中心挂牌企业134家。扬瑞新材等3家企业报中国证监会或交易所受理，金世缘等5家企业在江苏证监局辅导备案，受理、辅导备案企业数创历史新高。“十三五”期间，扬州市境内外上市企业数实现翻番。

地方金融稳健运营。加强政府性融资担保体系建设，市县两级政府性融资担保体系基本建成，覆盖率100%。全市15家融资担保公司和2家分支机构注册资本29.87亿元，在保余额65.8亿元，在保户数3355家；在营小贷公司54家，注册资本74.82亿元，贷款余额76.28亿元，放贷总额142.62亿元；典当法人企业20家，注册资本6.63亿元，典当余额5.38亿元，典当总额14.81亿元；在营融资租赁法人机构4家，注册资本12.71亿元，资产总额25.25亿元，融资租赁资产总额19.57亿元。以监管评级为抓手，促进担保、小贷、典当等行业规范运营；开展小贷公司业务真实性检查，组织典当行现场审计，排查压降行业风险；成立典当协会，促进行业自律。

金融风险稳控有力。持续推进防范化解重大金融风险攻坚战，加强风险监测预警和研判，有效化解重点领域金融风险。推动政府隐性债务化解和接续，妥善处置重点企业大额债务风险。严厉打击非法集资，推动金融监管领域突出问题专项整治和“六清”工作纵深发展，组织4次大规模风险排查工作，排查出涉嫌吸储、分支机构多、外地已立案、网络负面舆情多的“问题企业”165家，全部关停、清退、整改到位，有效遏制非法金融机构和非法金融活动。

（朱志远　李　浓　陆长昀）

■票据市场 2020年末，全市金融机构人民币票据融资余额393.18亿元，比年初增加56.7亿元，比上年多增7亿元。（胡章灿）

■证券业务 2020年，全市有49个证券营业部，共开设资金账户84.60万户，比上年增加11.81万户，增长16.23%。保证金余额38.02亿元，比上年增加3.04亿元，增长8.69 %，全年累计完成证券交易额16287.66亿元，比上年增加4344.30亿元，增长36.37%。其中股票交易额11954.51亿元，比上年增加3325.29亿元，增长38.54%；基金交易额976.85亿元，比上年增加514.23亿元，增长111.15 %。（赵晓红）

■保险业务 2020年，全市纳入统计的保险公司有69家，其中财产险公司26家，人身险公司43家。全年累计实现保费收入182.46亿元，比上年增加3.65亿元，增长2.04%。其中，财产险公司累计实现保费收入42.89亿元，比上年增加1.88亿元，增长4.58%；人身险公司累计实现保费收入139.56亿元，比上年增加1.77亿元，增长1.28 %。全年赔付金额30.70亿元，比上年增加1.47亿元，增长5.02%，其中财产险公司赔付支出25.11亿元，比上年增

2020年扬州市全金融机构人民币信贷分地区资金运用情况表

表 22-1　　单位：亿元

项目名称	全　市	市　区（不含江都）	江都区	宝应县	仪征市	高邮市
资金运用总计	**7859.93**	**4172.02**	**1406.29**	**672.04**	**802.25**	**807.33**
一、各项贷款	6279.75	3705.34	875.16	504.21	606.14	588.90
（一）境内贷款	6279.32	3704.92	875.16	504.21	606.13	588.89
1. 住户贷款	2261.22	1359.93	313.22	193.29	215.84	178.94
（1）短期贷款	478.15	192.53	90.09	59.54	80.71	55.27
消费贷款	102.50	50.00	14.43	10.18	16.03	11.85
经营贷款	375.66	142.53	75.66	49.36	64.69	43.42
（2）中长期贷款	1783.07	1167.40	223.12	133.75	135.13	123.67
消费贷款	1654.75	1085.48	204.59	127.31	121.38	116.00
经营贷款	128.32	81.92	18.53	6.44	13.76	7.67
2. 非金融企业及机关团体贷款	4018.09	2344.99	561.94	310.91	390.29	409.96
（1）短期贷款	1583.12	909.44	251.47	135.82	130.00	156.38
（2）中长期贷款	2041.15	1178.95	242.18	155.89	242.01	222.12
（3）票据融资	393.18	256.25	68.06	19.15	18.28	31.44
（4）融资租赁	0.00	0.00	0.00	0.00	0.00	0.00
（5）各项垫款	0.65	0.35	0.23	0.05	0.00	0.02
3. 非银行业金融机构贷款	0.00	0.00	0.00	0.00	0.00	0.00
（二）境外贷款	0.43	0.42	0.00	0.00	0.00	0.01
二、债券投资	344.81	93.65	98.68	43.22	65.09	44.16
其中：境外债券	0.00	0.00	0.00	0.00	0.00	0.00
三、股权及其他投资	23.57	21.81	0.31	0.81	0.01	0.65
四、买入返售资产	0.00	0.00	0.00	0.00	0.00	0.00
五、存放非银行业金融机构款项	0.00	0.00	0.00	0.00	0.00	0.00
六、联行往来（净）	1133.47	306.94	421.45	115.27	123.80	166.00
其中：境内存放二级准备金	31.34	25.70	1.01	1.60	1.57	1.47
七、应收及预付款	27.95	11.04	5.96	3.20	4.11	3.64
八、投资性房地产	0.01	0.01	0.00	0.00	0.00	0.00
九、固定资产	50.37	33.23	4.72	5.33	3.10	3.98

（赵晓红　薛　梅）

表 22-2

2020年扬州市全金融机构人民币信贷分地区资金来源情况表

单位：亿元

项目名称	全　市	市　区（不含江都）	江都区	宝应县	仪征市	高邮市
资金来源总计	**7859.93**	**4172.02**	**1406.29**	**672.04**	**802.25**	**807.33**
一、各项存款	7586.35	4006.78	1359.65	655.44	769.12	795.35
（一）境内存款	7581.22	4002.72	1359.28	655.24	768.78	795.20
1. 住户存款	3698.46	1498.48	852.29	413.59	418.86	515.23
（1）活期存款	1013.85	461.19	196.66	116.48	100.66	138.85
（2）定期及其他存款	2684.61	1037.29	655.63	297.11	318.19	376.38
2. 非金融企业存款	2624.64	1725.18	365.63	155.18	208.13	170.50
（1）活期存款	859.62	527.41	109.00	62.14	75.40	85.67
（2）定期及其他存款	1765.01	1197.78	256.63	93.05	132.73	84.83
3. 广义政府存款	1186.13	709.34	139.91	86.46	141.16	109.27
（1）财政性存款	66.26	30.40	9.79	5.08	11.12	9.87
（2）机关团体存款	1119.87	678.94	130.11	81.38	130.04	99.40
4. 非银行业金融机构存款	72.00	69.71	1.45	0.00	0.64	0.20
（二）境外存款	5.14	4.07	0.37	0.21	0.34	0.15
二、金融债券	4.00	4.00	0.00	0.00	0.00	0.00
其中：境外发行	0.00	0.00	0.00	0.00	0.00	0.00
三、卖出回购资产	0.00	0.00	0.00	0.00	0.00	0.00
四、借款及非银行业金融机构拆入	0.00	0.00	0.00	0.00	0.00	0.00
五、联行往来（净）	0.00	0.00	0.00	0.00	0.00	0.00
六、应付及暂收款	167.57	76.24	35.12	17.27	18.86	20.08
七、各项准备	119.47	61.98	16.43	12.11	17.39	11.57
八、所有者权益	224.17	78.72	51.49	25.62	37.41	32.10
其中：实收资本	30.81	10.87	7.64	3.70	5.26	3.33
九、其他	–241.64	–55.70	–56.41	–38.40	–40.53	–51.77

（赵晓红　薛　梅）

加1.14亿元，增长4.76%；人身险公司赔付5.58亿元，比上年增加0.33亿元，增长6.23%。（赵晓红）

银行业

银行业监督管理

■概况 至年末，辖内银行业资产、负债余额分别为8491.27亿元、8267.76亿元，比年初分别增长13.71%、13.8%。各项存款余额7614.81亿元，比年初增长13.24%。各项贷款余额6294.1亿元，比年初增加901.26亿元，比上年多增152.65亿元，增速16.71%。中长期贷款较年初增加670.77亿元，占各项贷款增量的74.43%，比年初上升26.44个百分点。企业信用贷款较年初增加128.71亿元，比上年多增39.18亿元，增速42.25%。表外业务余额4262.56亿元，比年初增长32.6%，增速比上年同期上升3个百分点。担保类和承诺类业务余额分别为1197.82亿元和810.57亿元，比年初分别增加271.96亿元和376.11亿元，比上年多增39.14亿元和154.01亿元。全年累计处置不良贷款78.03亿元，处置金额比上年增长103.23%，至年末，辖内不良贷款余额、比例分别降至40.25亿元、0.64%，比上年下降26.51亿元、0.6个百分点，降幅分别为39.71%、48.39%。（屠志婷）

9月25日，扬州银保监分局召开2020年扬州市银行业保险业服务实体经济经验交流暨签约活动 银保监分局/供稿

■实体经济服务 支持制造业高质量发展。制定《关于银行业保险业支持全市制造业高质量发展的实施意见》，开展“百名行长服务制造业企业复工复产”活动。至年末，制造业贷款余额865.91亿元，较年初增长11.86%；全市股份制银行制造业贷款余额97.26亿元，比年初增加37.26亿元；制造业贷款占比6.85%，比年初上升1.7个百分点。推动普惠型小微企业“增量扩面、提质降本”。组织开展“百行进万企”升级扩面系列活动，制定实施“七个一”配套措施。至年末，辖内银行机构普惠型小微企业贷款余额846.15亿元，比年初增加195.44亿元；贷款增速30.03%，高于同期贷款平均增速13.32个百分点；贷款户数8.08万户，比年初增加1.60万户；贷款利率5.25%，比年初下降0.74个百分点。（屠志婷）

■地方金融风险防控 督促各银行机构排查发现分类不准确资产金额11.76亿元。至年末，收回及调整风险分类金额9.4亿元，排查发现存在风险隐患资产81.44亿元。全年银行机构累计处置不良贷款78.03亿元，比2019年增长103.23%；年末不良贷款率0.64%。引导机构总结风险防控常态化监测、分析、预警和处置的工作经验或工作思路53条，督促机构修订完善风险防控相关制度，着力构筑标本兼治的金融风险防控长效机制，提升风险防控和抵御能力。（屠志婷）

■市场乱象整治 抓实法人银行公司治理评估发现问题整改。指导法人农商行按照资管新规稳妥有序退出自营理财业务，5家法人农商行理财业务规模较年初压降24.34亿元，下降95.4%。指导银行机构化解地方政府债务391.05亿元，助力扬州市政府隐性债务风险等级由红色转为橙色。开展人身险市场高质量发展专项检查，在全省首次对保险机构端和银邮代理端进行交叉违法行为验证并问责。严厉打击车险销售端、车险理赔端乱象，扬州车险综合成本率从2019年年初的101.62%下降至97.78%，综合费用率由37.89%下降至33.84%。整顿基层中介机构乱象，引导14家中介机构退出。全年实施行政处罚29件，处罚银行保险机构16家次，处罚责任人员13人次，处罚金额合计631.9万元。（屠志婷）

中国人民银行扬州市中心支行

■货币政策执行 引导辖区信贷总量合理适度增长，全市本外币贷款增加901亿元，增长16.7%，高于全省平均水平0.8个百分点。小微企业贷款实现“增量、扩面、降价”目标，全市普惠小微贷款余额828.7亿元，比年初增加197亿元，余额比上年增长31.2%，超各项贷款增速14.5个百分点，普惠小微企业贷款平均利率5.68%，比上年下降82个基点。落实普惠小微延期还本付息及普惠小微信用贷款两项政策工具，6—12月，金融机构累计办理普惠小微贷款延期还本金额

200.3 亿元，累计延期率 79.1%；至年末，全市金融机构普惠小微信用贷款余额 155.1 亿元，比年初增加 85.6 亿元，新增占比 43.4%。
（周 媛）

■利率市场化改革 全市银行机构开展存量浮动利率贷款定价基准转换工作。利率改革红利持续释放，货币政策传导效率增强，企业贷款利率明显下降。2020 年，扬州市金融机构一般贷款、企业贷款、普惠小微企业贷款加权平均利率分别为 5.25%、5.01%、5.68%，比上年分别下降 45 个基点、52 个基点和 82 个基点。全市金融系统通过减免收费等进一步降低企业融资成本，全年累计向实体经济让利逾 20 亿元。
（许 鹏）

■央行资金 加强对法人银行机构指导，有效放大再贷款优惠政策效果。争取 36 亿元支农支小再贷款专用额度，用于发放优惠贷款。全年累计办理支小、支农再贷款 57 亿元，惠及市场主体 6550 户，平均利率 4.92%，低于同类贷款 20% 以上。推动扬州农商行、江都农商行办理“再贷款 + 出口信用保险”业务，申请再贷款 2400 万元，引导贸易融资 395 万美元。（陈佳佳）

■金融市场建设与管理 加大政策宣讲与项目推介力度，全市债务融资工具的发行规模稳步增长。2020 年，全市累计发行债务融资工具 42 单、210 亿元，较上年多发 15 单、64.5 亿元，票面加权平均利率 3.98%，低于全部人民币贷款加权平均利率 1.03 个百分点。推动市城控集团发行全市首单“疫情防控债”，发行规模 3 亿元，利率 2.6%。支持扬州农商行、宝应农商行分别开展黄金积存业务备案、黄金代理业务备案，完善产品服务体系。
（周 媛）

■金融支持稳企业保就业 制定扬州市《金融支持稳企业保就业工作实施方案》，引导银行机构加大对我市重点行业、企业和群体等各类市场主体支持力度。开展外贸企业全面金融帮扶行动，筛选外贸重点企业 3189 户，推送银行机构开展融资对接，对接 2026 户外贸企业，为有信贷需求的 446 户企业提供融资 64.2 亿元。开展信用贷、首贷增量扩面行动，投放普惠小微首贷户 4482 户，比上年增长 56.7%。指导全市银行机构推出“云税贷”“小微易贷”等 35 个线上线下信用产品。至年末，全市普惠小微信用贷款余额占比 18.71%，比上年末提高 7.7 个百分点。推动实施“金融支持制造业提质增效行动计划”和“金融支持实体经济‘12345’行动计划”，遴选 105 个金融助力制造业示范项目，提供融资 123 亿元。（周 媛）

■金融生态建设 梳理分析辖区 5 个县（市、区）金融生态环境建设情况，推动召开全市金融生态环境建设工作推进会，形成全市上下联动，齐抓共建良好金融生态的浓厚氛围。
（黄 梅）

■金融风险防控 加强区域金融风险监测、预警。重点监测银行资产质量、房地产市场、政府平台债务、大型有问题企业等风险，专项调查经营性物业授信风险、宝应县山阳镇羽绒担保圈风险、资管新规对地方金融机构的影响等情况。做好辖区 4 家“明天系”分支机构的有序接管和风险防控工作。密切监测仪征玉丰（原包商）村镇银行存款、头寸和同业债权回收变化情况，稳妥应对多个敏感窗口期的风险异动，有效规避集中挤兑风险。开展风险警示工作，运用宏观审慎评估、央行金融机构评级、差别费率核定等多种手段，对全辖法人机构开展现场核查与央行评级，实现资产质量现场评估两轮全覆盖，累计开展监管谈话 31 次，制发核查意见书 4 份、反馈偿付能力和流动性风险压力测试结果进行风险提示 3 份。（黄 梅）

■金融机构综合管理 牵头修订评价标准、更新系统设置和按季评价，组织对市级 26 家非法人银行业金融机构和全辖 12 家法人银行业金融机构开展综合评价。确定非法人银行“A 类”机构 8 家、“C 类”机构 4 家；法人银行“A 类”机构 4 家、“C 类”机构 2 家。全年上报重大事项 289 项、重大突发风险专题报告 8 期。对 2 家机构开展重大事项现场核查并制发核查意见书。（黄 梅）

■普惠金融服务 推进扬州市农村普惠金融服务点标准化改造，全年完成标准化改造服务点 500 个，改造率 50.92%，退出低效服务点 951 个，年末存量服务点 982 个。探索普惠金融服务点 +N 工作模式，形成“一当驿站”“邮福之家”等普惠金融服务点特色品牌。自主开发并上线运行“扬州市农村普惠金融服务点综合信息管理系统”，通过系统对服务点基础信息、业务发展和风险管控实施精细化管理，提升管理效率。联合市财政局开展建设单位服务点工作质量考核，参与财政间隙资金竞争性存放投标评标工作，增加服务点工作质量分值。
（赵 叶）

■反洗钱管理 深化与公安、国安、检察院、海关、监察委等单位的协作机制，联合下发《关于联合打击洗钱犯罪的指导意见》，在全省率先建立八部门联合打击洗钱犯罪活动的协作机制。全年协助破案 15 起，其中以洗钱罪立案 1 起、以非法经营罪立案 2 起。（娄丽敏）

■征信管理 强化应收账款融资服务平台应用，推进恒丰银行扬州分行——江苏邗建集团开展供应链反保理业务 51 笔、金额 1.09 亿元，支持企业 22 户，其中域外企业 15 户。联合扬州市财政局、扬州市公共资源交易中心印发《加快推进扬州市政府采购支持中小微企业融资的实施意见》，全年推动“政采贷”业务 15 笔，金额 4886.5 万元。深化农村信用体系建设，助推金融惠农支农，全年评定信用户 24.52 万户，授信 269.31 亿元，其中用信 3.62

万户，金额83.28亿元。评选信用镇11个，信用村220个。开发普惠信用信息平台，推进“信息+产品”一体化服务。进一步探索征信平台建设，研究制定《扬州市地方征信体系建设方案》，推动政税银平台与扬州大数据局进行数据共享。增设扬州农商行营业部、工商银行邗江支行和招商银行营业部三个代理查询点，开展企业信用报告查询9101笔、个人信用报告查询22.43万笔。（樊瑾瑜）

人民币结算账户管理 2020年，全辖各银行机构办理单位银行结算账户开立6.31万户、变更2.8万户、撤销3.19万户。开通防疫账户，开立“绿色通道”，保证防疫账户随开随用，防疫资金及时汇划，为扬州市防疫资金和物资的调拨提供有力支撑，累计开立防疫账户30户。持续落实“放管服”改革要求，推动银行机构理顺开户流程、整合开户资料，提高开户效率。加强账户风险管控，全年累计排查涉电信网络诈骗案件的单位账户69户、个人账户66户；排查存量企业账户26.69万户、个人账户2397.15万户，累计对1.80万户企业账户、17.35万户个人账户采取控制措施；对2家银行机构发出风险提示，问责18人次。与市公安局建立防范账户风险协作机制，定期共享风险和涉案账户信息；通过政府大数据开放平台，与税务部门比对新开账户的涉税信息，重点关注开户不办税的企业账户，前移账户风险管控关口。（张心瑜）

支付业务管理 2020年，扬州市新增“云闪付”有效用户27.88万户，移动支付累计交易笔数210.91万笔、金额9.92亿元；完成手机闪付或条码改造的POS商户4.53万户，累计改造完成率超过97%。移动支付在交通、校园、政务等民生场景的应用取得突破。上线扬州公交“云闪付”乘车码应用，完成南京邮电大学通达学院和扬州技师学院两所院校的移动支付项目，扬州大学移动支付交易量保持全省高校领先位置，先后在法院诉讼费用收取、出入境管理大厅证照缴费等政务服务场景完成“云闪付”受理机具或系统改造。组织“舌尖上的扬州”“一分钱乘公交”等多项移动支付惠民体验活动，促进消费回补和潜力释放。仪征市打造“移动支付+”系列场景项目，实现特色乡村、智慧交通、政务服务等多场景落地。（张心瑜）

经理国库 2020年，全辖各级国库共计办理预算收入1213.38亿元，比上年增长7.45%。开辟绿色通道，快速拨付疫情防控资金306笔，共计2.01亿元，有效保障全市疫情物资和应急保障用品等各类资金需求。全年累计办理各级预算收入退库96.95亿元，比上年增长15.14%。其中，出口产品退库67.01亿元，比上年上升7.06%，占退库总量的81.45%；个人所得税退税23万笔、共计1.19亿元。全年全市销售储蓄国债（凭证式）、储蓄国债（电子式）累计6.73亿元。兑付储蓄国债（凭证式）522笔、2003.01万元，分别占到期未兑国债的65.2%和86.5%。（陈　璘）

国库管理 依法经理国库，坚持服务监管双轮驱动。加强监管，确保中央新增财政资金直达基层。全辖共收入支出新增财政资金21.98亿元，未出现资金被截留挪用现象。全辖国库通过柜面监督共发现并纠正业务差错和不合规业务491笔，金额2.81亿元。其中，对退库业务监督发现的差错和不合规业务笔数为360笔，占全部差错笔数的73.32%。（肖和萌）

货币发行 分析辖区内现金需求，制定并及时调整发行基金投放回笼计划，有效保障市场供应。全年执行发行基金调拨命令43次、202.1亿元，累计投放发行基金225.81亿元，回笼发行基金185.48亿元，净投放40.33亿元。有序组织残损人民币回笼，提升流通中现金质量，全年回收残损人民币100.32亿元。组织普通纪念币预约兑换发行工作，督导农业银行扬州分行规范、有序、公开发行2020年贺岁普通纪念币第二批次、世纪文化和自然遗产——武夷山普通纪念币公开发行兑换工作。（张福芳）

人民币流通管理 组织开展2020年版第五套人民币5元人民币发行工作。组织开展小面额现金服务暗访工作，完成384个网点的暗访和问题反馈，实现所有类型机构全覆盖。强化反假货币管理，做好假币收缴工作。全年收缴假人民币1.13万张（枚）、金额102.83万元。推进现金服务示范区创建，优化县域现金流通环境。推进仪征市刘集镇和宝应县氾水镇的现金服务示范区创建工作，深化各项便民惠民服务举措。2020年，现金服务示范区内6家银行业机构、12个营业网点制作发放现金便民联系卡938份，为周边商户提供上门服务328次，办理预约服务427次，投放20元以下小面额人民币442.76万元，回收不宜流通人民币1988万元。（张福芳）

金融科技 建设“金民通”综合服务平台，为金融消费者提供业务指南、产品推介及金融机构地理位置导航等服务。推进IPv6（互联网协议第6版）规模部署，指导辖内金融机构完成互联网应用系统改造。推进金融标准化，组织辖内12家法人银行业机构参与金融企业标准领跑者活动。推广应用全球法人识别编码（LEI），组织外汇指定银行对1000户重点企业开展针对性宣传，至年末，扬州辖内赋码机构超过600个。参与金融科技试点，组织收单机构推广银联刷脸付，完成“云闪付”扬州城市服务功能的开通。（韩天悦）

金融消费权益保护 探索科技赋能金融创新，广泛集聚全市金融机构力量，探索建设面向广大基层百姓的线上金融服务平台——“金民通”，为进一步畅通普惠金融服务渠道、优化金融生态环境提供数字化创新支撑。联合扬州市中级人民法院、银保监会扬州分局成立新型金融纠纷调解中心，坚持把非诉讼纠纷解决机制挺在前面，打造扬州市金融纠纷多元化解的新平台、新阵地。

（李可可）

■外汇管理 2020年末，扬州市外汇存款余额16.08亿美元，比年初增加3.63亿美元。外汇贷款余额2.08亿美元，比年初减少0.38亿美元。扬州市跨境收支总量为169.18亿美元，比上年增长12.61%。其中，跨境资金流入116.42亿美元，增长11.24%；跨境资金流出52.76亿美元，增长15.10%；跨境资金顺差63.66亿美元，增长8.23%。经常项目跨境收支总量113.28亿美元，下降4.12%。其中，跨境收入81.17亿美元，下降2.59%；跨境支出32.11亿美元，下降7.78%。资本项目跨境收支总量55.91亿美元，增长74.23%。其中，跨境收入35.25亿美元，增长65.57%；跨境支出20.66亿美元，增长91.34%。扬州市银行结售汇总额90.39亿美元，比上年增长7.24%。其中，结汇67.73亿美元，增长8.36%；售汇22.66亿美元，增长3.99%；结售汇顺差45.08亿美元，下降2.15%。2020年，扬州市辖内有49家银行分支机构获准开办相关外汇业务。

（夏广军　李修叶　杨朝霞）

政策性银行

■中国农业发展银行扬州市分行 2020年末，中国农业发展银行扬州市分行累计投放各类贷款92.92亿元，比上年增加8.83亿元；各项贷款余额238.73亿元，比年初增加36.74亿元；存款余额73.97亿元，日均余额85.38亿元，比年初增加2.99亿元。全行无新增不良贷款，各项贷款持续保持“无不良、无欠息、无逾期”。

贷款业务。做好粮食信贷资金供应，全年累放贷款35.95亿元，年末余额46.29亿元。开辟信贷应急救灾绿色通道，全力支持疫情防控物资生产、保供稳价、春耕备耕，强化政策性金融服务，累计投放应急救灾贷款12笔，金额4.13亿元。助力重大项目建设，累计服务项目10个，金额84.9亿元；累计营销长江大保护项目22个，获批18个，金额92.9亿元，投放42.88亿元；全面落实与扬州市政府签订的500亿元战略合作协议，至年末，实施准入项目18个、金额127.5亿元。

存款业务。以优化存款结构为目标，拓宽营销领域，紧盯土地拍卖款和土地交易保证金、债券资金等，开辟引存新渠道。至年末，各项存款日均余额85.38亿元，列全省第三，非贷存款占全市总存款比例82%，居全省第一。

社会责任。助力精准脱贫攻坚，联合企业赴贵州黎平、陕西米脂开展贫困户走访、贫困人口招工、生产和教育帮扶等工作，全年累计投放精准扶贫贷款13.4亿元，累计帮扶245人。开辟信贷应急救灾绿色通道，全力支持疫情防控物资生产、保供稳价、春耕备耕，强化政策性金融服务，累计投放应急救灾贷款12笔，金额4.13亿元。（陈洪斌　翟　爽）

国有商业银行

■中国工商银行股份有限公司扬州分行 至2020年末，中国工商银行股份有限公司扬州分行人民币各项贷款余额为429.08亿元，全年累计投放人民币贷款166.18亿元，新增41.98亿元。人民币全部存款余额517.26亿元，新增85.25亿元、增幅19.73%。储蓄存款余额267.24亿元，新增37.92亿元。公司存款余额130.65亿元，新增34.31亿元。机构存款余额119.33亿元，新增13.12亿元。实现拨备前利润12.82亿元、净利润8.86亿元。不良贷款实现双降，全年压降潜在风险8户、1.43亿元，不良贷款余额2亿元，比年初下降4.97亿元，不良率0.47%，比年初下降1.31个百分点。

支持乡村振兴。组织各县域支行开展乡镇合作试点，加大普惠型涉农贷款和扶贫贷款投放力度。与江都小纪镇、宝应汜水镇、高邮送桥镇、广陵李典镇签订合作协议，为25户企业发放贷款1.4亿元。开展“百行进万企”升级扩面活动，达成融资意向489户，其中授信228户，投放21户、15.75亿元。

实体经济金融服务。支持重大项目，当年项目贷款累计投放54.97亿元、新增25.29亿元。深化制造业“千户工程”，加大制造业中长期贷款投放，制造业贷款新增2.86亿元，中长期贷款占比69.35%，比年初提高2.57个百分点。支持民营企业，至年末，民营企业贷款余额

工行扬州分行青年志愿者下乡送知识　　日　报/供稿

52.72亿元。加快推进普惠金融，深入实施“百行进万企”主题活动，推广“政税银”“E贷网”“e税快贷”等新产品，加快经营快贷零售化，推进营销核心企业供应链，至年末，普惠贷款人行、银保监口径分别新增7.48亿元和7.09亿元。

抗疫金融服务。搜集梳理99户重点战疫企业服务名单，加大对战疫企业信贷支持力度。提前1个月对到期贷款进行摸排，筛选出受疫情影响的小微企业名单，分类制定实施差异化帮扶方案，通过展期、续贷、下调利率、增加信用贷款等方式做好存量融资接续工作。全年累计发放抗疫贷款158.27亿元。

金融风险管控。加强反洗钱治理，制定反洗钱考核办法，细化指标，抓好高风险领域的监测与处理。加快资产质量提升，常态化分析企业经营、复工复产、到期还本付息、兑付等情况，加强对潜在风险的管理、监测和压降，加大不良资产清收处置力度，全年累计清收6.49亿元，其中现金清收1.24亿元。

（季晓明　陆　鹏）

■中国农业银行股份有限公司扬州分行　2020年末，中国农业银行股份有限公司扬州分行各项存款余额850.11亿元，比年初增加110.8亿元，占四大行总量市场份额31.51%和增量市场份额29.99%，均保持首位。其中，个人存款562.12亿元，比年初增加67.24亿元，占四大行总量市场份额37.35%和增量市场份额34.48%。人民币存款日均余额823亿元，日均增量100.1亿元。各项贷款余额539.43亿元，比年初净增88.03亿元，增速19.51%，比上年提高9.87个百分点。实现营业收入24.08亿元，比上年增加2.66亿元；实现中间业务收入5.31亿元，比上年增加1455万元；实现拨备前利润16.93亿元，比上年增加1.9亿元；实现拨备后利润15.31亿元，比上年增加7489万元。全行不良贷款余额2.6亿元，不良率0.48%。关注类贷款余额2.05亿元、占比0.38%，分别比年初下降0.32亿元、0.15个百分点，拨备覆盖率259%。

存款业务。首季个人存款比年初增加63亿元，比上年多增9亿元。提升对公流量经营能力，累计入账土拍资金1400亿元，日均存款净增23.5亿元。通过法人贷款+保证金存款联动营销，动员客户开立保证金银票，累计办理定期存单15.5亿元，日均存款净增10.8亿元；抢抓结算资金，分层营销维护，累计新开对公结算账户4472个，沉淀日均存款7.4亿元，现金管理客户存款日均增量16亿元。

信贷投放。组织银企对接活动，分别与8家单位和重点企业代表签署意向总额391亿元的融资合作协议。全年累计投放贷款项目18个、金额35.61亿元。服务制造业和战略新兴产业，确定首批重点支持科创企业名单72家，年内支持名单内企业51家，授信金额45.14亿元。至年末，全行制造业贷款余额49.34亿元，比年初增加5.24亿元；总授信154.22亿元，比年初增加70.32亿元。推进普惠金融业务，推广“项目一方案一授权”普惠贷款运作新模式。至年末，全行普惠贷款余额74.81亿元，比年初增加36.72亿元，增幅96.4%，高于全行贷款增幅76.9个百分点；普惠客户数8716户，比年初增加4198户，增幅92.92%。

数字化转型。推出智慧医疗、智慧校园、智慧旅游、智慧交通等智慧金融服务，在“江苏农行金穗领航”公众号平台首家上线“最美扬州”智慧景点，实现线上购票、无感停车等应用。加强机构类银客链接系统推广，新上线市公安局本部涉案资金管理系统、农产品流通主体追溯项目、江都和邗江非税电子化项目、邗江区纪委监委涉案资金管理系统，新立项仪征中医院“智慧医院”等6个项目。

信用风险防控。开展大额农户贷款专项检查、个人线上业务风险线索核查、新冠肺炎疫情影响专项风险排查。开展每月一次全面信用风险隐患客户排查，全年累计排查出风险隐患客户12户、金额1.2亿元。加强政府隐性债务合规管理，建立政府债务台账，新发放贷款严格执行国家政策制度要求，加强动态管理，对6户、金额合计4.73亿元的政府隐性债务贷款重新约期。加强信贷客户动态监测，全年对56户法人客户进行评级重检，对6户存在风险隐患的客户进行评级调整。加强不良资产清收处置，实行不良贷款处置方案分层管理，全年累计清收表内不良贷款本金7943万元，清收利息3351万元。（吕元兆）

■中国银行股份有限公司扬州分行　2020年末，中国银行股份有限公司扬州分行本外币存款余额511亿元，比年初新增59亿元，增幅13.05%；本外币贷款余额492亿元，比年初新增47亿元，增幅10.56%。实现营业收入16.4亿元，增幅12.35%。资产质量稳定，资产不良率0.85%。

稳企业保就业。加大对普惠金融资金供给，普惠金融贷款余额比年初增长12.06亿元，增幅40%；客户数较年初增加419户，增幅20%；平均贷款利率比年初下降0.58个百分点。丰富普惠金融业务品种，满足不同行业个体工商户创业创新金融需求。落实金融支持乡村振兴、精准扶贫工作措施，为试点乡镇江都区小纪镇14户企业新增贷款4875万元，向小纪镇农户新增贷款233万元；扶贫贷款新增578万元。

稳外贸稳外资。推进国际贸易“单一窗口”政务平台建设，为进出口企业提供7×24小时不间断的免费在线税费支付服务，将融资支持嵌入通关流程。实行专项外汇信贷支持，对存量授信客户增加20%的授信额度，累计为81户外贸型企业新增授信3.5亿元；发挥海外联动优势，引入低成本资金，为企业累计办理海外融资3.76亿元。

助力经济转型升级。服务科技创新产业发展，向130家高新技术企业发放授信6.5亿元，向408户科技型企业发放授信19亿元。服务制造业升级，制造业贷款余额新增

4.48亿元，增幅8.73%。服务“新基建”和基础设施领域补短板项目建设，为中航宝胜海洋工程电缆等特高压产业项目、徐宿淮盐铁路建设项目等投放3.72亿元。服务生态、文旅产业和民生项目建设，向扬州市头桥水厂深度处理工程等生态治理项目、“汪曾祺文化特色街区”等文化旅游产业项目、商贸服务业项目投放7.94亿元。

保障企业复工复产。建立中小微企业应急融资通道，增设应急贷款，支持延迟复工企业贷款延期，采用无还本续贷等方式，支持企业复工后的正常经营。创新推广“复工贷”产品，为企业提供三年期、最高1000万元的流动资金贷款和三年以上的固定资产贷款。针对受疫情影响较大的行业个体从业者，研发“暖心贷”“续融通”等针对性产品，帮助客户渡过难关。累计为18户企业发放“复工贷”1.44亿元；为16户公司客户、25户个人客户办理延期还款7.6亿元。

（周广峰 张 浩 袁 庆）

■中国建设银行股份有限公司扬州分行 2020年末，中国建设银行股份有限公司扬州分行一般性存款日均余额较年初新增105亿元，比上年多增64亿元；各项贷款比年初新增100亿元，比上年多增51亿元；不良贷款率0.40%，为同行业最低。

助力脱贫攻坚。引入现代科技，创新精准帮扶模式，形成电商扶贫先行、信贷扶贫创新、服务网络延伸、公益扶贫带动、综合扶贫支持的大金融扶贫格局。全年累计向扶贫对象发放贷款10.2亿元，年末贷款余额比年初新增1.0亿元，实现善融扶贫交易总额445万元。联合陕西佳县政府在瘦西湖夜市做扶贫带货直播，为江都汉东村党群服务中心建设提供10万元资金支持。

深化金融供给侧结构性改革，扩大信贷供给。支持基础设施建设，全年新增贷款37亿元，增幅23.31%。支持制造业转型升级，全年新增贷款15亿元，增长46.45%。保障产业链供应链稳定畅通，年末产业链贷款比年初新增4亿元。加强对清洁能源等9大重点支持领域的资源投入，促进绿色发展。至年末，绿色信贷余额为32亿元，比年初新增8亿元，增长33.33%。推进线上线下相互融合，挖掘消费潜力，支持“双循环”。全年实现信用卡分期交易18亿元，比上年提升75.3%。

突破传统金融局限，纵深推进住房租赁、普惠金融、金融科技“三大战略”。加大“数字房产”系统推广力度，升级上线新框架全国公租房信息系统、预售资金监管系统和智慧建筑特色系统。开展本地化金融科技创新及应用，上线STM渠道智慧政务等项目。在扬州创新中心开创扬州首个“创业者港湾”，为双创企业提供综合化赋能平台和新金融孵化生态。在扬州市综合金融服务平台和政税银大数据平台布放产品，扩大产品推介渠道。创新形成新模式产品体系，通过“惠懂你”手机移动端融资及综合服务平台，为小微企业贷款提供全线上无接触服务。打通普惠金融服务“最后一公里”，建设“裕农通”服务点1317户。（禹在志）

■交通银行股份有限公司扬州分行 2020年末，交通银行股份有限公司扬州分行资产总额282.74亿元，人民币存款余额267.61亿元，人民币贷款余额199.37亿元，分别比上年初增加6.03亿元、8.20亿元和28.32亿元。

客户工程。至年末，对公授信客户数166户，比年初增加21户；有授信余额客户数128户，比年初增加30户；新开国际业务客户38户，其中进出口前三百强新客户10户。与浦发银行、兴业银行开展合作并促成三单信用债分销。与财政系统、地方政府深化合作关系，争取市财政偿债资金专户落户。

转型发展。2020年，对公授信审批通过124笔，金额345.25亿元，其中新增对公实质性贷款16.82亿元，新增制造业贷款2.87亿元，增速27.18%。拓展非信贷资产业务，至年末，落地投行业务14单，合计规模46.26亿元。投放东部枢纽（高铁）、万科并购和保障房开发等一批重点项目，重点项目落地数量在当地同业排名靠前。发行“交行系统内首单担保型风险缓释凭证”，“全辖首单房地产并购业务”“信融通”新项目制实现突破，资产、负债和利润同步增加。立足提升现金服务效能，强化人民币收付业务管理，做好人民币流通“满意工程”建设。

合规管理。开展各类风险控制、合规自查整改工作。至年末，不良贷款控制额3264万元，比年初减少2.37亿元，计划完成率173%；不良率0.16%，比年初下降1.41个百分点。全年累计现金收回不良贷款和实现已核销收回57笔，共计1647万元。

支持“六稳”“六保”。推进普惠金融扩面增量，统筹推动小微、民营、三农等重点领域业务发展。至年末，普惠金融“两增”口径贷款余额10.23亿元，比上年增加4亿元，增幅65%。两增口径客户数703户，比上年增加224户，增幅47%。“线上抵押贷”“税融通”合计新增249户，新增2.42亿元。

（邰 思）

其他商业银行

■中国邮政储蓄银行股份有限公司扬州市分行 2020年末，中国邮政储蓄银行股份有限公司扬州市分行总资产654.76亿元，本年净增65.26亿元，比上年多增17.03亿元。各项存款余额218.26亿元，本年净增18.21亿元，比上年多增5.14亿元；各项贷款余额298.79亿元，本年净增65.09亿元，比上年多增28.22亿元。不良贷款余额比上年末减少984万元；不良率0.35%，比上年末降低0.14个百分点。（詹 成）

■江苏银行股份有限公司扬州分行 2020年，江苏银行股份有限公司扬州分行各项存款590.5亿元，比年初增加44.4亿元，增幅8.13%；

各项贷款512.44亿元，比年初增加55.7亿元，增幅12.2%。获评“2019年扬州市新兴科创名城建设先进集体”，连续七年获评“人民银行执行政策评价”A类银行；连续八年获得外管“A类行”评级。

服务质效提升。贴紧市场深耕实体，坚持大、中、小并重，支持各级各类市场主体。至年末，对公人民币贷款余额298.92亿元，比年初新增38.34亿元，市场份额8.1%，比年初提升0.03个百分点，余额在金融机构中位列第二。响应产业强市战略，加大制造业尤其是先进制造业支持力度，至年末，制造业贷款余额57.34亿元，占对公人民币实贷的19.15%；民营企业贷款余额122.12亿元，比年初新增15.39亿元，占对公人民币实贷比重40.79%，比年初提升0.15个百分点；绿色信贷46.5亿元，比年初新增4.23亿元。

发展普惠金融。普惠口径小微业务全面实现“两增两控”监管目标，普惠口径贷款余额42.34亿元，比年初新增11.44亿元，增速37%。全年累计发放人民币对公贷款197.14亿元，加权平均利率5.04%，利率下降减让金额8117万元。疫情期间减免融智汇结汇费1.5万元、汇出汇款手续费0.54万元、电报费0.15万元、境外行清算费0.14万元，合计减免服务收费2.33万元。（陆　璐）

■江苏扬州农村商业银行股份有限公司 2020年末，江苏扬州农村商业银行股份有限公司资产总额385.52亿元，比年初增加49.66亿元，增幅14.78%。各项贷款247.47亿元，比年初增加27.91亿元，比上年多增8.26亿元，增幅12.71%。各项存款余额321.72亿元，比年初增加41.67亿元，增幅14.88%。不良贷款总额3.74亿元，比年初下降6156.93万元；不良率1.51%，比年初下降0.47个百分点。年内共实现利润总额3.10亿元，各项收入16.59亿元，金融增加值7.66亿元。至年末，手机银行38.58万户，比年初增加11.76万户；社保卡发行73.47万张，比年初增加8.85万张，累计激活32.46万张，比年初增加9.15万张，激活率44.19%；线上贷用信4028户，比年初增加2546户，用信金额4.66亿元，比年初增加2.56亿元；信贷客户数3.1万户（含贷记卡），比年初增加7556户，增幅32.2%；涉农贷款余额68.52亿元，增幅53.81%，占比27.88%；小微贷款余额168.58亿元，增幅130.24%，占比68.59%。

加大支农力度。立足农区打造阳光信贷2.0版，施行点对点零距离触达，满足农户和新型农业主体的资金需求。年内500万以下小微贷款户数增加3457户，余额增加26.91亿元，“阳光信贷”用信户数增加2192户，用信金额增加1.68亿元。升级改造“兴农驿站”和特色便民服务点48个，依托电子化一体设备就近服务村民办理取现、转账、缴费等日常业务，着力打通普惠金融服务“最后一公里”。

推进增户扩面。开展“三访三增，助力六稳六保”大走访活动，深耕乡镇、园区、城区市场，运用信贷管理平台和数字化转型成果，筛选出十一类目标客户群体，分类施策，了解掌握走访半径内企业、农户、商户的经营生产需求，及时提供金融服务方案。活动期内，走访7.96万户，走访率61.35%，其间新增授信签约金额29.27亿元。

金融科技融合。对信贷全流程、互金平台等重点投产项目高频次更新扩容，普惠信息平台、电子保全系统等在途建设项目进入联调测试阶段，完成填报系统基础板块开发工作，数字作战大屏、个人客户统一视图、个人客户细分管理等大数据定量分析系统上线运营。（农　商）

■广发银行股份有限公司扬州分行 2020年末，广发银行股份有限公司扬州分行本外币存款余额53.83亿元，比年初增长11.53亿元，其中对公存款46.71亿元，个人存款7.12亿元。贷款总额62.37亿元，比年初增长13.87亿元，其中对公贷款余额56.35亿元，个人贷款余额6.02亿元，全年实现营业收入2.08亿元，实现净利润1.14亿元。（广　发）

■华夏银行股份有限公司扬州分行 2020年末，华夏银行股份有限公司扬州分行资产总额133.27亿元，比年初增加32.16亿元，增幅31.81%。一般性存款余额122.90亿元，比年初增加26.92亿元，增幅28.04%。一般性存款日均120.26亿元，比年初增加26.24亿元，增幅27.92%。基础型存款日均105.02亿元，比年初增加27.11亿元，增幅34.80%。个人金融资产总规模47.65亿元，比年初增加3.80亿元，增幅8.67%。各项贷款余额131.90亿元，比年初增加48.23亿元，增幅57.64%。

个贷平台建设。加大渠道建设力度，全年新增非项目贷合作楼盘8个，与扬州大中型龙头中介建立合作关系，做好与项目贷合作楼盘的现场集中签约工作，加快个贷流程化管理。

储备项目开发。强化“投放一批、申报一批、储备一批”的储备思维，对已批未投放业务，限时经营单位落实放款条件、确定投放品种、确保成功投放；对审批流程中业务，按户设立时间节点，按时限目标有序推进；对于在手储备项目，定期召开推进会，要求按周报送营销工作成果，持续充实在手储备项目。

信贷运行管理。开展“授信业务质量提升年”活动，营销条线与审批条线双线联动，初审及审批端口前置，切实提升申报质效。提升规模管控的计划性以及贷后管理的规范性，按照规模管控要求，实时调整信贷投放进度，督促经营单位落实放款条件，适时安排投放。

信用风险管理。坚持授信“三查”，严把授信准入关。做好授信审查关口前置，提高审批效率。对于首次抵押的抵押物，专职审批人现场考察抵押物状况；对于重点客户，专职审批人参与授信方案设计，助力营销部门提升客户服务能力。

做实贷后管理工作，不定期核查各经营单位贷后检查实际执行情况及工作质量。（钱　峰）

■兴业银行股份有限公司扬州分行 2020年末，兴业银行扬州分行本外币各项存款191.43亿元，比年初新增5.91亿元，增幅3.19%。其中，企金存款166.57亿元，个人储蓄存款24.86亿元。本外币各项贷款（含贴现）215.73亿元，比年初新增57.27亿元，增幅36.14%。其中，企金贷款（不含贴现）112.59亿元，个人贷款68.25亿元。（范魏忻）

■南京银行股份有限公司扬州分行 2020年末，南京银行股份有限公司扬州分行各项存款余额391亿元，各项贷款余额286亿元。信贷资产突破550亿元，比年初增长9%。

稳固基础业务。全年累计办理延期还本付息24.57亿元，累计发放普惠信用贷款3.38亿元。至年末，制造业客户数446户，表内贷款余额近47亿元，增速约25%，其中制造业中长期贷款增速26%，有效增强区域制造业实体客户发展活力。

重大项目营销。挖掘项目内在动能，掌握项目推进进度，持续提升统筹规划和分层营销成效。自7月份推动实施以来，获批项目总金额107亿元，已投放金额占比55%。

坚持转型发展。实施“1+3”行动计划，开展拓客扩群行动。至年末，有效用信客户近1100户（含个人经营性）；小微（普惠）贷款余额147.56亿元，占比超50%；绿色金融贷款年度净增10.1亿元。实施推进“两大战略”，增强大零售业务发展动能，拓展交易银行业务，提升客户经营能力和金融服务质效。（林晓辉）

■上海浦东发展银行股份有限公司扬州分行 2020年末，上海浦东发展银行股份有限公司扬州分行总存款余额173.6亿元，比年初增加35.8亿元，其中对公存款增加32.1亿元，储蓄存款增加3.7亿元。总存款日均159.8亿元，比上年增加44.4亿元。各项贷款余额223.9亿元，比年初新增44.6亿元。金融市场业务提升，发债及组合融资27.5亿元，票据贴现66.4亿元。零售业务转型取得进展，个人金融资产日均53.4亿元，比年初增加8.8亿元。在南京分行全行工作会议上被表彰为“先进集体”，辖内营业部、江都支行被表彰为“优胜基层网点”，营业部同时被表彰为“服务优胜集体”。（孙汇贤）

■招商银行股份有限公司扬州分行 2020年末，招商银行股份有限公司扬州分行人民币一般性贷款余额106.75亿元，比年初增加8.08亿元。其中，对公贷款余额46.47亿元，比年初增加0.57亿元；个人贷款余额60.28亿元，比年初增加7.51亿元。不良贷款合计1.04亿元，比年初减少1.19亿元，不良贷款率0.87%，比年初下降1.13个百分点。（佘振东）

保险业

■概况 2020年，辖内保险业累计实现保费收入178.27亿元，比上年增长1.72%。其中，财产险业务保费收入38.37亿元，增长3.16%；人身险业务保费收入139.9亿元，增长1.34%。累计赔付支出46.71亿元，比上年增长1.66%。财产险业务赔款支出23.5亿元，比上年增长4.66%，其中车险赔款支出18.24亿元，增长3.05%。人身险业务赔付支出23.21亿元，比上年下降1.19%。其中，意外伤害险赔付支出1.52亿元，增长5.24%；寿险赔付支出15.97亿元，下降2.14%；健康险赔付支出5.72亿元，下降0.09%。（屠志婷）

■业务自律 进一步落实车险综合改革相关要求，保障车险综合改革实施效果，加强车险市场经营管理自律督导，做好各公司监测数据反馈与提醒，维护车险市场正常秩序。加强寿险从业人员的管理，认真执行《江苏省人身保险公司从业人员流动自律公约》，规范寿险从业人员有序流动，保护消费者的合法权益。（刘珊珊）

■权益维护 做好消费者保险投诉受理，妥善化解纠纷，鼓励诚信、惩戒失信。加强“消保”工作宣传力度，引导金融消费者合理合法维权。开展法律法规和调解技能培训，提高“消保”工作水平。联合各财产保险公司及公安、法院等部门，运用“道交一体化”平台提供的数据互通、赔偿数据预判等功能，形成工作合力，及时维护当事人合法权益。（刘珊珊）

■沟通协作 组织推动各专业委员会开展活动，了解专业需求，针对重点工作和专业问题开展业务培训和业务交流。主动与主流媒体对接，宣传保险业在服务实体经济、防范化解金融风险、支持地方经济建设方面的举措，引导社会舆论。搭建信息交流平台，组织开展新业务、新政策、新渠道和风险处置等方面交流合作，推广先进经验，发挥平台作用。（刘珊珊）

■中国人民财产保险股份有限公司扬州市分公司 2020年，中国人民财产保险股份有限公司扬州市分公司实现保费收入20.34亿元，市场份额47.43%，全年共为各类责任风险提供1.8万亿元的保险保障，累计支付赔款12.9亿元，向地方缴纳税款1.7亿元。在车辆保险方面，市场份额45.61%，年服务全市私家车客户超过30万人次；在非车险方面，市场份额44.45%，业务范围涵盖企业财产险、货物运输险、船舶险、责任险、意外伤害险、短期健康险、信用保证险、家庭财产险等领域；在农业保险方面，市场份额超过70%，组建较为完善的农业保险服务体系，服务范围基本覆盖全市各县、区（市）涉农乡镇。（李小春）

2020年扬州市部分财产保险公司主要业务指标一览表

表 22-3

公司简称	保费收入（万元）	比上年增长（%）	赔付金额（万元）
人保财险	203466	-1	128845
太保财险	30222	9	15701
平安财险	67750	13	31795
国寿财险	33304	11	19412
永安财险	2156	0	1182
太平财险	6120	23	2790
阳光财险	9382	-1	4606
中银财险	2247	-18	556
长安责任	2706	14	1898
安诚财险	1613	-26	1044

（赵晓红　薛　梅）

2020年扬州市部分人身保险公司主要业务指标一览表

表 22-4

公司简称	保费收入（万元）	比上年增长（%）	赔付金额（万元）
中国人寿	561657	9.60	32120
太保寿险	80829	-1.21	1643
平安人寿	75887	-1.97	5116
泰康人寿	21998	-11.20	849
新华人寿	46419	32.67	1751
民生人寿	5163	-4.13	286
富德生命	11854	-35.71	6
太平人寿	41148	-5.12	1492
合众人寿	7095	-4.82	386
恒安标准	4336	7.16	345

（赵晓红　薛　梅）

■**中国人寿保险股份有限公司扬州市分公司** 2020年，中国人寿保险股份有限公司扬州市分公司实现保费收入57.45亿元，保费规模比上年增长9.77%，市场份额占比40.24%，比上年提升3.06个百分点。至年末，公司承担风险保额近4万亿元，拥有个人客户突破206万人，大病保险客户172万人，法人客户单位4万多家。民生保险累计覆盖人群超过370万人次。在全省系统率先实现“居民基本医疗＋大病保险＋商业补充保险”三位一体的农村居民医疗保险保障体系。（王　凯）

证券业

■**概况** 2020年，全市共开设资金账户84.60万户，保证金余额38.02亿元。全年累计完成证券交易额16287.66亿元，其中股票交易额11954.51亿元，基金交易额976.85亿元。（赵晓红）

■**中国中金财富证券有限公司扬州营业部** 中国中金财富证券有限公司扬州营业部在扬州市区、江都区、仪征市、高邮市开设4家营业部。至年末，中金财富证券扬州4家营业部共开设资金账户12.06万户，保证金余额6.20亿元，累计实现证券交易额2174.25亿元，其中股票交易额1741.22亿元、基金交易额45.13亿元，债券交易额22.11亿元。（赵晓红　薛　梅）

■**华泰证券扬州证券营业部** 华泰证券扬州证券营业部在扬州市区开设证券营业部2家，在江都区、宝应县、仪征市、高邮市各开设证券营业部1家。至年末，华泰证券扬州6家营业部共开设资金账户21.87万户，保证金余额9.78亿元，累计实现证券交易额6060.11亿元，其中股票交易额4613.01亿元、基金交易额352.57亿元，债券交易额96.89亿元。（赵晓红　薛　梅）

■**海通证券扬州营业部** 海通证券扬州营业部在市区、江都区、宝应县开设证券营业部3家。至年末，海通证券扬州3家营业部共开设资金账户13.02万户，保证金余额5.43亿元，累计实现证券交易额1354.71亿元，其中股票交易额1001.86亿元、基金交易额35.00亿元，债券交易额38.75亿元。（赵晓红　薛　梅）

■**申万宏源证券股份有限公司扬州营业部** 申万宏源证券股份有限公司扬州营业部在市区、江都区开设证券营业部2家。至年末，申万宏源证券股份有限公司扬州2家营业部开设资金账户4.50万户，保证金余额3.17亿元，累计实现证券交易额1155.07亿元，其中股票交易额779.90亿元、基金交易额83.80亿元，债券交易额8.52亿元。（赵晓红　薛　梅）

2020年扬州市证券公司分机构主要业务指标一览表

表 22-5

机构		开设资金账户（万户）	保证金余额（亿元）	当年证券交易额（亿元）			
				累计额	#股票	#基金	#债券
1	中金财富证券	12.06	6.20	2174.25	1741.22	45.13	22.11
	其中：市区	5.11	2.46	894.49	692.56	29.15	8.57
	江都	3.34	1.83	611.75	524.10	7.94	8.14
	仪征	3.42	1.80	640.72	499.74	7.52	5.09
	高邮	0.18	0.10	27.29	24.82	0.52	0.31
2	华泰证券	21.87	9.78	6060.11	4613.01	352.57	96.89
	其中：文昌中路	8.12	4.17	2033.46	1286.34	288.30	44.72
	文昌西路	6.26	2.92	2071.13	1657.85	27.89	27.03
	高邮	2.89	1.17	550.31	425.48	23.04	11.33
	宝应	3.41	1.16	1037.92	914.32	9.95	9.66
	仪征	0.59	0.14	109.28	90.14	1.57	1.69
	江都	0.60	0.20	258.01	238.88	1.82	2.46
3	海通证券	13.02	5.43	1354.71	1001.86	35.00	38.75
	其中：市区	6.27	3.45	716.82	509.35	8.71	12.27
	江都	5.08	1.49	387.01	322.37	9.05	11.39
	宝应	1.67	0.49	250.89	170.13	17.24	15.09
4	申万宏源证券	4.50	3.17	1155.07	779.90	83.80	8.52
	其中：市区	4.38	3.13	1134.09	762.19	83.76	8.50
	江都	0.13	0.04	20.98	17.71	0.04	0.02
5	招商证券	5.57	2.37	681.98	543.00	5.66	16.38
6	银河证券	3.37	1.15	428.14	314.40	17.01	8.48
	其中：市区	3.21	1.05	370.63	271.76	10.57	8.17
	宝应	0.16	0.10	57.51	42.64	6.44	0.31
7	新时代证券	1.99	1.14	291.47	239.84	5.50	9.99
8	太平洋证券	0.55	0.74	95.55	65.41	1.00	1.20
9	东吴证券	1.28	0.55	196.41	142.56	0.60	34.16
	其中：市区	0.55	0.19	55.77	38.29	0.28	0.00
	仪征	0.73	0.36	140.63	104.27	0.31	34.16
10	国联证券	0.62	0.46	179.65	122.18	6.68	16.65

（赵晓红　薛　梅）

对外及港澳台经贸

Duiwai Ji Gang-Ao-Tai Jingmao

编　辑　陈　婧

对外及港澳台贸易

■**概况**　2020年，全市实现进出口总额770.2亿元，比上年下降1.1%。其中，出口总额580亿元，增长0.7%；进口总额190.2亿元，下降6.1%。从贸易方式看，一般贸易进出口总额588.3亿元，占全市总量的76.4%；加工贸易进出口总额144.3亿元；其他贸易方式中，保税区进出境仓储或转口货物进出口总额31.7亿元，比上年增长7632.9%。从贸易市场看，对欧盟出口112.87亿元，比上年增长6.9%，占全市比重19.5%；对美国出口104.97亿元，比上年下降7.5%，占全市比重18.1%。　（郭　杰　蒯梦原）

■**出口商品结构**　2020年，机电产品出口额320.64亿元，比上年增长6.8%，占全市出口总额55.2%；高新技术产品出口额72.78亿元，比上年下降10.2%，占全市出口总额的12.6%；农产品出口额4.61亿元，比上年下降10.2%，占全市出口总额的0.8%。　（郭　杰　蒯梦原）

■**出口市场结构**　2020年，全市对前十出口国家（地区）累计出口额485亿元，占全市出口额83.6%。对美出口额104.97亿元，比上年下降7.5%，占出口比重18.1%。全市对欧盟、中国香港地区、大洋洲、中国台湾地区出口额分别为112.87亿元、40.74亿元、37.56亿元、16.83亿元，比上年分别增长6.9%、22.3%、67.5%、19.3%。　（郭　杰　蒯梦原）

■**县域出口**　2020年，扬州市8家列统单位中，扬州经济技术开发区实现出口总额153.67亿元，邗江区实现出口总额164.78亿元，广陵区实现出口总额71.74亿元，江都区实现出口总额171.23亿元，宝应县实现出口总额52.85亿元，高邮市实现出口总额37.12亿元，仪征市实现出口总额95.04亿元，扬州生态科技新城实现出口总额23.78亿元。　（郭　杰　蒯梦原）

■**出口企业结构总额**　2020年，全市民营企业实现进出口总额359亿元，比上年增长7.2%，占全市进出口总额的46.6%，其中出口额318亿元，增长9.5%。国有企业进出口额137.6亿元，比上年增长13.2%，其中出口额76.4亿元，增长21.1%。外资企业进出口额269.4亿元，比上年下降15.3%，其中出口额181.5亿元，下降16.9%。（郭　杰　蒯梦原）

■**重点出口企业**　2020年，全市出口前30强企业累计出口47.58亿美

2020年扬州市主要出口商品情况表

表23-1

商品类别	出口额（万元）	比上年增长（%）	占全市出口比重（%）
机电产品	3206390	6.8	55.2
高新技术	727768	−10.2	12.6
农产品	46104	−10.2	0.8

（郭　杰　蒯梦原）

2020年扬州市分地区外贸进出口情况表

表23-2

地　区	进出口额（万元）	比上年增长（%）
广陵区	717383	−3.4
邗江区	1647760	9.5
江都区	1712309	11.3
扬州经济技术开发区	1536703	2.2
扬州生态科技新城	237778	−9.3
宝应县	528485	−21.5
仪征市（含扬州化工园区）	950390	−5.7
高邮市	371186	6.5

（郭　杰　蒯梦原）

元，占全市出口比重的59.32%，比上年上升20个百分点。有17家企业出口实现正增长，其中中远海运比上年增长79.7%，海信冷藏箱增长31.6%，金飞达电动工具增长16.9%。 （郭 杰 蒯梦原）

■口岸建设 2020年，扬州泰州国际机场因受疫情影响，国际航线基本暂停，全年累计出入境旅客3.27万人次，全年实现港口货物吞吐量1.22亿吨、外贸货运量1107.32万吨、集装箱总量51.6万标箱、外贸集装箱运量17万标箱。江都海螺、扬州远扬江都港区等2个码头泊位通过市级、省级对外开放验收，新大洋、中海船厂等4个泊位临时启用。 （郭 杰 蒯梦原）

■“广交会”扬州参展 6月15—24日、10月15—24日，第127届、128届广交会在网上举行，所有展区同期上线展示。扬州交易分团每届参展企业160多家，展位250多个，涉及机械设备、电动工具、个人护理用品、玩具、男女装等36个展品类别。 （郭 杰 蒯梦原）

2020年扬州市重点出口企业情况表

表23-3

序号	企业名称	出口额（亿美元）	比上年增长（%）
1	中信泰富特种材料	6.95	7.7
2	中远海运重工	5.05	79.7
3	川奇光电	3.3	–18.7
4	海信容声冷藏箱	2.6	31.6
5	优士化学	2.3	12.2
6	骏升科技	1.9	–52.7
7	汇成光电	1.6	–24.7
8	迪皮埃风电叶片	1.55	126.6
9	扬州飞宇国际物流	1.47	—
10	长青农化	1.47	–24.9
11	金飞达电动工具	1.45	16.9
12	扬州综保供应链	1.38	—
13	方顺粮油	1.32	53.3
14	奥克化学	1.3	–33.3
15	森萨塔科技	1.18	–21.5
16	联博药业	1.12	27.5
17	高露洁三笑	1.04	–4.3
18	远东联石化	0.98	–58.4
19	李尔汽车	0.97	87.5
20	扬杰电子	0.92	42.2
21	扬农化工股份	0.91	–32.2
22	丰尚智能科技	0.85	2
23	金泉旅游用品	0.84	–0.6
24	通利冷藏箱	0.77	–12.6
25	佳明航电	0.77	–14.6
26	亚普汽车	0.75	–29.7
27	易凡贸易	0.73	6
28	江都江之都工业化住宅系统	0.72	43
29	德奇电子	0.72	46.5
30	福克斯减震	0.67	27.2

（郭 杰 蒯梦原）

外资及港澳台资利用

■概况 2020年，全市实际利用外资及港澳台资14.7亿美元，比上年增长5.98%，总量、增幅均列全省第八。新批准外资及港澳台资项目145个，比上年下降6.45%。新增协议外资及港澳台资57.9亿美元（含增资），比上年增长65.1%，其中3000万美元以上74个。

从产业到资看，二产实际到资4.28亿美元，比上年下降15.65%，占全市比重29.07%，其中制造业3.06亿美元，占比20.82%；三产实际到资10.43亿美元，比上年增长18.53%，占全市比重为70.93%，其中房地产业到账3.07亿美元，占全市比重20.88%。 （郭 杰 蒯梦原）

■类别 全市来自亚洲（地区）的实际利用外资及港澳台资12.7亿美元，比上年增长11.53%。其中，来自中国香港地区的11.6亿美元，增长16.45%；来自日本的4621万美元，增长432.99%。其他主要投资来源地中，来自欧洲的6783万美元，增长68.48%；来自南美洲主要国家的7654万美元，增长66.21%；来自美国的558万美元，增长91.75%。

（郭 杰 蒯梦原）

■ **“530”招商行动计划** 2020年，连续实施“530”（5年内招引30家以上世界500强企业和跨国公司）招商行动计划。年内新引进德国舒驰散装容器项目、台湾技嘉汽车电子项目等6个世界500强及跨国公司项目。（郭 杰 蒯梦原）

2020年扬州市主要出口国别/地区情况表

表23-4

出口国/地区	当月出口金额（万元）	累计出口金额（万元）	累计出口比上年增长（%）
欧盟	99846	1128739	6.9
美国	91993	1049675	-7.5
拉丁美洲	35199	510726	2.3
东盟	56171	505883	0.3
中国香港	98253	407415	22.3
大洋洲	18413	375562	67.5
非洲	13747	316446	-26.4
日本	21831	251422	-7.5
中国台湾	14244	168346	19.3
印度	14059	144325	-20.9

（郭 杰 蒯梦原）

对外及港澳台经济技术合作

■**概况** 2020年，全市对外投资总额5.81亿美元，比上年增长7.4%，总量位列全省第七。其中，全市完成对外直接投资额1.67亿美元，总量位列全省第七；全市对外承包工程完成营业额3.55亿美元，总量位列全省第五；全市对外输出劳务人员实际收入5974万美元，总量位列全省第三。新增对外投资项目20个，其中“一带一路”项目13个，占全市总量的65%。全市对外承包工程企业在“一带一路”13个国家和地区完成营业额1.38亿美元，占全市总量的38.9%。（郭 杰 蒯梦原）

■**对外工程** 对外承包工程从房建领域向制造加工、电力工程、石油化工建设等新业态扩展。全市在建的工程项目中，新业态工程项目占总量的55.1%。全市产生业绩的10家对外承包工程企业完成营业额3.55亿美元，占全市对外投资总额的61%。（郭 杰 蒯梦原）

■**各县（市、区）对外投资情况** 江都区、扬州经济技术开发区两地对外投资总额分别为1.41亿美元、1.89亿美元，累计对外投资总额3.3亿美元，占全市总量的56.79%。广陵区、邗江区两地对外投资总额分别为0.39亿美元、0.9亿美元，比上年下降70%、18.92%。（郭 杰 蒯梦原）

2020年扬州市“走出去”情况一览表

表23-5　　单位：万美元（人）

地区	新批对外投资项目	中方对外投资协议完成额	对外直接投资额	对外承包工程完成营业额	对外输出劳务人员实际收入	对外投资总额
全市	**20**	**9782.6**	**16695**	**35454**	**5974**	**58123**
广陵区	1	1.4	2	3445	439	3886
邗江区	6	83.5	1302.3	7460	203	8965.3
江都区	8	8473.3	7266.2	6016	811	14093.2
扬州经济技术开发区	1	900	1000	17945	0	18945
生态科技新城	0	0	8	0	0	8
蜀冈－瘦西湖风景名胜区	1	39.4	37.8	0	0	37.8
宝应县	2	230	15.7	410	4038	4463.7
仪征市	0	0	190.1	0	483	673.1
高邮市	1	55	242	178	0	420

注：对外投资总额＝对外直接投资额＋对外承包工程完成营业额＋对外输出劳务人员实际收入　（郭 杰 蒯梦原）

国际及港澳台贸易促进

■概况 2020年，扬州市贸促会签发原产地证书1.48万份，签发FOB金额11.64亿美元，其中优惠证4137份（FOB金额1.96亿美元），比上年下降10%。出具国际商事证明书2016份，比上年下降23%。代办使领馆认证337份，比上年增长14%。新注册企业200家，注册企业总数1460家，会员企业395家。及时出具疫情不可抗力事实性证明书53份，帮助企业减少直接经济损失约30亿元人民币。（梁顺龙）

■经贸交流活动 拜访国家贸促总会、中国国际商会、北京中国德国商会、荷兰上海总领事馆等机构，就促进扬州市与欧洲、日韩等地区的贸易投资合作开展对接交流。调研走访全市8家开发园区及亚星客车股份有限公司，推介2020意大利新能源车展和赴欧商务招商活动。对接无锡外商投资俱乐部，就深化扬州市与德国、法国、奥地利等欧洲国家外经贸企业合作，助力外经贸企业开拓欧洲市场，促进欧洲企业投资扬州市开展务实交流。组织近百家企业参加迪拜世博会中国参展路演（江苏站），组织5家企业参加第12届中国（江苏）企业跨国投资研讨会。参加长三角会展联盟会议及会展研究院成立大会、第12届中国（无锡）国际新能源大会和“一带一路”地市贸促会新能源推进会等。（梁顺龙）

■商事法律服务 为企业提供法律咨询、政策指导、案件受理等服务，全年累计联系企业200余家，接受企业法律咨询60余批次。为会员企业提供中国－东盟自贸协定项下优惠原产地证签发新业务。就防疫物资出口、涉外商事法律、疫情影响下企业如何做好维权等问题组织企业线上培训解答共计38场（期）。预判疫情影响可能会增加涉外合同纠纷案件，及时提醒外经贸企业在合同签订时明确适用中华人民共和国法律或《联合国国际货物销售公约》。广泛收集企业应对疫情和复工复产意见建议，为市政府和上级部门决策提供相关依据。（梁顺龙）

11月6日，扬州市发展和改革委员会组团参加第三届进博会 贸促会/供稿

■组织展览 妥善处理境外展延退，全年共取消或延迟20个境外展，按照企业意愿办理退费4家，帮助16家企业自愿参加延展并妥善处理费用转存及摊位预留等事宜。妥善处理1家企业2018年外展补助资金未落实问题，维护正常经营秩序。开展线上展业务，疫情防控期间为助力全市外贸企业开拓海外市场，组织36家企业参加香港春季汇、香港秋季汇等7个线上展，成交金额18.7万美元。尝试内展新业务，组织头桥镇10多家企业参加上海防疫物资展（二期）推介活动，宣传介绍德国杜塞尔多夫医疗展、美国迈阿密医疗展等医疗展会项目。协办2020第九届中国（扬州）户外照明及LED照明展览会。组织亚星客车、康思博机电、江苏太极、贝迪普等会员企业30人的采购团参加第三届中国国际进口博览会。（梁顺龙）

参与“一带一路”建设

■组织建设 8月31日，扬州市“一带一路”发展促进会成立。促进会是由江苏邗建集团有限公司、扬州世界运河历史文化城市合作组织文化发展基金会、中国银行股份有限公司扬州分行、扬州市职业大学、扬州公共外交协会、江苏丰尚智能科技有限公司、扬州显业集团有限公司、江苏扬力股份有限公司、江苏舜大新能源股份有限公司等9家单位发起并自愿组成的联合性、非盈利性社会组织，将为会员单位提供政策对接、咨询、信息、投融资、会员培训、促进合作、国际交流等服务。（吉爱平）

■统筹推进 4月23日，市推进“一带一路”建设工作领导小组办公室印发《扬州市2020年推进“一带一路”建设工作要点》，明确重点任务分工。完成“‘十四五’时期扬州市全方位高水平对外开放研究”课题研究，启动《“十四五”推进“一带一路”建设发展规划》编制工作。举办全市第三期“一带一路”专题培训班。（吉爱平）

■项目储备 2020年，全市储备“一带一路”项目55个，总投资约27.9亿元，分布在32个“一带一路”沿线国家（地区），其中迈安德集团孟加拉国饲料工程总包、嵘泰工业墨西哥汽车零部件等8个项目纳入省“一带一路”重点项目库。新备案境外投资项目20个，投资额5.4亿美元。（吉爱平）

■**综合服务** 实施“丝路贸易”促进。完成第三届国际进口博览会、中国对外投资合作洽谈会等国家级展会参会组织工作，支持企业拓展多元国际市场。举办境外产能合作园区（扬州）投资推介会、华商会企业沙龙、服务企业系列讲座和银企对接活动，组织参加澳大利亚维多利亚州投资、教育论坛，促进企事业单位“抱团出海”。（吉爱平）

■**人文交流** 冶春餐饮有限公司成为2020年迪拜世博会中国馆餐厅的指定运营商，筹备2021年扬州世界园艺博览会和2022年世界田联半程马拉松锦标赛各项工作。实施中以（色列）卫生应急准备、中以（色列）医院合作联盟扩容等项目，携手国际友城共抗疫情。以邗江区为试点，在全省率先建立“港澳台侨企业服务联盟”，实现港澳台侨企业审批项目“一次性”告知、“一条龙”服务、“一站式”办结。聚焦“扬州是个好地方”，在《美国侨报》《俄罗斯龙报》等海外媒体上发布扬州专版；拍摄《中国扬州 咫尺天涯》专题宣传片，获“一带一路网”讲好中国故事专题一等奖。（吉爱平）

海关监管

■**概况** 2020年，扬州海关全年外贸进出口总值770.2亿元，比上年下降1.1%。其中，出口总值580亿元，增长0.7%；进口总值190.2亿元，下降6.1%。

扬州口岸监管进出口货运量1134万吨，下降0.3%；监管进出口总值53.1亿美元，下降0.3%；监管集装箱17.7万箱次，下降3.6%；监管进出境船舶1023艘，下降5.5%；审结报关单5.16万票，下降10.2%。税收入库22.58亿元，下降14.77%；备案加工手册219份，下降0.64%。检验检疫进出口货物4.3万批、21.4亿美元，分别下降28.5%、11.7%；检出不合格货物104批、货值1.5亿美元。签发原产地证书2.4万份、9.9亿美元，分别下降10.92%、11.5%；办理减免税审批133笔，审批总金额1898.99万美元；减免两税800.61万元。征收行邮税47笔、13.43万元，分别下降93.68%、94.11%。办理加工贸易合同备案475份，下降21.62%。检验检疫进出船舶1023艘次、飞机242架次，分别下降5.5%、89.57%。截获有害生物97种、1287种次。其中，检疫性有害生物16种、325种次。

2020年，扬州海关缉私分局立案侦办走私犯罪案件7起，走私案件案值0.23亿元、涉税2300万元，分别比上年下降12.5%、增长49.30%；侦查违规案件44起、违规案值0.41亿元，分别下降56%、下降52.07 %。（胡文静）

■**疫情防线建设** 全年在航空口岸共监管进出境航空器241架次、进出境人员3.6万人次，完成5架次在外务工人员归国包机的监管保障任务，截获并成功处置南京首例新冠肺炎确诊病例，检出新冠病毒IgG抗体阳性10例、IgM和IgG双抗体阳性9例。全年在水运口岸共监管国际航行船舶901艘次、进出境人员1.2万人次，妥善处置8名船员健康申报异常、发热等突发事项，协同地方联防联控机制完成608名船员的换班工作。畅通通关现场绿色通道，保障3000余万元进口防疫物资“零延时”快速通关。（胡文静）

■**国门安全屏障把关** 严禁“洋垃圾”入境，现场查获国家禁止进境的固体废物173吨并退运出境，在“蓝天2020”集中打击行动中查证走私固体废物4996吨。在旅检现场查发江苏空运口岸首例携带毒品入境案，查获毒品麻古2.93千克。做好国门生物安全监测工作，全国口岸首次截获北刺坡天牛等3种有害生物，检出非洲猪瘟阳性1批。落实食品安全“四个最严”要求，健全食品、化妆品监管制度体系。检出危化品和危包不合格102批，比上年增长50%。开展“龙腾行动2020”，查获出口侵权密封铅酸蓄电池3782个。深化反走私综合治理，综治单位侦办冻品走私案件1起、查扣冻品154.3吨，在长江水域驱离“三无”船舶40余条。（胡文静）

■**地方经济发展服务** 推进一般纳税人资格试点、委托加工、保税研发等6项政策措施在综合保税区内落地，全年实现一线进出口值32.89亿元，比上年增长219.44%。支持扬泰机场拓展国际货运业务，保障“客改货”航班2架次，办结首票“空空联运”业务。助推水运口岸扩大开放，新大洋和中远海运码头临时开放先后获批，海螺3号码头、远扬3号泊位开放通过省级验收。聚焦“共抓大保护、不搞大开发”，加强沿江危化品码头场所和国际航行船舶油污水监管，维护长江生态安全；推进一体化通关，助力长三角一体化发展。（胡文静）

■**进出口企业服务** 为689家企业减轻各类负担1.15亿元，问题清零帮助企业排解堵点25个。优化业务流程，“单一窗口”主要申报业务应用率100%。整体通关时间进一步压缩，比2017年基准值分别压缩60%、80%左右。精准推进企业信用培育，新增3家高级认证企业、2家一般认证企业，4家重新认证高认企业完成复审。推进税收征管改革，自报自缴比例100%，汇总征税票数占比35.42%，关税保证保险担保金额1.33亿元。大宗商品监管方式改革落实到位，累计“先放后检”进口铁矿74批，依企业申请对进口铁矿实施重量鉴定16批、出具品质证书53份。（胡文静）

开发园区

Kaifa Yuanqu

编　辑　徐国磊

综述

■**概况**　扬州有国家级经济开发区1个、国家级综合保税区1个、国家级高新技术产业开发区1个、省级经济开发区7个、省级高新区2个（其中1个筹建）。全市开发园区代管面积657.17平方千米、规划面积493.83平方千米、开发面积261.53平方千米；有企业1.2万余家，其中规模以上工业企业1766家。2020年，受新冠肺炎疫情影响，全市11家省级以上开发园区主要经济指标呈下滑趋势。其中，规上工业增加值、公共财政预算收入、规上工业开票销售、规上工业入库税收分别实现1480.88亿元、144.74亿元、3920.98亿元、133.29亿元，增幅分别为-4.06%、-5.19%、5.75%、-7.75%，实际利用外资及港澳台资12.81亿美元，占全市87.1%。

市委、市政府出台《关于推进全市开发园区"二次创业"高质量发展的意见》及7个实施细则，围绕园区空间布局、盘活低效闲置土地、转型升级创新发展、产业引导基金、重大项目预审批、综保区发展、体制机制改革等重点领域，全面推进开发园区高质量发展。加大"放管服"改革，推行"去行政化"改革，鼓励支持"管委会+公司"管理模式。广陵开发区、维扬开发区、仪征开发区初步形成"一区多园"发展格局，扬州经济技术开发区、高邮开发区、杭集高新区实行职员竞聘上岗。创新实施"蓝红章"审批机制，对园区内省、市级重大产业项目的土地

2020年扬州市开发园区主要经济指标一览表

表24-1

园区	规模以上工业增加值（亿元）		公共财政预算收入（亿元）		规模以上工业开票销售（亿元）		规模以上工业入库税收（亿元）		注册外资实际到账（万美元）		固定资产投资额（亿元）	
	全年	比去年增长%	全年	比去年增长%	全年	比去年增长%	全年	比去年增长%	全年	比去年增长%	全年	比去年增长%
扬州开发区	306	6.6	23.9	2.1	670	10.2	19.4	7	33000	—	172.7	2.1
扬州高新区	129.73	7.05	21.79	0.14	303.52	6.87	17.45	0.05	8963.91	-21.4	203.94	8.68
扬州化工园区	80	2	6.05	-2.60	228.4	-0.07	4.47	5.9	—	—	24.6	-81.1
江都开发区	260.50	-2.7	18.7	-7.8	602.6	-0.9	21.2	-7.7	11397.46	-49.7	211.2	-5.2
宝应开发区	114.21	8.16	14.20	2.54	365.8	1.29	5.38	1.8	9151.43	19.87	269.84	21.55
高邮开发区	154	4.1	14.5	-4.6	460	15	14.4	-10	11270	43.6	118	1.7
广陵开发区	118.61	11.84	9.25	-4.21	349.18	4.80	11.20	-12.50	21000	75	116.54	3.13
仪征开发区	146.40	6.53	16.5	-7.76	435	-4.81	23	-13.2	11600.00	0.38	130	5.6
维扬开发区	99.93	10.8	9.56	0.9	252.42	8	8.33	1.7	16515	50.97	183.48	0.14
杭集高新区	14.85	8.23	3.65	1.13	58.96	8.10	3.40	3.50	3100	—	39.9	16.90
高邮高新区	56.65	-23.4	6.64	17.28	195.1	5.01	5.06	2.09	2100	337.5	151.98	-10.56
合　计	**1480.88**	**-4.06**	**144.74**	**-5.19**	**3920.98**	**5.75**	**133.29**	**-7.75**	**128097.80**	**12.25**	**1622.18**	**-0.43**

（邱永永）

出让阶段预审批工程规划、施工图等事项加盖蓝章，取得土地使用权后转盖红章并直接办理施工许可手续，实现拿地即开工。加大区域评估推进力度，建立区域评估月报制，每月跟踪督查进展情况；启动9项评估事项，区域评估结果在具体项目上应用数173个。（邱永永）

■招商引资 2020年，全市开发园区聚焦对接“2·26”春季产业项目视频签约活动、“烟花三月”国际经贸旅游节、“市县通金陵，科创聚扬城”活动和进博会期间上海招商活动。全年全市开发园区新开工工业重大项目51个，占全市新开工工业重大项目的76.1%；新落户“530”项目6个，分别是德国舒驰散装容器项目、中化国际三元锂电池项目、恒大新能源三元软包动力锂电池项目、中国移动数据中心项目、技嘉汽车电子项目、和美整体家居项目。（邱永永）

■科技创新 至年末，全市开发园区集中全市47.8%的省统新型产业研发机构、48.3%的省级以上“三站三中心”、57.1%的市级以上企业重点实验室、57.9%的国家高新技术企业、61.2%的省级以上创新创业人才、100%的瞪羚企业，覆盖8个国家火炬特色产业基地和10个省级科技产业园。全市开发园区研发投入占地区生产总值比重、规上工业企业研发经费占主营业务收入比重、研发人员占从业人员比重、财政科技支出占总支出的比重、高新技术产业产值占规上工业产值比重、规上工业企业中有研发活动的企业占比分别为2.2%、2.5%、8.4%、8.6%、55.2%、78.2%，分别比全市水平高出0.3、0.9、3.4、5.4、8、34.5个百分点。全市开发园区布局建设22个科技产业综合体，占全市总数的51.2%；建成投入使用247万平方米，入驻企业2406家，集聚创新就业人员近2.2万人，占全市入驻企业和人员的54.4%和51.2%；建成省级以上加速器2个、孵化器13个、众创空间13个，苗圃、孵化、加速用房面积比例为1∶13∶22，累计孵化高新技术企业103家，占全市全部孵化高企的78.5%。扬州高新区获批国家双创升级特色载体，数控成形机床产业成为国家创新型产业集群。（邱永永）

■产业发展 至年末，全市“323+1”产业集群企业60%以上集聚在开发园区，5个园区先后被评为省级新

2020年扬州市开发园区重点发展产业一览表

表24-2

园　区	主导产业	新兴产业
扬州开发区	绿色光电、汽车及零部件、高档轻工、软件互联网	高端装备、新一代电子信息、海洋工程、医疗康养
扬州高新区	数控成形机床、粮食饲料装备、服装	航空、工业机器人、生物医药
维扬开发区	机械制造、轻工纺织、汽车电子及零部件、毛绒玩具	电子信息、生物医药
江都开发区（含高新区）	机械装备、智能电网、汽车及零部件、船舶制造、化工	电子信息、特钢新材料、高端装备
广陵开发区	液压装备、汽车及零部件、食品	电子信息、航空
杭集高新区	高档洗护用品、生物新材料	人工智能、软件、航空
宝应开发区	输变电装备、机械制造、汽车零部件	电子信息、新材料
高邮开发区	纺织服装、金属材料及机械装备、电子信息	光储充、生物医药
高邮高新区	汽车零部件、电线电缆、灯具产业	太阳能光伏、智慧照明
仪征开发区	汽车及零部件、船舶制造、高端装备	大数据、智能制造
化工园区	石油化工	高性能合成材料

（邱永永）

型工业化示范基地。6家百亿元以上企业均分布在开发园区，市级以上专精特新小巨人企业522家，占全市66.2%。全市开发园区探索四种集群化园区发展典型模式，宝应开发区形成以宝胜工业园为代表的龙头企业主导模式；仪征开发区形成以大众整车为代表的终端带动链式化发展模式；高邮高新区形成以智慧照明产业为代表的传统乡镇产业整合升级模式；扬州高新区形成以高端装备和生物医药产业为代表的新兴产业集聚发展模式。（邱永永）

■开放发展 至年末，16家企业获评省重点培育和发展国际知名品牌。梳理编印“稳外资政策指引”近千份，发放外资企业，持续提升优惠政策覆盖面、兑现率；加大30家外资重点企业服务力度，协调推进重点项目，引导存量企业增资扩产。出台外贸优进优出稳定健康发展的十条政策意见，扶持企业发展；落实进口贴息、公平贸易、展会促进、通关便利等惠企措施，关注船舶、铁矿砂等重点行业、重点企业进出口动态，靠前服务迪皮埃风电叶片（扬州）有限公司等新兴项目。对接阿里1688平台，帮助外贸企业库存产品转内销；推动跨境电商综试区创建工作，144家企业获市级跨电资金扶持。密切监测全市22家重点企业，帮助企业应对贸易摩擦。引导企业开展海外投资，科派股份等36个项目获“走出去”专项资金扶持；全年新增对外投资项目20个，完成对外直接投资额1.67亿美元，比上年增长53.6%。（邱永永）

扬州经济技术开发区

■概况 2020年，扬州经济技术开发区（简称扬州开发区）实现地区生产总值545.7亿元，比上年增长4.2%；规模以上工业增加值增长7.5%；工业开票销售673亿元，增长8.8%；工业入库税收19.3亿元，增长5.8%；全社会固定资产投资172.7亿元，增长2.1%；进出口总额153.7亿美元，增长2.2%；公共财政预算收入23.9亿元，增长2.1%；注册外资及港澳台资实际到账3.8亿美元，增长15.2%。（赵　军）

■产业发展 2020年，绿色光电、高档轻工、汽车及零部件等主导产业开票销售均超百亿元；高端装备、海洋工程、医疗康养、新一代信息技术等新兴产业兴起；院士王立军领衔的激光产业园项目建成运营，激光产业链初具雏形。现代服务业推动制造业向“智能化、绿色化、高效化、服务化”转型升级，获批省“工业互联网+先进制造业”基地。（赵　军）

■项目引建 聚焦“基地化、总部型、链条式”项目，探索产城合作、共建产业链等招商新模式，全年签约重大项目32个，实施技改扩建项目30个，“三新”重大项目认定新开工15个、新竣工21个、新达产达效36个。法国圣戈班、台湾康那香、瑞士乔治费歇尔等一批重点项目有序推进，其中晶澳4GW组件项目投产。（赵　军）

■科技创新 实施创新驱动战略，加快科技创新载体建设，打造智谷科技综合体、西安交大科技园、科创城总部经济区“三大科技创新核”。全年科技综合体新入驻企业72家，开票销售超50亿元。智谷科技综合体入选省互联网众创园，西安交大科技园获省级科技孵化器A级，人力资源产业园获省级众创空间。推进产学研深度融合，院士王立军高功率激光器项目、院士都有为软磁器件项目、教授孙璐智慧城市项目落户。其中，王立军创业团队入选省双创团队、省双创人才，获批省重大研发计划和省增材制造装备创新中心。推进技术转移体系建设，经省平台认定登记技术合同80余项，成交额14亿元。净增国家高新技术企业13家，认定国家科技型中小企业55家。高新技术产业产值占规上工业产值比重64.8%，万人有效发明专利拥有量37.8件。（赵　军）

■城市建设 整体谋划片区发展，“两城三园一区”格局基本形成（两城为运河文创城、扬子江科创城。三园为滨河产业园、滨江产业园、循环经济产业园。一区为生态旅游区）。智谷科技综合体三期有序推进，中小企业创业园、企业集中医学观察站竣工交付，欧美工业园开工建设，市警示教育基地建成开放，城市形象品质得到提升。推进建成区路网体系建设，各产业基地实现“九通一平”；全年建设、改造道路11条，纵八路、横三路竣工完成；服务市级交通项目，开展G345征地拆迁工作；完成水电气配套5千米，杆线迁改6.5千米。安置房开

晶澳太阳能电池片生产线　　扬州开发区/供稿

工建设10万平方米，竣工41万平方米；实施2541套（户）棚户区改造，25.3万平方米重点项目拆迁；完成2个老小区宜居改造。实施城市绿化提升项目5个，新增绿化面积27万平方米，马泊河一期、二期风光带建成开放。（赵　军）

■社会事业 振兴花园学校创成省级智慧校园示范校，顺达广场幼儿园开工建设，中信泰富锦园幼儿园建成，海信幼儿园建设启动，创建江苏省优质幼儿园2所。推进医疗机构基础设施建设，朴席社区卫生服务中心投入使用，施桥、八里社区卫生服务中心开工建设；朴席镇完成省级卫生镇创建，施桥镇、八里镇通过省级卫生镇复审。完善公共文化服务体系，全区农家书屋、社区图书室实现通借通还。长江防洪能力提升堤防加固工程稳步实施，长江镇扬河段三期整治工程、仪扬河朴席段综合整治工程通过验收。新建示范性颐养社区3个，省标准化居家养老服务中心社区建成率80%。（赵　军）

■综合保税区 至年末，扬州综合保税区主导产业有太阳能光伏、电子信息、装备制造和物流、大数据等特色产业，有荣德新能源、日新意旺、逸洁日化、巨钛科技等9家制造业企业和中外运、飞宇、综保供应链、超级云计算、华云大数据等13家服务业企业。全年完成一线实际进出境货物进出口总额5.2亿美元，比上年增长225%，完成二线进出区货物总值14.7亿美元，增长253%。二期（未封关区域）引进保来得、港扬、乔治费歇尔、伯格曼、舒驰、鸿基福达、百岁山等7个制造业重大项目，均处于基建和前期筹备阶段。（许万峰）

扬州高新技术产业开发区

■概况 2020年，扬州高新技术产业开发区（简称扬州高新区）实现规模以上工业总产值254亿元，比上年增长17.1%；工业开票247.8亿元，增长14.2%；完成固定资产投资106.4亿元，增长10%，其中完成工业投资50.8亿元。联环药业获批省工业互联网标杆工厂，水利设计研究院获批省生产性服务业领军企业，扬力、扬锻、精善达产品列入省重点新技术新产品目录，扬力获省工信转型升级专项资金补助700万元。在自然资源部公布的全国541个开发区土地集约排行榜中，扬州高新区排名第35位。（张　锦）

■项目建设 签约落户上海鹍远、北京赛诺膜、扬州三药、天津华德等一批重大项目，申报新签约民资亿元以上项目13个，申报当年新开工民资亿元项目9个。奥力通等9个项目办理基建手续，航宇航空等5个项目主体施工，赛分科技等7个项目投产，伏尔坎特种车等6个项目建成投产，形成项目梯次推进的格局。（张　锦）

■科技创新 园区获评全国首批双创示范园区、全国火炬统计先进单位，获批全省工业大数据应用示范区、省特色创新示范园区、省数控机床产业创新中心、省数控装备产业集群融合试点、省先进制造业和现代服务业深度融合试点等。通过财政部专家组现场复核和绩效验收，获第三批国家专项资金1000万元。举办创业大赛、项目路演，对22家企业给予项目资金支持1500万元。组织40家企业参加省科创大赛，获批国家科技型中小企业101家。5家企业获省科学技术奖，其中新扬、伏尔坎获省科学技术一等奖，扬力获省企业技术创新奖，扬力牵头组建的数控机床产业创新中心获批省产业创新中心。丰尚等企业获批省科技成果转化项目，蓝邦、迈安德获批省国际科技合作项目，亚开等3家企业获批省工程技术研究中心。（张　锦）

■城市建设 坚持规划引领，推进北园、汊河片区、运西片区和生物健康产业园控规修编，完成22.87公顷经营性用地上市。完善路网建设，实施银柏路南延和“四路一河”配套工程，对328国道、安桥路、创新路、横四路等20条道路的污水管网进行开挖维修。（张　锦）

■社会事业 推进民生工程建设，完成卫生服务中心建设并挂牌运营，华东师大实验小学和宏溪三期安置区封顶，景泰商业中心竣工。实施大物业管理模式，实现道路保洁、绿化养护、路面巡查“三位一体”全覆盖。开展蓝天保护专项行动，完成市、区督办任务2项，办结污染监管平台信访案件79起。强化秸秆综合利用，发放全量还田农户奖补资金70万元，实现全量还田1066.67公顷。实施东银沟和裴庄河生态治理、西银沟绿化提升、南排涝河活水工程，实现镇村河道管护全覆盖。（张　锦）

扬州化学工业园区

■概况 2020年5月，扬州市委、市政府调整扬州化学工业园区（简称扬州化工园区）管理体制，改由仪征市管理。通过全省化工园区认定，在全省化工园区安全风险等级评估中获评为D类（较低风险），连续9年位列中国化工园区30强。全年实现规上工业增加值80亿元，公共财政预算收入6.05亿元，规上工业开票销售228.4亿元，规上工业入库税收4.47亿元，固定资产投资额24.6亿元。（童俊杜颖）

■产业建设 发展高性能合成材料、高端专用化学品、高效新能源的产业定位，形成以乙烯、丙烯、苯、二甲苯为上游原料，环氧乙烷、乙二醇、苯酚/丙酮、环氧氯丙烷等为中游产品，聚醚多元醇、减水剂、EVA乳胶、环氧树脂、PET、PBT、PP等高端精细化工、化工新材料为下游产品的烯烃芳烃深度耦合产业链。中化高纤对位芳纶、安美特电子化学品、长连化工电子化学品、大阳日酸电子化学品、天诗新材特种蜡等一批新材料项目建成投产；中化ABS改性材料、道赢锂电池黏结剂、创科锂电池添加剂、住精绝缘树脂等在批项目有序推进；总投资80亿元的中化新材料产业园项目正式签约，总投资55亿元的实友化工二期、总投资1.6亿美元的大连化工四期等一批新材料项目全面启动，形成高端新材料为核心的产业特色。（童俊杜颖）

■科技创新 培育做优科技创新主体，建设完善创新研发平台，推进校企协同创新发展，推动科技创新水平提升。全年认定国家高新技术企业4家、新增高新技术企业入库培育企业3家、促成产学研合作项目10项，新建省级企业工程技术研究中心2个，新建市级企业工程技术研究中心1个。（童俊杜颖）

■节能减排 落实省"263"专项行动"减煤"工作要求，实施气煤替代战略，受到省"263"办的肯定。江苏华电仪征热电有限公司实施气煤替代战略，投资3亿元建成公共供热管网20千米，关停3台75蒸吨/小时燃煤锅炉，淘汰全部35蒸吨/小时及以下燃煤锅炉，自2017年以来累计减煤16.18万吨。与华电、仪化合作，推动总投资约21亿元的江苏华电化工园区热电联产项目签约。推广节能技术，组织企业实施燃煤锅炉节能、环保综合升级改造工程，减少园区二氧化硫和氮氧化合物的排放。

（童俊杜颖）

■智慧园区 投资6000万元开展"智慧园区"建设，对应急平台一期项目进行提升改造，全面推进以"一网、一平台、十+X应用"（化工园区专网，数据管理平台，智慧安监、智慧环保、智慧应急、智慧安防等应用）为主要内容的智慧园区建设，全面整合各类数据资源，实现重大危险源企业、重点部位、关键指标、企业排污口的智能化监管。获评"中国智慧化工园区试点示范单位"和全国首批"工业互联网+危化品安全生产"试点单位。按照"分类控制、分级管理、分步实施"原则，对化工园区规划范围实施封闭管理，开展岗亭、道闸、围栏、相关管理软件等建设，加强卡口管理，实现对进出化工园区人、车、物的规范管理。

（童俊杜颖）

■社会事业 建成农歌新村、沿江小区、胥浦家园、古湄家苑、龙山森林公园等重点民生工程，支持青山镇建设沿江生态特色小镇，改善群众居住环境，提高生活品质。组织开展"开门办园"活动，通过园区微信公众号、网站和召开新闻发布会等方式，通报安全环保工作开展情况，及时公布信息回应群众关切，保障公众知情权、参与权和监督权。（童俊杜颖）

广陵经济开发区

■概况 2020年，广陵经济开发区（简称广陵开发区）完成规模以上工业产值420亿元，增长2.6%；全社会固定资产投资229亿元，增长9%；高技术制造业投资40.13亿元，占比17.5%；工业开票销售349亿元，增长4.8%；完成工业入库税收11.2亿元，一般公共预算收入11.9亿元。（陈骓）

■产业建设 全年新开工、竣工亿元项目66个，新增5000万元以上列省投资库项目68个，实施市级重点项目17个、省级重点项目4个。年产12千兆瓦时新能源汽车用能量型动力电池项目总投资100亿元，占地面积约35.33公顷，总建筑面积42.2万平方米，项目年产值约110亿元，年税收约6亿元，该项目一期、二期分别于6月、12月开工建设。扬州鸿轩实业有限公司新建厂房项目总投资1500万美元，建筑面积9600平方米，于2月开工建设。扬州苏航电子科技有限公司年产1万套大功率微波组件项目总投资1亿元，占地面积0.67公顷，建筑面积5200平方米，生产高效全相变式热控系统。海沃机械（中国）有限公司环卫专用车项目总投资5500万元，利用和改造现有厂房1.3万平方米，可形成年产700台垃圾压缩车、500台拉臂车和300台洗桶车的年生产能力。（陈骓）

■招商引资 优选招商专员，优化招商绩效考核，推行产业图谱招商。开展线上线下"云同步""屏对屏""线

恒盛智谷产业社区项目落户广陵开发区　　广陵开发区/供稿

对线”等新技术，推进恒盛智谷、金元工具等项目签约落户；推进对接中集产业社区、联东U谷等重大项目。全年实际使用外资及港澳台资2.6亿美元，签约落户亿元以上重大项目34个，其中新签约注册市级先进制造业重大项目6个。（陈　犇）

■科技创新　引进国家重大人才工程入选专家及同等次人才2人、省“双创计划”人才1人、省科技副总5人、市“绿扬金凤计划”人才7人。获批市级以上科技计划项目6个、高新技术企业13家，市重点实验室1个，产学研项目25个。实现高新技术产业产值95.95亿元，占规模以上工业总产值73.5%，规模以上企业研发投入4.68亿元。科迈液压与浙江大学王宣银教授团队联合申报的“工程机械多模式智能控制负载敏感比例阀研发及产业化”项目获批国家科技部“科技助力经济2020”重点专项。全年获批科技人才奖扶资金1989万元。（陈　犇）

■城市建设　立足“江淮门厅、三水绿城”目标定位，将E5-1、E5-2和E5-3（霍桥东片区）三大区域控规编制完成并通过市政府审批；E5-4（霍桥西片区）控规通过市规委会审议，调整霍桥东、西片区47公顷有条件建设区为允许建设区。完成污水管网维修工程42.5千米和金韵路、运河东路等道路改造提升工程建设，推进翠月新苑安置房、南区路网和京杭南路北延等工程建设。完成霍桥智慧新城、中心路、开发区中学等项目土地征收35.61公顷；上市水箱厂、翠月新苑北侧、霍桥智慧新城等9个地块、34.52公顷。推进霍桥集镇更新改造，首期拆迁签约995户，签约率98%；万寿村、严安村、高桥村特殊困难群体及危房集中预拆372户。北区“退二进三”区域签约国有土地企业6家、集体土地企业19家。安置翠月西苑房源112套，消化剩余房源26套。全年处置违章搭建170起，拆除面积1.32万平方米，拆除率100%；处理数字化案件1311起，案件处置率100%。新建长江防洪能力提升二期工程广陵开发区段750米，拆建新桥港闸、高庄涵、东一闸站，翻建红旗闸站、反坎河西洞涵。（陈　犇）

■社会事业　开展爱国卫生月、健康教育宣传月和五进（进社区、进企业、进学校、进农村、进家庭）等活动；创立香槟园病媒生物防制示范小区，落实查灭钉螺防止血吸虫病工作，约查螺410万平方米、灭螺95万平方米。督查统计食品经营户近600家、餐饮单位315家、企业食品加工厂6家、农贸市场3个、农家宴备案7家。发放农村和城市低保资金28户45人、散居五保户生活补助87人，集中供养五保户14人。城乡医保参保人数1.64万人，参保率99.7%。医疗救助33人次，市外住院手工报销160人次。建成退役军人优抚驿站，完成优抚对象数据核查，发放优抚对象抚恤定补等。新增标准化居家养老服务中心2处，持续开展政府购买居家养老服务，办理60周岁以上老人意外伤害保险3000份，发放80周岁及以上高龄老人尊老金1453人次、118.4万元。（陈　犇）

维扬经济开发区

■概况　2020年，维扬经济开发区（简称维扬开发区）实现地区生产总值321.6亿元，规上工业增加值99.93亿元，比上年增长10.8%；公共财政预算收入9.56亿元，增长0.9%；注册外资及港澳台资实际到账1.65亿美元，增长50.97%；固定资产投资183.48亿元，增长0.14%。（贯栋青）

■产业发展　至年末，维扬开发区有数百家国内外知名企业入驻，其中主板上市企业增至4家。优化完善片区规划，推进区域性环评，为产业发展释放活力。微电子产业园依托扬杰电子、联成开拓汽车电子等重点项目，招引一批个性化产业关联项目；创智新城为高端人才集聚提供配套支持。宝能商业综合体、天山海世界等项目建设稳步推进。立足汽车电子及零部件、半导体及微电子等主导产业，开展以商引商、产业招商，加快产业链补链、强链和扩链。（贯栋青）

■项目建设　2020年，维扬开发区外出招商86批次，接待客商110批次，赴上海、深圳、北京等地开展招商活动10余批次。全年新签约50亿元项目2个（工业、服务业各1个）、20亿元以上项目2个、10亿元或1亿美元项目3个、亿元或2000万美元以上项目10个。完成市级重大项目“三新”认定16项，其中新开工3项、新竣工5项、新达产8项。（贯栋青）

■人才与科技　全年摸排企业人才及技术需求信息50余条，邀请华东理工大学、山东大学、东南大学等高校专家走访企业，为企业推荐适用人才，搭建平台凝聚资源。通过“党团共建，聚才兴企”主题沙龙活动，赴上海、哈尔滨、西安开展产才对接活动、双精路演活动，助推产学研才融合发展。全年新引进国家重大工程专家1人，获批省双创团队1个、省“双创”领军人才和科技副总4人；申报省乡土人才“三带”行动计划培养对象4人，获批新秀类别1人；申报乡土人才4个；申报绿扬金凤创新团队1个、领军人才4个、高技能人才1人。（贯栋青）

■城市建设　实施推进双塘路、荷叶路、创新湾路、平山北路工程建设。全年维修沥青路面7485平方米，修复人行道板215平方米，更换破损雨污水井盖277座，更换雨水篦556个，维修路牙42米，沥青灌缝7486米。以市场化、规范化做好约32万平方米绿化养护。（贯栋青）

■社会事业　开展低保专项检查，入户调查走访低保保障家庭。全年发放老年人尊老金、慰问金1272人次、39万元；开展老年人适老化改造和60岁以上困难老年人政府购买养老服务，为217名老人采购16.5万元服务项目。开展入户走访残疾人工作，申报残疾儿童康复训练12人，成立“维扬经济开发区康悦残疾人之家服务中心”。帮助困难退役军人和刚退役军人就业，为105名被征地农民办理进保手续，为就业困难人员认定及灵活就业人员补贴办理26人。办理普惠性稳岗返还82个企业，应急稳岗返还40个企业，申请补助资金700多万元。推进拓展区新社区申报工作，创智社区为新甘泉片区新入住的5000多居民提供社区公共服务。推进开发区为民服务中心暨社会治理中心改造升级，完成公办幼儿园、文体服务中心、城市书房建设，推进朱塘、荷叶两个庄台人居环境整治项目设计工作。（贾栋青）

江都经济开发区

■概况 2020年，江都经济开发区（简称江都开发区）实现公共财政预算收入18.7亿元，规上工业开票销售602.6亿元，规上工业入库税收21.2亿元，固定资产投资211.2亿元，规上工业增加值260.50亿元。新增新米思米等规上企业10家，总数累计84家；开票销售过亿元企业34家、10亿元企业13家，其中扬州特材开票近130亿元。新增中船澄西等战略性新兴产业企业4家，工业战略性新兴产业总产值占工业总产值比重45.1%。（杨亚男）

■产业建设 新开工博创智能制造等市级项目4个、华航特钢节能综合提升等区级项目12个；新竣工中远海运重工智能化钢材辊道输送系统等市级项目2个、德屹打磨机器人研发及产业化等区级项目12个；新达产中天管桩预应力混凝土管桩、方桩等市级项目6个、奥吉特生产线智能化改造等区级项目12个。江都港年吞吐量5800万吨，海螺水泥3号泊位对外开放通过省级验收，泰富码头获批省三星级绿色港口，沿江物流集聚区跻身省级生产性服务业集聚示范区。（杨亚男）

■招商引资 新签约建华PC构件、施璐德海工装备等先进制造业重大项目5个，万洋众创城等现代服务业重大项目2个；新招引美陈文化等企业5家，新增服务业“两上”企业13家，实现营业额83亿元。软件园新入驻盖润特检测科技有限公司等企业3家，累计79家。京东扬州馆累计上线品牌318个，实现销售额2.18亿元。智能制造产业园新入驻国兴技术等项目5个。“四新”产业孵化园新招引飞地企业250家，实现开票销售22.5亿元。（杨亚男）

■城市建设 开展“三拆三整治”专项行动，拆除违章建筑2693.1平方米。完成江堤防洪能力提升一期工程、三江大道、京沪高速大桥互通等路段绿化景观改造提升工程。打造“一镇一环”特色农路13千米，滨江人民医院防保楼建成投运。新建、改建农村公厕20座，改造户厕478座。完成圣容河等河道疏浚整治及仁寿河生态治理主体工程，疏浚土方17.4万立方米；维修、新建渠道26.22千米、水泥路面14.5千米、泵站2座、桥梁6座、建筑物142座。建成省级农村人居环境整治综合示范村1家、市级村庄环境长效管护示范村3家。（杨亚男）

■生态建设 完成中央环保督察“回头看”整改销号。开展长江流域禁捕退捕，注销捕捞许可证87本，办理参保612人，拆解渔船234条，发放渔民补助近2800万元。完成锅炉改造47台，企业排污许可登记办理600家，长江入河排污口核查监测95个。关停取缔违法违规小化工作坊3家，完成化工企业安全环保整治提升6家，电镀企业专项整治省级验收6家。新增成片造林84.73公顷，完成三江营生态涵养区47公顷生态修复提升、白塔河环境质量改善河道疏浚整治工程，整治农村河道370条。秸秆禁烧实现“零火点、零通报”。（杨亚男）

■转型升级 开展银企对接会2次，签约企业57家，授信总额60.2亿元。落实疫情期间减税降费1.05亿元，企业贷款贴息7家、37.8万元，扶持中小微企业贷款9家、2195万元，减免小微企业房租108万元。新增上市后备企业3家、IPO签约2家。完成土地占补平衡项目1公顷、挂钩整理10.33公顷、上市挂牌10宗84.27公顷，盘活鹤林机械等4家企业存量土地21.6公顷。（杨亚男）

■科技创新 获批国家重大人才工程1人、省双创领军人才1人、省科技副总8人、市“绿扬金凤”领军人才1人、区“龙川英才”2人。引进省科技镇长团成员1人、博士14人。获批国家高新技术企业15家、市企业技术中心5家、市企业工程技术中心1家。累计上争人才项目资金近300万元，规上工业企业研发活动占比90%。（杨亚男）

■社会事业 采集就业岗位1860个，创业带动就业406人，新增被征地农民社会保障928人，城乡居民医疗保险参保率98%以上。新建省AAA级居家养老服务中心1家，新增城乡低保18户，落实特困供养11人。累计发放困境儿童、困难救助、退役士兵、高龄老人等各类补助资金925.7万元。完成拆迁安置资金结算200户，房屋安置18户。实施农村危房改造70户，完成集镇区房屋安全排查2685户，农村经营性自建房安全排查2000户。组织65周岁以上老年人免费体检，“两癌”筛查3000人，家庭医生签约服务实现“全覆盖”，滨江人民医院创成二级乙等医院。实施学前教育普惠入园政策，全年投入957.2万元。建成投运若虚文化中心，开展送文化进乡村进景区30余场。三墩村等13个村（社区）党群服务中心建成投用。（杨亚男）

宝应经济开发区

■概况 2020年，宝应经济开发区（简称宝应开发区）实现地区生产总值149.74亿元，比上年增长7%；公共财政预算收入14.20亿元，增长2.54%；规上工业开票销售365.8亿元，增长1.29%；注册外资及港澳台资实际到账9151.43万美元，增长19.87%；固定资产投资额269.84亿元，增长21.55%。（周 智）

■产业建设 促进企业集聚，发展以新型电力装备、新一代电子信息及通讯、高端新材料为主导，机械装备、汽车零部件、食品制药、轻工纺织为支撑的“3+4”产业体系，推动长韩锂电池负极材料、梦阳电机等一批主导产业落户。推进“腾笼换鸟”，促进产业升级，盘活原布利杰、中恒铝业等闲置厂房、低效土地，为彩虹锂电池正极材料、长韩锂电池负极材料、鼎昊铝业、泽奇兔毛绒等一批重大项目落地提供空间保障。科技创业园二期工程主体竣工，占地750公顷、建筑面积4.5万平方米，吸引应韵碳公司等一批高新技术企业入驻。（周 智）

■招商引资 全年拜访企业近500家，举办昆山、深圳投资商机推介会。新签约工业项目12个，总投资近百亿元。其中，长韩锂电池纳米负极新材料项目总投资50亿元，实现大体量、高科技项目新突破。（周 智）

■项目建设 坚持开发区“五个一”（一名牵头区领导、一个工作团队、一站式服务、一个工作群、一月一会办）项目帮办并联服务机制，推动项目早开工、早竣工、早投产。锡洲电磁线项目实现“当日摘牌当日发证”，规划、审图实行并联审批，建设工程规划许可和审图合格证同时发证。锡洲电磁线、摩恩产业园项目参加“烟花三月”国际经贸旅游节宝应重大项目集中开工。全年在建项目11个、拟建项目13个，在建、拟建项目总投资过百亿元，预计全部投产达效后新增开票200亿元、税收10亿元。（周 智）

■科技创新 赴西安交大、重庆大学等重点高校推进校企合作，引进高层次人才25人，获批省“双创人才”创新项目1个、市“绿扬金凤计划”创业领军人才项目1个、省“科技副总”项目2个，申报成功省“双创团队”项目1个。打造科创园－科技镇长团联建基地，与江苏师范大学成立校地合作基地、研究生工作站。科技创业中心创成江苏省留学回国人员创新创业示范基地。全年获批国家高新技术企业9家，菲达宝开获批扬州市重大科技成果转化项目。引进的上海交大王加兵然创新材料项目投产，项目获中国创翼2020江苏省赛一等奖第一名并晋级国赛。（周 智）

12月9日，长韩锂电池项目落户宝应开发区　宝应开发区/供稿

■城市建设 建成人民路廉政文化公园、名仁路等结转工程5个，新建基础设施工程28项，其中宝胜路（画川路—东阳路）提升改造、东阳北路污水干管、科技创业园二期等重大工程8项。实施绿化移植、管线移位、污水截污等公共设施维护工程6项。东阳路原两车道改造扩建为双向四车道，提升全县南北交通主干道通行能力。完善全区垃圾分类亭的设置和更换，施画停车位380个、非机动车停车线815米，新建停车场3处。开展地下管网及城市桥梁安全巡查，对8座桥梁做到“一桥一档”。（周 智）

■社会事业 企业职工社保参保率85%以上，涉及9村1居的被征地农民实现应保尽保。开发区国际学校中考江苏省宝应中学录取率20%，初中部、小学部在县教育局考核中均获一等奖。黄塍镇创成省级卫生镇。先后承办市县主题阅读、广场舞大赛、宝应大讲坛等活动，举办“我身边的小康”宣讲活动、“我爱黄塍”摄像大赛，开展“送戏下乡”等群众文化活动150多场次。拆除主城区积存违章建筑近400户，整治“毁绿种菜”，补绿近1万平方米。推动广厦兰爵、金源名郡创成省优、市优物业管理小区。创成省级和谐劳动关系工业园区，开展安全生产专项整治、危化品安全综合治理等各类整治行动，排查、整改一般安全隐患772条，办理委托执法案件12起。（周 智）

仪征经济开发区

■概况 2020年，仪征经济开发区（简称仪征开发区）实现公共预算收入16.5亿元；完成规上工业开票销售435亿元；规上工业增加值146.40亿元；规模工业入库税收23亿元；固定资产投资130亿元；实际利用外资及港澳台资1.16亿美元。（夏智慧 刘奇峰）

■**产业建设** 全年完成扬州新开工重大项目认定6个，仪征新开工重大项目8个；百亿元级的中国移动长三角（扬州）数据中心、总投资20亿元的中兴派能锂离子电池及系统等重大项目签约落户；腾讯云项目开服，招商金陵总部项目挂牌，绿地码头项目开港，西门子技改、亚新科凸轮轴技改等重点项目有序推进。汽车、临江、高新等工业企业累计完成工业产值占全区工业总量的89.6%。全区企业数有510家，其中规模以上工业企业119家、外资企业41家、高新技术企业34家。

（夏智慧　刘奇峰）

■**招商引资** 推进一批重点项目形成合作，大数据产业园引进中国移动长三角（扬州）数据中心、电信数据中心二期、坤前服务器、中兴派能锂离子电池及系统等重特大项目。汽车工业园围绕汽车电子和精密配件开展招商，新落户洪震汽配、维泽真空镀膜、众瑞汽车零部件等项目10多个。全年完成实际利用外资1.16亿美元，完成民资亿元开工项目10个。

（夏智慧　刘奇峰）

■**科技创新** 新增国家高新技术企业11家、省高新技术企业入库培育企业11家，33家企业通过国家科技型中小企业评定。超芯星的省重点研发、万润的市级成果转化等4个项目立项，累计获批资金238万元，获批省首批“两业深度融合”试点园区，获评省大中小企业融通型特色载体，获批奖励资金4000万元。新增高层次创新创业人才13人，申请各级各类人才项目24个，立项11个，立项资金约450万元，1人入选“国家重大人才工程”。新建科技综合体面积3.6万平方米，新投入使用科技产业综合体面积11.7万平方米，新增入驻企业141家。

（夏智慧　刘奇峰）

■**城市建设** 全年基础设施总投入10.6亿元，新建道路、管网近30千米，供电线路近40千米；绿化面积约43.33公顷；新增成片林面积约256.67公顷；新增标房建筑面积约10.2万平方米。完成沙河新苑五期、保障性住房二期、盐文化博物馆、小镇客厅及滨江大道、时代大道南延、国华路（天宁大道至闽泰大道）、国民路（闽泰大道至科研二路）等民生项目和载体设施建设。完成时代大道、沿江公路、国民路、国华路、科研二路、闽泰大道等道路绿化环境形象提升工程。完成腾讯云等重大项目供电设施配套工程，实施完善十二圩集镇改造，2平方千米核心区、科教产业园等重点区域配套设施建设，推进利浦工业园全面成型。

（夏智慧　刘奇峰）

■**社会事业** 全年发放低保金156.2万元，低保对象实现应保尽保。发放重残护理补贴282.7万元，新建红旗花园居家养老服务中心并投入运营；改造农村危房21户。开展“慈善一日捐”“人道万人捐”活动，累计捐款资金221万元。新建中心幼儿园新校区，投入3000万元，占地0.83公顷、总建筑面积4905平方米，规划4轨12班。“两淮盐运博物馆”“十二圩乡愁记忆馆”“江上青烈士史迹陈列馆”“胶鬲祠”等场馆年接待游客近8万人次。

（夏智慧　刘奇峰）

高邮经济开发区

■**概况** 2020年，高邮经济开发区（简称高邮开发区）实现地区生产总值160亿元，比上年增长5.8%；规上工业增加值154亿元，增长4.1%；规上工业开票销售460亿元，增长15%；注册外资及港澳台资实际到账1.13亿美元，增长43.6%；固定资产投资118亿元，增长1.7%。（马中亮）

■**招商引资** 组织企业参加第三届进博会、第二届世界半导体大会、2020年上海国际食品饮料及餐饮设备展览会、上海法兰克福汽配展，2020年（第十四届）汽车轻量化大会等系列活动。全年签约重大项目14个。新签约制造业项目9个。其中，设备投资超亿元以上制造业项目8个，一期设备投资5亿元以上制造业项目3个，分别是中环艾能一期项目、航天数联一期项目、赛得能源一期项目；注册资本2000万美元以上外资项目3个，分别是赛诺高德5G超薄VC散热片项目（2000万美元）、晶启投光伏组件配套项目（3000万美元）和赛得能源IBM无钴新型GT锂离子电池项目（5000万美元）。全年招引光储充特色主导产业落户项目占全区项目总数70%以上。中环艾能、中节能项目实现全市50亿、100亿重大项目双突破。（马中亮）

■**产业建设** 2020年，高邮开发区聚焦产业龙头企业和行业尖端技术，落户一批重大产业项目、集聚一批关联企业，产业链初具雏形。光伏产业形成硅料—铸锭—切片—电池片—电池组件产业链，储能产业形成上游（合金铅、铅酸蓄电池添加剂等原材料）、中游（铅酸电池、锂电池等产品）、下游（储能系统、工业电源、UPS不间断电源等应用）、配套（物流、汽车动力电池梯次利用等服务）等产业链。聘请工信部赛迪研究院对产业园666.67公顷地块进行产业规划，制定支持光储充产业招大引强专项扶持奖励政策、关于鼓励电池产业转型发展的扶持奖励政策、支持产业加快发展的政策意见等产业扶持政策，专项扶持资金总规模突破1.5亿元。（马中亮）

■**项目建设** 全年完成列省重大项目新开工1个，三新新开工工业项目7个，新竣工项目4个。在扬州市项目库新达产项目16个完成认定，其中中环艾能项目实现当年签约、当年开工、当年竣工、当年投产。

（马中亮）

■**科技创新** 安排专项资金鼓励科技创新和高层次人才引进。落实兑现《高邮经济开发区鼓励科技创新与人才发展奖励扶持政策实施意见》，对港信光电、均瓷科技、浩翔石油机械、中环艾能、晶康光伏等新进企业兑现资金412.84万元。通过专业培训、网格包干、上门拜访等形式做好企业研发费用归集工作，实现规上企业研发费用全覆盖。培植国家高新技术企业44家，其中光储充企业13家，占比近30%。建成省级企业院士工作站4家，其中光储充企业占2家；建成省级以上博士后科研工作站（创新实践基地）4家，其中宏远电子、华富储能为国家级；建成省级工程中心，工程技术研究中心、企业技术工程中心23家，其中光储充产业占9家，占比近40%。促进11家企业与中科院新疆理化所、华中科技大学、江南大学等高校科研院所签订技术开发合同，合同金额超6000万元。（马中亮）

■城市建设 投入上亿元完善提升软硬件基础设施，高沙园社区部分老旧小区和集中安置小区完成提档升级和长效治理。推进城中村改造工程，珠光锦苑、湖畔景苑等民生工程有序推进。洞庭湖路东延工程完工，打通光储充产业园的主要路网。统筹推进全区重点河道生态治理，投入3500多万元推进4号河、6号河、7号河综合整治，其中6号河整治通过省级验收，解决黑臭水体问题。完善捷通路、太湖路、巢湖路等路段污水管网建设，实现建成区市政公共污水管网全覆盖。清水潭景区创成AAA级景区，其中温泉项目装修工程完成80%，水上乐园项目稳步实施。（马中亮）

■社会事业 推进教育质量提升，以省优质园标准新建的开发区幼儿园投入使用；总投资8亿元的苏州大学高邮实验学校项目建设完成；新时代文明实践所、开发区文体中心投入使用。完善村级卫生服务配套，完成村卫生室改扩建6个、异地新建2个，累计达到省标准化村卫生室12个，创成省示范村卫生室6个。推进农村公路提档升级和“四好农村公路”建设，完成农村危桥改造6座，农村路面扩宽、改造3.98千米，新建、延伸道路3.8千米，实现到村校车全覆盖。推进脱贫攻坚，建档立卡低收入农户497户、贫困人口1161人全部实现脱贫；实现村集体经营性收入在上年基础上增幅5%以上。（马中亮）

杭集高新技术产业开发区

■概况 2020年，杭集高新技术产业开发区（简称杭集高新区）实现地区生产总值185.36亿元，比上年增长12%；规上工业增加值14.85亿元，增长8.23%；公共财政预算收入3.65亿元，增长1.13%；固定资产投资39.9亿元，增长16.90%；规上工业入库税收3.40亿元，增长3.50%；注册外资及港澳台资实际到账3100万美元，技术合同交易额8.52亿元，进出口总额74.93亿元，高新技术产业产值占规模以上工业产值比重68%，增长1个百分点。（顾 俊）

■产业建设 明确高端日化（医美健康）、高端装备（人工智能）“两主两特”发展方向，完成杭集高新区“十四五”发展规划、“以升促建”战略规划及相关产业图谱。推进三笑高端日化、三峰口腔护理等一批转型升级项目，戴尔创新基地、德国沙朗斯基刷业机械等一批补链强链项目，中航航空科技、国网智慧能源等一批高端装备项目，京东方、联东U谷等产业园区运营项目建设。（顾 俊）

■招商引资 引进京东—京喜平台，打造“产业带战略合作示范基地”。新开工“杭盛科技园二期”“新长城塑业”“晨洁日化”重大项目3个；新竣工“红豆万花城”“倍加洁”“宜合薄膜”重大项目3个；新达效达产“杭集科技综合体”“高露洁一期”“高露洁二期”“琼花—三维光学”重大项目4个。（顾 俊）

■科技创新 至年末，杭集高新区有国家高新技术企业188家、科技型中小企业295家、上市企业17家（含1家世界500强）、江苏省瞪羚企业2家；有国家级科技孵化器及众创空间5家、省级以上各类科创载体38家、研发机构191家、省级以上高端人才116人，有效发明专利1059件；制定发布国家首部牙刷标准，累计参与制定国家标准8个、行业标准2个，锦禾公司参与编制的国家标准（《全生物降解物流快递运输与投递用包装塑料膜、袋》）于2020年10月1日公布实施。建有国标委牙刷分委、中轻联日杂协会牙刷分会等机构，设立国家洗漱用品检测中心、中国旅游日化电子商务平台等公共平台。（顾 俊）

■城市建设 对杭集高新区空间布局、产业布局、城市形态等进行研究提升，明确“南拓北优”发展战略。高起点拓展建设南园，规划“五横五纵”路网，布局高端日化、医美健康、高端装备、人工智能、保税物流五大专业园。高品质改造提升北园，以“示范制造+研发办公+总部大厦+新兴科研院所”为主要形态，盘活低效用地，塑造城市形态，完善配套设施。（顾 俊）

交通

Jiaotong

编　辑　陈永华

综述

■**概况**　2020年，全市交通基础设施建设完成投资140.84亿元。其中，连淮扬镇铁路扬州段完成投资8.46亿元，高速公路建设完成投资38.85亿元，国省干线公路建设完成投资33.22亿元，集疏散公路完成投资5.63亿元，农村公路及桥梁建设完成投资6.2亿元，客货运场站完成投资30.01亿元，航道、船闸建设完成投资11.67亿元，港口建设完成投资6.8亿元。公路、铁路、水路分别完成客运量2073万人次、500.9万人次、6.72万人次，分别完成货运量5228万吨、43.4万吨、7520万吨；港口完成货物吞吐量1.44亿吨；扬州泰州国际机场完成旅客吞吐量237.16万人次、货邮1.26万吨，市区城市公共交通行业全年完成客运量1.17亿人次。

2020年，市交通局统筹推进疫情防控和交通运输高质量发展，被交通运输部表彰为全国交通运输行业文明单位；连淮扬镇铁路扬州段历经6年建设正式通车运营，扬州东、高邮、高邮北和宝应高铁站同步运营，扬州全境迈入高铁时代；争创全省现代综合交通运输体系示范城市，5个重大交通项目参加全省集中开工活动，数量连续两年位列全省第1位；扬州7座过江通道纳入国家《长江干线过江通道布局规划（2020—2035年）》，《扬州内河港总体规划（2019—2035）》获省政府批复；北沿江高铁扬州段工可前置要件办理全部完成，进度领跑全线；扬州泰州国际机场开通大阪“客改货”国际货运航班，旅客吞吐量由全省第6位升至第4位；宁启铁路扬州站开通始发至上海、上海虹桥、黄山北和深圳北等4趟列车，东部综合客运枢纽开行列车72对，改善市民高铁出行条件；深化国家公交都市、省公交优先示范市、国家绿色出行城市“三市同创”，出台《建设国家公交都市示范城市三年行动计划》，在全国公共服务监测结果中，扬州公交满意度位列

2020年扬州市公路里程年底到达数一览表

表25-1　　　　单位：千米

项目	总计	等级公路									等外公路
		合计	高速公路				一级公路	二级公路	三级公路	四级公路	
			小计	四车道	六车道	八车道及以上					
年底到达数	**9631.97**	**9631.97**	**293.69**	**173.91**	**88.42**	**31.36**	**646.28**	**1497.55**	**1040.57**	**6153.89**	**0.00**
国道	**489.97**	**489.97**	206.96	112.38	63.22	31.36	248.32	34.69	0.00	0.00	0.00
国家高速公路	**206.96**	**206.96**	206.96	112.38	63.22	31.36	0.00	0.00	0.00	0.00	0.00
省道	**598.28**	**598.28**	82.22	57.03	25.20	0.00	305	211.09	0.00	0.00	0.00
县道	**1310.23**	**1310.23**	0.00	0.00	0.00	0.00	38.73	753.66	368.06	149.78	0.00
乡道	**4203.04**	**4203.04**	4.51	4.51	0.00	0.00	53.54	334.55	520.90	3289.55	0.00
村道	**3030.45**	**3030.45**	0.00	0.00	0.00	0.00	0.72	163.56	151.61	2714.56	0.00

（扬公路）

2020年扬州市公路桥梁、渡口年底到达数一览表

表 25-2

项目	桥梁												渡口	
	总计		互通式立交桥		按跨径分								总计	机动渡口
					特大桥		大桥		中桥		小桥			
	数量（座）	长度（延米）	数量（座）	长度（延米）	数量（座）	长度（延米）	数量（座）	长度（延米）	数量（座）	长度（延米）	数量（座）	长度（延米）	数量（处）	数量（处）
年底到达数	4193	198333.06	20	7465.48	16	30231.73	239	66385.38	992	47681.44	2946	54034.51	1	0
国　道	335	52200.67	16	5039.20	10	15844.74	70	24783.97	169	9458.51	86	2113.45	0	0
国家高速公路	196	37430.29	5	1117.25	9	14017.16	49	16079.77	108	6376.99	30	956.37	0	0
省　道	293	48275.09	4	2426.28	6	14386.99	75	24320.03	130	7368.02	82	2200.05	0	0
县　道	474	21913.84	0	0	0	0	34	8094.26	189	8539.52	251	5280.06	0	0
乡　道	1934	50011.42	0	0	0	0	47	6900.5	353	15612.46	1534	27498.46	0	0
村　道	1157	25932.04	0	0	0	0	13	2286.62	151	6702.93	993	16942.49	1	0

（扬公路）

全国第5位；宝应、江都“四好农村路”达标县通过省级验收，江都区创成省级农村物流示范县；坚持生态优先、绿色发展，开展交通污染防治攻坚战，全国首部南水北调船舶防污染地方规章《扬州市南水北调水域船舶污染防治办法》正式颁布施行；全面落实道路、水路运输通行费优惠政策，企业物流成本持续下降。开展安全生产专项整治“一年小灶”和“百日行动”，全市交通运输安全生产形势稳定，公路水运重点工程质量安全监督实现全覆盖。保障全国政协到扬督办调研长三角现代综合交通运输体系建设一体化高质量发展重点提案、省委省政府和国铁集团主要领导出席五峰山长江大桥暨连淮扬镇铁路淮镇段建成营运活动等重大活动期间交通运输安全和行业稳定。（扬交办）

■**公交“三市同创”**　深化国家公交都市、省公交优先示范市、国家绿色出行城市等“三市同创”，市政府印发《扬州市建设国家公交都市示范城市三年行动计划（2020—2022）》，完成《市区、江都区公共交通融合发展规划》《扬州市区公交专用道规划》《市区公交场站规划修编》《市区公交专用道和交叉口渠化施工设计方案》等专项规划；编制《城市公共交通场站建设规范研究》，入选全市服务业地方标准和标准化试点项目。联合市发展改革、公安、住建等部门结合国家公交都市、省公交优先示范市创建，编制扬州市国家绿色出行城市创建方案，通过省交通运输厅、省发改委、省住建厅、省公安厅等部门组织的专家评审，入围全国绿色出行创建城市。（扬交客）

■**宁扬城际轨道交通工程可行性研究专家评估会**　4月，市交通产业集团与南京地铁集团围绕项目建设合作方案进行第四次洽谈，就项目资本金、债务融资、资产管理、报批报建、公司注册等形成统一意见，双方围绕项目公司组建相关事宜，制定任务分解表，向省发改委汇报项目情况，研究拟定项目公司章程及股东协议。8月24—26日，委托中国国际工程咨询有限公司在南京组织召开《南京经仪征至扬州城际轨道交通工程项目可行性研究报告》评估会，至此，宁扬城际轨道交通项目各项工作全面提上日程。

（谢倩琳）

■**城区公交一体化发展**　主城与江都公交融合发展三年行动计划（2019—2021）对相关场站、公交专用道、公交线路进行整体规划、统筹实施。2020年，在陆续完成13个乡镇24条镇村公交班线同步降票价、优换乘的基础上，全面推行江都区公交“1小时免费换乘”政策及“掌上公交”“移动支付”功能延伸拓展。统筹城、区公交场站资源，88路、99路等主线公交双向发车，实现与支线、镇村公交“零换乘”。

（谢倩琳）

■**东部综合客运枢纽建成投运**　东部综合客运枢纽项目基地位于廖家沟以东，烟花三月路以西，耕耘路以北，主要建设内容包含综合交通中心、站前广场、公交中心、地下送客匝道以及配套工程等。项目自2019年6月开工建设，用时500多天，完成17万多平方米的工程量，实现与连淮扬镇高铁同步建成投运。东部综合客运枢纽项目申请政府专项债10亿元、获批国开行10亿元中长期项目贷款、申请道路客货运场站建设补助资金4500万元。2020年12月11日，“连淮扬镇铁路淮镇段暨五峰山长江大桥建成运营现场会”在东部综合客运枢纽现场举行。省委书记、省人大常委会主任娄勤俭出席现场会，宣布五峰山长江大桥建成运营，连淮扬镇铁路全线开通。（谢倩琳）

■**扬州市交通产业集团有限责任公司** 2020年，扬州市交通产业集团有限责任公司（简称市交通产业集团）完成市委、市政府交办的19项重点工作和市国资委下达的35项目标任务，实现营业收入总额13.79亿元，完成上缴国资收益1024万元。年末总资产231.27亿元，净资产75.31亿元。下属江苏扬州汽车运输集团有限责任公司经营公路客运班线130条，辐射6个省、市，年发送旅客231.75万人次。开通高邮市区至苏北人民医院、扬大附属医院的“健康专线”，建成东、西部综合客运枢纽及汽车东站城市候机楼，开通扬州泰州国际机场客运班线；扬州市公共交通集团有限责任公司全年运营总里程7965万千米、运送乘客6966.97万人次、车次执行率99.54%；扬州市通润置业有限公司完成东部综合客运枢纽、公共卫生中心两大建设任务，完成市域社会治理指挥中心建设任务，探索东部综合客运枢纽运营管理新发展模式；扬州市交通停车场投资建设管理有限公司新增路内占道停车泊位219个，完成荷花池地下停车场与苏北人民医院联络通道广告位招租，成功签约宝应智能停车项目，年度营业收入增长30%以上；扬州市机动车辆检测有限公司新建2条大型车辆检测线，全年安检车辆3.06万辆，环检车辆1.72万辆，车检能力全面提升；扬州交通旅游集散有限公司开展村企联建，推动研学基地项目落地；江苏润扬交通工程集团有限公司先后中标京沪高速改扩建、广陵现代农业园区主河路道路建设、104国道杭州至绍兴公路改建、广陵区都天庙路道路工程设计施工、阜宁至溧阳高速公路建湖至兴化段路基桥梁工程施工、仪征大新公路（通扬路至356省道）改造等6个项目，新增合同20亿元，实现营业收入7.44亿元；整建制接收扬州市通达公交场站管理有限公司，新（改）建50座公交站棚，并建立工程档案，迁移站棚29座；市交通产业集团受让机场公司39.2%的股权，成为扬州泰州国际机场第二大股东。

东部综合客运枢纽　　谢倩琳/摄

推进重大项目建设。完成东部综合客运枢纽保开通工作，作为枢纽运营单位继续承担日常保障职责；建成市公共卫生中心项目，于12月底交付卫健系统使用。工程先后获江苏省建筑施工标准化三星级工地、扬尘管控示范工地、安全文明管理示范工地；完成市域社会治理指挥中心建设，推进590东地块更新改造，推动宁扬城际轨道交通项目前期工作，完成工可评估和合资公司组建方案。古运河水上游览线7艘水上巴士交付使用，完成大运河文化旅游带建设任务。

推进民生服务发展。全年累计新辟线路7条、优化调整线路37条、撤销线路3条，日均降低无效、低效里程1422.8千米。开通首条大站快线公交K1路。完成市区120辆新能源公交车招标采购，车辆交付后，新能源公交车占比94.9%。为2028辆公交车加装驾驶区域防护隔离设施，报废老旧公交车145辆，高新区停车场、施桥停车场等新、扩（改）建项目均按序时推进。累计完成30处杆式站台硬化。落实旅游旺季和节假日期间免费乘车政策，累计服务惠及外地游客6.95万人次。打造“一线一品”特色线路，推出“71路强国号学习专线”“88路网安号公交专线”“27路警民同心线”“75路清风线”等9条主题线路。推动市人大开展《停车场管理条例》立法调研。

推进投融资体系构建。依托重大基础设施项目建设，申请获批东部综合客运枢纽、市公共卫生中心、龙潭过江通道、京沪高速改扩建、590地块拆迁改造等政府专项债16.41亿元、抗疫特别国债1.81亿元，其中东部综合客运枢纽项目申请政府专项债10亿元。协调落实各项补贴政策，完成跨区域重大交通基础设施项目市本级出资任务，包括龙潭过江通道、京沪高速改扩建、北沿江高铁等，年度出资1.70亿元。支付南部快速通道、市公共卫生中心、东部综合客运枢纽建设资金11.17亿元。成功发行5亿元公司债和5亿元中期票据，成功注册9.5亿元PPN、9亿元超短期融资券。

抗击疫情。扬汽集团累计投入客车850多辆次，前后190天，完成昆山境外人员转运及扬州泰州国

际机场境外包机回国人员、援鄂医护人员和厨师团队运输任务。市公交集团做好防疫物资采购，调整运营计划，落实公交车辆和场站日常消杀、乘客佩戴口罩和实名制扫码乘车等举措，满足市民出行需求，实现公共交通领域“零感染、零传播”。（谢倩琳）

“四好农村路” 日 报/供稿

公路

■**京沪高速公路扬州段扩建工程** 京沪高速公路扬州段扩建工程项目全长110.5千米，其中宝应段40.00千米、高邮段44.47千米、江都段26.01千米，现状为双向4车道，扩建为双向8车道，概算总投资约138亿元。全线新建宝应南、高邮南2处互通，移建真武互通，扩建泾河、宝应、界首、高邮、八桥、江都东等6处互通和丁伙枢纽。其中涉铁应急先导段交工验收，全长20.69千米，宝应、界首、高邮、八桥互通建成通车，基本完成全线征拆工作，开展路基填筑、桥梁桩基、板箱梁预制等施工。（扬交公）

■**龙潭过江通道** 龙潭过江通道工程起自仪征境内江北长江大堤，以桥梁方式跨越长江主航道，经南京龙潭，止于与338省道交叉处，全长4.93千米，概算总投资62.54亿元。按双向六车道高速公路标准建设，设计速度100千米/小时，路基宽度33.5米，桥梁设计汽车荷载等级为公路Ⅰ级，2019年2月12日开工建设。2020年，共完成投资2.3亿元，完成主线交地2.78公顷，完成各类杆管线迁改3道，完成主线附属物拆迁和项目供地手续办理，实现无障碍施工。（扬公建）

■**五峰山过江通道公路接线工程扬州段** 五峰山过江通道公路接线工程扬州段起自正谊枢纽，跨芒稻河，经江都区仙女镇、滨江新城，广陵区李典镇、头桥镇和镇江市丹徒区高桥镇，接五峰山公铁合建大桥。路线全长约33.00千米（不含公铁大桥合建段2.88千米），共设置互通式立交6处、主线收费站2处、服务区1处。全线采用双向八车道高速公路标准建设，南、北半幅主线收费站之间设计速度采用100千米/小时，其余路段设计速度采用120千米/小时。2020年，完成投资16.4亿元，完成杆管线迁改20道，协调完成三改工程施工121处。（扬公建）

■ **“四好农村路”建设** 推进“四好农村路”创建，全年完成农村公路提档升级投资5.5亿元，新（改）建农路310千米、改造农桥194座；通行政村双车道四级公路覆盖率100%，全市农村公路列养率100%，县道优良率91.8%，乡村公路综合优良路率86%；宝应、江都创成省级达标县，高邮和江都“路长制”公示牌率先落地，高邮“一网一平台”先行建成，仪征金北路获“江苏最美小康路”提名奖，全市命名表彰7个市级示范乡镇。（扬交公）

■ **328国道快速化改造仪征段** 328国道快速化改造仪征段起自328国道仪征市与扬州主城区交界处，向西沿现有328国道扩建，经新集镇、新城镇、仪征汽车工业园、仪征城区，止于扬州仪征市与南京六合区交界处，接328国道南京段，全长30.29千米，项目投资约35亿元。主线采用六车道一级公路标准，设计时速100千米；外侧设置辅道，匝道及辅道设计时速40千米，一般路段路基宽45.5米，城区段路基宽61米。2017年11月开工建设，全线累计完成投资31亿元，其中2020年完成投资21亿元。（扬交公）

■ **328国道快速化改造江都新都路至广州路段** 328国道快速化改造江都新都路至广州路段起自江都新都路与328国道交叉处，向西沿现有328国道扩建，经龙川路、广州路，终于芒稻河大桥东桥头，全长约2.47千米，项目投资约3.3亿元。主线采用六车道一级公路标准，外侧设置辅道，主线设计时速100千米，匝道及辅道设计时速40千米。至2020年底主体工程已完工。全线累计完成投资2.5亿元，其中2020年完成投资1.5亿元。（扬交公）

■ **345国道扬州西外环路** 345国道扬州西外环路起自沿江高等级公路，经朴席镇、新集镇、刘集镇、杨寿镇，止于扬天公路，由345国道扬州经济技术开发区段、仪征新集南段、仪征新集至刘集段、邗江区段组成，全长约28千米，投资约25.83亿元。至2020年底，345国道文昌西路至扬天公路段（仪征新集至刘集段+扬天公路连接线）14.5千米已建成通车；328国道跨345国道新集南段大桥基本完成；扬州经济技术开发区段施工、监理单位已进场并完成施工前各项准备工作；新集南段工可已获省发改委批复，初步设计

文件已通过省发改委审查。全线累计完成投资12.5亿元，其中2020年完成投资6亿元。（扬交公）

■331省道宝应段 331省道宝应段起自射阳湖镇北，接331省道盐城西段，向西南跨越蔷薇河、宝射河，与264省道交叉，经鲁垛镇、小官庄镇，上跨京沪高速公路，下穿连淮扬镇铁路，与233国道交叉，跨京杭运河，经宝应湖，止于宝应与金湖交界处，接331省道金湖段，全长41.95千米，项目投资约19.2亿元。全线采用一级公路标准建设，设计时速100千米。工程于2017年4月开工建设，2020年底全线建成。全线累计完成投资19.2亿元，其中2020年完成投资4.2亿元。（扬交公）

■333省道高邮东段 333省道高邮东段起自高邮兴化交界处接333省道兴化段，向西自甘垛镇镇区北侧和西侧绕越，跨越北澄子河向南后由汤庄镇北侧折向西南，利用306县道向西经汉留镇北侧跨三阳河继续向西，由卸甲镇南侧绕越后向西跨京沪高速公路至233国道，终点接233国道与333省道高邮西段交叉口，全长35.27千米（其中利用306县道老路扩建约3.1千米，新建约32.17千米），项目投资约15.1亿元。按一级公路标准建设，设计时速100千米。工程于2017年7月开工建设，2020年4月全线建成通车。全线累计完成投资15.1亿元（含亮化工程），其中2020年完成投资1.3亿元。（扬交公）

■462省道扬州段 462省道扬州段起自运河东路与沙湾路交叉处，向南与宁通公路交叉，经广陵产业园，与沪陕高速公路交叉，经夹江、沙头镇，与356省道交叉后，止于扬镇两市交界处，接462省道镇江段，路线全长12.08千米，项目投资约6亿元。按四车道一级公路标准建设，设计时速80千米。工程于2013年9月开工建设，2020年9月全线建成通车。全线累计完成投资6亿元，其中2020年完成投资0.2亿元。（扬交公）

■公路客运 2020年，全市道路旅客运输经营业户23户，营运客车1275辆（不含城市公交、出租车）、客位数5.14万个，户均拥有车辆55辆。开通客运班线322条，其中省际班线94条、市际班线147条、县际班线21条、县内班线60条，营运范围辐射全省13个地市以及全国6个省（自治区、直辖市）。完成道路客运量2073万人次、旅客周转量15.53亿人千米，分别下降29.3%和41.7%。（扬交运）

■公路货运 2020年，全市累计完成营业性公路货运量5228万吨、货物周转量87.65亿吨千米，分别增长6.7%和9.8%。拥有道路货运经营业户1.28万户，其中道路危险货运经营业户52家。拥有载货汽车3.03万辆、总载重38.85万吨，分别下降5.6%和增长16.6%；其中，危货运输车辆1692辆、总载重2.26万吨。全市载货汽车中牵引车5118辆、挂车6311辆，甩挂比1:1.23。（扬交运）

■节假日旅客运输 2020年春运期间（1月10日至2月18日），受疫情影响，从1月29日起，扬州市全面暂停省际、市际、县际班线客运，全市所有客运站暂停营运。春运40天，全市春运共发送旅客120.22万人次，下降58.06%。其中，公路发送83.92万人次，下降63.40%；铁路发送17.38万人次，下降39.84%；民航发送18.92万人次，下降33.56%。国庆中秋期间（10月1—8日）全市公路客运累计运送旅客36.9万人次，运输市场秩序平稳有序，未发生旅客滞留现象。（扬交运）

2020年扬州市营业性运输车辆情况表

表25-3

地区	公路客运		公路货运	
	客车数（辆）	客位数（座）	货车数（辆）	吨位数（吨）
合计	**1275**	**51378**	**30326**	**388504**
市区	608	26048	19560	253801
宝应县	230	8500	2560	29333
仪征市	134	4518	4177	59060
高邮市	303	12312	4029	46310

注：公路客运车辆不含城市公交、客运出租车辆（扬运管）

2020年扬州市公路营业性运输量表

表25-4

地区	公路客运		公路货运	
	客运量（万人次）	旅客周转量（万人千米）	货运量（万吨）	货物周转量（万吨千米）
合计	**2073**	**155255**	**5228**	**876506**
市区	1051	78712	3415	572602
宝应县	343	25685	395	66178
仪征市	182	13653	795	133246
高邮市	497	37205	623	104480

（扬运管）

铁路

■连淮扬镇铁路扬州段 连淮扬镇铁路扬州段总长132千米，沿途设宝应站、高邮北站、高邮站、扬州东站等4个高铁站，累计建成桥梁灌注桩3.42万根、承台4242座、墩身4242座，架设预制梁3897榀，完成单侧铺轨250千米，上砟79.38万立方米，铺设道岔69组，2020年完成投资8.46亿元。4月11日，连淮扬镇铁路扬州段铺轨完成。7月15日，连淮扬镇铁路淮安至镇江段进入静态验收阶段。8月3日，连淮扬镇铁路扬州段完成冷滑试验。8月21日，扬州段通过热滑试验。9月1日，扬州段正式开始联调联试。10月29日，连淮扬镇铁路淮镇段联调联试结束，转入试运行阶段。12月11日，连淮扬镇铁路全线开通运营。（扬　铁）

■北沿江高铁 北沿江高铁扬州段在全线率先与铁路方签订站房毗邻地区土地综合开发框架协议并明确站房设计规模；完成北沿江高铁扬州段穿越生态红线省、市级论证；北沿江高铁地勘首钻在扬州境内开钻。2月，北沿江高铁工可鉴修意见上报国家铁路集团鉴定中心。4月28日，扬州市交通运输局（铁路办）牵头召开北沿江高铁地勘工作推进会，扬州段地勘工作正式启动。（扬　铁）

■铁路客运 2020年，宁启铁路扬州地区（扬州站、江都站）共发送旅客221.20万人次，下降32%；到达旅客243.92万人次，下降26.61%。连淮扬镇铁路扬州地区（宝应站、高邮北站、高邮站、扬州东站）12月11日开通运营，累计发送旅客18.32万人次，到达旅客17.48万人次。（扬　铁）

■铁路货运 2020年，宁启铁路扬州地区（扬州北站、仪征站）共发送货物24.81万吨，增长18.12%，主要为粮食、化工产品、钢铁等；到站货物18.62万吨，下降9.58%，主要为钢铁、化工产品、化肥等。（扬　铁）

航空

■概况 扬州泰州国际机场为民用运输机场，飞行区等级指标为4E，国家航空一类口岸。机场位于扬州市江都区丁沟镇境内，距扬州市区约30千米，距泰州市区约20千米，服务范围以扬州市、泰州市为主，辐射镇江市、淮安市以及安徽省部分地区。机场占地152.7公顷，跑道长3200米（含一期扩建工程增加的800米），站坪机位14个，航站楼面积3.13万平方米。机场及相关配套工程总投资约26.41亿元。2010年3月18日机场奠基，机场及相关配套工程先后开工建设，2012年5月8日建成通航。2015年1月，国务院批复同意开放一类航空口岸；2016年2月，中国民用航空局同意扬州泰州机场更名为“扬州泰州国际机场”；2018年8月机场一期扩建工程完成，飞行区等级指标由4C升级为4E；2018年9月15日东部机场集团挂牌成立，扬州泰州国际机场成为东部机场集团成员机场之一。

2020年底，扬州泰州国际机场运营的国内航线有北京、大兴、广州、成都、深圳、西安、沈阳、哈尔滨、昆明、厦门、长春、大连、石家庄、兰州、福州、乌鲁木齐、重庆、北海、天津、贵阳、揭阳、银川、南宁、泉州、太原、芒市、西双版纳、桂林、烟台、长沙、榆林、三亚、海口、丹东、南昌、舟山等36条，国际（地区）航线受疫情影响暂未恢复；全年安全保障各类飞行4.22万架次，其中保障运输飞行2.16万架次；完成旅客吞吐量237.16万人次，平均客座率70.9%；完成货邮吞吐量1.26万吨。

2020年，东部机场集团与扬州市政府、泰州市政府共同签署《扬州市人民政府、泰州市人民政府与东部机场集团共同推动民航事业发展合作协议》，并与扬州市国资委、泰州市城投签署《扬州泰州国际机场股权转让协议》。扬州空港交通运输有限公司开通扬州西部客运枢纽（火车站）至扬州泰州国际机场定制班车。扬州泰州国际机场开通机场航站楼往返扬州汽车东站和扬州高铁站的班车线路。扬州泰州国际机场应急救援部获“全省抗击新冠肺炎疫情先进集体”称号。（张　梅）

2020年扬州泰州国际机场航班情况一览表

表25-5

航　线	航空公司名称	机　型	航　班
扬州泰州国际机场—韩国济州国际机场	春秋航空公司	A320	每周一、二、四、五、六各一班
扬州泰州国际机场—泰国曼谷素万那普国际机场	春秋航空公司	A320	每日一班
扬州泰州国际机场—日本大阪关西国际机场	春秋航空公司	A320	每周一、三、四、六各一班
扬州泰州国际机场—澳门国际机场	春秋航空公司	A320	每周一、三、五、日各一班
扬州泰州国际机场—台北桃园国际机场	春秋航空公司	A320	每周四一班
扬州泰州国际机场—香港国际机场	春秋航空公司	A320	每周一、五各一班
扬州泰州国际机场—首尔仁川国际机场	春秋航空公司	A320	每周二、六各一班

续表 25-5

航　线	航空公司名称	机　型	航　班
扬州泰州国际机场—北京首都国际机场	中国国际航空公司	B738	每日一班
扬州泰州国际机场—北京大兴国际机场	中国国际航空公司	B738	每日一班
	河北航空公司	B738	每日一班
扬州泰州国际机场—深圳宝安国际机场	深圳航空公司	A320	每日三班
扬州泰州国际机场—西安咸阳国际机场	深圳航空公司	A320	每日一班
扬州泰州国际机场—广州白云国际机场	中国南方航空公司	A320	每日二班
	深圳航空公司	A320	每日二班
扬州泰州国际机场—厦门高崎国际机场	深圳航空公司	A320	每日一班
	春秋航空公司	A320	每日一班
扬州泰州国际机场—昆明长水国际机场	春秋航空公司	A320	每周二、四、六各一班
	深圳航空公司	A320	每日一班
	瑞丽航空公司	B738	每日一班
扬州泰州国际机场—珠海金湾机场	长龙航空公司	A320	每周一、五、日各一班
	春秋航空公司	A320	每周一、三、五、日各一班
	天津航空公司	E90	每周一、三、五、日各一班
扬州泰州国际机场—海口美兰国际机场	天津航空公司	E90	每周一、三、五、日各一班
	海南航空公司	B738	每周一、三、五各一班
	桂林航空公司	A320	每周二、四、六、日各一班
扬州泰州国际机场—揭阳潮汕国际机场	春秋航空公司	A320	每周一、三、五、日各一班
扬州泰州国际机场—银川河东国际机场	春秋航空公司	A320	每日一班
扬州泰州国际机场—大连周水子国际机场	深圳航空公司	A320	每日一班
	春秋航空公司	A320	每日一班
	桂林航空公司	A320	每周二、四、六、日各一班
	长龙航空公司	A320	每周一、五、日各一班
扬州泰州国际机场—长春龙嘉国际机场	春秋航空公司	A320	每周五、日各一班
	深圳航空公司	A320	每日一班
	四川航空公司	A320	每周二、四、六各一班
扬州泰州国际机场—呼和浩特白塔国际机场	春秋航空公司	A320	每周二一班
扬州泰州国际机场—北海福成机场	春秋航空公司	A320	每周一、三、五、日各一班
扬州泰州国际机场—石家庄正定国际机场	春秋航空公司	A320	每周二、四、六各一班
扬州泰州国际机场—南宁吴圩国际机场	春秋航空公司	A320	每周二、四、六各一班
扬州泰州国际机场—兰州中川国际机场	春秋航空公司	A320	每日一班
扬州泰州国际机场—洛阳北郊机场	春秋航空公司	A320	每周一一班
扬州泰州国际机场—乌鲁木齐地窝堡国际机场	春秋航空公司	A320	每周二、四、六各一班
	四川航空公司	A320	每日一班
扬州泰州国际机场—福州长乐国际机场	春秋航空公司	A320	每日一班
扬州泰州国际机场—重庆江北国际机场	华夏航空公司	A320	每日一班
	重庆航空公司	A320	每日一班
	四川航空公司	A320	每日一班
	春秋航空公司	A320	每日一班
扬州泰州国际机场—西双版纳嘎洒国际机场	四川航空公司	A320	每日一班

续表 25-5

航　线	航空公司名称	机　型	航　班
扬州泰州国际机场—丹东浪头机场	红土航空公司	A320	每周二、四、六各一班
	华夏航空公司	A320	每周二、四、六各一班
扬州泰州国际机场—丽江三义国际机场	红土航空公司	A320	每周二、四、六各一班
扬州泰州国际机场—绵阳南郊机场	春秋航空公司	A320	每日一班
扬州泰州国际机场—太原武宿国际机场	春秋航空公司	A320	每日一班
	昆明航空公司	B738	每周一、三、五、日各一班
扬州泰州国际机场—舟山普陀山机场	春秋航空公司	A320	每周一、三、五、日各一班
扬州泰州国际机场—南昌昌北国际机场	春秋航空公司	A320	每周一、三、五、日各一班
扬州泰州国际机场—榆林榆阳机场	春秋航空公司	A320	每周二、四、六各一班
扬州泰州国际机场—桂林两江国际机场	桂林航空公司	A320	每周一、三、五、日各一班
扬州泰州国际机场—三亚凤凰国际机场	海南航空公司	B738	每周二、四、六、日各一班
扬州泰州国际机场—长沙黄花国际机场	瑞丽航空公司	B737	每日一班
扬州泰州国际机场—德宏芒市机场	瑞丽航空公司	B737	每日一班
扬州泰州国际机场—烟台莱山国际机场	深圳航空公司	A320	每日一班
扬州泰州国际机场—泉州晋江国际机场	深圳航空公司	A320	每日一班

（张　梅）

■长沙航线恢复，新增芒市航线　5月4日，扬州泰州国际机场恢复长沙航线，新增芒市航线。该航线由瑞丽航空执飞，计划每日一班，19:15由扬州泰州国际机场起飞，20:55抵达长沙，22:45由长沙起飞，01:15抵达芒市；13:10从芒市起飞，15:30抵达长沙，16:30从长沙起飞，18:00抵达扬州泰州国际机场。

（张　梅）

■新增太原航线　5月6日，扬州泰州国际机场新增太原航线。该航线由昆明航空公司执飞，机型为B738，每周四班，周一、三、五、日执飞。18:00从太原起飞，20:05到达扬州泰州国际机场；21:00从扬州泰州国际机场起飞，22:50到达太原。（张　梅）

■新增泉州航线　5月15日，扬州泰州国际机场新增泉州航线。该航线由深圳航空执飞，每日一班，09:25由泉州起飞，12:00抵达扬州泰州国际机场，18:10从扬州泰州国际机场起飞，20:45抵达泉州。

（张　梅）

■新增榆林航线　7月12日，扬州泰州国际机场新增榆林航线。该航线由春秋航空公司执飞，机型为A320，每周三班，周二、四、六执飞，14:40从扬州泰州国际机场起飞，17:10到达榆林；17:55从榆林起飞，20:05到达扬州泰州国际机场。

（张　梅）

■三亚航线恢复　7月20日，扬州泰州国际机场恢复三亚航线。该航线由海南航空公司执飞，机型为B738，每周二、四、六、日各一班。07:25从三亚起飞，10:50到达扬州泰州国际机场；11:40从扬州泰州国际机场起飞，15:00到达三亚。

（张　梅）

7月12日，扬州泰州国际机场新增榆林航线　张卓君/摄

■**海口航线恢复** 10月25日，扬州泰州国际机场恢复海口航线。每周二、四、六、日由桂林航空执飞，11:55从海口起飞，14:50到达扬州泰州国际机场；21:00从扬州泰州国际机场起飞，23:55到达海口。每周一、三、五由海南航空执飞，18:00从海口起飞，20:50到达扬州泰州国际机场；21:35从扬州泰州国际机场起飞，00:30到达海口。（张 梅）

■**新增南昌航线** 10月25日，扬州泰州国际机场新增南昌航线，该航线由春秋航空执飞。每周四班，周一、三、五、日执飞，07:05由扬州泰州国际机场起飞，08:40抵达南昌；15:05由南昌起飞，16:35抵达扬州泰州国际机场。（张 梅）

■**新增舟山航线** 10月25日，扬州泰州国际机场新增舟山航线。该航线由春秋航空执飞。每周四班，周一、三、五、日执飞，15:25由扬州泰州国际机场起飞，16:30抵达舟山；22:35由舟山起飞，23:55抵达扬州泰州国际机场。（张 梅）

水路

■**港口规划** 《扬州内河港总体规划（2019—2035年）》于4月23日获省政府批复，扬州内河港共规划港口岸线1.81万米。推进《扬州港港口岸线整合利用五年规划》《扬州长江码头布局规划》《扬州港国土空间控制规划》研究编制。（扬交港）

■**港口建设** 2020年，全市港口建设完成投资7.3亿元。中航宝胜杂货码头、仪征港务公用码头一期工程水工部分均已建成，并完成交工验收。推进江都港区砂石集散中心、扬州港区砂石装卸点建设，基本具备3500万吨级砂石装卸能力。中海船厂、中铁宝桥码头通过省交通运输厅岸线使用评估会议。仪征港区液体化工码头二期工程及配套仓储罐区、二电厂煤码头改扩建工程、扬州港区5号泊位、江都港区杨湾内港池码头、新盟物流码头完成竣工验收。（扬交港）

■**通扬线高邮段航道整治工程** 通扬线高邮段航道整治工程概算投资23亿元，为扬州市水运航道建设史上单体工程投资量之最，共整治航道35千米，新（改）建桥梁9座。2020年完成投资3.28亿元，占年度计划的109%。完成10.1千米护岸建设，乡镇段5座桥梁累计完成总工程量的67.6%；城镇段威高大桥累计完成71.4%，武安大桥累计完成16.7%。整治后全线航道通航等级达到三级标准，可满足1000吨级船舶畅行，形成继京杭运河后扬州第二条内河“水上高速”，提高航运效益。（扬交航）

■**京杭运河施桥船闸至长江口门段整治工程** 京杭运河施桥船闸至长江口门段整治工程位于京杭运河长江口门段，起点为施桥船闸下游引航道，终点为六圩入江口，全长约5.37千米。该工程为“十三五”期间交通重点建设项目，也是江苏省、

2020年扬州市营业性运输船舶情况表

表25-6

地 区	水路客运		水路货运	
	船舶数（艘）	客位数（座）	船舶数（艘）	吨位数（吨）
合 计	**12**	**1062**	**2057**	**3762373**
市 区	12	1062	701	1082770
宝应县	0	0	699	633534
仪征市	0	0	290	1840994
高邮市	0	0	367	205075

（扬运管）

2020年扬州市水路营业性运输量表

表25-7

地 区	水路客运		水路货运	
	客运量（万人次）	旅客周转量（万人千米）	货运量（万吨）	货物周转量（万吨千米）
合 计	**6.72**	**40.35**	**7520**	**3299479**
市 区	6.72	40.35	2164	949554
宝应县	0	0	1266	555589
仪征市	0	0	3680	1614492
高邮市	0	0	410	179844

（扬运管）

2020年扬州市长江港口情况表

表25-8

泊位长度（千米）	泊位个数（个）	年总通过能力（万吨）	年专项通过能力				
			货物（万吨）			集装箱（万标箱）	旅客（万人次）
			矿石	煤炭	液体化工		
19.05	182	12555	706	1457	1945	28	10

（扬交港）

扬州市打造大运河文化带和京杭运河绿色现代航运示范区重点项目。2020年完成投资6亿元，占年度计划的100%。完成沿江公路桥以南段工程，沿江公路桥以北段完成护岸灌注桩60.8%、钢板桩67.5%，六圩大桥完成上部钢结构加工和下部结构施工80%，船闸停靠点完成下部基础施工，完成智慧运河图纸内部审查和灯塔公园总体方案设计。

（扬交航）

■京杭运河绿色现代航运示范区 2020年，推进京杭运河长江口门段航道整治工程，完成城区段一期工程7.5千米、邵伯船闸至古运河口段11.5千米航道护岸及绿化景观工程；累计完成投资10亿元，共搬迁民房253户，关停拆除老旧船厂和码头企业175家，共栽植乔灌木等树木约2.5万棵，新增绿化面积约64万平方米。宝应、高邮、江都按照一县一方案分别完成辖区绿色现代航运示范区建设规划方案。相关地方规划纳入省发改委批复《京杭运河江苏段绿色现代航运综合整治工程工可》。（扬交航）

■水路运输 2020年，全市有水路客运经营业户1家，客运船舶12艘、客位1062个。累计完成全社会营业性水路客运量6.72万人次、旅客周转量40.35万人千米，分别下降38.9%和38.9%。全市拥有水路货运经营业户87家；货运船舶2057艘、总载重376.2万吨，分别下降5.0%和18.8%；其中，液货危险品船229艘、总载重29.4万吨；沿海运输船舶76艘、总载重56.3万吨。累计完成水路货运量7520万吨、货物周转量330亿吨千米，分别增长8.5%和11.9%。

（扬交运）

■港口营运 2020年，全市港口完成货物吞吐量1.44亿吨，增长3.3%。其中，沿江1.22亿吨、内河2202万吨。完成外贸吞吐量1107万吨，下降2.2%。集装箱52.73万标箱，增长0.74%。其中，内河集装箱1.5万标箱，增长53%。开展2019年度全市港口经营信用评定，全市54家港口经营企业中AA级5家、A级40家、B级8家、C级1家。

（扬交港）

■电煤和春节物资运输保障 在汛期、枯水期以及春节等节假日，对电煤、成品油等重点物资运输实行“绿色通道”通航措施，重点护航，优先放行，确保“北煤南运”主通道重点物资运输快捷，全年共维护6320万吨电煤安全通过。（扬地海）

公共交通

■概况 2020年底，市区（含江都区）现有公交企业1家，公交车2178辆，公交从业人员3755人；现有公交线路195条，公交站台5186个，分别增长2.09%、17.03%；公交线路总长度3822.6千米，增长0.13%；万人拥有公交车标台数为21.2标台/万人；受新冠肺炎疫情影响，公共交通出行分担率9.65%。市区（含江都区）现有出租汽车经营企业23家，出租汽车运营车辆2461辆，从业人员4118人；主城区现有三轮车管理企业1家，在营人力观光三轮车56辆，从业人员56人；市区城市客运行业（含江都区）客运总运量1.17亿人次。（扬交客）

■城市客运管理 推进出租汽车行业改革，出台《扬州市区巡游出租汽车客运价格管理办法》，完成市区、江都区巡游出租汽车运价调整，将巡游出租车3千米起步价9元上调至10元，单车月均增收1500元。推动巡游网约融合发展，完成“促进巡游网约融合发展、全面提升行业治理能力”课题研究，获得全省交通运输依法治理能力主题征文第1名。加快出租汽车“提档升级”，2020年市区更新巡游出租汽车127辆。深化行政事项“放管服”改革，推进“不见面审批（服务）”，优化营商环境，不见面申办巡游（网约车辆）及从业人员电子证照被评为全市政务改革创新成果。优化行政许可办理流程，全年发放网约车平台经营许可证9家，办理网约车运输证276张、网约车从业资格证917张。推进市属国有企业改革重组，市通达公交场站管理有限公司正式并入市交通产业集团。（扬交客）

■城市客运文明建设 出新1838辆市区营运出租车标志标识和社会主义核心价值观宣传标语，更新更换公交站台公益性广告448面。组织市民观察团、公交乘客委员会开展模拟测评、“零距离”暗访。通过国家文明城市测评大考。深化市区公交“政府购买城市公共交通服务”和公交运营绩效考核，组织第三方机构强化公交运营服务质量日常监督，2020年度公交运营绩效考核得分95.6分，较2019年同期上升4个百分点，在国家市场监管总局通报的2019年全国公共服务质量监测结果中位列全国第5名。市城市客运管理处通过中央文明委“全国文明单位”复查验收，继续保留“全国文明单位”称号。联合市文明办、市总工会、市交通产业集团以及扬州报业传媒集团举办第五届“乘客满意公交线路”暨“最美的哥的姐”评选线上颁奖仪式，全市首家创新应用线上“云颁奖”，视频观看量10万多人次。举办第六届“乘客满意公交线路暨最美的哥的姐”评选活动，实施文明志愿服务，公交“让座日”志愿服务项目、出租汽车行业“流动党旗红”志愿服务被评为全市优秀志愿服务项目。（扬交客）

■公交基础设施建设 2020年，推进公交专用道建设，建成扬子江南路公交专用道，新增公交专用道2.4千米。至年底，扬州市建成文昌路公交专用道、邗江路（司徒庙路—江阳路）公交专用道、南部快速通道、扬子江南路公交专用道，开通K1路公交快线，公交专用道总长度46.3千米，建成“两横两纵”公交专用道。

2020年，市区新建广陵经济开发区公交首末站、亚联公交停车场、东部综合客运枢纽公交中心停车场和万福大桥南公交停车场，新增公交场站面积5.2万平方米。至年底，市区建成公交场站41座（含3座借用公交场站），总面积38万平方米，公交车辆进场率100%。加快公交站棚建设，市区新（改）建50座公交站棚。至年底，市区累计新（改）建公交站棚937座。（扬交客）

■客运班线开通变更 2020年，开展“互联网＋道路客运”，开通扬州至高邮、高邮至兴化、高邮至江都等定制客运线路，扬州市区、高邮、江都等地乘客出行更加便利。围绕东部综合客运枢纽开通，全面对接高铁“扬州到点”时间，完成扬州市历年来最大规模的公交线网调整。全市新辟公交线路9条，优化调整公交线路53条。其中，市区新辟公交线路7条，分别为90路公交线（动物之窗公交首末站——广源集团）、K1路公交线（西部综合客运枢纽——江都汽车客运站）、71路（西部综合客运枢纽——东部综合客运枢纽）、游3线（大明寺——东部综合客运枢纽）、106路晚班公交线（工人新村——东部综合客运枢纽）、236路公交线（江都公交北站——东部综合客运枢纽）、288路公交线（大桥客运站——东部综合客运枢纽）；优化调整37条。加密公交晚班线路，开通106路晚班公交线，服务东部综合客运枢纽旅客晚间出行。至年底，市区有晚班公交线路17条。（扬交运　扬交客）

■镇村公交 2020年，启动镇村公交攻坚提质行动，全市优化调整9条镇村公交线路，提升运营质态，满足群众的出行需求。（扬交运）

■特色公交线路 5月26日，开通全市首条大站快线公交K1路，停靠沿线西部综合客运枢纽等15个客流量较大的站点，全程运营时间比公交88路缩短约20分钟。12月11日，服务连淮扬镇铁路和东部综合客运枢纽公交开通运营，开通全国首条“学习强国”号主题公交专线71路，“71”代表党的生日数字符号，线路从西部综合客运枢纽出发，经主干道文昌路到达东部综合客运枢纽，串联起主城区东部和西部。打造公交“一线一品”特色线路，分步推出游1路“醉美城郭线”、29路“人文风景线”、33路“民族团结线”、75路“清风线”、222路“群众贴心线”等6条特色线路，让城市发展与公交线路相结合，打造特色公交车厢文化。（扬交客）

■绿色低碳公交 2020年，市区新购新能源公交车120辆。至年底，市区公交车辆总数达2298辆，折合2727.5标台。其中，绿色公共交通车辆标台数2541.2标台，绿色公共交通车辆比率93.2%。开展节能宣传周、全国低碳日、绿色出行宣传月和公交出行宣传周等绿色出行专项行动，组织实施“绿色出行 我爱扬州”世界无车日公共自行车骑行，城市公交走进社区、走进高新区，公交“一线一品”特色线路体验、公交驾驶员心理健康讲座、公交服务满意度调查等专题活动，向市民发放公交服务满意度测评表、《公交线路走向图》、“智能公交、低碳出行”倡议书等1000多份。（扬交客）

■交通旅游融合 开通大明寺至东部综合客运枢纽旅游3号线，串联起大明寺、观音山、瘦西湖、宋夹城体育休闲公园、欢乐自在岛（马可波罗花世界乐园）、1912小镇等市区主要旅游景点。继续开通旅游旺季主要景区之间免费公交，为外地游客和本地市民提供公交旅游出行服务。（扬交客）

■平安公交 6月23日，全市公交车防护隔离设施安装全面完成，安装公交车辆隔离设施2861辆，市区公交车同步加装智能视频监控装置、门控保护装置、缓速器、CAN系统、发动机自动灭火装置、应急开关和空调车安全锤等设施，实现全市公交车防护隔离设施全覆盖。（扬交客）

■公交信息化服务 推进智能公交二期项目建设，组织实施市公交指挥中心、公交智能信息服务平台、公交企业资源管理系统、公交智能调度系统升级、公交移动化应用、公交场站智能化系统等项目建设，推出“微信扫码”乘公交服务，完善掌上公交App服务功能，日均使用量10万人次，增强公交出行吸引力。（扬交客）

“云上公交”信息化建设项目　谢倩琳/摄

交通运输管理

■交通疫情防控 1月22日，扬州交通运输系统成立疫情防控工作领导小组。省、市启动一级响应机制，1月26日，市交通运输系统疫情防控领导小组调整为指挥部，下设“一办六组”。重点围绕道路水路运输、工程建设、道口管控、水上交通监管等领域，出台实施防控举措。全系统职工在火车站出口、高速公路道口、国省干线卡口以及京杭运河六圩河口等，落实查验、测温、劝返、集中隔离等防控举措，把控“外防输入”的交通关口。高峰时段全行业日均投入5000多人次，24小时坚守在疫情防控的第一线。保障应急运输，成立交通运输服务中心，实行24小时实体化运作，储备应急车船101辆（艘）、驾驶员114人，累计发放“应急通行证”2600多张，组织应急物资运输4万多吨和返岗“点到点”包车1000多辆次。联合公安部门开展打击非法营运专项行动，维护道路客运市场秩序。制定交通重点工程复工人员到扬日报、防疫措施审批、挂钩联系督导等精准服务举措，推动重点工程加快复工复产。2月25日，全市15个重点交通工程在全省率先实现全面复工。出台支持企业复产复工9项措施，分区分级恢复公交和道路客运，做好春运错峰返程保障。全球疫情大流行后，参与组建交通转运工作专班常驻昆山，做好境外返扬人员集中隔离疏运保障，严防疫情境外输入。常态化疫情防控期间，开展“两站一场一码头”、冷链运输企业和交通运输工具督查，督促相关企业执行最新版《客运场站和交通运输工具新冠肺炎疫情分区分级防控指南》等要求，落实疫情防控措施。开展冷链食品联动排查，共摸排冷库集散地6家，检查冷链物流企业34家，督促冷链运输企业执行“三不承运”要求，严把冷链运输环节风险管控防线。（交疫办）

■公路安全保障 2020年，实施普通国、省干线公路安全生命防护工程55.91千米，主要包括344国道、416省道、247省道。实施农村公路安全生命防护工程729千米。（扬交公）

■干线公路养护 全年投资2.75亿元，完成7个普通干线公路路面养护大中修工程、3个桥梁维修改造工程、1个桥梁预防性养护（支座）工程、1个桥梁河床冲刷防护工程、2座独柱墩桥梁维修改造、2座桥梁健康监测系统、7座通航桥梁增设防撞设施、31座桥梁完善防落网、33座通航桥梁增设助航标识、103座桥梁护栏防护能力提升项目，水毁修复率100%，全市普通国省干线公路技术状况指标MQI值92、优良路率93%；全市316座普通干线桥梁保持“零危桥”，一、二类桥梁比例98.6%，一级公路机械化清扫率100%。（扬交公）

■公路路政管理 推进“放管服”改革，修订自由裁量基准，梳理改革权力和责任清单，开展行政处罚案件调查、重点企业服务满意度回访，实施行政执法公示、全过程记录、重大执法决定法制审核“三项制度”。全年办理涉路行政许可48件、施工路段审批15件；办理跨省市大件运输许可1300余件。落实24小时路警联合治超和“一超四罚”，建成611省道瓦窑村、125省道仪征段、264省道高邮三垛等3处超限检测设施，查处超限超载车辆4276辆，其中“百吨王”79辆，卸驳载7万多吨，约谈企业113家，实施联合惩戒139家，全市干线公路超限率稳控在省定指标以内。（扬交公）

■交通运输专项整治 全面取缔国家整治清单内的15个长江非法码头，并通过中央环保督查组销号验收。交通运输部门牵头核查的28个长江干流岸线利用清理整治项目全部整改完成并通过省级销号。省整治清单内的21家内河港口企业环保设施完成整改并通过现场核查。长江扬州段水上过驳作业全面取缔，配合水上临时过驳区完成23条扬州籍浮吊处置，共驱离江苏水域20条、拆解3条。执行内河水域以船舶外板直接作为货舱舱壁的化学品船和油船（含装载食用油的船舶）禁航，联合市财政局印发《扬州市淘汰内河单壳化学品船和单壳油船工作实施方案》，121艘船舶纳入淘汰拆解补贴范围，争取省级拆解补助资金1736万元。出台《扬州市“两客一危”挂靠车辆清理工作方案》《清理挂靠审查内容甄别标准》，全市共审查甄别出疑似挂靠车辆319辆，其中，“两客”车辆139辆、“一危”车辆180辆，按照“一车一策”要求，100%完成整改。（扬交港 扬交运）

■客运市场秩序治理 联合市公安部门开展打击非法营运专项行动，成立执法小组，实施联动执法，明确“三个一批”（查处一批“黑车”、一批不按序排档车辆、一批不规范经营车辆），围绕东部综合客运枢纽、西部综合客运枢纽、汽车东站等重点区域，实施定点值守、密集巡查、突击检查，查处“黑车”、违规网约车126辆。2020年，全市更新中高级客车66辆，全市中高级客车占比61%。开展2019年度道路客运企业经营者信用等级评定，评定AAA级道路旅客运输企业22家，AA级道路旅客运输企业1家，A级道路运输客运企业2家，B级别企业0家。（扬交客 扬交运）

■公路货运市场管理 2020年，全市拥有道路货运经营业户1.28万户，其中道路危险货运经营业户52家。全市拥有载货汽车3.03万辆、总载重38.85万吨，分别下降5.6%和增长16.6%；其中，危货运输车辆1692辆、总载重2.26万吨。全市载货汽车中牵引车5118辆、挂车6311辆，甩挂比1∶1.23。全市累计完成营业性公路货运量5228万吨、货物周转量87.65亿吨千米，分别增长6.7%和9.8%。（扬交运）

■超限超载治理 1月22日，提请市治超领导小组印发《扬州市货物装载源头超限超载管理办法》《关于调整市治理车辆超限超载工作领导小组成员的通知》，明确货物装载源头单位的管理部门、职责及违法装载的处罚措施等。3月18日，提请市安委会下发《关于督导公路超限超载治理工作开展情况的通知》，将源头治超工作纳入市安全生产巡查范围。3月31日，提请市政府召开全市公路超限超载运输治理工作视频会议。6月，各县（市、区）及功能区均出台货物装载源头超限超载管理办法和成立治超领导小组。通过行业摸排、乡镇街道自查、对标上级清单筛查等方式，全年全市共排查出245个货运装载源头单位，134个重点货运源头单位在政府门户网站上予以公示，涵盖港口码头、商品混凝土、水泥厂、规模以上钢铁及粮食企业、火电厂、钢材市场、商品房建筑工地等重点行业，并明确履行巡查监管职责部门。至年底，重点货运源头单位称重设施安装率91%，视频监控安装率97.8%。全面落实“一超四罚”，对132家企业实施停业整顿的“一超四罚”联合惩戒。（扬交运）

■汽车维修市场管理 全市共有机动车维修企业667家，其中，一类汽车维修企业90家、二类汽车维修企业190家、三类汽车维修企业344家、汽车快修企业31家、摩托车维修业户12户；完成产业值5.88亿元，减少7.83%；完成维修工作量92.29万辆次，减少10.04%。全市有汽车综合性能检测站11家，完成机动车综合性能检测2.98万辆次。引导督促M站按照规范标准要求更新相关设备，20家M站维修企业通过审核。全年共注销中型和重型营运柴油货车1331辆。（扬交运）

■驾培市场管理 2020年，全市驾校69家（市直20家、邗江区7家、江都区12家、仪征市8家、高邮市12家、宝应县10家），其中综合类一级驾校3家、综合类二级驾校15家、专项类三级驾校51家。有备案教练员3297人，教学车辆2264辆，实现培训数据智能化管理。全年培训6.98万人次，其中从业资格培训4021人次。全市道路运输从业人员7.41万人。全市所有驾校实行“预约培训、一人一车”驾培新模式，实行“一对一教学”。推广驾培第四代人脸识别系统，全年新增1535台教练车完成升级改造。承担全省第一批59名道路运输重点领域驾驶员职业化培训考试和发证工作。开展营运驾驶员安全文明驾驶教育专项行动，线上线下相结合提供教育培训渠道，全市4.7万名道路运输驾驶员接受培训。（扬交运）

■航闸养护管理 2020年，全市完成养护投资3209万元，完成通扬线高邮城区段护岸工程、高邮湖航标改造工程、芒稻船闸上游引航道增设靠船墩工程和宝应船闸待闸锚地工程，完成航道日常维护13项、船闸中修2项和船闸运行养护Ⅰ类15项、Ⅱ类13项。完成航闸设施改造专项资金项目库（2021—2023）编报。开展船闸运行管理专项整治，加强运行环节隐患治理、秩序管控；优化运调管理模式，芒稻船闸实行“2+1”新运调模式，宝应、运西船闸调整一线工班岗位设置，实行集中调度控制，提升通航效率；建成并投入使用船闸智能船舶垃圾（含油污水）一体接收柜6套。（扬交航）

■内河航政管理 全年累计完成航政巡航5.05万千米，累计收取航道赔（补）偿费89万元，完成航道通航条件影响评价审核30件。重点开展航标管理专项整治行动，督促桥属单位完成省干线航道26座不达标桥梁助航标志设置；组织举办民法典、《江苏省水路交通运输条例》等专题培训5次，联合东关街道开展“全民妆‘典’古运美，法治护‘航’古城兴”宣教活动，开展“法律七进”普法活动26次，发放各类宣传资料600多份。（扬交航）

■航道科技创新 全省首创的扬州市区域性船闸统一调度和远程集中控制系统建设正式启动；京杭运河施桥船闸至长江口门段航道工程建成省级“智慧工地”管理平台；推进全面质量管理工作，开展6个QC（质量控制小组）小组活动，其中4个QC小组获“江苏省优秀质量管理小组”称号，1个QC小组获“扬州市优秀质量管理小组”称号，1个QC小组成果获江苏省交通运输行业发布三等奖。加强网络安全建设，完成航道养护管理系统和办公自动化系统安全等级保护定级，取得信息系统安全等级保护2级备案证明，开展安全等级测评整改工作，对防火墙、入侵检测和网闸等安全设备进行补丁升级。（扬交航）

■船舶建造技术监督 开展“诚信船检、诚心服务”活动，连续第三年实施第三方飞行检测、外委审图机制，并对船厂诚信考核情况进行集中发布，提升船舶检验和审图质量。2020年完成船舶建造检验273艘、70.3万总吨，分别增长25.2%、22.1%，总吨位占全省40%以上；营运检验2940艘、317.9万总吨；在建船舶556艘，增长50.2%，其中120米以上66艘；图纸审查273套、产品检验3317件，分别增长3.8%、198.8%。（扬地海）

■危险品船舶安全管理 开展船载危化品运输专项整治，摸排危险化学品安全风险隐患，建立110多艘靠港危化品船舶档案清单并动态更新，制定防控措施。做好南水北调东线调水期间危化品船舶禁航准备工作，协调船闸部门做好单壳化学品船和单壳油船、600总吨及以下化学品船舶禁限航，在京杭运河六圩口、芒稻河交界水域等设置6道电子围栏予以提醒。执行《内河禁运危险化学品目录》，禁止中等以上毒性危险品运输船舶进入苏北运河。强化危化品船舶现场监管，打击水路危化品运输瞒报、谎报等违法行为，办理船载危险货物进出港申报审批448艘次。（扬地海）

■内河水上交通安全管理 强化疫情期间水上交通管理，在全省率先发布实施《关于加强新型冠状病毒感染的肺炎疫情内河水路运输防控的通知》，落实公共卫生责任，统筹做好单位内部疫情防控，组建92人的党员突击队，分成联合管控、水上巡航、线上监控、复产复工指导等6个作战单元，共出动执法人员4120人次，累计精准筛查重点管控船舶4.39万艘次，分7批将124艘、396人重点地区到船集中放行、全程护航，守住苏北运河的“南大门”。强化汛期和枯水期水上管控，应对苏北运河抗旱、长江防汛、邵伯湖行洪，面对长江历史最高水位，邵伯湖20年来第一次三闸110多孔敞开泄洪，汪家窑、梁家港、六圩口昼夜防汛，累计投入执法船艇158艘次，执法人员443人次，维护单船9466艘、船队213个安全通过泄洪水域，成功处置船舶搁浅、船舶失控等险情9起。开展危化品综合治理、水上8项专项整治等安全攻坚行动，检查船舶6701艘次，清理“三无”船舶880艘，长江与京杭运河“三无”船舶实现历史性清零，筑牢水上交通安全防线。召开全市辖区航运公司安全宣贯会、集中约谈会和领导带队走访，召回涉海运输船舶52艘，整改长期逃避监管船舶190艘，约谈航运企业62家，录入安全监管平台64起。（扬地海）

■港口安全管理 2020年，全市港口安全生产形势平稳，未发生一起安全生产责任事故。1月1日起，扬州市承接南京港股份公司和中化扬州公司港口行政管理权限。推进企业本质安全提升，持续开展港口危险货物安全专项整治行动，全市10家甲A、甲B类危险货物港口企业全部实现一级安全生产标准化达标，从事可燃液体、液化烃作业的30个装车平台全部安装流量监测装置，年道路货物吞吐量20万吨以上的20家港口企业全部安装称重设备并配备称重视频监控系统，“港口危化品常压储罐安全风险管控智慧化工程”建成并获省级安全考核加分。加强港口安全风险管控与应急处置，排查评估港口危险货物港口企业安全风险，建立危险化学品安全风险分布档案，强化港口安全风险分级防控和隐患排查治理，全市13家危险货物港口企业全部建立双重预防机制。强化问题整改和隐患排查治理，督促南京港股份公司落实国务院安全生产督导组检查隐患整改，督促港口企业对省交通运输厅执法局重大危险源巡查、储罐抽检、市交通运输局第三方安全检查等排查出的隐患逐项整改，并持续跟踪复查，确保实现闭环。（扬交港）

■港口污染防治 推动港口码头生态优先、绿色发展。发挥绿色示范港口引领作用，组织开展星级绿色港口创建，南京港股份仪征分公司、泰富港务公司分获四星、三星省级绿色港口称号。加强港口船舶水污染治理，沿江、内河港口码头完成船舶污染物接收设施建设任务，基本具备靠港船舶送交污染物“应收尽收”接收能力，全市共建成船舶垃圾接收设施96套、生活污水接收设施60套、油污水接收设施66套，并与第三方服务企业签订转运处置协议，形成有效衔接。全市港口码头水污染防治设施全部建成，污水纳管或自处理达标率100%。强化港口码头粉尘综合治理，京杭运河和其他内河干线航道易起尘作业码头全部完成粉尘在线监测系统建设，共建成53套监测设备，江苏油田码头建成1套油气回收装置；推进扬州港区、江都港区低压岸电示范区建设，新建17套港口岸电设施；推进靠港船舶优先使用岸电，2020年港口用电量10万千瓦时，比2017年增长近15倍。（扬交港）

■内河船舶污染防治 《扬州市南水北调水域船舶污染防治办法》通过市政府常务会审议并发布，是全国第一部此领域的专门地方规章，主要内容包括政府及主管部门职责、企业主体责任、岸上接收设施、船舶防污设施、流动接收设施、大气排放控制、船舶主动送交、运行联单制度、污染事故应急搜救能力建设等，为保障“一江清水向北送”提供支撑。围绕打赢蓝天碧水保卫战，开展长江经济带港口船舶污染突出问题整治、船舶和港口水污染防治二号行动以及“百日行动”，检查船舶3486艘次，规范录入市纪委防污染监管平台53件。首艘船舶污染物流动接收船投入运行，免费接收船舶生活垃圾5909艘次、157.4吨；完成400总吨以下船舶生活污水改造944艘。推动船舶污染物电子联单系统运行，电子联单送交船舶生活垃圾9803次、39.25吨，生活污水1386次、349立方米，含油污水985次、93立方米，累计总接收量上升60倍。开展船舶燃油抽检404艘次，其中快速抽检192艘次；实施400总吨以上船舶铅封和检查1364艘次，完成铅封247艘。（扬地海）

■进出港船舶 2020年，扬州海事局辖区进出港货运船舶8.14万艘次，增长0.03%。其中，国际航行船舶（含中国籍外贸船舶）进出港551艘次，减少2.65%；中国籍海船进出港7308艘次，减少3.14%；内河船舶（不含客汽渡船）进出港7.36万艘次，增长0.38%；辖区进出港船舶货运量1.15亿吨，增长3.84%；国际航行船舶货运量841万吨，增长5.65%；进出港船舶集装箱运输量51.23万标箱，减少0.6%。（陈菊琴）

■船舶登记 2020年，扬州海事局登记在册船舶共计168艘，其中海船145艘、内河船23艘。办理船舶所有权登记34艘次、船舶国籍登记48艘次、船舶抵押权登记20艘次、登记债权额2.06亿元、光船租赁登记15艘次、船舶注销登记49艘次、船舶变更登记12艘次、补证换证10艘次；办理船舶识别号登记130艘次、船名审核75艘次，本年度船舶登记相关业务量共计393件。办理船舶登记资料查询9次，司法协助执行8次。（陈菊琴）

■航运公司管理 2020年，辖区共有航运公司50家，建立运行安全管理体系的国内航运公司共19家（新增2家）。体系内公司扬州16家，淮安3家；海船公司10家，内河公司9家；化学品或油品运输公司12家，散杂货运输公司7家。体系内船舶共143艘，增长2.9%。其中油、化类船舶111艘，占比77.6%。未建立体系的航运公司31家，管理非体系船舶101艘。开展航运公司日常监督检查42次，发现问题160个。共开展安全管理体系审核110次，与上年持平。其中公司19次、船舶91艘次。委托外单位审核19次，接收委托审核3次。签发符合证明（DOC）证书6份，临时符合证明（临时DOC）2份，DOC年度签注证书9份，船舶临时安全管理（临时SMC）证书31份，船舶安全管理（SMC）证书33份，给予SMC证书中间审核签注25次。（陈菊琴）

■船舶载运危险货物管理 2020年，扬州海事局办理船舶载运危险货物申报审批4467艘次，增长52.41%。其中，内贸危险品申报3656艘次、外贸危险品申报811艘次，分别增长67.25%、8.86%。辖区危险品吞吐量1883.57万吨，增长30.15%。其中，内贸危险品吞吐量1785.7万吨、外贸危险品吞吐量97.87万吨，分别增长35.73%、下降25.65%。（陈菊琴）

■海事行政处罚 2020年，实施海事行政处罚959起（981件），其中，罚款981件，罚款386.08万元；扣留船员证书0件。未按照规定的航路或者航行规则航行323件，船舶所配船员的数量低于船舶最低安全配员证书规定的定额要求106件，未按照规定标明船名、船籍港、载重线或者遮挡船名、船籍港、载重线99件，分别占行政处罚案件总数的32.93%、10.81%、10.09%。（陈菊琴）

■船舶试航与监督检查 2020年，扬州海事局开展船舶检验质量现场监督检查、船舶建造重要日期确认、船舶吨位丈量复核。完成51艘船舶检验质量监督检查，其中沿海船舶7艘、内河船舶44艘，占参加安检船舶总数的17.53%；发现船舶检验质量重大缺陷5艘次。确认190艘次船舶建造重要日期，吨位丈量复核抽查24艘次船舶吨位。办理船舶下水（出坞）报备155件，下降21.7%；办理船舶试航报备143件，下降11.73%。（陈菊琴）

■船舶安全检查 2020年，扬州海事局开展船舶进出港报告专项整治、江苏海事局关于开展内河船舶配员专项整治两年行动、水上无线电秩序管理专项整治、江苏海事局客汽渡专项整治、长期逃避海事监管船舶专项整治等专项工作。实施海船安全检查48艘次，实施内河船安全检查249艘次，实施船旗国监督检查应检船+可检船检查率4.84%；实施船舶现场监督检查370艘次，应检船+必检船检查率6.52%；受疫情影响，实施港口国监督检查1艘次。（陈菊琴）

■水上巡航与搜救 2020年，扬州海事局管辖水域有长江江都段、三江营夹江、和畅洲北汊倒套、焦山水道北岸侧扬州港区、仪征捷水道和仪征水道北岸侧（至恒基达鑫危化品码头）。在编海巡艇共6艘，巡航2908艘次，出动巡航执法人员6944人次，巡航9702小时，巡航里程7.01万千米。按照水上巡航救助一体化原则，在执行24小时应急待命值班制度的同时，加强船艇水上搜救装备配置和事故险情应急救助行动，参与和指导港航单位开展日常应急演练。接收处置水上交通事故险情31起，下降26%，涉事船舶42艘，涉险人员150人，沉船2艘，死亡失踪0人，搜救成功率100%；调查处理事故7起，下降50%。其中等级以上事故1起，死亡失踪0人；未发生船舶污染事故，辖区水上交通安全形势良好。（陈菊琴）

■水上交通安全专项整治与隐患治理 2020年，扬州海事局组织防控辖区安全风险和应急应对水上突发事件，组织开展进江海轮安全管理、“三无”船舶整治、内河船舶涉海运输、取缔水上过驳浮吊等水上交通安全专项整治活动，整治长江嘶马弯道风险隐患问题，组织落实洪汛期特别管控措施，协调加强节假日和重大活动期间值班值守，保障辖区通航安全形势稳定。（陈菊琴）

水利

Shuili

编　辑　陈永华

综述

■概况 2020年，扬州市水利系统推进水利建设，深化水利改革，各级财政投入水利建设超30亿元。完成“十四五”水利发展规划编制，长江岸线利用项目清理整治任务。开展水利工程建设督导与检查，受监工程21个，开展质量安全监督活动48次。打击河湖“两违”“三乱”行为，共处理各类水事违法行为为188起。申报省级水利科技项目4项。农村水利完成投资5亿元，疏浚农村河道土方591万立方米，建成41条农村生态河道。各县（市、区）完成“十三五”农业水价综合改革面积26.48万公顷任务并通过省级验收。推进城区河道“河长制”长效管护，加强对城市河道整治方案的审查和监督。开展南水北调送水管理，进行河湖和水利工程管理范围划定。制定以奖代补政策，落实市级财政奖补资金300万元，推进省级水管单位达标创建，扬州市润扬河工程管理处创成国家级水管单位。水利系统争取和落实省、市级水利工程维修养护配套经费3500多万元。履行市防办职责，投入防汛抗洪抢险救灾。（隋　丽）

■水利规划 完成扬州市“十四五”重点水利工程项目安排表，形成扬州市“十四五”期间重点水利工程项目安排。完成“十四五”水利发展规划编制工作，市级规划完成规划咨询稿，并通过省水利厅和市发改委联合咨询，县（市、区）功能区规划全部形成初稿，开展咨询。完成已建（在建）重点水利基础设施管理保护范围线的复核，完成跨县重要、县域重要、中心城区重要河道总计52条702.3千米的管理范围复核。完成市级规划预留用地项目清单共计38项36.47平方千米的工程占地划定。完成涉水生态空间规划“一张图”，提出管控和保护措施，确定水生态保护修复重点任务。配合南水北调东线二期工程规划。与水利部淮河水利委员会、省水利厅、省南水北调办公室沟通联系，完成对扬州市水利相关影响工程的研究。配合开展南水北调东线二期总体工程可研编制，完成市域范围内配套工程的方案设计工作。完成扬州市防汛抗旱工程补短板实施方案编制。完成实施方案年度项目投资表，并结合区域片区规划中的相关工程方案，补充完善防汛抗旱工程补短板实施方案，已完成合同审查，工程项目已上报省厅汇总。形成扬州市沿江骨干河道水生态治理实施方案初稿。形成河道的生态治理措施研究，并提出投资匡算和实施时序安排。

工程项目前期工作。完成2019年灾后旱涝应急治理工程前期工作并开工建设；完成水利灾后薄弱环节项目的仪征沙河泵站、开发区小龙洞泵站可研报告并上报；完成2021年至2023年三年前期工作滚动计划排定，共将44个项目列入省水利厅三年前期工作滚动计划；推进中小河流报备，共报备12条河道，其中4条河道列为提办项目，完成龙河二期初步设计并上报，东平河工程完成初稿。配合推进长江江堤防洪能力提升二期工程的前期工作，工程获批并实施；配合推进扬州闸泵站等工程前期工作。完成乌塔沟整治、江都高沙土区河道整治、建乐闸站和砖桥闸站改造等3项工程的省补市县项目竞争立项并通过公示。做好江淮生态大走廊涉水工作，推进涉及市水利局的农村河道疏浚和江堤能力提升堤防加固二期工程，按照要求完成每月的进度汇总上报。（规计处）

■水利工程建设管理 2020年，全市水利系统推进水利建设，深化水利改革，各级财政投入水利建设34亿元。扬州市在全省水利工程质量考核中位居前列，全年无质量事故、未发生安全生产事故，2个工程获得江苏省“扬子杯”优质工程奖；水库移民后扶工作在年度绩效考核中获得优秀等次。市水利局对5项水利重点工程项目开展综合稽查，共形成稽查意见5份，发现问题145个，其中严重问题2个、较重问题74个、一般问题69个。各相关单位均已整改到位，并回复稽查意见。对水利工程电子招投标系统进行升级改造，实现“不见面”开标的交易方式。最大程度减少交易场所人员聚集，防止交叉感染，阻断疫情传播，同时降低制度性交易成本，优化营商环境。水利工程电子招投标系统实现全流程电子化交易，各类水利工程均进入市公共资源交易中心，实行集中交易、集中监管，进场交易率100%。全年共受理完成设计、施工、监理等各类招标102个项目182个标段，累计招标金额23.05亿元。实施招标文件审查制度。根据省水利厅关于加强招标文件审查等有关事项管理的指导意见，对招标计划、分标方案、资质资格、评标办法等方面进行审查，杜绝发生限制潜在投标人的现象。加强水利工程建设项目招投标监管。推行水利工程招投标交易事权下放，明确各县（市、区）水利局行政监督机构与人员，并开展政策法规、系统操作方面的培训。以高邮为试点，推进其他县（市、区）分中心建设，构建以市中心为基站、各分中心为映射的公共资源交易“一张网”。探索水利工程建设领域的执法处罚机制，成立建设工程执法大队，联合水政执法对重大质量问题进行处理。组织全市质监人员，赴省重点工程现场，结合施工现场开展业务培训，并且细化培训内容，开展“临时用电”“金属结构和机电设备”“实体工程检测”等专项培训，提升参训人员业务水平。在2020年的全省“工匠杯”质监人员竞赛中，扬州市获得优胜奖。2020年，完成扬州市长江防洪能力提升堤防加固二期工程（仪征段）泗源沟节制闸除险加固工程等3个工程的水下阶段验收；完成邗江区大官桥漫水闸拆建工程和高邮市新港漫水闸除险加固工程的竣工验收；完成长江扬中河段嘶马弯道杨湾段应急护岸工程等3个历史遗留问题项目的验收总结评审会。加强履约考核，实现履约考核现场检查全覆盖，应用质量监督、安全监督、稽查审计等监督检查成果，建立“失信惩戒，守信受益”的管理机制，净化水利建设市场秩序。市水利局每季度对扬州市水利工程在建项目进行考核，实现全覆盖，于每季度末在局网站定期公布考核结果。宣贯《保障农民工工资支付条例》，组织从业单位参加人力资源和社会保障部开展的劳动监察培训。开展保障农民工工资支付夏季专项行动和冬季专项行动，实现基本无拖欠目标。重点关注建设项目实施过程中的实名制管理、合同制管理、专用账户、工资保证金、银行代发制度等落实情况。2020年，全市水利系统未发生欠薪事件。15家单位申报2020年度扬州市水利工程文明工地，经市级文明工地领导小组各成员对各报名单位组织现场核查、集中评价、领导审定，评定江苏省淮河流域重点平原洼地近期治理工程扬州市宝应县境内工程大溪河施工标、扬州市长江防洪能力提升堤防加固二期工程（江都区）施工Ⅰ标、槐泗河水系干河综合整治二期工程施工Ⅳ标等8个项目为2020年度扬州市水利工程文明工地。淮河入江水道整治工程扬州闸加固工程和大学路南延项目水系调整工程安墩河水系调整工程二标段获得2020年度江苏省优质工程奖“扬子杯”。印发《关于加强市内水利工程建设工地疫情防控工作的通知》《转发关于切实加强复工复产安全防范和安全服务的通知》等系列通知，做好疫情期间的安全生产部署。市水利局对市管19个项目标段检查全覆盖，抽查或指导县管项目标段60余个，结合履约考核、四不两直检查活动共发现安全隐患6类150余个，建立在建水利工程重大危险源清单及水利系统危险化学品清单，并进行动态管理。推进水利安全生产标准化建设，3家施工企业创成省一级安全生产标准化单位、5家施工企业创成省二级安全生产标准化单位、4家施工企业创成省三级安全生产标准化单位。介入重点水利工程移民安置前期工作，推进长江堤防防洪能力提升工程征迁移民监督评估，完成扬州市瓜洲泵站工程移民安置初验，配合省水利厅完成移民安置省级终验。加强水库移民后期扶持工作监管，完成后扶项目“三年滚动项目库（2021—2023）”和移民后扶“十四五”规划的编制、批复。落实后期扶持直补资金人口动态管理，确保直补资金按发放规程足额发放到位。督促完成“美丽库区 幸福家园”建设项目。

（基建处）

■生态河湖建设 完成长江岸线利用项目清理整治任务。国家下达的清理整治项目及环保督察反馈要求整治项目共109个项目全部按序时进度完成，并通过水利部长江委和省水利厅核验。累计拆除办公、生活设施412栋、总建筑面积20万平方米，退让生产岸线6.3千米，复绿152万平方米。完成《扬州市长江岸线保护利用规划》编制和审查，以实现岸线资源的保护与利用。长江河势治理。总投资53亿元的长江堤防防洪能力提升工程，一期工程10亿元全面完成，二期工程全线开工，工程主要内容是实施堤防加固94.29千米，除险加固建筑物84座，2020年完成投资15亿元；总投资6亿元的长江镇扬河段三期工程、长江崩岸应急治理工程，护岸总长41.7千米，全面建成发挥效益；河势监测持续加强。加强长江嘶马弯道、六圩弯道、仪征水道、仪征幸福河口坍江段等重点河段的河势监测。特别是2020年汛情紧张时期，对长江重点地段进行加密测量，掌握河势动态变化，为防汛决策提供依据，长江河势稳定和防洪安全得到保障。推进应急处理。实施长江镇扬河段世业洲左汊仪征市幸福河口段应急治理工程，累计完成抛石15.65万立方米，12月28日工程全面完工。完成大运河非法砂石码头整治。市水利局联合市生态环境局、工信局、交通局和运河沿线地区完成大运河沿线153家砂石码头（泊位）、小船厂和混凝土搅拌站规范整治，并通过省水利厅组织的销号验收。在清理整治的基础上，跟踪推进绿化修复，宝应县完成绿化生态修复16千米、45万平方米，建成城区运河风光带2.5千米；高邮市清理麦黄草11平方千米，形成0.11万公顷的生态隔离圈。编制《大运河扬州段河道水系治理管护专项规划》并通过技术审查。退圩还湖。宝应县、高邮市退圩还湖工程作为

2020年省对市高质量年度考核任务，通过省高质量考核。2020年，宝应县白马湖、宝应湖、高邮湖退圩还湖工程项目立项、环评、稳评、实施方案等行政审批手续全部获批；兰亭荡一期工程286.7公顷全部完成退圩；广洋湖一期工程713.3公顷完成招标；兰亭荡二期333.3公顷、广洋湖二期333.3公顷的初步设计报县发改委待批，完成招标前期工作。高邮市高邮湖退圩还湖项目，为2020年省重大项目高邮湖退圩还湖生态修复工程的组成部分，至2020年底，项目建议书已编制并获批，完成现场勘察、项目可研报告编制。涉河项目管理。提前介入中汽中心（高邮）汽车科创园科研创新平台及配套设施建设工程、城市快速路改造、中铁宝桥企业、353省道等建设项目，帮助建设单位办理手续。明确市、县河湖管理事权。出台《扬州市市管河道名录》，明确涉河建设项目审批权限和要求，确保岸线资源高效集约利用。规范涉河建设项目批后监管。出台《扬州市河道管理范围内建设项目事中事后监督管理实施办法（试行）》。

（运管处）

■水利工程质量监督 2020年，全市有受监工程21个，开展质量安全监督活动48次，发出质量监督检查意见41份，停工通知书3份，提出意见290条，水利工程建设领域未发生一起质量安全事故。开展专项检查。对检测单位开展专项检查，邀请建筑行业检测专家对辖区内的检测单位进行检查，规范检测行为，提高检测质量；对江堤工程土方实体质量的抽检，在取样后打乱重新贴标，盲样送检，确保检测结论真实可信；对监理单位的专项检查，对标《江苏省水利建设工程质量监督常见问题清单》，规范监理单位的监理行为，压实监理单位监理责任，提高监理单位服务意识。聘请专家与委托检测结合开展质安监活动，运用专家经验，发现工程中存在问题，尤其在水利行业之外的道路、桥梁、房建等专业，发挥作用。注重检测数据，委托有资质的检测单位对受监工程的实体质量进行抽检，对全市重点工程全覆盖，保障工程质量符合设计和规范要求。全年累计聘请专家20人次，委托检测单位对6个工程的实体质量进行抽检。11月，省质量监督中心站组织举办第一届“工匠杯”江苏省水利建设工程质量监督技能竞赛，市水利局获得优胜奖。

（质安站）

■水政执法 2020年，扬州市打击河湖“两违三乱”行为，共处理各类水事违法行为188起。其中立案查处6起，拆除各类违章建筑5800平方米，清除违章种植26.67公顷，恢复大运河、古运河等河道滩地26.67公顷。推进水事违法案件查处，开展水利建筑市场行业管理执法。加强采砂管理，与宁镇泰签订联动执法协议，打击利用边界逃窜作案采砂势力。建立节假日及夜间巡查制度，在周末及法定节假日组织全市集中行动18次，平均每个月两次；在夜间开展巡查行动28次，其中组织全市集中行动6次，在廖家沟三江营及仪征水域抓获3条非法移动采砂船，全部查处到位。配合海事、交通、公安等部门，加强对各自辖区内“三无”采砂船的排查整治。全市先后累计摸排“三无”船舶880艘，完成拆解608艘、驱离247艘、扣押集中停靠25艘。加强长江沿线船企管理和打击长江非法采砂的执法巡查，长江沿线改装隐形采砂船势头得到压制。联合公安、海事部门共开展5次联合巡查行动，全市全年巡查出动执法人员3984人次，组织拆解采砂船3条，拆除采砂机具9条。6月，组织开展全市河湖执法检查行动，重点对全市河湖“两违三乱”、水利部暗访问题、河道清障、各大队工作开展情况进行督导检查，8月和9月对沿山河和扬州经济技术开发区马泊河等市政建设项目未批先建进行查处督办。10月，联合河道处对非法占用沿山河河道坡面堆垒砌筑设施进行破拆整治。11月，开展京杭大运河执法巡查，查看河道及河堤两岸违章点。通过河湖执法专项行动，全年共移交江都区、扬州经济技术开发区、广陵区、仪征市河湖违法案件5起。

（水政支队）

■水利科技 2020年，市水利局组织申报省级水利科技项目4项，做好在研项目中期指导，申请省级验收，保障水利科技项目按时结题。配合省水利厅完成“稻麦轮作区农业排水精准控制技术研究”“平原圩区水稻管道输水灌溉技术研究与应用推广”“水稻新型种植模式节水高产综合技术研究”“扬州市中心城区河网闸泵联合调度优化研究与应用报告”等4项省级水利科技项目的验收。争取省水利厅立项项目“生态活水治理农村黑臭水体技术研究与应用”1个。

4个雨量站、40个水位站、29个工情站和119处水利监控视频点相继建成，4座闸门和2座泵站实现远程自动控制，水雨情数据库、防汛信息数据库和水利网站数据库等基本建立；打造“智慧水利”管理平台，河长制综合管理系统完成竣工验收；扬州城区智慧水利综合调度系统建设方案通过审查。宣传水利部科技推广项目，要求建设、设计、施工单位结合工程实际，引进上级水利部门推广的新技术、新工艺、新材料。开展国内外水利先进适用技术试用示范、培训推介等工作，重点搭建供需平台，为基层水利单位提供各类先进适用成熟的新技术、新材料、新工艺、新产品，解决技术持有单位与基层需求单位之间信息不对称等问题。全市重点推广应用一体化机泵、绿化混凝土护坡、高分子板桩等先进适用水利科技产品。

（科技处）

水利工程建设

■长江防洪能力提升堤防加固工程 长江防洪能力提升堤防加固工程总投资约53亿元，为新中国成立以来扬州市自办的一次性投资最大的水利工程，工程按100年一遇防洪达标建设，加固堤防约123千米，除险加固建筑物124座。2020年，汛前江堤工程29千米堤防、40座建筑物全面建成并投入使用；新增完成堤防45千米，建筑物40座，二期完成投资15亿元；在长江防洪中，在建、已建工程均未出现任何险情，减轻全线防洪压力。

（建设中心）

■扬州闸泵站工程 扬州闸泵站位于扬州市古运河、仪扬河流域东北，古运河入淮河入江水道（京杭运河）西侧1.3千米扬州闸处，为双向引排泵站，工程京杭运河侧防洪标准按100年一遇、古运河侧防洪标准按50年一遇、治涝标准按20年一遇设计。扬州闸泵站抽排设计流量72立方米/秒，抽引29立方米/秒，工程总投资为2.16亿元，计划2022年建设完成。扬州闸泵站与瓜洲泵站形成扬州市城市防洪南北锁钥，确保扬州城不淹不涝、活水畅流。2020年9月工程可行性研究报告获批，11月初步设计获批，12月发布招标公告，开工建设；施工现场准备工作全部完成，完成投资1200万元。（建设中心）

■淮河流域重点平原洼地近期治理扬州境内工程 淮河流域重点平原洼地近期治理工程是国家重点水利工程，工程总投资约67亿元，扬州市境内投资9.09亿元，计划总工期48个月，2019年11月全面开工建设，计划于2023年全面建设完成。宝应大溪河施工标、杨家河施工Ⅰ标、Ⅱ标及崔渡大桥施工标全部完工，白马湖下游引河施工Ⅰ、Ⅱ、Ⅲ标及大三王河施工标全面开工建设；江都区大寨闸水下工程建设完成。2020年完成投资2.35亿元。

（建设中心）

■仪征泗源沟闸除险加固工程 仪征泗源沟闸除险加固工程纳入长江防洪能力提升堤防加固二期工程增补项目，按照应急除险加固工程组织实施。工程建设主要内容为：重建上、下游垂直防渗体系，重建水平、垂直止水体系，地基整体压密注浆处理，局部零星修补。工程概算投资3467万元。该工程5月31日通过扬州市水利局组织的水下工程阶段验收，12月11日通过合同工程完工验收。（建设中心）

■长江镇扬河段世业洲左汊仪征市幸福河口段应急治理工程 长江镇扬河段世业洲左汊仪征幸福河口段应急治理工程主要建设内容为：平顺抛石护岸1150米，护岸总面积16万平方米，抛石15.5万立方米，新建陡坡守护工程154.64米。于2020年4月30日开工建设，9月28日水下抛石护岸子单位工程通过单位工程验收，累计抛石15.65万立方米。2020年全部完成工程内容，完成投资4173万元。（建设中心）

■高邮市庄台河漫水闸拆建工程 高邮市庄台河漫水闸拆建工程等别为Ⅲ等，主要建筑物级别为3级。主要建设内容为：原址拆除重建庄台漫水闸，拆建工程共17孔，单孔净宽6.0米，总净宽102米，设计流量350立方米/米。闸室下游侧设置交通桥，桥面总宽4米。上游侧设人行便桥，桥面总宽1.2米。工作桥顶高程13.3米，宽4.5米。工程采用升卧式钢闸门17扇，门叶尺寸6.0米×3.50米（宽×高），配卷扬式启闭机17台，叠梁浮箱式检修钢闸门1套，160千伏安干式变压器1台，视频监视系统及自动化控制系统1套。工程概算投资3764万元。2020年完成道路封闭、上下游土围堰和闸底板浇筑，年度完成投资2000万元。（建设中心）

■水旱灾后应急工程 扬州市境内灾后应急治理工程主要建设内容为：高水河东堤复堤加固770米、堤坡护砌500米、堤防防渗处理1460米、新建防汛道路770米；里运河东堤堤防防渗处理7430米、填塘固基230米；加固子婴闸、界首小闸、车逻闸，拆建永安洞、大兴洞、泾河洞。工程概算投资1.01亿元。2020年，完成前期工作并全面开工建设，江都区境内工程基本完成，宝应、高邮境内工程形象进度完成50%以上，年度完成投资6000万元。

（建设中心）

■乌塔沟综合整治工程 乌塔沟综合整治工程主要建设内容为：拓浚整治河道7.81千米，填筑加固堤防15.62千米，新建堤顶防汛道路15.62千米，拆建（调整）沿线排涝泵站18座、电灌站18座、引排涵洞17座，拆建跨河桥梁3座、影响水系工程等，工程总投资估算9.73亿元。共7个标段，导流标段自2020年3月开工，于9月完成；主体工程6个标段自9月全面开工建设。（建设中心）

■槐泗河干河综合整治二期工程 槐泗河干河综合整治二期工程主要建设内容为：干河部分，涉及清淤及达标整治5.5千米、新建保水闸桥1座、拆建沿线影响建筑物51座、跨河桥梁2座（袁庄桥、玉关桥）、顺河桥梁4座（永胜桥、老人沟桥、槐子涧桥、王巷涧桥）、挡墙3千米、截污管网7.3千米，污水提升泵站6座、堤顶防汛道路20.2千米，绿化整治18万平方米，生态浮岛382个；王冲补水线，涉及690米DN900管道铺设，过路涵2座，水生态植物7万平方米；小运河补水线，拆建方翻一级站、二级站、保水闸及小运河滚水坝等4座建筑物，拆建阻水桥涵6座，水生态植物3.7万平方米。工程总投资7.1亿元。工程于2018年11月5日开工，2020年所有标段已完工。（建设中心）

■横沟河整治工程 横沟河整治工程主要建设内容为：河道清淤拓浚4.05千米，支河清淤3.5千米；新建驳岸4.78千米，拆建箱涵3座，拆建管涵2座，拆建老扬圩路过河倒虹管道1处，沿线岸坡景观绿化等，概算投资5665万元（不含征拆）。工程于2019年5月完成前期手续办理，并完成施工、监理单位招投标，于6月25日开工建设，12月底完成清淤疏浚、排口拆除等内容，实现消除黑臭目标。2020年10月完成挡墙、建筑物拆建、水保绿化等内容，10月28日组织完工验收。

（建设中心）

农村水利

■概况 2020年，全市农村水利完成投资5亿元。疏浚农村河道土方591万立方米，建成41条农村生态河道；完成“十三五”农业水价综合改革面积26.48万公顷；全市农田灌溉水有效利用系数达0.63；创成2个省级生态清洁型小流域。

（农水处）

■农村水环境治理 开展农村河道综合整治，2020年疏浚县、乡河道85条，土方591万立方米，建成41条农村生态河道。以县为单位，完成“十四五”农村生态河道建设规划编制。加强农村河道长效管护，健全管护网络，落实管护经费。建立健全农村河道日常巡查和监督检查机制。（农水处）

■灌区改造与现代化建设 加快大中型灌区骨干工程建设。2020年实施完成高邮灌区、江都沿运灌区以及高邮向阳河、汉留、司徒，江都区团结河、野田河等5个中型灌区节水改造，共完成年度投资2.43亿元。完成“十四五”大型灌区续建配套与现代化改造规划编制。开展大型灌区管理标准化建设，全部完成全市38个大中型灌区管理范围划定工作，加快智慧灌区信息化系统建设。

（农水处）

■水土保持监管 扬州市完成省对扬州市人民政府2019年度水土保持目标完成情况评估，获优秀等级，位列全省第1位；创成2个省级生态清洁型小流域，数量列全省第2位。对县级人民政府水土保持目标责任开展考核评估，组织各县（市、区）完成“十四五”水土保持发展规划以及市级规划编制。落实生产建设项目水土保持“三同时”制度，开展生产建设项目水土保持监督执法。做好扬州市审批权限范围内水土保持方案审批。2020年，全市共审批生产建设项目水土保持方案239项，涉及水土流失防治责任范围1276公顷，水土保持总投资11.53亿元。对已审批的生产建设项目开展“双随机一公开”监督检查。根据现场检查发现的问题下发整改意见，做好事中事后监管。组织各县（市、区）派专人利用专用App赴现场完成对148个水利部、107个省水利厅遥感监测发现的生产建设项目水土保持扰动图斑疑似违法违规项目进行现场复核，对违法违规项目进行查处，要求限期整改。（农水处）

■农业水价综合改革 推进农业水价综合改革，促进农业节水和保障工程良性运行。各县（市、区）完成“十三五”农业水价综合改革面积26.48万公顷任务并通过省级验收。对全市所有小型水利工程产权进行明晰，颁发产权证书，落实工程管护主体和责任。各地采用超声波流量计、电磁流量计、计时折水、以电折水等计量方式，实现用水计量，共安装计量设施2.09万台（套）。全市初步实现“应改”面积、计量措施、产权明晰、管护组织“四个全覆盖”。（农水处）

城市水利

■概况 2020年，推进城区河道“河长制”长效管护，加强对城市河道整治方案的审查和监督，跟进和督导城市重点水利工程建设，配合做好瘦西湖水质提升相关工作。扬州主城区分为东部活水区、中部活水区和西部活水区。市水利局根据城市河道水质状况，开闸引水，启闭内河各闸闸门，确保市区河道生态基流。累计开启瘦西湖引水总站水泵约5940台时，换水约2286万立方米；开启黄金坝泵站水泵约8000台时，换水约1.3亿立方米；开启通运闸、曲江泵站4155台时，累计引排水2233余万立方米；开启平山堂泵站、西闸站等8740台时，换水7000万立方米。开机约2.68万台时，换水约1.53亿立方米。探索河道调水新模式。开展瘦西湖净水试验，引进生态基流，针对不同季节、气候和河道生态、水资源禀赋实施精准调度。在习近平总书记到扬考察、全国文明城市验收等重大活动中，保证城区清水活水，为重大活动的开展提供良好水环境保障。润扬河管理所通过水利部的考核验收，成为扬州市首家“国家级水管单位”。

（河道处 城水处）

■河道管护 重新梳理校核城区河道管护考核名录及河道基本情况信息，推进第三方管护，以政府采购形式落实管护单位；组织召开扬州市中心城区河道管护责任主体划定座谈会，统计汇总中心城区河道的管护责任主体；开展城区河道日常督查和不定期抽查，确定中心城区河道巡查通报每月一期，将发现的问题反馈相关单位并督促整改，促进市区河道管护督查常态化；完成2020年城区河道管护市级考核，对二类河道进行考核；参与完成2020年度河湖长制工作考核。（城水处）

■城市水利项目审查与管理 做好城区河道整治工程可研、初设、实施方案等技术预审；完成《京杭之心南地块河道及闸站方案》《扬州高新区W9单元（汊河片区）水系规划》《老飞机场地块规划水系》等涉及片区水系调整类规划征求意见的函复；组织完成《扬州市城区河道整治和泵站改造补短板工程实施方案（2021—2025）》的编制和印发；完成《扬州市生态科技新城水环境综合整治工程——韩万河综合整治二期工程（站东路—文昌东路）初步设计报告》《扬州市生态科技新城水环境综合整治工程——韩许河整治工程初步设计报告》行政许可决定；配合完成《瓜洲泵站完善配套及景观提升工程初步设计报告》和念四河西段整治工程、陆洲泵站改建工程、北护城河综合整治工程等3个项目的可研和初设审查；完成润扬河防洪能力提升工程初步设计变更；开展《扬州市区生态河道建设方案研究》编制前期工作。督促完成小秦淮河、邗沟河整治工程，更新改造13座城区排涝站。配合做好瘦西湖水质提升的相关研究，参与研究和推进瘦西湖水质提升方案，参与瘦西湖水质提升规划审查。对列入民生幸福工程以及重大城建工程的城区河道整治工程进行督查，每月25日前，将21个城市重点水利项目督查记录、进度数据汇总报办公室统一上报市政府。牵头完成2021年度城市建设及环境提升重点工程项目预安排计划报送。（城水处）

水利工程管理

■南水北调送水管理 沿运各地坚持节流和开源并举，支持苏北地区抗旱。超前采取“一封二查三通报”管控举措，强化水量水位双控制，完成调水出省7.03亿立方米的总任务，为全省“两确保”的抗旱目标和保障年度调水任务完成作出源头城市贡献。抗旱期间，从扬州市累计向北送水超过2亿立方米，投入抗旱人数0.8万人，投入抗旱资金600万元，累计补水超2000万立方米。针对部分堤段和涵闸在里运河高水位运行时出现渗漏等情况，组织有关地区修订完善各类预案，并组织对沿线涵闸和堤防安全进行不间断巡查。督促指导沿运各地成立专门班子，落实专门人员，对沿线薄弱堤段做到巡查人员、防汛物资和抢险队伍“三落实”，巡查情况每日一报、遇有突发情况随时上报，经统计送水期间累计巡堤1000余人次。（运管处）

■河湖和水利工程管理范围划定 省下达的扬州市河湖和水利工程管理范围划定总任务约3500千米（包括49条省骨干河道、5座省管湖泊以及1座中型水库、3座小型水库、42个中小型闸站工程），于12月17日通过省级统一验收。2020年，开展新一轮国普河道划界，共143条约2100千米管理范围线于年底实施完成，并全部完成告示牌设立和数据入库，完成划界任务。

（运管处）

■水利工程规范化管理 2020年，在管理考核、达标创建的过程中，建立健全各项规章制度，按照江苏省堤防、水库、水闸、泵站的技术管理办法和国家有关行业技术标准，结合工程具体情况，制定完善各个工程管理实施细则，严格对照执行，促进工程管理的规范化和制度化。制定以奖代补政策，落实市级财政奖补资金300万元，推进省级水管单位达标创建。扬州市润扬河工程管理处创成国家级水管单位，仪征市小云、光华等2座水库创成省级规范化管理小水库。仪征市石桥、张良、红旗、姚庄等4座水库通过省规范化小水库复核。（运管处）

■水库安全运行 逐库落实水库管理“四个责任人”和“三个重点环节”，落实水库大坝安全责任制。强化市县两级水库管护经费落实，其中落实市级水库管养经费206万元，消除水库安全隐患，强化巡查管理，编制完成安全管理和防汛抢险应急预案。对辖区内水库进行全覆盖梳理排查，加强组织领导，落实鉴定责任，制定工作计划，完成全市小型水库大坝的安全鉴定，为掌握水库安全状况和强化监督管理奠定基础。开展病险水库除险加固。各级水利部门重视水库安全鉴定成果运用，建立鉴定成果共享机制，对被鉴定为三类坝的病险水库实施除险加固。完成仪征市乌山、甘冲、国庆、龙虎斗、龙泉湖等5座新增注册登记小型水库除险加固工程并通过竣工验收。加强督查问题整改反馈。2020年对全市水库开展全覆盖检查，基本完成水利部淮河水利委员会和省水利厅反馈问题的整改。组织水库降等报废调查摸底，明确拟降等报废水库名录、落实工程措施、实施安排，完备验收手续。完成仪征市双井水库注销登记和邗江区胡巷水库降等。推进水库管理和保护规划编制。启动水库管理和保护规划编制。仪征市月塘水库和高邮市3座小水库管理和保护规划完成编制，并通过审查。（运管处）

■水利工程运行管理 2020年，全市水利系统争取和落实省、市级水利工程维修养护配套经费3500多万元。规范市级水利工程维修养护项目管理，制定并印发《扬州市市级水利工程维修养护项目管理办法》《扬州市市级防汛应急项目管理办法》。强化维修养护项目绩效管理，开展资金使用的绩效评价，提升管理水平。强化工程技术管理。加强水利工程日常巡查和安全检查，做好观测资料的收集、整编与分析，执行工程设备评级制度。开展水利部专项督查交办的水闸安全运行问题整改，完成全部6座水闸的整改方案编制，通过“水利部水闸安全运行专项检查问题整改系统”上报整改进展情况。规范开展闸站安全鉴定。为掌握水利工程运行状况，强化运行管理，加大监督检查力度，对照《江苏省水闸安全鉴定管理办法》部署组织开展水利工程安全鉴定。完成邗江区瓜洲节制闸、高邮市湖滨漫水闸、仪征市土桥翻水站、胥浦河节制闸等4座中型水闸和市直管理的5座小型闸站的安全鉴定。

（运管处）

城市建设

Chengshi Jianshe

编 辑 徐国磊

综述

■概况 2020年，全市完成城市基础设施投入142.77亿元。扬州市区实施重大城建项目491项，完成投资385亿元。扬子津路（润扬路—扬子江路段）建成通车，江平路、运河路、润扬路等快速路项目总体进度达70%。全年人防工程新立项95个、61.85万平方米，竣工验收项目62个、44.64万平方米。完成市区890千米污水管网整改维修任务、汤汪污水出厂三期（8万吨/日）工程建设和北山污水厂一期（8万吨/日）主体结构施工。新建（提升）公园29个，市区新增绿地面积112万平方米，新增城市花墙10.4千米，完成11个公园的增绿补绿、2个公园的设施增补和4个公园的林荫路建设。

制定《打造永恒城市经典的若干规矩实施细则》，优化重点片区形象设计，提升重点片区功能品位。加强新城区建设，生态科技新城、广陵新城、西区新城、东南新城建设迈上新台阶。推进城建重点工程建设，润扬路快速化改造工程、运河南北路快速化改造工程、万福快速路建设工程、扬州颐和医疗健康中心项目、汤汪污水处理厂三期工程等项目有序推进。

加强市政公用事业发展。全年全社会用电量264.66亿千瓦时，比上年增长2.03%；全市城市、农村供电可靠率分别为99.99%和99.97%。全市13座水厂完成深度处理改造任务，自来水深度处理率97.3%，完成改造46个二次供水设施提标改造项目和300.23千米支管网改造任务。扬州LNG储备站二期工程建成使用。组织开展“建筑施工扬尘整治百日攻坚”专项行动“清洁降尘”蓝天保卫一号行动，被省住建厅评为2020年全省建筑工地扬尘治理“优秀”等次。统筹推进城市管理，加强疫情防控、安全生产、风险防控、生活垃圾分类、数字城管建设等工作，城市市容环境得到提升。 （卞海波 杨 鉴）

润扬路快速化改造工程现场 日 报/供稿

■城建监察 立案查处各类违法违规案件215起，下发《责令改正通知书》388份、《行政处罚事前告知书》184份、《行政处罚决定书》168份。受理拆除承重墙、扬尘污染等各类投诉案件232件，投诉案件办结率100%。推进建筑施工扬尘污染防治，检查项目5758个次（其中夜查461个次），发现并整改问题800余处，下发《责令改正通知书》196份、《行政处罚事前告知书》115份、《停工通知书》20份，立案127起，下发督办单270份、交办问题700余个，直接查处区管项目8起。开展大气污染交叉互查活动，检查建筑工地、道路工程、水利工程、砂石堆场等各类在建工程项目和渣土堆土、水泥生产、砖瓦等企业共70余个。

（葛 苗 卞海波）

城市规划

■城市经典规矩实施细则制定 贯彻落实扬州市人大《关于打造永恒城市经典若干规矩》决议要求，按照可定义、可量化、可操作、可考核原则，细化明确江广融合区等重点片区的主要节点、重要廊道等具体管控要求和操作方法，制定《打造永恒城市经典的若干规矩实施细则》，优化重点片区形象设计，提升重点片区功能品位。

（扬自然　朱叶俊）

■专项规划编制研究 组织开展市区学前教育用地控制性规划、物流园区用地布局发展、儿童友好型城市发展、养老设施配建标准及功能设置等9个专项规划编制及研究，为城市及行业规划管理提供基础支撑。在2020年度国家优秀城乡规划奖评选中，《扬州市中心城区绿线规划（2014—2020）》《扬州市中心城区消防设施布局规划（2014—2030）》获三等奖。（扬自然　朱叶俊）

■用地规划管理 印发《国土空间规划编制过渡期间内“两规”一致性处理操作办法》，统筹解决建设项目“两规”不一致矛盾，保障重大项目实施推进。组织18个地块上报市规委会备案，总占地面积155.86公顷，用于置换平衡面积160.88公顷。开展扬州老飞机场地块城市设计及形态控制研究工作并形成正式成果。严格执行经营性用地出让“五个一”和商业经营性用地出让“六条规矩”，做好地块规划设计条件编制工作，有序推进市区经营性用地出让。做好成贤学院等高校前期选址工作，提出多个比选方案。完成2020年度全市重大投资项目用地梳理工作。

（扬自然　朱叶俊）

■建筑规划管理 制定《关于进一步提高规划审批工作行政效能的通知》，规定新取得建设用地使用权的临时建筑实行“拿地即开工”。全年办理18个项目、1.01万平方米的“拿地即开工”手续。做好建管一线技术服务，提升建筑规划管理技术指导水平，全年召开方案审查会32期，审查项目53个，完成建筑工程建筑面积复核1524栋，总计911.83万平方米。

（扬自然　朱叶俊）

■市政规划管理 围绕现代综合交通体系建设，服务道路快速化改造等工程，完成北沿江高铁沿线地块研究和扬州城市道路交通规划问题分析及改善方案研究，对快速路衔接、路网结构完善、“断头路”打通、重要节点综合整治、公交场站建设等问题，提出实施方案。

（扬自然　朱叶俊）

新城区建设

生态科技新城

■概况 2020年，生态科技新城实现地区生产总值144.7亿元，完成社会消费品零售总额28.9亿元，全社会固定资产投资增长23.2%，一般公共预算收入增长3.9%。创新推动复工复产，实施专人驻厂、集中流调等全天候服务机制，成立10个专班对接落实惠企暖企政策，落实各类减税降费、政策资金、债券近2亿元；202名区镇干部包干到企，3万名外来员工返岗；重点规上企业用电产能恢复指数持续高于100%，重要指标实现“V”形反转。

（曹　峰）

■基础设施建设 推进实施58项重点城建工程。完成连淮扬镇高速铁路开通各项任务，16条、29.5千米集疏运道路竣工通车，扬州东站、交通中心运营。完成扬州东站高铁枢纽周边6平方千米房屋拆除、场地平整和环境整治工作，累计拆迁17.8万平方米，上市17块土地。81万平方米待开发区域全面覆绿，10万平方米景观完成，22万平方米韩万河公园、8万平方米三河六岸公园二期等项目竣工。（曹　峰）

■招商引资 出台《第三方招商引资奖励办法》《“招商大使”奖励办法》，成立上海招商办事处，国家电网江苏智慧能源双创科技园、戴尔创新基地、华为5G实训基地等23个项目有序推进。中国航空谷等9个省、市重大项目按序时开工建设。中航研究生院正式开学，扬州软件园、人才公寓主体封顶，晨洁高端制造、两面针高端洗护等一批制造业项目按计划实施。（曹　峰）

■科技创新 全年新增规模企业20家，达标省高企入库企业15家，获批国家科技型中小企业12家。杭集高新区在全省排名比上年上升2位。签订各类产学研合作协议12项，高新产值占比25%，技术合同成交额6亿元，高企获批企业数累计18家。运营“双创”载体15.8万平方米，入驻科技型企业150家、创业人员超1000人，实现营收5亿元。（曹　峰）

■旅游产业 凤凰岛旅游度假区入选全市AAAA级景区创建公示，乐动工厂、1912小镇三期、扬州航空馆等项目开放。马可波罗花世界被评为扬州市放心消费示范单位，扬州航空馆被认定为市级科普基地。举办“寻找美丽中华”全国旅游城市定向赛、“大运河杯”深潜城市联赛、马可波罗花世界国际灯光节等活动，全年接待游客量首次突破百万人。

（曹　峰）

■生态环境 采取“市场化+‘六位一体’”管护方式，区级25条、57千米骨干河道实现市场化管护，300余口村庄河塘纳入“六位一体”管护范围，新建韩万河公园、三河六岸公园。新建污水主管网4000米，户厕无害化普及率100%，全区21个行政村生活垃圾运转处理体系和生活污水处理设施实现全覆盖。秸秆综合利用率维持在95%以上，全面完成退捕禁捕各项工作。七里村获第六届全国文明村称号，

泰安镇获“扬州市文明乡镇”称号，金泰村、泰安社区获“扬州市文明村、社区”称号。（曹　峰）

■**社会民生**　开展“全面奔小康大走访”“重点企业大走访”活动，覆盖全区1.8万户居民、6000家企业商户，解决一批民生、发展问题。实施34项民生幸福工程，成立新城教育发展集团，引进育才教育集团、机关三幼、苏北医院等资源合作共建。实施全域物业管理，推进自在岛全域无垃圾试点创建工作，城乡环境得到提升。（曹　峰）

■**改革创新**　确立杭集高新区、凤凰岛旅游度假区、万福商务区、78大道等“三片一环”开发新布局。实施“片区＋开发公司＋产业基金”运作模式，推进“三区两镇”体制改革。创新基层社会治理，组建两级“社会治理指挥中心”，在全市首创成立联防联控大队，配备71名专职网格员、412名网格志愿者。在全市率先完成乡镇“一办八局一中心”改革。（曹　峰）

■**78大道**　按照“生态环＋旅游环”总体思路，放大“七河八岛”生态优势，打通拉长78千米环岛岸线、滨水绿道，沿线布局1912小镇、深潜大运河中心、乐动运动工场、7.8千米滨水漫道、凤凰岛国家湿地公园、生态之窗、三河六岸公园、百里长滩航空公园等项目。统筹实施生态修复、基础设施建设、配套服务提升、旅游项目开发，打造融合观光、运动、休闲、度假等多功能的全域旅游空间。该项目于2020年开工建设，预计2021年大环岛路48千米率先贯通，2022年全线建成通车。（曹　峰）

西区新城

■**概况**　西区新城位于扬州主城西翼，西起扬溧高速，北至司徒庙路，东至扬子江北路，南边以润扬路及邗江路为轴，西南至文汇西路，东南至平山堂西路、翠岗路，主要由原蜀冈生态区和原新城西区组成，横跨西湖镇和新盛街道，总面积约30平方千米。2020年，西区新城聚焦“扬州西部门户、邗江城市中心”的目标定位，落实高质量发展要求，推进片区开发、项目建设、地块上市，建设西部现代都市生活片区。（殷　媛）

■**基础设施建设**　推进基础路网建设，怡扬路、润蜀南路等7条道路建成通车，唐悦路西延、经十二路、站北路启动前期工作，配合推进润扬路快速化改造、江平路西延及跨铁路互通建设，提升N8、W6片区通勤能力。邗江区公共卫生服务中心投用运营，西区新城高级中学、蜀冈小学竣工，龟塘涧公园、七里甸涧公园启动建设，蜀秀河生态绿廊、星月湖生态景观空间、污水提升泵站等项目有序推进。（殷　媛）

■**项目建设**　聚焦拓展区实施“四名”战略，推动启迪科技园、省建科技产业园和西区蜀冈万达广场项目建设，引进配套产业项目。启迪科技园一期正式开园，西区蜀冈万达广场正式营业，省建总部项目配套产业签约，佳源文旅项目及蜀冈小学南侧商务办公综合体项目开工建设。完成GZ180、GZ181、GZ230地块挂牌上市。完成区域内果园村蚂蚁组及中心村罗郑组、小陶组、大杨组、西扬组等城中村改造190户，拆除建筑面积10万平方米，完成项目和基础设施用地报征26.67公顷。完成安置房分配382套、3.71万平方米，推进泰和佳园三期项目开工建设。（殷　媛）

■**启迪科技城**　该项目位于真州北路东侧、国防路南侧、润蜀南路北侧，规划用地面积约18公顷，项目总投资约30亿元。其中，科技园区用地面积约4.67公顷，建筑面积约14.4万平方米，打造车联网、“互联网＋环保”和大数据产业融合发展的创业创新综合体。11月，启迪科技园一期正式开园。（殷　媛）

■**西区万达广场**　该项目位于尚书路东侧、润蜀路西侧、怡扬路北侧，项目占地约18.07公顷，建设大型城市综合体，项目总投资约34亿元。12月12日，正式开业运营。（殷　媛）

■**蜀冈小学**　该项目是市区重大民生工程，位于平山堂西路延伸段南侧、润蜀路西侧，占地约4.87公顷，建筑面积3.88万平方米，总投资约2.7亿元，2020年全面竣工，设置8轨48个班。12月，蜀冈小学与南京师范大学、邗江区政府签署三方共建合约，正式更名为南京师范大学附属邗江实验小学。（殷　媛）

■**西区新城高级中学**　该项目位于尚书路以东、怡扬路以南、润蜀路以西、纬六路以北，总用地规模32.8公顷，总建筑面积约18万平方米，项目总投资约12亿元。2020年项目全面竣工。（殷　媛）

■**新能源总部商务综合体项目**　该项目位于经十路以东、纬四路以南、润蜀路以西、怡扬路以北，占地约5.27公顷，其中商业商务占地约2公顷，另设有养老中心、邻里中心等。项目于2020年开工建设。（殷　媛）

广陵新城

■**概况**　2020年，广陵新城规划建筑面积1400万平方米，开发投入600亿元（含社会资本），建成和在建项目800万平方米，完成8.5平方千米核心区建设。至年末，广陵新城有600多家企业集聚，其中世界500强企业15家，中国500强企业18家，互联网百强企业5家，有挂牌上市公司32家；先后被评为国家信息消费试点区、国家小微企业创业创新示范基地、国家级科技企业孵化器、国家电子商务示范基地、省服务业综合改革试点等。全年超额完成固定资产投入、新签约亿元以上民资项目、净增服务业重点企业等指标；按时完成新开工、竣工亿元以上项目、实施市级亿元以上项目、省重点项目等指标；5000万美元外资到账。京杭之心南地块、宝胜地块、中航机载地块挂

牌上市，出让土地25公顷。新城集团升级为2A+资质融资平台。（汤　磊）

■项目建设 华师大初中校区、高中校区交付招生，妇女儿童医院、奥园京杭湾、世界创新中心北区、中航机载、中航宝胜、环球金融城三期、王府井等一批重大项目开工建设。弘阳广场、K-PARK、广陵公共文化中心、韵河湾等一批商业项目开业运营。启动城建“双十”工程20项，华师大初中校区、秦邮路污水管网、马拉松公园提升改造、雨污分流示范区、福康路等18项工程全面完工。（汤　磊）

■招商引资 举办扬州软件和信息服务外包大会暨航空电子科技产业线上论坛、广陵现代服务业（深圳）推介会等招商活动13场。出台《广陵新城产业扶持和招商政策》《广陵新城企业星级评定及奖励办法》，打造成本低、效率高、竞争力强的营商环境。落户农行扬州分行、万得资讯、颐高新零售、碧桂园区域总部、湖畔基金等一批产业项目。（汤　磊）

■招才引智 2020年，广陵新城信息产业基地获“国家电子商务示范基地”“省服务业综合改革试点”等称号，扬州创新中心被评为省级孵化器、科技产业综合体，东部湾（扬州）生物新材料有限公司、阿黛拉国际航空服务（江苏）有限公司入选2020年度扬州市独角兽种子企业。区域内吸引3万多名大学生就业，其中硕士以上学历、副高以上职称高层次人才1200多人，获批省“双创”、市“绿扬金凤”等各类人才计划项目71人。与国内清华大学、北京大学、武汉大学、东南大学等高校建立长期合作关系，聘用院士、学术带头人、专家学者100多人任职或兼职。（汤　磊）

东南新城

■概况 2020年2月26日，扬州市东南新城党工委、管委会正式挂牌成立。东南新城东至京杭大运河，南至328国道，西至古运河沿线，北至文昌路，面积17.06平方千米，是连接扬州5.09平方千米明清古城与广陵新城重要区域。（孔阳阳）

■产业规划 坚持规划引领，启动控制性详规优化及产业规划修编。加强规划创新，通过用地功能多种混合、可开发用地优化、商住比例等方式合理调整用地性质。完成《扬州市东南片区控制性详细规划》，经调整，新增商业商务用地24公顷，预估可增加土地出让金33亿元；辖区内可开发用地336公顷，其中居住用地256公顷，商业商务用地80公顷。委托深圳前海创新设计研究院进行产业规划编制，重点发展“1+3+4”（1先导产业：文化旅游；3支撑产业：商业服务业、总部研发、现代商贸物流；4培育产业：康养、教育培训、食品服务、工业设计）核心产业结构。施井路片区改造升级设计方案总体定位展现“品质引领+大众化消费+夜间主题”关键环节。（孔阳阳）

■招商引资 全年接待华润、新天地等百余批国内外知名地产及商业运营企业，开展洽谈，举办高质量发展论坛等特色招商活动3场，赴北京、深圳、上海等多地开展招商活动。全年新签约外资项目4个、内资项目6个，新签约现代服务业重大项目1个，新注册现代服务业重大项目1个，实际利用外资1200万美元。聚力土地上市，全年清零12个地块，出让地块6个、22.2公顷，合同出让金30.72亿元。引进8万平方米宝龙城商业综合体、2.4万平方米星级酒店等7个产业项目。（孔阳阳）

■环境整治 采取点、线、面结合方式，织密民生保障网，改善片区形象。完成江阳路—运河西路综合整治、渡江南路改造等10条道路整治工程。施井路提升改造工程实施拆违、拆迁、施工“三同步”，拆违110处、签约116户，有序推进道路及管网建设。江都南路至沙施河段沥青摊铺完成。保障房建设项目开工建设，九龙八期占地3.73公顷，总投资4.83亿元，拟建10栋住宅及配套用房；施井花园占地5.27公顷，总投资6.15亿元，拟建10栋住宅及配套用房；汤汪垃圾中转站占地0.9公顷，总投资8000万元。（孔阳阳）

■功能布局 统筹安排“双十”项目43个、十大项目4个。推进十大类项目39个，其中综合交通类12个、功能完善类8个、清水活水类1个、环境提升类8个、民生城建类10个。大运河文化带项目总投资1.7亿元，整治提升一期3.65千米两岸环境，完成扬州大桥南北两侧节点公园建设。建成省级标准小学——东花园小学；启动完成新汤汪小学、开发路南小学拆迁；引入优质教育资源，辖区内多所小学成为育才集团分校。完善医养配套，启动汤汪卫生服务中心异地新建，引进华南康养项目，打造以健康养老、康复护理、康养服务、社区居民健康服务、健康护理研究与培训为一体的高端健康养老服务中心。（孔阳阳）

城建重点工程

■润扬路快速化改造工程 该工程是扬州市“五横七纵”快速路网“西环”（包括3千米高架、2.58千米隧道、0.1千米地面段和1座互通），北起平山堂西路，南至南部快速通道，全长5.65千米，均在原有道路基础上进行快速化改造，主六辅六设计，主线设计车速80千米/小时，辅道设计车速50千米/小时，概算总投资40.38亿元。2020年，先导段（润扬路—江阳路互通）完成主体施工，有序推进下层辅路、雨污水管线迁改施工，东西向地面快车道具备临时通行条件。隧道段完成各类桩基施工，稳步推进隧道主体土方开挖、主体施工，望月路南北侧隧道主体完成，同步实施沿线供电、雨污水迁改施工。高架段桩基施工完成，稳步推进承台、墩身及上部结构箱梁施工，同步进行沿线雨污水、供电、

9月17日，运河南北路快速化改造工程施工现场　　张孔生/摄

自来水等管线迁改施工。全年完成投资16.16亿元。（城建控股集团）

■运河南北路快速化改造工程 该工程是扬州市"五横七纵"快速路网"东环"，北起江平东路，南至南部快速通道，全长7.85千米（包括4.75千米高架、2.5千米隧道、0.6千米地面段和2座互通），均在原有道路基础上进行快速化改造，主六辅六设计，主线设计车速80千米/小时，辅道设计车速50千米/小时，概算总投资42.7亿元。2020年，运河路先导段工程（七里河—施井路段）具备通车条件。隧道段桩基施工完成，有序推进隧道土方开挖、主体施工，文昌路口隧道主体施工完成，运河路口隧道底板、侧墙完成，万福西路以南段隧道完成底板施工70%。高架段完成桩基、承台、墩身施工，Y形互通主体施工全部完成，同步推进雨污水、供电、自来水等管综迁改施工。全年完成投资20.6亿元。（城建控股集团）

■万福快速路建设工程 该工程是扬州市"五横七纵"快速路网"一横"（包括一座跨京杭大运河桥梁，其余为高架，全程设置两对上下匝道），东起万福大桥，西至运河北路，全长3.1千米，均为新建道路，包括一座跨京杭大运河桥梁，主六辅四设计，主线设计车速80千米/小时，辅道设计车速50千米/小时。工程总投资约12.2亿元，于2019年9月开工建设；2020年，完成桩基、承台、墩身施工，主线、匝道箱梁及跨京杭运河桥梁按序时施工，主线高架主体完成，京杭运河桥梁钢拱肋合龙，同步实施道路沿线雨污水、自来水管道迁改施工。全年完成投资7.32亿元。

（城建控股集团）

■扬州颐和医疗健康中心项目 该项目是市妇女儿童医院异地新建项目和市委、市政府2018年"民生1号"文件重大项目。项目东至京杭路，南至新农东路，西至京杭运河外滩路，北至万福路，占地面积约为6.65公顷，总建筑面积约19.5万平方米，其中医疗建筑面积约11.6万平方米，停车位及人防建筑面积约7.9万平方米，医院设计总床位1000张，概算总投资约19亿元。至年末，完成各项前期手续办理和地下室结构施工。

（城建控股集团）

■九境融园项目 该项目位于GZ088地块，西至曲江北路，东至观潮路，南至规划道路三，北至规划道路一。项目总面积5.12万平方米，分成A、B两部分，投资总预算10.67亿元。其中，A地块为九境融园住宅部分，总建筑面积为6.34万平方米，共13栋、384套住宅；B地块为嘉都汇商业部分，总建筑面积为4.51万平方米，为一栋商业综合体，主要定位于社区邻里中心。住宅部分于2020年9月实现主体结构封顶，完成总工程量80%。嘉都汇商业部分完成全部前期手续办理及施工单位招标工作。（城建控股集团）

■湖西水厂深度处理工程 该工程建在高邮湖西北岗水厂原址上，占地约5090平方米，工程投资1亿元，建设规模5万立方米/日，远期规模10万立方米/日。深度处理工艺采用臭氧—活性炭技术，工艺系统包括提升泵房、臭氧制备车间、后臭氧接触池、生物活性炭吸附池等；增设预处理措施应对原水水质中高锰酸盐指数较高的问题，包括前臭氧氧化、高锰酸钾预氧化和粉末活性炭投加等工艺。2020年12月29日，工程正式建成投运。

（城建控股集团）

■农村供水支管网改造工程 2020年，农村区域供水管网更新改造完成100.56千米，其中改造广陵区范围管网38.13千米、邗江区范围管网57.86千米、扬州经济技术开发区范围4.57千米，全年完成投资900万元。（城建控股集团）

■老小区燃气管网改造工程 2020年老小区燃气管网改造工程分为地下管网改造和用户室内立管改造。完成凯悦花园、汽运公司宿舍、安乐小区、通泗小区、客车厂宿舍、工人新村小区等6个小区、2158户的燃气立管改造（出户）。完成江都路至沙中调压站之间、渡江南路至连运调压站之间的地下中压老旧燃气管道改造工程，总投资约173万元。（城建控股集团）

■汤汪污水处理厂三期工程 该工程位于汤汪乡同心村，主要建设内容为规模8万吨/日的三期扩建工程，

规模18万吨/日的一、二期提标工程，规模5.2万吨/日的再生水利用工程，概算总投资8.09亿元。2020年完成扩建项目的各项手续办理、8万吨/日扩建区土建工程和设备安装，开工建设汤汪厂尾水排江管道，全年完成建设进度投资1.11亿元。

（城建控股集团）

■北山污水处理厂一期工程 该工程位于槐泗镇沈营村境内，设计规模16万吨/日，其中一期工程设计规模8万吨/日，概算投资6.95亿元。2020年，完成项目前期手续办理、厂区主要构筑物施工、设备采购和安装项目的招标，开工建设北山污水处理厂尾水排放管道和尾水排放口，全年累计完成投资1.13亿元。

（城建控股集团）

■污水管网提质增效工程 该工程建设内容包括北山污水处理厂污水收集主干管网建设、智慧排水系统建设、现状泵站提升改造、老旧管网整治工程、泵站除臭工程。2020年完成北山污水处理厂污水收集主干管网建设10千米；完成荷叶路泵站、邗江北路泵站、酒甸泵站、方巷镇泵站改造和智慧排水系统建设。

（城建控股集团）

■曲江泵站 该项目为汤汪污水处理厂服务范围内规划的重要节点泵站，设计规模9万立方米/日，主要服务城北片区、曲江片区、局部老城区及铁路北侧城市发展预留区域等范围。2020年建成并投入运行。

（城建控股集团）

■污水管道连通工程 该工程主要建设内容为六圩污水处理厂和汤汪污水处理厂之间新建污水提升设施2座和DN800污水连通压力管道5.6千米（沿328国道与G40高速之间绿化带铺设，东侧与渡江南路连接、西侧与润扬南路连接），项目设计调水规模5万吨/日，总投资4484万元，项目建成后可实现双向调水，2020年建成使用。

（城建控股集团）

■供热项目 北部主干线（一期）项目建设管道约6千米，管径为DN800，架空和地埋相结合方式敷设，设计供热能力为300吨/小时，概算总投资4500万元，2020年末建成。项目可改善瘦西湖景区的供热能力，保证华侨城、凤凰水街等政府重大项目的用热需求。凤凰线项目建设管道约5000米，管径为DN400/300，全线地埋敷设，设计供热能力为70吨/小时，概算总投资3500万元，2020年9月竣工。项目可满足瘦西湖路南段用热需求，为华建上院、奥园、凤凰水街等居民小区热用户提供用热保障。东南主干线（二期）项目于2020年9月26日开工建设，建设管道约15千米，管径为DN800/600，全线地埋敷设，设计供热能力为300吨/小时，概算总投资1.9亿元。项目供热主管道覆盖曲江街道、湾头镇、广陵新城、生态科技新城等供热盲区，保证恒大新能源等政府重大项目的用热需求。

（城建控股集团）

■“我的扬州”App项目 该项目概算总投资2677.9万元，2020年全面建成“一个城市公共服务门户”和“统一实名认证、统一支付、虚拟电子卡、统一积分管理、轻应用接入、市民互动、服务考核标准、统一市场化运营”八大基础体系，集成全市35个政府部门（单位）服务资源，与扬州大数据中心互联互通，展示云上扬州“7朵云”建设成果，提供政务、健康、交通、生态、平安、旅游六大类96项服务。

（城建控股集团）

市政设施

■地下管线管理 成立城市地下管线工作专班，从“化解存量、稳定现状、控制增量”入手，构建“市专治办—部门单位—管线单位”和“市级—县级—管线单位”两个条块结合的三级协调联动机制；落实网格员巡查制度，加大巡查频率，构建“巡查—督查”的联动共享机制。开展地下管线安全隐患排查专项行动，全年督促各管线单位累计巡查地下管线4.11万千米，派驻施工现场监护742次，督促各责任主体对排查出的3146处一般隐患、14处重大隐患及时进行整改。推进供排水综合安全监管信息系统建设，接入14座供水厂、39座污水厂、48座泵站监测数据，录入80条重点排水户、165座调蓄池、562个二次供水设施信息，校核3684千米市区供排水管网数据，打通企业—区县主管部门—市级主管部门之间的在线数据传输通道。（许 健 卞海波）

■城市照明管理 完成市区路灯LED提升改造工程，对市区1.06万盏老旧路灯灯具进行节能升级改造。完成邗江路、大学路、四望亭路照明设施改造工程，更换路灯431杆。全年维修功能性照明2.24万盏(次)，景观照明7396盏（次），处理单灯报修1613次，维修故障线路12.39千米，维修控制箱2246台（次）。巡查架空线路180.60千米，整理线路92千米，更换线路7745米，整改控制箱200台，粘贴变压器、控制箱二维码1121张，更换变压器11台，安装控制箱门禁系统605套。全年功能照明主干道月平均亮灯率不低于99.52%、次干道不低于99.62%，月平均设施完好率不低于99.04%；景观照明月平均亮灯率不低于99.17%，月平均设施完好率不低于99.01%。（杨姗姗 卞海波）

■城市供水 全年改造供水支管网222.3千米。亨达水厂、扬州湖西菱塘水厂（新建）、高邮一水厂（迁址重建）等水厂完成深度处理改造工作。对全市14个主供水厂出厂水质进行全分析监督检测4次，对市区水厂常规分析8次、管网末梢水分析12次；全年不定期检查2次，汛期特检2次。

（许 健 卞海波）

■排水管理 以瘦西湖水系控源截污工程为先导，对沿线小区开展全面溯源排查工作，完成鸿福家园、五台山医院等2个小区内部雨污分流改造工作，有序推进实施万科城、凤凰新村等22个小区内部雨污分流改造。将黑臭水体治理延伸至各县（市）建成区范围，全年完成宝应县东阳河、城市河等2个黑臭水体整治任务，全市黑臭水体整治完成比例100%。巩固黑臭水体整治成效和落实黑臭水体长效管理措施，委托第三方检测单位对全市完成整治的河道定期开展水质采样与监测工作，全年印发黑臭水体水质专报12份。配合国家、省级生态环境和住建等部门开展黑臭水体整治专项督查，完成全国人大重点督办问题尚桥冲黑臭水体的整治销号工作。完成市区71个已整治黑臭水体长治久清专业评估。（许 健 卞海波）

■供电 至年末，国网扬州供电公司有64个基层供电所，营业客户总数270.61万户。全市有35~500千伏变电所168座，变电总容量2637.61万千伏安；35千伏及以上输电线路417条、5499.67千米；10（20）千伏配变4.11万台，容量1509.22万千伏安，10（20）千伏配电线路1905条、22614.95千米。2020年，扬州市全社会用电量264.66亿千瓦时，比上年增长2.03%，其中工业用电量174.54亿千瓦时，增长1.51%。全市累计完成电网投资19.77亿元，最高用电负荷502.9万千瓦。全市城市、农村供电可靠率分别为99.99%和99.97%。全年累计报装申请8.67万户，申请容量386.42万千伏安；完成业扩报装9.31万户，新增容量302.88万千伏安。针对全市定点医院、医疗器材生产企业等102个重点保障单位，实施“一户一策”方案；完成扬州市仓颉山病区新建、江苏康久安医疗增容等抗疫保障和防疫物资生产企业用电项目，助力打赢疫情防控阻击战。

提升供电保障能力。编制完成扬州“十四五”电网规划和能源云网规划。开工220千伏高集输变电等26项工程，线路长度316.79千米、变电容量106.3万千伏安；投产220千伏周巷输变电等27项电网工程，线路长度345.71千米、变电容量78.6万千伏安。完成连淮扬镇高铁牵引站配套项目，年度投运666条配网自动化线路，城市供电可靠率99.98%。

推动城市绿色发展。深化能源供给侧清洁替代，全市清洁能源装机容量264.3万千瓦。完成电能替代项目175个，新增替代电量超20亿千瓦时。举办“全电厨王”争霸赛，发布全国首份《餐饮电气化推广应用报告》，推动建成餐饮电气化实训点2个、全电景区3个、沿街电气化商铺12个、全电食堂54个。建成投运电动汽车体验中心，拓展专用车充电市场，推进新建小区、综合体等场所充电设施建设，实现充电设施乡镇全覆盖。建成全省首个能源云网属地化平台，实现46家万吨标煤企业数据全接入，建成用能方案解决中心（能量空间）并对外运营，为园区、企业、居民提供定制化用能服务。

2020年扬州市电网规模一览表

表27-1

电压等级	变电站、配电变压器（座、台）	主变容量（万千伏安）	线路条数（条）	线路长度（千米）
500千伏	3/6	575	15	684.11
220千伏	33/55	954	127	1909.53
110千伏	105/212	1043.75	202	2232.48
35千伏	27/53	64.86	73	673.55
20千伏 10千伏	41140	1509.22	1905	22614.95

（孙 荣）

优化营商环境。助力企业复工复产，推广应用“复产电力大数据平台”，辅助政府部门精准施策。落实中央降低工商业电价5%政策，惠及27万电力客户，减少企业支出4.3亿元。推广“特快电力、阳光业扩”服务，在全省率先实现“刷脸办电”，实现线上电力工程行政审批，10千伏高压用户和400伏非居民用户平均接电时间分别比上年下降7.58和1.45个工作日。开设重大项目“绿色通道”，保障全市19个省级和356个市级重大项目用电需求。

保障改善社会民生。开展群租房和居民小区电线私拉乱接排查整治，检查疑似群租房762户，发现问题6条；检查小区1253个，梳理存在问题小区165个，发现隐患721条，逐一制定整改措施，并提交公安、城管等部门督促整改。强化投诉闭环管控，每万户投诉降低至0.45次，客户满意度持续提升。开展单电源小区专项排查治理，落实196个小区可靠性提升方案。开展“非智能表”轮换工作，实现智能表覆盖率100%。实施乡村电气化提升工程，围绕乡村智慧台区、农业电气化大棚、乡村绿色出行等重点领域，累计推广电气化项目464个，50万名农民受惠。实施光伏扶贫，农村累计光伏并网1.6万余户，户年均增收5000元。（孙 荣）

■燃气供应与管理 2020年，市区（不含江都区）新建天然气中压管线76.64千米、低压管线116.98千米、调压设施92台，新增天然气居民用户4.15万户、商业用户284户、工业用户11户、天然气汽车57辆。至年末，累计有天然气高压管线52.14千米、中压管线612.76

千米、低压管线2164.98千米、调压设施961座（台），天然气居民用户46.71万户、商业用户2250户、工业用户111户、天然气出租车3273辆、公交车486辆、其他社会车辆2883辆。全年市区（不含江都区）供应天然气1.81亿立方米。全年新增天然气管道通气乡镇6个，分别为邗江区方巷镇、杨寿镇，广陵区李典镇、头桥镇、沙头镇和宝应县西安丰镇，在全市67个乡镇中，通天然气乡镇累计56个，通达率83.6%。

市区（不含江都区）管道天然气居民销售价格维持不变，继续实行阶梯气价。公福用气销售价格2.82元/立方米；工商用户用气销售价格季节性波动，非采暖季3.17元/立方米，采暖季根据上游气价和外购气源价格浮动顺价，最高5.54元/立方米；瓶装液化石油气15KG最高售价98元/瓶，最低售价90元/瓶。冬季城市天然气供应形势平稳，市政府批准发布《扬州市2020—2021冬季城市天然气保障供应应急预案》，全市未出现天然气限供、停供现象，LNG储存能力达3000立方米（水容积）。

2020年，启动扬州城镇燃气发展规划（2021—2035）编制，对城市天然气第二气源、管网互联互通、乡镇天然气发展、瓶装液化气供应规划布局。委托第三方评估机构开展管道燃气特许经营中期评估，对管道燃气工程建设、安全与应急机制、生产运营、服务管理、特许经营履行等进行全面评估。全市城镇燃气行业开展为期一年安全生产专项整治，开展燃气场站排查行动4轮、902场次，整改一般隐患问题1265条、重大隐患9条，全年未发生一起燃气生产安全责任事故。全市完成地下老旧燃气管线改造约62千米，完成3项重大安全风险隐患闭环销号。制定地下燃气管线第三方施工破坏防控机制，立案查处建设工程违规施工破坏燃气管道11起，罚款金额39.5万元。规范瓶装液化石油气经营行为，自5月起全面推行瓶装液化石油气实名购气制度。市区（不含江都区）率先启动瓶装液化气统一配送体系建设，5家液化气企业共同注资成立扬州信达能源有限公司，负责市区（不含江都区）瓶装液化气统一配送。开展瓶装液化气市场执法行动，全市行动27场次，取缔非法代充点34处，扣押（清除）液化气钢瓶369只，罚款金额2.1万元。市瓶装液化气安全监管信息系统建成投用，包含10个燃气主管部门系统和31家瓶装液化气企业系统。全市燃气行业组织开展安全宣讲、事故警示教育、安全培训、应急演练等“六个一”活动555场次，组织开展用气安全宣传进餐饮场所、进乡镇、进社区、进农村、进家庭等活动，多种方式开展新修改《江苏省燃气管理条例》宣传。（余　伟）

城市管理

■概况 2020年，全市城市管理突出“精管善治”主题，统筹推进疫情防控、城市管理、安全生产、风险防控等工作，完善城市功能，推动城市环境更加美化、城市治理更加科学。全年办理各类行政许可事项106件，店招告知服务478件，办件按时办结率、承诺件提前办结率、“不见面审批”率、EMS寄送率均为100%。完成智慧城管公共服务、感知分析、执法、综合运行体征、数据共享等5个系统及全移动办公终端、微信公众平台、综合数据库、系统视频监控整合建设。全年“12319”城管热线平台受理公众举报案件9923件、应结案9417件、结案8765件，结案率93.08%。全年办结一般程序案件2898起、简易程序案件8569起，完成市区及世博园周边地区违法建设整治任务268起，拆除违法建设建筑面积3.85万平方米。推进建成区违法建设五年治理专项行动，全年市区按计划查处并拆除存量违建1.15万平方米、新增违建17.13万平方米，五年累计完成存量违建查处任务63.13万平方米、新增违法建设面积53.66万平方米。5月26日，市委、市政府召开全市城乡生活垃圾分类和治理工作动员推进会。12月23—24日，省住建厅在扬州召开全省生活垃圾分类工作现场会。（陈　燕　臧益军）

■城市管理领域疫情防控 制发《关于印发〈扬州市居家隔离人员生活垃圾收集处理暂行规定〉的通知》《关于进一步加强农贸市场环境卫生管理工作的紧急通知》等指导性文件15个，推动全市城管环卫系统稳妥应对疫情。强化环卫保洁，加大垃圾收集设施、中转站、废弃口罩回收桶、公共厕所和主次干道公交站台等公共设施消毒力度。接受社会各界捐赠防疫物资，其中口罩4.99万只、手套1.48万副、消毒液3.68吨，设置废弃口罩专用收集桶2062个。督促、指导各地按照“五专”（配发专袋、设置专桶、专人收集、专车运输、专门处理）要求单独收集处理隔离区生活垃圾。加强农贸市场环境卫生管理，强化对占道经营、流动活禽宰杀等问题的巡查处置。加强农村地区生活垃圾清运、废弃口罩收处、环卫设施设备消毒等。（陈　燕　臧益军）

■市容秩序整治 市、区两级城管联动，建立“马路办公”协同管理机制，确保路面问题及时发现、快速处置、高效解决。清理城市“六乱”（乱贴、乱画、乱堆、乱放、乱拉、乱挂），美化城市家具箱体1047个，整治提升市区户外广告和店招标牌2693处，整改各类问题1.86万余项，整改率99%。发动沿街商家、单位开展责任区环境整治，落实“两扫两保”（每天两次满扫、两次保洁）适时洒水、主要街道16小时保洁制度。针对老城区、街巷、城郊接合部等问题集中点位，落实全天候动态巡查保洁。（陈　燕　臧益军）

■户外广告、店招标牌专项整治 整治未经审批设置、未按要求设置、不符合广告设置规划、陈旧破损和存在安全隐患的广告店招，拆除楼顶广告店招、一店多招、竖式店招，推进市区广告店招标牌品质提升。对万福路、运河西路、百祥路等8条重点路段和扬马沿线在内的户外广告和店招标牌进行整治提升，排查各类广告设施512处、各类店招标牌1.3万余处、各类高层建筑1298栋，发现并整改安全隐患260处。

（陈　燕　臧益军）

■**《扬州市城市户外广告设施专项规划》实施** 公布实施《扬州市城市户外广告设施专项规划》。规划从“十三五”及今后城市户外广告设施建设与管理的发展需求出发，根据城市不同区域特征、用地性质、综合交通等因素，对城市特色空间、道路交通边界、城市重要节点等区域提出四类分区（开放设置区、一般控制设置区、严格控制设置区和禁止设置区）、四类道路（集中展示路段、适量设置路段、控制设置路段、禁止设置路段）、五大节点（特色景观、城市门户、传统特色商业、新型特色商业、特色建筑）的分类控制与引导措施。（陈　燕　臧益军）

■**厕所革命** 全市新建公厕4座，改建公厕34座。市区228座环卫直管公厕24小时免费开放，达到“四净两无两通一明”（地面净、墙壁净、厕位净、周边净，无溢流、无臭味，水通、电通，灯明）要求。推进“厕所开放联盟”，开放市区沿街单位内部公厕50座。

（陈　燕　臧益军）

■**生活垃圾分类** 制定《扬州市城乡生活垃圾和治理攻坚战新三年行动计划（2020—2022年）》、扬州市地方标准《城乡生活垃圾分类管理规范》，为全市垃圾分类工作开展提供行动路径和操作指南。从市级部门和城管、环卫系统抽调30人组建市分类办，开展实体化办公，实行“周例会、月督查、月通报”制度。全年全市建成区生活垃圾分类投放设施覆盖率85%，公共区域新增分类投放设施683个；新增垃圾分类小区124个、垃圾分类单位172个；建成农村生活垃圾分类试点镇（街道）16个（其中省级试点镇2个）。

（陈　燕　臧益军）

■**环卫项目建设** 市区生活垃圾焚烧发电厂三期项目建成，江都区生活垃圾焚烧发电厂投入运行，日新增垃圾处理量1500吨，年新增发电量2.15亿千瓦时，全市生活垃圾实现全量焚烧。建成赵庄垃圾卫生填埋场二期，新增库容200万立方米。改建垃圾中转站5座。（陈　燕　臧益军）

■**数字城管信息采集** 在市区160平方千米数字城管信息采集全覆盖基础上，加强市区21条路段及5个重点区域的信息采集力量，打造数字城管信息采集示范区。全年采集和受理各类案件16.92万件，其中采集员自行处置近8万件。信息采集员全年巡查约110万千米，立案率99.78%，结案率99.14%。

（陈　燕　臧益军）

■**渣土车专项整治** 推进市渣土办实体化运作，每天划片开展执法巡查，每周联合公安、住建、交通等部门开展不少于1次的夜间督查，不定期开展多部门联合突击整治行动20余次。全年巡查发现、整改各类涉建筑垃圾问题61起，下达扬州市建筑垃圾管理工作督办单16份，联合交警部门对126辆违法违规的建筑垃圾运输车辆依法进行处罚。打击渣土车违法违规行为，巡查发现、移送交办各类问题174起，下发责令整改通知书12起，立案查处6起，处置渣土车各类违法行为898起，扣车116辆次，记分448人，降证7人，将纳入“黑名单”的驾驶员清退出扬州市渣土运输行业。

（陈　燕　臧益军）

■**建筑垃圾全过程闭合监管** 全年收取建筑垃圾处置费256万余元；巡查发现、移交、整改各类涉建筑垃圾问题320起，办结一般程序行政处罚案件8起，罚款5万元；巡查发现案件240起，录入污染防治监管平台。完善扬州市建筑垃圾综合管理信息平台，录入工地324个，消纳场5个，运输企业35个，运输车辆632辆，对渣土处置的企业、工地、车辆等进行全方位、全时段监控。

（陈　燕　臧益军）

■**环境问题整治** 市城管局联合市长江办、市生态环境局，委托第三方调查扬州市赵庄垃圾填埋场渗滤液影响环境问题，科学制定整改方案，按照抢险工程实施整改，4月23日通过省级验收、销号。现场督办整改“京杭大运河扬州大桥南侧露天堆放大量垃圾”问题，按时通过省级验收。推进非正规垃圾堆放点整治，全市48处非正规垃圾（生活、建筑垃圾）堆放点完成整改、销号。

（陈　燕　臧益军）

乡村建设

Xiangcun Jianshe

编　辑　徐国磊

综述

■概况　2020年，全市农村居民人均可支配收入2.48万元，比上年增长6.3%。全面完成脱贫攻坚任务，全市3.06万户建档立卡低收入农户人均年收入7000元以上，65个沿河、沿江市级经济薄弱村分别实现年集体经营性收入45万元、55万元。持续推进美丽田园乡村建设“三大行动”，全市累计建设美丽宜居村庄450个、省级绿美村庄131个、省级特色田园乡村24个。实施“千企联千村共走振兴路”行动，联建项目811个，计划总投资39.4亿元。推进农村集体产权改革，率先完成农村产权线上交易县级全覆盖，全市农村产权开展交易1.53万笔、21.12亿元，溢价9932万元，溢价率4.9%。推进适度规模经营，种植面积13.23万公顷，占家庭承包耕地总面积61%。提升新型农业经营主体发展质态，242个合作社、641个家庭农场分别被列入省级和市级名录。持续推进农村集体资产股份合作制改革，18.8%的村实现股份分红。（杨熙元　邵在胜）

■乡村治理重点领域扫黑除恶　成立全市乡村治理领域专项整治工作组，按照“有黑扫黑，有恶除恶，有乱治乱”的要求，加强乡村治理重点领域排查整治，建立健全工作机制。向农民群众发放扫黑除恶专项斗争宣传海报2万余份，利用短信、公众号、网站等媒体宣传2.4万余次，发放宣传手册600余份。对涉黑涉恶和农村“三资”管理、农资农产品市场秩序、渔政监督管理等行业出现的乱象问题进行“行业清源”，排查扫黑除恶线索1000余人次，发现疑似线索34条。出台《关于健全全市农业农村系统扫黑除恶工作长效机制》，建立完善内部协同、外部协作机制，加强对问题线索规范化、制度化管理，加强与省、市扫黑办及相关部门的沟通配合，形成乡村治理重点领域扫黑除恶专项斗争合力。（胡荣利　于　萍）

农村经济

■富民增收　2020年，全市农民人均可支配收入2.48万元，城乡收入差距从上年的1.95:1降至1.90:1，增幅6.3%。持续加强农民负担监管，88.6万份农民负担监督卡填写并发放到户。实施一事一议财政奖补项目村375个，惠及村民108万人，投入资金1.18亿元。

（沈　翔　李名春）

■农民合作社建设　申报国家级农民合作社示范社6家，新增数位居全省第一，合作社年报公示率93.6%。高邮市兴旺禽业产销专业合作社在央视农业农村频道《致富经》栏目播出。加强金融服务，针对《苏政“50条”》中第17条，细化要件并在“省政府服务事项管理系统”中上线，对接农业银行、邮储银行、江苏银行及中国银行，为合作社提供优先贷款业务。

（沈　翔　蔡琳娜）

■家庭农场建设　统一印制“三簿”5000份，提供给家庭农场记录生产、经营、培训等情况。联合江苏里下河地区农科所，举办家庭农场主线上技术培训会，采用“互联网+培训”方式，全程超5000人观看直播、与专家互动。深化惠农合作，与邮储公司、邮储银行签订促进家庭农场农民合作社和农业社会化服务高质量发展战略合作协议，推进家庭农场贷款落地见效。全年对1031户家庭农场和农民合作社发放1570笔、4.7亿元贷款资金。（沈　翔　蔡琳娜）

■宅基地管理调研　开展宅基地有关情况前期调研，收集全国各地好的案例和做法，整理成《农村宅基地法规文件汇编》《农村宅基地制度改革试点资料汇编》《农村宅基地管理法律政策问答》共30万字印发给各乡镇。妥善处置宅基地来信来访，接待来访群众15批次，来电咨询53起。（沈　翔　王芳君）

■农村集体“三资”管理　全面推广农村集体财务与“三资”管理信息系统，实现“三资”系统与“e阳光”手机App融合，“e阳光”手机App录入基础数据近86.5万户，点击量120万余次，发布信息14.5万余条。推动“村务卡”有效使用，实现村级资金非现金结算。对“三资”系统进行二期开发，确保村组“三资”全部纳入监管；新增多项平台预警项目，便于监管人员对“三资”管理系统中出现的异常情况及时处理。开展村级债务化解，至年底，无债村达410个，占行政村总数37.9%。联合市纪委监委、市财政局、市国资委开展个人拖欠公款（集体资金）清理整顿。全面落实主办会计异村交流任职，市财政投入440万元，对开展主办会计异村交流任职工作的乡镇进行奖补。

（刘乃祥　郭　静）

■农村集体产权制度改革　完成农村集体产权制度改革，量化资产26.68亿元，确认成员315.49万人，发放农村集体经济组织登记证书1084本。通过省农村集体经济组织管理系统登记成员315.58万人，发放股权证书89.5万份。农村集体股份合作制改革进度位列全省第一，农村产权制度改革综合排名位居全省前列。（刘乃祥　郭　静）

■农村产权流转交易　修订出台《扬州市农村产权交易管理办法》，对农村产权交易市场的功能定位、农村产权交易程序、争议处理等进行规范，明确农村集体产权必须进场交易。推行线上交易，率先在全省实现农村产权线上交易县级全覆盖；举办6场农村产权线上交易业务培训班，培训从业人员310余人次。2020年，全市农村产权完成交易1.53万笔、21.12亿元，溢价9932万元，溢价率4.9%。其中，线上交易1515笔、4.31亿元，线上交易量位列全省第三、交易额位列全省第五。（刘乃祥　倪先元）

■土地承包管理　推进农村集体土地“三权分置”，落实集体所有权，稳定农户承包权，放活土地经营权。组织农户承包土地经营权进场交易4127笔、涉及金额12.66亿元，流转面积2.2万公顷。推进农业适度规模经营，累计适度规模经营面积13.23万公顷，占家庭承包耕地总面积的61%。接待涉地农民上访50多批次，有效化解土地承包管理方面矛盾。（刘乃祥　倪先元）

■“千企联千村共走振兴路”行动　7月7日，召开全市“万企联万村共走振兴路”动员部署会，成立以市委、市政府分管领导为总召集人的联席会议制度。市委农办等8个部门联合下发全市“千企联千村共走振兴路”行动方案，全面开展村企联建活动，全市召开县级以上部署推进会33次、村企对接会20次。其中，7月24日，在江都召开全市“千企联千村共走振兴路”现场推进会暨村企联建集中签约活动；9月4日，在仪征召开全市国资系统“千企联千村共走振兴路”行动现场推进会；9月17日，召开省青商企业助力扬州“千企联千村”行动推进会；9月29日，召开市民营企业“千企联千村共走振兴路”行动现场推进会。全市录入省“万企联万村共走振兴路”平台的100万元以上村企联建项目有691个，完成投资11.97亿元；参与合作联建的村709个，占省定参与联建村总数的67.7%。（刘乃祥　汪　逆）

■农村扶贫开发　2020年，全市3.06万户建档立卡低收入农户全部脱贫，65个市级经济薄弱村全部摘帽，完成“十三五”脱贫攻坚工作任务，通过省级验收。化解新冠肺炎疫情对脱贫攻坚工作的影响，帮助602名困难家庭子女化解线上学习难题，促进1.4万名低收入农户劳动力就业。联合市纪委监委开展全市脱贫攻坚专题督查，深入6个县（市、区）、16个乡镇、17个行政村，走访乡镇卫生院16个、学校19所、低收入农户近150户。建立完善防止返贫机制，摸排脱贫不稳定户和边缘户1032户，强化监测管理，全部落实帮扶措施并消除返贫、致贫风险。安排市财政奖补资金1700万元，扶持市、县两级脱贫经济薄弱村建设标准化厂房、三产用房等增收项目28个。指导仪征市开展解决相对贫困省级试点工作，探索经验。选树脱贫攻坚先进典型，2人被表彰为全国脱贫攻坚先进个人，3名对象获2020年度全省脱贫攻坚奖表彰。

（印　笋）

村镇建设

■概况　全年完成村镇建设投资87.1亿元。其中，住宅建设投资26.64亿元，公共建筑建设投资7.21亿元，生产性建筑建设投资16.5亿元，基础设施建设投资36.75亿元。全年竣工住宅建筑面积141.46万平方米，公共建筑面积36.61万平方米，生产性建筑面积125.65万平方米。全年新增村镇供水管道163.91千米，年供水总量13660.76万立方米；新增村镇道路长度199.19千米，道路面积234.34万平方米。新增排水管道135.45千米。全市小城镇绿化覆盖面积累计5454.66公顷，公园绿地面积累计692.99公顷。建成乡镇污水处理厂5个、增加污水处理能力0.6万吨/日，同步建设污水处理设施配套管网187.9千米。推进气化乡镇建设，全市67个乡镇通达率达到90%。（宋　芸　卞海波）

■镇村布局规划　组织县（市、区）完成镇村布局规划优化完善工作，乡镇镇村布局规划优化完善率100%。综合考虑村庄发展潜力、公共服务辐射半径、农业生产半径、地形地貌以及镇村意见，形成总体布局方案，至年末，高邮市、宝应县、仪征市、江都区、邗江区、广陵区的镇村布局规划成果均获辖区政府批复。27个行政村开展“多规合一”村庄规划的试点编制工作。

（杨自然　朱叶俊）

■城镇建设　组织各地科学规划、因地制宜开展被撤并乡镇集镇区整治，获省专项资金3520万元。2020年启动宝应县、邗江区、广陵区、经济技术开发区22个，至年末，全面完成77个被撤并乡镇集镇区整治任务，集镇区环境面貌和基本服务功能得到完善。全市组织申报省级重点及特色镇发展项目2个，指导入选乡镇推进项目建设，改善人居环境、提升城镇功能。

（宋　芸　卞海波）

■特色田园乡村建设 制定《扬州市特色田园乡村创建工作方案》，围绕“生态优、村庄美、产业特、农民富、集体强、乡风好”目标，坚持理念创新、方法创新、保障创新，统筹推进全市特色田园乡村建设。全年19个村庄获“江苏省特色田园乡村”称号，全市累计建成特色田园乡村24个，扬州市因特色田园乡村建设成效显著获省政府办公厅督查激励。（宋　芸　卞海波）

■美丽宜居乡村建设 聚焦农村生活垃圾和污水处理、河道（河塘）整治、村庄基础设施和公共服务设施建设等重点领域，推进美丽宜居村庄建设。全市累计建成特色田园乡村、省级美丽乡村、三星级康居乡村等各种类型的美丽宜居村庄450个，形成串点、连线、成片的美丽乡村建设新格局。（宋　芸　卞海波）

■农村实事工程 组织各地开展脱贫攻坚农村危房改造“回头看”排查，累计排查3.63万户并完成问题整改。组织各地对新增农村四类重点对象住房安全情况进行动态排查，排查出危房80户、易返贫监测户危房2户并改造到位。（宋　芸　卞海波）

■传统村落和建筑组群保护 按照“保护优先、兼顾发展、合理利用、活态传承”的原则，结合美丽宜居村庄和特色田园乡村建设，开展传统村落调查申报和保护工作。全年申报传统村落65个、传统建筑组群30个，43个村庄获“江苏省传统村落”称号。全年向全市命名和公示的省级传统村落保护投入约1.17亿元，11个村庄达到省级特色田园乡村标准。（宋　芸　卞海波）

农村环境

■概况 2020年，全市动员干部群众273.9万人次，清理农村垃圾42.44万立方米，疏浚河塘沟渠、排水沟5.03万处、农村河道614.3万立方米。全域开展农村生活垃圾分类试点乡镇（街道）56个，农村生活垃圾集中收运处理率100%；建立废旧农膜回收点103个、回收加工企业3个，设置农药包装废弃物回收点131个。规模养殖场粪污设施装备配套率100%，畜禽养殖场治理率99.12%。完成村庄生活污水治理项目844个，165个行政村生活污水纳入城镇污水管网，行政村生活污水治理设施覆盖率93%。新改造农村无害化卫生户厕6864座，普及率98.66%；新改建农村公共厕所470座（含乡村旅游厕所20座），建有公厕的行政村比例占94.3%，镇村公共厕所水冲式改造率100%。新改建农村公路331千米，全市行政村双车道四级路覆盖率、镇村公交开通率、公共文化服务设施覆盖率均为100%。新建省级生态文明建设示范乡镇46个、示范村34个，省级卫生镇31个、卫生村187个，省级健康镇14个、健康村110个，省级绿美村庄131个。有效保护省级传统村落和传统建筑组群56个。建设市级美丽宜居乡村450个、特色田园乡村24个，完成77个被撤并乡镇集镇区环境整治。打造美丽宜居村庄和一般村庄长效管护示范村各80个，全市全部行政村将环境整治纳入村规民约，1140个村居建立长效管护机制，村庄环境管护人员1.15万人，长效管护投入近3亿元。高邮市被省政府表彰为“开展农村人居环境整治成效明显的地方”。（张永林　徐　剑　薛　飞）

■秸秆离田收储利用 合理布局秸秆离田利用产业和收储体系，推进秸秆生物质发电、秸秆成型燃料、秸秆打捆直燃等，优化农村能源结构，全面提升农作物秸秆综合利用质量和效益。全年全市秸秆离田综合利用13.44万吨，对秸秆收储利用市场主体实施按量奖补，共计发放奖补资金624.7万元。（郑　伟　徐　敏）

■农村能源安全监管 开展全市农村能源领域安全生产排查行动，做好规模沼气工程、户用沼气及秸秆收储利用企业的隐患排查整改工作。全年全市累计开展排查行动96次，实地调查生产主体407个，查找安全隐患206处，整改落实到位206处。推进沼气设施安全处置规范，做好事前、事中、事后安全处置留痕管理，全年报废规模沼气工程5座。（郑　伟　徐　敏）

■长江禁捕退捕工作 贯彻落实长江流域重点水域禁捕退捕工作部署，围绕“四清四无”目标，突出“防、管、扶、宣”四措并举，构建“人防+技防+法治”的“两防一治”模式，推进全市长江禁捕退捕工作。全市累计投入13亿元，提前完成全市2031艘渔船、3974名渔民的刚性退捕任务。（徐马林　饶　炜）

渔民上岸前交网交船　　程　曦/摄

环境资源管理

Huanjing Ziyuan Guanli

编 辑 陈永华

综述

■**概况** 2020年，扬州市以打造美丽中国的扬州样板为目标，打好污染防治攻坚战，推进污染防治、执法监管、生态保护与修复，改善生态环境质量，提升生态环境功能。市区$PM_{2.5}$浓度为36微克/立方米，比上年下降16.3%，降幅列全省第二位；空气质量优良率80.1%，上升10.5个百分点，升幅列全省第五位。全市32个省考以上断面水质优Ⅲ比例为84.4%，上升12.5个百分点，无劣Ⅴ类水体。生态环境质量高水平完成2020年和“十三五”目标任务。（樊盛健）

■**长江大保护** 推进长江保护修复。完成887个长江入河排污口排查溯源。全市2020年及以前国家、省《警示片》披露问题和列入省级台账问题，以及涉长江经济带自然保护地突出环境问题全部完成整改销号。当年减少化工企业88家。完成长江岸线违法违规项目清理整治任务，长江生态岸线占比提升至56.9%。建成京杭大运河绿色航运示范区等8个特色亮点示范项目。推进江淮生态大走廊建设。完成52个大走廊项目建设，完成投资46.5亿元。高宝邵伯湖围网养殖面积削减至0.48万公顷。京杭大运河沿线153个砂石码头、船厂完成整治。推进“一横一纵”即长江生态景观廊道和江淮生态大走廊林业建设，大走廊区域林木覆盖率24%，自然湿地保护率60.7%。（杨叙霞）

■**生态保护修复** 加大对高邮湖、宝应湖、邵伯湖、白马湖、长江滩地等湿地的修复力度，全市修复湿地315.67公顷。结合自然保护地优化调整，对全市自然湿地保护面积进行重新调查核实，全市2020年自然湿地保护率60.7%，位居全省第五位。推进长江沿线露天废弃矿山修复与沿江造船厂、化工厂、码头用地腾退后的生态修复。完成涉及扬州市的4个长江主流岸线利用重点整治项目、2个低效产业用地重点整治项目和2个生态修复与环境提升重点整治项目。推进广陵区“两山”实践创新基地建设。建成1个“绿岛”项目、4个生态安全缓冲区项目。完成各县（市、区）生态文明建设示范创建规划修编。12个乡镇(街道)、15个村（社区）获“第三批江苏省生态文明建设示范镇、村”命名。（孙 江）

■**公园建设管理** 研究出台《扬州市公园管理考核办法》，组织专家对69个公园进行现场考核，对考核情况进行通报，并要求在规定时间内整改到位。引入社会力量，组建“城市公园‘啄木鸟’”和“城市公园‘青年卫士’”队伍，成立“公园管家实训基地”，完成2020年公园管家续聘，通过专业部门与社会力量联合推进公园管理。完成30个公园的增绿补绿提升景区效果，完成23个公园的配套设施增补，完成17个公园的林荫路建设。疫情期间，关闭公园169个。其中封闭式景区（公园）42个，关闭半开敞和开敞式公园内部封闭场所、场馆127个。全市日均投入约1200人次，日消毒公园223个，开展体温测量和游客劝离工作，开展公园设施等专业化清洗消毒。累计布置戕牌175块、横幅268条、电子屏19块，发放宣传单约6000张，标语提示125处，配备口罩回收箱187个。

（陈 军 卞海波）

土地资源管理

■**概况** 2020年，扬州市完成资源环境承载能力和国土空间开发适宜性评价（“双评价”）、现行土地利用总体规划和城市总体规划实施及风险评估（“双评估”）及“三线统筹划定”等17个专题研究；完成自然保护地整合优化初步成果，划定落实生态保护红线、永久基本农田、城镇开发边界等三条控制线。制定《扬州市优化园区空间布局实施细则》《扬州市开发园区存量土地资源盘活实施细则》，推行“合同+协议”监管模式，推广“两提高一缩短”工业用地模式，对全市1万多个企业进行现状调查和效益评价。运用调查评价结果，通过收购储备、有偿流转、协议置换等方式，盘活1266.67公顷存量土地，处置664.67公顷批而未用土地、733.33公顷低效用地。市区2019年度土地节约集约评价综合得分位列全省第三位。荷花池水下停车场获评全省节地模式（技术）先进典型案例，仪征市工业企业亩均产出综合评价大数据系统获全国区县级十大优秀创新案例。仪征市获评全省国土资源节约集约模范县（市、区），邗江区获资金奖励。

（扬自然　朱叶俊）

■严守耕地红线　全市完成510个耕地占补平衡补充耕地项目，新增耕地1132.66公顷。完成城乡建设用地增减挂钩复垦项目1040个，新增农用地823.49公顷，新增耕地810.97公顷。邗江区杨寿镇等4个镇受到省级耕地保护激励。宝应县等3个县（市、区），宝应县安宜镇等15个乡镇，宝应县山阳镇杨河村等30个村因耕地保护工作被表彰为2019年度市级耕地保护激励单位。

（扬自然　朱叶俊）

■地质矿产资源管理　2020年，全市共有矿山企业27家，自然资源部发证的江苏石油1家，省自然资源厅发证的地热、矿泉水企业12家，县级发证的砖瓦企业14家。境内年开采原油约50万吨、占江苏油田年开采总量的近50%，年开采地热水37.47万吨，年开采砖瓦用黏土约62.5万吨。推进扬州城市地质调查，野外调查成果通过省自然资源厅组织的专家评审并获评优秀等级。组织实施“高邮湖地区山水田林湖综合地质调查评价”“江都区镇村级规划生态地质环境综合调查”等省级自然资源保护利用专项资金项目。“扬州市江都区邵伯镇土地质量地质调查评价与资源环境综合监测”获批2020年度省级矿地融合试点项目，争取省财政补助资金613万元。组织开展“十四五”全市矿产资源规划编制。（扬自然　朱叶俊）

■国土空间生态修复　落实长江“共抓大保护”战略，编制《扬州市长江岸线国土空间整治修复规划（2019—2025年）》。宝应县小官庄镇、江都区邵伯镇获自然资源部批准列入国家全域土地综合试点。完成7个市以上投资土地整理项目，新增耕地79.45公顷。完成仪征长江沿线废弃露天矿山生态修复项目。（扬自然　朱叶俊）

■第三次国土调查　推进第三次国土调查统一时点更新，印发《扬州市第三次国土调查保密工作检查方案》《扬州市第三次国土调查统一时点更新成果市级检查工作方案》，11月全市统一时点更新调查成果通过国家级内业核查和数据库质量检查；完成全市第三次国土调查市级数据库管理系统建设，加强“三调”数据成果统计汇总分析，完善各类成果资料。（扬自然　朱叶俊）

■测绘地理信息管理　编制《扬州市基础测绘“十四五”规划》；获取6个批次全市域卫星遥感影像数据并应用于北沿江高铁线路研究、土地出让比价、“一张蓝图”等项目；参与新冠疫情防控，组织开展应急测绘保障，为苏北人民医院新区分院扩建工程提供应急测绘服务。

（扬自然　朱叶俊）

■土地计划指标和征收　全年争取新增建设用地计划883.14公顷，使用流量计划82.66公顷；获批土地征收1096.4公顷（农用地925.75公顷）。其中：高邮市占比25.97%，宝应县占比19.41%，仪征市占比16.08%，广陵区占比14.28%，邗江区占比10.44%，江都区占比7.85%，蜀冈－瘦西湖风景名胜区占比2.37%，生态科技新城占比2.13%，扬州经济技术开发区占比1.47%。承接省部分用地审批权审批委托，制定《扬州市土地征收审查报批工作细则（试行）》，建立建设用地会审制度，当年市级审批34个批次406.47公顷，新增建设用地423.8公顷。（扬自然　朱叶俊）

■土地供应　2020年，全市供应土地1985.79公顷，增长7.86%。其中，商服用地162.27公顷，住宅用地569.91公顷，工矿仓储用地555.68公顷，公共管理及公共服务用地220.74公顷，交通运输用地272.12公顷，水利设施用地及其他用地205.07公顷。

（扬自然　朱叶俊）

■土地出让　制定《关于土地出让地块规划设计条件下达前需完善相关前置手续》，出台《下达地块设计条件阶段对控规优化微调范围及流程的操作办法》。落实养老养小等民生建设要求，在多处

2020年各县(市、区)、功能区土地供应情况一览表

表29-1　　单位：公顷

县（市、区）	供地量	其　中	
		出让	划拨
总　计	**1985.79**	**1362.11**	**623.68**
广陵区	217.05	171.46	45.59
邗江区	277.56	183.88	93.67
江都区	316.91	247.72	69.19
扬州经济技术开发区	124.06	103.53	20.54
生态科技新城	105.40	66.70	38.70
蜀冈－瘦西湖风景名胜区	34.61	24.10	10.51
宝应县	198.64	147.25	51.39
仪征市（含化工园区）	362.70	291.25	71.45
高邮市	348.85	126.21	222.64

（扬自然　朱叶俊）

图 29-1　　2020 年扬州市土地供应分类结构示意图

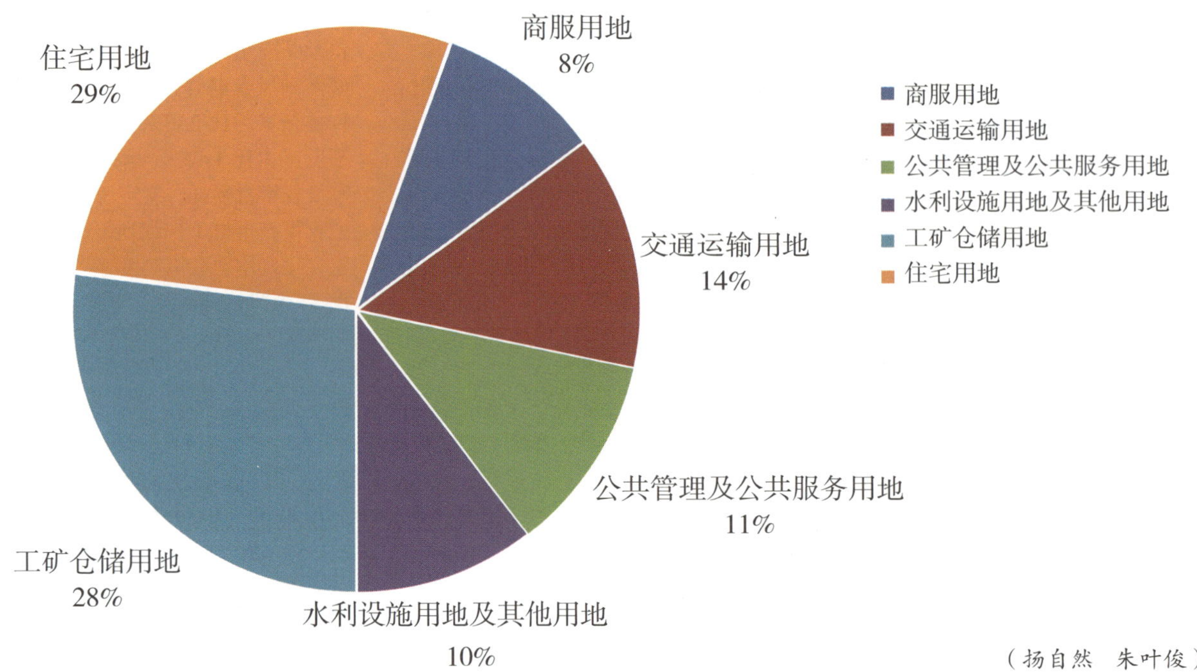

（扬自然　朱叶俊）

新建住宅小区设计条件中要求配建养老用房和一定比例的适老住宅。2020 年，全市出让土地 1362.1 公顷、合同出让金 574.82 亿元，分别增长 12.76%、65.69%。其中：招拍挂出让土地 1355.46 公顷、增长 12.82%，合同出让金 574.5 亿元、增长 65.89%。市区（不含江都区）出让土地 549.67 公顷、增长 25.61%，合同出让金 352.34 亿元、增长 75.56%。（扬自然　朱叶俊）

■土地储备 市土地储备中心新增储备土地 6 宗、82.53 公顷，保持储备库存动态平衡。（扬自然　朱叶俊）

■集体经营性建设用地入市 推荐高邮市、邗江区为集体经营性建设用地入市试点地区，指导两地制定出台实施方案及相关配套政策。高邮市挂牌出让 10 宗、34.47 公顷。

（扬自然　朱叶俊）

■土地依法管理 出台《扬州市自然资源和规划局行政复议和行政应诉工作规程》，推进工程建设项目审批制度改革，全面推进“多审合一、多证合一、多测合一”，建成“多规合一”业务协同平台和空间规划“一张图”系统，“不见面”审批事项率达到 100%，报件材料压减 60%。2020 年，全市组织土地执法巡查 3851 次；立案查处各类土地违法案件 39 件；开展违建别墅整治行动，17 个项目通过上级审核、完成销号；完成农村乱占耕地建房整治专项行动，涉及住宅、产业、公共服务等三大类摸排任务。

（扬自然　朱叶俊）

工作人员正在开展城市地质调查　　扬自然/供稿

水资源管理

■概况 2020年，市水利局印发《2020年度扬州市实行最严格水资源管理制度考核实施方案》，实施水资源消耗总量和强度双控行动。开展全市水资源管理和节约用水“四不两直”监督检查，对检查发现的问题以“一地一单”的形式反馈各县（市、区），并跟踪落实整改。完成取水工程（设施）核查登记整改提升的各项任务，对照流域委、省水利厅等“四不两直”监督检查、领导干部自然资源离任审计、群众举报和舆论反映存在的“两违三超”问题，分类制定整改提升方案，开展专项整治行动。严格取水许可与水资源论证制度，开展规划水资源论证，完成《江苏省高邮经济开发区规划水资源论证报告书》。强化取水许可事中事后监管，严把取水许可审批、验收等关键环节，梳理取水许可有关问题，强化取水项目审批整改提升工作。推广取水许可电子证照，通过与市政务部门对接，完成市、县配套电子印章制作，发放取水许可电子证照，实现跨地区、跨部门共享互任，提高行政服务效能。推进集中取水、集中保护，宝应县、高邮市调整县级以上水源地，实施取水口搬迁工程。1月15日，高邮市里运河清水潭、高邮湖马棚湾应急备用水源地通过省水利厅、省生态环境厅、省住房和城乡建设厅联合组织的达标建设验收。推进宝应县里运河氾水和宝应湖备用水源地达标建设，里运河氾水水源地一级保护区内与供水无关的民房、加油站、企业等建筑物拆除150个，占总量的95%，生态修复、清杂等同步进行；二级保护区内居民生活污水收集与处理项目，完成主管道铺设，正在实施处理设施填埋，占总进度的85%；3家砂石码头，全部完成资产评估，组织拆迁。宝应湖应急水源地取水管道施工单位已进场，主管道7个标段与泵房1个标段同步实施建设。强化水源地长效管护，完成年度集中式饮用水源地长效评估，配合市发改委修订《扬州市饮用水水源地安全保障规划（2021—2025年）》，切实提高供水安全保障能力。配合省水利厅开展长江干流、高邮湖等跨省江河流域水量分配，同步将水量指标分解至县级行政区。推进跨县河湖水量分配方案，开展全市水量与县级行政区水量分配衔接，编制完成扬州市仪扬河、三阳河水量分配方案。修编完成《扬州市水资源综合规划（2021—2030年）》。落实《全国地下水利用与保护规程》，编制《扬州市地下水利用与保护规划》，实行地下水水量水位双控制度，对照《江苏省地下水压采方案》，累计完成封井818眼。根据全市压采井数、压采量、监测井建设情况，编制封井压采效果评估报告，为地下水保护和开发利用提供可靠依据和决策支撑。研究制定区域内重点河湖生态流量（水位）名录，同步推进生态流量管控，维护河湖健康生命。围绕系统治水，以沿山河、子婴河等市县领导担任河（湖）长的河湖和群众关注度高的河湖为重点，推进河湖生态状况评价，树立生态河湖样板。推进江苏省“两口一源”布局规划实施，全面完成15个入河排污口规范封堵接管工作。建立统计农业、公共供水、工业、服务业、人工河湖补水等5大类调查对象名录库，统计录入率100%，统一运用全国用水统计调查直报管理系统进行规范化报送。（水政处）

■节水工作 2020年，江都区、广陵区通过水利部验收，被命名为国家级节水型社会达标县。邗江区节水型社会创建通过省级验收，累计建成4个国家级达标县。完成创建省级节水型载体22家，其中单位1家、机关2家、企业3家、社（小）区7家、学校5家、节水技改示范项目4项；完成创建市级节水型载体37家，其中单位5家、机关6家、学校20家、节水技改示范项目6项；开展水平衡测试8家。5个县（市、区）水利机关创成水利行业节水机关。编制《扬州市节水型社会建设“十四五”规划》，出台《扬州市节水供水管理办法》《〈扬州市节水行动实施细则〉分工方案》，根据《扬州市非居民定额、计划用水实施细则》对市区使用公共供水用水量500立方米/月以上的786家用水单位下达用水计划。出台《扬州市节水用水统计制度》，完成9家重点用水企业用水审计，全市累计开展用水审计单位数占省级重点监控单位比例78.26%。出台《关于建立节水评价机制的通知》，建立联络员制度，完成22项节水评价。开展高校节水对标达标，提升校园节水用水水平，完成扬州大学和江苏旅游职业学院等2家高校对标，形成典型示范案例。开展“世界水日”“全国城市节水宣传周”等节约用水主题宣传活动，进行“节水大使”评选、“节水征文”、“节水讲座”、“社区（学校）宣传”等宣传教育活动19项、节水科普活动9项，受益人数2万人；在水利部全国节约用水办公室官网、人民论坛、人民日报数字媒体等平台发布节水宣传教育报道14篇。2020年全市征收水资源费2170.92万元。对欠缴水资源费、无证取水的单位，依法采取相应的行政执法措施，并移交水政监察支队依法查处。通过法律诉讼，追回水资源费2.42万元。定期对用水单位进行日常巡查，开展水位、水质监测，配合省水利厅及水利部质检中心进行计量设施抽检及校验；做好省水资源信息系统维护，上线率92%以上。（节水办）

■河湖长制 2020年，扬州市各级党委政府调整河长湖长名单，落实市县乡村四级河湖长3934人，健全河湖长体系。推进“河长+断面长”体系，调整国省考“断面长”，建立领导挂钩包干制度，推进实施“一断面一策”。市公安机关对标河湖长体系，设立“河湖警长”3825人，共侦办涉水刑事案件55起，抓获犯罪嫌疑人106人，查处行政案件12起，护航河湖长制工作开展。建立宁镇扬联合河湖长制，加大跨界河湖治理力度。市总河长、市委市政府主要领导带头巡查长江、京杭运河等重点河湖30余次。各级河湖长执行省、市《河长湖长履职办法》要求，市、县级河长累计巡河700人次，镇村级河长实现常态化巡河，形成“市级河长湖长抓协调、县级河长湖长抓推进、乡级河长湖长抓落实、村级河长湖长抓巡查”的工作机制。启动编制《扬州市长江岸线保护利用规划》《扬州市长江码头布局规划》《大运河扬州段河道水系治理管护专项规划》，推动生产、生活、生态三类空间岸线科学合理布局，从源头上解决沿江沿运生态修复保护问题，落实《扬州市河道管理条例》，出台《扬州市市管河道名录》。

组织召开专题会议推进专项整治行动，先后下发《关于做好2020年度河湖“两违三乱”、暗访问题整治及验收销号工作的通知》《深入推进河湖“清四乱”常态化规范化工作方案》等。将“两违三乱”“清四乱”整治纳入河长制年度考核及高质量发展考核体系，考核结果作为地区领导班子和领导干部奖惩的重要依据。各级河长将河湖问题整治作为巡河履职的重要内容，以巡河推动问题解决。执行水利部和江苏省“两违四乱”验收销号办法，拆除取缔类项目确保彻底拆除恢复原状，整改规范类项目采取补救措施消除影响、完善手续，历史原因产生的圈圩通过退圩还湖方式逐步整治。全市1663处“两违三乱四乱”问题整治完成1656处，整治完成率99.6%，拆除违法建筑约50万平方米，恢复河道岸线200千米。

落实最严格水资源管理制度，2020年全市用水总量33亿立方米，每万元国内生产总值用水量55立方米，全市单位地区生产总值水耗降低6%以上。6个县（市、区）均创成省级节水型社会示范区。做好长江流域禁捕退捕，2031艘渔船、3974名渔民完成退捕。打击非法采砂，出动执法人员3984人次开展巡查执法。推进国省考断面达标整治，32个国省考断面水质优良率84.4%。推进城镇污水处理提质增效“333”攻坚行动，建成城镇污水处理厂48座、污水管网约1875千米。强化船舶污染防治，建成船舶垃圾接收设施96套、生活污水接收设施60套、油污水接收设施66套。推进农业污染综合治理，开展标准化生态健康规模养殖普及行动，关闭养殖场844家。完成高邮市里运河清水潭、高邮湖马棚应急湾等水源地达标建设任务，保障供水安全。清理“三无”船舶880艘。结合农村人居环境整治，加快改善农村河网环境，疏浚县乡河道85条、土方581万立方米，建设农村生态河道41条。推进退圩还湖工程，里下河腹部地区湖泊湖荡退圩0.11万公顷。投资528万元建设河长制综合管理系统，并上线运行。

保障水安全。实施长江防洪能力提升堤防加固工程建设，加固堤防123千米，除险加固建筑物124座。完成瓜洲泵站、润扬河防洪能力提升工程建设，推进乌塔沟整治和扬州闸泵站建设，闭合城市防洪圈。修复水生态。实施《扬州市生态河湖行动计划》，开展河湖岸线生态修复，推进京杭运河绿色现代航运示范区建设。开展沿江风光带建设，2020年全市沿河沿湖造林600公顷，完成黑臭水体整治71条，打造小秦淮河、邗沟河、北城河等生态景观河道。加强水管护。完成49条省骨干河道、5座省管湖泊、72座水库约4300千米划界，落实河道管护经费2200万元，明确河道管护主体责任。开展河湖管护考核，提升河道管护水平。打造水文化。打造运河三湾、三河六岸、扬子津古渡等沿河公园，建设扬州水利文化展馆、水生态文明体验馆、扬州中国大运河博物馆，开展“运河地标评选”、讲好“水韵江苏 幸福河湖故事”等活动，打造扬州独特的“水名片”。开展水宣传。组织开展“河小青”志愿护河行动，举办保护“母亲河”文艺汇演、河长制专题讲座、“河长杯”环教大赛等活动，走进“12345·政风行风热线”解答市民关心关注问题。设立更新河长湖长公示牌4913块，处理群众来电反映河湖问题14起。

（河长办）

林业资源管理

■概况 2020年，全市实现林业总产值70.22亿元，增长0.59%。其中，第一产业39.89亿元，增长1.4%；第二产业24.53亿元，减少0.2%；第三产业5.8亿元，减少1.5%。

（扬自然　朱叶俊）

■森林资源监管 办理建设项目使用林地审核审批手续20起，总面积148.53公顷。其中，永久使用林地手续17起，面积82.52公顷；临时使用林地手续3起，面积66.01公顷。办理林木采伐许可手续517起，面积456.33公顷，蓄积5.63万立方米。规范省级以上重点公益林调整程序，牵头审核并上报省级公益林调整手续5批次，调出36.03公顷、调入41.17公顷。开展2020年森林督查暨森林资源管理“一张图”年度更新，通过国家林草局上海专员办及华东院抽查，其中高邮市被国家林草局上海专员办评定为保护发展森林资源目标责任制落实情况优秀等次。督促指导江都区完成林长制试点任务。

（扬自然　朱叶俊）

■森林防火 落实《扬州市森林防火专项整治行动工作方案》《扬州市森林防灭火工作联席会议制度》等要求，全市未发生重特大森林火灾和人员伤亡事故。全年共组织各类森林防火督查（检查）1840次，检查2022个森林防火区域，清理可燃物面积538万平方米，查出安全隐患43个，并全部整改到位；建成森林防灭火物资储备库（点）55个2000平方米，储备各类应急物资5000余件，安装智能语音播报器138个。仪征市建立1支由16人组成的森林消防专业队，购置1台森林消防水车。指导全市18个自然保护地管理单位修订完善森林防火预案，优化处置流程和扑救方法，开展森林防火业务培训，组织森林防火应急演练，提升各级处置森林防火突发事件能力。（扬自然　朱叶俊）

■城市绿化 2020年，新建成金湾路中分带绿岛绿化、马泊河风光带、站西路高铁沿线景观提升等42个城市绿化项目，新增城市绿地132.87万平方米。完成信息产业基地花墙、站南路（栖祥路—蒋王路）西侧花墙、新万福路—文昌路铁路下方围栏花墙等30个点位、总长10.9千米的城市花墙建设。绿化城市滨水沿线为主，形成连接绿色资源的线形绿带，串联城市公园绿地、文化（健身）场所等休闲、开放空间，构建城市绿廊绿道体系，满足居民亲近自然、游憩健身、绿色出行需要。完成以京杭大运河沿线环境综合提升项目为重点，古运河滨水步道、真州路西侧沿线绿化风光带等10个项目为补充的城市绿廊绿道建设计划，其中新建项目8个、提升（修复）项目3个，建设（提升）城市绿廊绿道26.91千米。提高城市道路林荫化推广率。建成（提升）扬子津路、运河西路—江阳东路、江都路、扬子江路等城市道路30.6千米，配合高铁站开通建设26千米的林荫路。完成市管范围内465株古树名木及其后备资源的春、秋两季普查，并指导瘦西湖景区、汶河小学、文昌府居住区物业等古树名木责任单位开展古树维护和弱树复壮等。绿化工程竣工验收备案正式列入建设工程项目综合竣工验收备案的子项，并编入审批工作系统，加强绿化工程事后监管，把控绿化工程建设质量。

（贾文倩　卞海波）

■造林绿化 印发《关于2020年全市绿化工作的意见》。3月12日，市四套班子领导和机关干部、群众代表，在芒稻河东岸开展义务植树活动，栽种优良树种1000多株。建成扬州城市森林生态系统国家定位观测研究站，新建省级“互联网+全民义务植树”基地2个（扬州市茱萸湾风景区和江都区花木研究所），市级义务植树基地22个。编制《扬州市长江沿岸造林绿化工程总体规划（2019—2035）》《扬州市南水北调输水廊道沿线一公里范围内植树造林实施方案》《扬州市“十四五”林业发展规划》，修订《扬州市古树名木和古树后续资源保护管理办法》。2020年，全市完成成片造林3400公顷，超出省任务数89%；新建省级绿美村庄40个；建设农田林网1.03万公顷，超出计划数3%；完成森林抚育5413.33公顷，超出计划数17%。完成长江沿岸造林219.79公顷，超出计划数40%。全市林木覆盖率23.67%，高出上年0.23个百分点。12月15日，省林业局在扬州市召开全省绿委办主任会议暨绿化造林工作推进会。（扬自然　朱叶俊）

■自然保护地整合 组织作业单位对全市18个、总面积7.39万公顷自然保护地逐区域、逐地块进行整合优化，通过撤销、边界调整、划转和新建等，全市共计划保留、新建18个自然保护地，总面积5.4万公顷，形成整合优化预案并报送省、国家审核。（扬自然　朱叶俊）

■食用林产品监管 成立扬州市自然资源和规划局食用林产品质量安全监管工作领导小组，围绕监管工作目标，制定工作方案，召开监管会议，迎接省级抽检，组织监督检查，推动全市食用林产品质量安全监管工作。编发食用林产品质量安全宣传材料；联合扬州市科协运用“扬州科普e站通”社区科普大屏，推送食用林产品安全专题内容，强化全社会食用林产品安全意识。

（扬自然　朱叶俊）

■林业有害生物防控与种苗管理 完善升级监测直报系统，加强精准监测预警，强化防控责任，监测覆盖率99.62%，防治作业面积2.08万公顷，防治率100%，无公害防治率98.5%，成灾率低于1.4%，完成省林业局下达年度防控目标任务。防控美国白蛾，无新扩散蔓延地区发生，发生范围比上年减少1个乡镇、6个行政村，大部分乡镇为轻度发生。出版《扬州市主要林业有害生物图谱》，开展蔷薇科林木危险性病虫害调查。3个国家级林业有害生物中心测报点获年度考核优秀等次，1人被国家林草局森林和草原病虫害防治总站表彰为“优秀测报员”。江都区丁伙镇新杭村、高邮市周山镇双河村等10个特色村被认定为第二批省级苗木特色村。

（扬自然　朱叶俊）

■湿地保护修复 加大对高邮湖、宝应湖、邵伯湖、白马湖、长江滩地等重要湿地的修复力度，全年完成湿地修复315.67公顷。开展江滩自然湿地保护，建成仪征市润仪湿地保护小区1个，保护长江重要湿地197.5公顷。建成邗江北湖省级湿地公园；提升广陵三江营省级湿地公园建设水平，结合长江大保护、“‘两

北湖湿地公园　孟德龙/摄

山’理论实践基地”建设，编制完成《湿地公园总体建设方案》；凤凰岛国家湿地公园通过国家湿地公园建设省级评估。完成首批省级重要湿地标识设置安装。全市自然湿地保护率60.7%，增加6.8个百分点，全省排名上升至第5位。

（扬自然　朱叶俊）

■野生动植物保护 完成新冠肺炎疫情期间国家、省、市布置的陆生野生动物疫情防控。印发《扬州市禁食野生动物处置工作方案》，全市人工繁育禁食陆生野生动物从业机构有序退出，处置在养陆生野生动物。围绕东方白鹳栖息地保护，联合电力部门成立“鹳驿站”护线爱鸟志愿者服务队，高邮市被中国生物多样性保护与绿色发展基金会授予“东方白鹳保护地”，为全国第2处东方白鹳保护地。开展野生动物保护宣传，制作的《安·家》保护鸟类公益宣传视频在国家林草局、中国绿色时报社主办的“绿水青山美丽中国”首届“原山杯”全国短视频大赛中，被评为“优秀奖”，被省自然资源厅评为“第51个世界地球日主题宣传好项目奖”。

（扬自然　朱叶俊）

环境质量

■空气环境质量 2020年，扬州市环境空气有效监测天数366天，优良天数293天，优良天数比例为80.1%，比上年上升10.5个百分点；其中优92天、良201天、轻度污染56天、中度污染12天、重度污染5天，无严重污染天气。市区环境空气中细颗粒物（$PM_{2.5}$）年均浓度为36微克/立方米，下降16.3%；可吸入颗粒物（PM_{10}）年均浓度为63微克/立方米，下降11.3%；臭氧年均浓度为101微克/立方米，下降6.5%；二氧化氮年均浓度为32微克/立方米，下降8.6%；二氧化硫年均浓度为8微克/立方米，下降20.0%；一氧化碳年均浓度为0.6毫克/立方米，同比无变化。其中空气优良率改善幅度排全省第5位，细颗粒物年均浓度降幅排全省第2位，全面完成省年度考核目标。全年共出现73个污染天，其中以臭氧为首要污染物的天数为48天、占65.8%，以细颗粒物为首要污染物的天数为24天、占32.9%，以可吸入颗粒物为首要污染物的天数为1天、占1.4%。

2020年，江都区优良天数比例为80.9%、细颗粒物年均浓度为37微克/立方米；高邮市优良天数比例为82.0%、细颗粒物年均浓度为37微克/立方米；仪征市优良天数比例为83.0%、细颗粒物年均浓度为35微克/立方米；宝应县优良天数比例为81.1%、细颗粒物年均浓度为35微克/立方米。

2020年，扬州市平均降尘量为4.1吨/月·平方千米，达标，下降32.8%。其中广陵区、邗江区、江都区、仪征市、高邮市、宝应县降尘量分别为4.3、4.5、4.3、3.7、3.8、4.3吨/月·平方千米。

2020年，扬州市区酸雨率为21.2%，江都区、仪征市、高邮市、宝应县均未监测到酸雨。（王　宁）

■水环境质量 2020年，全市有10个县级以上集中式饮用水源地列入考核；各饮用水源地水质达标率100%。各饮用水源地监测的109项中补充项目（5项）和特定项目（80项）的浓度均远低于标准值。

扬州市地表水总体水质持续改善，长江扬州段、京杭运河扬州段总体水质为优，新通扬运河、北澄子河、宝射河、仪扬河总体水质为良好，通扬运河、古运河总体水质为轻度污染。9个国考断面水质达标率100%，其中Ⅱ～Ⅲ类断面比例为77.8%、Ⅳ类断面比例为22.2%、无劣Ⅴ类断面；32个省考断面水质达标率为93.8%，Ⅱ～Ⅲ类断面比例为84.4%、Ⅳ类断面比例为15.6%、无Ⅴ类及劣Ⅴ类断面。全市省考断面的水质优良比例及劣Ⅴ类比例均完成省年度考核目标。8个城市水环境质量考核断面水质达标率62.5%，宝应县中沟河叶挺桥、仪征市仪城河大庆桥、邗江区新城河团结桥断面水质为劣Ⅴ类、不达标。

全市8个地下水监测井中，水质为Ⅱ类的监测井有3个、水质为Ⅲ类的监测井有3个，水质为Ⅳ类、Ⅴ类的监测井各有1个。与上年相比，有2个监测井水质改善1个级别，其他各监测井水质保持稳定。

（王　宁）

■声环境质量 2020年，区域环境噪声。仪征市昼间区域环境噪声平均等效声级为49.9分贝，为一级（好）；扬州市区、高邮市、江都区昼间区域环境噪声平均等效声级分别为52.9分贝、52.4分贝、51.6分贝，均为二级（较好）；宝应县昼间区域环境噪声平均等效声级为56.0分贝，为三级（一般）。功能区噪声。扬州市区各类功能区的昼、夜间噪声达标率分别为97.5%、75.0%，高邮市各类功能区的昼、夜间噪声达标率分别为96.4%、100%，其他县（市、区）各类功能区的昼、夜间噪声达标率均为100%。全市各类功能区昼、夜间噪声平均等效声级均达标。交通噪声。扬州市区昼间道路交通噪声平均等效声级为67.0分贝，为一级（好）。各县（市、区）昼间道路交通噪声平均等效声级范围为62.1~64.5分贝，均为一级（好）。其中高邮市有5400米的超标路段，占其监测总路长的5.48%。（王　宁）

■土壤环境质量 2020年，扬州市共设置24个国、省控土壤监测点位，其中23个点位各项监测因子浓度均未超过农用地风险筛选值，有1个点位的镉浓度超过农用地风险筛选值，但低于农用地风险管制值。

（王　宁）

■生态环境质量 2019年，扬州市生态环境状况指数66.88，生态环境质量等级为良，生物多样性较丰富，植被覆盖度较高。与上年相比，生态环境状况指数下降0.75，其中植被覆盖指数略有升高、水网密度指数略有降低、其他指数基本稳定。各县（市、区）生态环境质量等级均为良，其中宝应县生态环境质量相对较好，其次为高邮市、市区（广陵、邗江）、江都区和仪征市。与上年相比，市区（广陵、邗江）生态环境状况指数略有上升，其他县（市、区）生态环境状况指数略有下降。（王　宁）

节能减排

■主要污染物减排　2020年，全市共完成化学需氧量2268吨、氨氮370吨、总氮560吨、总磷50吨、二氧化硫725吨、氮氧化物977吨，挥发性有机物700吨，完成省定主要污染物减排目标。（杨　环）

■能源工作　完成“减煤”任务。2020年，全市规上非电行业煤炭消费251.7万吨，与2016年相比下降26.9%，减少92.1万吨。完成目标任务的113.7%，超额完成省委、省政府下达给扬州市的减煤目标任务。扬州联合安邦燃煤自备电厂、扬农化工燃煤自备电厂实现关停拆除，并通过省相关部门组织的核查验收，关停燃煤发电机组3.15万千瓦，年均削减煤炭消费18万吨标煤。新增可再生能源装机容量113.02万千瓦。其中，光伏1.58万千瓦，风电106.94万千瓦，垃圾发电1.5万千瓦，生物质发电4.05万千瓦。全市风电工程投产数和规模总量均居全省第一位。秦邮特钢、仪征化纤、恒润海洋重工等一批余热余压综合利用发电项目实现并网发电38万千瓦。至2020年底，全市清洁能源装机总容量503万千瓦，占全市电源装机总容量的58.6%。其中天然气发电装机208.2万千瓦，占全市电源装机总容量的24.3%；可再生能源装机总容量294.35万千瓦，占全市电源装机总容量的34.3%。超额完成省定“十三五”目标任务。新增汽车充电设施2600多座，电动汽车保有量超过1万辆，其中电动公交车2000辆，形成充电服务设施覆盖全区的网络化布局。

油气能力建设。落实国家发改委、国家能源局《关于加快储气设施建设和完善储气调峰辅助服务市场机制的意见》和省政府与扬州市签订的民生用气保障责任书关于储气设施建设目标要求，制定并下发《扬州市储气设施建设实施方案》。扬州城投与中国燃气总公司投资建设的扬州市区108万立方米LNG储气应急储备设施、仪征24万立方米LNG储气应急储备设施、高邮深燃12万立方米LNG储气应急储备设施等天然气储备设施全面投产，青宁线输气管道扬州段项目建成投产。完成中石化油库搬迁项目前期工作，进入施工阶段。

油气管线安全管理。油气输送管道专委会办公室牵头组织各地政府及油气输送管道安全生产专业委员会各成员单位按照职责分工，对19项重点工作任务（其中监管责任落实5项、属地责任落实6项、企业主体责任落实8项）进行跟踪落实，各相关重点工作任务均按序时进度完成，全年未发生重特大安全生产事故和一般安全生产事故。全年排查一般风险性隐患12处，未发现重大隐患，所有隐患均在6月底前完成整改并销号。

电力安全和电力市场管理。开展农网改造工程，加强群租房电力安全隐患集中清查，督促供电部门做好小区电线私拉乱接整治，加大电力设施保护法律法规的宣传，加强对电力设施保护区内的大型市政建设施工现场的安全管理，督促施工单位落实安全措施，完成扬州“平安电力”目标任务。引导用电企业参加市场交易，实现为企业减负目标。同扬州大学编制了《扬州市“十四五”能源发展规划》。（陆　扬）

■资源节约　循环经济示范试点建设。国家资源循环利用基地加快建设，完成投资3.79亿元，建成项目5个，主要城市废弃物资源化处理量350多万吨，资源循环利用率50%以上。园区循环化改造全覆盖，杭集高新技术产业开发区编制《园区循环化改造实施方案》，通过专家评审获得批复。10个省级以上园区全部实施园区循环化改造，完成省明确的2020年底前实现全覆盖的目标任务。推进生态文明建设中央预算内资金补助项目。首创餐厨废弃物集中收运处理BOT二期项目、永辉医疗废弃物处置利用等2个项目，获中央预算内补助资金959万元。遴选12个项目申请2021年度生态文明建设中央预算内资金，材料报送省发改委。创新制定中央预算内投资生态文明建设项目管理措施。汇编《中央预算内投资生态文明建设项目管理文件》，市发改委与项目监管部门和建设单位签订项目管理责任告知书，规范中央预算内投资生态文明建设项目管理。落实能源消费总量控制。出台《“十三五”期末固定资产投资项目节能审查指导意见》。下达增量目标。联系市工信局下发《关于做好重点用能单位“百千万”行动工作的通知》，下达全市48家纳入“百千万”行动企业“十三五”和各年度（2019—2020年）能耗总量和节能目标。严格节能审查。提高审批服务效能和优化营商环境，出台《扬州市固定资产投资项目节能评审机构遴选办法》，建立节能评审机构库。2020年，对38个项目实施节能审查，并出具节能审查意见，批复用能65.88万吨标准煤。争取省统筹用能指标。6个项目获省级统筹用能指标17.35万吨标准煤。加强污染治理。关于塑料污染治理，联合市生态环境局和市城管局制定《关于进一步加强塑料污染治理的实施方案》，联合相关部门和协会召开新闻发布会，对实施方案进行解读宣传。专题调研全市塑料污染和治理现状，形成《关于塑料污染治理情况的调研和建议》的调研报告，被省发改委专刊刊发。做好饮用水水源地安全保障，联合市相关部门编制印发《扬州市饮用水水源地安全保障规划（2021—2025年）》。（仇丽娟）

污染防治

■蓝天保卫战 2020年，扬州市将大气环境治理作为美丽扬州建设的“六场硬仗”之一，市委、市政府先后召开打好污染防治攻坚战服务高质量发展推进会、生态环境保护工作推进会暨污染防治攻坚重点问题会办会、污染防治“百日攻坚”推进会等会议。建立大气污染防治严密监测、严实工作、严肃问责“三大体系”，印发实施《扬州市大气污染防治攻坚行动量化问责暂行规定》，建立大气站点“点位长工作日”制度，组织开展“清洁降尘”、“治臭氧·控源提优”、“治颗粒物·决胜2020”、污染防治“百日攻坚”等专项行动，持续压降扬尘、挥发性有机物等污染。完成年度全市535个大气污染防治项目。秸秆禁烧工作连续多年保持国家、省卫星遥感监测“零火点、零通报”。 （樊盛健）

■碧水保卫战 建立生态环境系统环境质量会商制度、领导干部挂钩包干制度。实施“全域治理、全河（湖）达标”行动，摸排宝射河、北澄子河、新通扬运河、邵伯湖、宝应湖等重点一级支流165条，各类入河排口114个，设置监测点位170个，摸清重点排涝泵站33个；针对断面超标和水质不稳定问题，共印发预警函11份、交办（督办）单12份、要情专报9份；编制并推进实施《扬州仪扬河冻青桥断面水质提升实施方案》。2020年，省考断面优Ⅲ比例达84.4%，上升12.5%；县级以上集中式饮用水水源地水质达标率100%。京杭大运河沿线“153家砂石码头（泊位）、小船厂和混凝土搅拌站问题”完成销号验收。开展水质较好湖泊保护，高宝邵伯湖累计退养还湖面积共0.72万公顷。完成省级及以上工业园区污水处理设施专项整治，进行工业园区污水集中处理设施运行效果评估。 （秦 晴）

■净土保卫战 接受市人大常委会《土壤污染防治法》执法检查。举办三期土壤污染防治法相关法律法规和政策培训会，编印发放读本800余册。推进土壤污染详查，列入全省初步采样调查的83个地块全部完成现场采样。完成仪征威龙活塞环有限公司原场地治理修复。开展污染地块安全利用率核算，全市污染地块安全利用率90%以上。重点重金属污染物排放量超额完成削减10%的目标。在全市918个行政村建设农村生活污水治理设施，超额完成省定任务。 （樊盛健）

环境监管

■概况 完成环保垂直改革和综合行政执法改革任务。整合环境保护和自然资源（林业）、农业、水利等部门污染防治和生态保护执法职责，组建生态环境保护综合行政执法队伍。编制完成“三线一单”技术报告，启动实施“三线一单”分区管控。基本实现所有固定污染源排污许可和排污登记“全覆盖”。完成第二次污染源普查，形成扬州市第二次全国污染源普查数据库及污染源分布“一张图”。启动扬州科力化工污染环境案件与扬州“12·26”苯泄漏环境突发事件的生态环境损害赔偿。完成“云上扬州”5个子项目的试运行。建成秸秆禁烧视频监控和企业用电监管系统、VOCs在线监控码头粉尘和空气质量在线监控系统。举办扬州市首届企业绿色发展优秀案例发布活动。 （杨叙霞）

■环境执法监管 印发《关于进一步规范环境执法等相关工作的通知》，对行政执法公示、执法全过程记录和重大执法决定法制审核作出规定。聚焦重点目标、重点区域、重点行业和突出问题，建立落实跟踪督办、执法进展日调度、力度排名日通报等机制，开展“百日会战”等专项行动。出台《扬州市举报环境违法行为、环境安全隐患奖励办法（试行）》，牵头组织开展危险废物专项整治，承办“苏环·2020”江苏省重大突发环境事件应急演练。2020年，全市共立案调查环境违法行为850件、下达行政处罚决定633件、处罚金额3268.4万元，查处59起大案要案，立案侦查15起涉刑案件；全市受理环境信访数量下降16.1%；未发生重大环境安全事故。完成中央环保督察和“回头看”反馈意见6个具体问题整改和销号。主城区宝塔湾片区的扬农化工、联环药业厂区实现全面停产转型。 （樊盛健）

■环保服务 深化环评审批制度改革，疫情期间，全面实行项目环评、排污许可证申领“全流程不见面网上审批”、一网通办，对医疗卫生等三类项目提供“绿色通道”，将30类项目纳入环评豁免管理试点范围；推行环评审批告知承诺制改革，办理告知承诺制试点项目79个；将污染设施拆除或闲置等9个涉环事项简化为即办件。加强政企服务沟通，制定《服务企业复工复产若干举措》，开展挂联企业上门指导服务；创新开展视频企业环保接待日活动。坚持包容审慎监管，印发《对环境违法行为情节轻微认定的意见（暂行）》，制定实施《生态环境监督正面清单》，将290家企业纳入清单，实行分类监管和差异化监管。对国家、省、市级和外商投资重大项目，实行受理、公示、评估、审查“四同步”，促进项目尽快落地投产。扬州化工园区新一轮规划环评在全省首个获批。 （吕海燕）

科学技术

Kexue Jishu

编　辑　陈永华

综述

■**概况**　2020年，扬州市推进产业科创名城建设，聚焦产业科创，为“强富美高”新扬州建设提供科技支撑。推进疫情防控与复工复产，指导服务科研院所、科技服务业企业、高新区、科创载体开展疫情防控和复工复产。出台《关于疫情防控期间进一步为科技型企业做好便利化服务的政策措施》，为375家高新技术企业落实税收减免10.3亿元，帮助1426家企业完成研发费用加计扣除额42.07亿元，发放创新券1亿元、兑现5000万元，落实高新技术企业奖励5300万元，引导省级以上科创载体减免租金1032万元，争取“苏科贷”“扬科贷”等3.75亿元，为34家企业提供科技贷款展期服务，帮助133家企业获中银“高新技术企业贷”，授信额超6.28亿元，鼓励企业开发科研助理岗位359个，吸纳应届毕业生289名，稳就业保民生、保市场主体。聚焦“323+1”（汽车及零部件、高端装备、新型电力装备等3个千亿级集群，微电子及软件和信息服务业、高端纺织和服装等2个五百亿级集群，以及海工装备和高技术船舶、生物医药和新型医疗器械、食品等3个百亿级集群，还有1个航空产业集群）先进制造业，实施106项关键共性技术攻关和103项重大科技成果转化项目，通过市校共建、平台招引、企业实验室培育，推进产业科创平台建设，提升产业自主创新能力和核心竞争力。省农业研发项目立项数居全省第1位，省科技奖获奖数、省科技成果转化项目立项数居全省第4位，中汽研汽车研发测试基地入选列省重大项目，丰尚获批省级企业重点实验室，与扬州大学合作共建的18个高水平科创平台启动建设。推动科创产业做优做强，扬州高新区综合排名列全省第9位，高邮和杭集高新区实现进位，江都获批筹建省级高新区，广陵创成省级农科园，微机电、生物医药、航空产业园加快发展，科技产业综合体新增入驻企业超1300家、年开票销售超230亿元，新增省级以上孵化器和众创空间17家，众创社区实现县域全覆盖。开展科技招商与合作。赴上海、广州、深圳、南京、成都等地开展专题招商，举办创新挑战赛、科技成果直通车等品牌活动，与江苏省产业技术研究院、南京航空航天大学、江苏科技大学、上海工程技术大学签署战略合作协议，促成产学研合作920项，技术合同成交额比上年实现翻番。

2020年，江苏里下河地区农业科学研究所在研课题（项目）210项，新立项各类课题（项目）72项。新立项项目合同经费2710万元，争取到国家基金面上项目2项，省自主创新资金立项4项，省重点研发计划（现代农业）专项资金3项，获各类科技成果奖9项。培育的各类作物新品种21个通过审（鉴）定/认定/登记。实施科技服务类项目12项，建立各类综合示范基地11个，示范点60多个。推广自主研发品种34个，技术8项，成果累计推广111.33万公顷。

2020年，江苏省家禽科学研究所新增课题（项目）36项，下达科研经费1789.55万元。完成30个保存鸡种的继代繁殖，系统测定生长性能和繁殖性能。加快科技成果的集成推广，开展社会咨询服务和扶贫工作，举行学术交流与合作。

2020年，扬州市年平均气温16.6摄氏度，偏高0.8摄氏度。年降水量1337.8毫米，偏多一至三成。年日照时数1455.4小时，与常年相比，偏少一至三成。主要天气气候事件有暴雨洪涝、高温、强对流、连阴雨、台风等。扬州市气象灾害监测预警服务中心项目建设基本完成，完成5个国家级地面全要素观测站升级，全面实现云、能、天自动观测。全年气象基础业务质量保持平稳，综合气象探测业务质量99%，24小时晴雨预报准确率87.6%，最高温度准确率81.9%，最低温度准确率80.3%；气象台共发布暴雪、道路结冰、霾、大雾、雷暴、大风、暴雨、台风等预警信号85期，准确率85.8%。向地方党委政府及相关部门发送决策气象服务短信230条，报送决策气象服务专报54期，重要天气报告56期，完成《扬州市气象灾害应急预案》修订。

2020年，江苏省水文水资源勘测局扬州分局通过扬州市境内水文站网对江河、湖泊、水库的水位、流量、水质、水温、水下地形和地下水资源及降水量、蒸发量、风暴潮等实施监测、分析与计算，为开发、利用、节约、保护水资源和防灾减灾提供服务。

2020年，市科协召开全市科学素质纲要工作推进电视电话会。加强青少年科技教育，开展第二届寻找“最美科技工作者”活动，推进科普阵地建设。扬州市青少年科创中心投入使用，建成3家社区科普体验馆，新增10家市级科普教育基地、4家省级科普教育基地，扬州软件园获批省优秀科普教育基地，仪征捺山地质公园、宋夹城VR梦工厂获批省专业科普场馆扩大开放试点奖补项目。

（刘 薇 许 婷 杨 科）

■产业科创名城建设 2020年，扬州市推进科创名城建设，科创名城总体框架和发展路径初步成型，形成以企业为主体的产学研相结合的技术创新体系，在产业创新、研发投入、创新能力等方面取得进步，形成一批在全省有一定影响力的科创产业集群。全市社会研发投入占地区生产总值比重达2.5%左右，高新技术产业产值占规模以上工业产值比重达48.1%，万人发明专利拥有量18.78件。高新技术企业累计1627家，新增省高新技术企业入库培育企业629家，推动1287家企业通过国家科技型中小企业认定。科技产业综合体入驻企业5762家，集聚各类创新创业就业人员5.5万人，全市新增省级以上孵化器、众创空间17家，科技企业孵化器建设获省级表彰奖励。签订产学研合作协议920项，建成覆盖创新全链条、全过程的科技政策和服务体系，科技服务业规模268.17亿元。扬州大学获批省级开放实验室，丰尚获批省级企业重点实验室，市校合作的18个高水平科创平台启动建设。新培育省级以上“三站三中心”（博士后科研工作站、院士工作站、研究生工作站，工程技术研究中心、企业技术中心、工程研究中心）77家，累计近1000家。扬州高新区在全国高新区综合排名从第90位提升至第82位、全省高新区综合排名从第11位提升至第9位，分别进位8位和2位，获省政府“落实重大政策真抓实干、成效明显”表彰奖励。江都高新区获批筹建省级高新区。

（刘 薇 许 婷）

■产学研合作 重大科创项目招引建设，服务推进沈阳飞机设计研究所扬州协同创新研究院、中航机载工程共性技术工程中心、中汽研新能源汽车研发测试基地等重大科创项目建设。创新创业活动引才聚才，赴上海、广州、南京、成都等地开展专题科技招商活动，举办中国瘦西湖创客活动周、科技创业大赛、中国创新挑战赛（扬州）暨J-TOP创新挑战季、科技成果直通车（扬州）等活动，集聚创新资源、营造宜创氛围。大院大所合作共建，与江苏省产业技术研究院、南京航空航天大学、江苏科技大学、上海工程技术大学签署战略合作协议，全年促成产学研合作920项，技术合同成交额比上年实现翻番。国际合作方式创新，启动建设扬州国际创新中心，与以色列SE孵化器达成合作，累计对接企业26家，完成10家以色列企业签约。2020年，全市共有10个国际科技合作/港澳台科技合作项目入围省级国际科技合作项目，列全省第3位。37项获市级国际科技合作项目立项支持，下拨财政资金470万元。

扬州高新区　　日 报/供稿

1月9日，江苏省人民政府在南京举行“江苏友谊奖”颁奖仪式，扬州市推荐的乌克兰籍院士奥莅革获该奖项，成为扬州市第一位在科技创新领域获此荣誉的外国专家。

3月27日，省政府发布《关于2019年度江苏省科学技术奖励的决定》，与扬州大学合作的澳大利亚科学院院士、皇家化学院院士、昆士兰大学教授Robert Goulston Gilbert获省国际科技合作奖。

4月8日，市科技局邀请上海工程技术大学科研处到扬考察。4月24日，扬州市与上海工程技术大学合作签约仪式在扬举行。

7月23日，市科技局、扬州教育投资集团有限公司主办的海外项目“云相亲”以色列医疗器械项目举办路演。7月27日，江苏科技大学科技处一行应邀到扬，与市科技局进行座谈交流。

8月26日，市科技局组织各县（市、区）科技部门、相关园区、企业负责人40多人赴江苏科技大学开展对接交流。

9月22日，市科技局邀请德国、英国孵化器负责人与本地意向合作企业对接交流。

11月2日，市长张宝娟率队赴南京拜访江苏省产业技术研究院，市委副书记、统战部部长孔令俊，副市长方桂林，市政府秘书长尤在晶等参加活动，江苏省产业技术研究院院长刘庆等参加对接交流。11

月3日，2020名城扬州（南京）“科技创新·产业合作”金秋恳谈会在宁举行。

12月3—4日，副市长方桂林率考察团赴成都开展“科技创新·人才集聚·产业合作”拜访推介活动，深入高校院所、创新园区，深化扬州与成都的科技、人才和产业合作。

（刘 薇 许 婷）

■公共科技服务平台建设 2020年，扬州市技术产权交易市场聚焦企业技术需求端和科技成果供给端，通过上门走访面对面服务企业500家次，征集发布企业技术难题近500项。引进中国科学院大学、清华大学、上海工程技术大学等32家高校院所在市场内设立技术转移服务中心，组织企业“小分队”赴高校院所30多次，对接技术、成果、人才等各类创新要素。开展各类技术转移活动近100场，承办包括江苏省首届专利拍卖季扬州专场活动、江苏省科技成果转化沙龙——扬州站、第五届中国创新挑战赛（扬州）、2020年国家科技成果直通车（扬州站）航空产业专场在内的对接活动36场，专题培训50场，主题讲座10场，参与人员7500人次，帮助156家企业提供技术难题解决方案，合同金额2.42亿元。全市登记技术合同超3000项，技术合同成交额超128亿元，位列全省第6位。在全省2020年度绩效指标考核中，扬州市技术产权交易市场综合得分获第1名。

2020年扬州市国家特色产业基地情况表

表30—1

序号	基 地 名 称
1	国家火炬计划邗江数控金属板材加工设备特色产业基地
2	国家火炬计划扬州汽车及零部件产业基地
3	国家火炬计划扬州绿色新能源产业基地
4	扬州国家半导体照明高新技术产业化基地
5	国家火炬计划扬州智能电网特色产业基地
6	国家火炬计划江都建材机械装备特色产业基地
7	国家火炬计划邗江硫资源利用装备特色产业基地
8	国家火炬计划高邮特种电缆特色产业基地
9	国家火炬计划扬州高邮智能健康装备特色产业基地
10	国家火炬计划扬州高邮智慧照明特色产业基地

（刘 薇 许 婷）

2020年扬州市省级科技产业园情况表

表30—2

序号	园 区 名 称	地 区
1	江苏省宝应输变电设备科技产业园	宝 应
2	江苏省高邮绿色照明科技产业园	高 邮
3	江苏省高邮特种电缆科技产业园	高 邮
4	江苏省高邮智能健康装备科技产业园	高 邮
5	江苏省仪征汽车及零部件科技产业园	仪 征
6	江苏省江都建材装备科技产业园	江 都
7	江苏省江都汽车及零部件科技产业园	江 都
8	江苏省扬州邗江数控装备科技产业园	邗 江
9	江苏省扬州环保科技产业园	邗 江
10	江苏省邗江新能源汽车及车控电子科技产业园	邗 江
11	江苏省扬州生物医药科技产业园	邗 江
12	江苏省邗江文化科技产业园	邗 江
13	江苏省扬州广陵液压装备科技产业园	广 陵
14	江苏省扬州健康医疗科技产业园	广 陵
15	江苏省扬州光电科技产业园	扬州经济技术开发区

（刘 薇 许 婷）

2020年扬州市省级以上科技企业孵化器情况表

表30-3

序号	孵化器名称	级别	地区
1	宝应县高新技术创业中心	省级	宝应
2	宝应科技创业园	省级	宝应
3	高邮市科技创业中心	国家级	高邮
4	江苏红旗光电科技创业园	省级	高邮
5	高邮城南经济新区科技企业孵化器	省级	高邮
6	高邮智慧照明科技企业孵化器	省级	高邮
7	仪征市科技创业园	国家级	仪征
8	扬州乐业科创园孵化器	省级	仪征
9	扬州市江都区高新技术创业服务中心	省级	江都
10	扬州（江都）软件园	省级	江都
11	星创科技孵化器	省级	江都
12	扬州菁英汇工业设计孵化器	省级	江都
13	扬州市邗江区高新技术创业服务中心	国家级	邗江
14	扬州市维扬区高新技术创业服务中心	省级	邗江
15	扬州环保科技创业园	国家级	邗江
16	国泰科技创业中心	省级	邗江
17	扬州酷立方创业园	省级	邗江
18	扬州通安科技创业园	省级	邗江
19	扬州软通乐业空间	省级	邗江
20	扬州职业大学创新创业孵化器	省级	邗江
21	八戒扬州创新创业园区	省级	邗江
22	扬州大学大学科技园	国家级	邗江（扬州高新区）
23	扬州金荣科技创业园	国家级	邗江（扬州高新区）
24	扬州广陵高新技术创业服务中心	国家级	广陵
25	江苏扬州广陵经济开发区高新技术创业服务中心	国家级	广陵
26	扬州市广陵区曲江高层次人才创业服务中心	省级	广陵
27	扬州创新中心孵化器	省级	广陵
28	扬州高新技术创业服务中心	国家级	扬州经济技术开发区
29	西安交通大学扬州科技创业园	国家级	扬州经济技术开发区
30	扬州万方科创孵化器	省级	生态科技新城
31	江苏两岸双创科技孵化器	省级	生态科技新城
32	扬州软件园马场创业街	省级	生态科技新城

（刘薇 许婷）

表 30-4

2020年扬州市科技产业综合体情况表

序号	名　　称	地　区
1	宝应软件信息产业科技综合体	宝　应
2	宝应科技创业园	
3	望直港科技创业园	
4	高邮湖西光电科技产业园	高　邮
5	高邮市科技产业园	
6	通邮电子商务产业园基地	
7	中汽中心高邮汽车科创园	
8	仪征科技创业园	仪　征
9	大众广场	
10	扬州金山文创科技产业园	
11	中南高科仪征智慧工业园	
12	江都软件产业科技综合体	江　都
13	天雨环保节能科技产业园	
14	扬州市江都区仙城科技产业综合体	
15	扬州智汇科技产业综合体	
16	金奥中心科技综合体	
17	扬州四新产业园科技综合体	
18	税友软件园（南方）	邗　江
19	金荣扬州科技园（高新区）	
20	联创扬州软件园	
21	甘泉生态科技园	
22	智能装备科技园	
23	通安科技园	
24	西湖科技创业园	
25	扬州邗江互联网产业园	
26	国泰大厦	
27	华城科技广场	
28	江苏省建集团总部基地	
29	扬州中集智库	
30	广陵新城信息产业基地（一、二、三期）	广　陵
31	广陵经济开发区科技产业综合体	
32	食品科技园	
33	Y-MSD 项目（一期）	
34	扬州创新中心	
35	环球金融城	
36	青年双创智慧社区	
37	开发区科技园	扬州经济技术开发区
38	扬州智谷	
39	西安交大科技园	
40	扬州缤格科技产业综合体	
41	扬州软件园双创基地	生态科技新城
42	杭集科技产业综合体	
43	扬州软件园一期	

（刘　薇　许　婷）

2020年扬州市众创空间情况表

表 30-5

序号	众创空间名称	级 别	地 区
1	扬州纵横创客巢	省 级	宝 应
2	纵横时空	省 级	
3	通宝众创空间	省 级	
4	扬州星火科技创客园	省 级	
5	锐拓科技创客园	省 级	
6	文游汇	国家级	高 邮
7	通邮梦工厂	国家级	
8	大邮众创空间	省 级	
9	秦邮众创空间	省 级	
10	神居客众创空间	省 级	
11	新世纪众创空间	省 级	
12	仪征创途在线	省 级	仪 征
13	乐泊世业创客空间	省 级	
14	YI 智汇	省 级	
15	扬州黑莓众创空间	省 级	
16	创·艺 985	国家级	江 都
17	江都创客邦	国家级	
18	星客梦工厂	省 级	
19	智创梦工场	省 级	
20	青禾众创	省 级	
21	仙城工创坊	省 级	
22	龙川文创众创空间	省 级	
23	梦里水乡创客荟	省 级	
24	扬州创谷·创客工场	省 级	邗 江
25	扬州大学大学科技园众创梦工场	国家级	
26	创客“1+1”	省 级	
27	扬州金荣科技园创富创新工场	国家级	
28	扬州上市基地创新工场	国家级	
29	和天下绿色建筑众创空间	省 级	
30	扬州优客工场	省 级	
31	酷立方（扬州）众创空间	省 级	
32	通安创客空间	省 级	
33	扬州市软通众创空间	省 级	

续表 30-5

序号	众创空间名称	级别	地区
34	扬子津青年街众创空间	省级	邗江
35	西湖众创空间	省级	
36	八戒扬州工场	省级	
37	扬州职业大学浩峰睿创空间	省级	
38	扬州海创众创空间	省级	
39	扬州壹点众创空间	省级	
40	邗上街道众创空间	省级	
41	杨寿众创空间	省级	
42	扬州青麦坊互联网+文创空间	省级	广陵
43	中国创谷	国家级	
44	设计瑰谷创新工坊	省级	
45	圆梦创新工坊	国家级	
46	北京大学创业训练营江苏基地	国家级	
47	曲江创客工场	省级	
48	地理信息专业化众创空间	省级	
49	悦课·教育孵化众创空间	省级	
50	智创天地	省级	
51	东创星辉	省级	
52	扬州新物种创业工坊	省级	
53	广陵峰汇众创空间	省级	
54	扬州科技广场众创空间	省级	
55	扬州市创新驿站	国家级	市直
56	扬州左岸右转众创空间	省级	
57	扬州智谷众创空间	国家级	扬州经济技术开发区
58	瑞丰众创空间	省级	
59	爬山虎众创空间	省级	
60	西安交通大学思源创客	省级	
61	扬州大创 HR 睿创空间	省级	
62	尚锦汇都创业孵化工场	省级	生态科技新城
63	扬州软件园马场创业街	省级	
64	扬州万方科创众创空间	省级	
65	杭集旅游日化产业众创空间	省级	
66	扬州北大创业孵化营	省级	蜀冈－瘦西湖风景名胜区

（刘 薇 许 婷）

扬州市产业技术研究院发挥创新源头作用，通过引进、共建等方式，先后联合清华大学、大连理工大学、南京大学、江南大学、中科院沈阳自动化所等高校院所建设智能化技术、高端装备设计制造、高性能复合材料、食品生物技术、工业自动化等7家专业研究所，开展关键共性技术和前瞻性技术研究、重大科技成果转化等，为全市企业技术创新、产品开发、知识产权和人才培养等提供服务。联合杭州先临等3家公共服务平台，推动清华大学与扬州合作共建MEMS研究院和MEMS产业园，化工新材料研究院和化工新材料科研中试基地，建设方案均已通过市长办公会审核，项目运营公司注册成立，开展实体化、专业化、市场化运营，为全市相关产业发展和企业创新提供服务。全年累计服务扬州市内企业1260家，达成技术开发、转让、服务和咨询等合同近3000万元，参与各类科技项目18项，孵化科技型企业9家。（刘 薇 许 婷）

■科技创新园区建设 6月26日，省科技厅发布《省科技厅关于2019年度全省高新技术产业开发区创新驱动发展综合评价情况的通报》，扬州高新区由第11位上升至第9位，蝉联苏中苏北第1位，并获省政府“落实重大政策真抓实干、成效明显”表彰奖励；高邮、杭集高新区在全省高新区综合排名中分别进位2位，提升至第38位和第40位；广陵创成省级农科园，扬州实现省级以上农业科技园区县（市、区）全覆盖。（刘 薇 许 婷）

■科技创新载体建设 至年底，全市规划建设43个科技产业综合体。其中，在建9个，投入运营34个；累计建成605万平方米，累计投入使用457万平方米。累计入驻各类企业5700多家，成功培育国家高新技术企业164家，累计吸纳各类创新、创业、就业人才5.1万人。2020年，入驻企业数目、销售收入和入库税收实现增长，销售收入增长7.7%，入库税收增长11.7%。全市34个投入运营的综合体中，共有21个综合体入驻企业超过100家，5个综合体年开票销售收入超过10亿元，3个综合体年入库税收超过1亿元。2020年，扬州市共新增省级以上孵化器、众创空间17家。其中，新获批认定国家级众创空间2个；新获批省级孵化器3个，位列全省第5位；新获批省级众创空间12个，位列全省第3位；新获批省级众创社区3个，位列全省第3位，实现省级众创社区在各地区的全覆盖。（刘 薇 许 婷）

智谷科技综合体　　日 报/供稿

■高新技术产业 2020年，全市高新技术产业产值占规模以上工业产值比重48.1%，比上年增长0.1个百分点，高新技术企业总数超1600家，新增省高新技术企业入库培育企业629家，推动1065家企业通过国家科技型中小企业认定，艾迪药业和海昌新材分别作为全市首家科创板和创业板企业成功上市。

围绕“323+1”先进制造业集群，组织企业实施106项产业前瞻与共性关键技术项目，共有11个项目获省重点研发计划（产业前瞻与共性关键技术）立项支持。其中，由扬州扬芯激光技术有限公司牵头，联合扬州大学、江苏大学、扬州瑞控汽车电子有限公司、潍柴（扬州）亚星新能源商用车有限公司等共同实施的“面向智能网联汽车的全固态激光雷达及应用关键技术研究”获批省重点研发计划（产业前瞻与关键核心技术）重点项目。

聚焦“323+1”特色产业集群“创新发展+创业活力”。其中，2个项目入围省创新创业大赛行业赛总决赛并获三等奖；5个项目入围全国创新创业大赛行业总决赛，4个项目获优秀企业奖励。（刘 薇 许 婷）

科技项目和成果

■重大科技成果转化项目 2020年，扬州市聚焦“323+1”先进制造业，实施106项关键共性技术攻关和103项重大科技成果转化项目。其中，11项获批省产业前瞻与共性关键技术项目、8项获批省重大科技成果转化资金。（刘 薇 许 婷）

■民生科技 加快农业新技术、新品种研发。以省、市科技计划项目为引导，开展优良品种选育、产业技术融合创新、绿色生态发展等集成技术创新和示范。22个项目获省级重点研发（现代农业）立项，获批资金1800万元，分别占全省项目总数和资金总数的1/7和1/6，位居全省第1位。扬州大学的“稻麦全

2020年扬州市省重大科技成果转化专项立项项目一览表

表30-6

序号	项目名称	承担单位	产学研合作单位	属地
1	三嗪超分子结构的高效阻燃材料与电缆研发及产业化	宝胜科技创新股份有限公司	四川大学	宝应
2	高性能轻量化商用车用智能空气悬架系统研发与产业化	扬州东升汽车零部件股份有限公司	东南大学	仪征
3	5G基站陶瓷滤波器高效精密成型装备研发及产业化	扬州市海力精密机械制造有限公司	南京理工大学	仪征
4	智能化多头联动高速激光落料系统研发及产业化	江苏亚威机床股份有限公司	东南大学	江都
5	储能型车网互动虚拟同步超级充电站研发及产业化	国充充电科技江苏股份有限公司	东南大学	邗江
6	稻麦新品种扬麦23、扬辐麦8号和扬粳3012的研发及产业化	江苏金土地种业有限公司	江苏里下河地区农业科学研究所	邗江
7	耐280℃双马树脂基复合材料的航空航天大部件关键技术研发与产业化	江苏新扬新材料股份有限公司	大连理工大学	邗江
8	精准调控智能化水产饲料加工成套生产线的研发与产业化	江苏丰尚智能科技有限公司	南京理工大学、扬州大学	扬州高新区

（刘　薇　许　婷）

2020年扬州市获批省重点研发计划(现代农业)项目情况表

表30-7

序号	项目名称	承担单位
1	玉米醇溶蛋白－多糖基抗氧化剂递送系统的制备关键技术研究与产品开发	高邮市日星药用辅料有限公司
2	新型多功能纳米腐殖酸基印楝素生物农药创制与应用	江苏东宝农化股份有限公司
3	基于分子模块设计的绿色、优质杂交籼稻新品种培育	江苏里下河地区农业科学研究所
4	设施优质长灯笼形辣椒“扬椒1号”的选育与应用	江苏里下河地区农业科学研究所
5	秸秆饲料高效发酵复合菌剂的创制与应用研究	江苏绿科生物技术有限公司
6	甜菊糖苷绿色高效节能脱色除杂关键技术开发	江苏史蒂文生物科技有限公司
7	非洲猪瘟新型疫苗创制及病毒早期侦检与阻断技术研发	扬州大学
8	水生蔬菜优质高效智能机械化精细生产技术创新与示范	扬州大学
9	猪肠渣发酵法制备氨基酸肥料关键技术研发	扬州大学
10	稻麦全程优质绿色高效机械化生产技术集成创新与示范	扬州大学
11	嵌合型猪圆环病毒活疫苗（C1-233株）的创制	扬州大学
12	温室叶菜工厂化立体无土栽培装置及关键技术研究	扬州丰瑞源农业科技发展有限公司
13	农村废弃生物质高效热解气－热－炭联产关键技术研究	扬州华大锅炉有限公司
14	抗逆、促生多功能植物内生真菌P. indica的开发和应用	扬州绿源生物化工有限公司
15	高效智能高含水率纵轴流鲜食玉米籽粒联合收获关键技术研究	扬州市金谷机械有限公司
16	“棱镜”等4个庭园型观赏海棠新品种选育与应用	扬州小苹果园艺有限公司
17	基于品种筛选和生物改良的耐冻融扬州包子面皮研究与新产品开发	扬州仪扬茶社食品有限公司

（刘　薇　许　婷）

2020年扬州市获批省重点研发计划(社会发展)项目情况表

表 30-8

序号	项目名称	承担单位
1	肝螺杆菌诱导小鼠肝纤维化的机制与应用研究	扬州大学附属医院

(刘 薇 许 婷)

2020年扬州市获批省自然科学基金项目情况表

表 30-9

序号	项目名称	承担单位
1	骨骼肌卫星细胞线粒体在不同品种猪肌肉发育差异中的作用研究	扬州大学广陵学院
2	类风湿关节炎滑膜细胞外泌体通过 circFTO-miR-548-RA33 轴调控软骨细胞代谢稳态的机制	扬州大学附属医院
3	通过 DWORF 基因对 CPVT 遗传性恶性心律失常和心源性猝死精准治疗的疗效和机制的探索研究	扬州大学附属医院
4	基于生理药代动力学的药物治疗个体化调控策略	江苏省苏北人民医院
5	鳖甲煎丸通过抑制 ITGβ1-EVs 介导的单核细胞黏附抗肝纤维化作用机制研究	江苏省苏北人民医院
6	Nemo 样激酶对 Foxp3+Treg 细胞的调控在慢性鼻窦炎鼻息肉发病中的机制研究	江苏省苏北人民医院
7	髌下脂肪垫来源干细胞抑制成纤维细胞增殖预防膝关节内纤维化粘连的研究	江苏省苏北人民医院
8	小麦穗基部高结实性 QTL QBSF.yaas-5AL 的精细定位及效应分析	江苏里下河地区农业科学研究所
9	qPSR10 调控水稻耐冷的分子机理及育种效应评价	江苏里下河地区农业科学研究所
10	RTPT1 基因在不同碳氮水平下调控水稻分蘖和穗粒数的分子机理	江苏里下河地区农业科学研究所
11	基于配合物框架材料的能源化学研究	扬州大学
12	油菜素内酯调控水稻粒形的分子机制解析	扬州大学
13	黏膜树突状细胞耐受 H5 亚型禽流感病毒 PA-X 蛋白“宿主关闭”活性的机制研究	扬州大学
14	基于二氟甲基化反应的不对称合成研究	扬州大学
15	醇分子替代烯烃的官能团化研究	扬州大学
16	基于 AIE 两亲分子自组装用于抗黏附光动力治疗	扬州大学
17	基于深度相机的实时高质量彩色全息三维显示技术研究	扬州大学
18	H9N2 血清弱反应毒株 HA 蛋白关键氨基酸解析及其特性研究	扬州大学
19	CO_2 和温度升高下茉莉酸甲酯对粳稻颖花分化的调控机理	扬州大学

续表 30-9

序号	项目名称	承担单位
20	APETALA2 基因对托桂型芍药花瓣发育形成的表观调控机制研究	扬州大学
21	RrGT γ -4 转录因子调控玫瑰耐盐性的机理研究	扬州大学
22	临界熔融 - 冻融参数调控对结构稳定型多孔淀粉材料制备的影响机理及吸附性能研究	扬州大学
23	水稻穗长基因 qPL5 的功能及育种利用研究	扬州大学
24	基于蛋白交联的界面膜修饰对汉麻蛋白肽基乳液稳定性及消化行为的影响机制	扬州大学
25	吡哆醇生物合成蛋白 MoPdx1 介导 cAMP 信号途径调控稻瘟病菌致病过程的机制研究	扬州大学
26	水稻蛋白磷酸酶调控亚基 PP2Abt 调节水稻纹枯病抗性的分子机制解析	扬州大学
27	鸡 B 淋巴细胞 BG 功能性等位基因的鉴定	扬州大学
28	肝源性腹泻仔猪肝脏类器官中链甾醇精准调控胆固醇转化的分子机制	扬州大学
29	APOA1/CDH1-LKB1-AMPK 通路调节猪精子耐受液态保存的机制	扬州大学
30	山梨醇转运蛋白基因 PpSOT3 抗砂梨水心病的分子机制解析	扬州大学
31	HOXB2 基因负调控肺癌 PD-L1 表达介导淋巴细胞浸润及其机制探究	扬州大学
32	circ_0001368 通过 FUS-Pit-1 通路促进生长激素细胞腺瘤侵袭以及激素分泌机制研究	扬州大学
33	糖基转移酶 OGT 介导的 NLRP3 炎症小体糖基化修饰对心肌缺血再灌注损伤的保护作用及机制研究	扬州大学
34	CREB1 调控细胞自噬促进肾透明细胞癌转移的机制研究	扬州大学
35	仿生多级结构高熵合金基涂层强韧化行为及泥沙冲蚀失效机理研究	扬州大学
36	极端温度环境下 TiO2 纳米颗粒增强 Sn-Ag-Cu 无铅微焊点界面演化及可靠性研究	扬州大学
37	盐渍土秸秆深埋的水盐运移机理与模拟研究	扬州大学
38	基于水资源价值和支付意愿的南水北调东线生态补偿标准及激励机制的研究	扬州大学
39	基于炔基导向的碳氢键活化反应的研究	扬州大学
40	核逆与核偏序的研究	扬州大学
41	白术多糖超大介孔二氧化硅的黏膜免疫佐剂活性及其机理研究	扬州大学
42	高效合成迷迭香酸的酿酒酵母共培养体系研究	扬州大学
43	蛋白磷酸酶基因 OsPP2C30 调控水稻生长和抗旱的分子机理	扬州大学
44	组蛋白变体 H2A.Z 调控番茄植株对亚低温响应的机理	扬州大学

续表 30-9

序号	项目名称	承担单位
45	基于“荧光碳点”和“点击化学”的食源性致病菌 IFA-MS 检测体系构建及性能研究	扬州大学
46	构建靶向和溶瘤双功能的 M13 噬菌体用于抗肿瘤的研究	扬州大学
47	水稻多聚腺苷酸化复合体亚基 OsPABN2 参与减数胞质分裂的功能研究	扬州大学
48	结实期弱光胁迫影响鲜食糯玉米品质的生理机制及外源调控研究	扬州大学
49	马达蛋白 FgKar3 调控禾谷镰刀菌生长发育及致病的分子机制研究	扬州大学
50	基于雄激素受体二聚化变构效应的多元雄激素干扰物同步定量与效应评价体系研究	扬州大学
51	凋落物截留对坡面水分运移及产流产沙机制的影响研究	扬州大学
52	旋转填充床调控苯乙烯选择性催化氧化新工艺及作用机制研究	扬州大学
53	再生微粉混凝土氯离子传输及其特异性调控机制研究	扬州大学
54	依托跨流域调水工程的广义水资源优化调配方法研究	扬州大学
55	变化环境下流域水资源植被承载力研究	扬州大学
56	两类随机空间分数阶偏微分方程的保结构算法研究	扬州大学
57	水分子参与的生物分子界面相互作用的研究	扬州大学
58	各向异性乳液的智能调控及微反应器的可控构筑	扬州大学
59	时序网络的时空演化模式研究及应用	江苏省家禽科学研究所
60	Alpha- 苦瓜素调控活性氧信号防御烟草花叶病毒侵染的分子机制研究	扬州大学
61	牛分枝杆菌 Mb0950c 蛋白靶向延伸因子 TUFM 抑制宿主自噬的分子机制	扬州大学
62	基因 VII 型新城疫病毒调控 MMP-14 膜转运增强单核巨噬细胞迁移的分子机制	扬州大学
63	利用 SpyCLIP 技术系统性研究 microRNA 在红系造血中的调控机制	江苏省苏北人民医院
64	Linc-ROR/Wnt/b-catenin 通路调控成骨细胞分化在运动预防骨质疏松症中的作用机制	扬州大学
65	基于海洋环境的钢 - 连续纤维复合筋活性粉末混凝土梁受弯性能研究	江苏里下河地区农业科学研究所
66	O_2/CO_2 气氛下煤粉燃烧中氮元素变迁规律与燃烧过程耦合机理的跨尺度研究	扬州大学

（刘　薇　许　婷）

程优质绿色高效机械化生产技术集成创新与示范”项目获批重点项目支持，江苏绿科生物技术有限公司的“秸秆饲料高效发酵复合菌剂的创制与应用研究”项目获省农业科技计划支持。

强化农业科技服务。完善农业科技服务体系，全市新获批高邮苗木花卉产业分店等 8 家省级农村科技服务超市，位居全省第 1 位。扬州共有农村科技服务超市 40 家，其中分店 13 家、便利店 27 家。邗江蜂产业、江都苗木花卉、宝应特种水产产业分店等 4 家超市分店获省资金奖补，单向支持额度 30 万元。

加强社会发展及基础科学研究。在医疗卫生领域，扬州大学附属医院的“肝螺杆菌诱导小鼠肝纤维化的机制与应用研究”项目获省重点研发计划（社会发展）项目立项。加大对基础研发活动的激励，全市共有68个项目获省自然科学基金项目立项，其中省杰出青年基金项目3项、青年基金项目43项、面上项目17项。（刘薇 许婷）

■江苏里下河地区农业科学研究所 2020年，江苏里下河地区农业科学研究所（简称农科所）在研课题（项目）210项，新立项各类课题（项目）72项，其中国家级课题（项目）9项、省级课题（项目）19项。新立项项目合同经费2710万元，实际到账经费2956万元，到账经费比上年增长60%。争取到国家基金面上项目2项，省自主创新资金立项4项，省重点研发计划（现代农业）专项资金3项。

2020年，农科所获各类科技成果奖9项。其中，由农科所主持完成的“小麦诱变育种方法创新及扬辐麦系列品种选育”获江苏省科技进步奖二等奖，“粉体保水复合型水稻种衣剂旱育保姆推广应用”获江苏省农业科技一等奖。获全国商业科技进步一等奖1项、三等奖2项，江苏省农科院研究创新二等奖1项、江苏省农科院社会科学二等奖1项，联合申报获全国农牧渔业丰收一等奖1项、江苏省农业科技二等奖1项，与其他单位联合申报成果获全国农牧渔业丰收一等奖1项、江苏省农业科技二等奖1项。

2020年，农科所培育的各类作物新品种21个通过审（鉴）定/认定/登记。其中，小麦品种“扬麦24”“扬麦27”“扬辐麦10号”通过国家审定；水稻品种“扬籼优918”“扬粳5118”“扬辐粳11号”“润扬优香粳”“荃香糯3号”和小麦品种“扬辐麦12”通过省级审定；小麦品种“扬麦29”通过省级引种认定。油蔬品种“扬油12号”“扬椒5号”“扬椒1766”通过国家登记。“春眠”等3个春兰品种、“Yangzhou Ziyun”等5个鸢尾品种通过省园艺学会成果鉴定。“扬两优316”“扬辐麦6号”“扬辐麦9号”“隆麦39”等4个品种获品种权授权。“一种弹性卡装的试验田监测区域的标定装置”等3项成果获国家发明专利，“一种新型蔬菜大棚”等2项获国家实用新型专利。制定发布各类标准7项。科研人员全年发表研究论文40篇，其中7篇论文被收入SCI（科学论文索引），出版专著1部。

2020年，农科所培育的多抗、优质、广适性杂交籼稻新品种“扬籼优919”解决长江流域杂交籼稻的稻瘟病抗性弱、高温抗性差的突出问题，入选2020年度中国农业农村十大新产品。育成的“扬粳4227”在全国十大优质超级粳稻排行中名列第1名。培育的优质抗病软米新品种“金香玉1号”稻瘟病抗性、丰产性受到省内领导、专家及经销商认可。抗赤霉病小麦育种“扬麦33”（扬16—157）在国家小麦良种重大科技联合攻关中，连续两年赤霉病抗性达到“抗”级水平。培育的“扬麦25”为解决生产上迟播减产问题提供品种支撑，成为长江中下游麦区主体品种。育成高含油率黄籽油菜“扬油12号”，育成花青素高、适于鲜食菜薹的“紫叶油1号”，创制出金黄花、紫色花等不同花色油菜种质资源，率先在本地成功种植富硒薹用油菜品种。开展蔬菜工厂化种苗生产应用技术研究，初步集成工厂化育苗生物调控关键技术。培育的“扬辐麦4号”持续表现高产稳产，先后刷新泰州市、扬州市单产纪录。淮扬点心辐照保鲜应用技术研究取得进展，与扬州三和四美合作开展豆腐乳保质研究，进入中试阶段。初步筛选适宜“深水养大虾”的水稻品种4个，集成配套长秧龄机插施肥和安全防控技术。与韩国企业合作，研发防治水稻钻蛀害虫的新型靶向生物线虫杀虫剂。创新开展微生物工程菌株改良研究，发现一种基因操纵细胞壁裂解的新机制。收集地方特色蔬菜资源18种，水生蔬菜资源近200份，野菜资源4份，鸢尾新品种116个。新培育的小果型红瓤西瓜品种“扬蜜1号”和“梦兰”入选江苏省西甜瓜推荐品种。建立国兰组培快繁体系，筛选培育兰花、花菖蒲、鸢尾等优良新品系。春兰、蕙兰种质资源库入选第二批国家花卉种质资源库。

2020年，农科所对接区域农业产业发展需求，创新服务模式，推动富民兴农。实施科技服务类项目12项，建立各类综合示范基地11个，示范点60多个。推广自主研发品种34个，技术8项，成果累计推广111.33万公顷。召开现场会、推介会、培训会等203场次，发放技术资料4.67万份，培训2.77万人次。深化科技服务机制创新，建立“1对1”结对挂钩服务机制，54名科技干部与家庭农场、农业合作社等新型农业经营主体结对挂钩，13名专家受聘邗江区首批“三农科技指导员”，结对帮扶6个乡镇（街道）15个村，通过面对面问需、点对点服务，实打实助力农业增效、农民增收。“星火”农业科技服务团深入邗江、宝应、高邮、仪征、生态科技新城等地，把脉农业生产，解决关键难题，提升现代农业科技水平。“科技+保险”模式初显成效，实施科技服务前移，提升农业防灾、抗灾、减灾能力。疫情期间，通过实地走访、电话咨询、App宣传、课件发布、线上直播等途径指导农业生产，为区域农业产业发展做出贡献。

2020年，农科所“农业部长江中下游小麦生物学与遗传育种重点实验室”通过学科群评估。国家油菜体系扬州综合试验站获“十三五”考核优秀等次。“国家农业微生物扬州观测实验站”获农业农村部正式立项，成为省内首个国家级农业微生物观测实验站。“江苏省扬麦扬稻产业技术创新战略联盟”启动运行，提升扬麦扬稻品牌竞争力。槐泗蔬菜基地先后入选“江苏省星创天地”“江苏农村科技服务超市”及省、市“设施蔬菜科普教育基地”。樊川基地建设规划设计方案通过专家评审，开展基地建设工程立项、建设用地预审和拆迁工作等。

（陈以博 朱凌宇）

■江苏省家禽科学研究所 2020年，江苏省家禽科学研究所（简称家禽所）新增课题（项目）36项。下达科研经费1789.55万元，其中新增经费1014.9万元、往年项目延续性经费774.65万元。横向经费到账170.71万元。

2020年，家禽所开展家禽科技研究。家禽种质资源保护及评价。完成30个保存鸡种的继代繁殖，系统测定生长性能和繁殖性能。新引入余干乌鸡和坝上长尾鸡2个地方鸡品种。开展家禽生物样本库的建设与研究，收集12个品种的血样入样本库保存，并提取相应的DNA，用于后续的保种效果监测。初步建立血样和DNA保存质量评价指标，启动家禽遗传资源多元化保护。研发《家禽品种资源评价系统》《鸡肉品质鉴定与评价系统》各1套。建成集家禽资源标准化数据库、动态监测和预警于一体的国家家禽遗传资源动态监测管理平台。家禽遗传育种与种禽扩繁。肉鸡育种团队完成9个具有早熟、高繁、屠宰性良好等特点品系的选育；与江苏立华牧业股份有限公司联合，开展屠宰型黄羽肉鸡3个纯系的选育；选育出的新配套系——花山麻鸡已通过国家畜禽遗传资源委员会新品种（配套系）现场测定。蛋鸡育种团队选育9个特色、高产、节粮蛋用专门化品系；培育的神丹6号绿壳蛋鸡通过国家新品种审定；苏禽6号蛋鸡配套系性能测定工作基本完成。水禽育种团队与高邮鸭集团合作开展优质高产青壳蛋鸭配套系选育。特禽育种团队与江阴威特凯肉鸽公司合作培育的肉鸽配套系“苏威1号”通过国家新品种审定；肉鸽遗传资源“太湖点子鸽”通过国家新资源鉴定。家禽品种性能测定与品质监督检验。实施农业农村部下达的种禽及畜禽产品质量安全检测等3个购买服务项目，服务总经费110万元；接受5个品种的生产性能委托检测任务，完成禽产品委托检测任务94批次，委托检测服务收入190万元。家禽重大疫病研究与防治。开展鸡传染性支气管炎病毒的分子致病机制、重组灭活疫苗及新型检测技术研究；禽病远程网络诊断技术平台的构建；印第安纳沙门氏菌毒素–抗毒素系统YeeVU对其致病性的调控机制研究；宿主抗J亚群禽白血病病毒感染的分子机制研究。家禽生产配套技术研究与示范。集成蛋鸡养殖场鸡蛋生产沙门氏菌污染控制技术和鸡蛋生产棉酚控制技术；开展新型禽专用微囊缓释包被复合酸化剂的研发，形成鸡用饲料复合酸化剂。开展家禽养殖废弃物资源化利用和种养结合模式研究。家禽业信息服务与决策咨询。《中国家禽》2020年复合影响因子达0.80，比上年增长10%；实施“影响力提升行动计划”，并首次开展《中国家禽》优秀论文和突出贡献奖评选活动;《中国禽业导刊》保持综合指导类定位，提升行业导向和公益服务能力。新媒体主要依托中国家禽业信息网和微信公众号进行行业宣传，配合两本期刊的电子化发布开展相关信息化拓展业务。建立健全两刊电子文件档案库。

2020年，家禽所加快科技成果的集成推广。与江苏立华公司、广东墟岗黄家禽种业集团有限公司、湖南吉泰农牧股份公司、山东诸城浩天药业、江苏峪口禽业有限公司、扬州宇家环保科技有限公司、墨玉县蓝海鸽业发展有限公司等企业进行技术推广应用。集成的沙门氏菌防控技术、棉酚控制技术在姜堰、泰兴、句容、扬中和金湖等推广示范基地的13家蛋鸡场示范点进行技术方案的熟化与示范应用。

2020年，家禽所开展社会咨询服务和扶贫工作。以国家现代农业产业体系及综合试验站、省现代农业产业技术体系以及推广基地为抓手，开展科技推广服务。参加全国蛋鸡遗传改良计划视频会及论证会，修改畜禽种业指标体系，撰写国家禽种业安全情况报告、2019年畜禽种业发展报告等材料；参加由农业农村部种业管理司组织的“十四五”种业现代化发展专题研究报告编写，对《国家畜禽遗传资源品种名录》提出修改建议。监测新冠疫情下江苏省肉鸡生产和市场情况，了解疫情对产业的影响；组织专题调研2次，调研66家肉禽养殖企业（户），发布“当前新型肺炎防控形势下肉鸡生产的建议”等应急指导建议，稳定肉鸡生产；上报江苏省肉鸡产业情况及存在问题，撰写“新型冠状病毒肺炎疫情对江苏省肉鸡产业影响及建议”调研报告。全年累计为60多个养殖户、500多人提供技术咨询服务，为10多家企业提供技术支持。参与藏区藏鸡扶贫，为德青源公司尼木基地供应藏鸡开发配套母本3.9万只；多次到广西钦州、广东茂名、贵州贵阳、江西宁都、江苏泗阳等重点帮扶县开展扶贫与技术讲座，开展技术培训20多次，累计培训约3000人次。

2020年，家禽所举行学术交流与合作。组织承办国家畜禽遗传资源委员会2020年度工作会议、全国性肉鸽安全生产新技术研讨会以及水禽产业形势分析会、畜牧业标准制订研讨会等；组织科技人员参加第17次全国畜禽遗传标记学术讨论会、世界种业论坛、华东区育种协作组会、省畜牧兽医学会学术年会、国家级畜禽基因库工作会、第六届全球肉鸡产业研讨会、中国畜牧兽医学会动物营养学分会第13次动物营养学术研讨会、第五届中国鸽业发展大会、有机资源循环利用大会暨全国第15届堆肥技术与工程研讨会等共计150人次，大会作报告15人次。获江苏省科学技术三等奖2项，第九届江苏省农业技术推广奖6项，其中一等奖1项、二等奖4项、三等奖1项。立项江苏省地方标准1项，立项扬州市地方标准3项，发布农业行业标准3项。授权专利44项，其中发明专利23项。发表科技论文147篇，其中SCI收录26篇。（肖　芹）

■扬州市24个项目获江苏省科学技术奖　2020年，全市共有24个项目获2020年度江苏省科学技术奖，其中一等奖3项、二等奖5项、三等奖16项。扬杰电子科技股份有限公司获省企业技术创新奖，扬州市获奖数量列全省第3位。

（刘　薇　许　婷）

扬州市获2020年度江苏省科学技术奖项目情况表

表30−10

序号	获奖项目名称	扬州获奖单位	获奖等级
1	鸡遗传资源评价、种质创新与产业化应用	扬州大学	一等奖
2	稻－麦两熟丰产高效绿色栽培关键技术创建与应用	扬州大学	一等奖
3	禽肉工业化加工共性关键技术及其产业应用	江苏馋神集团有限公司	一等奖
4	高效环保智能化双层就地热再生装备的关键技术研发与工程应用	江苏奥新科技有限公司	二等奖
5	渗蓄净水型铺面关键技术与应用	扬州大学、江苏省扬州市公路管理处	二等奖
6	几丁质资源生物加工及精益制备的关键技术研发与产业应用	扬州日兴生物科技股份有限公司	二等奖
7	江苏贝类资源高值化利用关键技术及产业化示范	江苏威伍水产发展股份有限公司	二等奖
8	高安全性锂离子电池及其热管理系统关键技术研发与产业化	江苏华富储能新技术股份有限公司、华富（江苏）锂电新技术有限公司	二等奖
9	表达蛋白及动物细胞大规模反应器培养技术在畜禽用疫苗上的应用	扬州优邦生物药品有限公司	三等奖
10	大型余热回收机组高性能双壳体高温高压泵研发及产业化	江苏永一泵业科技集团有限公司	三等奖
11	5G通信用高性能光纤光缆材料关键技术及装备	扬州金森光电材料有限公司、扬州大学	三等奖
12	绿色杀菌剂氟啶胺清洁合成技术的研发及产业应用	江苏扬农化工股份有限公司	三等奖
13	碳纳米功能复合材料的制备及其聚合物纳米复合材料宏观性能的界面调控	扬州大学、江苏金陵特种涂料有限公司、扬州市维纳复合材料科技有限公司	三等奖
14	微通道连续流催化合成吡啶杂环类产品清洁生产技术及其工业化应用	江苏扬农化工集团有限公司	三等奖
15	高效精密热模锻智能化柔性生产线	扬力集团股份有限公司	三等奖
16	海洋深水油气井成套钻具高性能设计制造关键技术与应用	扬州大学	三等奖
17	数控重型机床成套装备关键技术及其应用	扬州锻压机床股份有限公司	三等奖
18	水环境工程化高效清理成套装备研制及应用	江苏省水利机械制造有限公司	三等奖
19	淡水水产品关键技术创新及应用	江苏威伍水产发展股份有限公司	三等奖
20	蛋鸭产业化关键技术研发与应用	江苏省家禽科学研究所、江苏高邮鸭发展集团有限公司	三等奖
21	禽沙门氏菌病防控技术创新集成与应用	江苏省家禽科学研究所	三等奖
22	控制病媒蚊虫的新型微生物制剂创制与应用	江苏里下河地区农业科学研究所、扬州绿源生物化工有限公司	三等奖
23	海工船舶／车辆再电气化高效能量转换、功率管理及其工业互联	国充充电科技江苏股份有限公司	三等奖
24	设施瓜果类蔬菜土壤连作生物障碍微生态调控关键技术及应用	扬州大学	三等奖

（刘　薇　许　婷）

行业科技

气象测报

■概况 2020年，扬州市年平均气温16.6摄氏度，偏高0.8摄氏度。极端最高气温全市为38.8摄氏度（8月17日，扬州）；极端最低气温为-11.9摄氏度（12月30日，宝应；12月31日，仪征）；35摄氏度及以上的高温日数为10天（宝应）~15天（扬州）。年降水量1337.8毫米，偏多至三成。年日照时数1455.4小时，与常年相比，偏少一至三成。有暴雨洪涝、高温、强对流、连阴雨、台风等主要天气气候事件。

（徐莎莎）

■气象灾害 2020年，扬州市主要天气气候事件有暴雨洪涝、高温、强对流、连阴雨、台风等。从灾情分析来看，致灾的主要天气是强对流、暴雨洪涝和寒潮。

1. 强对流

6月12日，高邮城南新区勤王、管伙、浩芝等3个村突遭EF1—EF2级龙卷风，此次灾害共造成群众财产、公共设施、农业设施等各类损失1500万元以上（不含电力设施和企业停电停工损失），其中农业损失304万元、工矿企业损失54万元、基础设施损失44万元、公益设施损失9.1万元、家庭财产损失1144万元，附近的变电设施损坏导致一定区域停电，无1人死亡。

8月1日，江都区丁沟镇丁沟社区遭受强对流天气大风袭击，受灾21人，其中房屋受损（轻微损坏）6户18间；住宅楼屋顶约600平方米的彩钢瓦屋面被全部掀翻并坠落到路面，1辆汽车被砸坏；彩钢瓦屋面被掀翻并砸断高压线，造成集镇停电3小时。灾害造成直接经济损失约21万元。灾害未造成人员伤亡。

2. 寒潮

2月14—16日，受雨雪和降温影响，全市小麦冻害发生面积2.17万公顷，占12.5%，约0.03万公顷小麦严重冻害，出现群体茎蘖幼穗冻死。由于这次低温寒潮持续时间较短，对处于拔节初期及未拔节小麦的影响不大。（徐莎莎）

■主要天气气候事件 （1）梅雨。扬州市6月10日入梅，7月21日出梅。梅雨特点：入梅早，出梅晚，梅期长。6月10日入梅（常年6月19日），7月21日出梅（常年7月10日），梅长41天。梅雨量显著偏多。全市平均梅雨量510毫米，比常年偏多1.2倍。梅雨量历史排名：扬州、江都、邗江、仪征排名第7位，高邮第6位，宝应第10位。具体雨量分布：扬州518.7毫米、宝应415.6毫米、高邮534.2毫米、仪征572.3毫米、江都464.4毫米、邗江556.1毫米。强降水过程频繁。梅雨期强降水过程有8次，主要为6月12—16日、6月18日、6月23日、6月27—29日、7月3日、7月11—12日、7月15日、7月17—19日。梅雨期阴雨寡照，全市日照46.2~90.3小时，较常年同期偏少六至八成，除高邮外，其他均为有气象记录以来的最少值。降水日（＞0.1毫米）偏多，全市雨日22~29天，最多的为仪征29天（与1980年并列历史同期第1多值）。

（2）暴雨。

全市暴雨频发，长江水位告急，防洪形势严峻。

（3）高温。

全市出现≥35摄氏度高温的日数分别为扬州市区14天，宝应10天，高邮11天，江都14天，仪征13天，各站点高温日较常年均偏多。高温时段主要集中出现在6月2—7日、8月1—3日、8月13—19日。

（4）强对流。

3月25—26日出现暴雨，局部大暴雨，并伴有雷暴大风、短时强降水天气，最大降水量达133.3毫米（仪征大仪镇），江都城区单日雨量61.9毫米，刷新3月同期最大日雨量历史纪录。

4月12日，全市大部分地区出现7级以上大风，最大为10级（25.2米/秒，高邮临泽东荡）。

6月1日，高邮三垛镇出现单点暴雨，2小时雨量达54.9毫米，宝应西安丰镇出现8级大风（18.1米/秒）。

6月2日，仪征城区出现大到暴雨（43.6毫米），高邮临泽东荡出现11级雷暴大风（28.6米/秒）。

6月12日，高邮出现雷雨大风和短时强降水等强对流天气，高邮城南新区勤王、管伙、浩芝等3个村突遭EF1—EF2级龙卷袭击，部分地区小时雨强达40毫米。

6月28日，全市普降暴雨到大暴雨，并伴有大风、短时强降水等天气，有9个乡镇（街道）1小时雨量超过30毫米，最大为60.1毫

2020年扬州市区气象资料表(一)

表30-11

天气现象	初日	终日	初终间日数（天）
霜	11月19日	3月5日	108
雪	1月9日	3月28日	80
积雪	1月9日	2月16日	39
结冰	11月19日	2月20日	94
最低气温≤0.0摄氏度	11月19日	2月20日	94

注：表内资料统计时段为2019年11月至2020年12月（张网定）

2020年扬州市区气象资料表(二)

表30-12

天气现象	初日	终日	初终间日数（天）
无霜期日数（天）	301		

注：表内资料统计时段为2020年1—12月（张网定）

米/时（仪征青山镇）。全市普遍出现5~6级大风，极大风速为20.1米/秒（8级，高邮卸甲八桥）。

8月1日，江都丁沟镇区域站出现20.8米/秒（9级）的大风天气。

8月10日，全市普遍出现6~7级雷暴大风，极大风速为21.3米/秒（9级，邗江瓜洲镇）。

（5）台风。

有3次台风影响扬州市，分别为2020年第4号台风“黑格比”、第8号台风“巴威”和第9号台风“美莎克”。受台风“黑格比”的影响，8月6日仪征新集镇出现27.8米/秒（10级）的大风天气；受高空槽和台风“巴威”外围云系的共同影响，8月26日夜间至27日扬州市沿江地区出现暴雨天气，最大降水量为99.9毫米（扬州梅岭街道）；受台风“美莎克”外围及高空槽共同影响，9月1日全市出现降水天气，雨量分布不均，6个乡镇（街道）雨量超过50毫米，最大为86毫米（邗江），全市大部分地区出现5~7级大风。

（6）寒潮和雨雪冰冻。

2月14—16日，出现强寒潮、雨雪和大风天气，并伴有初雷（2月14日），降雪量最大8.6毫米（宝应），积雪深度3~4厘米，48小时最低气温降幅达10.1（江都）~16.0摄氏度（宝应）。

3月26—28日，市区、仪征和江都出现寒潮、雨雪、雷暴大风天气。48小时最低气温降幅达15.5~16.3摄氏度，过程最低气温0.5摄氏度（江都），28日凌晨扬州市区、仪征、江都出现短暂小雪（无积雪）。

12月29—30日，全市出现寒潮、雨雪、大风天气。29日凌晨起雨转雪，雪量普遍达大雪，积雪深度3~5厘米，并伴有6~8级大风，最大20.9米/秒（9级，高邮甘垛镇），24小时降温幅度达14~16摄氏度。30日早晨最低气温-7.4（高邮）~-11.9（宝应）摄氏度，有严重冰冻和道路结冰。

（7）连阴雨。

2020年共出现6段连阴雨过程，分别是1月2—17日、1月21—28日、2月11—16日、6月10日至7月5日、7月11—31日和11月18—27日，持续阴雨寡照给农业生产带来影响。

（8）雾、霾。

全市各地的雾日数分别为：扬州39天、宝应73天、高邮26天、仪征60天、江都48天，与常年相比高邮减少23天，其他地区增多1~36天。

全市各地的霾日数分别为：扬州34天、宝应49天、高邮38天、仪征37天、江都18天。较2019年相比，各站减少4（仪征）~33（高邮）天。（徐莎莎）

■气象基础业务建设 扬州市气象灾害监测预警服务中心项目建设基本完成，高邮市气象监测预报预警服务中心正式投入使用。完成5个国家级地面全要素观测站升级，全面实现云、能、天自动观测。宝应X波段雷达塔台基础建设项目完成并通过验收；高邮湖湖面气象观测平台完成招标，工程建设正在进行。扬州市突发事件预警信息发布平台、智能化业务支撑系统平台建设完成并通过验收。全市进行气象观测质量管理体系评审，配合省气象局通过ISO 9001质量管理体系现场审核。落实气象设备社会化保障，完成巡检监督全覆盖。全年气象基础业务质量保持平稳，综合气象探测业务质量99%，24小时晴雨预报准确率87.6%，最高温度准确率81.9%，最低温度准确率80.3%；气象台共发布暴雪、道路结冰、霾、大雾、雷暴、大风、暴雨、台风等预警信号85期，准确率85.8%。（石建红）

■气象科技创新 市灾害防御中心主持并完成的《太阳能光伏发电装置新型防雷接地模块技术研究及推广应用》获江苏省青年气象科学技术进步成果一等奖。2人分别获批省气象局预报员专项、青年基金项目各1项；《动态权重法集合预报对扬州降水和温度预报的研究》《易燃易爆场所防雷安全监管方法研究》等项目通过验收并实现成果转化和实际应用。制作污染物气象扩散条件指数预报产品，联合市生态环境局开展大气重污染天气会商、空气质量预报并将空气污染条件预报由3天提高到7天。开展精细化预报和生态文明气象保障服务创新团队的中期考核评估；完成省“333工程”培养对象、省气象局业务科技青年新秀年度考核评估；印发《2020年度扬州市气象部门教育培训实施方案》。联合市总工会、市人力资源和社会保障局举办全市气象行业职业技能竞赛并组队参加全省综合技能竞赛，1人被授予“江苏省技术能手”“江苏省气象综合业务标兵”。（石建红）

■气象科普 利用“3·23”世界气象日、“5·12”防灾减灾日、科技活动周、全国科普日和走进“12345政风行风热线”等，开展气象灾害防御科普知识宣传。全年开展科普宣传活动29场次，其中线上科普宣传11次、线下科普宣传18次；组织开展4期维扬气象讲坛和科普特色活动。被江苏省科协评为2020年度江苏省“全国科普日”优秀组织单位，2人分获江苏省气象学会2020年度科普讲解大赛三等奖、优秀奖。（石建红）

■气象服务 全年向地方党委政府及相关部门发送决策气象服务短信230条，报送决策气象服务专报54期，重要天气报告56期；完成春运、疫情防控、汛期、“4·18”烟花三月经贸旅游节、世界运河城市论坛、习近平总书记视察扬州等重要节点、重大活动，以及市各项重点工程的气象保障服务工作；通过手机短信、电视、广播、网站、电子显示屏、农村大喇叭、微博、微信、“扬州发布”App、服务热线等发布各种气象信息，提高气象信息覆盖面，发送气象灾害预警信号86次，重大气象灾害预警准确率89%；发布微博4755条，微信公众号推送48次，召开新闻发布会7次；启动系统内部应急响应8次，提升应急等级3次，外部应急响应1次；强化农业农村气象服务，开展三麦赤霉病、春耕春播、夏收夏种、秋收秋种和水稻穗期病虫害防治等气象服务，为涉农部门提供各类服务材料89期；与人保、紫金保险达成农业气象保险合作协议，开展水稻收获期降水指数保险项目等政策性农业保险气象服务；做好人工影响天气日常管理，加强队伍建设，编制完成2020年人工影响天气计划并获市政府批准，全年开展人工影响天气作业1次，改善空气质量。

（韩　滨）

■气象灾害防御体系建设 完成《扬州市气象灾害应急预案》修订，加强气象灾害防御工作部门联动；协调市农业农村局更新全市新型农业主体名单，将其纳入直通式气象服务；市、县预警信息发布中心建设完成且业务运行正常，完成年度预警责任人和预警接受人名录库更新，市级突发事件预警信息发布中心加强突发事件预警信息系统接入，与市防汛指挥部等4家单位签订合作备忘录，与市委政法委综治中心就预警信息接入进行工作协商；建成扬州市灾害性天气监测预警服务中心，推进扬州国家气象站站址迁移；全市建成“六个一”（一本账、一张图、一张网、一把尺、一队伍、一平台）基层气象防灾减灾标准化体系，基层气象灾害预警传播“四有”（有职责、有设施、有制度、有名库）功能配置标准率95%；联合市应急管理部门，推动全市6个基层社区参与全国综合防灾减灾示范社区申报；完成江苏省“十三五”气象基本公共服务体系建设目标。

（韩　滨）

■气象执法 2020年，编制扬州市气象部门行政执法“三项制度”，健全行政执法责任制，强化气象行政执法规范化；印发《扬州市气象局推行法律顾问制度和公职律师制度实施方案》《扬州市气象部门公职律师管理办法》，落实法律顾问和公职律师工作机制，提升依法行政、依法管理、依法办事规范化水平；完成省人大《江苏省气象灾害防御条例》执法检查迎检工作，并对照检查问题清单进行整改；深化“放管服”改革，完成“互联网+监管”平台中监管事项认领，编制完成检查实施清单并指导县级气象局落实；强化防雷安全事中事后监管，开展“春风行动”，落实企业主体责任；加强部门联动和防雷重点单位安全监管，编制《扬州市防雷安全生产专项整治行动工作实施方案》《扬州市防雷与升放气球安全专项整治三年行动实施方案》，制定年度工作方案，动态更新“二库一单”，完善气象灾害防御重点单位基础信息；全年出动270次共650人次，开展对101家易燃易爆、危化品单位的全覆盖检查，对9家中介检测机构、32家防雷安全管理重点单位实施“双随机”抽查，联合市安监、文旅、公安、应急消防等部门开展防雷安全检查、日常巡查，共检查文保单位28家，提出407条防雷安全整改意见，并通过市气象局门户网站向社会公开。

（韩　滨）

水文测报

■概况 2020年，江苏省水文水资源勘测局扬州分局做好水文测报工作，通过扬州市境内水文站网对江河、湖泊、水库的水位、流量、水质、水温、水下地形和地下水资源及降水量、蒸发量、风暴潮等实施监测、分析与计算，为开发、利用、节约、保护水资源和防灾减灾提供服务。

地表水水文测验。全市水文站网观测水位、潮位、流量、降水量、水温和蒸发量等6类48项水文数据。

地下水监测。全市有Ⅰ～Ⅳ承压的深层地下水监测井65眼（其中，国家级监测井11眼、市级监测井54眼）。Ⅰ承压含水层中，各县（市、区）水位均保持稳定。Ⅱ承压含水层中，水位上升区位于市区、邗江区和高邮市部分区域，其余地区水位保持稳定。Ⅲ承压含水层中，水位上升区位于江都区、高邮市和宝应县部分区域，其余地区水位保持稳定。Ⅳ承压含水层中，水位上升区位于高邮市和宝应县部分区域，其余地区水位保持稳定。全市有浅层地下水监测井23眼（其中，国家级监测井21眼、省级监测井2眼），水位比上年略有回升。

水文部门在大运河扬州市与淮安市交界处的泾河镇设立省属市际断面，实时监测大运河流量，计量考核全市里运河沿线各县（市）实时用水情况。（谈　立　赵林林）

■水文服务 2020年，江苏省水文水资源勘测局扬州分局编制扬州市水资源公报、扬州市地下水监测年报；开展取水工程（设施）核查登记及整改提升，编制工作总结报告；开展集中式饮用水源地长效管理与保护评估，编制年度评估报告；编制仪征市应急水源地泵站改造项目水资源论证、宝应县饮用水源地安全保障规划和宝应县集中式饮用水源地突发性水污染事件水利系统应急预案修编；编制三阳河水量分配方案（经市政府授权发布）、仪扬河水量分配方案、扬州市可用水量方案、扬州市第一批生态流量(水位)确定与保障方案，为河湖资源保护、水源地保护、水资源管理等方面提供保障和技术支撑。编制完成《扬州市水土保持公报（2018—2019）》《扬州市2020年度水土保持监测报告》《江都区“十四五”水土保持发展规划》《瓜洲泵站工程水土保持监测总结报告》等。完成刘集水保径流场试运行监测，完成林下盖度监测。

（赵林林　王亚宾）

■雨情水情 2020年，扬州市降水较多，其时间分布极为不均，入梅前降水极少，局部地区旱情明显，里运河一线输水北上任务艰巨；入梅后降水频繁，长江淮河先后有大洪水过境，沿江潮位超历史最高，全市旱涝急转，防汛态势一度极为严峻。

一、雨情

2020年，全市降水较多，总降水量为1204.2毫米，比常年多19.8%。

1.降水的时间分布

全市降水的时间分布极为不均，降水主要集中在6月、7月和8月，总雨量达726.0毫米，占全年降水总量的60.3%，比常年同期偏多45.3%。其中6月降水最多，月雨量达329.2毫米，占全年总量的27.3%，比常年同期偏多128.3%，在1980年以来的同期最大降水量序列中排名第2位，仅次于1991年；12月和4月降水最少，月雨量分别为17.8毫米和29.6毫米，比常年同期分别偏少38.6%和55.5%。5月下旬至6月上旬，全市总降水15.4毫米，比常年偏少79.5%，在1980年至今的同期最小降水量系列中排名第1位。宝应县5月下旬至6月上旬总降水仅有4.0毫米。

2. 降水的空间分布

全市降水的空间分布呈由南向北递减态势，扬州城区降水最多，面平均总量1347.5毫米，比常年偏多28.3%，宝应县最少，面平均总量1099.5毫米，比常年偏多14.9%；最大降水量点为城区扬州站（1438.5毫米），比常年偏多37.6%，最小降水量点为宝应县陆庄站（978.7毫米），比常年偏多2.1%，最大点和最小点降水比值为1.47。

3. 暴雨

全市降水频繁，共有5次全市范围的强降水过程（6月12—13日、6月28日、7月17日、8月8—9日和8月26日），其总雨量达到汛期雨量的四成，全市最大单日面平均降水量为85.4毫米（6月28日），最大单站一日降水量为130.5毫米（扬州站6月28日）。

4. 梅雨

扬州市入梅早（6月10日），出梅晚（7月21日），梅雨期41天，在1951年以来的梅雨期天数系列中排名第4位。面平均梅雨总量493.1毫米，比常年偏多110.5%，最大降水量点为江都区三江营站（587.0毫米），比常年偏多150.2%，最小降水量点为宝应县陆庄站（376.5毫米），比常年偏多68.0%。

2020年梅雨期内，全市强降水过程频繁，降水主要集中在6月12—13日、6月14—16日、6月16—18日、6月23日、6月27—29日、7月11—13日、7月17—19日。

5. 台风

淮河入江水道　　生态科技新城/供稿

2020年，西太平洋共生成23个台风，对扬州市雨水情有影响的有3个，分别为4号台风“黑格比”、5号台风“蔷薇”和8号台风“巴威”，但是影响都不大。

二、水情

1. 淮河入江水道

2020年上半年，淮河流域降水较少，三河闸未开闸，高邮湖和邵伯湖水位偏低，高邮湖最低水位仅有5.15米，为2003年以来同期最低水位。

入梅后，淮河流域降水频繁，三河闸和万福闸开闸泄洪，入江水道水位全线上涨。7月14日以后，淮河上中游出现持续性降水，形成淮河1号洪水，三河闸下泄流量加大至7000立方米/秒以上，归江控制线敞开泄洪，确保淮河洪水过境。受其影响，高邮湖和邵伯湖水位持续上涨，最高水位分别达8.27米和7.30米，均未超警戒水位。

9月初，三河闸关闸，入江水道一线水情平稳，高邮湖、邵伯湖水位正常。

2020年，三河闸开闸72天，排水310.9亿立方米；万福闸开闸75天，排水274.0亿立方米；太平闸开闸41天，排水26.76亿立方米；金湾闸开闸42天，排水28.00亿立方米；归江控制线合计排水327.8亿立方米。

2. 里下河地区

3月以后，全市降水持续偏少，里下河地区水位缓慢下跌，射阳湖镇站水位由1.00米跌至0.80米左右，江都东闸开闸引水。至6月，由于降水继续偏少，同时适逢农业用水高峰，里下河部分区域用水紧张，射阳湖镇站水位最低跌至0.25米（6月12日），在1980年至今的年最低水位系列中排名第3位，仅次于2017年和2011年。

入梅后，受持续降水影响，里下河地区水位全线上涨，三垛站和射阳湖镇站水位超过警戒水位，最高水位分别为2.39米和2.27米，江都抽水站开机抽排里下河涝水。出梅后，里下河地区水位开始缓慢下跌，8月上旬受强降水影响，水位再次上涨，三垛站水位超警戒水位，其后直至年末，里下河地区水情平稳，水位正常。

2020年，江都东闸开闸引水262天，引水量35.05亿立方米，缓解里下河地区的用水紧张态势；江都抽水站开机11天，抽排里下河涝水3.04亿立方米。

3. 里运河

2020年年初，江都抽水站和宝应站开机抽水，给宝应湖补水和输水北上，1月下旬关机，淮水南下；2月下旬，两站再次开机，补水宝应湖和输水北上；5月中旬至6月中旬，淮河流域降水极少，同时适逢农业用水高峰，江都抽水站机组全开，每天和宝应站合计抽水约550~600立方米/秒北上抗旱，补充宝应湖、白马湖和淮北地区用水需求，根据用水计划适当补给里下河地区，大运河一线抗旱压力极大。入梅后，淮河流域降水频繁，江都抽水站和宝应站关机，淮水南下，芒稻闸开闸排水入江。11月10日，江都抽水站再次开机抽水，输水北上。

2020年，江都抽水站总抽水量为35.70亿立方米，宝应站总抽水量为9.94亿立方米；经泾河站，江水北上量为10.62亿立方米，淮水南下量为15.82亿立方米；芒稻闸开闸57天，排水8.54亿立方米。里运河一线水位正常。

4. 长江来量和沿江潮位

长江大通来量比常年偏多23.9%，平均来量在3.52万立方米/秒左右，除5—6月低于常年，其他月份大通流量均高于常年。汛期，长江共形成5次洪水，大通来量最高达8.46万立方米/秒，仅次于1954年的9.26万立方米/秒，超8.00万立方米/秒以上流量3天，超7.00万立方米/秒以上流量26天，超6.00万立方米/秒以上流量39天。

1—4月，大通来量比常年偏多三成以上，扬州市沿江潮位较常年偏高，5—6月大通流量比常年偏少近两成，扬州市沿江潮位较常年偏低，三江营站5月最低潮位0.82米，为2012年以来同期最低。

7月始，长江大通来量迅速增长，受其影响，扬州市沿江潮位持续上涨，7月7日全线超警戒水位，7月21日泗源沟闸和瓜洲闸分别创造有记录以来的最高潮位纪录（7.58米和6.89米），其后扬州市沿江潮位开始缓慢回落，直至年末，仍高于常年同期。

2020年，三江营站、瓜洲闸站、泗源沟闸站分别超出警戒水位16天、36天、35天。

5. 扬州城区与仪六区月塘水库

2020年入梅前，泗源沟闸打坝断流，瓜洲闸开闸排水，改善城区内河水环境。入梅后，城区降水频繁，两闸开闸排水，7月上旬始，由于长江来量大，扬州市沿江潮位高于内河水位，瓜洲闸和泗源沟闸关闸，瓜洲泵站开机抽排内河涝水。8月下旬至10月，长江潮位回落，瓜洲闸再次开闸排水，泗源沟闸抢低潮引水。其后直至年底，泗源沟闸和瓜洲闸间断开闸排水。

2020年，泗源沟闸开闸引水0.33亿立方米，排水0.62亿立方米，瓜洲闸排水5.72亿立方米。

月塘水库水位年初偏低，1—4月缓慢上升，5月底开始缓慢下跌，入梅后，再次持续上涨，最高达31.84米（7月21日），开启溢洪道溢洪，其后月塘水库水位缓慢回落并稳定在30.90米左右。（谈　立）

■水质监测　2020年，水文部门加强对南水北调输水干线、集中式饮用水水源地、国家重点水质站、流域性河道、骨干河道、国家重点水文站、省管湖泊、水功能区、入江支流、深（浅）层地下水、入河排污口及突发性水污染事故等水质监测。定期定点不重复监测站点223个，其中，南水北调输水干线监测站点16个，集中式饮用水水源地监测站点10个，国重点监测站点10个，流域性河道、骨干河道监测站点29个，国家重点水文站监测站点8个，省管湖泊监测站点13个、水功能监测站点87个，入江支流监测站点28个，深层地下水监测站点16个，国家地下水监测站点24个，浅层地下水监测站点18个，入河排污口监测站点70个；全年监测总站次约1500次，监测项目包括水质感观、无机物污染、有机物污染、有毒有害物质和重金属等，获各类数据3万多个。全年编制《扬州市集中式饮用水源地水文情报》24期，编制扬州市及各县（市、区）水功能区监测成果年度报告。

水功能区水质监测。3月、5月、9月和11月监测全市75个水功能区87个水质监测站点，每月监测全市35个省级重点水功能区42个水质监测站点，为掌握扬州市水功能区水资源质量状况，实现水资源的优化配置、合理利用和有效保护提供科学依据。

集中式饮用水水源地水质监测。每月上半月和下半月分别对全市10个集中式饮用水水源地进行监测，保障居民饮用水安全。

地下水水质监测。加强丰水期和枯水期地下水水质监测，3月和8月，分别对全市12眼深层地下及18眼浅层地下水水质进行监测，为水利部门开发地下水资源提供技术支撑。

入河（湖）排污口水质监测。5月和10月，分别对70个入河（湖）排污口进行水质、水量同步监测，为扬州市水环境治理提供科学依据。

省管湖泊水质监测。在高邮湖、邵伯湖、宝应湖和白马湖等各生态区共布设监测站点13个，每季度第2个月监测1次，为湖泊管理提供基础资料。（刘　芳）

科学知识普及

■科普协作机制　7月9日，市科协召开全市科学素质纲要工作推进电视电话会。围绕“科技战疫、创新强国”“决胜全面小康，践行科技为民”主题，在“科普宣传周”“全国科普日”期间，组织市、县纲要成员单位开展院士专家进校园进企业、科普讲师团“走百村、讲百课”“指尖对决——探秘扬州软件园创新创业密码”“科普e路游学”等200多项重点活动，21个项目获中科协及省科协表彰。实施首届科普公益创投项目征集，29个项目获省、市资金引导。联合市委组织部、市农业农村局、市广电总台推出“党建引领乡村振兴——科普云课堂”20期，获省委组织部第15届全省党员教育作品观摩交流活动评选三等奖。联合市委宣传部、团市委开展2020年科学创意作品征集大赛。联合省科协企业创新服务中心、市应急管理局组织“危险化学品安全”科普培训会。省公民科学素养大赛线上赛人数突破10万人次。

（刘　悦　王　翔）

■**疫情防控科普宣传** 2020年，市科协成立全市科协系统新冠肺炎疫情防控工作领导小组，下设科学普及、信息宣传、学会动员、统筹保障等4个工作组，落实疫情防控责任；通过各级媒体发布《致全市科技工作者的倡议书》，联合市医学会、护理学会宣传抗疫一线医护科技工作者先进事迹；向72名基层“四长”（企业厂长、学校校长、农机站长、医院院长）赠送省科协安排的“守护保”防疫保险。联合市委宣传部印发《关于进一步加强“科普中国”平台推广应用 广泛深入开展疫情防控科普宣传的通知》；疫情暴发初期联合中国知网推出《新型冠状病毒感染的肺炎防护手册》《防护科普知识智能问答》，在线组织抗击新冠病毒科普知识有奖竞答活动，参与人数10万多人次。运用“扬州市科普e站通”“扬州市科协”等微信平台，加强与市级主流媒体的合作，定期推出权威科普宣传文章、视频、通报等，累计推文391篇；市心理学会开通27条心理热线，市护理学会推出《抗疫日记》50多篇、《抗疫科普》40多篇。 （刘 悦 王 翔）

■**青少年科技教育** 8月起，市科协联合市教育局举办4期2020年青少年科技创新后备人才培训班，8名学生入选省级计划；组织第九届青少年科技创新市长奖评选，开展扬州市第一届青少年创意编程与智能设计大赛、扬州市青少年航空模型竞赛；在第31届江苏省青少年科技创新大赛中共有93个项目获奖，2项作品分获初、高中组最高奖项“培源奖”；8月14日，联合扬州电视台推出新版《科里课外》科普专栏，增设《科学星星秀》《科学连连看》《科学不科学》等专题，面向科普教育基地、科技教育示范校、科技创新大赛获奖者创作拍摄22期。先后邀请东南大学校长助理任祖平、上海大学教授王潮等4位专家走进扬州中学等校园作科普报告会；建成扬州市青少年科学教育活动服务平台网站，为青少年科技教育活动发布、作品申报、辅导员业务交流等搭建平台。

（刘 悦 王 翔）

9月11日，扬州市为第二届10名“最美科技工作者”颁发证书

科 协/供稿

■**科普阵地建设** 2020年，邗江维扬实验小学建成占地500多平方米的扬州市青少年科创中心，组建并获批STEM教育市级名师工作室；扶持建成广陵常府社区航空科普馆等3家社区科普体验馆；新增扬州首拓环保科普教育基地（邗江）等10家市级科普教育基地、高邮珠湖小镇等4家省级科普教育基地；扬州软件园获批省优秀科普教育基地，仪征捺山地质公园、宋夹城VR梦工厂获批省专业科普场馆扩大开放试点奖补项目。扬州科技馆推出“科学实验挑战赛”“青少年科普诵读大赛”“周末实验室”等活动，新编排“科技探索奇遇记”研学课程，与汶河东区校形成馆校合作，组织“寻找未来科学家”主题夏（冬）令营、《超能科技馆》电台连线，举办《发现木的万种可能》《人类VS病毒》等临时展览。仪征建成全市首家新时代文明实践中心科普体验馆；宝应建成首家县级“新能源科技馆”，争取中科协资源建成氾水“农村中学科技馆”，争取商会资源建成小官庄镇中心学校科普体验馆。 （刘 悦 王 翔）

■**寻找“最美科技工作者”** 联合市委宣传部开展第二届寻找“最美科技工作者”活动，通过扬州电视台新闻频道、扬州日报专版、扬州发布、“扬帆”等媒体平台开展系列创新创业故事专访宣传。9月11日，市委副书记孔令俊在全市科普日启动仪式上为10名“最美科技工作者”颁奖。推荐扬州大学吴彦庆、苏北医院戴艳获省科协青年科技人才托举工程项目，宝应许祯祯获评全省科协系统先进个人，苏北医院闵凌峰获“典赞-2020科技江苏年度科普人物”称号。

（刘 悦 王 翔）

教育

Jiaoyu

编 辑 陈永华

综述

■**概况** 2020年，全市有各级各类学校769所，在校生71.26万人，专任教师4.90万人。其中，幼儿园368所，在园学生11.51万人，专任教师7610人；小学201所，在校生22.26万人，专任教师1.46万人；初中132所，在校生10.53万人，专任教师1.04万人；普通高中31所，在校生7.15万人，专任教师6299人；中等职业学校9所，在校生3.32万人，专任教师2286人；特殊教育学校7所，在校生984人，专任教师229人；普通高校8所，在校生11.07万人，专任教师6183人。全市3~5周岁学前三年教育毛入园率99.5%，义务教育入学率、高中阶段毛入学率100%。全市中等职业学校毕业生就业率99%，对口就业率76%，直接就业学生中本地就业率80%。

做好疫情防控和教育教学。面对新冠肺炎疫情，市教育局建立健全传染病疫情防控体系，成立市教育局新冠肺炎疫情防控工作领导小组和全市教育系统疫情防控指挥部，做好全市教育系统疫情防控。延期开学期间，通过扬州智慧学堂平台为全市40多万中小学生提供“停课不停学”线上学习服务，制作上传网络课程3000多节。开展17轮拉网式排查和“四不两直”式抽查，推进全市各学校（幼儿园）和校外培训机构落实疫情防控要求。制定全市中小学（幼儿园）开学验收十项清单。3月30日起，全市755所学校（幼儿园）、71.25万名学生分六批次完成复课开学。9月1日，全市大中小学（幼儿园）开学。常态化做好学校疫情防控，加强重点人员的排查和管控，实行师生员工健康状况“日报告”“零报告”制度。强化联防联控，落实学校防控“五大员”（1名医务人员、1名交通安全员、1名食品安全员、1名社区网格员和1名教育督导员）制度，完善“一校一医疗机构一医务人员”医校对接机制。做好高温期间教育教学及中高考考试保障。2020年，全市共组织各类教育考试21次，考生108万人次，中高考考场全部安装空调，中考考场首次实现视频监控全覆盖，体育中考全部送考到校。

推进教育现代化建设。2019年度教育现代化建设监测综合得分89.58分，比上一年提高2.19分。修编完成《扬州市区义务教育学校布局规划（2017—2030年）》，市教育局联合市自然资源和规划局开展《扬州市区学前教育布点规划（2018—2035年）》《扬州市区学前教育用地控制性详细规划（2019—2035年）》修编。启动新（改、扩）建幼儿园23所、义务教育学校9所、高中学校1所。完成27所乡村小规模学校和乡镇寄宿制学校提升工程任务。提高普通高中资源供给比例，建成邗江西区新城高级中学、华东师范大学实验高中。创成江苏省智慧校园示范校4所，开通全市教育系统网络安全24小时监测预警平台。组织各县（市、区）政府履行教育职责情况督导考评。

基础教育优质均衡发展。推进学前教育优质普惠发展及城镇小区配套幼儿园治理，完成83所幼儿园治理，完成率100%。联合市民政局、市市场监督管理局开展非营利性和营利性民办幼儿园登记，提高普惠性幼儿园比例，普惠性幼儿园覆盖率91%。创成江苏省优质幼儿园8所、扬州市优质幼儿园5所，在省、市优质园就读幼儿比例92%。区域推进幼儿园课程游戏化项目建设。联合市财政局对各地学前教育经费落实情况进行考核。推进义务教育集团化办学，提升梅岭中学教育集团办学水平，广陵区启动以育才小学、汶河小学、东关小学为核心的3个教育集团化办学试点，邗江区依托邗江实验学校品牌举办邗江实验学校蜀冈分校。扬州树人学校高中创成江苏省三星级高中。首次开展幼升小、小升初入学网上登记。执行“义务教育公办民办学校同步招生，民办学校报名人数不超过招生计划数的一次性全部录取，超过招生计划数全部实施电脑随机派位招生”政策。加强学校常规管理，“百校行”摄制组“四不两直”式抽查中小学（幼儿园）300多所。

提升职社教服务地方发展能力。制定《关于加强扬州市中等职业学校新时代教学质量工作的实施意见》，促进职业教育教学质量整体提升。创成江苏省职业教育现代化专业群4个、现代化实训基地4个，扬州高等职业技术学校和扬州旅游商贸学校入选江苏省中等职业学校领航计划建设单位，扬州文化艺术学校获评江苏省优质特色学校，邗江中专获评江苏省现代化示范性职业学校，7家扬州企业入选省产教融合型企业建设培育库。建立全市职业教育统一招生平台，规范职业学校招生秩序。深化社教富民行动，建成老年学习苑、新型职业农民培训基地、青少年校外辅导品牌、特色家长学校和优秀学习型组织等40家。

教育内涵建设。开展中小学生仪式教育，加强中小学生劳动教育，建成3个学生生活技能训练基地。推进青少年苗壮成长工程，开展义务教育阶段“三增”活动（增加学生睡眠时间、体育锻炼、生活技能）。创成全国青少年校园足球特色学校8所、篮球特色学校7所、江苏省健康促进金牌学校9所、扬州市心理健康特色学校8所。完成600场关爱儿童、100场防近视知识校园宣讲。举办“中国梦·运河情”全市中小学生才艺大赛。推进“五个一百”工程〔一百本名著、一百篇名篇、一百位名人、一百首（幅）名曲（名画）、一百部优秀影视剧〕，组织专题研讨会、培训会以及微课评比、项目展示活动。开展第六批校本教研星级学校评审，成立扬州市初中课堂教学改革共同体，推进义务教育课堂教学改革。加强新高考方案的应对与研究，做好“08方案”高考备考，全市普通类本一达线人数持续高位增长，万人口普通类本二以上达线率连续第四年保持全省第一，拔尖学生培养质态保持稳定，高考综合实力继续稳居全省第一方阵。

教师队伍建设。实施新一轮师德师能建设双“百千万”工程（百名校长、千名骨干教师、万名青年教师）。组织“身边好教师”事迹展播，表彰师德标兵21人，开展先进事迹宣讲10场。组织136人次省市特级教师到农村学校支教送教，受培农村教师超5000人次。建设“四有”（有理想信念、有道德情操、有扎实知识、有仁爱之心）好教师

2020年扬州市教育事业基本情况表

表31-1

学校类别	学校数（所）	班级数（个）	在校学生数（人）	专任教师数（人）
合　计	**769**	**13070**	**712593**	**48975**
普通高校	8	—	110749	6183
成人高校	1	—	30326	70
普通中学	163	3988	176749	16732
高中	31	1528	71458	6299
初中	132	2460	105291	10433
小学	201	5392	222582	14589
幼儿园	368	3601	115055	7610
特殊教育学校	7	89	984	229
中等职业学校	9	—	33154	2286
技工院校	12	—	22994	1276

注：1.表格数字按江苏省教育厅统计口径填报；
2.本表技工院校数据由市人社部门提供　（柏　珏　发规处）

团队省级重点培育项目6个、市级培育项目30个。启动第五期14个乡村教师培育站建设，开展乡村高中英语骨干教师培训。举办第四届特级教师论坛、扬州教育讲坛、“运河杯”论文大赛等活动，推进“领雁工程”“高端研修班”等名师培养项目。全年共进行市级以上教师培训128项，超3.5万名教师受益。开展新一批省特级教师评审、市级骨干教师评审和考核。全市新增正高级职称教师14名。健全“县管校聘”管理体制，指导各县（市、区）落实“县管校聘”联席会议制度。探索幼儿教师补充机制，委托南通师范高等专科学校和苏州幼儿师范高等专科学校培养40名幼儿教师。招录乡村教师定向师范生260名。6月3日，扬州市师德师能建设工作经验在全省教师大会交流推介。

健全教育保障措施。开展校园和校车安全专项整治，累计排查安全隐患1459件，整治完成1390件。各学校全部配齐安保器材，安装硬质防冲撞设施，一键报警装置接入公安报警平台。全市实现校车安全工程全覆盖，其中高邮市实现标准化校车全覆盖；主城区开通定制公交学生专线54条。发放家庭经济困难学生生活补助和国家助学金，完成低收入农户子女入学费用减免。为884位家庭经济困难学生配备线上学习终端设备，确保疫情期间线上教学“一个不能少”。全市新招收宏志班25个，提升宏志班办学质态。新建并验收合格融合资源中心106个，出台《关于做好义务教育阶段重度残疾儿童康教融合服务工作的指导意见》，保障重残少儿康教融合服务。各县（市、区）均开展课后服务，市直学校每天开设一节社团活动或课外阅读课。强化义务教育学校食堂管理，落实校长公开陪餐和家长定期陪餐制，全市阳光食堂平台运行率100%。（柏　珏）

■教师队伍建设　营造师德风尚。市教育局出台《关于加强和改进全市中小学教师师德师风建设实施意见》。开展师德宣讲16场次，评选出21位“扬州市师德标兵”，编印《大爱如春——2020扬州市身边好老师风采录》。构建教师发展格局。全市招录乡村定向师范生260人。委托南通师范高等专科学校和苏州幼儿师范高等专科学校培养40名五年制学前教育专业师范生。开展新一轮师能建设“百千万”工程，开展“青年教师启航行动”，举办“骨干教师攀越行动”，推进“特级教

师牵手乡村教育”行动，全年组织支教送教150多人次，受培农村教师超5000人次。推进“四有”好教师团队建设，新建“四有”好教师团队建设省级项目6个、市级项目34个。开展第九批市级学科带头人、中青年骨干和教学能手评选工作，新评各类名师1450人。

（柏 珏 教师处）

■中小学素质教育 实施青少年茁壮成长工程。新创全国足球特色校8所、全国足球特色示范校1所、全国青少年校园篮球特色校7所、全国青少年校园排球特色校3所。承办江苏省青少年校园足球教练员技能大赛，扬州代表队获团体一等奖。首次线上组织扬州市“阳光体育”青少年足球U系列网络“体适能”比赛。1人入选国家青少年校园足球夏令营集训，6人入选江苏省青少年校园足球夏令营集训。开展“每天一节社团（阅读）课”。开展“守护成长、幸福一生”儿童青少年关爱保护行动。举办心理健康教育、儿童青少年近视防控、食品安全和传染病防控知识培训。新创江苏省中小学艺术教育特色学校6所。组织第七届“中国梦·运河情”中小学师生才艺大赛。全年组织6万人次学生参加综合实践，建成3个学生生活技能训练基地，1.9万人次学生参加劳动实践。

开展线上升旗仪式、给抗疫前线父母写信、“抗疫”主题班会等活动，让学生正确认识疫情，传播爱国正能量。邗江区百祥实验幼儿园开展的向最美“逆行人”送元宵祝福活动登上央视《共同关注》。为武汉捐出“小黄鸭”存钱罐的谢蓝一亮相央视《新时代最可爱的人》特别节目，分享“武汉加油鸭”的暖心故事。（柏 珏 基教处）

■教育科研 提升高中教育质量。组织对34所学校高三（两轮）、高一年级进行教学视导。开展高三线上学习指导视频研讨与线上阶段性测试。做好拔尖创新人才线上培训指导。高中学科竞赛取得新突破，在全国数学、物理与信息学奥赛中，获得3枚金牌2枚银牌。义务教育高品质建设。组织全市小学、初中学业质量监测，对355所小学、初中学校共7.01万人进行笔测，撰写分析报告211篇；对24所小学、初中学校进行飞行监测，形成276份反馈报告。推进“五个一百”工程，组建“五个一百”工程项目推进核心组，召开全市“五个一百”工程推进现场会。职业教育内涵建设。推进全市职业学校活力课堂教学改革的研究与实践，组织面向全省的2020年度全市职业学校“活力课堂”教学观摩展示活动。教育科研项目培育。组织教育科研项目遴选，梳理全市有价值、有基础、有成果、可培育项目，并邀请省专家对省级前瞻性项目进行专题指导与论证。

（柏 珏 教科院）

■教育督导 6月，对各县（市、区）和功能区2019年度教育工作进行督导考核，首次将功能区纳入督政范围，督促县级政府尽责履职。10月，接受省对市政府2019年度履行教育职责情况的实地考评。12月，对各县（市、区）和功能区2020年县域学前教育工作进行督导，促进县级政府履行发展学前教育责任，提高学前教育普及普惠水平。开展县域义务教育优质均衡和县域学前教育普及普惠监测，对照义务教育优质均衡发展32项指标和县域学前教育普及普惠26项主要指标，对县（市、区）、功能区达成情况进行摸底监测。开展县域义务教育教师工资收入落实情况督导，督促各地落实国家有关政策，提高义务教育教师工资收入水平。（柏 珏 督导室）

■教育监察 落实全面从严治党要求，组织召开全面从严治党暨服务教育高质量发展作风能力建设视频会议，制定全面从严治党责任清单。落实“三重一大”（重大事项决策、重要干部任免、重大项目投资决策，大额资金使用）决策机制，开展廉政风险防控及其排查整改完善工作，补充调整市直学校纪检监察干部队伍，加强对党员干部的教育管理和监督。加强师德长效管理。督促各地各校常态化落实师德建设长效管理机制。开展新入职教师拒绝有偿补课公开承诺活动，加强教师无偿辅导备案管理。对教师违反师德师风行为“零容忍”，2020年全市教育系统共办理各类教育咨询、投诉举报274件，查处师德失范行为6起，批评教育、约谈提醒65人次。（柏 珏 党廉办）

■招生考试 2020年，全市组织各类教育考试21次，考生108万人次。各地各考点高标准抓好招考工作，做好疫情防控背景下的考试工作，实现无安全责任事故、无失密泄密事件、无群体性舞弊事件、无网络舆情事件的“四无”目标。投入575万元新建供电双回路考点5

2020年扬州市普通高校招生、录取情况表

表31-2

地 区	报名参加考试人数（人）	录取人数（人）		
		合 计	本科人数	专科人数
合 计	21331	20708	15960	4748
市 区	4369	4231	3462	769
邗江区	2485	2441	2061	380
江都区	4648	4521	3362	1159
宝应县	3935	3838	2860	978
仪征市	2361	2293	1658	635
高邮市	3533	3384	2557	827

（柏 珏 考试院）

个，投入1041万元用于空调采购，1430万元用于中高考考点电力增容，中高考所有考场全部安装空调，全市中考考场首次实现视频监控全覆盖。全市高考考生首次全部在医院外场所进行体检，降低疫情风险，守住疫情防控底线。全市5名学生录取空军飞行学员、2名学生录取海军飞行学员，扬州市教育考试院被东部战区空军政治部和江苏省高校招生委员会联合表彰为先进单位。

（柏　珏　考试院）

■教育经费 2020年，全市地方教育经费总投入133.95亿元，比上年增加3.28亿元，增长2.51%。其中，财政性教育经费115.63亿元，比上年增加4.91亿元；教育事业收入15.62亿元，比上年下降1.24亿元；民办学校中举办者投入0.16亿元，比上年增加0.03亿元；捐赠收入0.06亿元，比上年减少0.02亿元；其他收入2.48亿元，比上年减少0.4亿元。市直教育系统（含市属高等学校）经费总额23.46亿元，比上年增加1.19亿元。其中，财政性教育经费18.79亿元，比上年增加1.13亿元；教育事业收入4.23亿元，比上年增加0.23亿元；捐赠收入0.04亿元，与上年持平；其他收入0.40亿元，比上年减少0.15亿元。

（柏　珏　财审处）

■教育信息化 实施“新时代智慧教育扬州路”计划，以智慧环境和智慧课堂建设为抓手，推进智慧校园创建。2020年，创成扬州市智慧校园42所，江苏省智慧校园合格校56所，江苏省智慧校园示范校5所。全市建成扬州市智慧校园243所，江苏省智慧校园合格校245所，江苏省智慧校园示范校9所。推进扬州智慧学堂建设与应用。扬州智慧学堂建设与应用成果在江苏省教育厅召开的2020年全省教育信息化工作会议上作经验交流。高邮市第一小学创新智慧学堂应用被教育部评为网络学习空间应用优秀学校，并遴选为全国“网络学习空间人人通”专项培训基地。保持全市城乡学校网上结对共建率100%。全市网上结对学校开展活动2131次，组织视频教学研讨、网上备课等3450次，共享优质教学资源近3TB（太字节）。

（柏　珏　电教馆）

■语言文字工作 2020年，全市完成普通话测试1.18万人次。扬州市普通话测试点建成具有20个机位的标准化智能考场。该考场安装智能化信息采集系统、智能化测试系统和智能化防作弊系统，为疫情防控常态化背景下的普通话测试提供支持。组织开展城乡居民普通话普及调查工作。3—5月，对全市学生、教师、城乡居民开展普通话普及调查工作，完成600户城乡居民的入户调查和200名师生问卷调查。组织全市中小学师生开展中华经典诵写讲选拔赛。比赛共设“诵读中国”经典诵读大赛，“诗教中国”诗词讲解大赛，“笔墨中国”软、硬笔汉字书写大赛和“印记中国”学生篆刻大赛4项分赛12个组别。

（柏　珏　语委办）

■校园和校车安全 开展校园和校车安全专项整治行动。各学校按标准配齐安保人员、安保器材，安装硬质防冲撞设施，一键报警装置全部接入公安报警平台，视频监控全部接入公安监管平台。推进校车安全工程。宝应开通42辆国标校车、41辆城市公交专线；高邮开通72辆国标校车；仪征开通111辆村镇公交学生专线；江都区一次性投资3000多万元购置120辆国标校车，回购12辆国标车辆；主城区各地投入732万元开通订制公交学生专线54条，投入运营车辆98台，基本满足全市义务教育阶段学生乘车需求。先后完成国务院督导组交办的“部分乡镇道路不能满足校车通行”“校车、接送学生车辆更新推动不快、存在安全隐患问题”的整改任务。通过开展安全教育和微课大赛、绘画大赛、征文大赛等形式，提高师生的安全意识及安全防范能力。

（柏　珏　安保处）

■线上教学“一个不能少” 因新冠疫情而延期开学期间，扬州市利用扬州智慧学堂平台开展线上教育，完成600场名师课堂录制，上线8轮线上课程，发布近3000节精品网络课程，上传5000多份配套导学案及作业。为884名困难学生群体制定“一人一案”，确保全市学生“线上学习”参与率100%，保障线上教学“一个也不能少”。全市90所中小学、幼儿园为124位赴鄂医务人员子女建立教育关爱机制，消除他们的后顾之忧。扬州市电化教育馆被表彰为江苏省抗击新冠肺炎疫情先进集体。

（柏　珏）

■150名定向培养乡村教师入职 2020年秋学期，全市首批150名定向培养的乡村教师正式入职。定向师范生陆续入职，让全市师资队伍结构日趋合理，成为乡村教育事业重要的新生力量。2016年招生计划为150人，2017年招生计划为197人，2020年招生计划为260人。2016年，扬州大学仅针对邗江区招收“乡村教师”，2020年扩大至宝应、江都、仪征、高邮等地。乡村教师定向师范生毕业后到户籍所在县（市、区）教育局报到，按照综合成绩排名选择到有空编空岗的乡村学校任教。乡村教师定向师范生毕业后，在乡村学校任教并连续服务5年以上。

（柏　珏）

■“法治名师云课堂”开播 4月1日，扬州市“法治名师云课堂”正式启动。中共扬州市委政法委员会牵头领导，市中级人民法院、市人民检察院、市公安局、市司法局、市教育局和扬州大学法学院联合开展“法治名师云课堂”，为中小学生提供线上法治宣传教育的公益教育课程。“法治名师云课堂”首批上线《世界卫生组织和全球公共卫生法治概况》《尊重公共秩序从我做起》《关爱生命平安出行》《撑起法律保护伞》等4门课程，通过有线电视频道和扬州智慧学堂网络平台供不同年龄段学生观看学习，扩大优质法治教

育资源覆盖面，提升法治宣传教育效果。（柏　珏）

■**“身边好教师”优秀事迹演讲比赛**　市教育局在全市各中小学、幼儿园推进师德系列活动，包括百场“身边好教师”典型宣讲活动、千则“身边好教师”故事分享活动、万名“身边好教师”事迹展播活动。8月13—14日，市教育局组织2020年扬州市“身边好教师”优秀事迹演讲比赛。参赛选手共49人，分两组进行。活动旨在选拔优秀宣讲人才，宣传身边的优秀教师事迹，传播优秀教师爱岗敬业、乐于奉献、关爱学生的当代优秀教师精神。市教育局遴选优秀选手组建宣讲团，宣讲身边好教师优秀事迹。（柏　珏）

■**扬州·新源两地学校网上教学应用实践共同体项目通过验收**　市教育局与新疆新源县教育局联合申报的《扬州·新源两地学校网上教学应用实践共同体项目》通过中央电教馆组织的专家现场验收。该项目由市教育局联合新疆新源县教育局以扬州·新源两地学校网上结对工作为基础、以同步/专递课堂应用模式为切入口共同完成。从2019年3月该项目正式开题以来，两地教育局遴选出7组扬州·新源两地结对优秀工作组，通过围绕一体化学校管理、一体化师资培训、一体化集体备课、一体化教学研究、一体化德育活动、一体化优质资源和一体化智慧平台等7个方面，推进扬州·新源两地学校网上结对工作，落实各项应用实践活动，共同推进两地教育均衡发展。（柏　珏）

学前教育

■**概况**　2020年，全市有幼儿园368所，比上年减少1所；有幼儿教学班3601个，比上年增加197个；有在园幼儿11.51万人，比上年增加3844人。全市3~5周岁学前三年教育毛入园率99.5%。有幼儿园教职工1.35万人，比上年增加697人；有幼儿专任教师7610人，比上年增加557人。

推进全市学前教育优质普惠发展。创成江苏省优质幼儿园8所、扬州市优质幼儿园5所，全市在省、市优质园就读幼儿比例92%。推进名园办分园，放大优质资源作用。邗江区蒋王幼儿园与扬大学前教育学院合作办园，邗江区海德幼儿园与扬州市机关第三幼儿园签订合作协议，仪征市优诗美地幼儿园与扬大学前教育学院合作办园，宝应县城西实验幼儿园与宝应县实验幼儿园合作办园。推进课程游戏化，宝应、广陵申报第二批区域推进幼儿园课程游戏化项目。出台《关于做好2020年全市幼儿园招生工作的指导意见》，推进服务区制度，2020年幼儿园招生小班3.80万人，其中公办园招收小班幼儿2.50万人，占比65.7%。加强幼儿园规范管理，杜绝“小学化”倾向。通过“常规管理百校行”活动，随机抽查幼儿园日常规范管理。（柏　珏　基教处）

■**学前教育师资培养**　5月21日，扬州市教育局、南通师范高等专科学校学前教育师资培养与培训合作签约仪式举行。从2020年起，扬州市委托南通师范高等专科学校开展学前教育师资委托培养，每年面向全市应届初中毕业生招收30名左右五年一贯制大专学前教育专业免费师范生。招生录取为提前批次，与普通高中和职业高中可同时兼报，学生就读期间培养费（含学费、住宿费）由扬州市教育局承担。学前教育师资委托培养项目助力扬州市学前教育内涵发展水平提升，是政府、高校、幼儿园“三位一体”协同培养的一次尝试。（柏　珏）

■**城镇小区配套幼儿园治理**　扬州市完成83所小区配套幼儿园治理任务，增加普惠性学前教育资源。围绕收费等核心难点问题，市教育局联合市民政局、市市场监督管

2020年扬州市学前教育情况表

表31-3

地　区	幼儿园数（所）	班级数（个）	在园幼儿数（人）	专任教师数（人）	教职工数（人）
合　计	**368**	**3601**	**115055**	**7610**	**13487**
广陵区	44	467	15594	1026	1899
邗江区	53	618	22329	1348	2575
江都区	73	744	21066	1472	2252
扬州经济技术开发区	17	170	5666	357	650
生态科技新城	3	36	1266	72	139
蜀冈－瘦西湖风景名胜区	11	122	3932	252	501
宝应县	55	519	15524	1102	1911
仪征市	45	418	13756	954	1653
高邮市	67	507	15922	1027	1907

注：表格数字按江苏省教育厅统计口径填报　（柏　珏　发规处）

理局联合印发《关于开展非营利性和营利性民办幼儿园登记工作的通知》，规定城镇小区配套幼儿园属于民办园的一律登记为非营利性民办普惠幼儿园，价格主管部门对收费高于同级公办幼儿园两倍的不予核准，将幼儿园收费标准控制在同级公办园两倍之内。（柏　珏）

小学教育

■概况 2020年，全市有小学201所，比上年减少7所；有教学班5392个，比上年增加230个；有在校生22.26万人，比上年增加3630人。小学学龄儿童入学率100%。小学专任教师1.46万人，比上年增加780人。

落实公办民办同步招生。出台《关于做好2020年全市义务教育阶段学校招生入学工作的通知》，全市义务教育学校全面执行公办民办学校同步招生政策，所有义务教育民办学校报名人数超过计划数全部实施电脑随机派位招生，报名人数不超过计划数的直接全部录取。开发、建立义务教育招生信息平台，市区近6万名幼升小、小升初学生全部实行网上信息登记，平台信息与省监管平台对接。公办义务教育学校全面划区就近入学，为每一位适龄儿童少年提供一个公办学位。做到公办民办同招，杜绝掐尖招生行为，优化义务教育招生生态环境。

扩大义务教育优质资源，推进集团化办学。广陵区先行启动以育才小学、汶河小学、东关小学为核心学校的3个教育集团化办学试点工作，采用“1+N”的办学模式，在城区基本实现小学阶段的教育集团化办学。邗江区对新建成的学校进行品牌嫁接，依托邗江实验学校品牌，举办邗江实验学校蜀冈分校；引进华东师大品牌，合作开办华师大邗江实验小学，扩大优质教育资源的覆盖面。（柏　珏　基教处）

■广陵区推进教育集团化办学 7月19日，广陵区召开推进教育均衡化改革动员大会，启动实施教育集团化办学，推进教育优质均衡发展。育才、汶河和东关等3个教育集团挂牌成立，广陵区先行启动以育才小学、汶河小学、东关小学为核心学校的3个教育集团化办学试点工作。各教育集团实行党委领导下的总校长负责制，对集团内人、财、物、事负总责，实行“人、财、物”紧密型的一体化管理。通过先进引领、抱团发展，推动集团内所有学校同步提升，实现全区教育的优质均衡发展。（柏　珏）

■扬州学生参加央视《新时代最可爱的人》录制 2月，扬州市三元桥小学学生谢蓝一把“小黄鸭”储蓄罐送到派出所请民警转交给武汉，并附上一张“武汉加油！”的纸条。这一暖心视频迅速在网络传播，经央视新闻微博转发后冲上微博热搜第一名。谢蓝一受邀参加央视《新时代最可爱的人》录制。中央广播电视总台《新时代最可爱的人》特别节目，汇聚全国抗疫抗洪典型代表，展现时代前进道路上无畏奉献、熠熠闪光的中国人，为英雄礼赞、为时代讴歌。谢蓝一是该节目唯一的青少年代表。（柏　珏）

中学教育

■概况 2020年，全市有普通中学163所，比上年增加2所。其中，高中31所(含完全中学)，比上年减少1所；初中132所(含九年一贯制学校)，比上年增加3所。有高中班级1528个，比上年增加104个；有初中班级2460个，与上年持平。中学在校生总数17.67万人，比上年增加925人。其中，高中在校生7.15万人，比上年增加3654人；初中在校生10.53万人，比上年减少2729人。有初中专任教师1.04万人，比上年增加317人；有高中专任教师6299人，比上年增加67人。

4月，召开全市高品质教育建设推进会，分解落实全市高品质教育建设年会议确定的重点工作目标

2020年扬州市小学教育基本情况表

表31-4

地　区	学校数（所）	班级数（个）	在校生数（人）	专任教师数（人）
合　计	201	5392	222582	14589
广陵区	18	751	34038	2096
邗江区	18	828	39662	2336
江都区	49	1138	40454	2899
扬州经济技术开发区	7	215	9777	595
生态科技新城	2	69	3032	182
蜀冈－瘦西湖风景名胜区	3	204	9633	578
宝应县	37	873	33047	2292
仪征市	28	603	24444	1621
高邮市	39	711	28495	1990

注：表格数字按江苏省教育厅统计口径填报　　（柏　珏　发规处）

2020年扬州市普通中学情况表

表 31-5

地　区	学校数（所）		班级数（个）		在校生数（人）		专任教师数（人）	
	初中	高中	初中	高中	初中	高中	初中	高中
合　计	**132**	**31**	**2460**	**1528**	**105291**	**71458**	**10433**	**6299**
市　直	11	6	461	296	22401	14335	1485	1051
广陵区	9	2	102	57	3319	2230	472	238
邗江区	14	4	291	193	13095	9202	1212	774
江都区	30	6	512	337	20207	14824	2258	1401
扬州经济技术开发区	3	—	52	—	2411	—	198	—
生态科技新城	2	—	22	—	680	—	136	—
蜀冈－瘦西湖风景名胜区	1	—	11	—	372	—	47	—
宝应县	24	5	416	268	17872	12770	1880	1183
仪征市	17	3	272	157	11638	7872	1280	594
高邮市	21	5	321	220	13296	10225	1465	1058

注：表格数字按江苏省教育厅统计口径填报　　　　（柏　珏　发规处）

任务。2020年，高考成绩连续四年万人口普通类本二以上达线率位居全省第一名，普通类本一达线人数突破8000人，清华、北大录取16人。扬州中学开展省高品质示范高中建设，扬州中学教育集团树人高中创成江苏省三星级高中。

坚持德育课堂主渠道，推进习近平新时代中国特色社会主义思想进教材、进课堂，系统构建从小学到高中的学校校本德育课程。创新活动载体，开展开学仪式、升旗仪式、成长仪式、青春仪式等仪式教育，净化学生心灵，留下永恒记忆；开展城乡学生互动体验活动、“三走进”活动、“文明有礼二十四条”等活动，增强学生社会责任感。加强德育队伍建设，组织开展第九届全市班主任基本功大赛，选送6名选手参加江苏省班主任大赛，2人获一等奖，其中1人获长三角班主任大赛一等奖。发挥优秀学生带头作用。评选表彰省、市三好学生、优秀学生干部612人，市教育局联合共青团市委、市少工委评选表彰扬州市十佳少先队员。　（柏　珏　基教处）

■“家在邗城”新父母成长计划启动　5月15日，邗江区举行2020年新家庭教育实验活动周暨“家在邗城”新父母成长计划启动仪式，发布《新父母成长计划》。《新父母成长计划》以引领家教改革、打造家教之城为目标，聚焦“学”“送”“谈”“评”。完善新父母成长学习体系，实施新父母领读“十百千万”工程，即培育“十名家庭教育领衔人”“百名家教社指导师”“千名新父母领读教师”“万名成长型智慧新父母”。　（柏　珏）

■华师大广陵实验初级中学开学　8月31日，位于扬州市广陵新城的华师大广陵实验初级中学举办落成暨开学典礼。华师大广陵实验初级中学是广陵新城第一所公办初中，学校占地面积7.2公顷，办学规模为12轨36班，可容纳1800名学生。该校采用与华师大合作办学的模式，引进华师大先进教育理念、前沿教学思想和丰富课程体系进行教学。此项目是

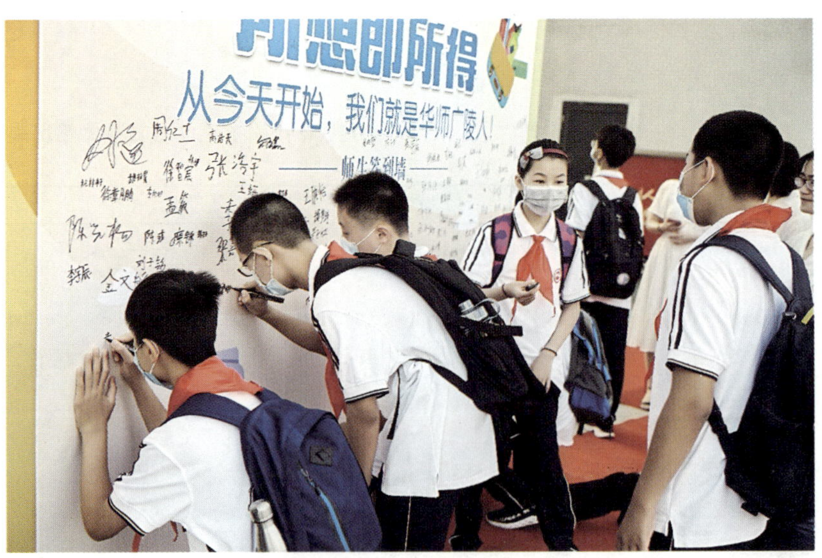

8月31日，华东师范大学广陵实验初级中学举办入学典礼，图为孩子们在签名墙上签名　　日　报/供稿

扬州与上海华东师范大学首个合作办学项目。（柏　珏）

特殊教育

■概况 2020年，全市有特殊教育学校7所。有特殊教育班级89个，比上年减少4个；有特殊教育学校在校生984人，比上年减少24人。有特殊教育学校专任教师229人，比上年减少4人。有1039名智障、身残学生在普通义务教育学校随班就读，并接受相应的特殊教育辅导。

市教育局对照全国适龄残疾儿童少年义务教育监测系统提供的本市15周岁以下残疾人名册，组织康教融合专家进行评估，规范适龄残疾儿童少年义务教育安置行为。2020年建设完成融合教育资源中心106个，全市融合教育资源中心总数262个。完善扬州市融合教育资源平台，巡回指导市直及功能区学校教师开展个别化教育。市教育局、市财政局等7部门联合出台《关于做好义务教育阶段重度残疾儿童康教融合服务工作的指导意见》，确保重残少儿康教融合服务长效有序实施。扬州市雏鹰康复中心与扬州市特殊教育学校、扬州市儿童福利院与广陵区湾头小学联合办学，破解75名重度残疾儿童少年义务教育难题，基本实现适龄重度残疾人义务教育全覆盖。

开展特殊教育师资培训。市教育局组织听障专业的青年教师通用手语培训、扬州市第九届特殊教育青年教师基本功比赛、第四届特教教师阅读交流活动、全市特殊教育青年教师演课评课培训等一系列培训和教研活动，提升特殊教育学校教师专业素养。（柏　珏　基教处）

■苏台融合教育项目 1月14—15日，举办全市第二次苏台融合教育专项培训班，邀请台东大学教授刘凯和林佩如讲课。先后组织仪征、高邮、江都等地6人次特殊学生个别化教育案例参与江苏省教育厅组织的“苏台融合教育项目在线咨询”活动，由台湾特殊教育专家为中小学和幼儿园老师提供网上专业指导。（柏　珏）

2020年扬州市特殊教育情况表

表31-6

地　区	学校数（所）	班级数（个）	在校学生数（人）	专任教师数（人）
合　计	**7**	**89**	**984**	**229**
市　直	1	19	115	82
广陵区	1	9	112	16
邗江区	1	9	104	21
江都区	1	12	150	41
宝应县	1	17	247	28
仪征市	1	8	103	13
高邮市	1	15	153	28

（柏　珏　发规处）

中等职业教育

■概况 2020年，全市有中等职业学校9所，与上年持平。有中等职业学校在校生3.32万人（不含职教培训机构在校生），比上年减少2756人。有中等职业学校专任教师2286人，比上年增加90人。有技工学校及技师学院12所，与上年持平。技工类学校在校生总数2.30万人，比上年增加4630人。全市各类中职校和技工类院校在校生总数5.61万人，比上年增加1874人。

出台《关于加强扬州市中等职

2020年扬州市中等职业学校（机构）情况表

表31-7

学校名称	在校生数（人）	专任教师数（人）
合　计	**33154**	**2286**
扬州高等职业技术学校	3941	279
江苏省扬州旅游商贸学校	3701	174
扬州生活科技学校	1097	79
扬州市体育运动学校	259	51
扬州文化艺术学校	853	44
扬州市天海职业技术学校	838	15
扬州市弘扬中等专业学校	651	84
邗江中等专业学校	2530	174
江苏省江都中等专业学校	3388	407
宝应中等专业学校	6268	261
仪征工业学校	2324	314
江苏省高邮中等专业学校（含菱塘办学点）	5942	275
江都区技工学校	259	26
江都区教师进修学校	—	48

注：1. 扬州高等职业技术学校含有江苏联合技术学院分院学生1377人；
2. 另有江苏旅游职业学院附设中职班，学生959人；扬州市特殊教育学校附设中职班，学生144人；
3. 另有扬州新东方职业学校专任教师55人　（柏　珏　发规处）

业学校新时代教学质量工作的实施意见》,全面实施教学质量提升工程。创成1所江苏省现代化示范性职校、1所江苏省优质特色职校、2个江苏省职校智慧校园、4个江苏省现代化实训基地、4个江苏省现代化专业群。

规范职校招生秩序，规范职教招生宣传。市教育局汇总、审核、发布全市中等职业学校(含省属学校)、举办五年一贯制高等职业教育的高等职业院校的招生专业、计划、收费等相关信息。建立全市职业教育统一招生平台，发布职业教育招生问答，解答职业教育招生政策。

推进校企合作，培育产教融合试点企业。扬州7家企业入选江苏省产教融合型企业，并纳入江苏省产教融合型企业建设培育库。

(柏　珏　职社处)

■中等职业学校教学质量提升　市教育局下发《关于加强扬州市中等职业学校新时代教学质量工作的实施意见》，推进教学质量提升。认识职教人才培养教学质量改革的现实意义，实施职教人才培养教学质量改革的关键举措，落实教育“两个大计”、立德树人、德智体美劳全面发展的新要求，确立使所有受教育者都能接受良好职业教育的新目标，立足创新教学理念与教学模式的新起点，谋求中职学校满足社会进步与学生发展的新质量；打造教学质量一流名学校，建设内涵实力一流名专业，培育教学水平一流名教师,培养知识技能一流名学生。落实职教人才培养教学质量改革的各项保障。　(柏　珏)

■扬州首家“急救科普示范学校”　9月10日，由扬州市卫健委、扬州市教育局主办，江苏省扬州旅游商贸学校、扬州市急救中心共同创建的扬州首家“扬州市急救科普示范学校”落地江苏省扬州旅游商贸学校，学校正式将急救知识、健康知识纳入学生课本中。扬州市急救中心的培训团队根据学生年龄及专业特点设置课程。江苏省扬州旅游商贸学校的学生在完成所有学习任务后，由扬州市急救中心举行“理论+实践”考核。学校将这门课程纳入必修，考核过关才算达标。

(柏　珏)

普通高等教育

综述

■概况　2020年，扬州有普通高等学校8所，其中市属高等学校1所，扬州市职业大学(扬州教育学院划入职大管理，不计校数)，有在校普通专科生1.66万人，教职工1525人；有驻扬省属高校3所，分别是扬州大学、扬州工业职业技术学院、江苏旅游职业学院，有在校本专科生5.12万人，教职工5350人；驻扬省属民办高校1所，为江海职业技术学院，有在校专科生6882人，教职工436人；民办高校3所，分别是扬州大学广陵学院、南京邮电大学通达学院、扬州中瑞酒店职业学院，其中扬州大学广陵学院、南邮通达学院为独立学院，有在校生总数2.26万人，教职工数1481人；中瑞酒店职业学院为高职院校，在校生1954人，教职工106人。扬州有研究生培养院校1所，扬州大学，有在校硕士生1.06万人、在校博士生994人。　(柏　珏　高教处)

■雅思机考落户扬州大学　扬州大学雅思考点获批新增雅思机考项目(含UKVI机考项目)，并于11月14日开始对外提供雅思机考服务。扬州成为继北京、上海、广州、重庆、深圳、杭州、成都、苏州后，第9个提供雅思机考的城市。扬州大学雅思机考中心经教育部考试中心和英国文化教育协会批准，建有40个标准雅思机考考位和5个视频口语考试房间，可以提供全天候的雅思机考服务。　(柏　珏)

■中国航空研究院研究生院落户扬州　4月，扬州市人民政府与中国航空研究院签约共建中国航空研究

2020年在扬普通高等学校情况表

表31-8

学校类别	办学层次	普通本专科学生(人)	教职工数(人)
合　计	**本专科**	**99193**	**8898**
扬州大学	本　科	27917	4195
扬州大学广陵学院	独立学院	12134	786
南京邮电大学通达学院	独立学院	10428	695
扬州市职业大学	专　科	16625	1525
江海职业技术学院	专　科	6882	436
扬州工业职业技术学院	专　科	13496	707
扬州中瑞酒店职业学院	专　科	1954	106
江苏旅游职业学院	专　科	9757	448

注：表格数字按省教育厅统计口径填报　(柏　珏　发规处)

9月21日，中国航空研究院研究生院在扬州举行揭牌仪式暨开学典礼

董 辉/摄

院研究生院，将扬州作为中国航空研究院研究生院永久办学地点，培养空气动力、飞机结构与强度、发动机技术研究等9个领域专业人才。

（柏 珏）

扬州大学

■**概况** 扬州大学是江苏省人民政府和教育部共建高校、江苏省属重点综合性大学、江苏高水平大学全国百强省属高校建设计划支持高校，全国首批博士、硕士学位授予单位，全国率先进行合并办学的高校。1992年，学校由扬州师范学院、江苏农学院、扬州工学院、扬州医学院、江苏水利工程专科学校、江苏商业专科学校等6所高校合并组建而成。学校现有7个校区，校园占地276.7公顷，校舍建筑面积170万多平方米。

学科门类齐全。学校设有29个二级学院和1个独立学院，125个本科专业，涵盖哲学、经济学、法学、教育学、文学、历史学、理学、工学、农学、医学、管理学、艺术学等12大学科门类。2020年，全校普通全日制本科生2.90万人，各类博、硕士研究生1.52万人。现有一级学科博士学位授权点21个，一级学科硕士学位授权点50个，博士专业学位类别3个，硕士专业学位类别27个，博士后流动站20个；拥有国家级重点学科2个，国家重点（培育）学科1个，省优势学科7个，省"十三五"一级学科重点学科6个，省一级学科重点（培育）学科3个，化学、植物与动物科学、工程学、农业科学、临床医学、材料科学、计算机科学等7个学科的ESI排名进入全球大学和科研机构前1%。

人才培养能力。学校建有首批国家级一流本科专业建设点18个，国家级特色专业6个，省级一流本科专业建设点18个，江苏高校品牌专业6个，国家级人才培养模式创新实验区2个，省级优秀研究生工作站22个，教育部卓越人才培养项目8个。拥有国家级一流本科课程20门，国家级精品课程14门，国家级精品资源共享课13门，教育部精品视频公开课2门，国家级双语教学示范课程1门，国家精品在线开放课程5门，国家级教学团队3个，教育部、农业农村部农科教合作人才培养基地2个，国家级校外实践教学基地1个，国家级实验教学示范中心1个，国家级虚拟仿真实验教学中心1个，国家级示范性虚拟仿真实验项目2项，获国家级教学成果二等奖4项、省高等教育教学成果特等奖5项和国家研究生教育成果二等奖1项。学校实施本科专业品牌化建设与提升工程，推进通识教育改革，深化创新创业教育，强化实践育人，打造"一院一品"，实行第二课堂学分制，推动第一第二课堂融合发展。学校混合教学改革案例入编联合国教科文组织《混合学习白皮书》，连续六次获全国"挑战杯"大学生课外学术科技作品竞赛"优胜杯"，多次获全国"挑战杯"大学生创业计划竞赛金奖及"优胜杯"，获中国"互联网+"大学生创新创业大赛金奖，获评全国首批深化创新创业教育改革示范高校、全国实践育人创新创业基地、全国创新创业典型经验高校。2004年通过教育部本科教学工作水平评估，2016年通过教育部本科教学审核评估。

学校师资质态。2020年，全校（含附属医院）现有教职员工6000多人，其中专任教师2500多人，医护人员2000多人，具有高级职称教师1300多人，博、硕士生导师3100多人，中国工程院院士2人、外籍院士2人，科技创业领军人才入选者1人、教学名师入选者2人、青年拔尖人才入选者1人等，"长江学者奖励计划"入选者4人，"杰出青年科学基金"获得者7人，"优秀青年科学基金"获得者4人，首批全国高校黄大年式教师团队1个，国家级教学名师1人，"百千万人才工程"国家级人选8人，教育部"新世纪优秀人才支持计划"入选者11人，"创新人才推进计划"中青年科技创新领军人才4人。

科研创新能力。学校拥有国际合作联合实验室1个，教育部国别和区域研究中心（备案名单）1个，部、省级重点（建设）实验室24个和工程技术研究中心、公共技术服务中心、研究院（基地）33个，省级协同创新中心2个，国家技术转移示范机构1个，国家级科技特派员创业培训基地1个。承担各级各类科研项目2300多项，年科技总经费8.2亿元，共有16项成果获国家科学技术奖二等奖。"十二五"以来，获国家和部省级科技成果奖168项，其中作为第一完成单位获国家科学技术奖6项（获奖类别实现国家自然科学奖、技术发明奖、科学技术进步奖"全覆盖"）；连续9年获国家社科基金重点（重大）招标项目，1项成果获第六届高等学校科学研究优秀成果奖(人文社会科学)一等奖，1项成果入选《国家哲学社会科学成果文库》。

社会服务能力。推进智库建设，1项提案获批全国政协重点提案，获得700万元资助的《扬州通史》启动编撰。推进产学研深度融合，建有校企联盟900多个，省级校地研发平台32个，校外科技推广基地300多个，大学科技园获批国家级科技企业孵化器、众创空间，多次获国家和部省级表彰。

国际交流合作。依托中非高校“20+20”合作计划、中阿“10+1”高教合作、中国—东盟教育培训中心、江苏—澳门·葡语国家大学合作联盟、江苏·英国“20+20”高水平大学合作联盟等项目和平台，先后与56个国家（地区）的281所高校和研究机构建立校际交流合作关系。学校获批全国首个海外惠侨工程中餐繁荣基地，获国家创新型人才国际合作培养项目3个，国家优秀本科生国际交流项目44个，获批国家高端外国专家引智项目35项。学校具有招收外国留学生（包括接受政府奖学金外国留学生）和招收港、澳、台学生的资格，通过教育部来华留学质量认证，开展留学扬州大学行动计划，海外学生2400多人，生源国68个，2所孔子学院、1所孔子课堂4次获评全球孔子学院先进集体。

2020年，扬州大学获2020年度江苏省属高校综合考核第一等次。20门课程被认定为首批国家级一流本科课程，学校以第一完成单位获江苏省科学技术奖一等奖2项、江苏省国际科学技术合作奖1项。5项成果获教育部第八届高等学校科学研究优秀成果奖，38项成果获江苏省哲学社会科学优秀成果奖，其中一等奖8项。在科睿唯安公布的2020年全球“高被引科学家”名单中，刘玉荣、薛怀国、庞欢等3位教授分别在计算机科学、跨学科领域进入榜单，入选人数位列中国内地高校第50位。在爱思唯尔2020“中国高被引学者”榜单中，8位学者入选，焦新安获第二届全国创新争先奖。（陶天云）

■学科建设 学校推进学科交叉融合，将学科交叉列为校长年度履职亮点项目。新增临床医学博士专业学位类别。完成江苏高水平大学建设考核和省优势学科三期项目中期考核。11个学科入选2020软科世界一流学科排名，1个学科进入世界前50名；5个学科入选2021年度泰晤士高等教育学科排名；32个学科入选“2020软科中国最好学科”。举行医科发展大会、医学教育创办七十周年暨“新医科”创新发展论坛、附属医院建院60周年系列活动。（陶天云）

■科学研究 实施重大科研团队、平台、项目和成果培育计划。新增国家重点、重大项目5项，国家自然科学基金立项154项。获教育部2020年度高等学校科学研究优秀成果奖（科学技术）一等奖1项、二等奖4项，江苏省科学技术奖7项（一等奖2项）。发表SCI收录论文2581篇；申请专利1544件，授权专利759件，其中授权发明专利297件。省人兽共患病学重点实验室通过考核评估，获评“优秀”等次。新增省工程研究中心1个。获批国家级芍药种质资源库。新增国家社科基金项目32项(重大重点2项)。发表高水平论文358篇，出版专著51部。获教育部第八届高等学校科学研究优秀成果奖(人文社会科学)二等奖4项、三等奖1项，江苏省第16届哲学社会科学优秀成果奖一等奖8项、二等奖13项、三等奖17项。获批国家民委国别和区域研究中心1个，江苏高校哲学社会科学优秀创新团队1个、重点研究基地1个。（陶天云）

■人才培养 推进人才培养改革。开设“生命科学强基班”等6个班。获批教育部“新农科”研究与改革实践项目3项。推进课程思政与思政课程建设，出台《扬州大学课程思政实施方案（试行）》《关于加快推进“三全育人”综合改革、完善“大思政”工作格局实施方案》。马克思主义学院连续第三次入选江苏高校示范马克思主义学院。20门课程被认定为首批国家级一流本科课程。获第12届“挑战杯”中国大学生创业计划竞赛全国决赛金奖2项、银奖1项、铜奖3项，获“优胜杯”。获评省2019年本科生毕业设计(论文)一等奖3项、二等奖5项、三等奖13项、优秀团队3个。“智能制造装备产业学院”获评江苏省重点产业学院建设点。5个案例被国家专业学位案例中心选为入库案例，新增省产业教授10人、省优秀研究生工作站8个，在江苏省研究生工作站经验交流暨工作推进会上作交流发言。继续教育加快转型发展，获评首批国家级职业教育教师教学创新团队“物联网技术”培训基地。（陶天云）

■师资队伍建设 2020年，学校引进博士以上高层次人才226人。新增国家级人才3人，江苏特聘教授等省部级人才（团队）48人（个）；14个博士后流动站通过全国综合评估，其中3个流动站获评优秀；1人获评“江苏省名中医”。（陶天云）

■国际交流合作 召开第二次国际合作与交流大会，新增合作高校或机构11所，新签合作与交流协议13份。获批国家级引智项目5项，其中1个项目入选国家高端外国专家引进计划新冠肺炎防控专项计划；获批省级引智项目4项；新增省级外国专家工作室9个。2020年秋学期录取本硕博国际新生287人，其中博士学历生50人、硕士学历生84人。新增成建制英文授课硕士专业2个。13门（含研究生课程4门）省级外国留学生英文授课精品课程通过验收。学校获江苏省“来华留学生教育先进集体”称号。（陶天云）

■社会合作服务 学校与中国一拖集团、江苏省产业技术研究院、江苏省地方志办公室、新疆新源县人民政府、江苏建湖县人民政府、泗洪县人民政府等开展全面合作。1项智库成果得到国务院肯定性批示，1项成果获省委批示后由省委督察室督办，1项成果被国家文物局采纳，3项智库成果被省政协采用并报送全国政协。17个市校合作高端科研平台加快建设。签订校地校企合作协议14份。在省技术合同认定登记平台登记技术合同成交额5.17亿元。大学科技园获批中国产学研创新示范基地。（陶天云）

■新冠疫情防控 学校落实防控措施与要求，做好校园疫情防控。各级党组织和党员师生投身抗疫。选派附属医院医护人员驰援湖北，共计派出4批46名医护人员。7名教师参加全国全省疫情防控心理援助。1人被表彰为“全国抗击新冠肺炎疫情先进个人”“江苏省优秀共产党员”，并在全省“七一”表彰大会上作抗疫事迹报告；3人被表彰为“江苏省抗击新冠肺炎疫情先进个人”；15名医护人员获江苏省记功奖励。“学习强国”等各级各类媒体报道学校抗疫工作做法和成效631篇次。（陶天云）

其他高校

■扬州市职业大学 扬州市职业大学（简称扬州职大）是全日制综合性高等职业技术院校，创建于1984年，实行扬州职大、扬州教育学院、扬州环境资源职业技术学院和扬州市广播电视大学合并办学。校园占地43.5公顷，校舍建筑面积近50万平方米，绿化覆盖率45%。有实验实训室317个，教学仪器设备总值2.1亿元。图书馆纸质文献167万册，电子图书240万册（本地镜像96万册），中外文纸质期刊4800多种。智慧校园集教学资源库系统、远程教育系统、数字图书馆系统、OA办公系统、校内生活App平台等于一体。学校开设有农林牧渔、资源环境与安全、能源动力与材料、土木建筑、装备制造、生物与化工、轻工纺织、食品药品与粮食、交通运输、电子信息、医药卫生、财经商贸、旅游、文化艺术、新闻传播、教育与体育、公共管理与服务等17个大类，68个专业。有教育部、财政部支持的高等职业学校提升专业服务产业发展项目4个，江苏省重点专业群6个，江苏省特色专业8个，江苏高校品牌专业建设工程一期建设项目1个，江苏省高等职业教育高水平骨干专业建设项目5个；中央财政支持的职业教育实训基地2个，江苏省高等教育人才培养模式创新实验基地3个，江苏省实训基地3个，江苏省实训基地建设点2个，江苏省产教深度融合实训平台2个；国家精品课程1门，国家在线开放课程1门，省级精品课程21门，省立项在线开放课程12门；出版教材、编写讲义300余部（种），其中国家规划教材13部，省级精品教材12部，省重点教材13本。学校建有省级工程研发中心2个，市级工程研发中心7个；建成省高等职业教育产教融合集成平台培育项目1个，扬州市智能制造先进技术示范中心、石柱山康养城附属医院、省服装设计与贸易产业链产教深度融合实训平台、省国土资源勘测与环境保护实训平台、金方圆培训学院等产教深度融合平台（中心）。学校与美国、英国、加拿大、澳大利亚、韩国、日本等国高校建立中外合作办学项目和海外本科直通车项目10多个。与东盟国家、葡语系国家、非盟国家、中亚、南亚国家的教育部门建立合作关系，设立留学生项目，开展技术技能培训和学历教育，为地方经济社会发展提供人才服务，为扬州企业海外分支机构培养本土化人才。每年选派优秀师生赴海外研修、交流，实施国际教育合作。

2020年，学校有教职工1525人。具有博士和硕士学位的教师783人，正高级专业技术职务人员74人，副高级专业技术职务人员430人。有全国优秀教师1人，省“333工程”培养对象25人，省“六大人才高峰”培养对象1人，江苏省有突出贡献的中青年专家1人，扬州市有突出贡献的中青年专家15人，省级优秀教学团队3个，省级科技创新团队2个，省高校“青蓝工程”中青年学术带头人11人，省高校“青蓝工程”优秀青年骨干教师47人。

2020年，学校有全日制在校生1.66万人，成人业余和开放教育在校生1.10万人，设有22个教学单位，22个党政群团部门，5个教学辅助单位。学校获市教育工委“思政好课我来秀”高校优秀教学案例征集评审活动一等奖4项、二等奖4项、三等奖2项。“学习强国”平台总体参与度在全市高职院校中连续两年位居第一名。病房里开网课的电气学院教师张疆涌，为最美逆行者及驻村干部创作歌曲的师范学院教师徐光庆、李晔夫妇，驰援武汉的医学院毕业生“江苏队小可爱”李娟娟，化身抗疫女战士的经贸学院学生“扬州好人”徐双等一系列典型先进人物事迹，受到校外媒体报道。学校获“全省民族团结进步模范集体”称号，市“新时代五星级基层工会”称号，第五届中国青年志愿者服务项目全国银奖及江苏省一等奖。获批省发改委“一带一路”重点项目，“中泰职业教育交流中心”被中国教育国际交流中心评为中国—东盟双百职校旗舰项目。

2020年，学校获批江苏高校“青蓝工程”优秀教学团队1个、中青年学术带头人1名、优秀青年骨干教师2名、扬州市有突出贡献中青年专家1人、市“英才培育计划”培养对象3人、省级兼职教师奖补5人、三级教授1人、省第五期“333工程”考核优秀1人。推进“双百工程”，引进优秀高层次人才13人。获江苏省职业院校教学能力大赛一等奖3项，省级微课教学竞赛一等奖2项，省高等职业院校技能职业大赛个人赛获一等奖2项、团队赛获二等奖6项，省部级以上各类大学生创新创业竞赛奖项2项，省部级以上文艺、体育类竞赛特等奖1项、一等奖4项。与腾讯云计算（北京）有限责任公司、上海墨桐花开教育科技有限公司合作共建“扬州市职业大学–腾讯云大数据学院”，项目1300万元。学校立项各类纵向项目140项，横向项目142项，科研总经费462.8万元。获省政府哲学社科二等奖1项，省政府农业推广二等奖1项，第五届省教育科学优秀成果奖二等奖1项等多个奖项。获批市工程技术研究中心1项、省高职院校社科应用研究协同创新培育基地1个。（职　大）

■**江苏旅游职业学院**　江苏旅游职业学院是以旅游为特色的省属全日制公办普通高等专科学校，前身为创办于1959年的扬州烹饪学校，2017年由原江苏省扬州商务高等职业学校升格而成。学校坐落于扬州经济技术开发区，占地面积56.33公顷，建筑面积27万平方米。学院先后被表彰为全国教育系统先进集体、全国德育工作先进集体、首批国家改革发展示范校、首批江苏省智慧校园、江苏省职业教育先进单位、江苏省"和谐校园"、江苏省退役士兵培训工作先进单位、江苏省职业院校技能大赛先进单位、全省首个乡土人才"三带"研修学院、扬州市"文明校园"，多次获全国职业院校技能大赛突出贡献奖。

2020年，学院共录取新生4831人，报到4393人，报到人数比2019年净增1168人。2020届毕业生就业率达98.36%，高于全省就业率92%的总体要求。开始招收留学生，20名来自亚非等7个国家的第一批学历留学生已在网上云入学，实现留学生教育零的突破。至2020年底，学院现有全日制在校生0.98万人、教职工448人，其中硕士以上学位303人、高级以上职称教师130人、"双师型"教师208人、国家级技能名师（大师）22人、省级技能名师28人。设有烹饪科技学院、旅游管理学院、工艺美术学院、国际商务学院、经济管理学院、信息工程学院、马克思主义学院、体育部、基础部等9个二级院系（部），学院开设旅游管理、酒店管理、烹调工艺与营养、空中乘务等高职专业34个，高等职业教育与应用本科教育"3+2"分段培养项目4个，中等职业教育与高等职业教育"3+3"分段培养项目35个。现有教育部教学资源库立项1个、省级教学资源库立项2个、省级高水平建设专业群2个、省精品在线开放课程立项建设8个、省高等学校重点教材立项2个、"1+X"证书试点推进14项，学校省"333工程"培养对象1名、"青蓝工程"培养对象4名，2名兼职教师入选省第六批产业教授。有国家级技能培训基地1个，省高水平示范性实训基地3个，省级非遗文化职业体验中心1个，扬州市公共实训基地1个。有学生社团60多个，其中省级优秀社团2个；学生就业率在98%以上，毕业生遍布全国及海内外40多个国家和地区。

2020年，学院线上线下教学融合进行，线上教学覆盖率100%。启动烹调工艺与营养等6个校级专业群建设，烹调工艺与营养、旅游管理两个专业群获批省级高水平专业群；"非遗文化体验中心项目"获省级"中小学生职业体验中心"称号。外语教师团队在2020年首届全国高等学校外语课程思政教学总决赛中获高职高专英语组一等奖，学院获优秀组织奖；在全省职业院校技能大赛中，获得高职旅游大类烹饪赛项金牌、先进单位；成为江苏省首批高校智慧校园。新增省部级课题17项、出版专著3部，发表论文235篇，其中中文核心期刊39篇。

2020年，学院对口支援新疆伊犁、陕西清涧，为西藏墨脱、贵州从江等地区脱贫工作出谋划策，并通过采购农产品消费扶贫。推动"三全育人"，开展"五百行动"——组织百名"人生导师"进课堂，百名"生活导师"进宿舍，百名"社团导师"进社团，百名"创业导师"进店铺，百名"学业导师"进工坊。（旅职院）

■**南京邮电大学通达学院**　南京邮电大学通达学院是经教育部批准，由南京邮电大学于1999年创办的全日制本科独立学院。学院实行理事会领导下的院长负责制。2012年，学院迁址扬州办学。学院占地59.56公顷。

学院现有通信工程学院、电子工程学院、计算机工程学院、电气工程学院、商学院、基础教学部、思想政治理论课教学部。设有27个以电子信息类专业（包含嵌入式和专转本）（及方向）为主干，工、文、经、管等相互交融的优势专业。

至2020年底，学院有全日制在校生1.04万人。教职工695人，其中高级职称279人。专任教师中具有博士、硕士学位的教师94.5%，省"333工程"培养对象1人，省"青蓝工程"中青年学术带头人和优秀青年骨干教师3人。

2020年，学院的金融工程专业

南京邮电大学通达学院扬州校区行政主楼　日　报/供稿

继通信工程、信息工程、电气工程及其自动化、电子商务等4个专业后获批江苏省一流专业，通信工程和金融工程专业获批推荐国家一流专业评审。《通信经济学》教材获批江苏省本科优秀培育教材。首次在部分专业中实施大类招生，在江苏省内实施满足第一专业志愿录取。创新创业中心首次获批江苏省大学生创新创业实践教育中心建设点。《返校时节，让爱“通”“达”》等22篇新闻稿被新华网、《扬州日报》等省、市级以上媒体录用。

学院教师首次获江苏省本科高校青年教师教学竞赛一等奖，并被授予江苏省技术能手、江苏省“五一”创新能手称号。学院辅导员首次获江苏高校辅导员素质能力大赛三等奖，其工作案例获“江苏省高教学会辅导员工作优秀案例”三等奖。

学院学生在全国软件和信息技术专业人才大赛、“挑战杯”创业计划大赛中获省级奖项均首次位列江苏省同类院校第一名。在各类学科创新竞赛中获省级以上奖项303项，比上年提高5.9%。1名学生在江苏省五四表彰评选活动中首次获得江苏省“优秀共青团员”称号，14名毕业生分别入选“苏北计划”与“西部计划”。（张　荣　谭业麒）

成人教育

■概况 2020年，扬州市无独立建制的成人高等学校，原属成人教育系列的扬州教育学院纳入扬州职业大学统一管理；其他在扬普通高校分别设有成人教育机构，招收参加全国成人高考的本、专科毕业生。全市有2.66万人参加各类成人高考。

增强社教富民能力。全市获批5个江苏省级社区教育特色品牌、3个江苏省级老年教育学习资源库，建成1个江苏省三农高水平示范基地、1家江苏省标准化社区教育中心、1个江苏省级学习苑和2个江苏省游学基地。新建江苏省级居民学校65个、扬州市级“五个一批”建设单位40家。

加大培训机构长效监管力度，市教育局起草《关于依托社区网格化管理进一步规范校外培训机构办学行为的通知》，联合市市场监管局、市卫健委开展“双随机一公开”检查，提升联合监管成效。

（柏　珏　职社处）

■自学考试 2020年，扬州有12.63万人参加各类自学考试。其中，学历教育考试报名人数6.86万人，比上年增长19.6%；非学历考试报名人数5.77万人，因为新冠肺炎疫情影响，上半年全国计算机等级考试（NCRE）、全国英语等级考试（PETS）、教师资格证书考试均未进行。

全市非学历证书报名考试人员中，参加全国计算机等级考试（NCRE）2.67万人，参加全国英语等级考试（PETS）4812人，参加教师资格证书考试2.62万人。

全市有9.51万课次通过学历自学考试合格，占实考课次的74.6%。（柏　珏　考试院）

2020年扬州市成人高等教育招生录取情况表

表31-9

地　区	报名人数（人）			录取人数（人）			
	小　计	统一考试	非统一考试	小　计	专科升本科	高中升专科	高中升本科
合　计	**26623**	**20067**	**6556**	**20949**	**11172**	**9470**	**307**
市　区	**10647**	7519	3128	**8849**	5127	3415	307
邗江区	**7733**	5894	1839	**5855**	3304	2551	—
江都区	**3842**	3163	679	**2829**	1166	1663	—
宝应县	**1693**	1311	382	**1297**	492	805	—
仪征市	**1457**	1093	364	**1193**	633	560	—
高邮市	**1251**	1087	164	**926**	450	476	—

（柏　珏　考试院）

2020年扬州市学历自学考试报名考试情况表

表31-10　单位：课次

地　区	总　计	1月考试	8月1—2日考试（原4月）	8月3—4日考试（原7月）	10月考试
报考课次	**156989**	48366	41074	36681	30868
实考课次	**127494**	42916	32020	29980	22578
合格证次	**95106**	33047	23444	22320	16295

（柏　珏　考试院）

文化

Wenhua

编 辑 崔成鹏

综述

■**概况** 2020年，扬州市围绕“寻美扬州”主题，举办东亚文化之都扬州活动年系列活动，举办“东亚文化之都”联盟工作研讨会、中日韩书法篆刻作品展、中国“东亚文化之都”城市非遗展、2020第四届中国电竞产业大会等重大活动。由市文广旅局和市政府新闻办联合申报的《擦亮“三都”国际名片，讲好扬州“好地方”的故事》获2020年全省对外宣传工作创新奖。围绕全面建成小康社会、乡村振兴、抗击疫情等主题，创排《你的名字》等近百部优秀现实题材作品，扬剧电影《衣冠风流》获中国戏曲电影展优秀戏曲电影奖，舞剧《朱自清》获中国舞蹈最高荣誉“荷花奖”，实现江苏省在“荷花奖”舞剧项目上零的突破。扬剧《血色浪漫》、木偶剧《铁道小飞虎》、淮剧《浪起宝应湖》通过省艺术基金管理中心验收。举办“寻声·绿杨记忆”扬州市曲艺研究所成立60周年专场演出、“绿杨清声”首届扬剧大赛、2020扬州美术双年展等高水平文艺活动。实施“十百千”示范工程，完成1个县级文化馆、1个县级图书馆、7个乡镇（街道）文化站和66个村（社区）综合文化服务中心服务效能提升，高邮汪曾祺纪念馆对外开放，广陵区图书馆开馆预展。举办第五届“绿杨人家”社区艺术节、紫金文化艺术节群文广场演出等文化群体活动2400余场，《〈茉莉花〉的故乡》等4个群众文艺舞台类作品获第14届江苏省“五星工程奖”，“绿杨”系列品牌活动入选江苏省群众文化“百千万”工程优秀活动品牌，绿杨书场、邗城书场入选省首批非遗曲艺书场。编制完成《2020扬州市文化旅游重点项目招商手册》，推进扬州中国大运河博物馆等重大文旅项目建设，春江花月夜艺术馆、古渡公园南园等项目建成开放，扬州瓜洲古渡文旅小镇等6个项目入选2021年省重点文化和旅游产业项目，扬州486非遗集聚区被评为第二批国家级文化产业示范园区重点培育单位。针对新冠肺炎疫情和洪水汛情，发挥广播电视教育引导作用，《新闻特写：10小时，战“疫”部队集结完毕》等5件作品入选全省优秀广播电视新闻、节目。推进广播电视和网络视听高质量发展，“东亚文化之都”申报片《扬州》获江苏彩虹奖对外电视节目地方形象片一等奖，16件作品（项目）、3个单位和3名个人获首届江苏省广播电视政府奖表彰，获奖总数位居全省设区市第三。在全省率先建立防范5G基站干扰广播电视卫星接收协调工作联合机制。

（霍 伟）

■**东亚文化之都“扬州活动年”** 制定出台《2020东亚文化之都·中国扬州活动年实施方案》，设计完成扬州活动年标识，确定文化搭台、经济唱戏，经济文化共同发展的总体思路，统筹举办中日韩名家书法篆刻联展、中日韩曲艺交流展、大运河文化旅游推介等24项主体活动和各类群体活动。推动“国际化”、“国字号”等各类品牌活动落地扬州。按照政府主导、社会参与、内外交

11月24日，“东亚文化之都”联盟工作研讨会在扬州召开　　董 辉/摄

融、共建共享的基本原则，协调活动年各项工作。在市级主要媒体持续刊登“东亚文化之都”活动年新闻报道，在全市各文博场馆、机场、火车站、公交站台等地方设置“东亚文化之都”公益广告牌，在大型商业体户外LED屏播放“东亚文化之都”宣传片，对年内举办的文旅活动统一使用“东亚文化之都”标识。加强新媒体营销，借助门户网站以及网络大V、旅游达人等自媒体力量，加大线上宣传力度，百度检索“东亚文化之都”扬州达400万条；创新开通“10+3”城市网络官方网站（中英文）、微信公众号，半年来发送信息近千条，累计阅读量突破100万人次。加大旅游宣传推广，赴上海、南京、安徽、陕西榆林等地宣传扬州“东亚文化之都”活动年；设计制作包含“东亚文化之都”元素的新版扬州旅游系列宣传折页，在各大星级饭店、宾馆投放；在Tripadvisor等国际媒体，播放扬州东亚文化之都城市宣传片，展示“扬州新形象”，营造“东亚文化之都”活动年氛围。

（成　蛟）

文化设施

■概况 全市“市、县、乡、村”四级公共文化设施网络已建成，有县级以上图书馆8个、文化馆7个。注册登记博物馆、纪念馆16个，其中国家一级博物馆1个、国家三级博物馆3个，扬州博物馆成功入选全国爱国主义教育示范基地。演出剧场8个、美术馆1个，村（社区）综合文化服务中心1325个、农村文化广场1000余个。全市“三馆一站”覆盖率达到125%，综合性文化服务中心覆盖率达到100%。（李　进）

■扬州市图书馆 2020年，市图书馆各业务窗口共服务读者171.12万人次，借还图书114.02万册次，数字资源访问下载40万次，电视图书馆平台点击率达131万余次。全年共采购中文、西文纸质图书1.18万种、4.56万册，馆藏总量达到180万册。图书馆数字资源建设优化提升，中国知网、万方数据、超星读秀等30个国内知名数据库完成续订，数据库馆藏结构增加中国知网和万方数据手机客户端模块并开通万方数据库全库远程访问，与喜马拉雅合作建设书房听吧。国家数字推广工程网事典藏项目稳步推进，完成70站点的数据采集并形成数据库。疫情期间开展线上服务活动，打造图书馆云服务平台，全年接受订单8500个，共打包图书4.6万册，吸引2.8万人次读者体验使用。在微信公众号上推荐“扬图速递”，举办网上借阅活动9场，吸引20万人次点击参与。举办“书香悦读 智赢战疫”博看网红包答题、畅游“读书月”线上推广、“满城书香”经典诵读等线上活动。市图书馆获2020年江苏省红领巾读者征文优秀组织奖、江苏省就业公益知识服务和竞赛最佳组织奖，“城市书房”志愿服务项目获得“江苏省青年志愿服务项目大赛二等奖”和“扬州市十佳青年志愿服务项目”称号等荣誉。

城市书房建设。全年新建8家城市书房，分别是万达广场城市书房、郊野公园城市书房、花都汇邻里中心城市书房、扬州国网24小时城市书房、维扬经济开发区城市书房、清风城市书房。至年底，主城区共建成41家城市书房。9月，央视新闻《夜游美丽中国》栏目走进三湾城市书房，采用互动直播的形式，展现美丽扬州的历史风貌。

推进标准化建设。参与扬州市创建全国旅游标准化示范城市工作。作为旅游标准化项目之一，明月湖城市书房通过国家验收，打造成为书房“扬州样本”。参与国家级课题申报项目“文化场馆旅游功能开发与建设指南 以城市书房为例”研究，坚持“宜融则融，能融尽融，以文促旅，以旅彰文”工作原则，打造“主客共享”的阅读空间，通过标准化手段，开发城市书房旅游功能，把城市书房塑造为外地游客了解扬州文化的窗口，满足外地游客对好地方扬州的向往。（田　平）

■扬州博物馆 2020年，扬州博物馆共举办展览17期，“清风徐来”扬州市廉洁主题文物展先后被评为2020年度江苏省文物局核心价值观主题展览推介项目、国家文物局“弘扬优秀传统文化、培育社会主义核心价值观”主题展览推介项目。全年，线上线下总计服务160.94万人次，其中，线上阅读77.19万人次、线下接待观众50.47万人次（含未成年人4.51万人次），输出展线上线下合计33.28万人次。扬州博物馆志愿者团队获“2019年度扬州市优秀志愿服务组织”称号，扬州博物馆青年志愿服务队获“2019—2020年度扬州市十佳青年志愿服务组织”称号，李晨获“2019年度扬州市优秀志愿者”称号。全年开展社教体验项目2100余场次，其中“博物之曰”项目获评江苏省文物局“2019—2020年江苏省博物馆教育示范项目”。征集扬州市公安局、皮市街社区等各类抗疫见证物45件（套），接收各类文物捐赠28件（套），主动征集文物藏品22件（套），修复文物40件，完成木漆器文物脱水保护218件，木漆器文物修复62件。“扬州博物馆藏陶瓷器文物保护修复项目”“扬州博物馆珍贵纸质文物修复”等文保项目通过验收，《江淮文化论丛》第五辑编辑出版。全年共开发文创产品11款，文创产品销售额达80万元。（徐添奇）

■扬州市文化馆 2020年，扬州市文化馆共举办各类群众文艺活动597次、公益培训班567班次、书画摄影展览15场、公益性讲座19次，线下服务超过40万人次。通过网易、“江苏公共文化云”、“扬州发布”App、“扬帆”App等平台，扩大公共文化活动线上直播范围，开通新浪微博、哔哩哔哩、抖音等官方账号，全年线上服务超过790万人次。投入55万元建设智能安防系统，对非遗展示厅进行数字化改造，开发微信小程序，规划建设数字化服务平台和数字文化长廊，打造数字文化馆互动体验中心。创作推出扬剧《众志成城》、扬剧戏歌《开在纸上的花朵》、歌曲《剪去我的长发》等一批优秀抗疫文艺作品，舞蹈《漕帮娘子》、小淮剧《喜鹊》获第14届省“五星工程奖”，歌舞《多情的运河风》入围第14届省“五星工程奖”终评。开展“非遗悦心——非遗进景区”活动63场、“广陵琴荟”古琴名家系列活动4期、“非遗悦心”线上直播系列活动7场，承办2020年扬州市“文化和自然遗产日”主场活动，协调筛选漆器髹饰技艺、古琴艺术、毛笔等10家店铺入驻阿里、苏宁、京东、东家四大电商平台，总销售额达40多万元。（周 宇）

公共文化

■概况 2020年，全市公共文化工作坚持以高效能服务、高品质供给、高质量发展为目标，推进现代公共文化服务体系建设，各项工作取得新进展、实现新突破。

公共文化产品供给。全年开展送文化进基层、进景区活动2400余场次，开展“朱自清读书节”“红领巾读书征文”等系列阅读活动近400场，开展“春节天天乐”、“国庆七天乐”戏剧专场演出、“扬剧周周唱”、越剧票友仲夏演唱会等公益文化活动80余场，举办“扬图讲堂”27场。加大优秀群众文化作品创作，遴选优秀群众文化作品参加江苏省第14届“五星工程奖”群众文艺作品，8个作品入选终评，《喜鹊》《〈茉莉花〉的故乡》《我送亲人过大江》《漕帮娘子》等4部作品获第14届省“五星工程奖”。

举办特色公共文化活动。举办第五届“绿杨人家”社区艺术节，其中组织“我爱歌唱”扬州歌手争霸赛14场，“风景这边独好”——首届扬州市民摄影大赛收到参赛作品386件，“和谐之家”家庭才艺短视频展播收到参赛作品59件，“美好生活、激情绽放”优秀广场舞评选收到参赛视频作品36件。承办2020紫金文化艺术节群文广场演出扬州分会场活动，新创作、新改编节目超过14个，来自全市各县（市、区）及扬州大学的700余名演职人员通过合唱、舞蹈、扬剧、评话、弹词等形式表演。举办“凝心聚力、共克时艰”抗击疫情美术书法作品展、清风颂廉政书画作品展、“新扬州、新征程”书画作品展等美术作品展12场。

提升公共文化服务能力。完成县级图书馆文化馆总分馆制建设，实现城乡公共文化资源共享，互联互通。推进基层公共文化服务效能提升，完成1个县级文化馆、1个县级图书馆、7个乡镇（街道）文化站、66个村（社区）综合文化服务中心等“十百千”示范对象建设，对83家镇村公共文化场馆进行提升改造。邀请扬州弹词、扬州清曲、木偶戏等20多个项目走进瘦西湖、个园、何园等重点景区、乡村旅游度假区进行展演、展示。

加强基层文化队伍建设。举办“绿杨群星”全市基层文化干部培训班，组织50多名基层文化干部赴连云港、盐城、淮安等地进行观摩学习。举办图书馆业务技能培训班，组织全市73名图书馆馆员参加全省图书馆业务竞赛，提升图书馆队伍综合素质。制定《扬州市文化和旅游志愿服务管理实施办法》，对文化和旅游志愿者招募、开展服务、激励制度、退出机制等作出详细规定，推动文化志愿服务常态化、制度化、规范化发展。（李 进）

■全民阅读活动 2020年，举办第六届以“决胜小康，读书追梦”为主题的“朱自清读书节”，召开扬州市全民阅读活动领导小组（扩大）会议，全年安排8个篇章440余项全民阅读系列活动。开展读书会、朗诵会、分享会、讲堂讲座等系列阅读活动近千场，参与人次上百万。向全市广大市民推荐12本好书阅读，邀请一大批知名学者走进“扬州讲坛”“扬图讲堂”等讲座讲堂，机关干部读书月、职工读书节以及“阮元读书节”“书香宝应”“高邮市读书节”以及仪征、江都等各地读书节深入开展。“书香伴归途 温暖回家路——带一本好书回家过年”公益活动走进市西部客运枢纽；“全民阅读春风行动”活动走进宝应县泾河镇，发放春联、福字、阅读宣传海报，赠送图书，捐赠“书香”书包。“溢彩飞扬悦动童年”亲子阅读嘉年华、红领巾红色经典读书征文演讲比赛获2019年度省级公益阅读推广活动资金扶持。设立第十届江苏书展扬州分展场，举办优惠展销和阅读推广活动，向市民发放10万元电子惠民购书券；7个分展场共销售图书3万多册、80多万码

5月22日，由江都区总工会举办的“悦读·阅美”劳模读书荐书诵读会在扬州艺术馆举行 日 报/供稿

洋，举办阅读活动100多场，参与活动的读者达4万余人。新建扬州国网24小时城市书房、清风城市书房、汪先生的书房等8家城市书房；至年底，全市共建成53家城市书房。（陈相辉）

■**农家书屋建设** 全市完成1094家农家书屋信息核查工作，推进农家书屋通借通还建设，通借通还完成率达100%，累计发放市级补助资金109.4万元。市新闻出版局开展六场市级农家书屋主题阅读暨“新时代乡村阅读季”活动，并分别向活动举办地农家书屋赠送图书。组织开展全市四星级示范农家书屋认证评选工作，宝应县山阳镇兴同村等8家农家书屋获评。在2020年“我的书屋·我的梦”农村少年儿童阅读实践活动中，获得全省一等奖3人、二等奖1人、三等奖9人，扬州市新闻出版局获省优秀组织奖；1人获全国“乡村阅读榜样”称号。（陈相辉）

文学艺术

综述

■**概况** 2020年，市文联动员文艺家参加国家级、省级重大展赛，加强培训指导、组织服务、遴选推荐等工作，取得成果。舞剧《朱自清》获中国舞蹈“荷花奖”，舞蹈《漕帮娘子》、歌曲《茉莉花的故乡》《我送亲人过大江》获江苏省“五星工程奖”；4部作品获江苏省第七届紫金山文学奖，其中《记忆偏离》获长篇小说奖、《奔跑的稻田》获短篇小说奖、《一个人的平原》获散文奖、《永不打烊的警务室》获报告文学奖；在扬州市第十届精神文明建设“五个一工程奖”中，市文联选送的图书《归湖》《芦苇花又开》《水乡人家》《蓝蓝和外星人》《永不打烊的警务室》和歌曲《所有人都成功》获“优秀作品奖”，扬州市文联获“组织工作奖”；张勇获第三届“江苏省文艺大奖·书法奖”；张晓萌、杨健获第三届“江苏省文艺大奖·摄影奖”；张勇、严安、梅静、秦汝云入选全国第五届正体书法作品展览，占全省入展作者近四分之一。2020年，市文联组织创作、出版各类文艺作品11部。（吴建军）

■**江苏文学院第3期江苏作家研讨班** 12月18—22日，由江苏省作家协会主办，江苏文学院、扬州市文联协办的江苏文学院第3期江苏作家研讨班在扬州会议中心举行，来自全省各地的60余名学员参加培训。研讨班邀请《中国作家》副主编付秀莹主讲《文学如何书写我们身处的时代》，南京大学文学院教授、教育部长江学者特聘教授王彬彬主讲《文学创作中的语言问题》，鲁迅文学院常务副院长徐可主讲《牢记习近平总书记教诲，不断提高学养涵养修养》，浙江文学院副院长黄咏梅主讲《同质化写作的突围》，《人民文学》编辑部主任马小淘主讲《文学与时代》，南京大学文学院教授、南京大学中国新文学研究中心副主任张光芒主讲《当代文学的世俗化与“流俗化”》。研讨班开展“大运河生态保护”扬州段主题创作实践，学员们赴运河三湾公园、江都水利枢纽工程、汪曾祺纪念馆等地进行参观学习。（吴建军）

■**团结“艺”心战疫情** 1月30日，市文联发布《致全市文艺家、文艺工作者的倡议书》。3月3日，市文联发布《团结“艺”心战疫情——致全市文艺家、文艺工作者的一封信》。至4月底，市文联共收到诗歌、散文、书法、美术、摄影、音乐、舞蹈、朗诵、戏剧、曲艺、快板、剪纸等各类文艺作品2500余件，通过市文联微信公众号累计发布专辑54期。4月3日，由市委老干部局、市文联主办的“致敬扬州援鄂抗疫

2020年扬州部分出版文艺作品一览表

表32-1

书名	类别	作者	出版社
姜桂林篆刻选	篆刻作品集	姜桂林	广陵书社
出租诗人	短篇小说集	李景文	江苏凤凰文艺出版社
秦观传	传记	许伟忠	中华书局
桃红李白春千树	长篇小说	姜红兰	江苏凤凰文艺出版社
铁证如山——法医沈高芳探案故事	报告文学	殷长庆	广陵书社
扬州童话精选	童话作品集	涂晓晴	江苏凤凰文艺出版社
清唱——陆华军歌词九年选	歌词集	陆华军	北京日报出版社
农家警察	剧本	房殿宏	北京日报出版社
江河墨韵——苏皖三市（南京、芜湖、扬州）美术联展作品集	美术作品集	南京、芜湖、扬州市文联	
团结“艺”心战疫情——扬州市书画摄影作品集	书画摄影作品集	扬州市文联	
辉煌小康路——扬州市书画摄影精品集	书画摄影作品集	扬州市文联	

（吴建军）

英雄——老干部书画作品捐赠仪式”在扬州会议中心举办，将300幅书画作品赠送给扬州援鄂抗疫的英雄们。4月3—5日，由市全民阅读办、市文联指导，市朗诵协会主办的“春和景明——我们的节日·清明”线上朗诵会成功举办。朗诵会连续三天，分为“防疫抗疫”“纪念祭奠”“春风心语”三个篇章，以六个群同步直播的形式举行，共1000多人在线观摩收听。4月10日，“扬州市美术家协会向苏北人民医院捐赠美术作品仪式”在苏北人民医院举行，共将80幅美术作品赠送给苏北人民医院。4月16日，由市委宣传部、市文广旅局、市卫健委、市文联、新华日报扬州分社共同主办的“致敬江苏援鄂白衣勇士”扬州分会场书画作品赠送仪式在扬州市美术馆举行，并与南京主会场、苏州分会场连线。活动中，扬州“国字号”书画家将创作的92件书法作品、36件美术作品赠送给白衣勇士。5月18日，“杏林多勇士 抗疫展担当——2020苏北人民医院抗击新冠肺炎疫情主题展”在苏北人民医院开幕。本次展览分为文艺界捐赠的部分书画作品、抗疫摄影照片、抗疫实物、抗疫视频、爱心捐赠公示等五个部分。9月1—7日，由市文联主办，市书法家协会、市美术家协会、市摄影家协会、市女画家协会、扬州书法院、扬州百花女子画院、市文联美术馆承办的“团结‘艺’心战疫情——扬州市书画摄影作品展”（书法篇）在市文联美术馆开展，共展出书法作品51幅。9月17—25日，美术篇共42幅作品在市文联美术馆展出；10月15—21日，摄影篇共53幅作品在市文联美术馆展出。12月19日，由扬州市文联、苏北人民医院主办，扬州市书法家协会、扬州市美术家协会、扬州市摄影家协会承办的《团结“艺”心战疫情——扬州市书画摄影作品集》捐赠仪式在苏北人民医院举行。（吴建军）

■**文艺拥军系列活动** 1月14—15日，市委常委、政法委书记张耀武率领市退役军人事务局、市文联、扬州职业大学等单位负责人赴舟山，看望慰问海军扬州舰全体官兵，向他们赠送慰问品并致以新春的问候和祝福。扬州军分区政委储爱军，市退役军人事务局局长孙玉金，市文联党组书记、主席仲衍书，市文联党组成员、副主席朱红林，市书法家协会主席杨小扬等参加慰问活动。7月27日，由扬州市文联、民建扬州市委主办，扬州文昌书画院承办的“书画艺术进军营 翰墨飘香鱼水情”活动在武警扬州支队举行。活动中，朱红林、贺万里、薛小勤、范钦华、郑小珊、姚志超、霍宝华、李云飞、宋体文、仇文平等10位书画家为武警部队官兵们创作书画作品60余幅。7月29日，由市文联主办，市曲艺家协会承办，仪征市人民武装部、仪征市退役军人事务局协办的“爱我人民爱我军——庆祝建军93周年曲艺专场演出”在某部队举行。扬州军分区政委储爱军，扬州市委宣传部副部长周学军，扬州市文联党组书记、主席仲衍书，扬州市退役军人事务局党组书记、局长孙玉金，江苏最美拥军人物、88岁高龄的“兵妈妈”周宏英等领导嘉宾以及百余名部队官兵观看演出。7月30日，市文联组织刘玉海、王莲、姜忠明、霍宝华、叶枫、计胜前等6名书画家走进江苏省军区扬州第一离职干部休养所，现场创作书画作品40余幅。（吴建军）

■**2020江苏朗诵艺术公益盛典** 12月5日，由江苏省朗诵协会、邗江区全民阅读领导小组主办，扬州市朗诵协会、邗江区竹西街道承办的“竹西佳处，古运流芳——2020江苏朗诵艺术公益盛典”在扬州市竹西小学举行。活动中，省朗诵协会对朗诵艺术公益团体和个人、抗疫先进团体和个人予以表彰，向部分青少年赠送朗诵考级教材及培训课程。全省各地朗诵爱好者以诵读江苏特别是扬州的古今诗文作品为主，分《竹西佳处》《踏歌而行》《古运流芳》三个篇章进行演绎。（吴建军）

■**苏士澍、姜昆等名家“送文艺进校园”** 9月21日，中国书法家协会主席苏士澍，中国曲艺家协会主席姜昆，国家行政学院原副院长周文彰，中国文联文艺志愿服务中心原副主任邵志军，中国摄影家协会原副主席张桐胜等艺术名家来到江都区大桥中心小学，开展“送文艺进校园”活动。苏士澍一行观看大桥中心小学书法特色文化专题片，

9月21日，苏士澍、姜昆等名家来扬州开展“送文艺进校园”活动
市文联/供稿

并向学校捐赠书法作品、图书等。在书法兴趣班，苏士澍等与同学们互动，讲授书法知识、技巧，介绍写好中国字的意义。活动结束后，苏士澍一行赶赴扬州若虚文化艺术中心，为扬州若虚文化艺术中心及邵志军书法工作室、乔军音乐艺术展览室揭牌。（吴建军）

■仁丰里诗词节暨文化空间楹联征集 6月20日，由扬州市文联、扬州市住房和城乡建设局主办，广陵区文化和旅游局、广陵区汶河街道办事处等单位承办的“身边的诗和远方——仁丰里诗词节暨文化空间楹联征集活动”在仁丰里启动。举办仁丰里民俗文创集市、街区文化空间采风活动。9月26日，“仁丰里楹联征集大赛颁奖暨古城保护周活动启动仪式”在仁丰里举行。大赛共收到国内外262人、共1199副楹联。经过专家评审，其中46副楹联脱颖而出，分获一、二、三等奖及优秀奖。（吴建军）

■文艺名家采风 9月27—29日，作为2020年世界运河城市论坛系列活动之一，由扬州市文联组织的“文艺名家采风”活动在扬举行。江苏省作协党组成员、书记处书记、副主席丁捷，世界遗产影像学专家、中国摄影金像奖评委周梅生，省作协副主席叶兆言、储福金，《扬子江诗刊》主编、第七届鲁迅文学奖获得者胡弦，中国女画家协会副主席胡宁娜，省文化艺术研究院副院长古强，省美术馆副馆长赵彦国，第11届中国摄影金像奖获得者、南京市摄影家协会副主席贲道春等文艺名家参加采风活动。活动期间，文艺名家们围绕扬州大运河文化带建设、大运河文化遗产保护传承、生态环境保护提升等方面进行采风，参加“2020年世界运河城市论坛”开幕式、世界运河城市美食博览会等活动，实地走访扬州运河三湾公园、瓜洲古渡公园、鉴真广场等地。采风团成员分别创作诗歌、散文、书法、美术、摄影等文艺精品。（吴建军）

■扬州市文艺创作引导资金 2020年，扬州市文联加大对文艺创作引导资金项目的统筹规划、质量把关，申报范围涵盖各个艺术门类，共收到近百项创作规划和实施方案。经省、市两级专家评审，共扶持扬剧《开在纸上的花朵》、歌曲《大国工匠》、扬州评话《底线》、舞蹈《织彩虹》等13部舞台表演类项目，长篇小说《桃红李白春千树》、剧本《农家警察》等10部出版类项目，“团结‘艺’心战疫情——扬州市书画摄影作品展”“辉煌小康路——扬州市书画摄影精品展”等重大主题展览类项目。（吴建军）

■理论研究 5月21日，由江苏省作家协会和扬州市委宣传部主办，扬州大学运河文艺创作研究院、扬州市文联、高邮市委宣传部承办的周荣池《一个人的平原》研讨会在南京举行。5月22日，由江苏人民出版社、扬州市文广旅局、扬州市文联、扬州工艺美术集团主办的《念物记——扬州手艺人》首发式暨“扬州传统手艺保护与发展论坛”在扬州486非遗广场举行。首发式上，《念物记——扬州手艺人》作者梅静发表创作感言并向扬州工艺美术集团捐赠图书。首发式后，与会嘉宾观看剪纸、漆器、雕版印刷等非遗项目现场展演，并与手艺人代表一同前往486非遗讲坛，参加“扬州传统手艺保护与发展论坛”，共商扬州传统手艺的传承、保护与发展。7月16日，《邹文灿书画摄影作品集》首发式在扬州市文联会议室举行。活动由市摄影家协会主席戴兴发主持，邹文灿讲述创作的心路历程，并向市档案馆、市图书馆捐赠作品集。陈忠南、许少飞、韦明铧、黄俶成、袁益民、陈跃等专家学者对作品集进行点评。（吴建军）

■市文艺创作引导资金项目文学作品研讨会 9月21日，扬州市文联在街南书屋召开扬州市文艺创作引导资金项目（2019年度）文学作品研讨会。江苏省作协党组成员、书记处书记、副主席汪政，省作协党组成员、书记处书记、《钟山》主编贾梦玮，扬州市委宣传部副部长周学军，市文联党组书记、主席仲衍书，市文联党组成员、副主席朱红林，《扬子江诗刊》主编胡弦，省作协创研室青年批评家韩松刚、黄玲以及扬州作家、媒体记者70余人参加研讨会。研讨会由汪政主持，仲衍书作情况介绍，周学军讲话。来自省作协和扬州方面的专家对《凤栖梧桐》《一个人的平原》等6部入选作品进行点评，并通过开诚布公的交流，就作品不足之处和由此折射的文学创作话题展开探讨。在点评后，入选项目的作家们现场分享自己的创作感悟，并与专家们进行现场互动，交流创作中的困惑、遇到的瓶颈等问题。（吴建军）

■运河文学艺术创作研究院首届学员培训班 8月21—25日，由扬州市委宣传部主办，扬州大学文学院承办，扬州市文联、扬州市作家协会协办的“运河文学艺术创作研究院首届学员培训班”在扬州大学举行。培训班邀请《当代》前主编洪清波，《朔方》主编张学东，《西湖》主编吴玄，《青岛文学》主编高建刚，《雨花》主编朱辉，《福建文学》副主编石华鹏，《芒种》副主编李佳怡，鲁迅文学奖获得者王干等专家以讲座、改稿和提问互动等形式针对期刊发表、学员写作过程中存在的一系列技术问题进行指导。本次培训班共16名学员参加，扬州市作协部分会员参加现场旁听。（吴建军）

■市第五期文艺骨干培训班 11月23—26日，由扬州市文联、中国人民大学国际学院（苏州研究院）共同主办的扬州市第五期文艺骨干培训班在中国人民大学苏州校区举办。来自扬州市相关文艺家协会、县（市、区）文联系统和市文联机关共50名学员参加培训。培训班为期4天，邀请苏州市委宣传部二级巡视员缪学为主讲《新时代文化艺术工作》，苏州市政协原文史委主任、苏州民间文艺家协会主席叶正亭主讲《吴文化解读》，中国浦东干部学院教授肖晋主讲《学习习近平新时代中国特色社会主义思想，做好意识形态工作》，中国人民大学哲学院教授、马克思主义学院教授李海洋主讲《十九届五中全会精神解读》，著名作家、文学评论家王尧主讲《文学现实与文艺创作》。本次培训安排现场教学环节，组织学员参观中国苏州评弹博物馆和中国昆曲博物馆，了解苏州传统艺术的发展与传承。（吴建军）

■**文艺惠民** 扬州市文明办和扬州市文联共同主办"我们的中国梦——文化进万家"扬州市文艺界2020年新春志愿服务系列活动。1月3日，系列活动走进邗江区西湖镇金槐村。国家一级演员赵紫君、国家二级演员沈仁梅以及青年演员盛军、曹书林、游佳琪、王海、徐梦雪组成的演出小分队为村民们表演《三击掌》（王宝钏选段）、《断太后》等传统戏剧。1月5日，系列活动走进邗江区方巷镇花城村。文艺家表演快板《共筑中国梦》、对口韵白《红红火火》、扬州清曲《运河乡村秀》、评书《三国》选段、扬州评话《误入师长府》等10余个节目。1月8日，系列活动走进江都区小纪镇便民服务中心，范钦华、陈家庆、陈建武、张崇武等书法家现场书写春联和"福"字。1月10日，由江苏省文联、江苏省广播电视总台、江苏省书法家协会、中国铁路上海局集团有限公司文联主办，扬州市书法家协会、铁路扬州站承办的"我们的中国梦文化进万家"——江苏省千名书法家送万福进万家活动（扬州站）在扬州火车站举行。市文联党组成员、副主席朱红林，市书法家协会主席杨小扬等市30多位书法家现场书写近千副春联和"福"字，送给过往旅客。1月11日，系列活动走进扬州瘦西湖景区。朱红林、史毅文、杨斌、任祖智、杜江、刘建民、凌云志、曹圣明、高志香等9位书法家现场为游客书写春联和"福"字。1月11日，系列活动走进高邮"麻风村"（市二院甘垛康复区）。演出小分队表演女声独唱《国家》、男声独唱《西部放歌》、二胡独奏《新赛马》、诗朗诵《新年你好》、舞蹈《我和我的祖国》等12个节目。1月13日，系列活动先后走进甘泉街道文化活动中心和西湖镇金槐村。演出小分队分别表演了木偶《变脸》、舞蹈《拔根芦柴花》、扬州评话《千古风流话扬州》、手风琴独奏《西班牙斗牛士》、扬剧清唱《新春观灯》、哑剧《逛街》、女声独唱《阳光路上》等12个节目。1月14日，系列活动走进翠月嘉苑社区。市文联党组成员、副主席朱红林走访社区的两户困难家庭，并送上慰问金和新春祝福。朱红林、胡新华、高志香、梁尚书、赵玲等书法家与社区的12名书法爱好者一道为居民书写春联和"福"字。1月15日，2020年度扬州市文化科技卫生"三下乡"集中服务活动在宝应县泾河镇举行，包括市文联在内的数十家单位参加活动。市文联党组成员、副主席吴乃怀向泾河镇文化站捐赠近年来市文艺创作引导资金扶持的系列书籍。金连钧、史毅文、任祖智、杜江、胡新华等5位书法家为当地居民们书写春联和"福"字。1月16日，系列活动走进扬州高铁站施工现场。诗人朱燕、王兆根、朱学铭、张庆现场吟诵赴五峰山特大桥、扬州高铁站等施工现场采风后创作的诗文。朱红林、范钦华、陈建武、张崇武、季安钢、顾巧年、胡新华、高志香、张庆宝、俞万安、曹圣明等11位书法家在现场书写春联和"福"字。1月17日，由江苏省委宣传部指导，新华报业传媒集团、"学习强国"江苏学习平台主办，扬州市文明办、扬州市文联、扬州市名城公司、中国移动扬州分公司、新华日报社扬州分社承办的"城门挂春联，扬州开门红"——新年送福暨移动5G走进古城活动在东关街举办。朱红林、何业栋、张汉怡、范钦华、张佑平、姜国庶、张勇、孔研、王浩、杨斌、杜江、朱武彬等12位书法家现场为市民、游客书写春联和"福"字。1月17日，系列活动走进扬州万达广场，陈家庆、陈建武、胡新华、曹圣明、李靖、王斌、薛素琴、高志香、张羽等9位书法家为广大市民书写春联和"福"字。1月18日，系列活动走进扬州何园，来自市女画家协会的书画家们与热爱书法的小朋友们一道，为游客和市民书写春联

2020年扬州市文联讲堂情况一览表

表32-2

时　间	地　点	主讲人	主　题
6月10日	琼花观	朱红林、张佑平、霍宝华等	"江苏省第12届新人书法篆刻作品展"看稿会
7月16日	琼花观	梁　奇	隶书临创漫谈
8月6日	琼花观	宇文家林	"江苏省文艺大奖·书法奖"投稿作品集中看稿会
8月27日	琼花观	华干林	隋炀帝与扬州
11月14日	琼花观	李　啸	李啸谈国展创作
11月26日	扬州书法院	张　勇	篆书的临帖与创作
12月10日	扬州书法院	张　勇	浅谈学习篆书感受

（吴建军）

和"福"字。系列活动走进高邮市临泽镇朱堆村，来自扬州市文艺创作研究会的书法家们和扬州树人学校的小书法家们一道，为村民书写春联和"福"字。1月19日，系列活动走进邗江区竹西街道黄金村，曹圣明、杨斌、薛素琴、高志香等4位书法家现场为村民书写春联和"福"字。1月19日，系列活动走进广陵区文峰街道连运社区，王斌、孔健、杜江、张羽、高志香等5位书法家为社区居民书写春联和"福"字。1月20日，由扬州市文联、扬州市委市级机关工委主办的"送春联进机关"活动走进机关大院。朱红林、何业栋、范钦华、张汉怡、金连钧、袁立中、史毅文、刘建民、薛素琴等9名书法家分别在市级机关东、西大院为机关干部职工书写春联和"福"字。（吴建军）

■市第五届文艺新作展演 12月22日，由扬州市文联、扬州广电传媒集团主办，扬州市戏剧家协会、扬州市曲艺家协会、扬州市音乐家协会、扬州市舞蹈家协会、扬州广电城市频道协办的"向党和人民汇报——扬州市第五届文艺新作展演"在扬州广电总台演播大厅举行。演出包括群舞《盛世花开》、女声独唱《烟花三月等你下扬州》、群舞《醉美秋之韵》、扬州评话《底线》、扬州清曲《别样的美丽》、扬州弹词《扬州味道》、扬剧清唱《开在纸上的花朵》、男声独唱《大国工匠》等。演出过程中举行2020年度扬州市文艺创作引导资金入选项目颁奖仪式。（吴建军）

■第五届"春的律动"文艺系列活动展示月 4—5月，市文联组织开展的第五届"春的律动"文艺系列活动展示月，连续第四年被市委、市政府纳入"烟花三月"国际经贸旅游节活动框架内。在疫情防控常态化的形势下，市文联创新活动形式，利用文联网站、微信公众号等平台推动"线上"文艺战"疫"工作，在做好疫情防控的同时组织"线下"文艺活动，举办"致敬江苏援鄂白衣勇士"扬州分会场书画作品赠送仪式、"春的律动——扬州百花女子画院作品展"等活动10场。（吴建军）

■市文学艺术联合会 至年底，全市有市级文联1家，县（市、区）级文联6家、行业文联3家、企业文联8家。扬州市文联有下属文艺家协会（研究会）38个，会员万余人，其中国家级会员372人、省级会员1800余人。（吴建军）

■扬州文化艺术学校 中国艺术职业学会于2020年1月5日公布2019年度教学能力评比结果，市文化艺术学校在中职组比赛中取得一、二、三等奖各1项的成绩，总成绩位居全国第一（与湖南省艺术学校并列）。在本次全国艺术院校教学能力评比活动中，中职组共有11件作品获奖，市文化艺术学校获奖3件，是省内唯一获奖学校。施振香、孙平、姚敏的作品《品山岳景观之美述东岳泰山之魂》获中职专业课组一等奖，类平、晋安宁的作品《科学思维与创新能力》和吴娟的作品《五味》分获中职公共基础课组二、三等奖。（孙筱梅）

12月22日，向党和人民汇报——扬州市第五届文艺新作展演在扬州广电总台举行 市文联/供稿

戏剧曲艺

■扬州木偶夏季全国巡演 受青岛大剧院邀请，扬州市木偶研究所于7月下旬携人偶剧《白雪公主之魔镜》《爱丽丝漫游仙境》亮相青岛大剧院，此次青岛之行也是2020年扬州木偶首次走出扬州开展演出。此外，由扬州木偶研究所打造的《胡桃夹子》《嫦娥奔月》《爱丽丝漫游仙境》《神奇的宝盒》等剧目相继赴温州、重庆、常州等地开展巡演。（孙筱梅）

■扬剧《三江越虎城》亮相江苏文艺"名师带徒"计划戏剧展演 6—7月，由省委宣传部与省文联联合举办的"代有才人"江苏文艺"名师带徒"计划展演周在省文联艺术剧场举行。此次展演周包含两场曲艺专场、一场音舞专场和三场戏剧专场，由入选江苏文艺"名师带徒"计划的青年演员担当主角。7月4日，由扬剧研究所参演的扬剧《三江越虎城》作为戏剧展演压轴剧目亮相。《三江越虎城》讲述辽将盖苏文困唐太宗于越虎城，程咬金突围回朝求救，罗通、秦怀玉领兵救驾的故事。该剧由扬剧名家李政成指导，青年演员游佳琦领衔主演。（孙筱梅）

■大型现代淮剧《浪起宝应湖》首演 8月16日，由宝应县委宣传部、宝应县文体广旅局出品，江苏省艺术基金2020年度资助项目——宝应

县创排的红色题材大型淮剧《浪起宝应湖》在县行政中心报告厅首演。《浪起宝应湖》以解放战争为背景，讲述一群被逼得走投无路的穷苦农民，啸聚宝应湖湖心岛为“湖匪”，在共产党、解放军的争取、感召下，投奔解放军、投身中国人民的解放事业中的红色故事。（孙筱梅）

■“非遗古韵”长三角曲艺非遗曲种优秀节目展演 9月5日，由第11届中国曲艺牡丹奖组委会主办，江苏省曲艺家协会、扬州市曲艺研究所承办，扬州市曲艺家协会协办的第11届中国曲艺牡丹奖颁奖系列活动之一——“非遗古韵”长三角曲艺非遗曲种优秀节目展演在扬州市音乐厅上演。整台演出包含扬州弹词、皖北大鼓、苏州弹词、扬州评话、苏北琴书、苏州评话、绍兴莲花落等非遗曲种，由来自江浙沪皖的曲艺家们表演、演绎，展示长三角非遗曲种的内涵和魅力。（吴建军）

■淮剧《浪起宝应湖》获第八届江苏省淮剧艺术展演月优秀剧目奖 9月8日，宝应县淮剧团大型原创现代淮剧《浪起宝应湖》获第八届江苏省淮剧艺术展演月优秀剧目奖，扬州市文化广电和旅游局获优秀组织奖。第八届江苏省淮剧艺术展演月由省文旅厅与盐城市人民政府共同主办，为期20天，其间来自全国13个专业淮剧院团、2个民营团带来的20台淮剧代表作品轮番上演，为观众奉上各具特色、精彩纷呈的艺术盛宴。（孙筱梅）

■扬州市曲艺研究所建团60周年专场演出 9月12日，由扬州市文广旅局主办、扬州市曲艺研究所承办的“寻声·绿杨记忆”——扬州市曲艺研究所成立60周年专场演出在扬州戏曲园举行。中国文联、中国曲协、中国艺术研究院、各地曲艺院团代表以及江苏省、扬州市有关领导出席活动。演出分为四个篇章，在扬州清曲《又见茉莉花》的优美旋律中徐徐展开。第一篇章《记忆》，表达曲艺后辈们对王少堂的无限追思；第二篇章《绿杨》，展现扬州绿杨城郭下，扬州曲艺的隽永绵长；第三篇章《寻声》，再现小巷里的古朴、宁静与悠长；尾声《芍药花开》，扬剧、木偶、曲艺名家带着徒弟们齐齐登台，展现二十四桥之畔，扬州文化艺术薪火相传美好景象。特邀嘉宾苏州弹词名家金丽生、评书大家刘兰芳倾情献演。（孙筱梅）

■第八届中国曲艺团长高峰论坛 9月13日，第八届中国曲艺团长高峰论坛暨第二届中国扬州·全国曲艺大书发展论坛在扬州召开，来自全国各地近60位曲艺团长及相关负责人共同探讨在网络时代中的曲艺大书传播之道。来自全国各地的艺术家与市曲艺演员联袂登台，分别带来常州评话、苏州评话、北京评书、四川评书、扬州评话等多种艺术表演。（吴建军）

■扬剧现代戏《血色浪漫》在戏曲园剧场首演 江苏艺术基金2020年度资助项目扬剧现代戏《血色浪漫》于10月3日在戏曲园首演，并接受省艺术基金管理中心验收。该剧以抗日战争为背景，以新四军女文工团员青萍和“老虎连”连长江虎传奇而又浪漫的爱情故事为依托，热情讴歌了以男女主人公为代表的抗日根据地军民不畏艰险、不怕牺牲，为争取民族自由解放和抗战胜利所做出的杰出贡献。该剧邀请贾璐、韩剑英、卢小杰、王啸冰、刘鹏、杨庆锦、年金鹏、张四全等专家老师成立创作团队。剧中主演和主配角色，绝大多数由扬剧研究所优秀青年演员担纲。（孙筱梅）

■首届“绿杨清声”扬剧惠民展演决赛举办 11月25—28日，由扬州市委宣传部、市文广旅局、市文联共同主办的首届“绿杨清声”扬剧惠民展演决赛在扬州戏曲园扬剧研究所小剧场举办。本次决赛分专业组和业余组，共进行7场演员决赛、1场节目决赛，有8台剧（节）目、近60名选手参加决赛。（孙筱梅）

■扬州演员入选2020年江苏省舞台艺术优秀青年人才展演 12月8日，由省文旅厅主办的2020年江苏省舞台艺术优秀青年人才展演（曲艺专场）在常州保利大剧院举行。扬州市曲艺研究所青年演员刘芓君、赵松艳、谭敏、倪真扬入选本次展演。刘芓君带来扬州清曲《别样的美丽》，反映时代呼声，向抗击病毒战“疫”一线的医护人员致敬，让观众们感受到前方白衣天使们主动剪去长发后的别样美丽。谭敏表演的扬州评话《江姐·破晓》，表现抗战时期共产党员的坚强意志，在迎接建党百年之际，再次激发在座观众的爱国爱党情怀。倪真扬的扬州评话《江心洲》，讲述了长江游击队队长朱正清为秘密渡江，取得解放战争的胜利，假扮国民党特派员江山龙骗取手令的故事。赵松艳带来的扬州弹词《647信箱》，不仅表现军人用忠诚和奉献换来国家强盛、人民安康，还聚焦到军人家属的理解和支持，体现“地方拥军优属，军队拥政爱民”的双拥思想。（孙筱梅）

■2020扬州市戏剧曲艺创作人员讲习班举办 12月15日，由市文广旅局主办、市文化艺术创作研究中心承办的2020扬州市戏剧曲艺创作人员讲习班暨作品改稿会在扬州戏曲园开班。讲习班为期3天，整体提升本土创作队伍创作能力，讲习班邀请著名剧作家、诗人刘鹏春和胡小元、邱龙泉、周寿泉等专家举行专题讲座，并开展座谈交流与改稿活动。（孙筱梅）

■扬剧电影《衣冠风流》获中国戏曲电影展优秀戏曲电影奖 12月18日，由中国电影家协会、浙江省电影家协会、桐乡市人民政府、浙江传媒学院共同主办的第三届中国戏曲电影展在浙江举行。扬州扬剧研究所选送的扬剧电影《衣冠风流》获得“优秀戏曲电影”奖。扬剧电影《衣冠风流》由扬州市扬剧研究所出品，由中国戏剧“梅花奖”、“文华表演奖”、上海戏剧“白玉兰”奖得主李政成领衔主演。该作品曾参展美国洛杉矶举行的第16届世界民族电影节，获“最佳音乐电影”奖；在第十届北京国际电影节，获“优秀戏曲电影”奖。（孙筱梅）

■**邗江区“中国曲艺之乡”授牌** 12月25日，由中国曲艺家协会主办，中国曲协《曲艺》杂志社、中国曲协曲艺之乡（名城）建设委员会、邗江区委宣传部、邗江区文化体育和旅游局承办的“2020运河城市优秀曲艺作品展演、扬州市邗江区‘中国曲艺之乡’授牌仪式暨中国曲协文艺志愿服务团惠民演出”在扬州戏曲园举行。中国曲协副主席、江苏省文联副主席、省曲协主席盛小云向邗江区授予“中国曲艺之乡”铜牌，邗江区政府副区长丁明哲接受铜牌。艺术家们现场表演扬州清曲《又见茉莉花》、扬州弹词《啼笑因缘》选段、扬州评话《三国》选段、独脚戏《唱游长三角》、沪书《领奖风波》、苏州评弹《蝶恋花·答李淑一》、相声《华夏酒歌》、小品《山花》等节目。（吴建军）

■**扬州市木偶研究所** 2020年，扬州市木偶研究所开展文艺精品创作，其中，精品剧目木偶剧《铁道小飞虎》列入江苏艺术基金2020年度大型舞台剧资助项目，于8月19日在扬州大剧院上演。结合抗疫等主题，排创众多木偶小节目，其中木偶戏《口罩歌》采取线上视频发布形式，向奋战在疫情防控一线的广大工作者致敬；全新改编节目《嫦娥舒袖》参加央视《中国地名大会》录制；经典节目《扇韵》《女驸马》重新编创为多人组台节目，参加江苏省舞台艺术优秀青年人才展演。全年，共演出210多场，其中剧场演出53场，指令性演出86场，进校园、社区等公益演出41场，进景区景点演出33场，全年综合创收达560余万元。（孙筱梅）

■**扬州市曲艺研究所** 2020年，扬州市曲艺研究所举办“寻声·绿杨记忆”扬州市曲艺研究所成立60周年专场演出，承办第八届中国曲艺团长高峰论坛暨第二届中国扬州·全国曲艺大书发展论坛等系列活动。投身抗疫作品创作，其中扬州清曲《别样的美丽》、扬州评话《底线》、扬州弹词《疫情无情人有情》入选2020年度扬州市文艺创作引导资金项目。马伟等4人入选首批江苏省紫金文化艺术英才、优青，赵松艳等2人获第11届中国曲艺牡丹奖表演奖、新人奖提名，谭敏等3人被评为江苏省乡土人才“三带”名人、“三带”能手、“三带”新秀，刘芓君等4人入选江苏省舞台艺术优秀青年人才展演，康康入选第三批曲艺英才培育行动。全年，开展“百场公益进社区”曲艺惠民演出435场、综合性文艺惠民演出124场、曲艺专场演出254场。（孙筱梅）

■**扬州市文化艺术创作研究中心** 2020年，扬州市文化艺术创作研究中心先后组织参加扬剧《血色浪漫》《阿莲渡江》、木偶剧《铁道小飞虎》《哪吒》、舞剧《朱自清》、曲艺中篇《永远的女红军》等剧目的讨论修改工作。开展“源头工程”，先后规划、资助和指导木偶剧《哪吒》以及21个曲艺现实题材剧（节）目。新创《绿杨渔家夸议事》《程序员的春天》《逐梦广陵》《家书》《好事成双》《回家》《热血丰碑》《向上向善》《广陵潮涌》《迟到》等30多个小型节目。成功举办2020扬州市戏剧曲艺创作人员讲习班暨作品改稿会，组织全国舞蹈比赛、2020紫金文化艺术节等艺术节目观摩活动，组织开展2020年度扬州市地方艺术重点理论研究资助项目评选。王巨成《幸福像花开》入选“助力小康社会与脱贫攻坚”主题出版物推荐书目，崔绪军入选江苏省“青年优秀文艺人才引进计划”。（孙筱梅）

■**扬州市扬剧研究所** 2020年，扬州市扬剧研究所被省文旅厅评为“2019年全省艺术创作工作先进单位”。策划并创排建党100周年献礼剧目扬剧现代戏《血色浪漫》和《阿莲渡江》。《血色浪漫》列为2020年度江苏省艺术基金舞台资助项目，于10月在扬州戏曲园成功首演；《阿莲渡江》已申报2021年度国家艺术基金、江苏省艺术基金，相关主创人员已进入排练。先后参加央视戏曲频道国庆戏曲晚会、江苏省中秋戏曲晚会、戏曲百戏（昆山）盛典、紫金文化艺术节优秀舞台剧目展演等重要艺术活动和赛事20余场。在第三届中国戏曲电影展上，扬剧电影《衣冠风流》获得“优秀戏曲电影”奖。（孙筱梅）

音乐舞蹈

■**2020全省舞台艺术优秀青年人才展演舞蹈、音乐专场在扬举办** 12月6—11日，由省文旅厅主办，徐州市文广旅局、常州市文广旅局、扬州市文广旅局承办的2020年江苏省舞台艺术优秀青年人才展演舞蹈、音乐（声乐、器乐）专场在扬州上演。此次展演遴选出来自全省文艺院团和艺术院校的96名青年优秀人才，共85个节目组成7场演出，在徐州、常州、扬州分别上演，同时在江苏公共文化云、荔枝新闻、我苏网等平台进行现场直播。此次扬州专场演出，特邀相应艺术门类的著名表演艺术家对青年演员的表演进行专业点评。（孙筱梅）

■**舞剧《朱自清》获第12届中国舞蹈“荷花奖”** 10月23日，第12届中国舞蹈“荷花奖”舞剧评选结果公布，由扬州市歌舞剧院创作的爱国题材舞剧《朱自清》获得第12届中国舞蹈“荷花奖”舞剧奖。中国舞蹈“荷花奖”是经中宣部立项，中办、国办批准，中国文联、中国舞协主办的全国性专业舞蹈比赛最高奖。全国共有30多部舞剧申报，《朱自清》等8部进入终评，5部剧目获得荷花奖。舞剧《朱自清》的得奖，实现江苏舞蹈在“荷花奖”舞剧项目上零的突破。（孙筱梅）

■**市第12届“琼花奖”舞蹈比赛** 11月1日，由扬州市文联、扬州市舞蹈家协会、扬州文化艺术学校、扬州广播电视总台联合主办的“扬州市第12届‘琼花奖’舞蹈比赛颁奖仪式暨汇报演出”在扬州广播电视总台演播大厅以直播方式举行。本次大赛共有35支代表队近2600人参加，参赛舞蹈节目98个，分为少儿组、青年组、中老年组、专业组4个类别。经初赛、复赛，共评出少儿组金奖26个、银奖10个、铜奖18个，青年组金奖4个、银奖1个，中老年组金奖7个、银奖7个，专业组金奖12个、银奖6个、铜奖7个，以及优秀创作奖5个、舞蹈之星11人。（吴建军）

■扬州市歌舞剧院 2020年，扬州市歌舞剧院全新创排的大型民族舞剧《朱自清》获第12届中国舞蹈“荷花奖”，实现江苏省在全国舞蹈最高奖项“荷花奖”舞剧零的突破，填补国内关于朱自清先生舞剧艺术作品的空白，参加江苏省紫金文化艺术节优秀剧目展演，获优秀剧目奖，周晨被评为优秀演员。制作推出歌曲《共克难关》《最美的征途》《你的名字》等多个抗疫作品。全年演出79场，其中音乐厅54场、演出团25场，音乐厅场务组获得“扬州市五一巾帼标兵岗”称号。（孙筱梅）

■扬州文化艺术学校 2020年，扬州文化艺术学校创建为江苏省优质特色职业学校。加强委培合作力度，与兴化淮剧团、涟水淮剧团达成合作，招收委培学员30人。持续为毕业生拓展对口就业市场，校企合作单位增加到近50家。举办毕业班汇报展示与供需见面交流洽谈活动，2020年毕业生一次性落实就业意向率超95%。参加江苏省职业学校文化艺术专业表演类项目技能大赛，夺得6金1银1铜，再创历史新高。在扬州市职业学校教学技能大赛中，获得2个一等奖、3个二等奖。类平和施振香两位老师在全省艺术和旅游职业院校青年骨干教师评选中获评“青年骨干教师”称号。新创扬剧戏歌《开在纸上的花朵》被央视选用并多次播映，8首抗疫歌曲被“学习强国”平台采用刊播。（孙筱梅）

书画美术

■“中国梦·光明行”华续先书画作品展 6月26日，由光明日报社会活动部、江苏省书法家协会、扬州市文联等单位主办的“‘中国梦·光明行’华续先书画作品展”在扬州八怪纪念馆开幕。“中国梦·光明行”是由光明日报创办的品牌活动。本次展览共展出华续先书画作品100幅，展至7月15日。（吴建军）

■“荷美射阳湖”摄影展（赛）开镜 8月2日，由江苏省摄影家协会、宝应县委宣传部主办，扬州市摄影家协会、宝应县文联、宝应县射阳湖镇党委政府承办的“荷您相约·莲享世界”江苏省宝应县“荷美射阳湖”摄影展（赛）开镜仪式暨“江苏射阳湖区域摄影联盟”揭牌仪式在宝应荷园举行。大赛以“荷美射阳湖”为主题面向全国摄影人征集作品，主要包括宝应射阳湖区域内荷园风光、乡村旅游、自然景观以及与“荷”有关的人文、风光摄影作品。（吴建军）

■扬州市市级机关书画摄影展 9月3日，由市委市级机关工委、市文广旅局、市总工会、市文联共同主办的“夺取双胜利·建功新时代”扬州市市级机关书画摄影展在扬州市文化馆开幕，共展出市级机关单位工作人员创作的120余幅书画摄影作品。（吴建军）

■第三届“邮驿路、运河情”全国美术作品展 9月28日，由中国美术家协会和高邮市人民政府共同主办，中国文联美术艺术中心、江苏省美术家协会、高邮市委宣传部承办的第三届“邮驿路运河情”全国美术作品展在高邮市开幕。展览面向全国进行网络征稿，共收到4191件作品照片。经评选委员会初评、复评，共评选出208件入选作品，其中入会资格作品51件，并从中评选出典藏作品10件。（吴建军）

■扬州市廉政书画作品展 9月29日，由市纪委、市文广旅局、市文联、扬州报业传媒集团和中国农业银行扬州分行共同主办的“墨韵扬正气，初心颂祖国”——“农行杯”扬州市廉政书画作品展在市美术馆开展。本次展览共征集到书画作品375件，其中书法作品252件、美术作品123件。经评选，最终遴选出获奖和入展作品120件，与特邀的21件作品共同展出。（吴建军）

■逸书乐——张美林书法作品展 10月24日，由扬州市文联、扬州大学音乐学院、扬州市书法家协会共同主办的“逸书乐——张美林书法作品展”在扬州八怪纪念馆开幕，共展出张美林59件书法作品。（吴建军）

■2020扬州美术双年展 11月15日，由江苏省美术家协会、扬州市委宣传部、扬州市文化广电和旅游局、扬州市文联主办，扬州市国画院、扬州市美术馆、扬州市美术家协会承办的“2020扬州美术双年展”在市美术馆开展。本次展览共收到来自全省各地及部分外省美术作品663件，涵盖中国画、油画、版画、漆画、水彩、水粉、插画、雕塑、烙画、综合材料、年画等多个种类。经组委会评选，最终入选作品149件，其中优秀作品20件。本次展览特邀中国女画家协会副主席胡宁娜，江苏省美术馆副馆长王国斌，南京师范大学美术学院教授时卫平等专家现场点评指导。（吴建军）

■扬州市国画院 2020年，扬州市国画院共有19件作品参与国家级、省级各项创作展览及活动，国家级达到4件。安玉民作品《大运河》《万马奔腾图》《万里绿色长城图》分别参与国家文旅部、中国美协主题创作。贾修森作品《戏影百生》入选国家文旅部2020年戏曲百戏（昆山）盛典“戏曲百戏百人百画”作品展。钟丹群作品《运河女儿》入选第三届“邮驿路·运河情”全国美术作品展。举办2020年扬州市美术双年展。在江苏省美术馆举办扬州市国画院建院60周年书画作品展，展出书画作品共100件，集中呈现多年来全院艺术家在书画方面的优秀成果。受邀参与省画院《中华民族的血脉——大运河史诗图卷》主题创作并完稿。全年举办展览近20场，志愿者交流服务活动10余场。

（孙筱梅）

社会科学

■概况 2020年，市社科联拓展新型智库体系建设。以扬州高质量发展和“三个名城”建设为主攻方向，形成年度重点课题成果270项；以扬州年度发展数据分析为主要内容，出版《扬州蓝皮书》作为全市“两会”材料发给代表、委员；以“新时代党的建设理论在扬州的创新与实践”为主题组织中国特色社会主义理论研究中心重大课题研究，作为庆祝建党100周年的重点工作；以部门需求为发力方向，形成扬州台湾经济文化交流研究中心课题成果38项，年度重点课题（审计专项）25项。拓展智库合作空间。深化与高校之间的合作，推动成立扬州职大社科联，联合扬工院设立“扬州工”文化研究中心和红色文化研究推广中心。拓展共建共享的智库渠道，将全市中心工作的各项研究需求传递给专家学者。坚持优先资助研究扬州发展、扬州文化、扬州人物的著作，共对10项成果予以资助。《咨政专报》报送。整理摘录重要活动中的成果报送市领导，特别是在抗击新冠疫情期间，征集并报送一批统筹推进全市疫情防控和经济社会发展的各项对策建议。市社科联被江苏省社科联评为“全省社科联工作先进单位”。市社科联及各县（市、区）社科联共7个创新工作被表彰为“省社科联系统2020年度工作创新案例”，是全省唯一所有县市区全部获奖的设区市。“汇智献策，积极助推扬州高质量发展”获得全市宣传思想文化工作创新提名奖。

学术活动。联合省社科联、市委宣传部、市委研究室共同主办“2020年扬州高质量发展论坛”；联合南通、泰州市社科联举办省社科界第14届学术大会苏中专场，联合市有关高校、部门举办2020年度首期“扬州智库论坛”；联合所属学会举办全市第12届学术年会；联合市委台办举办“2020年扬州台湾经济文化交流研讨会”等一系列活动。通过邀请省内外有分量的学界专家，从高层视角解读扬州经济社会发展中的理论和实践问题，为扬州的发展提供参考。推动产生学术成果。通过搭建平台，提供研究和交流的机会，在各类学术活动中形成成果近400篇。

学会基础建设。市社科联通过走访、联络、座谈等形式，先后对56家学会开展“一会一档”调研工作，建立学会动态档案。开展市社科学术社团基本情况自评工作，排查问题，了解困难，探索发挥学会功能的路径。落实《扬州市社科类学会、协会、研究会管理办法》，针对各学会开展的讲座、论坛、研讨会、报告会等学术活动进行统计，督促学会按照相关规定加强对自办刊物、网站、微信公众号等的管理并加大对学会开展学术活动的管理力度。全年各学会共开展较大的学术活动近20场。市社科联指导成立市机构编制管理研究会；推动市图书馆学会、工运研究会、家庭伦理道德研究会、市场监督管理学会、诗歌学会、城市管理研究会、扬州文化研究会、新四军研究会等8家学会开展换届工作。按照有关规定注销公积金管理研究会、木雕研究会等2家学会。举办学会负责人培训班，帮助学会骨干提升能力。

社科普及。举办市第17届社科普及宣传周。市、县联动发动社科工作者发挥自身学科优势，进企业、进农村、进机关、进学校、进社区，宣讲重大理论、普及人文知识、解读重要政策。推荐省级优秀社科普及项目。面向各学会、协会、研究会，社科普及基地和县（市、区）社科联征集全年社科普及活动项目60项，向省社科联推荐优秀项目41个，重点项目1个，最终获评重点项目1个，基地项目7个，一般项目9个。开展“社科学堂”普及讲座。面向全市高校青年师生志愿者、社科普及联席会议成员单位征集社科普及教案，遴选优质讲稿，供社科普及联席会议各成员单位、各级机关、学会、社区和社科普及基地选题，共举办社科学堂30多场，提升“社科学堂”的影响力。社科普及示范基地建设。共建成国家级人文社科普及示范基地2家，省级社科普及示范基地15家，省级社科普及研发基地2家，市级社科普及示范基地62家。

社科优秀成果评奖。2020年开展的全市第12次社科优秀评奖活动共评出获奖项目125项，其中学术类一等奖10项，二等奖25项，三等奖40项。决策咨询类一等奖10项，二等奖15项，三等奖25项。在全省第16届社科评奖中，扬州市成果取得突破性成绩，共获奖45项，其中一等奖7项，二等奖15项，三等奖23项。 （孔　悫　李雪晨）

■ 2020年第一期扬州智库论坛 5月29日，由市社科联轮值主办，市委研究室、市政府研究室、市委党校、扬州大学苏中发展研究院、扬州职大共同举办的2020年度首期“扬州智库论坛”召开。论坛特邀江苏省金融研究院院长、省社科院财贸研究所所长、研究员孙克强作“新型基础设施建设和长江经济带高质量发展”主题报告。市多位专家学者围绕长江大保护与沿江沿河产业升级，长江干流岸线利用项目清理整治和生态修复，打造具有标志性、显示度的沿江生态中心、创新发展片区，沿江重点区域生态保护和建设，生态廊道打造等内容，形成一批研究成果，为市委、市政府提供对策建议。 （孔　悫　李雪晨）

■ 2020年度《扬州蓝皮书》 2020年度《扬州蓝皮书》共收到申报课题92项，其中立项35项，结项35项。《扬州蓝皮书》共分为总报告、“经济发展高质量”研究报告、“改革

2020年度《扬州经济社会发展蓝皮书》结项课题一览表

表32-3

课 题 名 称	课 题 组 成 员
2020—2021年扬州经济社会发展形势分析与预测	黄为民 孙景亮 夏卫峰 郑善武
全面小康社会达成后的扬州“再出发”展望	程兆君 陶小军 张克辉 胡凌子
扬州市新兴科创名城建设研究报告	扬州市政协课题组
扬州高质量融入长三角一体化发展路径研究	王 峰 卢 广 吴文昊 谢兆伟
2020年扬州市服务业发展研究报告	扬州市发展和改革委员会课题组
2020年扬州金融形势分析与展望	扬州市金融学会课题组
后疫情时期扬州市开放型经济发展思路研究	吉爱平 张 锋
长三角区域竞合背景下扬州产业结构优化研究	扬州市统计局课题组
新发展理念语境下推动重大项目高质量发展路径研究	韩长金 朱 枫 张进扬
扬州市市场主体发展情况报告	扬州市市场监督管理局课题组
“十四五”期间扬州市培育县域消费增长极实证研究——以扬州市江都区为例	江都区委党校、江都区商务局联合课题组
疫情之下邗江生物健康产业发展调研与思考	张德兰 姚云霞 马 周
2020年扬州市深化经济体制改革研究报告	卞 吉 胡新林
扬州市应急管理体系及能力现代化建设研究——以公共卫生应急管理为例	程兆君 赵 亮 陆 洋
扬州网格化社会治理体制机制创新研究	扬州市政协社会和法制委员会课题组
“中国之治”背景下的扬州社会信用体系建设研究	扬州市发改委课题组
扬州乡村产业振兴路径研究	阚成法 张 影
扬州农村集体经济增收途径研究	扬州市农业农村局课题组
江广融合区建设现状及发展对策研究	扬州市自然资源和规划局课题组
以人为本视角下的扬州城市发展研究	广陵区委研究室课题组
扬州“东亚文化之都”品牌效应运用研究报告	扬州市政协课题组
扬州“世界美食之都”品牌效应运用研究报告	刘 流 冬 冰 邱振华 汤 颖
扬州国际文化旅游名城建设对策研究	周学军 陈 峰 黄德鑫
扬州市“宜游化”发展研究报告	扬州市委宣传部课题组
扬州文旅深度融合发展研究	扬州文旅融合研究课题组
大运河文化带公园扬州段建设的对策研究	秦宗财 邓 清 黄 杰 杨郑一
城市双修和大运河文化带建设双重视阈下三湾片区开发建设对策研究	刘雨平 张 兵 赵庆华 周振国 刘 欣
水环境全域治理全河达标研究报告	金春林 陈 刚 刘玉林 樊盛健
基于城市生态网络构建的扬州现代公园体系建设质效提升研究	扬州市历史文化名城研究院课题组
扬州市居民生活高质量发展现状分析	解国元
2020年扬州居民消费价格形势分析研究	范晓青 谢 阳 季 杰
2020年扬州卫生健康事业发展报告	赵国祥 陈东升
2020年扬州就业形势监测分析报告	范 耘 李宏平 卞 力
2020年扬州民政事业发展报告	王振祥 章 咪 蒋承骏
2020年扬州住房公积金事业发展报告	扬州市住房公积金管理中心课题组

（孔 悫 李雪晨）

开放高质量”研究报告、“城乡建设高质量”研究报告、“文化建设高质量”研究报告、“生态环境高质量”研究报告、“人民生活高质量”研究报告等七部分，紧扣扬州推进“六个高质量发展”的理论思考和实践探索，增强课题的研究性、实用性和前瞻性，预测与解答扬州未来发展中可能遇到的问题。

（孔 悫 李雪晨）

■扬州市第12次哲学社会科学优秀成果评奖 5月8日，经市委、市政府批准，扬州市第12次哲学社会科学优秀成果评奖委员会正式成立。5月12日，市社科评奖委员会召开第一次全体会议，讨论通过《扬州市第12次哲学社会科学优秀成果评奖工作实施细则》，启动评奖活动。本次社科评奖采用网上申报方式，共收到符合申报条件的成果337项。7月20日，市社科评奖委员会召开全体会议，对市第12次哲学社会科学优秀成果专家组推荐项目进行终评表决，市第12次社科优秀成果评奖活动共评出获奖项目125项，其中学术类一等奖10项，二等奖25项，三等奖40项。决策咨询类一等奖10项，二等奖15项，三等奖25项。

（孔　悫　李雪晨）

■**扬州市第17届社科普及宣传周** 9月29日，以“决胜高水平全面建成小康，共谱‘强富美高’新篇章”为主题的扬州暨高邮市第17届“社科普及宣传周”开幕式在高邮市三垛镇少游文化广场举行。开幕式现场进行“社科普及+文艺精品”展演，把社科知识融入戏歌演唱、音乐快板、情景说唱等新颖的表演方式中，吸引500多名基层群众参与现场活动。（孔　悫　李雪晨）

■**2020年扬州高质量发展论坛** 10月23日，与省社科联、市委宣传部、市委研究室共同主办“2020年扬州高质量发展论坛”。市委常委、宣传部部长张长金，省社科联副主席尚庆飞到会致辞。论坛专门邀请省政府参事、南京师范大学创新经济研究院院长、教授蒋伏心围绕“长三角一体化发展升级背景下扬州高质量发展”作主旨发言，省政府研究室副主任沈和围绕“十四五发展战略取向与美丽扬州建设关键举措”作主旨发言。各县（市、区）、功能区，市各部门、高校有关负责同志130多人参加会议。中国社会科学报、中国社科网、江苏社科网、江苏省委新闻网、交汇点等多家媒体对会议作报道。

（孔　悫　李雪晨）

■**江苏省社科界第14届学术大会苏中专场** 11月25—26日，省社科界第14届学术大会苏中专场在扬召开。本次大会由省委宣传部和省社科联共同主办，省决策咨询研究基地苏中发展研究基地、扬州市职业大学、南通市社科联、泰州市社科联协办，扬州市社科联承办。来自全省社科界、有关高校、研究基地的专家学者和有关部门的领导、全市社科类学会代表等100余人，围绕“加快提升苏中区域经济发展能级”主题，共同研讨交流事关苏中发展的重大理论与实践问题。市委常委、宣传部部长张长金，省社科联党组成员、副主席徐之顺到会致辞。会议邀请南京大学教授、长三角经济社会发展研究中心主任范从来，东南大学首席教授、省政府参事徐康宁，群众杂志社副总编辑李程骅和扬州大学教授、省决策咨询苏中研究基地首席专家陈耀4位专家作主旨报告。大会表彰14篇优秀论文，三市共5位学者在会上作交流发言。（孔　悫　李雪晨）

■**宁镇扬一体化论坛** 11月20日，南京、镇江、扬州三市社科联及扬州市社科院阮元文化研究所在扬共同举办“宁镇扬一体化论坛”，省社科联副主席徐之顺出席并讲话，南京市社科联副主席张石平，镇江市社科联党组书记、主席于伟，扬州市社科联党组书记、主席、社科院院长房学明出席会议。论坛以“突出共建共享，打造宁镇扬民生幸福圈”为主题，共收到三市征文60篇，评出优秀论文36篇。

（孔　悫　李雪晨）

■**2020年扬州台湾经济文化交流研讨会** 12月11日，市社科联、市委台办、扬州台湾经济文化交流研究中心共同举办“2020年扬州台湾经济文化交流研讨会”，省台办一级巡视员王鲁宁出席会议。会议特邀中国社科院台湾研究所副所长张冠华以《疫情下的两岸经济关系与台湾经济走向》为题作主旨发言。各县（市、区）、功能区，高校和有关部门的专家学者100多人参加会议。（孔　悫　李雪晨）

■**“扬州工”文化研究中心和红色文化研究推广中心揭牌** 12月17日，由市社科联、社科院委托扬州工业职业技术学院建设的“扬州工”文化研究中心、扬州红色文化研究推广中心举行成立仪式。市社科联党组书记、主席、社科院院长房学明及扬州工业职业技术学院党委书记刘金存共同为中心揭牌。这是扬州市社科联（院）增强校地合作，推动社科工作深化细化的具体举措。

（孔　悫　李雪晨）

■**扬州市第12届哲学社会科学学术年会** 为整合学术资源，突出学科特色，服务改革发展实践，2020年的学术年会分为三个主题专场举办，分别由市金融学会、卫生经济学会、儒商研究会承办。12月18日，由金融学会承办“金融支持扬州创新发展”专场，共收到论文48篇。12月24日，由卫生经济学会承办“公共卫生和卫生经济管理”专场，共收到论文128篇。12月30日，由市儒商学会承办“扬州中小微企业在助力科创名城建设中的使命与作为”主题专场，共收到论文48篇。

（孔　悫　李雪晨）

新闻出版

综述

■**概况** 2020年，全市计有出版社1家、报纸5种、期刊16种、连续性内部资料性出版物44家、驻扬记者站3家。有印刷企业561家，其中出版物印刷企业16家，专项印刷企业5家，数字印刷企业3家，包装装潢印刷品印刷企业319家，其他印刷品印刷企业218家，销售总额达39.3亿元，利润2.6亿元，从业人员1.03万人，省级示范企业4家。有出版物发行企业818家，其中出版物批发企业17家，出版物零售企业801家，销售总额达1.1亿元，从业人数3807人。有网络出版单位3家。（陈相辉）

■**印刷发行管理** 完成561家印刷企业年度报告公示和818家出版物发

行单位年度核验、换证工作，依法注销一批关停企业。开展扬州市印刷复制发行暨内部资料性出版物“双随机、一公开”抽查工作；开展全市印刷企业危化品专项整治，规范全市印刷企业油墨使用管理。举办扬州市印刷企业法规培训，300余人参加培训。举办扬州市连续性内部资料出版物法规业务培训，90余人参加培训。2家企业获2020年省级现代服务业（新闻出版）发展专项资金项目扶持。（陈相辉）

■报刊管理 规范全市内部资料性出版物管理工作，完成44家连续

2020年扬州报业传媒集团获省好新闻作品一览表

表32-4

类别	作品标题	作者	等次
消息	抹去最后一处视觉污染　瘦西湖迎来最美天际线	李继业　吴涛	一等奖
消息	国内首个水稻联合耕播田间作业无人化项目昨通过实产验收	冯刚　刘贺　乔云	一等奖
通讯	看运河三湾如何变成“三好生”	李继业　周明涛　拾景炎　吴涛　刘贺	一等奖
通讯	从怀疑到相信，距离有多远？	李继业　周明涛　拾景炎　费大洋　刘贺	一等奖
评论	从总书记与小朋友互动中看到了什么	李继业　毛建国	一等奖
评论	“戴着口罩”抓发展	金沙人	一等奖
策划	把扬州这个“好地方”建设好发展好——全面贯彻落实习近平总书记视察扬州重要讲话精神	李继业　周明涛　张志虹　拾景炎　赵钢　毛建国　刘贺　雷菡	一等奖
版面	《扬州日报》3月22日2—3跨版	李继业　周明涛　李峰　拾景炎　毛建国　刘贺　朱东伟　王鹏	一等奖
专栏	让平凡人上头版	李继业　周明涛　张志虹　邹亚琴　王子明　桂国	一等奖
消息	全球首座高铁悬索桥创七项世界之最	周晗　嵇尚东	二等奖
消息	扬州“源头”Ⅱ类水逾九成	周晗　郭瑞娟　王洁	二等奖
消息	六位退捕渔民的“护江答卷”	孟俭	二等奖
消息	扬大团队破解银杏古树“长寿密码”	乔云	二等奖
消息	120米！“大运河史诗图卷”告竣	王鑫	二等奖
通讯	最后一刻 她还在为百姓操心	嵇长青　张旭	二等奖
通讯	江河之恋——扬州教师李立峰一家三口的陕北支教故事	李继业　周明涛　张志虹　拾景炎　冯刚　楚楚　刘冠霖　乔云　王鹏	二等奖
通讯	扬州公筷统一标准啦	杨宝岭	二等奖
报道	扬企危中寻机、经“疫”求“经”系列报道	拾景炎　孙炎　石默然　陈高君　嵇尚东	二等奖
漫画	连淮扬镇铁路开通运营	沈江江	二等奖
论文	把握已知，迎接未知	李继业	二等奖
副刊	“我正在送快递……”	俞继东	二等奖
副刊	生日——一群扬州逆行者的生日故事	丁云　李蓉君	二等奖
消息	扬州大厨为战“疫”总攻送“粮草”	拾景炎　吴生锋　丁云　吴忠祥	三等奖
消息	“创二代”走进机关部门当起“实习生”	嵇长青　陈晨　陈高飞	三等奖

续表 32-4

类　别	作品标题	作　者	等　次
消　息	原定5名“功臣”为何缺额3名?	吴生锋　吴忠祥	三等奖
消　息	“拾荒留学博士”15年扶出3名大学生	孟　俭	三等奖
通　讯	“李佳琦”们，能批量复制吗?	楚　楚	三等奖
通　讯	喜看宁镇扬一体化“写意画”变成“工笔画”	邹　平	三等奖
通　讯	10多年来，这里村民救了不下50只国宝	向家富　孟　俭	三等奖
系列报道	长江“净塑”系列报道	孟　俭	三等奖
专　栏	文昌新语	李继业　周明涛　李　峰　毛建国　郑　岑	三等奖
漫　画	致敬最美逆行者	沈江江	三等奖
媒体融合	小康百村行·渔家傲	李继业　周明涛　张志虹　蒋大伟　胡　俭　徐子尧　顾　欣	三等奖
网　络	为农民工就业注入“三股活水”	李悟清	三等奖
论　文	第一时间 第一信源 第一速度——以扬州为例看地方媒体如何报道疫情	朱广盛	三等奖
论　文	嬗变与融合：“讲好中国故事”的地方实践	蒋斯亮	三等奖
论　文	融媒体时代地方党报如何讲好中国故事——以《扬州日报》为例	万祖禹	三等奖
副　刊	栀子花、茉莉花：语言障眼法的艺术形容	明　光	三等奖

（陈惟金　刘新平）

性内部资料性出版物编印单位年度核验；严格落实“三审三校”制度，加强新闻报刊领域的事中、事后监管，开展报纸、期刊、连续性内部资料出版物审读，编发《扬州市报刊审读》6期。严格落实报刊年度核验制度，坚持问题导向，聚焦重点报刊，对群众反映的意见和诉求及时进行核查处理。

（陈相辉）

■版权管理 全市每个县（市、区）均有1家综合版权工作站、1家专业版权工作站的服务网络，2020年新培育版权工作站1家，全市版权工作站计有16家，登记版权近6000件。开展“世界知识产权日”版权宣传活动，举办两期培训班。扬州安贝斯玩具有限公司、江苏笛莎公主文化创意产业有限公司2家企业成功申报2020年全省优秀版权作品产业转化重点培育项目。扬州微布坊玩具有限公司被评为2020年省版权示范单位。扬州市版权局联合相关部门开展打击侵权盗版“剑网行动”，2020年市侦办结版权行政案件8起，省版权局挂牌督办案件7起，扬州占3起。11月，扬州市公安局获国家版权局颁发的“中国版权奖金奖”。

（陈相辉）

扬州报业传媒集团

■概况 2020年，扬州报业传媒集团坚持以习近平新时代中国特色社会主义思想为指导，下好“改革棋”，举好“融合旗”，新闻事业与传媒产业双轮驱动，取得抗击疫情与事业发展的“双胜利”。集团坚持“内容为本”，突出创新创优，切实发挥主流媒体作用，持续壮大主流思想舆论。11月13日，习近平总书记到扬州视察，集团党委和采编人员奋斗在一起，保证出版质量，展示扬州形象，受到市委、市政府肯定。集团媒体涌现出《看运河三湾如何变成“三好生”》《总书记和这位小朋友亲切互动》等一批优秀作品；推出“牢记总书记谆谆嘱托殷殷期望，把扬州这个‘好地方’建设好发展好”“践行嘱托开新局——争当表率、争做示范、走在前列”等专栏，展现扬州贯彻落实习近平总书记重要讲话精神的生动实践。围绕学习贯彻习近平新时代中国特色社会主义思想、党的十九届五中全会、全国和省市两会、全面小康、脱贫攻坚、市委全委会、产业科创名城建设等重大宣传主题，集团各媒体平台组织有力，报道充分。《扬州日报》“学思行”理论版推出“学好用好《习近平谈治国理政》第三卷”大型理论宣传计划，邀请市四套班子领导加入“作者群”，引起反响。面对新冠肺炎疫情，集团闻令而动，大年初二复工，“报网端微抖”传播矩阵倾力出击，至9月底，累计刊发（推送）战疫相关产品逾1.5万件，点击量达10亿+，单件网络作品最高点击量突破1000万。疫情最严峻时期，《扬州日报》刊发重点评论文章20多篇。

集团推进质量再提升，新闻精品不断涌现。推行新闻“爆款”项目制，细化激励保障制度，“大爱老兵”“净塑青年”等典型报道产生全国性影响，通讯《最后一刻 她还在为百姓操心》全网浏览量近千万。党报推出特刊《下扬州》《在河之洲》《高铁来了》和《英雄今辞黄鹤楼 烟花三月回扬州》等专版。扬州网新闻专题《一个也不少——扬州医疗队驰援湖北全记录》入选全国第五届“五个一百”网络正能量精品，是扬州唯一获奖作品。扬州发布、《扬州晚报》和机动新闻部联手打造的“马上办”专栏，入选2020年度“各地走好网上群众路线典型案例”。外宣工作再上新台阶，全年集团600多件作品被中央和省级重点媒体选用。

集团贯彻中办、国办印发的《关于加快推进媒体深度融合发展的意见》精神，推进媒体融合向纵深发展。集团建立全媒体新闻中心、全媒体经营中心管理体系，形成“4个编辑中心+15个融媒中心+特色新媒体工作室+机动新闻部”的全媒体采编组织框架。集团新媒体矩阵总粉丝量突破1000万，提升新型主流媒体的头部位置。4月29日，由集团负责运营的“学习强国”扬州学习平台上线，全年刊发稿件9600多篇，1500多篇稿件阅读量在10万以上，最高单篇阅读量1900万；全年被江苏学习平台选用3224篇，被全国学习平台采用483篇，实现“天天亮相央媒，周周首页推荐”。集团高质量融媒产品频现，原创MV《学而时习之》登上“学习强国”全国平台首页，纪录片《治玉人生》被国家图书馆展播，城市旅游宣传片《烟花三月2020》《月下故人来》，高铁主题城市宣传片《I am 扬州》等获得肯定；系列微纪录片《小康百村行》、系列人物访谈节目《疫见档案》、连淮扬镇高铁开通大型直播等刷屏全网。

2020年《扬州日报》全年出版356期，印数（开机数）7.4万份，征订数7.17万份。《扬州晚报》全年出版348期，印数（开机数）7.05万份，征订数6.85万份。集团新闻宣传质态长期位居全省地市级媒体第一方阵。在2020年度全省好新闻评选中，扬州报业传媒集团39件作品获奖，其中一等奖9件。

面对严峻的经营形势和疫情冲击，集团坚持把经营利润作为考核基准点，把压缩成本作为工作发力点，把优化重组作为改革侧重点，奋力冲刺、全力突破，全年实现销售收入2.88亿元，超额完成考核任务，实现利润2676万元，比上年增长44.73%。

集团全面加强党的领导和党的建设，确保党建和业务“两加强、双促进”。加强人才队伍建设，聘任10人为首席记者（编辑、评论员）。加强制度建设，修订和新出台《“三审三校”制度实施办法》《关于加强公众账号和自媒体管理的规定》《经营管理大纲》《大宗采购实施办法》《固定资产管理办法》等规范性文件。（陈惟金 刘新平）

广播影视

综述

■概况 2020年，全市共有16件作品（项目）、3家单位和3位个人获江苏省广播电视政府奖表彰，获奖总数在全省设区市中位居第三。扬州广播电视台获评“全国新闻出版广播影视系统先进集体”，扬州市文广旅局、扬州广播电视传媒集团（总台）被省委宣传部等部门评为“长三角原创短视频大赛优秀组织奖”，扬州市文广旅局获评“2020年度全省县级广播电视节目共享平台最佳组织奖”、国家级“2019年度基层广播电视统计工作优秀集体”。在全省广播电视科技创新奖、技术能手竞赛、录制技术质量奖评比中，全市共获得31个奖项；徐俭、经国炜分别获评2020年度全省广播电视和网络视听行业领军人才、青年创新人才。（魏 昕）

■广电宣传 聚焦新冠疫情防控、全面建成小康社会、市委七届十次全会、六稳六保、全国文明城市建设、扬州“三都”建设等主题，指导推出“打响复工战‘疫’ 守牢安全底线”“走向我们的小康生活”等系列专栏，多篇报道被央视《新闻联播》《晚间新闻》《新闻直播间》等采用。市台《新闻特写：10小时，战“疫”部队集结完毕》《最后的长江捕鱼人》获评全省优秀广播电视新闻作品，市台《一起学习吧》《非遗进万家》获评全省优秀广播电视创新创优节目。以《扬州收听收看》为抓手，推介点评优秀节目个案、督促问题整改，全年出刊24期，刊登稿件87篇。（魏 昕）

■电影管理 2020年，扬州影院数量从58家增加到60家。全市共放映场次32万场，观影人数268万人，票房收入为8500多万元。4月，市政府出台《关于促进影视产业高质量发展的若干政策意见（试行）》，有效促进全市影视产业集聚发展。10月，扬州影视基地被江苏省广播电视局认定为江苏省2020年广播电视和网络视听产业基地。8月与网上购票平台开展“扬州惠民观影月”活动，联合淘票票平台发放10万张惠民观影券（扬州市民可享受9.9元观看一场影片、观看新片立减2.1元、医务工作者及中高考学子免费观看指定影片等优惠）。全年全市农村电影放映场次1.2万场，超量完成省里放映任务。2020年，共完成6家乡镇影院新建工作任务，被省委宣传部电影局认可。（陈相辉）

■广电剧目创作 扬州鲲池文化传媒有限公司联合中国航天科工集团有限公司、航天建筑设计研究院有限公司策划创作的航天题材电视剧《太阳系公民》入选省本年度重点电视剧选题剧目。电视剧《让你幸福》《你不是我爸爸》通过备案即将投拍。市台《千年古城百座桥》入选“2020

江苏百人纪录片扶持计划”，于年底在省级卫视播出。重点网络影视剧申报备案24部。（魏　昕）

■**广电媒体融合**　市台《速度与激情——中石化建成全国最大医用口罩核心材料生产基地 仪征化纤首条熔喷布生产线投产》获评融媒体抗疫宣传优秀案例奖，观看人数超2100万。扬州新闻网深耕文旅行业，制作《扬州吃行录》《向往扬州 e起抖亮》《穿行扬州》等系列视频。组织参加全省网络视听新媒体“十佳”栏目推选活动、广播电视节目“众志成城共同战疫”公益展播活动等。各县级融媒体中心开展消费扶贫直播4场。（魏　昕）

■**广电行业监管**　制订扬州市境外电视传播秩序专项整治工作相关制度，部署开展专项检查，没收、拆除非法卫星接收设施4台，督促2家宾馆整改，联合公安等部门打掉3个非法销售互联网电视接收设备窝点。集中开展违规广告排查清理，处理群众举报3起、投诉2起，下发广播电视违规广告整改通知书4份，合计停播和整改违规商业广告183条次。全面梳理广播电视养生类节目制播情况，重新备案健康养生类节目4档。完成县级播出机构电视节目开展高标清同播试播备案工作。（魏　昕）

■**应急广播管理**　全面完成全市应急广播体系建设。该项目历时3年，总投资近5000万元，覆盖90个镇（乡、街道）、1324个村（社区），部署近1.6万个终端，实现全媒体播发、全双向网络、全行政村覆盖的建设目标，在疫情防控、洪水汛情预警宣传中作出贡献。（吴立伟）

扬州广播电视传媒集团（总台）

■**概况**　2020年，扬州广播电视传媒集团（总台）〔以下简称扬州广电〕全年电视收视份额尼尔森指标达到46.24%，索福瑞指标达到43.81%，收视份额位居全国城市台第二。全年有33件节目作品、15件技术项目获得省级一等奖以上奖项，居全省城市台第一方阵，其中在由国家广播电视总局主办的首届中国广播电视大奖评比中，《科学家的弦外之音，谁来听》获得广播节目大奖，电视纪录片《山高水长》获得电视外宣节目大奖。新媒体平台运行稳中有升，“扬帆”App用户数突破90万人，比上年增长23%，全年共发布信息12万条，发起直播5000余场，总阅读量同比增长66%。《爱上大运河》获得第五届全省新媒体创新作品奖，《新闻女生》被评为2020年度全省网络视听新媒体“十佳”栏目，《瘦西湖夜市融媒体行动》获2020年江苏网络文化季人气活动奖。参投电视剧《幸福院》获“2019—2020年度江苏电视剧奖一等奖”，电影《太阳升起的时刻》获2020国防军事电影优秀影片，并被选送为“2021年全民国防教育万映计划重点推介影片”，电影《进京城》获美国洛杉矶电影节最佳导演、最佳故事片，该片已获得国内外各类奖项19个。2020年年底，扬州广电在5年一次的全国新闻出版广播影视系统先进集体、先进工作者和劳动模范的评选表彰中，获评先进集体称号。（林　静）

■**广播电视节目**　2020年，扬州广电自办广播频率5个、电视频道5个、数字电视频道2个，电视节目制作总量4375小时37分，广播节目制作总量1.72万小时，先后新开办《运河扬家匠》《今日邗江》《我是掼军》《健身跟我练》，将《会生活》《天天美食》改版为《小事生活办》《美食之都来了》，为受众提供资讯、娱乐、服务等多方面功能。各节目平台围绕疫情防控推出《众志成城》《党旗在一线飘扬》《一线手记》《抗疫群英谱》《驰援湖北》《领队日记》等十多个专栏、数千条报道，反映抗疫一线的最新动态，并在其中涌现大批爆款产品，多条视频被央视、新华网等头部媒体平台转载。《90后医护夫妻：昨日领证结婚，今日出征战疫》阅读量达2.4亿次；对仪征化纤熔喷布生产线投产仪式进行连续长达12小时的融媒体直播，通过央视新闻客户端、央视频、今日头条等十多家新媒体平台同步开启云直播，全网收看点击量超过2100万人次，创下近年来直播活动影响的新高。（林　静）

■**广播电视科技装备**　扬州广电推进技术平台建设和升级。广播电视发射塔迁建工程完工，梅岭老电视塔安全拆除，方巷新发射台投入运行，实施大厅演播厅的改造，完成高清综合网二期项目验收，对新闻采编系统栏目调整，推进生产网桌面虚拟化；“扬帆”App功能不断优化完善，多端口平台扬帆优选商城上线，搭建一个多功能电商营销服务平台；《扬州智慧广电建设规划》编制完成；广电高清融媒体平台建设项目完成可研报告和方案设计，扬州大剧院划转工作完成，改造修整方案将细化完善；“扬帆”App用户数突破90万人，全年发布信息超12万条，发起直播5400场。扬州广电获得省级以上一等奖技术奖项15个，在首届江苏省广电政府奖评比中一举获得6项政府奖、1项提名奖，获奖总数位列全省城市台第一。（林　静）

■**承办重大活动**　11月，习近平总书记到扬视察，为配合重大接待任务和扬州中国大运河博物馆开馆，扬州广电组制作完成电视专题片《大运之河》，集中全面反映扬州大运河文化带的建设成果。围绕市委、市政府重点工作，扬州广电多次承办重量级的大型活动：承办2020中国扬州“烟花三月”国际经贸旅游节开幕式暨“世界美食之都”揭牌仪式，围绕扬州“世界美食之都”“东亚文化之都”“世界运河之都”新形象、新成就的核心进行设计，采用“线上＋线下”相结合的方式进行重大项目签约仪式，承办大运河文化嘉年华开幕式，塑造一个以中国运河文化嘉年华为品牌的文化旅游融合活动，获得国家、省、市领导和国内外嘉宾的赞誉，运河文化建设成果受到世界关注；首次承办世界运河城市论坛；承办第13届中国旅游电视周暨第二届中国大运河文化国际电视周，吸引300多位嘉宾参与、全国近60家媒体进行报道。（林 静）

省广电有线信息网络股份有限公司扬州分公司

■概况 2020年，省广电有线信息网络股份有限公司扬州分公司实现主营业务收入4.2亿元。至年末，全市数字电视有效用户103万户，高清互动终端74万台，广电宽带有效用户27万户。获评市级机关单位综合考核一等等次单位，创建为扬州市诚信单位、放心消费示范单位，获江苏有线优秀分公司称号。完成省、市各级90多场视频会议的保障任务，以及连淮扬镇高铁扬州东站开通等重大活动直播的线路建设工作。推出“抗疫助学”电视课堂，发布直播、点播内容2829课时，确保全市中小学疫情期间停课不停学。利用有线电视、新闻网站等加强公益宣传，全年发布疫情防控等各类公益广告800多幅。推进营业厅规范化建设、无纸化办公等项目，开展社区工程师资格认证，统一全市9.63万个话务平台、运维工单管理系统，加强网络日常维护保障和服务时效考核，提升服务质量和用户满意度。开发制作“交警之窗”，整合广电平台、网络、终端资源，为市民提供学法免分、法规学习、路况信息等服务。参与市委网信办网络安全宣传、网民节等活动，获短视频大赛一等奖、“我是网络安全宣传员”演讲比赛二等奖以及网民节优秀项目奖。推进广播电视科技创新，公司“基于IP城域网的4K多终端CDN服务平台”项目获江苏省广播电视局二等奖、江苏有线一等奖。（陈 光）

■民生幸福工程项目 推进“为市区三无人员、五保人员、低保户、特困职工群体中的困难对象免费提供高清电视服务”的民生实事项目，经过组织，逐一与用户进行联络、预约安装、上门服务，总计为2942位困难对象开通有线数字电视，为其中的2786位困难对象提供高清互动服务并赠送增值业务。（陈 光）

■应急广播体系建设 按照市委、市政府“规划建设市、县、乡、村四级应急广播体系”的要求，公司遵循“政府主导、统一实施、统一规划、分级负责、资源共享、安全可靠、快速高效、平战结合”等设计原则，依托广电网络资源，推进市级应急广播终端覆盖建设。项目涵盖市区37个乡（镇、街道），352个村（社区），共建设安装2600多个应急广播点位，最终以99.26分的高分通过省级验收。建成覆盖全面、调度灵活、指挥便捷、安全可靠的市级应急广播服务平台，实现应急广播信息全天候、全方位、全时段的及时快速精准发布，提高各级政府应对突发事件的应急管理能力。（陈 光）

■数字化城市管理 秉承“服务党和政府，创造美好生活”的企业使命，重视数字化城市管理工作，发挥遍布城乡的网格化管理优势，及时处置数字化城市管理平台派发的各类案件，落实城市管理责任，为疫情防控、安全生产、文明创建、污染防治、项目建设、重大活动保障等提供重要支撑。对于各类受理案件，均做到及时响应、快速处理，确保事事有着落、件件有回音，促进城市管理的“科学化、精细化、智能化”。全年699条案件按时结案率达100%，经过综合考核，公司以99.97分的成绩名列各职能部门第一名，获2020年度数字化城市管理工作一等奖。（陈 光）

■基层综合治理平台 发挥智慧广电技术优势，助力市域社会治理现代化。创新打造邗江区西湖镇“1+4+8”基层综合治理平台，运用AR（增强现实）全景高空瞭望、AI（人工智能）智慧城市管理、热成像监控、无人机监测等先进技术，实现区域综合治理响应及时化、分析研判可视化、指挥调度扁平化。该项目被省委编办定为2020年7月在扬召开的江苏省推进基层“三整合”改革现场会观摩点，先后接待各级单位参观交流50余场次，受到肯定和好评，被江苏省广播电视局、江苏省工业和信息化厅评为2020年度江苏省智慧广电示范项目。（陈 光）

档案

■概况 2020年末，全市7家综合档案馆馆藏文书档案139.38万卷、158.05万件，资料11.49万册，录像1.59万盘，照片4.62万张，实物档案8663件。其中，市档案馆馆藏文书档案23.24万卷，39.33万件，资料3.86万册，录音录像1.14万盘，照片3.05万张，实物5750件。2020年，全市综合档案馆接待查档人员1.40万人次，提供档案资料3.16万卷（件、册）。其中，市档案馆接待查档人员2658人次，提供档案文件资料1.34万卷（件、册）。（陈 婧）

■疫情防控档案建设 发布《关于面向社会各界征集新冠肺炎疫情防控工作档案资料的公告》，征集到社会各界有关疫情防控的各类档案资料4100余件，其中市内战疫综合类档案650余件、援助湖北“最美逆行者”个人档案3500余件。与市报业传媒集团合作开展“疫见档案”大型口述史采访项目，邀请20多名援鄂医务人员讲述战疫亲身经历。在《扬州微史记》第一期开辟“抗疫纪实”专栏，全面记录扬州市抗疫历程；在内部季刊《扬州史志》2020年第四期推出“扬州中医抗疫”专栏，辑录历史上扬州中医抗疫案例，为抗击新冠肺炎疫情贡献档案力量。（陈 婧）

■市级重大建设项目档案建设 印发《关于报送重大项目视频、图片等档案资料的通知》，指导项目建设单位、参建单位做好项目文件材料收集、整理、归档和信息化工作，并联合市档案局开展市级重大建设项目档案工作检查，共征集市级以上重大项目工程视频、照片类档案585件。指导完成“三都”档案整理、移交进馆，共移交进馆文书档案210件、照片档案3册85张、录音录像档案4件、实物档案4件。（陈 婧）

■红色档案资源整合 选取“扬州市军管会关于古城保护的一号通令”“1948年解放军进宝应城入城守则”等档案史料参加“初心如磐——长三角红色档案珍品展”，上述素材一并进入百集视频《中国共产党在江苏》候选拍摄线索。与扬州广电总台合作，策划跨年度迎接中国共产党建党100周年专题节目“光辉岁月——红色档案之声”，采取主持人演绎、记者实地采访、嘉宾介绍等形式，讲述24个历史节点和重要事件。（陈 婧）

■档案规范化建设 制定年度文件材料收集整理和保管利用工作标准，明确年度归档工作完成时限及质量要求，对106家市级机关、人民团体、驻扬单位及大专院校进行年度文件材料归档检查。2020年，全市共有15家单位通过省五星级复查，116家单位通过省星级测评，其中四星级1家、三星级10家、二星级56家、一星级49家。（陈 婧）

■馆藏资源征集 先后征集到1951年江都县首任县长张少堂签发的王根安家庭《苏北人民行政公署土地房产所有证》，1952年扬州工商联企业文献，扬州大学艺术学院院长张美林草书、国家一级美术师杨俊国画等书画作品以及家谱、族谱十余卷。（陈 婧）

■档案信息化建设 在线归集市直党政机关协同办公系统的公文数据，构建数字档案专题数据库，加强市直档案文件数字化、档案软件维护及县（市、区）数字档案馆创建等指导工作，宝应、高邮档案馆通过省AAAAA级数字档案馆评估。（陈 婧）

■档案安全建设 对馆库内设施设备、馆藏档案实体和档案信息安全等进行逐项检查，对数字档案馆档案综合管理系统、馆际共享服务平台和数字档案室平台进行安全风险第三方评估。完成查档大厅档案实体查阅区安防系统改造，履行馆藏档案资料外借和涉密档案调阅审批手续，建立人防、物防、技防“三位一体”安全体系。继续做好蓝光光盘、移动硬盘、磁带库系统档案数据备份和校验工作，做好数字档案馆档案系统日常巡检、设备检修、功能优化、更新升级等维保工作，及时处置预警信息，修复系统漏洞，确保系统安全运行。（陈 婧）

■民生服务 依托省“民生档案便民服务平台”、邮政快递、传真等方式，实现异地查档服务，与北京市海淀区档案馆签订“民生档案跨馆异地利用服务协议书”，建立两馆馆藏民生档案“异地查档、跨馆出证”工作机制。推动出生医学证明档案进馆。完成首批506卷、共计15073件出生医学证明档案及数字化副本进馆工作，并通过数据共享平台和跨馆利用服务等实现出生医学证明档案资源共享及高效利用。聚焦扬州新兴科创名城建设，为入驻科技综合体的企业提供档案服务，提出市属国有企业改革重组中档案处置工作思路并提供现场指导，确保档案安全、流向科学。（陈 婧）

■“6·9国际档案日”活动 连续第五年举办“6·9”国际档案日活动，市委常委韩骅致辞，市外办、市扶贫办、市商务局等多部门参与集中宣传。在《扬州日报》刊发“牢记档案工作姓党，提升档案服务水平”专版，在市区公共大屏、公交车显示屏播放档案宣传标语、海报，向手机用户推送国际档案日“定制短信”，在“扬州发布”等融媒体平台发布动态，宣传覆盖面广泛。将99个强化管理、优化服务的优秀案例汇编成《扬州市档案管理和服务优秀案例》一书，于活动现场首发。举办扶贫工作和重大活动档案移交进馆、抗疫英雄捐赠档案、“红色档案之声”广播音频节目首播等系列活动。（陈 婧）

地方志

■概况 2020年，全市共有8部志书获评江苏省地方志书质量评定优秀成果。乡镇（街道）志编纂成效显著。赴各县（市、区）、功能区督查乡镇（街道）志编纂工作，召

6月9日，扬州市“6·9国际档案日”系列宣传活动在市档案馆举行

杨 年/摄

开部分地区志稿点评会，推动全市乡镇(街道)志编纂工作有序开展。全市79部乡镇（街道）志累计出版13部、提交出版4部、通过终审24部、形成初稿22部，共有7部志书入选“中国名镇志”“江苏省名镇名村志”工程。指导修改《扬州市交通运输志》终审后的修改完善工作；选派骨干力量编纂《扬州省运动会志》，通过终审；参与评审《瘦西湖志》《仪征市政协志》《江都城乡建设志》，指导《苏北人民医院志》《扬州伊斯兰教协会志》《邗江工会志》编纂工作。（陈　婧）

■《扬州市援藏援疆志》提交出版 严把政治关、体例关、史实关、记述关、文风关，征求3个受援地、37家单位及19名亲历者的意见和建议，组织编纂，12月底形成验收稿，并提交出版。（陈　婧）

■年鉴创先争优《扬州年鉴(2020)》于11月出版，全书共120多万字，翔实记述2019年扬州市基本情况及发生的大事、要事。宣传引导读鉴用鉴。向图书馆及城市书房赠送年鉴，与200多家市外单位开展年鉴互赠交流，扩大《扬州年鉴》知名度。对历年年鉴相关内容进行解读，利用“扬州档案方志”微信公众号及官方网站等平台引导市民读鉴用鉴。对县（市、区）年鉴进行指导，促进年鉴质量均衡发展。《宝应年鉴（2020）》创成省精品年鉴，全市1部年鉴在全国评比中获奖，3部年鉴在省评比中获奖。（陈　婧）

■资源开发 组织一批近年编撰出版的方志编研精品参加第十届江苏书展，全面推介扬州方志文化成果。其中，《扬州市园林志》在书展中心大舞台作重点推介。推动《扬州史志》创特色。围绕重要热点、时点，精心打造“纪念汪曾祺诞辰100周年特刊”“纪念苏北人民医院建院120周年特刊”“纪念郭村保卫战胜利80周年专栏”，彰显地域特色和文化底蕴。推动《扬州微史记》提品质。将《扬州大事记》改版为“口袋书”《扬州微史记》，设“热词荟萃”“时事要闻”“新政速递”“经济科创”“文化博览”“身边城事”等板块，突出图文并茂，紧贴时事，便于查阅。推动档案开发铸精品。鼓励各县（市、区）档案馆、专业档案馆和相关部门参与江苏省档案开发利用成果精品奖评选申报工作，全市共报送43项档案开发利用成果，8项获奖，其中一等奖2项、二等奖2项、三等奖4项。推动教育基地扬正气。谋划共建合作、拓展服务对象，逐步完善讲解机制，探索“展厅参观＋现场教学”的复合模式。（陈　婧）

文化产业

■概况 2020年，全市有规上文化企业411家，有国家级文化产业园区5个、省级文化产业园区9个，实现总营收233.14亿元，文化产业增加值达34.86亿元。扬州486非遗集聚区被列入第二批国家级文化产业示范园区创建培育对象，扬州影视基地获评江苏省广播电视和网络视听产业基地。完成486非遗集聚区、江广智慧城省级文化产业示范园区评定复核。扬州成功文化传媒漫画作品《清风闸》入选中宣部“原动力”国漫扶持计划，川奇光电等3家企业入选2020年度江苏省重点文化科技企业。（高　雅）

■文化企业参展 7月31日至8月2日，参加第九届中国苏州创博会，扬州漆器台屏、扬州剪纸扇、五亭桥韵茶具组、扬州俏渔娘渔趣布鞋、手工挂件等扬州元素亮相。9月3—7日，参加第二届大运河文化旅游博览会，现场展示推销剪纸刺绣宫扇、嵌螺八角盒等旅游商品以及梅瓶系列、扬州八怪书画系列等文创产品。10月22—24日，参加中国（深圳）文博会澳门国际工艺美术精品展，现场展示推销“竹兰梅菊”扬派剪纸、雕版印刷、古琴等扬州特色文化产品。11月19—22日，参加第三届长三角国际文化产业博览会，通过雕版印刷、中运篆香、1692首饰、边城书店等元素在展会现场展现扬州千年历史积淀和当代文化创意。（高　雅）

■争取省级资金扶持 扬州壹点文创园、科技创新推动传统漆器文化产业的转型、“东亚文化之都”中国扬州活动年系列活动等9个项目获630万元2020年度省级文旅产业发展专项资金扶持。扬州电视台综合制播平台高清化改造、宝应县融媒体中心乡镇多媒体信息发布系统等2个项目获167万元省级现代服务业（广电）发展专项资金扶持。（高　雅）

■夜间消费市场 7—9月，明月湖商圈以“夜品邗城 邂逅美好”为主题，集聚整合“夜市体验、夜演活动、夜购优惠”三大板块内容，打造“夜食、夜购、夜游、夜行、夜娱”多元化、升级版夜间消费市场。整个夏季开展包括非遗展演、亲子运动、扬剧、舞台剧、魔方展演等特色活动夜演活动30余场，带动周边综合体举办活动200余场，营造开放、活跃、规范、有序的夜经济文化环境。（高　雅）

■扬州运河文化投资集团揭牌 11月23日，扬州市召开市属国有企业改革重组动员大会，决定组建扬州运河文化投资集团。12月21日，扬州运河文化投资集团揭牌。运河文投集团是在扬州工艺美术集团有限公司的基础上，注入市级层面文化类资产资源组建而成，下属企业包括扬州漆器厂有限责任公司、扬州玉器厂有限责任公司、扬州工艺坊经营管理有限公司、江苏谢馥春国妆股份有限公司、扬州文物商店、扬州市歌舞剧院有限公司、扬州市文化投资管理有限公司、扬州广陵古籍刻印社有限公司、天宁寺、重宁寺等，注册资本30亿元人民币，资产规模近80亿元人民币，主营业务范围包括文化艺术业、商务及金

融服务业、文化体育场馆设施投资、经营管理等。（陆　瑶）

文化交流

■扬州文艺与榆林合作演出　1月，扬州市与榆林市合作创作的节目《姹紫嫣红榆扬春》登上“春风送暖幸福年”2020年榆林市春节惠民联欢晚会舞台。节目从扬州清曲《扬州小巷》开篇，随后独具榆林当地特色的“二人台”出场。自结为友好城市、对口帮扶以来，扬州和榆林交往密切，两地的文化交流频繁。《姹紫嫣红榆扬春》这一节目是为扬州、榆林两座结对友好城市专门打造，扬州市派出市曲艺研究所、歌舞剧院等单位25位演员与榆林民间艺术研究院合作演出。（孙筱梅）

■2020非遗文化走亲（扬州·榆林）曲艺交流展演　7月11日，由扬州市文广旅局与榆林市文旅局主办、扬州市曲艺研究所和榆林市群众艺术馆承办的2020年“非遗走亲”扬州榆林曲艺交流展演在扬州市音乐厅隆重上演。扬州评话、弹词、清曲与榆林的陕北说书、陕北民歌、榆林小曲、二人台交递上演。扬州榆林曲艺交流展演是扬榆两市为加强文化交流合作而举办的活动，自2017年开始至今已连续举办4次。（孙筱梅）

■扬州曲艺赴上海举行专场演出　7月25日，由上海市长宁区文旅局、上海人民广播电台、上海长宁文化艺术中心、扬州市曲艺研究所主办，上海戏曲广播承办的“芍药花开”扬州曲艺专场和中篇扬州弹词《瓜洲余韵》在上海市长宁文化艺术中心上演。本次赴上海交流演出，是扬州曲艺专场首次“走出去”，也是长宁艺术中心疫情后线下首演。扬州清曲《月亮城》、扬州评话《冰释凤凰山》《三国·打黄盖》《广陵禁烟记·吞钩》《王少堂·书场趣闻》、扬州弹词《647信箱》《风等》、扬州弹词开篇《一条游向小康的鱼》等八个节目陆续上演。（孙筱梅）

■扬州对口支援青海贵南10周年纪念活动文艺演出　10月23日，贵南县在扬州市会议中心举办对口援青十周年纪念活动。活动邀请扬州市委领助贵南干部和中短期服务人才、社会各界组织和群众代表，共计200多人参加。活动现场，扬州市委常委、组织部部长焦庆标致辞，11家扬州对口支援贵南突出贡献单位、30位援青优秀个人受贵南县委、县政府表彰，并获颁证书、敬献哈达。贵南县与扬州市文广旅局共同献上一场“最美的遇见”扬州对口支援贵南10周年文艺演出，来自扬州市木偶研究所、扬剧研究所、曲艺研究所的优秀演员上演扬州清曲《又见茉莉花》、扬剧表演《鸿雁传书》、木偶表演《嫦娥舒袖》等众多精彩节目。（孙筱梅）

■扬州曲艺专场走进海安　10月29日，文化走亲活动“一路芬芳一路情”扬州曲艺专场在海安市文化艺术中心小剧场上演。活动由江苏省曲艺家协会指导，扬州市文联、海安市委宣传部、海安市文广旅局、海安市文联主办，扬州市曲艺研究所、扬州市曲艺家协会承办，海安市文化艺术中心协办。演出现场，扬州曲艺艺术家们呈现扬州评话、弹词、清曲等主要曲艺形式的经典曲目，扬州清曲优秀青年演员包伟、扬州评话优秀青年演员马伟和著名扬州评话表演艺术家沈志凤、扬州清曲表演艺术家赵松艳等悉数登台。（孙筱梅）

■摄影交流　5月24日，上海市崇明区摄影家协会、江苏省扬州市摄影家协会缔结友好协会签约仪式暨扬州市摄影家协会创作基地揭牌仪式在扬州润德菲尔庄园举行。江苏省摄协名誉主席沈遥，省摄协主席许益民，扬州市文联党组书记、主席仲衍书，崇明区摄协主席陆一、副主席顾勤、黎军，苏州市摄协主席张炎龙，无锡市摄协副主席黄一清，第27届全国摄影艺术展评委会推荐作品奖得主蒋澍，扬州市摄协主席戴兴发，仪征市新集镇党委书记刘昌金等领导嘉宾及近百名摄影爱好者参加。活动由扬州市摄协副主席李晓明主持，戴兴发、陆一分别致辞并签署合作协议，仲衍书讲话。活动过程中举办扬州市摄影家协会创作基地揭牌仪式和“写满诗歌的大地”摄影大赛启动仪式。（吴建军）

■书画交流　6月30日，由南京市文联、扬州市文联、芜湖市文联主办，三地美协共同承办的“江河墨韵——苏皖三市（南京、芜湖、扬州）美术作品联展”在南京美术馆开幕。本次展览共展出三地画家精心创作的120幅美术作品。9月16—18日，联展在扬州市美术馆展出。11月18—27日，联展在芜湖市萧瀚美术馆展出。9月27日，由中国画学会支持，江苏省中国画学会、扬州市蜀冈－瘦西湖风景名胜区管委会、扬州市文广旅局、扬州市文联主办的“风雅瘦西湖——孙克书法展暨中国画名家写生活动”在扬州瘦西湖艺术中心举行。展览共展出孙克创作的书法作品60余幅。11月11日，由扬州市蜀冈－瘦西湖风景名胜区管委会、扬州市文联、太仓市文广旅局主办的“新娄东画派山水画作品展”在瘦西湖艺术中心美术馆开幕，共展出“新娄东画派”20位画家的40幅山水画作。参展画家向瘦西湖艺术中心美术馆捐赠作品。（吴建军）

■戏剧曲艺交流　10月29日，由江苏省曲艺家协会指导，扬州市文联、中共海安市委宣传部、海安市文化广电和旅游局、海安市文联主办，扬州市曲艺研究所、扬州市曲艺家协会承办的“一路芬芳一路情”——文化走亲扬州曲艺专场在海安市举行。演出包括扬州清曲《又见茉莉花》、扬州评话《陈毅敬香》、扬州弹词《误入师长府》、古韵新声《粉红莲》等节目。（吴建军）

文化市场管理

■概况 2020年，扬州市文广旅局推进文化、广播电视、电影、出版、旅游、文物六大市场监管执法工作，全年查办各类案件106起，移送司法机关2起，其中“齐鲁电影网”侵犯著作权案、“全集网”侵犯著作权案被国家版权局评为查处侵权盗版重大案件，“扬州万铭置业擅自在文物保护单位范围内进行挖掘案”被省文物局评为2020年度江苏省文物行政处罚案卷评查活动一等奖，市文化市场综合执法支队被省广电局评为2020年度全省境外卫星电视传播秩序专项整治工作先进单位，被省妇联评为“江苏省巾帼文明岗”。 （蔡 鹏）

■扫黄打非 全市聚焦“正道”“新风”两大集中行动，开展“清源”等五大专项行动。围绕重要时间节点，2020年，出动相关执法人员500多人次，组织出版物市场、印刷复制市场检查，检查经营单位4000家（次），立案查处案件2起，约谈企业6家。特别是组织开展全市“扫黄打非”交叉检查行动，分9个小组对互联网及重要场所进行暗访检查。全市共查处“扫黄打非”敏感事件2起（邮购境外出版物），查办行政案件39件，刑事案件2件。共向省“扫黄打非”办备案重大案件10件，有5起列为重大挂牌督办案件，其中被列为全国挂牌督办件4起，列为全省挂牌督办件1起，重大案件备案及督办量位居全省前列。开展“扫黄打非”进基层工作，全市1426个基层站点年底100%完成规范化标准化建设。成功培育创成“扫黄打非”进基层“省级标兵点”1家、“省级示范点”4家。推进“扫黄打非”融入新时代文明实践工作和社会治理网格化工作有机融合、有效整合；结合全民阅读开展“绿书签”系列宣传活动，省“扫黄打非”办指导、扬州市拍摄制作的“绿书签网络安全云端公开课”受到全国“扫黄打非”办的肯定。 （陈相辉）

■市场监管 完善日常监督机制，加强文旅市场执法巡查，查处违法违规行为。落实“双随机一公开”制度，分时间节点对市场进行随机抽查。紧盯元旦、春节、五一、国庆等重要时间节点，先后部署开展印刷企业专项安全检查、出版物市场专项检查、校园周边集中整治行动、暑期网吧市场专项整治行动、无证场所专项整治行动等。开展安全生产行政执法攻坚年、安全生产月专项检查，取缔存在安全隐患的无证娱乐场所、旅行社、导游共15家。推进“扫黄打非”工作，重点整治政治性有害出版物、网络淫秽色情信息、非法有害少儿出版物、新闻敲诈和假媒体假记者站假记者、网络侵权盗版非法行为，共排查互联网文化、出版、视听、游戏、在线旅游网站542个，发现涉及网络侵权、网络出版、网络传播淫秽、色情网站的案件共计16个。 （蔡 鹏）

■文旅市场疫情防控 按照国家和省、市部署要求，做好文旅市场疫情防控工作，年初疫情暴发后，及时要求全市影院、网吧、歌舞娱乐场所等企业暂停营业，加强巡查督查，对个别擅自营业或自娱自乐的经营场所进行批评教育，责令立即关停。帮助企业纾困解难，专题召开减免网吧网费协调会，帮助网吧业主减少经济损失。建立纠纷调解队，24小时提供咨询和矛盾处置服务，消除矛盾纠纷。全年共受理文化和旅游市场各类投诉、举报、咨询283件，其中文化市场77件，已办结77件，办结率100%。（蔡 鹏）

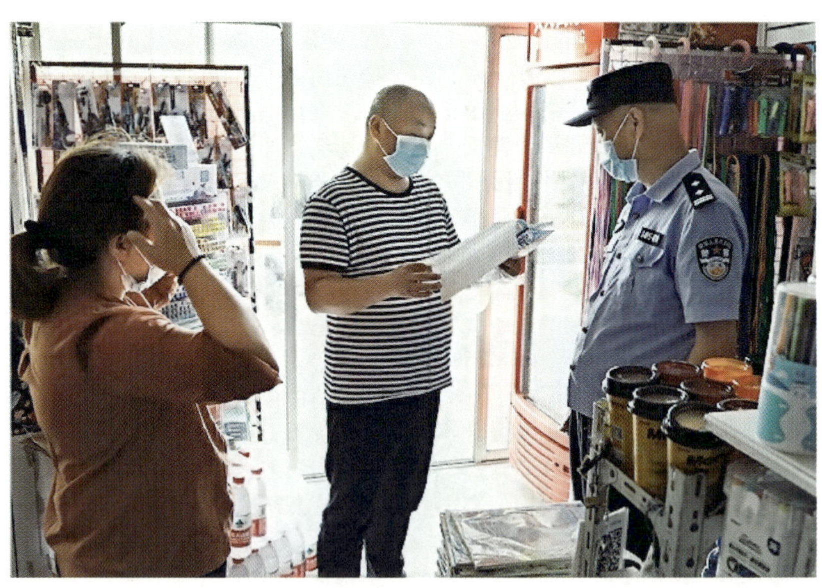

5月22日，仪征市开展“扫黄打非·新风”专项检查活动 文广旅局/供稿

历史文化名城保护

Lishi Wenhua Mingcheng Baohu

编　辑　崔成鹏

古城保护利用

■概况 2020年，完成老城区30条小街巷翻建、小秦淮河北段两岸景观和环境整治。完善东关街历史文化街区旅游软硬件设施，完成“双东”历史文化街区旅游标识系统、游客中心和东关街综合管理服务平台改造提升，建成警务室、智慧旅游监控平台、街区一键报警系统。（卞海波）

■东关历史文化街区整治 2020年，东关历史文化街区整治对照国家AAAAA级风景名胜区创建标准，完善街区旅游基础设施，完成垃圾箱、旅游标识系统、游客中心和美食广场旅游厕所改造；市政府同意将原扬大商学院地块交给市名城公司，且与原三和四美酱品厂地块合并利用，正在完善设计方案，考古工作全面展开。（潘文刚）

■古城区小街巷整治 按照“硬化、美化、绿化和道路畅通、排放畅通、雨污分流”的标准，投资800万元，完成永胜街、三义阁等30条古城区小街巷翻建任务。（潘文刚）

■小秦淮河北段整治 2020年，扬州市相关部门投资3800万元，对小秦淮河北段进行环境整治，建成凉亭、景观长廊各1座；对污水排放设施进行改造，完成点状维修160处，消除空白区6处，维修检查井56座，抬高溢流口10处，建成污水泵站1座；对两岸道路和绿化进行整治提升。（潘文刚）

东关街历史文化街区　　孟德龙/摄

■古城区民居修缮 依照《扬州古城传统民居修缮实施意见》和“居民自主参与，政府适当补贴”的原则，对古城区按照古城风貌要求修缮的民居给予技术支持和资金补贴。全年接受古城民居修缮申请12户，验收合格12户，核发民居修缮补贴款48万元。经市政府领导批准，2020年扬州市古城区民居修缮补贴标准由每户最高2.5万元提高至每户最高4万元。（潘文刚）

■第四个扬州古城保护日 9月26日，是《扬州古城保护条例》施行以后的第四个扬州古城保护日，相关部门单位进行准备和安排，开展一系列活动：古城区民居修缮利用优秀范例评选活动，评出20个优秀范例和10个入围范例；大运河盐商文化展示馆（汪鲁门）和扬州古城保护展示馆开馆仪式；仁丰里楹联征集、文创集市、产业沙龙以及《扬州教场》出版首发式等；市广电总台录制2期《市民论谈》，到会专家和市民就扬州古城传统民居修缮和扬州古城保护利用与复兴等话题发表意见和建议。（潘文刚）

■首届古城民居修缮利用优秀范例评选 8—9月，首届扬州古城传统民居修缮利用优秀范例评选活动开幕，经过初步筛选、微信投票，从众多报名案例中遴选出30个候选案例；组织有关方面专家通过观看图片和视频，结合公众投票结果，综合考量候选民居的修缮技术、建造艺术、推广价值等，最终评出20个

民居修缮优秀范例和10个民居修缮入围范例，并颁发奖牌和证书。（潘文刚）

■历史文化街区保护利用成全国范例 2019年12月，广陵区将市区东关历史文化街区和南河下历史文化街区保护利用工作情况上报国家住建部，申报住建部历史文化街区保护利用优秀范例。2020年11月，经过住建部专家组评审和现场评估，国家住建部批准扬州市东关历史文化街区和南河下历史文化街区保护利用被列为全国历史文化街区保护利用优秀范例。（潘文刚）

■古城区文保单位修缮利用 2020年，完成革命烈士曹起溍故居修复并布展成为党史教育基地之一。完成清代名臣张联桂故居和贾氏盐商住宅修缮工程；广陵路楠木厅完成产权转移、方案设计、清退承租户等前期工作，如期开工修缮；丁氏马氏盐商住宅和匏庐活化利用方案经过多次调整完善，装修工程如期开工。（潘文刚）

物质文化遗产保护

■概况 2020年，推进物质文化遗产的保护和活化利用，实施一批文物保护修缮工程，新四军挺进纵队二、三支队司令部旧址、许氏盐商住宅、地藏庵、张联桂故居、浦头镇张氏住宅、永宁宫古戏台、景氏住宅、魏源旧居、棣园观戏厅等文保单位修缮工程竣工并通过专家组验收。开放利用一批文物建筑，依托全国重点文物保护单位汪氏盐商住宅建成大运河盐商文化展示馆，解读扬州盐商兴衰的历史。依托不可移动文物蚕种场大楼打造扬州大运河与海上丝绸之路展示馆，免费对外开放，讲述千年运河文化故事，揭示扬州与大运河历史渊源。全面梳理全市74处省级以上文物保护单位本体的组成部分和单体文物，完成全市10处第八批全国重点文物保护单位、第八批省级文物保护单位“两线”划定，完成全市1977处尚未核定公布为文物保护单位的不可移动文物调查、信息采集。（王署帆）

■新四军挺进纵队二、三支队司令部旧址修缮工程 新四军挺进纵队二、三支队司令部旧址位于江都区大桥镇繁荣街13号，建筑建于清末民初，分为店铺、住宅、花园三部分，共七进建筑，2019年公布为第八批江苏省文物保护单位。原为地方绅士刘厚宅第，后新四军“挺进”二支队、三支队进驻大桥镇驻防，将司令部设于此。江都区文旅局组织编制花园北部建筑修缮设计方案，2019年开工，修缮工程实施揭瓦不落架维修，整修木基层，翻修瓦屋面，牮正大木构架，修补墙面裂缝，2020年6月竣工并通过专家组验收。（王署帆）

■许氏盐商住宅修缮工程 许氏盐商住宅位于广陵区88、90、92、94、96、98、100号，宅主许蓉楫，建于清代晚期。许蓉楫（1865—1932），字云甫，祖籍安徽歙县许村。光绪年间在扬州开设“谦益永盐号”，民国初年任扬州食商公会会长，曾开设“朱济堂”药铺、粥厂济民，并捐资修桥等。住宅坐北朝南，占地面积约3000平方米。由于木结构糟朽、腐烂、瓦行紊乱、屋面局部坍塌变形、山墙倾斜等原因，2019年12月市直管公房管理处对许氏盐商住宅90号房屋进行局部修缮，采用揭瓦不落架修缮方法，通过牮正木构架、整修木构件、木楼板，提高房屋质量，为这座古建筑“延年益寿”，2020年7月竣工并通过专家组验收。（王署帆）

■地藏庵修缮工程 地藏庵位于广陵区宛虹坊34号，始建于唐代，清代重建，现存藏经楼、后楼及僧房等建筑。藏经楼面阔三间，进深九檩，前带副阶。后楼面阔五间，进深九檩。在其北面尚有二层小楼一座，面阔三间，进深五檩，为扬州市级文物保护单位。2019年11月市直管公房管理处启动后楼修缮工程，发平、牮正倾斜木构架，更换槽朽木构件、翻铺瓦望、整修松动变形墙体，2020年7月通过专家组验收。（王署帆）

■黄冈别墅修缮工程 黄冈别墅位于大桥镇仁寿社区团结街39号，清代建筑，坐南朝北，原主人是商会会长徐兆楼，房屋现存三进。由于年久失修导致砖砌破损、木构件糟朽腐烂，2019年11月开始对其北部区域进行维修，拆除后期增加的披房、墙体、水泥地面，发平、牮正木构架，补修木构架裂缝，更换修补木构件，翻铺屋面、增铺防水层，整修地面、石阶沿，2020年6月通过扬州市文物局专家组验收。（王署帆）

■永宁宫古戏台修缮工程 永宁宫古戏台位于广陵区永宁巷23号，系福缘寺下院。大门南向，现存戏台、大殿及寺房数间，戏台北向，单檐歇山顶，高二层，面阔三间，进深七檩，为扬州市级文保单位。由于年久失修，2019年12月启动修缮工程，采用揭瓦不落架大修手法，对现存房屋的墙体、屋面、结构、地面和装修进行全面维护修理，局部坍塌和损坏严重部分采用局部落架的方法，对被改造、破坏原有结构形制的建筑恢复原状。2020年8月通过专家组验收。（王署帆）

■景氏住宅修缮工程 景氏住宅位于广陵区新胜街28号，清代晚期建筑，为清末景吉泰茶叶店店主景厚斋住宅，占地面积540平方米。现存建筑坐北朝南，东西两组，东组建筑前为门楼，后为两进住宅；西组建筑三进，均面阔三间，进深七檩，前两进屋面相连为勾连搭式，第三进为三间两厢一天井。2020年4月，景氏后人对西组第一进建筑进行修缮工程，市级文保专项资金补助8万元，牮正、修整大木构架，铺设小青瓦屋面，增加防水层，按原形制恢复方砖地面及木地板，修整墙体。10月通过专家组验收。（王署帆）

■**魏源故居修缮工程** 魏源故居位于广陵区新仓巷37号。魏源，清代思想家、史学家、文学家。旧居名“絜园”，系魏源于道光十五年（1835）购置。魏源在此修订完成《海国图志》《圣武记》等著作。宅门朝东，建筑南向，北为住宅，南为花园，花园已毁，残存零星树木山石，住宅大部改建，存抱厦式客厅三间及后进住宅五间，为市级文物保护单位。5—9月，对魏源故居的中路大厅、西路客厅进行修缮，对于影响房屋结构安全的部分进行加固，纠偏木构架，重新铺盖瓦屋面，恢复清水墙面，10月通过专家组验收。

（王署帆）

非物质文化遗产传承保护

■**概况** 2020年，贯彻落实《扬州市非物质文化遗产保护条例》，持续加大非物质文化遗产保护力度，17人被评为第五批省级非遗代表性传承人，完成张宇、汪琴、张秀芳等3位国家级传承人记录工作，绿杨书场、邗城书场成功入选江苏省首批非遗曲艺书场，古籍线装有限公司入选首批江苏省非遗创意基地，486非遗集聚区入选江苏省非遗旅游体验基地。（李　进）

■**非遗传承保护基础** 联合扬州大学建成“扬州非遗传承及产学研基地”，下设4个学院服务站和6个非遗企业工作站，为扬州非遗传承传播、产业转化、青年学生创新创业打下基础。依托非遗传承人、表演艺术家、工艺美术大师，建设一批小剧场、非遗工作室。建成江苏旅游职业学院的古琴、精细木作、“谢馥春+”，瘦西湖旅游度假村传统医药工作室、玉雕工作室、木雕工作室、金银细工工作室、刺绣工作室、雕版印刷工作室、漆器工作室等10个非遗工作室，完成千秋粉黛传统戏曲曲艺小剧场、绿杨书场提升改造。成功举办2020年扬州市“文化和自然遗产日”主场活动，活动中对12个非遗传承先进集体和20个非遗传承先进个人进行表彰。（李　进）

■**非遗活动** 举办“文化传千里、非遗进万家”“非遗悦心”“广陵琴荟”等系列活动，开通“非遗项目小知识展播”，策划推出“扬州非遗公开课——在家学非遗”系列活动，拍摄制作6个非遗项目教学视频，组织传承人线上教学13场。组织开展“跟着非遗游扬州”活动，全程进行线上直播。开展非遗进景区活动，全年累计达1100余场次。

（李　进）

■**非遗产品线上销售** 开设“扬州非遗食品云展销”商铺，利用“抖音引流+官微链接+淘宝店铺”，同步销售扬州酱菜、黄珏老鹅、高邮咸鸭蛋、德和酱油等扬州非遗品牌食品17种，助力扬州非遗食品企业拓展线上市场，展销首日网红爆款咸鸭蛋销量超过1000箱。参与由央视新闻联合文化和旅游部非遗司、中国手艺网共同推出的“把非遗带回家”专场直播带货活动，高邮咸鸭蛋制作技艺成功入选直播项目。6月13日，在央视新闻App、央视频、中国手艺网、文旅中国、淘宝直播、微博等平台播出，当晚全平台总观看数超1000万人次，高邮“好事成双”咸鸭蛋1万份产品在5分钟直播推荐时段内，销售额20多万元。（李　进）

文化博览城建设

■**概况** 2020年，扬州市文化博览城建设领导小组举办第九届“七彩之夏”文博夏令营、第12届扬州文化博览城建设知识大赛等特色活动，全面助力扬州历史文化名城建设。至年底，市区新建和完善提升、恢复的文博场所有150处，累计总数已达到183个。（张　静）

■**“七彩之夏”文博夏令营** 2020年暑假期间，市文化博览城建设领导小组办公室（简称市文博办）与市文广旅局、市教育局共同策划组织第九届“七彩之夏”文博夏令营，受疫情影响，文博夏令营改为“云”上进行，夏令营活动围绕宣传、助力大运河文化带建设展开，通过屏幕引导青少年沿着京杭大运河，领略运河两岸的文博场馆、人文景观，探寻中国历史、扬州文化之根。全市有24所学校的2000余名学生参与其中。（张　静）

■**第12届文博知识大赛** 6—9月，市文博办与市文广旅局等部门共同策划“弘扬红色文化”2020年文博城知识大赛，助力扬州国际文化旅游名城建设。大赛采取网上答题和报纸答题的方式，其中扬州网、扬

游客在谢馥春传习所购物　　　　于　俊/摄

州文博网读本点击阅读量达 22.3 万人次，试题阅读量 16.8 万人次，参与答题 1587 人。大赛在市公证处人员的监督下，抽奖系统随机抽取优秀奖 20 人和幸运奖 100 人。

（张 静）

考古发掘

■概况 2020 年，扬州市文物考古研究所配合城市基本建设开展考古调查、勘探项目 81 个，调查、勘探约面积 617 万平方米，确保扬州世界园艺博览会等文旅项目、江扬电缆仪征项目等重大列省项目、梅岭小学吕庄校区等公益项目以及瓜洲渔民上岸等民生项目的推进实施。全年开展配合性考古发掘项目 34 项，总计发掘古墓葬、古窑址、古井等遗迹 1380 余处，出土文物标本 3700 余件（套）。扬州市西湖镇中心村三条道路汉六朝墓葬发掘获得江苏省考古学会 2020 年度田野考古奖二等奖，扬州市三布厂地块隋代水渠获得江苏省考古学会 2020 年度考古与遗产保护奖，仪征市原城中小学项目遗址公众考古活动获得江苏省考古学会 2020 年度公众考古奖。（张富泉）

■瓦窑尹庄（国药二期地块）墓地考古发掘 瓦窑尹庄（国药二期地块）墓地位于扬州市东侧，城北乡瓦窑村、三星村、黄金村交界地带。2019 年 12 月 28 日至 2020 年 5 月 8 日，扬州市文物考古研究所对这一地块进行考古发掘。共计发掘出墓葬 169 座（包括汉墓 18 座、六朝墓 2 座、隋墓 2 座、唐至五代墓 127 座、宋墓 5 座、明清墓 5 座，不详者 10 座）、沟 3 道、井 1 口。唐至五代墓计发现 127 座，是本地块发现最多者。墓葬形制可分为砖室墓和竖穴土坑墓两类，以后者居多。墓葬棺木多不存，仅个别尚存痕迹。（张富泉）

■仪征真州镇原城中小学遗址考古发掘 仪征市真州镇原城小限价商品房项目工程工地遗址位于仪征市市区南侧真州镇前进西路南侧。5 月 16 日至 12 月 17 日，扬州市文物考古研究所开始正式对原城小遗址进行考古发掘，实际用工合计约 150 余天。发掘出墙垣 2 道、河道 2 处、房址 2 座、灰坑 7 座、基址 1 处，探明疑似水门遗址位置，取得初步成果。墙垣是本次发掘的重点，共计两道，分东西向和南北向。墙垣宽度 12 米（其中土墙 11 米，外侧包砖 1 米）。尺寸与东侧海德花园发掘的真州城南墙垣相同。墙土质土色与周围土质土色区别明显，可能属从外地运来。墙垣外侧（东西向墙垣南侧、南北向墙垣西侧）均发现有包砖，是紧贴墙基底部、以长条形石板平铺打底、上部以青灰色条砖垒砌而成。（张富泉）

■西湖镇纬一路、纬二路、纬三路工程工地墓葬考古发掘 西湖镇纬一路、纬二路、纬三路工程工地墓葬位于扬州市邗江区西湖镇中心村境内。5—11 月，扬州市文物考古研究所根据相关法规对项目区域进行考古调查、勘探、发掘工作。本项目发掘严格按照《田野考古工作规程》要求，了解墓地地层堆积状况，揭露出汉代墓群 3 处、南朝晚期砖室墓群 1 处，共计发掘西汉早期至明代墓葬 48 座，出土各类文物 400 余件（套）。3 处汉墓群均位于地势较高的坡地上，西汉早中期墓葬多为南北向夫妇异穴合葬，西汉晚期到东汉早期墓葬则为东西向的夫妇合葬排布。纬一路西侧的西汉晚期墓葬排布规则，大致可分为南北为列的东西向 5 列，第 2 列 M19 与第 3 列 M18 都出土“陈术私印”“陈宝”铜印，该墓群极有可能为家族墓地。M18 出土汉代历书木牍一枚，为扬州地区首次发现。3 座砖室墓墓向一致、结构相同，虽早期被盗，仍出土陶俑、牛陶俑、马俑、多子格、陶车、滑石握等遗物。（张富泉）

■宋大城遗址北门外城防设施、唐代官河、宋代河道考古发掘 宋大城遗址北门外城防设施、唐代官河、宋代河道项目位于唐罗城北部，宋大城北门外、宋夹城东侧，唐代时期处于南北向河道中部偏北的位置，后周至宋代位于城外，清末民初以米市逐渐兴盛。2020 年春夏，扬州唐城考古工作队对该项目进行发掘，共揭露出宋至明清道路 3 处，南宋夯土包砖墙体 1 处，明清时期砌砖墙体 12 处。据《宋三城图》载，宋大城北门外有一处环形遗址，东西南三面均临河道，北面通过桥梁道路等与南北向街道相连。此次发掘结合勘探可知，揭露的夯土包砖墙体南侧确有黑灰色河道淤土堆积，推测可能与宋大城北门外的城防设施、水系分布有关。3 处宋至清代同时期的道路，均位于原凤凰

宋大城西门遗址博物馆　　日 报/供稿

桥街道路之下，表明宋代以来，北出扬州城的道路一直相互沿袭。（张富泉）

■三布厂地块隋代水渠考古发掘 三布厂地块隋代水渠开口于现代扰土层下，打破生土层。东西长存约250米，开口宽0.4—1.2米，底部凹凸不平，宽0.2—0.6米，深0.4—2.2米。水渠内堆积，从保存完好的断面观察，可分为三层：第一层，褐灰色土，夹有较多沙质，整体颜色部分泛白，系雨水冲积形成；二层为红褐色土，整体与周边生土有相似，夹有较多包含物，部分淤积胶质土，系填埋形成；三层为青灰色淤积土，包含物与二层基本一致。三层土并不见于水渠全段，仅部分深凹处可见，应系水渠内低洼处流水淤积形成。出土遗物主要为隋代青釉瓷器，少量汉代遗物。瓷器的主体为饼足碗、高足盘、四系罐与盘口壶，其中碗与高足盘占出土遗物中的绝大多数，瓷器窑口初步分析以洪州窑为主，其次为寿州窑，还有少量的湘阴窑产品。（张富泉）

■仪征市赵营村墓葬考古发掘 仪征市赵营墓群地块为规划的江苏江扬电缆科技有限公司仪征项目区域，项目位于仪征市刘集镇振兴路以西。7—10月，扬州市文物考古研究所对该地块行考古发掘。发掘以西汉墓葬为主的西汉至清代土坑竖穴墓110座、砖瓦窑13座，出土各类文物600余件（套）。发掘西汉早期至清代墓葬100余座，揭露以六朝时期窑址为主的窑群，丰富仪征庙山以北区域的墓葬文化内涵，出土的大量文物为研究江淮地区历史文化提供物质资料。（张富泉）

■西湖镇蜀岗村苏庄墓群考古发掘 西湖镇蜀岗村苏庄墓群项目位于邗江区西湖镇蜀岗村苏庄组。7—11月，市文物考古研究所在该地块进行考古发掘，发掘出136座墓葬。其中，西汉墓葬85座，隋、唐、宋代墓葬各1座，明清墓葬16座，时代不明墓葬32座。85座西汉墓葬分布于墓地东西两个南北向岗地上，分为Ⅰ区、Ⅱ区。其中Ⅰ区39座、Ⅱ区46座，Ⅰ区内M7规格较大，其余大多数为小型竖穴土坑木棺墓，Ⅱ区墓葬总体规模较大，多为竖穴土坑木椁墓。M7处于Ⅰ区南侧，墓坑口长5.04米、宽3.10米、深2.75米，距M8西侧2.8米。近直壁，填土混杂，夹杂一些青膏泥土块，土质松软，后期被彻底盗扰。葬具仅剩六块纵向平铺的椁底板及两块横铺的垫木。在填土中与椁底板表面出土大量零乱分布的随葬品，其中有原始瓷璧、勺、盖、壶、盆、瓿、柄、盉以及泥半两、泥郢爰、玉剑饰、玉饰件、木书刀、铜鐏等。在距墓坑口1.98米处发现椁痕、2.30米处发现疑似棺痕，推测墓葬形制为一椁一棺一侧一头（足）厢。从形制及出土随葬品特征推测，墓主应为西汉早期吴或江都国中下级官吏及普通贵族。（张富泉）

■科技考古与文物保护 2020年，扬州市考古研究所继续加大文物保护与科技考古的投入，拥有全站仪、RTK、无人机、高精度智能手持三维扫描仪、手持测距仪、手持北斗系统GPS、全幅单反数码相机、高清数码摄像机、惠普移动工作站、可程式恒温恒湿试验箱、电子防潮箱等多种先进仪器设备。在仪征市原城中小学真州城南墙及水门遗址、工农路南延、西湖镇中心村三条路汉六朝墓葬等多处考古工地综合利用航拍、RTK测量、三维扫描等先进技术开展科技考古实践，全面采集相关信息。与西北大学合作，对三布厂地块汉代水井J66出土人骨开展体质人类学研究，人骨的病理、创伤研究，部分样品的锶同位素检测、DNA检测、碳氮同位素检测。对扬大附中西南地块遗址出土一件束发簪，委托扬州大学化工学院进行EDS检测，以了解该器物的金属成分。检测结果表明，其成分主要由铜和碳组成。对扬州西湖中心村三条道路汉墓出土样品（化妆品），委托扬州大学化工学院开展EDS化学成分分析，检测结果主要成分有铅、硅。与出土木漆器保护国家文物局重点科研基地扬州工作站合作，对扬州西湖中心村三条道路汉墓出土漆器现场提取加固，开展实验室脱水保护工作。（张富泉）

■公众考古 开展公众考古实践，通过与各博物馆合作展示、考古现场宣传、多媒体宣传等形式，开展公众考古教育，搭建专业考古界与公众之间的沟通交流平台，提高公众对考古学、文化遗产保护与利用等方面的认知度和参与度。2020年，扬州市考古研究所分别与扬州博物馆、上海博物馆、中国国家博物馆合作举办“子鼠迎春”扬州博物馆鼠年生肖艺术展、“宝历风物”黑石号沉船出水珍品展、“舟楫千里”大运河文化展，参展展品贴合展览主题和时代精神，展示扬州的历史特色。注重考古现场宣传，通过现场专业讲解和展示，让考古工作走入平常百姓视野，让大众了解考古工作程序，体会考古工作的意义和重要价值，增强公众的文物保护意识。（张富泉）

卫生健康

Weisheng Jiankang

编 辑 陈永华

综述

■概况 2020年末，全市卫生机构总数1964所（含诊所、医务室、卫生所、社区卫生服务站、村卫生室），医疗机构床位2.63万张，卫生人员3.8万人。各级各类卫生机构万元以上医疗设备2.74万台，总价值44.90亿元。

2020年，全市医疗机构总诊疗人次数2301.49万人次，医疗机构居民平均年诊疗次数5.05次，医疗机构入院人数72.11万人，医疗机构病床使用率75.34%，医疗卫生机构收入152.40亿元。 （陈东升）

■新冠疫情防控 做好疫情防控医疗救治工作，15天建成160张床位的市传染病医院仓颉山病区，宝应县财政投入1亿元，开工建设宝应县传染病医院，高邮市、仪征市、江都区人民医院建设独立的感染性疾病楼。全市27家医疗机构28个发热门诊全部通过市级验收达到基本规范标准，发热门诊规范化建设率100%。22家医疗机构具备独立开展核酸检测的能力，日最大检测能力达3万人份，城市检测基地检测能力最大量可达3万份／天。成立由呼吸内科、重症医学、院感、影像、儿科、中医等9个专业54名专家组成的市级专家组。开展新冠肺炎防控综合性演练、新冠肺炎院内感染防控应急演练等演练。先后派出10批次262名医护人员支援湖北武汉和黄石，派出8名医疗救治和核酸检测专家支援其他城市。2020年，全市共收治新冠肺炎确诊病例23人、无症状感染者15人，实现“零交叉、零感染、零漏诊、零死亡”的硬指标。 （丁昊俊）

■基层卫生服务体系建设 2020年，全市19家基层医疗卫生机构通过国家“优质服务基层行”“推荐”标准省级复核确认，45家达“基本”标准。通过“推荐”标准和“基本”以上的基层医疗卫生机构比例分别达20.43%、68.82%，均远超省定10%和60%的目标任务，“推荐”通过率全省排名第二位。新增7家基层医疗卫生机构创成省级社区医院，全市累计创成11家省级社区医院。8家基层医疗卫生机构创成省级农村区域性医疗卫生中心。新增遴选确认8个市级基层特色科室孵化中心，新增24个基层特色科室，累计建成市级孵化中心20家、省级特色科室30家、市级特色科室126家。高邮市和仪征市县域内医共体实质性运行，宝应县、江都区均以政府名义出台县域内医共体实施方案。高邮市人民医院医疗集团界首分院、高邮市中医医院卸甲分院正式挂牌成立，仪征市开展“1+1+2”仪征特色的医共体模式，即建立以仪征市人民医院为龙头、大仪中心卫生院为枢纽，刘集镇卫生院和陈集镇卫生院为基础的医共体。仪征市创成首批省社区医院示范市（全省9家）。 （郑轶群）

■基本公共卫生服务 2020年，市卫健委、市财政局联合下发《2020年度国家基本公共卫生服务项目实施方案》，明确基本公共卫生服务项目经费标准提高到人均80元，对项目范围、项目内容、项目要求、主要任务等进行明确，要求做好常态化疫情防控、优化项目管理。新增的5元全部落实到乡村和城市社区，统筹用于基层医疗卫生机构疫情防控的人员经费、公用经费等支出。调整项目工作领导小组、项目条线负责人和技术专家组。逐级审核填报国家基本公共卫生服务报表，确保相关报表真实反映各地项目工作进度和完成情况。与广电公交频道合作，在电视数字点播模块和市区1500辆公交车上播放基本公共卫生服务项目宣传片，在公交车拉手、展板等处张贴宣传画。实施健康档案向个人开放。联合市财政局共同完成市级绩效评价。 （郑轶群）

■医联体建设 扬州市探索紧密型医联体发展模式。开展全面托管试点。以三级医院为核心，托管乡镇卫生院，实行“总院—分院”垂直管理体制，实现人财物“三统一”，打造服务、责任、利益、管理、发展的共同体。苏北人民医院与市二院、李典中心卫生院，扬大附院与头桥社区卫生服务中心的紧密型医联体进入实质化运作。设立联合病房。由三级医院下派专家团队对基层专科病房进行一体化管理，形成上下联动、优势互补、资源共享的运行机制。至2020年底，全市打造联合病房31个，为3200多名患者提供服务，节省医药费用920余万元。组建专科联盟。以市级医院特色专科为引领，联合基层相同专科，横向盘活现有专科医疗资源，打造特色专科中心。共组建市级专科联盟22个。设立名医工作室。自2018年起推行名医工作室制度，通过专家团队的精准帮扶，推动优质资源共享。共开设省级名医工作室96个，市级名医工作室172个，共接诊患者13万多人次。设立市级孵化中心。在市三级医院遴选产生12个基层特色科室市级孵化中心，根据基层医疗机构自身特色和当地群众需求，坚持错位发展原则，对基层实施“科室对科室”的精准帮扶，帮助基层打造“一院一品”基层特色科室。（丁昊俊）

■**城乡居民分级诊疗** 2020年，市政府出台《关于进一步建立健全城乡居民分级诊疗制度的意见》，市医保局、市卫健委制定出台《关于完善和统一全市城乡居民医保分级诊疗有关保障待遇的通知》，围绕分级诊疗服务体系、制度体系、保障机制等3个方面提出具体政策措施，通过明确规范转诊流程、拉大各级医疗机构住院起付线和住院报销比例、提高规范转诊医保报销倾斜力度等政策红利，吸引群众基层首诊、双向转诊，推动分级诊疗制度落实。对于参与首诊式家庭医生签约并基层首诊的参保人员，享受门诊“一升两降”政策，即普通门诊统筹报销医疗费用年度限额提高100元，普通门诊统筹起付标准降低50元，门诊特殊病种起付标准降低100元。在首诊基层医疗卫生机构首次住院报销比例达90%。对于按规定在基层首诊和逐级转诊的参保人员，实行住院起付标准累计计算，在市内按规定转诊，在相应就诊医疗机构政策范围内住院报销比例基础上提高5个百分点，将高血压、糖尿病等慢性病参保患者享受政策范围内门诊用药基金支付比例提高到50%以上。（郑轶群）

■**荷花池与苏北医院一体化停车场运营项目** 12月27日，荷花池与苏北医院一体化停车场运营管理模式开启，项目建成苏北医院与荷花池地下停车场统一收费系统，可进行扫码支付、ETC、当面付等。实现苏北医院地面189个泊位状态感知，地面10个停车分区诱导，地下175个泊位实时余位诱导等功能，整合苏北医院364个、荷花池地下742个泊位资源，形成由16块诱导屏组成的，以荷花池与苏北医院为核心的诱导体系。实现扬州首个重点区域停车收费价格的提升。（谢倩琳）

医疗卫生机构

■**概况** 2020年末，全市卫生机构总数1964所（含诊所、医务室、卫生所、社区卫生服务站、村卫生室）。其中，医院91所，社区卫生服务中心（站）230个，卫生院53所，村卫生室764个，门诊部196个，诊所、卫生所、医务室582个，计划生育技术服务机构1个，疾病预防控制机构7个，专科疾病防治院（所、站）5所，妇幼保健院（所、站）8所，急救中心（站）2个，采供血机构1个，卫生监督所（中心）7个，其他卫生机构16个。

2020年末，全市医疗机构床位2.63万张，其中，医院床位1.89万张（占71.86%），社区卫生服务中心（站）床位1802张（占6.85%），卫生院床位4333张（占16.47%）。医疗机构床位比上年增加1322张。其中，医院床位增加1118张，社区卫生服务中心（站）床位增加79张，卫生院床位减少

2020年扬州市医疗卫生机构情况表

表34-1

卫生机构	合计	按经济类型分				
		公立			非公立	
		合计	国有	集体		私营
总计	**1964**	**1269**	**551**	**718**	**695**	**628**
医院（所）	91	26	22	4	65	49
基层医疗卫生机构（个）	1825	1201	487	714	624	575
社区卫生服务中心（站）	230	216	48	168	14	6
卫生院（所）	53	53	25	28	0	0
村卫生室（个）	764	763	297	466	1	0
门诊部、诊所、卫生所、医务室（个）	778	169	117	52	609	569
专业公共卫生机构（个）	32	32	32	0	0	0
其他卫生机构（个）	16	10	10	0	6	4

（陈东升）

2020年扬州市医疗机构工作量、效率分析表

表 34-2

项　　目	2020 年	2019 年	增减数	增幅（%）
总诊疗人次数（万人次）	2301.49	2671.13	-369.64	-13.84
入院人数（万人）	72.11	83.54	-11.43	-13.68
病床使用率（%）	75.34	86.23	-10.89	-12.63
平均住院日（天）	9.20	8.50	0.70	8.24
每诊疗人次费用（元）	213.80	191.20	22.60	11.82
每出院者费用（元）	9963.10	8635.50	1327.60	15.37

（陈东升）

171张，每千人口床位数达到5.77张。

全市卫生人员3.8万人，其中乡村医生和卫生员1538人。卫生人员中，卫生技术人员3.10万人，执业（助理）医师1.32万人（其中执业医师1.10万人），注册护士1.28万人。每千人口卫生技术人员6.8人，每千人口执业（助理）医师2.90人，比上年增加0.14人，每千人口注册护士2.81人。

2020年末，全市各级各类卫生机构万元以上医疗设备2.74万台，总价值44.90亿元。

2020年，全市医疗机构总诊疗人次数2301.49万人次。其中，医院886.94万人次，占38.54%；社区卫生服务中心（站）345.77万人次，占15.02%；卫生院405.87万人次，占17.64%；村卫生室300.10万人次，占13.04%；门诊部66.49万人次，占2.89%；诊所、卫生所、医务室162.34万人次，占7.05%；专科疾病防治院（所、站）23.31万人次，占1.01%；妇幼保健院（所）105.39万人次，占4.58%。全市医疗机构居民平均年诊疗次数5.05次，其中门急诊次数4.88次。

全市医疗机构入院人数72.11万人。其中，医院56.11万人，占77.81%；社区卫生服务中心（站）2.93万人，占4.06%；卫生院9.65万人，占13.38%；其他医疗机构3.42万人，占4.74%，平均每千人口入院人数158.14人次。全市医疗机构病床使用率75.34%。其中，医院82.1%，社区卫生服务中心46.41%，卫生院52.35%。医疗机构出院者平均住院日9.2日。

2020年，全市医疗卫生机构收入152.40亿元，比上年增收10.21亿元，增长7.18%。其中，财政拨款收入27.86亿元，比上年增加52.66%；上级补助收入2.23亿元；事业收入117.59亿元，比上年减少0.08亿元，减少0.07%。全市医疗机构支出146.56亿元，比上年增支8.08亿元，增长5.83%。其中，业务支出124.04亿元，比上年增加4.57亿元，增长3.83%。全市医疗卫生机构平均每诊疗人次费用213.8元。其中，药费83.5元，占39.06%；检查治疗费44.9元，占21%。平均每一出院者住院费用9963.10元。其中，药费3013.3元，占30.24%；手术费601.7元，占6.04%；床位费436.6元，占4.38%。出院者平均每床日住院医疗费用1084元。（陈东升）

■卫生健康重大项目 2020年，扬州市推进市妇女儿童医院易地新建。办结前期手续，推进项目土建施工，完成地下工程和地上二层土建施工任务，推进落实市妇女儿童医院医疗专项经费。市公共卫生中心易地新建正式投用。服务对接扬州江山国际健康医学中心重大项目。市卫健委开展调研指导，做好重大问题把控，做好项目需求对接、协调对接、问题对接，按月完成汇报。协助推进省五台山医院、市精神卫生防治中心东扩大项目建设，推进扬州市中医院养生保健康复一体化中心前期工作，推进市政府协调市区医用物资储备中心土地等事项落实。推进县级医院易地新建。推进易地新建宝应县人民医院、高邮市人民医院、江都区人民医院，仪征市中医院、妇保院年内投入使用。向上申报公共卫生应急管理体系建设项目，争取多方投入。年内，为高邮市人民医院、仪征市人民医院争取中央预算内投资资金1200万元。协调市三院仓颉山病区建设工程合同签订、工程审计、经费（4200万元）落实工作。（陈东升）

■三大救治中心建设 统筹规划三大救治中心数量、布局，明确市域所辖有关医院的建设目标、任务要求和序时进度，加强督促与指导，推进三大救治中心建设。苏北医院胸痛、创伤和卒中救治中心均建成省级救治中心，扬大附院的胸痛救治中心和创伤救治中心建成区域级救治中心，至2020年10月底，市级三大救治中心实现市、县全覆盖。全年胸痛中心共接诊患者4370人次，卒中救治中心共接诊1.19万人次，创伤救治中心共救治1.50万人次，进行各类培训共计7000余人次。（丁昊俊）

■扬州市公共卫生中心项目 12月29日，扬州市公共卫生中心正式启用。项目位于市第二人民医院以东，建筑设计为多层综合楼，地上八层、地下一层，用地面积1.94公顷，建筑面积2.75万平方米（地下

扬州市公共卫生服务中心　　日　报/供稿

6389平方米，地上实验室面积1万平方米、业务用房8100平方米、对外服务用房3011平方米），容积率1.09，建筑高度34.50米。建设内容包括市疾病控制中心、市医学检验中心、12320管理中心和市突发公共卫生应急和医疗救治指挥中心、“扬州市万人核酸检测实验室”、“全省公共卫生医师规范化中心”扬州基地等，项目总投资预算3.8亿元，基建预算2.1亿元。项目连续四年列为扬州市民生“1号文件”和《政府工作报告》重点建设项目。建设过程中，项目在扬尘控制和安全文明管理上创新举措，被市委、市政府表扬，并作为样板项目在全市进行推广。先后获评“安全文明示范工地”“市级优质结构工程”“江苏省建筑施工标准化三星级工地”。

（谢倩琳　常　艳）

■苏北人民医院　苏北人民医院前身是美国浸礼会1900年创办的扬州浸会医院。1994年被原卫生部评定为江苏省首批三级甲等综合性医院，是国家首批“建立健全现代医院管理制度试点医院”。2020年，医院开放床位2556张，医院在职职工2898人，医院固定资产24.99亿元，医院设备总值10.5亿元，门（急）诊病人159.45万人次，出院病人12.13万人次，手术总量6.52万台，出院患者平均住院日6.86天。开展日间手术近1.3万例。

2020年，苏北人民医院先后向武汉、新区分院、北京、新疆、大连、石家庄等地派出医疗队伍共计80余人次，完成疫情防控任务。其中派出47名医务人员驰援武汉，共接收救治82位患者。在扬州实行苏北人民医院－新区分院（扬州市第三人民医院）一体化管理，统筹调配人员和防护物资，总院医疗护理专家参与分院的医疗护理排班，为分院提供保障，扬州市23例新冠肺炎患者全部治愈出院，实现“零交叉、零感染、零死亡、零漏诊”。郑瑞强作为国家级专家，转战武汉、新疆、大连、石家庄等疫情一线近200天，被誉为“重症八仙”之一。

2020年，医院成为南京大学医学院附属苏北人民医院。急诊医学科、儿科、老年医学科创建成为省级临床重点专科，目前医院省级临床重点专科达到26个，位列全省地市级医院第一方阵。重症医学科、烧伤外科、神经外科、心血管内科、麻醉科、心血管外科、急诊医学科、普通外科、胸外科等9个学科跻身中国医院科技量值（STEM）前100强。122位博硕士加盟，柔性引进教授顾隽团队和普外研究所教授朱一超。获批扬州市再生医学工程技术研究中心，挂牌成立“中国以色列应急救治中心”并获批科技部高端外国专家引进计划新冠肺炎防控专项和江苏省卫健委创国际一流医学中心项目。消化病/代谢病基础与临床转化实验室、分子诊断实验室建成扬州市重点实验室。培育TAVR技术、心脏大血管Bentall手术、不停跳冠状动脉搭桥术、单级射频消融术治疗心房颤动等一批在省内有一定影响力的新技术新项目。新添置并启用体检中心64排西门子CT、3.0T磁共振、眼科全飞秒SMILE3.0准分子激光、影像科320排高端CT、发热门诊方舱CT等一批大型仪器设备。肿瘤科搬迁至新区分院，烧伤整形科、全科医学科搬迁至北区医院，扬州市老年病医院在北区医院挂牌；北区医院通过三级康复医院评审。推进互联网医院云门诊，构建互联网医院线上线下业务协同机制，2020年开展云门诊1.32万人次，开展量位居全省综合医院前列。在省卫健委首次公布的三级公立医院绩效考核结果中，位居全省前列，国家三级公立医院绩效考核中位列全国107位。

（徐　捷）

■扬州大学附属医院　扬州大学附属医院（扬州市第一人民医院），创建于1960年，系扬州大学唯一直属附属医院，是省教育厅、省卫健委共建单位，是一所集医疗、教学、科研、急救、预防、康复于一体的综合性三级甲等医院。医院先后被确立为住院医师规范化培训国家级基地、全科医师规范化培训省级示范基地，2008年获国家药物临床试验机构资格认定，并先后被评为“全国精神文明建设工作先进单位”和“全国文明单位”。医院拥有东、西两个院区，占地9.21公顷，总建筑面积17.3万平方米，总资产16.7亿元，各类专业诊疗设备3000余台（套）。医院实行一院两区一体化管理，开放床位1834张，开放病区40个。医院现有普外科、消化内科、神经内科、心血管内科、儿科、麻醉科、重症医学科、肿瘤科、病理科、影像科、超声科、呼吸与危重症医学科等省级临床重点专科12个，泌尿外科、急诊科、临床营养科等市

扬州大学附属医院西区医院　　日　报/摄

级临床重点专科 23 个。拥有医学硕士点 17 个、博士点 1 个，承担 20 所医学院校实习带教工作。近年来，发表 SCI 论文 300 余篇，获国家自然科学基金立项 22 项，获国家专利 101 项，有 78 项科研成果获得各级各类科技进步奖和新技术引进奖。医院开展城市公立医院改革，进行分级诊疗体系的建设。作为龙头医院，牵头 20 家医疗机构组建扬州大学附属医院医疗联合体。

2020 年，医院门（急）诊量 142.2 万人次，出院病人 7.12 万人次。新增省级临床重点专科 3 个。孕产妇危急重症救治中心、新生儿危急重症救治中心被确认为省级救治中心。获批“中华护理学会消毒供应专科护士京外临床教学建设基地”“江苏省首批社区护理专科护士实习基地”。获评全国“2020 年度改善医疗服务示范医院”。获批国家自然科学基金 9 项，科研立项数在扬州市内医院中处于领先地位。医院设立一级科室 49 个，二级科室 49 个，三级科室 10 个，拥有在职员工 2086 人，其中高级技术职称 599 人，博士 109 人。拥有博士、硕士生导师 161 人，享受政府特殊津贴专家 4 人，有突出贡献中青年专家 18 人，江苏省医学重点人才 4 人，333 工程人才 24 人，“科教强卫工程”医学重点人才 22 人，国家级专业委员会委员 26 人，省级专业委员会副主任委员 11 人，市级专业委员会主任委员 15 人。医院先后派出四批 47 名医护人员携带 80 余万元物资驰援湖北、北京抗击疫情，全院共 51 人次获得省级以上表彰，李娟娟护师获全国抗击新冠肺炎疫情先进个人。（施文大）

■**扬州市中医院**　扬州市中医院是综合性三级甲等中医医院，南京中医药大学附属医院。2020 年，医院总收入 3.83 亿元，增长 0.19%；业务收入 3.37 亿元，有效业务收入 2.19 亿元。完成门（急）诊量 50.52 万人次，出院病人 1.61 万人次，手术 4439 人次；三、四级手术占比 62.79%，其中四级手术占比较 2019 年提高 3.69 个百分点，西成药占比 26.41%，下降 1.34 个百分点；在首次全国 419 家三级公立中医院绩效考核“国考”中位列第 56 位，获得 A 级。

2020 年，医院有 27 人援鄂，2 人入驻市三院隔离病房，10 人参与转运，多人受到各级各类表彰。为隔离病房患者配置中药汤剂超过 800 剂；研发配制扶正解毒抗感颗粒 8500 剂、防感香囊 2 万多个、扶正解毒中药茶饮 1.13 万包，并向罗马尼亚友人捐赠抗感颗粒 2000 袋、香囊 200 个。

2020 年，医院开展中医护理技术 38 项、护理优势技术 44 项，36 个中医护理方案共实施 2310 例。全年治疗收入 4535.53 万元，中药饮片收入 5811.2 万元，增长 9.74%。开展中医药“七进”20 场、名中医讲坛 16 场、中医药文化科普巡讲 10 场、运动功法竞演 5 场，参与专家 281 人次，服务 4200 人次，发放中医药健康教育宣传资料 6327 份、健康促进器具 524 份，推广养生药茶、足浴方、香囊等养生产品超 3 万个（张）。6 月中旬起每天延长上午工作时间半小时，11 月起完全开放周末门诊和晚间门诊，至 2020 年底，新增门诊时间段内共服务患者 5751 人次。开展“光明梦行动”，已帮助近 9000 人次的白内障老年患者重见光明，减免医疗费用 1300 余万元。强化中医人才引进和培养，医院现有博士 13 人、硕士 118 人，高级职称 183 人，分别增长 18.2%、5.4%、16.6%，新增博导 1 人、硕导 6 人。获选江苏省名中医 1 人、江苏省西学中高级人才研修项目培养对象 1 人、南京中医药大学名中医 1 人、扬州“英才培育计划”培养对象 2 人。加强师承流派。新增省非遗保护项目代表性传承人 1 人，市非遗保护工作先进个人 1 人，扬州市名师工作室建设项目 2 个。修订师承教育管理办法，开展第二届名中医“师带徒”，31 位学生拜师 16 位省、市名中医。开展第七期“西学中”理论和实践技能培训班，受培 63 人。（周　宇）

■**扬州市妇幼保健院**　扬州市妇幼保健院是三级甲等妇幼保健院。2020 年，医院门（急）诊量 49 万人次，出院 1.5 万人次，手术 9000 人次，平均住院日 6.5 天。在职职工 785 人，其中高级职称 155 人、研究生 77 人。2 人被确定为市突出贡献中青年专家、“英才培育计划”培养对象，1 人入选省级专科护士。年内共立项科研课题 14 项，获得省市级新技术引进奖 6 项。

医院妇科为江苏省妇幼健康重点学科，产科、生殖健康科、儿童保健科为江苏省妇幼健康重点学科建设单位，新生儿科为江苏省新生儿急救中心扬州市妇幼保健院协作中心，共有产科、妇科、儿科、新生儿科等16个市级临床重点专科。

医院辖扬州市医学遗传中心（出生缺陷质控中心）、扬州市危重孕产妇救治中心、扬州市危重新生儿救治中心、扬州市儿童保健中心等4个市级区域性中心。扬州市妇产科质控中心挂靠扬州市妇幼保健院。年内与上海儿童医院建立儿外科技术合作关系，与北京儿童医院洽谈儿科全面合作模式；定期选派近200人次专家赴基层指导专科建设、行业管理。

医院先后选派2批19名护理骨干驰援武汉一线疫情防控40余天，做到收治对象无死亡、医务人员无感染。引进实施院级新技术新项目32项，1.5T核磁共振投入使用。在全省率先实施新生儿出生证"五证联办"服务，被《健康报》《中国人口报》刊载推广，疫情高峰期探索线上儿童康复指导服务，获国家卫健委通报表扬。

2020年，医院有4人被评为市先进工作者、百名医德之星、"五一"巾帼标兵和突出贡献中青年专家，27人被评为市护理工作先进个人，16人被省人社厅、卫健委"嘉奖"，3人被省"记功"奖励，1人被评为全省抗击新冠肺炎疫情先进个人。医院被评为国家第三批住院医师规范化培训专科基地、市母婴护理专科培训基地、"互联网+围产营养门诊规范化建设"项目2020年度优秀项目单位，并完成第一批17名母婴护理专科护士考核结业。新生儿科被评为省巾帼文明岗，麻醉科被评为市"五一"巾帼标兵岗。"折翼的天使再飞翔"志愿服务项目获得江苏省青年志愿服务项目大赛阳光助残类项目三等奖。　（董　雷）

■扬州市第二人民医院　医院占地面积3公顷，总建筑面积2万多平方米；固定资产1.74亿元，其中医疗设备总值3727万元。医院设有内科（神经内科、心血管内科、呼吸内科、内分泌科、消化内科、血液内科、肾病学专业、老年病专业）、外科、妇科、儿科、口腔科、眼科、精神科、检验科等临床诊疗科室。神经内科、肾内科是市级重点专科。拥有联影1.5T超导磁共振、GE64层CT、赛德科数字DR、方舱CT、富士电子胃肠镜、C型臂X光机等先进医疗设备。

医院编制床位301张，实际开放7个病区325张床位（含总院烧伤科、康复科）。在岗职工229人，其中卫生专业技术人员194人（高级职称人员39人）。2020年，门（急）诊5.88万人次，出院病人3171人次，医院落实各项惠民政策，全年医疗救助5162人次，安排救助站、福利院及孤寡低保等住院救助141人次，救助金额142.31万元。开展各类志愿服务活动，"天使在身边，爱心满扬城——心肺复苏公益培训"志愿服务项目获2019年江苏省青年志愿服务项目大赛三等奖。　（孟兆祥）

■扬州市第三人民医院　扬州市第三人民医院（扬州市传染病医院、苏北人民医院新区分院）是三级传染病专科医院。医院编制床位708张，实际开放床位548张。其中，负压病房床位15张，ICU床位79张。2020年，医院门诊量5.15万人次，收治病人4484人次，出院者平均住院日17.47日，床位使用率62.3%。医院有17个诊疗科室、8个病区。有结核病科、肝病科、感染病科、医学检验科、医学影像科等5个扬州市临床医学重点专科。医院有在岗职工323人，其中高级技术职称人员67人。医院常规开展肺功能检查、肺穿刺活检术、DSA介入治疗、支气管检查、冷冻治疗、球囊扩张术等30多个项目。对20例肝科、肺科疑难危重病例进行联合会诊讨论。

2020年，医院除常规收治肝炎、肺结核等传染病人外，收治麻疹2人、腮腺炎6人、水痘17人、疟疾1人、艾滋病145人、梅毒14人，艾滋病门诊3906人次。　（丁志国）

医疗服务

■医疗服务质量　改善医疗服务行动。2020年，国家卫健委联合健康报社在扬州召开改善医疗服务行动计划推进会。扬州市二级及以上医院均开展预约诊疗服务，苏北人民医院在第五季改善医疗服务行动全国医院擂台赛（城市类）总决赛中获科学建立预约诊疗制度主题案例金奖，在全国抗肿瘤药物临床应用监测中获全国第一名。加快远程医疗服务建设。扬州市二级及以上公立医院全部开展远程医疗服务，其中苏北人民医院依托信息平台，实现对医联体内李典、汤汪社区卫生服务中心远程服务，使患者在基层医疗机构就能享受到大医院的诊治服务。健全急救服务网络体系。全市以18家农村区域医疗卫生中心、县（市、区）医疗机构急救站（点）、乡镇医疗卫生服务中心为基础，构建"18+X+Y"急救网，形成全市1个急救中心、4个急救医疗站、下设40个急救点的网络化急救医疗体系，院前急救反应时间为城市8分钟、农村15分钟，基本实现覆盖城乡的"15公里半径急救医疗圈"。

（丁昊俊）

■家庭医生签约服务　2020年，加大医保倾斜政策，全面推行首诊签约，将原首诊签约"一升一降"升级为"一升两降"，配合完成首诊包对码工作和核三系统升级改造，将首诊签约人员信息录入医保系统，确保签约居民享受医保优惠政策。优化完善全市统一设立的离休干部服务包，统一服务协议和服务手册，提供个性化、亲情化的健康管理服务。全年扬州市重点人群签约数124.99万人，签约率74.9%，首诊包签约28.65万人，点单签约7.12万人，有签约意向的离休干部655人全部签约。全市建成家庭医生工作室106个，其中10个工作室创成省星级家庭医生工作室。组织参加省级基层感控知识技能竞赛，获全省一等奖，市卫健委获优秀组织奖。扬州市市本级、仪征市卫健委等6家单位获评2020年江苏省家庭医生服务模式创新单位，创成率全省第二名。市本级、宝应县“基层卫生人才队伍建设和家庭医生签约服务工作”获“2019年度省政府真抓实干成效明显的地方”表彰。（郑轶群）

■医疗帮扶 仪征市医疗机构申请疾病应急救助基金6人次，患者总费用33.01万元。全市核实核准的建档立卡农村低收入人口罹患30种疾病患者人数共计6878人，救治病人8740人次，全部建立救治台账，救治比例达100%，2020年主动减免医疗费用135.99万元。开展援陕对口支援工作，苏北人民医院支援定边县人民医院、扬大附院支援勉县人民医院、仪征人民医院支援吴堡县人民医院、江都人民医院支援子洲县人民医院。（丁昊俊）

妇幼保健

■概况 2020年，全市孕产妇死亡率为0，婴儿死亡率2.11‰，5岁以下儿童死亡率2.96‰。全市婚检率90.77%，妇女病普查率91.67%，剖宫产率40.42%，产前筛查率94.71%，新生儿疾病筛查率99.57%。托幼机构卫生保健合格率100%。（林　萍）

■妇幼健康服务体系 推进妇女儿童医院建设，新建扬州市妇幼保健院（扬州市儿童医院）投资近30亿，规划建设用地10.53公顷，已于年初动工，预计2023年建成并投入使用。建成后设置床位1000张，将满足门诊6000人次/天的需求。推动妇幼保健“所转院”建设。宝应、江都和仪征均已建成二级妇幼保健院，高邮、邗江和广陵在创建中。加快妇幼保健院建设。宝应和江都妇保院争创三级妇幼保健院，发挥区域辐射功能。推进基层妇儿保门诊建设，全市已有71家基层单位通过市级验收确认为市级示范门诊，6家创成省级妇幼健康示范门诊。全市妇幼健康规范化门诊建成率为85%。通过创建，加强基层妇儿保门诊设施设备、人员配备和服务内涵，夯实妇幼健康服务网底。实现以妇幼健康服务机构为主体，综合医院、民营医院和基层医疗卫生机构为补充的三级妇幼保健服务网络。（林　萍）

■妇幼健康服务能力 推进妇幼保健重点学科和人才建设。2020年，建成省第二周期妇幼健康重点学科及建设单位6个、重点人才及培养人才4人，建成儿科省、市重点学科各1个，获得省级新技术引进项目1项。加强妇幼保健人员能力培训。结合“妇幼健康技能大赛”活动，开展岗前培训、专题培训。在全省生殖健康技能竞赛中获团体三等奖，个人二、三等奖。开展母婴保健专项、产科质量评估、婚检孕检及三网监测等业务指导50余次，举办各类培训班9期，为198名托幼机构负责人和458名保健老师进行培训发放上岗证。提升妇幼健康服务能力和水平。开展母婴保健技术执业人员的实践技能和理论考试。制定《扬州市母婴保健专项技术人员考核实施方案》，规范母婴保健专项技术的准入考核和定期考核的相关要求，确保妇幼健康从业人员100%持证上岗，严格依法执业。（林　萍）

2019—2020年扬州市区儿童健康体检抽样调查情况表

表34-3

指标		2020年	2019年
受检人数（人）		30096	25054
受检率（%）		99.60	99.53
体重达标率（%）		73.14	68.55
身高达标率（%）		75.76	65.70
乳牙龋齿发生率（%）		15.89	26.39
患病率	肥胖儿发生率（%）	6.85	8.61
	低体重发生率（%）	0.58	0.28
	发育迟缓发生率（%）	0.64	0.62
	消瘦发生率（%）	0.90	0.86

（林　萍）

■母婴安全保障 提升救治能力。各级救治中心每季度对责任包干片区内的医疗机构开展培训和应急救治演练活动，提升协同救治能力。组织18例危急重症的评审，规范孕产妇和新生儿救治工作，提升危急重症救治能力。加强日常监督管理。开展母婴安全督促检查，重点开展产儿科服务、孕产妇与儿童健康管理、计划生育技术服务等质量评价，累计评估38家，限期整改3家；执行分级服务，开展“双随机”督查，清单式交办问题并督促整改，实现闭环管理，严控非医学指征剖宫产。建立约谈通报制度。对孕产妇管理不到位、不规范或出现孕产妇可避免死亡的单位及主要负责人、具体责任人进行约谈，2020年对2家基层医疗机构截留高风险孕产妇问题进行2次约谈。（林　萍）

■妇幼民生实事项目 开展一级预防。落实婚前医学检查、孕前优生健康检查要求，应用母子健康手册App，全市婚检率为93.3%，全年免费为育龄妇女补服叶酸1.62万人。推进二级预防。出台扬州市高危孕产妇筛查评估管理规范，开展妊娠风险筛查和评估，对孕产妇进行五色分级分类管理；对高危孕产妇实行专案管理，保证专人专案、全程管理、动态监管、集中救治；对患有疾病可能危及生命不宜继续妊娠的，经评估和确诊告知继续妊娠风险，并提出医学建议。实施出生缺陷综合防治工程，免费开展3种产前筛查和3种遗传代谢疾病筛查，产前筛查率95.57%，孕产妇艾滋病、梅毒、乙肝筛查率100%，阻断干预治疗率近100%。落实三级预防。成立扬州市出生缺陷质量控制中心、出生缺陷防控联盟，开展质控评审，累计完成新生儿疾病筛查45.5万人次，确诊患儿196人，新生儿筛查率99.45%；免费为2.31万名新生儿开展先天性心脏病筛查。（林　萍）

■妇幼健康服务管理监督　优化督导与考核方法。常态监督与定期评价相结合，质量评价与业务指导相结合，全面系统评价与随机抽样评价相结合，考核结果与年终评优评先挂钩。加强母婴保健专项技术的监督管理。严格机构和人员准入与监督管理。2020年，新增1家母婴保健专项技术服务机构，对37家城区托幼机构的《卫生健康合格园》进行初评和复评。对15家开展助产技术，6家计划生育技术服务，3家婚前医学检查机构进行质量评估，对其中2家医疗机构提出整改意见，规范母婴专项技术。规范《出生医学证明》的发放和管理。联合市档案局和市档案馆共同制定下发《扬州市出生医学证明档案管理实施方案》并开展相关培训。组织专家对全市出生医学证明管理发放情况进行抽查督导，未发现违规发放行为。推进《出生医学证明》进档案馆工作，加强出生档案的信息化管理。

（林　萍）

疾病预防与控制

■疾病预防控制对口支援　组织市、县（市、区）疾病预防控制专家分别对县（市、区）、乡镇疾病预防控制工作进行支援。遴选2名防疫专家分别赴湖北黄石、新疆克孜勒苏柯尔克孜自治州对口支援疫情防控工作；派驻11名防疫人员参加北京、上海、昆山转运；选派技术骨干对高邮市疾控中心在公共卫生管理、疾病预防控制等方面给予重点帮扶。（常　艳）

■传染病防控　2020年，全市无甲类传染病报告。报告乙类传染病14种4633例，死亡22例，报告发病率101.85/10万，死亡率0.48/10万。报告丙类传染病6种，共计1618例，报告发病率35.57/10万，无死亡病例。全面建成HIS系统（传染病监测平台），在全市所有一级以上医疗机构正式使用，实现传染病报告自动拦截和填报功能。（常　艳）

■重大传染病防治　2020年，全市网报肺结核可疑者1988例，转诊肺结核可疑者1951例，总体到位率98.14%。全市登记活动性肺结核患者1409例，病原学诊断阳性数793例，病原学阳性诊断率56.28%。全市登记耐多药患者34例，纳入治疗患者31例，纳入治疗率91.18%。

（常　艳）

■免疫规划　2020年，全市应建卡儿童2.62万人，已建卡儿童2.62万人，适龄儿童建卡率100%。全市应接种免疫规划疫苗平均接种率99.75%。基础免疫接种率99.64%。加强免疫接种率99.87%。乙肝疫苗首针及时率98.95%。全市共报告AFP病例12例，非脊灰AFP病例报告发病率平均为2.17/10万。全市确诊麻疹病例1例，未发生麻疹暴发疫情和聚集性病例疫情。全市共有313家预防接种门诊，其中98家儿童接种门诊、81家狂犬病暴露预防处置门诊、95家成人预防接种单位、39家产科预防接种门诊，均达到要求，合格率100%。江都区大桥中心卫生院建成全市第一家儿童预防接种示范门诊。全市313家预防接种门诊均启用“江苏省预防接种综合服务管理信息系统”中的各项子系统，实现疫苗全程追溯、疫苗流通、疫苗接种服务质量控制等功能。（常　艳）

■慢性病防治　2020年，开展人群死因监测，全人群粗死亡率8.22‰。规范管理高血压患者30.21万人，规范管理率70.91%；规范管理糖尿病患者9.09万人，规范管理率68.48%。高血压、糖尿病管理有效率分别为68.10%和58.62%。指导宝应县开展国家级慢性病综合防控示范区复评审，并通过国家级验收。完成扬州市2019年人群全死因监测分析报告，2019年扬州市人群总粗死亡率7.91‰，全人群期望寿命80.10岁。（常　艳）

■重性精神疾病管理治疗　建立以精神卫生专业机构为主体、疾控机构为辅助、基层医疗机构为依托的精神卫生管理治疗服务网络，对全市乡镇、街道实行全覆盖管理。成立由精神科专业医师和护士、社区/乡镇精防医生和护士及其他相关工作人员（社区卫生服务站/村卫生室的医护人员、居/村委会人员、民警、民政助理、残联助残员等）组成的项目工作队伍。各县（市、区）实施“以奖代补”政策，引导监护人承担严重精神障碍患者监护责任。业务培训覆盖所有专兼职人员。2020年，全市重性精神疾病患者检出率4.37‰；在册患者管理率、规范管理率分别为97.73%、97.56%；综合评分位居全省第二位。（常　艳）

■血吸虫病防治　2020年，全市对56个乡镇、584个村开展查螺，使用总查螺工日5.62万个，完成查螺面积2.87亿平方米。解剖钉螺1.34万只，未发现阳性钉螺。完成药物灭螺面积3841.47万平方米，有螺环境改造面积94.48万平方米，药浸灭螺398.18万平方米。灭后钉螺死亡率91.58%，钉螺密度下降率89.26%。完成常住人口血检查病7.58万人，水上作业等流动人群血检查病5786人，未发现阳性病人。晚血救助247人次，救助金额57.97万元。在沿江5个县（市、区）的10处江滩连续开展3次野鼠野粪调查，投放6000个捕鼠夹或笼，共捕捉野鼠36只、其他野生小型哺乳动物3只，未查出阳性，野粪4份，经顶管孵化检测全部阴性。5—9月，在沿江5个县（市、区）共10个环境投放660只哨鼠进行移动式哨鼠监测，经解剖未发现阳性。“扬州市血吸虫病监测预警关键技术研究与示范”项目结题。代表江苏省完成湘、鄂、赣、皖、苏等5个省洪灾后血吸虫病传播风险评估工作。通过省对江都区、广陵区、扬州经济技术开发区血吸虫病消除评估，均达到血吸虫病消除标准；至2020年底，县（市、区）全部实现消除血吸虫病目标。国家卫健委疾控局组织专家对扬州市洪涝灾害后血防工作开展情况进行调研，肯定扬州市血防综合治理项目、新冠疫情常态化防控下血防门诊运行及汛期血防巡查工作。完成8例输入性疟疾病例的个案调查和治疗，对8082例发热病人进行疟疾筛查，未发现本地感染疟疾病例。探索新冠肺炎疫情防控常态化形势下输入性疟疾防控工作模式，受到国务院新冠疫情防控专项督导组肯定。开展土源性寄生虫监测、蛲虫监测及广州管圆线虫感染专项监测。完成全市碘营养调查和地方病防治攻坚行动终期和“十三五”规划评估工作。（王　建）

爱国卫生运动

■概况 2020年，扬州市推进“三项行动”（“每日一刻钟”开展重点场所卫生管理行动、“每周一小时”开展单位家庭卫生大扫除行动、“每月一半天”开展城乡环境卫生整洁行动）；倡导“三个自觉”（各类重点人员要自觉遵守健康管理要求、各类重点场所要自觉落实卫生管理责任、全体市民群众要自觉养成文明卫生习惯）；做好“三个带头”（领导带头、部门带头、党员带头），参与城乡环境卫生整洁行动，营造爱国卫生运动氛围。

10月26日，市政府专题召开爱国卫生运动现场推进会。宝应县广洋湖镇、江都区邵伯镇创建国家卫生镇。宝应县射阳湖镇、西安丰镇、泾河镇、黄塍镇、小官庄镇、山阳镇，高邮市周山镇，江都区真武镇，广陵区汤汪乡，扬州经济技术开发区朴席镇，生态科技新城泰安镇等11个乡镇创成江苏省卫生镇。（新　龙）

■农村改厕 2020年，市委、市政府将农村改厕纳入民生1号文件内容和高质量发展指标。市爱卫办印发《关于确定2020年农村改厕项目村无害化卫生户厕改造任务的通知》。4月16日，召开全市农村改厕高质量发展推进会，并组织改厕技术规范培训。4月24日，市爱卫办印发《关于农村户厕改造建设民生问题的通知》，在全市范围内组织开展农村户厕改造建设民生问题排查。市农业农村局、市生态环境局、市财政局等8个部门印发《关于高质量推进农村改厕工作的通知》。仪征市、邗江区等地加强改厕后续服务和管理，开展整改，提高改厕质量。

2020年，全市新建改建无害化卫生户厕6864座，超额完成全年6430座任务。所有县（市、区）无害化卫生户厕改造验收均通过省销号验收，累计建成无害化卫生户厕98.52万座，普及率98.66%，居苏中第一位。高邮市在全省农村人居环境整治现场推进会上介绍成为全国农村厕所革命典型范例经验。

（新　龙）

■防疫科普宣传 开展“防疫有我，爱卫同行”防疫科普宣传。新冠疫情暴发后，围绕新冠病毒知识、公众个人防护、新冠疫苗接种、核酸检测点分布等内容，组织编印、张贴《新型冠状病毒感染的肺炎48字守则》《预防新型冠状病毒做好七条》等；制作《新型冠状病毒感染的肺炎防控》公益广告，在公交车、商超、宾馆等公共场所电子显示屏滚动播放。与广电总台联合制作优秀小主播健康生活方式倡议、公勺公筷以及心理健康内容等13个短视频，通过新媒体发布。整理“预防新型冠状病毒感染的肺炎——十大热点问题”在微信平台发布；编印《企业复工疫情防控“六条”》2万余份。推送《用公筷“夹”起城市文明》快板，在国家卫健委、农业农村部举办的全国家庭健康主题推进活动中予以演播，科普宣传覆盖全人群。（新　龙）

■健康教育与健康促进 到农村、学校、企业、机关、社区开展重点人群健康教育与健康服务“五进”活动。举办健康直通车，利用线上科普大讲堂，试点你点我讲“点餐式”健康宣教活动。编印健康教育手册、折页等宣传资料20万册（张）以上，发放健康支持性工具1.50万只（套）。全年共开展健康科普大巡演17场，“五进”活动完成667场次。10月25日，联合市文明办、扬州报业传媒集团、市疾控中心等单位在梅岭街道锦旺社区正式发布《市民健康公约》。

持续推进健康城镇村建设。江都区丁伙镇，宝应县夏集镇、柳堡镇，仪征市马集镇等4个镇建成省级健康镇；杭集镇裔庙村等19个村建成省级健康村；东关街道何园社区等20个社区建成省级健康社区。组织开展城乡居民健康素养干预与监测，2020年全市健康素养水平28.22%，高于省均水平。（新　龙）

■病媒生物防制 市爱卫会印发《关于组织开展春季灭鼠活动的通知》《关于开展2020年夏秋季灭蚊蝇灭蟑螂活动的通知》。开展环境综合整治，清除卫生死角、阴沟污物、杂草等滋生地，结合季节特点开展春季灭鼠集中行动、夏秋季灭蚊蝇灭蟑螂集中行动和冬季集中灭鼠行动。市区共投放灭鼠药9800千克、粘鼠板1.30万块，灭蚊蝇药物1万千克。推进病媒生物防制示范小区建设，市区共建病媒生物防制示范小区14个，设置毒饵站7000个、诱蝇笼1500只、灭蚊灯40台。

（新　龙）

中医中药

■中医药参与抗疫 自新冠肺炎疫情发生以来，市卫健委发挥中医药的独特优势和作用，调动全市中医药系统力量，做好中医药参与防控工作，促进医疗救治取得良好效果。全市新冠肺炎确诊患者23例，中药饮片全程参与治疗23例，辩证使用中成药病例23例，症状改善率100%。全市各级医疗机构开通线上发热门诊，提供线上线下的中医药防治方法。全市共有7家中医类医院、93家综合专科和基层医疗机构，共为抗疫一线提供中药扶正颗粒3.81万袋、中药预防茶饮2.67万袋、中药辟秽香囊4.31万只，开出中药汤剂2.36万副，服务受益8.00万人次。先后出动“中医药抗疫小分队”407人次，受益群众10.90万人次，中医药全方位参与抗疫见成效。2月14日，国家中医药管理局主办的《中国中医药网》《中国中医药报》先后以“江苏扬州：多措并举发挥中医药特色优势”为题宣传报道扬州市中医药参与新冠肺炎防控工作的做法和成效。2月22日，《扬子晚报》旗下融媒体紫牛新闻报道《扬州中医药防控疫情见成效：23例确诊患者使用312剂中药，症状改善率100%》。3月6日，省新冠病毒肺炎疫情防控工作领导小组医疗救治组在全省转发扬州“突出‘三及时’，打好中医药参与疫情防控‘三手牌’”的工作经验。

（黄海晨）

■基层中医药工作先进单位创建 2020年，邗江区被省中医药管理局确定为全省唯一推荐创建地区。5—6月，先后组织对邗江区、宝应县全国基层中医药工作先进单位创建、复审工作进行调研督查。6月18—19日，宝应县通过全国基层中医药工作先进单位的复核评审。9月28—29日，邗江区接受国家评审，通过全国基层中医药工作先进单位评估。

（陈 玥）

■中医药资金项目绩效考核 5月11—13日，受省中医药管理局委托，第三方评价机构江苏润华会计师事务所对扬州市2019年度中央和省中医药资金项目开展绩效评价。本次绩效评价工作涉及中央中医药资金项目21万元、省中医药资金项目900万元，通过3天的现场实地查看和相关项目资料审核，第三方评价机构对扬州市中医药资金项目的申报、实施、考核等方面给予肯定，并对资金项目实施提出建议。6月，仪征市中医院被省中医药管理局推荐作为省财政厅2017—2019年度全省中医药事业发展专项资金重点绩效评价调研单位。9月7—10日，扬州市接受省财政厅效能管理中心、江苏润华会计师事务所2017—2019年度省级中医药事业发展专项资金重点绩效评价。专家组对扬州市中医院等7家医疗机构36个资金项目的计划、预算、管理、项目完成情况等方面进行检查。对专项资金的往来、招投标、合同书、记账票据进行核查，至江都区、高邮市等实地查看、核对医疗机构相关项目建设现场。

（黄海晨）

■名中医“师带徒”项目 2020年，修订《扬州市名中医师带徒工作实施意见》。1月，下发《关于开展第二届扬州市名中医“师带徒”项目报名的通知》，确定朱新太等41人为第二届扬州市名中医“师带徒”项目指导老师，仇山波等76人为第二届扬州市名中医“师带徒”项目继承人，并下发《关于印发扬州市名中医师承年度考核、结业考核评分标准相关配套文件通知》。6月1日前学术继承人进入培养周期，指导老师和继承人签订《第二届扬州市“师带徒”项目教学协议书》并举行拜师仪式。

（黄海晨）

■基层中医药服务能力提升 6月，对2019年度的12家基层医疗机构中医馆服务能力建设项目建设单位开展专项检查，并下发督查通报。8月，受省中医药管理局委托专门抽调6名二级以上中医院、县（市）卫健委中医科有关专家组成两个专家组，对各项目验收单位进行全面评估和验收考核，评估结果报省确认后均通过验收。对2020年新增5家项目建设单位进行专题指导，熟悉标准，高质量建设，11月组织专家开展专项验收。全市建有乡镇卫生院（社区卫生服务中心）中医馆93家，覆盖率100%，省级标准达标率95.69%，村卫生室（社区卫生服务站）中医阁626家，覆盖率69.1%。开展中医药示范村卫生室（社区卫生服务站）创建。9月组织开展26家基层医疗机构申报，11月开展项目验收考核，遴选命名20家市级中医药示范村卫生室（社区卫生服务站），夯实基层中医药网底服务功能。9月，扬州市通过省中医药管理局中医药事业发展“十三五”规划终期评估。扬州市基层中医药服务能力提升工程“十三五”行动计划实施工作通过国家考核评估。

（陈 玥）

■中医药人才队伍建设 2月，组织对首届学习期满且通过三年年度考核的55名继承人开展结业考核，49名继承人考核合格；8月，组织150名基层卫生技术人员参与第二批江苏省基层中医药知识与技能培训项目。在扬州职业大学组织国家住院中医师规范化培训（扬州考点）理论考试。全市共有62名中医类别考生参加考试。8月27日，在扬州市中医院组织临床实践能力考试，全市共有61人参加，58人考试合格，合格率95.08%。9月，与南京中医药大学中医学院中西医结合学院、扬州市中医院共同承办2020年扬州市中医经典大讲堂。12月，完成首届江苏省基层卫生技术人员中医药知识与技能培训技能考核（扬州考点）工作，考核应参加学员151人，缺考8人，通过考核141人，通过率98.6%。2020年，新增省西学中高级人才研修项目研修对象3人，2人通过2020年传统医学师承人员出师考核，3家第三批省名老中医药专家传承工作室通过年度考核，3名全国中医临床特色技术传承骨干人才通过项目年度考核。2020年度省中医药科技发展专项共申报项目14项，2020年度省中医药科技发展计划项目共申报43个。（陈 长）

■中医机构能力建设 开展等级医院建设工作。1月、11月两次组织专家对仪征市中医院转设三级中医医院工作进行市级调研，并将调研情况报送省中医药管理局。9月22日，仪征市中医院新院正式揭牌启用，新院住院床位550张。12月，省中医药管理局组织专家组对仪征市中医院开展转设三级医院调研初评。按照省中医药管理局对三级中医医院经典病房开展专项检查要求，组织开展对2所三级中医医院经典病房运行情况专项检查。10月，组织开展全市“十三五”中医药重点学科建设单位终期验收。开展中药药事质控。扬州市中药饮片质控中心整章建制，明确职责，制定计划，落实措施，将全市中药药事监管、督查日常化、制度化。9月，组织开展全市二级以上中医医院病历质量专项检查。（陈　长）

■中医药宣传 开展扬州市“中医中药基层行”中医药“七进”、“中医药就在你身边”健康巡讲、名中医讲坛、“岐黄校园行”等中医药健康养生宣讲活动。2020年，全市开展中医药“七进”活动共794场，覆盖125.52万人次，发放材料共7.54万份。其中，进机关70场、进校园139场、进企业60场、进农村192场、进社区207场、进家庭102场、进军营24场。开展名中医讲坛22场。推进中医药健康文化知识进市民体育休闲公园13个。2020年，全市共建成知识角24个，共计3000平方米，文化体验场馆2个，共计1500平方米。被江苏中医药公众号采用稿件20篇。与市文旅局联合开展“养生在扬州”品牌旅游标准化试点工作，加强规划引导，将中医养生保健服务纳入区域服务业发展总体规划。10月，在曲江公园广场举办“中医中药中国行”——2020年扬州市中医药健康文化大型主题活动暨首届江苏省中医药宣传月扬州站、冬季养生节活动启动仪式。组织40余名中医及中西医结合专家为群众提供免费咨询服务。共提供义诊咨询3600人次，开展中医药适宜技术3000人次，发放宣传资料4000余份。10月，联合扬州市委市级机关工作委员会邀请中国工程院院士、国医大师王琦就“个体化中医养生”授课，约300人参加。加强扬州学术流派、名中医学术思想、临床经验及特色优势技术方法的整理、挖掘。2020年，扬州市中医院任光霞申报成为省级非遗保护项目“然”字门内科中医术省级代表性传承人；仪征市卫健委与南京中医药大学、仪征市中医院等共同开展仪征市中医名家及流派课题研究；11月，在江都区大桥镇举办国家非物质文化遗产项目丁氏痔科第八代传人丁泽民故居陈列馆开馆仪式。（陈　长）

卫生监督

■概况 2020年，全市卫生监督机构坚持疫情防控与卫生监督执法同步推进。开展规范医疗市场、职业和放射卫生监督、学校卫生监督、饮用水卫生监督、公共场所卫生监督、传染病防治卫生监督及医疗服务监督等工作。开展疫情防控专项检查84轮次，出动监督员1.74万人次，检查单位2.79万户次，提出整改意见9336条。开展日常监督检查。监督检查1.46万户次，查处违法案件655起，罚没金额共计239.48万元，监督抽检共650户次，抽检件数2490件，合格件数2351件，现场快速检测户次数115户次。完成国家双随机抽查任务1197件，任务完成率87.89%，完结率100%，双随机案件数128件，罚款4.55万元。开展疫情防控专项督导检查84轮次，组织开展各类专项监督检查32次。开展食品安全企业标准备案163份。制定完善8类31项卫生行政执法全过程记录相关制度，共为全市124名一线卫生监督员配备执法记录仪118台；下发手持执法设备（安装卫生执法App）。行政处罚、行政许可双公示率100%，重大卫生行政处罚决定法制审核率100%。

全市共受理各类投诉举报198件，办理率、结案率、答复率（有联系方式的）、投诉对象满意率均达100%；健全基层卫生监督网络，加强队伍建设，注重人才培养，提高卫生监督员整体素质，运用网络、多媒体及实战演练等培训手段，组织开展业务培训和学术交流活动。（刘　颖）

■职业、放射卫生监督 开展职业卫生专项整治活动，进行用人单位职业卫生监督执法，推进尘毒危害专项执法。启动2020年职业卫生重点监督检查，做好扬州市放射工作用人单位基本情况调查和职业病危害因素申报，推进完成扬州市职业病防治监测项目。2020年，全市共申报存在职业危害工业企业8566家，日常监督1015户次，查处职业卫生违法案件175件，罚款50.1万元。对全市28家医疗机构发热门诊56台放射诊疗设备开展性能和放射防护监督监测，对医疗机构发热门诊放射诊疗设备管理使用情况、X射线影像诊断感染防控情况开展监督检查，强化放射诊疗设备（CT、DR）监督管理，提升新冠肺炎等疾病诊疗效果和安全防护。（刘　颖）

■学校卫生监督 2020年，扬州市对394所学校开展学校传染病与常见病防控情况监督检查；对63所学校开展“双随机、一公开”监督检查。配合市教育局对学校复学、校外培训机构复学等工作开展检查。开展学校管理人员培训1208人次，行政处罚案件2起。（刘　颖）

■饮用水卫生监督 2020年，每季度对全市13家集中式供水单位开展一次日常监督检查，开展对58家二次供水单位和17家涉水产品生产企业日常监督检查。开展涉水产品经营企业监督检查，检查建材市场内商户6家、专业经销商户1家，共抽查涉水产品5件，抽检1件送省疾控中心检测，结果合格。对注册地位于扬州的网络电商平台销售净水器进行专项检查，对5家扬州网店进行排查。对7家集中式供水单位深度处理改造项目进展情况进行全程跟踪服务。（刘　颖）

■公共场所卫生监督 2020年，结合新冠肺炎疫情防控，加强对公共场所消毒设施（用品）配备情况、公用物品及场所消毒情况、集中空调通风系统清洗消毒使用情况等监督检查，针对公共场所（住宿业、商场店铺、美容美发业）复工复产出台相关复工复产指导意见和复工复产承诺书。开展春节、“4·18”经贸旅游节、中高考公共场所专项检查；将文明城市、卫生城市创建工作与日常监督管理要求结合，落实长效机制。对城区30家正常营业的游泳场所（游泳馆、健身中心、星级宾馆游泳池、天然游泳场所）进行两次监督检查及水质抽检，并做好抽检结果等相关信息的汇总、公示工作，对抽检结果不合格的游泳场所责令整改和处罚。对96家集中空调单位开展集中空调通风系统卫生专项整治。（刘 颖）

■传染病防控监督 2020年，开展医疗卫生机构传染病防治分类监督综合评价工作，共计评价医疗卫生机构78家，其中5家优秀、73家合格，合格率100%。对83家医疗机构进行传染病防治“双随机、一公开”专项执法检查。（刘 颖）

■医疗废物卫生监督 2020年，组织开展医疗废物专项监督检查工作，检查医疗机构54家，其中三级医疗机构10家、二级医疗机构28家、未定级医疗机构14家、疾控机构1家、采供血机构1家。（刘 颖）

■消毒产品卫生监督 全市消毒产品生产企业68家，其中生产二类消毒产品的生产企业41家、生产三类消毒产品的生产企业27家。开展2020年春节消毒产品市场监督巡查工作，检查经营单位32家，抽查产品112个；开展国际妇女节前妇女卫生用品、儿童节前婴幼儿排泄物卫生用品、重阳节前中老年排泄用卫生用品监督抽检，抽检样品15个品种，抽检样品全部合格。按照国家卫健委《国家卫生健康委办公厅关于部分消毒剂在新型冠状病毒感染的肺炎疫情防控期间紧急上市的通知》要求，对申请紧急上市的消毒产品进行备案，共对7家企业9个消毒产品进行紧急上市备案，对紧急上市的消毒产品进行监督抽检工作，总计抽检5个批次60个样品，其中1个批次样品不合格，针对不合格的产品，实施行政处罚，罚款3000元。加强餐饮具卫生安全的监督管理，先后对全市餐饮具集中消毒服务单位进行3轮全覆盖检查和两轮监督抽检，检查单位50家次，抽检单位31家次，其中2家不合格，总合格率94%。（刘 颖）

■医疗卫生监督 2020年，对全市1720家医疗机构进行监督检查，共检查医疗机构3598户次。全市医疗领域立案174件，罚款165.46万元，没收违法所得12.06万元；取缔无证单位51户，移送公安机关4件。继续打击非法行医，实施行政处罚50起，罚没款共计85.74万元，对3名涉嫌非法行医犯罪的人员进行移送。对全市116家中医医疗机构和80家中医备案诊所开展监督检查，查处违法案件6起（含简易程序），罚没款27.76万元。（刘 颖）

■血液卫生监督 对扬州市中心血站及其13家固定采血点、5家县（市、区）供血点采供血机构、23家市直管二级以上临床用血医疗机构进行全覆盖检查，对14家存在问题的单位责令限期整改。（刘 颖）

医政管理

■医疗机构依法执业 全市共有31家医院完成医院章程制定，完成率100%。省卫健委公布的《关于2018年度三级公立医院绩效考核结果的通报》，苏北人民医院绩效考核结果在全省位列第一名。2020年国家医师资格考试，全市1062人参考，两次考试合计通过753人，通过率70.9%。对112项次限制性医疗技术临床应用进行材料审核，建议开展技术95项次。（丁昊俊）

■医疗机构行风建设 开展扫黑除恶专项斗争，2020年高邮市中医医院被确认为省级平安医院。加强医疗机构行风建设，从人大代表、政协委员、基层代表、普通市民等群体中聘任市级行风监督员15名，开展“行风建设暨改善医疗服务体验日活动”。（丁昊俊）

■医疗机构感染管理 阻断院内传播途径，对发热病人实行闭环管理，发热门诊设置以来，共接诊患者4.30万人次，设置网上发热咨询门诊，累计网上就诊7647人次。建设“医疗机构门诊体温异常病例登记系统”，对有发热/呼吸道症状的患者进行跟踪管理。推进预约挂号分时段治疗，全市医疗机构对于非急诊患者，全部实行预约挂号、分时段就诊。推进医院感染质量控制和医疗废物管理信息化建设，开展院感知识分层分级全员培训、考核。发挥各级院感质控中心作用，督促各县（市、区）院感质控中心开展常态化管理，推进基层院感质量持续改进。（丁昊俊）

■医疗机构内涵建设 2020年，18家农村区域医疗卫生中心全部达到二级医院标准，宝应县运西人民医院创成二级精神病医院，市二院创建三级康复医院通过省级专家调研，江都区滨江人民医院启动二级乙等综合医院创建工作并通过市级初评。县级公立人民医院基本上达到县医院医疗服务能力推荐标准。新增19个市级医疗质量控制中心，下发《扬州市医疗质量控制中心管理办法（试行）》。苏北人民医院牵头组建影像专科联盟，扬大附院牵头组建儿童专科联盟。苏北人民医院急诊医学科、老年医学科、儿科和扬大附院麻醉科、重症医学科、肿瘤科等6个科室被确认为省级重点专科，扬大附院呼吸科被确认为省级重点专科建设单位。推进优质护理服务，全市优质护理服务病房覆盖率100%，优质护理服务病房总数312个，A类病房数143个。扬州作为“幸福呼吸”全国第三批10家项目试点

城市之一、江苏唯一入选城市，正式启动该项目。（丁昊俊）

■**卫生科教** 全面推进卫生健康科技创新及成果转化。2020年，国家自然科学基金项目获得18项，获得7个面上项目。苏北人民医院有1名专家获得省杰出青年，是扬州卫生系统第一人。全市发表1300多篇核心期刊以上论文，其中SCI 250篇、中华期刊150篇。全市组织申报课题400多项，各级立项课题180多项，科研经费2000多万元，增长20%。市申报成果评奖400多项，获得各级成果奖200多项。全市获得专利近100项，50项重点项目高质量指标完成结题。

全科医生培养取得新成效。全国全科医生培养与使用激励机制典型案例收录市培养案例，正式向全国推介，是省内唯一被推荐的市级单位，接受来自安徽、江阴等省内外的全科培养调研学习。2020年，扬州市每万名居民合格全科医生达6名。

市、县两级核酸检测实验室全覆盖。全市建成34家核酸检测实验室，33家为新建，达到P2+水平。（江 澜）

■**基层卫生人才队伍建设** 2020年，贯彻落实《扬州市卫生人才强基工程推进方案（2019—2023年）》《关于加强我市定向委培乡村医生管理和服务的意见》，推动落实基层医疗卫生机构公益一类财政保障、公益二类绩效管理政策规定，落实签约服务报酬不纳入绩效工资总额政策，畅通基层卫技人员职称晋升渠道。各地定向委培乡村医生的工资保障已落实，宝应县、高邮市、仪征市、邗江区、扬州经济技术开发区、蜀冈－瘦西湖风景名胜区已为定向委培乡村医生统一缴纳“五险一金”。仪征市和宝应县定向招聘在村卫生室工作服务满6年的执业助理医师，享受事业编人员待遇。新招录农村医学人才49人、大专本科层次人才129人，累计定向培养农村医学人才1130人、大专本科层次人才676人。完成新一批省、市级基层卫生骨干人才遴选工作，共遴选出市级骨干220人，在市级骨干中择优遴选180人，推荐为省级骨干。省、市、县财政给予每人每年不低于3万元的补助。对“5+3”“3+2”学员市、县两级财政分别按照每人每年3万元、1万元标准给予定向补助。鼓励县域内编制统一管理，实行县管乡用、乡管村用。推进乡镇卫生院人员编制备案制管理，落实同工同酬同待遇同保障。允许基层机构高级职称岗位比例提高到20%，对于全科医师的高级职称实行超岗位聘用，不受岗位数量限制，中高级专业技术岗位核准数由县（市、区）卫生健康部门统筹使用。允许将单位收支结余的40%（最多80%）进行再分配，平均绩效总量可达当地其他事业单位绩效工资基准线的160%。推行基层医疗卫生机构院长年薪制，基层院长平均年薪近20万元，达到当地基层医疗卫生机构年人均绩效工资水平的150%—230%。宝应县基层人才队伍建设被国家卫健委列为2020年基层卫生综合改革典型案例。（郑轶群）

生育服务

■**概况** 2020年，全市人口总数454.9万人，出生率4.24‰，死亡率6.35‰，自然增长率–2.10‰，二孩及以上出生占比42%，出生人口性别比107，出生总量持续走低。全市办理生育登记1.76万件，办理再生育审批485件。巩固计划生育特殊家庭联系人制度、家庭医生签约、就医绿色通道“三个全覆盖”专项行动成果，实现100%全到位。全年发放各类奖励扶助资金3.31亿元，惠及25.45万人。全市开展走访慰问、专项救助、重点帮扶行动24场次，发放慰问金328.11万元，发放慰问品价值29.67万元。全市母婴设施项目总数达339个，建设面积达4459.5平方米，实现应建尽建总体目标。制定出台《扬州市促进3岁以下婴幼儿照护服务发展实施意见》，建立部门联席会议制度，明确21个部门的工作职责。全市共有0—3岁婴幼儿托育机构264个，总托位数1.30万个。开展卫生保健业务指导500余次，托育机构指导覆盖率100%。开展全国计划生育优质服务创建，仪征市卫生健康委被国家卫生健康委命名为2018—2020年全国计划生育优质服务先进单位。（刘 砺）

■**计生卫生管理** 开展产前诊断技术专项监督检查，共检查医疗机构84家，其中产前诊断机构2家、产前筛查机构6家、其他机构76家，未发现违法违规开展产前诊断技术的行为，对于部分医疗机构“两禁止”警示标志不醒目、书面告知孕妇或其家属进行产前诊断不规范等问题，现场指出问题并责令立即整改。（刘 颖）

■**普惠托育机构创建** 2020年，全市创成3个省级普惠托育机构，1个省级示范性托育机构；培育8个市级普惠托育机构。（刘 砺）

老年工作

■**概况** 2020年末，扬州市有60周岁及以上老年人口118.89万人，占户籍总人口的26.15%；有65周岁及以上老年人89.64万人，占户籍总人口的19.71%。全市有80周岁及以上老年人16.83万人，占60周岁及以上老年人口的14.15%；有100周岁及以上老年人415人。全市60周岁及以上老年人中，城镇老年人口78.51万人，占比66.03%，农村老年人口42.39万人，占比33.97%。市民政局联合扬州大学开展立法调研，完成《扬州市居家养老服务条例（草案）》并通过市人大第一次审议。出台关于加快养老服务高质量发展、开设家庭养老床位、建设街道养老综合体、基本养老服务指导性目录等，提供政策支撑。（周 丹）

■**养老服务供给** 2020年，全市新增扩面政府购买服务对象11.5万人，

2020年末扬州市老年人分布情况一览表

表 34-4

地　区	60周岁及以上老年人数量	百岁老人数量
合　计	**1188927**	**415**
广陵区	120705	99
邗江区	117350	28
江都区	289921	90
扬州经济技术开发区	42022	25
生态科技新城	17735	21
蜀冈－瘦西湖风景名胜区	23296	23
宝应县	220205	59
仪征市	137783	26
高邮市	219910	44

（周　升）

政府购买服务占比10.76%，完成6家公办养老机构公建民营，各地社会力量举办或运营床位比例达70%以上，护理型床位占机构床位总数67.8%，为1871户特困、低保、建档立卡低收入农户等困难对象家庭实施居家适老化改造。市区实施温暖夕阳、文体活动、心理健康、健康促进4大类共38个老年人精神关爱项目，受益老年人1.10万人。完成老年人意外伤害保险扩面工程，政府出资为市区9.9万名70~79周岁老年人购买意外伤害综合保险，全市老年人意外伤害保险的覆盖率76.21%。“敬老月”期间，组织“讴歌新时代，夕阳展风采”——老年文艺展演、江苏省老年人健身球操比赛、“光影耀夕阳”优秀老年摄影作品展等系列敬老活动。开展2020年全国“敬老文明号”、“敬老爱老助老模范人物”和江苏省第三届“百佳孝星”选拔推荐工作，仪征市龙河护理院等5个单位被国家卫健委、全国老龄办授予全国“敬老文明号”，李彬等7人被授予全国“敬老爱老助老模范人物”，孟信举等15人被评为江苏省第三届“百佳孝星”。（陈　钢　周　升）

■颐养社区建设　全市完成29个颐养示范社区、6个养老综合体、3个街道日间照料中心、2个街道中心厨房、20个乡镇（街道）老年活动中心等建设任务，基本构建起居家养老服务体系和“10分钟养老服务圈”。完成6个特困供养服务设施“双改造、双提升”，打造农村区域性养老服务中心。（周　升）

■老年福利制度　持续为高龄老年人发放尊老金，覆盖的80周岁以上老年人数不断增加。2020年，全市共计为17.76万人发放尊老金，发放金额1.35亿元。

（周　升）

■医养结合与老年健康管理　2020年，全市新增2家医养结合机构，累计有医养结合机构29家，其中两证齐全23家、开展养老服务的医疗机构（养老服务未备案）1家、医疗机构提供嵌入式医疗服务的养老机构5家，护理院11家、康复医院4家，从业医技人员699人，共有医疗床位1411张，解决不同层次老年人健康养老需求。全市有4所非政府所在地的乡镇卫生院增设康复护理病区，所有的乡镇养老机构均就近与所在地的乡镇卫生院落实签约服务，解决农村人健康养老需求。为48.19万名65周岁以上老年人进行体检管理，健康管理率73.37%。

（张加云）

■护理员队伍建设　全市完成2400余名养老从业人员培训。举办“扬州市首届养老护理员技能大赛暨第五届江苏技能状元大赛扬州地区选拔赛”，选拔选手在省级比赛中分获二、三等奖。（周　升）

■扬州老年大学　2020年，扬州老年大学全年未线下开学，1/3的任课教师通过班级微信群为60个班级的老年学员每周定时开展网上义务教学、辅导学员在家学习，10月开通10门课程的网络直播课程。举办“知我扬州、爱我扬州”长廊摄影展。参加中国老年大学协会举办的庆祝建党99周年“万人同唱一首歌”视频征集评选活动。加强教育理论研究，《新冠疫情下老年大学线上教学和“后置式”云班级的实践与思考》《老龄化严峻形势及老年教育使命分析》2篇论文获2020年度全市老干部工作优秀调研文章。葛红梅参加“居家抗疫”健身气功短视频征集大赛获二等奖，张善春参加第三届全国健身气功八段锦比赛获集体二等奖，殷居玲参加江苏省老年人太极拳联赛扬州赛区比赛获陈式太极拳规定套路第一名。在2020年香港第十届全国摄影展览中，扬州老年大学摄影创意班学员创作的“人文风光”等27幅作品获金奖1个、银奖1个、铜奖1个等。朗读朗诵班师生参加央视“夜读中国”节目录制及“扬州市光影心播志愿者服务队”，为盲人观影进行配音。

（万立军）

体育

Tiyu

编　辑　陈永华

综述

■**概况**　2020年，江都、邗江、仪征等3地2020年度县级体育重点工作在省督查考评中位列苏中前3名。全市体育系统严格抓防疫，共同做好全市室内体育场馆关闭、体育赛事取消（延迟）和在训运动员封闭式管理等工作。在疫情暴发初期，关闭室内健身场馆405个、乡镇全民健身中心72个和村级室内体育活动室1064个。打造“宅家”运动会、网红健身操、健身气功网络达标赛、青少年足球网络技能大赛等系列抗击疫情科学运动项目，投放居家健身指导手册3000册，形成“人人都是运动员、家家都是运动场”的氛围。市体育局出台《关于加快推进全市体育产业发展的意见（试行）》，为全市体育产业发展提供支撑；制定《扬州市室内体育健身场所开放工作指引》，指导全市体育健身场所安全有序开放；帮助6家体育企业获省级体育产业发展扶持资金380万元。

加强体育基础设施供给。全市新建、更新全民健身路径170套，健身驿站15处，加密主城区足球、篮球体育设施102处，公共区域体育健身设施器材完好率95%以上。明月湖公园环湖步道和扬州荷乡宝应运河遗址跑步线路获评“2020江苏省最美跑步线路”称号，广陵区头桥镇小夹江体育健身公园和宝应县曹甸镇楚甸公园获评“2020年全省最美乡村健身公园”。加大青少年体育人才培养，通过市队校办形式，在高邮成立扬州首支手球队；通过市、县、企三方联办形式，市体育局、江都区文化体育和旅游局和深潜运动健康（扬州）有限公司，共建扬州青少年水上运动项目基地和市首支本土赛艇队；在扬州大学体育学院设立“教练员之家”“等级裁判员培训基地”，开辟体教融合新载体。培育赛事活动。10月，扬州鉴真国际半程马拉松赛（简称扬马）被中国田协评定为金牌赛事，至此连续八度获“双金”称号。承办中国・大运河城市足球精英邀请赛，并永久落户扬州。2022年世界田联半程马拉松锦标赛实现第一阶段人员集中办公，相关筹备工作有序推进。江都承办全国门球大赛，获评全国首家“中国龙狮运动名城”；宝应、仪征和高邮分别举办中国・宝应自行车邀请赛暨环宝应湖百公里自行车挑战赛、中国・仪征城市龙舟公开赛和环高邮湖自行车越野赛；邗江全年承办省级以上赛事活动8场，获省第八届全民健身运动会气排球比赛“最佳赛区奖”。

“体医融合”。践行健康中国国家战略，建成1个体育康复医院、8个体医融合服务中心、10个全民健身益站和262个全民健身指导站，体系化特色在全省领先。“体企融合”。以“为企业高质量发展提供高质量人的支撑”为导向开展体企共建，举办第2届“名城百企”运动会，与扬州市6家民营企业开展战略合作，筹备全省首个扬州体育产业商会。“体育+社会治理”。

10月25日，骑手在宝应湖自行车邀请赛比赛中　　宫鋆煜/摄

体育工作融入市域社会治理部署，发挥体育社团及其会员面广量大、贴近基层和积极阳光的优势，部署开展体育社团“百团万员进网格”活动，推动百个体育社团、超万名社会体育指导员融入社区网格管理服务。“军（警）体共建”。与扬州军分区机关签署共建协议，围绕专业知识分享、特色资源共享、文体活动互动、党建活动互促等方面开展4类14项合作共建。（宋　倩）

■扬州市公共体育领域公共服务满意度排名全国第一　2020年，国家市场监管总局通报2019年全国公共服务质量监测结果，扬州在全国31个省（市、自治区）160个监测城市中的公共服务质量总体满意度位列第2名，其中公共体育位列全国第1名。近年来，扬州体育以举办江苏省第19届运动会、争创全民健身运动模范市为契机，全面提升公共体育服务水平。公共体育设施日益完善，新建、改建大型体育场馆20个，建成生态体育公园358个，开展“城市社区10分钟体育健身圈建设”“农村健身设施提档升级”等工程，66个乡镇建成多功能文体广场和室内全民健身中心，1022个村建成农村“五个一”广场，959个村建成体育活动室，全市人均体育场地达2.83平方米。开展全民健身活动。推动城市动起来、百姓乐起来，每年举办全民健身体育节、扬州鉴真国际半程马拉松赛各级各类全民健身活动达500场次以上，参与人次达300万以上，全市体育人口比例达42%，城乡居民《国民体质测定标准》合格人数比例93%以上。提高科学健身服务水平。建设扬州地方和体育相融合的体育医院，建成10个全民健身益站、6个“体医融合”服务中心、272个全民健身指导站。全市社会体育指导员数达1.82万人，开具运动处方，指导百姓科学健身。体育社会组织覆盖城乡。全市共有各级体育社会组织822个，其中市级体育社团43个，其中AAAAA级8个，AAA级以上88个，形成市、县（市、区）、乡镇（街道）三级体育社团网络体系。发挥各级体育社会组织作用，培育一批体育社团品牌赛事，引导数十万群众参与各类体育活动。

（朱　涛）

■扬马屡获赛事佳绩　4月13日，世界田联公布2019年世界路跑赛事排名，扬马位列2019年世界路跑赛事第24名。在世界田联公布的这份榜单中，国内路跑赛事仅有扬马和上海半程马拉松进入前100名之列，扬马也是国内马拉松赛事中排名最高的半程马拉松赛事，在亚洲所有路跑赛事中，扬马位居第5位。10月9日，中国田径协会官网正式公布2019中国马拉松等级赛事及特色赛事评定结果。2019年扬州鉴真国际半程马拉松赛暨全国半程马拉松锦标赛(扬州站)被中国田协评定为“金牌赛事”。这也是扬马连续第八次被中国田协评定为“金牌赛事”。

（朱　涛）

■扬州启动全国国民体质监测　8月14日，第五次全国国民体质监测在广陵体育馆进行，各年龄段居民通过体重、肺活量、握力、仰卧起坐等系列体质监测项目，获得一份专属的“运动处方”，为整体国民体质提供样本资料。广陵区是扬州市第五次全国国民体质监测的首站，邗江区、江都区和宝应县等陆续启动。（朱　涛）

■扬州市青少年水上运动项目训练基地揭牌　9月3日，市体育局、江都区文化体育和旅游局、深潜运动健康（扬州）有限公司三方在大运河深潜中心举行合作共建签约仪式，三方共同组建扬州青少年水上运动项目队伍。合作共建时间为2020—2022年，为期3年，授予深潜运动健康（扬州）有限公司为扬州市青少年水上运动项目训练基地。（朱　涛）

■江都区获评全国首家“中国龙狮运动名城”　11月，经中国龙狮运动协会评审通过，江都区创成全国首家“中国龙狮运动名城”。近几年，江都区弘扬龙狮运动文化，打造龙狮赛事品牌之都，举办国际龙狮邀请赛、全国农民舞龙舞狮大赛、江苏省第八届全民健身运动会舞龙舞狮比赛等特色龙狮赛事，龙狮成为江都区体育特色品牌。（朱　涛）

群众体育

■元旦万人健身长跑活动　1月1日，扬州市2020年元旦万人健身长跑主会场活动在江都区南水北调源头公园鸣枪开跑，市委、市政府等领导和4000多名扬州、江都社会各界健身群众参加。此次长跑活动从南水北调源头公园气膜馆西侧大草坪出发，逆时针向东沿步道至南门，再

1月1日，扬州市2020年元旦万人健身长跑在南水北调源头公园开跑

向北至南水北调源头公园1号门入口处，全长约3公里。高邮、宝应、仪征等县（市、区）举行分会场活动。总参与人数逾1万人。（朱 涛）

■战“疫”健身气功·八段锦网络赛扬州获奖 4月22—29日，“中国体育彩票杯”江苏省体育系统战“疫”健身气功·八段锦网络赛在线上举行。本次比赛由江苏省体育总会主办，江苏省社会体育管理中心承办，南京魔迅信息科技有限公司协办并提供技术支持。参赛人员以全省体育系统工作人员为主。各设区市体育局，昆山市、泰兴市、沭阳县体育局等16个单位组成代表队。与线下比赛不同的是，本次网络大赛从前期宣传报名，再到参赛、评分等所有流程均在线上完成。比赛共进行四轮，以代表队为单位，每一轮取各队参赛运动员前10名的成绩累计为各队团体总分，按照团体总分决出名次。最终，苏州、扬州、镇江代表队获一等奖。（朱 涛）

■扬州市第十届千人越野热身跑活动 5月17日，扬州市第十届千人越野热身跑活动在廖家沟城市中央公园举行。120名跑友从位于广陵新城的扬州马拉松永久起跑点出发，顺时针绕廖家沟城市中央公园两圈。除主会场外，在邗江区、江都区等地的户外体育健身场所设立26个分会场，1800名健身爱好者参加。（朱 涛）

■省首届健身气功·八段锦网络达标赛（仪征赛区、江都赛区） 6月15日，江苏省首届健身气功·八段锦网络达标赛暨扬州市第三届社区运动会健身气功八段锦县（市、区）网络选拔赛（仪征赛区）在仪征举行。本次大赛由江苏省体育总会主办，江苏省社会体育管理中心承办。来自全省的16支队伍、超1万人参加，仪征共有150名运动员参加。比赛采用国家体育总局健身气功管理中心2017年审定出版的《健身气功竞赛规则》和《网络万分制评分表》，线上比赛平台为“运动吧名师堂”App，实行平台电子评分与仲裁委员会评分相结合的方法。6月28日至7月7日，江苏省首届健身气功·八段锦网络达标赛（江都赛区）在江都区体育馆举行，来自江都区武术、健身气功、太极拳协会的150名优秀队员参赛。本次比赛由江都区文化体育和旅游局主办、江都区体育总会承办。每天的比赛分上、下午两场进行。比赛现场，参赛选手面向电脑摄像头完成一套完整八段锦，电脑软件通过动作捕捉，将参赛者的动作与标准动作进行比对，按相似程度打分，此届赛事首次使用科技网络适时评分、积分。本次赛事组委会颁发电子证书。获得个人赛优秀和良好的运动员都能获得电子达标证书，其余参赛运动员获得电子纪念证书。（朱 涛）

■“体育文化进万家 科学健身惠民行”系列活动 7—11月，扬州市开展“体育文化进万家，科学健身惠民行”系列活动。举办“倡导全民健身，助力健康扶贫”主题活动6场、线下科学健身知识宣讲35场、线上科学健身知识宣传专栏100期等。让群众参与到科学健身活动中来，普及健身知识，宣传新的健身理念，提升市民体育健身意识，掌握科学健身的技能，逐步养成健康生活方式。（朱 涛）

■邗江女排获全国气排球邀请赛铜牌 7月24—26日，2020“中国体育彩票杯”第七届中国最美乡村全国气排球邀请赛在婺源县举行。本届赛事共有来自上海、浙江、福建、安徽、山东、江苏、湖北、重庆、陕西、广东、湖南、贵州、辽宁、广西、江西的15个省（市、自治区）的168支代表队1800多人参加为期3天的比赛，比赛设有男子中年组、女子中年组、男子老年组、女子老年组等组别，分别在婺源门球中心、婺源全民健身活动中心、婺源朱子中学等3个赛区进行比赛。最终，代表扬州组队参赛的邗江女队获铜牌1枚，并在大会最佳人气评选中获得团体组人气奖第1名。（朱 涛）

■全国“全民健身日”扬州分会场活动 8月7日，2020年全国“全民健身日”扬州分会场、第四届“宁镇扬”健身大联动暨扬州市老年人体育节在宋夹城体育休闲公园开幕。扬州市副市长余珽分别为扬州市老年人体育协会新成立的气排球活动部、柔力球活动部、柔乐球活动部、健身球活动部、广场舞活动部、健身气功活动部、骑游活动部、空竹活动部授旗。数百名体育爱好者现场进行街舞、八段锦、拉丁舞等表演。（朱 涛）

■全国百城千村健身气功交流展示系列活动 8月15日，2020年全国百城千村健身气功交流展示系列活动暨扬州市西部片区健身气功站点交流展演在扬州双博馆广场举行。来自阳光拳社站点、殷巷社区奥都花城站点、汊河许庄站点、蒋王柔之钢站点、温馨站点等队伍的100名队员参加。（朱 涛）

■第五届818国际魔方文化节 8月15—16日，第五届818国际魔方文化节在生态科技新城廖家沟城市中央公园乐逸锋范户外拓展基地举行。本次活动由江苏省魔方运动协会、扬州市体育局、共青团扬州市委员会、邗江区文化体育和旅游局主办，扬州市魔方协会、共青团邗江区委员会、江苏酷思维体育俱乐部有限公司承办，苏州魔方俱乐部、镇江极速魔方俱乐部协办，主要包括“乌尔·麦菲特杯”线上国际大赛、“GAN魔方杯”全国魔方团体邀请赛、金字塔魔方发明50周年等赛事活动。最终，王佳宇获2020江苏省魔方大赛冠军。（朱 涛）

■省老年人太极拳俱乐部联赛扬州站太极拳选拔赛 8月18日，2020年江苏省老年人太极拳俱乐部联赛扬州站太极拳选拔赛在扬州市儿童业余体校举行。本次活动由江苏省老年人体育协会和扬州市老年人体育协会联合主办，扬州市广陵区体育总会和广陵区老年人体育协会联合承办。来自全市6个县（市、区）代表队的近100

名中、老年太极拳运动员参加4个集体项目和19个个人项目的比赛。最终，广陵区代表队获一等奖，邗江区代表队和江都区代表队获二等奖，仪征市代表队、宝应县代表队和高邮市代表队获三等奖。（朱 涛）

■全国旅游城市定向系列赛扬州站 8月23日，2020年“历经风雨 终见彩虹”抗击疫情主题定向活动暨2020年“寻找美丽中华”全国旅游城市定向系列赛·扬州站在凤凰岛国家湿地公园开赛。本次比赛设有精英组、公开组和亲子组等3个组别，有短距离赛、百米定向赛和积分赛等3个大项。精英组的竞赛项目为短距离赛，参赛选手按照手中的地图开始寻找并打卡各个任务点。公开组和亲子组的竞赛项目是积分赛，可以随机寻找并打卡任务点。其间，扬州市生态科技新城与国家体育总局签订合作协议，双方在航空无线电模型以及定向越野的赛事举办和运动普及推广领域开展合作，共同促进扬州“体育＋旅游”的产业创新融合发展。（朱 涛）

■扬州获省柔乐球交流活动优胜奖 9月3—4日，2020年创新项目柔乐球交流活动在扬州石柱山国际康养城举行。本次活动由省老年人体育协会主办、扬州市老年人体育协会和江苏舒扬柔乐球俱乐部承办，来自南京、镇江、扬州等地老年人体协的13支代表队150多名运动员参加。最终，扬州市老年人体协柔乐球活动部派出由9人组成的团队，参加规定套路高级和集体自编套路比赛，均获团体优胜奖；高邮、仪征队获规定套路中级优胜奖；宝应队获规定套路初级和集体自编套路双优胜奖。（朱 涛）

■扬州获省全民健身运动会笼式足球赛亚军 9月8—11日，江苏省第八届全民健身运动会笼式足球男子组的比赛在常州市举行。来自全省11个设区市的代表队参赛，扬州男足获亚军。9月11—13日，进行女子组比赛，扬州女足获亚军。（朱 涛）

■2020扬州第十届千人越野全国公开赛 9月20日，2020扬州第十届千人越野全国公开赛在马可波罗花世界举行，来自全市的1400多名长跑爱好者参加。最终，在四分马（即四分之一全程马拉松的距离）个人赛中，杨文龙以34分29秒获男子青年组冠军，侯东以38分34秒获女子青年组冠军，寇文华以37分20秒获男子中年组冠军，徐丽萍以42分55秒获女子中年组冠军；在拍档赛中，王琴和刘怀军组合以1小时27分28秒获冠军；在混合团体赛中，扬州新速度跑步俱乐部以6小时40分43秒获冠军。（朱 涛）

■扬州职工工间操比赛 10月17日，扬州市机关、企事业单位职工工间操比赛在扬州市游泳健身中心A区综合馆开幕。本次比赛由市总工会、市体育局、市级机关工委联合主办，来自全市各县（市、区）总工会以及企事业单位工会的12支职工代表队参加比赛，诠释“每天锻炼一小时，健康工作50年，幸福生活一辈子”的健康生活理念。最终，体育系统工会代表队获特别奖，宝应县总工会代表队、广陵区总工会代表队获一等奖，教科文卫工会代表队、蜀冈－瘦西湖风景名胜区工会代表队、直属基层工会代表队、扬州经济技术开发区总工会代表队获二等奖，仪征市总工会代表队、高邮市总工会代表队、江都区总工会代表队、工交财贸工会代表队、邗江区总工会代表队获三等奖。（朱 涛）

■邗江区第八届空竹艺术节暨扬州市空竹邀请赛 10月23日，邗江区第八届空竹艺术节暨扬州市空竹邀请赛在蒋王街道水晶广场举行，本次比赛由邗江区体育总会、邗江区蒋王街道办事处主办，邗江区老年人体育协会、邗江区空竹协会承办。来自扬州各县（市、区）的17支代表队的230多名空竹爱好者参加。活动现场，“打鼓”“拉锯”“左捞月”“右捞月”“立盘”“正盘”“反盘”“大盘”，随着空竹球上下翻飞，空竹在参赛选手的手中舞出各种花样。（朱 涛）

■省健身气功首届俱乐部交流展示大会在扬举办 10月26—28日，2020年江苏省健身气功首届俱乐部交流展示大会在扬州举行，来自全省13个代表队的100多名运动员参加。本次交流展示活动设健身气功八段锦、导引养生功十二法为集体赛事项目，设健身气功易筋经、五禽戏、六字诀、大舞、马王堆导引术为团体赛事项目。每支代表队队员年龄在18—65周岁。集体项目由8名运动员参加；个人赛由每支代表队选派5名队员，分别参加5项个人赛，按个人赛名次总分得出团体赛的名次。最终，广陵区健身气功协会阳光健身站代表队和仪征市健身气功协会代表队获八段锦普及功法集体赛优胜奖；广陵区健身气功协会阳光健身站代表队、扬州市老年体协翠岗温馨健身队和扬州健身气功温馨代表队获导引养生功十二法集体赛优胜奖；广陵区健身气功协会阳光健身站代表队获团体比赛的总分第2名，扬州健身气功温馨代表队获体育道德风尚奖。（朱 涛）

■“大运河文化带”2020中国·仪征城市龙舟公开赛 10月31日至11月1日，“大运河文化带”2020中国·仪征城市龙舟公开赛在仪征市仪扬河举行。本次比赛由江苏省龙舟协会、扬州市体育局、仪征市人民政府主办，仪征市文体广电和旅游局承办，是2020年全省大运河文化带建设的特色主题群众性活动之一。比赛设22人龙舟200米、500米直道赛等2个项目，采用预赛、决赛制来决出最终名次。最终，南京商业学校龙舟队以200米、500米均为第一名的总成绩获冠军，苏州建设交通高等职业技术学校龙舟队和南通市龙舟协会龙舟队分获亚军和季军。（朱 涛）

■扬州市第二届“名城百企”运动会 10月30日，扬州市第二届“名城百企”运动会在扬州体育公园开幕。本次活动由市体育局、市总工会主办，来自全市近百家企业的

10月30日，扬州市第二届"名城百企"运动会在扬州体育公园开幕

体育局/供稿

2000多名职工参赛。比赛分传统竞技类、智力时尚类、团体参与类等3个大项，包含五人制足球、羽毛球、电子竞技等7个小项。比赛时间持续至12月，采用"户外+线上+线下"的模式开展。（朱 涛）

■明月湖四分马健身跑 11月8日，"魅力江苏 最美体育""蜀冈万达杯"·奔跑江苏·乐跑扬州·2020扬州明月湖四分马健身跑活动在明月湖畔举行。本次活动由江苏省体育总会主办，江苏省田径运动协会承办，邗江区体育总会协办。当日举行的四分马健身跑活动的全程距离约10.5公里，比赛线路包括明月湖公园的跑步步道和体育公园的跑步步道。比赛采用男女接力的形式进行，每支参赛队由一男一女两位选手组成，每人各跑5.27公里。另有10.5公里的欢乐跑，参加欢乐跑的跑友不计名次。（朱 涛）

■扬州市第八届健身气功交流比赛 11月8日，扬州市第八届健身气功交流比赛在扬州市体育公园综合类球馆举行，来自扬州各县（市、区）及市直属22个代表队132名健身气功爱好者参加。本次比赛全部为集体项目，设健身气功普及功法八段锦、六字诀，新编功法大舞和太极养生杖。每支代表队限报2项集体项目，普及功法和新编功法各1项，运动员6人。最终，阳光拳社、扬农站点、宝应健身气功协会、邗江区健身气功协会获八段锦一等奖，温馨站点代表队获六字诀一等奖，瘦西湖、扬农站点获大舞一等奖，阳光拳社获太极养生杖一等奖，扬大真一、五亭桥站点、三湾站点、丁魏站点、江都区武术协会获体育道德风尚奖。（朱 涛）

■全国老年人健步走大联动江苏分会场活动 11月11日，决胜小康快乐健康——2020年全国老年人健步走大联动江苏分会场暨2020年江苏省老年人体育节闭幕式在宋夹城举行。本次活动由省体育局、省老龄工作委员会办公室、省老年人体育协会主办，市体育局、市老龄委、市老年人体育协会等承办。数百名老年体育爱好者以健身节目展演、健步走的形式展现健康活力，共促全民健身。（朱 涛）

■美丽中国·全国门球大赛在江都举行 11月21—23日，2020年美丽中国·全国门球大赛在江都区体育馆举行，比赛设五人制团体赛、双打赛，来自全国各地32支队伍及裁判员共计263人参加。最终，河南省新安县代表队获团体赛第1名，安徽省亳州市谯城区代表队获团体赛第2名。在双打赛项目中，王铁州、李猛飞组合获第1名，万之正、周翔组合获第2名。来自人民网、中央广电总台国际在线、新华网、网易、交汇点、现代快报、扬子晚报、江苏经济报等多家主流媒体云集江都宣传报道，现场进行视频直播。（朱 涛）

■第九届"农商行杯"高邮大运河半程马拉松赛 11月28日，2020第九届"农商行杯"高邮大运河半程马拉松赛在高邮举行。本次比赛由江苏省体育局竞赛管理中心和高邮市人民政府共同主办，来自扬州、泰州、淮安及安徽天长等地的2000多名跑步爱好者报名参赛。最终，来自泰兴长跑协会的周苏旺以1小时15分钟36秒的成绩获男子组第1名，来自扬州跑步协会的徐丽萍以1小时31分36秒的成绩获女子组的第1名。（朱 涛）

■省第八届全民健身运动会扬州获奖 12月5日，"魅力江苏 最美体育"江苏省全民健身运动会(线上线下)闭幕式暨全省最美跑步线路、最美乡村健身公园颁奖仪式在南京紫金大戏院举行。副省长陈星莺出席活动并宣布闭幕。扬州代表团获评最佳组织奖、体育道德风尚奖。扬州明月湖公园环湖步道和扬州荷乡宝应运河遗址跑步线路登上2020全省最美跑步线路年度榜榜单，广陵区头桥镇小夹江体育健身公园和宝应县曹甸镇楚甸公园被评为2020全省最美乡村健身公园。扬州李宁体育园获评十佳优秀场馆，扬州健身达人徐骏被评为江苏省十佳健身达人。张清、朱冬喜等8名来自扬州的社会体育指导员被评为江苏省百佳最美社会体育指导员，徐骏、毛永祥等10人获评江苏省百佳健身达人，宋城国际击剑俱乐部、仪征综合体育场馆、扬州体育公园体育场等9座体育场馆设施获评江苏省百佳优秀场馆。（朱 涛）

■全国健身气功·八段锦赛 12月20日，第三届全国健身气功·八段锦交流比赛在北京市房山区举行。本次比赛由国家体育总局健身气功管理中心、北京市体育局、北京市房山区人民政府主办，扬州代表队作为江苏省仅有的两支参赛队伍之一，通过视频直播的方式，与北京主会场大屏幕现场连线进行比赛。最终，由仇学梅、张善春、罗玉梅、于光明、赵振娟、吴九琴等6人组成的扬州代表队获得线上组第7名及二等奖；线上+线下共56支队伍总成绩获得第12名及二等奖。

（朱　涛）

竞技体育

■2019暴雪“全民实力赛”秋季赛全国总决赛 1月12日，2019暴雪“全民实力赛”秋季赛全国总决赛在江都区南水北调源头公园气膜馆开幕。这是继暴雪“全民实力赛”春季赛全国总决赛在江都区举办后，又一次举办该项赛事，也是网易暴雪公司将该高级别电竞赛事全年度春秋季两次总决赛放在同一区县级城市举办，尚属全国首例。

（刘　凤）

■扬州市“U系列”赛事 6月15日至7月15日，2020年扬州市“阳光体育”少儿快乐体操（街舞）U系列网络“体适能”比赛暨扬州市少儿街舞优苗选拔赛在线上举行，比赛设有U5、U6、U7、U8等4个年龄组别，共有34人获奖，18人被评为优苗运动员。11月15日，2020年扬州市“U系列”游泳俱乐部冠军赛在仪征市全民健身中心游泳馆举行。本次比赛由扬州市体育局主办，仪征市文化体育和旅游局承办。全市各县（市、区）近50名优秀少儿游泳选手参赛。11月21日，2020年扬州市“U系列”高尔夫冠

2020年扬州市运动员获国家级以上比赛冠军情况表

表35-1

序号	姓名	赛事名称	大项（分项）	小项
1	李翰文	2020年ITF国际青少年巡回赛（巴西站）	网球	GA级别男子单打
2	梁雪静	全国U20国际式摔跤锦标赛（安徽淮北站）	摔跤	女子46公斤级
3	张露	全国U20国际式摔跤锦标赛（安徽淮北站）	摔跤	男子130公斤级
4	王娇	全国女子自由式摔跤冠军赛	摔跤	女子65公斤级
5	刘久萌	2020年全国网球排名赛	网球	女子双打
6	刘懿松	2020年全国羽毛球后备人才基地羽毛球比赛总决赛	羽毛球	10岁组男子单打
7	刘懿松 杨博	2020年全国羽毛球后备人才基地羽毛球比赛总决赛	羽毛球	10岁组男子双打
8	虞竹君	2020年全国青少年艺术体操锦标赛	体操	个人B组女子个人全能

（黄　娟）

2020年扬州市运动员参加省锦标赛获冠军情况表

表35-2

序号	姓名	项目	组别	小项
1	马帅	举重	15—16岁组	49公斤级
2	李秀彬	举重	15—16岁组	61公斤级
3	彭婷婷	举重	15—16岁组	49公斤级（女子）
4	董羽菲　葛雨轩　张瑾萱 周鑫湉　张湘雨	艺术体操	10—11岁组	集体单项3球2绳
5	苏墨涵	艺术体操	10—11岁组	个人单项球

续表 35-2

序 号	姓 名	项 目	组 别	小 项
6	苏墨涵	艺术体操	10—11 岁组	个人单项绳
7	苏墨涵	艺术体操	10—11 岁组	个人全能
8	秦可欣 苏墨涵	艺术体操	10—11 岁组	个人团体
9	樊徐萱	艺术体操	12—13 岁组	个人单项带
10	虞竹君	艺术体操	12—13 岁组	个人全能
11	樊徐萱 虞竹君	艺术体操	12—13 岁组	个人团体
12	潘梓琪	艺术体操	9 岁及以下组	个人单项棒
13	潘梓琪	艺术体操	9 岁及以下组	个人单项带
14	居桐宇 潘梓琪 樊子涵	艺术体操	9 岁及以下组	个人团体
15	季熙雯 周文渲 周梦冉 王婳祎 房米娅	艺术体操	9 岁及以下组	集体 5 人徒手
16	郑雯文	武术散打	17—18 岁组	70 公斤级
17	刘 昊	武术套路	16—17 岁组	太极拳、太极剑、第三套规定太极拳全能
18	叶子宁 陈 蕊 尤娅芸 卢 羿	乒乓球	15—17 岁组	团体
19	杨文龙	田 径	17 岁组	1500 米全能
20	陈浩然 陈荣青 胡治勋 焦福权 经 辉 李昊轩 李 潇 李孝炀 刘 伟 刘心宇 王天乐 宣煜骁 杨来俊 杨孟奇 张显捷 赵纬天 郑铭远	棒 球	15—17 岁组	
21	蔡欣茹 曹 源 陈薪洋 程思雨 董思涵 韩 蕾 惠天一 李 墨 李新月 李 莹 王丽华 王 钰 王紫吉 杨 闽 叶鑫垚 赵恩妍 周安琪	垒 球	15—17 岁组	
22	梅凌寒	射 击（步手）	15—16 岁组	气手枪
23	梅凌寒	射 击（步手）	15—16 岁组	手枪冲刺射击
24	王琳雅	射 击（步手）	15—16 岁组	气步枪
25	王琳雅	射 击（步手）	15—16 岁组	步枪冲刺射击
26	梅凌寒 陈宥恺 姚淦恒	射 击（步手）	15—16 岁组	气手枪团体
27	蔡子翔	摔 跤	17—18 岁组	古典 67 公斤级
28	钱登升	摔 跤	17—18 岁组	古典 110 公斤级

续表 35-2

序 号	姓 名	项 目	组 别	小 项
29	何耀阳	柔 道	16—17 岁组	甲组—66 公斤级
30	张乘菲 柯景栋 张笑天 高 磊	羽毛球	15—17 岁组	团体
31	王明赫 周有森 王俊杰 龚进航 丁泓鑫 杨 浩 谷鹏辉 王之捷 赵振康 方梓同	橄榄球	乙 组	
32	崔在元 谢凯旋 潘文锦 徐熙臻 王书玖 黄冠昇 王振国 王新国 范守意 许宸浩 朱文烁 马秀荣	橄榄球	甲 组	

（黄 娟）

军赛暨“宁镇扬泰”青少年高尔夫邀请赛在扬州太阳岛国际高尔夫俱乐部开杆，2020 年扬州市“U 系列”羽毛球俱乐部冠军赛在市体校综合球类馆启动，两项赛事吸引扬州全市以及来自南京、镇江、连云港和泰州的 100 多名青少年选手参赛。（周 林）

■扬州市青少年击剑项目社会俱乐部精英赛 8 月 22—23 日，2020 年扬州市青少年击剑项目社会俱乐部精英赛在扬州体育公园击剑培训中心举行，来自全市的 5 个社会击剑俱乐部的 132 名青少年击剑运动员参加。比赛设有 U14、U12、U10、U8、U6 等 5 个组别的男、女子花剑、重剑、佩剑个人赛。其间，围绕拓宽青少年体育后备人才培养渠道，做好“体育＋社会俱乐部”课题研究，探讨疫情常态化背景下体育工作开展路径。（周 林）

■MX 明星轮滑伴我行城市轮滑挑战赛（扬州站） 8 月 25—26 日，“运河城市”2020 年全国轮滑大联动暨 MX 明星轮滑伴我行城市轮滑挑战赛（扬州站）在扬州京华城 516 轮滑场举行，来自全省各地的 18 支轮滑队的 200 多名选手参加。（周 林）

■扬州获省少年儿童体操锦标赛和艺术体操锦标赛佳绩 8 月 26—30 日，2020 年江苏省少年儿童体操锦标赛和艺术体操锦标赛在常州奥体中心体育馆举行，扬州队共派出 17 名运动员，参加 3 个组别的比赛。最终，17 名运动员共获 12 枚金牌、6 枚银牌、6 枚铜牌。（周 林）

■省青少年垒球锦标赛在扬举办 9 月 16—20 日，2020 年江苏省青少年垒球锦标赛在仪征综合体育场馆棒垒球场举行，本次比赛由江苏省体育局、江苏省教育厅主办，扬州市体育局、仪征市文体广电和旅游局承办。来自南京、无锡、徐州、常州、扬州等 5 个地区的 6 支队伍 100 多名参赛人员参加。扬州代表队获冠军。（周 林）

■扬州获省青少年射击锦标赛佳绩 10 月 12—17 日，2020 年江苏青少年射击（步手枪）锦标赛在南京方山训练基地举行。扬州派出 14 名队员参赛，获 5 枚金牌 5 枚银牌。（周 林）

■扬州橄榄球队获省锦标赛亚军 10 月 24—27 日，2020 年江苏省青少年橄榄球锦标赛在淮安举行。扬州橄榄球队获男子甲组的第 3 名和男子乙组的第 2 名。（周 林）

■扬州获省青少年阳光体育运动联赛空手道冠军 10 月 26—30 日，2020 年“中国体育彩票”江苏省青少年阳光体育运动联赛空手道冠军赛在连云港市举行，扬州亚东泰拳俱乐部组建的扬州空手道队参赛。其选手刘馨语在女子 -53 公斤级的比赛中获 1 枚金牌，达到国家一级运动员的评定资格。（周 林）

■扬州少儿竞技体适能暨快乐体操比赛 12 月 12—13 日，2020 年扬州市“阳光体育”少儿竞技体适能暨快乐体操比赛在江都举办。本次比赛由市体育局和教育局联合主办，扬州体育运动学校等单位承办，来自全市 43 所幼儿园、小学和青少年俱乐部的 759 名运动员参赛。比赛设跑酷（团体和个人竞速）、集体街舞、集体艺术体操、综合体能（团体和个人竞速）等 4 个大项、6 个年龄组（5—10 岁）、48 个小项的比赛。（黄 娟）

■中国·扬州大运河城市足球精英邀请赛 11 月 9—15 日，2020 年中国·扬州大运河城市足球精英邀请赛在扬州举行，本届赛事由中国足球协会指导，中共江苏省委宣传部、江苏省体育局、江苏省教育厅、扬州市人民政府主办，江苏省体育竞赛管理中心、江苏省足球运动协会、扬州市体育局、扬州市教育局承办。湖北省足协代表队、江苏中南珂缔缘足球俱乐部、北京市足协代表队、江苏苏宁足球俱乐部、贵州恒丰足球俱乐部、富力足球学校、河北华夏幸福足球俱乐部、上海绿地申花足球俱乐部等 8 支代表队参赛。

11月15日，中国·扬州大运河城市足球精英邀请赛颁奖现场 体育局/供稿

最终，江苏中南珂缔缘足球俱乐部获冠军。（刘　凤）

体育产业

■扬州9家单位获评省体育产业基地 1月13日，江苏省体育局命名一批单位为江苏省体育产业基地。曹甸镇体育用品产业基地、武坚镇体育装备集聚区被评为特色类体育产业基地，江苏省阿珂姆野营用品有限公司、扬州金泉旅游用品有限公司、扬州市康乐机械有限公司、江苏杰威体育设施有限公司、仪征江扬投资置业有限公司、江苏红山体育健身度假村有限公司、扬州途居露营地投资管理有限公司被评为体育产业示范单位。（刘　凤）

■扬州出台加快推进全市体育产业发展的意见 4月26日，市体育局出台《扬州市体育局关于加快推进全市体育产业发展的意见（试行）》，从激发市场主体活力、创新产业发展方式加强合作交流等5个方面13个细项推进全市体育产业发展。（刘　凤）

■体育夜市嘉年华 7—8月，市体育局创新打造扬州首届体育嘉年华。7月10日，市体育局召开新闻发布会，正式启动扬州首届体育嘉年华，本次活动采用“娱乐体育活动＋美食夜市＋商品售卖地摊＋露天影院”模式，将20多家企业进行资源整合，日进园人流量达200多人，是促进体育产业发展的新尝试。扬州市游泳健身中心与体育总会陆续筹备类似的活动。（刘　凤）

■星耀天地主题购物中心被认定为省第三批体育服务综合体 7月1日，江苏省体育局公布江苏省第三批体育服务综合体名单。邗江区星耀天地主题购物中心被认定为江苏省第三批体育服务综合体（商业中心内嵌型）。本次认定工作经过单位申报、市级推荐、省级专家评审等环节，最终确定16家申报单位为第三批体育服务综合体。（刘　凤）

■扬州体育产业商会筹备成立 9月21日，市体育局在生态科技新城乐动工场举办“体企融合、抱团发展”第二期扬州体育沙龙，正式启动筹备成立扬州体育产业商会，邀请体育产业专家、体育企业代表共商体育产业发展。全市体育企业、体育协会代表30多人参会。（刘　凤）

■扬州体育场地调查 9—12月，根据《体育总局办公厅关于开展2020年度体育场地统计调查工作的通知》要求，市体育局组织县（市）及功能区按照要求，做好场地普查工作。至12月31日，扬州市体育场地面积1458.92万平方米，体育场地数量合计1.66万个，其中室内体育场地3698个、室外体育场地1.29万个。按2020年扬州人口统计数据计算，平均每人拥有3.21平方米体育场地。（刘　凤）

收入消费

Shouru Xiaofei

编　辑　徐国磊

居民收入

■**概况**　2020年，扬州市居民人均可支配收入38843元，比上年增长4.8%。其中，城镇居民人均可支配收入47202元，比上年增长3.6%；农村居民人均可支配收入24813元，比上年增长6.3%。居民人均可支配收入中，工资性收入23063元，增长4.1%；经营净收入6389元，增长3.7%；财产净收入3171元，增长7%；转移净收入6220元，增长7.4%。

（解国元）

■**城镇居民收入**　2020年，扬州市城镇居民人均可支配收入47202元，比上年增长3.6%。其中，工资性收入28137元，增长2.7%，对收入增长贡献率44.1%，拉动收入增长1.6个百分点；经营净收入6651元，增长2.9%，对收入增长贡献率11.4%，拉动收入增长0.4个百分点；财产净收入4696元，增长5.8%，对收入增长贡献率15.7%，拉动收入增长0.6个百分点；转移净收入7718元，增长6.6%，对收入增长贡献率28.8%，拉动收入增长1.0个百分点。（叶　进）

■**农村居民收入**　2020年，扬州市农村居民人均可支配收入24813元，比上年增长6.3%。其中，工资性收入14532元，增长6.6%，对收入增长贡献率60.9%，拉动收入增长3.9个百分点；经营净收入5958

2020年扬州市分地区居民可支配收入构成表

表36-1　　单位：元

可支配收入	广陵区	邗江区	江都区	宝应县	仪征市	高邮市
合　计	47492	49108	38714	29579	36862	32551
工资性收入	29304	34570	22800	17019	24563	19253
经营净收入	6198	8209	6475	5204	6501	5955
财产净收入	4051	1165	3352	2368	1153	2329
转移净收入	7939	5164	6087	4988	4645	5014

（解国元）

2020年扬州市分地区城镇居民可支配收入构成表

表36-2　　单位：元

可支配收入	广陵区	邗江区	江都区	宝应县	仪征市	高邮市
合　计	50597	53008	48487	35799	48005	41650
工资性收入	30792	37539	28924	20369	33058	25133
经营净收入	6240	8665	6760	4871	8034	5962
财产净收入	4767	1237	5427	4107	1758	4004
转移净收入	8798	5567	7376	6452	5155	6551

（叶　进）

2020年扬州市分地区农村居民可支配收入构成表

表36-3　　单位：元

可支配收入	广陵区	邗江区	江都区	宝应县	仪征市	高邮市
合　计	33505	27775	26664	23302	23942	23315
工资性收入	22612	18333	15250	13638	14713	13283
经营净收入	5996	5715	6123	5540	4723	5949
财产净收入	828	768	794	613	451	629
转移净收入	4069	2959	4497	3511	4055	3454

（周晶晶）

元，增长 4.9%，对收入增长贡献率 18.8%，拉动收入增长 1.2 个百分点；财产净收入 618 元，增长 7.3%，对收入增长贡献率 2.8%，拉动收入增长 0.2 个百分点；转移净收入 3705 元，增长 7.5%，对收入增长贡献率 17.5%，拉动收入增长 1.1 个百分点。

（周晶晶）

居民消费

■概况 2020 年，扬州市居民人均生活消费支出 22060 元，比上年下降 1.8%。其中，城镇居民人均生活消费支出 25342 元，比上年下降 1.4%；农村居民人均生活消费支出 16550 元，下降 3.9%。居民生活消费支出中，食品烟酒消费支出 6428 元，占消费支出的 29.1%，下降 2.8%；居住消费支出 5153 元，占 23.4%，增长 5.3%；教育文化娱乐消费支出 3160 元，占 14.3%，下降 7.5%。城镇、农村居民人均住房建筑面积分别为 47.5 平方米、61.3 平方米。

（解国元）

■城镇居民消费 2020 年，扬州市城镇居民人均生活消费支出 25342 元，下降 1.4%。恩格尔系数（食品消费支出占消费支出的比重）29.1%。八大类消费中，食品烟酒消费支出 7382 元，占城镇居民生活消费支出的 29.1%，下降 2.9%；衣着消费支出 2135 元，占 8.4%，增长 2.5%；居住消费支出 6025 元，占 23.8%，增长 6.2%；生活用品及服务消费支出 1471 元，占 5.8%，增长 4.4%；交通通信消费支出 2716 元，占 10.7%，下降 3.4%；教育文化娱乐消费支出 3721 元，占 14.7%，下降 7.9%；医疗保健消费支出 1239 元，占 4.9%，下降 9.9%；其他用品和服务消费支出 653 元，占 2.6%，下降 7.4%。

（叶 进）

■农村居民消费 2020 年，扬州市农村居民人均生活消费支出 16550 元，下降 3.9%，恩格尔系数 29.2%。八大类消费中，食品烟酒消费支出

2020 年扬州市分地区居民生活消费支出构成表

表 36-4　　单位：元

生活消费支出	广陵区	邗江区	江都区	宝应县	仪征市	高邮市
合　计	**33343**	**31860**	**23703**	**17043**	**20632**	**20367**
食品烟酒	9469	9336	6939	5102	6058	5940
衣着	2227	2017	2010	1313	2106	1552
居住	6138	4161	5652	3651	4133	4514
生活用品及服务	2014	1718	1256	966	1646	1222
交通通信	3624	3428	2865	2116	2119	2417
教育文化娱乐	5265	6150	3219	2423	3315	2977
医疗保健	2559	2876	1067	949	807	1209
其他用品和服务	2047	2174	694	523	448	536

（解国元）

2020 年扬州市分地区城镇居民生活消费支出构成表

表 36-5　　单位：元

生活消费支出	广陵区	邗江区	江都区	宝应县	仪征市	高邮市
合　计	**35689**	**34046**	**27581**	**19521**	**24712**	**24807**
食品烟酒	10248	9963	7556	5845	7251	7225
衣着	2463	2154	2595	1568	2911	2093
居住	6262	4449	6825	4213	4526	5708
生活用品及服务	2322	1855	1458	1052	2197	1439
交通通信	3552	3685	3320	2339	2343	2774
教育文化娱乐	5791	6531	3758	2901	3914	3736
医疗保健	2704	3043	1345	956	1033	1203
其他用品和服务	2347	2366	724	647	537	629

（叶 进）

2020 年扬州市分地区农村居民生活消费支出构成表

表 36-6　　单位：元

生活消费支出	广陵区	邗江区	江都区	宝应县	仪征市	高邮市
合　计	**22774**	**19905**	**18921**	**14543**	**15901**	**15860**
食品烟酒	5955	5905	6178	4353	4675	4636
衣着	1162	1266	1289	1055	1172	1002
居住	5578	2585	4205	3084	3677	3302
生活用品及服务	629	973	1007	880	1008	1002
交通通信	3949	2018	2305	1890	1860	2054
教育文化娱乐	2897	4069	2555	1941	2620	2207
医疗保健	1907	1964	725	942	545	1216
其他用品和服务	697	1125	657	398	344	441

（周晶晶）

2020年末扬州市百户家庭耐用消费品拥有量表

表 36-7

消费品名称	单位	城镇家庭拥有量	农村家庭拥有量
家用汽车	辆	50.2	47.3
摩托车	辆	11.5	22.9
助力车	台	166.8	176.7
洗衣机	台	106.4	107.1
电冰箱（柜）	台	112.3	142.1
微波炉	台	95.9	93.9
彩色电视机	台	191.8	193.1
空调	台	234.2	205.3
热水器	台	122.5	109.2
洗碗机	台	1.9	0.8
排油烟机	台	88.8	57.1
固定电话	线	35.1	36.7
移动电话	部	263.8	272.1
#接入互联网	部	226.4	228.8
计算机	台	81.3	55.2
#接入互联网	台	76.9	51.0
照相机	台	23.8	5.5
中高档乐器	架	8.5	2.2
健身器材	台	6.7	3.5

（解国元）

4831元，占农村居民生活消费支出的29.2%，下降3.6%；衣着消费支出1081元，占6.5%，下降4.4%；居住消费支出3689元，占22.3%，增长1.5%；生活用品及服务消费支出1021元，占6.2%，下降3.5%；交通通信消费支出2158元，占13.0%，下降5.3%；教育文化娱乐消费支出2219元，占13.4%，下降7.7%；医疗保健消费支出1105元，占6.7%，下降9.6%；其他用品和服务消费支出446元，占2.7%，下降5.9%。（周晶晶）

消费价格

■概况 2020年，扬州市居民消费价格指数（简称CPI）为102.5，比上年上涨2.5%。CPI全年涨幅与全国、全省一致，均为2.5%，从消费结构看，构成CPI的八大类消费品及服务项目价格“6涨2跌”。其中，食品烟酒价格上涨8.0%，其他用品和服务价格上涨4.3%，生活用品及服务价格上涨1.8%，教育文化和娱乐价格上涨1.4%，居住价格上涨0.5%，医疗保健价格上涨0.5%，衣着价格下降0.6%，交通和通信价格下降2.4%。

受生猪价格波动、天气因素、新冠疫情等影响，全年CPI同比高开低走，涨幅持续收窄。1—2月，受猪肉价格上涨、新冠疫情等因素影响，CPI分别为104.7、105.1；3—11月，同比涨幅持续回落，由3月的103.9回落至11月的99.5，其中11月为近11年首次出现同比负增长；12月受天气因素影响，CPI为100.3。

全年CPI月度环比“5涨7跌”，呈现“两头高、中间低”特点。1—2月，受新冠疫情及春节因素影响，生鲜食品价格上涨，CPI环比分别上涨1.0%、0.8%；3—7月，鲜活食品价格回落，生产生活秩序恢复，成品油价格下调，CPI环比下降，降幅在0.1%至0.8%之间；8—9月，受高温天气影响，鲜活食品价格回升，部分民办教育费用上调、景点门票旺季上浮，CPI环比分别上涨0.3%、0.2%；10—11月，鲜活食品价格走低，CPI环比分别下降0.4%、0.5%；12月，食品价格走高，成品油价格上调，CPI环比上涨0.7%。（季 杰）

■主要商品和服务价格特点 2020年，食品烟酒价格比上年上涨8.0%，影响CPI上涨2.3个百分点。其中，食品、在外餐饮、烟酒价格分别上涨11.2%、2.7%、1.8%，茶及饮料价格下降0.3%。列入调查范围的14个食品类别中，有12个类别价格上涨，涨面85.7%。粮食价格上涨0.1%，其中大米价格下降1.4%、面粉价格下降2.4%、粮食制品价格上涨0.4%、其他粮食价格上涨18.9%。食用油价格上涨7.1%，其中食用植物油价格上涨6.6%、食用动物油价格上涨31.1%。菜类价格上涨6.9%，其中鲜菜价格上涨7.9%。畜肉类价格上涨35.5%，其中猪肉价格上涨43.3%、畜肉副产品价格上涨45.9%。水产品价格上涨5.4%，其中淡水鱼价格上涨14.1%、虾蟹类价格下降5.4%。禽肉价格上涨6.5%，其中鸡肉价格上涨5.5%、鸭肉价格上涨4.1%。蛋类价格下降11.0%，其中鸡蛋价格下降13.9%。干鲜瓜果类价格下降6.2%，其中鲜瓜果价格下降11.0%。衣着价格比上年同期下降0.6%，其中服装价格下降1.9%、鞋类价格上涨4.5%。居住价格比上年上涨0.5%，其中住房保养维修及管理价格上涨1.6%、水电燃料价格上涨0.4%。生活用品及服务价格比上年上涨1.8%，其中家用器具价格下降2.3%、家庭日用杂品价格上涨3.2%、个人护理用品价格上涨4.2%。交通和通信价格

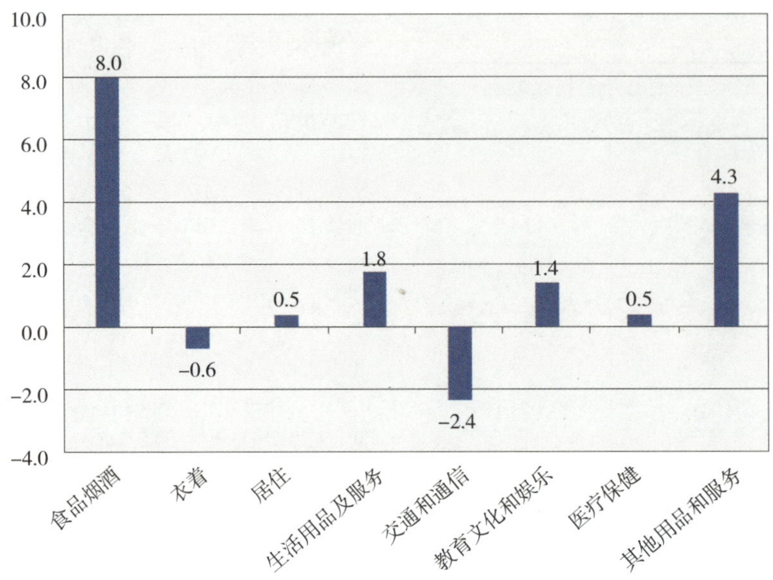

图 36-1　2020 年扬州市 CPI 八大类价格指数涨跌幅　（季　杰）

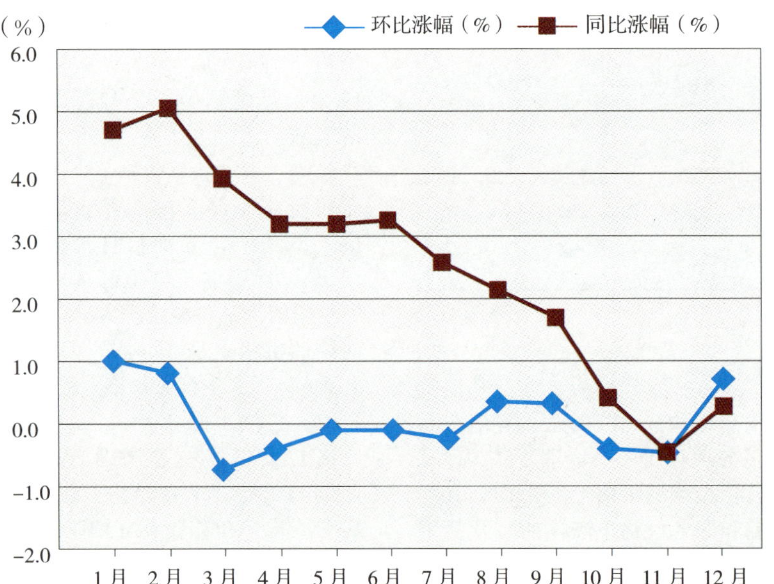

图 36-2　2020 年各月扬州市 CPI 环比同比走势图　（季　杰）

比上年下降 2.4%，其中交通价格下降 3.2%、通信价格下降 0.8%。教育文化和娱乐价格比上年上涨 1.4%，其中教育价格上涨 3.8%、文化娱乐价格下降 1.4%。医疗保健价格比上年上涨 0.5%，其中药品及医疗器具价格上涨 1.0%、医疗服务价格上涨 0.3%。其他用品和服务价格比上年上涨 4.3%，其中其他用品类价格上涨 10.9%、其他服务类价格下降 0.8%。

（季　杰）

■**消费价格影响因素**　食品价格上涨。由于非洲猪瘟疫情导致的生猪存、出栏量下降，猪肉价格上涨 43.3%；部分鲜菜产地受洪涝灾害影响，鲜菜价格上涨 7.9%；由于鱼类出塘量减少，淡水鱼价格上涨 14.1%。食品价格上涨 11.2%，影响 CPI 同比上涨 2.1 个百分点。国际形势影响。受新冠疫情和国际政治经济形势等因素影响，黄金价格波动走高，带动黄金饰品价格上涨 26.2%；国际市场上以大豆为主的油料作物价格上涨，食用植物油价格上涨 6.6%；国际市场上原油价格大幅下跌，汽油、柴油价格分别下跌 14.2%、15.6%。服务项目价格上涨。由于人力成本提高，家庭服务类价格上涨，其中家庭维修服务、家政服务价格分别上涨 15.0%、9.5%；受民办中小学教育、学前教育及课外教育收费标准上调影响，小学初中教育、课外教育、高中中职教育价格分别上涨 10.6%、7.0%、2.1%；巡游出租车收费政策性调价，推动出租汽车价格上涨 8.9%。

（季　杰）

2020 年扬州市部分食品价格一览表

表 36-8　单位：元 /500 克、元 /5 升

商品名称	规格等级＼零售价	1月	2月	3月	4月	5月	6月	7月	8月	9月	10月	11月	12月
1. 成品粮													
晚籼米	二级	2.21	2.21	2.20	2.23	2.26	2.29	2.28	2.29	2.30	2.32	2.35	2.36
粳米	三级	2.34	2.34	2.34	2.34	2.36	2.35	2.34	2.33	2.33	2.35	2.35	2.34
粳米	苏北产，二级，袋装（10kg）	2.32	2.32	2.32	2.34	2.38	2.42	2.41	2.41	2.40	2.40	2.41	2.40
粳米	东北产，二级，袋装（10kg）	2.93	2.93	2.93	2.94	2.98	3.00	2.99	2.98	2.97	2.96	2.96	2.98

续表 36-8　　单位：元 /500 克、元 /5 升

商品名称	规格等级 \ 零售价	1 月	2 月	3 月	4 月	5 月	6 月	7 月	8 月	9 月	10 月	11 月	12 月
面粉	标准粉	2.34	2.36	2.37	2.37	2.38	2.38	2.38	2.38	2.39	2.42	2.42	2.42
面粉	特一粉	2.65	2.65	2.65	2.65	2.65	2.65	2.65	2.65	2.65	2.64	2.66	2.67
玉米粉	脱坯玉米粉	3.21	3.21	3.19	3.16	3.16	3.15	3.17	3.28	3.44	3.49	3.49	3.48
2. 杂粮													
红小豆	中等	5.62	5.68	5.73	5.83	5.83	5.89	5.95	6.07	6.08	6.03	6.09	6.20
绿豆	中等	5.35	5.38	5.54	5.74	5.75	5.75	5.80	5.64	5.73	5.68	5.68	5.68
黄豆	标准品（三等）	4.11	4.14	4.20	4.27	4.38	4.41	4.43	4.38	4.06	4.16	4.26	4.18
3. 食用油													
菜籽油	桶装一级压榨	73.12	73.12	73.12	73.12	73.12	73.12	73.12	73.12	73.12	73.54	73.54	73.54
菜籽油	桶装一级浸出	57.96	57.96	57.96	57.96	57.96	57.96	57.96	57.96	57.96	58.36	58.36	58.36
大豆油	桶装一级浸出	42.28	42.28	42.28	42.28	42.28	42.28	42.28	42.28	42.28	42.28	42.28	42.28
花生油	桶装一级压榨	135.20	135.20	135.20	135.20	135.20	135.20	135.20	135.20	135.20	135.20	135.20	135.20
玉米油	桶装一级压榨	68.78	68.78	68.78	68.78	68.78	68.78	68.78	68.78	68.78	68.78	68.78	68.78
大豆调和油	桶装一级	51.42	51.42	51.42	51.42	51.42	51.42	51.42	51.42	51.42	51.42	51.42	51.42
4. 肉禽蛋													
鲜猪肉	精瘦肉	30.37	34.95	33.69	30.47	27.4	27.85	33.28	33.45	32.19	30.03	28.75	30.52
鲜猪肉	肋条肉	27.97	31.77	30.83	27.68	25.21	25.92	29.89	29.62	28.81	26.85	24.65	26.39
鲜猪肉	去骨后腿肉	26.78	29.65	29.05	26.65	24.91	25.24	29.47	29.61	28.25	26.55	24.27	25.52
鲜牛肉	腱子肉	44.39	44.72	44.72	44.72	44.59	44.32	44.32	44.32	44.32	48.35	49.59	50.77
鲜牛肉	牛腩	44.77	48.29	48.36	48.29	47.96	47.56	47.56	47.56	47.36	49.5	49.62	50.06
鲜羊肉	新鲜去骨	34.31	35.48	35.73	35.73	35.73	35.73	35.73	35.73	35.73	35.73	35.73	36.82
鲜羊肉	新鲜带骨	32.51	34.84	34.84	34.84	34.84	34.84	34.84	34.84	34.84	34.84	34.84	34.84
鸡肉	白条鸡、开膛上等	10.55	10.88	10.55	10.38	10.62	10.54	10.38	10.54	10.96	11.52	11.92	11.93
活鸡	活肉鸡 1—1.5 公斤	12.66	13.00	13.00	12.61	11.72	10.89	11.22	10.89	10.50	11.06	10.67	10.72
鸡蛋	新鲜完整（洋鸡蛋）	4.60	4.04	3.59	3.53	3.37	3.09	3.34	4.36	4.41	4.39	4.15	4.19
鸡蛋	品牌草鸡蛋	7.79	7.76	6.92	6.27	5.98	5.73	5.53	6.19	6.4	6.52	6.52	6.59
5. 水产品													
带鱼	冰鲜 250 克左右	18.27	17.67	17.67	17.94	17.94	17.94	17.94	17.41	17.54	17.54	17.54	17.54
鲳鱼	冰鲜 250 克左右	30.98	31.40	31.32	31.65	31.40	30.23	29.90	29.15	30.32	30.65	30.65	30.98
鲫鱼	活 350 克左右	9.83	11.84	11.8	11.37	12.73	13.77	14.55	14.92	14.23	12.88	11.72	11.32
鲢鱼（白鲢）	活 1000 克左右	4.04	4.12	4.12	4.12	4.29	4.42	5.00	5.25	4.83	4.75	4.67	4.50
鳙鱼（花鲢）	活 1500 克左右	8.31	9.11	8.69	8.49	9.26	9.58	9.78	9.43	9.09	9.24	8.68	8.59
鳊鱼	活 500 克左右	8.47	9.91	9.03	8.55	10.75	11.39	11.2	11.13	9.91	9.54	8.67	8.21
6. 蔬菜类													
芹菜（西芹）	新鲜一级	3.31	3.20	2.82	2.78	3.12	3.59	4.11	4.27	3.98	3.64	3.20	3.39

续表 36-8　　　　单位：元 /500 克、元 /5 升

商品名称	规格等级＼零售价	1 月	2 月	3 月	4 月	5 月	6 月	7 月	8 月	9 月	10 月	11 月	12 月
芹菜（旱芹）	新鲜一级	3.22	3.17	2.26	2.27	2.15	3.31	4.66	4.88	5.07	4.31	3.44	3.38
大白菜	新鲜一级	1.15	1.55	1.55	1.55	1.45	1.60	1.86	2.03	2.38	1.68	1.43	1.35
油菜（青菜）	新鲜一级	1.87	2.03	1.58	1.80	1.75	2.28	3.27	3.40	3.06	2.12	1.79	2.00
黄瓜	新鲜一级	5.85	5.43	4.55	3.80	2.70	2.65	2.99	3.81	3.24	2.77	3.19	4.02
萝卜	新鲜一级	1.46	1.47	1.41	1.27	1.23	1.37	1.79	1.88	1.82	1.67	1.49	1.53
茄子	新鲜一级	5.67	5.29	5.58	4.76	3.48	3.00	4.07	4.01	3.90	3.35	3.45	4.65
西红柿	新鲜一级	5.35	6.09	5.87	4.97	3.65	2.68	3.65	3.73	3.81	3.75	3.78	4.02
土豆	新鲜一级	2.59	3.06	3.33	2.89	2.50	2.20	2.41	2.28	2.31	1.95	2.12	2.19
胡萝卜	新鲜一级	1.97	2.44	2.73	2.66	2.59	2.28	2.49	2.54	2.33	2.28	2.46	2.26
青椒（菜椒）	新鲜一级	4.15	5.07	5.61	5.47	4.38	3.93	4.87	5.25	5.00	4.84	4.44	4.75
薄皮青椒	新鲜一级	3.93	4.74	4.58	4.48	3.96	3.50	4.06	4.30	3.74	3.92	3.89	4.42
尖椒	新鲜一级	3.63	4.10	4.03	4.00	3.96	3.90	3.97	4.41	4.58	4.21	4.05	4.18
圆白菜（包菜）	新鲜一级	1.48	2.06	2.02	1.93	1.47	1.95	2.05	2.14	2.51	2.13	2.04	1.89
豆角	新鲜一级	9.45	9.44	7.09	5.57	4.27	4.65	5.40	5.93	7.03	6.07	6.26	7.01
蒜薹	新鲜一级	6.44	8.56	7.51	6.01	4.40	4.63	5.11	5.85	6.18	6.93	7.06	7.44
韭菜	新鲜一级	4.87	4.41	3.69	3.01	2.81	2.82	3.53	3.97	3.54	3.15	3.20	3.87
花菜	新鲜一级	3.86	3.74	2.91	2.89	2.72	4.42	5.15	4.51	4.32	3.99	3.21	3.19
洋葱	新鲜一级	2.76	2.96	2.79	2.34	2.09	1.90	1.85	1.85	1.66	1.75	1.88	1.88
冬瓜	新鲜一级	1.44	1.60	1.55	1.43	1.40	1.41	1.50	1.41	1.28	1.42	1.39	1.80
黄豆芽	新鲜一级	2.02	2.07	2.09	2.09	2.09	2.09	2.09	2.09	2.09	2.10	2.09	2.10
绿豆芽	新鲜一级	1.90	1.90	1.90	1.90	1.90	1.90	1.90	1.90	1.90	1.90	1.90	1.90
菠菜	新鲜一级	4.55	4.80	3.85	3.68	3.84	5.26	7.38	8.65	8.91	6.41	3.93	3.86
山药	新鲜一级	4.35	4.88	4.20	3.70	4.00	3.97	4.18	4.10	4.08	4.18	4.08	3.74
西兰花	新鲜一级	5.09	5.19	5.47	5.21	5.26	6.50	6.74	6.63	6.38	5.76	4.81	4.46
生菜	新鲜一级	3.07	3.65	2.84	2.88	2.83	2.90	4.11	4.19	3.94	3.42	3.10	3.03
蘑菇	新鲜一级	9.52	9.12	9.32	9.12	9.15	9.12	9.62	9.71	9.51	9.44	9.31	9.28
平菇	新鲜一级	5.10	6.10	5.95	5.59	5.60	5.72	6.23	6.93	7.15	6.91	6.28	6.48

续表 36-8 单位：元 /500 克、元 /5 升

商品名称	规格等级＼零售价	1 月	2 月	3 月	4 月	5 月	6 月	7 月	8 月	9 月	10 月	11 月	12 月
丝瓜	新鲜一级	7.44	7.80	6.45	5.41	4.18	3.83	3.94	3.68	3.48	3.56	4.33	4.96
毛豆	新鲜一级	7.06	7.81	6.41	5.82	5.69	4.65	3.14	3.29	3.67	3.43	3.91	5.52
蒜头	干，新鲜一级	6.35	6.52	6.62	6.59	6.05	5.72	5.82	5.51	5.37	6.20	5.6	5.20
生姜	老姜，新鲜一级	6.67	7.20	7.27	7.10	7.03	7.00	7.37	9.17	9.45	9.25	10.23	9.65
7. 豆制品													
素鸡	散装	6.18	6.18	6.18	6.18	6.18	6.18	6.18	6.18	6.18	6.18	6.18	6.18
百叶	散装	8.10	8.10	8.10	8.10	8.10	8.10	8.10	8.10	8.10	8.10	8.10	8.10
老豆腐	散装	2.96	2.96	2.96	2.96	2.96	2.96	2.96	2.96	2.96	2.96	2.96	2.96
内酯豆腐	盒装	2.25	2.25	2.25	2.25	2.25	2.25	2.25	2.25	2.25	2.25	2.25	2.25
8. 水果													
脐橙	一级	5.77	6.29	6.60	6.52	5.54	5.52	6.46	6.91	7.27	7.68	7.02	6.12
苹果	红富士一级	5.06	5.27	5.43	5.09	4.93	5.01	5.24	5.38	5.34	5.38	4.93	5.03
香蕉	国产 一级	3.29	3.64	3.83	3.55	3.79	3.28	3.11	2.73	3.01	3.21	3.26	3.29
西瓜	地产主销 一级	3.70	4.04	4.08	3.73	3.01	1.92	1.73	1.75	2.02	2.35	2.60	2.70
梨	当地主销 一级	2.08	2.43	2.42	2.40	2.56	2.34	2.67	2.88	2.73	2.41	2.35	2.68
9. 副食品													
酱油	当地主销（瓶装）500ml	6.66	6.66	6.66	6.66	6.66	6.66	6.66	6.66	6.66	6.66	6.66	6.66
醋	当地主销（瓶装）500ml	6.00	6.00	6.00	6.00	6.00	6.00	6.00	6.00	6.00	6.00	6.00	6.00
食用盐	精制食用盐（绿色）	2.20	2.20	2.20	2.20	2.20	2.20	2.20	2.20	2.20	2.20	2.20	2.20
味精	当地主销	8.46	8.46	8.46	8.46	8.46	8.46	8.46	8.46	8.46	8.46	8.46	8.46
鸡精	当地主销（袋装）	15.39	15.39	15.39	15.39	15.39	15.39	15.39	15.39	15.39	15.39	15.39	15.39
绵白糖	当地主销（袋装）	4.81	4.81	4.81	4.81	4.81	4.80	4.80	4.80	4.80	4.80	4.80	4.80
白砂糖	当地主销（袋装）	4.51	4.51	4.51	4.51	4.51	4.50	4.50	4.50	4.50	4.50	4.50	4.50
红糖	当地主销（袋装）	7.30	7.30	7.30	7.30	7.30	7.30	7.30	7.30	7.30	7.30	7.30	7.30
鲜牛奶	当地主销（袋装）	5.40	5.40	5.40	5.40	5.40	5.40	5.40	5.40	5.40	5.40	5.40	5.40
纯牛奶	盒装 250ml	2.80	2.80	2.80	2.80	2.80	2.80	2.80	2.80	2.80	2.80	2.80	2.80
纯净水	当地主销 瓶装 550ml	1.50	1.50	1.50	1.50	1.50	1.50	1.50	1.50	1.50	1.50	1.50	1.50

（陆朱健）

社会保障

Shehui Baozhang

编 辑 徐国磊

社会保险

■**概况** 2020年，扬州市企业职工基本养老保险、城乡居民基本养老保险、机关事业单位养老保险、职工基本医疗保险、城乡居民基本医疗保险、工伤保险参保人数分别为160.63万人、151.79万人、14.66万人、161.12万人、274.24万人、95.03万人。全市以上六项社保基金实现总收入270.86亿元，比上年下降6.76%；实现基金总支出315.57亿元，比上年增长8.60%；累计结余213.96亿元。

（市社保中心）

■**企业社保成本降低** 贯彻落实社会保险费减免政策，实施企业划型，同步调整经办信息系统，确保社保减免政策第一时间落地，全年全市累计减免企业养老、工伤、失业三项社保费38.41亿元，医疗保险减免5.81亿元，惠及3.7万家全市参保企业，获人社部肯定。

（市社保中心）

■**机关事业单位养老保险** 2020年，机关事业单位养老保险全市上线运行14.66万人，其中在职8.79万人、退休5.87万人。推进实施“中人”待遇申领计发工作，至年末，2019年度退休“中人”养老金正式待遇落地，2019年前退休“中人”待遇计发工作完成。将职业年金归集到省投资运营，做到“应归尽归”。

（市社保中心）

■**退休人员养老金调整** 实现企业退休人员养老金第“十六连调”，调整后月人均养老金收入为2340元，增长6.7%（包含被征地农民转参企业职工基本养老保险人员）。同步调整机关事业单位退休人员养老金。 （市人社局）

2020年扬州市社会保险参保人员、基金收支情况表

表37-1

保险种类	参保人数（万人）	基金收入（亿元）	基金支出（亿元）
企业职工养老保险	160.63	116.02	181.48
城乡居民基本养老保险	151.79	25.15	19.32
职工基本医疗保险	161.12	61.73	47.59
城乡居民基本医疗保险	274.24	26.40	23.62
工伤保险	95.03	1.61	2.84

注：企业职工养老保险和城乡居民基本养老保险参保人数包含参保缴费人数和领取待遇人数

（市社保中心）

■**退休人员社会化管理** 至年末，全市企业退休人员有50.49万人（市级33.71万人）实现社会化管理服务，社区管理率100%。2020年，市退管中心将2.61万名（市级8698名）企业退休人员纳入社区管理；累计对全市45家国有企业的3.28万名退休人员进行核对，完成3.21万名（市级2.38万名）退休人员档案的移交工作；组织慰问高龄、重病、特困等退休人员4899人次，发放慰问金、物品等147.33万元；慰问死亡退休人员家庭3615个，送上慰问金（品）79.91万元；组织12.5万名退休人员参加65周岁以下企业退休人员第六轮免费体检；为近14万名退休人员办理《景区景点优待证》年审。完善退休人员服务保障机制，举办扬州市首届退休人员网络歌手大赛，被《中国劳动保障报》宣传报道；参加全省首届企业退休人员文化艺术节云展览活动，报送的“夕阳飘墨香，笔刀犁人生”雕版印刷视频获一等奖和最佳组织奖。 （市人社局）

社会救助

民政救助

■**城乡居民最低生活保障** 自2020年7月1日起，扬州城乡低保标准统一从月人均680元提高至710元，实现全市城乡低保标准一体化。至年末，全市有城乡低保对象2.07万人，其中城市低保对象0.27万人、农村低保对象1.8万人，支出低保

资金1.25亿元；有在册特困供养人员1.98万人，其中城市特困供养0.05万人，农村特困供养1.93万人，全年支出特困供养金2.05亿元；救助各类困难群众2.71万人次，支出临时生活救助资金1921.73万元。2020年春节慰问困难群众约4.89万人，发放慰问资金约1133.52万元。

（袁伟 肖虎）

■**救助管理** 2020年，扬州市救助管理站救助1287人次（含各类未成年人493人），对精神障碍、智力残疾等特殊受助人员开展各类护送服务85人次，其中跨省护送30人次。按照“先救治、后救助”原则做好危重病人、精神病人等特殊救助群体医疗救助工作，全年送医72人次。完善社会救助兜底脱贫监测预警和帮扶机制，重点监测建档立卡内易返贫户、易致贫户等对象的生活状况，及时将符合条件的对象纳入救助范围。推进从保障绝对贫困对象向相对贫困对象拓展的救助改革，在仪征市试点推进支出型贫困家庭认定与救助工作。健全完善社会救助领域近亲属备案制度，扩大社会救助近亲属备案范围。健全社会救助失信惩戒制度，将失信信息纳入市公共信用信息共享平台，记入个人信用档案。新冠疫情防控期间，按照每人每月120元标准向3.55万人发放临时生活补贴426万元。

（李飞）

■**夏季送清凉和冬季送温暖专项行动** 组织开展“夏季送清凉”和“冬季送温暖”专项行动，全市出动工作人员3022人次，街面救助、劝导97人次，发放救助物资近百件。开展重点区域拉网式巡查，实行每日常态化巡查，实行24小时应急值班制度，协调定点医疗机构畅通绿色应急就诊通道。严格实行求助及时响应机制，确保做到第一时间响应，第一时间甄别施救。分类开展主动救助，对愿意入站的求助人员，按工作规程及时提供救助服务，对反复劝导仍不愿入站接受救助的零星露宿人员，分类处置。引导救助对象主动求助，对流浪乞讨人员易聚集的桥梁涵洞、拆迁工地、农贸市场、口袋公园等地墙面安装简易引导牌，协调火车站、西客运站、部分社区放置救助引导戗牌、联系卡。

（李飞）

■**未成年人救助保护** 全年救助帮扶各类困境（留守）儿童493人次，其中入站救助流浪乞讨未成年人18人次，联合团委、妇联、检察院等部门举办“春蕾”计划慰问困境（留守）儿童212人次，开展夏令营、冬令营、红色教育等活动帮扶64人次，联合县（市、区）、学校及社区慰问困境（留守）儿童199人次。开展全市儿童督导员培训、困境儿童精准排查和保障工作动员部署暨培训会。委托第三方社会组织对全市778名困境儿童及家庭针对分类保障及补贴发放情况开展精准排查，督促社区对符合条件但未纳入保障的困境儿童进行补申报，确保应保尽保。打造“爱相伴”体验营活动品牌，组织困境儿童参加传统文化冬令营、暑托班体验营等活动，促进困境儿童的身心健康发展。（李飞）

■**流浪乞讨救助** 全市各救助管理机构按照民政部《关于开展生活无着的流浪乞讨人员救助管理服务质量大提升专项行动的通知》要求，落实“先救治后救助”原则，推动提升流浪乞讨人员救助管理服务质量。全年救助流浪乞讨人员1873人次，其中男性1218人次、女性655人次；在站救助1674人次，站外救助199人次，做到应助尽助、应救尽救。（孙荣）

慈善救助

■**概况** 2020年，全市各级慈善会（含市慈善总会和各县（市、区）慈善会、基层慈善工作站）募集慈善资金2.88亿元，使用救助资金1.96亿元，12.82万人次困难群众受益。市慈善总会现有会员180人，慈善义工组织6家；全年市慈善总会本级募集慈善资金3788万元，使用救助资金3422万元，受益困难群众1.3万人次，赠发中华慈善总会抗癌药品价值4373.6万元，救助困难家庭癌症患者4420人次。抗击新冠疫情期间，市慈善总会设立“新冠肺炎疫情防控专项基金”网络捐助项目，先后三次慰问资助援鄂和扬州本地的战“疫”天使，三次举行爱心捐赠物资发放仪式暨新闻发布会，与扬州广电总台成功举行“黄石呼，扬州应”行动；全市慈善组织接收疫情防控款物4245.47万元（资金3182.6万元，物资折价1062.87万元），所有款物按时发放到位。

（朱荣臻）

■**“情满扬州”春节慰问活动** 春节前，市慈善总会、市民政局联合举办2020年“情满扬州”春节慰问活动，筹集1526.55万元爱心资金和物资，慰问和资助重特大疾病患者家庭2700户。向血友病患者、困难家庭重大疾病患儿、低保家庭中尿毒症血透患者等发放资助金。资助贫困家庭小学生、初中生、新入学大学生、大学生在读孤儿；资助关爱老年项目、敬老院、市区基层慈善组织、白内障慈善项目。向全市慈善志愿者赠送意外伤害保险，向市青少年慈善关爱工作站、鉴真图书馆、“依旧爱”公益环保、扬州电视台《今日生活》温暖大行动等慈善公益项目发放资助金。（朱荣臻）

■**慈善宣传** 9月，开展第二届“扬州慈善奖”评审工作。此次评审收到6大类122个单位和个人的评选申请，经评审委员会评定，评出“最具爱心捐赠单位”22家、“最具爱心慈善贡献奖”17家、“最具爱心慈善捐赠个人”12人、“最具爱心慈善行为楷模”20人、“最具影响力慈善项目”16个、“最具感召力慈善工作者”13人。推进校园慈善文化建设，江都区仙女镇中心小学、邗江区育才小学西区校等先行建设的市区6所慈善文化进校园优秀学校获市慈善总会奖励。（卞晓蕾）

■**“5·19慈善一日捐”** 5月19日，扬州市慈善总会“5·19慈善一日

5月19日，文苑社区红星义工队“慈善一日捐”现场　胡　迪　宋永根/摄

捐”现场捐赠仪式举行。在捐赠仪式现场，扬州市对口支援新源县前方指挥组、扬州苏爱商贸有限公司、扬州东方医院、旌忠寺、扬州军分区等14家爱心单位捐赠善款585.46万元；扬州新源爱心助学慈善基金举行签约和授牌仪式，自2020年起，新源爱心助学慈善基金将每年资助新疆新源县60名困难学生，每人资助2000元现金，每年9月1日前后举行一次集中发放仪式，一直到基金使用完毕。（朱荣臻）

红十字会救助

■概况　2020年末，全市有红十字会团体会员单位259个，基层红十字会组织630个，红十字会员28万人，注册红十字志愿者6265人。全市红十字会组织发放救灾救助款物5265万元，受益17万人次。拓展筹资渠道，实现筹资5608.73万元，其中疫情防控款物4409.67万元，其他款物1199.06万元。组织开展“志愿服务月”“全国防灾减灾日”“世界红十字日”等主题宣传，结合造血干细胞捐献、遗体（器官）捐献的典型事迹，讲好红十字故事。全年新增社区博爱家园36个、志愿服务队6支、注册志愿者人数619人、志愿服务基地7个。创新实施“博爱青春”大学生志愿服务等项目。（潘　杨）

■应急救援　融入政府防灾减灾救灾工作体系，市及各县（市、区）红十字会与各地应急管理局签订《防灾减灾救灾联动工作机制合作协议》，按年度定期修订自然灾害和突发事件应急预案。市红十字会制定《扬州市红十字会参与新冠肺炎疫情防控应急预案（试行）》，举办2期全市红十字救援队集训。各县（市、区）均成立1支红十字救援队。强化备灾救灾物资储备库（点）能力及管理，提高以赈济为主的综合救援能力。（潘　杨）

■人道救助　结合“脱贫攻坚”“富民增收”“三下乡”工作，开展“博爱送万家”“博爱1+1好人传温暖”“志愿服务行·博爱1+1”“博爱光明行”“红十字‘幸福颐养’居家康护志愿服务”“小天使”项目及救助大重病患者贫困家庭等各类人道救助活动。做好对口支援陕西榆林、新疆新源红十字会工作，组织工作组赴榆林开展扶贫救助、专家义诊等活动，帮扶两地区资金53万元。（潘　杨）

■生命关爱体系建设　做好公益性应急救护培训，推进救护培训“五进”行动，开通网上培训平台。全年救护员培训6.13万人次，救护知识普及人数6.12万人次。开展“5·8”世界红十字日纪念活动暨东关街“红十字生命关爱示范街”志愿者急救技能比赛。组织开展“疫散花开，爱满校园”为主题的第二届扬州市“红十字生命关爱”微视频大赛。市及各县（市、区）均有1支固定的养老照护志愿服务队，开展养老照护工作。统筹推进无偿献血和造血干细胞捐献服务，全年采集合格造血干细胞样本894份，实现捐献7人。完善遗体（器官）捐献服务工作机制，至年末，全市累计登记遗体（器官）捐献773人，实现遗体（器官）捐献148人，其中2020年实现遗体（器官）捐献20人。（潘　杨）

社会福利

■老年人福利和保障　2020年末，扬州市有60周岁及以上老年人口118.89万人，占户籍总人口的26.15%。其中，城镇老年人口78.51万人，占比66.03%，农村老年人口40.39万人，占比33.97%。全年全市为17.76万人发放尊老金，发放金额1.35亿。开展养老机构安全生产专项整治行动，排查出有土地手续、房屋安全、消防安全问题的养老机构70家，64家养老机构通过改造解决消防审验问题，关停不具备改造条件的养老机构6家。完成29个颐养示范社区、6个街道养老综合体、3个街道日间照料中心、2个街道中心厨房、20个乡镇（街道）老年活动中心建设，构建起居家养老服务体系和“10分钟养老服务圈”。满足农村老年人养老需求，打造农村区域性养老服务中心，完成6个特困供养服务设施“双改造、双提升”。新增扩面政府购买服务对象11.5万人，政府购买服务占比10.76%。完成6家公办养老机构公建民营，各地社会力量举办或运营床位比例达70%以上，护理型床位占机构床位总数67.8%。为1871户特困、低保、建档立卡低收入农户等困难家庭实施居家适老化改造。

梅花社区颐养服务中心　　日　报/供稿

出台关于加快养老服务高质量发展、开设家庭养老床位、建设街道养老综合体、基本养老服务指导性目录等文件，完成2400余名养老从业人员培训。（周　丹）

■**残疾人福利和保障**　2020年，残疾人生活补贴均采用按月发放，个别地区按每半年发放一次护理补贴，至年末，全市4.1万人享受两项补贴，其中享受护理补贴3.03万人，生活补贴3.42万人（2.36万人同时享受生活补贴和护理补贴），平均每月发放两补资金约2271万元。推进残疾人两补对象扩面工作，将低保家庭内一、二级聋哑人纳入残疾人护理补贴对象，将低保家庭外无固定收入的三、四级智力和精神残疾对象纳入困难残疾人生活补贴对象。至年末，全市新增聋哑人护理补贴2770人，新增三、四级精神、智力残疾对象的生活补贴1820人。推进残疾人两补对象的动态管理，建立"残疾人两项补贴"信息化管理模块，打通民政、残联、公安、殡葬、人社等基础信息共享通道，全年因死亡、户籍外迁、残疾等级或类别发生变更等原因核减两补对象1149人，新增两补对象1.37万人。组织残疾人两补扩面对象的筛查与分析，让所有符合条件的对象享受到两补待遇。组织残疾人两补工作全面核查，做到应补尽补。（孙　荣）

2020年末扬州市老年人分布情况一览表

表37-2　　单位：人

地区	60周岁及以上老年人数量	百岁老人数量
合计	1188927	415
广陵区	120705	99
邗江区	117350	28
江都区	289921	90
开发区	42022	25
生态科技新城	17735	21
景　区	23296	23
宝应县	220205	59
仪征市	137783	26
高邮市	219910	44

（周　丹）

■**困境儿童分类保障**　出台《关于加强事实无人抚养儿童保障工作的实施意见》。2020年，重病重残儿童和事实无人抚养儿童按照不低于散居孤儿生活补贴的50%~100%保障。集中供养孤儿、散居孤儿、父母监护缺失儿童、父母无力履行职责及重病重残儿童的月供养标准，分别不低于2650元、1855元、1484元、1113元、928元。印发《扬州市困境儿童精准排查和保障工作实施方案》，在全市开展困境儿童精准排查工作。推进儿童关爱之家建设，全市累计投入647万元建成60个儿童关爱之家。在全省率先探索儿童关爱之家规范化建设运营，出台《关于推进儿童关爱之家"五个一"建设的意见》《儿童关爱之家建设标准和管理办法》等系列文件。10月30日，苏中片区儿童关爱之家规范化建设与运营推进会在扬州召开，探索打造"苏中模式"保障全省儿童关爱之家高标准建设、高质量运营。（韩红红）

■**市福利中心孤老残儿保障**　2020年，市福利中心儿童生活补助标准自然增长至2730元每人每月。推进儿童科学化养育，提高儿童生活质量，多部门合作形成以院内康教服务为基础、社会学校接纳为保障、送教上门为特色的康教融合体系。市福利中心"三无"老人生活补助根据城镇常住居民人均可支配收入增长提升至1575元每人每月。完善“三无”老人医疗服务、出入院管理、膳食服务等制度流程，开展护理员考核培训，提供个性化定制服务，满足多元化需求，丰富老人福利中心生活。

（景志刚）

■市福利中心标准化建设 2020年，市福利中心完成省民政标准化建设试点项目，高分通过验收，获评全省民政标准化示范单位。市级标准《社会福利机构人员出入管理规范》以“互联网+”思维为导向，利用大数据、人工智能等技术，从管理机构、设施设备要求和不同人员性质的出入管理等方面对出入管理进行规范。加强智能化软硬件开发，实现数据联动共享；开发OA办公管理平台、安全巡检系统和智能测温门禁系统，有效提升管理服务效能。

（景志刚）

■福利彩票 2020年底，全市实现福利彩票年销售3.42亿元，其中电脑票销售2.77亿元、刮刮乐即开票销售0.17亿元、中福在线即开票销售0.48亿元，筹集福彩公益金1亿元。市直完成福利彩票销售6096万元，其中电脑票销售4552万元、刮刮乐即开票销售276万元、中福在线即开票销售1268万元。全年中出双色球一等奖3注，分别为高邮1注、广陵2注。各级福彩机构助力“三关爱公益行动”，用慈善之心、博爱之心传递温暖；开展爱心敬老捐赠活动，传承“尊老敬老、爱老助老”的中华传统美德；开展“城乡结对、文明共建”活动，帮助经济薄弱村培育文明乡风、丰富文化生活、打造优美环境。（赵 亮）

住房保障

■概况 2020年，扬州市加大住房保障工作力度，改善困难群众住房条件，提升住房保障水平。调整住房保障准入条件，依据上一年度城镇居民人均可支配收入，对公共租赁住房和限价商品住房保障准入条件中的人均月收入标准进行调整，合理降低准入门槛，扩大住房保障政策覆盖范围。至年末，全市城镇保障性住房覆盖率24.81%，市区26.68%，基本实现中低收入住房困难家庭“住有所居”的总体目标。优化完善住房保障审核工作机制，印发《关于加快市区住房保障准入审核工作的通知》，简化审核流程，缩短保障周期，兜牢基本民生保障底线。全年全市棚户区改造新开工9693套、基本建成8643套；市区实施公租房、限价商品住房等基本住房保障308户；市区实施公房解危2.18万平方米。

（孙文涛　陈　伟　卞海波）

■人才公寓建设 出台《关于加强扬州市区人才公寓建设管理的实施意见》，明确了人才公寓规划建设筹集标准、后续分配管理要求、各相关部门责任分工和要素保障等内容。指导、督促各区、功能区制定出台人才公寓租赁、出售和日常运营管理细则，加强人才公寓规范管理。至年末，市区通过新建、租赁、收购等方式筹集人才公寓4.02万平方米。（孙文涛　陈　伟　卞海波）

■公租房实物配租保障范围扩大 5月9日，市住建局、市民政局联合召开2020年市区住房保障政策新闻发布会，《扬州市区住房保障申请准入审核实施细则》正式实施，扩大公租房实物配租保障范围。根据细则规定，对市区申请人年龄男60周岁（含）、女55周岁（含）以上，非城市低保（特困职工）2年以上无房的家庭（申请家庭成员名下无私有住房、无承租公房且未享受过政策性住房），同时符合公共租赁住房实物配租其他保障条件的，可以申请公共租赁住房实物配租保障。审核通过进行实物配租的保障家庭，按照建筑面积5元/（平方米·月）月标准缴纳租金。

（吕纯军）

生态科技新城人才公寓　　生态科技新城/供稿

社会事务

Shehui Shiwu

编　辑　徐国磊

基层自治组织建设

■概况　2020年，全市有居委会398个、村委会1009个；动员、指导城乡社区发挥基层防线作用，打赢新冠疫情阻击战，守护群众生命财产安全。推进社区治理与服务创新，探索改革社区治理体制机制，加强城乡社区工作者队伍建设，提升全市城乡社区治理服务水平。指导社区整合公共、市场、志愿、邻里互助等服务资源，推进政府部门服务资源向城乡社区下沉；构建以辖区居民、驻区单位、社区社会组织、群众自治组织为主体的多元协同治理体系。深化“全科+网格”服务模式，实现城市社区全科社工服务覆盖率100%。推进城乡社区社会治理网格化管理、精准化服务，全市城市社区建立“综合受理、后台办理、一门服务”的全科社工服务机制。（周　菲）

■社区治理与服务创新　按照专家指导、社会组织运作、独立社工参与项目运行模式，以三社联动、共享、互通为目标，策划组织实施一系列社区治理与服务创新项目。组织编印《扬州市社区治理与服务创新项目成果汇编》，并在省、市媒体推介宣传，扩大优秀项目的影响力，其中邗江区邗上街道“居民提案制”项目获“2019—2020年度江苏基层社会治理创新成果奖”。（林　波）

■社区工作者队伍建设　7月，市委组织部、市民政局联合印发《关于进一步规范城市社区工作者职业薪酬体系的指导意见》，明确社区工作者薪酬体系，各县（市、区）和功能区出台地方性社区工作者薪酬执行制度。根据调整后的薪酬体系，扬州市社区工作者年收入均不低于上年度当地城镇职工非私营在岗平均工资。市民政局组织《加强市域基层社会治理》《新型农村社区建设》等主题培训班，累计培训400多人次，有效提升社区为民服务水平。（余　浚）

■村（居）委会换届选举　6月，全市启动村（居）委会换届选举工作。本次换届实行村（居）“两委”换届工作首次同步部署、一体推进。制定全市村（社区）“两委”换届领导小组成员单位职责清单、县乡村三级换届责任清单等。市民政局印发《第12届村民委员会和第七届社区居民委员会换届选举工作要点》，指导全市民政部门把好选举程序关，全市村（居）民委员会进行集中投票选举，一次性成功率100%。（余　浚）

■村规民约、居民公约修订　组织开展全市城乡社区居民公约、村规民约修订工作，并征集优秀村规民约、居民公约，委托第三方整理完善。根据各地修订情况，筛选汇总一批具有代表性的村规民约、居民公约，编印《扬州市村规民约居民公约集萃》，发至所有城乡社区以供借鉴参考。（林　波）

■第11届“十佳社区”评选　举办全市第11届“十佳社区”现场评估活动。宝应县安宜镇罗巷社区、高邮市高邮街道大淖社区、仪征市真州镇鼓楼社区、江都区仙女镇仙女社区、邗江区双桥街道石桥社区、邗江区双桥街道武塘社区、广陵区汶河街道旌忠寺社区、广陵区文峰街道鼎园社区、广陵区曲江街道玺园社区、蜀冈－瘦西湖风景名胜区梅岭街道便益门社区被评为“十佳社区”。（林　波）

■第11届“十佳社区工作者”评估　开展全市第11届“十佳社区工作者”评估活动。经各地初审、择优推荐、居民满意度调查、社区工作业绩核查、现场展示、专家评估等环节，报市社会工作委员会同意，决定授予宝应县安宜镇北河社区党委书记、居委会主任匡红霞，高邮市高邮街道南海社区党总支书记、居委会主任蒋寅，仪征市真州镇嘉禾社区党总支书记、居委会主任李明，江都区大桥镇东园社区党委书记、居委会主任张鹏，江都区仙女镇李坝社区党委书记、居委会主任姜玉梅，邗江区竹西街道竹西社区党委书记、居委会主任汪婕，广陵区东关街道徐凝门街社区党总支书记、居委会主任姚鹃，扬州经济技术开发区文汇街道梅苑社区党委书记、居委会主任朱云，扬州经济技术开发区扬子津街道新河湾社区党支部书记、居委会主任袁富凤，蜀冈－瘦西湖风景名胜区平山乡雷塘社区党总支书记、居委会主任袁涛等10名社区工作者“十佳社区工作者”称号。

（周 菲）

民族宗教事务

■概况 2020年，扬州市有1个民族乡（高邮市菱塘回族乡）、2个民族村（仪征市月塘镇龙山村、大仪镇河北村），有12个省级民族工作示范社区、9个“十三五”期间全国民族特需商品定点生产企业、1个少数民族传统体育训练基地。邗江中学12个新疆班有学生500人；高邮菱塘回族乡有民族中小学和幼儿园共3所。全市有爱国宗教团体28个，其中市级宗教团体6个、县级宗教团体22个、1所省属宗教院校（鉴真佛教学院）；有宗教活动场所233处，其中佛教寺院135处、道教宫观4处、伊斯兰教清真寺8处、天主教教堂2处、基督教教堂84处；经认定备案的宗教教职人员382人。组织全市第七个民族团结进步宣传月活动，制作全市民族工作集锦宣传戗牌，开辟《扬州日报》“民族团结进步看扬州”专栏，采写河北民族村等4个典型事迹。组织民族宗教政策网上知识竞赛，打造7处民族团结主题公园。推动宗教活动场所开展“四进”工作，“四进”工作覆盖率100%。发挥市级民族宗教教育培训基地作用，开展“爱国爱教爱扬州”教育活动。组织宗教活动场所安全生产专项整治行动，全年未发生较大以上安全生产事故。严实常态化疫情防控措施，至年末，全市有序恢复开放场所128处。健全民宗工作机制，12月18日，杨庙镇民族宗教事务局率先挂牌成立，至年末，全市乡镇（街道）全部挂牌成立民族宗教事务局。市民宗局首次以联欢会形式举行民族宗教界新春茶话会。（龚方艳）

2020年扬州市省级红石榴家园

扬州市宝应县泾河镇陈东村
高邮市高邮镇大淖社区
高邮市菱塘回族乡
扬州市邗江区竹西街道安平社区
扬州市广陵区曲江街道解放桥社区
扬州市少儿图书馆

（朱 萍）

2020年扬州市民族团结主题公园

高新区送桥镇红石榴广场
高邮市菱塘回族乡红石榴广场
高邮镇大淖社区“红石榴家园”
三垛红石榴广场
汤庄镇红石榴广场
宝应泾河镇公园
仪征大仪镇河北民族村公园

（朱 萍）

■民族团结进步事业获省政府表彰 10月19日，在全省民族团结进步表彰大会上，扬州市职业大学师范学院、对口支援新源县前方指挥组、广陵区曲江街道解放桥社区居委会获全省民族团结进步模范集体；扬州金宇塔装饰工程有限公司程兵、扬州市高邮市委杨文喜、江苏省邗江中学新疆部金丽萍获全省民族团结进步模范个人。（朱 萍）

■民间信仰规范管理 市委统一战线工作领导小组制发扬州市民间信仰工作实施方案。市民宗局先后召开民间信仰管理工作培训会、专题视频会议，开展政策解读、业务指导。全市核准23处民间信仰活动场所并逐一编号建档；召开民间信仰工作总结交流会，举行授牌仪式。

（卢道岭）

■宗教活动场所安全生产专项整治 市民宗局印发工作方案，开展“安全生产大于天”的安全宣讲；组织宗教场所实战培训，成立“啄木鸟”安全志愿服务队，制定安全生产举报奖励暂行办法；召开新闻发布会，鼓励社会各界开展安全生产监督。对全市233个宗教活动场所和鉴真学院组织4轮全覆盖检查，出动检查督查组798个、人员2373人次，检查场所1763个，下发整改通知书4份，排查问题隐患925条，整改率100%。全年民宗领域未发生一起安全事故。（郭宏芳）

■鉴真学院领导班子调整 7月19日，鉴真学院召开全体教职工会议，宣布鉴真学院领导班子调整。省佛协会长心澄法师在会上宣读任命能修法师为鉴真佛教学院院长，聘任宗金林为鉴真佛教学院常务副院长的文件。此次鉴真学院领导班子的完善调整，是省、市民宗部门和省佛协通盘考虑、慎重研究后决定的，将进一步推动鉴真学院稳步前进、健康发展。（张 琛）

■宗教活动场所食品安全管理 市民宗局联合市场监管部门召开3次民宗领域食品安全规范化管理专题会，多次开展食品安全工作联合检查。5月，市市场监管局、市食安办、市民宗局联合出台《关于加强全市宗教活动场所食品安全工作指导意见》，在全国率先启动宗教活动场所食品安全规范化管理工作。将大明寺食堂作为食品安全规范化管理试点；7月，在大明寺食堂组织召开宗教活动场所食品安全规范化管理现场会。全市民宗系统通过学习宣传、上门指导等方式，助推宗教活动场所食品安全规范提升。

（卢道岭）

社会组织管理

■概况 2020年末，全市有各类社会组织5934个，其中社会团体2739个、民办非企业单位3172个、基金会23个；有1413个社会组织取得评估等级，其中AAAAA级15个、AAAA级224个、AAA级238个、AA级294个、A级657个。登记或备案的社区社会组织9255个，城区平均每个社区7个，全市平均每个社区6.7个。全市引导社会力量参与基层社会治理，推进发展生活服务类、公益慈善类和居民互助类社区社会组织，重点培育为老年人、妇女儿童、残疾人、失业人员及各类特定群体服务的社区社会组织。完善社会组织孵化基地建设，推动街道（乡镇）、社区层面建立社区社会组织孵化培育和综合服务平台。至年末，全市社区社会组织登记备案总数9255个，城市社区平均超过10个，农村社区平均超过5个。全市社会组织累计接收捐赠资金3068万元，募集防疫物资折价1203万元。印发《扬州市全面推开行业协会商会与行政机关脱钩改革的实施方案》，完成全市299家（市直129家）行业协会商会的脱钩改革。（张绍华）

■**社会组织公益服务** 组织社会团体、基金会、社会服务机构等社会组织对口榆林地区开展助困、助学、助老、助残活动。开展“千社帮扶万户”活动，引导专业社会工作和志愿服务力量对重点经济薄弱村精准开展帮扶工作，全市社会组织投入扶贫资金3000多万元，投入人力1000多人次，受益对象近4万人。开展第八届公益创投活动，立项61个。与财政部门联合出台《关于在市域治理领域支持和规范社会组织承接政府购买服务工作的指导意见》，制定并公布乡镇（街道）购买服务指导性目录。巩固和完善“三社联动”机制，提升基层治理水平，开展品牌社会组织和公益服务品牌“双十佳”评选活动。（张绍华）

■**社会组织监督管理** 印发《强化社会组织领域风险防控，建立长效监督管理机制工作方案》，加强对社会组织高风险领域的管理。做好社会组织年检年报、换届备案、抽查审计、等级评估等日常监管工作。开展2020年度社会组织评估复核工作，对54家社会组织进行执法抽查，下发整改通知书23份。对行业协会商会涉企收费专项治理、评比达标表彰活动清理、社会服务机构自查自纠及领导干部兼职取酬等问题开展监督检查与违规治理。开展行业协会收费检查，依法查处社会组织违法行为和非法社会组织。建立守信激励和失信惩戒制度，完善社会组织“异常名录”和“黑名单”，2家社会组织被列入异常名录。（张绍华）

■**行业协会商会收费清理规范** 印发《关于进一步做好清理规范行业协会商会涉企收费工作的通知》，将涉企收费行为列入年度检查、“双随机”抽查的重点内容，会同市场监管部门等开展行业协会商会涉企收费专项检查，对54家行业协会商会进行审计和抽查，严控行业协会商会会费标准、规范会费收支、加强收费管理、严禁违规评比达标表彰，加大对违规收费行为的查处力度，保持收费监管高压态势。（张绍华）

■**社会组织执法监督** 加强执法机制和执法能力建设，依法查处、通报社会组织违法行为和非法社会组织，市发改委、市民政局等部门联合出台《扬州市行业协会商会综合监管细则》。全年对10个社会组织作出撤销登记的行政处罚，对年检、抽查中发现问题的社会组织进行约谈，下发整改通知书23件；对非法社会组织进行查处，劝散非法社会组织2个。（张绍华）

地名管理

■**概况** 2020年完成扬州与淮安、扬州与盐城2条市际界线和邗江与江都、邗江与高邮2条县际界线联检工作。推进平安边界建设，落实界线管理责任，确保边界地区和谐稳定。公布扬州市第二批历史地名保护名录，市区命名各类地名252个，其中道路、街巷、桥梁名195个、居民住宅区名48个、商用建筑物名9个。（冯　静）

2020年扬州市区新命名的道路、街巷一览表

表38-1

名　称	地　理　位　置（起　讫　点）
东花园街	位于广陵区文峰街道，西起联谊路，东至东花园路
五里庙路	位于广陵区曲江街道，原五里庙路南延至二里桥路
袁庄路	位于广陵区曲江街道，南起安康路，北至万福西路
观湖巷	位于瘦西湖景区，南起秋实路，北至江平东路
九成路	位于扬州经济技术开发区，南起邗江河西路，北至毓秀路
反坎河路	位于江都区仙女镇张纲反坎河南侧，东起江南路，西至新都南路
丁中路	位于江都区丁沟镇丁沟中学南门前，东起杨桥，西至跃进桥
启城路	位于邗江区槐泗镇，东起吉兴南路，西至扬菱路
肖梅路	位于邗江区槐泗镇，南起姚大路，北至北涧水库
北涧路	位于邗江区槐泗镇，南起姚大路，北至北涧水库
道人庄路	位于邗江区槐泗镇，南起规划路，北至北涧水库
润槐路	位于邗江区槐泗镇，东起酒陈线，西至扬菱路

续表 38-1

名　称	地 理 位 置（起 讫 点）
新甘泉东路	位于邗江区槐泗镇，新甘泉东路东延至吉星南路
酒甸西路	位于邗江区槐泗镇，原酒甸西路东延至吉星南路
弘扬东路	位于邗江区槐泗镇，原弘扬东路向东延伸至 S611
白鹭中街	位于邗江区竹西街道，南起白鹭东街，北至竹西路
白鹭东街	位于邗江区竹西街道，东起观潮路，西至白鹭中街
四相街	位于邗江区竹西街道，南起竹西路，北至御龙湾花园东门
簪花街	位于邗江区竹西街道，该街与四相街为 T 形，东起四相街，西至黄金坝路
松桂街	位于邗江区竹西街道，南起竹西路，北至禅智路
禅智路	位于邗江区竹西街道，东起叶桥路，西至江都北路
东陵路	位于江都区宜陵镇，南起宜陵车站，北至宜陵闸
国泰路	位于江都区宜陵镇，东起杨营加油站，西至宜陵车站
宜大路	位于江都区宜陵镇，南起新 328 国道，北至宜陵车站
金沙路	位于江都区宜陵镇，东起东园华庭，西至宜大路
亿发路	位于江都区宜陵镇焦庄社区，南起老 328 国道，北至老通扬运河
元鼎路	位于江都区宜陵镇，南起新 328 国道，北至白塔路
甜园路	位于江都区宜陵镇，南起甜园居小区，北至新 328 国道
双创路	位于江都区宜陵镇工业园，南起丰收河路，北至新 328 国道
复兴路	位于江都区宜陵镇工业园，南起江苏西源环保工程有限公司，北至新 328 国道
开创路	位于江都区宜陵镇工业园，东起宁达贵金属有限公司，西至海诚科技发展有限公司
丰收河路	位于江都区宜陵镇工业园，东起扬州华辉泵业有限公司，西至王陈路
五爱巷	位于生态科技新城杭集镇，南起新生路，北至琼花路
九圩路	位于生态科技新城杭集镇，原九圩路延伸至沪陕高速涵洞
新苑路	位于生态科技新城杭集镇，南起束家庄路，北至建新东苑北侧乡道
曙光南路	位于生态科技新城杭集镇，南起明月桥，北至杭府路
山河路	位于生态科技新城泰安镇山河村，南起壁虎河大桥，北至山河村
金润路	位于生态科技新城泰安镇，南起蒋东水泥路，北至 365 厂房
金凤路	位于生态科技新城泰安镇，东起金润路，西至金湾岛路
金中路	位于生态科技新城泰安镇，东起金湾河，西至凤凰岛路
大学南路	位于广陵区，原大学南路延伸至 328 国道
吴中路	位于江都区吴桥镇，东起通扬北路，西至长陆路
兴吴路	位于江都区吴桥镇，东起小荡公路，西至安大路
四星路	位于江都区吴桥镇，东起通扬北路，西至吴桥医院
长陆路	位于江都区吴桥镇，南起陆庙桥，北至大王桥
五安路	位于江都区吴桥镇，东起季刘路，西至通园桥
鑫宇路	位于江都区武坚镇工业园区，北起武同路，南至凯捷路
群鑫路	位于江都区武坚镇工业园区，北起盐邵河，南至昆泰路

续表 38-1

名　称	地理位置(起讫点)
盛达路	位于江都区武坚镇工业园区，东起振兴桥，西至盐邵河
煦鑫路	位于江都区武坚镇工业园区，北起昆泰路，南至武同路
鑫科路	位于江都区武坚镇工业园区，北起鑫源电器公司，南至永发路
中心河北路	位于江都区真武镇，东起三干渠，西至盐邵河
中心河南路	位于江都区真武镇，东起三干渠，西至盐邵河
杨庄路	位于江都区真武镇，南起真武道口，北至滨湖桥
杨金路	位于江都区真武镇，东起东明路，西至振兴南路
振兴中路	位于江都区真武镇，南起扬州华星环保设备公司，北至苏油路四岔路口
友善路	位于江都区真武镇，南起文明路，北至真诚路
真福路	位于江都区真武镇，东起三干渠，西至盐邵河
天星路	位于江都区真武镇天星组，东起三干渠，西至盐邵河
东贾湖路	位于江都区小纪镇东舍村，南起 353 省道，北至双勤路
南曹庄路	位于江都区小纪镇东舍村，南起双勤路，北至慈航路
东南路	位于江都区小纪镇东舍村，南起 353 省道，北至南河组
快乐路	位于江都区小纪镇纪西村，南起大林路，北至北环路
三洋路	位于江都区小纪镇纪西村，南起三洋组，北至镇南路
开介路	位于江都区小纪镇纪西村，北起人民南路，向南折西至蒲塘村张楼组
刘家路	位于江都区小纪镇纪西村，东起镇南路，西至中心兴路
福乐路	位于江都区小纪镇纪西村，东起双纪路，向西折北至康庄路
西余路	位于江都区小纪镇纪西村，北起镇南路，向南折东至招贤路
东阳路	位于江都区丁沟镇，南起欧森路，北至丁东村朱厦组
西阳路	位于江都区丁沟镇，南起欧森路，北至丁太河
八字桥街	位于江都区丁沟镇，东起跃进桥，西至八字桥
粮泉巷	位于江都区丁沟镇，南起振兴路，北至振中路
七里河路	位于广陵区东南新城，东起运河南路，西至东花园东路
锦泰路	位于广陵区曲江街道，南起规划路，北至安康路
江洲路	位于江都区仙女镇，东起黄海南路，西至芒稻河
金奥路	位于江都区仙女镇，南起建都路源头公园南门，北至西闸大桥
锦江东路	位于江都区锦西社区，东起宜陵北闸，西至大陆桥四岔路口
锦江西路	位于江都区锦西社区，东起大陆桥四岔路口，西至 S233 国道
锦西南路	位于江都区锦西社区，南起孙庄组，北至锦江东路
锦西北路	位于江都区锦西社区，南起锦江东路，北至东风路
樊汉路	位于江都区樊川镇，南起大同村闸东组，北至樊川大桥
东邗路	位于江都区樊川镇，南起友爱村，北至人民路
永康路	位于江都区樊川镇，南起樊川老医院，北至人民路

续表 38-1

名　称	地 理 位 置（起 讫 点）
兴安路	位于江都区樊川镇永安社区，东起永安村小圩组，西至永安小学
洪安路	位于江都区樊川镇永安社区，东起永新路，西至永安村官田组
三周路	位于江都区樊川镇三周社区，南起工农路，北至同丰村幸福组
谢慈路	位于江都区樊川镇三周社区，东起三周村肖墅组，西至三周村三周组
烽火路	位于江都区樊川镇三周社区，东起三周村沈庄组，西至三周村马家组
同联东路	位于江都区樊川镇三周社区，东起三周村三洋组，西至三周村沈庄组
同联西路	位于江都区樊川镇三周社区，南起工农路，北至繁三路
红光路	位于江都区樊川镇三周社区，东起三周村太平组，西至德龙体育用品厂
兴汇路	位于江都区樊川镇东汇社区，东起东汇村东里组，西至东汇小学
夏荷路	位于蜀冈－瘦西湖景区，东起肖山路，西至瘦西湖路
名湖路	位于蜀冈－瘦西湖景区，南起秋实路，北至江平东路
南塘路	位于江都区邵伯镇，东起老江淮公路，西至甘棠路
汇金路	位于江都区邵伯镇，东起老江淮公路，西至甘棠路
棠湖路	位于江都区邵伯镇高蓬村，东起马荡村前进组，西至节制闸
烟花三月路	位于扬州高铁站东侧，南起引智路，北至万福东路
淮都路	位于扬州高铁站南侧，西起春风十里路，东至曙光路
春风十里路	位于扬州高铁站西侧，南起文昌东路，北至万福东路
夏桥路	位于扬州高铁站北侧，西起春风十里路，东至曙光路
万福闸路	位于生态科技新城泰安镇，1912 南侧道路，东至凤凰岛路，西至万福西路
横河路	位于生态科技新城，西起凤凰岛路，东至金湾河
盐运路	位于生态科技新城，西起春风十里路，东至曙光路
锐智路	位于生态科技新城，西起烟花三月路，东至规划路
汇智路	位于生态科技新城，北起文昌东路，南至规划路
引智路	位于生态科技新城，西起烟花三月路，东至规划路
韩许河路	位于生态科技新城，西起烟花三月路，东至规划路
董庄河路	位于生态科技新城，西起烟花三月路，东至规划路
裔王路	位于生态科技新城，西起烟花三月路，东至规划路
耿云路	位于生态科技新城，西起春风十里路，东至烟花三月路
胡家街	位于生态科技新城，西起烟花三月路，东至规划路
东进东路	位于江都区郭村镇，东起龙耳河，西至十字路口红绿灯
东进南路	位于江都区郭村镇，南起郭村大桥，北至十字路口红绿灯
东进西路	位于江都区郭村镇，西起野田河，东至十字路口红绿灯
东进北路	位于江都区郭村镇，北起郭华桥，南至十字路口红绿灯
姜小庄路	位于江都区郭村镇二姜村，东起大姜村交界处，西至壹沟河桥

续表 38-1

名　称	地 理 位 置（起 讫 点）
昌盛路	位于江都区郭村镇二姜村，南起东汪桥，北至兴塘大桥
五星路	位于江都区郭村镇，东起农民街，西至东进北路
正阳路	位于江都区郭村镇周楼社区，南起兴塘大桥，北至中心河
东振路	位于江都区郭村镇周楼社区，东起界沟桥，西至运通桥
光华路	位于江都区郭村镇周楼社区，南起东振路，北至兴郭路
陈舍路	位于江都区郭村镇周楼社区，南起兴郭路，北至中心河
辛西路	位于江都区郭村镇周楼社区，南起兴郭路，北至中心河
界沟路	位于江都区郭村镇周楼社区，南起兴郭路，北至中心河
兴郭路	位于江都区郭村镇周楼社区，东至界沟路，西至啸轩路
成蹊路	位于江都区郭村镇周楼社区，南起运河路，北至合心组
黄舍路	位于江都区郭村镇，东起正阳路，西至啸轩路
兴泰路	位于广陵区广陵新城，东起沙湾北路，西至临湾路
宜城路	位于扬州经济技术开发区，东起金春路，西至亨通路
创安路	位于邗江区汊河街道，南至金荣路，北至创富路
慧园路	位于邗江区汊河街道，东起吉利路，西至吉庆路
吉庆路	位于邗江区汊河街道，北至华钢路，南至安桥路
新康路	位于邗江区汊河街道，东至永康路，西至健安路
戚桥路	位于邗江区汊河街道，东起永康路，西至健安路
怡康路	位于邗江区汊河街道，北至扬子津路，南至运西路
健安路	位于邗江区汊河街道，北至扬子津路，南至运西路
健生路	位于邗江区汊河街道，东起永康路，西至运西路
扬子津路	位于邗江区汊河街道，东起扬子江南路，西至仪扬河
达观东路	位于广陵区头桥镇，东起佘家坂江边，西至抗震桥
达观西路	位于广陵区头桥镇，东起抗震桥，西至李典界
古桥街	位于广陵区头桥镇，东起通达北路，西至二桥村朱家组
长宁路	位于广陵区头桥镇，东起安帖村横庄组，西至通达北路
小西街	位于广陵区头桥镇，南起谨农路，北至头桥村九字圩
瑾农路	位于广陵区头桥镇，东起通达北路，西至丰裕路
南华路	位于广陵区头桥镇，东起通达北路，西至金达滨江锦园小区
思源路	位于广陵区头桥镇，南起沿江高等级公路，北至长宁路
同兴东路	位于广陵区头桥镇，东起安帖村江堤，西至通达北路
同兴西路	位于广陵区头桥镇，东起通达北路，西至丰裕路
医创路	位于广陵区头桥镇，东起丰裕路，西至三圩路
佑康路	位于广陵区头桥镇，南起沿江高等级公路，北至二桥村印家组

续表 38-1

名　称	地　理　位　置（起　讫　点）
公徐路	位于广陵区头桥镇，北起朝阳路，南至同兴西路
徐横路	位于广陵区头桥镇，北起南华路（头桥菜场南门），南至同兴西路
红中路	位于广陵区头桥镇，南起弘扬路，北至沿江高等级公路
润武路	位于江都区真武镇，东起三干渠，西至盐邵河
露养路	位于江都区邵伯镇绿洋湖村，东起养殖场，西至老江淮公路
北河头路	位于江都区邵伯镇公路村，南起甘棠路，北至水韵甘棠小区
东河头巷	位于江都区邵伯镇甘棠社区，东起桃园组，西至红旗路
大码头巷	位于江都区邵伯镇甘棠社区，东起中后街，西至上河边组
官驿前巷	位于江都区邵伯镇甘棠社区，东起中大街，西至上河边组
上河边巷	位于江都区邵伯镇甘棠社区，南起南后街，北至甘棠路
下河边巷	位于江都区邵伯镇起甘棠社区，南起南塘河，北至东河头组
学林巷	位于江都区邵伯镇甘棠社区，南起红旗路，北至居民点组
姚庄巷	位于邗江区双桥街道，南至四望亭路，北至石桥新苑小区南门
姚庄西巷	位于邗江区双桥街道，东至姚庄巷，西至维扬路
扬名路	位于扬州经济技术开发区扬子津街道，东至古运河，西至扬子江中路
小夹江东路	位于广陵区头桥镇，东起通达南路，西至西贝路
小夹江西路	位于广陵区头桥镇，东起西贝路，西至李典分界处
吴家桥路	位于广陵区头桥镇，东起西贝路，西至红中路
康健路	位于广陵区头桥镇，南起小夹江东路，北至沿江高等级公路
引凤路	位于广陵区头桥镇，南起小夹江东路，北至沿江高等级公路
友泰路	位于广陵区头桥镇，东起引凤路，西至西贝路
兴政路	位于广陵区头桥镇，东起红平村兴政桥，西至西贝路
开沙东路	位于广陵区头桥镇，东起红平村兴政桥，西至西贝路
开沙西路	位于广陵区头桥镇，东起西贝路，西至迎新村迎伏路
迁垦路	位于广陵区头桥镇，东起红中路，西至迎新村迎伏路
志成街	位于广陵区头桥镇，北起富康路，南至红星路
乾丰路	位于广陵区头桥镇，南起红星路，北至乾丰十组
大沙路	位于广陵区头桥镇，南起兴达路，北至开沙东路
开源路	位于广陵区头桥镇，南起兴达路，北至开沙东路红平村红桥七组
富康东路	位于广陵区头桥镇，东起西贝路，西至红中路
富康西路	位于广陵区头桥镇，东起红中路，西至乾丰八组河
红平路	位于广陵区头桥镇，东起西贝路，西至红中路
红枫东路	位于广陵区头桥镇，东起红枫桥，西至西贝路
红枫西路	位于广陵区头桥镇，东起西贝路，西至红中路

续表 38-1

名　称	地 理 位 置（起 讫 点）
耿园路	位于广陵区头桥镇，南起江扬橡塑公司，北至兴达路
东升路	位于广陵区头桥镇，南起红星路，北至兴达路
红高路	位于广陵区头桥镇，南起镇江市高桥镇与福成村界，北至双桥
通达南路	位于广陵区头桥镇，南起双桥，北至沿江高等级公路
丰裕路	位于广陵区头桥镇，南起沿江高等级公路，北至二桥村达观路
宏业街	位于广陵区头桥镇，北起富康路，南至红星路
东林路	位于广陵区文昌府小区西南，东起沙施河，西至沙北二村
林泓路	位于广陵新城，东起福康路，西至临湾路
林汐路	位于广陵新城，东至福康路，西至临湾路
善和路	位于广陵新城，南起兴泰路，北至安康东路

（吴兴浩）

2020年扬州市区新命名的住宅区、建筑物一览表

表 38-2

名　称	地 理 位 置（起 讫 点）
佳家幸福园	位于蜀冈－瘦西湖风景区，东至规划路，南至秋实路，西至叶桥路，北至物港路
上湾璟苑	位于广陵区，东至江阳东路，西南至运河公馆，北至大水湾体育公园
唐韵商务中心	位于蜀冈－瘦西湖风景区，东至平山路，南至鉴真路，西至唐韵路，北至司徒庙东路
悦澜花园	位于广陵区，东至京杭南路，南至嘉苑路，西至滨河路，北至江苏汽车技师学院
也今花园	位于广陵区，东至文峰路，南至规划路，西至规划路，北至城南快速路
鸿信嘉苑	位于开发区，东至扬子江南路，南至富扬路，西至维扬路，北至鸿扬路
江淮韵园	位于江都区，东至新都北路，南至老通扬运河，西至龙川北路，北至江淮路
金奥商务中心	位于江都区，东至建都路，南至规划路，西至建乐路，北至文昌东路
嵘华花园	位于江都区，东至建都路，南至滨河路，西至滨河路，北至规划路
天韵名苑	位于邗江区，东至真州中路，南至蒋王路，西至蓝湾花园，北至吉祥路
锦辰花园	位于扬州经济技术开发区，东至新城河路，南至开发路，西至鸿大路，北至规划路
左汀半溪花园	位于广陵区，东至渡江南路，南至 328 国道，西至大学南路，北至规划路
左汀澜湾花园	位于广陵区，东至规划路，南至规划路，西至九龙河，北至连运西路
宸章雅苑	位于广陵区，东至安林路，南至规划路，西至京杭路（规划），北至沙河
北湖蓝湾花园	位于邗江区，东至规划绿地，南至规划路，西至规划路，北至新甘泉东路延伸段
融宸苑	位于广陵区，东至京杭路（规划中），南至规划路，西至东方名城小区，北至沙河
春江天禧花园	位于广陵区，东至渡江南路，南至跃进河，西至规划路，北至连运西路
智景花园	位于广陵区，东至汤汪路，南至城南快速路，西至规划道路，北至正泰花苑

续表 38-2

名　称	地　理　位　置（起　讫　点）
仁和明苑	位于江都区宜陵镇，东至买卖巷，南至中陵街，西至谈家巷，北至新宜路
凯悦明苑	位于江都区宜陵镇，东至宜东村二组，南至镇种子站，西至新宜东路，北至宜东村一组
水岸雅居	位于江都区宜陵镇，东至菜地，南至镇南路，西至引水河，北至老通扬运河
金湾花园	位于扬州生态科技新城泰安镇，东至规划路，南至金湾墅园，西至规划路，北至规划路
东方雅园	位于江都区仙女镇，东至规划路，南至泰山路，西至明珠路，北至规划路
艺术花园	位于江都区仙女镇，东至规划路，南至文昌东路，西至规划路，北至乐和路
大同苑	位于广陵区头桥镇，东至头桥安置小区（一期），南至徐庄路，西至通达北路，北至头桥安置小区（二期）
文沁苑	位于广陵区头桥镇，东至西贝路，南至红桥路，西至文化路，北至村庄
时润蓝湾花园	位于广陵区曲江街道，东至运河南路，南至七里河北侧规划路，西至规划路，北至规划路
腾龙家园	位于广陵区，东至规划路，南至规划路，西至袁庄路，北至万福西路
腾龙广场	位于广陵区，东至规划路，南至安康路，西至袁庄路，北至规划路
四季都荟花园	位于邗江区，东至七星路，南至怡扬路，西至润蜀路，北至平山堂西路
美邻生活广场	位于邗江区，东南至美堤花园，西至站南路，北至栖祥路
云锦华庭	位于广陵区，东至板桥路，南至规划路，西至沙湾南路，北至规划路
锦棠花园	位于广陵区，东至宝军厂，南至规划路，西至锦泰路，北至规划路
云潮望雅园	位于邗江区，东至润蜀路，南至怡扬路，西至励志路，北至孔庄路
祥瑞苑	位于邗江区方巷镇，东至扬州天发汽车修理厂，南至许东路，西至天伦华府小区，北至朝阳路
书华园	位于邗江区汉河街道，东至规划道路，南至宏溪路，西至吉安北路，北至规划路。东园［书华园组团之一（C 地块）］、西园［书华园组团之一（B 地块）］
璀璨星辰花园	位于邗江区，东至银柏路，南至规划路，西至规划路，北至宏溪路
天月名苑	位于广陵区，东至福康路，南至规划路，西至临湾路，北至朱家河
赋江佳园	位于江都区，东至龙川南路，南至规划路，西至广州路，北至规划路
东原华庭	位于江都区宜陵镇，东至云鼎路，南至金沙路，西至规划路，北至桃园路
侨城北院	位于蜀冈－瘦西湖景区，东至瘦西湖路，南至侨香路，西至规划路，北至隋炀路
宏安大厦	位于邗江区，东至规划路，南至规划路，西至吉安北路，北至规划路
熙悦坊	位于邗江区蒋王街道，东至水晶湖路，南至兴城西路，西至赵家支沟，北至环湖路
湖滨商业广场	位于邗江区新盛街道，东至悦来路，南至新盛路，西至站南路，北至同泰路
栖湖云庭	位于蜀冈－瘦西湖景区，东至黄金坝路，南至叶桥大沟滨河绿地，西至肖山路，北至秋实路。明月苑［栖湖云庭组团之一（B 地块）］、春风苑［栖湖云庭组团之一（C 地块）］、佳境苑［栖湖云庭组团之一（D 地块）］
栖湖荟商业广场	位于蜀冈－瘦西湖景区，东至规划路，南至规划路，西至肖山路，北至秋实路，A 地块
璞韵园	位于扬州市生态科技新城杭集镇，东至规划用地边界，南至引智路，西至烟花三月路，北至三星河

续表 38-2

名　称	地　理　位　置（起　讫　点）
禧园	位于江都区仙女镇，东至规划路，南至润江路，西至张纲河，北至南苑路
奥心花园	位于广陵区，东至京杭中路，南至运河东路，西至京杭大运河滨河绿地—京杭之心环湖路一线，北至向心路
奥心商业广场	位于广陵区，东至京杭中路，南至运河东路，西至京杭大运河滨河绿地—京杭之心环湖路一线，北至向心路
美竹花园	位于邗江区，东至太平路，南至古运河，西至三星路，北至竹西路
溪城印象花园	位于邗江区，东至真州北路，南至润扬路，西至西扬路，北至规划道路
鑫悦生活广场	位于邗江区，东至规划路，南至开发西路，西至完美路，北至江阳西路
文庭雅苑	位于江都区，东至东方雅园小区，南至泰山路，西至新都北路，北至黄山路
拾樾园	位于邗江区，东至润扬南路，南至青年路，西至创新路，北至安桥路
琳琅雅苑	位于广陵区，东至规划路，南至规划路，西至临湾路，北至规划路
金沙景苑	位于广陵区，东至规划路，南至求知路，西至陈祠路，北至规划路

（吴兴浩）

婚姻家庭

■婚姻登记 依据法定要件和程序办理婚姻登记，杜绝人情证、关系证，重视婚姻家庭辅导工作，调解成功率得到提高。2020 年，全市办理结婚登记 2.56 万对（含补办登记 6018 对），离婚登记 1.03 万对，涉外婚姻登记 37 对，登记合格率 100%，未发生一起有效群众投诉和违法登记事件。江都区婚姻登记处、仪征市婚姻登记处被评为“江苏省婚姻登记机关规范化建设试点单位（第一批）”，仪征市被评为“江苏省婚姻改革实验县（市、区）（第一批）”。

（孙　荣）

■婚姻登记规范化建设 开展婚姻登记机关行风建设及婚俗改革试点工作，打造婚姻登记处“亮点工程”，树好“窗口形象”，提升婚姻登记机关规范化建设水平。5 月 29 日，市民政局在江都区召开“婚姻登记机构规范化建设现场会”，推广江都区在开展婚姻登记规范化建设工作中的经验和做法。12 月 19 日，全市婚姻登记员培训班开班，组织婚姻登记员任职资格考试，并向合格者颁发任职资格证书。（孙　荣）

■收养登记 全市完善收养评估程序和流程，按照法定机构、法定要件、法定程序、法定时间要求，规范评估，严格登记，确保儿童利益最大化。全市办理收养登记 56 件。（韩红红）

殡葬管理

■概况 2020 年，扬州市殡仪馆火化遗体 1.04 万具，其中享受政府惠民殡葬政策 8920 人，占火化总数 86.1%；累计减免 4 项惠民服务 1201 万元，占火化总费用 40.3%，为低保、五保、重点优抚对象和各类困难家庭减免丧葬经费 5.9 万元。全年接运非正常遗体 513 次，协助公安部门处置非正常遗体 324 具。开展违建墓地专项整治成果巩固提升行动，完成公益性安葬（放）设施基本情况和安葬（放）设施违规建设经营情况专项摸排。清明前夕，市政府、市民政局下发指导清明祭扫工作的两个通知，对清明期间安全文明祭扫、优质服务、殡葬改革宣传工作、祭扫期间疫情防控、火灾防范等工作进行部署。扬州墓园分批开展第三届生态葬安放活动，完成安葬 32 穴。推进“互联网 + 殡葬服务”，建设“一站式”“全天候”信息化综合服务平台，开通“96444 西屏山白事无忧”微信公众号实现网上预约、线下祭扫。

（管其君　孙　荣）

■殡葬基础设施建设 市及各地将殡仪馆、公益性公墓、节地生态安葬设施、集中守灵中心等殡葬设施建设纳入公共服务设施建设总盘子和民生实事，推进一批殡葬服务设施新建项目开工，提升公墓建设和管理水准，推进建设乡镇公益性公墓和骨灰存放设施（骨灰堂），为群众提供优质、便捷的殡葬服务。其中，市殡仪馆投入 1800 万元，推进建设西屏山人文纪念园。

（管其君　孙　荣）

关心下一代

■概况 2020 年，全市有各级关工委组织 3089 个，全市“五老”志愿者队伍有 4.6 万人，市关心下一代基金会资金规模发展到 1200 万元。新冠疫情防控期间，全市有1万多名“五老”参与所在社区（村）联防联控，捐款124万多元。全市关工委系统募集助学助困资金1900多万元，受益青少年1.4万多人。开展“孤困必帮·同享阳光”活动，首批帮扶100名6~16周岁孤困青少儿，每人每年资助5000元，该项目被省慈善总会评为全省“创新慈善品牌项目”。组织1600多名老科技工作者，指导创建青年农民示范基地211个，帮扶青年农民创办合作社等新型经营组织291个，评选青年农民“创业之星”526人。高邮、仪征、邗江、广陵和蜀冈－瘦西湖风景名胜区将关心下一代工作列入党建工作目标考核，市、县两级关工委和多数乡镇(街道)关工委工作经费列入财政预算。江都区关工委和李福康、朱延庆和梁刚三位同志分别被表彰为全国关心下一代工作先进集体和先进个人。

（练瑞芳　徐微微）

■青少年思想道德教育　开展“爱党爱国、立德立行”主题教育活动，编写《扬州战“疫”党旗红》《众志成城，共抗疫情》《从小学英雄，长大做英雄》等印发全市。邀请“五老”和援鄂医护人员为青少年作报告1500多场，近46万人次青少年聆听宣讲。全市建立近百个青少年红色基因传承教育基地，开展“五红”系列教育活动。举办读书征文、实践寻访、老少同台演讲比赛和短视频创作等活动，吸引50多万人次青少年参加。其中，1个作品获全省演讲一等奖，25名个人、18个集体获评全省优秀朗诵者和组织奖。

（练瑞芳　徐微微）

■校外教育辅导站建设　全市建有校外辅导站（点）1118个，形成乡镇（街道）有中心站（总站），社区（村）有分站，居民点有辅导点的组织网络。13个辅导站获省关工委的奖励，1个青少年校外教育基地获专项扶持。全市校外教育辅导员队伍有7000多人，其中进站在职教师3601人。在全省校外教育辅导站优秀活动视频评选中，扬州获1个特等奖、1个一等奖和2个二等奖。在全省校外教育辅导站主题阅读推广活动中，扬州5个辅导站获奖励。在全省校外教育辅导站工作表彰大会上，扬州4个单位和13名“五老”、13名在职教师获表彰，12个辅导站获评全省优秀辅导站。5月18日，市关工委与市文明办、市教育局印发《全面提升校外辅导站办站质量的意见》；7月20日，全市校外教育辅导站工作现场推进会在高邮召开。

（练瑞芳　徐微微）

■预防和减少青少年犯罪　2020年，全市有800多名法治教育报告员和500多名法治副校长共开展1000多场宣讲活动，受益青少年45万人次。开展“法治课间餐”活动，打造扬州中专职技校法治教育联盟活动平台。全市600多名“五老”网吧义务监督员对289家经营性网吧进行定点监督。组织900多名“五老”志愿者组成300多个帮教小组，采取“一帮一、几帮一”等形式，对失足青少年进行帮教，转化率96.6%。推进青少年零犯罪、零受害社区（村）建设三年试点工作，参加试点的7个乡镇（街道）133个社区(村)有131个实现“零犯罪”，132个实现“零受害”。11月20日，召开全市“青少年零犯罪、零受害社区（村）”建设工作推进会。组织万名“五老”进网格，全市114个户籍公安派出所建起关爱工作站。

（练瑞芳　徐微微）

11月20日，全市青少年零犯罪零受害社区(村)建设工作推进会召开

练瑞芳/摄

就业创业

■概况　2020年，扬州市城镇新增就业6.01万人，新增转移农村劳动力1.24万人，就业困难人员再就业3.77万人，城镇失业人员再就业5.05万人，创业带动就业9.45万人，城乡劳动者就业技能培训7.2万人，期末城镇登记失业率1.77%，全市规模以上企业劳动合同签订率99.99%。开展“冬季要约行动”，引导劳资双方进行集体协商。抗击新冠疫情期间，出台惠企政策“特殊工时告知承诺制”，助力企业复工复产，惠及261家企业、5.8万名职工。妥善处置破产企业、“关停并转”企业的劳资矛盾案件30余件。组织对全市229家劳务派遣单位的经营情况进行年度核验，对194家化工产业保留生产企业开展依法用工专项行动，对企业存在的劳务派遣行为责令整改。全年为781名农民工追讨工资392.05万元，在2019年度全省保障农民工工资支付工作考核中蝉联A级。推进市、县两级协调劳动关系三方常态化运行，建成省劳动关系和谐企业6家、省和谐劳动关系

示范园区3家。扬州5名农民工获“全国优秀农民工”称号。（市人社局）

■就业政策 实施就业困难人员灵活就业补贴政策，全年全市受理就业困难人员灵活就业社保补贴2.49万人，补贴资金1.08亿元。实施失业保险支持参保职工技能提升补贴政策，发放补贴7514.7万元，惠及参保职工4.32万人次。出台《市政府关于落实就业优先政策进一步做好稳就业工作的实施意见》，落实“免”“减”“缓”“降”“返”“贴”“补”等惠企政策。抗击新冠疫情期间，延长执行阶段性降低失业保险费率政策，累计减免养老、工伤、失业三项社保费34.59亿元，为1.41万家企业发放返还资金3.1亿元。出台一次性吸纳就业补贴政策，向生产重点防疫物资的中小企业及吸纳登记失业半年以上的下岗失业人员和农民工就业的中小企业发放一次性吸纳就业补贴504.6万元。出台线上职业培训支持政策，发放以工代训资金8300万元。（市人社局）

■公共就业服务 推广“云培训”，全年组织就业技能培训7.2万人次，发放补贴3050.82万元。推进“互联网+就业”，优化业务经办流程，全面实现失业保险待遇网上申领及《就业创业证》电子化发放。促进就业培训规范化管理，为定点培训机构布置就业创业管理系统内网专线，加强对培训过程的全程监管。深化“放管服”改革，组织开展劳动保障协理员业务能力提升轮训班，培训基层经办人员1251人。

（市人社局）

■重点群体就业 对全市建档立卡低收入农户劳动力进行“逐人逐户”精准排查，组织就业扶贫专场招聘会71场，提供就业岗位9596个。组织专项就业技能培训活动460场，培训1.67万人次。开展高校毕业生实名制调查服务，对7830名离校未就业高校毕业生开展就业服务，实现调查登记率100%，本省学籍离校未就业高校毕业生就业率96.8%。开展退捕渔民转产安置，实现重点水域转岗就业率100%，其他水域转岗就业率100%。

（市人社局）

■企业新型学徒制 扬州是全国首个由地级市财政推动企业新型学徒制的城市，至年末，累计培养企业新型学徒7000余人。抗击新冠疫情期间，鼓励企业和院校合作开发企业新型学徒制线上学习平台，以全日制技工（职业）学校为主体确定培养机构，除个别乡土特色产业外，选择规模以上企业合作，采用30~50人小班化教学。推动企业与技工院校产学有机融合，把产业动态、企业需求带进课堂。亚星股份、扬杰电子等企业与合作学校共建产业学院，扬杰电子被省发改委认定为江苏省第一批产教融合型企业。

（市人社局）

■长江流域退捕渔民安置保障 市人社局印发实施《关于开展全市长江流域退捕渔民转产转业就业需求调查工作的通知》，市政府办公室印发《全市禁捕退捕社会保障专项组工作方案》。召开市人社系统退捕渔民安置保障调度会、推进会6次，落实安置保障任务。10月18日，扬州接受国务院大督查禁捕退捕专项组督查。至年末，全市3974名建档立卡渔民中，未转产就业和未参加基本养老保障的渔民全部“清零”。

（市人社局）

■助力复工复产 出台《支持企业有序复工十项举措》，动态监测400家调查企业的复工用工情况，帮扶企业返岗14.36万人，返岗率98.9%。开展线上“春风行动”，为企业和各类就业群体提供“不停歇”就业服务，组织专场招聘活动30次，累计发布招聘岗位5.38万个，服务企业3500家。开展劳务引进和“点对点”用工服务，与劳务输出大省开展深入对接，为扬州企业用工储备人力资源。做好农民工返岗复工“点对点”服务保障，协调劳动力来扬返扬事宜，按照200~400元/人给予就业服务补助，至年末，“点对点”协助企业近20家，计97批次，分108车次集中输送1767名农民工返岗就业。（市人社局）

■劳动人事争议调解仲裁 开展提升仲裁队伍建设“六个一”活动，规范案件处理程序，完善劳动人事争议多元化处理机制，坚持案件处理集体评议制度，提升办案质效。扩大基层巡回仲裁庭建设试点范围，实现调解专家团队全覆盖。全年全市各级劳动人事争议仲裁委员会处理劳动人事争议5187件，其中实际立案2878件、案外调解2309件。在立案受理案件中，结案2134件，上期未结案件18件，结案率99.03%。（市人社局）

■劳动监察执法 开展全市清理整顿人力资源市场秩序等专项执法检查。按照行政执法“双随机，一公开”要求，完成国家、省人均50户主动检查执法任务。全年全市劳动保障监察机构检查用人单位3154户，受理投诉举报案件958件，立案查处691件，责令补签劳动合同197份，追发劳动者工资待遇1011.63万元，成功调处劳动关系矛盾纠纷案件1125件，依法向公安机关移送涉嫌拒不支付劳动报酬罪案件15件。

（市人社局）

■劳动关系监测预警 建成市劳动关系监测预警维权调度指挥中心，完成试运行阶段。指挥中心实现电子地图、预警监测、比对分析、工会劳动法律监督等特色功能，具备对劳动关系领域重点事项的监测预警和指挥处置。强化对劳动关系领域从事中事后监管向事前预警预防的转变，夯实全市劳动关系和谐稳定运行基础。（市人社局）

退役军人事务

■概况 2020年，全市退役军人工作以“思想政治工作年”“基层基础基本建设年”“服务管理质量提升年”为抓手，坚持高位统筹与多方联动相结合、建强阵地与完善政策相结合，落实政策与帮扶解困相结合、聚力“六稳”“六保”与推动创新实践相结合，健全组织管理体系、工作运行体系和政策制度体系，夯实退役军人工作根基，实现全国双拥模范城“八连冠”。抗击新冠疫情期间，开展“让党旗在抗疫一线高高飘扬”活动，1.2万名退役军人参与活动，全市退役军人捐款捐物600多万元。（张 健）

■基层基础基本建设年 制定《关于开展学习贯彻新时代“枫桥经验”，推进服务中心（站）建设活动实施方案》，累计投入4100万元，对全市7个服务中心、1456个服务站进行全面规范，落实场所3.3万平方米，配备专兼职人员1848人。推进示范型服务中心（站）创建，推广“一档五簿”工作法，做到考核全覆盖。建成市县两级视频指挥和调度系统，整合开发退役军人信息数据“一库两端”（退役军人基础信息数据库、综合服务信息平台和“戎耀扬州”App），实现实时调度、数据共享和服务事项“网上办”“掌上办”。修订完善安全保密、值班值守、文电档案、政务信息、统计调查、财务管理、干部人事、党风廉政等规章制度，规范内部运行和管理。（张 健）

■思想政治工作年 搭建“戎耀今生”系列活动平台，带动528名退役军人党员进机关、进社区、进军营讲“微党课”，征集展出书画摄影作品192件。建好用好“一库两本账”，实时跟踪管理、常态化联系走访，实现精准识别、帮扶和转化。“困难退役军人关爱基金”建设获年财政支持150万元。开展优秀“戎耀之家”创建活动，38家企事业单位申报市级优秀“戎耀之家”，6家推荐第二批省优秀“戎耀之家”。（张 健）

■退役军人安置 2020年，扬州市坚持“阳光安置”，推进“积分选岗”与“直通车”安置有机结合，妥善安置转业干部92人，随调家属10人，转业士官108人，接收自主择业干部6人，团职干部实职占比、军转干部行政参公占比、转业士官事业单位占比等指标均居省前列。（张 健）

9月30日，扬州市举行烈士公祭活动　董 辉/摄

■退役军人就业创业 全年组织各类招聘活动17次，线上发布就业信息72次，组织适应性培训和职业技能培训2195人次，1700多名退役军人达成就业意向。组织创业创新大赛，扬州市获省决赛二等奖、三等奖各一个。退役军人就业创业“四性”做法受到退役军人事务部肯定。（张 健）

■拥军褒扬 制定并落实为部队办实事计划，按照二级标准升级军供站，保障过境部队和新兵运输3600多人次；开展“送知识进军营”活动，为扬州舰87名官兵办理“专升本”；协调安置随军家属3名，发放随军未就业家属一次性扶助金4人65万元，驻扬部队立功奖励金46人4.8万元；办理军嫂游园卡480张，军嫂公交IC卡66张。开展抗美援朝出国作战70周年纪念活动，全市发放纪念章727枚。对3名逆行抗疫现役军人送上“五个一”关爱，向驻边海防艰苦地区官兵家庭落实“六送”要求。组织清明网上祭扫、公祭日集中祭扫、新婚夫妇向烈士献花活动。投入201万元优化布局烈士陵园英烈广场，新建篆刻5303位烈士姓名的英烈墙。（张 健）

■抚恤优待 全年累计发放优抚资金2亿元，价格临时补贴2800多万元。连续第18年动态调整重点优抚对象抚恤补助，义务兵家庭优待金标准提高到2万元；严密组织数据核查2.06万人，免费体检2.5万人，短期疗养362人。完善乡镇服务站与优抚驿站互补联动机制，丰富“最后一公里”服务内容。制发《关于进一步做好重点优抚对象医疗保障工作的意见》，为一至六级残疾军人投保职工医疗保险提供政策依据，统一报销流程。为现役军人家庭购买意外商业保险，全年新增和续保3091户。（张 健）

消费者权益保护

■概况 2020年，扬州市有各级消费者协会基层分会79个，消费者投诉站196个，企业监督站789个，在册维权志愿者211人，消费者讲师团成员16人，法律工作者志愿团志愿者28人。全市各级消协组织办结消费者投诉2638件，比上年上升10.9%，为消费者挽回经济损失1100余万元。接待来电、来访咨询5518人次，比上年上升

124%。推进企业和解机制建设，全市有企业和解点188家，自行和解消费纠纷3.6万余件，兑付退款、补偿、赔偿等费用11.23万元。市消协首次在全市范围内开展“寻找最美维权人物”活动，选拔、确定年度最美维权人物10名，向省消保委推荐2名候选人。（吴　涛）

■**消费纠纷调处**　抗击新冠疫情期间，消费调处改窗口现场投诉为线上受理投诉，实现投诉窗口“停开不停机”；组织通信、水、电、气、银行等公用服务龙头企业召开线上会议，妥善处置疫情防控期间发生的消费投诉；应对“飘安”假劣口罩热点事件，约谈红太阳医药连锁企业，组织市区13家门店按照统一标准组织退货、赔偿，创造性实施“不见面”退款。开展“疫情对居民消费意愿影响”调查活动，收集有效信息1393份，发布《新冠肺炎疫情对扬州市居民消费意愿影响的调查报告》，对消费者普遍关注的旅游消费、预付式消费、网络售后服务、防疫安全等问题提出合理消费建议。探索“互联网+维权”模式，推广“指尖上的315”微信平台服务，将纠纷调处从“跑三天”转为“传三小时”。全年全市消协组织受理、办结各类投诉2638件，接待消费咨询5518人次，帮助消费者挽回经济损失1100余万元。其中，市消协窗口受理投诉108件，接待咨询405人次。3月15日，开展“云上315”线上活动，线上接受、办结消费者咨询、投诉、举报181件，单个投诉案件在26分钟内办结。市消协聘请16位律师组建公益律师团，为瘦西湖院子群体投诉、启辉置业退房投诉、宝马汽车质量投诉、携程网上退订投诉、网络旅游充值投诉等案件调处提供法律意见；对接家装、家具等行业协会，为君悦蓝庭房屋质量投诉、莫干山定制家具投诉、皇家壹号卫浴质量投诉等案件提出专家意见。（吴　涛）

■**助力经济恢复发展**　组织开展“凝聚你我力量，让消费更温暖”系列活动，扩大消费宣传，提振消费信心。5月，市消协联合市卫健委开展“你来守护，我来服务——致敬最美逆行者”公益活动，为68名扬州市援鄂医务工作者提供免费上门家用电器维修、清洗服务；6—8月，组织扬州39家企业推荐73件商品参加“江苏好礼、舒心相伴”江苏特色伴手礼测评活动，“漆花”大漆公筷等5件商品入选“2020江苏伴手礼”名单；联合市家具协会组织开展“趟购大惠，好而不贵”网购家居新服务，让消费者“足不出户看产品，专属设计做方案，玩着手机购家具建材”；指导红星美凯龙和市移动公司分别开展“星承诺·心服务”活动和“满意365，温暖消费行”活动。（吴　涛）

■**企业和解机制建设**　坚持“消费纠纷调处黄金24小时”原则，落实企业主体责任。至年末，进入市消协企业和解微信群的企业数有56家，比上年增加32家；县（市、区）消协组织直接联系的企业和解点有188家；全年各直属和解点自行和解消费纠纷3.6万余件，兑付退款、补偿、赔偿等费用11.23万元。市消协组织和解企业定期开展“客服接待日”活动，先后组织通信行业、商业综合体、公共服务、大型商超等企业客服到市消协窗口集中直接受理消费咨询和投诉。（吴　涛）

■**“3·15”活动**　市消协联合市广播电台、市报业集团，通过“3·15维权声音的力量”“马上办”栏目，开通消费投诉咨询绿色通道，收集、回应消费诉求。“3·15”前夕，通过市级主流媒体集中发布年度消费热点、维权案例和侵害消费者权益违法案件，编印《3·15专刊》4000份，首次发行专刊手机端电子版。举办“你我携手，共享消费”维权知识有奖竞答活动，吸引消费者参与答题1.5万人次。“3·15”期间，各地消协组织各种宣传活动。其中，宝应县消协与县融媒体中心联合首次采用网络直播开展权益日维权宣传；仪征市消协联合广电台开办“消费者之窗”栏目向消费者普及各类维权常识。（吴　涛）

■**消费调查**　全年市消协发布各类消费建议、提示、警示32次，消费调查报告21篇。围绕网红抗菌牙膏、千元书包、网络游戏充值、假劣水晶泥等新兴消费现象，开展消费调查，通过《消费周刊》、消协微信号、放心消费网等媒体，解剖消费现象，指明消费隐患。召开市区18家影院参加的影院复映座谈会，就消费者关注的3D眼镜付费、在线购票、充值卡（券）使用等问题进行讨论，公布各影院的服务热线、优惠政策，第一时间回应消费者诉求。高邮市消协联合市场监管局召开城区黄金店行政约谈会，推动经营者整改告知消费者不全面、标价签标示不全等问题。宝应县消协在全县范围内开展第二次社会满意度调查活动。（吴　涛）

■**消费理念宣传教育**　围绕消费维权知识普及，以老年人和青少年两类主体为重点，组织开展消费教育“社区行”“乡村行”“学校行”等活动。市消协联合市金融维权协会，为社区老人开设“安全理财”专题讲座，提升防范意识。江都区消协结合“5·20世界计量日”“食品安全宣传周”等大型广场活动，组织有关行业和企业接受消费咨询。宝应县消协在宝应特殊教育学校、安宜莲花社区、望直港敬老院等单位开展“五进”消费教育活动和重阳节老年消费教育广场咨询服务活动。仪征市消协设立“消费维权展示厅暨食品教育示范基地”，对常见的保健品推销、食品安全事故、消费陷阱等事件制作视频，滚动播放。（吴　涛）

公共安全

Gonggong Anquan

编 辑 崔成鹏

应急管理

■应急管理队伍建设 加强应急管理队伍建设，推动安委办实体化运作，市、县安委办设立专职副主任，调增25名编制；持续配齐配强安全监管力量，市应急局处室由6个增加到14个，行政编制由22名增加到44名；通过名校优生选调、公务员招考、专项遴选、事业单位招录等多种形式新增到岗工作人员21人；提升专业监管能力，专门成立市危化品安全技术保障中心和危化品安全监察大队，新增行政（事业）编制人员19人，有效缓解危化品监管人员少、专业性不强等突出问题。（燕海霞）

■完善突发事件预案体系 市政府常务会议专门研究修订《扬州市突发事件总体应急预案》，统领全市31个专项预案，明确自然灾害、事故灾难、公共卫生事件、社会安全事件四大类44种突发事件的防控主责部门及应急牵头部门，强化现场指挥与应对；定期不定期开展多种形式的应急演练，加强应急物资的动态储备，加快构建反应迅速、部门联动、运转高效、规范有序的应急救援机制。（燕海霞）

■风险监测与综合减灾 及时调整市减灾委成员、明确工作职责，出台工作规则。印发《扬州市减灾委员会办公室关于做好自然灾害综合监测预警工作的实施意见》，督促各相关部门加强自然灾害监测预警工作。加强避难场所建设，完成修编《扬州市地震应急预案》。联合扬州广电制作五期线上科普教育课，分别关于地震灾害避险、水旱灾害避险、气象灾害应对、火灾应对、急救技能等，在学校、商超等人员密集场所循环播放。加强城乡社区综合减灾能力建设，邗江区邗上街道五里社区、瘦西湖街道滨湖社区、广陵区汤汪乡九龙花园社区、江都区仙女镇南吴社区、仪征市月塘镇谢集街道社区、高邮市城南经济新区南苑社区等6个社区被命名为“2020年度全国综合减灾示范社区”。（燕海霞）

■应急救援队伍建设 对照《扬州市处置突发事件军地联动实施细则》，与军分区、武警支队建立健全信息共享、方案对接、应急联动机制；将红十字救援队纳入应急救援力量体系建设内容，统筹红十字救援队参加救灾专业培训、应急演练等。指导专业应急救援队伍建设，做好危化品应急救援、公用事业保障、水上搜救、环境保护、道路桥梁等专业力量调查摸底，加强宝应蓝天队、仪征市山鹰应急救援服务中心参与救援和疫情防控；合理安排9名专业救援队伍骨干参加省厅专门培训；强化防汛工作“一盘棋”思想，印发《关于做好防汛抗洪抢险救援准备的通知》，将省水建公司纳入市防汛抢险专业力量。（燕海霞）

11月5日，化工园区举办第八届消防技能比武暨第五届危化品救援技术竞赛

化工园区/供稿

■应急救援演练 印发《关于加强2020年应急演练工作的通知》，协调参加扬州市食品安全事故（Ⅲ级）应急演练、瘦西湖隧道突发事件综合演练、“平安2020”机场应急救援综合演练、军地联合防汛抗洪抢险演练、仪化危化品事故应急演练等市级应急演练40余场。安全生产月期间，全市组织演练900场次、近4.5万人参加，达到“演”“练”合一、锻炼队伍的效果。开展野外火源治理和打击违法用火行为专项行动，协调成立扬州市首支森林消防专业队伍，开展首次森林防灭火应急演练，执行24小时值班值守和卫星监测热点核查反馈制度，坚决处置各类火情。（燕海霞）

■救灾与物资保障 健全救灾工作组机制，修订印发《扬州市自然灾害救助应急预案》《扬州市应急管理局自然灾害救助工作规程》《扬州市灾害信息员队伍建设实施意见》《扬州市市级救灾物资储备调拨使用管理实施意见》《关于明确职责分工 进一步加强我市物资储备工作的实施意见》，推动《应急救援救灾物资和装备储备三年规划》。针对6·1宝应风雹灾、6·12高邮风雹灾、7–8月仪征汛情、8·1江都风雹灾等自然灾害，造成受灾人口1758人，房屋损坏371间，直接经济损失约1678.59万元，及时启动应急响应、派员赶赴现场核实灾情，上争救灾资金67万元，折叠床100张，蚊帐100顶。加强物资储备，提出包括帐篷、睡袋、毛毯、瓶装饮用水、方便食品等15个品种的储备建议方案；上争在高邮市设立省级救灾物资代储点，储存救灾物资11个品种2.70万件。（燕海霞）

■应急指挥中心建设 印发《扬州市应急管理局值班值守工作制度》，建立领导带班制度、值班记录制度、交接班制度、报告处理制度、保密制度等；健全全员值班机制，明确节假日领导带班、处室负责人领班、工作人员值班、驾驶员待班的“二级值班制度”。根据业务工作需要，谋划应急指挥中心布局，合理设置办公室、会商室、值班室、休息室、接待室、机房室和指挥室（指挥大厅）。中型和小型移动指挥车已配备到位，强化现场调度指挥能力。全年报送快报信息41期，发布恶劣天气预警信息20余条，安全生产举报有效信息1.58万起，都能够做到信息报告及时、准确，没有迟报、漏报、瞒报现象。（燕海霞）

安全生产

■概况 2020年，市应急管理局学习贯彻中共十九届四中、五中全会精神和习近平总书记“两个不放松”“务必整出成效”重要讲话指示精神，胸怀大局、奋勇担当，打赢疫情防控、复工复产、安全生产专项整治与自然灾害防范四场攻坚战，在大战大考中经受考验，各项工作取得新的进展。全市安全生产形势持续保持平稳向好，2005年以来首次实现全年未发生较大及以上事故，首次实现事故起数和死亡人数大幅“双下降”65%以上，首次实现全年事故死亡人数控制在100人以内，首次实现一个县区（广陵区）全年“零亡人”；首次实现全年危化品和烟花爆竹行业“零事故”；应对百年一遇的长江流域超历史洪水、淮河流域并发大洪水和风雹、台风等自然灾害有力，未发生因灾亡人事件。机构改革以来首次被市委、市政府评为综合考核“一等等次”。（燕海霞）

■党政领导责任落实 在全国率先出台《扬州市党政领导干部安全生产责任制规定实施办法》，以责任清单形式细化明晰11位市委常委、6位副市长的69项安全生产工作职责，通过年度述职、考核巡查、责任追究、痕迹管理等方式，做到党政同抓、工作同步、责任同担。市委、市政府主要领导重视安全生产，对安全生产抓部署安排、抓推进落实。2020年，市委常委会、市委中心组学习会、市政府常务会、市长办公会14次听取安全生产工作汇报，研究解决安全生产重大问题。按照《市安委会成员单位履行安全生产工作责任考核评价指标》《扬州市安全生产工作考核办法》要求，对9个县（市、区）政府、功能区管委会、19个专项整治牵头部门、43个安全主管、监管职责部门的目标任务完成情况进行严格考核，考核结果纳入各地、各部门经济社会发展考核评比总分，执行“一票否决”制度。（燕海霞）

■部门监管责任落实 印发《扬州市市级部门及驻扬单位安全生产工作职责任务清单》，细化79个安委会成员单位考核评价指标，确保安全监管责任不“断档”、不缺位；出台《关于加强对安全生产领域风险隐患排查整改工作监督问责的实施意见》，督促各有关部门牵头抓总、协调推进各自领域专项整治，推动安全监管责任履行再监督再落实；出台《扬州市安全生产警示提示制度》等5项制度，紧盯事故频发、存在较大风险的行业领域，下发警示函、督办函6份，实施集中约谈1次，倒逼各有关部门严格履职尽责、全面强化监管。推广应用安全生产问题处置监管平台，按照省纪委、省安委办统一部署，加大账号扩面、强化人员培训、做到应录尽录、定期通报推动，确保监管平台有序运行，实现市、县、乡三级账户全覆盖。（燕海霞）

■企业主体责任落实 印发《企业落实安全生产主体责任重点事项清单》，全面推行企业全员安全生产责任制，实施大力度、高频次监督检查，推动企业抓业主、业主抓员工、员工抓岗位，形成环环相扣、层层推进的企业安全生产管理体系。创新监管手段，通过主要负责人述职、“黑名单”制度、媒体曝光、警示约谈、综合执法、群众举报等途径，促进企业安全自查、违章自纠、隐患自改、风险自控。集中开展复产复工企业落实安全生产主体责任“六个一”（组织一次政策宣讲、一次警示教育、一次专家服务、一次安全培训、一次指导检查、一次预案演练）专项行动等，累计开展指导检查6027次、政策宣讲4918次、培训演练4017次、警示教育3013次、专家服务1818次，企业安全生产意识和安全管理水平得到全面提升。

（燕海霞）

■安全生产专项整治 聚焦“一年小灶”工作目标任务，注重发挥专项整治联络服务组、专治办、安委办等的牵头作用，注重各部门协调联动，厘清责任分工、消除监管盲区，健全联动机制、强化协同发力，形成各司其职、各尽其责、合力推进、齐抓共管的安全监管新格局。按照标准更高、要求更严、内容更全、问题更准、措施更细、责任更明的“六更”要求，市、县两级党政领导带头开展“解剖麻雀式”调研检查，研究出台市安全生产专项整治方案，通过条线部门之间“面对面”“硬碰硬”研究讨论，细化明晰监管职责分工，消除安全监管盲区。全市共组成各类检查组2.10万个，聘请专家4023人（次），检查各类企业7.32万家次，排查各类突出问题和重大隐患820个，已整改816个，其余问题均已制定整改方案，并加快整改。开展市、县两级安全生产巡查督导，全市共派出76个巡查督导组，聚焦安全生产“三个责任”落实等重点难点，完成集中巡查督导全覆盖，推动安全监管部门主动向前一步、履职尽责，排查问题隐患338项，已完成335项，其余3项已按照闭环要求申请延期。危化品领域，50家涉及重大危险源和危险工艺的企业（已关停6家）完成本质安全诊断，排查隐患1426条，完成整改1422条；开展违法违规“小化工”整治，市级层面组织5个牵头部门500人开展两轮交叉督查，全市共组织27.75万人次，排查13.49万家企业、小作坊、小窝点，发现违法违规“小化工”99家，已全部完成整治；共排查“小字头”企业6.67万家，“停产停业”企业712家，查出问题20条，已全部整治完成。整治期间，共立案查处4家，行政处罚21.6万元，移送司法机关3家。冶金工贸领域，聚焦高温熔融金属、粉尘涉爆、液氨使用、深井铸造、有限空间等重点领域、关键环节，全面推进规上企业完成双重预防机制，排查各类隐患2.68万项，完成整改2.62万项。完成国务院和省督导组交办各项任务。专门成立由市政府主要领导任组长，分管领导任常务副组长，所有副市长任副组长的专项整治领导小组，加强专项整治工作的组织领导。成立扬州联络服务工作组，组建联络服务工作专班，实行驻点集中办公，零距离、点对点、全方位做好服务保障工作，并建立交办督办、信息简报、配合协同、档案留存等工作机制，保证国务院和省督导工作的高效有序开展。对重大隐患，实施挂牌督办、加大曝光力度、跟踪整改到位，确保隐患闭环管理；对于国务院和省督导组交办的工作任务、问题隐患以及举报信件，均第一时间交办督办、整改反馈到位。至年底，国务院督导组集中督导、督导报告、常驻督导、“回头看”移交涉及扬州市的21项问题隐患，全部完成整改；国务院第四督导组交办的安全生产类隐患193项（重大隐患5项），完成整改192项（5项重大隐患全部整改完毕），剩余1项正在加快整改；交办环保类隐患82项（重点督办14项），全部完成整改；交办信访问题32件，全部办结。国务院第一督导组反馈移交南京港10项问题隐患，全部完成整改。国务院第三督导组反馈市交通运输领域7方面25项隐患，全面完成整改。国务院督导组反馈江苏省的“四个清单”，扬州市第一时间组织自查自纠，“重大风险”“突出问题”74项，全部完成整改；23项“任务清单”、46项“典型做法清单”全部对照落实。省第十督导组集中督导交办的“责任不落实清单”“重大风险隐患清单”细化为113项，完成整改111项，剩余2项正在整改；交办信访举报类问题30件，已全部办结；督办单、建议函、联系函等22件，已全部办结。

（燕海霞）

7月15日，市长张宝娟就国务院和省安全生产督导组交办问题整改工作进行专题督查　　庄文斌/摄

■安全监管执法 全面开展“执法攻坚年”活动，运用安全生产行政执法管理系统，聚焦全年执法处罚提升3倍以上的目标，检查频次有密度、执法监察有硬度、事故查处有深度，提高企业违法成本。针对专项整治中安全管理基础薄弱、安全风险较高、易发群死群伤事故的企业，依法问责、上限处罚，形成“处罚一个、震慑一批”的高压态势。推进“三位一体”执法检查，从10月开始，在全市集中开展为期

6个月的安全生产专项整治攻坚战，以“三位一体”执法检查为重要抓手，巩固整治成果，探索长效机制，确保专项整治整出成效。据统计，30个专项整治牵头部门预计检查企业1.16万家次，实施行政处罚8300件，罚款8200万元，其中事前处罚7600件，罚款6900万元；实施停产停业整顿项目250件、暂扣吊销执照46件，移送涉嫌刑事案件11件。其中，应急部门执法处罚量增加，从2018年执法755件、2561万元，2019年1238件、2736万元，到2020年1197件、3565.5万元。

（燕海霞）

■安全生产宣传 以安全生产月、防灾减灾日等为载体，推进宣传教育“五进”活动，多媒体、多平台、多途径宣传专项整治工作进展、具体成效以及典型案例。发放安全生产宣传资料20余万份，播放短视频、安全提示、公益广告2.6万条，组织新闻发布会7场次。实施企业员工安全素养提升行动，以提高企业员工遵守操作规程和安全防范意识为重点，抓岗前培训、抓班前会、抓应知应会，全面提升企业员工应急和安全素养。在《扬州日报》、扬州广电总台等主流媒体开设“安全生产专项整治扬州在行动”专栏，推送报道600多篇，门户网站1200多条，微信公众号198条，扬州门户网站推动报道37篇，上报省厅新闻线索49条，隐患排查红丝带经验做法在《人民网》《工人日报》《新京报》《中国应急管理报》等主流媒体重点报道，疫情防控期间安责险优惠政策的报道被《全国应急管理简报》采用，全国推广。宣传“扬州公共安全教育警示24条”，组织志愿者队伍开展风险隐患群防群治，营造全市上下推动安全生产的强大声势。（燕海霞）

■安全生产投入 市级安全生产专项资金在原来800万元的基础上，新增800万元，增加到1600万元，全面加强应急管理能力建设。强化安全生产科技支撑，编制《扬州市应急管理信息化发展规划（2019—2022年）》，投入6600多万元加快建设市级应急管理综合平台，包括应急指挥信息系统和危险化学品监管系统两大应用，提高风险感知灵敏度、会商研判精准度、抢险救援科学性。推进“智慧应急”“智慧消防”“智慧交通”“智慧工地”等建设，推进“机械化换人、自动化减人”步伐，有效降低安全事故风险。（燕海霞）

■化工项目审批把关 聚焦长江大保护“化工围江”这一共性问题整改，提高化工行业准入门槛，将仅有的1家化工园区产业规划面积从22.5平方千米调减到9.6平方千米，不在化工园区外新批新建化工企业和化工项目，对既有的不合格化工企业责令整改或停产整顿。（燕海霞）

■落后化工产能淘汰 改变市化工企业“小、散、乱”的现状。在前三年已关闭374家化工企业的基础上，2020年再关停81家，化工企业总数将从605家减至100家左右，累计压减比例达83%。（燕海霞）

■城市安全发展 在全省率先出台《扬州市城市安全发展行动计划（2018—2020）》，召开全市城市安全发展工作会议，突出清单化管理、项目化推进，逐一细化分解、强化跟踪督查，推进城市国省安全发展示范城市创建，成立市创建工作领导小组，2020年高邮市按照标准完成创建自评。（燕海霞）

消防安全

■概况 2020年，市消防救援支队消防救援队伍共接警出动5412次，成功处置“4·14”翰晟汽配厂、“11·17”东方食品城等火灾事故；完成进博会、运河城市论坛等16项安保任务。被总队表彰为“好班子”，有3个单位和3名个人获得全省“十佳”称号，在消防执法、执勤训练、消防宣传、信息化建设、信息调研等6个领域获先进荣誉。（消防支队）

■政治建设 深入推进“五个不动摇”教育实践活动和纪念授旗训词两周年系列活动，开展的内部关系讨论活动被《精彩火焰蓝》录用，学习陈陆事迹做法被应急管理部消防救援局首长表扬肯定。创新思想政治教育方式，建立“4+2”政治教育模式，推行“讨论式课堂”“体会式笔记”；用好《精彩火焰蓝》消防政工电子杂志，鼓励指战员自主创新、积极投稿，开展的内部关系讨论活动和学习陈陆同志事迹做法先后被录用。全年有1个集体被团省委表彰为五四红旗团支部，1名指战员获评“江苏省优秀青年志愿者”提名奖，9个集体被表彰为市文明单位，9名指战员被评为市“最美应急人”，52名指战员被记功嘉奖。

（消防支队）

■消防主导职责落实 推动市委、市政府连续6年将消防工作纳入民生1号文件予以推进，市政府2次召开常务会议研究消防工作，市主要领导、分管领导6次批示消防工作。提请市政府出台《扬州市消防救援队伍职业保障和社会优待政策》，明确消防人员及子女、家属享受现役军人同等政策。市委、市政府将消防部门作为独立单位参加党政会议、参与党政考核，将“十四五”消防救援事业发展作为重要规划进行编制。以“一年小灶”“三年大灶”任务为中心，持续开展夏防、电气、文博、百日攻坚等10个专项治理行动，各级领导带队开展检查80余次，消委会成员单位开展联合检查280余次，支队全体监督员检查单位1.3万家，督改隐患2.1万处，整改销案15家重大火灾隐患单位，办理2起“两罪”案件，行政拘留5人。全面落实基层消防站参与监督执法工作，对328名消防员和专职队员开展培训，开展巡防220余次，巡查单位437家，移交问题276个。全市火灾起数、伤人数、亡人数同比分别下降25.9%、50.9%和46.7%，连续23年未发生较大以上火灾事故。（消防支队）

■**消防救援队伍建设** 落实党委议训、参训、领训，主官带头、全员参训，指战员体技能达标率提升至98%，在总队各项比武竞赛中，1人获得单兵项目第一，2人进入全省前三名，3个班组进入全省前六名。建强地震、水域、高层等6支专业队，规范处置程序、力量编成，每月开展拉动演练，在全省地震救援拉动中名列第三。组建应急通信保障分队，配齐配全通信设备，形成“组成网、随人走，不中断、联得上，听得见、看得清，能图传、能分析”的应急通信保障体系，多次代表总队参加部局“直调直报”拉动演练。（消防支队）

■**消防设施建设** 按照“建强中心站、建密小型站”的思路，投入执勤沿江消防站、广陵路消防站等4个站点，建成京华城、中集等3个撬装站，启动临泽、西湖等3个专职队站建设。科学制定装备购置计划，购置22辆消防车、6000余件（套）器材。持续开展“小革新、小发明、小创造”活动，消防水带水幕发射器、水带提兜、排烟机冷却降温装置等6项器材革新获得国家专利。强化消防装备智慧管理系统使用，以激光二维码和RFID技术为支撑，实现装备器材“全寿命、全过程”管理，有效提升经费使用效益。加强综合保障分队建设，形成“市内1小时、区（县、市）半小时”保障圈，实现72小时不间断保障。（消防支队）

防震减灾

■**地震监测预报** 2020年，全市范围内地震活动相对平稳，未发生里氏1.0级以上地震。全市测震台网和前兆台网正常运行，参与全省评比情况为：扬州市获得全省地震应急技术系统运维综合考核第三名，4人获得全省“优秀速报员”称号；扬州地震台获强震动观测项第三名；高邮地震台获观测资料质量第三名，地磁FHD第一名，地电阻率第一名，地磁秒采样优秀奖，地电场优秀奖，地下流体学科水位测项第二名，水温测项第三名，前兆数据管理与系统维护第一名，强震运维第一名；仪征铜山地震台获有人值守市县地震台站观测资料质量第一名；宝应地震台获强震运维第二名。

（何雨薇 卞海波）

■**地震灾害防御** 全年完成抗震设防要求确定行政许可事项办件26件，对全市2009年5月1日以来完成抗震设计的学校（419栋）、医院（81栋）工程项目和2016年1月1日以来超限高层、超大体量建设工程73个工程项目，共计573个工程项目进行监管检查，并在规定的时间节点内上报汇总材料和监管检查报告。实现新、改、扩一般建设工程抗震设防项目要求确定行政许可事项100%审批，重大建设工程项目抗震设防要求确定100%上报省局，国家标准《中国地震动参数区划图》（GB 18306—2015）执行率100%。（何雨薇 卞海波）

■**防震减灾宣传** 以5月12日纪念汶川地震12周年和第12个“全国防灾减灾日”及5月9日至5月15日防灾减灾宣传周为契机，紧扣“提升基层应急能力，筑牢防灾减灾救灾的人民防线”主题，按照“搭建平台造声势，创新宣传扩影响，办好活动求实效”的工作思路，在全市范围内组织市、县（市、区）住建部门开展一系列主题宣传活动，取得显著宣传效果。举行防灾减灾日启动仪式。5月11日，市减灾委、市住建局、市应急管理局在江都区仙女镇金桥社区联合举行2020年防灾减灾日宣传活动启动仪式暨大型广场集中宣传活动，在活动现场布置科普宣传咨询台、防震减灾科普知识展板，向市民发放防震减灾宣传手册，安排专人在现场解答市民提问，开展防震减灾知识抢答活动。开展线上线下宣传活动。联合扬州新闻频道985新闻在线上开展“防灾减灾，救命技能”“地震时该如何逃生？”“记者、主播带你‘解锁’防震减灾防震避震知识”等活动。5月12日，在高邮界首举行马棚湾地震决口遗址纪念碑揭碑仪式，省地震局副局长刘红桂为其揭碑。组织开展防震减灾知识竞赛活动。高邮市在5月12日《高邮日报》上刊登防震减灾知识竞赛试题，组织中小学生和社会公众参加防震减灾知识竞赛，1万多人参加。开放科普宣教场馆。全市范围内创建的防震减灾科普教育基地和场馆，在纪念汶川大地震12周年和“5·12”防灾减灾日、科普宣传周、“7·28”唐山大地震纪念日、“10·13”国际减灾日、安全生产月等时间节点均面向社会公众开放，发挥宣传教育设施作用，通过图文并茂、声像互动和亲身体验等方式，让参观者了解地震，提升防震减灾意识和应急避险能力。2020年，防震减灾科普教育基地和场馆共接待参观人数5万多人次。（何雨薇 卞海波）

■**地震实战演练** 5月11—12日，演练模拟在广陵区湾头镇发生里氏6.0级破坏性地震后，按照地震应急预案要求，扬州市地震应急救援队（扬州市消防支队）第一时间由45名地震应急救援队员（消防队员）组成的重型地震应急救援队，携带大批救援装备和饮用水、食品等救援物资，徒步15千米抵达位于万福大桥附近的集结点，开展孤岛救援、狭小空间救援、建筑破拆、人员搜救等多项地震应急救援实战项目演练。省地震应急救援总队（省消防总队）调令全省各市地震应急救援队（消防支队）力量到扬驰援。

（何雨薇 卞海波）

网络安全

■**概况** 2020年，召开市委网信委第二次会议和全市网信办主任会议，印发《市委网信委2020年工作要点》，出台《市委办 市政府办关于加快建立扬州网络综合治理体系的工作方案》，提升管网、治网、用网水平，推动扬州网信工作高质量发展走在前列，共获得国家、省、市级集体荣誉8项、项目（案例）荣誉22项、个人荣誉13人次，工

作情况在全省网信办主任会议上作交流发言。（王溪汇）

■网络传播引领 围绕习近平总书记视察江苏视察扬州重要讲话指示精神、全国和省市两会、疫情防控、决胜全面小康、党的十九届五中全会精神等重大主题，召开网上重大主题宣传推进会，精心策划重大主题宣传，扬州网开设专题专栏105个，"扬州发布"开设154个，"扬帆"开设298个，9篇报道获全网推送，154篇报道获得全省推送。举办"美丽扬州、e键同评"网评大赛，发表各类网评文章567篇，建成以"广陵潮评""扬帆时评"等为龙头的一批新型网评阵地。（王溪汇）

■网络综合治理 构建清朗、健康、文明的网络生态，突出"法治、德治、智治、共治"四治联动，经验做法刊登于《中央网信动态》，获省"清朗2020"专项行动先进集体和"扫黄打非"先进集体。出台《新闻单位官方公众账号管理办法》《新闻单位从业人员公众账号管理办法》。以"清朗2020"行动为统揽，开展属地网络生态"大扫除"、网络领域扫黑除恶等专项整治行动。举办"文明办网·文明上网"活动，推动网信普法"七进"，启动优秀案例征集活动，按月发布新媒体影响力榜单，举办2020"网络生态e起治"圆桌会暨网络综合培训班。推进网情网格"双网融合"建设，实施"好网角"工程，制定地方标准并指导蒋王社区和杭集镇试点。（王溪汇）

■网络社会工作 以"党建+"为引领，构筑网上网下同心圆。实施"党建领航、E企扬帆"互联网党建品牌建设，召开互联网行业党委第一次会议和全市互联网行业党建工作推进会，联合市委组织部下发《关于加强互联网行业党建工作的指导意见》。举办"网聚美丽扬州、E起幸福小康"第五届扬州市网民节，组织"网络名人看扬州""达人拍扬州"等活动，团结凝聚一批正能量"网红""大V"。（王溪汇）

■网络安全防护 召开全市网络安全工作推进会，印发《2020年全市网络安全工作要点》，常态化召开统筹协同机制联席会。开展"网安2020扬州行动"，开展电子政务外网全量监测，组织攻防演练和渗透测试，协调处置网络安全事件。组织网络安全宣传周活动，会同举办校园日、法治日、电信日、金融日、青少年日、个人信息保护日等六大主题日，制作网安知识宣传视频《维护网络安全，共建美丽扬州》。组织网络安全知识技能竞赛、网络安全短视频暨E海报征集大赛、"我是网络安全宣传员"演讲比赛。打造永不落幕的网络安全宣传周，网络安全周周宣获批省级重点项目，宣传覆盖近20万人次。创新开展网安宣传"四进"活动，打造蒋王社区网络安全宣传示范点、一束光·竹西城市书房，花都汇互联网公园、88路网安宣传车，被中央网信办官网刊文介绍，获省网信工作创新奖中的提名奖。（王溪汇）

■信息化建设 联合开展网络扶贫工作，组织开展"品世界的美食，来向往的扬州"网络公益扶贫直播活动，获评省网络扶贫案例征集优秀组织单位。推进IPv6规模部署和5G网络建设，完成电子政务外网互联网出口区域IPv6升级改造，获评2020数字江苏建设优秀实践成果征集优秀组织单位，扬州3个项目入选数字政府类、数字乡村类2020数字江苏建设优秀实践成果。（王溪汇）

■2019年"文明办网"总结发布会 1月17日，由市委宣传部、市委网信办、市文明办联合举办的"网聚正能量、奋斗新征程"2019年"文明办网"总结发布会在扬州广电总台举行。市委常委、秘书长韩骅出席发布会。活动回顾2019年全市网信工作，发布网络安全保障、网站规范运行、优化网络服务和传播正能量四类"文明办网"优秀案例20个，优秀案例提名10个，颁发第四届网民节活动优秀项目奖，发布"网络安全周周宣"活动，向全市发出"2020文明办网、文明上网"倡议。（王溪汇）

■"向往扬州"主题宣传 坚持"为大局聚力，向中心聚焦"，4月，策划启动"向往扬州"主题宣传，先后组织"网眼看扬州"——抖音达人拍扬州、"醉美高邮、寻味汪老"网红聚集季等活动，首次引入小组赛赛制方式，至年底，抖音话题播放量超11亿次，集纳视频1.8万条，产生18条播放量超千万、100多条播放量超百万、180多条点赞超1万的"爆款"视频，今日头条"向往扬州"话题阅读量2600多万，微博话题7800多万，活动在人民网、

6月12日，扬州市委网信办组织20多位总粉丝量达500万的抖音达人寻访高邮，参观汪曾祺纪念馆　　孟德龙/摄

新华网等平台刊发各类报道130多篇，项目获省委网信办2020江苏网络文化季“优秀项目奖”和省文旅厅2020江苏文旅推广峰会“城市十大传播创意话题”。（王溪汇）

■第五届网民节开幕式暨网信智库建设启动仪式 9月15日，2020年扬州市网络安全宣传周、第五届网民节开幕式暨网信智库建设启动仪式在扬州创新中心举行。市委书记夏心旻，省委网信办主任兼省委宣传部副部长徐缨，新华社原副社长、新华网原总裁、东南大学文化传媒与国际战略研究院院长周锡生，中国网络空间研究院副院长宣兴章，国家计算机网络与信息安全管理中心江苏分中心党委书记、主任、江苏省委网信办兼职副主任王云飞，东南大学网络空间安全学院党委书记施畅共同启动活动标识，市委书记夏心旻为首批网信智库专家颁发聘书。活动现场播放《维护网络安全，共建美丽扬州》主题宣传视频，举办网络安全系列比赛和“向往扬州”抖音挑战赛颁奖仪式，两位智库专家作题为《创意传播让世界人民向往美丽扬州》《网络连接和数据洞察》的主题演讲。（王溪汇）

■扬州网信智库成立 落实《关于加强中国特色新型智库建设的意见》，先后率队赴南京、北京拜访调研，联合中国网络空间研究院、中国网络社会组织联合会、东南大学网络空间安全学院、国家互联网应急中心江苏分中心等国内省内高层次平台，在全省首建扬州网信智库，汇聚中国工程院院士等国内知名专家21人，并在规划编制、教育培训等工作中发挥作用，获省网信工作创新奖，经验做法被中央网信办官网、学习强国“网信中国”账号、《网络传播》杂志和新华日报等中央、省、市主流媒体平台刊文介绍。9月15日，扬州网信智库首批受聘的专家、学者实地考察扬州网信工作，调研蒋王社区网情网格信息点、一束光·城市书房和花都汇互联网公园，把脉扬州网信事业发展。（王溪汇）

■全市网信与意识形态工作领导干部培训班 11月16—20日，扬州市举办全市网信与意识形态工作领导干部培训班。本次培训由市委组织部、市委宣传部、市委网信办联合主办，扬州网信智库支持单位——东南大学网络空间安全学院承办，中国网络社会组织联合会、国家计算机网络与信息安全管理中心江苏分中心支持，全市60余名处级干部参加培训。（王溪汇）

■网络综合治理手段创新 结合全市基层基础建设，指导邗江蒋王社区和生态科技新城杭集镇进行网情网格“双网融合”信息点试点，打造探民情、集民意、知网情、懂网格的民心角，融合宣传、普法、展览等多模块的宣传角，汇集信息上报、转办、反馈等多功能的清朗角，推动实现网情网格融合、舆情社情融合、线上线下融合，助力网络生态和社会生态同步治理。（王溪汇）

人民防空

■人防指挥和信息化建设 全面完成人防重要经济目标、重点镇确定工作和国防动员信息系统、人防指挥专网、市县人防数据专线、人防重要经济目标视频监控、人防无线图传视频指挥系统、人防警报系统等建设工作，人防指挥通信综合保障能力有效提升。（卞海波）

■人防实战化训练演练 全市共组织各类单课题演练8次，多课题演练2次，综合演习5次，共组织动员各类企事业单位、学校医院、街道社区1万多人参与演练，多次开设3个人防基本指挥所和6个机动指挥所，动用卫星、无线图传、有线通信、超短波数字集群等通信设备和300多台警报设备保障演练。（卞海波）

■人防工程建设管理 制订出台《结合民用建筑修建防空地下室审批管理制度》《扬州市人防工程质量监督暂行规定》《人防工程开发利用和维护管理制度》等制度规定，规范人防工程建设审批管理行为。全年人防工程新立项95个、61.85万平方米，竣工验收项目62个、44.64万平方米，人防战备效益持续提升。（卞海波）

■人防工程审批制度改革 人防工程建设审批全面纳入“阳光人防”平台，制订出台《结合民用建筑修建防空地下室审批管理制度》《扬州市人防工程质量监督暂行规定》《人防工程开发利用和维护管理制度》等制度，审批管理行为规范。（卞海波）

■人防宣传教育 多形式开展人民防空70周年纪念活动，全方位加大人防宣传力度，普及化推进人防“五进”工作。累计在省级新闻媒体发稿15篇以上、在《扬州晚报》进行3个整版宣传，营造人民防空氛围。在中小学开设人防教育课程，为市直中小学生配发人防知识读本1.2万余册，组织广大师生开展防空防灾演练等活动。推进人防进社区，启动广陵区曲江街道五里社区人防体验馆建设工作，打造一支社区专属人防安全守护队伍。（卞海波）

■人防机关建设 规范人防财务管理，在全面清查行业资产与行政资产的基础上，核对各项资产、资本性支出，盘点储备物资、固定资产、无形资产与在建工程等资产。强化法治人防意识，明确将人防行政执法职能调整到扬州市城建监察支队统一行使，整合行政执法力量，提高人防执法效率。按照“事前防范、事中管理、事后救济”的原则，所有重大行政决策、诉讼案件、合同审查均邀请法律顾问会商研究，人防依法行政能力持续提升。（卞海波）

区（县、市）发展

Qu(Xian Shi) Fazhan

编　辑　崔成鹏

广陵区

■**概况**　广陵区总面积334.86平方千米，辖7个乡镇，4个街道，有行政村83个，社区62个，年末户籍总人口42.9万人。2020年，全区实现地区生产总值843.48亿元，增长3.5%；固定资产投资增长22.6%；社会消费品零售总额272.11亿元；外贸自营出口总额9.2亿美元；一般公共预算收入36.47亿元，增长3.2%，其中税收收入占比84%；城镇居民人均可支配收入50597元、农村居民人均可支配收入33505元，分别增长4%、6.3%。

农业。新增高效设施农业144公顷、高标准农田933.33公顷、省绿色优质农产品生产基地666.67公顷，农产品电商销售额达11亿元。新开工农业重大项目10个、竣工4个、签约9个。现代农业科技产业园完成省级示范园建设，创成国家农业科技示范展示基地，启动国家级农业园区创建。

工业和建筑业。新增规模以上工业企业40家，完成规模以上工业产值440亿元，增长10%。全部工业开票销售500亿元、入库税收17亿元。认定亿元以上项目40个，完成工业投资63亿元，其中高技术制造业投资占比47%。太极新材料创成国家级绿色工厂，电力修造入选国家专精特新“小巨人”企业，宏昌天马获“中国工业设计优秀奖”。全年新签约亿元以上项目133个，实际利用外资及港澳台资2.6亿美元，新能源重卡、恒润高端装备新材料等重大项目签约。建筑业实现产值687亿元、税收6.5亿元，新增一级资质企业6家，获批国优项目1个。

服务业。新增服务业重点企业124家，服务业营业收入突破600亿元。创成省级生产性服务业领军企业1家，新增市级生产性服务业示范企业3家、互联网平台经济重点企业2家、“两业”深度融合试点企业3家。信息服务产业基地创成国家级电子商务示范基地，7家餐饮企业荣获“世界美食之都示范店”称号。

重大项目。实施“1135”重大项目工程，全年新开工、新竣工亿元以上项目121个，列入省投资库5000万元以上项目105个，实施市重大项目34个、省重点项目5个。

科技创新。新增高新技术企业49家，高新技术产业产值占比75.8%，位列全市第一。获批省级以上科技计划项目3个、省级众创空间2家、市级以上研发机构21家，签订产学研合作项目81个，申请注册商标2674件、专利3156件。设立5亿元新兴产业发展投资引导基金，出台“人才科技新政十条”，引进创新创业领军人才19人。广陵新城获批省服务业综合改革试点，沈飞扬州协同创新研究院、中航机载创成省级军民融合创新平台。收储整理闲置土地20.33公顷，调整建设用地47公顷，完成智慧新城一期用地拆迁清零，“三横三纵一环”路网格局全面铺开。食品产业园一批闲置厂房成功嫁接，李典新材料

2020年广陵区经济社会发展主要指标一览表

表40-1

项　　目	单　位	数　量	比上年增长（%）
地区生产总值	亿元	843.48	3.5
第一产业增加值	亿元	10.38	1.1
第二产业增加值	亿元	327.97	3.8
第三产业增加值	亿元	505.13	3.3
规模以上工业总产值	亿元	443.59	11.0
固定资产投资总额	亿元	306.11	24.0
社会消费品零售总额	亿元	272.11	–3.2
一般公共财政预算收入	亿元	36.47	3.2
城镇居民人均可支配收入	元	50597	4.0
农村居民人均可支配收入	元	33505	6.3

（朱达彦）

产业园基础设施建设推进，头桥医械产业园、沙头电气电缆产业园转型升级。

生态环境保护。落实中央和省、市环保督察反馈问题整改。PM2.5 年均浓度下降 17.2%、空气优良天数比率上升 10.5 个百分点，完成省定目标。国省考断面和饮用水源地水质全部达标，劣Ⅴ类水体全面消除。启动李典一般工业固废处置中心、建筑垃圾处理中心建设，建成农业面源污染治理示范方 1 个。开展京杭运河绿色航运示范区建设，整治“三无”船舶 188 艘，拆除码头船厂 12 家、浮吊船 2 艘，完成大运河文化带一期景观提升工程。全年新增成片林 268.2 公顷，完成湿地修复 13.8 公顷，创成省级生态文明示范镇、村各 2 个。

金融风险防控。区域性债务风险管控，实时监控到期债务，化解政府隐性债务 32 亿元，政府性债务率下降 28%。获批国家地方政府债券资金 14.56 亿元，上争各类发展资金 8.5 亿元。深化政银企对接服务，促成银企合作项目 60 个，合作资金规模达 262 亿元。

城乡建设。围绕“1+3”乡村振兴战略和“美丽大花园”建设，投入 11.6 亿元加强农村人居环境整治。农村环境全面改善。完成省、市农村人居环境整治 3 年考核重点任务，启动新 3 年农村环境提升行动计划。实施 9 大类 48 个项目，累计拆违、拆破、拆烂 10 万平方米，整治庄台 65 个，新建和提升农村公厕 36 座、农民游园 15 个、公共停车场 21 个、综合文化服务中心 1 个，农村生活垃圾分类试点实现全覆盖。创成省级绿美村庄 3 个、特色田园乡村 2 个、美丽宜居乡村 5 个，2 个撤并集镇环境整治全部完成。基础设施提档升级。启动沿江三镇新一轮基础设施建设，开工建设环洲一号公路、八达路等重点工程，完成重点环线整治和 3 条省道绿化提升，改造农村道路 21 条，李典镇创成市“四好农村路”示范镇。疏浚整治河道 290 条，更新改造泵站 5 座，实施长江防洪能力提升堤防加固工程 13.5 千米，建成 3 个行政村村庄生活污水处理设施，铺设污水管网 18.2 千米。出台扶持村级经济发展政策，支持 40 个行政村建设村级标准化厂房 12.4 万平方米，村级财政转移支付提高至 50 万元。全面完成产权制度改革，村股份经济合作社实现全覆盖，“百企联百村，共走振兴路”村企联建率达 100%。加强农村“三资”监管，落实组级财务录入平台统一管理核算和专项审计。

华东师范大学广陵实验初级中学　　广陵区 / 供稿

社会事业。全面启动民生社会事业补短板 3 年行动，76 项重点民生实事实施。社会保障推进。新增城镇就业 3961 人、农村劳动力转移就业 1500 人。城乡居民参加基本医疗保险率 98% 以上，建档立卡退捕渔民应保尽保，部分退役士兵社保接续在全市率先完成。新建颐养示范社区 7 个、省级标准化居家养老服务中心 8 个，实施适老化改造 254 户。残疾人“两项补贴”扩面有序推进，困境儿童生活保障标准提高到 1855 元 / 月，为 73 户城市困难家庭提供住房保障。优化调整社区布局，新设湾头京杭社区、汤汪通运社区，打造农村社区治理创新与服务试点村 8 个。完成运河西路等 16 条道路环境综合整治，启动建设汤汪垃圾中转站，在全市率先实现垃圾分类市场化全域覆盖。“大数据 + 网格化 + 铁脚板”工作机制深化，“双东”智慧街区被评为全国智能化建设“智慧警务”十大创新案例。调处各类纠纷 7500 多起，化解矛盾积案 218 件。推进应急管理体系建设，强化安全生产专项整治，加强食品安全监管，夯实古城消防基础，安全生产事故起数和死亡人数分别下降 93.3%、100%，位居全市第一。加快教育基础设施建设，华师大广陵初中开学招生，完成东花园小学异地新建工程，新建幼儿园 2 所。提升公共卫生服务水平，李典区域医疗卫生中心通过二级综合性医院评审，东南新城中医院及公共卫生服务中心、汤汪社区卫生服务中心改造等项目启动实施，新增国家级老年人心理关爱项目点 2 个，汤汪乡通过省级卫生乡镇验收。举办文化惠民活动 74 场，扬州阮元文化研究中心挂牌成立，扬州大运河与海上丝绸之路展示馆开馆。《广陵区志》获省优秀成果奖，《中国名街志 · 东关街志》全国首家通过验收。（朱达彦）

头桥镇被授予“全国抗击新型冠状肺炎疫情先进集体”　9 月 8 日，全国抗击新冠肺炎疫情表彰大会在北京人民大会堂举行，中共中央总书记、国家主席、中央军委主席习近平向国家勋章和国家荣誉称号获得者颁授勋章奖章并发表重要讲话。大会还对全国抗击新冠肺炎疫情先进个人、先进集体、全国优秀共产

党员、全国先进基层党组织进行表彰。其中，扬州市广陵区头桥镇党委获“全国抗击新冠肺炎疫情先进集体”荣誉称号。 （朱达彦）

■《中国名街志·东关街志》通过验收 9月19日，中国首部名街志——《中国名街志·扬州市广陵区东关街志》终审会在扬州街南书屋举行。省、市、区相关负责人及专家学者对《东关街志》终审稿进行评议并同意通过终审。《东关街志》作为标杆式志书，是全国第一部街道文化工程，具有文化性好、可读性高等特点，详细记载东关街道多年变化，对发掘历史文化价值，保护好古城有深远价值影响。

（朱达彦）

邗江区

■概况 邗江区总面积552.68平方千米，辖12个街道、11个乡镇、1个国家级高新区、1个省级开发区，有124个行政村、109个社区，年末户籍总人口52.57万人。2020年，全区实现地区生产总值1128.01亿元，按可比价计算，比上年增长4%。实现一般公共财政预算收入60.1亿元，增长2.9%，税收占比为81.3%。完成固定资产投资559亿元，增长0.6%。城镇居民人均可支配收入53008元、农村居民人均可支配收入27775元，分别增长3.4%、6.4%。

经济运行。出台工业经济高质量发展政策，推动先进制造业发展，完成工业开票销售695亿元、入库税收28.8亿元，规上工业增加值增长7.9%。生物健康、微电子产业开票销售分别增长21%、33%。新增服务业重点企业110家、“双软”（“软件产品”“软件企业”）企业15家，电商交易额增长18.7%，服务业增加值占比提升至59.5%，扬州高新区获批全省首批“两业”（先进制造业、现代服务业）融合试点单位。项目建设推进。聚焦“三主三特”产业集群，开展中介招商、线上招商，举办生物医药论坛、“7·20”上海先进制造业招商推介等主题招商活动8次，新签约鹍远基因、华德起重机、瓜洲文旅等产业项目74个。重大项目推进，航宇航空碳纤维、天平药业、启迪科技园等20个项目开工建设，安测半导体、海昌新材、西湖生态科技园等21个项目竣工，艾迪二期、苏美达铝业等22个项目达产达效。企业升级。实施工业技改项目129个、投资59.2亿元。新增国家高新技术企业65家，高新技术产业产值占规上工业产值比重达58.8%。创新推进“高企优惠贷”，为56家高新技术企业发放贷款3.6亿元。扬杰科技获省企业技术创新奖，迈安德获评2020年“省长质量奖提名奖”。

改革创新。全面开展基层“三整合”（整合基层审批、服务、执法力量）改革，工程建设项目审批制度改革推进，企业开办用时压缩。瓜洲旅游度假区、北湖湿地旅游度假区、扬州邗江汽车智造产业园获市批复。试点农村集体经营性建设用地入市。园区创业，扬州高新区在全省同类园区排名上升至第9位、稳居苏中苏北第一，维扬开发区在全省经济开发区排名上升至第13位，环保产业园高分通过国家级循环经济标准化示范园区验收。科技创新，推进“人才集聚、创新集群”行动，成立3000万元人才股权投资激励基金，全年引进高层次人才255人；获评省“双创计划”团队1个、人才7人。获批省级以上科技计划立项17个，万人发明专利拥有量达24.99件，全社会研发投入占比提高至2.97%。新增科技综合体4万平方米、入驻企业256家，创成国家级众创空间1个、省级2个。与省产业技术研究院开展全面合作，新建企业联合创新中心3个。艾迪药业在全市率先登陆科创板，海昌新材成为注册制后全市首家创业板上市企业。

城乡环境。品质主城建设。京华城A3文旅项目启动实施，运河大剧院综合体竣工。西区新城“城市副中心”效应凸显，蜀冈万达开业运营，佳源文旅启动建设，润蜀南路、怡扬路建成通车。民生城建推进，实施西湖、竹西等片区城中村改造6个，完成双桥老旧小区改造3个，全区棚改新开工792套，建设安置房14.5万平方米，实施房屋安全修复3000平方米、屋顶安全整治299幢。落实中央和省、市重点环境问题整改，实施污染防治重

2020年邗江区经济社会发展主要指标一览表

表 40-2

项　　目	单 位	数 量	比上年增长(%)
地区生产总值	亿元	1128.01	4.0
第一产业增加值	亿元	23.73	3.2
第二产业增加值	亿元	413.03	4.2
#工业增加值	亿元	322.86	5.2
第三产业增加值	亿元	691.25	3.8
规模以上工业总产值	亿元	—	13.3
农林牧渔业总产值	亿元	40.48	3.2
全社会固定资产投资总额	亿元	—	0.6
新增私营企业	户	8173	—
注册外资及港澳台资实际到账	亿美元	3.65	20.74
社会消费品零售总额	亿元	252.81	−2.3
一般公共财政预算收入	亿元	60.11	2.9
城镇居民人均可支配收入	元	53008	3.4
农村居民人均可支配收入	元	27775	6.4

（邗江统计局）

点项目46个，关停、退出化工生产企业7家。深化城镇污水处理提质增效“333”（城镇污水处理“三消除”“三整治”“三提升”）行动，竹西、邗上、双桥排水达标区建设有序推进，仪扬河冻青桥断面水质达标。推动北山污水处理厂建设，建成京杭运河（邗江段）绿色现代航运示范区。落实“点位长”制度，完成百日攻坚目标，单位地区生产总值能耗下降3.5%，$PM_{2.5}$年均浓度下降13.6%、空气质量优良天数比率上升12.1%。国土资源节约利用工作连续8年获省表彰，新增成片造林203公顷。

乡村振兴。现代农业发展，全年新增高标准农田600公顷，生猪养殖集聚区建成投用。全面完成长江禁捕退捕任务，993艘渔船、1381名渔民实现“应退尽退、应保尽保”，长江流域及保护区实现“四清四无”（清船、清网、清江、清湖，无捕捞渔船、无捕捞网具、无捕捞渔民、无捕捞生产）。完成农村人居环境整治3年行动任务，建成省级示范村6个、市级长效管护示范村16个，完成4个被撤并乡镇环境整治。方巷沿湖村、甘泉长塘村获批省级特色田园乡村。推进农村道路建设，新改建乡村公路19.5千米、危桥2座，创成“四好农村路”省级示范区。投资3.57亿元实施村企联建项目63个。获评“全国农村承包地确权登记颁证工作典型地区”。

劳动和社会保障。新增城镇就业6000人，建成省级人力资源服务产业园。城乡居民基础养老金提高至180元/人·月，低保标准提高至710元/人·月，被征地农民实现“应保尽保”，急难家庭救助和困境儿童保障体系健全。完善多层次养老服务，区社会福利中心、汊河敬老院公建民营项目、邗上养老综合体开业运营，全区所有敬老院通过消防审验，建成颐养示范社区5个。

社会事业 。全学段教育资源投入，邗江第二实验、甘泉、竹西公办幼儿园建成招生，西区新城高级中学、南师大附属邗江实小竣工，

11月20日，扬州启迪科技园（一期）开园　　广陵区/供稿

华师大邗江实小启动建设。建成蒋王、汊河社区卫生服务中心，方巷区域性医疗卫生中心创成二级医院。通过全国基层中医药工作先进单位评估验收。组织300余场文体活动进镇村，邗城书场入选省首批非遗曲艺书场，举办区首届美食节，获评“中国曲艺之乡”。文体设施建设，新增城市书房3座、创成四星级农家书屋5家，古渡公园北园建成开放。区级融媒体中心通过省级验收。（吉和庆）

■2020邗江微电子及新材料产业创新对话暨人才项目专场对接会 10月30日，2020邗江微电子及新材料产业创新对话暨“揭榜挂帅”人才项目专场对接会在邗江举办，高校院所领导专家、知名金融机构负责人以及30名邗江科技镇长团历届团员应邀参加活动。活动现场颁发邗江招才引智奖励，高校院所、创投机构嘉宾分别进行微电子产业发展形势介绍、金融推介以及项目推介。举行“揭榜挂帅”项目签约，科技镇长团派出单位西安交通大学和日精电子，电子科技大学和扬杰电子等项目就攻克企业发展“卡脖子”难题进行揭榜签约。（吉和庆）

■2020扬州绿色智能装配式建筑产业发展大会 11月12日，2020扬州绿色装配式建筑产业发展大会在邗江召开，以“绿创未来、智领先机”为主题，300多名嘉宾应邀参会。相关嘉宾围绕智能制造、建筑产业数字化转型、建筑业新动能新方向以及装配式全产业在相关领域的应用与探索等议题进行主旨演讲，相关高校专家教授、企业负责人、工程机构负责人以创新示范引领装配式建筑高质量发展为题进行高端对话，相关企业、单位、机构围绕金融、研发、产业三大板块进行集中签约。（吉和庆）

■扬州启迪科技园 11月20日，扬州启迪科技园（一期）开园暨首批入园企业集中入驻仪式在西区新城举行。项目占地4.67公顷，建筑面积约14.4万平方米，结合扬州市及邗江区汽车制造、环保科技、芯片制造等特色产业，利用清华大学及启迪控股在芯片研发、互联网、大数据等方面的领先技术资源，以数字智能化为引领，以科技创新为方向，致力打造互联网信息创业创新孵化基地。（吉和庆）

江都区

■概况 江都区总面积1329.90平方千米，辖1个省级经济技术开发区和13个镇，258个行政村、73个社区。年末户籍总人口102.70万人。2020

2020年江都区经济社会发展主要指标一览表

表 40-3

项 目	单 位	数 量	比上年增长(%)
地区生产总值	亿元	1114.91	3.0
第一产业增加值	亿元	73.39	3.5
第二产业增加值	亿元	544.95	2.9
工业增加值	亿元	419.26	3.2
第三产业增加值	亿元	496.57	3.0
农林牧渔业总产值	亿元	121.52	5.5
粮食总产量	万吨	65.66	0.3
实际利用外资及港澳台资	亿美元	1.43	-38.6
社会消费品零售总额	亿元	258.08	-3.9
公共财政预算收入	亿元	55.69	5.1
公共财政预算支出	亿元	116.74	3.9
城镇居民人均可支配收入	元	48487	3.7
农村居民人均可支配收入	元	26664	6.4
年末存款余额	亿元	1363.58	11.8
年末贷款余额	亿元	880.76	14.7

（江都统计局）

年，全区实现地区生产总值1114.91亿元，比上年增长3.0%；一般公共预算收入55.69亿元，增长5.1%；农村居民人均可支配收入26664元，增长6.4%，城镇居民人均可支配收入48487元，增长3.7%。入围年度全国高质量发展百强区、中国工业百强区，分列第52位、第56位。

农业。新认定市级以上龙头企业7家，培育市级以上示范合作社11家、示范家庭农场19家，新建高标准农田2666.67公顷，农产品线上销售额14亿元，江都现代农业产业园创成省级示范园。小纪光明生猪集聚区一期建成投运，浦头牧原生猪养殖项目开工建设，生猪存栏、出栏完成省市下达目标。乡村振兴推进，完成22个撤并乡镇集镇点环境整治，创成省特色田园乡村3个、市美丽宜居乡村26个，建成环境整治示范村13个，成片造林666.67公顷。26个区级经济薄弱村集体经营性收入全部达55万元。开展长江流域、邵伯湖区禁捕退捕，注销捕捞许可证370本，办理参保2043人，实现渔船退出、渔民退出、社保安置率、就业安置率“四个100%”。

工业。出台推动工业经济发展十条意见，推进企业技改强链补链，实现工业开票销售1154.5亿元，比上年增长3.7%，总量全市第一。泰富特材实现开票销售130亿元，新增开票销售10亿元以上企业2家、亿元以上企业19家；新增规上工业企业86家、总数643家，均列全市第一；获批省星级上云企业45家、智能车间2家，省级企业技术中心实现乡镇全覆盖，亚威股份中标工信部“数字化车间集成”项目。开展“项目落地年”行动，设立运行“招商大使”工作站18个，选聘“招商大使”150人，79个亿元以上项目签约。英联易开盖、晶华太阳能组件等项目通过市级新开工认定，晶鑫新型耐火材料、雄跃装配式构件等项目通过新竣工认定，中船澄西海上风塔、双汇智能电工装备等项目实现达产达效，新松机器人被列为省级重大项目。

建筑业。完成施工产值1355亿元，增长10.3%；地方纳税15.6亿元，增长7.6%。江都建设被评为全国工程建设行业诚信典型企业，其承建的银川石嘴山银行分行办公大楼项目获“鲁班奖”；江苏永荣承建的深能高邮东部风电场工程、峰业科技承建的河北京能涿州热电新建项目一期工程获评“国家优质工程奖”，江安集团承建的绍兴会稽山黄酒项目机电安装工程创成“中国安装之星”。获批总承包一级资质企业3家、专业承包一级资质企业2家。龙腾坤鑫、江安集团等4家企业被评为江苏省“建筑业百强企业”，沪武集团、扬州建工、威达建设等12家企业获评扬州市“建筑业综合实力30强、成长型10强”。在全市建筑业考核中名列第一。

服务业。全年完成服务业增加值496.57亿元，增长3.0%；占地区生产总值比重44.5%，比上年提高1.2个百分点，服务业固定资产投资增长50.4%。现代服务业集聚发展，实施市级重大项目18个，砂之船奥特莱斯开业运营。开发区创成省知识产权示范园区、省生产性服务业集聚区，空港新城影视文旅产业基地入选省“PPP示范项目”，邵伯运河风情小镇入选省重点文旅项目，星通北斗航天科技有限公司获评第五批省互联网平台经济重点企业，龙诚担保获评市级生产性服务业领军企业。中远海运重工入围省首批“两业融合”（先进制造业和现代服务业深度融合）试点产业集群单位，千里马科技、方正钢铁集团入围省首批“两业融合”试点龙头骨干企业。科技服务业加快推进，引入天拓龙川、瀚思智造两家智能制造服务商，服务商总数达6家；全年服务企业超300家，服务收入2000余万元。沿江港口物流园建成万吨级泊位13个，江都港吞吐量突破6000万吨。全年接待游客450万人次，实现旅游总收入4.9亿元，三邦生物创成省级工业旅游区。

对外经贸。出台促进外贸十条政策，完成外贸进出口总额23.3亿美元、出口15.8亿美元，分别增长2.7%、9.6%，总量、增幅均列全市第一；对外投资总额1.4亿美元，总量全市第一。创成扬州唯一首批省级服务贸易基地。组织21家企业参与“云上”广交会，通过线上直播、线上签约等方式，开拓国际市场。合同额1.1亿美元的江都建设援建塔吉克斯坦项目成为扬州最大援外项目，江都建设援坦桑尼亚达累斯萨拉姆大学中国图书馆项目创境外“鲁班奖”。

国内贸易。实施“促消费惠民生”三大行动，发放消费券3.6万张，直接拉动消费3亿元，全年实现社会消费品零售总额258.08亿元，新增“公筷行动”餐饮示范店30家。推动直播基地建设，助推企业线上“二次创业”。以高新园星创天地和商贸物流园蜂谷创业园为依托引进旺翔和魔筷直播基地，园区企业向新型电商销售转型加快。实现网络零售额73亿元，增长21%，总量全市第二。获批省农村电子商务示范县（区），苏中商贸城获批市首批直播示范基地。

旅游业。推进旅游产业发展。扬州三邦蜂蜜文化园成功创成江苏省工业旅游区。帮扶文旅企业上争省级、市级引导资金、纾困资金、特色小镇奖励等资金395万元。运河风情小镇、花鱼塘湿地探索公园等6个文旅项目入围扬州市文化旅游重点招商项目。吴桥镇高扬村创成江苏省级乡村旅游重点村，并进入国家级乡村旅游重点村培育名单。开展空港周边村（社区）民宿产业建设，形成民宿增量20张床位。结合机场研学、非遗展示和艺术体验，推动中原旅行社和扬州艺术馆等旅游企业制定多条研学旅游线路，其中，“扬泰机场小机场营”获得2020扬州研学示范课程二等奖。全年新建、改建旅游厕所8座，其中邵伯生态公园、三邦蜜蜂文化园旅游厕所创成AAA级旅游厕所。

交通和供电。连淮扬镇高铁建成通车，328国道新都路至广州路改扩建工程主线工程基本建成，五峰山过江通道工程序时推进，京沪高速扩容工程完成109户民房拆除并交地。“四好农村路”推进，建设新通扬运河北岸美丽乡村路和县道真邵线，完成农村公路提档升级58千米、危桥改造8座，创成省农村物流示范县、省“四好农村路”达标县、省交通运输信息化综合应用示范县（区）。全年完成用电量46.24亿千瓦时，增长2.66%；完成电网投资4.2亿元，其中电网基建投资1.1亿元，完成110千伏杨巷变、110千伏天楹垃圾发电、深能、协鑫风电送出工程。完成配农网投资3.1亿元，新建改造配网线路139千米，电缆21千米，新增改造配变491台，新增容量15.72万千伏安，配网线路绝缘化率92.3%。服务“六稳六保”，落实中央降低工商业电价政策，减少企业支出6900万元。落实农业电价政策，节约涉农客户支出约200万元。推进电能替代，实现长江江都段岸电系统全覆盖，建成大运河岸电2处，城市快充站3座，累计完成替代电量4.08亿千瓦时。

财税和金融。全区实现一般公共预算收入55.69亿元，其中税收收入44.44亿元，分别增长5.1%、1%。全面实施党政机关和执收执罚单位非税收支脱钩，财政出资为小微企业代理记账501家。“513”企业上市等各类奖补资金8.95亿元。年末金融机构本外币存款余额1378.86亿元。发放定向贷款7.6亿元，为642家企业提供34.6亿元转贷资金支持。全区普惠型小微贷款余额137.99亿元，比年初增加29.05亿元，增速26.67%；贷款平均利率5.20%，下降0.58个百分点。

城乡建设与环境保护。江广融合区建设迈向纵深。江广科创金融中心全面启动，乐和西路建成投用，328国道新都路至广州路段改扩建序时推进。开展东南片区城市设计，长江东路拓宽改造开工建设，黄河南路北延竣工通车。完成西北片区老城改造初步方案，征迁东北片区涵西城中村等房屋40万平方米。新建城镇污水管网23千米、城市绿地25万平方米，灰粪港整治提升工程基本完成。开展“三拆三整治”，拆违20万平方米，整治乐和嘉园、站前馨村等老旧小区12个、51万平方米。改造背街小巷13条，修缮加固人民桥、江都桥等老旧桥梁8座。启动城乡生活垃圾分类和治理三年行动，天楹生活垃圾焚烧发电项目投产运行。生态建设，成立水生态文明建设指挥部，启动全域治理、全河达标专项行动，三阳河、新通扬运河等水质达标工程、京杭运河绿色现代航运示范区建设有序推进，11个国省考断面和3个集中式饮用水源地年均水质达标率100%。实施大气质量管控，减煤5万吨，提标改造锅炉262台，$PM_{2.5}$年均浓度37微克/立方米、比上年下降14%，环境空气优良率80.9%、比上年提升7.2个百分点，秸秆禁烧实现“零火点、零通报”。完成企业土壤污染调查58家，危废库存量持续压降。中央、省环保督察交办件全部销号，涉环信访连续三年下降30%以上。

科学技术。“高企倍增”三年计划收官，获批160家、净增119家，均列全市第一。全区高新技术企业总数382家，位居苏中苏北第一，赛诺格兰、立德粉末获省科学技术奖。科技综合体建设，新增入驻企业160家、开票销售24亿元，获批省级孵化器、众创空间各1个，新增“三站三中心”（博士后科研工作站、院士工作站、研究生工作站和工程技术研究中心、企业技术中心、工程研究中心）60家，蚂蚁链（扬州）创新应用联合实验室揭牌运营。知识产权量质并举，参与制定国际标准1项、国家及行业标准16项，有效发明专利拥有量达1265件、万人拥有量12.4件，泰富特材获扬州市市长质量奖，创成江苏知识产权强省建设示范区。人才资源加速集聚，举办第二届“江都杯”创业大赛、“镇镇通名校”等活动，开展“首选龙川”千名大学生企业实训，达成产学研合作142项，兑现人才奖补资金5370万元，连续3年落户国家重大人才工程A类和省“双创团队”项目。

文化教育。建成13个镇级、331个村级（社区）图书馆分馆，形成城乡“15分钟文化圈”，全年实现文化场馆线下服务达756.91万人次，人均7.42次。开展广场文化活动200场次，送书画、送展览50余场次，送戏180场，送电影3258场，培训文艺骨干2000多人次。举办第四届“美丽江都”社区艺术节、第17届“知音之夜”少儿音乐会、“文化和自然遗产日”非遗展示、“扬剧月月演”等文化惠民演出活动，承办中国电视协会文艺志愿者“送欢乐下基层”、大运河文化带杂技精品展演、第二届江苏盆景精品展等活动。优化教育布局，实验小学建设二期主体封顶，城北教育集中区、城南小学及附属幼儿园方案设计分别通过扬州市规委会、扬州市自然资源和规划局专家组评审。“无证幼儿园”实现“清零”，治理城镇小区配套园9所，购置标准化校车132辆，完成机关幼儿园转隶区教育局管理，新增市级“平安校园示范校”6所。职教集团通过省级中小学生职业体验中心考评，实验初中创成全国青少年篮球特色学校，育才中学、区二中创成江苏省青少年羽毛球特色学校，2所幼儿园创成市优质园。开展“身边好教师”评选活动，16名教师被评为区级“身边好教师”，41名教师获评“巾帼标兵”“三八红旗手”，创成“国家级农村职业教育和成人教育示范县”“省平安校园示范区”。

卫生体育。公共卫生服务体系完善。人民医院异地新建一期工程主体封顶，大桥中心卫生院创成二级乙等医院，二姜、周西分院完成改扩建。健康江都示范建设，新增国家卫生镇、省健康镇各1家，新建卫生户厕2000座。实施健康扶贫政策，全区建档立卡低收入农户住院全部实行“先诊疗后付费”，城乡居民医保参保率98.5%。举办“美丽中国·江都杯”全国门球大赛、“冠军有约”羽毛球比赛、省全民健身日江都分会场活动、省青少年校园篮球小学生训练营等各类群众性体育赛事活动20余次。在全区配置更新全民健身路径50套，在主城区加密篮球足球体育设施16处。输送江都运动员参加国家、省各级比赛，获得冠军5项、亚军2项、季军1项。江都籍赛艇运动员孟寅岑入选国家赛艇队，备战东京运动会。区健身气功协会获批第二家AAAAA级协会，获得2020年度全省县级体育工作督查苏中第一，进入全省县（市、区）10强，荣获“中国龙狮运动名城”称号。

劳动和社会保障。机关事业养老保险和国有企业退休人员属地化管理改革，完成医疗、生育保险合并和市级统筹，“五险”扩面1.1万人。推进就业创业，新增城镇就业1.4万人，期末城镇登记失业率1.8%。排查解决突出民生问题，实施社会救助扩面提标，“单人保”创新举措纳入省低保新规程，保障人数全市第一。建成老年活动中心、邻里中心和区域性养老服务中心，累计发放低保、特困人员、残疾人、优抚对象、困境儿童、尊老金等各类补助资金2.4亿元，高分创成省现代民政示范区。新开工保障性住房991套，住房公积金扩面8300人。完成第七次全国人口普查登记阶段工作。（江都府办）

■“西浦·光线电影学院”落户江都 8月26日，西交利物浦大学、光线传媒与江都区人民政府联合签署“西浦·光线电影学院”战略合作框架协议。三方将在投资、建设、运营等方面进行全方位的合作，共同在江都区空港新城“中国电影世界”中创建长三角地区第一所全日制本科/研究生教育的电影学院。计划2023年建成后逐步形成包含导演、表演、摄影、美术、设计、音乐、舞蹈、动画、管理等9个系科、33个专业的影视产业学科专业群，整体办学规模达到在校生1万人、教职工500人以上。（江都府办）

■获批知识产权强省建设示范区 11月10日，省知识产权局下发《关于2020年度江苏知识产权强省建设示范县（市、区）创建期满验收结果的通知》，江都区通过验收，被评为“江苏知识产权强省建设示范区”。江都区自2017年开展示范创建工作以来，全区共申请专利2.10万件，其中发明申请4581件；新增授权专利1.18万件，其中发明专利授权769件；PCT专利申请56件，万人发明专利拥有量达12.3件；拥有中国驰名商标17件，著名商标78件；累计拥有国家知名品牌4个，省知名品牌129个；知识产权质押融资总额达到2.19亿元。（江都府办）

宝应县

■概况 宝应县总面积1461.55平方千米，辖14个镇，222个行政村，44个社区，17个村居合一。有省级经济开发区和宝应湖旅游度假区各1个。年末户籍总人口87.02万人。2020年，全县实现地区生产总值763.04亿元，比上年增长3.6%。实现一般公共预算收入24.87亿元。全社会固定资产投资、实际利用外资及港澳台资分别增长4.8%和15.4%。城镇居民人均可支配收入35799元、农村居民人均可支配收入23302元，分别增长3.9%和6.3%。

工业和建筑业。实现工业开票销售823亿元、入库税收18.5亿元。新型电力装备产业开票销售344亿元。新增亿元企业10家、规上企业61家。实施500万元以上技改项目50个，新增机器人100台。获批省首台（套）重大装备和省智能制造示范工厂建设项目各1个。获评国家两化融合贯标企业12家、省星级上云企业72家。完成建筑业施工产值670亿元、增长13%，实现入库税收4.86亿元、增长12%。

现代农业。新增高标准农田2400公顷、稻田综合种养2933.33公顷、设施农（渔）业1400公顷。新建年出栏10万头以上现代化规模生猪养殖场2家。获批省级粮食生产全程机械化整体推进示范县。培训高素质农民3020人。创成市级示范家庭农场20个。土地流转2000公顷，农田托管5000公顷。获批全国休闲农业与乡村旅游五星级精品企业1家。新增省级农业产业化龙头企业2家。宝粮集团与中粮集团实现战略合作。新认证有机食品8个。宝应县现代农业产业园纳入国家级创建管理体系。国家特色蔬菜产业技术体系莲藕研究院挂牌成立。“互联网+”农产品出村进城工程纳入省级试点，农产品网上销售14.6亿元。

商贸服务。服务业增加值突破310亿元，增长6%。韵达江苏区域总部一期、老东门街区、晨化研发总部等项目开工建设，金源温泉生活广场、红星生活广场建成运营。宝应湖粮食物流中心创成AAAA级物流企业，曹甸教玩具产业园获批省级生产性服务业集聚区。新增服务业重点企业50家，纳税过千万元企业20家、过500万元企业18家。重点旅游项目加快建设，新增省工业旅游区1家，创成全国旅游标准化示范城市。外贸出口6.3亿美元。外资到账1亿美元。新增外经获权企业1家，获批境外投资项目2个，完成外经营业额4000万美元。新增各类贷款60亿元，制造业贷款11亿元。创成省电子商务示范县。

项目建设。开展各类招商推介活动近60场次，累计招引5000万元以上工业项目86个，其中重大项目23个。开展“云招商”，“云签约”重大项目4个。锡洲电磁线、立中新材料、皇裕精密电子等21个工业重大项目实现开（竣）工，宝胜系统集成、晶科天晟、中宝药业等18个项目达产达效。实施500万元以上技改项目50个，新开工农业规模项目23个。服务业重大项目新开工、新竣工、新达效各3个。实施节能改造项目20个、循环经济项目4个。

重点改革。完成基层整合审批服务执法力量改革，建成县、镇、村三级指挥调度体系。开展商事制度改革，实行先照后证登记6000家。推行“不见面”“网上办”，在全市率先实现“一枚印章管审批”。畅通动产抵押“一网通办”登记通道。投放各类产业基金6.1亿元。完成相对集中行政许可权改革任务。开办企业全流程审批全面提速。工程建设项目审批制度改革全面推开。重大项目审批（服务）代办中心正式成立，跟踪帮办重大项目70个。向上争取抗疫特别国债2.42亿元、一般债券1.5亿元、专项债券8.6亿元、非普惠制资金16亿元，特殊转移支付1.94亿元。

创新创业。高新技术产业产值占规上工业总产值比重达44%。新增国家高企49家、科技型中小企业107家。签订产学研合作项目60个。获批省市重点科技项目12个、省级企业研发机构4个。省级高新区创建工作推进。创成省级众创社区、众创空间各1个。新增省“双创人才”项目2个、省“三带”人才21人、高技能人才720人。获批国省级技能大师工作室2家。鲁垛乱针绣文化产业园获评省乡土人才传承示范基地。发明专利授权100件，万人发明专利拥有量8.2件。参与制修订国家、行业标准4项。

城乡建设。坚持“全域统筹、城乡覆盖”，新一轮国土空间规划编制全面启动，第三次国土调查工作通过国家验收。入选全国新型城镇化建设示范县。连淮扬镇铁路宝应段建成通车，宝应站综合客运枢纽同步投用，“六路一桥”配套建成。完成运河路南北段、观象路、宝胜路中段黑色化改造。新建城市道路2条。实施叶挺西路道路、街景整治工程。完成宋泾河、南二支、城市河等城市黑臭水体整治。新建龙潭公园等各类公园6个，新增城市绿地32万平方米。改造棚户区、城镇危旧房1526套，整治老旧小区5个12.8万平方米。新建保障房42.5万平方米、人防工程2.6万平方米。新增城市公交42辆。维修、更换路灯2000余盏。城南消防站启动建设。宝应湖备用水源地主体工程基本完工。建成5G网络基站303个，基本实现城区5G信号全覆盖。

基础设施建设。郭庄农贸市场投入使用，新（改）建农贸市场4个。新建停车场6个，新增停车位2000余个。施画非机动车停车线6.5万米。新建垃圾分类亭454座，新增垃圾分类小区20个，餐厨废弃物处理项目建成投运。省道331宝应段、县道曹安线等骨干道路建成通车。宝应船闸京杭运河待闸区建成投用。新（改）建农村公路111千米、危桥72座，“四好农村路”省级达标县通过验收。铺设城乡污水管网62千米，行政村污水处理设施覆盖率达93.5%。

城乡管理。文明城市创建取得阶段性成效，常态化整治占道经营、露天烧烤、违法建设，拆除城区违法建设1万平方米、违规户外广告和店招标牌1000余处。农村人居环

宝应县红星生活广场　　宝应县/供稿

2020年宝应县经济社会发展主要指标一览表

表 40-4

项　目	单　位	数　量	比上年增长（%）
地区生产总值	亿元	763.04	3.6
第一产业增加值	亿元	84.37	1.9
第二产业增加值	亿元	357.27	2.5
# 工业增加值	亿元	277.76	2.9
第三产业增加值	亿元	321.40	5.3
规模以上工业总产值	亿元	722.36	2.5
农业总产值	亿元	55.78	10.7
粮食总产量	万吨	87.15	0.3
全社会固定资产投资总额	亿元	—	4.8
外贸自营出口总额	亿美元	—	—
实际利用外资及港澳台资	亿美元	1.01	15.4
社会消费品零售总额	亿元	159.38	–4.0
财政总收入	亿元	62.61	5.4
# 一般公共预算收入	亿元	24.87	0
城镇居民人均可支配收入	元	35799	3.9
农村居民人均可支配收入	元	23302	6.3
年末存款余额	亿元	655.44	9.6
年末贷款余额	亿元	504.21	13.1

（朱　昱）

境整治，实施乡镇“三个一”“五个一”工程56个、被撤并乡镇集镇区环境综合整治工程16个。金湖渔业村获评全国文明村。创成省级特色田园乡村2个、省级传统村落保护项目8个、市级美丽宜居乡村30个。改造无害化卫生户厕4000座，新建公厕120座、A级以上旅游厕所5座。回收处理农药废弃包装物120万件。农村乱占耕地建房专项整治全面启动。新增耕地1146.67公顷。盘活低效用地106.13公顷。获评全市唯一的全省耕地保护激励单位。

生态建设。农村人居环境整治、“263”专项行动、江淮生态大走廊建设等一系列专项行动开展。成片造林666.67公顷，新增省级绿美村庄8个。断面水质优Ⅲ比例、饮用水源地水质达标率均达100%。空气优良天数比例全市领先。广洋湖、兰亭荡退圩还湖及里下河洼地治理等重点水利工程有序推进。创成全国绿化模范县、省级生态文明建设示范县、省国土资源节约集约利用模范县。

社会保障。新增城镇就业6000人以上，转移农村劳动力2200人。归集住房公积金7.19亿元，贷款支取7.85亿元。落实就业创业政策，精准对接企业需求，全年组织就业培训80场次，扶持创业1500人以上。城镇登记失业率控制在4%以内。提高医疗保障能力和服务水平，城乡低保、五保等特困群体保障全面提标。开展城乡既有建筑安全隐患排查专项整治，消除农村房屋安全隐患。健全退役军人服务保障体系，退役士兵养老保险补缴1057人。持续加强养老服务体系建设，建成颐养示范社区3个、标准化居家养老服务中心11个、老年活动和康复场所27个，开展特困家庭适老化改造256户。养老机构完成消防审验，享受省定政府购买服务标准老年人占老年人总数10%。实施困难家庭临时救助近9000人次。省级食品安全示范城市通过跟踪评价，创成市食品安全示范镇12家。

社会事业。推进县文教综合体、新城九年一贯制学校等重点项目建设，提档升级教育教学装备，新增市优质园1所。普通高考再创新高，拔尖人才培养、高分段人数全市领先。推进县域紧密型医共体建设，实施分级诊疗，健全疾病预防控制体系，新人民医院建成投用，启动妇幼保健院联动搬迁，加快第四人民医院建设。加强全科医生和乡村医生培养，新改（扩）建村卫生室20个，村卫生室标准化建设率100%，切实增强基层医疗卫生服务能力。优化公共文化服务供给，增加文化场馆服务人次，提档升级镇文体中心3个。推进公共体育设施扩面，新建健身步道40千米，健身路径10套、社会足球场地14片。举办全民健身节系列活动20多场。举办县第14届运动会。（朱　昱）

■主要农作物生产全程机械化成全国示范　6月18日，宝应主要农作物生产全程机械化成全国示范。至年底，全县机耕水平达100%，水稻机种水平达81.1%，小麦机播水平达85%，机收水平达100%，高效植保能力达82.6%，粮食产地烘干能力达68%，秸秆机械化处理水平达96%，被农业农村部认定为“全国第四批率先基本实现主要农作物生产全程机械化示范县”称号。

（朱　昱）

■“国字号”莲藕研究院落户宝应　8月6日，国家特色蔬菜产业技术体系和宝应县人民政府签订战略合作协议，举行国家特色蔬菜产业技术体系莲藕研究院揭牌仪式，中国工程院院士邹学校等80多位专家出席仪式。（朱　昱）

■中国·宝应荷藕节投资商机推介会暨项目集中签约　8月8日，宝应县举行2020中国·宝应荷藕节投资商机推介会暨项目集中签约仪式。共有32个重点项目集中签约，10名招商大使代表现场接受聘书。荷藕节招聘会安宜镇分会场在安宜工业园区举行。安宜镇共组织南、北工业园区22家规模企业进场招聘，共提供500多个就业岗位，专门设立高校毕业生、退捕渔民、低收入劳动力招聘专区，现场共有200多人达成初步就业意向。（朱　昱）

■农村产业融合发展示范园入选"国字号"名单 9月4日，国家发改委等7部委联合发布《关于印发第二批国家农村产业融合发展示范园名单的通知》，宝应县国家农村产业融合发展示范园列入名单，是扬州市唯一的一家，全省共有5家单位入选。县发改委将牵头组织县相关部门以农村产业融合发展示范园建设为依托，综合利用现有资源、优势，重点打造园区公共服务中心，实现产业融合与现代农业核心区集聚，补齐新业态短板。（朱　昱）

仪征市

■概况 仪征市总面积902.19平方千米，辖9个镇、1个经济开发区（含扬州化工园区、汽车工业园、大数据产业园）、1个旅游度假区（枣林湾旅游度假区），有136个村、57个社区。年末户籍总人口55.32万人。2020年，全市完成地区生产总值815.05亿元，比上年增长3.4%。三次产业比例为2.9 ∶ 52.7 ∶ 44.4。全年固定资产投资下降16.2%。居民消费品价格总水平比上年上涨2.5%。城镇居民人均可支配收入48005元，增长3.4%，人均消费支出24712元，下降1.7%；农村居民人均可支配收入23942元，增长6.6%，人均消费支出15901元，下降4%。

农业。2020年，全市粮食总产量26.15万吨。其中：夏粮产量5.4万吨；秋粮产量20.75万吨。油料总产量0.55万吨。蔬菜总产量29.62万吨。全年粮食种植面积3.63万公顷；油料种植面积2166.67公顷；蔬菜种植面积7353.33公顷。肉类总产量2.02万吨；牛奶总产量250吨；禽蛋总产量8300吨；水产品总产量7540吨。完善农田水利设施，新增高标准农田3533.33公顷。实施休耕轮作3333.33公顷，推广稻田综合种养500公顷，创成全国主要农作物生产全程机械化示范县。完成恢复生猪生产任务，重要"菜篮子"产品实现稳产保供。马集黑莓、月塘茶叶、陈集生猪、大仪种鹅、新集蔬菜等特色农业加快发展，新增特色种植200公顷。新认定绿色、有机农产品24个。新增农民专业合作社40个，新组建家庭农场26个。新增省级以上龙头企业1家，4家园区创成省主题创意农园，7家企业创成省休闲旅游农业精品企业。

工业和建筑业。全市规模以上工业实现产值1088.03亿元，比上年增长3.2%；规模以上石油化工产业实现产值324.79亿元，下降6.4%；规模以上汽车及零部件产业实现产值399.64亿元，增长3.5%。全市工业开票销售收入1152.06亿元。在列入统计的主要工业产品中，产量比上年增长的有28种，下降的有20种。其中：混凝土、纤维增强塑料制品、灯具及照明装置、变压器等产品产量增长30%以上；鞋帽制品、光电子器件、精制食用植物油、纺织专用设备等产品产量下降20%以上。全年建筑业实现总产值371.56亿元，增长5.6%；竣工产值311.21亿元，增长3.6%。建筑业企业房屋建筑施工面积2369.91万平方米，增长25%；竣工面积783.59万平方米，增长24.8%。

服务业。全市第三产业增加值361.83亿元，比上年增长3.6%。新增服务业重点企业74家、文化列统企业16家。仪征港务公用码头开港运营，智能保税物流园开工建设。编制商业网点规划，组织系列促消费活动，新型电子商务"享乐生活惠"落户仪征。启动编制旅游1号公路规划，完成月塘健康服务业集聚区规划。年末全市旅游景点12处，旅行社及分支机构58家，星级旅游酒店饭店3家。全年接待旅游者298.5万人次，下降24.9%；旅游业总收入30.45亿元，下降43.1%。汽车工业园入选省二、三产业融合发展试点。

国内贸易和开放型经济。全年实现社会消费品零售总额114.52亿

2020年仪征市经济社会发展主要指标一览表

表40-5

项　目	单 位	数 量	比上年增长（%）
地区生产总值	亿元	815.05	6.9
第一产业增加值	亿元	23.64	2.5
第二产业增加值	亿元	429.58	5.4
第三产业增加值	亿元	361.83	9.1
规模以上工业产值	亿元	1088.03	3.20%
工业开票销售	亿元	1152.06	-2.00%
建筑业总产值	亿元	371.56	5.60%
一般公共预算收入	亿元	48	-4.70%
进出口总额	亿美元	14.63	-3.50%
注册外资及港澳台资实际到账	亿美元	2.5	24.80%
固定资产投资	亿元	—	-16.20%
社会消费品零售总额	亿元	114.52	-2.70%
城镇居民人均可支配收入	元	48005	3.40%
农村居民人均可支配收入	元	23942	6.60%

（吕　伟）

元，比上年下降2.7%。批发业销售额551.73亿元，增长5.3%；零售业销售额127.72亿元，增长2.7%；住宿业营业额0.92亿元，下降11.8%；餐饮业营业额17.04亿元，下降4.1%。全市注册外资实际到账2.5亿美元，比上年增长24.8%，全市进出口总额14.63亿美元。

交通和邮电。年末全市公路里程1629.47千米。全年公路客运量499.2万人次，公路货运量413.9万吨，水路货运量1754万吨，铁路货运量12.3万吨。年末民用汽车拥有量10.62万辆，增长5.2%，其中私人汽车拥有量9.72万辆，增长5.2%。全年邮政业务收入7600万元，增长31.5%；电信业务收入5.5亿元，增长10.7%。全市电话用户80.25万户，下降2.4%。其中：固定电话用户13.06万户，增长3.5%；移动电话用户67.19万户，下降3.4%。年末互联网宽带接入用户30.15万户，增长6.4%。

财政和金融业。全市实现一般公共财政预算收入48亿元，比上年下降4.7%，其中税收收入39亿元，下降7.6%，税收占比81.3%。实现一般公共财政预算支出68.55亿元，增长1.3%。其中：城乡社区支出7.87亿元，下降0.4%；公共安全支出3.88亿元，增长2.1%；文化体育与传媒支出1.39亿元，增长34.6%；教育支出11.16亿元，增长0.3%；一般公共服务支出7.71亿元，下降6%。年末金融机构人民币存款余额769.12亿元，增长6.7%；其中住户存款418.86亿元，增长15.6%；企业存款350.27亿元，下降2.4%。年末金融机构人民币贷款余额606.14亿元，增长18.5%；其中：短期贷款210.71亿元，增长5.7%；中长期贷款377.14亿元，增长28%。

科技创新。全年专利申请受理量3340件，比上年增长16.3%，专利申请授权量2402件，增长19.3%。新增国家高新技术企业53家，新获批省级企业研发机构14家。高新技术产业产值占规上工业产值比重33%。推进产学研深度融合，达成产学研合作项目64项。新开工科技综合体4万平方米，新投入使用15.9万平方米。举办"凤来仪"创业周、智能汽车和大数据专场创业大赛，吸引参赛项目近500个。开展"入百企、访百校"产才融合专场对接活动，引进高层次创新创业人才27人、"双创团队"2个，获批国家重大人才工程1人。

城乡建设与环境保护。启动编制国土空间规划，完善中心城区控制性详规，编制加气站、公交站点等专项规划9个。推进城建"双十工程"。实施棚户区（城中村）改造征拆1101户，新增净地30公顷，新建棚改限价安置房26万平方米。完成危房解危2.5万平方米、老旧小区综合整治78万平方米。推进真州东路、解放东路拓宽改造。完成沿山河、红旗河景观带建设，启动大江风光带先导段建设。打造沿江公路节点景观，完成天宁大道两侧景观建设。实施防违控违、街景容貌、占道经营、停车秩序四项攻坚行动，完成城市环境综合整治项目36项。建成智慧城管系统。新建改造公厕14座、停车场10个，增设停车泊位8600多个。创成垃圾分类省级示范镇3个，垃圾分类集中处理率95.2%。文明城市创建接受省级测评。突出示范引领，建成乡村振兴综合示范村11个，启动第二轮综合示范村培育。首批通过农村人居环境整治三年行动省级验收，建成省级特色田园乡村7个、美丽宜居乡村44个。村级经济加快发展，村均年经营性收入101.9万元。化解村级债务3450.4万元，新增零债务村16个。136个村全部达成村企共建意向，签订深度合作协议，意向投资15亿元。完成重点生态工程22项。全市环境空气质量优良天数比率83%，提高4.2个百分点；$PM_{2.5}$浓度35.4微克/立方米，下降3%。推进污水处理厂迁扩建、黑臭水体综合整治等工程，开展"全域治理、全河（湖）达标"行动，重点水体水质全部达标。农药废弃包装物回收率90%以上。推进重点企业土壤调查，开展危险废物安全专项整治，危险废物安全处置率100%。实施长江岸线生态修复工程，52个长江干流清理整治项目全部通过扬州验收，完成长江沿线绿化造林274.13公顷。做好长江禁捕退捕工作，完成"三无"船舶专项整治。

社会事业。优化教育设施布局，实验小学东区校、都会小学建成投用，东区普通高中、曹山小学加快推进。真州小学获评全国文明校园。实施城镇小区配套幼儿园治理，推进4所幼儿园移交公办。全市省优质幼儿园比例60%，省现代化小学比例99.72%，省现代化初中比例100%，省三星级以上高中比例100%。全市各类学校95所，招生1.63万人，在校生6.01万人。其中：幼儿园45所，招生4720人，在校生1.38万人；小学28所（不含九年一贯制），招生4285人，在校生2.44万人；初中17所（含九年一贯制），招生3777人，在校生1.16万人；高中3所，招生2693人，在校生7872人。3~5周岁幼儿毛入学率100%，小学净入学率100%，初中净入学率100%，初中升学率99.88%。共有省人民教育家培养对象1人，省、扬州市特级教师22人，扬州市中小学特级班主任5人，扬州市有突出贡献中青年专家、英才培养对象4人，扬州市级骨干教师771人。全市共有各类卫生机构（不含村卫生室）98个，比上年增加6个；拥有床位数3032张，增加97张；共有卫生技术人员4409人，增加227人，其中执业医师、执业助理医师1682人，增加141人。全年诊疗277.72万人次，下降18.9%。全年广播节目制作时间3813小时，电视节目制作时间655小时，广播节目综合覆盖率100%，电视节目综合覆盖率98%。电影放映单位9个、艺术表演场馆1个、博物馆1个、公共图书馆1个、文化站9个，全年艺术表演观众7.02万人次，文物展览参观12.53万人次，公共图书馆总藏书量50.5万册件，书刊文献外借14.9万册次。年末全市共有体育场8个、体育馆10个、游泳池馆15个，教练员22人、等级裁判员198人、等级运动员324人。全年运动员获奖牌总数73枚，举办体育竞赛表演100次。完善村、社区全民健身活动设施和学校文体设施2597个。

社会保障。年末城镇登记失业率1.77%，城镇职工基本养老保险覆盖率、基本医疗保险覆盖率、失业保险覆盖率分别为98%、97.6%、98%，参保人数分别达到14.21万人、18.10万人、9.3万人。推进基本医疗保险和生育保险扬州市级统筹。城乡居民基础养老金提高至每人每月160元。启动省级健康养老服务业集聚区创建，建成颐养示范社区3个、标准化居家养老服务中心11个，完成困难老年人家庭适老化改造251户，养老服务体系建设绩效考核位列全省前列。"儿童关爱"之家建设运营经验在全省推广。建成省级残疾社区康复示范点2个。新增住房保障家庭85户，住房公积金扩面4755人。健全退役军人服务保障体系，建成退役军人服务中心（站）189个。（吕　伟）

■仪征市筹备世园会 2021扬州世界园艺博览会以"绿色城市、健康生活"为主题，会场位于仪征市枣林湾。规划面积233.33公顷，总体形成一轴·两脉·五心·八片区的空间结构。其中，西园为省园博会原址，面积120公顷，建有13个江苏城市展园，世园会期间作为中国馆；园冶园作为园林文化展示馆。东园为新建区域，面积113.33公顷，兼顾展会需要和后续利用。2020年，仪征市举全市之力筹办世园会，开展各项工作。工程建设方面，推进主体建筑、主体景观和城市展园建设，开展省园区域提升改造，有序推进铜山体育小镇、芍药园红肩章、园博村园博酒店、枣林山庄等配套项目，同步推进世园会周边停车场、骨干道路、绿化景观建设。运营保障方面，组建世园会运营合资公司，实施智慧园博项目，开展志愿者招募，对接世园会非遗及室内展陈、园艺竞赛、"城市主题周"等方案，研究谋划票务政策、交通保障、安全保卫等专项方案。宣传推广方面，对外发布世园会会徽、吉祥物，形成世园会概念宣传片样片，官方宣传平台发布各类宣传稿件520多篇，完成新闻中心功能布局方案。（吕　伟）

■仪征市入选全国文明城市提名城市 文明城市是综合评价城市发展水平的重要标尺，也是城市竞争中最具价值的"金字招牌"。2020年，仪征市围绕"创建全国文明城市提名城市"目标，推动文明创建工作。凝聚创建合力。巩固提升"常态测评""攻坚点示范点""联席会议议事""市民观察评议"四大长效机制，实施领导挂钩、单位与社区结对共建机制。全市74家单位开展创建共建活动300多次，累计督查整改点位1143个。突出创建惠民。秉承"创建为民、创建惠民"理念，让群众在参与创建中看到变化、享受成果。开展城乡接合部、交通秩序、城市"蜘蛛网"等11项专项整治，实施农贸市场改造提升工程，改造老旧小区28个，维修破损路面600多处，修剪、补植景观绿化90万平方米。培育文明风尚。全面倡导文明新风，印发《市民文明手册》《市民文明公约》10万多份。依托新时代文明实践三级组织、文明驿站志愿服务站点，开展志愿活动4864场次、服务总时长19.46万小时。组织开展"仪征好人"、文明单位、文明家庭、文明窗口、诚信示范街区等群众性精神文明创建评比活动。（吕　伟）

高邮市

■概况 高邮市面积1921.78平方千米；辖13个乡镇（园区、街道），其中含1个乡（菱塘回族乡）、2个省级开发区（高邮经济开发区、高邮高新技术产业开发区）、1个新区（高邮城南经济新区）；有170个行政村、52个社区；年末户籍人口79.65万人。2020年，全市实现地区生产总值838.18亿元，可比价增长3.4%。其中，第一产业增加值90.17亿元，增长3.5%；第二产业增加值410.73亿元，增长4.4%；第三产业增加值337.28亿元，增长1.9%。人均地区生产总值112372元，增长2%。三次产业结构比例为10.8 : 49 : 40.2。实现公共财政预算收入37.91亿元，增长3%；完成公共财政预算支出83.2亿元，增长4%。完成固定资产投资486.7亿元，增长7.6%。城镇居民人均可支配收入41650元、农村居民人均可支配收入23315元，分别增长3.6%、6.3%。

农林牧渔业。全市实现农林牧渔业总产值160.74亿元，其中农业、林业、牧业、渔业各实现产值59.11亿元、1.74亿元、20.36亿元、70.28亿元，分别增长3.6%、4.9%、3.9%、11.5%、0.6%。粮食、油料、蔬菜总产量分别实现84.35万吨、1.44万吨、64.28万吨；生猪和家禽出栏量分别实现24.95万头、2488.9万只，实现水产品产量23.42万吨。全面完成农业结构战略性调整三年行动计划。粮食总产实现"十六连丰"，建立粮食绿色高质高效示范区17个、面积0.86万公顷（水稻8500公顷、小麦133公顷），新增高效设施农渔业面积2133公顷，实施稻田综合种养面积3107公顷。创建水稻绿色高质高效示范片16个。市级"菜篮子"工程生产基地建设新增"两网一灌"（遮阳网、防虫网、喷滴灌）面积22公顷。获批2020年度江苏省数字农业农村基地2个，实施农业电商项目9项，新增农业电商销售企业18家，实现农业电商销售额14.92亿元。175个益农信息社运转良好，开通惠农短信平台与热线。新增省级农业龙头企业1家，新创绿色农产品5个。新创成扬州市级以上示范合作社12家、扬州市级以上示范家庭农场25家。发放耕地地力保护补贴和稻谷补贴1.56亿元、农机购置补贴2849.27万元。举办各类农民培训班19期，培训农民3063人。农村产权交易额实现6.2亿元，增长5.3%。完成农业保险保费收入1.05亿元，兑现理赔资金7515.66万元。实施高标准农田建设项目9项，总投资1.37亿元。启动建设高邮市"四河四路"乡村振兴

2020 年高邮市社会经济发展主要指标一览表

表 40-6

项　　目	单 位	数 量	比上年增长(%)
地区生产总值	亿元	838.18	3.4
第一产业增加值	亿元	90.17	3.5
第二产业增加值	亿元	410.73	4.4
#工业增加值	亿元	320.54	4.2
第三产业增加值	亿元	337.28	1.9
人均地区生产总值（按常住人口计算）	元	112372	2.0
规模以上工业产值	亿元	750.49	12.2
农林牧渔业产值	亿元	160.74	3.6
粮食总产量	万吨	84.35	0.3
全社会固定资产投资总额	亿元	480.66	7.6
外贸自营出口总额	亿美元	4.8	7.6
实际利用外资及港澳台资	亿美元	1.5	61.4
社会消费品零售总额	亿元	171.56	-2.5
公共财政预算收入	亿元	37.91	3.0
城镇居民人均可支配收入	元	41650	3.6
农村居民人均可支配收入	元	23315	6.3
邮电业务收入	亿元	8.71	—
#电信业务收入	亿元	5.14	—
年末存款余额	亿元	799.83	13.0
年末贷款余额	亿元	590.63	15.2

（高邮市统计局）

综合试验区，在扬州高邮国家农业科技园区建成扬大智慧牧场一期及科技综合体，生猪生产“1+4+N”体系基本形成。全市农机总动力74.9万千瓦，农业综合机械化水平88.9%。巩固提高秸秆禁烧、还田及综合利用水平，实现秸秆还田面积8.1万公顷，兑付资金2258万元。疏浚县乡村三级河道38条，完成土方量90万立方米以上。行政村年集体经营性收入45万元以上实现全覆盖，全市建档立卡的低收入农户累计脱贫6995户，脱贫率100%。高邮市获评全国农业绿色高质高效创建示范县、全省农村人居环境整治督查激励县、2020年度乡村振兴实绩考核县级年度重点任务完成第一等次县，市农业农村局获2020年度中国商业联合会科学技术奖（二等奖）、第九届江苏省农业技术推广奖、2020年度全省水生动物疫病监控工作二等奖，获评2020年全省农药使用强度监测工作先进单位。高邮鸭创成中国特色农产品优势区、江苏省特色农产品优势区。龙虬镇获评第十批全国“一村一品”示范镇，三垛镇获评2019年度江苏“味稻小镇”，周山镇获评2019年省级耕地保护激励单位，临泽镇获2019年度江苏省农村产权交易市场监测奖，菱塘回族乡清真村创成中国美丽休闲乡村，市珠湖芦花飞雪景观创意园入选江苏省百家主题创意农园，“高邮周巷大米”获批“中国地理标志证明商标”。

工业。全部工业实现开票销售965.75亿元、入库税收28.9亿元，分别增长12.9%、-6.6%。全市564家规模以上企业实现工业总产值750.49亿元、主营业务收入724.96亿元、利税总额50.68亿元、利润30.6亿元，分别增长12.2%、3%、-3.3%、-1.1%。规模以上工业产销率95%。完成工业增加值320.54亿元，其中规模以上工业增加值179.16亿元，可比价分别增长4.2%、7.6%。机械装备、电线电缆、照明灯具、纺织服装等四个基本产业和新能源、电子信息、汽车零部件、生命健康等四个新兴产业发展势头良好，其规模以上企业分别完成开票销售440.8亿元、164.4亿元，分别增长1.6%、16%，分别占全市规模以上工业总量的64.4%、24%。全年新增规模以上企业82家，有产值超1亿元以上企业164家，其中超10亿元以上企业13家。新获批扬州市“三新”（新开工、新竣工、新达产）工业项目42项，其中新开工10项、新竣工（含设备达序时）9项、新达产23项。新获批国家高新技术企业92家、国家专精特新“小巨人”企业2家（江苏传艺科技股份有限公司、扬州日兴生物科技股份有限公司）、省专精特新“小巨人”企业3家、省质量标杆企业1家、省星级上云企业35家。获批省重点技术创新导向计划项目53项、省工业互联网应用提档升级专项行动咨询诊断服务项目2项、扬州首批关键核心技术攻关项目计划5项。获批省重点推广应用新技术新产品48项、省示范智能车间4个，新认定省级企业技术中心15个。注重发展绿色工业，关闭相关化工企业34家、三阳河沿线小船厂8家；实施节能技术改造项目10项、节能环保产业化项目3项、绿色化改造项目6项，全年单位GDP能耗下降3.84%。高邮市再次获评“中国工业百强县（市）”“中国创新百强县（市）”。

建筑业。全年完成建筑业企业总产值1566亿元，建筑业总产值1285亿元，分别增长12.3%、20.3%；完成建筑业增加值90.27亿元，可比价增长5.7%；完成税收8.74亿元，增长14.9%。累计吸纳就业20.1万人，其中带动本地就业8.2万人。有产值超10亿元建安企业20家，其中10亿元（不含，下同）至50亿元企业12家、50亿元至100亿元企业4家、100亿元以上企业4家。新开辟云南禄劝彝族苗族自治县、广东云浮市、山东莱西市、海南文昌市等外埠市场4个，累计实现外埠施工产值826亿元。承建工程新获评中国建筑工程装饰奖7项、省级优质工程奖7项、市级优质工程奖50项，获评省级文明工地41处、市级文明工地43处。推进建筑业现代化，预制构件工厂发展，装配式施工面积35万平方米。全市共有各级各类资质建筑业企业619家，其中特级总承包资质企业3家、一级总承包资质企业17家、二级总承包资质企业47家、三级总承包资质企业79家、专业承包资质企业418家、劳务分包资质企业45家、不分等级企业10家。高邮市获扬州市建筑业经济综合考核二等奖。

服务业。全年实现服务业增加值337.28亿元、固定资产投资206.31亿元、税收15.12亿元，分别增长1.9%、38.9%、5.9%。完成服务业用电量4.32亿度，增长3.3%，增幅高于全社会用电量11.1个百分点。加快电商产业特别是农村电商发展，举办市"兴农杯"农产品网货大赛，谋划推进国家级电子商务进农村综合示范县项目建设，全年实现电商交易额73.4亿元，增长20%。市商务局获评全省商务系统先进集体。坚持"全域即景区、旅游即生活"发展理念，推进省级全域旅游示范区创建，举办2020年"中国农民丰收节"暨第五届中国高邮湖大闸蟹旅游美食节、首届汪曾祺旅游美食节等系列活动，汪曾祺纪念馆、平津堰及南关坝遗址保护展示工程建成开放，高邮湖（清水潭）旅游度假区创成国家AAA级旅游景区，盂城驿景区创成省级夜间文旅消费集聚区，扬州市神奇高邮湖旅游投资开发有限公司、市裕丰资产管理有限公司创成全国休闲农业与乡村旅游星级企业，市文旅公司获评江苏省省级夜间文旅消费集聚区建设单位，市"四季芦荡渔乡湖上花海休闲观光二日游"入选省百条休闲旅游农业精品线路，香酥麻鸭、菱塘盐水鹅入选省百道乡土地标菜，市珠湖小镇、高邮湖芦苇荡湿地公园、清水潭旅游度假区三家景区获评扬州市最美秋色森林旅游点。旅游业受新冠疫情影响较大，全年接待国内过夜游客69.2万人次，盂城驿、文游台、清水潭等主要收费景区入园人数24.9万人次，分别下降16.7%、50.7%。

国内贸易。全年实现社会消费品零售总额171.56亿元，下降2.5%。其中，批发业、零售业、住宿业、餐饮业各实现12.87亿元、131.24亿元、1.03亿元、26.42亿元，分别下降2.8%、2.4%、1.3%、2.4%。全市参与年报的贸易业限额以上企业239家（当年新增75家），实现营业收入177.1亿元，增长41%。在限额以上批发零售企业商品零售额中，粮油零售额0.07亿元，下降17.3%；酒、饮料及茶叶零售额0.22亿元，增长191%；烟草制品零售额0.35亿元，下降18.3%；纺织、服装及日用品专门零售额0.18亿元，增长147.5%；医药及医疗器材专门零售额0.21亿元，增长46.6%；五金、家具及室内装饰材料专门零售额1.42亿元，增长0.5%；其他室内装饰材料零售额0.64亿元，增长4.9%；生活用燃料零售额0.31亿元，下降16.7%；汽车新车零售额4.66亿元，增长16.1%。

对外国及港澳台地区经贸。全年新签约投资额5000万元以上合同项目148项，其中外资及港澳台资项目18项。实际利用外资及港澳台资1.5亿美元，增长61.4%。完成进出口总额5.36亿美元，其中出口总额4.8亿美元，分别增长6.5%、7.6%。完成离岸服务外包执行额3405万美元，实现服务业出口"零"的突破。完成外经营业额420万美元，下降50.8%。

固定资产投资。全市实现固定资产投资480.66亿元，增长7.6%。其中，项目投资399.04亿元，下降0.9%；房地产开发投资81.62亿元，增长64%。按产业划分，第一产业投资23.35亿元，增长87.1%；第二产业投资251亿元，下降11.8%；第三产业投资206.31亿元，增长38.9%。第一、二、三产业投资占比分别为4.9%、52.2%和42.9%。在房地产开发投资中，住宅投资65.54元，增长74.4%；商业营业用房投资11.24亿元，增长69.1%；办公用房投资1.01亿元，下降23.2%；其他用房投资3.83亿元，下降9.6%。商品房竣工面积126.4万平方米，增长105.8%；商品房销售面积59.05万平方米，下降8%。

科技创新。实施科技创新系列工程，举办"高邮市第二届科技人才创新创业大赛""高邮市苏科贷10周年主题推介"等活动。新获批国家高新技术企业92家（累计310家）、省高企入库培育企业88家、省科技型中小企业221家；获评2019年度"中国好技术"项目3项，获批省科技计划项目9项、省科学技术奖5项、扬州市科技计划项目14项。获批"苏科贷"项目30项，获发贷款7730万元；推荐高邮市中小企业风险补偿资金池项目26项，获融资5780万元。获批省级科技企业孵化器1家、省众创空间3家；扬州日兴生物科技股份有限公司获批设立国家级博士后科研工作站，新增省、市级"两站一中心"18家（省工程技术研究中心1家、扬州市工程技术研究中心15家、扬州市院士工作站2家）；获批省"双创计划"科技副总94人。"院团会"效应凸显，签订校企校地合作协议115项，柔性引进高层次人才110人以上；组织100多家企业拜访高校院所30多家，达成意向合作90份；邀请20多家高校院所专家教授到高邮洽谈合作，拜访对接科技产业项目30多项。全市技术合同成交额23.13亿元，向上争取资金6610万元，助企科技融资2亿元以上。江苏数丰水产种业有限公司获评2018—2019年度扬州市人才集聚示范单位。推进"众创空间+科技孵化器+科技产业综合体"融合发展，科技产业综合体累计入驻企业440家，当年新增孵化器在孵企业132家，投运科技产业综合体省级以上科技企业孵化器覆盖率90%，省科技企业孵化器绩效评价获A类1家、B类2家。高邮智慧照明孵化器获评省级孵化器，神居客众创空间获列2020年度省级备案众创空间。实现高新技术产业产值340.08亿元，占规模以上工业产值的45.3%；规模以上工业企业有研发活动企业数占比为90.4%，规模以上工业企业研发经费占营业收入比重为3.2%。

交通和电力。呼应连淮扬镇高铁全线贯通，高邮“双站”、综合客运枢纽和邮都大道于12月11日同步建成投用；京沪高速高邮段扩容工程涉铁先导段全部建成，“三高”项目合作推进；通扬线高邮段航道整治工程完成护岸22千米，乡镇段5座桥梁主体完工；宁盐高速公路高邮湖特大桥建设方案获批复；S333高邮段东延工程建成通车，实现国省公路乡镇全覆盖。加强与综合客运枢纽的有效衔接，实施城乡公交一体化改造试运营。推进高邮通用机场建设，并在机场更名、确定合作单位、组建机场公司和同步开展通航产业研究等方面取得新进展。实施农村公路提档升级29条、79.86千米，改造农村危桥108座、精准扶贫村组危桥105座。开展交通领域安全生产专项整治，推进路警联合执法，强化源头治超，建成G233治超站点。全年完成客运量182万人次、货运量4024万吨（含水路货运量1675万吨），港口货物吞吐量1361万吨。全市拥有新能源发电装机总规模1159.4兆瓦，其中并网发电装机容量857.4兆瓦、清洁能源和资源综合利用项目272兆瓦、在建分散式风电项目30兆瓦，年发电总量约14.85亿千瓦时。全年完成电网建设投资2.18亿元；全社会用电量38.94亿千瓦时，售电量37.98亿千瓦时，分别下降8.1%、8.2%。

财政和金融。全市实现公共财政预算收入37.91亿元，增长3%。实现税收收入31亿元，与上年持平，占公共财政预算收入比重为81.8%。公共财政预算支出83.2亿元，增长4%。市财政局获2019年县（市）政府采购监管工作考核一等奖（第一名），获评全省法治财政标准化管理2019年度优秀单位。

年末，全市金融机构各项存款余额799.83亿元，比年初增加91.76亿元，增长13%；各项贷款余额590.63亿元，比年初增加78.07亿元，增长15.2%。新增设立银行分支机构1家（中国民生银行高邮支行），累计达17家。

城乡建设与生态建设。组织实施2020年度城建重点工程（城建十大重点项目、城建重点工程项目），涉及道路升级改造、智慧城市数字灯网、滨河风光带、江苏高邮通用机场、城区清水活水工程等类项目84项，总投资额171.82亿元。完成主城区河道水质提升，市城市一水厂迁建投运，改造老旧小区二次供水设施6处，推进高邮湖、北澄子河沿线水环境整治工程项目建设。取缔散煤销售点，推动集中供热，通过清洁能源替代或淘汰工业窑炉50台。新增环卫大型机械作业车辆35部，道路机扫率达80%以上。推进江淮生态大走廊建设，实施完成相关项目11项，修复湿地92.7公顷，自然湿地保护率67.2%。运东7个乡镇20个集镇铺设截污管网101千米，确保管网覆盖范围内污水应收尽收；完成三垛、卸甲、临泽三个镇级污水处理厂提升改造项目续建工程，新增集镇污水支管网40千米。常态开展北澄子河水环境整治，推进罗虾养殖尾水整治试点，国考省考断面Ⅲ类以上水质比例85.7%，里运河清水潭取水口水质达标率100%。完成安全生产专项整治“一年小灶”，关闭烧结砖瓦窑13家，完成重金属重点防控区专项整治，单位地区生产总值能耗下降3.9%。推进关闭化工企业36家、“散乱污”企业17家；城市建成区黑臭水体基本消除，全年未发生重大环境安全事故。推行空气质量“点位长”制，空气质量优良率82.0%，$PM_{2.5}$浓度均值37.4微克/立方米，均继续保持“双达标”。汤庄镇、卸甲镇和菱塘回族乡清真村、高邮镇黄渡村分获省级生态文明建设示范乡镇、村。

社会事业。举办纪念汪曾祺百年诞辰、第三届“邮驿路、运河情”全国美术作品展、里下河文学流派研究基地挂牌仪式、2020年高邮市“文化和自然遗产日”非遗展示、“秦邮文化讲坛”和市第二批老行当、老手艺授牌等系列活动，观众超过100万人次。加强文化人才和阵地建设，第二批14名定向委培生结业入职，市文化馆新增高邮民歌传习所，市图书馆新增智能机器人馆员，新增城市书房1个、漂流书屋5个、馆外流通点5个，启动建设乡镇数字影院，市图书馆、卸甲镇文化站及11个村（社区）综合文化服务中心获评江苏省基层公共文化服务效能提升“十百千”示范工程。推进全民阅读和农家书屋管理工作，开设网上慕课和线上培训，提升“全民阅读指数”，市文化馆年接待观众近10万人次，市图书馆举办活动210场、线下参与32万人次，年接待读者56.8万人次，外借各类书籍36万册（次）。央视《远方的家》系列节目《大运河》聚焦高邮，先后播出《秦邮故地，运河人家》《里运河风情》；市博物馆获批国家三级博物馆；高邮民歌《隔趟栽》获2020“池州杯”长三角民歌邀请赛最佳创编奖，入围第十四届省“五星工程奖”终评；市档案馆创成省AAAAA级数字档案馆，《高邮年鉴（2019）》获第七届全国地方志优秀成果（年鉴类）三等奖、江苏省年鉴质量评审二等奖，《高邮市志（1986~2005）》获江苏省2020年度年鉴质量评审二等奖，《高邮革命老区发展史》获《全国革命老区县发展史丛书（江苏卷）》编纂工作特等奖；小品《你笑起来真好看》获省第二届戏剧小品大赛优秀表演奖；国画《新绿》入选“五星工程奖”评比和巡展作品；市图书馆“书虫志愿家”亲子阅读志愿服务项目获第五届江苏志愿服务展示交流会铜奖；临泽高跷代表性传承人韦忠清获评第五批江苏省非物质文化遗产代表性项目代表性传承人；周荣池礼赞高邮名城、名人与名文的文章《我的家乡在高邮》获《人民日报》副刊“我与一座城”专栏转载；赵万和三件作品入选“同心筑梦、脱贫攻坚”第二届全国书画展。

举办全民健身运动会、第三届

龙舟大赛等赛事活动，承办第十一届环高邮湖自行车越野赛、第九届大运河半程马拉松赛、第十届横渡高邮湖游泳赛三大品牌赛事。实施健身器材和“城市社区10分钟健身圈”提档升级工程。组织社会体育指导员培训，培育各级社会体育指导员380余人。市第一小学获评全国青少年校园排球体育传统特色学校。以公益为主线，推进体彩事业健康发展，实现年销售额1.13亿元。

推进实施苏大高邮实验学校、市城北中学、市秦邮初中等新改扩建工程18项，完成市北海小学、市营南小学、市川青初中撤并，优化调整城区小学施教区，市实小东校区分校及5所幼儿园建成投用，组建市第一小学教育集团。创新发展职业教育，高邮中等专业学校创成省现代化实训基地、现代化专业群各1个，获批教育部“1+X”证书制度试点项目4个、省中小学生职业体验中心2个，对口高考夺得县市区职校“九连冠”。特色多元发展高中教育，年度高考本科上线2810人，获普通高校录取人数3552人。高邮市获扬州市高中教育一等奖，省教育现代化数据监测得分位列扬州第一。市教体局获评2019年度全省学生资助绩效评价“优秀”单位、2019年度全省教育信息工作表扬单位。

市中医医院通过三级中医医院复审并建成中医老年康复护理院，市妇保所“所转院”项目通过立项审批。卸甲中心卫生院创成国家二级医院，4家区域医疗中心实现国家二级医院全覆盖。送桥中心卫生院创成“江苏省社区医院”，5家基层医疗卫生机构达到国家“优质服务基层行”推荐标准。创成省“星级家庭医生工作室”1家。市人民医院医疗集团界首分院、市中医医院卸甲分院挂牌运行，紧密型县域医共体建设质态良好，年度县域就诊率92%以上，分级诊疗基本实现。基本公共卫生服务项目经费人均最低标准提高到80元，新生儿疾病筛查率97.4%、老年人健康管理率70.7%、职业病危害项目完成率117%，其他项目完成率持续保持在98%以上。高分通过国家卫生城市复审省级评估，农村无害化卫生户厕累计普及率98.4%。高邮市获评2019年江苏省健康促进县（区）、2020年度家庭医生服务模式创新单位。龙虬镇创成国家卫生镇；周山镇创成江苏省卫生镇，全市省级卫生镇实现全覆盖。创成省、市级卫生村35个，省健康促进医院2家。

社会保障。出台“扶企稳岗15条”，发放各类政策性资金2.7亿元，争取中央直达资金6.7亿元，全面减免缓缴社保费、医保费，减税降费7.5亿元，发放创业担保贷款2.18亿元。完成全市第三轮最贫困家庭精准帮扶工程，谋划启动第四轮最贫困家庭精准帮扶工程。建立临时救助备用金制度，救助困难对象6582人次。完善农村居民大病保险制度，在基本报销的基础上，对大病患者合规医疗费用超过1.5万元以上部分，按照不低于60%的比例再报销，报销金额上不封顶。困难人员大病保险起付线比普通参保患者降低50%，各报销段报销比例比普通参保患者提高5个百分点。城镇职工退休工资普调约6.7%，城乡居民基本养老保险基础养老金标准提高18%。城乡低保每人每月提标至710元，全年共发放低保金2502.48万元。市慈善总会募集慈善资金3018.51万元、支出1589.65万元。通过创客服务中心购买创业培训服务，成功扶持创业1653人。新增就业岗位1.19万个，帮助城镇失业人员和就业困难人员实现再就业8950人，“双零”家庭保持动态清零，城镇登记失业率保持在1.8%的低位。养老服务质量实现新提升，新增家庭养老床位100张，实施困难家庭适老化改造300户，创建颐养示范社区5家，医养结合养老机构1所。新建儿童“关爱之家”4个、“残疾人之家”2个。发放残疾人“两项补贴”1.47万人、6369.71万元。新开工棚户区改造安置住房681套；发放公租房租赁补贴42户、10.24万元；审核各类保障房申请76户；通过“摇号定序、抽签选房”方式分配各类保障房57套（户）。住房公积金扩面4834人，发放住房公积金贷款2.35亿元。（宝珍芳　张欣蕊）

■第16届中国双黄鸭蛋节　4—5月，举办第16届中国双黄鸭蛋节。此届节庆遵循“精彩、节俭、务实、惠民”原则，组织开展8项主要活动。分别是中国民生银行高邮支行开业、产业重大项目集中开工、城建重点工程集中开工、产业项目集中签约、金融高质量服务县市行——高邮银企签约大会、高质量发展工业企业表彰授牌、企业上市行动计划及政策发布会、外贸企业应对疫情影响专题讲座。节庆期间，全市共落实签约项目58项，计划总投资208.02亿元；落实新开工项目42项，计划总投资110.9亿元。

（宝珍芳　张欣蕊）

人物
Renwu

编 辑 徐国磊

先进模范

“全国劳动模范”荣誉称号获得者

■**刘德宝** 男，汉族，1974年2月出生，中共党员，大学学历，邗江区方巷镇沿湖村党委书记。先后获评“中国乡村旅游致富带头人”、“中国电商致富带头人”、江苏省“吴仁宝式村书记”、江苏省“最美基层共产党员”、江苏省首批“百名示范”村书记、2016年度江苏省“劳动模范”等称号。他于1994年参加工作，2004年担任邗江区方巷镇沿湖村村书记。在担任村书记的近16年时间里，他把一个“渔花子”村，发展成为获得“中国金牌农家乐”“国家级最美渔村”“全国生态文化村”“中国美丽休闲乡村”“全国三星级乡村旅游区”等多项荣誉的乡村振兴发展的样板村。多年来，刘德宝和村民一起整理“荒滩废地”600多亩，让210户长期以船为家的渔民实现上岸定居。他开办渔家学堂，让全市最后一个扫盲村变成既“富口袋”又“富脑袋”的渔文化明星村。他开展“旅游兴村”，发展乡村旅游项目，组织举办“渔文化美食节”“品蟹节”“放鱼节”等富有特色的渔事渔节活动。2019年全村实现旅游收入3000余万元。他承担社会责任，担负起邵伯湖60多平方千米的生态保护工作。沿湖村多次被央视新闻联播、央视新闻频道、《人民日报》等媒体报道。2020年11月，获得“全国劳动模范”荣誉称号。（贺光明）

■**周维忠** 男，汉族，1969年11月出生，中共党员，初中学历，仪征市滨江供电所村电工。先后获全省“优秀共产党员”“劳动模范”“道德模范”称号，荣登“中国好人”榜，获“最美国网人”称号。他21年来以微薄的工资接济村里的孤困家庭，垫付电费12万元以上，成为智障青年的“爱心爸爸”、孤寡老人的“外快儿子”、村民心中的“光明使者”。从一个残障家庭到一群困难百姓，周维忠先后悄悄为15户孤困家庭垫付电费；帮助孤寡老人修缮房屋、看病买药、洗澡擦身、操办生日、改善伙食，送去物质关爱和精神慰藉，为3位老人送去临终关怀。他从事村电工工作30年，群众满意率100%，帮助村里协调解决矛盾200多起。他为150户村民银行存折续费充值，约有近20万元，获得村民们一致信任。2020年11月，获得“全国劳动模范”荣誉称号。（贺光明）

■**吴战宇** 男，汉族，1983年1月出生，中共党员，博士研究生学历，江苏华富储能新技术股份有限公司技术研究中心工程中心主任、高级工程师。他博士毕业后，进入华富公司研发第一线，兢兢业业，不断攻克电池行业技术难题，为企业技术升级、发展壮大和地方经济发展做出积极贡献。他主持研发“高原专用胶体蓄电池”项目时，为得到第一手技术参数，多次前往海拔5000米以上的高原地区进行实地考察，该成果通过国家级成果鉴定，填补国内空白，达到国际先进水平。几年来，他先后主持或参加十余项国家级（省级）科研项目，发表科研论文20余篇，授权专利7项，科研成果先后获中国轻工联合会科技奖一等奖、江苏省科技进步三等奖和扬州市科技进步一等奖等多项奖项。2016年获江苏省“劳动模范”称号。2020年11月，获得“全国劳动模范”荣誉称号。（贺光明）

■**曹　飞** 男，汉族，1977年3月出生，中共党员，专科学历，仪征化纤有限公司PTA部PTA装置值班长、高级技师。先后获中石化技术能手、青年岗位能手和岗位练兵标兵等称号；他自退伍到仪征化纤公司PTA部PTA装置参加工作，扎根装置18年，负责的科技创新项目多次获奖，平均每年义务加班近50个工作日，为装置安全稳定生产和节能环保做出突出贡献。2018年，他肩负PTA装置氧化尾气VOC治理改造的重担，带领“曹飞工作室”成员加班加点忙碌在技术交流、项目建设、系统调试的现场，为“绿色企业”创建做出重要贡献。2019年四季度PTA装置二线进行最长周期大修，在部党委成立的10项党员先锋工程中，由他领衔的有7项。他负责的“M302烟囱防积料优化”“T410水回用攻关”“降低中副产品量”等项目受到PTA部党委的表彰。他带领班组职工每年提交安全隐患报告卡100多条。近年来，他解决生产难题40多项，每年负责创新、攻关项目30多项，负责的“精制氢气回收利用工艺包研发”项目投用后为公司获得近2500吨标煤/年排放量；真空泵一拖二改造项目每年节约电费172.8万元；装置萃取节能改造项目每年可减少COD排放693吨，实现效益500万/年。2016年获江苏省“劳动模范”称号。2019年被评为中国化学纤维工业协会优秀技术工人。2020年11月，获得“全国劳动模范”荣誉称号。

（贺光明）

■**徐永葆** 男，汉族，1969年4月出生，中共党员，高中学历，扬州市江都区开元客货运出租服务公司爱心车队队长。他进入出租车服务行业15年来，安全行车里程达150多万公里，运送旅客达15万人次，从未被投诉过。他刻苦钻研驾驶技能，在各级技能比赛中屡获佳绩，获得破格申报技师的资格。总结出的“永葆工作法”驾车口诀被公司广泛推广。在工作中自觉做到热情服务，文明经营，遇到腿脚不便的老年人或者残疾人，主动搀扶着他们上车下车。多次拾金不昧，2019年送还失主的钱包、手机4起。他被大家推选为爱心车队队长，每年约有两个月的时间用于各种公益事业，十多年来，他无偿付出达10多万元。在经营活动中，配合公安部门抓获多名犯罪嫌疑人。2016年获江苏省“劳动模范”称号。2020年11月，获得“全国劳动模范”荣誉称号。

（贺光明）

“全国先进工作者”荣誉称号获得者

■**郑瑞强** 男，汉族，1971年11月出生，中共党员，本科学历，现任苏北人民医院副院长、重症医学科主任，苏中地区ICU协作委员会主任委员，江苏省“333”人才工程培养对象。主持市级科研课题2项，参加省部级课题2项，主持科研项目获扬州市科技进步三等奖1项，扬州市新技术引进一等奖2项、二等奖2项，近三年发表论文27篇，参编专著4部。2004年他被苏北医院作为重点人才引进，组建重症医学科，并担任科主任，经过十几年的努力，苏北人民医院重症医学科从无到有，发展为占地面积2900多平方米，开放35张床位，年收治重症患者900余例，床位使用率90%以上，重症患者抢救成功率94%以上，是在省内乃至国内都具有一定知名度的苏中、苏北地区重症医学临床、教学、科研中心和江苏省临床重点专科、扬州市临床重点学科。其中，感染性休克的集束治疗、有创-无创机械通气治各种呼吸衰竭、医院感染的流行病学与抗菌药物和非抗菌药物策略、内镜引导下经皮穿刺胃/空肠造口术、血液净化治疗多器官功能障碍综合征等处于国内先进、省内领先水平。他用自己无私的爱和忘我的奉献精神，使众多危重病人获得新生。2020年在抗击新型冠状病毒战役中，他临危受命，作为国家卫健委派驻专家连夜赶赴武汉，平均每天为20位确诊病例治疗，完成多例高风险重症治疗。先后获2009年全国“五一劳动奖章”、江苏省“优秀共产党员”、江苏省“青年岗位能手标兵”、“医德医风标兵”、“十佳青年医生”称号。2020年11月，获得“全国先进工作者”称号。

（贺光明）

6月9日，援鄂专家郑瑞强（左一）介绍抗疫档案背后的故事 杨 年/供稿

■**李文西** 男，汉族，1983年2月出生，大学学历，扬州市耕地质量保护站支部书记、站长，农业技术推广研究员，江苏省“333”人才工程培养对象，扬州市有突出贡献中青年专家，兼任中国土壤学会科普工作委员会委员、江苏省土壤学会第十三届理事会理事，扬州大学资源利用与植物保护专业硕士导师。2017—2019年组织承办全国县域耕地资源管理信息系统培训班十期、全国耕地质量评价技术培训班二期，全国及全省主要粮食作物化肥减量增效技术培训班三期，共计2560多名技术人员参加培训，其中县域耕地资源管理信息系统、县域测土配方施肥专家系统作为规范化软件在全国推广应用。研发的短信、微信、互联网、App等技术服务模式，在全省、全国推广应用。2011年以来，主持国家重点研发计划子课题、江苏省农业三新工程项目、农业农村部耕地质量保护项目及扬州市科技项目8项并参与国家、省部级、市级项目6项，发表论文20余篇，获国家发明专利1项，软件著作权15项以上，先后获湖北省科技进步奖一等奖、江苏省农业技术推广奖三等奖、江苏省农业丰收奖一等奖。2019年获“全国农业农村系统先进个人”。2020年11月，获得“全国先进工作者”称号。

（贺光明）

江苏省“五一劳动奖章”获得者

■何　兵 男，1972年1月出生，中共党员，汉族，中专学历，现任扬州金鹰玉器珠宝有限公司副总工艺师，是金鹰玉器创作团队的核心骨干。2011年被中国工艺美术行业学会评为中国青年玉雕艺术家，2013年被扬州市政府评为扬州市工艺美术大师，2015年被上海宝玉石协会评为上海玉石雕刻大师，2016年被中国珠宝首饰中心评为第二届中国玉雕艺术大师。他擅长扬州传统玉器山子雕摆件的创作，形成扬州新一代山子雕独特的个性和风格。参与设计和制作的《柳荫仕女图》《唐宫秋月》《大千佛国图》等多件玉雕作品分别获天工奖金奖、银奖、最佳工艺奖等奖项。与汪德海合作推出的白玉山子雕《拜月图》《麻姑献寿》《嫦娥奔月》，以及独立设计创作的作品《教子图》《吟春》等作品获中国工艺美术“百花奖”金奖、银奖。作品白玉《极乐净土》《五彩极天》等作品获中国玉石雕“百花玉缘杯”金奖、银奖，作品《月宫》获第二届苏州玉石文化街玉石雕精品金奖，作品白玉《月光赋》《游春图》获中国玉石雕刻陆子冈杯（苏州）金奖，作品白玉《九鲤图》、贵翠《枫桥夜泊》获上海玉石雕刻“玉龙奖”金奖、银奖。2016年被江苏省经济与信息化委员会授予“江苏省工艺美术名人”荣誉称号。2019年被授予“扬州大工匠”称号。2020年4月被授予江苏省“五一劳动奖章”。

（贺光明）

■茅爱海 男，1979年2月出生，汉族，中专学历，现任扬州望潮楼大酒店行政总厨。自2004年，他多次代表酒店在国际、国内各地推广淮扬菜和红楼宴表演。在扬州西园饭店（涉外五星级酒店）担任行政总厨工作期间，他带领餐饮部同志团结协作，把酒店餐饮打造成扬州餐饮市场传统淮扬菜高地，牵头建立中国扬州淮扬菜非遗传承人大师工作室，多次受邀参加省、市电视台及央视《舌尖上的中国》《农广天地》等美食节目拍摄等。他参与非遗传承和师徒传授烹饪技艺工作，参与淮扬菜春夏秋冬四季宴的创新和创作，带徒传承传授烹饪技艺，进行菜品研发、创新工作。受邀参加市总工会、市人社局、市烹饪餐饮行业协会和烹饪院校组织的进社区教学淮扬菜及服务社会献爱心、市乡土人才“三带”等社会活动。他潜心研发菜品，在新派淮扬菜和传统淮扬菜创新上有独到研究，代表作品有双味鱼花、藕香汁鸡、满汉龙骨、玉环时蔬沙拉船，代表宴席有红楼宴、三头宴、八怪宴、春江花月宴、水韵船村宴等，先后获得淮扬菜秋冬套餐大赛一等奖、中国青年名厨大赛特金奖、甘肃美食文化节丝绸之路国际美食博览会金奖、中国扬州狮子头邀请赛金奖、全国烹饪技能大赛银奖等奖项。先后获“扬州市淮扬菜技术能手”“江苏省餐饮行业十大工匠”“注册中国烹饪大师”“国家名厨”“中国淮扬菜烹饪大师”“中国淮扬菜美食工匠”等称号。2020年4月被授予江苏省“五一劳动奖章”。（贺光明）

■张　琴 女，1977年5月21日出生，汉族，中专学历，现任江苏扬城一味餐饮管理有限公司面点中心领班。多年来，她坚守岗位、恪尽职守、默默奉献，实现从一名面点学徒到淮扬菜名师的人生飞跃，以她为主人公的《味在人间》微电影获得2016年瘦西湖景区优秀微电影奖。她时常创作出淮扬面点新式品种，坚持品质、品位、健康、绿色的发展方向，获得一致好评。2008年获中国扬州淮扬菜烹饪大赛面点项目金奖，被授予“淮扬菜烹饪高手”的称号。2015年10月她参与央视《中国味道——寻找传家菜》节目的录制，2018年10月参与浙江卫视《锋味》节目的录制。她做事一丝不苟，服务意识强，坚持只有心里想着顾客，顾客才会来；只有心里装着一份责任、一份坚持，淮扬面点才能得以发展传承，赢得市场与口碑，对于客人的需求尽百分之百的努力去满足。2020年4月被授予江苏省“五一劳动奖章”。

（贺光明）

■张庆平 男，1966年6月出生，中共党员，专科学历，现任江苏扬农化工股份有限公司工会副主席兼党群工作部主任。他依法维护职工合法权益，推进企业和谐建设，2018年公司获江苏省机冶石化产业工会“幸福企业”称号。开展工资协商，建立并完善企业与职工共建共享发展成果的机制。做好员工大健康服务，并把服务对象扩大到员工家属及其子女。办好职工食堂，2019年公司食堂获评扬州市“职工好食堂”称号。解决员工住房难题，建立并实施向青年职工提供无息购房借款机制，筹划建设员工公寓、夫妻房和小家庭房。设计设立员工医疗互助基金，精准解决职工因病致贫问题。关爱退休职工，让老同志们继续得到组织的关怀。开展各类劳动和职业技能竞赛活动，以创“星级班组”为抓手，持之以恒推进班组十项建设和各项劳动竞赛，提升员工安全素养，消除事故，搭建技能型员工成长平台。策划“如东是我家——员工融入本土”、“员工家属开放日——家企共建”等活动，获全省基层工会2019年服务职工优质项目评比三等奖。2020年抗击新冠疫情期间，他坚守新区抗疫一线，靠前指挥，带领工作团队连续奋战一个多月，做好生产和生活两个战场疫情防控和员工关怀工作。2020年4月被授予江苏省“五一劳动奖章”。

（贺光明）

■陆安达 男，35岁，现为扬州市公安局开发区分局朴席派出所教导员。先后立二等功1次、三等功4次、嘉奖6次，2013年获扬州市十大公安青年卫士提名奖。2018年9月，他赴艰苦边疆执行为期一年的对口支援工作，其间，克服各种困难，忠诚履职尽责，有序开展各项工作，做出应有的贡献。2019年9月，服从组织安排，留任一年。2020年1月，在他回扬州休假期间，面对新冠疫情，主动向分局请缨，要求返回工作岗位，被安排到分局抗击疫情工作指挥部数据核查组开展工作。他每日加班加点，始终奋战在抗击疫情的第一线，累计参与核查各类数据2000余条，发现异常数据逐条与派出所对接核查确认，落实管控措施，用实际行动践行一名共产党员、人民警察的初心和使命。2020年4月被授予江苏省“五一劳动奖章”。

（贺光明）

■**姜　桦**　女，迪皮埃风电叶片（扬州）有限公司亚太区首席财务官，迪皮埃风电叶片扬州工厂的开拓者之一。她引领企业诚信经营，合法经营，全心全意地维护企业利益，迪皮埃亚太区的财务指标持续向好，在全球市场竞争中不断强大。她监督与报告运营的过程和结果，实现价值提升，迪皮埃亚太区的财务运营体系日趋成熟。她注重人才管理和人才培养，建立起成熟的人员培养体系和培训计划。她支持迪皮埃中国区各工厂的工会工作，认真听取员工意见，增加员工凝聚力和向心力以及企业归属感和集体荣誉感。2018年11月，她提议工厂成立工会，从财力、人力上支持工会委员会的组建，协助工会开展各种贴心活动，激发员工活力，增加员工的归属感。在2020年的新冠肺炎防疫工作中，她身先士卒，领导公司各职能部门有效配合政府防疫工作，全力保障公司第一时间复工，并组织工会给员工送去温暖和关怀。她加强企业文化建设，推动公司组织有益于员工身心健康的文艺晚会以及篮球、足球和羽毛球等各项体育比赛活动，丰富员工业余文化生活。2020年4月被授予江苏省“五一劳动奖章”。

（贺光明）

■**刘　峻**　男，1970年9月出生，汉族，中共党员，本科学历、硕士学位，教授，高级工程师，高级技师，现任江海职业技术学院副校长兼教学管理部部长、机电一体化专业带头人、教师。他主要从事机电一体化专业的教学与科研、高职教育教学研究及教学管理工作，先后获2017年江苏省信息化教学比赛一等奖、江苏省教育科学研究成果二等奖和三等奖各1次。他领衔的“刘峻技能大师工作室”获评扬州市级技能大师工作室，“数控操作技能名师工作室”被命名为扬州市市级“名师工作室”。近年来公开发表论文26篇，其中核心期刊6篇，出版教材2部，授权发明专利1项，实用新型专利11项，主持省、市级课题5项，获中国职教学会课题研究一等奖。2015年以来，先后在多家企业参与产品研发，主持企业委托横向课题6项。2015年起主持机电系工作，被省教育科学研究院授予“教科研先进集体”，主持的省级现代机电制造技术实训基地建设项目获省教育厅验收通过；2016年被中国发明协会授予“全国高职院校创新发明教育基地”，主持的省级机电技术专业群获省教育厅验收通过；2017年，主持机电一体化技术专业立项为省级高水平骨干专业；2018年8月，学院获批为扬州市新型学徒制试点单位；2019年7月，工业机器人操作与运维项目入选教育部第二批1+X证书制度试点。近年来，他指导中青年教师1人攻读在职博士学位，2人入选江苏省高校“青蓝工程”优秀青年骨干教师培养对象，2人入选江苏省高职院校教师专业带头人高端研修项目，5人评上副教授。2019年4月获扬州市“五一劳动奖章”。2020年4月被授予江苏省“五一劳动奖章”。

（贺光明）

■**缪卫民**　男，1978年9月出生，中共党员，汉族，专科学历，工程师，技师，现任扬州曙光电缆股份有限公司超高压交联生产线带班组长。从业近20来，他一直专注于高压交联聚乙烯电缆的生产和管理工作，掌握能制造出世界上电压等级最高、电缆导体截面最大的电缆生产工艺和生产技能。2009年，曙光公司从国外引进超高压立式交联生产线，他带领团队经过数十个日夜的钻研，生产出全公司第一根超高压电缆，确立曙光公司在超高压电缆制造领域的领先地位，带动企业转型升级。他攻坚克难、大胆创新，带领团队改进大截面导体接头压接方式，采用特制钢管压接，并把这一技术运用到特种电缆的生产上，成功提高生产效率近6%，每年为公司节约成本近200万元，创造效益500多万元。他爱岗敬业、默默奉献，为企业培养人才，毫无保留地将经验和技术传授给每个向他请教的人。他先后获得高邮市“十佳”首席员工、扬州市首批中青年优秀高技能人才、“扬州英才”首期培育对象、高邮市首届“十大秦邮工匠”和扬州市“五一劳动奖章”等多项称号。2020年4月被授予江苏省“五一劳动奖章”。

（贺光明）

■**刁端明**　男，1965年1月出生，中共党员，汉族，研究生学历，现任宝应县总工会党组书记、主席。宝应县总工会在他的领导下，连续多年在扬州市工会工作考核中获一等奖。他深入基层调研，推动宝应县产改试点工作，多次上门指导省、市试点企业产改工作，和试点企业共同定目标、定任务、定时间、定措施。组织开展“听党话跟党走”职工大讲堂、“劳模工匠进校园、思政教师进企业”、义工教授讲座等活动，调动职工的学习热情。组织举办“中国梦·劳动美·幸福路”全县文艺汇演活动、职工运动会活动，丰富职工的精神文化和业余生活。组织开展各级劳动模范、先进工作者推荐评选工作，宣传劳模、工匠、金牌工人先进事迹，展示优秀产业工人风采。组织开展重大工程、重点项目劳动竞赛、职工职业技能竞赛、科技创新竞赛，调动广大职工的积极性、主动性和创造性。关爱困难群体，依法维权促和谐，推进“送温暖”活动规范化和制度化。开展工资集体协商春冬季要约行动，组建法律服务小分队，进镇区、园区、企业开展服务，在县法院、仲裁院设立工会法律援助站，对劳务派遣企业开展用工风险评估，从源头上预防和减少劳资问题的发生。做好服务职工十件实事项目，做细做实职工好食堂、爱心驿站、爱心母婴室等实事工程工作。2020年4月被授予江苏省“五一劳动奖章”。

（贺光明）

■**丁盛龙** 男，1977年9月出生，中共党员，汉族，专科学历，西门子电机（中国）有限公司二车间副主任。他在电机加工车间从事一线生产15年，2011年获得扬州市职工职业技能竞赛数控车工比赛第一名。先后带领车间团队完成公司研发的MC伺服电机、IE3防爆电机、粉尘防爆电机、铝壳电机等多项零部件加工，攻克失圆、变形等加工难题。编制《CNC刀具管理流程》《二车间安全管理规定》《二车间质量管理制度》《二车间生产计划流程》，规范和节约刀具的日常使用，保证车间正常生产的有序进行。通过对生产线布局以及加工工艺的不断优化，车间生产效率每年稳步提升5%。连续开展CIP持续改善项目，累计完成降本增效超千万元。他开展技能传帮带，车间有多名员工参加市级数控技能比赛，团队先后有3人被评为公司“金牌员工”。长期参加志愿服务活动，参加仪征市劳模志愿服务队、西门子电机志愿服务队、真州镇华兴新村社区志愿服务组织。在抗击新型冠状病毒战役期间，主动报名参加社区的防疫志愿服务活动。2012年被授予扬州市“五一劳动奖章”。2020年4月被授予江苏省“五一劳动奖章”。

（贺光明）

■**陆元海** 男，1964年7月出生，中共党员，汉族，本科学历，现任国家税务总局扬州市邗江区税务局党委书记、局长。在他的带领下，邗江税务局连年被市局表彰为全市税务系统绩效考核先进单位，被邗江区委、区政府表彰为邗江区机关目标管理和作风建设绩效考评先进单位，获得全国文明单位、全国五一巾帼标兵岗、全国职工之家、全国职工书屋等多项荣誉。他坚持党建引领，在全系统提出以“四好标准”践行初心使命的实践路径，主题教育工作得到税务总局指导组的高度评价。他推动落实落细减税降费政策。尤其是落实落细疫情防控税费优惠政策，支持企业复工复产、帮助企业渡过难关。他忠诚履行“为国聚财，为民收税”神圣使命，税费收入质量持续提升。他认真贯彻国税地税征管体制改革方案，改革工作得到邗江区委、区政府主要领导批示肯定。他推动全面落实省、市局“1+5”新税收征管体系示范点建设部署，新征管体系在邗江区基本建成。他情系广大纳税人，推动营商环境持续优化，全面贯彻“放管服”要求，有效减少了纳税人办税时间。他致力开拓创新，推进邗江区税收治理体系和治理能力现代化进程。他带头树立新风，启动“税悦青春”志愿服务项目，结对杨庙镇新杨村希望村塾，开展“实现你的微心愿”关注儿童等系列活动。2020年4月被授予江苏省“五一劳动奖章”。

（贺光明）

■**施　枢** 男，汉族，1979年9月出生，中共党员，本科学历，工程硕士，江苏扬建集团有限公司高级工程师、项目经理。他爱岗敬业，忠于职守，专业技术扎实，管理能力突出，能全面掌控工程建设的技术质量管理、安全生产管理、成本投资控制等关键环节。2007—2012年，他在扬州汽车东站一期工程、徐州深国投商业中心工程及扬州电信综合楼工程担任技术负责人及现场生产经理，在工程的进度、质量、安全、成本的控制方面取得良好的成果和效益。在扬州市广陵新城人防综合工程、扬州市科技馆工程、扬州蜀冈中西峰生态修复工程中担任技术负责人及项目经理职务，为集团取得良好的经济效益和社会效益。他参与及负责的扬州供电公司生产经营调度用房工程获得中国建筑工程“鲁班奖”，扬州汽车东站一期工程、扬州市科技馆工程获得江苏省“扬子杯”省优质量奖，徐州深国投商业中心工程获得扬州“市外琼花杯”质量奖，扬州市电信综合楼工程和蜀冈中西峰生态修复工程获得扬州市“琼花杯”市优质量奖。他编写的论文《“跳仓法”在超长地下结构混凝土施工中的应用》获2013年度江苏省建筑优秀论文一等奖；主持“超大面积地下室砼施工质量控制”的QC小组在2014年度被评为全国工程建设优秀质量管理小组一等奖，主编的《超大面积地下室整体跳仓法施工工法》被江苏省住房和城乡建设厅评为2014年度江苏省第一批工程建设省级工法。2020年4月被授予江苏省“五一劳动奖章”。

（贺光明）

■**王金卿** 男，汉族，1982年12月出生，硕士学历，高级工程师，江苏华江建设集团有限公司总工程师。他一直致力于建筑工业化的研究与应用。建立和完善产品标准、工艺标准、企业管理标准，指导并编制企业的工法、QC、论文，先后参加了中国工程建设协会标准《混凝土预制构件智慧制造工厂评价标准》、中国建筑业协会《建筑外墙防水保温工程技术规程》、江苏省《装配式混凝土结构预制构件质量检验规程》、《江苏省装配式建筑实训教材》、《装配式建筑技术手册》等的编制工作。他获得国家发明专利2项、实用新型专利3项。研发的陶粒混凝土内隔墙“先装墙、后装梁”安装工艺获“江苏省施工工法”“全国工程建设优秀质量管理小组成果（创新型）二等奖”。他主编的江苏省省级工法有《预制预应力混凝土叠合板短线法生产和安装施工工法》《装配式建筑陶粒混凝土内隔墙条板先装墙后装梁的安装工法》《预制装配式混凝土结构地下室外墙施工工法》《分离式桩锚复合式抗浮筏板施工工法》《基于易拆整体式吊模降板楼板施工工法》等。先后获2016—2017年度江苏省建筑业优秀总工程师、2017年江苏省第五批研究生导师类产业教授、2017年扬州市建筑产业现代化专家库专家、2018年江苏省建筑业协会绿色施工分会专家等称号。2019年被授予扬州市“五一劳动奖章”。2020年4月被授予江苏省“五一劳动奖章”。（贺光明）

■**张炜玮** 男，汉族，1982年10月出生，本科，工程硕士，中级职称，一级注册建造师，江苏扬建集团有限公司项目经理。他一直从事项目工程管理工作，有着一整套丰富的管理知识和经验，先后在新城西区商务写字楼（一期）工程、扬州市建设大厦工程（运河城市广场）、泰州市凤凰小学工程、江苏旅游职业学院工程（北区）、树人高中部新建工程、东花园小学异地新建工程中担任项目经理，在市城乡建设局及安监站等多个主管部门的日常检查中均获好评。他一直将项目的质量、安全、造价及进度管理放在重要位置，负责编写多个专业技术论文、QC及新技术应用，先后获省级新技术应用成果4项，省级QC成果发布2项，市级工法1项。他参建的项目获“国家优质工程奖”1项、“江苏省优质工程奖”2项、“扬州市优质工程奖”5项、“泰州市优质结构奖”1项、“国家级安全文明示范工地”1项、“江苏省安全文明示范工地”4项。2017年被授予扬州市“五一劳动奖章”。2020年4月被授予江苏省“五一劳动奖章”。（贺光明）

2020年度扬州市享受市级表彰奖励获得者待遇人员一览表

表41-1

姓　名	工作单位及职务	受表彰情况	表彰单位	享受待遇
张　设	扬州市第三人民医院临床二支部书记、肺病科副主任、主治医师	扬州市新冠肺炎疫情防控工作先进个人	中共扬州市委、市政府	市级表彰奖励获得者待遇
林　华	苏北人民医院主任医师	扬州市新冠肺炎疫情防控工作先进个人	中共扬州市委、市政府	市级表彰奖励获得者待遇
徐茹茵（女）	扬州市第三人民医院主管护师、十七病区护士长	扬州市新冠肺炎疫情防控工作先进个人	中共扬州市委、市政府	市级表彰奖励获得者待遇
秦桂来	宝应县人民医院感染性疾病科副主任	扬州市新冠肺炎疫情防控工作先进个人	中共扬州市委、市政府	市级表彰奖励获得者待遇
郭　霞	仪征市卫生健康委员会疾病预防控制科科长	扬州市新冠肺炎疫情防控工作先进个人	中共扬州市委、市政府	市级表彰奖励获得者待遇
唐天青	邗江区双桥街道武塘社区党委书记	扬州市新冠肺炎疫情防控工作先进个人	中共扬州市委、市政府	市级表彰奖励获得者待遇
刘秀梵	中国工程院院士、扬州大学兽医学院教授	扬州市新兴科创名城建设十大标兵	中共扬州市委、市政府	市级劳模和先进工作者待遇
王立军	中国科学院院士、扬州扬芯激光技术有限公司董事长	扬州市新兴科创名城建设十大标兵	中共扬州市委、市政府	市级劳模和先进工作者待遇
陶晓洋	沈阳所扬州院总经理	扬州市新兴科创名城建设十大标兵	中共扬州市委、市政府	市级劳模和先进工作者待遇

续表 41-1

姓　名	工作单位及职务	受表彰情况	表彰单位	享受待遇
梁　勤	扬州扬杰电子科技股份有限公司董事长	扬州市新兴科创名城建设十大标兵	中共扬州市委、市政府	市级劳模和先进工作者待遇
朱　辰	扬州教投莱根科技产业运营有限公司总经理	扬州市新兴科创名城建设十大标兵	中共扬州市委、市政府	市级劳模和先进工作者待遇
李　俊	江苏新扬新材料股份有限公司董事长	扬州市新兴科创名城建设十大标兵	中共扬州市委、市政府	市级劳模和先进工作者待遇
蔡成委	江苏瑞丰信息技术股份有限公司董事长	扬州市新兴科创名城建设十大标兵	中共扬州市委、市政府	市级劳模和先进工作者待遇
马丽敏	扬州博士创新技术转移有限公司总经理	扬州市新兴科创名城建设十大标兵	中共扬州市委、市政府	市级劳模和先进工作者待遇
刘　旭	扬州东升汽车零部件股份有限公司董事长	扬州市新兴科创名城建设十大标兵	中共扬州市委、市政府	市级劳模和先进工作者待遇
邹伟民	江苏传艺科技股份有限公司董事长	扬州市新兴科创名城建设十大标兵	中共扬州市委、市政府	市级劳模和先进工作者待遇
杨广新	宝应县委政法委副书记	2016—2019年全市社会治理先进个人标兵	中共扬州市委、市政府	市级表彰奖励获得者待遇
李　扬	宝应县公安局网络安全监察大队大队长	2016—2019年全市社会治理先进个人标兵	中共扬州市委、市政府	市级表彰奖励获得者待遇
徐　健	高邮市委常委、政法委书记	2016—2019年全市社会治理先进个人标兵	中共扬州市委、市政府	市级表彰奖励获得者待遇
包志振	仪征市委政法委国安科副科长、综治中心管理站站长	2016—2019年全市社会治理先进个人标兵	中共扬州市委、市政府	市级表彰奖励获得者待遇
朱　伟	江都区委政法委副书记、江都区大数据管理局局长	2016—2019年全市社会治理先进个人标兵	中共扬州市委、市政府	市级表彰奖励获得者待遇
夏宗堂	江都区公安局交警大队新区中队指导员	2016—2019年全市社会治理先进个人标兵	中共扬州市委、市政府	市级表彰奖励获得者待遇
孙　林	邗江区委政法委常务副书记	2016—2019年全市社会治理先进个人标兵	中共扬州市委、市政府	市级表彰奖励获得者待遇
任　格	市公安局邗江分局邗上派出所四级警长	2016—2019年全市社会治理先进个人标兵	中共扬州市委、市政府	市级表彰奖励获得者待遇
刘　青	广陵区汶河街道龙头关社区党总支书记、主任	2016—2019年全市社会治理先进个人标兵	中共扬州市委、市政府	市级表彰奖励获得者待遇

续表 41-1

姓　名	工作单位及职务	受表彰情况	表彰单位	享受待遇
祁　云	广陵区沙头镇人民政府助理	2016—2019 年全市社会治理先进个人标兵	中共扬州市委、市政府	市级表彰奖励获得者待遇
朱卫明	广陵区人民检察院检委会专职委员	2016—2019 年全市社会治理先进个人标兵	中共扬州市委、市政府	市级表彰奖励获得者待遇
丁红梅	扬州经济技术开发区工委政法委副书记	2016—2019 年全市社会治理先进个人标兵	中共扬州市委、市政府	市级表彰奖励获得者待遇
翟祥坤	市公安局景区分局局长	2016—2019 年全市社会治理先进个人标兵	中共扬州市委、市政府	市级表彰奖励获得者待遇
刘卫清	市委办公室副主任	2016—2019 年全市社会治理先进个人标兵	中共扬州市委、市政府	市级表彰奖励获得者待遇
张　雷	市委组织部组织处副处长	2016—2019 年全市社会治理先进个人标兵	中共扬州市委、市政府	市级表彰奖励获得者待遇
汤慧芳	市委政法委综治督导处处长	2016—2019 年全市社会治理先进个人标兵	中共扬州市委、市政府	市级表彰奖励获得者待遇
李风光	市中级人民法院副院长	2016—2019 年全市社会治理先进个人标兵	中共扬州市委、市政府	市级表彰奖励获得者待遇
黄金龙	市委全面依法治市委员会办公室秘书处处长	2016—2019 年全市社会治理先进个人标兵	中共扬州市委、市政府	市级表彰奖励获得者待遇
吴　卉	市财政局行政政法处科员	2016—2019 年全市社会治理先进个人标兵	中共扬州市委、市政府	市级表彰奖励获得者待遇
吴建坤	市国家安全局	2016—2019 年全市社会治理先进个人标兵	中共扬州市委、市政府	市级表彰奖励获得者待遇
戚立俊	宝应县氾水高级中学政教处副主任、综治办主任	最美扬州教育人	中共扬州市委、市政府	市级表彰奖励获得者待遇
周爱萍	高邮市直机关幼儿园园长、党支部书记	最美扬州教育人	中共扬州市委、市政府	市级表彰奖励获得者待遇
邓迎春	江苏省仪征中学高级教师	最美扬州教育人	中共扬州市委、市政府	市级表彰奖励获得者待遇
袁　圆	扬州市江都区教育局教研室高中语文教研员	最美扬州教育人	中共扬州市委、市政府	市级表彰奖励获得者待遇
李兆兵	扬州市邗江区公道中学党总支书记、副校长	最美扬州教育人	中共扬州市委、市政府	市级表彰奖励获得者待遇

续表 41-1

姓　名	工作单位及职务	受表彰情况	表彰单位	享受待遇
张文扬（女）	扬州市东关小学文昌校区校长	最美扬州教育人	中共扬州市委、市政府	市级表彰奖励获得者待遇
方　强	扬州市三元桥小学教师	最美扬州教育人	中共扬州市委、市政府	市级表彰奖励获得者待遇
黄　寅	扬州市生态科技新城泰安学校团支部书记	最美扬州教育人	中共扬州市委、市政府	市级表彰奖励获得者待遇
胡金雪	扬州市梅岭小学副校长	最美扬州教育人	中共扬州市委、市政府	市级表彰奖励获得者待遇
赵　涛	扬州市梅岭中学副校长	最美扬州教育人	中共扬州市委、市政府	市级表彰奖励获得者待遇
何　炜	扬州市商务局党委委员、副局长	全省商务系统先进工作者	省人社厅、省商务厅	市级表彰奖励获得者待遇
宋明明	江苏仪征经济开发区经济发展局经济运行科科长	全省商务系统先进工作者	省人社厅、省商务厅	市级表彰奖励获得者待遇
张　霞（女）	江苏宝应经济开发区经济发展局局长	全省商务系统先进工作者	省人社厅、省商务厅	市级表彰奖励获得者待遇
许林灿	市委政法委常务副书记	2015—2019 年全省政法系统先进工作者	省委政法委、省人社厅	市级表彰奖励获得者待遇
许　凌	扬州市宝应县委政法委常务副书记	2015—2019 年全省政法系统先进工作者	省委政法委、省人社厅	市级表彰奖励获得者待遇
江厚良	扬州市中级人民法院民三庭庭长	2015—2019 年全省政法系统先进工作者	省委政法委、省人社厅	市级表彰奖励获得者待遇
茆小松	扬州市人民检察院第五检察部主任、检察委员会委员	2015—2019 年全省政法系统先进工作者	省委政法委、省人社厅	市级劳动模范和先进工作者待遇
何　炎	扬州市公安局刑警支队侦察二大队大队长	2015—2019 年全省政法系统先进工作者	省委政法委、省人社厅	市级表彰奖励获得者待遇
夏　莹	扬州市人民政府外事办公室美洲大洋洲处处长	江苏省外事系统先进工作者	省人社厅、省政府外事办	市级表彰奖励获得者待遇
张晓春	扬州市中医院肿瘤科主任	江苏省名中医	省人社厅、省卫生健康委、省中医药管理局	市级表彰奖励获得者待遇
刘延庆	扬州大学教授、主任医师	江苏省名中医	省人社厅、省卫生健康委、省中医药管理局	市级表彰奖励获得者待遇

续表 41-1

姓　名	工作单位及职务	受表彰情况	表彰单位	享受待遇
乔继红	苏北人民医院感染管理科副主任、主任护师	江苏省卫生健康系统新冠肺炎疫情防控工作先进个人	省人社厅、省卫健委	市级表彰奖励获得者待遇
朱　敏	扬州大学附属医院主管护师	江苏省人社厅、江苏省卫健委疫情防控先进个人	省人社厅、省卫健委	市级表彰奖励获得者待遇
刘　秀	苏北人民医院主管护师	江苏省卫生健康系统新冠肺炎疫情防控工作先进个人	省人社厅、省卫健委	市级表彰奖励获得者待遇
郑轶群	卫健委二级主任科员	江苏省卫生健康系统新冠肺炎疫情防控工作先进个人	省人社厅、省卫健委	市级表彰奖励获得者待遇
许祯祯（女）	宝应县科协秘书长兼学会部部长	全省科协系统先进工作者	省人社厅、省科协	市级表彰奖励获得者待遇
周必胜	扬州市宝应县庆丰收割机跨区作业专业合作社党支部书记	江苏省模范退役军人	省退役军人事务工作领导小组办公室、省委组织部、省人社厅、省退役军人厅、省军区政治工作局	市级表彰奖励获得者待遇
陶明智	高邮市公安局巡特警大队综合科科长	江苏省模范退役军人	省退役军人事务工作领导小组办公室、省委组织部、省人社厅、省退役军人厅、省军区政治工作局	市级表彰奖励获得者待遇
赵　斌	扬州人力资源市场管理办公室主任	江苏省模范退役军人	省退役军人事务工作领导小组办公室、省委组织部、省人社厅、省退役军人厅、省军区政治工作局	市级表彰奖励获得者待遇
林小兵	国网江苏省电力有限公司仪征市供电分公司配电运检中心主任	江苏省模范退役军人	省退役军人事务工作领导小组办公室、省委组织部、省人社厅、省退役军人厅、省军区政治工作局	市级表彰奖励获得者待遇
邱荣俊	邗江区杨庙镇人民政府副镇长	江苏省模范退役军人	省退役军人事务工作领导小组办公室、省委组织部、省人社厅、省退役军人厅、省军区政治工作局	市级表彰奖励获得者待遇
郑　浩	宝应县退役军人事务局副局长	江苏省退役军人工作模范	省退役军人事务工作领导小组办公室、省委组织部、省人社厅、省退役军人厅、省军区政治工作局	市级表彰奖励获得者待遇
徐　峰	江都区退役军人事务局拥军优抚科科长	江苏省退役军人工作模范	省退役军人事务工作领导小组办公室、省委组织部、省人社厅、省退役军人厅、省军区政治工作局	市级表彰奖励获得者待遇
李　陵	宝应县盲人协会副主席	江苏省自强模范	省人社厅、省残联	市级表彰奖励获得者待遇
赵中明	高邮市圆梦教育培训有限公司法定代表人	江苏省自强模范	省人社厅、省残联	市级表彰奖励获得者待遇

续表 41-1

姓　名	工作单位及职务	受表彰情况	表彰单位	享受待遇
倪晓兵	扬州市江都人民医院超声科主任	江苏省自强模范	省人社厅、省残联	市级表彰奖励获得者待遇
胡宝忠	扬州市残联办公室主任	江苏省残联系统先进工作者	省人社厅、省残联	市级表彰奖励获得者待遇
冯在根	扬州市邗江区残联理事长	江苏省残联系统先进工作者	省人社厅、省残联	市级表彰奖励获得者待遇
刘　斌	扬州市社科联党组成员、副主席、三级调研员；扬州市社科院副院长	全省社科联系统先进工作者	省人社厅、省社科联	市级表彰奖励获得者待遇
孙金海	中共扬州市委台湾工作办公室经济处四级主任科员	江苏省台办系统先进工作者	省人社厅、中共江苏省委台湾工作办公室、江苏省人民政府台湾事务办公室	市级表彰奖励获得者待遇
康盛君	扬州市水利局局长	全省水利系统先进工作者	省人社厅、省水利厅	市厅级表彰奖励获得者待遇
朱鹤松	扬州市见义勇为基金会协调指导部主任	江苏省见义勇为工作先进工作者	省人社厅、省公安厅、省见义勇为基金会	市厅级表彰奖励获得者待遇
凌月明	扬州市工交财贸工会主任	扬州市先进工作者	中共扬州市委、市政府	市级表彰奖励获得者待遇
周桂云	扬州英谛车材实业有限公司生产总部副总部长	扬州市劳动模范	中共扬州市委、市政府	市级表彰奖励获得者待遇
钱灿军	扬州万方电子技术有限责任公司总经理助理	扬州市劳动模范	中共扬州市委、市政府	市级表彰奖励获得者待遇
臧正志	江苏扬州农村商业银行股份有限公司党委书记、董事长	扬州市劳动模范	中共扬州市委、市政府	市级表彰奖励获得者待遇
孙　晶	扬州漆器厂有限责任公司技术中心设计员	扬州市劳动模范	中共扬州市委、市政府	市级表彰奖励获得者待遇
邵长喜	江苏扬城一味餐饮管理有限公司行政总厨	扬州市劳动模范	中共扬州市委、市政府	市级表彰奖励获得者待遇
陆亚君	中国邮政储蓄银行股份有限公司扬州市分行邗江区支行副行长	扬州市劳动模范	中共扬州市委、市政府	市级表彰奖励获得者待遇
马　勇	江苏扬农化工集团有限公司农药分厂厂长	扬州市劳动模范	中共扬州市委、市政府	市级表彰奖励获得者待遇
高德俊	亚普汽车部件股份有限公司总经理助理	扬州市劳动模范	中共扬州市委、市政府	市级表彰奖励获得者待遇

续表 41-1

姓　名	工作单位及职务	受表彰情况	表彰单位	享受待遇
杨国章	中电科技扬州宝军电子有限公司装备生产部总体组组长	扬州市劳动模范	中共扬州市委、市政府	市级表彰奖励获得者待遇
陈　军	冶春餐饮股份有限公司总经理	扬州市劳动模范	中共扬州市委、市政府	市级表彰奖励获得者待遇
王旻旻	中国光大银行股份有限公司扬州分行党委书记、行长	扬州市劳动模范	中共扬州市委、市政府	市级表彰奖励获得者待遇
孔　勇	江苏扬农化工股份有限公司副总经理	扬州市劳动模范	中共扬州市委、市政府	市级表彰奖励获得者待遇
张明发	江苏银行股份有限公司扬州分行党委委员、副行长	扬州市劳动模范	中共扬州市委、市政府	市级表彰奖励获得者待遇
贾传泳	扬州育才实验学校校长	扬州市先进工作者	中共扬州市委、市政府	市级表彰奖励获得者待遇
王祖亮	扬州市公安局广陵分局党委委员、政治处主任	扬州市先进工作者	中共扬州市委、市政府	市级表彰奖励获得者待遇
孙晓燕	扬州市广陵区市场监督管理局行政审批服务科科长	扬州市先进工作者	中共扬州市委、市政府	市级表彰奖励获得者待遇
吴红祥	扬州市广陵区疾病预防控制中心主任	扬州市先进工作者	中共扬州市委、市政府	市级表彰奖励获得者待遇
孙卫华（女）	海沃机械（中国）有限公司行政管理部部长	扬州市劳动模范	中共扬州市委、市政府	市级表彰奖励获得者待遇
王海林	江苏智途科技股份有限公司智慧城市研究院事业部部长	扬州市劳动模范	中共扬州市委、市政府	市级表彰奖励获得者待遇
郭子彦	扬州恒润海洋重工有限公司炼钢车间主任	扬州市劳动模范	中共扬州市委、市政府	市级表彰奖励获得者待遇
王　驰	上扬无线射频科技扬州有限公司制造部复合组长	扬州市劳动模范	中共扬州市委、市政府	市级表彰奖励获得者待遇
姜砚野	江苏亚联农副产品有限公司总经理	扬州市劳动模范	中共扬州市委、市政府	市级表彰奖励获得者待遇
马圣欣	天扬智造工程（江苏）有限公司总经理	扬州市劳动模范	中共扬州市委、市政府	市级表彰奖励获得者待遇
张其华	扬州意匠轩园林古建筑营造股份有限公司第十二项目部项目经理	扬州市劳动模范	中共扬州市委、市政府	市级表彰奖励获得者待遇

续表 41-1

姓名	工作单位及职务	受表彰情况	表彰单位	享受待遇
孔维祥	江苏翠京元有机农业有限公司总经理	扬州市劳动模范	中共扬州市委、市政府	市级表彰奖励获得者待遇
肖 文	扬州市广陵区汤汪乡杉湾花园社区居民委员会党总支书记、居委会主任	扬州市劳动模范	中共扬州市委、市政府	市级表彰奖励获得者待遇
潘传镜	扬州市广陵区李典镇李典村村民委员会党总支书记	扬州市劳动模范	中共扬州市委、市政府	市级表彰奖励获得者待遇
韦 颜（女）	扬州经济技术开发区招商局招商三局局长助理	扬州市先进工作者	中共扬州市委、市政府	市级表彰奖励获得者待遇
徐 健	扬州经济技术开发区施桥镇社区卫生服务中心主任	扬州市先进工作者	中共扬州市委、市政府	市级表彰奖励获得者待遇
包四平	扬州保来得科技实业有限公司战略与资源总监	扬州市劳动模范	中共扬州市委、市政府	市级表彰奖励获得者待遇
张 喜	扬州协鑫光伏科技有限公司总经理	扬州市劳动模范	中共扬州市委、市政府	市级表彰奖励获得者待遇
胡彦均	爬山虎科技股份有限公司总经理	扬州市劳动模范	中共扬州市委、市政府	市级表彰奖励获得者待遇
罗 恕	扬州荣德新能源科技有限公司项目总监	扬州市劳动模范	中共扬州市委、市政府	市级表彰奖励获得者待遇
张 雷	晶澳（扬州）太阳能科技有限公司创新工厂厂长	扬州市劳动模范	中共扬州市委、市政府	市级表彰奖励获得者待遇
王晨光	江苏新纪元公用事业建设有限公司施工班组长	扬州市劳动模范	中共扬州市委、市政府	市级表彰奖励获得者待遇
陈秀凤（女）	扬州经济技术开发区文汇街道宝带社区党总支书记	扬州市劳动模范	中共扬州市委、市政府	市级表彰奖励获得者待遇
徐 颖（女）	扬州恒基达鑫国际化工仓储有限公司行政部经理	扬州市劳动模范	中共扬州市委、市政府	市级表彰奖励获得者待遇
黄 伟	远东联石化（扬州）有限公司机械处领班	扬州市劳动模范	中共扬州市委、市政府	市级表彰奖励获得者待遇
张爱民（女）	扬州市邗江区总工会办公室主任	扬州市先进工作者	中共扬州市委、市政府	市级表彰奖励获得者待遇
任 格（女）	扬州市公安局邗江分局邗上派出所副所长	扬州市先进工作者	中共扬州市委、市政府	市级表彰奖励获得者待遇

续表 41-1

姓　名	工作单位及职务	受表彰情况	表彰单位	享受待遇
翟龙玉（女）	邗江区人力资源和社会保险局社保中心申报二部主任	扬州市先进工作者	中共扬州市委、市政府	市级表彰奖励获得者待遇
黄　霞（女）	邗江区双桥社区卫生服务中心支部副书记	扬州市先进工作者	中共扬州市委、市政府	市级表彰奖励获得者待遇
谢博名	扬州市邗江区瓜洲中学党总支书记、副校长	扬州市先进工作者	中共扬州市委、市政府	市级表彰奖励获得者待遇
李景华	江苏邗建集团有限公司副总经理	扬州市劳动模范	中共扬州市委、市政府	市级表彰奖励获得者待遇
章晓霞（女）	迈安德集团有限公司土建科室主任	扬州市劳动模范	中共扬州市委、市政府	市级表彰奖励获得者待遇
周海兵	扬州华鼎电器有限公司事业部经理	扬州市劳动模范	中共扬州市委、市政府	市级表彰奖励获得者待遇
林雅杰	扬力集团股份有限公司总经理	扬州市劳动模范	中共扬州市委、市政府	市级表彰奖励获得者待遇
刘晓春	春江缘大酒店餐饮经理	扬州市劳动模范	中共扬州市委、市政府	市级表彰奖励获得者待遇
吴正祥	扬州华通橡塑有限公司副总经理	扬州市劳动模范	中共扬州市委、市政府	市级表彰奖励获得者待遇
周成秀（女）	江苏罗思韦尔电气有限公司党群工作部/行政后勤	扬州市劳动模范	中共扬州市委、市政府	市级表彰奖励获得者待遇
陈　艳（女）	扬州市邗江区馨艳花卉园艺场总经理	扬州市劳动模范	中共扬州市委、市政府	市级表彰奖励获得者待遇
朱　琳（女）	邗上街道兰庄社区书记	扬州市劳动模范	中共扬州市委、市政府	市级表彰奖励获得者待遇
徐　勇	中共扬州市邗江区方巷镇兴湾村总支部委员会总支书记	扬州市劳动模范	中共扬州市委、市政府	市级表彰奖励获得者待遇
时克祥	扬州市生态科技新城管委会党工委委员、公安分局局长	扬州市先进工作者	中共扬州市委、市政府	市级表彰奖励获得者待遇
徐顺惠（女）	扬州祥恒包装有限公司人事行政部/办公室主任	扬州市劳动模范	中共扬州市委、市政府	市级表彰奖励获得者待遇
王亭华	泰安大华水产养殖场水产养殖户	扬州市劳动模范	中共扬州市委、市政府	市级表彰奖励获得者待遇

续表 41-1

姓　名	工作单位及职务	受表彰情况	表彰单位	享受待遇
祝永庆	国家税务总局仪征市税务局马集税务分局党支部书记、局长	扬州市先进工作者	中共扬州市委、市政府	市级表彰奖励获得者待遇
李文彬	仪征市民政局社会福利中心主任、婚姻登记处主任、救助管理站站长	扬州市先进工作者	中共扬州市委、市政府	市级表彰奖励获得者待遇
张长兵	仪征市陈集镇人民政府政法委副书记、综治办副主任、司法所所长、村建助理、村建所所长	扬州市先进工作者	中共扬州市委、市政府	市级表彰奖励获得者待遇
乔高山	仪征市人民医院骨科主任	扬州市先进工作者	中共扬州市委、市政府	市级表彰奖励获得者待遇
王仲勋	上汽大众汽车有限公司仪征分公司油漆车间维修经理	扬州市劳动模范	中共扬州市委、市政府	市级表彰奖励获得者待遇
徐后龙	江苏惠田科技开发有限公司总经理	扬州市劳动模范	中共扬州市委、市政府	市级表彰奖励获得者待遇
乔有林	昕诺飞工业（中国）有限公司党总支书记、行政经理、工会主席	扬州市劳动模范	中共扬州市委、市政府	市级表彰奖励获得者待遇
段莉芸（女）	扬州大阳日酸半导体气体有限公司副总经理	扬州市劳动模范	中共扬州市委、市政府	市级表彰奖励获得者待遇
陈小东	扬州东升汽车零部件股份有限公司研发中心技术主管	扬州市劳动模范	中共扬州市委、市政府	市级表彰奖励获得者待遇
李　伟	江苏华纳石化工程有限公司工程管理部经理	扬州市劳动模范	中共扬州市委、市政府	市级表彰奖励获得者待遇
秦　元	仪征市真州镇永庆村村民委员会党总支书记	扬州市劳动模范	中共扬州市委、市政府	市级表彰奖励获得者待遇
王宝松	仪征市真州镇清水湾水产养殖专业合作社理事长	扬州市劳动模范	中共扬州市委、市政府	市级表彰奖励获得者待遇
林小兵	国网江苏省电力有限公司仪征市供电分公司配电运检中心主任	扬州市劳动模范	中共扬州市委、市政府	市级表彰奖励获得者待遇
戴　屏	仪征上汽赛克物流有限公司总经理	扬州市劳动模范	中共扬州市委、市政府	市级表彰奖励获得者待遇
张少华	扬州市江都区税务局办公室主任	扬州市先进工作者	中共扬州市委、市政府	市级表彰奖励获得者待遇
李文兵	江都区公安局刑警大队教导员	扬州市先进工作者	中共扬州市委、市政府	市级表彰奖励获得者待遇

续表 41-1

姓　名	工作单位及职务	受表彰情况	表彰单位	享受待遇
姜　勇	扬州市江都区发展和改革委员会工业科科长	扬州市先进工作者	中共扬州市委、市政府	市级表彰奖励获得者待遇
张兰琴（女）	扬州市江都区畜牧兽医站副站长	扬州市先进工作者	中共扬州市委、市政府	市级表彰奖励获得者待遇
景小勤（女）	扬州市江都人民医院护理部科护士长	扬州市先进工作者	中共扬州市委、市政府	市级表彰奖励获得者待遇
顾春勇	江苏华伦化工有限公司生产辅助部主任	扬州市劳动模范	中共扬州市委、市政府	市级表彰奖励获得者待遇
王金荣	江苏亚威机床股份有限公司技术中心总经理	扬州市劳动模范	中共扬州市委、市政府	市级表彰奖励获得者待遇
庞永祥	江苏华江建设集团有限公司董事长	扬州市劳动模范	中共扬州市委、市政府	市级表彰奖励获得者待遇
单金国	扬州市通达建设发展有限公司班组长	扬州市劳动模范	中共扬州市委、市政府	市级表彰奖励获得者待遇
姜　伟	江苏恒远国际工程有限公司铆焊车间班长	扬州市劳动模范	中共扬州市委、市政府	市级表彰奖励获得者待遇
葛忠奎	扬州市三五斗农业生产综合服务专业合作社联合社理事长	扬州市劳动模范	中共扬州市委、市政府	市级表彰奖励获得者待遇
王　俊	扬州市江都区宜陵镇宜东社区居民委员会社区主任	扬州市劳动模范	中共扬州市委、市政府	市级表彰奖励获得者待遇
候小花（女）	江都区武坚镇新楼村水产养殖户	扬州市劳动模范	中共扬州市委、市政府	市级表彰奖励获得者待遇
戴尔庆	中共扬州市江都区真武镇真武村总支部委员会党总支书记	扬州市劳动模范	中共扬州市委、市政府	市级表彰奖励获得者待遇
杨　兵	国网扬州市江都区供电公司调运运行班班长	扬州市劳动模范	中共扬州市委、市政府	市级表彰奖励获得者待遇
林汉中	中国电信股份有限公司扬州江都区分公司总经理	扬州市劳动模范	中共扬州市委、市政府	市级表彰奖励获得者待遇
嵇海宗	扬州海事局江都海事处处长	扬州市先进工作者	中共扬州市委、市政府	市级表彰奖励获得者待遇
杨　洁（女）	扬州市税务局党委书记、局长	扬州市先进工作者	中共扬州市委、市政府	市级表彰奖励获得者待遇

续表 41-1

姓　名	工作单位及职务	受表彰情况	表彰单位	享受待遇
陈文祥	扬州市公安局交警支队二大队二中队中队长	扬州市先进工作者	中共扬州市委、市政府	市级表彰奖励获得者待遇
李　刚	扬州市公安局经侦支队一大队副大队长	扬州市先进工作者	中共扬州市委、市政府	市级表彰奖励获得者待遇
晏　明	扬州市交通运输局党委委员、副局长	扬州市先进工作者	中共扬州市委、市政府	市级表彰奖励获得者待遇
韩世来	扬州市发展和改革委员会基础设施发展处处长	扬州市先进工作者	中共扬州市委、市政府	市级表彰奖励获得者待遇
金立豪	扬州市科学技术局科技成果与技术市场处处长	扬州市先进工作者	中共扬州市委、市政府	市级表彰奖励获得者待遇
孙立红	扬州市卫生健康委员会机关工会主席；卫生健康系统工会主任	扬州市先进工作者	中共扬州市委、市政府	市级表彰奖励获得者待遇
苏岐华	江苏省扬州市中级人民法院民二庭副庭长	扬州市先进工作者	中共扬州市委、市政府	市级表彰奖励获得者待遇
顾红霞（女）	扬州市文化广电和旅游局艺术处处长	扬州市先进工作者	中共扬州市委、市政府	市级表彰奖励获得者待遇
杨庆深	扬州市纪委监委第八审查调查室副主任	扬州市先进工作者	中共扬州市委、市政府	市级表彰奖励获得者待遇
徐晓明	扬州市司法局党组成员、副局长	扬州市先进工作者	中共扬州市委、市政府	市级表彰奖励获得者待遇
钱利东	扬州市统计局副局长	扬州市先进工作者	中共扬州市委、市政府	市级表彰奖励获得者待遇
陈锦龙	扬州市工业和信息化局企业服务体系建设处处长	扬州市先进工作者	中共扬州市委、市政府	市级表彰奖励获得者待遇
王金柱	扬州市退役军人事务局移交安置处处长	扬州市先进工作者	中共扬州市委、市政府	市级表彰奖励获得者待遇
成　强	扬州市农业农村局农村社会事业促进处处长	扬州市先进工作者	中共扬州市委、市政府	市级表彰奖励获得者待遇
徐其祥	扬州市商务局流通业发展处处长	扬州市先进工作者	中共扬州市委、市政府	市级表彰奖励获得者待遇
梁　毅	扬州市财政局国库处处长	扬州市先进工作者	中共扬州市委、市政府	市级表彰奖励获得者待遇

续表 41-1

姓　名	工作单位及职务	受表彰情况	表彰单位	享受待遇
王以俭	扬州广播电视总台市场拓展事业部主任	扬州市先进工作者	中共扬州市委、市政府	市级表彰奖励获得者待遇
陈　君	中国船舶重工集团公司第七二三研究所第十研究部科研人员	扬州市先进工作者	中共扬州市委、市政府	市级表彰奖励获得者待遇
张　立	扬州市航道管理处副处长	扬州市先进工作者	中共扬州市委、市政府	市级表彰奖励获得者待遇
莫俊武	江苏华电仪征热电有限公司党委书记、董事长	扬州市劳动模范	中共扬州市委、市政府	市级表彰奖励获得者待遇
郭　剑	中国电信股份有限公司扬州分公司党委书记、总经理	扬州市劳动模范	中共扬州市委、市政府	市级表彰奖励获得者待遇
蔡　军	扬州电力设备修造厂有限公司董事长	扬州市劳动模范	中共扬州市委、市政府	市级表彰奖励获得者待遇
马　力	江苏华电扬州发电有限公司燃料生产部主任	扬州市劳动模范	中共扬州市委、市政府	市级表彰奖励获得者待遇
吴伟林	中石化江苏油田分公司石油工程技术研究院项目负责人	扬州市劳动模范	中共扬州市委、市政府	市级表彰奖励获得者待遇
李　杰	中国石化仪征化纤有限责任公司短纤部牵伸主操	扬州市劳动模范	中共扬州市委、市政府	市级表彰奖励获得者待遇
顾春阳	中国核工业华兴建设有限公司项目经理	扬州市劳动模范	中共扬州市委、市政府	市级表彰奖励获得者待遇
魏晓羽	江苏曙光光电有限公司激光装备研发部	扬州市劳动模范	中共扬州市委、市政府	市级表彰奖励获得者待遇
孙志荣	扬州亚星客车股份有限公司生产管理部部长	扬州市劳动模范	中共扬州市委、市政府	市级表彰奖励获得者待遇
赵启明	中国邮政集团有限公司城区寄递事业部经理	扬州市劳动模范	中共扬州市委、市政府	市级表彰奖励获得者待遇
吴春艳	中国联合网络通信有限公司扬州市分公司扬州市广陵营销中心部门经理	扬州市劳动模范	中共扬州市委、市政府	市级表彰奖励获得者待遇
孔令傑	国网扬州供电有限公司变电运维室	扬州市劳动模范	中共扬州市委、市政府	市级表彰奖励获得者待遇
吴守银	江苏国信扬州发电有限责任公司设备部电气专业工程师	扬州市劳动模范	中共扬州市委、市政府	市级表彰奖励获得者待遇

续表 41-1

姓　名	工作单位及职务	受表彰情况	表彰单位	享受待遇
刘　玲（女）	中国移动通信集团江苏有限公司扬州分公司仪征北区支局长	扬州市劳动模范	中共扬州市委、市政府	市级表彰奖励获得者待遇
白　昆	中铁宝桥（扬州）有限公司党委副书记、工会主席、纪委书记	扬州市劳动模范	中共扬州市委、市政府	市级表彰奖励获得者待遇
郝　津	宝应县人力资源和社会保障局工会副主席	扬州市先进工作者	中共扬州市委、市政府	市级表彰奖励获得者待遇
周光炜	宝应县税务局党委书记、局长	扬州市先进工作者	中共扬州市委、市政府	市级表彰奖励获得者待遇
何永锦（女）	宝应县农业农村局扶贫开发科科长	扬州市先进工作者	中共扬州市委、市政府	市级表彰奖励获得者待遇
韩海峰	宝应县人民医院感染科医生	扬州市先进工作者	中共扬州市委、市政府	市级表彰奖励获得者待遇
李斯凤	江苏省宝应中学德育处副主任	扬州市先进工作者	中共扬州市委、市政府	市级表彰奖励获得者待遇
葛仁强	扬州尼尔工程塑料有限公司制造总监兼制造部部长	扬州市劳动模范	中共扬州市委、市政府	市级表彰奖励获得者待遇
徐志军	江苏宝杰隆电磁线有限公司副总经理、总工程师	扬州市劳动模范	中共扬州市委、市政府	市级表彰奖励获得者待遇
周家峰	扬州市管件厂有限公司总经理	扬州市劳动模范	中共扬州市委、市政府	市级表彰奖励获得者待遇
夏永萍（女）	扬州市凤鸣电缆厂品管部经理、工会主席	扬州市劳动模范	中共扬州市委、市政府	市级表彰奖励获得者待遇
王　哲	宝应县润华静电涂装工程有限公司技术开发部主任	扬州市劳动模范	中共扬州市委、市政府	市级表彰奖励获得者待遇
王益民	宝应县三农农业装备有限公司服务站站长	扬州市劳动模范	中共扬州市委、市政府	市级表彰奖励获得者待遇
刘艳成（女）	宝应县安宜镇白田社区党委书记	扬州市劳动模范	中共扬州市委、市政府	市级表彰奖励获得者待遇
郭维本	宝应县山阳镇春光村党总支书记	扬州市劳动模范	中共扬州市委、市政府	市级表彰奖励获得者待遇

续表 41-1

姓　名	工作单位及职务	受表彰情况	表彰单位	享受待遇
韩建林	国网江苏省电力有限公司宝应县供电分公司配电运检中心配电运检班班长	扬州市劳动模范	中共扬州市委、市政府	市级表彰奖励获得者待遇
于笔钧	江苏菲达宝开电气股份有限公司总经理	扬州市劳动模范	中共扬州市委、市政府	市级表彰奖励获得者待遇
阚　霄	扬州市固体废物与辐射管理中心副科职，主持工作	扬州市先进工作者	中共扬州市委、市政府	市级表彰奖励获得者待遇
薛　生	扬州市环境卫生管理处副处长兼工会主席	扬州市先进工作者	中共扬州市委、市政府	市级表彰奖励获得者待遇
陈晓飞	扬州市市政建设处工程管理科科长	扬州市先进工作者	中共扬州市委、市政府	市级表彰奖励获得者待遇
丁春梅（女）	扬州市建筑设计研究院有限公司市政设计研究所所长	扬州市劳动模范	中共扬州市委、市政府	市级表彰奖励获得者待遇
陈梅梅（女）	江苏扬建集团有限公司华正建筑工程质量检测副总工程师	扬州市劳动模范	中共扬州市委、市政府	市级表彰奖励获得者待遇
焦建华	江苏省水利勘测设计研究院有限公司副总工程师兼建筑设计分公司经理	扬州市劳动模范	中共扬州市委、市政府	市级表彰奖励获得者待遇
倪前亮	扬州市市政工程有限公司党支部书记、董事长	扬州市劳动模范	中共扬州市委、市政府	市级表彰奖励获得者待遇
倪黄校（女）	扬州兰庭物业服务有限公司总经理助理	扬州市劳动模范	中共扬州市委、市政府	市级表彰奖励获得者待遇
金跃华（女）	江苏万杨物业管理服务有限公司邗江路保洁班班长	扬州市劳动模范	中共扬州市委、市政府	市级表彰奖励获得者待遇
王士春	江苏省扬州港务集团有限公司生产中心装卸工	扬州市劳动模范	中共扬州市委、市政府	市级表彰奖励获得者待遇
蔡卫宏	扬州供热有限公司党总支书记、董事长、总经理	扬州市劳动模范	中共扬州市委、市政府	市级表彰奖励获得者待遇
徐　志	国家税务总局高邮市税务局党委书记、局长	扬州市先进工作者	中共扬州市委、市政府	市级表彰奖励获得者待遇
吴　磊	高邮市人民法院高新区人民法庭庭长	扬州市先进工作者	中共扬州市委、市政府	市级表彰奖励获得者待遇

续表 41-1

姓　名	工作单位及职务	受表彰情况	表彰单位	享受待遇
杨祥凤（女）	高邮城南经济新区管理委员会科技人才办副主任	扬州市先进工作者	中共扬州市委、市政府	市级表彰奖励获得者待遇
郑玉光	高邮市市场监督管理局信用与风险监管科科长	扬州市先进工作者	中共扬州市委、市政府	市级表彰奖励获得者待遇
葛学顺	高邮市人民医院感染管理科科长	扬州市先进工作者	中共扬州市委、市政府	市级表彰奖励获得者待遇
焦咏梅（女）	扬州市立华畜禽有限公司行政主管	扬州市劳动模范	中共扬州市委、市政府	市级表彰奖励获得者待遇
杨国梁	江苏数丰水产种业有限公司研发中心主任	扬州市劳动模范	中共扬州市委、市政府	市级表彰奖励获得者待遇
杨志鸿	扬州光明电缆有限公司总经理	扬州市劳动模范	中共扬州市委、市政府	市级表彰奖励获得者待遇
张　超	扬州日兴生物科技股份有限公司董事长	扬州市劳动模范	中共扬州市委、市政府	市级表彰奖励获得者待遇
陈　垒	扬州市秦邮特种金属材料有限公司常务副总经理	扬州市劳动模范	中共扬州市委、市政府	市级表彰奖励获得者待遇
顾德山	江苏金飞达电动工具有限公司设备部机修工	扬州市劳动模范	中共扬州市委、市政府	市级表彰奖励获得者待遇
徐荣富	扬州市恒通环保科技有限公司钣金一车间制作班组班组长	扬州市劳动模范	中共扬州市委、市政府	市级表彰奖励获得者待遇
陈小明	高邮明发生态农场农场主	扬州市劳动模范	中共扬州市委、市政府	市级表彰奖励获得者待遇
王桂强	高邮市临泽镇川东村党总支书记	扬州市劳动模范	中共扬州市委、市政府	市级表彰奖励获得者待遇
郭　俊	国网高邮市供电公司运维检修部主任	扬州市劳动模范	中共扬州市委、市政府	市级表彰奖励获得者待遇
陈　军	扬州大学文学院院长	扬州市先进工作者	中共扬州市委、市政府	市级表彰奖励获得者待遇
刘卫琴	扬州市职业大学马克思主义学院教师	扬州市先进工作者	中共扬州市委、市政府	市级表彰奖励获得者待遇

续表 41-1

姓　名	工作单位及职务	受表彰情况	表彰单位	享受待遇
颜正英	扬州工业职业技术学院创新创业学院副院长（主持工作）	扬州市先进工作者	中共扬州市委、市政府	市级表彰奖励获得者待遇
王　海	扬州市扬剧研究所导演兼演员	扬州市先进工作者	中共扬州市委、市政府	市级表彰奖励获得者待遇
吴梦雷	江苏省扬州中学教务处副主任	扬州市先进工作者	中共扬州市委、市政府	市级表彰奖励获得者待遇
沈　娟（女）	扬州市特殊教育学校办公室主任	扬州市先进工作者	中共扬州市委、市政府	市级表彰奖励获得者待遇
龚有顺	扬州市第一中学总务处副主任	扬州市先进工作者	中共扬州市委、市政府	市级表彰奖励获得者待遇
黄　涛（女）	扬州市妇幼保健院产科主任	扬州市先进工作者	中共扬州市委、市政府	市级表彰奖励获得者待遇
施寿荣	江苏省家禽科学研究所家禽饲料与营养研究室主任	扬州市先进工作者	中共扬州市委、市政府	市级表彰奖励获得者待遇
王　燕（女）	扬州市中医院大内科科护士长	扬州市先进工作者	中共扬州市委、市政府	市级表彰奖励获得者待遇
冷俊岭	扬州大学附属医院急诊科副主任	扬州市先进工作者	中共扬州市委、市政府	市级表彰奖励获得者待遇
窦英茹（女）	苏北人民医院护理部副主任	扬州市先进工作者	中共扬州市委、市政府	市级表彰奖励获得者待遇
虞　晶（女）	扬州市第三人民医院肺病科副主任	扬州市先进工作者	中共扬州市委、市政府	市级表彰奖励获得者待遇
张培居	扬州市蜀冈—瘦西湖风景名胜区安全生产和环境保护局局长	扬州市先进工作者	中共扬州市委、市政府	市级表彰奖励获得者待遇
陈文艳（女）	扬州市梅岭小学校长	扬州市先进工作者	中共扬州市委、市政府	市级表彰奖励获得者待遇
王丽丽（女）	江苏瘦西湖文化旅游股份有限公司船娘小组组长	扬州市劳动模范	中共扬州市委、市政府	市级表彰奖励获得者待遇

（张晶晶）

新闻人物

2020年度扬州市新入选江苏省有突出贡献的中青年专家

李　俊　江苏新扬新材料股份有限公司董事长

冷志斌　江苏亚威机床股份有限公司董事长兼总经理

吴碧桥　江苏省华建建设股份有限公司总工程师

郑瑞强　苏北人民医院副院长

姚　义　扬州市农业技术推广站站长

鲁向阳　扬州市梅岭中学校长

陈万庆　扬州瘦西湖旅游度假投资管理集团有限责任公司董事长

梁宝富　扬州意匠轩园林古建筑营造股份有限公司 董事长兼总经理

（吴海霞）

2020年度十大"扬州好人"

（由中共扬州市委宣传部、扬州市文明办评选表彰）

毛婧婧　宝应县柳堡镇中心卫生院护士长

方丁玉　扬州市台商协会会长

厉正香　高邮市卸甲镇金家村村民

许国庆　扬州市社保中心企业申报科副科长

李　想　邗江区熊猫爱心车队负责人

李翠珍、吴修德（夫妇）　开发区江苏油田退休职工

张家辉　朱自清中学学生

陆　兴　扬州市第三人民医院医生

郑志超　扬州市供销合作总社离休干部

黄立新　扬州市公安局江都分局巡特警大队中队长　（王蔚洁）

2020年度扬州十大经济新闻人物

（由市委组织部（市人才办）、市发改委、市工信局、团市委、市工商联、扬州报业传媒集团评选表彰）

杨泽元　宝胜集团有限公司董事长

万　涛　中国石化仪征化纤有限公司党委书记、执行董事

夏春来　江苏联环药业集团有限公司董事长、总经理

陶晓洋　沈飞扬州协同创新研究院总经理

陈万庆　瘦西湖旅游度假投资管理集团董事长

邹伟民　江苏传艺科技股份有限公司董事长、总经理

周光荣　扬州海昌新材股份有限公司董事长、总经理

李　俊　江苏新扬新材料股份有限公司董事长

张宝生　宝德照明集团有限公司董事长

罗红宇　扬州制汇互联信息技术有限公司总经理　（吕纯军）

2020年度扬州十大新闻人物

（由中共扬州市委宣传部、扬州市文化广电和旅游局、扬州广播电视传媒集团评选表彰）

"中国淮扬菜大师"——周晓燕

"拼命书记"——闵　敏

"招商大使"——何　飞

"见义勇为好少年"——张家辉

"重大项目领军人"——杨泽元

"裸捐"老兵——郑志超

"反诈神探"——刘光兵

"铁路建设功臣"——印德明

"科创先锋"——冷志斌

"无人化种植领域先行者"——张洪程　（吕纯军）

2020年度扬州市"乡村振兴好青年"

（由共青团扬州市委推荐表彰）

郭天星　高邮市周山镇吴堡村村委会副主任

沈广顺　高邮市回龙乡骑龙村党总支副书记、村委会副主任

健　男　金宝粮食烘干农业专业合作社总经理

郭炜剑　宝应县小官庄镇南场村党支部书记、村委会主任

苏在星　仪征市马集镇爱国村党支部副书记、村委会主任

周　丹　仪征市马集镇方营村党支部书记　（郭夏智）

逝世人物

■冒　毅　男，江苏如皋人，汉族，民国十五年（1926）4月30日出生，民国三十一年（1942）5月20日参加工作，民国三十二年（1943）6月30日加入中国共产党，离休前任扬州红星针织厂调研员，1987年12月31日离休，享受副地（局）级待遇，2015年提高享受按副省（部）长级标准报销医疗费待遇。2020年4月29日逝世。　（房　园）

■顾良琛　男，江苏建湖人，汉族，民国十一年（1922）2月11日出生，民国二十四年（1945）2月28日参加工作，1965年2月6日加入中国共产党，离休前任扬州市委统战部副部长，1983年12月29日离休，享受副地（局）级待遇，2015年提高享受按副省（部）长级标准报销医疗费待遇。2020年6月27日逝世。　（房　园）

■傅宗华　男，江苏建湖人，汉族，民国八年（1919）9月23日出生，民国二十九年（1940）10月31日参加工作，同年5月31日加入中国共产党，离休前任江苏省顾问委员会委员，1989年12月26日离休，享受副省（部）级医疗待遇，2019年提高享受按省（部）长级标准报销医疗费。2020年7月23日逝世。　（房　园）

■汤秀荣　男，江苏兴化人，汉族，民国十四年（1925）10月31日出生，民国三十三年（1944）7月31日参加工作，民国三十二年（1943）11月30日加入中国共产党，离休前任扬州机械厂副书记，1987年1月10日离休，享受副地（局）级待遇，2015年提高享受按副省（部）长级标准报销医疗费待遇。2020年10月11日逝世。　（房　园）

附录

Fulu

编　辑　徐国磊　陈永华　贾丽琴

组织机构及负责人

（截止时间：2020年12月31日）

中国共产党扬州市委员会

书　记　夏心旻
副书记　张宝娟（女）
　　　　孔令俊
常　委　李　航
　　　　陈锴竑
　　　　王炳松
　　　　张长金（女）
　　　　韩　骅
　　　　张耀武
　　　　焦庆标
　　　　刘朝晖
秘书长　韩　骅（兼）
副秘书长
　　　　肖卫东
　　　　张贵强（兼）
　　　　陈永平
　　　　王　浩

市委工作机构

市委办公室（挂“市国家保密局”“市国家密码管理局”“市档案局”牌子）
主　任　肖卫东（兼）
副主任　任彬彬（女）
市国家保密局
局　长　肖卫东（兼）
副局长　高海巍
市档案局
局　长　张贵强（兼）
副局长　薛晓军（女）

市委组织部（挂“市委非公有制企业和社会组织工作委员会”“市公务员局”牌子）
部　长　焦庆标（兼）
常务副部长
　　　　徐　龙
副部长　范　耘（兼）
　　　　徐志刚
　　　　夏顺义（兼）
　　　　康　尧
市委非公有制企业和社会组织工作委员会
书　记　康　尧（兼）
副书记　王　兵
市考核工作委员会办公室
副主任　王　兵（兼）
市委宣传部［挂“市政府新闻办公室”“市精神文明建设指导委员会办公室”“市新闻出版局（市版权局）”牌子］
部　长　张长金（女，兼）
常务副部长
　　　　李广春
副部长　殷元松（兼）
　　　　蒋元峰
　　　　周学军
　　　　陈　洁
　　　　范梅青（女）
市政府新闻办公室
主　任　周学军（兼）
副主任　崔道锋
精神文明建设指导委员会办公室
主　任　蒋元峰（兼）
副主任　王辉森
出版局

副局长　姜师立
市委统一战线工作部（挂“市政府侨务办公室”牌子，市委统一战线工作领导小组办公室设在市委统一战线工作部）
部　长　孔令俊（兼）
常务副部长
　　　　吉　琳（女）
副部长　陈荣进（兼）
　　　　朱建明（兼）
　　　　顾元周
市政府侨务办公室
主　任　顾元周（兼）
副主任　李越平
　　　　庞春奎
市委政法委员会
书　记　张耀武（兼）
常务副书记
　　　　许林灿
副书记　宫文飞（兼）
　　　　成　勇
　　　　葛鸿翔
政治部主任
　　　　阎　军
法学会
专职副会长
　　　　夏　晴（女）
市委研究室（市委全面深化改革委员会办公室、市委财经委员会办公室设在市委研究室）
副主任　李炜冰
　　　　李道松
市委全面深化改革委员会办公室
副主任　马　俊
**市委网络安全和信息化委员会办公

室（挂“市互联网信息办公室”牌子）
主　任　殷元松
副主任　黄振宇
　　　　张先斌
　　　　沈娟娟（女）
市委机构编制委员会办公室（挂“市事业单位登记管理局”牌子）
主　任　徐志刚（兼）
副主任　周秀亮
市事业单位登记管理局
副局长　陆　妍（女）
市委台湾工作办公室（挂“市政府台湾事务办公室”牌子）
主　任　黄俊华
副主任　崇玉强
　　　　巫国胜
　　　　王　晔
市委市级机关工作委员会
书　记　王　涛（女）
副书记　周步祥
　　　　刘　刚
　　　　徐良明
纪工委书记
　　　　夏祥红（女）
市委巡察工作办公室
主　任　蔡　蕾（女，兼）
副主任　孙凌雷
市委巡察组
组　长　杨世春
　　　　赵志宏（兼）
　　　　董兆芝
　　　　桑育林
　　　　余通海
　　　　池建强
副组长　薛　翔
　　　　方加根
　　　　殷晓竞（女）
　　　　郭荣中
　　　　郭　峰
　　　　曹让礼
　　　　孙桂生
　　　　张　曹
　　　　郑依贫
　　　　潘大联
　　　　黄　燕（女）
　　　　周明章

市委老干部局（挂“市委离退休干部工作委员会”牌子）
局　长　夏顺义
副局长　沈兆琼
　　　　翁广琪
　　　　章士江
市委离退休干部工作委员会
书　记　夏顺义（兼）
副书记　骆礼国

市委直属单位

市委党校
校　长　孔令俊（兼）
党委书记
　　　　王岚峰
常务副校长
　　　　王岚峰（兼）
副校长　李存灵
　　　　薛　峰
　　　　胡志高
社会主义学院
副院长　杨秀华
市行政学院
院　长　孔令俊（兼）
副院长　王岚峰（兼）
　　　　范　耘（兼）
　　　　李存灵（兼）
　　　　薛　峰（兼）
　　　　胡志高（兼）
市档案馆（挂“市地方志办公室”牌子）
馆　长　张贵强
副馆长　柏桂林
　　　　马　俊
　　　　朱道宏
市地方志办公室
主　任　张贵强（兼）
副主任　柏桂林（兼）
　　　　马　俊（兼）
　　　　朱道宏（兼）
市委党史办公室
主　任　罗瑞勤
副主任　单杰华
　　　　冯雅勤
　　　　李　颖（女）
扬州报业传媒集团（扬州日报社）
集团党委书记
　　　　李继业
集团党委副书记
　　　　周明涛（兼）
　　　　张广秀（女）
集团纪委书记
　　　　李继学
集团有限公司董事长
　　　　李继业（兼）
集团有限公司总经理
　　　　袁文生
集团有限公司副总经理
　　　　曾学文
扬州日报社社长
　　　　李继业（兼）
扬州日报社副社长
　　　　周明涛（兼）
扬州日报总编辑
　　　　周明涛
扬州日报副总编辑
　　　　李　峰
　　　　拾景炎

扬州市人大常委会

主　任　夏心旻（兼）
党组副书记
　　　　李忠盛
副主任　李忠盛（兼）
　　　　朱　妍（女）
　　　　沙志芳
　　　　范天恩
　　　　杨正福
秘书长　刘晓明
副秘书长
　　　　王玉军
　　　　吴效安（正处级）
　　　　刘　洁（女，正处级）
　　　　李明安（正处级）
　　　　毕　刚

市人大常委会办公室、研究室，各工作委员会

办公室
主　任　王玉军（兼）
副主任　陈　曦（女）
　　　　吕天龙
　　　　张敬武
研究室

主　任　罗庆久
副主任　殷　荣（女）
监察和司法工作委员会
主　任　阚肖虹
副主任　朱正明
　　　　张媛媛（女）
经济工作委员会
主　任　王华平
农村工作委员会
主　任　阚成法
副主任　王　平
教育科学文化卫生工作委员会
主　任　沈宏跃
副主任　江晓昀（女）
环境资源城乡建设工作委员会
主　任　刘焕琴（女）
副主任　周　蕾（女）
　　　　陈　军
人事代表工作委员会
主　任　孙玉培
副主任　陈国祥
　　　　平大春
民宗侨台外工作委员会
主　任　许　明
副主任　郑国华
　　　　王元平
法制工作委员会
主　任　刘　柏
副主任　于　力
预算工作委员会
主　任　吴焱新
副主任　王　薇（女）

扬州市人民政府

市　长　张宝娟（女）
副市长　陈锴竑
　　　　丁　一
　　　　宫文飞
　　　　何金发
　　　　余　珽
　　　　方桂林
　　　　赵庆红（挂职）
秘书长　尤在晶
副秘书长
　　　　佘俊臣
　　　　高长明（兼）
　　　　林宝荣
　　　　雍有瑜
　　　　张　伟
　　　　吴　军
　　　　刘卫清
　　　　王　岭（挂职）

市政府工作机构

市政府办公室（挂“市政府研究室”“市大数据管理局”牌子）
主　任　佘俊臣（兼）
副主任　顾友红
　　　　陈　健
　　　　王　震
市政府研究室
主　任　佘俊臣（兼）
副主任　袁　骏
大数据管理局
主　任　佘俊臣（兼）
发展和改革委员会（挂“市粮食和物资储备局”牌子，市委军民融合发展委员会办公室设在市发展和改革委员会）
主　任　黄为民
党组副书记
　　　　姜开圣（正处级）
副主任　姜开圣（正处级，兼）
　　　　程兆君（女）
　　　　韩长金
　　　　卞　吉
　　　　孙景亮
　　　　王　峰
　　　　章　华（女，挂职）
粮食和物资储备局
局　长　黄为民（兼）
副局长　黄学东
　　　　朱晓进
市委军民融合发展委员会办公室
副主任　徐　健（正处级）
重大项目办公室
副主任　张苏煜
　　　　戴富云
　　　　郎　俊（对口帮扶陕西）
　　　　朱　枫（女）
教育局（市委教育工作委员会与市教育局合署办公，市政府教育督导室设在市教育局）
局　长　周应华
副局长　卫　刚（正处级）
　　　　匡成兰（女，正处级）
　　　　昌　明
　　　　徐　晟（对口帮扶陕西）
市委教育工作委员会
书　记　周应华（兼）
副书记　王朝勃（正处级）
市政府教育督导室
副主任　李斌桃
　　　　赵　云
科学技术局
局　长　陈　星
副局长　赵松林
　　　　赵浩岭
　　　　李　锋
　　　　钱　东
　　　　卞加林
工业和信息化局
局　长　王正年
副局长　李厚林
　　　　许亚军
　　　　张云翔
　　　　赵宽安
　　　　陈江伟
　　　　郭万山
　　　　许立新
　　　　华占军
　　　　肖　李（挂职）
民族宗教事务局
局　长　朱建明
副局长　廖　勇
　　　　郑　妮（女）
公安局
局　长　宫文飞（兼）
党委副书记
　　　　翁国彦
常务副局长
　　　　翁国彦（兼）
副局长　秦雨花
　　　　基国平
　　　　黄太鹏（正处级）
　　　　李春阳
　　　　杨　林
　　　　周　晖（挂职）
政治部主任
　　　　夏忠平
民政局

局　长　王振祥（兼）
党委书记
陈小浩
副局长　陈小浩（兼）
徐德林
钱建忠
王艾平
曹伟伟

司法局（市委全面依法治市委员会办公室设在市司法局）
局　长　苏满满
副局长　姚爱国
丁玉祥
王桂才
徐晓明
李福才

财政局
局　长　朱柏兴
副局长　高　阜
郭　佳（女）
张思忠
杨建民
徐　军

人力资源和社会保障局
局　长　范　耘
副局长　张跃春（援青）
李宏平
周光践
王锦程
居乃军

自然资源和规划局（挂“市林业局”牌子）
局　长　周正权
副局长　严　寒
叶卫东
伏年久
裴东伟
沈万林
杨庆洋
总规划师
朱雷亭

生态环境局
局　长　金春林
副局长　滕远东
陈修道
姚江潮
张国权
总工程师
陈　刚

住房和城乡建设局（挂“市人民防空办公室”“市园林管理局”“市地震局”牌子）
局　长　陶伯龙
副书记　耿　良（正处级）
副局长　耿　良（正处级，兼）
杨　云
刘忠华
肖　波
薛炳宽
刘　泓（女）
张　虎

人民防空办公室
主　任　陶伯龙（兼）
副主任　侯载铭
殷　杰
朱　元
苏明清

园林管理局
局　长　陶伯龙（兼）
副局长　张家来
唐红军
陆士坤
赵　岚（女）

地震局
局　长　陶伯龙（兼）

城市管理局（挂“市城市管理综合行政执法局”牌子）
局　长　彭苏宁
副局长　汤　勇
王德伟
王　琴（女）
吴　广

城市管理行政执法局
局　长　彭苏宁（兼）
副局长　王友书

交通运输局（挂“市地方铁路建设办公室”牌子）
局　长　徐　斌
副局长　晏　明
印德明
杨步云
丁泽民
王才林
张宏亮（兼）
总工程师
盛　宇

地方铁路建设办公室
主　任　徐　斌（兼）

水利局
局　长　康盛君
副局长　凌国栋
尹晓斌
徐海中
郑灯龙
张东培
总工程师
季暑月（女）

农业农村局（挂“市政府扶贫工作办公室”牌子，市委农村工作领导小组办公室设在市农业农村局）
局　长　马顺圣
副书记　周学金（正处级）
副局长　周学金（兼，正处级）
陈　石（正处级）
殷立松
顾加旺
吴　华（女）
潘绪海
汪爱智
李铁军
郭　航（挂职）
总畜牧兽医师
徐煜峰
总农艺师
丁　涛（女）

市委农村工作领导小组办公室
副主任　袁强华

市政府扶贫工作办公室
主　任　马顺圣（兼）

商务局（挂“市口岸办公室”牌子）
局　长　苏爱根
副局长　张连生
何　炜
陈　清
汪　兴（挂职）

口岸办公室
主　任　苏爱根（兼）
副主任　张德云
张　军

中国国际贸易促进委员会扬州市委员会

会　长　钱中声
副会长　杜　滨
　　　　师宁宁（挂职）
秘书长　梁顺龙

文化广电和旅游局（挂“市文物局”牌子）
局　长　季培均
党委副书记
　　　　仲玉龙（正处级）
副局长　仲玉龙（兼，正处级）
　　　　王明宏
　　　　陈玲春（女）
　　　　毛卫东
　　　　李政成
　　　　王官宏
　　　　田大治（挂职）

文物局
局　长　季培均（兼）
副局长　徐国兵
　　　　曹华军

卫生健康委员会（挂“市中医药管理局”牌子）
主　任　赵国祥
党委副书记
　　　　王　林
副主任　陈　雷
　　　　王劲松
　　　　尹成雷

中医药管理局
局　长　赵国祥（兼）
副局长　田华萍（女）

退役军人事务局
局　长　孙玉金
副局长　翟江淮
　　　　王春香（女）
　　　　刘学军
　　　　吴敬文
　　　　胡安荣

应急管理局
局　长　熊佳芝
副局长　王兆龙
　　　　周　炜
　　　　胡顺斌
　　　　卜广年
　　　　付有根
总工程师
　　　　张景臣

市安全生产委员会办公室
副主任　娄金海（挂职）

审计局（市委审计委员会办公室设在市审计局）
局　长　蔡先建
副局长　袁竹青
　　　　李永高
　　　　周春山
　　　　潘宝庆
　　　　陈焕章
　　　　冷静玉（女）
总审计师
　　　　高金松

市政府外事办公室（挂“市政府港澳事务办公室”牌子，市委外事工作委员会办公室设在市政府外事办公室）
主　任　车国华（女）
副主任　蒋旭东
　　　　徐　静（女）
　　　　王玉琴（女）

市政府港澳事务办公室
主　任　车国华（兼）
副主任　夏　莹（女）

市政府国有资产监督管理委员会
主　任　王庆山
党委副书记
　　　　张　伟
副主任　沈家宽
　　　　夏心忠
　　　　顾克荣

政务服务管理办公室（挂“市行政审批局”牌子）
主　任　张其龙
副主任　曹文明
　　　　郭有亮
　　　　王早东
　　　　李　伟
　　　　乔有金

行政审批局
局　长　张其龙（兼）

市场监督管理局（挂“市知识产权局”牌子）
局　长　胡春风
党组副书记
　　　　谈法华
副局长　谈法华（兼）
　　　　王海峰
　　　　朱宋华
　　　　苏　明
　　　　刘观清
　　　　杜建武
　　　　谈嘉山
　　　　刘如林
　　　　杜志贵
　　　　夏增忠
　　　　姜文洋
食品安全总监
　　　　洪　昊

知识产权局
局　长　胡春风（兼）
副局长　肖　猛

体育局
局　长　李桂山
副局长　周　烈
　　　　张　荣
　　　　丁卫社（挂职）
　　　　傅　建（女，挂职）

统计局
局　长　赵振东
副局长　陈凤桂
　　　　刘加祥
　　　　钱利东

医疗保障局
局　长　华德荣
党组书记
　　　　许德奎
副局长　许德奎（兼）
　　　　管宏喜
　　　　李晓钟

市信访局（市委信访局和市信访局合署办公）
局　长　高长明
副局长　冯雪明
　　　　蒋立新
　　　　景　虎
督查专员
　　　　袁志刚
　　　　孙　波（女）

地方金融监督管理局（挂“市政府金融工作办公室”牌子）
局　长　吴顺文
副局长　许立宏
　　　　李　宁（女）

市政府金融工作办公室
主　任　吴顺文（兼）
机关事务管理局
局　长　葛社清
副局长　陈仁茂
　　　　张　林
　　　　许宝忠
　　　　顾晓晖（女）

市政府派出机构

扬州经济技术开发区管理委员会
工委书记
　　　　蒋爱祥
主　任　陈　曦
工委副书记
　　　　陈　曦（兼）
　　　　侯承海
副主任　施益香（女）
　　　　谢百川
　　　　臧灿甲
　　　　田醒民
　　　　杨　斌
　　　　竭岸扬（挂职）
纪工委书记（监察工委主任）
　　　　李　琪（女）
组织人事部部长
　　　　潘晓成
工委、管委会办公室主任
　　　　孙海佳
政法委书记、市公安局开发区分局
局长　　张力前
市生态科技新城管理委员会
工委书记
　　　　杨　蓉（女）
主　任　李　林
工委副书记
　　　　李　林（兼）
　　　　袁慧中（女）
副主任　陈　彬
　　　　唐朝文
　　　　吴国群
　　　　时克祥
　　　　杨玉宇
　　　　包福鑫（挂职）
　　　　沈钟璞（挂职）
纪工委书记
　　　　吴　俊

市蜀冈－瘦西湖风景名胜区管理委员会
工委书记
　　　　汤卫华
主　任　胡晓峰
工委副书记
　　　　胡晓峰（兼）
　　　　刘马根
副主任　陆志林
　　　　周长军（对口帮扶陕西）
　　　　顾永良
　　　　陈福新
　　　　王勤刚
　　　　王向前

市直属单位

供销合作总社
主　任　乔国银（女）
副主任　赵国斌
　　　　马越飞
监事会主任
　　　　陈正清
扬州仲裁委员会秘书处
秘书长　朱愈明
副秘书长
　　　　胡士博
　　　　朱毅锴
扬州广电传媒集团（扬州广电总台）
集团党委书记
　　　　陈韵强
集团党委副书记
　　　　徐永泰（兼）
　　　　吴黎宁
集团纪委书记
　　　　张晓斌
集团有限公司董事长
　　　　陈韵强（兼）
集团有限公司总经理
　　　　高华彬
集团有限公司副总经理
　　　　周晓晓（女）
　　　　顾忠先
广电总台台长
　　　　陈韵强（兼）
广电总台副台长
　　　　经　农
　　　　王　永
广电总台总编辑
　　　　徐永泰
广电总台副总编辑
　　　　孙建昶
　　　　张红军
　　　　白洁芸（女，挂职）
*** 住房公积金管理中心**
主　任　张　龙
党支部书记
　　　　王正凡
副主任　王高峰
　　　　杨传林
江苏省工人扬州疗养院
院　长　田　伟
副院长　夏朋林
　　　　顾　淋
江苏里下河地区农业科学研究所
所　长　李爱宏
党委书记
　　　　陈贵江
党委副书记
　　　　李爱宏（兼）
　　　　王守红
副所长　周如美
　　　　苏建坤
　　　　吴宏亚
纪委书记
　　　　雪　峰

政协扬州市委员会

主　席　陈　扬
党组副书记
　　　　夏正祥
副主席　董玉海
　　　　程吉林
　　　　王静成
　　　　夏正祥（兼）
　　　　王　骏
　　　　刘　流（女）
　　　　林正玉
　　　　王振祥
秘书长　汤天波
副秘书长
　　　　冬　冰（正处级）
　　　　王振宗（正处级）
　　　　赵御龙（正处级）
　　　　刘　文（女，兼）

黄锦山（兼）

市政协办公室、研究室，各专门委员会

办公室
主　任　吴　军（女）
副主任　王荣山
　　　　赵　宇
研究室
主　任　伏兴中
副主任　许　勇
提案委员会
主　任　颜　军
副主任　卞　翔
　　　　李广春（兼）
　　　　徐宏宇（兼）
　　　　施益香（女，兼）
经济科技和农业农村委员会
主　任　张曙升
副主任　常春芳（女）
　　　　陈荣进（兼）
　　　　姜开圣（兼）
　　　　钱中声（兼）
　　　　周学金（兼）
　　　　李　锋（兼）
城乡建设委员会（人口资源环境委员会）
主　任　江国勤
副主任　吴有新
　　　　陶伯龙（兼）
　　　　叶善祥（兼）
　　　　姚江潮（兼）
　　　　刘马根（兼）
教育文化卫生体育委员会
主　任　陈　莘
副主任　孙华幸（女）
　　　　周应华（兼）
　　　　赵国祥（兼）
　　　　李桂山（兼）
　　　　薛　峰（兼）
社会和法制委员会
主　任　沈宝玲（女）
副主任　曹卫国
　　　　许林灿（兼）
　　　　陈锡朝（兼）
　　　　姚宏斌（兼）
　　　　李　杰（女，兼）
文化文史和学习委员会
主　任　吴道根
副主任　邱振华
　　　　殷元松（兼）
　　　　华德荣（兼）
　　　　仲衍书（兼）
　　　　王岚峰（兼）
　　　　王永平（兼）
港澳台侨委员会（外事委员会）
主　任　朱路跃
副主任　陈　静（女）
　　　　平志明（兼）
　　　　杨为民（女，兼）
委员工作委员会
主　任　王志年
副主任　贾　平（女）
　　　　徐志刚（兼）
　　　　孙玉金（兼）
　　　　陈　静（女，兼）

中共扬州市纪律检查委员会 市监察委员会

纪委书记
　　　　李　航（兼）
纪委常务副书记
　　　　蔡　蕾（女）
纪委副书记
　　　　郭鹏驰
　　　　徐宏宇
纪委常委
　　　　赵志宏
　　　　陈　钧
　　　　殷立琴（女）
　　　　蒋桂芳（女）
监委主任
　　　　李　航（兼）
监委副主任
　　　　蔡　蕾（女，兼）
　　　　郭鹏驰（兼）
　　　　徐宏宇（兼）
监委委员
　　　　陈　钧（兼）
　　　　殷立琴（女，兼）
　　　　高玉波
　　　　何巧明
派驻纪检监察组
市纪委监委第一派驻纪检监察组
组长　　王　明
市纪委监委第二派驻纪检监察组
组长　　彭如桂
市纪委监委第三派驻纪检监察组
组长　　徐茂生
市纪委监委第四派驻纪检监察组
组长　　魏德余
市纪委监委第六派驻纪检监察组
组长　　徐朝平
市纪委监委第七派驻纪检监察组
组长　　张荣林
市纪委监委第八派驻纪检监察组
组长　　陈锡宽
市纪委监委第九派驻纪检监察组
组长　　居　勇（援疆）
市纪委监委第十派驻纪检监察组
组长　　张正华
市纪委监委第十一派驻纪检监察组组长　刘　咏
市纪委监委第十二派驻纪检监察组组长　何巧明（兼）
市纪委监委第十三派驻纪检监察组组长　曹育新
市纪委监委第十四派驻纪检监察组组长　刘德广
市纪委监委第十五派驻纪检监察组组长　冯佑红
市纪委监委第十六派驻纪检监察组组长　吕所宝
市纪委监委第十七派驻纪检监察组组长　颜　非
市纪委监委第十八派驻纪检监察组组长　王　睿
市纪委监委第十九派驻纪检监察组组长　卢华月
市纪委监委第二十派驻纪检监察组组长　窦广平
市纪委监委第二十一派驻纪检监察组组长　曹　妍（女）

民主党派　工商联

中国国民党革命委员会扬州市委员会
主任委员
　　　　王静成（兼）
副主任委员
　　　　刘晓明

丁卫社（兼）
关　兵（女，兼）
陈　惠（兼）

中国民主同盟扬州市委员会

主任委员
程吉林（兼）
副主任委员
仲子午
王永平（兼）
葛晓群（女，兼）
常国庆（兼）
徐卯林（兼）

中国民主建国会扬州市委员会

主任委员
王振祥（兼）
副主任委员
黄锦山
程兆君（女，兼）
伏兴中（兼）
何晓华（兼）

中国民主促进会扬州市委员会

主任委员
余　珽（兼）
副主任委员
帅　潇（女）
张一军（兼）
王嘉川（兼）
肖　义（兼）

中国农工民主党扬州市委员会

主任委员
朱　妍（女，兼）
副主任委员
李政成（兼）
陈志华（兼）
赵建芳（女，兼）

中国致公党扬州市委员会

主任委员
徐　晟（兼）
副主任委员
王兰海（女）
张仁田（兼）
曾祥华（女，兼）
丁明哲（兼）

九三学社扬州市委员会

主任委员
余海鹏（兼）
副主任委员
刘　文（女）
田志明（兼）
潘云龙（兼）
黎寿丰（兼）

扬州市工商业联合会

主　席　董玉海（兼）
党组书记
陈荣进
副主席　陈荣进（兼）
吴　钧
戴凌云（女）
徐　直
郭万山（兼）
王　宏（兼）
梁　勤（兼）
江　强（兼）
卢之云（兼）
何小军（兼）
曹宽平（兼）
林在珏（兼）

人民团体

市总工会

主　席　杨正福（兼）
党组书记
李春国
副主席　李春国（兼）
朱　明
洪慧娟（女）
陈维权
韩士军
王锦成（兼）
戚安宝（兼）
徐　勇（兼）
林　峻（女，挂职）

中国共产主义青年团扬州市委员会

书　记　洪　扬（女）
副书记　李　杰（女）
滕　蔓（女）
梅天顺
魏　源（兼）
王愉翔（兼）
俞　斌（挂职）

市妇女联合会

主　席　马　宁（女）
副主席　陈　静（女）
王雅静（女，海南挂职）
万潇潇（女）
匡成兰（女，兼）
徐　蕾（女，兼）
戴凌云（女，挂职）

市文学艺术界联合会

主　席　仲衍书
副主席　朱红林
吴乃怀
李政成（兼）
张美林（兼）
周永平（兼）
周启云（兼）
王　永（兼）
周鸿钧（兼）
夏　峰（兼）

市科学技术协会

主　席　王友芳（女）
副主席　葛明顺
王德平
钱靖平
徐乐东
罗　璇（女，挂职）
程顺和（兼）
黄建晔（兼）
王大新（兼）
丁爱军（兼）
王国宏（兼）
周颖华（兼）
梁文旭（兼）

市哲学社会科学界联合会

主　席　房学明
副主席　刘　斌
张锡文
徐宏宇（兼）
黄俊华（兼）
陈亚平（兼）
许金如（兼）
高　阜（兼）
臧灿甲（兼）
管路平（兼）

市归国华侨联合会

主　席　杨为民（女）
副主席　周　军
高志刚（兼）
魏全林（兼）
王　飞（兼）
姚友礼（兼）

孔庆友（兼）

市残疾人联合会

理事长　顾爱华（女）

副理事长

张佑根

鲁玉军

张跃春（兼）

赵　新（兼）

*** 红十字会**

会　长　余　斑（兼）

党组书记

张宝马

常务副会长

张宝马（兼）

副会长　吴　军（兼）

叶柏森（兼）

徐　龙（兼）

周学军（兼）

王　骏（兼）

昌　明（兼）

李春阳（兼）

郭　佳（女，兼）

南　方（挂职）

监事会监事长

毕顺元（兼）

法院 检察院

市中级人民法院

院　长　薛剑祥

党组副书记

任国凡

常务副院长

任国凡（兼）

副院长　姚宏斌

张　澎

沈　红（女）

政治部主任

袁江华

审判委员会专职委员

单华东

朱　明

扬州经济技术开发区法院

院　长　纪晓东

副院长　刘　俊

乔文进

审判委员会专职委员

柏文栋

市人民检察院

检察长　戴　飞（女）

党组副书记

郭锦勇

副检察长

郭锦勇（兼）

浦志强

张晓强

樊跃先

政治部主任

王珺子（女）

检察委员会专职委员

秦　辉

扬州经济技术开发区人民检察院

检察长　田庆生

副检察长

刘大军

朱桂明

政治处主任

费　依（女）

高等院校

扬州大学

党委书记

姚冠新

副书记　焦新安

叶柏森

校　长　焦新安

副校长　黄建晔

陈国宏

洪　涛

陈亚平

俞洪亮

刘巧泉

纪委书记

周　琴

市职业大学

党委书记

周　胜

校　长　潘锦全

党委副书记

潘锦全（兼）

许金如

副校长　许金如（兼）

陈亚鸿

刘　宏

纪委书记

黄华明

江苏省扬州技师学院

党委书记

徐祥华

党委副书记

刘建伟

副院长　陈康林

王思源

林　峻（女）

纪委书记

刘建伟（兼）

驻扬州机关单位

国家税务总局扬州市税务局

局　长　杨　洁（女）

党委副书记

朱中良（正处长级）

副局长　尹家明（正处级）

何　敏（女）

张汉东

李　璐（女）

孔燕云（女）

柏兆邦

侯昭华

纪检组长

徐　斌

总经济师

李玉群

方　林

总会计师

张耀斌

扬州气象局

局　长　秦铭荣

副局长　谢义明

纪检组长

邹　霁

副局长　朱　清

扬州海关

关　长　唐仁军

副关长　王旭东

陈　洁（女）

葛荣晖

朱凤家

南京海关党委派驻第十六纪检组

副组长　马新颐

缉私分局局长

徐旭辉

辑私分局副局长
蒋惠力
夏天明
南京海关轻工产品与儿童用品检测中心主任　陈　明

扬州海事局

局　长　郭学军
政　委　王凯丽
副局长　耿　亮
姚志平
李祝清

中国人民银行扬州市中心支行

行　长　戴又有
副行长　崔　萌
叶小玲
纪委书记
张立红
副行长　蔡定洪
工会主任
何　飞

扬州银保监分局

局　长　薛润生
副局长　陈　洪
纪委书记
陈家龙
副局长　高　峰

国家统计局扬州调查队

党组书记
刘春来
队　长　刘春来（兼）
副队长　谢　阳（女）
纪检组长
范晓青

省高宝邵伯湖渔管会

主　任　谢伟军
副主任　左兆卫
孙文祥

县(市、区)

（截止时间：2020年12月31日）

宝应县

中共宝应县委

书　记　王逍霄
副书记　张小辉
沈伯宏
常　委　王梅峰
吴建志
周正威
陆安亚
闫　伟
顾锡芳（女）
魏　建
于祝君
郝　骥

宝应县人大常委会

主　任　周玉宝
副主任　翟士高
黄才堂
徐建林
孙学龙

宝应县人民政府

代县长　张小辉
副县长　陆安亚
沈伯宏
杨洪国
杨　林
金　陵
张倩桦（女）
王辉森（挂职）
陆　杰（挂职）

政协宝应县委员会

主　席　陈金荣
副主席　王松年
傅春景
周新华
姜海峰

高邮市

中共高邮市委

书　记　韦　峰
副书记　张　利
郑志明
常　委　徐　健
王学峰
陈立柱
杨文喜
傅　颖（女）
邱加永
许　辉（女）
李深红（女）

高邮市人大常委会

主　任　张秋红（女）
副主任　薛晓寒
孙明如
吴惠山
杨向东

高邮市人民政府

市　长　张　利
副市长　王学峰
王　薇（女）
王永海
万圣托
马　舟
周　伟
阚道远（挂职）

政协高邮市委员会

主　席　徐永宝
副主席　张贵龙
钱富强
张拥军
居晓波
周启泉

仪征市

中共仪征市委

书　记　王炳松
副书记　孙建年
沈文杰
常　委　王长田
崔学锋
马立新
蒋育洋
丁雪海
胡彩云（女）
胡海洋
储　昱（女）

仪征市人大常委会

主　任　仲　玲（女）
副主任　李正涛
骆　翔
徐厚江
刘长荣

仪征市人民政府

市　长　孙建年
副市长　丁雪海
赵建芳（女）
黄苏晋
李　强
赵　军
田文远

尤玉军（挂职）
李晟文（挂职）

政协仪征市委员会

主　席　邵　卫
副主席　陆永进（女）
吴正明
赵永江
施伟文（女）

江都区

中共江都区委

书　记　张　彤
副书记　朱莉莉（女）
朱定金
李　慧（女，挂职）
常　委　顾　明
姜　熔
盛维林
葛智勇
杨德银
朱　娟（女）
储晓来
吴亚龙

江都区人大常委会

主　任　张永庭
副主任　李　杰
孙恩明
沈仁礼
陆德川

江都区人民政府

代区长　朱莉莉（女）
副区长　姜　熔
孙　明
夏忠平
闫冬梅（女）
杨晓荣
侯耀武
李　慧（女，挂职）
王　荣（挂职）

政协江都区委员会

主　席　曾庆玲（女）
副主席　孙　明
刘宝宏
钱正明

邗江区

中共邗江区委

书　记　钱　峰
副书记　张新钢
孟德和
常　委　朱发奎
徐　明
王庆伟
叶华生
柳　进
黄金发
孙爱东
陈　建

邗江区人大常委会

主　任　王庭国
副主任　祁胜媚（女）
曹占田
李德居
吴心明

邗江区人民政府

区　长　张新钢
副区长　王庆伟
王根云
丁明哲
徐安朝
贺宝兰（女）
尹　根
任彬彬（女，挂职）
吴　辉（挂职）

政协邗江区委员会

主　席　陈佳宏
副主席　徐　晟
羊汉江
高长明
沈少林
何晓华
张亚彤（女）

广陵区

中共广陵区委

书　记　潘学元
副书记　朱　勇
李　斌
常　委　李刘杰
王　峰
喻智荣
王飞飞
白　江
孟亚东
戴维宝

广陵区人大常委会

主　任　赵长松
副主任　周家富
马新阳
徐　超

广陵区人民政府

代区长　朱　勇
副区长　王　峰
孟亚东
李建芳（女）
刘春林
叶　浩
王绪林
万潇潇（女，挂职）
康　凯（挂职）

政协广陵区委员会

主　席　刁顺勤
副主席　居益芬（女）
丁卫社
胡明寿
阚永明

说明：注有“*”的为副处级建制单位。

重要文件目录

中共扬州市委重要文件目录

中共扬州市委　扬州市人民政府关于做好2020年民生幸福工程的通知（扬发〔2020〕1号，2020年3月13日）

中共扬州市委　扬州市人民政府关于印发《2020年优化企业发展环境推进新兴科创名城建设工作方案》的通知（扬发〔2020〕2号，2020年3月13日）

中共扬州市委　扬州市人民政府关于2020年促进旅游业发展更好服务游客的意见（扬发〔2020〕3号，2020年3月12日）

中共扬州市委关于加强新时代人大工作和建设的实施意见（扬发〔2020〕4号，2020年1月3日）

中共扬州市委　扬州市人民政府印发《关于进一步激励关爱全市党员干部和一线工作者在疫情防控阻击战中担当作为的八项措施》的通知（扬发〔2020〕10号，2020年2月11日）

中共扬州市委关于印发《中共扬州市委常委会2020年工作要点》的通知（扬发〔2020〕11号，2020年2月19日）

中共扬州市委关于转发《扬州市人大常委会2020年度工作要点和议题安排计划》的通知（扬发〔2020〕12号，2020年2月20日）

中共扬州市委关于转发《扬州市政协2020年工作要点》的通知（扬发〔2020〕13号，2020年2月20日）

中共扬州市委　扬州市人民政府关于授予张设等6名同志“扬州市新冠肺炎疫情防控工作先进个人”称号的决定（扬发〔2020〕22号，2020年3月20日）

中共扬州市委关于推进市域治理体系和治理能力现代化的实施意见（扬发〔2020〕24号，2020年3月27日）

中共扬州市委　扬州市人民政府关于全面加强基层基础建设推进市域社会治理现代化的实施意见（扬发〔2020〕25号，2020年3月25日）

中共扬州市委　扬州市人民政府关于进一步加大招商引资攻坚力度促进经济社会高质量发展的意见（扬发〔2020〕26号，2020年4月1日）

中共扬州市委　扬州市人民政府关于抓好“三农”领域重点工作确保如期实现高水平全面小康的实施意见（扬发〔2020〕28号，2020年4月21日）

中共扬州市委　扬州市人民政府关于全面实施预算绩效管理的实施意见(扬发〔2020〕31号，2020年5月11日)

中共扬州市委　扬州市人民政府印发《关于深化改革加强食品安全工作的实施意见》的通知（扬发〔2020〕41号，2020年8月24日）

中共扬州市委印发《关于贯彻〈中国共产党农村工作条例〉实施办法》的通知（扬发〔2020〕43号，2020年9月23日）

中共扬州市委　扬州市人民政府关于印发《2020年度重点工作绩效考核目标》的通知（扬发〔2020〕44号，2020年9月29日）

中共扬州市委　扬州市人民政府印发《关于建立更加有效的区域协调发展新机制的实施方案》的通知（扬发〔2020〕45号，2020年9月30日）

中共扬州市委　扬州市人民政府印发《关于建立健全城乡融合发展体制机制和政策体系的工作方案》的通知（扬发〔2020〕46号，2020年10月16日）

中共扬州市委　扬州市人民政府关于推进全市开发园区“二次创业”高质量发展的意见（扬发〔2020〕47号，2020年10月21日）

中共扬州市委　扬州市人民政府关于市属国有企业改革重组工作的实施意见（扬发〔2020〕49号，2020年11月22日）

中共扬州市委关于深入学习贯彻习近平总书记视察江苏、视察扬州重要讲话指示精神的通知（扬发〔2020〕50号，2020年11月23日）

中共扬州市委关于深入学习宣传党的十九届五中全会精神的通知（扬发〔2020〕51号，2020年11月20日）

中共扬州市委　扬州市人民政府关于印发《扬州市贯彻落实〈新时代爱国主义教育实施纲要〉三年行动方案》和《扬州市贯彻落实〈新时代公民道德建设实施纲要〉三年行动方案》的通知（扬发〔2020〕53号，2020年12月4日）

中共扬州市委关于制定扬州市国民经济和社会发展第十四个五年规划和二〇三五年远景目标的建议（扬发〔2020〕54号，2020年12月31日）

市委办公室　市政府办公室关于印发《扬州市大气污染防治攻坚行动量化问责暂行规定》的通知（扬办发〔2020〕1号，2020年2月17日）

市委办公室　市政府办公室关于印发《市领导挂钩联系推进重大项目制度》的通知（扬办发〔2020〕4号，2020年3月13日）

市委办公室　市政府办公室印发《关于加强对安全生产领域风险隐患排查整改工作监督问责的实施意见》的通知（扬办发〔2020〕5号，2020年3月18日）

市委办公室　市政府办公室印发《关于推进基层整合审批服务执法力量的实施方案》的通知（扬办发〔2020〕7号，2020年3月25日）

市委办公室　市政府办公室关于深入解决形式主义突出问题持续为基层减负的通知（扬办发〔2020〕14号，2020年6月19日）

市委办公室　市政府办公室关于推进公共法律服务体系建设的实施意见（扬办发〔2020〕15号，2020年7月1日）

中共扬州市委办公室转发《市委宣传部、市委组织部关于认真做好〈习近平谈治国理政〉第三卷学习教育工作的通知》的通知（扬办发〔2020〕18号，2020年7月29日）

市委办公室　市政府办公室关于印发《2020年世界运河城市论坛系列活动总体方案》的通知（扬办发〔2020〕19号，2020年8月4日）

市委办公室　市政府办公室印发《扬州市贯彻落实国家统计局第6统计督察组督察反馈意见整改方案》的通知（扬办发〔2020〕20号， 2020年8月5日）

市委办公室　市政府办公室关于确定2020年度各县（市、区）、功能区、各省级以上开发园区比学赶超对象和目标的通知（扬办发〔2020〕21号，2020年8月19日）

市委办公室　市政府办公室关于印发《改革和完善疫苗管理体制重点任务分解表》的通知（扬办发〔2020〕22号，2020年9月3日）

市委办公室　市政府办公室印发《关于全面加强危险化学品安全生产工作的实施意见》的通知（扬办发〔2020〕29号，2020年12月4日）

市委办公室　市政府办公室关于印发《扬州市生态环境保护综合行政执法改革实施方案》的通知（扬办发〔2020〕30号，2020年12月21日）

市委办公室　市政府办公室关于成立扬州市社区矫正委员会的通知(扬办发〔2020〕31号，2020年12月25日)

市委办公室　市政府办公室关于印发《扬州市大运河文化保护传承利用实施规划》的通知（扬办发〔2020〕32号，2020年12月31日）

市委办公室关于印发《中共扬州市委关于贯彻落实全面从严治党党委（党组）主体责任的实施办法》的通知（扬办发〔2020〕33号，2020年12月31日）

扬州市政府重要文件目录

扬州市政府关于印发《2020年度政府工作报告目标任务分解表》的通知(扬府发〔2020〕1号，3月4日)

扬州市政府关于扬州市第九届青少年科技创新市长奖评选结果的通报(扬府发〔2020〕12号，3月9日)

扬州市政府关于促进我市外贸优进优出稳定健康发展的十条政策意见(扬府发〔2020〕13号，3月12日)

扬州市人民政府关于应对新型冠状病毒感染的肺炎疫情支持企业稳定发展的意见(扬府发〔2020〕15号，2月6日)

扬州市政府关于应对新冠肺炎疫情支持新型农业经营主体发展的意见(扬府发〔2020〕16号，2月12日)

扬州市政府关于进一步建立健全城乡居民分级诊疗制度的意见(扬府发〔2020〕18号，3月6日)

扬州市政府关于同意变更邗江区部分行政区划的通知(扬府发〔2020〕21号，3月26日)

扬州市政府关于清理整治“三无”船舶的通告(扬府发〔2020〕22号，3月27日)

扬州市人民政府关于聘请“招商大使”的决定(扬府发〔2020〕25号，4月1日)

扬州市政府印发《关于促进影视产业高质量发展的若干政策意见(试行)》的通知(扬府发〔2020〕26号，4月8日)

扬州市政府关于促进服务外包产业发展的政策意见(扬府发〔2020〕31号，4月30日)

扬州市政府关于印发《扬州市国土空间规划委员会工作规程》的通知(扬府发〔2020〕32号，5月11日)

扬州市政府关于授予2019年度扬州市市长质量奖的决定(扬府发〔2020〕36号，5月22日)

扬州市政府关于加快培育独角兽、瞪羚企业的实施意见(扬府发〔2020〕44号，6月23日)

扬州市政府关于2019年全市工业高质量发展“争先创优”竞赛活动评选结果的通报(扬府发〔2020〕48号，7月3日)

扬州市政府印发关于全面推进扬州市长江流域禁捕退捕工作实施方案的通知(扬府发〔2020〕51号，7月8日)

扬州市政府关于加快推进农业机械化和农机装备产业转型升级的实施意见(扬府发〔2020〕54号，7月14日)

扬州市政府关于促进中小企业稳定发展的政策意见(扬府发〔2020〕55号，7月16日)

扬州市政府关于明确扬州市见义勇为模范、见义勇为先进个人评定和奖励相关事宜的通知(扬府发〔2020〕57号，7月20日)

扬州市政府关于落实就业优先政策进一步做好稳就业工作的实施意见(扬府发〔2020〕63号，8月11日)

扬州市政府关于公布扬州市第十二次哲学社会科学

优秀成果获奖项目的通知(扬府发〔2020〕64号,8月11日)

扬州市政府关于加快推进养老服务高质量发展的实施意见(扬府发〔2020〕69号,8月28日)

扬州市政府关于鼓励支持工业企业技术改造的意见(扬府发〔2020〕83号,9月24日)

扬州市政府印发《关于进一步促进工业地产优化发展的意见》的通知(扬府发〔2020〕87号,10月18日)

扬州市政府关于公布扬州市征地区片综合地价执行标准的通知(扬府发〔2020〕95号,11月17日)

扬州市政府关于江都区城市管理领域行政处罚权相对集中执法的通知(扬府发〔2020〕91号, 11月3日)

扬州市政府关于公布《扬州市第二批历史地名保护名录》的通知(扬府发〔2020〕101号,11月24日)

扬州市政府关于公布规范性文件清理结果的通知(扬府发〔2020〕104号,12月14日)

扬州市人民政府关于取缔长江水上过驳作业的通告(扬府发〔2020〕110号,12月21日)

扬州市政府关于印发扬州市突发事件总体应急预案的通知(扬府发〔2020〕122号,12月30日)

扬州市政府关于印发《扬州市政府重大行政决策事项目录管理暂行办法》的通知(扬府发〔2020〕123号,12月31日)

扬州市政府关于支持企业利用资本市场推进高质量发展的意见(扬府发〔2020〕124号,12月31日)

扬州市政府关于公布2020年度扬州市有突出贡献的中青年专家名单的通知(扬府发〔2020〕125号,12月31日)

扬州市政府关于印发《扬州市节水供水管理办法》的通知(扬府规〔2020〕1号,1月13日)

扬州市人民政府关于将生态科技新城区域纳入禁止燃放烟花爆竹范围的通告(扬府规〔2020〕2号,12月3日)

扬州市旅游标准化工作管理办法(政府令95号,6月16日)

扬州市市区集体土地上房屋搬迁管理暂行办法(政府令96号,11月9日)

扬州市南水北调水域船舶污染防治办法(政府令97号,12月31日)

扬州市档案管理办法(政府令98号,12月31日)

扬州市政府办公室关于印发扬州市危险化学品安全综合治理方案的通知(扬府办发〔2020〕1号,1月7日)

扬州市政府办公室关于印发《扬州市区防范和应对低温雨雪冰冻灾害天气工作预案》的通知(扬府办发〔2020〕2号,1月7日)

扬州市政府办公室关于印发《2020年度扬州市人民政府规章制定计划》的通知(扬府办发〔2020〕3号,1月15日)

扬州市政府办公室关于印发《扬州公筷公勺推广八条新措》的通知(扬府办发〔2020〕6号,2月28日)

扬州市政府办公室关于下达2020年城市建设和环境提升重点工程项目计划的通知(扬府办发〔2020〕7号,2月28日)

扬州市政府办公室关于进一步促进恢复生猪生产政策措施的通知(扬府办发〔2020〕8号,3月5日)

扬州市政府办公室关于加快发展人力资源服务业的实施意见(扬府办发〔2020〕15号,3月23日)

扬州市政府办公室关于印发扬州市自然资源统一确权登记总体工作方案的通知(扬府办发〔2020〕16号,3月31日)

扬州市政府办公室关于建立扬州市12345热线“一号答、一口办、一单清”工作机制的通知(扬府办发〔2020〕17号,4月3日)

扬州市政府办公室关于印发《2020年重大项目考核细则》的通知(扬府办发〔2020〕20号,4月13日)

扬州市政府办公室关于印发2020年市级重大项目和政府投资计划的通知(扬府办发〔2020〕21号,4月13日)

扬州市政府办公室印发《关于促进家政服务业提质扩容建设“领跑者”行动重点推进城市的实施方案》的通知(扬府办发〔2020〕24号,4月21日)

扬州市政府办公室关于印发《颐养社区建设2020年度实施计划》的通知(扬府办发〔2020〕25号,4月21日)

扬州市政府办公室关于印发《扬州市化工重点监测点认定管理办法》的通知(扬府办发〔2020〕30号,4月30日)

扬州市政府办公室关于印发《扬州市城乡生活垃圾分类和治理攻坚战新三年行动计划(2020—2022年)》的通知(扬府办发〔2020〕31号,5月12日)

扬州市政府办公室关于印发《扬州市市区生活垃圾处置生态补偿意见》的通知(扬府办发〔2020〕32号,5月12日)

扬州市政府办公室关于印发《扬州市长江沿岸造林绿化工程总体规划(2019—2035)》的通知(扬府办发〔2020〕35号,5月17日)

扬州市政府办公室关于印发《2020年扬州市工业重大项目考核细则》的通知(扬府办发〔2020〕40号,6月8日)

扬州市政府办公室关于印发《扬州市养殖水域滩涂规划(2018-2030年)》的通知(扬府办发〔2020〕41号,6

月9日)

扬州市政府办公室印发《关于加快推进社会信用体系建设构建以信用为基础的新型监管机制的实施方案》的通知(扬府办发〔2020〕42号,6月28日)

扬州市政府办公室关于印发《扬州市建设国家公交都市示范城市三年行动计划(2020—2022)》的通知(扬府办发〔2020〕43号,6月30日)

扬州市政府办公室关于印发《扬州市改革完善医疗卫生行业综合监管制度实施方案》的通知(扬府办发〔2020〕44号,7月2日)

扬州市政府办公室印发《关于打造永恒城市经典若干规矩的实施细则》的通知(扬府办发〔2020〕45号,7月8日)

扬州市政府办公室印发《关于做好2019—2022年扬州市青少年体育工作的意见》的通知(扬府办发〔2020〕46号,7月14日)

扬州市政府办公室关于公布扬州市2020年第一批化工重点监测点的通知(扬府办发〔2020〕47号,7月15日)

扬州市政府办公室关于印发扬州市促进2020年高校毕业就业创业十二条措施的通知(扬府办发〔2020〕48号,7月23日)

扬州市政府办公室关于印发《扬州市"招商大使"选聘管理办法(试行)》的通知(扬府办发〔2020〕50号,7月30日)

扬州市政府办公室印发《关于进一步推动我市电力事业发展的实施意见》的通知(扬府办发〔2020〕51号,7月30日)

扬州市政府办公室印发《关于提振消费信心释放消费潜力的若干措施》的通知(扬府办发〔2020〕52号,8月3日)

扬州市政府办公室关于印发《扬州市旅游标准化工作规划(2020—2024)》的通知(扬府办发〔2020〕53号,8月7日)

扬州市政府办公室关于印发《扬州市政府投资基金管理办法》的通知(扬府办发〔2020〕54号,8月11日)

扬州市政府办公室关于推动非户籍人口在城市落户的实施意见(扬府办发〔2020〕55号,8月10日)

扬州市政府办公室关于印发《扬州市城镇污水处理提质增效"333"攻坚行动实施方案》的通知(扬府办发〔2020〕58号,9月1日)

扬州市政府办公室关于进一步做好省政府委托用地审批权工作的通知(扬府办发〔2020〕59号,9月1日)

扬州市政府办公室印发《关于加强质量认证体系建设促进全面质量管理的行动方案》的通知(扬府办发〔2020〕62号,9月11日)

扬州市政府办公室关于印发《扬州市中心城区"星级农贸市场"评比办法》的通知(扬府办发〔2020〕63号,9月11日)

扬州市政府办公室关于印发《扬州市长江沿线国土空间生态修复规划(2019—2025年)》的通知(扬府办发〔2020〕65号,9月11日)

扬州市政府办公室关于印发《扬州市12345在线服务平台运行管理办法》的通知(扬府办发〔2020〕67号,10月9日)

扬州市政府办公室关于切实加强高标准农田等农业基础设施建设巩固提升粮食安全保障能力的实施意见(扬府办发〔2020〕69号,10月22日)

扬州市政府办公室关于加快推进渔业高质量发展的实施意见(扬府办发〔2020〕70号,10月22日)

扬州市政府办公室关于建立全市消防救援队伍职业保障和社会优待机制的意见(扬府办发〔2020〕71号,10月23日)

扬州市政府办公室关于全面推进考古前置工作的实施意见(扬府办发〔2020〕73号,11月5日)

扬州市政府办公室关于加强扬州市区人才公寓建设管理的实施意见(扬府办发〔2020〕74号,11月5日)

扬州市政府办公室关于印发《扬州市推进肉菜流通追溯体系建设实施方案》的通知(扬府办发〔2020〕76号,11月11日)

扬州市政府办公室关于印发《扬州市优化园区空间布局实施细则(指引)》等六个实施细则的通知(扬府办发〔2020〕77号,12月12日)

扬州市政府办公室关于印发《扬州市普通国省干线公路服务设施规划(2020—2035年)》的通知(扬府办发〔2020〕78号,12月12日)

扬州市政府办公室关于扬州市促进3岁以下婴幼儿照护服务发展的实施意见(扬府办发〔2020〕81号,12月30日)

扬州市政府办公室关于公布扬州市2020年第二批化工重点监测点的通知(扬府办发〔2020〕83号,12月31日)

扬州市政府办公室关于印发《美丽宜居城乡建设三年行动计划》的通知(扬府办发〔2020〕84号,12月31日)

媒体报道

2020年境外媒体及国家级、省级主流媒体部分扬州报道情况一览表

表 42-1

报道标题	媒体名称	报道日期
中企为欧洲建造高层模块化永久性公寓——像造汽车一样建房子	《人民日报·海外版》11版，神州速览	5月13日
扬州邗江区大力培育乡土人才	《人民日报·海外版》3版，要闻财经	5月24日
扬州——宜居又宜业 邀约全世界	法国《欧洲时报》	4月23日
“1”入春风十里路 “0”望扬州更不同	法国《欧洲时报》	5月19日
美丽——扬州怎么把这个形容词变成动词？	法国《欧洲时报》	8月12日
征服了全球味蕾的“世界美食之都”！扬州是如何做到的？	美国《国际日报》	1月8日
从“逆行”到“静守”，听联防联控的战“疫”故事	美国《国际日报》	2月12日
驰援湖北战疫的“五彩之光”	美国《国际日报》	2月26日
扬州：织牢防疫网 下好复工棋	美国《国际日报》	3月11日
22个硬核项目 “带飞”扬州航空科技产业	美国《国际日报》	4月8日
扬州——宜居又宜业 邀约全世界	美国《国际日报》	4月22日
旅游回暖 扬州惠民礼包赢热赞	美国《国际日报》	5月13日
扬州仪征：高端新兴特色产业蓄势崛起	美国《国际日报》	6月10日
扬力集团：在创新中走向世界	美国《国际日报》	6月24日
践行“两山”理念 看美丽扬州的“懂得”与“舍得”	美国《国际日报》	8月26日
美味与节约 扬州美食这样“两全其美”	美国《国际日报》	9月9日
新闻版：“三都”魅力 运博会上展扬州风采；2021扬州世园会会徽吉祥物正式公布；2020年世界运河城市论坛将于9月28日在扬举行	美国《国际日报》	9月23日
新闻版：2020世界运河城市论坛在扬开幕；运河为魂 扬州上演文旅嘉年华；运河文化嘉年华精彩纷呈，扬州“三都”绽魅力	美国《国际日报》	10月14日
新闻版：扬州瘦西湖迎来最美天际线；扬州运河水上旅游观光巴士首航；舞剧《朱自清》摘下“荷花奖”	美国《国际日报》	10月28日
新闻版：2020中国·扬州“绿扬金凤”创新创业人才发展峰会举行；扬州荣获“世界美食之都”这一年，借助网络等传播形式加快走出去	美国《国际日报》	11月11日
新闻版：扬州：当好大运河文化带建设的排头兵；扬州中国大运河博物馆展陈方案展露真容	美国《国际日报》	11月25日
新闻版：中国“东亚文化之都”城市非遗展在“486集聚区”精彩呈现；“2020年东亚文化之都书法篆刻作品展”开幕	美国《国际日报》	12月9日

续表 42-1

报道标题	媒体名称	报道日期
新闻版：连淮扬镇铁路正式开通运营——扬州全域迈入“高铁时代”；高铁来了：好地方，梦飞扬	美国《国际日报》	12 月 23 日
战“疫”，社区扎紧防控篱笆（图片新闻）	《人民日报》	2 月 13 日
扬州医护人员加油鼓劲照（图片新闻）	《人民日报》	2 月 16 日
全力组织春耕生产，确保不误农时	《人民日报》	2 月 26 日
来自疫情防控一线的报道（图片新闻）	《人民日报》	3 月 9 日
荷·韵（图片新闻）	《人民日报》	6 月 26 日
就业季，放飞奋斗的梦想（深聚焦）（图片新闻）	《人民日报》	8 月 16 日
国泰民安 欢度国庆（图片新闻）	《人民日报》	10 月 2 日
织密法网 守护一江清水向东流	《人民日报》	11 月 26 日
千年运河焕发崭新活力	《人民日报》	12 月 14 日
氾光湖上那盏灯	《人民日报》	12 月 21 日
江苏扬州曙光牙刷厂做强电商渠道，实施出口转内销	《经济日报》	10 月 26 日
运河文化润扬州	《经济日报》	12 月 12 日
出征，为了爱与生命（图片新闻）	《光明日报》	3 月 9 日
支书刘德宝和上岸渔民的小康路	《光明日报》	10 月 29 日
各地支援湖北，汇聚守望相助的力量——海沃中国公司向武汉捐赠防疫消毒车	新闻联播	2 月 11 日
春光明媚，赏花正当时——春和景明，高邮“湖上花海”开放	新闻联播	3 月 20 日
中石化医用口罩核心材料生产基地投产	新闻联播	3 月 29 日
联合国教科文组织授予扬州“世界美食之都”称号	新闻联播	4 月 18 日
疫情防控不放松，全国各地景区安全有序开放——点赞扬州景区在疫情防控方面采取的措施	新闻联播	4 月 30 日
各地开展防灾减灾主题活动（在江苏扬州，近千名救援人员进行跨地区地震救援演练）	新闻联播	5 月 12 日

续表 42-1

报道标题	媒体名称	报道日期
乐享假日、祝福祖国	新闻联播	10 月 3 日
让夕阳更美，各地做实做细养老服务	新闻联播	10 月 25 日
在江苏考察——贯彻新发展理念构建新发展格局	新闻联播	11 月 14 日
崇尚劳动，谱写“中国梦・劳动美”的新篇章——习近平总书记在全国劳动模范和先进工作者表彰大会上的重要讲话引发强烈反响	新闻联播	11 月 26 日
江苏连云港至镇江高铁今天开通	新闻联播	12 月 11 日
江苏扬州：多举措助力企业开拓内销市场	新闻直播间	8 月 30 日
江苏扬州：假期出游 花车巡游＋灯光秀＋无人机 尽显文化底蕴	新闻直播间	10 月 7 日
江苏扬州：长江扬州段再现江豚戏水	新闻直播间	11 月 12 日
江苏扬州：国庆中秋“双节”临近 绚丽花船巡游 彩灯齐放流光溢彩	东方时空	9 月 28 日
江苏扬州：特色“夜经济” 激发新活力	晚间新闻	8 月 16 日
江苏扬州：传承 32 年的爱心茶水摊	晚间新闻	8 月 23 日
江苏扬州：积极助力企业复工复产	正点财经	4 月 27 日
做好“六稳”，落实“六保”，江苏高邮：生态虾养殖技术助力农户致富	正点财经	8 月 26 日
江苏扬州：在建工程项目复工率已达 97%	第一时间	4 月 28 日
扬州：从运河码头跨上高铁站台	新华社	2 月 5 日
江苏扬州：节后复工首日，防控生产两不误	新华社	2 月 11 日
【“疫”后花开 迈向诗和远方】烟花三月下扬州，品味西湖清瘦韵味	新华社	3 月 6 日
江苏扬州：古城民宿业主“抱团”备战，“烟花三月”迎八方宾朋	新华社	3 月 23 日
江苏扬州：一条运河古街的新“网事”	新华社	4 月 7 日
江苏扬州：观赏鱼游出“致富路”	新华社	6 月 16 日
江苏扬州：帮助残疾人实现增收	新华社	7 月 10 日
50 亩荒田“变”荷塘	新华社	7 月 23 日
江苏扬州：夏荷飘香迎客来	新华社	8 月 2 日
江苏扬州：垃圾分类成新时尚，村里娃玩起“花式”运动会	新华社	8 月 25 日
江苏扬州：“文明养犬积分卡”引导居民文明养犬	新华社	9 月 4 日

续表 42-1

报道标题	媒体名称	报道日期
江苏扬州："淮扬菜美食节"演绎"舌尖上的盛宴"	新华社	9月29日
新华社聚焦：扬州秋忙正当时	新华社	10月10日
江苏扬州：湿地秋色浓	新华社	10月20日
跟着总书记考察足迹丨这，就是扬州！	新华社	11月13日
江苏扬州：古运河畔好风光	新华社	11月13日
江苏扬州：运河公园风景如画	新华社	11月14日
江苏扬州：美景做成书签	新华社	12月2日
习近平时间：绿水青山带来幸福生活	新华社	12月19日
扬州生态科技新城：防控日日清，复工再加速	《新华日报》	3月4日
江都：全力打响"三月会战"	《新华日报》	3月19日
扬州：赋权强基，让基层壮起来干开来	《新华日报》	3月27日
广陵项目建设轰出发展"推背感"	《新华日报》	4月16日
宝应专题招商抢滩"新基建"	《新华日报》	4月20日
邗江"贴身"监督堵基层"跑冒滴漏"	《新华日报》	4月27日
仪征：高端新兴特色产业蓄势崛起	《新华日报》	6月4日
高邮文明城市创建：让获得感看得见摸得着	《新华日报》	6月13日
《走创新发展之路，建设好人们心目中的扬州》	《新华日报》	7月20日
"团＋组"激活招才引智一池春水，"智汇扬州"打造产业创新链	《新华日报》	8月26日
扬州科学打造"三力"汽车城	《新华日报》	9月23日
"美丽广陵"让城乡美美与共	《新华日报》	10月29日
扬州靶向攻坚为开发园区"二次创业"开篇	《新华日报》	10月28日
扬州：全力锻造"有分量"的"好地方"	《新华日报》	11月25日
江都：为企业插上资金和创新"双翼"	《新华日报》	12月8日

（于玲玲　董潇潇）

书目

2020年扬州籍作者出版的部分图书

邹文灿书画摄影作品集(书画篇):笔墨抒怀/邹文灿著/天津人民美术出版社

邗江文史资料第二十二辑:瓜洲记忆/邗江区政协教卫文史委主编/广陵书社

中华历史纪要歌/邱声文著/广陵书社

扬州碑刻辑考/朱明松著/广陵书社

不食人间烟火　且饮半杯风霜·上/汪曾祺著/辽宁人民出版社

不食人间烟火　且饮半杯风霜·下/汪曾祺著/辽宁人民出版社

乡愁:诵读汪曾祺/汪曾祺著/江苏凤凰文艺出版社

晚饭后的故事/汪曾祺著/浙江人民出版社

寻味儿/汪曾祺著/浙江人民出版社

扬州经济社会发展报告(2019)/陈锴竑主编/社会科学文献出版社

淮扬文化研究(第三辑)/周新国主编/社会科学文献出版社

林散之:林散之书画论稿/林散之著/上海人民美术出版社

汪曾祺的写作课/汪曾祺著/江苏凤凰文艺出版社

扬州上下三千年·中/朱志泊著/河海大学出版社

扬州上下三千年·下/朱志泊著/河海大学出版社

白衣执甲:扬州医务人员抗疫实录/扬州广播电视传媒集团(总台)　扬州市卫生健康委员会编著/江苏人民出版社

邹文灿书画摄影作品集,摄影篇:荷塘情趣/邹文灿著/天津人民美术出版社

扬州观鸟拾趣/蒋永庆主编/广陵书社

扬州教场/陶伯龙主编/广陵书社

诗意扬州:汉法双语版/扬州市人民政府外事办公室　扬州市人民对外友好协会编/外语教学与研究出版社

诗意扬州:汉英双语版/扬州市人民政府外事办公室　扬州市人民对外友好协会编/外语教学与研究出版社

长北审美记游/长北著/江苏凤凰美术出版社

长北学术代表作/长北著/东南大学出版社

江苏手工艺史/长北著/江苏人民出版社

诗咏运河/周文彰著/黑龙江美术出版社

三缘堂藏瓷集萃/宋凌晨著/江苏凤凰美术出版社

国学与艺术廿四讲/卢善庆著/国际华文出版社

听讲啦:“扬州讲坛”十年精粹/赖永海主编/生活·读书·新知三联书店

英语形似词手册/王观虎编著/江苏人民出版社

扬州夜访录/晏明著/广陵书社

姜桂林篆刻选/姜桂林著/广陵书社

弘扬红色文化:2020年第十二届扬州文化博览城知识大赛读本/2020年扬州文化博览城建设知识大赛编委会编

绿杨文萃:2019/扬州文化博览城建设管理利用领导小组办公室编

扬州老照片:2020年度新发现老照片选辑/《扬州老照片》编委会编

2020年广陵书社出版的部分图书

中华民国史史料六编/周光培主编

传古不奴——扬州八怪书画艺术传承与弘扬/王苏平主编

刘秉璋遗稿/(清)刘秉璋著　刘耋龄藏

医宗金鉴/(清)吴谦等编

东坡诗注札记/徐曦著

扬州学研究(2019)/陶伯龙主编

鬼谷子/(战国)鬼谷子著

百家桥村志/《百家桥村志》编纂委员会编

域外刊刻阳明先生文献/王焱主编

家风(2020·春)/扬州市纪检监察学会　扬州报业传媒集团编

但明伦刊本《聊斋志异》/(清)蒲松龄著 (清)王士禛评 (清)但明伦新评

历代方言俗语谣谚文献辑刊/刘云　徐大军主编

弓翊清集/(清)弓翊清著　郑州古都学会编　陈万卿、沈倩点校

警世通言/(明)冯梦龙编著

扬雄文献辑刊/何俊主编

新时代初中少先队工作指导手册/共青团扬州市委员会

郁郁堂本《忠义水浒全书》/(明)施耐庵撰　(明)罗贯中纂修　(明)李贽评

扬州竹枝词/顾一平辑录　扬州市邗江党史地方志办公室　扬州市邗江区档案馆编

中华历史纪要歌/邱声文著

每天一首诗/胡适选注

华林云叶/(清)溥心畬著

伊洛渊源录/(宋)朱熹编著

抗战时期稀见文学文献辑存/阎浩岗主编

影宋刻东坡集/(宋)苏轼著

张家港史志图志/中共张家港市委党史地方志办公室编

群书治要/(唐)魏徵等编纂　(日)细井德民校订

历史文献研究(总第44辑)/中国历史文献研究会编

大好昆山/昆山市地方志办公室　昆山市档案馆编　徐秋明、徐同撰

近代中外文化交流史料汇编/张浩然编
西湖梦寻/(明)张岱著
扬州市高质量民政与社会发展报告/王艾平、刘正峰主编
金奁集/(唐)温庭筠等著
扬州碑刻辑考/朱明松著
华续先书画作品集/华续先著
盱眙县妇幼保健院志/盱眙县妇幼保健院志编纂委员会编
新镌海内奇观/(明)杨尔曾辑
家风(2020·夏)/扬州市纪检监察学会 扬州报业传媒集团编
邵伯船闸志(385—2017)/《邵伯船闸志》编纂委员会编
扬州评话:乾隆下江南/林芝庭口述 费力、任德坤、陈允谦整理
吴中小志四编/(明)徐鸣时等纂 陈其弟点校 苏州市地方志办公室编
了凡四训·劝忍百箴/(明)袁了凡著 (元)许名奎著
王力《古代汉语》注释汇订/富金壁著
近代盐业史料汇编/樊良新编
临证针度/于凤仪著 于铸梁、秦云峰编
琳琅秘室丛书/(清)胡珽辑 (清)董金鉴校
洪武苏州府志/(明)卢熊著 苏州市地方志办公室编
韩愈诗文选/(唐)韩愈著 广陵书社编
大连图书馆西文古旧籍书目/辛欣主编
大连图书馆藏孤稀本明清小说选刊/辛欣主编
小方壶斋丛书/(清)王锡祺辑
洞天清禄集·格古要论/(宋)赵希鹄著 (明)曹昭著
近代美术史研究资料续编/马昕编
晚清会稽徐氏辑刻丛书三种/陈东辉主编
古今小说/(明)冯梦龙编著
银行年鉴/林丛主编
六艺馆丛书/廖平撰
来燕榭诗存/黄裳著
黎里古镇·建筑编/李海珉著
草堂诗余/(宋)何士信编
临证指南医案/(清)叶天士著
上虞年鉴(2019)/绍兴市上虞区史志工作委员会编
近代中国影像书系/王焱主编
仪征运河和漕运/宋建友、宋炜著
港西村志/《港西村志》编纂委员会编
东仓书库丛刻初编/(清)缪朝荃编
(光绪)威远县志三编/(清)吴曾辉修 (清)吴容纂 文庆、袁灵钰、马振君点校
姜桂林篆刻选/姜桂林著
闲话无锡闲话(增订本)/候家欣著
随心:曹欣生诗词集/曹欣生著
迦陵词萃 迦陵曲选/(加)叶嘉莹著
寒玉堂诗词联文集/(清)溥儒著
驼庵迦陵师生酬唱集/顾随、(加)叶嘉莹著
《文学》月刊/夏彪主编
四库经部礼类提要汇辑校订/郭超颖、王域铖撰
郑东府所藏金石文字/同人编
稚学课堂/施丽等著
而立之年话台企/昆山市政协文化文史委员会编著
绝妙好词/(宋)周密编
扬州观鸟拾趣/蒋永庆主编
中华近代学术典籍汇编(教育学卷)/张浩然编
赵文楷集/(清)赵文楷著 康锐、李冬冬整理 许隽超审订
艺海扬帆/邵志军著
扬州夜访录/晏明著
纪宝成诗词三百首/纪宝成著
杨瑛昶集/(清)杨瑛昶著、许隽超整理
孙龙父纪念集/李海滨主编 扬州大学文学院编
蓬安县乡镇简志(1518—2018)/蓬安县县志编纂委员会办公室编
姜杭村志/江苏省昆山市张浦镇《姜杭村志》编纂委员会编
大连图书馆藏孤稀本明清小说丛刊补刊/辛欣主编
昆山历代山水园林志/昆山市地方志办公室(昆山市档案馆)编
梁溪明经光耀东吴/嵇储仪编著
嘉定区人民代表大会志/《嘉定区人民代表大会志》编纂委员会编
明徐有贞撰书敕修河道功完之碑/河南省文物考古研究院 濮阳市文物局 台前县文物局编
扬州教场/陶伯龙主编
诗酒桃源/陈燕萍、闫小芹著
行思录/刘禹同著
(乾隆)伏羌县志/(清)周铣裁定 (清)叶芝纂辑
正山堂诗词/纪宝成、江元勋主编
文献语言新探/董志翘著
瘦西湖古诗词/方晓伟、金川编
笃行/黄鹏,田芳芳编著
家风(2020·秋)/扬州市纪检监察学会 扬州报业传媒集团编
吉林旧志三种/吉林省地方志编纂委员会整理
《大学》释读文献集成/刘佩德、吴平主编
巴城年鉴/巴城年鉴编纂委员会编
连云港历史文献集成(第二辑)/连云港市地方志编纂委员会办公室编
盱眙年鉴/盱眙县地方志编纂委员会编
小沧浪笔谈 定香亭笔谈/(清)阮元著 曾学文点校
史记/(西汉)司马迁著 陈书良、周柳燕译
世说新语/(南朝宋)刘义庆著 陈书良译
古文观止/(清)吴楚材、(清)吴调候选编 若水古社注
肖桥村志/袁保中、程刚主编
卢见曾文献辑刊/李昇、李雪主编
苏州高新区(虎丘区)年鉴(2020)/《苏州高新区(虎

丘区)年鉴》编纂委员会编

周市年鉴/周市年鉴编纂委员会编

梧山集/(明)王缜著　欧明炽整理

邮说百年扬州/范世宏著

历史文献研究(总第45辑)/中国历史文献研究会编

吾师朱自清/文清编著

民国无锡同业公会档案选编(第三辑)/无锡市档案史志馆编

王文成公全书/(明)王守仁著　(明)郭朝宾等编

锦溪年鉴/锦溪年鉴编纂委员会编

苏州旧志提要:《江苏旧方志提要》苏州部分补正/陈其弟补正　苏州市地方志办公室编

华亭年鉴(2011—2015)/《华亭年鉴》编纂委员会编

宝应年鉴(2020)/宝应县地方志编纂委员会编

古今名人与镇江/沈伯素著　镇江市政协文化文史委员会编

淮海英灵集　附淮海英灵续集/(清)阮元、(清)阮亨纂　万仕国、卢娴点校

王友谊篆书大系/王友谊书

近代电影史研究资料续编/马昕编

陆家年鉴(2020)/陆家年鉴编纂委员会编

铁证如山:法医沈高芳探案故事/殷长庆著

吴江人物漫记/苏州市吴江区太湖旅游文化研究会编　董振声编著

昆山经济技术开发区年鉴/昆山经济技术开发区年鉴编纂委员会编

课程游戏化的实践表达/吴昀等著

墨上风华:江阴文庙碑刻整理与校注/陈蓉主编　于书娟等辑校

荥阳市革命老区发展史/荥阳市老区建设促进会编

石渠随笔 石画记/(清)阮元著　孙叶锋、万仕国点校

高邮年鉴(2020)/高邮市地方志办公室编

扬州年鉴(2020)/扬州市地方志编纂委员会编

宙亭禅师诗集/(清)释纪荫撰

邗江年鉴(2020)/扬州市邗江区党史地方志办公室编

施注苏诗/(宋)苏轼著　(宋)施元之、(宋)顾禧注　、(清)顾嗣立、(清)邵长蘅、(清)宋至删补

红色经典“沙家浜”/华瑞芯编著

汲古流芳/常熟市政协文化文史委员会编

昆山高新技术产业开发区年鉴(2020)/昆山高新技术产业开发区年鉴编纂委员会编

许瘦蝶诗文集/许瘦蝶著　太仓市史志办公室编

大学管理的魂与道/史华楠著

徐兴公年谱长编/陈庆元著

常熟市扶贫协作和对口支援志/常熟市地方志编纂委员会办公室编著

涉江词萃/沈祖棻著　张春晓选编

周庄年鉴(2020)/周庄年鉴编纂委员会编

造砖图说/(明)张问之撰　金瑾、周震麟编

广陵年鉴(2020)/扬州市广陵区档案馆编

昆山方言音韵、词语集/王国桢编著

近代西学东渐丛刊[经济学、教育学卷(续编)]/樊秋实编

江都年鉴(2020)/扬州市江都区地方志编纂委员会编

张浦年鉴(2020)/张浦年鉴编纂委员会编

江南福地/中共常熟市委组织部　中共常熟市委宣传部　常熟市地方志编纂委员会办公室编著

近代西学东渐丛刊.历史、哲学、心理学卷(续编)/樊秋实编

调研与求真/江苏银行泰州分行编

南翔年鉴(2020)/《南翔年鉴》编纂委员会编

塘桥年鉴(2020)/塘桥镇人民政府编

中国古代古筝艺术史/王小平著

翁同龢研究(2020)/王忠良主编

嘉定年鉴(2020)/《嘉定年鉴》编纂委员会编

千灯年鉴(2020)/千灯年鉴编纂委员会编

淀山湖年鉴(2020)/淀山湖年鉴编纂委员会编

花桥经济开发区年鉴(2020)/花桥经济开发区年鉴编纂委员会编

备急千金要方　千金翼方/(唐)孙思邈著

与古为新:曹国桥美术研究与评论集/曹国桥著

赣榆年鉴(2020)/连云港市赣榆区党史地方志工作办公室编

南京卫生健康年鉴(2020)/《南京卫生健康年鉴》编纂委员会编

昆山年鉴(2020)/昆山市地方志编纂委员会办公室编

敦煌汉文本《大智度论》整理与研究/刘显著

无锡县中校长群像(1911—1949)/钱江著　无锡市第一中学编

镇江新区年鉴(2020)/政协镇江市委员会新区工作委员会办公室编

南闸志/《南闸志》编纂委员会编

情和美的横溢:王春仁画集/王春仁著

洛社年鉴(2020)/洛社镇文史档案编纂委员会编

清水生百味:闲话扬州俚语/臧民著

扬州文化研究论丛(第25辑)/赵昌智主编

郁达夫杂文选/郁达夫著

郁达夫短篇小说选:春潮/郁达夫著

郁达夫与王映霞/张金梦著

郁达夫中篇小说选:她是一个弱女子/郁达夫著

逆行天使:昆山援鄂医务人员口述实录/《逆行天使》编委会编

乾隆《溧阳县志》/(清)吴学濂辑

康熙《溧阳县志》/(清)徐一经纂修

郁达夫书信选/郁达夫著

“学问课堂”:教学方式转型的实践研究/叶映峰主编

滨湖年鉴(2020)/无锡市滨湖区档案史志馆编著

梁溪工商文化溯往/政协无锡市梁溪区委员会编

绍兴年鉴(2020)/绍兴市地方志编纂室编

崔氏召集/崔世召著

焦循年谱长编/王伟康、朱育林著 扬州市邗江区文化体育和旅游局 扬州市邗江区北湖湿地公园管委会编

仪征年鉴(2020)/仪征市地方志编纂委员会编

郁达夫散文选:屐痕处处/郁达夫著

周易集解版本集萃/(唐)李鼎祚著 金生杨主编

晨阳村志/《晨阳村志》编纂委员会编

滨湖乡志三种/无锡市滨湖区政协学习文史和社会法制委员会编

草窗韵语/(宋)周密著

井盐文献萃编/金生杨主编

拍案惊奇/(明)凌濛初著

扬州评话:三国·三顾茅庐/费骏良口述 费力整理

支塘古文献二种/郁新主编 《支塘古文献二种》编委会编

无锡杨氏传奇集/李文扬编著

浩言词/刘开地著

水韵船村:长江与运河的骄子/陈瑞金主编 陈宜林、王恩藻编著

传统流派筝曲教材/阎爱华、王小平、杜娟编著

广陵诗事/(清)阮元撰/王明发点校

题录

经 济

扬州沿江区域森林资源现状及发展对策研究/高梅/市场周刊/2020-01-01

扬州市共享车位实施可能性分析/李知津、董星玥、徐子茗/电子商务/2020-01-15

基于DEA方法的扬州市物流业效率分析/王靖/浙江万里学院学报/2020-01-15

精神经济视角下的扬州剪纸艺术产业化发展的策略思考/史灿方/美与时代(上)/2020-01-15

生态活水治水理论基础与技术特色的研究/李荣福、寇祥明、孙龙生、王曙光/环境生态学/2020-01-15

江苏淮河文化产业发展探究——基于淮河生态经济带建设背景/柳邦坤、樊晶晶/淮阴师范学院学报(哲学社会科学版)/2020-01-15

特色小镇营造与全域旅游发展研究——以江苏省扬州市为例/朱莹/宿州学院学报/2020-01-15

扬州市区物业管理信用体系建设情况调研思考/马玮/中国物业管理/2020-01-15

扬州市邗江区羽毛球培训市场发展现状与对策研究/刘大正/体育科技文献通报/2020-01-16

扬州园林空间特征在新城市建设中的应用/李云杰、产婵、吴静/工业设计/2020-01-20

基于SWOT分析法研究美丽乡村建设——以扬州市江都区樊川镇为个案研究/翁紫萍、王利雪/北京农业职业学院学报/2020-01-20

产业融合趋势下扬州市体育旅游产业发展的路径研究/钱子君/体育世界(学术版)/2020-01-23

扬州:"无废城市"理念下居民垃圾分类意识行为/段瑞阳、顾斌贤/区域治理/2020-01-24

扬州园林装饰元素的文化内涵——以何园为例/于靖/美术教育研究/2020-01-25

提质增效进一步释放居民消费潜力——扬州市民生消费情况分析/王皓田、姬鹏程/中国经贸导刊/2020-01-25

"一带一路"背景下通过品牌形象设计提升中国品牌价值——以扬州谢馥春为例/王雪岩、谈梦怡/中小企业管理与科技(下旬刊)/2020-01-25

中国大运河扬州段的遗产申报、遗产旅游与价值感知三者关系的实证检验/邱琼仪、张剑葳/中国文化遗产/2020-01-28

龙头企业带动型农业转型研究/王旭、陈琪、韦坤凤、张启涵/合作经济与科技/2020-02-01

农村普惠金融发展现状及对策/王安文、蒋欣怡、李玉如、赵丽丽/合作经济与科技/2020-02-01

浅谈扬州市餐饮老字号的品牌现状及发展/戴明品/商讯/2020-02-05

扬州区域能源互联网建设探索/刘忠/中国电力企业管理/2020-02-05

大运河与饮食文化/姜跃岭/新阅读/2020-02-15

乡村振兴战略背景下邗江区农技推广人才建设的思考/周奋启、赵欣、汤义华、杨志、田龙/基层农技推广/2020-02-15

依托扬州历史文化名城定位发展会展经济/黄捷/造纸装备及材料/2020-02-15

以农业科技创新驱动江苏扬州农业供给侧改革探讨/陈国波/产业与科技论坛/2020-02-15

扬州市休闲农业发展现状及对策/金蓉、严巧玲、赵景奎、王波、姚义/安徽农业科学/2020-02-18

"互联网+"背景下高职教师信息化教学能力调查和分析——以扬州市职业大学为例/王志伟、张翔、张建宏/职业教育(中旬刊)/2020-02-20

"大学生城"与产城融合路径研究/王梓、吴进红/中国商论/2020-02-28

乡村振兴战略背景下农村普惠金融发展困境与对策——以扬州市江都区为例/王安文、王旭、高佳晟、赵丽丽/时代金融/2020-02-29

海绵城市建设对策研究——以扬州市为例/李松良、刘荣荣、宋志雄/江苏建筑/2020-02-29

扬州跨境电子商务园区创新发展问题与路径研究/于斐/知识经济/2020-03-01

制造业与物流业发展现状分析——以扬州地区为例/朱萌/中国市场/2020-03-08

基于扬州文化的服装时尚产业发展策略研究/陈亮、

戴孝林、文斌/轻工科技/2020-03-15

中国科学院与扬州市科技合作的探索、实践与展望/沈琛骐/科技中国/2020-03-15

互联网视角下扬州炒饭的地方形态与商业格局——基于扬州市区样本/张旗、席小童、吴马丽/美食研究/2020-03-15

促进区域政策协同支撑长三角一体化高质量发展研究——扬州融入长三角一体化发展战略的思考/英震/市场论坛/2020-03-15

基于现代化背景下扬州漆器的发展与创新研究/沈萍、史倩云/美与时代(上)/2020-03-15

共享经济视阈下“宁镇扬一体化”体育旅游业竞争力研究/张望星、吕咏、魏振华、徐仰良/运动精品/2020-03-15

扬州市发展家庭农场的探索与思考/盖玉芳、雪峰、肖洒、周如美、别同德/江苏农业科学/2020-03-24

生态城市土地利用评价体系构建及其应用研究——以江苏省扬州市为例/石铭、刘志宏、石进/中国国土资源经济/2020-03-24

扬子江城市群建设背景下——扬州市生态文明建设评价指标体系构建问题研究/王晶、朱美军、吉秀芹/绿色环保建材/2020-03-25

新型城镇化与城乡人居环境协同发展研究——以扬州为实证/徐静、邓虹、耿红梅/湖南工程学院学报(社会科学版)/2020-03-25

“扬州八怪”元素在陶瓷文创产品中的应用研究/姚玉洁、于越、徐雨婷/产业创新研究/2020-03-28

台湾地区乡村发展经验对扬州美丽乡村建设的启示/袁刚、袁帅/扬州职业大学学报/2020-03-30

文化创意产业对扬州服装品牌的影响及对策研究/丁苏宁、戎丹云/产业与科技论坛/2020-04-01

旅游业高质量发展的评价指标研究——以扬州市为例/花奇芹/经济研究导刊/2020-04-05

扬州市城市道路植物景观现状及优化设计/邹玖春/大众文艺/2020-04-09

基于功能置换的扬州市广陵区沙头村民宿设计/纪梦寒/大众文艺/2020-04-09

对绿杨春产品定位的思考及加工实践总结/王士俊/中国茶叶/2020-04-15

扬州市江都区深化示范城市创建打造食安江都品牌/颜瑜、相咸平/食品安全导刊/2020-04-15

扬州国家高新区:集聚产学研合作效应 构筑新兴产业格局/肖桂华/中国科技产业/2020-04-15

浅谈扬州民宿室内设计的本土情怀/刘慧、曹明哲/美术教育研究/2020-04-15

扬州广电媒体5G应用思路/徐俭/广播电视网络/2020-04-15

扬州茱萸湾风景区森林土壤质量状况/万欣、李文斌、黄海涛、江浩、祝亚云/江苏林业科技/2020-04-15

基于人文关怀的扬州景区公厕设计研究/唐越、姚涵炜、朱卉/美与时代(上)/2020-04-15

扬州丘陵地区土地复垦补充耕地快速培肥效果分析/杜平、毛伟、李文西/现代农业科技/2020-04-20

扬州市新兴科创名城的建设路径研究/朱莹/江苏科技信息/2020-04-20

扬州市景区经济的融合发展研究/段七零、许金如、董广智、李芸/四川旅游学院学报/2020-04-24

全域旅游视角下扬州园博园持续开发策略/王格、郑鑫杰/无锡商业职业技术学院学报/2020-04-25

双创背景下扬州市众创空间创新发展研究/王新江/湖北开放职业学院学报/2020-04-28

扬州市水源地水质现状分析及保护措施/李影、魏艳玲、吴皓/绿色科技/2020-04-30

扬州市乡村体育产业资源开发的研究/郑伟东、员石/当代体育科技/2020-05-05

乡村振兴背景下生态农业与旅游业的耦合发展研究——以扬州国家农业科技园区为例/王亚辰、徐天悦、金美滋、戴妍、许宵/大众标准化/2020-05-08

文旅融合背景下扬州研学旅游创新发展/王格/人文天下/2020-05-08

人口老龄化背景下现代农业产业园规划探析——以扬州市头桥镇农业产业园规划为例/覃文勇/现代园艺/2020-05-10

老龄化背景下扬州城市公园绿地建设研究/雍玉鲤/四川建材/2020-05-10

依托产业优势 推进农业招商/吴华、糜裕/江苏农村经济/2020-05-10

扬州谢馥春品牌产品设计与营销研究分析/周珺/西部皮革/2020-05-15

扬州市江都区大米加工行业现状及对策思考/张文红/食品安全导刊/2020-05-15

扬州康养医疗器械产业集群高质量发展研究/刘双、刘峻/攀枝花学院学报/2020-05-15

新时代扬州加快生态文明建设路径探索/陈凤桂、范瑶/统计科学与实践/2020-05-25

中国鹅遗传资源数据库信息查询系统的开发与应用/翁恺麒、霍蔚然、张扬、徐琪、陈国宏/扬州大学学报(农业与生命科学版)/2020-05-30

扬州市海绵城市规划建设中的水文化建设策略/王耀宇/绿色科技/2020-05-30

扬州市乡村旅游资源开发现状/梁传波、孙道勇/市场周刊/2020-06-01

扬州江淮生态大走廊区域森林资源现状及发展对策研究/高梅/市场周刊/2020-06-01

“两聚一高”背景下扬州市特色小镇创新发展对策研究/董薇、周寅飞、田跃、姚丽、李帷/市场周刊/2020-06-01

扬州市生猪产业集聚区建设研究/张鹏飞、张斌、赵剑/畜牧业环境/2020-06-10

基于旅游供给侧改革背景下扬州乡村旅游精准扶贫路径的分析/陶琳/营销界/2020-06-12

扬州市智慧水利的建设与思考/杨玉衡/水电站机电技术/2020-06-15

讲好运河故事 增强文化自信——大运河文化带(江苏段)旅游产业与影视文化融合发展建议/韩海青/唯实/2020-06-15

审美文化语境下"谢馥春"品牌形象活化研究/华雪、吴越滨/艺术研究/2020-06-15

扬州园林企业发展环境与战略/陈姝玥、蒋姣、邢大伟/农村经济与科技/2020-06-20

地域红色文化元素在文创产品设计中的应用研究/何慧娟、夏晓青、闫辉/河北旅游职业学院学报/2020-06-20

居民提升生活空间品质行动对古城空间的修补——以扬州古城为例/葛亮/住宅产业/2020-06-20

浅析扬州园林发展及特点/徐秀珍、黄俊/现代园艺/2020-06-25

扬州三湾生态湿地公园生态文明规划设计探究/熊永慧、宋晓梅、洪婷婷、曹东慧/现代园艺/2020-06-25

绿杨春的品牌营销策略/唐彩虹/福建茶叶/2020-06-25

砖雕装饰艺术在现代城市公共空间设计中的应用——以扬州古城区的街道、广场为例/郭炤含、陈述/美术教育研究/2020-06-25

撤市设区背景下扬州市公交线网一体化研究/吴悠、严文虎、周亚楠/交通与港航/2020-06-25

论艺术市场化对金农绘画创作的影响/吴昊天/合肥学院学报(综合版)/2020-06-28

扬州城考古遗址公园建设实践与思考/余国江、张春/博物院/2020-06-28

扬州市畜禽粪污资源化利用现状及对策/蒋一秀、李尚民、范建华、赵华轩、窦新红/安徽农学通报/2020-06-30

新时代优化扬州特色小镇发展的公共政策思考/蒋丽、袁刚/扬州职业大学学报/2020-06-30

蜀冈—瘦西湖风景名胜区夜间旅游产品开发探究/李梦、陈肖静、张姣姣/扬州职业大学学报/2020-06-30

扬州沿湖村旅游发展探讨/孙昕怡/合作经济与科技/2020-07-01

浅析美食融入旅游业的路径——以"美食之都"扬州为例/王蓓/产业科技创新/2020-07-05

基于地域特色的淮扬菜餐具设计研究/毛峰/四川旅游学院学报/2020-07-07

创意城市视角下扬州"美食之都"建设实践与建议/苗议丹、吴承忠/人文天下/2020-07-08

不同品种肉鸡屠宰性能及肌肉品质的比较分析/王珏、樊艳凤、唐修君、马丽娜、葛庆联/中国家禽/2020-07-15

传统工艺转化为数字化教育资源——以扬州通草花为例/黄玉洁、闫彦/陶瓷科学与艺术/2020-07-15

"十四五"时期扬州市经济体制改革重点领域与目标路径研究/卞吉、胡新林/改革与开放/2020-07-15

基于历史街区原貌的民宿再设计——以扬州"重构"文化民宿为例/朱卉/装饰/2020-07-15

"百里千刀一两漆"——浅谈漆器在生活中的应用/刘琰琰/轻纺工业与技术/2020-07-25

漆艺元素在现代室内设计中的传承创新实践研究/刘晓宏、张慧/大众文艺/2020-07-25

浅析个园美学文化内涵及其对文化旅游产业的启示/张敏、姚萍/美术教育研究/2020-07-25

扬州市智慧化特色小镇建设思路与对策探析/徐芹/美与时代(城市版)/2020-07-25

推拉理论视角下农户宅基地退出意愿研究——以江苏省扬州市调查为例/郭贯成、陈慧琴/农业与技术/2020-07-30

绿色经济与城乡社会发展研究——以苏中地区为例/王晓晓、嵇彩凤/中国集体经济/2020-08-05

农村集体资产管理和交易的扬州经验/倪坤晓/农村经营管理/2020-08-10

产权交易盘活农村"沉睡"资源——江苏省扬州市农村产权交易市场改革的实践和启示/周光霞/农村经营管理/2020-08-10

基于社区特征分析的扬州市居住——服务业空间关联及机理/王丹、方斌、张军、陈正富/地理科学/2020-08-12

扬镇融合发展的路径建议/朱莹、李薇/唯实/2020-08-15

"双创"示范助推科创名城建设/朱柏兴/群众/2020-08-20

把航空产业打造成为扬州标志性、引领性的创新产业集群/陈扬/江苏政协/2020-08-20

扬州早教市场发展路径思考/林宁/统计科学与实践/2020-08-25

乡村振兴战略背景下农村山寨产品市场调查研究——以扬州市瓜洲镇为例/孙亚雯、王阿香、王薛娟、王颖/农村经济与科技/2020-08-30

基于美食旅游视角下的扬州市旅游资源开发研究/陈晨、梁传波、孙道勇/市场周刊/2020-09-01

互联网背景下食品安全监管问题研究——以扬州市第三方网络外卖平台为例/金雨赟、李超/市场周刊/2020-09-01

扬州市口袋公园现状调查及满意度分析/江秀玲、陈嘉雯/文化创新比较研究/2020-09-11

扬州市古运河滨水景观的设计研究——以扬州市芒

稻河景观设计为例/刘思聪/戏剧之家/2020-09-15

老城传统特色街区地下空间开发利用探索——以扬州东关街为例/覃煜、胡振宇/城市建筑/2020-09-15

扬州市园林企业发展问题及对策/蒋姣、陈姝玥、邢大伟/安徽农业科学/2020-09-18

扬州市DIY产品中地方文化传承探析/杨家怡/农村经济与科技/2020-09-20

一种基于网格的高标准基本农田保护区空间定位——以江苏省扬州市为例/吴彦澎、李昀、李潇/江苏农业科学/2020-09-20

乡村振兴视阈下扬州特色文旅村镇建设——以大运河扬州段为例/朱莹、李薇/江苏农业科学/2020-09-20

扬州"三把刀"文化体验游的开发与实施构想/储德发/开封文化艺术职业学院学报/2020-09-20

历史脉络视角的大运河历史街区演变与文化遗产特征研究——以扬州双东历史街区为例/王燕燕、景文萱、段渲楠/南京晓庄学院学报/2020-09-20

扬州产业结构变迁及产业融合发展研究/孙虹/中小企业管理与科技(下旬刊)/2020-09-25

扬子江城市群竞合背景下扬州产业结构优化研究/卜云、刘涛/现代营销(下旬刊)/2020-09-25

基于生态网络的扬州城市绿地格局及其演变特征/禹文东、车通、罗云建、周超/扬州大学学报(农业与生命科学版)/2020-09-30

扬州市粮食生产现状与推进举措/杨进/乡村科技/2020-09-30

扬州专用车制造业转型升级发展策略研究/王雪/扬州职业大学学报/2020-09-30

后省运阶段扬州体育旅游发展策略思考/王格/扬州教育学院学报/2020-09-30

打造扬州科教和科普名城路径研究/朱莹、于银霞、李薇/扬州教育学院学报/2020-09-30

扬州市运河文化带旅游交通可达性研究/王燕燕/中国名城/2020-10-05

让美丽幸福成为扬州的鲜亮底色/夏心旻/群众/2020-10-05

大运河文化带背景下扬州城市景观建设与发展分析/封心宇/智能城市/2020-10-14

"生态活水"治水比较优势分析与应用/李荣福、吴荡、徐悦、王忠凯、李章林/环境生态学/2020-10-15

江苏省鸭蛋加工现状调研分析/朱静、李婷婷、梁忠、段炼、张丹/中国家禽/2020-10-15

推动扬州特色农业高质量发展对策建议/李娅娜/广东蚕业/2020-10-15

城市道路快速化设计改造形式研究——以扬州市运河路快速化改造为例/屠海龙/工程技术研究/2020-10-25

基于园艺体验视角的城市生态公园规划策略研究——以扬州花都汇生态公园为例/吴玉林/住宅与房地产/2020-10-25

广陵古琴企业品牌传播现存问题与策略研究/冯诗琪、戴蕾、秦宗财/民族音乐/2020-10-30

从物业管理投诉信访说开来——以江苏省扬州市为例/马玮、卞国宇/城市开发/2020-11-08

扬州航空产业发展对策研究/肖彦彦、卜焕林/江苏科技信息/2020-11-10

中美贸易摩擦对外贸企业的影响及对策建议——以扬州市为例/李齐/营销界/2020-11-13

扬州科技创新现状及对策研究/郭平、钱琛/安徽科技/2020-11-20

江苏运河文化带旅游纪念品设计与开发的思考/范立娜/文化产业/2020-11-20

中华老字号扬州三和四美品牌发展战略研究/唐彩虹/江苏商论/2020-11-20

扬州市加装电梯政策优化建议/曹翰阳/城乡建设/2020-11-20

生态文明主导下的城市道路景观营造——以扬子江路景观绿化提升为例/吴玉林/住宅与房地产/2020-11-25

聚焦新文创时代扬州文化"走出去"/吴慧敏/文化产业/2020-11-30

特色农产品定制模式的多重驱动机制及政策研究——以扬州市为例/田跃/山西农经/2020-11-30

世界美食之都背景下扬州餐饮老字号营销策略的研究/赵佳佳/现代食品/2020-11-30

基于QFD的扬州饮食文化产业服务质量评价与改善研究——以扬州早茶为例/金河、王赵晔、蔡凯、罗斌/粮食科技与经济/2020-11-30

扬州刺绣在新中式服装中的应用/李钊、陈颖/轻工科技/2020-12-01

扬州市城区行道树资源调查/孙黎平/现代园艺/2020-12-10

摄影游客感知视角的扬州东关历史文化街区场所营造研究/孙瑞、白冰、张茵/北京林业大学学报(社会科学版)/2020-12-15

创新视阈下的非遗产业研究——以扬州漆艺家具为例/刘晓宏/大众文艺/2020-12-15

利用"全国历史文化名街"优质资源带动城市旅游产业经济发展研究——以扬州市东关街为例/陆薇伊/绿色科技/2020-12-15

古镇街巷空间展示创新设计研究——以扬州东关街为例/孙昱/文化产业/2020-12-20

新常态下关于"菜篮子"基地建设和发展的思考——以扬州为例/印荔、陆佩玲、周蕾、许俊喜、刘彦文/长江蔬菜/2020-12-24

提升区域综合竞争力的城市发展路径研究——以扬州市江都区为例/刘伟奇/四川建筑/2020-12-28

全域旅游视角下江淮生态大走廊扬州段发展路径研究/孙虹、朱明珠/黄冈职业技术学院学报/2020-12-28

扬州应急产业现状及发展对策研究/皮现峦、刘峻/广西质量监督导报/2020-12-28

社 会

全面建设农村区域医疗中心 强基层促分级提升服务能力——以扬州市18家农村区域医疗中心为例/刘刚、王骞、叶奎英、卜广勤、夏少岭/中国初级卫生保健/2020-01-10

会党在社会治理中的角色扮演——以徐宝山与扬州抢米风潮为例/吴莉莉/农家参谋/2020-01-15

适合的老有所为促进社会和谐发展的研究——基于扬州市区的调查/陶琳/智库时代/2020-01-16

空间生产视角下城乡接合部社区养老服务的发展——以扬州D社区为例/陈思雨/区域治理/2020-01-17

扬州市大气污染对儿童门诊量的影响/金武、张开月、姚庆兵、韩小亮、赵华/环境与健康杂志/2020-01-20

扬州市小学校园足球发展现状的调查与分析/杨康/当代体育科技/2020-01-25

扬州市人才竞争力发展研究/张雨/统计科学与实践/2020-01-25

多民族多国学生跨文化适应性调查与研究——以扬州地区高校为例/王静文、多杰才让、高梅/市场周刊/2020-02-01

探索市域社会治理精细化新路/许林灿/群众/2020-02-05

"都市文化圈"城市书房的探索与实践——以扬州城市书房为例/刘涛/智能城市/2020-02-14

扬州民进的乡村情缘/谭正/民主/2020-02-15

大学生创业认知与创业决策的关系研究——基于扬州市的调查/徐烨/商讯/2020-02-25

中国二、三线城市市区0—3岁婴幼儿民营早教机构质态的宏观观察与思考——以江苏省扬州市为例/朱季康/江苏第二师范学院学报/2020-02-25

"互联网+"模式下智慧医院服务可及性研究/王其军、施文大、李扬、蒋抒、曹子佳/医学信息学杂志/2020-02-25

扬州医疗养老融合发展研究/张秋英/太原城市职业技术学院学报/2020-02-28

扬州之政：欧阳修的反思与坚持/崔铭/东华理工大学学报（社会科学版）/2020-02-29

江苏扬州市：推进公民道德建设落细落小/李广春/党建/2020-03-01

第一时间 第一信源 第一速度——以扬州为例看地方媒体如何报道疫情/朱广盛/中国记者/2020-03-01

扬州地区23例新型冠状病毒肺炎患者的CT影像分析/施斌斌、傅剑雄、孙骏、叶靖、林华/实用临床医药杂志/2020-03-04

扬州市公交系统双语服务的问题与对策/钟歆、宋丹丹/教育教学论坛/2020-03-04

公平性视角下扬州中心城区公园绿地供需服务研究/彭钰、谷康/园林/2020-03-06

新时代地方历史文化对大学生思想政治教育的价值思考/史晓明、李霞/当代教育实践与教学研究/2020-03-10

江苏省扬州市新型冠状病毒肺炎患者核酸检测结果分析/董玉颖、范前东、王月萍、李玉来、夏俊鹏/实用临床医药杂志/2020-03-18

江苏省扬州地区确诊新型冠状病毒肺炎患者的中西医结合临床诊治和效果评价/朱森、吕清泉、顾明华、陈永昶、王靖/实用临床医药杂志/2020-03-19

扬州养老服务体系建设研究/张秋英/法制博览/2020-03-25

中学体育教学与健康教育融合的现状调查——以扬州市为例/陈雪/青少年体育/2020-03-25

新型城镇化与城乡人居环境协同发展研究——以扬州为实证/徐静、邓虹、耿红梅/湖南工程学院学报（社会科学版）/2020-03-25

对扬州民歌进校园现状的思考/葛灵月、王涵/黄河之声/2020-03-30

"生态活水"治水理论与战略意义的研究/李章林、李荣福、寇祥明、孙龙生/江苏水利/2020-04-01

简论隋唐以来运河沿线地区教育发展及特色/刘九伟/淮阴工学院学报/2020-04-15

扬州市公共体育服务PPP供给的建设困境及政策建议/张望、刘哲、张宇/产业与科技论坛/2020-04-15

扬州市居民对垃圾分类认识的调查与分析/朱轻巧、凌晨璐、陆祥安、王佳佳/绿色科技/2020-04-30

扬州市"四位一体"公共图书馆服务体系的建设经验/许亚/兰台内外/2020-05-05

扬州市乡村体育休闲广场建设的策略研究/员石/教育教学论坛/2020-05-06

扬州市新型冠状病毒肺炎病例流行特征分析/田婧棽、董玉颖、许纯、王寅、张军/预防医学/2020-05-10

扬州市城市书房空间布局特征研究/王逸夫/建筑与文化/2020-05-15

老街巷美化改造中的观念变迁考察——以扬州市广陵区为例/陶勇宇、柳玉婷/美与时代（上）/2020-05-15

建设国际旅游名城背景下新市民素质提升策略研究——以扬州为例/朱慧、陈俊婷/营销界/2020-05-22

扬州历史城区周边区域高度控制方法研究与应用/匡晓明、曾舒怀、邵宁、王剑威、张利敏/建设科技/2020-05-30

快速城市化进程中扬州城市热环境与景观格局的动态关联／车通、林芙蓉、武思凡、杨静、王梦倩／扬州大学学报（农业与生命科学版）/2020-05-30

书香城市建设中扬州市城市书房管理创新研究／朱印、杜胜华、张宇／产业与科技论坛 /2020-06-01

中国公共外交的三个层面——兼论扬州民间社会公共外交／张跃进／公共外交季刊 /2020-06-01

扬州市信息人才吸引力影响因素调查／钱娟、蒋汀婧、孙瑞锋、冷雨、杨槟槟／合作经济与科技 /2020-06-03

以高质量立法推动市域社会治理现代化／李忠盛／群众 /2020-06-05

扬州全域推进基层整合审批服务执法力量／徐志刚／中国机构改革与管理 /2020-06-15

放大"世界美食之都"品牌效应 推进淮扬菜国际化、大众化／陈扬／江苏政协 /2020-06-20

在建设汽车名城背景下对汽车人才培养供给侧改革的思考／陈宝珍、杨定军／汽车维护与修理 /2020-06-23

扬州市婴幼儿眼病筛查结果分析及对策研究／刘琍、刘智妹／现代医学 /2020-06-25

大学在扬州科创名城建设中的作用／朱莹／江苏经贸职业技术学院学报 /2020-06-28

扬州市湿地资源现状及保护修复对策／曹兆阳、陈瑶、李勇学、张可凡、王中生／湿地科学与管理 /2020-06-30

扬州市已整治黑臭河道治理成效经验探讨／熊芬、唐中亚、张旻、戴晶、谈振娇／能源与环境 /2020-06-30

城市文化软实力视角下扬州市民文明素质提升策略研究／姜静、李兴／扬州职业大学学报 /2020-06-30

新时代优化扬州特色小镇发展的公共政策思考／蒋丽、袁刚／扬州职业大学学报 /2020-06-30

产教命运共同体理念下"三维度"高素质农民培育模式的探索与实践／袁刚、潘锦全、谈永祥、杨剑钧／扬州教育学院学报 /2020-06-30

大学生对双创教育认知的性别差异——以扬州大学为例／苗莹／中外企业家 /2020-07-05

扬州市图书馆微信公众号平台服务的实践与思考／李媛俐／科技传播 /2020-07-10

城市书房的发展现状及模式探析／郭缨、刘汉鑫／新阅读 /2020-07-14

当代城乡大学生消费目的和消费心理异化现象的对比分析——以扬州大学广陵学院为例／顾婕、马国庭／中国商论 /2020-08-13

"四有"工作法打造扬州青年思想引领体系／洪扬、程芷薇／中国共青团 /2020-08-23

扬州乡村振兴路径研究——基于智慧社区的视角／马艳伟／广西质量监督导报 /2020-08-28

把新的社会阶层人士"组织起来"的方式与路径研究——以扬州市为例／孙强、茅建刚／湖北省社会主义学院学报 /2020-08-30

2016-2018 年扬州市农村女性"两癌"筛查现状调查分析／任佳、姜跃彭、夏顺珍／中国妇幼保健 /2020-09-01

稳就业、保就业 江苏扬州是这样干的／李德江／中国就业 /2020-10-15

治理精细化视域下的城市社区协商民主之路——基于江苏省扬州市新盛街道的思考／胡雯／社会与公益 /2020-11-10

江苏沿运城市大运河非遗保护立法实证研究／冯莉／淮阴师范学院学报（哲学社会科学版）/2020-11-15

2018 年扬州市居民早死亡现况及顺位分析／杨文彬、解晔、李秋梅、时巧梅／南通大学学报（医学版）/2020-11-15

扬州市餐饮行业减盐减油减糖健康知识基线调查／时巧梅、解晔、李秋梅、杨文彬／中国校医 /2020-11-20

扬州市广陵区老街巷改造的反思及对策／陶勇宇／太原城市职业技术学院学报 /2020-11-28

扬州市疾控机构卫生应急能力现况调查及新冠疫情以来的变化／何日、周信、窦建瑞、周敬东、许培／江苏预防医学 /2020-11-30

扬州市 2020 年居民癌症防治核心知识知晓率调查／时巧梅、解晔、李秋梅、杨文彬／江苏预防医学 /2020-11-30

基于智慧交通的扬州市交通拥堵治理研究／高欣／时代汽车 /2020-12-05

社团参与对大学生自我效能感影响的实证研究／胥沁怡、周春平、陈思瑶、秦心怡、徐新月／教育观察 /2020-12-07

扬州市黑臭水体成因分析及治理建议／唐中亚、茆吉庆、戴晶、郭翔、张洋阳／山东化工 /2020-12-08

乡土中的情怀与理性：扬州市乡村小学女教师群体职业压力研究／于子娴、郑子旋、魏钦诚、孙月、徐涛／中国教育技术装备 /2020-12-10

基于目视调查法的扬州市社区人口结构特征及形成机理／王丹、方斌、李欣、潘俊超／国土资源科技管理 /2020-12-15

扬州国际化社区人居环境建设探究／张英杰、裴会芳／安徽建筑 /2020-12-17

打造家门口的"好地方"／陶坚／群众 /2020-12-20

传统民风民俗在爱国主义教育中的涵育功能研究——以扬州为例／李心芯／江苏经贸职业技术学院学报 /2020-12-24

加快构建以生态价值观为准则的生态文化体系——

以扬州为例 / 王向东 / 经济研究导刊 /2020-12-25

提升乡镇社区教育培训效果的路径研究——以扬州开放大学沿湖村新渔民培训为例 / 汤正友、刘灿忠、陈峰 / 扬州职业大学学报 /2020-12-30

文 化

匠艺与文化互动——卢葵生制“漆玩”研究/罗芳林/装饰/2020-01-15

论江苏古代藏书与刻书研究文献成就与特征/周生杰/徐州工程学院学报（社会科学版）/2020-01-15

唇齿相依　相得益彰——江苏运河地区民歌整理与研究之我见/周玉波/淮阴师范学院学报（哲学社会科学版）/2020-01-15

《太平广记》所涉唐代扬州故事类目和引书研究/徐艺璇/韶关学院学报/2020-01-15

庄述祖与扬州学派名流学术交游考述/沈明杰/镇江高专学报/2020-01-15

奏销案后彭孙遹三次扬州之行与心境变化——以王、彭相聚为中心的考察/余梦瑶/文化学刊/2020-01-20

浅析金农的梅画作品及其艺术特色/武梦璇/文化产业/2020-01-20

“变与不变”——扬州漆器的现代转型之路/金佳雯/西部皮革/2020-01-25

扬州跨河古桥装饰造型与意蕴研究/刘腾/美术教育研究/2020-01-25

扬州运河古城，千载清波漾/赵志宏、韦明铧、蔡颖芸/中国纪检监察/2020-02-10

名城与名人的彼此成全/游宇明/钟山风雨/2020-02-10

扬州国画院开创者江轸光/陈麟德/江苏地方志/2020-02-10

史公祠：祠内故臣　力矢孤忠终蹈一死/蔡颖芸、纪传如/中国纪检监察/2020-02-10

魅力江南：中国人的天堂/胡阿祥/江苏地方志/2020-02-10

非遗视域下的扬州漆艺传承人现状研究/夏梦洁/艺术研究/2020-02-15

扬州评话中的方言词的翻译与研究——以《皮五辣子》为例/钱蓉蓉/佳木斯职业学院学报/2020-02-15

大运河园林文化的传承与弘扬/潘娟/新阅读/2020-02-15

“中体西用”下近代江南园林建构中的文化反思——以扬州何园为例/陈国瑞、陈喆/古建园林技术/2020-02-15

二十世纪以来罗聘研究综述/谭频璇/艺术工作/2020-02-15

论漆砂砚源流及现代传承/陈宇/雕塑/2020-02-15

繁华过眼——清乾隆时期扬州瘦西湖旅游文化探析/邱哲/大众文艺/2020-02-15

依托扬州历史文化名城定位发展会展经济/黄捷/造纸装备及材料/2020-02-15

乡村振兴背景下的语言生态建设与语言服务研究——基于苏中三市的乡村语言调查/李现乐、刘逸凡、张沥文/语言文字应用/2020-02-15

议蒋春霖《水云楼词》词体叙事结构/罗菲菲、舒乙/西南科技大学学报（哲学社会科学版）/2020-02-15

元代天主教在华物质遗存：两块扬州拉丁文墓碑图像探析/孙晶/艺术设计研究/2020-02-15

论欧阳修《朝中措·送刘仲原甫出守维扬》中的“柳”意象/高武斌、王芳/汉江师范学院学报/2020-02-15

探究高校话剧社团导表演机制——以扬州大学为例/朱蕙琳/智库时代/2020-02-17

从“三维转换”角度看扬州旅游外宣资料英译/孙爱平/开封文化艺术职业学院学报/2020-02-20

“渔文化”铸就最美渔村/宋晨晨、徐敏/大众文艺/2020-02-25

历史文化尺度在扬州个园造景中的应用/李菲、王海峰/美与时代（城市版）/2020-02-25

图书编校中矛盾史料之对勘与运用——以李邕籍贯为例/霍本科/新闻研究导刊/2020-02-25

风尚转换：扬州画派思想中的雅俗观/窦雯华/美术教育研究/2020-02-25

清代戏曲家地理分布与江南戏曲文化空间/裴雪莱/江苏第二师范学院学报/2020-02-25

张伯驹：奈腰缠输尽，空思骑鹤扬州/梅松/艺术市场/2020-03-01

《申报》视野中的扬州“背影”/姜涛/新闻战线/2020-03-08

清代词人生年丛考（二）/张仲谋/江海学刊/2020-03-10

从《题襟馆消寒图》探究十八世纪末的江南文人心境/孔祥震、朱光耀/艺海/2020-03-15

清代扬州百宝嵌漆器装饰图案/谢恋、冯欣月/美术教育研究/2020-03-15

吴公台考辨——结合扬州隋炀帝墓的发现为线索/薛炳宏、束家平/唐都学刊/2020-03-15

清代《随园食单》与当代江苏烹饪/邵万宽/美食研究/2020-03-15

家族文化视角下“神韵说”生成观照/丁修振/山东理工大学学报（社会科学版）/2020-03-15

南宋姜白石词调歌曲的音乐文化内涵和演唱研究/董朋朋/北方音乐/2020-03-15

大运河邗沟支道南通段盐运文化史迹概况/张荣生/中国盐业/2020-03-15

中国人民革命军事博物馆藏边寿民《芦雁图》缺字补正与研究/高阁/艺术品/2020-03-15

由肖像画看罗聘的艺术成就——兼论“扬州画派”的艺术史地位/詹勇/书画世界/2020-03-15

试论“扬州八怪”的现代审美价值和意义/刘佳妮/荣宝斋/2020-03-15

清代扬州女性文学社团“曲江亭诗社”考论/赵阳/盐城师范学院学报(人文社会科学版)/2020-03-15

词曲学大家任中敏集外诗词62篇考释/程希/中国文化研究/2020-03-19

人类学“功能”语境下现代扬州剪纸时尚性阐释/李成/通化师范学院学报/2020-03-20

星云大师的孝道思想/韩焕忠/湖北工程学院学报/2020-03-20

生态翻译学视角下《黄鹤楼送孟浩然之广陵》两英译本对比研究/刘文涛/海外英语/2020-03-23

文化引领下运河复兴与城水共融发展对策初探——以大运河扬州段为例/唐怡、熊苑/低碳世界/2020-03-25

从扬州出土墓志看《汉语大词典》之微瑕/潘宁、周阿根/汉字文化/2020-03-25

运河非遗视角下的“露筋文化”价值重塑研究/储德发/江西电力职业技术学院学报/2020-03-28

对扬州民歌进校园现状的思考/葛灵月、王涵/黄河之声/2020-03-30

也谈《赠李司空妓》一诗/陈雪飞、王催霞/扬州教育学院学报/2020-03-30

论扬州博物馆藏清代“福”与“寿”年画艺术特色/孙璐、陈皎月、陈海鹏、徐仁雨/扬州教育学院学报/2020-03-30

从《指尖上的扬州》看地方文化短视频的融合传播/张路/视听界/2020-04-10

扬剧之秀又一枝 记高邮市扬剧团团长李华俊/张荣权/上海戏剧/2020-04-10

扬州现存三处清代御诗碑述略/魏怡勤/江苏地方志/2020-04-10

从张氏剪纸看扬州剪纸的发展/张弛/大众文艺/2020-04-12

燕尾巧裁扬州纸——熊崇荣剪纸艺术研究/周林/艺海/2020-04-15

应势而生:“扬州画派”艺术世俗化成因分析/窦雯华/艺术评鉴/2020-04-15

清代扬州园林中的“三远法”实践研究/佘月、吴越滨/艺术研究/2020-04-15

高校传承与弘扬戏曲文化路径研究——基于扬州清曲的思考/严锦隆、邵萍/艺术研究/2020-04-15

扬州绒花文化的生存现状剖析与创新生成路径探索/陈星宇/美与时代(上)/2020-04-15

扬州地区出土汉樽/刘松林、周赟/大众考古/2020-04-20

大运河上的先贤遗迹 记江苏省扬州市普哈丁园/陈德勇/中国宗教/2020-04-22

关于扬州剪纸图式仿绘画现象的调查和研究/于靖/美术教育研究/2020-04-25

扬州清曲文化传承的教育人类学研究/鲁佳男/黄河之声/2020-04-30

地方小剧种“扬剧”的初探/周悦/北方音乐/2020-04-30

再谈南宋扬州蜀岗上城池的位置范围/汪勃、范东日/东南文化/2020-04-30

清前期扬州儒商的文化投资与文化场的形成探究——以小玲珑山馆主人马曰琯为例/陈晶晶/文化创新比较研究/2020-05-01

扬州玉文化产业发展路径研究/吴进红、王梓/中国市场/2020-05-08

清雅如初,淡泊如许——扬州博物馆藏“扬州八怪”梅兰竹菊四君子作品探析/封冰/大众文艺/2020-05-13

扬剧音乐唱腔与伴奏研究/王梓承、吴苗/艺术评鉴/2020-05-15

基于传承与创新视角下的中国玉雕艺术的当代表达/王富康/艺术评鉴/2020-05-15

清代扬州休闲文化新解——以鱼与花为例/邱哲/艺海/2020-05-15

扬州雕版印刷发展历史的概述/吴郁/兰台内外/2020-05-15

传统文化在工业设计中的传承与创新研究——以扬州传统文化为例/赵梦凡、陈健/西部皮革/2020-05-15

光绪二十八年扬州知府缘何数易其人/魏怡勤/档案与建设/2020-05-20

唐代扬州铜镜纹样在文创设计中的应用/徐艳铃、王颖/美术教育研究/2020-05-25

大梦初醒:民国时期普通城市近代交通转型的理想与实践初探——以江苏省扬州市为例/朱季康/鲁东大学学报(哲学社会科学版)/2020-05-28

艺术歌曲《扬州慢》演唱方法探究/伍坤/艺术评鉴/2020-05-30

扬州小盘谷园林造景要素的量化分析研究/吴涛、陶欣、王晓春/园林/2020-06-06

非遗文化在数字媒体艺术创作中的传承与创新——以扬州剪纸为例/刘矫妍/今古文创/2020-06-07

瓜洲王氏:唐代扬州第一望族/朱广盛/江苏地方志/2020-06-10

扬州杖头木偶戏:大运河边的明珠/袁红艳、路璐/钟山风雨/2020-06-10

苏北运河的发展/申卫华/钟山风雨/2020-06-10

扬州出土明代道教冥途路引研究/夏维凯/中国道教/2020-06-15

文化遗产的存在和延续——以扬州剪纸调研为例的手工艺“人”和“嬗变”关键词诘问/李成/艺术研究/2020-

06-15

近代扬州漆艺文化的发展初探/孙津/艺术研究/2020-06-15

金石生华，道释增趣——石涛和扬州画派道释画的收藏价值/谷赟/美术大观/2020-06-15

扬州出土音乐文物考/张美林/内蒙古艺术学院学报/2020-06-15

扬州盐商故居汪氏小苑探微/关铁琴/中国盐业/2020-06-15

从《扬州画舫录》考察扬州地名的语词系统/孔韦鑫/文化学刊/2020-06-20

翁同龢致仪征吴氏信札考释/李文君/苏州教育学院学报/2020-06-25

论艺术市场化对金农绘画创作的影响/吴昊天/合肥学院学报(综合版)/2020-06-28

扬州城考古遗址公园建设实践与思考/余国江、张春/博物院/2020-06-28

扬州漆器的历史价值与生命延续/解雅欣、庄一兵/戏剧之家/2020-06-30

清代扬州绘画中的端午风俗/高荣/艺术评鉴/2020-06-30

扬剧舞美艺术的历史沿革与教育创新/姚干勤/扬州教育学院学报/2020-06-30

王派《水浒》的形成之我见——写在《扬州评话：王少堂(口述本)》出版之后/马伟/曲艺/2020-07-01

江苏大运河遗产主要特征及其保护传承利用策略/岳洋、渠爱雪、沈思展/市场周刊/2020-07-01

夏衍：把"扬州八怪"作品收藏齐全的人/张澜涛/东方收藏/2020-07-01

江苏运河城市文化特点与保护传承/姜师立/中国名城/2020-07-05

谈淮扬运河文化长廊的空间布局/刘怀玉/唯实/2020-07-15

扬州漆工艺在文创设计课程中的实践研究/李玫、黄紫纤/装饰/2020-07-15

扬州理发术博物馆内墙装饰壁画/亢康、马玲/装饰/2020-07-15

城市广场名人雕塑创作中的历史文脉传承——以扬州崔致远广场雕塑为例/程佳德/装饰/2020-07-15

运河、盐商、文人、书画家与扬州年画——论清代扬州年画中的精英文化因素/孙璐、康康/美术大观/2020-07-15

清同治江苏查禁"小本唱片目"中民歌俗曲说略/周玉波/常熟理工学院学报/2020-07-20

从方浚颐《重建邗沟王庙碑记》考析邗沟大王庙的兴废/李智/档案与建设/2020-07-20

广陵书社与现代扬州雕版刻书/曾学文/中国出版史研究/2020-07-20

新时代传统曲艺传承创新路径研究——以扬州评话为例/殷健/文化创新比较研究/2020-07-21

浅析个园美学文化内涵及其对文化旅游产业的启示/张敏、姚萍/美术教育研究/2020-07-25

清代扬州盐商园林变迁及其风格研究/郁畏力/工程建设与设计/2020-07-30

扬剧在扬州市区受众群体情况调查研究/杭峰/戏剧之家/2020-07-30

"丹青不知老将至"——论金农绘画艺术中的"禅性"/李姝璠/中国民族博览/2020-07-30

微纪录片《指尖上的扬州》建构城市记忆的实践路径与传播创新/杨郑一/当代电视/2020-08-01

本土音乐文化特征探究——以扬州本土音乐为例/葛灵月/当代音乐/2020-08-05

全域旅游背景下城市文化软实力的提升——以扬州为例/庞博/汉字文化/2020-08-10

扬州槐泗"隋炀帝陵"的误考及其影响/王业/江苏地方志/2020-08-10

扬州园林的历史风韵与审美特质研究/郭思远、钱可敦/汉字文化/2020-08-10

扬州民歌《一根丝线牵过河》中的音乐文化研究/葛灵月/艺海/2020-08-15

扬州方言完成体标记"得"与普通话对比研究/陈玉静/开封文化艺术职业学院学报/2020-08-20

渡江战役苏北支前工作述略/朱芳芳、秦岭/档案与建设/2020-08-20

扬剧《百岁挂帅》的版本演变——兼论传统剧目的传承机制/郑世鲜/浙江艺术职业学院学报/2020-08-26

扬州地区海上丝绸之路遗迹文献研究综述/宗绍月、邓一帆/西部学刊/2020-08-30

江苏民歌《杨柳青》创作特点及演唱分析/伏晨娟/黄河之声/2020-08-30

艺术市场的"魔力"——金农从画竹到画梅的突变/谢克安/艺术市场/2020-09-01

从《邗上题襟集》到题襟馆：曾燠幕府的文事活动及其影响/高政锐/学术交流/2020-09-05

论扬州八怪群体中的浙派诗人陈撰的诗歌/王晓峰/宁波广播电视大学学报/2020-09-15

无山而隐，不褐而禅——汪士慎艺术风格的形成/陈丹/美术教育研究/2020-09-15

从江南文化到长三角经济区/陈锐/杭州师范大学学报(社会科学版)/2020-09-15

新中国成立后扬剧包公戏的衍变与发展/郑世鲜/江苏师范大学学报(哲学社会科学版)/2020-09-15

郑板桥的仕途生涯对其绘画艺术的影响/刘泽韬/美与时代(中)/2020-09-15

从阮福饮食诗看清代扬州乡土饮食文化/薛菲、刘建臻/美食研究/2020-09-15

基于事件分期的扬州园林史及其教学评价研究/包广龙、王婷婷/美术教育研究/2020-09-15

建立名人档案 服务名城建设——扬州名人档案构建的实践与思考/徐国磊、彭伟/档案与建设/2020-09-20

扬州“三把刀”文化体验游的开发与实施构想/储德发/开封文化艺术职业学院学报/2020-09-20

试论大运河在徽商兴盛中的作用和影响/余敏辉/中原文化研究/2020-09-22

明清时期江南都市的戏曲消费空间演变——以苏州和扬州为例/邓天白、秦宗财/南京社会科学/2020-09-23

基于数字媒体艺术语境的扬州剪纸创新研究/刘矫妍/轻纺工业与技术/2020-09-25

唐诗与大运河国家文化公园江苏段造园创意研究/程宏亮/中共合肥市委党校学报/2020-09-30

扬州西湖高南汉墓出土虎首龙形漆件的保护修复/王子尧、杨晖、朱雨薇、靳祎庆、杜可竹/中国生漆/2020-09-30

扬州民歌教学——声情并茂/廉蕾/北方音乐/2020-09-30

唐宋诗词中的扬州文化记忆/刘芹/扬州教育学院学报/2020-09-30

也谈“扬一益二”/陈雪飞、王催霞/扬州职业大学学报/2020-09-30

扬州红桥盛名探析/明光/扬州职业大学学报/2020-09-30

论扬州昆曲清唱传承的历程与启示/王琦、张蓉、何萃/戏剧之家/2020-10-10

新时代下扬州对大运河文化的守正创新/李一锦、王莉/戏剧之家/2020-10-10

达人随性好画图——读滋芜《扬州八怪题画诗考释》/应一平/美术教育研究/2020-10-15

试析金农艺术风格中的“怪”/舒绿林/美术教育研究/2020-10-15

黄鹤鸣生平及任职扬州钞关主事考/马梦恬/镇江高专学报/2020-10-15

大运河文化传播路径探析——以江苏段运河文化为例/李茂叶/新闻爱好者/2020-10-20

扬台饮食文化交流的思路研究/吴雷/大众标准化/2020-10-23

地方传统文化元素在茶包装设计中的应用——以扬州绿杨春为例/李莎/美术教育研究/2020-10-25

南宋瓜洲筑城考/黄彬琦/中国地方志/2020-10-25

瓜洲的前世今生/刘干/中国地名/2020-10-28

空间社会学视域下的明清商人园林研究——以淮扬地区为中心的考察/宋立杰/社会科学论坛/2020-11-10

江南的春，还是北京的春——朱自清《春》新探/李安生/名作欣赏/2020-11-10

论黄慎草书的美学特质与历史意义/罗方华/荣宝斋/2020-11-15

浅析个园假山“四季”立意的争议与表现/马笑天/美与时代（上）/2020-11-15

江苏沿运城市大运河非遗保护立法实证研究/冯莉/淮阴师范学院学报（哲学社会科学版）/2020-11-15

“跨界”与“归位”的文化逻辑——以扬州剪纸“仿绘画”现象为例的“仿”文脉梳理与阐释/何平、李成/美术大观/2020-11-15

《扬州水道记》里的祭祀与信仰现象/袁强亮/档案与建设/2020-11-20

大运河畔淮扬菜/侍琴、魏怡勤/档案与建设/2020-11-20

扬州瘦西湖在清代中后期的文化变迁/邱哲/地域文化研究/2020-11-25

东关街——扬州历史文化的集中写照/邱正锋、高永青/中国地名/2020-11-28

聚焦新文创时代扬州文化“走出去”/吴慧敏/文化产业/2020-11-30

曹寅在扬州的文学活动/陈舒琪/今古文创/2020-12-07

清乾隆时期扬州倚虹园景观复原考析——扬州湖上园林与地方文化空间/曹磊、李伊依、霍艳虹/风景园林/2020-12-10

利用“全国历史文化名街”优质资源带动城市旅游产业经济发展研究——以扬州市东关街为例/陆薇伊/绿色科技/2020-12-15

浅析黄慎风俗画《渔翁得利图》/赵恒杰、姜永帅/美术教育研究/2020-12-15

格调新颖 奇趣横生——浅谈清代画家李鱓的指画艺术/罗加岭/荣宝斋/2020-12-15

扬州湾头玉雕工艺与当代艺术审美的融合/朱成军/美与时代（上）/2020-12-15

扬州方言单元音特点新论——以语音实验研究为据/毛开敏/北部湾大学学报/2020-12-20

近代两淮盐业市镇的因袭与变迁——以仪征十二圩为例/张鹏程/盐业史研究/2020-12-25

扬州漆器装饰美学探析/蔺秀媛、闫小星/美术教育研究/2020-12-25

隋唐运河名城扬州的兴盛与新时代复兴/徐凤丹/江苏第二师范学院学报/2020-12-25

统计资料

2020年扬州市国民经济占江苏省的比重一览表

表42-2

项　　目	单　位	江　苏	扬　州	扬州占全省比重（%）
户籍人口	万　人	7876.75	454.71	5.77
地区生产总值（当年价格）	亿　元	102719	6048	5.89
第一产业	亿　元	4536.71	307.10	6.77
第二产业	亿　元	44226.43	2786.35	6.30
第三产业	亿　元	53955.83	2954.88	5.48
社会消费品零售总额	亿　元	37086.06	1379.29	3.72
出口总额	亿美元	3962.83	83.57	2.11
注册外资及港澳台资实际到账额	亿美元	283.84	14.70	5.18
一般公共预算收入	亿　元	9058.99	337.27	3.72
一般公共预算支出	亿　元	13681.55	668.30	4.88
普通高等学校在校学生数	万　人	201.47	9.92	4.92
卫生机构床位数	万　张	53.50	2.63	4.92
卫生技术人员数	万　人	66.55	3.10	4.65
执业（助理）医师	万　人	26.78	1.32	4.93
在岗职工平均工资	元	106034	87874	—
城镇常住居民人均可支配收入	元	53102	47202	—
农村常住居民人均可支配收入	元	24198	24813	—

2020年扬州市分地区生产总值一览表

表42-3 单位：亿元

指标	全市	市区	广陵区	邗江区	江都区	扬州经济技术开发区	宝应县	仪征市	高邮市
地区生产总值	**6048.33**	3632.06	843.48	1128.01	1114.91	545.66	763.04	815.05	838.18
第一产业	**307.10**	108.92	10.38	23.73	73.39	1.42	84.37	23.64	90.17
第二产业	**2786.35**	1588.77	327.97	413.03	544.95	302.82	357.27	429.58	410.73
工业	**2244.17**	1280.76	255.65	322.86	419.26	282.99	277.76	365.11	320.54
建筑业	**544.52**	309.21	72.70	90.28	126.14	20.09	79.60	65.44	90.27
第三产业	**2954.88**	1934.37	505.13	691.25	496.57	241.42	321.40	361.83	337.28
交通运输、仓储和邮政业	**149.65**	88.86	22.17	33.53	19.30	13.86	17.17	22.77	20.85
批发和零售业	**574.63**	377.38	152.12	107.75	92.97	24.54	57.40	91.92	47.93
住宿和餐饮业	**80.21**	50.79	14.37	20.41	10.02	5.99	11.54	9.21	8.67
金融业	**342.84**	245.80	53.32	102.99	68.69	20.80	29.34	33.11	34.59
房地产业	**631.36**	438.34	102.34	179.24	116.02	40.74	51.89	72.08	69.05
其他服务业	**1155.05**	726.12	159.78	244.78	186.47	135.09	149.32	129.23	150.38
人均地区生产总值（元/人）	**132784**	138459	139857	132147	119600	232889	111101	152660	117871

2020年扬州市分地区人口数及构成情况表

表42-4

地区	总人口（人）			性别比
	合计	男	女	
全市	**4547096**	**2262907**	**2284189**	**99.07**
市区	2327181	1149366	1177815	97.58
广陵区	490660	241162	249498	96.66
邗江区	809562	396790	412772	96.13
江都区	1026959	511414	515545	99.20
宝应县	870240	440879	429361	102.68
仪征市	553199	276949	276250	100.25
高邮市	796476	395713	400763	98.74

2020年扬州市分地区户数、平均人口及密度情况表

表42-5

地区	户数（户）	平均每户人数（人）	年平均人口（人）	人口密度（人/平方千米）
全市	**1476394**	**3.08**	**4559264**	**690**
市区	778435	2.99	2329555	1009
广陵区	170894	2.87	491716	1465
邗江区	266116	3.04	805640	1263
江都区	341425	3.01	1032200	772
宝应县	265590	3.28	874954	595
仪征市	181969	3.04	555181	613
高邮市	250400	3.18	799574	414

2020年扬州市农林牧渔业分项产值一览表

表 42-6　　单位：万元

项　　目	2020年产值（当年价格）	2019年产值（当年价格）
农林牧渔业总产值	**5419324**	**5157502**
一、农业产值	2451918	2310954
1. 谷物及其他作物	878569	846952
谷物	796060	773044
棉花	7	39
油料	40104	29734
2. 蔬菜园艺作物	1452923	1352279
蔬菜（含菜用瓜）	1090221	1016107
花卉	40533	34901
3. 水果、坚果、饮料和香料作物	116785	108031
水果坚果（含果用瓜）	101320	91624
茶及其他饮料	15465	16407
4. 中药材	3641	3692
二、林业产值	116427	111565
1. 林木的培养种植	72154	68108
2. 竹木采运	40648	41799
3. 林产品	3625	1658
三、牧业产值	634955	535001
1. 牲畜饲养	22841	23962
牛的饲养	4082	4342
羊的饲养	11073	15640
奶产品	7686	3980
牛奶	7686	3980
2. 猪的饲养	335611	181657
3. 家禽	242493	324164
4. 狩猎和捕捉动物	—	—
5. 其他畜牧业	34010	5218
四、渔业产值	1890957	1883982
1. 海水产品	—	—
2. 淡水产品	1890957	1883982
鱼类	635416	650004
甲壳类	1084697	1071827
贝类	10653	11244
其他	160191	150907
五、农林牧渔服务业	325067	316000

2020年扬州市主要农作物播种面积和产量一览表

表 42-7

项　　目	播种面积（亩）	单 产（千克/亩）	总产量（吨）
农作物总播种面积	**7167643**	—	—
一、粮食作物总计	5819300	492.5778015	2866458
1. 夏粮	2662650	381.7478827	1016461
小麦	2618550	384.1507705	1005918
大麦	7800	304.6153846	2376
蚕豌豆	36300	224.9862259	8167
2. 秋粮	3156650	586.06339	1849997
稻谷	2933750	611.488709	1793955
中稻	2933750	611.488709	1793955
单季晚稻	0.00	0	—
双季后作稻	0.00	0	—
玉米	32700	368.3180428	12044
其他谷物	300	300	90
豆类	196950	223.3104849	43981
薯类	25950	464.77842	12061
二、经济作物	1348343	—	—
1. 棉花	29	103	3
2. 油料	255885	195	49818
花生	14475	221	3201
油菜籽	232725	195	45396
芝麻	7740	156	1209
3. 麻类	—	—	—
黄麻	—	—	—
红麻	—	—	—
苎麻	—	—	—
4. 糖类	300	2620	786
甘蔗	300	2620	786
甜菜	—	—	—
5. 药材	5985	—	—
6. 蔬菜瓜类	958689	2501	2398114
蔬菜	909790	2517	2289919
瓜类	48899	2213	108195
7. 其他农作物	127455	—	—
青饲料	10155	—	—
绿肥	55515	—	—

2020年扬州市主要工业产品产量一览表

（规模以上工业企业）

表 42-8

产品名称	计量单位	产量
原油	万吨	—
天然气	万立方米	—
发电量	亿千瓦小时	—
塑料制品	万吨	19.60
化学纤维	万吨	159.42
纱	万吨	13.04
布	万米	10993.62
毛机织物（呢绒）	万米	105.32
服装	万件	9554.92
皮革鞋靴	万双	1087.23
机制纸及纸板	万吨	10.97
纸制品	万吨	91.68
烧碱（折 100%）	万吨	20.49
农用氮、磷、钾化学肥料（折纯）	万吨	0.19
化学农药原药（折有效成分 100%）	吨	9353.50
合成纤维聚合物	万吨	214.72
化学药品原药	吨	5380.70
水泥	万吨	1094.17
钢材	万吨	584.96
附：用外购国产钢材再加工生产的钢材	万吨	13.45
金属切削机床	台	19469
金属成形机床	台	24440
汽车	辆	260948
金属集装箱	万立方米	110.71
电力电缆	万千米	346.27
通信及电子网络用电缆	万对千米	61.82
单晶硅	万千克	294.8
交流电动机	万千瓦	1586.05
电动手提式工具	万台	56.89
民用钢质船舶	载重吨	3527482

2020年扬州市分地区建筑业生产经营情况表

表 42-9

指 标	全 市	市 区	扬州经济技术开发区	广陵区	邗江区	江都区	宝应县	仪征市	高邮市
企业个数（个）	**877**	524	39	134	189	162	128	92	133
一、建筑业合同情况（万元）									
签订合同额	**66668823**	35938295	1063926	11735762	6969907	16168700	8559840	5475146	16695541
上年结转合同额	**22809013**	14638941	407539	4651388	1569008	8011006	1947223	1535437	4687412
本年新签合同额	**43859810**	21299354	656387	7084374	5400900	8157694	6612617	3939710	12008129
二、承包工程完成情况（万元）									
直接从建设单位承揽工程完成的产值	**40993696**	21668053	803120	6534015	4703820	9627099	5074533	3537081	10714029
自行完成施工产值	**40970552**	21656173	802687	6530412	4698241	9624834	5074497	3527072	10712811
分包出去工程的产值	**23144**	11880	433	3603	5580	2265	36	10010	1218
从建设单位以外承揽工程完成的产值	**4189864**	2412954	301304	174433	418346	1518870	942647	188530	645732
三、建筑业总产值（万元）	**45160416**	24069127	1103991	6704845	5116587	11143704	6017145	3715602	11358543
其中：装配式建筑工程产值	**818976**	517732	423291	12717	12036	69688	30950	5500	264794
装饰装修产值	**1795064**	1101105	24459	307184	621127	148335	200886	117888	375185
在外省完成的产值	**25787973**	14710496	218868	4658966	2021651	7811012	3982601	2232121	4862754
建筑工程产值	**41705652**	21030197	1079939	6483237	4436578	9030444	6000153	3625987	11049315
安装工程产值	**2920415**	2788856	21327	214195	672776	1880557	6488	77959	47112
其他建筑业产值	**534349**	250074	2725	7413	7233	232703	10504	11655	262116
四、竣工产值（万元）	**36862656**	18994083	942694	6093941	3948051	8009398	4870124	3112067	9886382
五、房屋施工面积（万平方米）	**30821**	13832	135	4752	2297	6647	6463	2370	8156
其中：房屋新开工面积	**13949**	5044	27	1788	1203	2025	3654	1136	4115

2020年扬州市全社会客货运输量一览表

表 42-10

项 目	单 位	数 值
公路客运量	万人次	2073
公路旅客周转量	万人千米	155255
公路货运量	万吨	5228
公路货物周转量	万吨千米	876506
水路客运量	万人次	6.72
水路旅客周转量	万人千米	40.35
水路货运量	万吨	7520
水路货物周转量	万吨千米	3299479
机场旅客吞吐量	万人	237.16
机场货邮吞吐量	万吨	1.26
铁路旅客发送量	万人次	239.53
铁路货运量	万吨	24.81

2020年扬州市邮政通信基本情况表

表 42-11

指　　标	单位	2014 年	2015 年	2016 年	2017 年	2018 年	2019 年	2020 年
邮电业务总量	亿元	61.01	75.45	93.92	136.97	232.37	443.13	491.82
邮政行业业务总量	亿元	17.15	20.60	26.61	36.08	42.44	51.70	63.73
电信业务总量	亿元	43.86	54.85	67.31	100.89	189.93	391.43	428.09
邮电业务收入	亿元	54.68	56.91	61.08	67.39	73.15	78.21	83.81
邮政行业业务收入	亿元	12.45	16.50	19.25	23.36	27.61	31.91	35.62
电信业务收入	亿元	42.23	40.41	41.83	44.03	45.54	46.30	48.19
函件	万件	2507.44	1883.23	1161.61	689.96	441.86	356.02	285.95
包件	万件	15.74	12.11	9.27	8.97	8.71	7.25	8.83
报纸累计数	万张	7602.88	6896.49	6530.74	6276.93	6317.59	6660.69	6936.30
杂志累计数	万份	486.78	397.09	354.40	352.59	320.73	290.43	259.54
快递	万件	7290.21	7782.23	10736.31	13045.89	15459.53	17515.80	21309.92
固定电话用户数	万户	127.26	115.75	107.17	99.16	93.48	89.95	85.19
移动电话用户数	万户	431.49	450.42	476.50	501.22	531.67	551.15	519.14
宽带用户数	万户	110.28	123.42	140.29	160.40	171.56	176.07	200.37

2020年扬州市对外贸易进出口总额一览表

表 42-12　　单位：万元

项　　目	进出口总额
总　　计	**7701994**
一、按地区分组	
开发区	1536703
广陵	955161
邗江	1647760
江都	1712309
宝应	528485
仪征	950390
高邮	371186
二、按贸易方式分组	
一般贸易	5882682
加工贸易	1443323
其他	375989

2020年扬州市外商直接投资情况表

表 42-13　　单位：万美元

地　区	实际使用外资及港澳台资金额	协议外资金额
全　市	147049	579425
扬州经济技术开发区	38014	160007
广　陵	29116	75170
邗　江	36507	76526
江　都	14250	43119
宝　应	10078	44712
仪　征	25003	49778
高　邮	15019	130113

2020年扬州市财政收入与支出一览表

表 42-14　　单位：万元

项　目	单　位	全　市	广陵区	邗江区	江都区	宝应县	仪征市	高邮市
财政总收入	万元	**5460607**	**691689**	**994310**	**927995**	**400526**	**861893**	**610984**
上划中央收入	万元	**2087888**	257589	351352	371077	151819	381878	231845
增值税	万元	**1219531**	147322	216850	228742	106248	205451	163796
消费税	万元	**185066**	3681	402	33574	386	63177	4967
企业所得税（60%）	万元	**543509**	87557	108554	85985	36598	96829	50608
个人所得税（60%）	万元	**139782**	19029	25546	22776	8587	16421	12474
一般公共预算收入	万元	**3372719**	434100	642958	556918	248707	480015	379139
税收收入	万元	**2644585**	367222	514508	444433	191945	390007	310012
增值税	万元	**1219530**	147322	216851	228742	106248	205451	163796
企业所得税	万元	**353095**	58361	72340	57319	24286	64484	33739
个人所得税	万元	**93186**	12686	17030	15184	5725	10948	8316
一般公共预算支出	万元	**6683001**	**575029**	**991034**	**1167389**	**850604**	**685535**	**831678**
一般公共服务	万元	**756024**	93034	154113	89453	79952	77140	82892
科学技术	万元	**124703**	10642	21470	21137	3156	15491	12949
教育	万元	**1064683**	77807	185740	184341	154579	111557	147030
文化体育与传媒	万元	**176824**	22636	19293	22132	16863	13905	25682
医疗卫生	万元	**420050**	23720	35374	74928	68901	49458	70969
节能环保	万元	**151576**	15205	49050	33727	4644	9214	19141
城乡社区事务	万元	**1030382**	109611	189872	226652	149089	78672	109194
交通运输	万元	**374830**	5303	32891	40629	40374	27769	28815
社会保障和就业	万元	**835112**	74397	89827	192629	117068	95576	146118
住房保障	万元	**251117**	40827	7396	66371	4700	3903	6509
农林水事务	万元	**563265**	36193	61967	79902	103638	92574	87869

注：全市数据含功能区数据，分项数据不含功能区

2020年扬州市金融机构人民币存贷款收支情况表

表 42-15　　单位：亿元

项　目	全　市	市　区	江都区	宝应县	仪征市	高邮市
年末金融机构各项存款余额	**7586.35**	**5366.44**	**1363.58**	**655.44**	**769.12**	**795.35**
住户存款	3698.46	2350.78	853.02	413.59	418.86	515.23
年末金融机构各项贷款余额	**6279.75**	**4580.50**	**880.76**	**504.21**	**606.14**	**588.90**
住户贷款	2261.22	1673.15	313.34	193.29	215.84	178.94
非金融企业及机关团体贷款	4018.09	2906.93	567.42	310.91	390.29	409.96
非银行业金融机构贷款	0.00	0.00	0.00	0.00	0.00	0.00

2020年扬州市教育事业情况表

表 42-16

项　　目	学校数（所）	毕业生数（人）	招生数（人）	在校学生数（人）	专任教师（人）
普通高等学校	8	22034	35729	99193	6183
普通中等专业学校	6	6987	5167	17243	1576
普通中学学校	163	57295	58770	176749	16732
高中	31	20346	24378	71458	6299
初中	132	36949	34392	105291	10433
职业高中	3	5292	5198	15911	710
技工学校	12	4503	9650	22994	1564
普通小学	201	34624	38302	222582	14589
特殊教育学校	7	222	165	984	229
幼儿园	368	—	—	115055	7610

2020年扬州市中小学情况表

表 42-17

项　　目	全　市	市　区				宝应县	仪征市	高邮市
			广陵区	邗江区	江都区			
学校总数（所）								
普通中学	**163**	88	13	19	36	29	20	26
高中	**31**	18	2	4	6	5	3	5
小学	**201**	97	20	21	49	37	28	39
在校学生数（人）								
普通中学	**176749**	103076	6229	22669	35031	30642	19510	23521
高中	**71458**	40591	2230	9202	14824	12770	7872	10225
小学	**222582**	136596	37070	49295	40454	33047	24444	28495
专任教师数（人）								
普通中学	**16732**	9272	846	2033	3659	3063	1874	2523
高中	**6299**	3464	238	774	1401	1183	594	1058
小学	**14589**	8686	2278	2914	2899	2292	1621	1990

2020年扬州市卫生事业情况表

表 42-18

项　　目	单　位	全　市	市　区				宝应县	仪征市	高邮市
				广陵区	邗江区	江都区			
医疗卫生机构数	个	**1964**	1179	231	465	483	356	176	253
医院数	个	**91**	61	19	27	15	14	9	7
卫生院数	个	**53**	17	1	4	12	14	10	12
医疗卫生机构床位数	张	**26316**	16046	5949	5071	5026	3560	3032	3678
医院床位数	张	**18906**	12470	4589	4375	3506	2056	2320	2060
卫生院床位数	张	**4333**	1433	128	148	1157	1195	572	1133
卫生技术人员数	人	**30964**	19023	6494	7135	5394	4228	3683	4030
执业（助理）医师数	人	**13203**	7621	2424	2937	2260	2014	1682	1886
注册护士数	人	**12800**	8307	2941	3203	2163	1517	1429	1547

2020年扬州市文体事业基本情况表

表 42-19

项　目	单 位	全 市	市 区		宝应县	仪征市	高邮市
				江都区			
广播覆盖率	%	**100**	100	100	100	100	100
电视覆盖率	%	**100**	100	100	100	100	100
剧场、影剧院	个	**9**	6	1	0	1	2
公共图书馆	个	**8**	5	1	1	1	1
公共图书馆图书总藏量	千册（件）	**5758**	4376	470	429	505	448
博物馆数	个	**16**	9	1	2	1	4
体育场馆数	个	**15**	10	3	1	1	3

2020年扬州市环境保护基本情况表

表 42-20

项　目	单 位	全 市	广陵区	邗江区	江都区	宝应县	仪征市	高邮市
废水排放总量	万吨	**24311.87**	98.52	1471.89	401.40	315.46	1509.45	526.98
工业源	万吨	**4297.02**	98.52	1454.02	401.32	315.46	1507.94	519.77
生活源	万吨	**19988.16**	—	—	—	—	—	—
集中式治理设施	万吨	**26.68**	0.00	17.87	0.08	0.00	1.51	7.21
化学需氧量（COD）排放量	吨	**42517.38**	79.13	1433.09	202.44	596.60	382.07	420.08
工业源	吨	**3577.68**	79.13	1406.23	202.44	596.60	379.22	409.86
农业源	吨	—	—	—	—	—	—	—
生活源	吨	**38899.77**	—	—	—	—	—	—
集中式治理设施	吨	**39.93**	0.00	26.86	0.00	0.00	2.85	10.22
氨氮排放量	吨	**3242.09**	4.16	43.15	5.25	31.70	2.34	17.35
工业源	吨	**113.96**	4.16	41.70	5.25	31.70	2.32	17.20
农业源	吨	—	—	—	—	—	—	—
生活源	吨	**3126.51**	—	—	—	—	—	—
集中式治理设施	吨	**1.63**	0.00	1.45	0.00	0.00	0.01	0.16
总磷排放量	吨	**465.16**	0.63	6.99	1.14	17.33	3.03	1.20
工业源	吨	**34.74**	0.63	6.85	1.14	17.33	3.02	1.08
农业源	吨	—	—	—	—	—	—	—

续表 42-20

项　　目	单 位	全 市	广陵区	邗江区	江都区	宝应县	仪征市	高邮市
生活源	吨	**430.16**	—	—	—	—	—	—
集中式治理设施	吨	**0.26**	0.00	0.14	0.00	0.00	0.01	0.12
废水治理设施数	套	**431.00**	26.00	50.00	136.00	41.00	75.00	103.00
废水治理设施处理能力	万吨 / 日	**23.88**	1.60	6.45	2.23	1.01	6.54	6.05
废水治理设施运行费用	万元	**211460.16**	1327.43	7605.31	6342.84	404.69	189334.66	6445.23
二氧化硫排放量	吨	**4543.69**	847.80	1461.27	253.44	37.67	312.55	1121.90
工业源	吨	**4030.66**	847.80	1461.26	253.44	37.67	310.63	1119.86
生活源	吨	**509.05**	—	—	—	—	—	—
集中式治理设施	吨	**3.98**	0.00	0.01	0.00	0.00	1.92	2.05
氮氧化物排放量	吨	**25340.37**	4722.79	3158.50	665.74	26.24	1121.16	2420.07
工业源	吨	**12106.91**	4722.79	3158.48	665.74	26.24	1116.27	2417.41
生活源	吨	**332.74**	—	—	—	—	—	—
机动车	吨	**12893.14**	—	—	—	—	—	—
集中式治理设施	吨	**7.58**	0.00	0.03	0.00	0.00	4.89	2.66
烟（粉）尘排放量	吨	**10647.03**	1034.70	4292.31	1410.31	245.35	388.97	1060.50
工业源	吨	**8426.15**	1034.70	4292.31	1410.31	245.35	383.05	1060.44
生活源	吨	**2045.97**	—	—	—	—	—	—
机动车	吨	**168.93**	—	—	—	—	—	—
集中式治理设施	吨	**5.99**	0.00	0.00	0.00	0.00	5.93	0.06
挥发性有机物（VOCs）排放量	吨	**21524.14**	127.45	1298.63	931.24	19.65	8158.19	210.89
工业源	吨	**10746.06**	127.45	1298.63	931.24	19.65	8158.19	210.89
生活源	吨	**5341.73**	—	—	—	—	—	—
机动车	吨	**5436.35**	—	—	—	—	—	—
废气治理设施数	套	**1552.00**	63.00	258.00	611.00	50.00	279.00	291.00
废气治理设施处理能力	万标立方米 / 时	**77612.03**	1449.83	7548.45	2339.45	101.55	1398.24	64774.50
废气治理设施运行费用	万元	**6406141.57**	2720.27	5650087.13	22947.60	25037.09	681135.24	24214.24
一般工业固体废物产生量	万吨	**585.09**	224.15	161.56	18.09	11.97	57.82	111.51

续表 42-20

项　　目	单 位	全 市	广陵区	邗江区	江都区	宝应县	仪征市	高邮市
一般工业固体废物综合利用量	万吨	**554.48**	221.64	140.79	16.62	11.96	55.70	107.76
其中：综合利用往年贮存量	万吨	**0.99**	0.01	0.00	0.90	0.05	0.03	0.00
一般工业固体废物综合利用率	%	**94.61**	98.88	87.15	87.54	99.54	96.30	96.63
危险废物上年末贮存量	万吨	**1.19**	0.02	0.02	0.08	0.84	0.13	0.08
危险废物产生量	万吨	**22.05**	0.37	6.25	5.23	0.19	4.46	5.54
危险废物利用处置量	万吨	**22.87**	0.40	6.26	5.15	1.03	4.49	5.54
其中：利用处置往年贮存量	万吨	**0.19**	0.00	0.01	0.09	0.00	0.06	0.03
危险废物本年末贮存量	万吨	**0.37**	0.01	0.01	0.16	0.00	0.10	0.09
当年完成“三同时”环保验收项目环保投资	万元	**33673.40**	2430.00	0.00	1009.50	0.00	30233.90	0.00
工业污染防治施工项目本年完成投资	万元	**3055.36**	0.00	995.00	779.96	**0.00**	1280.40	**0.00**
废水治理项目	万元	**60.00**	0.00	0.00	0.00	**0.00**	60.00	**0.00**
废气治理项目	万元	**2247.89**	0.00	980.00	747.49	**0.00**	520.40	**0.00**
工业固体废物治理项目	万元	**0.00**	0.00	0.00	0.00	**0.00**	0.00	**0.00**
噪声治理项目	万元	**0.00**	0.00	0.00	0.00	**0.00**	0.00	**0.00**
其他治理项目	万元	**747.46**	0.00	15.00	32.46	**0.00**	700.00	**0.00**
环境空气质量								
可吸入颗粒物（PM_{10}）	微克/立方米	**63.00**	63.00	63.00	63.00	57.00	55.00	60.00
细颗粒物（$PM_{2.5}$）	微克/立方米	**36.00**	36.00	36.00	37.00	36.00	35.00	37.00
二氧化硫	微克/立方米	**8.00**	8.00	8.00	8.00	8.00	9.00	8.00
氮氧化物	微克/立方米	**32.00**	32.00	32.00	26.00	23.00	33.00	28.00
空气质量达到及好于二级的天数比重	%	**80.10**	80.10	80.10	80.90	81.10	83.00	82.00
水环境质量								
集中式饮用水源地水质达标率	%	**100.00**	100.00	100.00	100.00	100.00	100.00	100.00
地表水劣Ⅴ类水体比例	%	**0.00**	0.00	0.00	0.00	0.00	0.00	0.00
道路交通噪声等效声级	分贝（A）	**67.00**	67.00	67.00	64.50	62.10	63.40	63.60

2020年扬州市市区居民家庭基本情况表

表 42-21

项　　目	单 位	全体居民	城镇居民	农村居民
一、调查户数	户	1150	660	490
二、平均每户家庭人口	人	3.07	3.05	3.10
三、平均每户就业人口	人	1.77	1.65	1.98
四、平均每一就业人口负担人数	人	1.75	1.85	1.57
五、平均每户就业面	%	57.65	54.10	63.87
六、平均每人现住房建筑面积	平方米	52.7	47.5	61.3
七、人均可支配收入	元	38843	47202	24813
八、人均非收入所得	元	1351	1535	1041
非经常性转移所得	元	1115	1286	829
九、人均借贷性所得	元	1167	1202	1107
提取储蓄存款	元	887	983	726
十、人均总支出	元	33976	36561	29638
消费支出	元	22059	25342	16550
转移性支出	元	1860	2425	912
生产经营费用支出	元	1653	1120	2547
借贷性支出	元	1817	1715	1988
十一、人均通过互联网购买的商品和服务	元	303	441	72
十二、恩格尔系数	%	29.1	29.1	29.2
十三、百户接入互联网的移动电话	部	227.3	226.4	228.8
十四、百户接入互联网的计算机	台	67.2	76.9	51

2020年扬州的一天

表 42-22

项　目	单 位	1985年	1990年	1995年	2000年	2005年	2010年	2015年	2016年	2017年	2018年	2019年	2020年
地区生产总值	万元	1125	2440	8197	12935	27147	61836	111669	123737	138765	149758	160276	165708
第一产业	万元	353	596	1266	1751	2596	4421	6626	6887	7179	7489	8022	8414
第二产业	万元	568	1301	4681	6855	15115	34387	56622	61858	67832	71870	76115	76338
第三产业	万元	204	543	2250	4329	9435	23028	48421	54991	63754	70400	76139	80956
粮食产量	吨	6808	6538	6084	6169	6204	7865	8614	8205	7820	7873	7825	7853
油料产量	吨	145	132	201	341	336	220	196	188	179	179	123	136
水产品产量	吨	88	158	338	621	977	1042	1092	1096	1109	1085	1085	1094
社会消费品零售额	万元	596	1128	2772	4165	8408	19894	33889	37126	40932	42658	45367	37789
出口总额	万美元	—	—	—	166	522	1659	2113	1983	2156	2340	2292	2290
一般公共预算收入	万元	98	182	243	447	1357	4597	9226	9434	8772	9316	9008	9240
客运量	万人	19.53	15.8	13.59	17.01	22.31	19.93	11.39	10.53	9.36	8.5	8.06	5.70
货运量	万吨	5.58	5.44	15.67	12.84	16.04	25.57	33.32	33.67	36.54	38.70	32.41	34.93
住户存款	万元	159	764	3071	7563	16566	34312	65115	69972	72804	78374	88151	101328

索　引

说　明

一、本索引采取主题分析法，索引词条按汉语拼音音序排列。
二、类目、分目、次分目标题用黑体字标示。
三、索引词条后的数字表示页码，数字后的字母(a、b、c)表示该页版面从左至右的栏别。
四、空一字起排的款目为上一主题的“附见”。

D

J

K

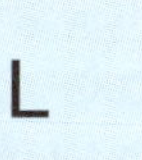

L

M

Q

R

T

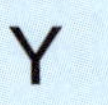

Y

Z